COURS COMPLET
D'HISTOIRE DE LA LANGUE FRANÇAISE
Conforme à la circulaire ministérielle du 28 septembre 1872

DICTIONNAIRE ÉTYMOLOGIQUE
DE LA LANGUE FRANÇAISE

PAR

AUGUSTE BRACHET

Ancien examinateur et Professeur à l'École polytechnique,
Lauréat de l'Institut, etc.

PRÉFACE PAR E. EGGER, DE L'INSTITUT

Huitième édition

Ouvrage couronné par l'Académie française.

BIBLIOTHÈQUE D'ÉDUCATION

J. HETZEL ET Cⁱᵉ, 18, RUE JACOB

. PARIS

Tous droits de traduction et de reproduction réservés.

DICTIONNAIRE ÉTYMOLOGIQUE
DE LA
LANGUE FRANÇAISE

AUTRES OUVRAGES DU MÊME AUTEUR :

GRAMMAIRE HISTORIQUE de la langue française avec une Préface par E. LITTRÉ, de l'Académie française. 15ᵉ édition. HETZEL. — Prix, broché, 3 fr.; cartonné Bradel, 3 fr. 25 c.

> Ouvrage couronné en 1870 et 1872 par l'Académie française, l'Académie des inscriptions et la Société pour l'instruction élémentaire (grande médaille d'argent). Ce livre forme avec le *Dictionnaire étymologique* un cours complet d'histoire de la langue française.

A HISTORICAL GRAMMAR OF THE FRENCH TONGUE, by AUG. BRACHET, translated by W. KITCHIN. M. A. — Oxford, *at the Clarendon Press.* 1868. In-12. — 3 sh. 6 d.

NOUVELLE GRAMMAIRE FRANÇAISE à l'usage des établissements d'instruction secondaire. 1872. HACHETTE. — in-18. — 1 fr. 50.

CHRESTOMATHIE HISTORIQUE de la langue française, depuis le IXᵉ siècle jusqu'au XVIᵉ, avec introduction, notes et glossaire. 1873. HACHETTE. — Un fort vol. in-8. — 5 fr.

DICTIONNAIRE DES DOUBLETS ou DOUBLES FORMES DE LA LANGUE FRANÇAISE. 1868. FRANCK. — In-8. — 2 fr. 50.

> Ouvrage couronné par l'Académie des inscriptions en 1869.

DU ROLE DES VOYELLES LATINES ATONES DANS LES LANGUES ROMANES. Leipzig, *Brockhaus.* 1866. In-8.

ÉTUDE SUR BRUNEAU DE TOURS, trouvère du XIIIᵉ siècle. 1865. FRANCK. — In-8.

GRAMMAIRE COMPARÉE DES LANGUES ROMANES, par FRÉDÉRIC DIEZ, traduite par A. BRACHET et G. PARIS. L'ouvrage complet formera trois volumes in-8.

Typographie Lahure, rue de Fleurus, 9, à Paris.

COURS COMPLET
D'HISTOIRE DE LA LANGUE FRANÇAISE
Conforme à la circulaire ministérielle du 28 septembre 1872

DICTIONNAIRE ÉTYMOLOGIQUE
DE LA LANGUE FRANÇAISE

PAR

AUGUSTE BRACHET

Ancien examinateur et Professeur à l'École polytechnique
Lauréat de l'Institut, etc.

PRÉFACE PAR E. EGGER, DE L'INSTITUT

Huitième édition
Ouvrage couronné par l'Académie française

BIBLIOTHÈQUE D'ÉDUCATION
J. HETZEL ET Cie, 18, RUE JACOB
PARIS

Tous droits de traduction et de reproduction réservés

PRÉFACE

Le livre et l'auteur que je suis prié d'introduire devant le public n'ont guère besoin de ma recommandation. Tout jeune encore, M. A. Brachet s'est fait apprécier par deux publications, qui lui ont valu l'estime des connaisseurs[1] : une *Grammaire historique de la langue française*, déjà parvenue chez nous à sa troisième édition, déjà traduite en anglais, et cela par l'Université d'Oxford, puis un mémoire savant et méthodique sur ce qu'on est convenu d'appeler, chez nous, en étymologie, les *Doublets*, ou doubles formes, sont des garanties suffisantes pour le nouveau *Dictionnaire étymologique de la langue française* : on sait d'avance par quels travaux l'auteur s'est préparé à écrire ce livre, avec quel excellent esprit de critique il a dû le rédiger. Il est donc superflu d'insister ici sur des mérites que reconnaîtra facilement tout lecteur attentif. Mais il peut être opportun de présenter un aperçu des progrès les plus récents de la science même dont ce manuel représente, sous une forme très-simple et presque élémentaire,

---

1. Ces deux ouvrages ont obtenu de l'Académie des Inscriptions et Belles-Lettres une mention honorable, dans le concours de 1869, pour les Antiquités de la France.

l'état le plus avancé. C'est ce que je me propose de faire en quelques pages. L'occasion m'est bonne, et je suis heureux qu'on ait bien voulu me l'offrir, de fixer, surtout en ce qui touche la France, les principaux souvenirs d'un mouvement d'études auquel, depuis trente ans, j'ai pris tout juste assez de part pour le bien connaître, trop peu pour l'apprécier avec la préoccupation d'un sentiment personnel.

L'étymologie, c'est-à-dire l'explication du vrai sens des mots par leur histoire, est une des sciences les plus anciennes à la fois et les plus neuves dans les écoles de l'Europe civilisée. C'est une des plus anciennes, car les Grecs s'y sont essayés de très-bonne heure, et les Romains l'ont cultivée après les Grecs, les peuples modernes après leurs maîtres grecs et romains. C'est une des plus neuves, car la méthode, qui seule constitue vraiment une science, n'a été que tout récemment appliquée à ces recherches. Chez nous, en particulier, jusqu'à la fin du dix-huitième siècle, l'étymologie n'était guère qu'une sorte de divination, pratiquée avec plus ou moins de bonheur par des esprits ingénieux qui n'y suivaient aucune règle précise : l'ordre, s'ils y mettaient quelque ordre, était celui qu'impose aux faits la conception abstraite d'un système. Chaque étymologiste, obéissant à une idée préconçue, y ramenait bon gré malgré l'explication des mots : nul concert, nul accord entre les savants, point de résultats qui fussent communément acceptés. Le public, impartial et judicieux, frappé de ces contradictions, prenait le parti d'en rire, et c'était justice. L'*art* étymologique, comme on l'appelait volontiers alors, restait frappé d'un discrédit trop légitime.

Le bon sens d'un philosophe et d'heureuses découvertes arrivant à propos ont enfin amené une réforme salutaire et qu'on peut appeler définitive. Dans l'article *Etymologie* de l'*Encyclopédie*, Turgot, avec une sagacité remarquable, démontra que l'organisme des mots, comme tout organisme naturel, doit être observé sans esprit de système, que, dans cette analyse, les radicaux et les terminaisons doivent être étudiés avec une attention également scrupuleuse, que l'histoire extérieure des langues éclaire celle de leurs évolutions grammaticales, etc. C'était fonder vraiment la *science* étymologique, et, du même coup, raffermir, en les élargissant, les bases de la Grammaire générale, qui jusque-là reposait sur les spéculations de la logique plutôt que sur l'observation des phénomènes.

Peu de temps après, la découverte du sanscrit nous faisait voir une langue où les grammairiens, moins occupés de la logique abstraite que de l'analyse des radicaux et des flexions, avaient apporté à l'étude des mots une finesse et une précision merveilleuses. Ce devait être pour nos grammairiens routiniers de l'Occident une véritable révélation ; ce devait être l'origine d'une réforme féconde.

Le profit de ces conseils et de ces exemples s'est pourtant fait attendre, et il a été d'abord plus sensible pour la théorie comparative des idiomes de l'Inde et de l'Europe que pour la philologie romane.

Par l'effet d'une ambition bien naturelle à l'esprit humain, on voulut d'abord trop embrasser, au risque de mal étreindre. Les rapports intimes d'étymologie entre le sanscrit et les principaux idiomes de l'Europe étaient à peine signalés que la curiosité des philologues s'y attacha et les fit ressortir, avec l'ensemble des conséquences qui en découlent pour l'histoire des races d'origine aryenne. Puis, d'une généralité trop large et par cela même superficielle, on se réduisit à des études plus spéciales. On isola, dans la grande famille aryenne, des groupes de langues, pour en étudier comparativement l'organisme. C'est ainsi que Lassen et Eugène Burnouf rapprochèrent le sanscrit des dialectes populaires qui en sont dérivés dans la presqu'île de l'Inde (1826-1827); c'est ainsi qu'Eugène Burnouf démontra les rapports du sanscrit avec le plus ancien idiome de la Perse, tel qu'on le trouve dans les livres du Zend-Avesta (1833 et années suivantes). Les idiomes germaniques furent soumis par J. Grimm à la plus pénétrante analyse, qui en dégagea les lois d'une phonétique régulière dans ses procédés instinctifs (1819 et années suivantes). Raynouard esquissa d'une main déjà ferme, malgré quelque inexpérience, sa *Grammaire comparée des langues de l'Europe latine dans leurs rapports avec la langue des troubadours* (1821).

Sous la direction ou plutôt encore sous l'impulsion du vif esprit de Raynouard, la philologie romane a pris chez nous d'assez rapides accroissements, auxquels contribuèrent, pour une part et dans des conditions inégales, l'École des Chartes, l'Université et la science que je puis appeler libre en ce sens du moins qu'elle ne relève d'aucune tradition scolaire.

Grâce à des cours spéciaux pour le déchiffrement des vieilles écritures, pour l'étude du latin barbare et du français naissant que nous présentent les diplômes du moyen âge, l'École des Chartes, depuis l'organisation de 1829, a développé chez nous le sentiment historique dans l'étude des langues. D'excellents maîtres y ont formé des disciples, dont quelques-uns sont devenus aujourd'hui leurs rivaux, dans l'art d'étudier les variétés successives des mots et la logique secrète qui dirige leurs évolutions grammaticales. Là, on s'est habitué à considérer avec le même respect et la même curiosité les premières ébauches et les formes les plus parfaites de notre langue ; on a réfuté pour toujours l'erreur qui faisait dater du seizième siècle notre avénement à la vie littéraire ; on a montré que le moyen âge, du onzième au treizième siècle, eut une brillante floraison poétique, que le français et même plusieurs dialectes français s'y épanouirent déjà réguliers, déjà riches, déjà brillants. La *Bibliothèque de l'École des Chartes* (1839 et années suivantes), surtout remplie de documents et de dissertations historiques, ne donne qu'une idée imparfaite des savants cours de philologie néo-latine qui ont si largement contribué à l'éducation de nos jeunes archivistes. C'est dans les éditions de vieux textes français et dans de trop rares opuscules publiés par M. Guessard, par M. J. Quicherat, par leurs élèves, MM. Gaston Paris et Paul Meyer, que l'on peut apprécier les heureux effets d'un tel enseignement.

A ces études pourtant manque parfois une suffisante connaissance de l'antiquité gréco-latine, c'est-à-dire du fond de culture savante, unie aux traditions indigènes, sur lequel s'opéra le développement des langues et des littératures du moyen âge. Sous ce rapport, l'École normale, où les lettres anciennes sont plus spécialement enseignées, pouvait, par la comparaison du grec et du latin classiques avec le français, apporter quelques éléments à la critique dans l'étude des idiomes néo-latins. Par malheur, la grammaire n'y fut, pendant longtemps, enseignée qu'en vue de la pratique, en vue de l'explication des auteurs. M. Eugène Burnouf avait été appelé à faire dans cet établissement (1829-1833) un cours de grammaire comparée, qui fut, en son genre, le premier dans notre pays. L'essai, trop vite interrompu, ne réussit qu'imparfaitement. L'éminent linguiste fut, dit-on, gêné par un règlement trop peu libéral dans cette laborieuse et difficile expérience : il n'osa pas rompre avec la *grammaire générale* telle qu'on l'entendait au dix-huitième siècle; ou du moins, il n'eut pas le temps de développer ce que son érudition et sa critique avaient de plus original. Les rédactions de son cours sont restées dans l'École un précieux souvenir de ses efforts, plutôt que le monument d'une doctrine durable. Repris, six ans plus tard, avec un zèle qui suppléait, autant que possible, à l'infériorité du savoir et du talent, l'enseignement de la grammaire à l'École normale, se perfectionna, durant plus de vingt ans, se rattachant de mieux en mieux au principe de la comparaison historique des langues. On en peut juger par le manuel que le professeur chargé de cet enseignement publia, en 1853, sous le titre de *Notions élémentaires de grammaire comparée*, et qui s'améliora sans trop s'étendre dans plusieurs éditions successives. Le maître actuel de la Conférence de grammaire, M. Ch. Thurot, n'en a certes pas amoindri les doctrines; il les a plutôt étendues et affermies. Il est, d'ailleurs, bien secondé, à cet égard, par plusieurs de ses collègues dans les autres conférences.

De 1841 à 1843, les conférences d'allemand avaient reçu dans le même sens une heureuse impulsion. M. Ad. Regnier, qui, comme helléniste éclairé par la science du sanscrit, venait de nous donner pour la première fois une bonne théorie de la formation des mots grecs (1840), appliqua, mais pendant trop peu de temps, sa méthode si claire et si sûre à la langue allemande rapprochée de ses principales sœurs dans la famille germanique.

Toutefois, les fruits de ces divers enseignements se produisirent lentement au dehors : chaque année, quelques jeunes professeurs partaient de l'École pour répandre dans les lycées les leçons de leurs maîtres, selon la mesure appropriée aux besoins des classes. Parmi eux, un petit nombre se hasardaient à approfondir les doctrines recueillies dans nos conférences, à les appliquer au renouvellement des livres classiques : quelques éditions de textes plus corrects et mieux annotés, quelques grammaires où l'innovation utile pénètre peu à peu, mais timidement encore, sont les seuls témoignages publics d'un travail qui n'a pas été stérile, mais dont le profit se renfermait dans l'enceinte même de nos lycées. Le nouveau *Manuel des racines grecques et latines*, par M. Anatole Bailly, est le premier ouvrage considérable qui se rattache à l'enseignement de l'École normale. Je n'ose pas faire remonter si loin la louable pensée d'un cours d'histoire de la langue française au collége Chaptal, pensée dont M. Monjean, le directeur, partagea l'honneur avec le professeur, M. Pellissier. Ce dernier, qui a résumé son cours dans un intéressant *Tableau historique* de la formation et des progrès de notre langue n'avait passé que quelques mois à l'École normale. Il n'a guère trouvé que dans les livres la tradition des leçons que je commençais l'année même où il entrait comme élève dans cet établissement. On signalerait plus justement dans les profonds travaux de M. Lafaye sur les synonymes français (1841 et 1858), le souvenir du cours, qu'il avait pu entendre, de l'illustre Eug. Burnouf. Mais surtout l'École doit rappeler avec satisfaction que c'est dans ses conférences que se décida la vocation de M. Michel Bréal, traducteur de la *Grammaire comparée* de F. Bopp (1866 et années suivantes) et déjà maître lui-même dans la science comparative des langues.

Mais ces études ont eu d'autres représentants que les disciples et les maîtres des écoles dont je viens de parler.

Fauriel, par ses leçons à la Faculté des lettres sur la littérature provençale (1831 et années suivantes, leçons publiées en 1846); J. J. Ampère, par ses leçons au Collége de France et par son livre sur la formation de la langue française (1841), marquent tantôt un progrès certain sur les théories et la méthode de Raynouard, tantôt un effort méritoire pour attirer et diriger l'attention publique vers les problèmes de la grammaire historique, et pour accréditer chez nous les travaux des Allemands, surtout ceux du célèbre Diez, sur les idiomes néo-latins. C'est leur exemple, c'est leur succès qui devait, plus tard, suggérer à M. Fortoul la création d'une chaire de langue et de littérature romane au Collége de France (1852) et faire appeler à cet enseignement un vétéran de l'érudition en ces matières, M. Paulin Paris. D'un autre côté, M. Littré prenait librement sa place à côté et souvent au-dessus de ces heureux initiateurs, par ses mémoires successivement publiés dans le *Journal des savants*, et qui forment aujourd'hui une juste *Histoire de la langue française*, et par la laborieuse entreprise de son Dictionnaire. Tous ces noms célèbres ne doivent pas faire oublier des noms plus modestes : M. Obry d'Amiens, qui sur le sujet du *participe passé*, nous a donné le premier modèle, et un modèle excellent, de ce que les botanistes appellent une monographie (1851); M. Edél. Du Méril, auteur de l'*Essai philosophique sur la formation de*

PRÉFACE.

la langue française (1852); enfin Abel de Chevallet, qui mérita, en 1850, le prix Volney et plus tard l'un des prix Gobert, pour le livre, alors si neuf et toujours recommandable, qu'il a intitulé *Origine et formation de la langue française*. Ces livres ont beaucoup servi à ceux qui devaient un jour les dépasser, par exemple, à M. Camille Chabanneau, auteur d'une si pénétrante étude sur l'*Histoire et la théorie de la conjugaison française* (1868).

La mention du prix Volney me rappelle à propos cette fondation (1821), confiée à une commission mixte où sont en majorité les membres de l'Académie des belles-lettres. Le programme du concours avait été d'abord inspiré par la philosophie du dernier siècle; il a été judicieusement modifié par la suite, et il ne pouvait manquer de l'être, sous peine de demeurer stérile pour l'encouragement des études que le fondateur voulait promouvoir. La série même des ouvrages envoyés et des ouvrages couronnés à ce concours marquerait clairement aux yeux, si je la pouvais reproduire ici, la variété, la continuité, et quelquefois, il faut le dire, l'inégalité des progrès de la linguistique dans son domaine immensément agrandi depuis cinquante ans.

L'Académie française ne devait pas rester étrangère à ce mouvement d'active curiosité. En provoquant, à propos de Pascal, la révision de nos classiques, M. Cousin faisait rentrer la recension critique des textes dans notre éducation littéraire, où elle était depuis longtemps oubliée ou négligée. En mettant au concours la rédaction de Lexiques spéciaux de Corneille et de Mme de Sévigné, l'Académie poussait les esprits studieux dans la même voie. Elle préparait pour les hommes de goût, pour les lexicographes et pour les historiens de notre langue, elle se préparait à elle-même d'excellents matériaux pour l'œuvre de son Dictionnaire, œuvre volontairement doublée, en 1858, par l'entreprise de son *Dictionnaire historique*.

C'est à la même classe de matériaux patiemment recueillis et judicieusement contrôlés qu'appartient le riche *Glossaire du centre de la France*, par le comte Jaubert, déjà parvenu (1864) à une seconde édition qui fait espérer encore d'utiles accroissements.

Rien qu'à parcourir les travaux qui se succèdent, en ce genre, durant les trente dernières années, on est frappé du progrès rapide et sûr qui s'est accompli. Sauf de rares exceptions, la linguistique s'est définitivement affranchie des vaines ambitions qui l'égaraient autrefois, et, sur le terrain où elle se renferme, elle a marqué sa tâche avec rigueur et précision ; elle ne sépare plus l'étymologie de la *phonétique* ou science des sons ; elle les éclaire et les confirme l'une et l'autre par l'étude des variations de l'orthographe. Ainsi elle pénètre de mieux en mieux dans la constitution organique des mots ; elle réussit à les classer selon leurs origines diverses et selon les dates de leur entrée dans l'usage ; chaque jour, elle réduit le nombre de ceux qui résistent à toute explication parce qu'ils résistent à toute analyse. Il n'y a plus un bon esprit qui puisse méconnaître ce progrès.

Le nouveau livre de M. Brachet affermira, j'en suis sûr, la confiance du public dans les procédés qu'applique désormais la science des langues : il en accréditera plusieurs résultats nouveaux et déjà incontestables ; car, en les résumant tous, nouveaux ou anciens, avec ordre et clarté, il les rend tous abordables et à la jeunesse de nos écoles et aux gens du monde que leur inexpérience, en ces matières, rapproche quelquefois de la jeunesse. Je m'abstiendrai de donner des exemples à l'appui de ce jugement; le lecteur n'aura qu'à tourner quelques pages pour les trouver dans l'*Avant-propos* et dans l'*Introduction* de M. Brachet; il n'aura qu'à ouvrir le *Lexique* pour apprécier d'un coup d'œil l'heureux effet des saines méthodes. C'est vraiment plaisir de voir comment l'analyse étymologique des divers éléments de notre langue se trouve en donner l'histoire même; comment cette analyse distingue le plus souvent avec certitude les problèmes insolubles de ceux qui peuvent recevoir une solution, indique les conditions de ces derniers, circonscrit l'inconnu et le resserre, pour ainsi dire, par des rapprochements qui deviennent des découvertes. Le doute railleur n'a plus de prise sur la science ainsi constituée, ainsi pourvue de ses instruments légitimes, pas plus qu'il n'en a sur la physiologie et sur la botanique : il faut que les rieurs en prennent leur parti.

D'ailleurs, la curiosité, pour peu qu'elle soit sérieuse, trouvera dans les études grammaticales renouvelées par le perfectionnement des méthodes autant de charme et d'attrait qu'en eurent jamais pour l'imagination de nos ancêtres les rêves d'une étymologie aventureuse. L'étude seule de notre idiome, avec un guide aussi sûr que M. Brachet, conduira sans effort à celle des langues anciennes de la même famille. Le latin, en effet, et les langues qui en dérivent, offrent pour nous l'intérêt particulier d'une famille où la langue mère (c'est-à-dire le latin du temps de l'Empire) et celles qu'elle a produites sont également bien connues, où les témoignages abondent pour marquer, siècle par siècle, les caractères généraux et les variétés de l'évolution linguistique aujourd'hui arrêtée en Europe par l'imprimerie et par l'autorité des grandes littératures classiques. Familiarisé d'avance avec les principes de l'analyse comparative par l'application qu'ils reçoivent dans le riche domaine de la philologie néo-latine, tout homme studieux aura moins de peine à les appliquer au grec et au latin, à d'autres idiomes plus éloignés de nous, plus étrangers à nos habitudes; à des idiomes dont la filiation et la parenté, toujours évidentes, sont pourtant moins faciles à définir. Ainsi, par un retour heureux, la lumière qui nous est venue de l'Orient, se reflétera jusque sur les langues orientales de la famille indo-germanique : celles-ci nous sembleront moins la matière d'une érudition privilégiée; nous les aborderons toujours avec prudence, mais avec sécurité, sachant d'avance qu'elles nous présenteront des phénomènes grammaticaux, régis par des lois analogues à celles dont nous avons éprouvé, pour les langues romanes, la rigueur et la certitude.

C'est là encore un heureux progrès des esprits auquel M. Brachet aura trop contribué pour n'avoir pas le droit de s'en applaudir.

E. EGGER.

TABLE DES MATIÈRES

Avant-Propos III

INTRODUCTION.

LIVRE I.

DES RÈGLES A SUIVRE DANS LA RECHERCHE DES ÉTYMOLOGIES.

Chap. I. Phonétique................................ XIV
— II. Histoire.................................... XVI
— III. Comparaison............................... XIX
— IV. Étude des sens............................. XXI
— V. Conclusion................................. XXVII

LIVRE II.

ÉLÉMENTS ÉTYMOLOGIQUES DU FRANÇAIS.

PARTIE I.

Éléments d'origine populaire....................... XXX

Chap. I. Élément Latin............................. XXX
— II. Élément Celtique............................ XXXIV
— III. Élément Germanique........................ XXXVIII
— IV. Élément Grec............................... XLII

PARTIE II.

Éléments d'origine savante........................ XLIV

PARTIE III.

Éléments d'origine Étrangère...................... XLVII

Chap. I. Mots d'origine Provençale.................. XLIX
— II. Mots d'origine Italienne..................... LI

Chap. III.	Mots d'origine Espagnole	LV
— IV.	Mots d'origine Allemande	LVII
— V.	Mots d'origine Anglaise	LVIII
— VI	Mots d'origine Slave	LIX
— VII.	Mots d'origine Sémitique	LX
— VIII.	Mots d'origine Orientale	LXI
— IX.	Mots d'origine Américaine	LXII

PARTIE IV.

Éléments d'origine Diverse		LXIII
Chap. I.	Mots d'origine Historique	LXIII
— II.	Onomatopées	LXV
— III.	Mots d'origine Inconnue	LXVI
— IV.	Statistique Étymologique du français	LXX

LIVRE III.

ÉTUDE DES SONS OU PHONÉTIQUE.

PRÉLIMINAIRES	LXXII

PARTIE I.

Principes généraux	LXXIV

PARTIE II.

Étude des Voyelles		LXXVIII
Chap. I	Voyelles accentuées	LXXXII
— II.	Voyelles atones	LXXXVII
	Section 1. *Atones simples*	LXXXVII
	— 2. *Atones composées*	LXXXVIII

PARTIE III.

Étude des Consonnes	XCII

PARTIE IV.

Exceptions à la phonétique. Part de la corruption	CIV
Liste des Abréviations	CXI
DICTIONNAIRE ÉTYMOLOGIQUE DE LA LANGUE FRANÇAISE	I

AVANT-PROPOS

Ce Dictionnaire Étymologique est la suite naturelle de la *Grammaire Historique* que je publiai l'an dernier. J'avais tracé dans ce livre l'histoire des formes grammaticales du français ; pour compléter cette œuvre, et embrasser le cycle complet d'une histoire de notre langue, il me restait à écrire l'histoire de notre vocabulaire : c'est l'objet du présent travail, et le Dictionnaire Étymologique continue, en la complétant, l'œuvre que j'ai entreprise, de répandre, parmi le public lettré, les beaux résultats de la science philologique, confinés jusqu'ici dans le cercle restreint des savants spéciaux.

Ce n'est point que les recherches étymologiques aient fait défaut à notre langue depuis trois siècles. Dans la période anarchique qu'a traversée la philologie depuis le seizième siècle jusqu'à nos jours, et pendant laquelle cette branche du savoir ne constituait guère qu'un amas d'aberrations érudites, nous trouvons déjà deux Dictionnaires Étymologiques, celui de Ménage, publié en 1650, et celui de Roquefort qui parut en 1829. Sept ans après, l'illustre Frédéric Diez publiait à Bonn le premier volume de sa *Grammaire des langues Romanes* (1836), histoire comparée des six langues filles du latin ; il montrait dans ce livre, suivant quelles lois invariables le latin s'était décomposé en français, en italien, en espagnol, en portugais, en valaque, et il créait du même coup l'histoire scientifique de notre langue. Dès lors, la philologie française se transformait, et comme au dix-huitième siècle, la chimie s'était dégagée de l'alchimie, l'étude de notre langue se constituait en une science d'observation [1], et dont les progrès allaient être d'autant plus rapides, qu'on lui appliquait un esprit d'investigation plus rigoureux; dernière venue de nos sciences expérimentales, elle devait les dépasser toutes (la chimie exceptée) par la rapidité et la succession ininterrompue des découvertes. Tous ces résultats nouveaux sont enregistrés successivement dans trois Dictionnaires Étymologiques qui s'échelonnent à quelques années d'intervalle ; en 1853 M. Diez publie son *Etymologisches Wörterbuch*, en 1862 paraît le *Dictionnaire d'Etymologie française* de M. Schéler, en 1863 M. Littré fait paraître les premières livraisons de son admirable *Dictionnaire de la langue Française* [2].

Ces trois livres résument toutes les découvertes de la philologie française depuis trente ans, et l'abîme qui les sépare des rêveries de Ménage et de Roquefort ne peut être comparé qu'à celui qui existe entre la *chimie* de Lavoisier et les divagations des Raymond Lulle, des Nicolas Flamel, et des Van-Helmont. Dès lors il peut sembler inutile d'augmenter les catalogues philologiques d'un Dictionnaire nouveau ; je me suis cependant déterminé à écrire ce livre pour combler une lacune qui a toujours existé en France ; en matière de science, il y a place pour deux sortes de livres, ceux qui enseignent la science faite, qui transmettent le dépôt des connaissances acquises — et ceux qui laissent de côté les découvertes anciennes, pour tenter

---

[1]. Il est juste de dire qu'un Français, Raynouard, avait déjà préparé la voie par la comparaison des six langues neolatines; c'est néanmoins à M. Diez que revient l'honneur d'avoir créé cette science, par l'introduction dans les recherches de philologie française, d'une précision jusqu'alors inconnue.

[2]. Cet ouvrage excellent est publié maintenant (1868), jusqu'à la lettre O.

AVANT-PROPOS.

de nouvelles recherches, pour exposer la solution ou la discussion de certains problèmes jusque-là non étudiés ; un traité de zoologie, s'il s'adresse au grand public, passera sous silence toutes les questions douteuses ou non résolues (l'origine des espèces, etc....), pour se renfermer dans la démonstration minutieuse de toutes les vérités acquises ; — si, au contraire, ce traité n'est destiné qu'au public spécial et restreint des naturalistes, il se bornera à énoncer les faits connus (en sous-entendant leur démonstration), et s'attachera de préférence à éclaircir par des remarques ou des hypothèses nouvelles, tous les problèmes encore pendants.

Cette distinction s'applique également bien aux dictionnaires étymologiques, suivant qu'ils s'adressent aux seuls philologues ou bien à la classe plus nombreuse du public lettré ; dans le premier cas, l'auteur d'un semblable dictionnaire devra chercher uniquement à résoudre les problèmes étymologiques encore indécis, — et se borner à énoncer les étymologies déjà connues sans s'attarder à les démontrer. (C'est ce qu'ont fait MM. Diez, Schéler et Littré, qui s'inquiètent plus de découvrir ou d'explorer de nouvelles régions, que de décrire les régions conquises.) — Mais à côté de ces livres, qui supposent chez le lecteur l'étude antérieure des principes philologiques et la connaissance préalable de l'état de chaque question, il y a place pour un autre dictionnaire qui prendra la science dans son état présent, regardera provisoirement comme inconnue l'étymologie de tous les mots dont l'origine est encore discutée, et se renfermant dans la *démonstration* des étymologies antérieurement découvertes, développera, à leur propos, sous les yeux du lecteur, tous les principes philologiques sur lesquels s'appuient ces intéressants résultats ; c'est ce *Manuel* de la science étymologique que j'ai tenté de faire, persuadé que, dans son imperfection même, il peut encore rendre à notre enseignement supérieur quelques services.

Pour mieux faire ressortir la différence qui sépare la méthode employée ici de celle des dictionnaires antérieurs, prenons pour exemple les deux mots *marcassin* et *pourrir* : l'étymologie du premier est inconnue ; tandis que M. Littré et M. Diez discutent les hypothèses émises sur l'origine de ce mot et en présentent de nouvelles, je me borne à constater cette lacune de la science et je passe outre ; c'est surtout dans l'enseignement que le doute est pire que l'ignorance et que la maxime *in dubiis abstine* trouve son application [1].

Au mot *pourrir* dont l'étymologie est connue (*putrere*), MM. Littré et Schéler rapportent simplement le mot latin et ne s'attardent point à l'expliquer ; mais l'étymologie n'est qu'énoncée, il reste à la démontrer ; il faut expliquer comment *putrere* a donné *pourrir*. Pourquoi ce changement ? les lettres latines se sont-elles transformées au hasard en lettres françaises ou ont-elles adopté un mode invariable de changement ? *Putrere* est-il devenu tout d'un coup *pourrir*, ou bien le changement n'a-t-il eu lieu pour chaque lettre que successivement, et peut-on fixer toutes les étapes de ce voyage dans le temps [2] ?

---

1. M. Bréal professeur au collége de France signalait excellemment les périls « d'une méthode qui prétend tout expliquer et ne sait point se résoudre à l'ignorance de beaucoup de choses. » Dans l'enseignement, rien ne nuit à l'autorité d'une science comme une discussion sans conclusion.

2. Les remarques qui précèdent sur les trois dictionnaires de MM. Diez, Littré et Schéler ne doivent pas toutefois donner le change sur l'estime qu'il faut faire de ces livres excellents ; loin d'incriminer leur méthode, je l'approuve en la constatant ; les méthodes doivent varier avec le but qu'on se propose et le public auquel on s'adresse. — Je profite de cette occasion pour reconnaître hautement ce que je dois à ces maîtres de la science, et à leurs travaux.

AVANT-PROPOS

Autant de questions qu'un dictionnaire qui a la prétention d'enseigner aux *laïques* (comme disent les Allemands) la science étymologique, ne peut esquiver :

« L'étymologie scientifique, a dit un philologue distingué[1], ne consiste pas à indiquer vaguement l'affinité qui peut exister entre deux termes, il faut qu'elle retrace, lettre pour lettre, l'histoire de la formation d'un mot, en rétablissant tous les intermédiaires par lesquels il a passé. »

Il faudra montrer, par exemple, que l'*u* de *putrere* est devenu *ou* (pourrir), comme dans *ours* de *ursus*, *sourd* de *surdus*, *tour* de *turris*, — que le *tr* latin (pu*tr*ere-pour*r*ir) s'est changé en *rr*, comme dans *larron* de *latronem*, *nourrir* de *nutrire*, *nourriture* de *nutritura*, — enfin que l'*e* long de *putrere* est devenu *i* en français (*pourrir*), témoin *tenir* de *tenere*, *abolir* de *abolere*, *avertir* de *avertere*, etc. Arrivé à ce point, le philologue n'a rempli que la moitié de sa tâche, il a montré que *pourrir* correspond lettre pour lettre à *putrere* ; il lui reste à montrer comment ce changement s'est opéré ; nous n'avons ici que les deux anneaux extrêmes de la chaîne ; il faut retrouver les anneaux intermédiaires qui les relient l'un à l'autre ; pour passer de la chenille au papillon, le naturaliste doit noter tous les divers états de la chrysalide ; entre le français et le latin, nous trouvons le bas latin d'une part, l'ancien français de l'autre : *putrere* n'a pas sauté brusquement à *pourrir*; les textes latins des temps mérovingiens nous montrent que ce mot est d'abord devenu *putrire*, plus tard *pudrire* qui nous amène au plus ancien français *podrir*, auquel succèdent la forme *porrir*, et postérieurement le mot *pourrir*; on voit quelles modifications lentes et presque insensibles le mot latin a subies pour devenir un mot français : *tr* s'est successivement adouci en *dr*, puis en *rr*; *u* a passé par *o* pour

---

1. M. Bréal.

venir à *ou :* et, comme on peut le constater par les intermédiaires, le mot latin n'a jamais accompli qu'*un seul* de ces changements à la fois ; c'est ainsi qu'en pénétrant par une analyse rigoureuse dans l'organisation intime du langage, on voit que les langues se transforment tant qu'elles vivent, et que le latin et le français, par exemple, ne sont au fond que des états successifs de la même langue.

C'est par l'étude patiente et la comparaison attentive de milliers de petits faits, insignifiants si on les regarde isolément, que la science étymologique a pu constater que les langues, comme les plantes et les animaux, naissent, grandissent et meurent en suivant des lois qu'il est possible de déterminer. Cela suffit pour nous justifier du reproche de nous être arrêté à des détails trop minutieux. « *Tout édifice bâti sur des idées abstraites,* a dit Buffon dans son solennel langage, *est un temple élevé à l'erreur.* » Il est grand temps de quitter les divagations de la métaphysique sur l'origine de la parole humaine, pour se renfermer dans l'observation des faits ; eux seuls nous conduiront à la juste conception des lois du langage, et s'il est permis de leur appliquer le mot de Quintilien : *Parva quidem, sed sine quibus magna non possent consistere,* ce sont des détails à la vérité, mais sans lesquels l'ensemble ne saurait trouver de point d'appui.

A. B.

Vouvray, 3 septembre 1868.

INTRODUCTION

LIVRE I

DES RÈGLES A SUIVRE DANS LA RECHERCHE DES ÉTYMOLOGIES[1]

L'étymologie, — qui recherche l'origine des mots et les lois de transformation des langues, — est une science nouvelle. C'est depuis trente ans seulement qu'elle est entrée dans le concert des sciences d'observation ; et les services qu'elle a rendus lui ont bien vite conquis, parmi les sciences historiques, un rang qu'elle ne doit plus perdre.

Avant d'atteindre le degré de précision qu'elle possède aujourd'hui, l'étymologie, — comme toute science et peut-être plus qu'aucune autre, — a traversé une longue période d'enfance, de tâtonnements et d'efforts incertains, durant laquelle les rapprochements arbitraires, les analogies superficielles, et les combinaisons hasardées constituaient à peu près tout son avoir.

« On peut difficilement se faire une idée de l'arbitraire qui présida à cette recherche des étymologies tant qu'elle consista simplement à rapprocher au hasard les mots sur leur ressemblance, et sans autre preuve que leur apparente conformité.

« Les rêveries de Platon dans le *Cratyle*, les étymologies absurdes de Varron et de Quintilien chez les Romains, en

---

1. Ce livre I est le développement de l'*Appendice* de ma *Grammaire historique de la langue française* dans lequel j'avais déjà brièvement esquissé le même sujet.

France les fantaisies philologiques de Ménage au dix-septième siècle, sont restées célèbres. On ne voyait, par exemple, aucune difficulté à rattacher *jeûne* à *jeune* sous prétexte que la jeunesse est le matin de la vie et qu'on est à jeun, quand on se lève. Le plus souvent on tirait l'un de l'autre deux mots d'une forme toute différente, — et pour combler l'abîme qui les séparait, on inventait des intermédiaires fictifs. C'est ainsi que Ménage tirait le mot *rat* du latin *mus* : « *on avait dû dire d'abord* mus, *puis* muratus, *puis* ratus, *enfin* rat. » — N'alla-t-on pas jusqu'à supposer qu'un objet pouvait tirer son nom d'une qualité contraire à celle qu'il possédait, parce que l'affirmation provoque la négation, et à soutenir que le latin *lucus* (bois sacré), venait de *non lucere* (ne pas luire), — sous prétexte que lorsqu'on est entré dans un bois, on n'y voit plus clair[1] ? »

A la fin, les illusions des étymologistes devinrent proverbiales, et cette branche des connaissances historiques tomba dans le plus profond discrédit. Comment de cet amas d'aberrations érudites a-t-il pu sortir à la longue une science capitale aujourd'hui? Par la découverte et l'application de la méthode comparative, qui est celle des sciences naturelles. « La comparaison est le principal instrument de la science. La science, en effet, se compose de faits généraux ; savoir c'est former un groupe, c'est établir une loi, c'est, par conséquent, dégager ce qu'il y a de général dans les données particulières. Or, pour contraindre ainsi les faits à nous livrer leur sens intime, il faut les rapprocher, les éclairer l'un par l'autre, c'est-à-dire les comparer.

« Personne n'ignore les découvertes de l'anatomie comparée. On sait comment l'étude de la structure des animaux, comment la comparaison de ces organes, — dont les modifications infinies constituent les différences de classe, d'ordre, de genre, — ont révélé, pour ainsi dire, le plan de la nature, et fourni un fondement solide à nos classifications[2].

---

1. M. Réville. *Les ancêtres des Européens.*
2. E. Schérer. *Études d'histoire et de critique.*

Il en est de même de la science du langage; ici sans doute, comme partout, la comparaison est aussi ancienne que l'observation; mais il est deux sortes de comparaison, ou mieux, il y a deux degrés dans toute comparaison par lesquels l'esprit doit successivement passer.

Le premier est la comparaison précipitée et superficielle, qui a régné dans les sciences de la nature jusqu'à la fin du dix-septième siècle, celle qui se borne à rapprocher les êtres ou les mots d'après leur ressemblance extérieure; ainsi les anciens naturalistes rangeaient au nombre des poissons la baleine et le dauphin, à cause de leur forme extérieure, de leurs habitudes, de leur séjour constant dans les eaux de la mer; ainsi les étymologistes d'autrefois tiraient le mot *paresse* du grec πάσεσις[1], parce que de toutes les langues qu'ils avaient explorées, la forme grecque était celle qui ressemblait le plus au mot français: ils en concluaient, sans autre preuve, que celui-ci venait du grec: c'était se déclarer satisfait à bon marché.

A ces rapprochements arbitraires a succédé, de notre temps, la comparaison réfléchie et méthodique, la comparaison rigoureuse et scientifique qui ne s'arrête point aux ressemblances ou aux différences extérieures, mais qui dissèque les êtres pour pénétrer jusqu'à leur essence et à leurs analogies intimes.

L'anatomiste étudie la structure interne de la baleine, et reconnaît aussitôt que la conformation des organes l'exclut de la classe des poissons, et la range dans celle des mammifères. Au lieu de se borner à étudier le mot par le dehors, le philologue le dissèque en ses éléments, c'est-à-dire en ses lettres, observe leur origine, et la manière dont elles se transforment.

C'est en appliquant rigoureusement cette méthode nouvelle, c'est en se laissant guider par les faits au lieu de chercher à les conduire, que la philologie moderne a constaté que le langage se développe d'après des lois in-

---

[1]. Voir, page XLIII, la démonstration de l'origine latine du mot *paresse*.

variables, et qu'il suit dans ses transformations des règles nécessaires.

Nous exposerons dans ce livre les traits principaux de cette histoire naturelle du langage : pour l'étymologie en particulier ils fournissent au savant des secours inattendus, et sont, à ses yeux, un précieux instrument, microscope puissant qui lui permet d'observer les phénomènes les plus délicats.

Ces instruments sont au nombre de trois : la *phonétique*, l'*histoire* et la *comparaison*.

CHAPITRE I.

PHONÉTIQUE.

Si, prenant au hasard une lettre latine, on cherche ensuite ce que cette lettre est devenue dans notre langue, on s'aperçoit bien vite que le passage des lettres latines en français s'effectue d'une manière régulière, en un mot que chaque lettre latine se transforme en français suivant un mode constant ; ē long, par exemple, devient ordinairement *oi* : *mē* (moi), *regem* (roi), *legem* (loi), *te* (toi), *se* (soi), *tela* (toile), *velum* (voile), etc.... On donne le nom de *Phonétique*[1] à l'ensemble de ces lois de transformation.

On voit immédiatement la portée de cette découverte ; ces règles de changement une fois observées pour chaque lettre sont un fil conducteur pour la recherche, et nous empêchent de faire fausse route : c'est un groupe de conditions auxquelles l'étymologie doit satisfaire, sous peine de nullité.

Posséder en détail l'ensemble des transformations des lettres latines en lettres françaises[2], est la première con-

[1] Voyez p. LXXI.
[2] Voyez p. LXXVIII.

dition à remplir pour s'occuper d'étymologie. A ceux qui trouveraient cette préparation minutieuse ou indifférente, nous répondrons que l'anatomie observe et décrit les muscles, les nerfs, les vaisseaux dans les plus minutieux détails ; cet immense catalogue de faits peut sembler aride ou fastidieux ; et cependant de même que l'anatomie comparée est la base de toute physiologie, la connaissance exacte de la phonétique est le point de départ de toute étymologie : c'est elle qui donne seule à cette science son caractère de solidité et de rigueur.

On peut ainsi formuler ce principe nouveau : toute étymologie qui, — d'après les règles de permutation posées par la phonétique, — ne rend pas compte des lettres conservées, changées, ou disparues, est à rejeter.

A la lumière de ce principe, cherchons à trouver l'origine du mot *laitue* par exemple. On remarque aussitôt que la combinaison *it* correspond au latin *ct*, comme le montre la phonétique (voy. page c) ; témoin : fai*t* de fa*ct*us, lai*t* de la*ct*em, trai*t* de tra*ct*us, frui*t* de fru*ct*us, rédui*t* de redu*ct*us.

La première partie du mot *laitue*, correspond à une forme latine *lact* : reste à trouver l'origine du suffixe *ue* : or on a vu[1] que ce suffixe provient du suffixe latin *uca* ; témoin *verr-ue* de *verr-uca*, *charr-ue* de *carr-uca*, etc. Nous obtenons ainsi la forme *lact-uca*, qui est précisément le mot dont se sert la langue latine pour exprimer l'idée de *laitue*, ce qui confirme l'étymologie proposée.

Cette recherche de l'étymologie, on le voit, est une opération analogue à l'analyse chimique. De la substance mise dans le creuset, et réduite en ses éléments, le chimiste doit retrouver le poids équivalent ; ici les éléments sont les lettres, et l'analyse, c'est-à-dire l'étymologie est douteuse, tant que les éléments n'ont pas été retrouvés[2].

En résumé la recherche étymologique est soumise à deux règles : 1° Une étymologie n'est admissible qu'autant qu'elle rend compte de toutes les lettres du mot qu'elle

1. Page 48, col. 2, ligne 6.
2. M. Littré.

prétend expliquer, sans en omettre une seule. — 2° Toute étymologie qui suppose un changement de lettres doit avoir pour soi, au moins un exemple d'un changement bien identique à celui qu'elle suppose; sinon, tant que l'on n'en peut citer aucun, le rapprochement tenté est sans valeur.

CHAPITRE II.

HISTOIRE.

Tout mot latin a subi deux changements successifs pour arriver jusqu'à nous; il a passé du latin au vieux français, de l'ancien français au français moderne : *festa* a d'abord donné *feste*, puis celui-ci est devenu *fête*. Pour retrouver l'origine d'un mot français, ce serait faire fausse route que de spéculer sur le mot dans son état actuel, et de sauter de la langue présente au latin, sans chercher préalablement s'il existe en vieux français des formes intermédiaires qui éclairent la transition et marquent la route qu'a suivie le latin pour arriver à notre langue actuelle. D'ailleurs ces intermédiaires en nous rapprochant du point de départ nous permettent de le voir plus distinctement, et parfois même de le reconnaitre, sans aucune recherche ultérieure

Un exemple fera ressortir la différence qui sépare sur ce point l'ancienne méthode étymologique de la nouvelle : les étymologistes anciens étaient fort divisés sur l'origine du mot *âme* : les uns ne considérant que le sens, tiraient ce mot du latin *anima*, sans pouvoir expliquer comment cette transformation s'était opérée; — les autres trouvant la contraction d'*anima* en *âme* beaucoup trop forte, rapportaient le mot au gothique *ahma* (souffle). Le procès serait encore pendant, si la philologie moderne n'était intervenue, pour donner à ce problème sa solution naturelle. Remplaçant l'imagination par l'observation des faits, les philologues modernes ont compris qu'il est absurde de disserter à perte de vue sur un mot dans sa forme actuelle sans se soucier des changements qu'il a subis depuis l'origine de la langue; et refaisant par l'étude des textes l'histoire du mot, ils ont constaté qu'au treizième siècle *âme* s'écrivait *anme*, qu'il est devenu *aneme* dans les textes du onzième, *anime* dans ceux du dixième, ce qui nous conduit immédiatement au latin *anima*.

Le seul moyen de ne point perdre pied est d'observer pas à pas les intermédiaires, pour étudier la déformation graduelle du mot latin : mais ici encore, il faut distinguer deux espèces d'intermédiaires, ceux de l'ancienne école philologique, ceux de la nouvelle. Les premiers posaient au hasard un mot très-dissemblable comme origine du mot cherché, et pour rejoindre les deux bouts, imaginaient des intermédiaires fictifs qui les conduisaient ainsi au point qu'ils voulaient atteindre. Ménage, par exemple, prétendait trouver l'origine du mot *haricot* dans le latin *faba* (fève), et pour combler la distance qui sépare ces deux mots il ajoutait : « On a dû dire faba, *puis* fabaricus, *puis* fabaricotus, aricotus, *et enfin* haricot. » On croit rêver en lisant de pareilles divagations; tout cela justifiait l'opinion des rieurs, — et l'épigramme du chevalier d'Aceilly :

> « *Alfana*[1] vient d'*equus* sans doute,
> Mais il faut convenir aussi
> Qu'à venir de là jusqu'ici,
> Il a bien changé sur la route, »

avait raison d'être, puisque les savants faisaient un jeu de ce qui aurait dû être une science.

Les intermédiaires que demande et recherche l'étymologie moderne sont d'une autre nature; la science ne recherche plus ce qu'on a dû dire, mais ce qu'on a dit. Elle n'invente plus d'intermédiaires de fantaisie, pour le besoin

---

1. Nom donné par l'Arioste à la jument de Gradasse. Ménage prétendait tirer *alfana* de *equus*.

de sa cause; elle se borne à remonter par les textes français du dix-neuvième siècle au dixième; constatant la naissance des mots et la date première de leur apparition, elle observe les changements qu'ils ont éprouvés de siècle en siècle; cette observation rigoureuse qui ne laisse rien à la conjecture, ni à l'invention, est une partie préliminaire mais indispensable de toute recherche étymologique; avant de procéder à l'analyse d'un mot français dans sa forme actuelle, il faut chercher à obtenir autant que possible des exemples du mot dans le français ancien.

M. Littré a suivi ce plan dans son beau *Dictionnaire historique de la Langue française;* au lieu d'inventer une série d'intermédiaires arbitrairement supposés, il réunit pour chaque mot une suite d'exemples pris dans les textes, jusqu'à l'origine même du français, au huitième siècle; — une fois ces jalons posés, il procède à la recherche de l'étymologie partant non plus du mot dans sa forme présente, mais du mot tel qu'il existe à la naissance même de la langue.

L'observation attentive des intermédiaires est, après la phonétique, le meilleur auxiliaire de la philologie.

A ce point de vue, la comparaison du vieux français et du français moderne, qui ne sont au fond que des états successifs de la même langue, est indispensable. On comprend mieux que *modŭlus* ait donné *moule,* quand on voit les degrés intermédiaires, le bas latin *modlus,* le vieux français qui dit *modle* au onzième siècle, *molle* au douzième, et arrive enfin à *moule.* — On ne doute plus que *déluré* ne signifie : celui qui ne se laisse plus tromper, *leurrer,* quand on a sous les yeux l'ancienne forme *déleurré.* Dans un grand nombre de cas, nous avons perdu le primitif de l'ancien français et gardé le diminutif en français moderne; *alouette, mouette, belette* ont subsisté, et leurs primitifs *aloue, moue, bele,* ont disparu; nous ne connaissons plus les anciens verbes *tentir, freindre, pentir, œuvrer, vergonder, bouter* que par leurs composés *retentir, enfreindre, repentir, désœuvrer, dévergondé, débouté* : il importe à l'étymologiste de connaître toutes ces formes, puisque, avant de chercher l'origine de tout mot, il est nécessaire de le réduire à sa plus simple expression.

CHAPITRE III.

COMPARAISON.

En même temps que le latin populaire donnait naissance au français, il créait quatre idiomes frères du nôtre, et comme lui formés avec une étonnante régularité. la permutation des lettres latines en italien, en provençal, en espagnol, en portugais, ou, comme disent les Allemands, dans les quatre langues *romanes*, s'effectue avec la même persistance qu'en français. La conséquence immédiate de ce fait, est qu'on doit employer la comparaison des formes romanes au français, comme une pierre de touche pour vérifier et confirmer l'hypothèse proposée. Nous avons reconnu tout à l'heure que *laitue* correspond lettre pour lettre à une forme latine *lactuca*. Si cette étymologie est exacte, il faut que l'italien *lattuga*, l'espagnol *lechuga*, qui ont le même sens, viennent aussi du même mot latin, et reproduisent *lactuca*. Ce qui revient à démontrer que l'italien *tt*, et l'espagnol *ch*, proviennent du latin *ct* :

Italien : *noctem* (notte), lactem (latte), octo (otto), biscoctus (biscotto), tractus (tratto), etc..., d'où : lactuca = lattuga.

Espagnol : *noctem* (noche), octo (ocho), biscoctus (biscocho), lactem (leche), tractum (trecho), etc..., d'où : lactuca = lechuga.

On voit ainsi comment les rapprochements des langues romanes et du français confirment les observations antérieures, et servent à vérifier les hypothèses. Ces rapprochements ont une autre utilité ; ils nous montrent souvent la route à suivre : entre la langue française et le latin, les langues romanes sont des intermédiaires dans l'espace, comme le vieux français est pour l'étymologie un intermédiaire dans le temps : *rouler* semble moins éloigné de *rotulare* quand on a rempli l'intervalle par le provençal *rollar*, à l'origine *rotlar*, et par l'italien *rotolare*. *Chou* est immédiatement rattaché à *caulis*, par le vieux français *chol*, l'espagnol *col*, le provençal *caul*; — entre *coude* et *cubitus*, nous trouvons le provençal *code*, l'ancien espagnol *cobdo*, l'italien *cubito*.

L'échelle est complète entre le français *nourrir* et le latin *nutrire*, quand on passe par les trois degrés du provençal *norrir*, du catalan *nudrir*, de l'italien *nutrire*.

A côté des quatre langues romanes, qui sont les grandes divisions du latin, il y a les patois qui sont les divisions secondaires de chaque langue; nous avons montré ailleurs[1] qu'à l'origine, il n'existait point en France de langue littéraire unique; que le latin s'était scindé, dans chaque région, en autant de *dialectes* ou idiomes distincts, le normand, le bourguignon, le picard, et le français (qui ne veut dire à cette époque que le dialecte des Français, c'est-à-dire des habitants de l'Ile de France). On sait par quelle suite d'événements politiques (les conquêtes des ducs de France et les agrandissements successifs du domaine royal), de ces quatre dialectes, trois finirent par s'absorber dans l'un d'eux, le dialecte français, qui, en s'élevant au rang de langue littéraire unique, abaissa les autres dialectes au simple rôle de patois, (qui s'éteignent lentement aujourd'hui dans nos campagnes); les patois ne sont donc point, comme on le croit communément, du français littéraire, corrompu dans la bouche des paysans; ce sont les débris des anciens dialectes provinciaux, que les événements politiques ont fait déchoir du rang de langues officielles, littéraires, à celui de langues purement parlées. L'histoire des patois nous montre leur importance pour l'étude étymologique du français; à côté des langues romanes, qui forment quatre couleurs ou teintes nettement tranchées, il y a les patois qui remplissent l'espace intermédiaire, et

---

1. *Grammaire historique de la langue française*, p. 45.

parcourent toute la gamme des nuances secondaires : à ce point de vue, ils jettent sur beaucoup de mots une très-vive lumière. Le mollusque bivalve, que les Latins nommaient *musculus*, est *moule* en français. Comment rattacher *moule* à *musculus*, sans passer par le patois normand *moucle*, ensuite par le languedocien *muscle*, qui nous donnent tous les anneaux intermédiaires. On comprend mieux que *fresaie* et *praesaga* soient le même mot, quand on voit les formes *presaie* du patois poitevin, *bresague* du gascon.

On voit quel genre de secours, l'étymologie peut attendre de l'étude comparative des patois. le linguiste peut aussi y vérifier le fait qui se produit déjà dans les langues romanes ; c'est que dans les langues, comme dans les patois, la langue latine s'assourdit et se contracte à mesure qu'elle s'éloigne du Latium. Le mot latin est ici un thermomètre très-sensible qui s'abaisse de plus en plus, en montant vers le nord, par une suite de modifications lentes et insensibles, non par un écart brusque, ou un changement instantané.

CHAPITRE IV.

VARIATIONS DE SENS.

Des deux éléments qui constituent le mot (la *forme* et le *sens*), nous venons d'étudier le premier, dans l'espace et dans le temps, comme disent les philosophes, — dans l'espace, par la *Phonétique* et la *comparaison*, — dans le temps par l'*Histoire*. Mais pour l'étymologie, la connaissance de l'histoire et des variations du sens dans chaque mot, est un auxiliaire indispensable de l'étude des formes. On peut étudier l'*histoire* du sens, en suivant les variations d'un mot dans sa propre langue, ou instituer une *comparaison* en rapprochant de ce mot les mots qui ont un sens analogue dans les autres langues.

§ 1. *Histoire du sens.* — Si l'on compare un certain nombre de mots français aux mots latins qui leur ont donné naissance, on ne tarde point à voir que dans la plupart, le sens a varié en passant du latin au français, et n'a point gardé le degré exact d'intensité qu'il possédait dans la langue mère. Tantôt le sens s'est élargi : *carpentarius* (qui veut dire seulement *charron*) est devenu *charpentier* : *caballus* qui a juste chez les Romains le sens que nous donnons au mot *rosse*, s'est ennobli en devenant *cheval*, *minare* qui est proprement *conduire* (une voiture, un troupeau), est devenu *mener* ; le sens de *métairie*, puis de *hameau* qui appartient au latin *villa*, s'est agrandi dans le mot *ville*. — Tantôt le sens s'est rétréci, et est venu d'un sens général à un sens particulier : *jumentum* qui désigne en latin toute bête de somme, s'est spécifié dans le mot *jument* ; *peregrinus* qui est proprement l'étranger, celui qui voyage, s'est restreint dans le mot *Pèlerin* au sens de voyageur en terre sainte [1] ; — *arista* qui a dans la langue latine le double sens d'arête de poisson et d'épi de blé, a perdu le second, en passant au français *arête*. *Carruca*, qui a le sens général de chariot, s'est spécifié dans *charrue*, au sens de chariot aratoire.

Mais ces déplacements de sens ne se retrouvent pas seulement dans le passage du latin au français : « *l'usage d'une langue ne cesse de changer*, a dit Varron [2], et si l'on se borne à observer l'histoire du français depuis le onzième siècle jusqu'à nos jours, on retrouvera, dans l'intérieur même de la langue, beaucoup de mots dont le sens s'est agrandi ou s'est affaibli dans le passage du vieux français au français moderne : plus d'un mot jadis employé dans un sens noble ou élégant, est tombé aujourd'hui aux plus basses significations : le mot *pectus* (poitrine), garda le sens latin, en passant au français ; et *pis* (qui vient de *pectus*, comme *lit* de *lectus*, *profit* de *profectum*, *confit* de *con-*

---

1. Le latin *Peregrinus* signifiait déjà *Pèlerin* dans la basse latinité « *Miles quidam, a pago Burgundiae.... venit Jerusalem peregrinus* » Mapes, *De nugis curialium*, I, 18.
2. « *Consuetudo loquendi est in motu.* » *De Lingua latina*, IX, 17.

fectum), a le sens de *poitrine* à l'origine de la langue ; on disait en termes de droit féodal, *mettre la main au pis* pour *mettre la main* sur sa poitrine (prêter serment). Le mot s'est restreint successivement et s'est avili jusqu'à sa signification actuelle.

Mutare (changer), est devenu en français *muer* (comme *remutare*, *commutare* ont donné *remuer*, *commuer*) ; *muer* qui avait gardé à l'origine toute l'énergie du sens latin (*les dieux et les déesses muoient les hommes en bestes*, dit Froissard[1]), s'est par la suite du temps, restreint à l'opération par laquelle un animal change de peau, un oiseau de plumes ; *labourer* qui vient de *laborare* (travailler), ne s'est restreint qu'assez tard au travail de retourner la terre ; le moyen âge l'employait avec le sens de travailler : « *Les excellens medecins labourent moult à avoir cognoissance des choses du corps,* » dit Oresme au quatorzième siècle, dans sa traduction de l'*Éthique* d'Aristote. — *Marâtre* (de *matraster*), ne signifiait à l'origine que *belle-mère*, et c'est plus tard qu'il prît le sens de belle-mère *acariâtre*. — *Préau* qui vient de *pratellum* (comme *fléau* de *flagellum*), veut dire littéralement *petit pré* ; c'était aussi le sens qu'il avait dans notre ancienne langue ; et ce n'est que tardivement qu'il se restreignit au sens de *petit pré situé derrière une prison* pour servir de promenade aux prisonniers, — et au sens actuel de cour de la prison. — A côté de ces diminutions et émoussements du sens, il faut noter des cas où le sens s'est étendu et élargi. Beaucoup de termes de métiers ou de mots techniques et spéciaux sont venus ainsi dans l'usage général : les termes de chasse en particulier se sont répandus dans la langue : *attraper* ne veut dire à l'origine que prendre dans la *trappe*, dans le piége. — *Leurrer* est proprement attirer le faucon avec un *leurre* (morceau de cuir rouge en forme d'oiseau) : celui qui ne

---

1. Ce sens étymologique de *changer* s'est encore conservé dans ces vers de Voltaire :

> Qui de Méduse eût vu jadis la tête
> Était en roc *mue* soudainement.

se laisse plus tromper par le *leurre* est un *déleurré* (qui est la forme ancienne de notre mot *déluré*). — Quand le faucon était pris après plus d'une mue, il ne s'apprivoisait pas facilement, restant sauvage, farouche, ou comme disent les fauconniers, *hagard* (ce mot est venu de là, dans la langue usuelle). S'il était pris au nid, le faucon était dit *niais* (*nidacem* de *nidus*, nid), et l'imbécillité des jeunes faucons, introduit dans notre langue le mot *niais* et *niaiserie*, pour rendre métaphoriquement la simplicité et le manque d'usage des gens qui ne sont point sortis de leur *nid*. — Une autre opération de fauconnerie a laissé à notre langue l'expression : *dessiller les yeux* (jadis écrite plus correctement *déciller les yeux*) : on cousait les paupières, ou les *cils* du faucon pour le dompter ; et cette opération s'appelait *ciller* le faucon ; lorsque l'oiseau était dressé, on lui rendait la lumière, en le *décillant*, en coupant le fil qui tenait les cils rapprochés.

Comme complément nécessaire de ces variations de sens, il faut citer diverses métaphores très-curieuses dont l'origine remonte au latin vulgaire, et qui témoignent de la part considérable prise par le peuple dans la formation de la langue : de *testa* (pot cassé), *gurges* (gouffre), *botellus* (boudin), *pellis* (fourrure, peau d'animal), le français a tiré *tête, gorge, boyau, peau*, délaissant les mots *caput, guttur, intestinum, cutis*, que possédait le latin classique pour exprimer ces diverses parties du corps humain. Le français adopta ces métaphores, mais elles sont l'œuvre propre du latin populaire : on trouve déjà *testa* au sens de crâne dans Ausone, *botellus* avec celui d'intestin dans Tertullien. Ces capricieuses métaphores du peuple romain n'ont rien d'étonnant, si on les rapproche du langage populaire actuel, qui compare la tête à une *boule*, les jambes à des *quilles*, la main à une *pince*, etc... — A côté de ces métaphores créées par le latin, et qu'il nous a transmises, notre langue en possède un grand nombre qui lui appartiennent, et qui sont charmantes de naïveté : c'est ainsi que le peuple a donné le nom de *bergeronnette* (littéralement *petite bergère*) à un oiseau qui se plaît dans les prés, — et celui de *bouvreuil* (*bovariolus* de *bovarius*), proprement *petit bouvier*[1], à un autre oiseau qui suit les troupeaux, et se tient dans leur voisinage.

§ 2. *Comparaison de sens.* — On voit, par ce que nous avons dit jusqu'ici, combien, dans un mot, l'étude du *sens* est plus difficile que celle de la *forme;* on n'a affaire dans l'étude des *formes* qu'à des changements réguliers et observables; le climat et la race ont donné à chacun des peuples de la Gaule, de l'Italie et de l'Espagne, un appareil vocal différant par certaines inflexions, — et suivant ces trois modes de prononciation, le latin s'est transformé en trois langues différentes, avec une invariable régularité. Cette partie de la philologie, qui est désignée par le nom de *phonétique* peut rentrer dans l'histoire naturelle, puisqu'elle relève, après tout, de conditions physiques spéciales à certaines familles de langues et de peuples. C'est, en somme, une étude aussi matérielle[2] que l'étude du *sens* l'est peu. Tandis que l'étude de la forme ne peut avoir en vue qu'un groupe ou une famille de langues communes par l'origine, l'étude des significations s'attaque à toutes les langues à la fois, dans toutes elle étudie la marche de l'esprit humain, et par elle, la philologie sort du domaine des sciences naturelles pour entrer dans celui de la psychologie; l'étymologie tire un grand secours de cette comparaison des métaphores qui justifie et confirme l'origine de certains mots, sans qu'on puisse cependant l'expliquer. Il est bizarre que le peuple ait appelé un oiseau *roitelet*, c'est-à-dire *un petit roi*; et cependant cette étymologie devient indubitable quand on remarque que le roitelet est appelé de même en latin[3] en grec[4] et en allemand[5]; ce rapprochement

---

1. *Bovariolus* de *bovarius*.
2. J'entends par ce mot « s'exerçant sur des faits sensibles et palpables. »
3. *Regulus* (c'est-à-dire *petit roi*), diminutif de *regem*.
4. Βασιλίσκος (petit roi), diminutif de Βασιλεύς (roi).
5. *Zaunkönig* (le roi des haies).

ne nous explique point la cause de l'appellation[1] ; mais il en démontre l'existence. On comprend mieux que le latin *causa* (cause), ait donné *chose*, quand on voit l'allemand *sache* posséder à la fois ces deux significations. — *Contrée* vient du bas latin *contrata* (le pays qui s'étend devant vous), et *contrata* est lui-même dérivé de la préposition *contra* : l'analogie de l'allemand *gegend* (contrée), formé de la préposition *gegen* (contre), justifie cette dérivation. — *Déjeuner*, formé de *jeûner*, comme *défaire* de *faire*, et qui signifie proprement *cesser de jeûner*, a été appliqué au repas du matin, comme en anglais *breakfast* (déjeûner), veut dire lui aussi, *cesser le jeûne* (break fast). — *Corset* est un diminutif de *corps*[2], et veut dire proprement *un petit corps;* cette métaphore est confirmée par les expressions identiques que nous offrent les autres langues : pour *corset*, l'allemand dit *leibchen* (petit corps, diminutif de *leib* corps[3]), l'anglais *bodice* (diminutif de *body* corps), l'italien *corpetto* (petit corps; de *corpo*, corps). — Il paraît simple qu'*habitus* qui veut dire en latin manière d'être habituelle, accoutumée, ait pu donner *habit*, quand on rapproche de ce mot le grec σχῆμα qui signifie en même temps *manière d'être* et *vêtement*, l'italien *costuma*, qui a le double sens de costume et d'habitude. C'est en se plaçant au point de vue d'une comparaison délicate des procédés de l'esprit humain, que l'étymologiste peut expliquer la naissance de toutes ces métaphores, fruit du caprice ou de l'imagination populaire.

---

1 On doit chercher cette cause dans les légendes des peuples indo-européens, légendes que la mythologie comparée a pour devoir de rassembler et d'interpréter.

2. Qui s'écrivait à l'origine *cors* ; le *p* est une addition des savants, addition postérieure au quatorzième siècle. A l'origine, on ne disait point un *corset*, mais un *corps* (le corset étant considéré comme le corps de la jupe) : et au XVIII° siècle, Rousseau blâmait les femmes de porter des *corps* trop étroits. *Corset* ne signifie proprement qu'un petit corset.

3. Il faut se garder de croire, d'après ces exemples, que l'allemand ait transmis son procédé au français ; au lieu de conclure de la ressemblance à la filiation, on doit reconnaître, dans la variété de ces exemples, l'identité des procédés de l'esprit humain.

CHAPITRE V.

En constatant que les mots ont une croissance et une histoire, et qu'ils subissent comme les plantes et les animaux des transformations régulières, — en constatant enfin que là, comme partout, la loi règne, et qu'on peut sûrement formuler des règles de dérivation d'une langue à l'autre, — les philologues modernes ont fondé sur des bases durables l'étymologie comparée, et fait une science de ce qui semblait condamné à rester dans le domaine de l'imagination et du caprice individuel.

L'ancienne étymologie cherchait à expliquer *à priori* l'origine des mots, d'après leur ressemblance ou leur différence apparentes; appliquant la méthode des sciences naturelles, l'étymologie moderne estime au contraire que les mots doivent s'expliquer d'eux-mêmes, qu'au lieu d'inventer des systèmes il faut observer les faits, à l'aide de trois instruments : — l'*histoire* du mot, qui par des transitions sûres, nous conduit au primitif cherché, ou tout au moins nous en rapproche; — la *phonétique* qui nous fournit les règles de transformation d'une langue à l'autre, règles auxquelles on doit se soumettre *aveuglément*, sous peine de faire fausse route; — la *comparaison*, qui assure et confirme les résultats acquis.

C'est en appliquant rigoureusement cette méthode et ces principes que l'étymologie comparée s'est élevée, de nos jours, à la dignité d'une science, comme c'est aux aberrations fantastiques des anciens érudits qu'elle devait le discrédit dans lequel elle était jadis tombée.

LIVRE II

ÉLÉMENTS ÉTYMOLOGIQUES
DU FRANÇAIS

Sans revenir ici sur l'histoire de la langue française que nous avons décrite ailleurs [1], il est nécessaire de résumer cette histoire en quelques mots, pour préparer à l'intelligence de ce qui va suivre.

Le latin vulgaire transporté en Gaule par les soldats de César et les colons, absorba promptement la langue indigène, le *celtique* (Voy. ci-dessous, p. XXXI et p. XXXIV), et subit à son tour, quatre siècles après, par l'invasion des tribus germaniques en Gaule, une notable perturbation dans son vocabulaire; plus de cinq cents mots germaniques prirent pied dans la langue gallo-romaine (Voy. p. XL); ce latin populaire ainsi modifié par l'immixtion de mots barbares, devint par une série de modifications lentes et insensibles, un idiome nouveau, le français qui apparaît dès le neuvième siècle, comme une idiome indépendant du latin. Du huitième siècle au onzième, la langue française progresse, et sa formation est achevée dès le douzième siècle ; à ce fonds ancien et populaire viennent successivement s'ajouter, au treizième siècle, des mots orientaux venus par les croisades, — au seizième un certain nombre de mots italiens et espagnols, — au dix-huitième, des termes d'ori-

1. *Grammaire historique de la langue française*, pages 13-70.

gine allemande, —au dix-neuvième des mots d'importation anglaise, sans parler des mots empruntés par les savants au latin et au grec depuis le quatorzième siècle jusqu'à nos jours.

En résumé, la langue française comprend deux grandes couches de mots superposées : l'une antérieure au douzième siècle, œuvre inconsciente du peuple (et formée de trois éléments le *latin*, le *celte*, le *germanique*),— l'autre postérieure au douzième siècle, et formée d'un côté, des éléments empruntés aux langues modernes, de l'autre des mots savants empruntés aux langues anciennes.

On peut donc répartir les mots français en trois catégories, éléments d'origine *populaire*, —éléments d'origine *savante*, éléments d'origine *étrangère*.

PARTIE I

ÉLÉMENTS D'ORIGINE POPULAIRE.

CHAPITRE I.

ÉLÉMENT LATIN.

Comme on l'a vu dans la *Grammaire historique de la langue française*, on peut étudier tout idiome à quatre points de vue : 1° celui des *sons*, de l'origine et de l'histoire de chaque lettre ; cette partie porte le nom de *phonétique*.

2° A l'étude des lettres succède l'étude des mots, de la açon dont ils se créent ou se déforment : c'est la *formation des mots*

3° Quand on connaît ainsi les éléments constitutifs des mots et leur agrégation, reste à voir de quelle manière les mots se modifient quand on les rapproche les uns des autres ; c'est l'étude de la *flexion* (divisée elle-même en deux sections : la déclinaison et la conjugaison.)

4° Enfin la *syntaxe* nous montre comment les mots peuvent se grouper pour former des phrases.

Il faut passer successivement en revue ces quatre parties pour décrire le changement du latin en français ; le livre III de cette introduction donnera les règles qui ont présidé au passage des lettres latines aux lettres françaises ; nous avons indiqué ailleurs quel changement ont subi la déclinaison et la conjugaison latines : comment l'article a été créé pour remplacer la distinction des cas ; comment la déclinaison perdit un genre, le neutre, et se réduisit d'abord de six cas à deux dans le latin mérovingien et dans l'ancien français, puis de deux cas à un seul, à partir de la fin du treizième siècle ; comment la conjugaison perdit la voix déponente, créa les deux auxiliaires *être* et *avoir* pour remplacer les temps composés des Latins, et imposa au futur une formation nouvelle ; nous ne reviendrons pas sur ces changements purement grammaticaux.

Dans le vocabulaire, le français qui n'est que le produit du lent développement de la langue vulgaire romaine, offre nécessairement de profondes différences avec le latin classique ; tantôt le latin vulgaire et le latin classique présentent, pour rendre la même idée, deux formes différentes du même mot ; ainsi *doubler, avant, ivraie,* dérivent des formes populaires *duplare, abante, ebriaca,* — tandis que les formes classiques *duplicare, ante, ebrius,* sont restées stériles ; tantôt l'idiome du peuple et celui des patriciens emploient deux mots d'origine tout à fait dissemblable : *semaine, chemin, bataille, baiser, tourner,* ne correspondent point aux formes classiques *hebdomas, via, pugna, osculari, verti,* mais aux formes populaires *septimana, caminus, batalia, basiare, tornare.*

Beaucoup d'autres mots latins ont disparu pour des causes diverses ; les uns parce qu'ils n'étaient point assez résistants et offraient trop peu de prise au langage ; ainsi *spes* a cédé la place à *speres* (espoir), qu'on trouve dans Ennius ; les autres parce qu'ils auraient donné deux formes identiques en français : ainsi *bellum* (guerre) disparut devant *bellus* (beau) ; s'il avait persisté, il serait lui aussi devenu *beau :* enfin, beaucoup de synonymes se sont éteints : *fluvius* (fleuve) a fait disparaître *amnis* et *flumen ; janua* et *ostium* ont été annihilés par *porta,* qui est devenu *porte.*

A côté de ces modifications dans le vocabulaire latin, rappelons brièvement les changements apportés dans la formation des mots, soit dans la dérivation, soit dans la composition. Le plus important est, sans contredit, l'adjonction aux primitifs latins de suffixes diminutifs, tout en conservant au mot latin ainsi transformé la plénitude de sens de l'original: de *sturnus, corvus, passer,* on tira *sturnellus* (étourneau), *corvellus* (corbeau), *passerellus* (passereau). Le latin rustique avait déjà préludé à cette réforme en transportant aux diminutifs déjà existants en latin (*apicula* de *apis, cornicula* de *cornix, agnellus,* de *agnus*), le sens du primitif; c'est ainsi que *capreolus, apicula, cornicula, corbicula, agnellus, aucellus,* ont donné en français *chevreuil, abeille, corneille, corbeille, agneau, oiseau,* — alors que ces mots signifient proprement en latin *petit chevreuil, petite abeille, petite corneille,* etc.

D'autres procédés ont été employés pour créer des substantifs nouveaux à l'aide des verbes déjà existants: la langue latine possédait la faculté remarquable de former des substantifs avec les participes passés: de *peccatum,* participe passé de *peccare* (pécher), elle faisait un substantif, *peccatum* (un péché); de *scriptum,* participe passé de *scribere* (écrire), elle tira *scriptum* (un écrit); de *fossa* (creusée), participe de *fodere* (creuser), elle tira *fossa* (une fosse, ce qui a été creusé), etc.... Le français n'eut qu'à développer ce procédé grammatical pour créer aussitôt plusieurs milliers de substantifs: c'est ainsi que nous disons un *reçu,* un *fait,* un *dû,* qui sont les participes passés de *recevoir, faire, devoir.* Mais c'est surtout avec les participes féminins, *vue, étouffée, venue, avenue,* etc., que s'exerce cette propriété[1].

Après avoir créé des substantifs à l'aide des participes passés, — le français en a tiré d'autres de l'infinitif: ce sont les substantifs *verbaux,* série d'environ 300 substantifs qui ne correspondent à aucun type latin, et ont été formés directement d'un verbe français en retranchant la terminaison de l'infinitif: le latin *apportare, appellare, purgare,* etc.... donne à notre langue *apporter, appeler,*

---

1. Pour les détails, voir ma *Grammaire historique de la langue française,* page 220.

purger : ces verbes, à leur tour, par la suppression de la désinence infinitive (*apport-er, appel-er, purg-er*), forment les mots *apport, appel, purge*, dont l'original n'existe pas en latin, et qui sont dits *substantifs verbaux*. Mais le français et le latin ne sont que des états successifs de la même langue, et il n'est guère de procédé grammatical employé par notre idiome dont on ne retrouve le germe dans la langue latine : comme nous les Latins créaient des substantifs verbaux à l'aide des infinitifs : de *notare, copulare, probare*, etc.... ils tiraient les substantifs *nota, copula, proba*[1].

C'est encore à l'imitation du latin que le français a formé des verbes nouveaux par le participe des verbes déjà existants : de *edere, cogere, quatere, detrahere, videre*, les Latins avaient créé (en ajoutant la terminaison de l'infinitif aux participes *editus, cogitus, quassus, detractus, visus*) les verbes *editare, cogitare, quassare, detractare, visare* : le latin rustique créa sur ce modèle une foule de verbes nouveaux : rejetant les primitifs *uti, radere, audere*, etc..., il créa par les participes *usus, rasus, ausus*, les verbes *usare, rasare, ausare*, etc.... qui ont donné au français *user, raser, oser*, etc....

Tels sont les principaux changements apportés à la structure de la langue latine par les peuples de la Gaule[2]. On verra dans le dictionnaire étymologique, et dans le livre suivant (PHONÉTIQUE) quels intermédiaires le latin ainsi modifié quant à la flexion, à la syntaxe, à la formation des mots, a dû traverser pour arriver au français.

1. La question des substantifs verbaux, a été épuisée par un excellent travail de M. Egger, dans les *Mémoires de l'Académie des Inscriptions* (XXIV, 2), modèle de science pénétrante et sûre, qui ne laisse rien à glaner dans le champ qu'il a parcouru.

2. Il y aurait bien d'autres modifications à relater; elles trouveront leur place dans ce Dictionnaire : je ne trace ici qu'un aperçu général.

CHAPITRE II.

ÉLÉMENT CELTIQUE.

Il est inutile de revenir ici[1] sur les causes qui provoquèrent l'absorption de la langue gauloise indigène par l'idiome romain.

Constatons seulement que deux siècles après la conquête de César, le celtique avait à peu près disparu de la Gaule; toutefois, cette langue ne s'éteignit pas sans laisser sur le latin quelques traces, bien faibles il est vrai, mais qui témoignent de son passage. Ainsi, les Romains remarquèrent, par exemple, que l'oiseau, connu chez eux sous le nom de *galerita*, s'appelait chez les Gaulois *alauda*; que l'orge fermentée, nommée en latin *zythum*, était dans la langue gauloise *cervisia*; ils introduisirent alors *alauda* et *cervisia* dans leur propre langue, et ces nouveaux mots latins, passant six siècles plus tard en français, donnèrent à notre langue *alouette*[2] et *cervoise*.

Il en est de même de *bec, lieue, alose, braie, banne, arpent, brasseur, bouleau, marne* qui correspondent au latin *beccus, leuca, alosa, braca, benna, arepennis, brace* (Pline), *betula, margula* que les écrivains romains citent comme des mots empruntés au celtique par le latin. (Les auteurs

---

1. Voy. *Grammaire historique de la langue française*, page 19-20. Il est si difficile de décrire les éléments étymologiques du français sans refaire l'histoire de la langue, que le lecteur excusera nos fréquents renvois au livre, où nous avons déjà retracé cette histoire; l'introduction de certains éléments dans la langue ne peut s'expliquer que par l'histoire des vicissitudes de cette langue, et nous avons dû plus d'une fois répéter ici ce que nous avions dit ailleurs.

2. Le latin *alauda* n'a pas donné immédiatement *alouette*, mais le vieux français *aloue* qui avait le même sens, et dont *alouette* est le diminutif, comme *cuvette* de *cuve*, *amourette* de *amour*, *herbette* de *herbe*, etc....

latins citent encore beaucoup d'autres mots venus de la langue gauloise dans l'idiome romain, *ambactus, bardus, druida, galba, rheda, soldurius,* mais qui ne se retrouvent point en français). — Ces mots isolés, et quelques autres[1] (surtout parmi les noms de lieux) composent toute notre dette envers la langue gauloise; et même, pour parler d'une manière exacte, nous n'avons rien emprunté aux Gaulois, puisque ces mots ne sont venus au français que par l'intermédiaire du latin; ils ne sont point allés directement du celtique au français, ils ont subi une transcription latine : ces emprunts sont du reste si peu nombreux, qu'on peut presque dire que l'influence du celtique sur le français est insensible.

Ainsi, tandis que le fond de la nation française est de race celtique, la langue française n'a conservé qu'un nombre insignifiant de mots qui puissent être ramenés à une origine gauloise. Fait bien étrange et qui, mieux encore que l'histoire politique, montre combien fut absorbante la puissance romaine.

Refoulée dans l'Armorique par les conquérants romains, la langue gauloise y vécut encore plusieurs siècles à la faveur de son isolement; cette tradition du celtique fut ravivée au septième siècle par une immigration des Kymris chassés du pays de Galles. Les Bretons furent aussi réfractaires à la conquête franke qu'ils l'avaient été à la conquête romaine; et ce qu'on nomme aujourd'hui patois bas breton n'est autre chose que l'héritier de la langue celtique. Le bas breton a une littérature assez considérable (des contes, des chants populaires, des pièces de théâtre), dont on a récemment surfait l'ancienneté bien qu'elle ne remonte pas au delà du quatorzième siècle. Depuis mille ans, pressé

---

1. *Bagage, balai, barre, bétoine, bidet, bouge, bran, bruyère, bassin, claie, cormoran, cruche, darne, dartre, dru, galerne, garrotter, gober, goeland, goelette, harnais, houle, jarret, lais, matras, pinson, pot, quai, ruche, sornette, toque, truand, vassal,* — sans parler des mots introduits en français par la science historique moderne et empruntés au latin (*barde, ambacte, druide*), ou au bas breton (*dolmen, men-hir*). — Voy. cependant page LXVI, note 1.

sans relâche dans son dernier refuge par la langue française comme il l'a été, le bas breton, on le comprend, est aujourd'hui bien loin du celte primitif ; outre que les éléments d'origine celtique ont dû se corrompre par un usage de dix-huit siècles, ce patois a été forcé d'admettre une foule de mots *étrangers*, c'est-à-dire français. Aussi beaucoup de mots bretons offrent-ils ce singulier phénomène d'avoir ordinairement deux synonymes, l'un ancien et d'origine celtique, l'autre plus récent, emprunté au français, et habillé d'une terminaison celtique : ainsi le français

juste est en breton indifféremment			*egwirion* ou	*just*
secrètement	—	—	*ekuz*	*secretament*
troublé	—	—	*enkrezet*	*troublet*
colère	—	—	*buanégez*	*coler*, etc.

De ces synonymes, les premiers (*egwirion, ekuz, enkrezet, buanégez*) sont les vieux mots d'origine celtique ; les seconds (*just, secretament troublet, coler*), qui ressemblent si fort au français, ne sont en effet que des mots français corrompus. — Je n'aurais point insisté sur une vérité aussi élémentaire, si au dix-huitième siècle d'aventureux esprits, frappés de cette ressemblance, n'en avaient aussitôt conclu que les mots comme *troublet, just, coler*, etc., n'étaient point des importations françaises, mais bien l'origine même des mots français correspondants. Le Brigant et l'illustre La Tour d'Auvergne aussi extravagant philologue que bon patriote, déclarèrent que la langue française venait du bas breton[1]. On les eût bien étonnés en leur

---

1. Ces erreurs regrettables ont eu un autre résultat plus fâcheux encore, celui de jeter sur les études celtiques un discrédit qu'elles ne méritent pas. Au lieu de chercher, comme les savants de la basse Bretagne, à retrouver dans le breton l'origine du français, il y a lieu d'étudier cet idiome en lui même, et d'écrire l'histoire comparative des dialectes celtiques de la Bretagne, de l'Irlande, de l'Écosse, et du pays de Galles, — comme on a fait pour l'italien, l'espagnol, et le français. C'est encore un Allemand, Zeuss, qui a rempli cette tâche, dans un livre excellent, *Grammatica Celtica*, publié à Leipzig en 1853.

prouvant que c'est le contraire qui est vrai, que ces mots (*just, secretament, troublet,* etc..), au lieu d'avoir donné naissance au français, lui avaient été empruntés, et que loin d'être du celtique primitif, ce sont des mots français corrompus et affublés d'une terminaison celtique. — Ces folies étymologiques, que Voltaire appelait plaisamment la *celto-manie,* amusèrent le dix-huitième siècle aux dépens des *Celtomanes ;* ne mettant plus de bornes à leurs divagations, les Celtomanes en vinrent à affirmer que le celtique était la langue du Paradis terrestre, qu'Adam, Ève et le premier serpent parlaient bas breton.

Après toutes les découvertes de la philologie moderne, qui a montré l'origine latine du français et observé les lois de cette transformation, — on pouvait croire qu'il n'était plus question de toutes ces rêveries; bien au contraire, la race des Celtomanes est plus vivante que jamais, et les *Mémoires publiés par le Congrès celtique International* (tenu à Saint-Brieuc au mois d'octobre 1867) en font foi :

« La France, que sa magnanimité pousse aux quatre
« coins du monde pour porter secours à tout ce qui est
« faible, ne permettra pas qu'une littérature mère de la
« sienne languisse ou meure à ses côtés. On a dit du Péli-
« can qu'il nourrit ses petits avec son sang; on n'a pas dit
« que ces derniers se soient montrés ingrats pour cette gé-
« nérosité sans exemple. Je me trompe, il y a un exemple .
« la langue celtique a nourri les langues de l'Europe, et en
« particulier celle de la France du plus pur de son sang, il
« est impossible qu'on dise de la France ce qu'on n'a
« pas dit des petits du pélican, *qu'elle a oublié sa mère*[1] ! »

[1] *Congrès Celtique international* (Saint-Brieuc, octobre 1867, page 309).

CHAPITRE III.

ÉLÉMENT GERMANIQUE.

A côté de la langue populaire romaine qui constitue le fond de la nôtre, le français a admis, lors de sa formation, un nombre considérable de mots allemands introduits par les Barbares dans la langue gallo-romaine. On peut reconnaître trois couches successives dans ces importations : — 1° les mots germaniques introduits dans la langue latine avant l'invasion, par les Barbares enrôlés comme soldats romains : tel est, par exemple, *burgus* qu'on trouve au sens d'ouvrage fortifié dans Végèce, et qui est la reproduction du germanique *burg*; 2° les termes de guerre, de droit féodal, etc.... que les Franks, les Goths et les Burgundes apportèrent avec eux en envahissant la Gaule ; — 3° un grand nombre de termes de marine importés au dixième siècle par les Normands.

Ces trois catégories comprennent ensemble 450 mots environ[1]. Cette invasion, qui peut sembler forte, était la conséquence nécessaire de l'adoption des mœurs et des institutions barbares. Comment traduire en latin des idées telles que celles de *vassal, alleu, ban, mall, fief?* En remplaçant l'organisation monarchique, unitaire, centralisatrice de l'Empire romain, par le régime tout féodal des tribus germaniques, les conquérants barbares durent introduire du même coup dans la langue latine les mots nécessaires à leurs innovations ; aussi tous les termes relatifs aux institutions politiques ou judiciaires, et les titres de la hiérarchie féodale, sont-ils d'origine germanique : ainsi

---

1. Je ne parle ici que du français moderne ; si l'on y joignait les termes germaniques de l'ancien français, on arriverait promptement à doubler ce chiffre.

les mots allemands tels que *mahal, bann, alôd, skepeno, marahscalh, siniscalh*, etc., introduits par les Francs dans le latin vulgaire, devinrent respectivement *bannum, mallum, alodium, skabinus, mariscallus, siniscallus*, etc., et passant au français, quelques siècles après, comme tous les autres mots latins, ils donnèrent *mall, ban, alleu, échevin, maréchal, sénéchal*, etc... [1]. — Ces mots introduits par les Barbares dans la langue latine, et passés de là en français, représentent les catégories d'idées les plus diverses [2] : la guerre, la navigation, la chasse, y prennent la part la plus considérable comme le prouvent les exemples suivants : *Termes militaires* (guerre, halte, boulevard, arroi, auberge, brèche, beffroi, briser, butin, cible, dard, épier, flèche, heaume, haubert, héraut, étape, blesser, brandir, cotte, crampon) ; *titres, institutions politiques et judiciaires* (échevin, gabelle, alleu, ban, bedeau, bru, chambellan, franc, échanson, fourrier, marquis, sénéchal, maréchal, fief, garants) ; *termes de marine* (hauban, falaise, cingler, bief, digue, agrès, amarrer, bac, bord, radouber, fret, gaffe, foc, canot, écume, esquif.) — *Noms des points cardinaux* : nord, est, sud, ouest). — *Règne animal* (marsouin, biche, renard, bélier, écrevisse, homard, épervier,

---

1. Les mots germaniques ayant été latinisés par les Gallo-Romains, nous les citerons autant que possible dans leur transcription latine qui a été l'intermédiaire naturel de leur passage au français. Il y a moins loin de *scabinus* à *échevin*, que d'*échevin* à *skepeno*.

Il y a deux autres questions connexes que nous avons passées sous silence : 1° la détermination exacte, pour chaque mot, du dialecte germanique auquel il appartient ; 2° la date de son introduction dans la basse latinité. — Il est une seule catégorie dont on peut indiquer l'origine, celle des termes de marine, qui appartiennent presque tous au néerlandais, ou au norois.

Cette indécision, et l'ignorance où nous sommes des anciens dialectes germaniques, nous a empêché de donner (comme nous l'avons fait pour l'élément latin), une phonétique complète des mots germaniques ; nous nous sommes borné à donner à chaque mot les principaux exemples à l'appui des règles observées.

2 Cette immixtion germanique n'atteignit que le vocabulaire latin, et laissa la syntaxe à peu près intacte: elle ne fut guère qu'une perturbation accidentelle et superficielle.

esturgeon, freux, agace, faucon). *Corps humain* (échine, rate, clopin, clapir, clocher). *Règne végétal* (saule, framboise, if, mousse). *Terre, éléments* (gazon, bois, frimas vague). *Habillement* (feutre, coiffe, étoffe, agrafe, écharpe). *Ustensiles* (alène, banc, brosse, canif, échasses, fauteuil, étal). *Habitations* (bourg, échoppe, loge, étuve, crèche). *Mots abstraits* (honte, orgueil, affreux, hâte, galant, haine, souhait, émoi). *Superstitions* (garou, cauchemar). — Voici la liste complète de ces emprunts :

Abandonner, affreux, agace, agrafe, agrès, aigrette, alise, alleu, amarrer, anche, auberge, aune, avarie.

Bac, bafouer, balle, ban, banc, bande, baudir, baudrier, bedeau, beffroi, beignet, bélier, berme, bière, bief, bille, bisse, bitte, blafard, blanc, blesser, blêmir, blette, blinder, bleu, bloc, bois, bord, bosse, bot, boulevard, bourg, bourgeon, bouter, braise, bramer, brandir, brandon, braque, brèche, brelan, brette, breuil, bride, briser, brodequin, broncher, brasse, brouir, brouter, broyer, bru, brun, bruée, butin.

Caille, canard, canif, canot, caquer, carcan, carpe, chaloupe, chambellan, choisir, chopper, choquer, chouette, coiffe, cotte, crabe, cracher, cible, cingler, clabauder, clapir, clinquant, clocher, crampon, crampe, crèche, cremaillère, crique, croupe.

Dandiner, danser, dard, dérober, dauber, déchirer, défalquer, déguerpir, dérober, désarroi, digue, drageon, drague, drèche, drille, drogue, drôle, dune.

Écaille, échafaud, échanson, écharpe, échasse, échevin, échoppe, éclater, éclisse, écot, écraser, écrevisse, écume, écurie, élaguer, élingue, émail, emboiser, émoi, empan, échine, épeautre, épèche, épeler, éperon, émoussé, épervier, épier, épois, équiper, esquif, esquiver, estrive, esturgeon, étayer, étal, étangue, étape, étau, étoffe, étrier, étui, étuve.

Falaise, fanon, fard, faude, fauteuil, fourrage, fourrier, feutre, fief, flan, flaque, flèche, foc, forcené, fournir, fourreau, frais, framboise, franc, forcené, frapper, fresange, fret, frimas, froc.

LIVRE II.   XLI

Gabelle, gaber, gâcher, gaffe, gage, gagner, gai, gale, galant, galoper, gamboison, gant, garant, garder, garenne, garer; garnir, garon, gaspiller, gâteau, gatine, gauche, gauchoir, gaude, gaufre, gaule, gazon, gehir, gerbe, gerfaut, giron, glapir, gletteron, glisser, goder, gonfalon, grappe, gratter, graver, grès, grenon, grimace, grimper, grincer, gripper, gris, grommeler, groseille, gruau, groupe, guide, guerdon, guère, guérir, guérite, guerpir, guerre, guet, guichet, guille, guiller, guimpe, guinder, guipure, guise.

Haie, haillon, haïr, hâle, halage, halle, hallebarde, halte, hamac, hameau, hanap, hanche, hanneton, hanse, happer, harangue, hareng, hardi, hargneux, haro, hâte, hauban, haubert, hâve, haveron, hâvre, heaume, héberger, héraut, héron, hêtre, houseaux, hisser, hocher, homard, honnir, houblon, houe, housse, houx, huche, hune, hutte, hanter.

Jardin, jaser, joli.

Laiche, laid, laye, latte, layette, lécher, leste, leurrer, lippe, lisse, liste, loger, loquet, lot.

Madré, malle, manne, mannequin, marc, marcher, maréchal, marque, marri, marsouin, mât, meurtre, mignon, mignard, mitaine, mite, moue, mouette, mousse, mulot, musser.

Nantir, navrer, nord, noue, nuque.

Orgueil, ouest.

Pincer.

Quille.

Race, rade, radoter, raier, rang, râper, rapière, radouber, rat, rate, regain, regretter, riche, rider, rincer, river, rochet, roseau, rosse, rôtir, rouir.

Saisir, sale, salle, saule, saur, sénéchal, siller, sillon, sombre, souhait, soupe, suif, suie, suinter, sur.

Taisson, tamis, targe, tarir, tas, taudis, ternir, téter, tillac, tirer, tonneau, touaille, toucher, touffu, toupet, trâle, trappe, traquer, tréteau, trêve, trop, tuyau.

Vacarme, vague, varangue, varech, vase, vilbrequin, voguer.

CHAPITRE IV.

ÉLÉMENT GREC.

La langue grecque n'a rien fourni, ou presque rien, au français, lors de sa formation populaire : il ne pouvait en être autrement, les Gallo-Romains et les Grecs ne furent jamais en contact, et toutes les fables patriotiques qu'ont inventées Henri Estienne, Joachim Périon et Ménage pour démontrer l'affinité de notre langue et de la langue grecque ne sont qu'extravagance. La seule ville qui eût pû nous mettre en rapport avec l'idiome grec, Marseille, colonie phocéenne, fut de bonne heure absorbée par les Romains, et le grec originaire y céda vite la place au latin. Nous avons bien quelques mots grecs[1] tels que *chère, somme, parole, bourse, bocal;* ils ne viennent point directement du grec κάρα, σάγμα, παραβολή, βύρσα, βαυκάλιον, mais du latin *cara, sagma, parabola, byrsa, baucalis,* qui les lui avait empruntés, — et on retrouve tous ces mots, dans les auteurs latins du septième siècle[2]. La découverte des lois de transformation du latin en français, nous a permis de retrouver la véritable origine de beaucoup de mots qu'on avait jusque-là rattachés au grec ; la ressemblance toute fortuite de *paresse* et de πάρεσις, par exemple, avait poussé les anciens étymolo-

---

1. Je parle ici des mots venus par le peuple, non des termes scientifiques introduits par les savants.
2. Ajoutons à cette liste, *adragant, almanach, bouteille, chômer, gouffre, golfe, osier, scrin, poêle, plat, chimie, émeri, dragée, migraine, clopin.* — *Mangonneau, chaland, accabler,* sont des termes d'art militaire, importés dans notre langue, au temps des croisades par les Byzantins. — Deux mots orientaux, *chicane* et *avanie* ont pris pied dans notre langue par l'intermédiaire de la langue grecque du moyen âge.

gistes à rapprocher ces deux mots : si l'on décompose le mot *paresse* en ses éléments, on voit que le suffixe *esse* doit répondre à une forme *itia*, témoin tris*tesse* de trist*itia*, jus*tesse* de just*itia*, mol*lesse* de mol*litia*, lar*gesse* de largi*tia*, etc.... — Entière de *integra*, noire de ni*gra*, pèlerin de pere*grinus* nous montrent que l'*r* de pa*r*esse correspond à un *gr* latin : l'*a* du mot français (p*a*resse) est l'équivalent d'un *i* latin, comme dans b*a*lance de b*i*lancem, *a*ronde de h*i*rundo, c*a*landre de c*y*lindrus, etc.... et nous arrivons à l'aide de ces trois observations à recomposer le mot *pigritia* qui est l'original véritable de *paresse*.

En résumé, on peut répéter pour le grec ce que nous disions de la langue celtique : son influence sur le français populaire est tout à fait insignifiante.

PARTIE II

ÉLÉMENTS D'ORIGINE SAVANTE.

Au point de vue de l'histoire de la langue française, on appelle mots d'origine savante, tous les mots introduits dans la langue postérieurement à son époque de formation [1] c'est-à-dire depuis le onzième siècle [2] jusqu'à nos jours. Ils ont été créés, longtemps après la mort du latin, par les savants et par les clercs, qui les tiraient des livres, suivant les besoins de l'expression, et transportaient tels quels ces mots grecs ou latins dans notre langue. C'est ainsi qu'au onzième siècle nous trouvons dans quelques textes le mot *innocent* calque exact et servile du latin *innocentem* (qui ne nuit pas) : la langue française n'avait point de termes pour

---

1. C'est la persistance de l'accent tonique latin (persistance étudiée à la page LXXIX) qui est ici la règle et le guide. Tous les mots introduits par le peuple, à l'origine de la langue respectent l'accent latin : ils montrent ainsi qu'ils ont été faits avec l'oreille, qu'ils viennent d'un latin vivant et parlé. Tous les mots qui violent la loi de l'accent latin ont été introduits par les savants. — Cette distinction nous permet de déterminer exactement le jour où la langue française naît à l'histoire. le français (et j'entends par ce mot la langue populaire) était né et le latin tout à fait mort du jour où le peuple ne connut plus spontanément l'accent latin C'est vers le onzième siècle que le sentiment de l'accentuation latine se perd définitivement. Dès lors la création du français populaire est achevée, il n'entrera plus dans la langue d'autres mots que les mots savants.

2. Tous les mots empruntés aux langues anciennes, du moins, au grec et au latin ; quant aux mots empruntés aux langues modernes, ils trouveront place ci-dessous, aux *Éléments d'origine étrangère*.

rendre cette idée, et l'écrivain embarrassé pour l'exprimer, se vit forcé de copier le mot latin : on reconnaît que ce mot est d'introduction savante, parce qu'il n'a point subi les transformations que le peuple impose à tous les mots qu'il adopte ; *in* latin devient en français *en* (*infantem-enfant*; *ennemi-ini*micus) — *nocentem* est devenu *nuisant;* il est facile de voir que si le mot *innocentem* nous était venu par le peuple, il eût été *ennuisant* et non pas *innocent*. Les mots populaires sont le fruit d'une formation toute spontanée, toute naturelle, tout *irréfléchie;* les mots savants sont une création voulue, réfléchie, artificielle : les mots populaires sont faits avec l'oreille, les mots savants avec les yeux. — L'instinct a produit les premiers la réflexion les seconds.

Dans les premiers temps qui suivirent son introduction en français, chaque mot savant resta aussi incompris du peuple que les mots dits scientifiques le sont de nos jours. Les barons et les vilains contemporains de Robert le Pieux comprenaient aussi peu le mot *innocent* que les paysans de nos campagnes entendent *paléographie* ou *stratification :* mais par l'absence de tout autre mot équivalent, le mot *innocent* cesse bientôt d'être employé seulement par les clercs, pour entrer dans l'usage général : il apparaît, nous l'avons dit, pour la première fois dans les livres ecclésiastiques; moins d'un siècle après on le trouve dans la *Chanson de Roland* et dans d'autres poemes tout à fait populaires; il a conquis droit de cité dans la langue, en passant comme on dirait aujourd'hui, du vocabulaire *scientifique* et spécial, dans la langue usuelle et journalière[1].

Quand on écrit l'histoire de notre langue, il est indispensable de constater que c'est seulement dans la langue populaire qu'on peut saisir au passage les lois suivant les-

---

1. Pour les philologues qui divisent toute langue en deux couches, celle qu'a produit l'instinct, celle qu'a produit la réflexion, il n'y a aucune distinction à établir entre les mots savants, et ce que nous appelons les mots *scientifiques* : l'un et l'autre sont une création réfléchie des savants (aussi bien un mot usuel comme *innocent*, qu'un mot technique comme *paléographie*); d'ailleurs, tout mot usuel d'origine savante a commencé par être un mot scientifique, à l'usage du petit nombre.

quelles l'instinct du peuple a transformé le latin en français ; à ce point de vue, les mots savants ne sont d'aucune utilité pour le philologue ; mais ce compte fait, il n'en faut point conclure au bannissement des mots savants ; ils ont le droit d'exister, puisqu'ils existent, comme l'a très-justement dit M. Sainte-Beuve, *ils sont une des saisons de la langue;* quand le français s'est formé la langue populaire était pauvre[1], parce qu'elle répondait aux besoins d'une humanité simple et peu raffinée, aux idées peu nombreuses d'une population guerrière, agricole et féodale ; toutes les idées scientifiques, apanage exclusif des clercs, n'étaient exprimées qu'en latin. Avec le temps la société féodale se modifia, déclina, puis mourut pour faire place à un ordre nouveau ; pour exprimer toutes ces idées nouvelles, la langue française dut s'enrichir, soit en développant les mots populaires[2], soit en empruntant aux langues anciennes des termes savants qui passèrent plus tard dans la langue commune. Rares au douzième siècle et au treizième, plus nombreux au quatorzième, ces emprunts sont devenus innombrables depuis le seizième siècle jusqu'à ce jour, — ces enrichissements étant toujours proportionnés à l'accroissement des idées, et à la succession chaque jour plus rapide des inventions et des découvertes[3]

1. En français la couche populaire ne dépasse pas *quatre mille* primitifs. Voir ci-dessous, page LXX, la *statistique* de notre langue.
2. Par des composés ou des dérivés nouveaux : de *règle*, le français a tiré, par la suite des siècles, *dérégler, déréglement, régler, réglementer, réglementation,* etc..
3 Je ne donne que l'étymologie primaire, l'espace et le temps me manquent pour donner davantage. Je me borne à citer *enormis* comme le primitif d'*énorme*, aller plus loin, et donner l'étymologie du latin *enormis* (composé de *ex-norma*, c'est-à-dire *qui sort de la règle*) serait faire l'histoire de la langue latine. — Il arrive assez fréquemment qu'un mot latin ayant donné une forme au français populaire, en donne une seconde au français savant. ainsi de *rationem* qui est devenu raison chez le peuple, *ration* chez les savants : cette bifurcation d'un même mot latin en deux reçut d'un grammairien du XVIIe siècle le nom de Doublets. Je me suis abstenu ici de tout rapprochement de ce genre, ayant déjà étudié en détail ce phénomène philologique dans mon *Dictionnaire des Doublets ou doubles formes de la langue française.* (Paris. Franck. 1868, in-8).

PARTIE III

ÉLÉMENTS D'ORIGINE ÉTRANGÈRE.

Outre les deux couches de mots populaires et de mots savants que nous venons d'étudier, notre langue comprend une nombreuse catégorie de mots d'origine étrangère, c'est-à-dire empruntés directement par le français aux idiomes actuellement existants. Ces emprunts sont le produit du hasard; et la science n'y peut saisir aucune loi; c'est ainsi qu'une suite de mariages entre les Valois du seizième siècle et plusieurs princesses italiennes a déterminé dans notre langue l'invasion brusque de plusieurs centaines de mots italiens; en empruntant à l'Angleterre, il y a près d'un siècle, quelques-unes de ses institutions judiciaires et politiques, nous avons dû introduire du même coup en français les mots qui en étaient l'expression : c'est donc par une étude minutieuse de l'histoire politique, artistique, commerciale, coloniale, qu'on peut arriver à fixer d'une manière précise la part de chacun de ces éléments étrangers dans notre vocabulaire. D'autre part, l'observation attentive des textes nous éclairera sur l'âge de ces mots, et nous donnera un élément de plus pour fixer l'époque de leur introduction en français; ainsi nous savons que le mot *piano* (doux) est d'importation italienne, parce que d'une part le même mot existe avec cette signification en italien; d'autre part, parce l'adjectif *piano* n'apparaît dans les textes français relatifs à la musique, qu'à la fin du seizième siècle. — A côté de ces preuves *à posteriori* ou de *fait* (que nous fournit l'histoire), il en est d'autres, *à priori* ou de théorie (que nous fournit la philologie), et qui nous permettent d'affirmer à l'avance que le mot cherché n'est point d'origine française, et nous indiquent sa source précise. Tous ces mots d'origine étrangère, en effet, sont entrés dans notre idiome, postérieurement à son époque de formation; ils n'ont donc point pénétré en lui; ils se sont mélangés avec lui, non combinés, et les traits distinctifs qu'impose le français à tous les mots qu'il s'assimile leur sont restés étrangers. Reprenons l'exemple du mot *piano*, et interrogeons à son sujet la philologie, comme nous avons interrogé l'histoire. à priori *piano*, qui correspond au latin *planus* ne peut être un mot d'origine française, car *pl* latin persiste toujours en français et ne devient jamais *pi*, ex : *pl*orare (*pl*eurer), *pl*enus (*pl*ein), *pl*us (*pl*us), *pl*umbum (*pl*omb), *pl*anus (*pl*ain); de plus, *piano* est certainement un mot d'origine italienne, car c'est seulement en italien que *pl* latin donne *pi* : *pl*orare (*pi*orare), *pl*enus (*pi*eno), *pl*us (*pi*ù), *pl*umbum (*pi*ombo), *pl*anum (*pi*ano). — On voit comment les lois découvertes par la philologie, nous permettent de devancer, en bien des cas, les inductions de l'histoire.

Si l'on veut dresser l'échelle de proportion des emprunts faits par notre langue aux idiomes modernes, on trouvera que c'est la famille des langues *romanes*, ou néo-latines (provençal, italien, portugais, espagnol), qui a fourni la plus grosse part. Il était naturel que notre langue s'adressât plus particulièrement aux langues ses sœurs, issues comme elle du latin. — Après la famille latine c'est la famille *germanique* (allemand, anglais, flamand), qui nous a le plus enrichis.

Le *grec* moderne, le *hongrois* et les langues *slaves* (polonais, russe), nous ont fourni quelques mots.

Si nous quittons l'Europe, nous sommes encore redevables aux idiomes *sémitiques* (hébreu, turc, arabe), ainsi qu'aux langues de l'Inde, de la Chine et de la Malaisie. Les colonies Américaines ont importé dans notre langue quelques termes spéciaux.

LIVRE II.

Il nous reste à présenter le catalogue méthodique de tous ces emprunts, et l'histoire de ces importations[1].

CHAPITRE I.

MOTS D'ORIGINE PROVENÇALE.

Quelques personnes s'étonneront sans doute que je présente la langue provençale comme une langue véritable, en parallèle avec l'italien, l'espagnol et le portugais. Pour comprendre en effet l'importance de cet idiome, et l'influence qu'il a exercée sur notre langue, il faut cesser de le considérer tel qu'il est aujourd'hui, dans son état présent de patois méprisé et obscur, pour le replacer dans son développement historique, et voir qu'avant cette décadence, il a eu depuis le onzième siècle jusqu'au quatorzième une éblouissante floraison.

Le provençal ou langue d'oc est alors l'idiome de tous

---

1. Comme nous l'avons fait pour le latin et le grec, nous ne donnons dans ce Dictionnaire que l'étymologie primaire des mots empruntes aux langues modernes, nous dirons par exemple que le français *dilettante* est venu au dix-neuvième siècle de l'italien *dilettante* (amateur, celui qui goûte) ce serait sortir de notre domaine, et faire l histoire de la langue italienne, que d'aller plus loin et de démontrer que l'italien *dilettante* vient du latin *delectantem*, comme *atto*, *frutto*, *notte*, *tetto* viennent de *actum*, *fructus*, *noctem*, *tectum*, par le changement régulier du *ct* en *tt* — Le défaut d'espace m'interdit aussi de faire tout rapprochement entre les mots d'origine française et les mots d'origine étrangère, qui ont un radical commun. *Delectantem* par exemple a donné à l'italien *dilettante*, au français *délectant* ; au dix-neuvième siècle *dilettante* passe les monts et devient français ; il serait intéressant d'expliquer que *délectant* et *dilettante* sont la bifurcation d un radical commun ; que *dilettante* est un *double* de *délectant*, et que ces deux mots forment ce qu'on appelle un *doublet* (voyez page XLVI).

les peuples compris dans le bassin de la Garonne, et dans la partie méridionale du bassin du Rhône ; il sert d'expression à toute une race, indépendante des Français du Nord : il donne naissance à une brillante littérature lyrique, qu'au treizième siècle l'Allemagne traduit, que Dante admire et que Pétrarque imite : il offre enfin à l'historien les deux caractères qui distinguent une langue d'un patois ; il est l'instrument d'un peuple, et d'une littérature. — Pour le philologue, son originalité linguistique par rapport au français est encore plus visible[1] ; aussi ancien que lui, il offre certains caractères plus archaïques, qui le rapprochent davantage du latin, et lui assignent entre le français et l'italien la même position intermédiaire que la Provence occupe géographiquement entre la France et l'Italie. — Mais les événements politiques mirent vite un terme à cette existence indépendante. La rivalité des Méridionaux et des hommes du Nord qui se termine par la guerre des Albigeois et la défaite du Midi, porta le coup de mort à la langue d'oc, ou *provençal* (comme disent plus volontiers les modernes).

En 1272, le Languedoc passe à la France, et l'introduction du français suit de près cette annexion. On cesse d'écrire le provençal, et il tombe du rang de langue littéraire, à celui de patois. Les patois provençaux, languedociens et gascons qui persistent encore aujourd'hui ne sont que les débris de cette langue d'oc qui jeta un si vif éclat. Mais le provençal a laissé dans notre langue un grand

---

1. Au moyen âge les Méridionaux regardaient si bien le français comme une langue étrangère, que les *Leys d'Amors* (sorte de code poétique et grammatical, écrit au quatorzième siècle), prennent le français comme type : *Apelam lengatge estranh coma* frances, *engles, espanhol, lombard* (II, 318). [Nous appelons langues étrangères les idiomes tels que le *français*, l'anglais, l'espagnol, l'italien.] En 1229 nous voyons dans un compte municipal de la ville d'Albi qu'un notaire s'excuse de n'avoir pu lire la légende d'un sceau, « *bien qu'elle fût écrite en caractères très-lisibles, dit-il, mais parce que la langue était le français ou toute autre langue étrangère* (In lingua Gallica vel alia nobis extranea, quam licet literae essent integrae, perfecto non potuimus perspicere. »

nombre de termes divers, importés principalement au moyen âge, dès le douzième siècle, et un petit nombre dans les temps modernes. Ces mots sont puisés aux catégories d'idées les plus diverses; ce sont des termes de marine (*carguer, cap, espade, gabarrit, autan, mistral, corsaire, carre, vergue*), des noms de plantes et d'animaux (*dorade, jigale, cabri, carnassier, ortolan, isard*[1], — *grenade, radis, bigarrade*), des termes abstraits (*jaser, ruser, fâcher, rôder, malotru, badin, badaud, fat, croisade, forçat, donzelle, ménestrel*), des noms de pierres précieuses (*cornaline, grenat*), enfin des termes relatifs à l'habillement, à l'habitation, au jardinage (*camail, barette,* — *bastide, pelouse,* — *caisse, cadenas, cambouis*[2]).

CHAPITRE Ier

MOTS D'ORIGINE ITALIENNE.

Les nombreuses expéditions de Charles VIII, de Louis XII, de François Ier au delà des monts, le séjour prolongé de nos armées en Italie dans les premières années du seizième siècle rendirent l'italien très-familier en France[3]. « Le brillant éclat que jetaient les lettres et les arts dans la Péninsule séduisait les esprits en même temps que la régence de Catherine de Médicis donnait le prestige de la mode à tout ce qui était italien. »

Cette influence italienne est toute-puissante sur la cour

---

1. Ce mot est spécial au patois béarnais, qui nous a fourni aussi le mot *béret*. — Avant de quitter les pays qui avoisinent la France, disons que le patois wallon nous a donné le mot *ducasse*, et que nous sommes redevables de *ranz, chalet, avalanche, crétin* au patois des Grisons.
2. Citons encore *ballade, baladin, béton, câlin*.
3. M. Littré.

de François Ier et d'Henri II, et les courtisans, après l'avoir subie, veulent à leur tour l'imposer à la nation. C'est alors qu'apparaissent pour la première fois dans les écrits du temps, une foule de mots jusque-là inconnus; les termes d'art militaire que notre langue avait employés pendant toute la durée du moyen âge, *heaume, haubert*, etc., sont bannis, et remplacés par les mots correspondants italiens, que les guerres d'Italie avaient propagés dans nos armées. C'est de là que datent les expressions relatives à l'escrime (*botte, escrime*), aux usages et aux qualités militaires (*affront, brave, altier, bravade, bravoure, bravache, accolade*), aux camps, à la fortification (*alarme, alerte, anspessade, bandière, bandoulière, barricade, bastion, bastonnade, brigade*), aux armes (*arquebuse, baguette, bombe, arsenal*, etc.).

Cette manie d'*italianisme* excitait justement l'indignation d'un contemporain, Henry Estienne : « Messieurs les
« courtisans se sont oubliez jusque-là d'emprunter d'Italie
« leurs termes de guerre sans avoir esgard à la conséquence
« que portoit un tel emprunt; car d'ici à peu d'ans qui sera
« celuy qui ne pensera que la France ait appris l'art de la
« guerre, en l'eschole de l'Italie, quand il verra qu'elle usera
« des termes italiens? Ne plus ne moins qu'en voyant les
« termes grecs et tous les arts libéraulx estre gardez ès au-
« tres langues, nous jugeons, et à bon droict, que la Grèce,
« a été l'eschole de toutes les sciences [1]. »

Tandis que Catherine de Médicis importait chez nous les termes de cour (*courtisan, affidé, camériste, camérier, escorte, bouffon, faquin, brave, spadassin, carrosse, altesse, brigue*), et de plaisirs (*charlatan, carnaval, arlequin, cantonade*), elle importait les termes d'art nécessaires pour exprimer les idées nouvelles, venues d'Italie avec le Primatice et Léonard de Vinci, termes d'architecture (*arcade, balcon, archivolte, balustre, baldaquin, catafalque, cartouche*), de peinture (*costume, artisan, attitude, aquarelle, sé-*

---

[1]. Henri Estienne *Conformité du langage françois avec le grec*, éd. Feugère, page 24.

pia, gouache, fresque), de sculpture (*maquette*), sans parler des termes de musique qui se sont introduits pendant le dix-septième siècle, et la fin du seizième (*adagio, ariette, andante, arpége*). Les termes de commerce (*bilan, agio, banque, banqueroute*), de marine (*escale, bastingages, bourrasque, boussole, brigantin*), de vol (*bagne, bandit, brigand*), de plantes (*artichaut*), et les diminutifs (*babiole, bambin, bagatelle*) sont aussi très-fréquents.

Voici la liste de ces emprunts :

Agio, accolade, accort, adagio, affidé, affront, alarme, ariette, alerte, altesse, altier, andante, anspessade, aquarelle, arcade, archivolte, arlequin, arpége, arquebuse, arsenal, artichaut, artisan, attitude.

Babiole, bagatelle, bagne, baguette, baladin, balcon, baldaquin, ballon, balourd, balustre, balustrade, balzan, bambin, bamboche, banque, bandière, bandit, bandoulière, banquet, banqueroute, baraque, barcarolle, barricade, baster, bastingage, bastion, bastonnade, batifoler, bécarre, belladone, belvédère, bémol, bilan, billon, biscotte, buse, bombe, botte, boucon, bouffon, bourrasque, boussole, boutade, bravade, bravoure, bravache, bravo, brigand, brigade, brigantin, brigue, bronze, brouet, brugnon, brusque, burin, bulletin, burlesque, buste, brave, baladin, barque.

Cabinet, caboche, cabriole, cabus, cadenas, cadence, cadre, cagneux, caleçon, calfater, calibre, calme, calquer, camus, cambiste, camée, camérine, camériste, camisole, canaille, campanile, candi, canevas, canon, cantate, cantine, cantone, capote, caprice, capilotade, capiteux, capitonner, caporal, capot, caprice, carabine, caracoler, carafe, caravelle, carbonnade, carcasse, caresser, caricature, carmin, carnaval, caroubier, cariole, carrosse, carrousel, cartel, carton, cartouche, casaque, cascade, casemate, casino, casque, casserolle, castel, catacombe, catafalque, cavalcade, cavalerie, cavalier, cavatine, caveçon, colonel, capon, cédrat, céleri, cervelas, chagrin, charlatan, chevaleresque, chiourme, cicerone, citadelle, citadin, cocarde, coche, colis, comparse, concetti, concert, condottière, contracter, contrebande, corniche, cortége, costume, coupole, courtisan, crescendo, croisade, cuirasse, cimaise.

Diaprer, déesse, désinvolte, désinvolture, dilettante, dito, doge, dôme, douche, ducat, douane.

Escale, escalade, escrime, embusquer, embuscade, entrechat, épinette, escadre, escadron, escapade, escarmouche, escarper, escopette, escorte, escroc, espadon, espalier, espion, esplanade, esponton, esquinancie, esquisse, estacade, estafette, estafier, estafilade, estamper, estoc, estrade, estramaçon, estrapade, estropier, escrime.

Façade, fanal, fanfreluche, fantassin, faquin, fausset, felouque, feston, fiasco, filon, filigrane, filoselle, fioriture, fleuret, forfanterie, fougue, fracasser, franco, frangipane, frasque, frégate, fresque, fugue.

Gabie, gabier, gabion, gala, galbe, gambade, gambet, ganache, gazette, gigantesque, généralissime, giberne, girandole, girouette, gondole, gouache, gourdin, gousse, grandesse, grandiose, granit, grége, grègues, grotesque

Isoler, imbroglio, improviser, improviste, incarnat, incognito, infanterie, ingambe, imprégner.

Javeline, jeton, jovial.

Lagune, lazaret, lazzarone, lavande, lave, lazzi, lésine, loto.

Macaron, macaroni, madrépore, madone, mandoline, madrigal, malandrin, manége, maquette, marasquin, marmite, marmotte, mascarade, modèle, mosaique, mousqueton, moustache, muscat, médaille, massepain, mercantile, muscade, muscadin.

Niche, nocher, noliser, numéro.

Oléandre, oratorio, opéra, orviétan.

Page, palade, paladin, palan, palette, panache, pantalon, parade, paravent, parasol, parapet, partisan, pertuisane, pasquinade, passade, pastel, pastiche, patache, patrouille, pavaner, pavois, peccadille, pédant, pennon, perroquet, perruque, piano, in-petto, panade, piastre, piédestal, pilastre, pistache, piste, pistole, piston, pittoresque, piller, plastron, poltron, polichinelle, pommade, porcelaine, postiche, preste, prestidigitateur, primevère, profil, populace

Quadrille.
Raquette, rebec, rebuffade, redoute, régate, représaille, revêche, révolte, riposte, rissoler, ritournelle, riz, rodomont.

Salade, sacoche, saccade, sacripant, saltimbanque, sarbacane, satin, sbirre, scarlatine, scorsonère, sentinelle, semoule, sépia, sequin, sérénissime, serviette, séton, simarre, solfége, soldat, solo, soprano, sonate, sorbet, soldatesque, sorte, spadassin, stance, stuc, supercherie, svelte, stage, sirocco, sirop, sorbet, stage, spadassin.

Taillade, tarentule, tarot, tartane, ténor, timbale, tirelire, torse, tontine, tramontane, talisman, tremplin, trille, tromblon, trombone, tare, tarif, turquoise.

Valise, vedette, villa, virtuose, violon, violoncelle, villégiature, vite, volcan, volte, voltiger.

Zibeline, zeste.

CHAPITRE III.

MOTS D'ORIGINE ESPAGNOLE.

Les guerres de la Ligue et le long séjour des armées espagnoles en France vers la fin du seizième siècle, répandirent parmi nous la connaissance de la langue castillane, et cette invasion, qui persista depuis le temps d'Henri III jusqu'à la mort de Louis XIII, laissa sur notre idiome une empreinte relativement forte. Ces mots servent à désigner des végétaux exotiques et leurs produits manufacturés (*cannelle, vanille, indigo, tabac, tomate, cigare; benjoin, abricot, limon, jasmin, jonquille, jujube, savane, tulipe, limon*), — divers animaux[1] (*musaraigne, épagneul, mérinos, cochenille, anchois, pintade*), — des

---

1. Et certains organes (*carapace*), ou leurs produits (*basane*)

couleurs (*basané, alezan, nacarat, albinos*), — plusieurs parties de l'habitation (*alcôve, case, corridor*), du mobilier (*calebasse, cassolette, manille*), de l'habillement (*galon, savate, pagne, mantille, basquine, caban, chamarrer*), — quelques pâtisseries (*marmelade, caramel, chocolat, nougat*); on y trouve divers termes de musique (*castagnette, guitare, sérénade, aubade*), de jeux, ou de plaisirs (*sieste, sarabande, régaler, hombre, ponte, dominos*), — quelques titres ou qualifications (*laquais, menin, duègne, grandesse*), — des termes de marine (*arrimer, embargo, embarcadère, débarcadère, mousse, cabestan, pinte, récif, subrécargue*),— des expressions militaires (*adjudant, caserne, diane, colonel, escouade, camarade, — haquenée, cabrer, caparaçon, salade, espadon, — incartade, algarade, capitan, matamore*).

Les mots abstraits sont en petit nombre (*baroque, bizarre, disparate, casuiste, barbon, parangon, eldorado, transe, soubresaut, risquer, hâbler*[1]). — *Créole, mulâtre, nègre* nous viennent des colonies hispano-américaines, ainsi que le mot *liane*, qui manque cependant à l'espagnol littéraire. — Ajoutons que la plupart de ces importations espagnoles sont postérieures à Charles IX, sauf quelques mots tels que *algarade*, dont nous avons des exemples dès le milieu du seizième siècle[2].

La langue portugaise nous a fourni quelques mots relatifs aux mœurs de l'Inde et de la Chine (*bézoard, bayadère, mandarin, caste, fétiche*), un terme de pénalité ecclésiastique (*auto-da-fé*), un terme de discipline militaire (*chamade*), quelques noms de fruits (*coco, abricot, bergamote*).

---

1. *Habler* vient de *hablar* qui signifie parler, et correspond au bas latin *fablare* de *fabulari*. En passant au français, le mot espagnol a pris le sens de *parler avec exagération*; il est curieux que le même changement se soit produit pour le mot *parler*; les Espagnols nous l'ont emprunté au dix-septième siècle, et ont donné au mot *parlar* le sens de *parler en fanfaron*, de *hâbler*. *Ambassade* nous est venu de l'Espagne, vers le quinzième siècle.
2. Notre langue doit encore à l'espagnol le nom d'un métal (*platine*), et celui d'une abréviation typographique (*cédille*). — Un seul mot, *mesquin*, a été introduit vers le douzième siècle.

CHAPTRE IV.

MOTS D'ORIGINE ALLEMANDE.

Tous les termes français d'origine allemande sont postérieurs à la première moitié du seizième siècle. Les guerres de religion, la guerre de Trente Ans, les guerres allemandes du dix-huitième siècle ont importé chez nous des expressions militaires (*bivouac, blocus, blockhaus, chabraque, colback, flamberge, fifre, havresac, hourrah, loustic, lansquenet, reître, obus, sabre, rosse, sabretache, schlague, vaguemestre*), des termes de boisson ou de cabaret (*trinquer, brandevin, choucroute, cannette, gargotte, kirsch, bonde, flèche, nouille*). Il faut y ajouter quelques noms d'animaux (*élan, renne, hamster, brême*), certains termes d'art (*graver, estomper*), de danse (*valser*), et de marine (*bâbord*[1]). — L'industrie minière, si répandue en Allemagne, a fourni à notre dictionnaire minéralogique un grand nombre de termes spéciaux (*bismuth, cobalt, couperose, égriser, embérize, gangue, gueuse, glette, manganèse, potasse, quartz, spath, zinc*). Le suédois nous a donné le mot *nickel*.

J'ai dit, en commençant ce chapitre, que les mots d'origine *allemande* ne remontent point au delà du XVIe siècle, mais il ne faut point appliquer cette assertion aux mots d'origine *germanique* (j'appelle exclusivement de ce nom les mots allemands introduits dans la langue latine du troisième au dixième siècle, et que le latin a transmis au

---

1. L'ameublement doit à la langue allemande quelques termes spéciaux (*bahut, édredon*) Les termes abstraits sont rares (*chenapan, gamin, chic, anicroche*), et presque toujours revêtus d'un sens péjoratif) Les Contes fantastiques d'Hoffmann ont enrichi la langue du mot *vampire*. — Le flamand nous a fourni, outre le mot *bouquin*, un nom de plante (*colza*), et de fête (*kermesse*).

français). — Ces deux couches de mots sont très-distinctes l'une de l'autre ; les mots d'origine *germanique*, transmis au français par le latin, ont perdu leur physionomie originaire et subi, pour arriver à notre langue, des transformations régulières ; — les mots d'origine *allemande*, empruntés directement à l'allemand moderne, et introduits dans leur crudité naturelle, tranchent sur le fonds général de la langue : les premiers forment avec notre langue une union intime et pénétrante ; les seconds ne sont guère qu'une immixtion superficielle : et s'il était permis d'employer ici le langage de la chimie, je dirais que les mots d'origine *allemande* ne sont que le produit d'un *mélange*, tandis que les mots d'origine *germanique* sont le résultat d'une *combinaison*.

CHAPITRE V.

MOTS D'ORIGINE ANGLAISE.

Les communications chaque jour plus nombreuses, depuis la Restauration, entre l'Angleterre et la France, ont amené chez nous l'introduction d'un grand nombre de mots d'origine anglaise. Ils sont relatifs à l'industrie (*tender, rail, wagon, tunnel, ballast, express, coke, cliver, flint, lias, love, malt*), à l'agriculture (*drainer, cottage*), à la politique, à la législation, à l'économie politique (*budget, jury, bill, convict, comité, speech, verdict, club, meeting, pamphlet, toast*), à la banque (*chèque, warrant, drawback*), à divers états moraux (*spleen, comfort, humour*), à l'habillement (*châle, carrick, redingote, plaid, lasting, spencer*), à l'alimentation (*bifteck, rosbif, pudding, mess, bol, grog, gin, punch, rhum*), aux courses de chevaux, aux réunions, aux plaisirs (*sport, boxe, turf, jockey, clown, bouledogue, groom, steeple-chasse, stalle, tilbury, break, dogcart, festival, raout, lunch, whist, touriste, fashionable, dandy*); à la médecine (*croup*), sans parler des termes de marine, dont plusieurs sont fort anciens dans notre langue (*dock, bosseman, accore, beaupré, cabine, boulingrin, cabestan, cachalot, cambuse, coaltar, cutter, éperlan, flibustier, héler, interlope, loch, lof, paquebot, poulie, touage, yacht*[1].

CHAPITRE VI.

MOTS D'ORIGINE SLAVE.

Le polonais nous a fourni des termes de danse (*polka, mazurka, redowa*), le mot *calèche*, et un terme de blason (*sable*), — la langue russe, *steppe, knout, czar, palache, cosaque, cravache* (encore ce dernier mot nous est-il venu par l'intermédiaire de l'allemand).

A côté des langues slaves, les langues ouraliennes ont eu, elles aussi, leur part d'influence sur notre langue, part bien minime, il est vrai. Louis XIV ayant introduit en France l'arme hongroise des *Hussards*, ce corps nouveau garda son nom magyar (*huszár*), et conserva quelques termes hongrois (*dolman, shako*). Au quinzième siècle fut importé en France le mot *horde*, qui est d'origine mongole et désigne, chez les Tartares, le camp et la cour du roi.

1. Nous devons encore à la langue anglaise, les deux mots *square* et *bullet*, et le nom d'un crocodile (*alligator*).

CHAPITRE VII.

MOTS D'ORIGINE SÉMITIQUE.

Les mots d'origine sémitique introduits en français, appartiennent à l'hébreu, au turc et à l'arabe. C'était un thème favori des anciens étymologistes de dériver toutes les langues de l'hébreu : les travaux des philologues modernes ont montré le néant de toutes ces rêveries : et le résultat le plus important de la science moderne a été de découvrir cette loi : que les *éléments des langues correspondent ordinairement aux éléments des races*. Or nous sommes d'une race tout à fait différente de la race juive, et les rapports du français et de l'hébreu doivent être illusoires : ils sont en effet purement accidentels. Lorsque saint Jérôme traduisit l'Ancien Testament de l'hébreu en latin, il transporta dans sa traduction plusieurs mots hébreux dont l'équivalent n'existait point dans la langue latine, tels que *seraphim, cherubim, gehennon, pascha, eden,* etc., et du latin ecclésiastique, ils passèrent cinq siècles plus tard au français (*chérubin, séraphin, gêne, éden, pâque,*); mais c'est du latin que nous les avons appris, et l'on peut dire que l'influence directe de l'hébreu sur le français a été nulle[1] ; il en est de même pour l'arabe, dont les rapports avec le français ont été tout fortuits : sans parler des mots qui expriment des choses purement orientales, tels qu'*Alcoran, bey, cadi, caravane, derviche, firman, janissaire, narghilé, odalisque, pacha, caravansérail, babouche, cimeterre, drogman, calife, mameluk, marabout, minaret, marfil, mosquée, turban, chacal, gazelle, girafe, genette, once, talisman, sequin, sérail, sultan, vizir,* etc.. ,

---

1. Ajoutons à cette liste, les mots talmudiques *cabale* et *rabbin*.

et qui nous viennent directement d'Orient par les voyageurs, le français reçut au moyen âge plusieurs mots arabes venus d'une autre source : l'influence des croisades, le grand mouvement scientifique arabe qui jeta un si vif éclat, l'étude des philosophes orientaux, fort répandue en France du douzième siècle au quatorzième, enrichirent notre vocabulaire de mots relatifs aux trois sciences que les Arabes cultivèrent avec succès, à l'astronomie (*azimuth, nadir, zénith*), à l'alchimie (*alcali, alcool, alambic, alchimie, élixir, borax, ambre, séné, safran, loch, julep, rob, sirop*), aux mathématiques (*algèbre, algorithme, zéro, chiffre*) ; encore ces mots, exclusivement savants, ne sont-ils point venus directement de l'arabe au français, mais de l'arabe au latin scientifique du moyen âge qui les a transmis au français.

Les relations commerciales de la France avec l'Orient ont aussi introduit dans la langue divers termes relatifs à l'habillement (*bouracan, coton, hoqueton, taffetas, jupe, colback*) ; aux constructions et à l'ameublement (*kiosque, divan, matelas, sofa, bazar, magasin*) ; à la joaillerie, aux couleurs et aux parfums (*nacre, laque, carat, orange, azur, lazuli, talc, civette*) ; enfin des mots de signification diverse (*échec, mat, hasard, café, tamarin, amiral, haras, truchement*).

Les nombreuses invasions et le long séjour des Sarrasins dans le midi de la France depuis le huitième siècle jusqu'au onzième, n'ont absolument laissé aucune trace, ni sur nos patois méridionaux, ni sur la langue française [1].

CHAPITRE VIII.

MOTS D'ORIGINE ORIENTALE.

J'entends par mots d'origine orientale tous les termes que les voyageurs nous ont rapportés de l'Inde (*nabab*,

---

1. Voyez : Reinaud. *Invasions des Sarrasins en France*, 306-307.

brahme, palanquin, pagode, paria, jongle, cornac, bambou, mousson); de la Chine (*thé*); de la Malaisie (*casoar, orang-outang*), — sans parler du mot *zèbre* qui est d'origine africaine.

CHAPITRE IX.

MOTS D'ORIGINE AMÉRICAINE.

Les mots que nous avons réunis dans les trois chapitres précédents n'expriment point d'idées françaises et ne sont pas, à proprement parler, des mots français; il en est de même des termes locaux que nos rapports avec les colonies américaines ont introduits dans la langue (*acajou, ananas, boucanier, cacao, caiman, calumet, chocolat, colibri, condor, jalap, mais, ouragan, quinquina, quinine, sagou, tabac, tapioca, tatouer*).

PARTIE IV

ÉLÉMENTS D'ORIGINE DIVERSE.

Je réunis, sous ce chef, les mots dont on peut dire que leur introduction dans la langue est purement due au hasard, qu'ils soient d'origine historique comme *Séide*[1] ou dus à des onomatopées comme *craquer*. Le catalogue des mots français d'origine connue étant alors épuisé, il me restera à donner celui de tous les mots sur lesquels la science étymologique n'est arrivée à aucune conclusion définitive.

CHAPITRE I.

MOTS D'ORIGINE HISTORIQUE.

Ces mots, peu nombreux dans notre langue, s'y sont toujours établis par une circonstance fortuite; ils n'en sont que plus importants à connaître; si l'on ignore à quel fait ils doivent naissance, et qu'on tente de rechercher scientifiquement leur étymologie, on est sûr d'errer. Si l'on oublie

---

1. Depuis le *Mahomet* de Voltaire, tragédie où figure un agent aveugle des volontés du prophète, et dont le nom est *Séide* (francisation de l'arabe *Saïd*).

que *guillotine, macadam, mansarde, quinquet*, sont ainsi nommés d'après leurs inventeurs, le docteur *Guillotin*, l'ingénieur *Mac'Adam*, l'architecte *Mansard*, le mécanicien *Quinquet*, — et qu'on décompose ces mots en leurs lettres pour y chercher, d'après les règles de permutation, une origine grecque ou latine, on tombera, à coup sûr, dans les aberrations les plus fantastiques.

Les mots d'origine historique désignent presque toujours des choses concrètes, ou des objets matériels, et surtout, comme il est naturel, les inventions ou les importations nouvelles, par exemple, les étoffes (*madras, nankin, mousseline, cachemire, calicot, astrakan, rouennerie, gaze*, de *Madras, Nankin, Mossoul, Cachemire, Calicot, Astrakan, Rouen, Gaza*, lieux où ces tissus furent fabriqués pour la première fois), — des voitures (*berline* carrosse fabriqué à *Berlin, Fiacre, Victoria, d'Aumont*, etc....) — des végétaux (*Dahlia*, dédiée au botaniste *Dahl* par *Cavanilles*, en 1790; *cantaloup*, melon récolté à *Cantaluppo*, villa des papes aux environs de Rome, etc....).

Les mots abstraits sont en plus petit nombre : *jérémiade*, allusion aux lamentations du prophète *Jérémie*, *lambiner*, venu du nom de *Lambin* [† 1577]; professeur au Collége de France, et réputé parmi les savants pour la longueur de ses explications, et la diffusion de ses commentaires — D'autres mots sont ou le fait des savants (*gaz*, par exemple, fut créé au seizième siècle par l'alchimiste Van-Helmont), ou la représentation d'une circonstance ancienne (c'est ainsi que le mot *grève*, coalition d'ouvriers, vient de la locution *se mettre en Grève*, qui tire elle-même son origine de ce fait, que sous l'ancien régime, les ouvriers des différentes corporations, se rassemblaient à Paris sur la place de *Grève*, pour attendre de l'ouvrage, ou pour porter plainte au prévôt des marchands contre leurs patrons [1]).

---

[1]. Voici la liste des mots français d'origine historique : *Artésien Amphitryon, Angora, Atlas, Assassin, Baïonnette, Balais, Baragouin, Basque, Béguin, Berline, Besant, Bicoque, Biscaïen, Bougie,*

CHAPITRE II.

ONOMATOPÉES.

Il n'existe en français qu'un très-petit nombre de mots formés par onomatopée ou par imitation du son. Ils expriment les cris des animaux (*croasser, miauler, bâfrer, japer, laper*); les diverses phases de la parole humaine : (*babiller, fredonner, caqueter, chuchoter, chut, cancan, marmotter, hoquet*), certains états de grandeur ou de mouvement (*bouffer, bouffir, zigzag*), divers bruits naturels (*clapoter, croquer, humer, claque, crac, craquer, cric, tic, toper, pouffer, bruissement, cliquetis, fanfare*), le langage des enfants (*maman, papa, fanfan*), et quelques interjections (*bah-ébahir, hu-huer*).

Bretteur, Brocard, Barême, Cachemire, Calepin, Calicot, Canari, Cantaloup, Cannibale, Carlin, Carmagnole, Carme, Casimir, Cauchois, Céladon, Chin r, Cognac, Cordonnier, Cravate, Curaçao, Dahlia, Damasser, Damasquiner, Dédale, Dinde, Échalotte, Epagneul, Esclave, Escobard, Espiègle, Faïence, Fiacre, Flandrin, Florin, Fontange, Franc, Frise (cheval de), Futaine, Galetas, Galvanisme, Gavote, Gilet, Gaze, Gothique, Guillotine, Guinée, Grève, Guillemet, Hermétiquement, Hermine, Hongre, Inde, Jarnac, Jaquette, Laconique, Louis, Lambiner, Jérémiade, Macadam, Madras, Meringue, Magnolier, Mansarde, Marionnette, Marotte, Maroquin, Maroltique, Martinet, Mercuriale, Mousseline, Nankin, Nicotine, Pierrot, Patelinage, Perse, Persienne, Phaéton, Pistolet, Praline, Quinquet, Renard, Ripaille, Robinet, Rouennerie, Roquet, Salsepareille, Serin, Sansonnet, Sardonique, Sarrasin, Séide, Serin, Silhouette, Simonie, Strass, Tartufe, Truie, Tournois, Turlupinade, Vaudeville, Vandalisme.

CHAPITRE III.

MOTS D'ORIGINE INCONNUE.

Nous avons décrit toutes les provinces de ce vaste domaine qu'on nomme la langue française, toutes les provinces conquises, du moins, car il en est d'autres que les philologues n'ont encore ni reconnues, ni explorées; nous ne devons point oublier d'en tracer soigneusement les limites, dans cette carte linguistique du français; la démarcation du connu et de l'inconnu, n'est fixée que si l'on relève le plan des régions acquises, et que l'on circonscrive nettement leurs frontières.

Ce domaine inconnu ne renferme, comme il est naturel, que des mots d'origine populaire (à peu d'exceptions près), et nous présente une réunion de plus de *six cents* mots dont l'origine nous échappe. Il serait inexact de dire que l'étymologie de *tous* ces mots nous soit inconnue; il en est bien peu sur lesquels le philologue ne puisse présenter plusieurs conjectures également plausibles; il est certain aussi qu'un jour viendra où la science, armée d'instruments plus puissants et de méthodes plus parfaites, résoudra tous ces problèmes[1] : mais, dans l'état actuel de nos connaissances philologiques, toutes ces hypothèses ne peuvent pas plus être vérifiées que réfutées, et nous les passons sous silence, considérant comme inconnus tous les mots sur lesquels la phi-

---

1. On peut difficilement prévoir en quoi se résoudront ces 650 mots inconnus; une part notable d'entr'eux est formée, sans doute, de mots altérés du latin et des idiomes germaniques, et dans lesquels l'action d'une corruption trop grande nous a masqué leur origine. Le reste, et ce sera sans doute la moindre part, reviendra aux idiomes indigènes (celtique, basque, etc.), parlés sur le sol gaulois au moment de la conquête romaine

lologie n'est point arrivée à conclure. D'ailleurs reproduire des discussions qui n'aboutissent à aucune conclusion, serait aller contre le but que nous voulons atteindre ; pour l'enseignement, le doute est pire que l'ignorance, et la science ne porte tous ses fruits dans les jeunes esprits que si la distinction du connu et de l'inconnu est établie d'une façon nette et absolue.

Les mots français, dont l'origine est inconnue sont au nombre de 650 environ [1] :

Abri, accoutrer, aigrefin, aise ajonc, aloyau, amalgame, amphigouri, andouiller, antilope, antimoine, ardillon, ardoise, argot, armet, atteler, attifer, aube, aumusse, auvent

Babine, babouin, bâche, badigeon, baguenauder, balafre, balise, baliverne, balle, bancal, bancroche, barat, baratte, barder, barguigner, baril, baron, basané, bascule, bâtir, baudet, baudruche, bauge, bedaine, bègue, bélître, bercer, berge, berner, besogne, besoin, biche, bidon, bielle, biffer, bigarrer, bigle, bigot, bilboquet, bijou, billevesée, billon, bimbelot, bique, bis, bise, biseau, bisquer, bistouri, bistre, blaser, blason, blême, blette, blond, blottir, blouse, blouse, bluter, bobèche, bobine, bombance, bombe, borgne, borne, bosse, bot, botte, boue, bouder, boudin, boue, bouffer, bougon, bourbe, bourdon, bourreau, bousculer, bousc, boulanger, braire, branler, branche, brande, braquemart, braquer, bredouiller, brehaigne, breloque, bretauder, bretelle, bribe, bricole, brimborion, brin, brioche, brique, brise, broc, brocanter, brou, brouir, bruine, bruire, buffet, burette, butor.

Cabaret, cabas, cafard, cagot, cahoter, caïeu, caillou, cale, calembour, califourchon, calotte, camaïeu, camard, camion, camouflet, cantine, canton, cant, caramboler, cassis, cassonade, catimini, caviar, chafouin, chalet, chalut,

---

1. En prenant pour base lexicographique le *Dictionnaire de l'Académie* ; — le nombre de ces mots inconnus est bien plus considérable, si l'on veut embrasser l'ensemble de la langue.

chamailler, chambranle, chanfrein, charade, charançon, charivari, chassie, chaton, chausse-trape, chiffe, déchique-ter, choyer, ciron, ciseau, civière, claquemurer, cocasse, coche (entaille), cochevis, cohue, colifichet, complot, concierge, copeau, coquelicot, coqueluche, coquin, corme, cosse (écosser), coterie, cotir, cotret, courge, crécelle, crêpe (gâteau), cretonne, creuset, crotte.

Dague, dalle, débaucher, décanter, décruer, dégingandé, dégringolé, délabrer, développer, dîner, disette, dodu, donjon. doucine, dorloter, douve, drap, dupe.

Éblouir, ébouriffer, écarquiller, échouer, éclabousser, éclanche, écran, écrouer, écrouir, égrillard, embaucher, émoustiller, empeigne, endêver, engouer, enlizer, enticher, épanouir, épargner, éparpiller, éparvin, épater, escamoter, ergot, estaminet, étancher, étançon, étioler, étiquette, évanouir.

Fagot, falbala, falot, falun, fardeau, farfadet, félon, feuillette, filou, flagorner, flanelle, flâner, flatter, foulard, fredaine, frelon, freluquet, frétin, fricasser, fricot, friche, frime, fringale, fringant, fripe, friser, frise.

Gabarre, gadoue, gaillard, galantine, gale, galet, galetas, galimatias, galvauder, ganse, garçon, gargote, gargouille, gargousse, gaudriole, gauchir, gibet, gibier, giboulée, gifle, gigot, givre, glaire, se goberger, godailler, godelureau, gogo, goinfre, gonelle, goret, gosier, goujat, gourmand, gourme, gourmet, gourmer, gourmette, grabuge, graillon, gravier, gredin, grêle, gribouiller, grignoter, grimoire, gringalet, grive, gruger, guenille, guenon, guéridon, guêtre, guilleret, guimbarde, guinguette, guirlande, guisarme.

Hagard, halbran, hangar, harasser, harceler, hardes. haricot, haridelle, heurter, horion, houille, houppelande, houspiller, hucher, huer, hure.

Jachère, jalon, jargon, jauger, javart, javelot, jucher.

Laie, laiton, lambeau, lamper, landier, liais, lége, laudanum, liard, lice, lie, lingot, lopin, loque, loupe, lubie, luron, lutin, luzerne, losange.

Mache, mâchicoulis, machuré, macquer, magnanerie, magot, mammouth, manigance, manivelle, maquereau, maraud, marc, marcassin, mare, marais, marmot, marmouset, martinet, matelot, matois, matou, mauvais, mauvis, mégissier, mélèze, marelle, meringue, merisier, merlan, miche, mièvre, mijoter, mijaurée, mince, mine, mirliton, mitaine, mitraille, moquette, moellon, moignon, moquer, morgue, morion, mortaise, morue, morve, motte, mouron, mufle, muser.

Nabot, nigaud, nipper.

Omelette, orseille, ouate, outil.

Pacotille, paletot, pantois, pantoufle, paquet, patois, patraque, patte, pêle-mêle, pépin, percale, percer, petit, pic pièce, pieu, piètre, s'empiffrer, pile (ou face), pilori, pilotis, pimpant, pingre, piocher, pirouette, piton, pivot, plat, pleige, poche, pompe, pompon, potelé, potence, potiron, preux, punaise.

Quinaud, quincaille, quintal, quinte (de toux).

Rabâcher, rable, rabot, rabougrir, rabrouer, racaille, racher; rafale, rafler, rainure, ratatiner, ravage, ravauder, raz, rechigner, renfrogner, reinette, renifler, requin, rêve, ricaner, ricocher, ris, rissoler, ronfler, rosser, ruban.

Sabot, sabord, salmis, sarrau, sébile, semelle, semillant, serpillière, sobriquet, soin, sommer, souder, soubrette, souche, soupape, sot, souquenille, sournois, sparadrap, suzerain.

Tache, taille, taloche, tan, tangage, taper, tapir, taquiner, tarabuster, tarauder, tartan, tarte, taux, tintamarre, tomber, toupie, trancher, transe, trapu, trébucher, trémie, tricher, tricoter, trimbaler, trimer, tringle, tripot, tripoter, trique, trogne, trognon, trompe, trotter, troquer, truffe, trumeau.

Usine.

Varlope, vasistas, vétille, vigie, vignoble, virer.

CHAPITRE IV.

CONCLUSION. STATISTIQUE DE LA LANGUE FRANÇAISE.

Il ne sera peut-être pas inutile de résumer en quelques chiffres les résultats que nous venons d exposer; bien que la statistique ne soit point de mise ici, et sans vouloir suivre le précepte de Malherbe, qui trouvait fort élégant de « *nombrer necessairement,* » nous appliquons cette excellente maxime de M Sainte-Beuve, « qu'il *faut, tôt ou tard, dans ce vaste arriéré humain, qui s'amoncelle en. venir... à des règlements du passé, à des conceptions sommaires, fussent-elles un peu artificielles, à des méthodes qui ressemblent à ces machines qui abrègent et résument un travail de plus en plus interminable et infini* [1]. » — Il ne convient donc point de serrer ces chiffres de trop près; ils expriment d'une manière approximative le rapport et la proportion des divers éléments dont la combinaison a formé la langue française.

STATISTIQUE DU FRANÇAIS MODERNE :

I. Mots d'origine inconnue.................... 650 mot
II. Mots d'origine populaire (4260) :

    a). Elément *latin* (mots primitifs)......... 3800
    b). Elément *germanique*................. 420
    c). Élément *grec*...................... 20
    d). Élément *celtique*................... 20

1. Sainte-Beuve, *Nouveaux lundis*, VIII, p. 44.

III. Mots d'origine étrangère (917) :

a).	Mots italiens......	450
b).	provençaux....	50
c).	espagnols...	100
d).	allemands.........	60
e).	anglais.........	100
f).	slaves (16), sémitiques (110), orientaux (16), américains (20)......	162

IV. Mots d'origine historique (115), onomatopées (40)..   145

Total :   5977 mots.

Si du Dictionnaire de l'Académie française qui contient 27 000 mots environ, on soustrait les 5977 que nous venons de citer, il reste une couche de 21 000 *mots* créés, soit par le peuple en développant ces primitifs par la composition et la dérivation, — soit par les savants, en empruntant directement une foule de mots au grec et au latin. Voir aussi à l'*Appendice* de ce livre.

LIVRE III

PHONÉTIQUE OU ÉTUDE DES SONS

J'ai défini la phonétique au commencement de ce travail et montré toute l'utilité que l'étymologie retire de cette étude : « Guidée par ces lois fixes de transformation des sons d'une langue mère dans une langue dérivée, l'étymologie n'est plus obligée de se confier à des analogies trompeuses de son ou de signification[1]; » elle détermine le plus souvent à l'avance la forme que tel mot latin a dû adopter en français.

La véritable place de la *phonétique* est dans la grammaire dont elle est partie intégrante, et j'ai décrit la phonétique française dans ma *Grammaire historique*. J'aurais pu me borner à renvoyer le lecteur à ce livre, mais exposant pour la première fois à un public français la démonstration de chaque étymologie, j'ai voulu que le lecteur eût toujours sous les yeux les moyens de vérification et de contrôle, et l'ensemble des transformations du latin en français[2]. Mais en même temps on ne perdra pas de vue que

---

1. M. Bréal.
2. Ces deux phonétiques ne se ressemblent point. Je m'étais borné dans ma grammaire à exposer les lois principales accompagnées d'un petit nombre d'exemples; ici, au contraire, j'ai présenté, non-seulement la liste des faits qui confirment les grandes lois, mais la plupart des règles secondaires et des exceptions. Je ne me fais point illusion sur l'imperfection d'un pareil travail; la phonétique française présente bien des lacunes et des obscurités que la science fera disparaître; je désire seulement que ce modeste essai d'une *Phonétique*

« les lois phonétiques, comme les lois naturelles, n'ont pas la valeur absolue des lois mathématiques. Suivant la juste remarque de M. Benfey, elles n'expriment que des tendances développées du langage [1], auxquelles d'autres tendances s'opposent ou se substituent souvent. Elles sont donc sujettes à des exceptions que nous noterons ici. De même, en histoire naturelle, la seule classification qui soit fondée sur la nature des choses, autant que la connaissance humaine peut l'atteindre, manque de rigueur absolue et échappe toujours par quelque point à ses propres principes. Dégager les généralités et les tendances normales des faits, sans méconnaître les tendances secondaires, et même au besoin les exceptions uniques, telle est la tâche modeste, mais sûre à laquelle une science sensée doit se borner, en évitant les deux excès contraires de l'esprit de système qui ne tient pas compte des différences et de l'esprit étroit qui méconnaît les analogies, lorsqu'elles ne vont pas jusqu'à l'identité [2]. »

de notre langue, prépare la voie et facilite l'exploration à ceux qui viendront après nous.
1. « *Entwickelte Neigungen.* » **Orient und Occident**, I, 236.
2. F. Baudry, *Grammaire comparée*, p. 3.

PARTIE I

PRINCIPES QUI PRÉSIDENT AUX PERMUTATIONS.

Le changement des lettres latines en lettres françaises s'appuie sur deux principes qu'on peut désigner (pour employer les formules de l'histoire naturelle) par les noms de principe de la *moindre action*, et de principe de *transition*.

I. PRINCIPE DE LA MOINDRE ACTION [1]. — C'est le propre de tout acte humain, de tendre à s'exercer avec la moindre action, c'est-à-dire avec le moins d'effort possible. Le langage n'échappe point à cette loi, et ses transformations successives n'ont point d'autre cause que le besoin de diminuer l'effort, ni d'autre but, que celui d'arriver à une prononciation plus aisée. C'est là que se trouve la véritable cause de ces changements des langues, en même temps que dans la structure de l'appareil vocal.

Ce besoin d'une plus grande commodité dans la prononciation se manifeste dans l'histoire de notre langue, par un affaiblissement général des lettres latines : ainsi le *c* et le *g* (que les Romains prononçaient durs, devant *e* et *i* [1], disant *fekerunt, kivitatem, guemellus, guibba*, pour *fecerunt, ci-*

---

[1]. Dans son excellente *Grammaire comparée du sanscrit, du grec et du latin*, M. Baudry a montré l'influence de ces deux principes sur la formation des langues anciennes. J'espère montrer qu'ils trouvent aussi leur confirmation dans l'histoire de notre langue.

vitatem, gemellus, gibba), se sont adoucis en français, le *c* dur en *ç*, le *g* dur en *j*, et nous disons *céder, gibier*, que les Latins auraient prononcés *kéder, guibier*. De même *p* latin s'adoucit en *v* ; *ripa, rapa, lupa, crepare, saponem* sont en français *rive, rave, louve, crever, savon* : l'affaiblissement devient tel, en certains cas, que la lettre latine disparaît complétement ; ainsi dans *cruel* de *cru(d)elis, suer* de *su(d)are, obéir* de *obe(d)ire*, où le *d* médial a disparu sans laisser de traces.

D'autres fois, les lettres mises en contact étant *dissemblables*, le français les *assimile* pour en faciliter la prononciation ; ainsi il change *dr* en *rr* et dit *arriver (adripare)* non *adriver, carré (quadratum)* non *cadré* ; suivant cette tendance *tr* s'adoucira en *rr*, témoin *pourrir (putrere), nourrir (nutrire), larron (latronem), nourriture (nutritura).* Ici d'ailleurs, comme dans la plupart des cas, le français n'a fait que suivre l'exemple du latin, chez lequel cette tendance à l'assimilation était déjà très-développée : les Romains disaient *arridere* pour *adridere*, — *arrogantem* pour *adrogantem*, — *arrodere* pour *adrodere*, etc.... — De cette marche continue des langues à une prononciation plus aisée, on conclut immédiatement qu'il est des échelles de sons que les langues descendent, mais qu'elles ne remontent jamais ; ainsi *tr* s'adoucira en *rr* ; et jamais *rr* ne se durcira en *tr* ; *latronem* et *nutrire* descendront à *larron* et à *nourrir* ; mais *parricidium* ne pourra jamais remonter en français à *patricide* ; il n'a que l'alternative de rester tel qu'il est (*parricide*), ou de descendre encore d'un degré, en simplifiant *rr* en *r*.

Un autre phénomène, corrélatif de cette *assimilation* des lettres, et qui lui aussi a pour cause le besoin de commodité dans la prononciation, — consiste à séparer ou à différencier les lettres semblables, pour en faciliter l'émission. Si un mot latin renferme deux *r*, *cribrum* par exemple, le français adoucira l'un d'eux en *l*, et dira *crible* : c'est ainsi qu'il change le latin *parafredus* en *palefroi*, non en

1. Voir le Dictionnaire étymologique au mot *agencer*.

parefroi; — *peregrinus* en *pèlerin*, non *pérerin*. De même s'il y a deux *l*, le français changera l'un d'eux en *r*; du latin *lusciniola*, il ne gardera pas *lossignol*, mais *rossignol*; ce procédé qui consiste à rendre différentes deux lettres qui étaient primitivement identiques, a reçu le nom de *dissimilation*. D'ailleurs ce balancement des lettres, et cette recherche de l'équilibre vocal, n'étaient point inconnus aux Latins qui disaient rura*lis*, mura*lis*, materia*lis* pour éviter le choc des deux *r* (au lieu de *ruraris, muraris, materiaris*), — et epula*ris*, stella*ris* (au lieu de epula*lis*, stella*lis* [1]).

A côté de la *dissimilation* qui a pour but d'éviter la répétition désagréable d'une même lettre, il faut signaler un autre procédé, la *métathèse* (du grec μετάθεσις, *transposition*), qui consiste à transposer, à déplacer une consonne, pour faciliter la prononciation : *formaticum, berbecem* (Pétrone), *turbare, paupertatem* avaient donné à l'origine de notre langue *formage, berbis, tourver, pauverté* que nous trouvons dans les plus anciens textes français; puis ces mots ont à leur tour subi le déplacement de l'*r* qui au lieu de suivre la voyelle, l'a précédée, et a créé les formes modernes *fromage, brebis, trouver, pauvreté*.

II. Principe de Transition. — Le principe de la *moindre action* nous a fait toucher du doigt la cause des transformations du langage et des permutations des lettres; le principe de *transition* nous apprendra les conditions de ces changements et leur marche. « Il consiste en ce que la permutation ne marche que pas à pas et ne fait *jamais qu'un pas à la fois*. Un lettre ne change pas d'un seul coup d'ordre, de degré, de famille; elle ne peut réaliser *en une fois qu'un seul* de ces changements [2]. » Ainsi pour reprendre

---

1. En un mot, les suffixes *aris, alis*, étant identiques d'origine et de sens, les Romains employaient de préférence *aris*, quand il y avait déjà un *l* dans le mot (stella*ris* de *stella*), et *alis* quand le mot contenait un *r* (rura*lis* de *ruris*). Voy. Baudry, *Grammaire comparée du sanscrit, du grec et du latin*, p. 101.
2. F. Baudry, *Grammaire comparée du sanscrit, du grec et du latin*, p. 83.

l'exemple de *putrere* que nous citions plus haut, le latin classique *putrere* n'est point venu brusquement au français moderne *pourrir;* il a traversé le latin mérovingien par les formes *putrire, pudrire,* et le vieux français par les formes successives *podrir, porrir, pourrir :* le *tr* n'est arrivé à l'*rr* français qu'en passant par l'intermédiaire *dr ;* cette histoire de chaque lettre, notre Dictionnaire la présentera, dans la mesure où il est possible de l'écrire, en reliant le latin au français par les anneaux intermédiaires du bas latin et du vieux français.

PARTIE II

ÉTUDE DES VOYELLES LATINES.

Si l'on compare le mot à un organisme vivant, on peut dire que les consonnes en sont le squelette, et qu'elles ne peuvent se mouvoir qu'à l'aide des voyelles, qui sont pour ainsi parler, les muscles qui les relient entre elles. Aussi les voyelles sont-elles la partie mobile et fugitive du mot, tandis que les consonnes en forment essentiellement la partie stable et résistante. On comprend dès lors que la permutation des voyelles soit soumise à des règles moins fixes que celles des consonnes, et qu'elles passent plus facilement de l'une à l'autre.

Les voyelles latines doivent être étudiées au double point de vue de leur *longueur* et de leur *élévation* :

1° de leur *longueur*; elles peuvent être brèves comme *ĕ* dans *fĕrum*, longues par nature comme *ē* dans *avēna*, longues par position[1] comme *ē* dans *fērrum*. — Cette distinction qui peut sembler minutieuse, est loin d'être indifférente, car suivant ces trois quantités, la voyelle latine *e* se transforme en français de trois manières distinctes ; la brève donne *ie* (*fĕrus* devient *fier*), la longue *oi* (*avēna* devient *avoine*), la voyelle de position *e* (*ferrum* reste *fer*).

2° de leur *élévation*. Dans tout mot de plusieurs syllabes, il y en a toujours une sur laquelle on appuie plus forte-

---

1. La prosodie latine appelle de ce nom les voyelles suivies de deux consonnes, longues par leur position, non par leur nature.

ment que sur les autres. On nomme *accent tonique*, ou simplement *accent* cette élévation de la voix, qui dans un mot se fait sur une des syllabes aux dépens des autres : ainsi dans *raisón* l'accent tonique est sur la dernière syllabe : dans *raisonnáble*, il est sur l'avant-dernière. On appelle donc *syllabe accentuée* ou *tonique* celle sur laquelle on appuie plus fortement que sur les autres : celles-ci sont inaccentuées (ou comme disent les Allemands, sont *atones*[1]). L'accent tonique donne au mot sa physionomie propre et son caractère particulier ; aussi l'a-t-on justement appelé *l'âme du mot*. En français, l'accent n'occupe jamais que deux places : la dernière syllabe quand la terminaison est masculine[2] (*chanteúr, aimér, finír, recevrá*), l'avant-dernière quand la terminaison est féminine (*ráide, pórche, voyáge*). — En latin l'accent tonique n'occupe aussi que deux places ; il est sur l'avant-dernière (ou *pénultième*), quand elle est longue (*cantórem, amáre, finíre*) et quand l'avant-dernière est brève, il est sur l'antépénultième (*rígĭdus, pórtĭcus, viátĭcum*).

Nous venons de voir combien il était important, pour les origines du français, de distinguer la quantité des voyelles latines. Il est plus important encore de distinguer leur accentuation ; la voyelle tonique et les voyelles atones ne se comportant point de même en français. Voici, à cet égard, les cinq règles découvertes par la phonétique, lois fondamentales de la transformation du latin en français, et de la constitution du mot français.

I. L'Accent latin persiste toujours en français, c'est-à-dire que l'accent tonique reste en français sur la syllabe qu'il occupait en latin, que cette syllabe fût l'avant-dernière comme dans *amáre* (*aimér*), *témplum* (temple), —

---

1. En résumé, dans tout mot, il y a une syllabe accentuée, et il n'y en a qu'une ; les autres sont inaccentuées ou *atones* : dans *formule*, la tonique est *u* ; *o* et *e* sont atones ; de même en latin dans *cantorem*, *o* est tonique ; *a* et *e* sont atones.
2. C'est-à-dire quand le mot n'est pas terminé par un *e* muet ; la terminaison est dite féminine quand la dernière lettre est un *e* muet.

ou l'antépénultième, comme dans *oráculum* (orácle), *spectáculum* (spectácle), *articulus* (artícle), *durábilis* (duráble). — On voit ainsi comment la syllabe accentuée en latin est aussi la syllabe accentuée en français[1] ; pour étudier ce que deviennent les autres syllabes qui sont nécessairement toutes inaccentuées (ou atones), il convient de distinguer les atones qui suivent la tonique (*e* dans *cantórem*), de celles qui la précèdent (*a* dans *cantórem*). — Étudions celles qui la suivent : elles ne peuvent occuper que deux places, la dernière toujours, et l'avant-dernière quand elle est brève :

II. TOUTE VOYELLE LATINE ATONE, OCCUPANT LA DERNIÈRE PLACE DU MOT, DISPARAÎT EN FRANÇAIS : mar*e* (mer), amar*e* (aimer), porc*us* (porc) mort*alis* (mortel), — ou, ce qui revient au même, s'assourdit en *e* muet : firm*us* (ferme), templ*um* (temple).

III. TOUTE VOYELLE LATINE ATONE, OCCUPANT L'AVANT-DERNIÈRE PLACE DU MOT DISPARAÎT EN FRANÇAIS. Dans les mots accentués sur l'antépénultième (*oráculum*, *tábula*, *fábula*, *articulus*, *durábilis*), l'avant-dernière voyelle est nécessairement brève en latin : absorbée par la tonique qui la précédait, cette voyelle se prononçait à peine et si les Romains des hautes classes la faisaient sentir en parlant, il est certain que le peuple supprimait ces inflexions délicates. Dans tous les débris qui nous restent du latin populaire, (*Graffiti* de Pompéi, inscriptions, épitaphes, etc...), la pénultième brève a disparu : au lieu de comp(ŭ)tum, oràc(ŭ)lum, tab(ŭ)la, pós(ĭ)tus, mob(ĭ)lis, vinc(ĕ)re, suspend(ĕ)re, etc.... le latin populaire disait *comptum, oraclum, tabla, postus, moblis, vincre, suspendre*, etc....[2] ; et quand cette langue vulgaire devint le français, les mots ainsi con-

---

1. Je ne parle point ici des mots d'origine savante (Voyez p. XLIV), toutes ces règles n'ayant en vue que les mots d'origine populaire.
2. Déjà la pénultième brève disparaissait en plus d'un cas dans le latin classique, témoin les formes *saeclum, poclum, vinclum*, pour *poculum, sacculum, vinculum*.

tractés devinrent à leur tour *compte, oracle, table, poste, meuble, vaincre, suspendre*, etc.... — D'ailleurs, par sa constitution même, qui l'empêche de reculer l'accent tonique plus loin que l'avant-dernière, le français était forcé, pour conserver à l'accent latin, sa place dans les mots tels que *orác(ŭ)lum, táb(ŭ)la, fáb(ŭ)la*, de supprimer l'*u* bref qui occupe l'avant-dernière place et de dire *oracle, table, fable*[1]. — Nous avons étudié les deux classes d'atones qui suivent la tonique ; reste à chercher d'après quelle loi les atones qui précèdent la tonique, passent en français : les atones qui précèdent la tonique peuvent être réparties en deux classes : atones précédant *immédiatement* la tonique (comme *o* dans *derogáre*), — atones précédant *médiatement* la tonique (comme *e* dans *derogáre*.)

IV. TOUTE VOYELLE LATINE ATONE PRÉCÉDANT IMMÉDIATEMENT LA TONIQUE, DISPARAÎT TOUJOURS QUAND ELLE EST BRÈVE, ET PERSISTE QUAND ELLE EST LONGUE[1]. Elle disparaît si elle est brève : *san(ĭ)tatem, bon(ĭ)tatem, pos(ĭ)túra* deviennent *santé, bonté, posture*[2]. Elle persiste toujours si elle est longue : *cœm(ē)térium* reste *cim(e)tière* et *orn(ā)mentum, orn(e)ment*.

V. TOUTE VOYELLE LATINE ATONE PRÉCÉDANT MÉDIATEMENT LA TONIQUE PERSISTE TOUJOURS EN FRANÇAIS. Toute voyelle latine qui précède médiatement la tonique, c'est-à-dire, qui en est séparée par une autre voyelle, comme *o* dans *positúra*, persiste invariablement en français : *positura* reste *posture* ; *sanitatem* reste *santé*; *vestimentum, vêtement*. (Voy. aussi le *Dictionnaire* aux mots *Blé, Briller.*)

A l'aide de l'accent latin, et de la quantité prosodique, nous avons déterminé les cinq lois suivant lesquelles, les voyelles latines *tombent* ou *persistent* en passant en fran-

---

1. Pour les exemples, voir le présent Dictionnaire aux mots *able, ancre, asperge, affable*
2. Pour les exemples, voyez le présent Dictionnaire aux mots *accointer, aider*. — J'ai exposé en détail ces deux lois dans le *Jahrbuch für Romanische Litteratur* (Leipzig, 1867).

çais. Reprenons à son tour ce dernier cas, et voyons si le le français a gardé intactes les voyelles qu'il a reçues du latin ou s'il les a altérées, et suivant quelles règles. Cette étude des voyelles latines dans leur *nature*, doit observer successivement les voyelles latines simples (*a, e, i, o, u*), et les diphthongues (*Æ, OE, Au, Eu*), en divisant chacune d'elles en voyelles accentuées, et voyelles non accentuées ou atones.

CHAPITRE I.

VOYELLES ACCENTUÉES.

C'est le principe fondamental de notre langue, comme on l'a vu plus haut (p. LXXX), que les voyelles latines accentuées persistent toujours en français. — Quant aux transformations qu'elles subissent, on peut les ramener à trois lois très-régulièrement observées.

1° Les voyelles brèves *se diphthonguent toujours* en passant au français : *ă* devient *ai* (mănus = main), — *ĕ* devient *ie* (pĕdem = pied), — *ĭ* devient *oi* (pĭlus = poil), — *ŏ* devient *eu* (nŏvus = neuf), — *ŭ* devient *ou* (lŭpus = loup).

2° Les voyelles longues par position *restent ordinairement intactes* : *a, e, o* latins, etc.... restent *a, e, o* en français : arbor devient *a*rbre, — septem devient s*e*pt, — corpus devient c*o*rps.

3° Les voyelles longues par nature se modifient en *descendant* l'échelle vocale *a, e, i, o, u*. On sait que ces cinq voyelles (dont la première, *A*, part de la base du larynx, tandis que la dernière, *U*, expire sur les lèvres), forment une gamme vocale, que les langues descendent et qu'elles ne remontent jamais : E latin accentué peut devenir *o* ou *u* en français, il ne deviendra jamais *a*, pas plus qu'un fleuve ne peut remonter vers sa source, — l'ordre des voyelles étant indiqué par la nature elle-même.

LIVRE III.

Étudions maintenant chacune de ces transformations dans le détail. Pour les exemples qui démontrent chaque règle, nous renvoyons à un mot du Dictionnaire où cette règle est exposée ; nous nous bornons ici à mentionner chaque loi[1].

A

1° En position, *a* latin persiste toujours, *arbor* reste *arbre*[2].

2° *ā* et *ă* latins qui sont traités de même en français, deviennent *ai* devant les liquides *l*, *m*, *n* quand ces consonnes sont suivies d'une voyelle. (Pour les exemples, voy. au mot *aigle*.) Ce son *ai* correspond à *e* et se retrouve sous cette forme, dans le suffixe *ien* (voy. *ancien*), qui est pour *iain*, par une légère altération.

3° *ā* et *ă* peuvent encore devenir *ai* par l'attraction de l'*i*, dans les mots accentués sur l'antépénultième, quand cet *i* est par conséquent pénultième (voy. *ânier*.)

4° *ā*, *ă* deviennent *e* devant les autres consonnes simples (voy. *acheter*) : ils deviennent *e* ouvert devant une consonne suivie de la demi-voyelle *r* (*br*, *tr*, *dr*, *pr*)[3], ainsi : *frère* de *fratrem*. (Pour les exemples, voy. au mot *acheter*); — ils deviennent *e* fermé devant les consonnes muettes (voy. *abbé*), et devant les finales (voy. *acheter*.)

5° *ā*, *ă* sont devenus *ie* dans quelques mots tels que *chien* (*cănis*), *grief* (*grăvis*), *pitié* (*pietătem*), *tarière* (*tarătrum*) : mais *a* n'est allé à *ie* qu'en passant par *e*, puis en s'étayant d'un *i* qui a causé la dipthongue[4].

---

1. Dans un pareil travail les fautes d'impression ne peuvent manquer d'être nombreuses; nous aurons peut-être droit à l'indulgence du lecteur, en rappelant que ce livre ne contient pas moins de 13 000 exemples de permutations, et que les renvois aux règles pour les permutations dans chaque mot s'élèvent à plus de 25 000.
2. Dans quelques cas très-rares, il devient *e* (voy. sous *acheter*), ou *ai* (voy. *aigle*).
3. R dans ce cas ne fait jamais position par rapport à la qualité de la voyelle précédente.
4. *ā* devient *i* dans *cerise* (*cerasus*); *o* dans *taon* (*tabanus*), *fiole* (*phiala*).

E

1° ē persiste (cruel = crudēlis), devient ei devant n, m (voy. *frein*); devient oi (voy. *accroire*), qui se développe postérieurement en ai (voy. *accroire*); devient i (voy. *accomplir*), changement qui avait déjà lieu antérieurement au français; on trouve dans les textes mérovingiens ecclisia pour ecclesia, mercidem pour mercedem, possedire pour possedere, permanire pour permanere[1].

2° ĕ devient ordinairement ie devant une consonne simple (voy. *arrière*), ou persiste mais rarement, comme dans lève de levo[2].

3° e en position *latine* (c'est-à-dire quand il se trouve déjà en latin suivi de deux consonnes), reste intact, témoin sept de septem, terre de *terra*. — Quand ē est en position *française* (c'est-à-dire que e est suivi en français de deux consonnes rapprochées par la chute d'une voyelle qui les séparait en latin, comme *clerc* de cler'cus pour *cler-i-cus*), il persiste, témoin dette de deb'ta, clerc de cler'cus, mais ĕ dans ce dernier cas devient ie (voy. *arrière*), sauf cependant dans quelques mots où il persiste, tels que gendre (gen'r), merle (mer'la), genre (gen'ris), poterne (poter'la), tendre (ten'r).

I

1° ī persiste toujours témoin : ami de amīcus, nid de nīdus, épine de spīna, sauf dans quelques cas très-rares où il devient oi (voy. *boire*[3]).

2° ĭ devient ordinairement oi (voy. *boire*), après avoir traversé l'intermédiaire ei[4].

3° i en position devient ordinairement e (voy. *admettre*)

---

1. ē donne a dans rame; cet exemple unique est contre toutes les règles.
2. Quelquefois en i (voy. *accomplir*).
3. Il est e dans carène (carīna), o dans ordonne (ordĭno).
4. ĭ reste quelquefois ei devant les nasales (voy. *ceinture*); il reste e dans mène (mĭno), i dans lie (lĭgo), plie (plĭco)

Cette permutation n'est point le fait du français et remonte à la langue latine. (Voy. pour les détails l'article *admettre*.)

Cet *i* devenu *e* en français, donne nécessairement *en* devant *ng*, *nd*, *ne*, *gn*, qui fautivement est souvent transcrit par *an* dans le français moderne (voy. *amande*, *andouille*), ou par *ein* (voy. *ceinture*) ; — *e* est souvent aussi transcrit en *ai* comme dans daigne (digno).

I en position devient aussi *oi* (voy. *boire*) par l'intermédiaire de *ei*; cet *oi* à son tour se développe souvent en *ai* dans le français moderne : ainsi épais, est venu de *spissus* par l'intermédiaire de l'ancien français *espois*, qui s'est transformé postérieurement en *espais*, comme François en Français.

O

1° ō se maintient rarement (non de nōn, pomme de pōmum, couronne de corōna), et seulement comme on vient de le voir devant *m*, *n*; mais la forme la plus habituelle de transformation de ō latin est *ou* (voy. *affouage*), — et *eu* (voy. *accueillir*) qui se réduit très-rarement à *u* (voy. *curée*[1]).

2° ŏ devient ordinairement *eu* (ou *œu*, *ue* qui en sont les variantes. Voy. *accueillir*); il reste quelquefois *o* devant *n*, *m*, *l*, témoin école (schŏla[2]).

3° *o* en position persiste toujours ; témoin corps de corpus, fort de fortis, mort de mortem[3].

U

1° ū persiste en français, témoin nu de nūdus, mur de mūrus, lune de lūna, etc....

---

1. ō est *oi* dans un petit nombre de mots (voy. *chanoine*), ou *ui* qui est pour *oi* dans truie (troja).
2. ō est aussi *ui* par attraction (voy. *cuider*), et quand il est *ou* c'est toujours par la chute de la consonne médiane, comme dans roue (rŏta), prouve (prŏbo).
3. Il devient très-rarement *eu* (voy. *accueillir*), *ou* (voy. *affouage*), *ui* (voy. *cuider*). — Il y a un exemple unique de changement en *a*, c'est dame de domina qui est contre toutes les règles.

2° *ŭ* devient presque toujours *ou* (voy. *accouder*), rarement *oi* (voy. *angoisse*), ou *eu* (voy. *beugler*).

3° *u* en position reste *u* (*ju*ste de *ju*stus) ou devient *ou* (voy. *accouder*), excepté devant les nasales où il est *o* (voy. *annoncer*[1]).

Y

Cette lettre reste *i* dans coquille (conch*y*lium); mais comme en réalité le son de l'*y* correspond à celui de notre *ū* français (on trouve déjà dans le latin vulgaire cr*u*pta, b*u*rsa pour cr*y*pta, b*y*rsa), cette lettre a suivi en français le sort de l'*u*, et s'est transformée comme lui tantôt en *o*, gr*o*tte (cr*y*pta), tantôt en *ou*, b*ou*rse (b*y*rsa).

Æ

Æ qu'à l'origine les Romains prononçaient séparément *a-e*, ne tarda point à se réduire à *e*, et subit dès lors les mêmes variations que nous avons vu subir à cette voyelle. Tantôt, *ae* devient *i*, *ie* (voy. *ciment*), — tantôt il devient *oi* comme dans f*oi*n (f*ae*num), pr*oi*e (pr*ae*da).

Œ

Œ s'était déjà réduit à *e* chez les Romains qui écrivaient indifféremment f*œ*mina ou f*e*mina, — f*œ*tus ou f*e*tus. — Voy. à l'article *e*.

AU

Nous avons donné dans le Dictionnaire (voy. au mot *alouette*), l'histoire des transformations de cette diphthongue que les Romains prononçaient originairement *a-ou* puis *o*. — *Au* latin, est en français devenu *o*, *ou* (voy. *alouette*), et même dans quelques cas *oi* (voy. *aboyer*), et *eu* (voy. *queue*).

1. *u* est quelquefois *oi* devant *ng*, *gn* (voy. *angoisse*), *ui* (voy. *buis*).

EU

Eu est devenu *u* dans r*eu*me (rh*eu*ma), *ieu* dans l*ieu* (l*eu*ca).

CHAPITRE II.

VOYELLES NON ACCENTUÉES OU ATONES.

Il faut étudier séparément les voyelles atones *simples*, — et les voyelles atones *composées*, formant des groupes tels que *ia, uu, uo*, etc....

SECTION I. — VOYELLES ATONES SIMPLES.

Nous avons vu (p. LXXX-LXXXI) les quatre lois de chute ou de persistance des voyelles atones; quand elles persistent en français, elles restent le plus souvent intactes, bien que fort souvent aussi elles se modifient par une série de permutations dont voici la liste, et dans laquelle on n'a pu découvrir jusqu'à présent, aucune loi générale et dominante.

1° A atone[1] persiste ordinairement ou devient *e* (voy. *acheter*). Dans quelques cas très-rares, il se transforme en *i* (voy. *aimant*), en *o* (voy. *taon*), en *ai* (voy. *aigle*). Devant les liquides, il est quelquefois *u* (voy. *chalumeau*)

2° E atone persiste, ou devient *a* (voy. *amender*[2]). Il devient aussi, mais plus rarement, *oi*, *ai* (voy. *accroire*),

---

1. Pour la distinction en longues, brèves, etc., je renvoie aux exemples du *Dictionnaire*.
2. On trouve déjà marcadus pour mercatus dans plusieurs chartes mérovingiennes, Dalphinus pour Delphinus, etc.

i (voy. *accomplir*), *ei* devant *n* (voy. *frein*), *o* (voy. *rognon*), *ie* (voy. *arrière*), *ui* (voy. *suif*). Devant *m*, il devient quelquefois *u* (voy. *jumeau*).

3° I atone persiste ou devient *a* (voy. *balance*), *e* (voy. *admettre*), *oi* (voy. *boire*). — Plus rarement *i* devient *o* (voy. *frotter*) ou *ai* (voy. *marraine*), ou *u* (voy. *affubler*), et dans ce dernier cas par l'intermédiaire de *e*.

4° O atone persiste ou devient le plus ordinairement *ou* (voy. *affouage*). Il devient aussi *ui* (voy. *cuider*), *oi* par attraction (voy. *chanoine*), et rarement *e* (voy. *antienne*), *eu* (voy. *accueillir*), *a* (voy. *dame*).

5° U atone persiste quelquefois, mais se change presque toujours en *o* (voy. *annoncer*), et en *ou* (voy. *accouder*). Dans quelques cas très-rares, il devient *e* (voy. *chapeler*), *oi* (voy. *angoisse*).

6° Au atone devient ordinairement *o* (voy. *alouette*), rarement *ou* (voy. *alouette*), *oi* (voy. *aboyer*), *eu* (voy. *queue*).

7° *x* atone devient *i*, *ie* (voy. *ciment*)[1].

Section II. — Voyelles atones composées.

Ce sont les groupes formés de *e*, *i*, *u*, avec les autres voyelles *ea*, *eo*, *eu*, — *ia*, *io*, *iu*; — *ua*, *ue*, *ui*, *uo*, *uu*: cette rencontre des deux voyelles fréquente en latin (*vinea*, *simius*, *consuere*, *constituo*), amène nécessairement un hiatus que le français tend généralement à supprimer; — dans le petit nombre de cas où le français a conservé l'hiatus, il a intercalé un *h* entre les deux voyelles : ainsi *inva(d)ere, tra(d)ere, tra(d)itionem* ont perdu leur *d* médial, en passant dans notre langue, et ont donné au moyen âge *enva-ir, tra-ir, tra-ison*, dans lesquels le français moderne a intercalé un *h* pour maintenir l'hiatus : *enva-h-ir*, — *tra-h-ir*, — *tra-h-ison*. — Cette insertion d'un *h* entre

---

1. Je ne donne ici pour les voyelles atones que des constatations; je publierai ailleurs une étude spéciale sur cette dérivation.

deux voyelles avait déjà lieu chez les Romains : on trouve au cinquième siècle et au sixième : *controversihis* pour *controversiis,* — *Israhel* pour *Israël, Danihel* pour *Daniel,* etc.[1]. Mais on peut dire que la disparition de l'hiatus latin en français (par des procédés que nous allons étudier), est un des principes essentiels de la formation de notre langue. Il convient préalablement de distinguer l'hiatus d'origine *latine* (simius, pluere, melius) — de l'hiatus d'origine *française* (c'est-à-dire causé par la chute de la consonne qui séparait les deux voyelles en latin : *amiable* de *ami-(c)abilis*).

§ I. HIATUS D'ORIGINE LATINE.

Ce sont les trois groupes cités plus haut (*ea, eo, eu,* — *ia, io, iu,* — *ua, ue, ui, uo, uu*). Les deux premiers se ramènent à un seul, puisque le latin *ea, eo, eu* devient toujours *ia, io, iu* avant de passer au français. (Voy. la démonstration de ce fait, dans le dictionnaire aux mots *abréger, aïeul, agencer*). — Dès lors nous n'avons plus à examiner que deux groupes de voyelles composées, l'un avec *i*, l'autre avec *u* :

I. *Ia, Io, Iu.* — Ce groupe est traité en français de six manières différentes, suivant la nature des consonnes qui le précèdent :

1° Quand ce groupe est précédé des *liquides* (l, m, n, r), il mouille les liquides *l, n*. Après *l*, ce groupe donne *il* (voy. *ail*); — après *n*, il donne *gn* (voy. *cigogne*), ou insère une sifflante (voy. *abréger*). Souvent aussi, il y a attraction de l'*i* vers la voyelle précédente (voy. *buis*) : — après M, *i* devient sifflante singe (simius) (voy. *abréger*). — Après R, dans les finales *arius, aria, arium*, il y a attraction de l'*i* (voy. *ânier*). Cependant *cerius** donne *cierge* (voy. *abréger*).

2° Quand ce groupe est précédé des sifflantes (*s, t, c,*) comme dans *basiare, titionem*, etc..., *i* disparaît et la con-

---

1. Voy. le Dictionnaire au mot : *envahir*.

sonne devient tantôt *c*, *ss*, *s* dur, tantôt *s* doux. (Pour les détails, voy. au mot *agencer*). — Dans certains cas, il y a attraction de l'*i* (voy. *agencer*).

3° On sait que les trois ordres de consonnes (*p*, *b*, — *t*, *d*, — *c*, *g*), ont trois fortes (*p*, *t*, *c*), trois douces (*b*, *d*, *g*). — Après les trois douces et après *v*, — le groupe *ia*, *io*, *iu*, se consonnifie, c'est-à-dire que *i* devient *j*, *g* (voy. au mot *abréger*). — C'est ainsi que *journal* est dérivé de *di*urnalis par l'intermédiaire de *dj*urnalis. (On trouve déjà *j*ornalis pour *di*urnalis, *j*ornum pour *di*urnum, dans des textes carlovingiens du huitième siècle). — Après *g*, il y a chute (voy. *allier*).

4° Après la labiale forte *p*, l'*i* que nous avons vu se changer en *j* passe de la douce à la forte, et *j* devient *ch* (voy. au mot *abréger*).

II. *Ua, Ue, Ui, Uo, Uu*. — Ce groupe correspond exactement, dans ses transformations, à celui de *ia, io, iu*; comme lui il devient consonne, et *u* se transforme en *v* (voy. au mot *janvier*), de même que nous avons vu *i* se consonnifier en *j*.

Ua, Uu, etc.... laissent très-fréquemment tomber l'*u*, pour supprimer l'hiatus. On trouve déjà mort*u*s pour mort*uu*s dans Cicéron, supervac*u*m pour supervac*uu*m, febrarius pour februarius dans l'*Appendix ad Probum*. Le français a continué cette tendance (voy. le dictionnaire au mot *coudre*.)

§ 2. HIATUS D'ORIGINE FRANÇAISE.

Il est produit par la chute de la consonne latine médiale, chute qui met en présence les deux voyelles jusque là séparées : ainsi se(c)*urus*, re(g)*ina*, vi(d)*ere*, gra(d)*ire* donnent à l'origine de notre langue *se-ür*, *re-ïne*, *vé-oir*, *gra-ïr* ; quand il a ainsi créé un hiatus qui n'existait point en latin, le français en opère la suppression de deux manières :

1° Tantôt il supprime l'hiatus en contractant les deux voyelles eu *une*, comme dans *re-ïne* qui est devenu *reine*, tantôt il supprime l'une des deux voyelles; ainsi *vé-oir*, *sé-ur*, se sont réduits dans la langue moderne à *voir* et à *sûr* (l'accent circonflexe marque précisément cette suppression d'une lettre). — (Sur cette contraction ou cette *synérèse*, voy. le dictionnaire aux mots *allier*, *aboyer*, *affouage*, *accabler*, *abbaye*, *aïeul*)

2° Tantôt il supprime l'hiatus par l'intercalation d'une nouvelle consonne, procédé qui existait déjà en latin. De *pluere*, les Romains avaient tiré non pas *plu-ia*, mais *pluv-ia*, en intercalant un *v* pour empêcher l'hiatus. Continuant d'appliquer cette tendance, le français intercala aussi *v* dans le cas analogue. De *plu-ere* nous avons fait non *pleu-oir*, mais *pleu-v-oir* : et pour revenir à la question, nous avons même appliqué cette intercalation à l'hiatus d'origine française : *gra(d)ire* ayant donné *gra-ir*, nous avons transformé le mot en *gra-v-ir*. (Pour les détails, voir le dictionnaire au mot *corvée*[1].)

Avant d'aborder l'étude des consonnes, remarquons avec quelle ingénieuse simplicité la nature a varié les moyens qu'elle emploie pour exprimer l'importance différente de chacune de ces voyelles. Elle modifie suivant des règles fixes la voyelle accentuée, laissant en général les atones sans altération

C'est ainsi qu'elle dit *vient* de *vénit*, et *venons* de *venimus*, — *tient* de *ténet*, et *tenons* de *tenimus*, — *lièvre* de *léporem* et *lévrier* de *leporarius*; elle dit de même *relief* mais *relever*, etc..., et grâce à cette heureuse disposition, elle diversifie les formes sans les obscurcir.

---

1. Il ne faut pas oublier aussi l'hiatus qui est le produit de la composition (*de-avant*).

Dans la composition des mots, l'hiatus disparaît : *de-avant* se contracte en *devant*, comme *re-abaisser*, *re-accrocher*, en *rabaisser*, *raccrocher*. — Dans la dérivation, l'hiatus disparaît également, par l'intercalation d'un *t* euphonique · *clou*, *bijou*, *abri* n'ont point donné *clou-ier*, *bijou-ier*, *abri-ier*, mais *clou-t-ier*, *bijou-t-ier*, *abri-t-er*. On a même ajouté ce *t* à des mots terminés par une consonne, et qui n'avaient pas besoin d'une addition euphonique : c'est ainsi que *tabac*, *jus*, *fer-blanc*, *rein*, au lieu de donner *tabaquière*, *juseux*, *fer blanquier*, *ereiner*, ont produit *tabatière*, *juteux*, *fer-blantier*, *creinter*.

PARTIE III

ÉTUDE DES CONSONNES LATINES.

Les consonnes se divisent en groupes naturels qui correspondent chacun à une partie de l'appareil vocal (*Dentales, Gutturales, Labiales*), les dents, le gosier, les lèvres. — Dans chacun de ces groupes, ou *ordres* de lettres, il faut distinguer deux *familles* de lettres, les fortes et les douces : il faut enfin diviser chaque famille en deux *degrés*, les simples et les aspirées ; étant donné par exemple le groupe ou *ordre* des labiales (*p, b, v, f*) il se divise en deux *familles*, les fortes (*p, f*), les douces (*b, v*). Chaque *famille* comprend deux degrés : la famille des *fortes* (*p, f*), a une forte simple (*p*), une forte aspirée (*f*), — la famille des *douces*, une douce simple (*b*), une douce aspirée (*v*). — Ces distinctions des lettres en *ordres, familles, degrés* sont l'indispensable préliminaire de l'étude des consonnes, et du changement des sons latins en sons français. Ces changements sont soumis aux trois règles suivantes qui concernent les ordres, les familles, les degrés :

1° ORDRES. C'est entre les consonnes de même organe que s'opèrent habituellement les permutations, en un mot c'est entre les consonnes du même *ordre* ; étant donnés les trois ordres des Labiales (*p, b, v, f*), des Dentales (*t, d, c, s*), des Gutturales (*c, g, g, j*), — jamais une labiale latine ne deviendra en français une dentale, ou une gutturale ; elle restera labiale, *b* latin deviendra en français *b* (bonus=

bon), ou *v* (libra = livre), mais ne deviendra jamais *s* ou *g*, par exemple De là cette règle générale : les *ordres de lettres ne permutent point entr'eux.*

2° FAMILLES. Outre que les consonnes latines ne se changent pas au hasard en consonnes françaises, mais sont réparties par *ordres* dans le sein desquels la permutation s'opère, il faut remarquer que la permutation n'a pas lieu au hasard entre les lettres du même *ordre*, mais qu'elle suit la distinction des *familles*. Reprenons pour exemple l'*ordre* des Labiales (*p, b, v, f*); il se divise en deux *familles*, les fortes (*p, f*), les douces (*b, v*); *p* qui est une forte deviendra en français *b*, ou *v* (duplus = double, saponem = savon), qui sont des douces, mais *b* ou *v* latins deviendront rarement *p* en français : en un mot les fortes latines peuvent devenir douces en français, mais jamais une douce latine ne devient une forte française, de là cette règle : *c'est de la forte à la douce que s'opère habituellement le passage des consonnes latines en consonnes françaises.*

3° DEGRÉS. Les *familles* d'un même *ordre* ne se permutent point au hasard, mais descendent de la forte à la douce, une échelle qu'elles ne remontent pas; — dans l'intérieur d'une même famille, les *degrés* de simple et d'aspirées ont aussi leur influence sur la permutation ; prenons dans l'*ordre* des Labiales (*p, b, v, f*), une des deux *familles* celle des Douces (*b, v*); elle comprend deux *degrés* la simple *b*, l'aspirée *v*; *c'est ordinairement de la simple à l'aspirée qu'a lieu la permutation.* Ainsi *b* latin devient *v* en français, témoin *t*averne de ta*b*erna, cou*v*er de cu*b*are, ver*v*eine de ver*b*ena, a*v*ant de a*b*antè, tandis que *v* ne devient point *b*[1].

1. Ou très-rarement, dans quelques mots : cour*b*er de cur*v*are, cor*b*eau de cor*v*ellus, etc. D'ailleurs, il n'y a pas de comparaison numérique à établir entre ces deux permutations : le changement de *b* latin en *v* a lieu cinquante-deux fois en français, on n'a que six exemples de celui de *v* latin en *b*. Ces légères infractions à des règles qui par leur nature ne peuvent être absolues, s'expliquent aisément: la distinction, rigoureuse dans les *ordres* et dans les *familles*, ne peut être

Ces distinctions d'*ordres*, de *familles*, de *degrés*, étant suffisamment tracées, il convient d'étudier les consonnes dans l'ordre suivant : *liquides*[1] (l, m, n, r); *dentales* (t, d, z, s); *gutturales* (c, x, q, g, j, h); *labiales* (p, b, f, v).

Voici le tableau des *ordres, familles et degrés* des consonnes latines :

LIQUIDES.	LABIALES.	GUTTURALES.	DENTALES.	
l, m, n, r	b, v.	g, j	d, z (s).	Douces
	p, f.	(q, k, c) ch.	t, s (x).	Fortes

1° Il importe de noter qu'une consonne ne change point de *famille* sans passer par les degrés intermédiaires de chacune d'elles; nous disions plus haut qu'une labiale forte simple (p), devenait en passant en français v, c'est-à-dire une labiale douce aspirée. P latin a donc changé à la fois de famille et de degré : mais le principe de transition (posé à la page LXXVI), nous indique à priori que ce changement ne s'est pas effectué de cette manière; *p*, changeant de famille et allant de la forte à la douce, s'est d'abord transformé en *douce simple* (b), et de là est allé régulièrement à la douce aspirée (v). C'est ce qui nous explique pourquoi entre les formes latines *crepare, saporem, saponem, rapa*, — et les formes françaises *crever, saveur, savon, rave*, nous trouvons dans les textes mérovingiens, les formes latines intermédiaires *crebare, saborem, sabonem, raba*, qui nous montrent comment le *p* latin a dû passer par *b* pour arriver à

---

aussi invariable pour les *degrés*, où l'on sort des couleurs tranchées pour distinguer de simples nuances.

1. Il faut distinguer dans les Liquides, deux *Nasales* (m, n), et deux *liquides* proprement dites (*l, r*). Ces lettres sont nommées liquides, à cause de leur facilité à s'adjoindre aux autres consonnes, les *nasales* pour les précéder, les *liquides proprement dites* pour les suivre.

v. Souvent même, le *p* latin ne va pas jusqu'au *v* et s'arrête au *b*, sans pouvoir continuer sa marche : ainsi *apicla** est resté à *abeille*, au lieu d'arriver jusqu'à *aveille*, qui eût été sa vraie forme.

2° La phonétique divise les consonnes en trois classes, les simples[1], les doubles et les composées. Ces dernières forment ce que nous appelons les combinaisons de voyelles, par exemple *st :* soit que cette combinaison existât déjà en latin (ca*st*us), soit qu'elle résulte de la chute d'une voyelle en français, ainsi po*st*ure de *pos*(i)*tura*. — On peut poser pour les consonnes doubles, cette règle invariable : dans tout groupe latin de deux consonnes dissemblables, c'est la première qui s'affaiblit ou disparaît en français : ainsi dans su*bj*e*ct*us, il y a deux groupes de consonnes *bj* et *ct*. Suivant cette règle, ces deux groupes laissent tomber la première consonne de chacun d'eux, *bj* se réduit à *j*, *ct* à *t*, et le mot devient *sujet*. L'étude qui va suivre fournira d'innombrables exemples à l'appui de cette loi. — Quant aux combinaisons de trois consonnes (terre*str*is), ou même de quatre (mon*str*are), elles sont soumises aux deux règles suivantes : 1° Dans un groupe de trois voyelles, si les deux voyelles extrêmes du groupe sont des liquides, la consonne du milieu persiste Ainsi *d* entre *r* et *r* (per*dr*e de perd're), ou entre *n* et *r* (fen*dr*e de find're[2].) 2° Si par chute de la voyelle, il y a rencontre de trois consonnes et que celle du milieu soit une muette, celle-ci tombe.

3° Il convient d'observer la place de la consonne, dans le mot ; la consonne est dite *initiale*, *médiale*, *finale*, suivant qu'elle est au commencement, au milieu, à la fin du mot. Cette distinction est capitale pour les résultats étymologiques : *Br* latin ne donne point le même son en français, suivant qu'il occupe le commencement ou le milieu du mot latin.

---

1. On range aussi, comme nous l'avons vu plus haut, dans la classe des consonnes simples, celles qui sont suivies de la semi-voyelle *r*.
2. Diez, 1, 189.

L

L initial persiste ordinairement (voy. cependant au mot *lierre*).

L s'est changé en *r* (voy. *apôtre*), en *n* (voy. *marne* : Devant une consonne, quand lui-même suit une voyelle, il s'adoucit en *u* (voy. *agneau*[1]).

Sur la transposition de *L*, voyez *sangloter*; sur l'addition de *L*, voyez *lierre*.

LL s'adoucissent en *ill* (voy. *ail*), ou deviennent *u* (voy. *agneau*).

LR intercale un *d* euphonique, et devient *ldr* qui à son tour change *l* en *u* (par la règle que nous venons de donner), et se transforme en *udr* (voy. *absoudre*).

CL devient *il* (voy. *abeille*), *l* (voy. *mâle*), *gl* (voy. *aigle*).

TL se transforma déjà en *cl* chez les Romains :

Au lieu de ve*tl*us (ve*tul*us), si*tl*a (si*tul*a), l'*Appendix ad Probum* donne ve*cl*us, si*cl*a. Ainsi ramené à CL, TL suivit le sort de cette combinaison (voy. aux mots *andouille* et *bouleau*).

TL s'assimile (voy. *Bouleau*).

PL devient *il* : écueil (scop'*lus*) [2].

M

M devient *n* (voy. *changer*). Dans duvet (dumetum), *m* est devenu *v* par l'intermédiaire de *b*, du*b*etum, comme en latine archaïque, du*b*enus existe à côté de dominus.

ML, MR intercalent un *b* euphonique (comme nous

---

[1]. Il existe un seul exemple de la permutation de *l* en *d* : amidon, de amy*l*um, qui est déjà amidum dans un texte latin du neuvième siècle. Je le regarde comme une corruption, bien que *l*acryma, *l*ingua, ca*l*amitas, de*l*icata, fussent dans le plus ancien latin dacryma, dingua, cadamitas, dedicata, et que le même rapport existât entre U*l*ysses (qui est pour Udisses) et Ὀδυσσεύς.

2. Pour les autres combinaisons LC, voy. sous *c*; pour ML, voy. *m*; pour NL, voy. *n*; pour RL, voy. *n*; pour BL, voy. *b*; Pour GL, voy. *g*.

avons vu plus haut *lr* intercaler un *d*), et deviennent *mbl*, *mbr* (voy. *absoudre*). Sur l'Addition de *m*, voy. *lambruche*[1].

NN s'est réduit soit à *mm*, *m* (**voy.** *allumer*), soit à *nn* (voy. *colonne*).

N

N devient *l* (voy. *aller*), *r* (voy. *coffre*), *nn* (voy. *ennemi*), *gn* (voy. *cligner*).

NV se réduit à *v* (témoin couvent de *conventus*), *nc* à *c* (voy. *coque*).

NN se réduit à *n* (voy. *an*). — NM devient *mm*, *m* (voy. *âme*).

NL devient *ngl* (voy. *absoudre*). — NS devient *s* (voy. *aîné*).

NR au milieu des mots, intercale un *d* euphonique et devient *ndr* (voy. *absoudre*).

RN à la fin des mots se réduit à *r* (voy. *aubour*)[2]. — Sur l'addition de *n* (voy. *concombre*). A ce propos remarquons que l'addition n'a lieu que sur les liquides.

R

R devient souvent *l* au milieu ou à la fin des mots (voy. *autel*) ; sur *r* devenu *s* (voy. *arroser*). Sur la transposition de *r* (voy. *âpreté*). Sur l'addition de *r* (voy. *chanvre*).

RL devient *ll* : les Latins disaient déjà pe*ll*ucidus pour per*l*ucidus, et le français a transformé l'ancien français chamber*l*an en chambe*ll*an. — RS devient *s* (voy. *chêne*). RR intercale un *d* euphonique : tor*dr*e de *tor*(que)*re*, sour*dr*e de *sur*(ge)*re*[3].

T

T médial passe de la forte à la douce, devient *d* (voy. *aigu*, *aider*), puis disparaît invariablement (voy. *abbaye*,

---

1. Sur MB, voy. *b*; sur NM, voy. *m*; sur GM, voy. *g*.
2. Sur ND, voy. *d*; sur NC, voy. *c*; sur GN, voy. *g*; sur MN, voy. *m*; sur PN, voy. *p*; sur NG, voy. *g*.
3. Sur RC, voy. *c*; sur MR, voy. *m*; sur NR, voy. *n*; sur TR, voy. *t*; sur DR, voy. *d*; sur SR, voy. *s*; sur BR, voy. *b*.

aigu, abbé). — *Te, ti* suivis d'une voyelle deviennent *ç, s, ss, c* (comme on l'a vu plus haut au chapitre de l'hiatus p. xc et au mot *agencer*.

Tn, tm se réduisent à *n, m* (voy. *plane*). — *Tl* final se réduit à *t*, témoin chat (ca*tt*us*).

Tr passe à la douce *dr* (voy. *aider*), puis à l'assimilation *rr, r* (voy. *arrière*)

St médial s'assimile en *ss, s* (voy. *angoisse*) ou perd l's voy *abîme*[1]).

D

D initial persiste : D médial disparaît (voy. *accabler*). D final disparaît (voy. *alouette*) ou reste muet, comme dans pie*d* (pedem) mui*d* (modius). Dans quelques cas *d* redescend à *t* muet, comme dans : don*t* (deunde), souven*t* (subinde), pente, boite (puxda*).

DR s'assimile en *rr, r* (voy. *accroire* et *arrière*), DL en *ll, l* (voy. *allumer*). Dc devient *g* (voy. *adjuger*). Dj, Dv, Ds, Dn deviennent *j, v, ss, n* (voy. *ajouter, assez, aval, aller*)[2].

Z

Il reste *z* ou devient *j* (voy. *jaloux*). Comme *sr* et comme *çr, zr* intercale un *d* euphonique (voy. *coudre*).

S

S initial persiste ou devient *c* (voy. *cercueil*). S médial tombe devant une consonne (voy. *abîme*) ou devient *r* (voy. *orfraie*), ou *ss* (voy. *dessiner*. On trouve déjà en latin *vessica* pour vesica, etc.) S final persiste ou devient *z* (voy. *nez*) ou *x* (voy. *deux*).

SR intercale un *t* euphonique et donne *str* puis *tr* (voy.

---

1. Sur TL, voy. *l*; sur TC, voy *c*, sur MT, voy. *m*, sur CT, voy. *c*; sur PT, voy. *p*; sur BT, voy. *b*.
2. Sur MD, voy. *d*, sur GD, voy. *d*; sur PD, voy. *p*.

ancêtre, accroître, abîme). Dans quelques cas il insère un d (voy. coudre).

SC, SP, SL, SM, ST 1° *initiaux* deviennent *esc, esp, escl, esm, est,* puis *éc, ép, ém, ét* (voy. *espérer*). 2° *médiaux* perdent l's (voy. *abîme*).

SS final devient *s* (voy. *ais*) [1].

C, CH

Disons d'abord que l'aspirée *ch* se comporte en latin comme *c*, et s'est réduit à *c* : *cochleare* et *cocleare*, *trichla* et *tricla*. Il n'y a donc à considérer que *c* qui varie suivant les voyelles qui le suivent :

§ I. Devant *a*, *o*, *u*, ou devant une consonne, *c* initial reste guttural, mais passe de la forte à la douce et devient *g* (voy. *adjuger*, *aigle*). Devant *a*, *c* médial tombe (voy. *affouage*). C final disparaît ordinairement (voy. *ami*, *amie*).

Enfin *ca* s'affaiblit en *cha*, *che* (voy *acharner*), soit au commencement, soit au milieu des mots. Le *a* latin peut même se transformer en une autre voyelle sans abandonner son influence sur le *c* antécédent, ce qui prouve que le passage du *c* au *ch* est plus ancien que celui de *a* dans une autre voyelle [2]. Dans quelques mots tels que *câble* (capulum), *cage* (cavia*), *c* reste guttural ou devient *qu* (voy. *queue*). Devant *o*, *u*, *c* persiste et ne passe pas à la sifflante *ch* : *c*ou (collum), *c*uivre (cupra*). Dans quelques mots *ch* devient *j* (voy. *jante*) ou *g* (voy. *adjuger*).

§ II. Devant *e*, *i*, *æ*, *œ*, le *c*, guttural en latin, est devenu sifflant en français, et donne en finale les sons analogues *s*, *x*, *z*, *ss* (voy. *amitié*).

CC médial devient *ch* (voy. *acheter*); final devient *c* (voy. *bec*).

---

1. Sur ST medial, voy. *t*; sur SC médial, voy. *c*; sur NS, voy. *n*; sur RS, voy. *r*; sur CS, voy. *c*; sur PS, voy. *p*; sur BS, voy. *b*.
2. Diez, I, 229.

CR devient *ir* puis *r* (voy. *bénir*). RC final devient *r* (voy. *arbalète*).

CT s'assimile en *tt* (voy. *assiette*), *t* (voy. *affeté*), ou devient *it* (voy. *attrait*) et dans quelques cas *ch* (voy. *allécher*), cette dernière permutation est peut-être due à quelque influence méridionale.

CL devient *gl* (voy. *aigle*), *il* (voy. *abeille*), *l* (voy. *mâle*).

CS (c'est-à-dire *x*) s'assimile en *ss* ou s'affaiblit en *iss* (voy. *aisselle*), rarement en *s* (voy. *ajouter*) ou se transpose en *sc* dans un petit nombre de mots (voy. *lâche*).

Sur NC, RC, TC, DC qui changent *c* le plus souvent en *g*, mais quelquefois aussi en *ch*, voy. *adjuger*, *acharner*. Ces sons sont remarquables en ce qu'ils présentent le passage de la gutturale forte en palatale douce : cependant *c* suit souvent la règle générale, c. à d. qu'il persiste ou passe à la douce (fr. *ch*). Ces anomalies ne peuvent provenir que de la présence des liquides ou des dentales heurtant le *c*.

SC médial devient *ss* (voy. *cresson*). On trouve déjà en latin cresseret pour cresceret. SC final devient *s* (voy. *bois*).

X

Pour ce son qui équivaut à *cs*, voyez à la lettre *c*.

Q

Q est traité en français de deux manières différentes suivant les voyelles qui le suivent.

§ I. Devant *a*, *o*, *u*, la gutturale subsiste soit avec *u*, comme dans *quel* (qualis), soit sans *u*, et elle est écrite *c*, (voy. *car*). Q devient souvent aussi *g* (voy. *aigle*). Qua aurait dû donner *cha*, comme l'a fait *ca*. Si cela n'a point eu lieu, c'est qu'il est à croire qu'au moment où le *ch* se constitua dans *ca*, l'*u* de *qua* n'était point encore devenu muet.

§ II. Devant *e*, *i*, l'*u* disparaît et *q* devient *c*, *ç*, *s* (voy. *car*), changement qui remonte à la langue latine, puisqu'on trouve dans les inscriptions romaines du troisième siècle, cocere pour coquere, cinque pour quinque. Q passe dans quelques mots à la douce g (voy. aigle).

§ III. Q tombe par le changement de u en v (voy. janvier).

G

Cette lettre dépend (comme c) des voyelles qui suivent :

§ I. Devant a, o, u, le g initial persiste, le g médial tombe (voy. allier), le g final s'assourdit et devient muet : long (longus).

De même que c devient ch, g latin devient j dans certains cas (voy. jumeau). Dans parchemin (pergamenum), marcotte (mergus) il est accidentellement retombé de la douce à la forte.

§ II. Devant e, i, le g devient quelquefois s, ç (voy. fraise) par dissimilation, et tombe comme médiale dans quelques cas (voy. allier).

GL devient il, l (voy. cailler). GL initial persiste [1]. GD devient d (voy. amande).

GM qui s'était déjà réduit à m en latin, témoin flamma pour flagma, examen pour exagmen, jumentum pour jugmentum, a continué cette réduction en français (voy. piment).

GN persiste : enseigner (insignare), ou s'affaiblit en in (voy. accointer) ou se transpose en ng (voy. étang), ou se réduit à n (voy. assener).

NG se transpose souvent en in (voy. accointer) ; ng et gn s'échangent souvent (voy. aine).

GR devient r (voy. accueillir, aigrette).

J

Ce son qui est originairement i en latin est resté i en français dans quelques cas (voy. aider). Dans jeu (jocus), jeune

---

1. Sauf dans loir (glirem) ; grenouille, ancien fr. renouille (ranucla)*, est un exemple unique d'addition du g.

(juvenis), le *j* a pris le son de consonne en passant par *di*, *dj*. Il est devenu *g* dans *g*enièvre (*j*uniprum) et a disparu dans *j*eûner de *je*(*j*)*unare*.

H

L'H initial disparaît au commencement des mots dans un certain nombre de cas (voy. *atelier*). Sur l'insertion d'un *h* au milieu du mot, voy. *envahir*.

P

P initial persiste et ne passe que fort rarement soit à la douce *b* (comme dans boîte de *p*uxda*, voy. *abeille*), soit à l'aspirée *f* (voy. *chef*).

P médial s'adoucit ordinairement en *b* (voy. *abeille*), et descend même à l'aspirée *v* (voy. *arriver*).

P final persiste : lou*p* (lu*p*us), cham*p* (cam*p*us), mais il est muet : souvent aussi il devient *f* (voy. *chef*).

PP devient *p* (voy. *chape*). — PM se réduit à *m* (voy. *caisse*).

PR médial devient *r* : sur (su*p*'r), sourcil (su*p*'rcilium).

PT, PN, PS initiaux deviennent *t*, *n*, *s* (voy. *neume*).

PD se réduit à *d* (voy. *hideux*).

PT s'assimile (voy. *caisse* et *acheter*), ou devient *d* (voy. *cadastre*).

PS qui s'assimilait déjà en *ss*, *s* dans le latin des derniers temps, puisqu'on trouve i*ss*a pour i*ps*a, scri*si* pour scri*psi* dans un texte du huitième siècle, a continué cette assimilation en français (voy. *caisse*)[1].

B

B initial persiste ; médial devient *v* (voy. *avant*) ou disparaît (voy. *aboyer*) ; final, il reste muet : plom*b* (plum*b*um).

B redescend à *p* dans ensou*p*le (insu*b*lum*) ; il est *m* par

---

1. Sur PL, voy. *l* ; sur SP, voy. *s*.

exception dans samedi (sabbati dies) : il faut rapprocher de cette permutation, la forme archaïque latine dubenus à côté de dominus.

BL, BR, BT médiaux se vocalisent en *ul, ur, ut* par le changement de *b* en *v*, puis de *v* en *u* (voy. *aurone* et *alouette*).

BT s'assimile en *t*, comme *pt* (voy. *sujet*), et devient même *d* (voy. *accouder*).

BR devient *r* (voy. *boire*). BS, BJ, BL, BM, BC, BV laissent tomber la labiale et devienent *s, j, l, m, c, v* (voy. *sujet*).

F, PH

PH qui n'avait pas chez les Latins le même son que *f*, est toujours devenu *f* en français (voy. *coffre*) : il disparaît dans certains cas (voy. *antienne*).

V

V initial persiste, et ne devient presque jamais *f* (voy. *bœuf*). V médial disparaît (voy. *aïeul*). V final devient *f* (voy. *bœuf*).

Dans un petit nombre de cas, *v* redescend à *b* (voy. *bachelier*).

V initial devient aussi *gu* (voy. *gaine*), probablement sous l'influence du *w* germanique. Devant les consonnes, *v* se vocalise régulièrement en *u* (voy. *autruche* et *aurone*).

VJ, VC, VG, VT, VD, VN se réduisent à *g, c, t, d, n* (voy. *alléger*).

PARTIE IV

EXCEPTIONS A LA PHONÉTIQUE.
PART DE LA CORRUPTION DANS LA FORMATION DE NOTRE LANGUE.

Si les lois phonétiques s'exercent d'une manière invariable sur presque tous les mots de notre langue, il existe cependant un petit nombre de mots qui, jusqu'à présent, semblent réfractaires à ces lois, et qu'on n'a pu rattacher aux classifications établies : de même qu'en histoire naturelle, quelques êtres n'ont pu trouver logiquement leur place dans les cadres de la science.

Ces infractions aux règles de la phonétique ont une double cause : ou bien ces infractions ne sont qu'apparentes, et sont dues à des influences que nous ignorons encore, et à des règles secondaires qui limitent ou modifient les lois principales, — ou bien ces infractions sont le résultat de la corruption : ces mots ainsi corrompus ne doivent pas servir d'argument pour mettre en doute l'existence de lois du langage et leur fixité ; car « ce sont les règles générales et positives qui nous permettent de dire qu'il y a faute là même où l'on ne peut connaître les circonstances ou les conditions de la faute, et de diviser le tout en partie régulière et correcte, et en partie altérée et mutilée par les inévitables erreurs du temps et des hommes[1]. »

Dans beaucoup de cas d'ailleurs, la corruption n'est

---

1. M. Littré.

qu'apparente, ou si elle existe, n'est point le fait du français : ainsi *écouter* (ancien français *escouter*, *escolter*, à l'origine *esculter*), est une dérivation très-irrégulière du latin classique *auscultare* (même sens), car *au* latin (*auscultare*) ne devient jamais *e* en français, et si le mot avait été formé régulièrement, il eût été non *escouter*, mais *oscouter*, le groupe latin *au* devenant habituellement *o* en français, témoin *or* de *aurum*, *poser* de *pausare*, *clos* de *clausus*, *oser* de *ausare*, etc.... Voilà, semble-t-il, une exception flagrante, et la phonétique est ici prise en défaut. Elle est hors de cause, grâce au témoignage d'un grammairien de l'Empire, Flavius Caper, qui nous apprend qu'au troisième siècle le peuple ne disait point *auscultare*, mais *ascultare*, et cette forme du latin vulgaire a donné très-régulièrement *escouter*, l'*a* latin devenant *e* (*ascultare*), comme dans *père* (*patrem*), *pré* (*pratum*), *gré* (*gratum*), etc. — Ici la corruption remonte au latin populaire; et le français n'encourt aucun reproche.

Il en est de même des cas où notre langue semble violer la loi de l'accent latin. dans les mots tels que *encre* de *encáustum*, *persil* de *petroselinum*, qui ont été empruntés par les Romains à la langue grecque (ἔγκαυστον, πετροσέλινον), le français a conservé l'accent primitif du grec, qu'observait dans ces mots empruntés le peuple romain; — dans *souris*, *seigle*, *mordre*, *foie*, *fin*, *faîte*, qui viennent de *sóricem*, *sécale*, *mordère*, *ficátum*, *finítus*, *fastigium*, le déplacement de l'accent latin en français avait été précédé du déplacement de l'accent dans le latin rustique qui disait : *sóricem*, *sécale*, *mórdere*, *ficátum*, *finítus*, *fástigium*.

Mais à côté de ces infractions apparentes aux lois de la phonétique, il y a des exceptions réelles, produit de la corruption et du hasard, des mots latins dont le passage en français ne peut être soumis à aucune loi, et qui nous apparaissent comme des dissonances fâcheuses dans l'harmonieux ensemble de la langue : ces erreurs sont la marque de l'homme sur le vocabulaire et la part de l'arbitraire dans la formation du français : si l'on compare à leurs originaux latins, les mots *germandrée* (chamaedrys), *amidon* (amylum[1]), *camomille* (chamaemelum), *ancolie* (aquilegia), *érable* (acer arbor), *échalotte* (Ascalonicum), *estragon* (draconem), *réglisse* (liquiritia), *girofle* (caryophylum), *marjolaine* (amaracana*), — on se trouvera en face de la corruption la plus forte que présente notre langue; notons en même temps que presque tous ces mots désignant des plantes médicinales, nous sont venus par les herboristes et les apothicaires; et il n'y a rien d'étonnant à ce qu'un long usage spécial les ait déformés et corrompus, le peuple torturant les mots savants qu'on lui présente, pour leur donner un sens (c'est ainsi qu'on entend dire chaque jour *de l'eau d'anon* pour du *laudanum*, et *tutti quanti*). A cette source revient aussi le mot *boutique* (apotheca) qui est un des plus frappants exemples de corruption; *apotheca* donne régulièrement non *boutique*, mais *aboutaie*, d'une part, parce que l'*a* initial latin (apotheca) ne tombe jamais en français; de l'autre, parce qu'il est contre les règles que le *c* latin entre deux voyelles devienne *q* en français à la fin des mots : dans cette position *c* latin disparaît toujours : ba(c)a, — bra(c)a, — ebria(c)a donnent *baie, braie, ivraie;* et *apotheca* aurait dû donner *aboutaie*[2], comme *theca* a donné *taie*. — Si l'on ajoute à cette liste quelques autres mots[3], on aura le catalogue complet[4] de toutes les formations dues au hasard ou à des perturbations que

---

1. Dans ce mot la corruption est antérieure au français; on trouve déjà *amidum* pour *amylum* dans un document latin du ɪxᵉ siècle.
2. *Aboutaie* ne serait même pas la forme définitive d'*apotheca* ; nous savons d'une part que le *p* latin ne s'arrête pas au *b*, et descend jusqu'à *v* — de l'autre que le *t* entre deux voyelles tombe toujours en français; et *aboutaie* se serait transformé en *avoutaie*, et enfin en *avouaie* qui est la dernière contraction d'*apotheca*.
3. *Diamant* (adamantem), *amender* (emendare), *amande* (amygdale), *craindre* (tremere), *escarboucle* (carbunculus), *étincelle* (scintilla), *cercueil* (sarcophagus), *friche* (fracticium), *lamproie* (lampetra), *licorne* (unicornu), *nombril* (umbilicus); quant aux mots *lendemain, loriot, lierre,* qui étaient correctement dans notre ancienne langue *endemain, oriot, ierre* (voir le Dictionnaire à ces mots), ils ne peuvent être rangés dans les corruptions du latin, mais dans celles du français.
4. Voy. cependant page LXVI. note 1.

nous ne pouvons expliquer : on voit combien ce chiffre est minime, si on le compare à l'ensemble de la langue française. Il n'est pas moins très-important de pouvoir le constater. Depuis saint Augustin, qui disait que l'explication des mots dépend de la fantaisie de chacun, comme l'interprétation des songes, — jusqu'à Voltaire, croyant que le hasard ou la corruption sont les seuls auteurs des révolutions du langage, — on avait toujours envisagé le langage comme le produit de l'arbitraire et du caprice des hommes; — la science moderne a fait voir que les langues ne sont pas l'œuvre du hasard, mais une création naturelle et organique qui n'a pas l'homme pour auteur, mais à laquelle l'homme a participé; la philologie a restreint et limité la part de l'arbitraire et de la corruption dans la formation des langues, sans l'annuler entièrement.

LISTE

DES PRINCIPALES ABRÉVIATIONS.

Fr. français.
Vieux fr. ou *v. fr.* vieux français
v. ou *voy.* voyez
cf. comparez.
l. ou *lat.* latin.
it. italien.
esp. espagnol.
1°. ou *s. v°.* sub verbo.
pr. ou *prov.* provençal.
suff. suffixes.
c. a. d. c'est-à-dire.
* indique une forme hypothétique ou non classique.
dér. dérivé.

m. m. même mot.
m. s. même sens.
p. ex. par exemple.
l. lisez.
B. L. bas latin.
bas l. ou *b. lat.* bas latin.
p. pour.
all. allemand.
gr. grec.
h. all. haut allemand.
= devient.
D. indique aussi bien les composés que les dérivés.

DICTIONNAIRE
ÉTYMOLOGIQUE
DE LA LANGUE FRANÇAISE

Comme on l'a vu dans l'*Introduction* de ce livre, notre langue comprend trois couches de mots superposées, les mots d'origine populaire, les mots d'origine étrangère, les mots d'origine savante. Pour rendre cette division toujours présente aux yeux du lecteur, nous avons adopté les dispositions typographiques suivantes : les mots d'origine populaire sont en italique, les mots d'origine savante en caractères romains, les mots d'origine étrangère sont précédés d'une croix.

A

A, préposition, du latin *ad* qui, de bonne heure, était devenu *a* dans la basse latinité, et dans les diplômes des temps mérovingiens : « *Quem a liberto nostro dedimus* » lit-on dans un testament de l'année 739.

Cette préposition joue un rôle important dans la flexion de notre langue, et dans la formation des mots : dans la flexion, *à* remplace le datif des Latins et forme avec l'article défini les combinaisons *au*, *aux* (Voyez ces mots), — dans la formation des mots *a* entre comme préfixe, et sert à composer : 1° des Noms, tels qu'*adieu* (dieu), *aplomb* (plomb), *affaire* (faire) sans parler des formes telles qu'*affût* (fût), qui remontent au latin vulgaire, et pour ne citer que des compositions d'origine française ; 2° des Adjectifs, *adroit* (droit) ; 3° des Verbes, — soit à l'aide d'un verbe déjà existant dans la langue, tel qu'*amener* (mener). — soit à l'aide d'un substantif, *accoucher* (couche), *agenouiller* (genou), *aligner* (ligne), *adosser* (dos), — soit enfin (et c'est le cas le plus fréquent), par le moyen d'un adjectif : *affiner* (fin), *affoler* (fol). *allonger* (long), *apprêter* (prêt), *attrister* (triste), *accommoder* (commode), — *adoucir* (doux), *affadir* (fade), *arrondir* (rond), *agrandir* (grand), *alourdir* (lourd), *assourdir* (sourd).

Abaisser, voy. bas.
Abandon, voy. ban.
Abaque, du L. *abacus* (table).
Abasourdir, voy. sourd.
Abâtardir, voy. bâtard.
Abattre, voy. battre.
Abbaye, du L. *Abbatia* (même

1

sens). — Pour la chute du *t* médial qui précède la voyelle accentuée *abba(t)ia*, comparez les exemples analogues: *abbesse* (abbatissa), *âge* (aetaticum*), *armure* (armatura), *boyau* (botellus), *cahier* (quaternum) *carnet* (quaternetum*), *carreau* (quadratellum), *chaîne* (catena), *chaire* (cathedra), *censier* (censitarius), *coing* (cotoneum), *chignon* (catenionem*), *commuer* (commutare), *couenne* (cutenna*), *roussin* (culcitinus*), *coulis* (colaticius*), *crier* (quiritare), *delayer* dilatare), *dévouer* (devotare), *doloire* (dolatoria), *douer* (dotare), *douaire* (dotarium), *duchesse* (ducatissa*), *écuyer* (scutarius), *empereur* (imperatorem), *éternuer* (sternutare), *faon* (fœtonem*), *feu* (fatutus*), *grille* (craticula), *marier* (maritare), *même* (metipsimus), *metayer* (medietarius*), *muet* (mutettus), *noel* (natalis), *oublier* (oblitare), *poêle* (petalum*), *poêle* (patella) *pouvoir* (potere*) *prairie* (prataria*), *préau* (pratellum*), *poussif* (pulsativus*), *puer* putere), *rogner* (rotundiare*), *rouelle* (rotella), *saoul* (satullus), *sas* (setaceum*), *seau* (sitellus), *secouer* (succutere), *soucier* (sollicitare), *terroir* (territorium), *trier* (tritare*), *tuer* (tutare), *veau* (vitellus), *vertueux* (virtutosus*), *vielle* (vitella), *rouer* (votare).

Abbé, du L. *Abbatem* (chef d'une communauté religieuse), mot introduit au IV° siècle dans la langue ecclésiastique par saint Augustin et saint Jérôme qui l'avaient emprunté du syriaque *Abba* (père, vieillard); c'est ainsi que dans l'Église grecque, on donne aux moines de l'ordre de Saint-Basile le titre de *caloyer* (en grec moderne καλόγερων, littéralement *bon vieillard*).

Dans *abbatem* la finale *atem* devient *é* en passant en français comme dans: *Apreté* (asperitatem). *autorité* (auctoritatem), *beauté* (bellitatem), *bonté* (bonitatem), *brièveté* (brevitatem), *cherté* (caritatem), *chrétienté* (christianitatem), *cité* (civitatem), *clarté* (claritatem), *cruauté* (crudelitatem), *dureté* (duritatem), *été* (aestatem), *fausseté* (falsitatem), *fierté* (feritatem), *griéveté* (gravitatem), *lâcheté* (laxitatem), *loyauté* (legalitatem), *naïveté* (nativitatem), *nouveauté* (novellitatem), *papauté* papalitatem), *pauvreté* (paupertatem), *primauté* (primalitatem), *principauté* (principalitatem), *privauté* (privalitatem), *pureté* (puritatem), *royauté* (regalitatem), *santé* (sanitatem), *sûreté* (securitatem), *volonté* (voluntatem).

A côte de ces suffixes d'origine latine, il convient de citer les suffixes d'origine française (c'est-à-dire créés sur le modèle des suffixes latins, mais n'ayant pas de correspondants en latin): l'els sont *grossièreté*, *honnêteté*, *méchanceté*, etc., formés directement de *grossier*, *méchant*, *honnête*, etc.

Abbesse, vieux français *abbéesse*, provençal *abbadessa*, espagnol *abadesa*, italien *abbadessa*, — du latin *Abbatissa* (même sens). *Abba(t)issa* a perdu son *t* medial, et est devenu le vieux français *abbéesse*, d'où par contraction *abbesse*. Sur la chute du *t* medial voyez le mot *abbaye*. — Quant au suffixe *issa* qui servait dans le latin de l'Empire à marquer le feminin (abbatissa, diaconissa, prophetissa, sacerdotissa, de *abbatem*, *diaconem*, *prophetam*, *sacerdotem*), devenu *esse* en français, il est entré dans un grand nombre de formations nouvelles (ânesse, chanoinesse, comtesse, diablesse, duchesse, druidesse, enchanteresse, hôtesse.

larron*esse*, maît*resse*, nég*resse*, pai*resse*, pécher*esse*, prêt*resse*, prin*cesse*, tig*resse*, venger*esse*, de *âne, chanoine, comte, diable, duc, druide, enchanteur, hôte, larron, maître, nègre, pair, pêcheur, prêtre, prince, tigre, vengeur*).

Abcès, du L. *abscessus* (même sens).

Abdiquer, du L. *abdicare* (renoncer). — D. *abdication*.

Abdomen, du L. *abdomen* (ventre).

Abécédaire, du L. *abecedarius* (même sens).

Abée, voy. *bée*.

Abeille, du L. *apicula* (qu'on trouve dans Pline) diminutif de *apis* (abeille). — Pour le changement de *p* en *b* (apicula), comparez : *câble* (capulum*), *double* (duplus), *cabanne* (capanna), *ciboule* (caepula), *gobelet* (cupelletum*), *boutique* (apotheca), *brûler* (perustulare), *vignoble* (viniopulens), *timbre* (tympanum). Ce changement de *p* en *b*, avait déjà lieu dans le bas-latin, où l'on trouve *abium* pour *apium*, *noncobantis* pour *nuncupantis*, *subra* pour *suprà*, *suber* pour *super* etc....

Le suffixe *icula* (apicula) devenu *eille* en français (abeille), mérite que nous nous y arrêtions un instant. On a vu dans l'*Introduction* de ce livre, qu'une des tendances principales du latin populaire et des langues romanes est de rejeter les mots primitifs tels qu'*agnus*, *apis*, *culex*, pour les remplacer par des dérivés créés à l'aide de suffixes diminutifs (*agnellus*, *apicula*, *culicinus*). C'est surtout par les quatre suffixes *aculus, eculus, iculus, uculus* que s'est produite cette dérivation. Accentuées sur l'antepénultième, ces suffixes, par la chute de l'*u* pénultième atone (voy. au mot *able*) devinrent respectivement *aclus, iclus, uclus* et passant au français :

1° *Aclum* devint *ail*, et *acla* devint *aille* : *gouvernail* (gubernaculum), *soupirail* (suspiraculum), *maille* (macula), *tenailles* (tenacula). — Sur ce modèle le français a formé *attirail* (attirer), *épouvantail* (épouvanter), *éventail* (éventer), *trarail* (du v. fr. *traier*).

2° *Eclum* devint *il*, *goupil* (vulpecula, voyez au mot *Goupillon*.

3° *Iclum, Icla* devinrent *eil, eille* : *orteil* (anciennement *arteil*, de articulus), *sommeil* (somniculus*), *soleil* (soliculus*), *pareil* (pariculus*), *vermeil* (vermiculus*), — *abeille* (apicula), *corbeille* (corbicula), *corneille* (cornicula), *oreille* (auricula) *ouaille* (anciennement *oueille*, de ovicula). Dans les deux mots *épieu* (spiculum) *essieu* (axiculus) qui étaient dans notre langue *espiel, essiel*, la finale *el* s'est adoucie en *eu*. — *Iclum, Icla* devient *il*, *ille*, dans *péril* (periculum), *chenille* (canicula*), *cheville* (clavicula*), *lentille* (lenticula), *grille* (craticula*) *vrille* (vriculum*), — *fourmille* (formiculo), *fouille* (fodiculo). — *Iculum* devient *icle* dans *article* (articulus) *véricle* (viriculus).

4° *Uclum, Ucla* deviennent *ouil, ouille* : *fenouil* (fœnuculum), *grenouille* (ranucula*), *quenouille* (colucula*), *aiguille* (acucula*), *panouil* (panuculum*), — *souille* (suculo). Au lieu de *pou, genou, verrou*, l'ancienne langue disait très-correctement *pouil, genouil, verrouil* (restes dans *pouilleux, agenouiller, verrouiller*), puisque ces trois mots viennent respectivement de *peduculum*, *genuculum*, *veruculum*.

Aberration, du L. *aberratio* (écart).

Abêtir, voy. *bête*.

Abhorrer, du L. *abhorrere* (avoir horreur).

Abîme, vieux-français *abisme* du L. *abissimus**. — Les Romains employaient le suffixe augmentatif *issimus* à former des superlatifs non-seulement avec les adjectifs (*sanctissimus*, *fortissimus*); mais dans certains cas avec les substantifs. Ainsi Plaute tire d'*oculus*, la forme *oculissimus*, les écrivains de l'Empire créent *dominissimus* de *dominus*. Développant ce procédé, la basse latinité tira du substantif *abyssus* (abîme) la forme dérivée *abissimus* qui, accentuée sur l'antépénultième, devint en fr. *abisme* puis *abîme*. (Sur la chute de l'*i* atone, voyez au mot *âme*.) — Quant à la suppression de l's, et à l'allongement de la voyelle par un accent circonflexe (abîme pour abisme), ce phénomène est ordinaire en français : albâtre (alabastrum), âne (asinus), août (augustus), apôtre (apostolus), appât (adpastum), âpre (asper), arête (arista), arrêter (adrestare), âtre (assei), aumône (eleemosyna), baptême (baptisma), bât (bastum*) bête (bestia), blâmer (blasphemare), boîte (buxida), brûler (perustulare), champêtre (campestris), carême (quadragesima), châtaigne (castanea) château (castellum), châtier (castigare) châtre (castiare), chêne (casnus*), chevêtré (capistrum) cloître (claustrum), clôture (clausitura), connaître (cognoscere), côte (costa), coûter (costare*), crêper (crispare), crête (crista), croître (crescere), croûte (crusta), emplâtre (emplastrum), epître (epistola), être (essere)*, évêque (episcopus), évêché (episcopatus), faîte (fastigium), fantôme (phantasma), fêler (fissulare*), fenêtre (fenestra), fête (festa), forêt (foresta*), frêne (fraxinus), fût (fustis), gâter (vastare), genêt (genistum), gîte (jacitum), goût (gustus), guêpe (vespa), hôte (hospitem), hôtel (hospitale), huître (ostrea), île (insula), impôt (impositum), joûter (juxtare*), mâcher (masticare), maître (magister), mâle (masculus), marâtre (matraster*), mêler (misulare), même (metipsimus*) moût (mustum*), naître (nascere), ôtage (obsidiaticum), ôter (haustare*) paître (pascere), pâmer (spasmare*), pâque (pascha), pâquerette (pascua*) paraître (parescere), pâtre (pastor), pâte (pasta), pâture (pastura), pêche (persica), pêcher (piscare), plâtre (plastrum), prêt (praestus*), prêter (praestare), prêtre (presbyter), prevôt (praepositum), protêt (protestare*) puîné (post), quête (quaesita), râcler (rasculare), râcher (rasicare*), râteau (rastellum), saumâtre (salmaster), suppôt (suppositum), tâter (taxitare*), tempête (tempestas), tête (testa), tôt (tostus*), vêpre (vesper), vêtir, (vestire), vôtre (vester*).

Dans : écouter (auscultare), arbalète (arcubalista), aubépine (albaspina), bétail (bestiale), centième (centesimus), chrétien (christianus), connétable (comes stabuli), dépit (despectum), dépouiller (despoliare), détruire (destruere), détresse (districtiare*), détroit (districtus), dévier (de-ex-viare), êche (esca), écluse (exclusa*), fétu (festuca*), huitième (octesimus), livèche (levisticum), marécage (marescus*), méteil (mixtellum*), métier (ministerium), nèfle (mespilum), pétrin (pistrinum), pétrir (pisturire), réponse (responsa), répir (respectum), rétif (restivus*), témoin (testimonium), — et dans les composés formés à l'aide des préfixes *dis* (fr. dé...), *ex* (fr. é...), *minus* (fr. mé..), *trans* (fr. tré...) et des sons initiaux *sc*, *sp*, *st* (fr.

éch,.. ép..., ét,...) tels que *échelle*, de *scala*, *épine* de *spina*, *état* de *statum*), — *s* latin disparaît et sa chute est marquée par la présence d'un accent, ordinairement aigu, sur la voyelle précédente.

Enfin *s* latin (et les équivalents *x*, *ç*, qui deviennent *s* en français), disparaissent sans laisser de traces dans : ajouter (adjuxtare*), amitié (amicitatem*), autour (astu:em), atelier (hastellarius*), autruche (avis struthio), baume (Balsamum), cet (ecciste), chacun (quisque unus), compote (composita*), coutume (costuma*), coudre (consuere), citerne (cisterna), futaille (fustalia), flacon (flasconem*), gui (viscum), guimauve (viscum malva), halier (hasla*), hideux (hispidosus), inimitié (inimicitatem), louche (luscus), lambruche (labrusca), lice (lycisca), mouche (musca), moule (musculus), moutarde (mustum*), moutier (monasterium), maigris (macresco), moineau (muscionellus*), malotru (male-astrosus), muguet (muscatus), naquis (vieux-fr. nasquis), notre (noster), outarde (avis tarda), plutôt (plus tôt) poterne (posterula), poteau (postellus), setier (sextarius), soupçon (suspicionem), soupirer (suspirare), soupirail (suspiraculum), soutenir (sustinere), valet (vassalettus*). — Sans parler des cas où *s* est placé entre deux consonnes, tels que : *montrer* (monstrare).

A quelle époque l's latin disparut-il de la prononciation française? Bien que l's ait persisté dans la plupart des mots que nous venons de citer, jusqu'au Dictionnaire de l'Académie de 1740, en fait, il ne se prononçait plus dès le XIIe siècle. On trouve (indice précieux de la prononciation) *apotre* et *s'écrier* (au lieu d'*apostre* et *s'escrier*) dans un texte français du XIIe siècle, — *ebahis*, *étoile*, *épaule* (pour *esbahis*, *estoile*, *espaule*), dans un texte du XIIIe siècle (ces deux textes ont été publiés dans le *Jahrbuch fur Romanische Literatur*, VI, 313, et V, 398.

L's latin persiste en français dans un très petit nombre de mots : accoster (accostare*), asperge (asparagus), cadastre (capitastrum), dispos (dispositus), faisceau (fascellus), festoyer (festi), flasque (flasquidus*), juste (justus), cuistre (custor*), langouste (locusta), mauvisque (malvaviscum), menestrel (ministerialis), pasteur (pastorem), poster (positare), posture (positura), poste (posita), rescousse (rescussa), rester (restare), registre (regestum), restreindre (restringere), souscrire (suscribere*), soustraire (sustrahere*), — escabeau (scabellum), escalier (scalarium) escient (scientem), esclandre (scandalum), esclave (slavus), espace (spatium), espèce (species), esperer (sperare), esprit (spiritus), esquille (schidula*), ester (stare)

Abîmer, dérive de *abîme*. Voy ce mot

Abject, du L. *abjectus* (vil) — D. *abjection*.

Abjurer, du L. *abjurare* (renoncer) D. *abjuration*.

Ablatif, du L. *ablativus* (cas qui marque l'extraction)

Ablation, du L. *ablatio* (retranchement).

Able, du L. *albula* (petit poisson blanc) Le mot devrait être *alble* et non *able* : mais le bas-latin qui dit *abula* pour *albula*, montre que, de très-bonne heure, cet *l* avait disparu, par raison d'euphonie, comme dans *faible* (flebilis), *cheville* (clavicula), qui donneraient régulièrement *flaible*, et *cleville* : ces deux *l* consécutifs eussent été trop difficiles à prononcer.

Quant à la disparition de *u* dans *able* (albula), elle s'explique par la loi de persistance de l'accent latin en français (voyez l'*Introduction* de ce livre), et par la chute de toute voyelle atone (telle que *u* dans *albula*) qui suit la voyelle accentuée. C'est une règle absolue dans le français populaire que tous les suffixes latins inaccentués (c'est-à-dire dont la pénultième est atone), tels que *ilis* (amabilis), *ulus* (populus), *ula* (tabula) disparaissent en français, par la chute de leur avant-dernière voyelle, dans le cas present, il est facile de vérifier cette règle pour le suffixe *ulus, ula*: angle (ang*ulus*), câble (cap*ulum*), chartre (cart*ula*), cercle (circ*ulus*), comble (cum*ulum*), couple (copula), chapitre (capit*ulum*), couvercle (cooperc*ulum*), écueil (scop*ulus*), ensouple (insub*ulum*), épingle (spin*ula*), étable (stab*ulum*), fable (fab*ula*), furoncle (furunc*ulus*), hièble (eb*ulum*), île (ins*ula*), marne (marg*ula*), merle (mer*ula*), meule (met*ula*), moule (musc*ulus*), moule (mod*ulum*), oncle (avunc*ulus*), ongle (ung*ula*), œil (oc*ulus*), peuple (pop*ulus*), poterne (poster*ula*), règle (reg*ula*), rôle (rot*ulum*), sable (sab*ulum*), seille (sit*ula*), siècle (sæc*ulum*), socle (socc*ulum*), sangle (cing*ulum*), titre (tit*ulum*), tuile (teg*ula*), trouble (turb*ula*), traille (trag*ula*), table (tab*ula*), vieux (vet*ulus*).

D'ailleurs, cette suppression de la pénultième atone n'est point propre au français : on trouve *saeclum, poclum, vinclum* chez les comiques latins, pour *saeculum, poculum, vinculum* ; les inscriptions du temps de l'Empire sont pleines de formes telles que *oraclum, tabla, stablum* pour *oraculum, tabula, stabulum*, et le fran-

çais n'a fait ici que continuer une tendance propre au latin.

Ablette, poisson du genre *able*, (voy. ce mot). *Ablette* signifie proprement *petite able*, le suffixe *ette* servant à former des diminutifs : *aiguillette* (aiguille), *alouette* (v. fr. *aloue*), *amourette* (amour), *belette* (v. fr. *bele*), *boulette* (boule), *brayette* (braie), *brochette* (broche), *cassette* (casse), *charrette* (char), *chaussette* (chausse), *collerette* (collier), *cuvette* (cuve), *épaulette* (épaule), *fossette* (fosse), *fourchette* (fourche), *lancette* (lance), *levrette* (lièvre), *lunette* (lune), *manchette* (manche), *noisette* (noix), *paillette* (paille), *pincette* (pince), *sellette* (selle), *trompette* (trompe). — L'origine du suffixe *ette* qui n'est point latin, est inconnue.

Ablution, du L. *ablutio* (action de laver).

Abnégation, du L. *abnegatio* (renoncement).

Aboi, substantif verbal d'*aboyer*. On appelle substantifs verbaux une série d'environ trois cents substantifs qui ne correspondent à aucun type latin, et ont été formés directement d'un verbe français, en retranchant la terminaison de l'infinitif : le latin *apportare, appellare, purgare*, etc.. donne à notre langue *apporter, appeler, purger* : à leur tour ces verbes, par la suppression de la désinence infinitive (apporter, appeler, purger) forment les mots *apport appel, purge,* dont l'original n'existe pas en latin et qui sont dits *substantifs verbaux*. C'est ainsi qu'*aboi* a été tiré d'*aboyer*, comme *charroi* de *charroyer*, *convoi* de *convoyer*, *effroi* du v. fr. *effroyer*, *émoi* du v. fr. *émoyer*, *emploi* de *employer*, *envoi* de *envoyer*, *octroi* de *octroyer*, *renvoi* de *renvoyer*, *tournoi* de *tournoyer*. — Cette création de substantifs, par la mutilation du verbe, s'opère encore de nos jours, et nous disons la *casse*, une surface de *chauffe*, mots tirés des verbes *casser* et *chauffer*; ce fait nous montre la persistance des lois du langage, et la sûreté avec laquelle l'instinct populaire procède, dans la formation de mots nouveaux. — Il est à remarquer, que tous (ou presque tous) les substantifs verbaux sont tirés de verbes appartenant à la première conjugaison (voyez au mot *absoute* l'explication de ce phénomène).

Aboi qui désigne le cri du chien (nous disons aujourd'hui *aboiement*), est resté dans la locution *aux abois*. On dit que le cerf *est aux abois*, quand il est serré de près par les chiens, et poursuivi par leurs aboiements. Ce terme de chasse a pris un sens figuré, et *être aux abois* signifie aujourd'hui *être à toute extrémité*.

Aboiement, voy. aboyer.

Abolir, du L. *abolere* (mettre à néant). — D. *abolissement, abolition.*

Abominer, du L. *abominari* (abhorrer). — D. *abominable, abomination.*

Abonder, du L. *abundare* (même sens) — D. *abondant, abondance* Voy. *surabonder*. — L'adverbe *abondamment*, écrit plus correctement dans notre ancienne langue *abondantment*, est formé de l'adjectif *abondant* et du suffixe *ment* qui est toujours le signe d'un adverbe On sait quelle est l'origine de cette formation adverbiale : les suffixes latins *è, ter*, qui servaient à former les adverbes (prudenter, doctè, sanè) disparurent parce qu'ils n'étaient pas accentués, et pour créer une classe de mots, portant grammaticalement le signe de l'adverbe, la langue française dut avoir recours à d'autres suffixes : elle adopta pour cet usage le substantif *mens*, qui avait pris chez les écrivains de l'Empire le sens de *manière*, de *façon*, etc. : *Bona mente* factum (QUINTILIEN), *Devota mente* tuentur (CLAUDIEN), *iniqua mente* concupiscit (GRÉGOIRE DE TOURS), etc. Cet ablatif *mente* joint à un adjectif *au féminin*, donna l'adverbe français en *ment* : Bona, cara, devotamente, — Bonne, chère, dévote-ment.

Mais les adjectifs qui avaient, chez les Romains, une terminaison pour le masculin et une pour le féminin (*bonus, bona*), en avaient aussi en français une pour chaque genre (*bon-bonne*), ceux qui avaient en latin une seule terminaison pour les deux genres, n'en avaient aussi qu'une en français : ainsi de *grandis, legalis, prudens, regalis, viridis, fortis, abundans*, etc..., et en français, des adjectifs *grand, loyal, prudent, royal, vert, fort, abondant*, etc., qui étaient de genre invariable dans notre ancienne langue Il en résulte dans le cas particulier qui nous occupe, que les adverbes formés avec les adjectifs de la première catégorie (tels que *bon, bonne*) eurent toujours l'*e* féminin au radical : bonne-ment, cherement, dévote-ment, et que les adverbes formés avec les adjectifs de la deuxième catégorie (tels que *grand, loyal, abondant*, etc.) n'eurent jamais d'*e* au radical : au treizième siècle, on disait conformément à l'étymologie *loyalment, grand-ment, fort-ment, abondant-ment*, etc. Le quatorzième siècle ne comprenant plus l'origine de cette distinction, et ne voyant plus pourquoi dans certains adverbes, l'adjectif était au féminin, tandis qu'il restait (apparemment), au masculin dans d'autres, écrivit loyalEment, vilEment, grandEment, etc...; barbarismes en contradiction avec l'histoire du mot et la logique — Abondantment, si on lui eût appliqué cette règle, fût devenu abondantEment, comme présentment (présent), devint présentEment : mais ce mot conserva sa forme ancienne et régulière, et abondamment est aujourd'hui à l'adjectif abondant dans le même rapport que ardemment, arrogamment, bruyamment, complaisamment, concurremment, conséquemment, constamment, différemment, diligemment, élégamment, éloquemment, éminemment, étonnamment, évidemment, excellemment, galamment, incessamment, independamment, innocemment, instamment, méchamment, négligemment, nonchalamment, notamment, obligeamment, opulemment, patiemment, pesamment, plaisamment, précédemment, pressamment, prudemment, puissamment, récemment, savamment, sciemment, suffisamment, vaillamment, violemment, sont à ardent, arrogant, bruyant, complaisant, concurrent, conséquent, constant, different, diligent, élégant, éloquent, éminent, étonnant, évident, excellent, galant, incessant, indépendant, innocent, instant, méchant, négligent, nonchalant, notant, obligeant, opulent, patient, pesant, plaisant, précédent, pressant, prudent, puissant, récent, savant, scient, suffisant, violent, vaillant.

Abonner, du substantif bon; s'abonner est, à l'origine, prendre un bon pour recevoir, à jour fixe, un objet déterminé. — D. abonnement.

Aborder, voy. bord. — D. abord, abordage, abordable, inabordable.

Aborigène, du L. aborigines (même sens).

Aborner, voy. borne.

Aboucher, du subst. bouche. — S'aboucher avec quelqu'un, signifie littéralement se mettre bouche à bouche, avec lui.

About, Aboutir, voy. bout.

Aboyer, du L. adboubari, composé de baubari (aboyer). — Au de adbaubari est devenu oi, ou oy en français (aboyer), comme dans cloître (claustrum), joie (gaudia), joyau (gaudiellum), noise (nausea), oie (auca), oiseau (aucellus). — Le b médial de adbau(b)ari a disparu du mot aboyer, comme il a disparu dans ayant de ha(b)entem, dû de de(b)utus*, eu de ha(b)utus*, rogne de ro(b)iginem, saorre de sa(b)urra, sombrer de su(b)umbrare*, son ter de su(b)undare*, taon de ta(b)anum, tuyau de tu(b)ellum, morne de vi(b)urnum, nue de nu(b)em — D. aboiement, aboyeur.

Abréger, du L. abbreviare, qui est dans Végèce avec le sens de raccourcir. — Ce mot présente un exemple du changement de vi latin (abbreviare) en g (abréger), phénomène philologique important, et qu'il convient d'étudier. Chez les Romains, l'i et le j n'avaient à l'origine qu'un seul et même son : Quintilien nous l'affirme, et cette indécision a longtemps persisté dans l'écriture, les anciens manuscrits, comme les livres imprimés jusqu'au milieu du XVII° siècle, confondent l'i et le j, et ce n'est qu'en 1750 que l'Académie reçut le j dans son Dictionnaire comme une lettre nouvelle. C'est ainsi que l'i latin a pu dans certains cas devenir j en français (ou ch, ou g doux, qui sont des lettres équivalentes); *Hierosolyma*, *Hieronymus*, *hyacinthus*, *simia*, *diurnus*, *vindemia*, ont donné *Jérusalem*, *Jérôme*, *jacinthe*, *singe*, *jour*, *vendange*, preuve évidente que le peuple prononçait *Hjerosolyma*, *Hjeronymus*, *hjacinthus*, *simja*, *djurnus*, *vindemja*. D'ailleurs ce changement de l'*i* en *j*, ou, comme disent les Allemands, cette *consonnification* de l'*i*, n'est point propre au français : il avait déjà lieu à Rome, dans la langue du peuple ; tandis que la langue littéraire disait *hyosciamus*, le latin populaire transformait ce mot en *jusquiamus*, et de cette forme vulgaire rapportée par Végèce est venu notre mot français *jusquiame*; le français, on le voit, ne fait ici que continuer une tendance propre au latin. — Ceci posé, on voit clairement comment *pipionem*, *tibia*, *rabies*, *Dibionem*, *diluvium*, *cambiare*, *abbreviare* sont devenus respectivement *pigeon*, *tige*, *rage*, *Dijon*, *déluge*, *changer*, *abréger*, etc ... — Il s'est opéré dans ces mots deux transformations successives: 1° le changement de l'*i* en *j*, *pipionem*, *tibia*, *rabies*, *Dibionem*, *diluvium*, *cambiare*, *abbreviare*, ont été prononcés *pipjonem*, *tibja*, *rabjes*, *Dibjonem*, *diluvjum*, *cambjare*, *abbrevjare*; 2° ce changement de l'*i* en *j*, amène la rencontre et le choc de deux consonnes, *pipionem* devient *pipjonem*. Or il arrive dans ce cas que la première des deux consonnes disparaît : *subjectus*, devient *sujet*, et *dorsus*, *dos*; de même *pipjonem*, *tibja*, *rabjes*, *Dibjonem*, etc..., ont donné *pijonem*, *tija*, *rajes*, *Dijonem*, *dilujum*, *camjare*, *abbrejare*, d'où *pigeon*, *tige*, *rage*, *Dijon*, *déluge*, *changer*, *abréger*, etc..

Voici la liste complète de ces changements de *ia*, *ie*, *io*, *iu*, en *j*, *g*, *ch*. (On remarquera que *ia*, *ie*, *io*, precédés d'une consonne forte (*p*, *f*. etc. ..) donnent *ch*; que précédés d'une consonne douce (*d*,*b*,*v*), ils deviennent ordinairement *j* ou *g*.

1° *Ch* : *ache* (apium), approcher (appropriare*), *Clichy* (Clipiacum), *galoche* (calopedia*), *proche* (propius), reprocher (repropiare*), *sache* (sapiam), sachant (sapientem) *seiche* (sepia).

2° *J*: donjon (domnionem*), goujon (gobionem), *jacinthe* (hyacinthus), *jour* (diurnum), *journal* (diurnalis). — On trouve déjà *jornalis*, et *jornus*, dans les chartes carlovingiennes.

3° *G* · abréger (abbreviare), alléger (alleviare), assiéger (assediare), changer (cambiare), déluge (diluvium), danger (dominiarium), escourgée (excoriata), frange (fimbria), flageolet (flautiolus*), leger (leviarius*), louange (laudemia), liége (levium), pigeon (pipionem), rage (rabies), sage (sapius), siéger (sediare), songe (somnium), songer (somniare), Saintonge (Santonia), singe (simium), sauge (salvia), sergent (servientem), soulager (subleviare), tige (tibia), vendange (vendemia), verger (viridiarium).

C'est de la même manière que s'est operé le changement de *ea*, *eo*, *eu*, en *je*, *ge*, dans les mots tels que *deusque* (jusque), *cavea* (cage) etc.

Dans les formes régulières latines, *lanea*, *cavea*, *commeatus*, *hordeum*, *deusque*, l'*e* fut de bonne heure remplacé par *i*, et bien avant les temps merovingiens, les inscriptions offent communément les formes *lania*, *cavia*, *commiatus*, *hordium*, *diusque* 'de même qu'en français *leonem* devient *lion*); ainsi ramenées de *ea*, *eu*, à *ia, iu*, ces diphthongues se comportent comme on l'a vu tout à l'heure, c'est-à-dire que l'*i* devient *j*, et *lania, commiatus, cavia, hordium, diusque*, prononcés *lanja, commjatus, cavja, hordjum, djusque*, donnèrent respectivement *lange, congé, cage, orge, jusque*, etc....

Voici la liste complète des mots de ce genre : *ea, eo, eu* deviennent *ch* après une consonne forte, *j* ou *g* après une consonne douce :

1° *Ch* : roche (rupea).

2° *J* : je (ego, plus tard eo), jusque (deusque), jus (deorsum), cajôler (caveolare*).

3° *G* : auge (alvea), cage (cavea), cierge (cereus), congé (commeatus), étrange (extraneus), grange (granea), lange (lanea), linge (linea), longe (lumbea), neige (nivea), orge (hordeum), plonger (plumbear*), rouge (rubeus).

Abreuver, voy. *breuvage.* — D. *abreuvoir.*

Abréviateur, du L. *abbreviator.*

Abréviation, du L. *abbreviationem.*

Abri, etymologie inconnue. — D. *abriter.*

† **Abricot,** venu au seizieme siècle de l'espagnol *albaricoque*, portugais *albricoque*. — D. *abricotier*

Abroger, du L *abrogare* (annuler) — D. *abrogation.*

Abrupt, du L. *abruptus* (escarpé).

Abrutir, -issement, v. *brute.*

Abscisse, du L. *abscissa* (coupée).

Absent, du L. *absentem* (même sens) — D. *absence,* du L. *absentia.*

Abside du L *apsidem* (voûte).

Absinthe, du L. *absinthium*

Absolution, du L. *absolutionem* (acquittement).

Absorber, du L. *absorbere* (avaler). — D. *absorption.*

Absoudre, du L. *absolvere* (acquitter). — Ce mot était dans notre ancienne langue *absoldre*, plus anciennement *absolre*, formes qui éclairent la route suivie, et montrent mieux la marche du mot latin. *Absolvere* est devenu *absolre* par la chute irrégulière de l'*e* penultième atone (voyez *attendre*), à son tour *absolre* est devenu *absoldre* par l'intercalation d'une lettre nouvelle, entre les deux liquides. On sait combien ce phénomène philologique est fréquent dans notre langue :

Les mots comme *humĭlis, cŭmulus*, dans lesquels la penultième brève tombait, devenant *humlis, cumlus*, etc..., les deux liquides (*ml*) se trouvaient alors en présence, et pour eviter ce choc désagréable, on intercala la lettre b, *humlis* devint *hum-(b)-le, cumlus* devint *com-(b)-le*. — Voici ces intercalations :

1° ML devient *mbl* : *humilis* (humble), *cumulus* (comble), *simulo* (semble), *insimul*(ensemble), *tremulare* (trembler).

2° MR devient *mbr* : *numerus* (nombre), *camera* (chambre), *Cameracum* (Cambrai), *cucumerem* (concombre), *camerare* (cambrer), *marmor* (marbre).

3° LR devient *ldr* : *moudre, foudre, poudre*, dans lesquels l *u* est un adoucissement de *l*, étaient en vieux français *moldre* (*molere*), *foldre* (*fulgur*), *poldre* (*pulverem*), formes qui mieux que le français moderne montrent comment s'est opérée la permutation.

4° NL devient *ngl* : *spinula* (épingle).

5° NR devient *ndr* : *cinerem* (cendre), *ingenerare* (engendrer), *plangere* (plaindre), *ponere* (pondre), summónere (semondre), géner (gendre), téner (tendre), Portus-Veneris (Port-Vendres), Vénerisdies (vendredi), minor (moindre).

Enfin, au treizième siècle, *absoldre* subit une dernière transformation; *l* s'adoucit en *u*, et nous arrivons à la forme présente *absoudre*. (Pour l'histoire de cet adoucissement de *l* en *u*, voyez au mot *agneau*).

Absoute, vieux français *absolte*, du L. *absoluta* (délivrée). — *Absoluta* participe passé de *absolvere* a en français deux formes : *absoute*, qui est accentuée sur le radical (*absóluta*), — et *absolue* qui est accentuée sur la terminaison. On dit que la première forme est *forte*, et qu'*absoute* est un participe passé fort, — que la seconde forme est *faible*, qu'*absolue* est un participe faible (Sur cette distinction, voir ma *Grammaire historique de la Langue française*, p. 200 220). — On voit par l'exemple de *absoute* participe devenu substantif (et nommé pour ce motif *substantif participial*) que les langues romanes et le français en particulier possèdent la faculté remarquable de former des substantifs avec les participes passés : c'est ainsi que nous disons un *reçu*, un *fait*, un *dû*, qui sont les participes passés de *recevoir*, *faire*, *devoir*. Mais c'est surtout avec les participes féminins, *issue*, *vue*, *étouffée*, *venue*, *avenue*, etc..., que s'exerce cette propriété. Le nombre de substantifs obtenus par ce procédé est considérable, car notre langue forme des substantifs avec les deux classes de participes, les forts aussi bien que les faibles :

1° Avec les participes *faibles* (ou réguliers) : *chevauchée, accouchée, fauchée, tranchée, avenue, battue,* *crue, déconvenue, entrevue, étendue, issue, revue, tenue,* etc.

2° Avec les participes *forts* (ou irréguliers) : un *dit*, un *joint*, un *réduit*, un *trait* (tractum), etc....
La plupart des participes forts de l'ancien français, tels que *vente* (vendita), prirent en français moderne la forme faible (vend ue), — disparurent en tant que participes passés, mais persistèrent en français, sous la forme de substantifs.

Voici la liste de ces participes forts (ou de tous ceux qui présentent quelque intérêt) hors d'usage comme participes, et conservés encore comme substantifs[*], « liste intéressante surtout au point de vue de l'histoire de l'accent latin, dont ils démontrent la puissance au temps de formation de la langue. »

En regard de l'ancien participe fort devenu substantif, et de son radical latin, nous placerons la forme moderne, c'est-à-dire le participe faible correspondant.

1. Première conjugaison : EMPLETTE, implícita (*employée*), — EXPLOIT, explícitum (*éployé*).

2. Troisième conjugaison. — MEUTE, mota (*mûe*), et son composé ÉMEUTE, emota (*émue*) — POINTE, puncta (*poindre* au sens de piquer, *pungĕre*) Ce mot est resté comme participe dans l'expression *courte-pointe*, vieux français *coulte-pointe*, du latin *cúlcita puncta* — COURSE, cursa (*courue*). — ENTORSE, intorta (*tordue*). — TRAIT, tractum, et les composés *por-trait, retrait, traite*, etc... — SOURCE (*surgie*), et son composé *ressource*. Le verbe est *sourdre* (*súrgere*). — ROUTE, rupta (*rompue*), et ses composés *déroute, banqueroute*, c'est-à-dire *banque rompue*. — DÉFENSE, defensa (*défendue*), et les congénères *offen-*

se, etc. — TENTE, tenta (*tendue*), et les composés *attente*, *détente*, *entente*, etc.... — RENTE, réddita (*rendue*). — PENTE, *pendita (*pendue*), et les composés SOUPENTE, *suspendita (*suspendue*). — VENTE, véndita (*vendue*). — PERTE, pérdita (*perdue*). — QUÊTE, quæsita et les composés *conquête*, *requête*, *enquête*. — RECETTE, recepta (*reçue*). — DETTE, débita (*due*). — RÉPON-E, responsa (*repondue*). — ÉLITE, electa (*élue*).

On remarquera que la première conjugaison, à laquelle appartiennent (nous l'avons vu au mot *aboi*), presque tous les substantifs verbaux, n'a produit par cela même, qu'un très-petit nombre de substantifs participiaux.

Abstème, du L. *abstemius* (m. s.).

Abstenir, du L. *abstinere* (priver). — D. *abstention*, *abstinence*, du L. *abstinentia* (continence).

Absterger, du L. *abstergere* (nettoyer). — D. *abstersion*.

Abstraction, du L. *abstractionem* (enlèvement).

Abstraire, du L. *abstrahere* (détourner), voy. *traire*. — D. *abstrait* Voy. *trait*.

Absurde, du L. *absurdus* (désagréable à l'oreille) — D. *absurdité*.

Abus, du L. *abusus* (mauvais usage). — D *abuser*, *abusif*. Voy. au mot *désabuser*.

Acabit, qualité bonne ou mauvaise d'une chose ; ce mot avait à l'origine le sens d'achat ; et s'est restreint par la suite à l'objet acheté, à l'état ou à la condition de l'objet acheté, enfin aux qualités de tout l'objet en général. *Acabit* est une corruption du bas latin *accapitum* qui dans les coutumes signifie *droit d'entrée*, et n'est lui-même qu'un composé barbare du latin *caput* (redevance).

Acacia, mot latin introduit dans notre langue par les botanistes, et qui désignait chez les Romains le robinier à fleurs blanches : plus heureux que beaucoup d'autres noms botaniques (*mimosa*, *salvia*, etc...) qui restent confinés dans le vocabulaire des savants, *acacia* a pris pied dans la langue populaire, où il est maintenant établi au même titre que les mots latins comme *factum*, *examen*, *omnibus*, *lavabo*, etc....

Académie, du L. *academia* (jardin voisin d'Athènes où Platon enseignait, puis par extension, toute réunion de savants ou de philosophes). — D. *académique*, *académicien*.

† **Acajou**, mot américain, importé en Europe au dix-huitième siècle, avec le bois qu'il désigne.

Acanthe, du L. *acanthus* (même sens)

Acariâtre, étymologie inconnue, voy. *chère*.

Accabler, qui signifie, à l'origine, jeter par terre, renverser, écraser sous un choc, dérive du vieux français *cable* (comme *attabler* dérive de *table*). — Ce mot *cable* qui désigne dans notre ancienne langue une machine de guerre servant à lancer des pierres est à l'origine *canble*, plus anciennement *cadable*, et vient du bas. latin *cadablum*, *cadabulum* qui avait le même sens *Cadabulum* à son tour dérive du grec καταβολη (renversement) Ce mot nous est venu des Byzantins, comme beaucoup d'autres termes d'art militaire du moyen âge

Sur la chute de l'*u* pénultième dans *cadab(u)lum = cadable*, voit au mot *able* — Quant à la disparition du *d* médial *ca(d)ablum*, qui donne *cadable*, puis *caable*, et *cable*, ce phénomène est ordinaire en frança s, témoin *aimant* de *o(d)-amantem*, *asseoir* de *assi(d)ere*, *bailler* de *ba(d)aculare**, *bayer* de *ba(d)are*, *bénir* de *bene(d)icere*, *chance* de *ca(d)entia*. *choir* de *ca(d)ere*, *chute* de *ca(d)uta**, *confier* de *confi(d)are**, *confiance* de *confi(d)entia*, *croyance* de *cre(d)entia*, *cruel* de *cru(d)elis*, *creance* de *cre(d)entia*, *cruauté* de *cru(d)elitatem*, *dénue* de *denu(d)atus*, *déchéance* de *deca(d)entia*, *dimanche* de *die(d)ominica*, *échéance* de *exca(d)entia**, *enfouir* de *info(d)ere*, *envahir* de *inva(d)ere*, *féal* de *fi(d)elis*, *fiancer* de *fi(d)entiare**, *fier* de *fi(d)are*, *fouir* de *fo(d)ere*. *fouiller* de *fo(d)iculare**, *glaieul* de *gla(d)iolus*), *gravir* de *gra(d)ire**, *joyau* de *gau(d)iellum*, *i uir* de *gau(d)ere*, *joyeux* de *gau(d)iosus*, *juif* de *ju(d)æus*, *louer* de *lau(d)are*, *moelle* de *me(d)ulla*, *méchant* de *minusca(d)entem**, *moitié* de *me(d)ietatem*, *moyen* de *me(d)ianus*. *moyen* de *mo(d)iolus*, *nais* de *ni(d acem*, *nouer* de *no(d)are*, *noueux* de *no(d)osus*, *nettoyer* de *niti(d)are*, *obeir* de *obe(d)ire*, *ouir* de *au(d)ire*, *parvis* de *para(d)isus*, *péage* de *pe(d)aticum**, *pion* de *pe(d)onem*, *pou* de *pe(d)uclus**, *préséance* de *præsi(d)entia*, *rançon* de *re(d)emptionem*, *suer* de *su(d)are*, *suaire* de *su(d)arium*, *seoir* de *se(d)ere*. *séance* de *se(d)entia*, *trahir* de *tra(d)ere*, *trahison* de *tra(d)itionem*, *traître* de *tra(d)itor*, *voir* de *vi(d)ere*, — pour ne citer ici que les cas où la consonne médiale *d* précède la voyelle tonique.

Accaparer, ce mot, qui signifie originairement acheter, en donnant d'avance des arrhes, toutes les marchandises d'un marché, pour les revendre à un prix factice, est une corruption du bas-latin *accaparrhare*, dont le primitif *caparrhare*, est formé de *capere* et de *arrha* (arrhes), littéralement prendre à arrhes.

Accéder, du L. *accedere* (même sens).

Accélerer, du L. *accelerare*, (hâter). — D. *accélération*.

Accent, du L *accentus* (intonation). — D. *accentuer*, *accentuation*.

Accepter, du L. *acceptare* (recevoir). — D. *acception*, *acceptable*. *acceptation*.

Accès, du L. *accessus* (entrée). — D. *accessoire*.

Accessible, du L. *accessibilis* (dont on peut approcher).

Accession, du L *accessionem* (action d approcher).

Accessit, mot latin, introduit dans le langage scolaire. *accessit* signifie littéralement *il s'est approché* (du prix) sans y atteindre.

Accident, du L. *accidentem* (ce qui arrive). — D. *accidentel*.

Acclamer, du L. *acclamare* (crier) — D. *-ation*.

Acclimater, voyez *climat*.

Accointance, fréquentation, dérive d'*accointer* (frequenter), voyez ce mot.

Accointer, fréquenter, du L. *accognitare** (même sens), verbe formé du participe *cognitus* (connu). — Sur la création de verbes nouveaux à l'aide de participes latins, voir l'*Introduction*, p. XXXIV.

En comparant *accogn(i)tare* à *accointer*, on voit aisément que l'*i* bref atone qui précède immédiatement la voyelle latine tonique *a*, a disparu, et qu'*accogn(i)tare*, devenu *accogn'tare* a donné *accointer*, comme *pugnus*, *unctum*, *longé*, *punctum*, ont donné *poing*, *oint*, *loin*, *point*.

On sait que cette chute de la

voyelle atone brève précedant immédiatement la voyelle tonique avait déjà lieu dans le latin populaire : ou le latin classique disait al(ă)baster, coag(ŭ)lare, pos(i)tura, vet(ĕ)ranus, le latin populaire disait albaster, coaglare, postura, vetranus. Le français a developpé cette tendance propre au latin, et on a fait une règle génerale que l'on peut ainsi formuler : Toute voyelle atone précédant immédiatement la voyelle accentuée comme i dans san(i)tatem, et e dans cœm(e)terium, disparaît en français si elle est brève (san[ĭ]tatem devient santé), et persiste, si elle est longue (cœm[ē]terium devient cimetière). C'est en vertu de cette règle qu'accogn(ĭ)tare a perdu sa voyelle i, en passant au français. Voici les exemples qui confirment cette loi, et en démontrent la persistance :

1° Avec la voyelle A : albâtre de al(ă)bastrum, — bouvreuil de bo(ă)riolus*, — denrée de den(ă)riata*, — sevrer de sep(ă)rare.

2° Avec la voyelle E : ancêtre de ant(ĕ)cessor, — abreuver de adbib(ĕ)rare*, — armoise de ar(tĕ)misia, — bercail de ver(vĕ)cale, — breuvage de bib(ĕ)raticum*, — cambrer de cam(ĕ)rare, — chambrière de cam(ĕ)raria, — cervoise de cer(ĕ)visia, — cervelle de cer(ĕ)bella, — cerveau de cer(ĕ)bellum, — cendreux, de cin(ĕ)rosus, — cerfeuil de caer(ĕ)folium, — couvrir de coop(ĕ)rire, — dénombrer de dinum(ĕ)rare, — désirer de desi(dĕ)rare, — destrier de dext(ĕ)rarius, — engendrer de ingen(ĕ)rare, — ermite de er(ĕ)mita. (Ce mot est bref dans Prudence) — livrer de lib(ĕ)rare, — lettré de litt(ĕ)ratus, — merrain de mat(ĕ)riamen, — madrier de mat(ĕ)rarius*, — ménestrel de minist(ĕ)rialis, — offrir de off(ĕ)rere*, — offrande de off(ĕ)renda*, — ouvrer de op(ĕ)rare, — ouvrier de op(ĕ)rarius, — purée de pip(ĕ)rata, — palefroi de parav(ĕ)redus, — recouvrer de recup(ĕ)rare, — souffrir de suff(ĕ)rere, — tremper de temp(ĕ)rare, — berger de verv(ĕ)carius.

3° Avec la voyelle I : accointer, de accogn(ĭ)tare, — accouder de accub(ĭ)tare, — allumer de adlum(ĭ)nare, — amertume de amar(ĭ)tudinem, — amitié de ami(cĭ)tatem*, — dnier de as(ĭ)narius, — aumaille de an(ĭ)malia, — âpreté de asper(ĭ)tatem, — arpent de ar(ĭ)pennis, — arbrisseau de arb(ŏ)ricellus, — archal de aur(ĭ)chalcum, — arracher de era(dĭ)care, — bonté de bon(ĭ)tatem, — beauté de bell(ĭ)tatem, — bondir de bomb(ĭ)tare — bouger, de bul(ĭ)care, — cadastre de cap(ĭ)tastrum*, — cadet de cap(ĭ)tettum, — cuider de cog(ĭ)tare, — cadet de cap(ĭ)tettum, — cerner de cir(cĭ)nare, — cerneau de cir(cĭ)nellus, — charmer de carm(ĭ)nare, — charnière de card(ĭ)naria, — chauffer de cal(ĕ)facere, — clocher de clopp(ĭ)care*, — clôture de claus(ĭ)tura, — cité de ci(vĭ)tatem, — chaudière de cal(ĭ)daria, — clergé de cler(ĭ)catus, — cherté de car(ĭ)tatem, — comté de com(ĭ)tatus, — cruauté de crudel(ĭ)tatem, — coudée de cub(ĭ)tata, — charger de carr(ĭ)care, — commencer de cumin(ĭ)tiare, — communauté de communal(ĭ)tatem, — cheptel de cap(ĭ)tale, — chretienté de christian(ĭ)tatem, — chevaucher de caball(ĭ)care, — clarté de clar(ĭ)tatem, — convoiter de cupid(ĭ)tare*, — cousin de cul(ĭ)cinus, — dompter de dom(ĭ)tare, — douter de dub(ĭ)tare, — dortoir de dorm(ĭ)torium, — dimer de dec(i)mare, — demoiselle de domin(i)ccella, — damoiseau de domin(i)cellus, — donjon de dom(i)nionem*, — danger de dom i)nuirium*, — échauder de excal(i,-dare*, — épancher de expand(i)care*, — essaimer de exam(i)nare, — écorcher de excor(i)care*, — étourdir de extorp(i)dire, — éveiller de evig(i)lare, — établir de stab(i)lire, — fierté de fer(i)tatem, — feauté de fidel(i)tatem, — fangeux de fam(i)cosus, — forger de fabr(i)care — ficelle de fil(i)cella — ficher de (fig1)care, — fougere de fil(i)caria, — germer de germ(i)nare, — hériter de hered i)tare, — héritier de hered(i)tarius — hideux de his(pi)dosus, — hommage de hom(i)naticum, — hôtel de hos(pi)tale, — entamer de intam(i)nai e, — inimitié de inimi-(vi)talem, — juger de ju(di)care, — jauger de qualif(i)care — jouvenceau de juven(i)cellus*, — linteau de lim(i)tellus*, — lumière de lum(i)naria, — loyauté de legal(i)tatem, — lointain de long i)taneus*, — mâcher de mas(i)care, — mouture de mol(i)tura, — meunier de mol(i)narium, — monceau de mon(ticellum, — nager de navi(i)gare, — nommer de nom(i)nare, — nouveauté de novell(i)tatem, — narquer de nar(i)care*, — ornière de orb(i)taria, — oiseau de av(i)cellus, — orfraie de oss(i)fraga, — otage de obs(i)diaticum, — poster de pos(i)tare, — peigner de pec(ti)nare, — poussin. de pull(i)cenus, — prêcher de præ-(di)care, — posture de pos'i)tura, — papauté de papal(i)tatem, — parcelle de part(i)cella, — pencher de pend(i)care, — pinceau de penn(i)cillum, — plonger de plum-(bi)care, — ponceau de pun(t)cellus, — primauté de primal(i)taem, — principauté de principa-

l(i)tatem — privauté de prival(i).talem, — racine de ra(di)cina, — royauté de regal(i)tatem, — ronger de rum(i)gare, — râcher de ras(i)care*, — rinceau de ram(i)cellum, — repentir de repœn(i)tere, — réseau de re(ti)cellum, — retentir de retinn(i)tare, — ruisseau de ri(vi)cellus, — semailles de sem(i)nalia, — saunier de sal(i)narius, — soucier de soll(i)-citare, — semaine de sep(ti)mana, — sentier de sem(i)tarium, — saussaie de sal(i)cetum — souder de sol(i)dare, — soudain de sub(i)taneus*, — semer de sem(i)nare, — siffler de sif'(i)lare, — sûreté de secur(i)tatem, — santé de san(i)tatem, — tâter de tax(i)tare, — tinter de tinn i)tare, — témoin de test(i)monium, — vernir de vitr(i)nire, vanter de van(i)tare, — veiller de vig(i)lare, — venger de tin(di)care, verdir de vir(i)dare, — verger de vir(i)diarium.

4° Avec la voyelle O coucher de coll(ŏ)care, — corvée de corr(ŏ)gata, — éveché de episc(ŏ)patus, — emblée de inv(ŏ)lota, — levrier de lep(ŏ)rarius, — horloge de hor(ŏ)logium, — marbré de marm(ŏ)ratus, — poitrine de pect(ŏ)rina*, — poitrail de pect(o)rale, — persil de petr(ŏ)selinum [πετροσέλινον], — tournois de turi(ŏ)nensis, — vautrer de volt(ŭ)lare*.

5° Avec la voyelle U ambler de amb(ŭ)lare, — affubler de affi-b(ŭ)lare, — bailler de baj(ŭ)lare, — bâcler de bac(ŭ)lare, — boucler de buc(ŭ)lare, — brûler de perust'(ŭ)lare*, — cailler de coagu)lare, — compter de comp(ŭ)tare, — cercler de circ(ŭ)lare, — crouler de corot(ŭ)lare, — combler de cum(ŭ)lare, — coupler de cop(ŭ)lare, — cintrer de cinct(ŭ)rare, — chancir de can(ŭ)ire, —

cingler de cing(ŭ)lare, — conter de comp(ŭ)tare, — emprunter de improm(ŭ)tuare, — étrangler de strang(ŭ lare, —fabliau de fab(ŭ)lellus, — fêler de fiss(ŭ)lare, — fouiller de fodic(ŭ)lare, — hurler de ull(ŭ)lare, — jongler de joc(ŭ)lare, — jongleur de joc(ŭ)latorem, — mêler de misc(ŭ)lare, — mouler de mod(ŭ)lare, — marguillier de matric ŭ)larius, — ourler de or(ŭ)lare, — peuplier de pop(u)larius*, — petrir de pist ŭ)rire, — peupler de pop(ŭ)lare, — pouilleux de pedic(u)losus, — périlleux de peric(u)losus, — râcler de rasc(ŭ)lare*, — railler de rad(ŭ)lare, — rouler de rot(ŭ)lare, — régler de reg(ŭ)lare, — arcler de sarc(ŭ)lare, — souiller de suc(ŭ)lare, — sablon de sab(ŭ)lonem, — sembler de sim(ŭ)lare, — sangler de sing(ŭ laris), — sangler de cing(ŭ)lare, — tableau de tab(u lellus, — troubler d turb(ŭ)lare, — trembler de trem(u)lare, — onglée de ung(ŭ)lata, — télin de ti(tŭ)linus, — jaillir de jac(ŭ)lari.

† **Accolade**, venu au seizième siècle de l'italien *accolata* (m. s.).

Accoler, voy. col. — Accommoder, voy. commode. — D. accommodement.

Accompagner, -ment, voy. compagnon.

Accomplir, du bas-latin *accomplere**, composé formé de la préposition *ad*, et du verbe classique *complere* (accomplir). — D. accomplissement.

L'*e* long accentué de *complere*, est devenu *i* en français (*accomplir*), comme dans abolir (abolēre), appartenir (adpertinēre), avertir (avertēre), charpir (carpēre), d'où charpie), emplir (implēre), fleurir (florēre), jouir (gaudēre), languir (languēre), moisir (mucēre), offrir (offe-rēre*), pourrir (putrēre*), repentir (repœnitēre) souffrir (sufferēre*), soutenir (sustinēre*) tenir (tenēre). — E latin accentué devient encore *i* en français, soit quand il est long dans : Alise (Alesia), boutique (apotheca), brebis (vervecem), cire (cera), complies (completae), confit (confectus), église (ecclesia), ivre (ēbrius), loisir (licere), maigris (macresco), merci (mercedem), ni (ne), pris (prensus), poussin (pullicenus), parchemin (pergamenum), pays (pagensis), pire (pejor), pis (pejus), raisin (racemus), registre (regestum), six (sex), tapis (tapetum), venin (venenum), plaisir (placēre), — soit quand il est bref, dans : dix (decem), dîme (decima), engin (ingenium), épice (species), hermine (Armenia), lis (lego), mi (medius), nie (nego), prie (preco), prix (pretium), souci (solsequium), Venise (Venetia), persil (petroselinum, πετροσέλινον), lire (legere).

E latin non accentué, ou atone, devient *i* en français quand il est long, dans : ici (ecce-hic), icelle (eccilla), issu (exitus*), ivraie (ebriaca), pinceau (pennicillum), dîner (decanare), — quand il est bref dans : noire (ebureus), livèche (evisticum), olifant (elephantem), pion (pedonem), scier (secare).

Accord, substantif verbal de *accorder* (voy. aboi).

Accorder, du bas-latin *accordare**, dérivé de *corda* (cœurs), qui signifie proprement mettre les cœurs d'accord, les reconcilier. — Au figuré, ce mot a pris en musique le sens de mettre en harmonie, à l'unisson. — D. accordeur, désaccorder (désaccord), raccorder (raccord).

† **Accort**, venu au seizième siècle de l'italien *accorto* (fin, avisé).

Accoster, du bas latin *accostare* composé de *costa* (côte). — *Accoster* signifie originairement, toucher à la côte, aborder. — Sur la persistance de l's dans *accoster*, voir au mot *abîme*.

Accoter, Etymologie inconnue — D. *accotement*.

Accoucher, dérive de *couche*, comme *aboucher* de *bouche*. — Voy. au mot *couche*. — L'histoire de ce mot est un exemple de ces restrictions de sens dont nous avons parlé dans l'*Introduction*. *accoucher*, au douzième siècle, signifie, comme l'indique son étymologie, se mettre en la couche, s'aliter. *Mathieu de Montmorency*, dit Villehardouin, *accoucha malade, et tant fut agrevé* (aggravatus), *qu'il mourut*. Joinville, malade, se sert de la même expression : « *Et pour les dites maladies, j'accouchai au lit malade, en la mi-carême*. » — *Accoucher* qui, à l'origine, signifie seulement *se mettre au lit*, se restreignit bientôt au sens de s'aliter pour cause de maladie, et plus tard s'aliter pour enfanter; et par métaphore l'action elle-même d'enfanter.

Accouder, du L. *accubitare* (venu de *cubitus*, coude). — Trois changements ont eu lieu dans ce mot : 1° la chute de l'*i* bref atone qui précède immédiatement la voyelle tonique *accub(i)tare*, conformément à la règle ci-dessus démontrée au mot *accointer*. — 2° Par cette chute de l'*i*, *b* et *t* mis en présence, et brusquement rapprochés *accub'tare*, se changent en *d*, *accouder*. Ce changement de *bt* en *d*, se retrouve dans les mots suivants : bondir (bombitare), coude (cubitus), coudée (cubitata), gourde (cucurbita), *ornière* corruption du vieux franç *ordière* (orbitaria), soudain (subitaneus).

— 3° Le changement de *u* latin en *ou*: *accub'tare* = *accouder*.

U latin accentué devient *ou* en français, quand il est bref dans : joug (jugum), loup (lupus), où, (ubi), arbouse (arbuteus), goule (gula), vautour (vulturius), — quand il est long par nature, dans : coucou (cuculus), — quand il est long par position, dans : bouche (bucca), boucle (buccula*), bourg (burgus), bourre (burra), bourse (bursa*), carrefour (quadrifurcum), coupe (cuppa), coude (cubitus), cours (cursus), courbe (curva), court (curtus), croûte (crusta), déroute (derupta), double (duplus*), douille (ductilis), ensouple (insubulum), étoupe (stuppa), four (furnus), fourche (furca), foulque (fulica*), goût (gustus), goutte (gutta), gourd (gurdus), gourde (cucurbita), houppe (hupupa), jour (diurnum), lourd (luridus*), louche (luscus), langouste (locusta), loutre (lutra), mouche (musca), moule (musculus), moût (mustum), ours (ursus), outre (utrem), poule (pulla), pouls (pulsus), poutre (pulletrus*), pouppe (puppis), pourpre (purpura), pousse (pulsa*), rescousse (rescussa), rouge (rubeus, rubjus*), rouille (rubicula*), route (rupta), roux (russus), soûl (satullus), sous (subtus), sourdre (surgere), sourd (surdus), secousse (succussa), secours (succursus*), souple (supplex), souffre (suffero), tour (turris), tourbe (turba), tourd (turdus), toux (tussis), trouble (turbulo).

U latin non accentué ou *atone*, devient *ou* en français, quand il est bref, dans : couenne (cutenna*), couver (cubare) coucou (cuculus), gouverner (gubernare), gouvernail (gubernaculum), jouvenceau (juvenicellus), secouer (succutare*), souvent (subindè),

— quand il est long par nature, dans engloutir (inglutire), poupée (pupata*), glouton (glutonem, — quand il est long par position, dans . ajouter (adjuxtare*), boucher (buccularius*), bouger (bulicare*), bourrique (burrica*), couette (culcita*), courir (currere), courtier (curatarius*), douter (dubitare), étourneau (sturnellus*), fourneau (furnellus*), fouler (fullare*), foulon (fullonem), jouter (juxtare*), nourrir (nutrire), nourrisson (nutritionem), poulain (pullinus), pourpier (pullipedem), pourrir (putrere*), poussif (pulsativus*), pousser (pulsare), recouvrer (recuperare), routine (ruptina*), soudain (subitaneus*), souvenir (subvenire), sourire (subridere*), soumettre (submittere), secourir (succurrere*), souffler (sufflare), souffreteux (suffractus*), souffrir (sufferere*), soulager (subleviare*), soulever (sublevare), souiller (suculare*), soupçon (suspicionem), soupir (suspirium), soupirail (suspiraculum), sourcil (supercilium), soutenir (sustinere), souterrain (subterraneus) souverain (superanus*), tourtereau (turterellus), tousser (tussire), tournois (turonensis), troubler (turbulare).

Accoupler, voy. *couple*. — D. *accouplement*.

Accourcir, voy. *court*. — D. *raccourcir*.

Accourir, du L. *accurrere* (courir vers), composé du verbe *currere* (courir). — *Currere* ayant la pénultième brève, et l'accent tonique sur *u*, doit donner non pas *courir*, mais *courre* (resté dans le terme de vénerie, *courre le cerf*). Il y a eu ici un déplacement fautif de l'accent latin, déplacement qu'on retrouve aussi dans *gemere*, *quaerere*, *fremere*, qui ont donné d'un côté les formes régulières *geindre*, *querre*, *freindre*, — de l'autre les formes irrégulières *frémir*, *quérir*, *gémir*, cependant ce déplacement de l'accent tonique n'est point le fait du français; il remonte au latin rustique qui à côté des formes proparoxytones *gemere*, *quaerere*, *fremere*, *currere*, avait créé des formes oxytones en *īre*, et disait : *gemīre*, *quaerīre*, *fremīre*, *currīre* (on a trouvé *gemire* pour *gemere* dans une inscription découverte à Vienne, en 1860), d'où sont venus *courir*, *frémir*, *gémir*, *quérir*. — Ce fait explique du même coup et justifie la formation des 15 verbes suivants, accentués en latin sur l'antépénultième, et en français sur la pénultième : *agir* (agere), *construire* (construere), *détruire* (destruere), *fouir* (fodere), *enfouir* (infodere), *envahir* (invadere), *faillir* (fallere), *gésir* (jacere), *ravir* (rapere), *trahir* (tradere), *vomir* (vomere), *avertir* (avertere), *convertir* (convertere), *fléchir* (flectere), *régir* (regere). — Plusieurs de ces mots, *agir*, *régir*, semblent modernes et d'origine récente; il n'en est rien, car ils auraient donné non pas *agir* et *régir*, mais *ager* (agere), *réger* (regere), comme *imprimere* a donné *imprimer*, et *tixere* tisser.

Sur le changement de *u* latin (accurrere) en *ou* (accourir), voir au mot *accouder*.

Accoutrer, Accoutrement, étymologie inconnue.

Accoutumer, Accoutumance, voy. *coutume*.

Accréditer, voy. *crédit*.

Accroc, substantif verbal (voy. *aboi*), de *accrocher* comme *raccroc* l'est de *raccrocher*.

Accrocher, voy. *croc*.

Accroire, du L. *accredere* (ajouter foi). — *Accredere* a subi trois changements successifs pour arriver au français. 1° il est d'abord devenu *accred're* par la chute régulière de la voyelle *e* pénultième brève (voyez cette règle au mot *attendre*). — 2° Par cette chute de l'*e* latin, *d* et *r* mis en présence, (*accred're*) se changeant en *r* (accroire), comme dans carême (quadragesima), chaire (cathedra), croire (credere), conclure (concludere). désirer (desiderare), exclure (excludere), occire (occidere), quarante (quadraginta), raire (radere), rire (ridere). — 3° *e* latin devient *oi* (accred're = accroire). *E* latin accentué devient *oi* en français quand il est long par nature dans. avoir (habere), avoine (avena). coi (quietus), choir (cadere), chaloir (calere), douloir (dolere), devoir (debere), espoir (speres), foire (feriae), hoir (heres), loi (legem), manoir (manere), mouvoir (movere), moi (me), palefroi (paraveredus), pleuvoir (pluere), pouvoir (potere*), roi (regem). seoir (sedere), soir (serus), soi (se), soie (seta), toi (te), toile (telum), trois (tres), voile (velum), valoir (valere), voir (videre), vouloir (volere*), — quand il est long par position dans croire (credere), croître (crescere), droit (directus), étoile (stella), mois (mensis), moisson (messionem), poids (pensum), poêle (pensile), privois (privensis*). toise (tensa), toit (tectum). — Il n'est pas inutile de rapprocher de ces formes falloir (fallere), savoir (sapere), et les verbes en .. *cevoir* (recevoir, concevoir, décevoir, etc., de recipere, concipere, decipere), qui accentués en latin sur l'antépenultième, ont déplacé l'accent sur la pénultième en français ; cette erreur remonte sans doute au latin rustique

E latin inaccentué ou *atone* devient *oi* en français, quand il est long dans loyal (legalis), loyauté (legalitatem), poitrine (pectorina*), poitrail (pectorale), royal (regalis). royauté (regalitatem), royaume (regalimen*), soixante (sexaginta), voiture (vectura), — quand il est bref, dans: doyen, (decanus), noyer (necare).

Dans un grand nombre de mots, tels que paraître (parescere), faible (flebilis), craie (creta), taie (theca), lisais (legebam), qui sont dans notre ancienne langue paroître, lisois, foible, etc., l'*e* latin est devenu *ai* français en passant par la diphthongue *oi*.

Accroître, du L. *accrescere* (croître) a subi quatre changements pour passer au français. 1° Chute régulière de l'*e* pénultième bref (voyez cette règle au mot *attendre*) ; *accrescere* devient *accresc're* — 2° Entre *s* et *r* ainsi rapprochés, intercalation euphonique d'une dentale : *accres're = accres-t-re*, comme dans ancêtre (antecessor), aître (asser), croître (crescere*), connaître (cognoscere), coudre (consuere), être (essere*), naître (nascere), paître (pascere), paraître (parescere), tistre (tixere). — 3° Changement de *e* latin en *oi* (qui a été étudié au mot *accroire*), *accres're* ou *accres-t-re* devient *accroistre* qui est la forme du vieux français. — 4° Ce vieux français *accroistre* perd l's (comme on l'a vu au mot *abîme*), le remplace par un accent circonflexe, et donne la forme moderne *accroître*.

Accroupir, voy. *croupe*.

Accueil, substantif verbal de *accueillir* (voy. *aboi*)

Accueillir, du bas latin *accolligere** (réunir, rassembler), dérivé du verbe classique *colligere* (recueillir) — *Accolligere* a subi trois changements pour arriver au français : 1° l'*e* latin pénultième bref a disparu, conformément à la règle démontrée au mot *attendre* ; *accolligᵉre* est devenu *accollig're*. — 2° Par cette chute de l'*e* latin, *g* et *r* étant mis en présence se sont changés en *r* (accollig're = accueillir), comme dans entière (integra), flairer (fragrare) noire (nigra), pèlerin (peregrinus), paresse (pigritia), cueillir (collig're), élire (éliq're), frire (friq're), lire (leg're). — 3° L'*o* de *accollig'ere* est devenu *ue :* accolligere = accueillir, comme dans cueillir (colligere), écueil (scopulus), cercueil (sarcophagus) :

En vieux français, le son *ue* est dans certain cas l'équivalent du son *eu*, *œu* ; où nous disons *bœuf, deuil, meute, cœur*, le vieux français disait *buef, dueil, muete, cuer*, mots qui étaient prononcés d'ailleurs comme ceux d'aujourd'hui ; cette transformation de *buef* en *bœuf*, de *cuer* en *cœur*, nous montre *qu'accolligere* ayant donné *accueillir*, à l'origine de la langue, ce mot devrait être écrit aujourd'hui *accœuillir*, conformément à la prononciation logique.

Quant au changement de *o* latin en *eu*, ou en ses équivalents *eu*, *œu*, voici les cas où il se rencontre. O latin accentué devient en français *eu*, *œu*, quand il est bref dans : bœuf (bovem), queux (coquus), cœur (cor), deuil (dolium*), feu (focus), feuille (folium), jeu (jocus), lieu (plus correctement en vieux français *leu*, locus), meule (mola), Meuse (Mosa), neuf (novus neuf (novem) preuve (proba), sœur (soror), seuil (solea), veux (volo) ; — quand il est long par position dans ailleurs (aliorsum), aveugle (aboculus*), œuvre (opera), peux possum), peuple (populus), meuble (mobilis), œil (oculus), treuil (torculus) : — quand il est long par nature dans heure (hora), émeute (emota), fleur (florem), leur (illorum), meute (mota), mœurs (mores), neveu (nepotem), nœud nodus), prieur (priorem*), œuf (ovum), queux (cotem), seul (solus), seigneur (seniorem), vœu, (votum) — couleur (colorem), douleur (dolorem), douceur (dulcorem), pasteur (pastorem), et tous les suffixes en *eur* (voir au mot *aigreur*), — amoureux (amorosus*) et tous les suffixes en *eux* (voir au mot *amoureux*).

0 latin non accentué ou *atone*, devient *eu*, quand il est bref, dans : demeurer (demorare), jeudi (jovisdies), — quand il est long, dans : pleurer (plorare), meunier (molinarius), peuplier (popularium).

Acculer, voy. *cul*.

Accumuler, du L. *accumulare* (entasser). — D *accumulation*.

Accuser, du L *accusare* (même sens). — D. *accusation*, *-ateur*, *-atif*

Acerbe, du L. *acerbus* (aigre) — D. *acerbité*.

Acérer, garnir le fer d'acier, pour rendre un instrument plus tranchant. — *Acérer* vient non pas de la forme moderne *acier*, mais du vieux français *acer* qui est la forme primitive de ce mot (voyez *acier*) : *acérer* est venu de *acer*, comme *ulcérer* de *ulcère*.

Acetate, Acéteux, Acétique, mots savants tirés du L. *acetum* (vinaigre).

Achalander, voy. *chaland*.

Acharner, du bas latin *acarnare**, tiré de *carnem* (chair), comme *decarnare* (décharner) qu'on trouve dans Végèce. — *Acharner*, avait à l'origine, comme *acarnare*, le sens de donner aux chiens, aux faucons, le goût de la chair, par suite exciter, irriter les chiens, ou les faucons. Ce mot, qui est dans le principe, un terme de chasse, s'étendit bientôt au sens d'*irriter* en général. Sur ces extensions de sens, voy. p. XXI.

Au point de vue philologique, il faut signaler dans *acharner*, le changement du *c* latin en *ch* (acarnare).

C latin (ordinairement dur), devient *ch* français, — 1° au commencement des mots dans : champ (campus), chance (cadentia*), chaîne (catena), chef (caput), chair (caro), chèvre (capra), chien (canis), chose (causa), champêtre (campestris), champion (campionem*), chicorée (cichoreum), chenal (canalis), chape (cappa) chapeau (capellum*) chapelle (capella*), cheptel (capitale), charnel (carnalis), charnier (carnarium), chaire (cathedra, chaloir, (calere), chalumeau (calamellus), chaleur (calorem), chambre (camera), chancel (cancellus), chanceler (cancellare*), chancir (canutire), chancre (cancer) chandelle (candela), changer (cambiare*), chanoine (canonicus), chanson (cantionem*), chantre (cantor), chanter (cantare), chantier (canterium), chanvre (cannabis), chapeler (capulare), chapiteau (capitellum), chapitre (capitulum), chapon (caponem*), char (carrus), charger (carricare), charbon (carbonem), chardon (cardonem*), charrier (carricare), cherté (caritatem), charme (carmen), charme (carpinus), charnière (cardinaria*, charpentier (carpentarius), charpie (carpere*), charrue (carruca), chartre (carcer), châsse (capsa), châsser (captiare*), chaste (castus), chasuble (casibula*), chat (catus*), châtaigne (castanea), château (castellum), chignon (catenionem*), châtier (castigare), chatouiller (ca-

tulliare*), châtrer (castrare), chaud (calidus), chaudière (caldaria*), chauffer (calefacere*), chaume (calamus), chausse (calceus), chaussée (calceata*), chauve (calvum), chaux (calcem), chef (caput), chemin (caminus), cheminée (caminata*), chemise (camisia), chenal (canalis), chenil (canile), chenille (canicula*), chenu (canutus), cheptel (capitale), cher (carus), cherte (caritatem), chère (cara), chercher (circare), chétif (captivus), cheval (caballus), chevaucher (caballicare), chevecier (capicerium*), chevêtre (capistrum), cheveu (capillus), cheville (clavicula), chèvre (capra), chevreuil (capreolus*), chez (casa), chien (canis), chiche (ciccum), chiche (cicer), choir (cadere), chose (causa), chou (caulis); — 2° au milieu des mots dans : arche (arca) acharner (acarnare*), coucher (collocare), chevaucher (caballicare*), chiche (cicer), duché (ducatus), décharner (decarnare), déchéance (decadentia), duchesse (ducatissa*), èche (esca), échéance (excadentia*), echelle (-cala), echevin (scabinus), écorcher (excorticare*), enchevêtrer (incapistrare), épancher (expandicare*), farouche (ferocem), fourche (furca), grèche (græca), marché (mercatum), marchant (mercatantem*), mâcher (masticare), manche (manica), manchot (mancus*), méchant (minuscadentem*), miche (mica), mouche (musca), pêcher (piscare), pencher (pendicare*), perche (pertica), perche (perca), pervenche (pervinca), planche (planca*), porcher (porcarius), pouliche (pulica*), prêcher (prædicare), tanche (tinca).

Achat, substantif verbal (voy. *aboi*), tiré du verbe *acheter*, forme ancienne de *acheter* (voy. ce mot). — *Achat* vient d'*achater*, comme *éclat* de *éclater*.

Ache, du L. *apium* (ache). — Sur le changement de *pi* (apium) en *ch* (ache), voy. *abréger*.

Acheminer, Acheminement, voy. *chemin*.

Acheter, du bas latin *accaptare* (acquérir), composé du latin classique *captare* (prendre). Le provençal dit *acaptar*, — le vieux français disait *achater* (d'où *achat*), plus anciennement *acater* (Froissard dit *achapter*), formes qui confirment toutes la dérivation de *accaptare*.

Pour aller de *accaptare* à *acheter*, nous trouvons trois changements philologiques. 1° *cc* latin (accaptare) devient *ch* (acheter), comme dans : bou*ch*e (bucca), ba*ch*elier (vaccalarius*), bê*ch*e (becca), bro*ch*e (brocca*), clo*ch*e (chlocca), *ch*iche (ciccum), mou*ch*er (muccare*), pé*ch*é (peccatum), sè*ch*e (sicca), se*ch*er (siccare), va*ch*e (vacca). 2° *pt* (acaptare) est devenu *t* (acheter), comme dans : che*t*if (captivus), dérou*t*e (derupta), écri*t* (scriptus), rou*t*e (rupta*), rou*t*ine (ruptina*), ro*t*ure (ruptura*), con*t*er (comptare), hô*t*e (hospitem), hô*t*el (hospitale). Ce changement de *pt* en *t*, n'est point propre au français, il avait déjà lieu dans le latin populaire, et l'on trouve dans plus d'un document du v⁵ siècle et du vi° *scritus* pour *scriptus*, *cativus* pour *captivus*, etc.... Le français n'a fait ici, comme dans la plupart des cas, que développer une tendance antérieure. — 3° *a* accaptare est devenu *e* (acheter). *A* latin accentué devient *e* en français quand il est bref, dans : assez (adsatis), chef (caput), dé (datus), fève (faba), gué (vadum), greffe (graphium*), lez (latus), mer (mare), séve (sapa) chez (casa); quand il est long par nature dans aimer (amare), et dans tous les verbes de la première conjugaison latine), autel (altare), alègre (alacrem), amer (amarus), blé (blatum*), clef (clavis), cher (carus), gré (gratum), muguet (muscatus*), nef (navis), nez (nasus), pelle (pala), pré (pratum), poêle (petalum), quel (qualis), rez (rasus), sel (sal), tel (talis), voyelle (vocalis); quand il est long par position dans frère (fratrem), mère (matrem), lèvre (labrum), guéret (vervactum), orfévre (aurifabrum), père (patrem), serpe (sarpa), très (trans). *A* latin non accentué ou *atone* devient *e* en français quand il est bref dans : émeraude (smaragda), forteresse (fortalitia*), fléau (flagellum), grever (gravare), gésir (jacere), lézard (lacertum), orphelin (orphaninus*), parchemin (pergamenum); quand il est long par nature, dans feu (fatutus*), grenier (granarium), grenouille (ranuncula) palefroi (paraveredus), préau (pratellum), sénevé (sinapim) : quand il est long par position, dans : acheter (accaptare), écouter (ascultare*), essieu (axiculus), cercueil (sarcophagus), hermine (Armenia), merrain (materiamen), jeter (jactare) — Voir au mot *acharner*, d'autres exemples de la transformation de *a* latin en *e* par le changement de *ca* latin initial en *che*, tels que *caminus* (chemin), *canalis* (chenal), etc....

Achever, venir à bout, ou, comme on disait au moyen âge : venir à *chef* (au sens du latin *caput*, fin. *Chef* a donné *a-chev-er*, non *a-chef-er*, et les deux lettres *f* et *v* sont ici dans le même rapport que dans actif et activer, captif et captiver, nerf et énerver, grief et grever, neuf et innover, relief et relever, sauf et sauver, naïf et

naïveté. ne*f* et navire, bre*f* et brevet, che*f* et chelet, ser*f* et servir.
Achoppement, voy. *chopper.*
Achromatique, voy. *chrôme.*
Acide, du L. *acidus* (aigre). — D. *acidité* — *Acidule* du L. *acidulus* (aigrelet), d'où *aciduler*
Acier, du bas latin *aciarium* tire lui-même de *acies* (tranchant de l'epée). Voy. *acerer.* — Sur le changement du suffixe *arium* en *ier* dans *aciarium,* voy. au mot *dnier.*
Acolyte, du L. *acolythus* (clerc qui accompagne le prêtre à l'autel), du grec ἀκόλουθος (suivant).
Aconit, du L. *aconitum.*
Acoquiner, voy *coquin.*
Acoustique, du grec ἀκουστικος, de ἀκουω (entendre).
Acquérir, du L. *acquirere* (se procurer). — Sur le déplacement de l'accent latin, voir au mot *accourir* — Sur le changement de *e* latin (acquirere) en *i* (acquérir), voy *accomplir.*
Acquêt (en langage juridique *biens acquis*), ancien français *acquest,* du bas latin *acquistum* même sens, contraction du latin *acquisitum* (acquis) — Sur la chute de l's et sur son remplacement par un accent circonflexe, voy. *abime.* Sur le changement du participe *acquisitum* en substantif, voy *absoute.*
Acquiescer, du L. *acquiescere* (consentir). — D *acquiescement.*
Acquisition, du L. *acquisitionem.*
Acquitter, du bas latin *acquittare,* composé de *ad* et *quittare* (tenir *quitte*); voy. *quitte.* — D. *acquittement, acquit* (substantif verbal).
Acre, mesure agraire, d'origine germanique : *acre* vient du bas latin *acrum,* et celui ci du gothique *akr,* allemand *acker* (champ).

Acre, du L *acris* (aigre). — D. *âcreté.*
Acrimonie, du L. *acrimonia* (aigreur).
Acrobate, du grec ἀκροβάτης (qui marche sur la pointe du pied).
Acrostiche, du grec ἀκροστιχον (commencement de vers).
Acte, du L. *actus* (action).
Acteur, du L. *actor* (qui agit) — D. *actrice,* du L. *actrix.*
Actif, du L. *activus* (m. s). — D. *activité.*
Action, du L. *actionem* (même sens). — D. *actionner, actionnaire.*
Actuel, du L *actualis* (qui s'effectue, qui a lieu). — D. *actualité.*
Acuponcture, de *punctura* (piqûre), et *acus* (aiguille).
Adage, du L. *adagium* (proverbe).
† **Adagio,** terme de musique de l'italien *adagio* (lentement, à l'aise).
Adapter, du L *adaptare* (approprier).
Addition, du L. *additionem* (m. s.). — D. *additionnel, -er.*
Adepte, du L. *adeptus* (initié, qui a acquis la science).
Adherer, du L. *adhaerere* (être attaché). — D. *adherence, adhésion.*
Adieu, voy. *dieu :* locution elliptique pour : *je vous recommande à Dieu, soyez à Dieu.*
Adipeux, du L. *adiposus* (graisseux).
Adjacent, du L. *adjacentem* (situé près).
Adjectif, du L *adjectivus* (qui s'ajoute)
Adjoindre, du L. *adjungere* (ajouter). Sur le changement de *jungere* en *joindre,* voy. ce dernier mot.

Adjonction, du L. *adjunctionem* (addition).

† **Adjudant**, venu de l'espagnol *ayudante* (aide de camp), et refait sous l'influence du L. *adjutantem*, aidant qui est l'original du mot espagnol

Adjuger, du L. *adjudicare* (même sens). Il faut noter dans ce mot deux changements philologiques très-importants 1° L i bref atone qui précède immédiatement la voyelle tonique, *adjud(i)care* disparaît conformément a la règle donnée au mot *accointer*, et le mot devient *adjud'care*. — 2° Le changement du *c* latin en *g* : *adjud'care* devient *adjud gare* puis *adjuger*; *c* dur est ici devenu *g* comme au commencement des mots dans : gonfler (conflare), gras (crassus), grotte(crypta), girofle (caryophyllum), geôle (caveola), gercer (carptiare*), galle (callus*), galoche (calopedia*), gamelle (camella), glaire (clarea*), gobelet (cupelletum*), gouffre (κολπος), golfe (κόλπος), glas (classicum), gars (carduus), gond (contus), gourde (cucurbita), grelot (crotalum*), grille (craticula*), gueux (coquus), — comme au milieu des mots dans : aigre (acris), allegre (alacrem), bouger (bulicare*), aigu (acutus), ciguë (cicuta), muguet (muscatus*), narguer (narricare*), aiguille (acucula*), cigale (cicadula*), cigogne (ciconia), figue (ficus), langouste (locusta), maigre (macrum), maigris (macresco), migraine (ἡμικρανια), manger (manducare), piége (pedica), serge (serica), venger (vindicare), viguier (vicarius), berger (vervecarius), engraisser (incrassare), engrener (increnare), clergé (clericatus), charger (carricare), forger (fabricare), juger (judicare), jauger (qualificare), marguillier (matricularius), ogre (orcum), dragon (draconem), fangeux (famicosus), fougère (filicaria*), plonger (plumbicare*), vergogne (verecundia). — Avec un *c* doux dans *fagot* de *facem* (Diez).

Ce changement de *c* en *g* remonte plus haut que le français, il avait déjà lieu dans le latin classique, aux temps les plus anciens : les Romains disaient *negotium* pour *nec-otium*, gobius (de κωβιός), grabatus (de γραβατος), gummi (de κομμι), gubernator (de κυβερνητης), au lieu de *cobius, crabatus, cummi, cubernator* qui eussent été les formes régulières (κ correspondant en latin non a *g*, mais à *c* dur). — Le latin vulgaire continua cette tendance, et après lui le bas-latin, on trouve *grassus* pour *crassus*, *grupta* pour *crypta*, *vigarius* pour *vicarius*, *matrigularius* pour *matricularius*, *vogator* pour *vocatur*, dans les textes mérovingiens; et le français ne fit que developper, ce mode de permutation, comme le prouvent tous les exemples cités plus haut. — 3° *Adjud'care*, devenu *adjud'gare* subit un dernier changement : tandis que le provençal dit *jutjar* pour *judicare*, et conserve la dentale latine, le français la perd, et ne dit pas *judger*, mais *juger*. — Sur cette chute de la première des deux consonnes voir *abréger*.

Dérivés savants de *adjuger* : *adjudication* du L. *adjudicatio*.

Adjurer, du L. *adjurare* (conjurer) — D. *adjuration*.

Admettre, du L. *admittere* (recevoir). Ce mot a subi deux changements : 1° *admitt(e)re* s'est contracté en *admitt're* par la chute régulière de l'*e* pénultième bref (voir au mot *attendre*). — 2° *admitt're* est devenu *admettre* par le changement de *i* latin en *e*, changement qui n'est point le fait du français, et remonte au latin vulgaire. On trouve dans Quintilien *magester* et *leber* pour *magister* et *liber*; dans les inscriptions *mereto* pour *merito*, *fescum* pour *fiscum*; dans les chartes du septième siècle *fedem*, *recem*, *menime*, *decto*, *fermare*, *vertute*, *selva* pour *fidem*, *vicem*, *minime*, *dicto*, *firmare*, *virtute*, *silva*, dans Isidore de Séville, *perula*, *aresta*, pour *pirula*, *arista*. Le français a continué cette tendance et change en *e*, — *i* latin 1° accentué, quand il est long par position dans : aisselle (*axilla*), arbalète (*arcubalista*), arête (*arista*), cercle (*circulus*), chevêtre (*capistrum*), crêpe (*crispus*), cendre (*cinerem*), cep (*cippus*), crête (*crista*), cet (*eccistum*), dé (*didus*. Loi salique), elle (*illa*), en (*inde*), ensemble (*insimul*), étincelle (*scintilla*), évêque (*episcopus*), fesse (*fissa*), ferme (*firmus*), fendre (*findere*), genêt (*genistum*), herse (*hirpicem*), icelle (*eccilla*), lettre (*littera*), livèche (*livisticum*), mèche (*myxa*), mettre (*mittere*), messe (*missa*), net (*nitidus*), perle (*pirula*), pervenche (*pervinca*), semble (*simulo*), souvent (*subinde*), sec (*siccus*), tonnerre (*tonitru*), trèfle (*trifolium*), trente (*triginta*), tresse (*trichea**), verd (*viridis*), verge (*virga*), verre (*vitrum*), vesce (*vicia*).

2° *i* latin inaccentué ou atone, quand il est long par nature, devient *e* dans: carrefour (*quadrifurcum*), delayer (*dilatare*), déluge (*diluvium*), devin (*divinus*), demi (*dimidium*), deviser (*divisare*), premier (*primarium*). — quand il est long par position, dans: assener (*assignare*), chercher (*circare*), cerceau (*circellus*), cerner (*circinare*), cerneau (*circinellum*), commencer (*cuminitiare**), errer (*iterare*), evêché (*episcopatus*), fermer (*firmare*), fêler (*fissulare*), mêler (*misculare*), marguillier (*matricularius*), message (*missaticum*), merveille (*mirabilia*), nettoyer (*nitidicare*), pêcher (*piscare*), pétrin (*pistrinum*), pepie (*pituita*), retentir (*retinnitare*), sembler (*simulare**), velours (*villosus**), vendange (*vindemia*), venger (*vindicare*), verger (*viridarium**), véricle (*vitriculus**), vernir (*vitrinire*), vertu (*virtutem*), vertueux (*virtutosus**), — quand il est bref dans: appartenir (*adpertinere*), béton (*bitumen*), besace (*bisaccus*), brièveté (*brevitatem*) concevoir (*concipere*), ennemi (*inimicus*), fausseté (*falcitatem*), géant (*gigantem*), gésier (*gigerium*), mener (*minare*), menu (*minutus*), menace (*minatiae*), métier (*ministerium*), menestrel (*ministerialis*), menuiser (*minutiare*), peler (*pilare*), pelote (*pilota*), percevoir (*percipere*), empêcher (*impiciare**), préséance (*praesidentia*), recevoir (*recipere*), sénevé (*sinapim*), soutenir (*sustinere*).

Administrer, du L. *administrare* (diriger). — D. *administrateur*, *-ation*, *-atif*.

Admirer, du L. *admirari* (m. s.). — D. *admirable-ateur -atif-ation*.

Admonestation, du bas latin *admonestatio* (avertissement), substantif du verbe *admonestare*, formé de *admonestum* corruption du participe régulier *admonitum* de *admonere*.

Adolescent, du L. *adolescens* (qui grandit). — D. *adolescence*.

Adonner, voy. *donner*

Adopter, du L. *adoptare* (choisir). — D. *adoption*, *adoptif*.

Adorer, du L. *adorare* (prier). —. D. *adoration*, *adorateur*, *-able*.

Adosser, voy. *dos*

Adoucir, voy. *doux*.

2

Adragant, corruption du grec τραγαχανθα (tragacanthe).

Adresse, substantif verbal de *adresser* (voy. *abot*).

Adresser, voy. *dresser*.

Adroit, voy. *droit*.

Aduler, du L *adulari* (flatter). — D. *adulation. adulateur.*

Adulte, du L. *adultus* (qui a grandi).

Adultère, du L *adulter* (même sens). — D. *adultérin*.

Advenir, du L. *advenire* (arriver).

Adventice, du L. *adventitius* (étranger),

Adverbe, du L. *adverbium.*

Adverse, du L. *adversus* (opposé). — D. *adversaire, adversité.*

Aerer, du L. *aerare* (même sens), composer de *aer* (air), qui a forme les composes savants *aerien, aériforme,* etc

Aerolithe, du grec ἀήρ (air) et λίθος (pierre)

Aeronaute, du grec ἀήρ (air), ναύτης (navigateur).

Aerostat, du grec ἀήρ (air), et στατος (qui se soutient).

Affabilité, du latin *affabilitatem.*

Affable, du latin *affabilis* (dont l'abord est facile). — On remarquera que le suffixe latin *abilis*, qui est accentué sur l'antepenultieme, s'est contracté en *able* Cette contraction est parfaitement regulière, et conforme a la loi de l'accent latin, qui veut que tous les mots de cette classe, perdent leur penultieme brève en passant au français (voir au mot *able*), témoin : agreable (agreabilis), amiable (amicabilis), capable (capabilis), coupable (culpabilis), etc. (Je ne parle point ici des mots savants qui disent *abile*, non *able*, comme *habile* de *habilis*; j'ai indiqué dans l'*Introduction* de ce livre, les motifs de cette exclusion.) Le français emploie le suffixe *able* à former de nombreux adjectifs tirés surtout des verbes, *attaquer, durer, manger,* etc., il forme *attaquable, durable, mangeable,* etc Il n'a fait, en cela, que continuer en la developpant une tendance très-prononcée dans les derniers siècles de l'Empire, tendance qui poussait les Romains à tirer des verbes tels qu'*affirmare, ventilare,* etc., les adjectifs *affirmabilis, ventilabilis*, que l'on trouve dans le grammairien Virgilius.

Affadir, voy. *fade*. — D. *affadissement.*

Affaiblir, voy. *faible*. — D. *affaiblissement.*

Affaire, ce mot que notre ancienne langue écrivait pluscorrectement *afaire*, est un substantif composé de *à* et de *faire*. — D. *affairé*

Affaisser, voy. *faix*. — D *affaissement.*

Affamer, voy. *faim.*

Affecter, du L. *affectare*. — D. *affectation.*

Affection, du L *affection* (tendresse). — D. *affectueux,* du L. *affectuosus.*

Afferent, du L *afferentem* (qui contribue).

Affermer, voy. *ferme.*

Affermir, voy. *ferme* — D. *affermissement.*

Affété, Afféterie, dérivés de l'ancien verbe *afféter*, qui vient du L *affectare*. — Le *ct* latin (af*ct*are) s'est ici reduit à *t* (afféter), comme dans *jeter* (ja*ct*are), *roter* (ru*ct*are), *fretiller* (fra*ct*illare *), *étique* (he*ct*iquus), ou comme à la fin des mots dans *effet* (effe*ct*us), *edit* (edi*ct*um), *gueret* (verva*ct*um), *lutrin* (le*ct*rinum), *maudit* (male*dict*um), *flot* (flu*ct*us), *préfet* (perfe*ct*um), *projet* (proje*ct*um), trajet (trajectum), bénit (benedictum), conflit (conflictus), contrat (contractum), délit (delictum), élite (electa), reflet (reflectum), rot (ructus), — défunt (defunctum). — Dans un certain nombre de mots, tels que oint (unctum), point (punctum), joint (junctum), saint (sanctum), plainte (plancta*), peint (pinctum*), enceinte (incincta), cintrer (cincturare), teinture (tinctura), le *ct* latin a disparu, mais en réagissant sur la voyelle précédente par l'adjonction d'un *i*. — Le changement de *ct* en *t*, remonte au latin vulgaire, qui disait *maleditus* pour *maledictus*; mais il n'était point inconnu au latin classique qui disait *sitis*, *artus*, *fultus*, au lieu de *sictis*, *arctus*, *fulctus*

Affiche, substantif verbal de *afficher* (voy. *aboi*).

Afficher, voy. *ficher*.

† **Affidé**, venu au seizième siècle de l'italien *affidato*.

Affiler, voy. *fil*.

Affilier, du L. *adfiliare* (prendre pour fils). Le mot doit remonter assez haut dans la latinité, puisqu'on lit dans Gaius: « De *adoptivis hoc est Adfiliatis.* » — Être affilié à une corporation, est proprement être reçu comme un des membres, des fils de cette corporation — D. *affiliation*.

Affiner, voy. *fin*. — D. *raffiner, eur, -erie*.

Affinité, du L. *affinitas* (ressemblance).

Affirmer, du L. *affirmare* (certifier). — D *affirmation, -atif*.

Affleurer, voy. *fleur*

Affliger, du L. *affligere* (tourmenter) — D *affliction*.

Affluer, du L. *affluere* (couler vers). — D. *affluent, -ence*.

Affoler, voy. *fou*. — D. *raffoler*.

Affouage, droit de couper du bois dans une forêt : le latin *focus* (voy *feu*) donna le verbe *focare** (allumer du feu), d'où le composé *affocare*, qui donna par le suffixe *aticum* un dérivé *affocaticum* (droit de chauffage). Pour passer du latin au français, *affocaticum* a subi trois changements.

1° Le suffixe *aticum* (*affocaticum*) est devenu *age* (a*ffouage*), voir l'exposé de cette règle au mot *âge*;

2° Le *c* médial de *affo(c)aticum* a disparu dans *affou-age*, comme dans allouer (allocare), aimable (amicabilis), assurer (assecurare), avoué (advocatus), charrier (carricare), communier (communicare), delie (delicatus), doyen (decanus), doyenné (decanatus), dédier (dedicare), employer (implicare), enrouer (inraucare*), essuyer (exsucare), festoyer (festicare*), fouace (focacia*), fouage (focaticum*), foyer (focarium), frayer (fricare), gourde (cucurbita), jouer (focare), louer (locare), lice (lycisca), loyer (locarium), manier (manicare*), mendier (mendicare), néant (necentem), noyau (nucale), noyer (nucarius), noyer (necare), octroyer (auctoricare*), oui (hoc-illud), payer (pacare), plier (plicare), prier (precare), prière (precaria), prône (præconium), publier (publicare), scier (secare), sûr (securus), sûreté (securitatem), voyelle (vocalis), — pour ne citer ici que les mots dans lesquels le *c* médial précède la voyelle accentuée.

3° *O* latin devient *ou* : *affocaticum* donne *affouage*. *O* latin devient *ou* en français quand il est accentué, — qu'il soit bref, comme dans roue (rota), dépouille (despolio), — qu'il soit long par nature, comme dans: farouche (ferocem), nous (nos), oui (hoc-illud), pour (pro), proue (prora), tout (totus), vous (vos), velours (villosus*), ventouse (ventosa), couds (cōsuo pour consuo), epoux (spōsus pour sponsus), — qu'il soit long par position, comme dans : couple (copula), cour (cohortem*), douze (duodecim), moule (modulus), poulpe (polypus), couvre (robur), tour (tornus). — *O* latin inaccentué ou *atone*, devient *ou* en français quand il est bref, dans : boutique (apotheca), bouvier (bovarius*), bouvreuil (bovariolus*), courage (coraticum*), couronne (corona), couleur (colorem), couleuvre(colubra), douleur (dolorem), foyer (focarium), houlette (agoletta*), jouer (jocare), joubarbe (Jovis barba), louer (locare), moulin (molinus), mourir (morire*), mouvoir (movere), nouveau (novellus), nouveauté (novellitatem), ouaille (ovicla*), pouvoir (potere*), prouver (probare), rouelle (rotella), souloir (solere), soulier (solarium*), vouloir (volere*), — quand il est lo g par nature dans avouer (advotare), assouvir (assopire), couler (colare), cousin (cosinus*), couvent (coventus pour conventus), couvercle (cooperculum), couvrir (cooperire), dévouer (devotare), douaire (dotarium), douer (dotare), écrouelle (scrofellae*), glousser (glocire), labourer (laborare), nouer (nodare), noueux (nodosus), souris (soricem), vouer (votare), — quand il est long par position, dans : courroie (corrigia), coûter (costare pour constare), moutier (mosterium pour monasterium, monasterium), coutume (costuma*), crouler (corotulare*), fourmi (formica), fournaise (fornacem), oubli (oblivium), oublie (oblata), oublieux (obliviosus), oublier (oblitare), ourlet (orula*), ourdir (ordire*), ouvrer (operare), ouvrier (operarius), pourceau (porcellus), rouler (rotulare), tourment (tormentum), tourner (tornare).

Affranchir, -issement, voyez *franc*.

Affreux, adjectif tiré du substantif *affre* (effroi. peur), encore employé au dix-septième siècle par Bossuet, au dix-huitième par Saint Simon, dans la locution *les affres de la mort*. — *Affreux* vient de *affre*, comme *dartreux* de *dartre*.

Affre, que l'ancien français écrivait *afre*, vient du vieil haut allemand *eivver* contracte en *eiv'r*, qui a donné *afre*, comme *liber* a donné *livre*, ou *glaber glabre*.

Affréter, voy. *fréter*.

Affriander, voyez *friand*.

† **Affront**, venu au seizième siècle de l'italien *affronto* (injure)

Affubler, du bas latin *affiblare*, contraction de *affibulare* (habiller), composé du verbe classique *fibulare* (agrafer). Ce mot est un exemple curieux des écarts de sens que nous avons signalés dans l'*Introduction*. Le sens de *fibulare* (agrafer) s'étendit à celui d'*habiller* dans *affibulare*, — et dans le français *affubler*, qui n'avait à l'origine que le sens d'*habiller*, et ne prit le sens d'*habiller ridiculement* qu'au seizième siècle

Sur la chute de l'*u* bref atone qui précéde immédiatement la voyelle tonique dans *affubler* = affib(u)lare, voir au mot *accointer*. Quant au changement de *i* latin en *u* : affiblare = affubler, il se retrouve dans buvait (bibebat), fumier (fimarium), chasuble (casibula), jujube (zizyphum), purée (piperata).

Affût, affuter, voy. *fût*.

Afin, voy *fin*.

† **Aga**, mot turc (chef militaire).

Agasse, pie, du vieil haut allemand *agaistra*, pie.

Agacer, italien *agazzare*, du

vieil haut allemand *hazjan* (harceler), qui donne régulièrement *hacer*. Ce verbe, composé avec *à*, devient *ahacer*, que l'aspiration a transformé en *agacer*.

Agape, du grec ἀγάπη (amour).

Agaric, du L. *agaricum* (même sens).

Agate, du L. *achates* (m. s.). — Sur le changement de *ch* en *g*, voir *adjuger*.

Age, l'accent circonflexe de l'*a* montre qu'une lettre a été supprimée : le mot est en effet *eage* au seizième siècle, *eage* au douzième, *edage* au onzième dans la Chanson de Roland, et vient du latin vulgaire *aetaticum**, forme dérivée de *aetatem* (âge). — Sur la chute du *t* médial latin (*ae*[*t*]*aticum* = *edage*, puis *eage*, *aage*, *âge*) voir au mot *abbaye*. — Quant au changement du suffixe latin *aticum* en *age* (aetaticum = edage), il nécessite quelques observations.

Ce suffixe que la langue latine classique employait assez fréquemment *silvaticus* (Varron), *aquaticum* (Pline), *lanaticus* (Juvenal), *umbraticus* (Ciceron), *volaticus* (id.) *viaticum* (Plaute). *apostaticus* (Tertullien), devint d'un usage commun dans le latin populaire, vers les derniers temps de l'Empire, et les premiers siècles des Mérovingiens : le code Théodosien dit *agraticum* pour *ograrium ;* augu*staticum* de *Augustus;* les chartes latines du sixième et du septième siècle sont pleines de formes telles que *rivaticum*, *portaticum*, *retaticum*, *daemonaticum*, *aviaticum*, etc.; on trouve même *alleluiaticum* de *alleluia*, dans un texte du sixième siècle. De ces nombreux dérivés en *aticum*, sont venus les correspondants français en *age*.

On voit comment s'est opérée cette permutation, et comment *volaticus*, par exemple, qu'emploie Ciceron (au sens de *leger* et d'*inconstant*), est devenu *volage* huit siècles plus tard; *volaticus* étant accentué sur l'antépénultième, l'*i* bref penultième a disparu conformément à la règle donnée au mot *âme*. *volat'cus* s'est alors transformé en *volatge* (par le changement de *c* en *g*, étudié au mot *adjuger*), puis en *volage*.

Ce changement successif du suffixe *aticum*, en *at'cum*, *atge*, *age*, se retrouve dans : arrivage (arrivaticum*) affouage (affocaticum) avantage (abantaticum*), aunage (ulnaticum*), breuvage (biberaticum*) carnage (carnaticum*), courage (coraticum*), dommage (damnaticum*), étage (staticum*), fermage (firmaticum*), fouage (focaticum*), fromage (formaticum*), herbage (herbaticum*), hommage (hominaticum*), lignage (lineaticum*), louage, (locaticum*), marecage (marescaticum*), mariage (maritaticum*), ménage (mansionaticum), message (missaticum*), ombrage (umbraticum*, orage (auraticum), otage (obstaticum pour obsidiaticum), outrage (ultraticum*), parage (paraticum), partage (partaticum*), péage (pedaticum*), ramage (ramaticum*), rivage (ripaticum*), sauvage (salvaticum*), servage (servaticum*), village (villaticum*), visage (visaticum*), volage (volaticum), voyage (viaticum) — Sur ce modèle, le français a créé de nombreux dérivés en *age* (mouillage de *mouiller*, savonnage de *savonner*, cousinage de *cousin*, concubinage de *concubine*, etc.).

Le provençal qui transforme *aticum* en *atge* (comme le plus ancien français) et qui dit *carnatge*, *messatge*, *ramatge*, pour *carnage*, *message, ramage*, assure et confirme cette règle de permutation.

Vers la fin du xi⁰ siècle, quand on eut perdu le sentiment de l'accentuation latine, et que la langue française fut formée, les formes latines en *aticum* disparurent des documents latins, et nous ne trouvons plus que des formes en *agium*, calque de la terminaison française.

Ainsi, tandis que nous trouvons jusqu'au xi⁰ siècle les formes de basse latinité · arriv*aticum* (arrivage), homin*aticum* (hommage), miss*aticum* (message), form*aticum* (fromage), — le latin du xiii⁰ siècle les ignore, et dit *arrivagium*, *hommagium*, *messagium*, *fromagium*, etc., qui ne sont autres que les mots français affublés par les clercs d'une terminaison latine, alors que personne ne connaissait plus l'origine de ces mots, ni le suffixe formateur. — Cette distinction entre le bas-latin qui a donné naissance au français, et le bas-latin refait sur le français, est capitale pour l'étude historique de notre langue, et le lecteur doit l'avoir toujours présente, en lisant ce livre.

Agencer, du bas-latin *agentiare** (rendre agréable), verbe dérivé de *gentius** (voy. au mot *gent*).

Pour que dans ce mot *tia* pût devenir *ce* (agentiare = agencer), la forme latine a subi deux changements successifs

1° Il est inutile de rappeler ici que le *c* se prononçait toujours *k* chez les Latins, devant toutes les voyelles (*fecerunt, vicem, civitate* sonnaient *fekerunt, vikem, kiritate*), sauf devant un *i* suivi d'une voyelle (*c-ia, c-ie, c-io, c-iu*), auquel cas le *c* était prononcé *tz* (comme le prouvent les Formules Mérovingiennes où l'on trouve *unzias* pour *uncias*).

Quant aux groupes *t-ia, t-ie, t-io, t-iu*, ils étaient prononcés, non comme *ti* dans *amitié*, mais comme *ti* dans *precaution* : témoin les Chartes franques qui changent *ti* en *ci, si, ssi,* disant *eciam, solacio, precium, perdicio, racionem,* — *concrecasione, nepsia,* — *altercassione,* pour *etiam, solatio, pretium, perditio, rationem,* — *congregatione, nepta,* — *altercatione,* et montrent que dans la prononciation *tia* et *cia* n'étaient qu'un seul et même son. règle qui est pleinement confirmée par ce fait que les Romains, même au siècle d'Auguste, écrivaient indifféremment *Mucius* ou *Mutius, convicium* ou *convitium,* etc.

2° Lorsque le *c* est suivi de l'un des groupes *ia, ie, io, iu,* et forme avec eux les combinaisons *cia, cie, cio, ciu — ci* se change ordinairement en *s* doux, *ss, ç,* et l'*i* latin disparaît témoin maçon (*macioni*), provençal (*provinciali*), soupçon (*suspicionem*), cresson (*crescionem**), etc. — Dès lors, *ti* qui (suivi d'*a, o, u*) est identique avec *ci*, comme on l'a vu ci-dessus, doit comme lui perdre l'*i* et se changer en *ç, s* dur, *ss; denuntiare* devient *dénoncer, cantionem* devient *chanson, scutionem** devient *écusson*. Il en est de même de *tea* qui s'est changé postérieurement en *tia* (*ea co, eu,* devenant *ia, io, iu,* comme nous l'avons démontré au mot *abréger,* et comme le prouvent les formes *Dius* (pour *Deus*), *mius* (pour *meus*), que donnent les plus anciennes inscriptions latines) *Platea, matea, linteolus,* ainsi ramenés à *platia, matia, lintiolus,* donnent conformément à la règle, *place, masse, linceul.*

Voici la liste complète de ces changements de *tia, tio, tiu* en *ç, ss, s* dur.

I. *C doux* dans : ancien (an*tia*nus), — astuce (astu*tia*), confiance (confiden*tia*), chance (caden*tia*), déchéance (decaden*tia*), enfance, (infan*tia*), espace (spa*tium*), espérance (speran*tia*), force (for*tia**), grâce (gra*tia*), jouvence (juven*tia*), linceul (lin*teo*lus, bas latin *linciolus*), malice (mali*tia*), menace (mina*tiae*), nonce (nun*tius*), nièce (nep*tia**) pièce (pe*tium**), preseance (presiden*tia*), place (pla*tia*, pour *platea*), police (poli*tia* pour *politeia*), seance (seden*tia*), semence (semen*tia*), service (servi*tium*), — façon (fac*tionem*), leçon (lec*tionem*), poinçon (punc*tionem*), rançon (redemp*tionem*), suçon (suc*tionem**), — agencer (agen*tiare*), annoncer (annun*tiare*), avancer (aban*tiare*), courroucer (corrup*tiare**) commencer (cumini*tiare*), dénoncer (denun*tiare*), énoncer (enun*tiare*), exaucer (exal*tiare*), fiancer (fiden*tiare*), forcer (for*tiare**), gercer (carp*tiare*), menacer (mina*tiare*), prononcer (pronun*tiare*), renoncer (renun*tiare*), sucer (suc*tiare*), tancer (ten*tiare*), tiercer (ter*tiare*), tracer (trac*tiare*).

II. *ss* dans : chasser (cap*tiare*), détrousser (distor*tiare*), détresse (distric*tiare**), dresser (dric*tiare*), hausser (al*tiare*), plisser (plic*tiare*), trousser (tor*tiare*), trémousser (transmo*tiare*), vousser (vol*tiare**), — boisson (bibi*tionem*), cuisson (coc*tionem*), ecusson (scu*tionem*), frisson (fric*tionem*), nourrisson (nutri*tionem*), — masse (ma*tia* pour *matea**), — forteresse (forta*litia*), justesse (jus*titia*), largesse (largi*tia*), liesse (laeti*tia*), mollesse (molli*tia*), noblesse (nobili*tia*) paresse (pigri*tia*), tristesse (tristi*tia*).

III. *s* dur dans : chanson (c...*tionem*). — Le changement de *ti* en *s* doux est rare . aiguiser (acu*tiare*), amenuiser (ad- minu*tiare*), priser (pre*tiare*), puiser (pu*tiare* pour *puteare*), refuser (refu*tiare*), — cargaison (carrica*tionem*), exhalaison (exhala*tionem*), foison (fusi*onem*), inclinaison (inclina*tionem*), liaison (liga*tionem*), livraison (libera*tionem*), oraison (ora*tionem*), poison (po*tionem*), raison (ra*tionem*), saison (sa*tionem*), tison (ti*tionem*), trahison (tradi*tionem*), venaison (vera*tionem*), — glaise (gli*tia* pour *glutea*), arbouse (arbu*tia* pour *arbutea*), oiseux (otiosus).

Agenouiller, verbe dérivé du substantif *genouil,* forme de l'ancien français pour *genou* (voy. ce mot), comme *verrouiller* est venu de l'ancienne forme *verrouil* pour *verrou.*

Agglomerer, du L *ugglomerare* (amasser). — D *agglomeration.*

Agglutiner, du L. *agglutinare* (coller). — D. *agglutination.*

Aggraver, ation, voy. *grave.*

Agile, du L. *agilis* (qui se ment facilement).— D. *agilité.*

† **Aglo,** venu vers la fin du XVIIe siecle, de l'italien *aggio* (droit de change). — D. *agioter, -age, -eur.*

Agir, du L. *agere* (faire). — D. *agent* de *agentem* (celui qui fait) sans parler d'*agenda* (choses à faire, mot latin transporté sans changement en français — Sur le changement de *e* latin en *i* (agere = agir), voir au mot *accomplir.*

Agiter, du L. *agitare* (remuer fortement). —D. *agitation,-ateur.*

Agnat, du L. *agnatus* (collatéral par les mâles).

Agneau, du vieux français *agnel,* qui vient de L. *agnellus* (petit agneau). — L précédé d'une voyelle (*al. el, il, ol, ul*), persista en français, dans les premiers temps de la langue (mollis = mol, malva = malve, porcellus = pourcel), puis s'adoucit en u (mou, mauve, pourceau), vers le milieu du douzième siècle.

1° *Al* latin devint *au, eau*; *aube* (*alba*), *aubépine* (*albaspina*); *aubain* (*albanus*); *aubour* (*alburnum*), *aucun* (*aliquis unus*), *auge* (*alvea*), *aune* (*alnus*), *aussi* (*aliud-sic*), *autant* (*aliud tantum*), *autel* (*altare*), *autre* (*alter*), *baudrier* (*balterarius**), *baume* (*balsamum*), *chaud* (*caldus**), *chéneau* (*canalis*), *caucher* (*calcare*), *chaudière* (*caldaria**), *chauffer* (*calfare**), *chaux* (*calcem*), *chaume* (*cal'mus*), *chausse* (*calcea**), *chauve* (*calvus*), *chaussée* (*calciata*), *communauté* (*communal'tatem*), *échafaud* (*catafalcus**). *exaucer* (*exaltiare**), *épaule* (du v. fr. *espalle*), *faux* (*falsus*), *faux* (*falcem*), *faucher* (*falcare*), *faucon* (*falconem*), *fausser* (*falsare*), *fausseté* (*falsitatem*), *gaule* (*vallus*), *Gaule* (*Gallia*), *guimauve* (*vimalva**), *hausser* (*altiare**), *haut* (*altus*), *jauger* (*qual'ficare*), *jaune* (*galbinus*), *loyauté* (*legal'tatem*), *matériaux* (*materialia*), *maudit* (*maldictus**), *mauve* (*malva*), *papauté* (*papal'tatem*), *paume* (*palma*), *paupière* (*palpebra*), *primauté* (*primal'tatem*), *principauté* (*principal'tatem*), *psaume* (*psalmus*), *psautier* (*psalterium*) *royaume* (*regal'men*), *royauté* (*regal'ftatem*), *sauf* (*salvus*), *sauter* (*saltare*), *saut* (*saltus*), *saucisse* (*salsitia**), *sauge* (*salvia*), *sauce* (*salsa*), *saussaie* (*sal'cetum*), *saumâtre* (*salmaster*), *saumon* (*salmonem*), *saumure* (*salmuria*), *saunier* (*saln'arius*), *sauve* (*salvaticus**), *sauver* (*salvare*), *taupe* (*talpa*), *privauté* (*privaltatem*).

2° *El* latin devient *au, eau* dans *aumône* (*el'mosyna**), *beau* (*bellum*), *château* (*castellum*), *cruauté* (*crudel'tatem*), *nouveauté* (*novel'tatem*), *peau* (*pellem*), — *ieu* dans *mieux* (*melius*), sans parler des suffixes diminutifs en *ellus* qui ont donné *el* en français, puis se sont pour la plupart adoucis en *eau, au*: *agneau* (*agnellus*), *anneau* (*annellus*), *arbrisseau* (*arboricellus*), *boyau* (*botellus*), *chapeau* (*capellus*), *cerceau* (*circellus*), *cerneau* (*circinellus*), *cerveau* (*cerebellum*), *chalumeau* (*calamellus*), *chapiteau* (*capitellum*), *claveau* (*clavellus*), *corbeau* (*corvellus*), *couteau* (*cultellus*), *damoiseau* (*dominicellus*), *escabeau* (*scabellum*), *étourneau* (*sturnellum*), *fourneau* (*furnellus*), *fabliau* (*fabulellum*), *faisceau* (*fascellum*), *fléau* (*flagellum*), *fuseau* (*fusellum*), *jumeau* (*gemellus*), *joyau* (*gaudiellum*), *jouvenceau* (*juvenicellus **), *linteau* (*limitellum*), *manteau* (*mantellum*), *marteau* (*martellum*), *monceau* (*monticellum*), *morceau* (*mor-ellum*), *nouveau* (*novellus*), *niveau* (*libella*), *nouveauté* (*novell'tatem*), *oiseau* (*aucellum*), *passereau* (*passerellus*), *pinceau* (*pennicillum*), *porreau* (*porrellum*), *pommeau* (*pomellum*), *ponceau* (*punicellum*), *pourceau* (*porcellum*), *poteau* (*postellum*), *préau* (*pratellum*), *pruneau* (*prunellum*), *rainceau* (*ramicellum*), *rameau* (*ramellum*), *râteau* (*rastellum*), *réseau* (*reticellum*), *ruisseau* (*rivicellum*), *seau* (*sitellus*), *tableau* (*tabulellus*), *taureau* (*torellus*), *tombeau* (*tumbellus*), *tréteau* (*transtellum*) *vaisseau* (*vascellum*), *veau* (*vitellum*), *vermisseau* (*vermicellum*).

3° *Il* latin devint *eu* dans: *cheveu* (*capillus*), *épieu* (*spiculus*), *eux* (*illos*), *yeux* (ancien français *iels*), *epieu* (ancien franç. *épieil*), *vieux* (*vieil*), *yeuse* (*ilicem*), — *eau* dans pinceau (pennicillum), sceau (vieux franç. scel de sigillum), — o, ou dans basoche (basil'ca), fougère (fil'caria qui était plus correctement feugère dans notre ancienne langue).

4° Ol latin devint ou dans : chou (colis), cou (collum), coup (colpum), coucher (coll'care), gouffre (golfus*), fou (follis*), mou (mollis), moudre (mol're), mouture (mol'tura), pouce (pollicem), soudoyer (soldicue*), sou sol'dum), souci (solsequium), soucier (sollicitare), soude (sol'da), voûte (vol'ta), souder (sol'dare), soudre (solvere, et tous ses composés : absoudre= absolvere, dissoudre = dissolvere, resoudre = resolvere, etc...). Ol latin est : eu dans meunier (mol'naius), meulière (molaria), moyeu (modiolus), — au dans vautrer (voltulaie *).

5° Ul latin devint ou dans bouger (bulicare *), bouillir (bulhre), boule (bulla), bouge (bulga), coucou (cuculus), coupable (culpabilis), coussin (culcitinus *), couette (culcita), cousin (cul'cinus), couteau (cultellum), coutre (culter), courtepointe (culcita-puncta), doux (dulcis), douceur (dulcorem), écouter (auscultare), foudre (fulgur), goupillon (vulpeculus *), mouton (multus *), poudre (pulverem), poussin (pullicenus) poumon (pulmonem), poutre (pulletra *), pousser (pulsare), poussif (pulsativus *), outre (ultra), soufre (sulphur). — Ol latin est au dans vautour (vulturius), — o, dans remorque (ancien français remolque, de remulcum).

Agonie, lutte contre la mort, du grec ἀγωνία (combat). — D. agoniser.

Agrafe, ancien français agrape, bas latin agrappa, composé de ad, et du bas latin grappa (crochet) qu'on trouve dans les textes du VII° siècle ; grappa vient à son tour du vieil haut allemand Krapfo (crochet). — D agrafer.

Agraire, du L. agrarius (qui concerne les champs).

Agrandir, -issement, voy. grand.

Agréable, adjectif dérivé d'agréer, comme gueable de guéer. — D désagreable.

Agréer, littéralement prendre à gre (voy. gré). — D. agrément, désagrement.

Agreger, du L. aggregare (admettre au nombre de, associer). — D. agregé, -ation.

Agrément, voy. agreer.

Agrès, voy. gréer.

Agresseur, du L. aggressor (qui attaque). — D. agression, -if.

Agreste, du L. agrestis (même sens).

Agricole, du L. agricola (qui culuve la terre), le substantif latin est devenu adjectif en français

Agriculteur, du L. agricultor (qui cultive les champs). — D. agriculture.

Agronome, du grec ἀγρονόμος (de ἀγρός champ, et νόμος loi qui etudie les lois de l'agriculture.

Aguerrir, voy. guerre.

Aguets, mot qui n'est plus usité qu'au pluriel, dans le français moderne (être aux aguets, être en embuscade), mais que le vieuxfrançais possédait au singulier. Malherbe l'a encore employé : « Quand l'aguet d'un pirate arrêta leur voyage. » — Aguet est le substantif verbal de l'ancien verbe aguetter, composé de guetter (voyez ce mot).

Aheurter, voy. heurtr.

Ahurir. Le mot hure, qui signifiait à l'origine chevelure hérissée a donné ahuri, hérissé (la gent barbue et ahurie, disait-on au XIII° siècle) Ahuri a pris plus tard le sens figuré de *hérissé d'effroi*, puis *terrifié*, enfin le sens moderne qui n'est plus qu'une diminution de l'ancien.

Aider, du L. *adjutare* (aider, dans Varron et dans Térence), plus tard *ajutare*, qu'il faut écrire *aiutare*, puisque les Latins prononçaient *i* le *j* placé entre deux voyelles (C'est pour cette raison, que *raja*, *boja*, *major*, *bajulare* ont donné au français *raie*, *bouée* [vieux franç. *boue*], *maire*, *bailler*, — ces mots latins étant prononcés *raïa*, *boïa*, *maior*, *baiulare*). Pour aller de *aiutare* à *aider*, nous trouvons deux changements philologiques, l'un est la chute de l'*u*, *aiutare* devient *aitare*, l'autre le changement de *t* en *d* : *aitare* = *aidar*, puis *aider*.

1° Chute de l'*u*. On a vu au mot *accointer* que toute voyelle qui précède immédiatement la voyelle tonique (comme *i* dans *sanɪtátem*, *e* dans *cæmɛtérium*), disparaît en français si elle est brève (san-i-tátem = santé), et persiste si elle est longue (caem-e-térium = cim-e-tière).

Cette persistance de la voyelle atone longue ne souffre qu'un très-petit nombre d'exceptions · la voyelle atone qui précède immédiatement la tonique, disparaît quand elle est longue dans : courtier (carātárius), merveille (mirābília), moutier (monāstérium), serment (sacrāméntum), — blâmer (blasphemáre), dîner (decǣnáre), derrain* (derētránus, d'où *derrainier*, *dernier*), aumône (eleēmósyna), vergogne (verēcúndia), — endroit (indiréctus), métier (minīstérium), saunier (salīnarius), soupçon (suspɪciónem), — cousin (consōbrinus), larcin (latrōcínium), — aider aɪutáre), coutume (consūetúdinem), matin (matutínum), manger (mandūcáre), médire (mɪnusdícere et tous les préfixes en *me, més*...), saigner (sangu̅ɪnáre), sanglant (sangu̅ɪlentus), vousser (volutíare). Cette vingtaine d'exceptions à la règle de persistance de l'atone longue s'explique par ces deux faits · — d'une part que dans beaucoup de ces mots la contraction est de date récente, et que la voyelle atone longue existait encore dans notre ancienne langue : *courtier*, *serment*, *soupçon*, *larcin* étaient plus régulièrement en vieux-français *couretier*, *serement*, *soupeçon*, *larecin*; — d'autre part que dans le latin vulgaire, plusieurs de ces mots avaient déjà perdu l'atone longue, et le français ne pouvait que reproduire cette irrégularité, c'est ainsi qu'on trouve avant le vii° siècle, *cosinus* (cousin) pour *consobrinus*, — *costuma* (coutume) pour *consuetudinem*, — *matinum* (matin) pour *matutinum*, — *disnare* (dîner) pour *decænare*, — *elmosna* (aumône) pour *eleemosyna*, — *vercundia* (vergogne) pour *verecundia*.

2° l'adoucissement du *t* en *d* : *aiutare* devenu *aitare*, change son *t* en *d*, *aidare*, comme dans les mots : donc (tunc), — endive (entybus), coude (cubɪtus), radeau (rastellum), madrier (materɪarius*), baudrier (balterarius*), — lézard (lacertus), marchand (mercatantem), plaid (placɪtum). — Cet adoucissement avait déjà lieu dans le latin populaire, où il est très-fréquent, surtout quand le *t* est placé entre deux voyelles : on trouve *iradam* pour *iratam* dans une inscription de l'an 142, — *limides*, *sidus*, *terridoriam*, *mercadum*, *strada*, pour *limites*, *litus*, *territorium*, *mercatum*, *strata*, dans les documents du v° siècle, et dans la Loi Salique. D'ailleurs, le latin

classique dit *quadraginta, quadratus*, qui viennent de *quatuor*, et qui auraient été régulièrement *quatraginta, quatratus*. Voir pour l'histoire complète du *t* latin le présent dictionnaire au mot *aigu*.
— D. *aide*, substantif verbal de *aider*.

Aïeul, du L. *aviolus* (même sens). — A côté de la forme classique *avus*(aieul), il existait en latin une forme populaire *avius* qu'on trouve avec le sens d'*aïeul* dans certains textes du V⁵ siècle. (Les doubles formations telles qu'*avius* à côté d'*avus* sont fréquentes dans la langue latine qui dit *luscinius* à côté de *luscinus*, etc....) — A l'aide de cette forme *avius*, les Romains créèrent le dérivé *aviolus*, par l'addition du suffixe diminutif *olus*, comme ils avaient déjà tiré *filiolus* de *filius*, *gladiolus* de *gladius*, *lusciniolus* de *luscinius*, etc... — *Aviolus*, qui signifie proprement *petit aïeul*, fut employé de bonne heure au sens du primitif *avius*, par suite de cette tendance qui poursait les Romains à donner aux diminutifs toute la force de sens du primitif (voir l'*Introduction*, p. xxxii).

Pour aller d'*aviolus* à *aïeul* (qui est dans notre ancienne langue *aiol*, et en provençal *aviol*, formes qui éclairent le passage du latin au français) on trouve deux changements philologiques :

1° La chute du *v* médial qui a disparu dans *aïeul* de *a(v)iolus*, comme il a disparu dans *paon* de *pa(v)onem, peur* de *pa(v)orem, viande* de *vi(v)enda, clouer* de *cla(v)are, oncle* de *a(v)unculus, ouaille* de *o(v)icla, pluie* de *plu(v)ia, geôle* de *ca(v)eola*, luette* de *u(v)etta*, oublieux* de *obli(v)iosus.* Cette chute du *v* place entre deux voyelles, n'est pas rare en latin : la langue classique disait *boum* pour *bo(v)um, audii* pour *audi(v)i, redii* pour *redi(v)i*, et cette tendance était plus développée encore dans le latin populaire, qui disait *rius* pour *ri(v)us, ais* pour *a(v)is;* on trouve *noember* pour *no(v)ember* dans les Inscriptions, et dès le VII° siècle, la forme *paonem* pour *pa(v)onem* dans les Gloses de Cassel.

2° *Aviolus*, ainsi réduit à *aiolus* par cette chute du *v*, a donné dans l'ancien français la forme *aiol*, qui est devenue *aïeul* par l'adoucissement de l'*o* en *eu* (adoucissement étudié au mot *accueillir*). — A propos de ce changement du suffixe *olus* en *eul* (aiolus = aieul), deux remarques sont nécessaires : les suffixes en *iolus* (et je comprends également sous cette dénomination les suffixes en *eolus*, puisqu'ils se sont transformés de bonne heure en *iolus*, comme le prouvent les Inscriptions, qui donnent *capriolus* pour *capreolus*, les Gloses de Cassel, qui ont *linciolo* pour *linteolo*, etc....), — les suffixes en *iŏlus* subirent vers le septième siècle une diphthongaison qui changea les deux brèves *iŏ* en une seule syllabe longue (*io*); dès lors accentués non plus *íolus*, mais *iólus*, ces suffixes devinrent en français *eul, euil, ol*, témoins : aïeul (aviolus), glaieul (gladiolus), filleul (filiolus), épagneul (hispaniolus*), tilleul (tiliolus*), linceul (linteolum*), ligneul (ligneolum*), — écureuil (sciuriolus), houvreuil (bovariolus*), reseuil (retiolum), chevreuil capreolus), — rossignol (lusciniolus*), vérole (variola*), rougeole (rubeola*).

Aigle, du L. *aquila* (même sens). Régulièrement contracté en *aq'la* (suivant la règle donnée à la page LXXX), le latin *aquila* a subi deux changements pour arriver au français : l'*a* accentué est devenu *ai* (aq'la = aigle), — le *q* est devenu *g* (aq'la = aigle) :

1° *A* latin accentué devient *ai* en français, — quand il est bref, dans : aime (amo), main (manus), faim (fames), mais (magis), — quand il est long par nature dans : aile (ala), clair (clarus), demain (de-manè), grain (granum), nain (nanum), pain (panem), aire (area), haim (hamus), laine (lana), laize (latia), pair (par), paix (pacem), daim (damus), maire (major), raim (ramus), raine (rana), sain (sanus), semaine (septimana), vain (vanus), vrai (veracem), — quand il est long par position dans : aigre (acrem), aigle (aq'la), chair (carnem). ais (axis), hain (halneum), faix (fascem), faîte (lastigium), ains (antè), glaive (gadius), étain (stannum). — *A* latin inaccentué, ou atone, devient *ai* en français, — quand il est bref dans : aigu (acutus), aiguille (acucla*), raisin (racemus), — quand il est long par nature dans : plaisir (placere), — quand il est long par position dans : faisceau (fascellum*), aisselle (axilla), laisser (laxare), rainceau (ramicellum*), vaisseau (vascellum).

2° *Q* devient *g* dans aq'la (aigle), comme dans aigue (aqua), égal (æqualis), — ou plutôt, *ql* latin est devenu *gl*, et a subi ainsi la même transformation que son analogue *cl*, qui a donné *gl* dans : église (ecclesia), aveugle (aboclus), beugler (buc'lare), jongleur (joc'latorem), seigle (secle). — C'est ainsi que beaucoup de personnes prononcent encore aujourd'hui *reine glaude* pour *reine claude*, etc.

Aiglon, diminutif de *aigle*, formé par l'addition du suffixe *on*, comme dans *ânon*, *chaton*, *ourson*, *raton*, — de *âne*, *chat*, *ours*, *rat*. — Ce suffixe *on* vient du suffixe latin *onem*, qui servait au même usage : de *sabulum* (sable), les Latins tiraient *sabulonem* (sablon), etc.

Aigre, du L. *acrem* (aigre). Sur le changement de *a* latin en *ai*, voir au mot *aigle*; sur l'adoucissement du *c* latin en *g*, voir au mot *adjuger*. — D. *aigreur*, *aigrelet*, *aigrir*, *aigrement*.

Aigrefin. Origine inconnue.

Aigrette, sorte de héron dont la tête est ornée d'un bouquet de plumes qui a pris le nom générique de l'oiseau. Le sens originaire de *aigrette* est donc *héron*, ce qui indique surabondamment d'autre part son étymologie.

Le vieil haut allemand *heigro* (héron) devint en français *aigre*, dont *aigrette* est le diminutif, et signifie proprement *petit héron*. (Sur les suffixes diminutifs en *ette*, voir au mot *ablette*.) — D'autre part, ce même mot allemand *heigro* donna à la basse latinité le dérivé *aigronem* qu'on trouve déjà écrit *aironem* dans un texte du dixième siècle, et qui devint en français *hairon*, et au quinzième siècle *heron*. — Quant à la réduction du *gr* en *r*, elle se retrouve dans *pèlerin* (peregrinus), *noire* (nigra), *entière* (integra), *flairer* (fragrare), *paresse* (pigritia), *cueillir* (collig're), *frire* (frig're), *fuir* (fug're), *lire* (leg're), *élire* (elig're).

Aigu, du L. *acutus* (pointu). Sur le changement de *a* latin en *ai*, voir au mot *aigle*; sur le changement de *c* latin en *g*, voir au mot *adjuger*. Quant à la réduction de la finale *utus* (acutus) en *u* (aigu), ou plus simplement, quant à la chute de la dentale latine *t*, elle n'a point eu lieu directement du latin en français, *t* est d'abord devenu *d* dans le latin mérovingien (comme nous l'avons démontré au mot *aider*), — et ce *d* a persisté dans les premiers monuments de notre langue jusqu'à la fin du xie siècle : *spatha*, *natum*, *honorata*, devenus *spada*, *nadum*, *honorada*, donnent à notre ancienne langue les formes *espede*, *ned*, *honorede*, qui dès les premières années du douzième siècle laissent tomber le *d*, et deviennent *espée*, *né*, *honorée*. — *Acutus* a dû passer par *aigud* pour arriver à *aigu*, comme *virtutem*, *cornutum*, *canutum* ont donné *vertud*, *cornud*, *chenud*, puis *vertu*, *cornu*, *chenu*. — Le seul mot dérivé d'*aigu*, est le verbe *aiguiser*, qui vient du L. *acutiare** (rendre aigu). On vient de voir comment *acutus* a donné *aigu*; quant au changement de la finale *tiare* en *ser* (ou de *ti* latin en *s* doux), nous l'avons étudié au mot *agencer*.

Aigue, eau, du L. *aqua* (même sens). — Sur le changement de *a* initial en *ai*, et sur celui du *q* latin en *g*, voir au mot *aigle*. — Le mot *aigue*, disparu de la langue moderne, a persisté dans quelques noms de lieux (*Aigues-Mortes*, *Chaudes-Aigues*), et dans un certain nombre de dérivés : *aiguière*, vase où l'on met de l'eau, — *aiguade*, provision d'eau douce pour les vaisseaux, — *aigue-marine* (littéralement *eau-marine*, *eau de mer*), pierre précieuse de couleur bleue, et semblable à l'eau de la mer.

Aigue-marine, voy. *aigue*.

Aiguière, voy. *aigue*.

Aiguille, du L. *acucla** (m. s.). Le latin *acicula* (diminutif de *acus*, aiguille), qui prit, comme la plupart des diminutifs, le sens du primitif (voir l'*Introduction* de ce livre, p. xxxii), avait une double forme *acucula*, que l'on trouve dans le Code Théodosien, et qui ne tarde point à se contracter en *acucla*, suivant une loi régulière que nous avons démontrée au mot *able*. — Pour le changement de *a* latin an *ai*, — de *c* latin en *g*, — et de *ucla* en *uille*, voir respectivement aux mots *aigle*, *adjuger*, *abeille*. — D. *aiguillée*, *aiguillette*, *aiguillon*.

Aiguillée, voy. *aiguille*.

Aiguillette, diminutif d'*aiguille*.

Aiguillon, voy. *aiguille*. — D. *aiguillonner*.

Aiguiser, voy. *aigu*.

Ail, du L. *allium* (ail), par le changement de *ll* en *l* mouillé, et l'attraction de l'*i* latin, comme dans *mouiller* (*molliare**), *chatouiller* (*catulliare**), *mail* (*malleus*), *maille* (*metallea**), *faillir* (*fallere*), *bouillir* (*bullire*), — *fille* (*filia*), *paille* (*palea*), *vaille* (*valeat*), *seuil* (*soleum*), *taille* (*talea*), *famille* (*familia*), *filleul* (*filiolus**), *tilleul* (*tiliolus**), *meilleur* (*meliorem*).

Aile, du L. *ala* (aile). Sur le changement de *a* latin en *ai*, voir au mot *aigle*. — D. *ailé*.

Aileron, formé de *aile*, comme *bûcheron* de *bûche*, — *chaperon* de *chape*, — *forgeron* de *forge*, — *moucheron* de *mouche*, — *mousseron* de *mousse*, — *puceron* de *puce*, etc.

Ailleurs, du L. *aliorsum* (vers un autre lieu). — Pour le changement de *li* latin en *ill*, — pour celui de *o* latin en *eu*, voir respectivement aux mots *ail* et *accueillir*. — D. *d'ailleurs*.

Aimable, du L. *amabilis* (digne d'amour). — Les suffixes *abilis* furent régulièrement contractés en *ablis* dans le latin vulgaire; *ablis* est accentué sur l'antépénultième, et l'on sait que toute voyelle pénultième brève dispara en français (voir l'*Introduction* de ce livre, p. LXXX).

ábilis, devenu *ablis*, donna au français les suffixes en *able*, qui sont fort nombreux dans notre langue.

Aimant, du L. *adamantem* (fer, — et dans quelques auteurs, fer aimanté). *Aimant*, qui est en vieux français *aimant*, en provençal *adiman*, a perdu le *d* medial latin *a(d)amantem* (sur cette disparition du *d*, voir au mot *accabler*); *adamantem*, ou mieux *a amantem*, est devenu *aimant* par le changement de *a* en *i*, qui se retrouve dans un petit nombre de mots : *cerise (cerasus), girofle (cariophyllum), aveline (avellana), gîte (jacitum), bondir (bombitare), retentir (retinitare).*

Ce changement remonte à la langue latine elle-même, qui disait indifféremment *avellina* ou *avellana*, et qui formait *in-sipidus* de *sapidus*, *in-imicus* de *amicus*, *in-statuo* de *statuo*, *dif-ficilis* de *facilis*, *ac-cipere* de *capere*, *e-ripio* de *rapio*, etc.

Aimer, du L. *amare* (m. s.). — Sur le changement de *a* latin en *ai*, voir au mot *aigle*.

Aine, corruption du vieux français *aigne*, qui vient lui-même du latin *inguinem* (aine). — *Inguinem* a doṅné *aigne*, comme *sanguino* a donné *saigne*. *Inguinem*, contracté en *ing'nem*, suivant la loi démontrée à la page LXXX de notre *Introduction*, est devenu *aigne*, par le changement de *i* en *ai* étudié au mot *abbesse*, et par la transposition de *ng* en *gn*, que l'on retrouve dans *joignant* (jungentem), *teignant* (tingentem), *saigne* (sanguino).

Aîné, plus anciennement *aisné*, avant le XIIIe siècle *ainsné*, composé de *ains* et de *né*. — Au lieu de *primogenitus*, le latin vulgaire disait volontiers *antè natus* (né avant). Au septième siècle, Isidore de Séville traduit *antenatus* par *privignus*, et *primogenitus* par *antè omnes natus* : il oppose *antenatus* à *postnatus*, l'un servant à désigner le fils cadet, l'autre, l'aîné.

Antè, ayant donné *ains* en français (par le changement de *a* en *ai* étudié au mot *aigle*), — et *natus* étant devenu *né* (voir ce mot), — *antè natus* devint en français *ains-né*, comme *post-natus* devint *puis-né* (d'où *puîné*). De même que le latin vulgaire, pour opposer l'aîné au cadet, disait *antè natus* et *post-natus*, l'ancien français opposait l'*ains-né* au *puis-né* ou *moins né* (minus-natus). La même distinction se retrouve dans les Coutumes de Beaumanoir, qui établit les droits de l'*ains-né* et les distingue judiciairement de ceux du *puis-né*.

La forme *ains-né* se transforme au XIVe siècle en *ais-ne*, par la reduction de *ns* en *s* Cette reduction s'opérait déjà en latin : tandis que les textes de la vieille langue latine disent *formonsus*, *quadr. gensimus*, *quotiens*, le latin classique réduit ces formes en *formosus*, *quadragesimus*, *quoties*; a leur tour, les formes classiques *censor*, *mensis*, *impensa*, *inscitia*, *mensa*, *Vienensis*, se réduisent à *cesor*, *mesis*, *impesa*, *iscitia*, *mesa*, *Viennesis*, dans le latin vulgaire, comme nous l'affirment Varron, Festus et Flavius Caper Le latin mérovingien continue cette tradition; on trouve dans les Chartes du VIIe siècle *masus* pour *mansus*, *remasisse* pour *remansisse*, etc. Voici la liste complète des cas ou s'opère cette réduction : *maison* (mansionem), *mesure* (mensura), *époux* (sponsus), *coûter* (constare), *île* (insula), *mé-*

tier (ministerium), mois (mensis), moutier (monasterium), poids (pensum), pris (prensus*), toise (tensa), toison (tonsionem), tres (trans), pays (pagensis), prison (prensionem*), coudre (consuere), masure (mansura), peser (pensare), mesurer (mensurare), tournois (turonensis), grégeois (græcensis*), poêle pensile*).

Mais le langage se modifie sans cesse sous l'action d'une même force toujours agissante; le latin et le français ne sont que les états successifs de la même langue, et cette réduction de *ns* en *s* a eu lieu non-seulement dans le passage du latin au français, mais encore dans celui du français ancien au français moderne : *ains-né* est devenu *ais-né* au quatorzième siècle, et *aisné* s'est transformé en *aîné* au dix-septième. — D. *aînesse*.

Ainsi. Ancien français *ensi*, plus anciennement *insi*, du latin *in-sic* (voy. *si*). Cf. *Grammaire historique de la langue française*, p. 217.

Air, du L. *aer* (même sens). — Que ce mot *air* soit venu à avoir le sens de naturel, ou disposition d'esprit, on le comprendra facilement en comparant au français le latin *spiritus*, qui veut dire à la fois *souffle*, *vent*, et *passion*, *humeur*. — Quant au sens d'*air* de musique, il nous est venu, au XVIIᵉ siècle, de l'italien *aria*, qui vient aussi du latin *aer*, et qui a pris le sens dans lequel la musique l'emploie aujourd'hui : *air* a reçu le sens du mot italien, mais en conservant sa forme française.

Airain, du L. *æramen* (bronze). — Le suffixe *amen* (*æramen*) est devenu *ain* (airain), comme dans les mots *levain* (*levamen*), *essaim* (*examen*), *étrain* (*stramen*), *merrain* (*materiamen**), *lien* (*ligamen*). De même que le suffixe *amen* est devenu *ain*, *aim*, *en* dans la langue française, les suffixes de même famille *imen*, *umen*, ont donné respectivement en français *in*, *ain*, — *on*, *un*. — Le suffixe *imen* est devenu *ain* dans *nourrain* (*nutrimen*), et *in* dans *train* (*trahimen**); le suffixe *umen* a donné *un* dans *alun* (*alumen**), et *on* dans *beton* (*bitumen*).

1. **Aire**, nid d'aigle, indirectement de l'allemand *aren* (faire son nid), lequel vient à son tour de *aar* (aigle).

2. **Aire**, du L. *area* (aire à battre le blé). *Area* est d'abord devenu *aria* par le changement régulier de *ea* en *ia* (voir aux mots *abréger* et *agencer*) ; *aria* a donné *aire* par la transposition de l'*i* étudiée au mot *dnier*.

Airelle. Origine inconnue.

Ais, du L. *assis* (ais, planche). — Les deux *ss* du latin se sont réduits à un seul en français, comme dans *pas* (*passus*), *gras* (*crassus*), *près* (*pressus*), *bas* (*bassus*), *las* (*lassus*). — Quant à la transposition de l'*i* latin, voy. au mot *dnier*.

Aise. Origine inconnue. — D. *aisé*, *aisément*, *malaise*, *malaisé*, *malaisément*, *aisance*. — Pour le préfixe, voy. *mal*.

Aisselle, du L. *axilla* (aisselle). — Sur le changement de l'*a* initial latin en *ai* français, voy. au mot *aigle*. — Quant au changement de *x* (axilla) en *ss* (aisselle), il se retrouve dans *essai* (*exagium*), *essaim* (*examen*), *cuisse* (*coxa*), *massue* (*maxuca**), *essorer* (*exaurare*), *issu* (*exire*), *laisser* (*laxare*), *essieu* (*axiculus**), *essoriller* (*exauriculare**), *oseille* (*oxalia**), *réussir* (*re-exire**), *tisser* (*texere*). Ce changement avait déjà lieu chez les Latins : *x*, qui n'est autre chose que *cs*, n'avait point tardé à subir l'assimilation en *ss*. On trouve chez les Romains les formes lassus, assis, cossim, à côté de laxus, axis, coxim ; les Inscriptions donnent conflississet, essorcista pour conflixisset, exorcista, — et les manuscrits frassinus, tossicum pour fraxinus, toxicum.

Sur le changement de *i* (axilla) en *e* (aisselle), voy au mot *admettre*.

Ajonc. Origine inconnue. Voy. *jonc*.

Ajourner, voy. *jour*. — D. *ajournement*.

Ajouter, ancien francais *ajouster*, provençal *ajostar*, du L. *adjuxtare** (juxtaposer). Le sens étymologique qui est *rapprocher, mettre côte à côte*, se retrouve encore dans les textes français du XI° siècle ; dans la *Chanson de Roland*, un des pairs ordonne aux Français de *s'ajouter en bataille* (de se mettre en rangs).

Adjuxtare, devenu *ajuxtare* (par la réduction de *dj* en *j* qui se retrouve dans *jour* de *djurnum**, orge de *hordjum**, — assiéger de *assedjare**), a donné *ajouster* par le changement de *u* latin en *ou* (voyez au mot *accouder*), et par celui de *x* en *s* (que l'on retrouve dans quelques inscriptions latines qui donnent *sistus* pour *sextus*, *obstrinserit* pour *obstrinxerit*) ; ce changement de *x* en *s* existe en français dans *ais* (*axis*), *buis* (*buxus*, destri i (*dextrarius**), et dans les neuf mots sestier (*sextarius*), boiste (*buxda**), taster (*tax'tare**), mesteil (*mixteolum*), fresne (*fraxinus*), jouster (*juxtare**), desduire (*deexducere**), desvier (*deexviare**), escluse (*exclusa*) qui ont perdu *s* en français moderne et sont devenus *setier, boîte, tâter, méteil, frêne, jouter, déduire, dévier écluse*, — comme *ajouster* est devenu

ajouter. (Sur cette chute de *s*, voyez au mot *abîme*).

D. *Ajutage* (pour *ajoutage*).

Ajuster, voy. *juste*. D. *ajustage, ajustement*.

† **Alambic**, mot venu au XII° siècle du latin des alchimistes *alambiquus* qui avaient emprunté à l'arabe *al-anbiq* (vase à distiller), le nom et l'objet. — D *alambiquer* (distiller, au figuré *subtiliser*).

Alanguir, voy. *languir*.

† **Alarme**, terme militaire venu au XVI° siècle de l'italien *all'arme* (même sens : mais le mot italien veut dire littéralement *aux armes*, et était à l'origine le cri des sentinelles, surprises par l'ennemi). Au XVII° siècle, *alarme* est encore écrit *allarme* conformément à l'étymologie. — D *alarmer,-iste*.

Albâtre, du L. *alabastrum* (même sens), qui est déjà *albastrum* dans certains manuscrits latins Sur cette chute de *ă*, voyez p. LXXXVII, et au mot *accointer*. — Sur *s* disparu, voy. *abîme*.

† **Albinos**, mot venu au XVII° siècle de l'espagnol *albino* (nègre blanc).

Album, du L. *album* (registre).

Albumine, du L. *albumine* (blanc d'œuf).

† **Alcade**, de l'espagnol *alcade* (même sens).

† **Alcali**, mot venu en français par le latin des alchimistes qui l'avait emprunté de l'arabe *alcali* (sel de soude). — D *alcalin*.

† **Alchimie**, mot venu en français par le latin des alchimistes, qui avait emprunté ce mot à l'arabe *alchymia* (même sens). — D. *alchimiste*.

† **Alcool**, anciennement *alcohol*, que les alchimistes ont tiré de l'arabe *alqohl*.

† **Alcôve**, mot venu au XVI° siè-

cle de l'italien *alcovo* (même sens).

Alcyon, du L. *alcyon* (même sens).

Aléatoire, du latin *aleatorius* (qui concerne les jeux de hasard).

Alêne, vieux français *alesne*, mot d'origine germanique, de l'ancien haut allemand *alasna* (même sens), transposition de *alansa*.

† **Alentir**, factitif de *lent*. — Ce mot, encore employé par Corneille et par Molière, a persisté en français moderne, dans le composé *ralentir*.

Alentour, ancien français, *à l'entour*, voy. *entour*.

† **Alerte**, anciennement *allerte*, et dans Montaigne et Rabelais *à l'erte*, expression purement militaire à l'origine, et empruntée pendant nos guerres d'Italie du xvi° siècle, au cri italien *all'erte* (garde à vous); l'italien dit *stare all'erta* pour se tenir sur ses gardes.

Alevin, du L *allevamen* (ce qu'on élève, ce qu'on nourrit). Sur *amen = in*, voy. *airain*.

Alexandrin (vers). Origine inconnue

† **Alezan**, venu au dix-septième siècle de l'espagnol *alazan* (même sens).

† **Algarade**, venu au dix-septième siècle de l'espagnol *algarada* (attaque imprévue).

† **Algèbre**, du latin scientifique du moyen âge *algebra*, lequel vient à son tour de l'arabe *aldjabroun* (réduction mathématique des parties au tout).

† **Alguazil**, de l'espagnol *alguazil* (même sens).

Algue, du L. *alga* (même sens).

Alibi, du L. *alibi* (ailleurs).

Aliboron. Origine inconnue.

† **Alidade**, du latin scientifique du moyen âge *alidada*, qui est l'arabe *alidad* (computation).

Aliéner, du L. *alienare* (vendre). — D. *aliénation*, *aliénable*. Quant au sens de *folie*, il existe aussi en latin pour le mot *alienare*.

Aligner, voy. *ligne*. — D. *alignement*.

Aliment, du L. *alimentum* (même. sens). — D. *alimenti*, *-ation*.

Alinea, anciennement *à linea*, de l'expression *lat ne à linea* employée quand on dictait, pour indiquer qu'il fallait cesser la ligne commencée, et en écrire une nouvelle.

Aliquante, du L. *aliquantus* (même sens).

Aliquote, du L. *aliquot* (même sens).

Aliter, voy. *lit*.

Alize, aussi écrit *alise*, mot d'origine germanique; de l'ancien haut allemand *eliza* (alise) — D. *alisier*.

Allaiter, du L *allactare* (allaiter. — Sur *ct* (allactare) devenu *it* en français, voy. *attrait*. — D. *allaitement*.

Allécher, du L. *allectare* (attirer, inviter). Quant au changement tout à fait insolite de *ct* en *ch* (allectare = allécher), il se retrouve dans fléchir (flectere), reflechir (reflectere), empêcher (impactare) cacher (coactare*). — D. *allèchement*.

Alléger, du L. *alleviare* (rendre plus leger) Alleviare est devenu *allevjare* par le changement de l'*i* en *j* (etudié ci-dessus au mot *abréger*); allevjare est devenu allejare (puis alléger) par la réduction de *ij* en *g*, qui se retrouve dans déluge (diluijum*), neige (nivja*), sergent (serijentem*), abréger (abbrevjare)*, auge (alija), sauge (salija), cage (caija*). Cette réduction de *v* a aussi lieu 1° devant les autres gutturales (*vc*, *vg*), comme dans nager (nav'*gare*), bercail (verv'*cale**), nacelle, (nav'*cella*), — 2° devant les dentales (*vt*, *vd*), comme dans cité (civ'*tatem*), jeudi (Jov'*dies*), — 3° devant les liquides dans jeune (juv'*nis*). — D. *allégement*, *allegeance*.

Allegorie, du L. *allegoria*. (même sens). — D *allégorique*.

Allègre, ancien français *alègre*, du L. *alacris* (allègre). Sur *a* (*alacris*) devenu *e*, voyez *acheter*. Sur *cr* latin = *gr* français, voy. *adjuger*. — D. *allégrement*, *allégresse*.

† **Allegro**, venu de l'italien *allegro* (vif).

Alleguer, du L. *allegare* (alléguer. — D *allégation*.

Alleluia, mot introduit par saint Jérôme au quatrième siècle, dans le latin ecclésiastique, et qui est la transcription de l'hébreu *haleluiah* (célébrez le Seigneur, littéralement : *halelu* louez, *iah*, Dieu).

Aller, a emprunté ses temps à trois verbes latins différents : — I. Les trois premières personnes de l'indicatif présent ont été empruntées au verbe *vadere*; je *vais*, (*vado*), tu *vas* (*vadis*), il *va* (ancien français il *vat*), *vadit*. — II. Le futur et le conditionnel (j'*ir-ai*, j'*ir-ais*) proviennent du latin *ire* par la formation ordinaire du futur (voyez ma *Grammaire historique de la langue française*, p. 187. — III. Tous les autres temps (*allais*, *allai*, *allasse*, *aille*, *allant*, *allé*) se rapportent à l'infinitif *aller*. Quant à ce dernier, qui était en vieux-français *aler*, et *aner*, il vient du latin mérovingien *anare*, qui n'est lui-même que l'adoucissement du latin classique *adnare* (venir; ce mot qui signifie proprement venir *par eau*, dans Cicéron, ne tarda pas à prendre une rapide extension de sens, et *adnare* signifie venir *par terre* dans Papias). — On peut faire la même remarque sur un mot analogue *enare* (venir par eau, nager, Cicéron), qui dans le latin classique, exprime déjà l'action de venir n'importe par quel moyen, soit en volant : *Daedalus*.... *gelidas enavit ad Arctos*, dit Virgile (Æneid., VI, 16), soit en marchant : Nous avons parcouru ces vallées : *Enavimus has valles* (Silius Italicus). — Il est curieux que la même métaphore, de la navigation à la marche, ait aussi lieu dans le mot *adripare* qui signifiait dans l'origine *aborder à la rive* (*ripa*), et qui a fini par prendre le sens général de *toucher au but*, et nous a donné le verbe *arriver*.

Pour aller de *adnare* ou *anare* au français *aller*, en passant par les formes intermédiaires *aner* puis *aler*, le latin a subi un changement important, celui de *n* en *l* :

Cette permutation de nasale en liquide n'est pas rare en français, témoin orphelin (orphaninus*), Château-*L*andon, (Castellum-Nantonis) Bologne (Bononia), Roussi*l*lon (Ruscinionem), entrai*l*les (intranea*), cari*l*lon (quaternionem), enfin fa*l*ot et jui*l*let qui sont pour fanot et juinet (voyez ces mots) — D. *allée*, substantif participial (voy. *absoute*).

Alleu, ancien français *alou*, plus anciennement *aloud*, — espagnol *alodio*, italien *allodio*, — du latin mérovingien *allodium* (alleu), qui est d'origine germanique, comme tous les termes de droit féodal. *Allodium* vient de l'ancien haut allemand *allôd* (propriété complète), le *franc-alleu* (bien héréditaire et exempt de tout droit seigneurial) étant opposé au

ALL 43 ALL

bénéfice (bien viager à l'origine, et dépendant d'un seigneur).

Allier, du L. *alligare* (lier, unir).— D. *alliance, alliage, mésallier, mésalliance, rallier, ralliement.* — Le *g* latin a disparu en français *alli(g)are* est devenu *allier* : ce phénomène, qu'on rencontre déjà dans les derniers temps de la latinité (on trouve *niellatas* pour *ni g-ellatas* dans une charte mérovingienne¹, est ordinaire en français, soit que le *g* latin précède en latin la voyelle accentuée, comme dans août de *au(g)ustus*, — *géant* de *gi(g)antem*, — *maître* de *ma(g)ister*, — *nielle* de *ni(g)ella*, — *provigner* de *propa(g)inare*, — *reine* de *re(g)ina*, — *faîne* de *fa(g)ina*, — *gaine* de *va(g)ina*, — *heur* de *au(g)urium*, — *vingt* de *vi(g)inti*, — *carême* de *quadra(g)esima*, — *châtier* de *casti(g)are*, — *dénier* de *dene(g)are*, — *fléau* de *fla(g)ellum*, — *frayeur* de *fri(g)orem*, — *effrayer* de *ex-fri(g)are*, — *friant* de *fri(g)entem*, — *houlette* de *a(g)oletta*, — *lier* de *li(g)are*, — *lien* de *li(g)amen*, — *liaison* de *li(g)ationem*, — *loyal* de *le(g)alis*, — *loyauté* de *le(g)alitatem*, — *nier* de *ne(g)are*, — *païen* de *pa(g)anus*, — *pays* de *pa(g)ensis*, — *quarante* de *quadra(g)inta*, — *trente* de *tri(g)inta*, — *cinquante* de *quinqua(g)inta*, — *soixante* de *sexa(g)inta*, — *relayer* de *rela(g)are*, — *royal* de *re(g)alis*, — *royauté* de *re(g)alitatem*, — *royaume* de *re(g)alimen*, — *rut* de *ru(g)itus*, — *sain* de *sa(g)ina*, — *sceau* de *si(g)illum*, — *seine* de *sa(g)enna;* — soit que le *g* suive en latin la voyelle accentuée comme dans *essai* de *exa(g)ium*, — *fou* de *fa(g)us* [d'où : *fouet*], — *je* de *e(g)o*, — *loi* de *le(g)em*, — *roi* de *re(g)em*, — *saie* de *sa(g)um*, — *sangsue* de *sanguisu(g)a*, — *orfraie* de *ossi-*

fra(g)a, — *plaie* de *pla(g)a*, — *fresaie* de *præsa(g)a*, — *rue* de *ru(g)a*. — D. *alliance, allié, alliage*.

† **Alligator**, mot emprunté par les voyageurs à l'anglais *alligator* (même sens).

Allocation, du L. *allocationem* (de *allocare*, allouer).

Allocution, du L. *allocutionem* (harangue).

Allonger, voy. *long*. — D. *allonge* (subst. verbal).

Allopathie, du grec Ἄλλος (autre), et πάθος (maladie); système médical qui guérit les maladies, en recourant à des remèdes d'une nature contraire à ces maladies. Voy. *homéopathie*.— D. *allopathe*.

Allouer, de *allocare*; pour le changement de lettres, voy. *louer*.

Allumer, du L *adluminare* (composé de *luminare*, éclairer). *Adluminare* est déjà *alluminare* dans plusieurs textes du septième siècle, par l'assimilation de *dl* en *ll*, assimilation fréquente chez les Romains qui disaient indifféremment *allucere* ou *adlucere, alludere* ou *adludere, alluere* ou *adluere, allocutio* ou *adlocutio*, etc..., et qui avaient formé *alligare* de *adligare, allevare* de *adlevare*, etc.... Cette assimilation se poursuit en français qui change *dl* latin en *l, ll*, dans *moule* (mod'lus), *mouler* (mod'lare), *railler* (rad'lare*), *cercelle* (querqued'la), *esquille* (schid'la*), *cigale* (cicad'la), *branler* pour *brandler*, etc.... *Allum(i)nare* est d'abord devenu *allum'nare* par la chute régulière de la voyelle brève (suivant la loi étudiée au mot *accointer*). — *Allum'nare* à son tour est devenu *allumer* par le changement de *mn* en *m* qu'on retrouve dans *semer* (sem'nare), *lame* (lam'na), *dame* (dom'na), *essaim* (exam'n), *terme* (term'nus), lumière (lum'naria), semailles (sem'nalia); *mn* latin est aussi fréquemment *mm* en français comme dans ho*mm*e (hom'nem), so*mm*e (som'nus), fe*mm*e (fem'na). no*mm*er (nom'nare), so*mm*eil (somniculus*), enta*m*er (intam'nare), ho*mm*age (hom'naticum*). — L'italien a*ll*uminare, le provençal a*ll*umenar, a*ll*umar, marquent bien la transition du latin a*ll*uminare au français a*ll*umer. — D. *allumeur, allumette.*

Allure, de *aller*, comme *coiffure, souillure, brochure*, etc.... de *coiffer, souiller, brocher.*

Allusion, du L. *allusionem* (même sens).

Alluvion, du L. *alluvionem* (même sens).

Almanach, bas latin *almanachus*, du grec αλμεναχα qui est au troisième siècle dans Eusèbe avec le sens d'*almanach.*

Aloès, ancien français *aloè*, du L. *aloë* (même sens).

Aloi, composé de *a*, et de *loi* qui a eu dans notre vieille langue le sens de titre des monnaies, comme l'a encore l'espagnol *ley*, qui veut dire à la fois, *loi*, et *titre des monnaies*. — Pour l'étymologie de *loi*, voyez ce mot.

Alors, voy. *lors.*

Alose, du L. *alausa* (même sens), qui est déjà *alosa* chez les Romains. Sur *au* latin = *o* français, voy. *alouette.*

Alouette, diminutif de *aloue* qui, dans notre ancienne langue, voulait dire alouette. *Alouette* est dérivé de *aloue*, comme *herbette* de *herbe*, *cuvette* de *cuve* (sur ce suffixe diminutif *ette*, voy. *ablette*). Ici comme dans beaucoup d'autres mots (voy. page xxxv), le primitif a disparu, et le dérivé a seul persisté, en conservant la plénitude de sens de l'original.

Aloue vient à son tour du L. *alauda* (auquel Pline donne le sens d'*alouette*) et qui est lui-même un mot emprunté aux Gaulois par les Romains, et introduit dans la langue latine par César. (Les noms vraiment *romains* de l'alouette sont *galerita*, *corydalus*.

Pour passer d'*alauda* à *aloue*, le latin a subi la perte du *d* médial qui suit la voyelle accentuée : ce phénomène se retrouve dans les mots suivants 1° soit que la voyelle subséquente persiste comme dans *envie* de *invi*(d)*ia*, — *proie* de *prae*(d)*a*, — *queue* de *cau*(d)*a*, — *joie* de *gau*(d)*ia**,*— *raie* de *ra*-(d)*ia**; — 2° soit que la voyelle subséquente disparaisse comme dans *cru* de *cru*(d)*us*, — *degré* de *degra*(d)*us*, — *hui* de *ho*(d)*ie*, — *mi* de *me*(d)*ium*, — *puy* de *po*-(d)*ium*, — *bai* de *ba*(d)*ius*. — *rai* de *ra*(d)*ius*, — *demi* de *dimi*(d)*ium*, — *ennui* de *ino*(d)*io**, — *glai* de *gla*(d)*ius*, — *gué* de *va*(d)*um*, — *nu* de *nu*(d)*us*, — *mai* de *ma*(d)*ius**, *pâle* de *palli*(d)*us*, — *palefroi* de *parafre*(d)*us**, — *rance* de *ranci*(d)*us*, — *rosée* de *rosci*(d)*us*, — *sol* de *soli*(d)*us*, — *alleu* de *alo*-(d)*ium*.

Outre la chute du *d*, *alauda* a subi, pour devenir *aloue*, le changement de *au* en *ou* : la diphthongue *au* était prononcée par les Latins, non pas *o* comme notre *au* français, mais *a-ou*; pour *aurum*, *taurus*, *cauda*, les Romains disaient *a-ouroum*, *ta-ourous*, *ca-ouda* (et non point comme nous qui prononçons *orum*, *torus*, *coda*): cette prononciation de *au* en *o* eut paru tout à fait fautive aux Romains des hautes classes, et les grammairiens la désignent comme une prononciation habituelle chez les paysans, et recommandent de l'éviter : Festus nous dit que les campagnards romains prononçaient *orum* pour *aurum*, *oriculas* pour *auriculas*, etc.... Le français qui vient du latin populaire, non du latin classique, a gardé la prononciation rustique de *o* pour *au* : clos (cl*au*sus), or (*au*rum), oser (*au*sare), alose (al*au*sa, déjà en latin alosa), clore (cl*au*dere), chose (c*au*sa), oreille (a*u*ricula), Orléans (*Au*reliani), orage (*au*raticum*), trésor (thes*au*rus), dorer (de*au*rare), essorer (ex*au*rare), essoriller (ex*au*riclare*), joyau (g*au*diellum*), joyeux (g*au*diosus), loriot (a*u*reolum), los (l*au*s), more (m*au*rus), ogive (*au*giva*), octroyer (*au*ctoricare*), oripeau (*au*ripellem), ôter (h*au*stare), poser (p*au*sare), et dans certaines formations secondaires parole (par*au*la, forme second. de *parabola*), forger (f*au*rcare, forme second. de *fabricare*), tôle (t*au*la, forme second. de *tabula*), somme (s*au*ma, forme second. de *salma*).

Dans tous ces mots, *au* latin est devenu et est resté *o*; dans un certain nombre d'autres, *au* latin est devenu *o* en ancien français, et cet *o* est à son tour devenu *ou* en français moderne (par un changement étudié au mot *affouage*). Voici la liste complète de ces changements : loue (*laudo*), louange (*laudemia**), ou (*aut*), ouïr (*audire*), jouir (*gaudere*), clou (*claus* pour *clavus*), couard (*cauda*), enrouer (inr*au*care*), chou (*caulis*), outarde (*austarda* pour *avistarda*), joue (g*au*ta*).

Alourdir, voy. *lourd*.

Aloyau. Origine inconnue.

† **Alpaga**, étoffe de laine faite avec le poil de *l'alpaga*, espèce de lama, qui habite l'Amérique du Sud.

Alphabet, du L. *alphabetum* (même sens). — D. *alphabétique*.

Altercation, du L. *altercationem* (dispute).

Altérer, du latin scolastique *alterare* (changer), dérivé de *alter* (autre), — comme en allemand *ändern* (changer), vient de *ander* (autre). — Pourquoi et comment *altérer* a-t-il passé du sens de changer à celui d'avoir soif? c'est un point qui reste obscur. — D. *altération*, *-able*.

Alterne, du L. *alternus* (même sens). — D. *alterner*, *-ation*, *-atif*, *-ative*, *-ativement*.

† **Altesse**, venu au seizième siècle, de l'italien *altezza* (même sens).

† **Altier**, venu au seizième siècle de l'italien *altiere* (hautain).

Altitude, du L. *altitudo* (hauteur).

† **Alto**, de l'italien *alto* (même sens).

Alumine, du L. *alumine* (alun). — D. *aluminium*.

Alun, du L. *alumen* (alun). — Sur le changement de *umen* en *un* voy. *airain*.

Alveole, du L. *alveolus* (même sens).

Amadouer, composé de *madouer** mot d'origine germanique, qui vient du vieux scandinave *mata* (danois *made*), appâter, attirer par un appât. — D. *amadou*. Bien qu'il n'existe aucun rapport de sens, entre *amadouer* (appâter), et *amadou*, il est cependant indubitable que le dernier dérive du premier; en italien *ad-escare* (amadouer), vient de *esca* qui veut dire à la fois *appât* et *amadou*; en latin *esca* est aussi *appât* et *amadou*. — Ces rapprochements nous montrent que la même métaphore qui relie *amadouer* à *amadou* existe dans plusieurs langues, — et cette comparaison des métaphores justifie l'origine du mot, bien qu'on ne puisse pas l'expliquer.

Amaigrir, voy. *maigrir.* — D. *amaigrissement.*

Amalgame, origine inconnue. — D *amalgamer.*

Amande, ancien français *amende,* corruption du L. *amygdalum* (amande). — *Amygdalum* contracté en *amygd'lum* suivant la regle de l'accent latin (voy. *asperge*), reduisit d'abord le *gd* latin en *d*, reduction que l'on retrouve dans Madeleine (*Magdalena*), émeraude (*smaragda*), froide (frig'da), roide (rig'da), — *Amyd'lum* subit ensuite l'intercalation d'un *n* et devient *Amynd'lum*, comme *laterna* est déjà *lanterna*, dans le latin classique, et *thensaurus* existe à côté de thesaurus; *reddere* est *rendere* dans la Loi Salique, et *Iculisma* est de bonne heure *inculisma. Amynd'lum* ou *Amind'lum* donna le vieux français *amende* par le changement de *in* en *en*, — comme dans *enfant* (infantem) *en* (in), *fendre* (find're), *pervenche* (pervinca) etc. (voyez au mot *admettre*). *Amende* devient ensuite *amande* en français par le passage de *en* à *an*, qui se retrouve dans les mots . *langue* (lingua), *sangle* (cing'lum), *sans* (sine), *dimanche* (dies-domin'ca), *sanglier* (sing'laris), *andouille* (induct'lis), *tanche* (tinca), — que l'ancien français écrivait conformément à l'étymologie *lengue*, *sengle*, *sens*, *dimenche*, *senglier*, *endouille*, *tenche.*

Le lecteur aura remarqué que les règles de la phonétique nous ont permis de rendre compte de toutes les lettres du mot, à l'exception de *l* latin qui a disparu en français : c'est précisément dans cette disparition anormale de *l* que consiste la corruption du mot *amande,* comme on l'a déjà vu p. LXXXVII. On a vu au mot *allumer*

que *dl* latin s'assimile toujours en français, et devient *ll, l* : dès lors *amind'lum* aurait dû donner non pas *amande,* mais bien *amanlle, amanle,* comme *brandler* a donné *branler.* — D. *amandier.*

Amant, du L. *amantem* (qui aime).

Amaranthe, du L. *amarantus* (Pline, même sens).

Amarrer, *démarrer,* composés du primitif *marrer*,* qui vient du néerlandais *marren* (amarrer). — D. *amarre, amarrage.*

Amasser, voy. *masse.* — D. *amas* (substantif verbal), — *ramasser, ramas, ramassis.*

Amateur, du L. *amatorem* (qui aime).

Amaurose, du grec ἀμαύρωσις (obscurcissement).

Amazone, du L. *amazon* (même sens).

Ambages, du L. *ambages* (détour).

Ambassade, au quinzième siècle *ambaxade*, mot qu'on ne trouve point en français avant le quatorzième siècle, et qui par sa terminaison en *ade* (inconnue en français qui dit *ée* pour *ade*, voyez ma *Grammaire Historique du français*, p. 277), — provient de l'espagnol *ambaxada*, mot qui se rapporte au bas latin *ambaxiata*, (mission). Ce mot dérive de *ambaxiare, ambactiare* (agir pour quelqu'un), lequel est formé de *ambactia* terme très-fréquent dans la Loi Salique, et dans le latin mérovingien avec le sens de *mission. Ambactia* à son tour dérive d'*ambactus* (serviteur, celui qui remplit un office, une mission).

Pour l'élargissement de sens, voyez p. xxiv. — D. *ambassadeur, -drice.* Le v. fr. dit *avoué*?

Ambe, du L. *ambo* (les deux, tous les deux ensemble). On disait

AME 47 AME

au moyen âge: *ambes mains*, *ambes parts*, etc... au lieu de *les deux mains, des deux parts*; ce mot est resté comme terme de jeu : *j'ai gagné un ambe à la loterie*, c'est-à-dire deux numéros.

Ambiant, du L. *ambientem* (même sens).

Ambigu, du L. *ambiguus* (à double sens). — D. *ambiguïté*.

Ambitieux, du L. *ambitiosus* (même sens).

Ambition, du L. *ambitionem* (même sens). — D. *ambitionner*.

Ambler, du L. *ambulare* (promener). Pour le rétrécissement du sens, voy. p. xx. Sur la chute de l'*ŭ amb* (*ŭ*) *lare*, voy. *accointer*. — D. *amble* (subst. verbal).

† **Ambre**, mot arabe, introduit en France au temps des croisades. La forme arabe est *anb'r* (anbar). — D. *ambrer*.

Ambroisie, du L. *ambrosia* (même sens).

Ambulant, du L. *ambulantem* (qui se déplace). — D. *ambulance*.

Ame, du L. *anima* (même sens). *Anima* étant accentué sur la première syllabe a perdu son *i* atone (suivant la loi exposée à la page · xxxvi), et s'est contracté en *an'ma* qui a donné le vieux français *anme*, lequel s'est contracté en *ame* (par la réduction de *nm* en *m*, réduction marquée par un accent circonflexe sur l'*a* dans le français moderne); lequel est devenu *amme* (dans Joinville), par l'assimilation de *nm* en *mm*, assimilation très-régulière, et qui avait déjà lieu en latin (témoin *immemor* pour *inmemor*, — *immigrare* pour *inmigrare*, — *immaturus* pour *inmaturus*, etc.)... Au quinzième siècle, *amme* se réduit à *âme*, et cette réduction de *mm* en *m* est marquée par l'accent circonflexe qui allonge l'*a*.

Amé, du L. *amatus* (aimé). Sur *atus* = *é*, voyez *ampoulé*.

Améliorer, du L. *ameliorare* (rendre meilleur). — D *amélioration*.

† **Amen**, mot hébreu introduit par l'Église dans le rituel latin, et qui veut dire proprement *ainsi soit-il*.

Aménager, voy. *ménager*. — D *aménagement*.

Amender, du L. *emendare* (même sens). Sur ce changement insolite de *e* en *a* voyez l'*Introduction*.

E latin accentué est devenu *a* en français 1° dans *par* (pĕr), *cran* (crĕna*) ; 2° dans *rame* (remus); 3° dans *lézard* (lacerta), *lucarne* (lucerna), *courant* (currentem), *banne* (benna), *vendange* (vindemia), *viande* (vivenda).

E latin inaccentué ou atone est devenu *a* en français · 1° dans *farouche* (fĕrocem), *rançon* (rĕdemptionem), *effarer* (effĕrare) 2° dans *amender* (emendare), *satin* (sĕta), *faon* (fĕtonem*), *jaloux* (zĕlosus), *glaner* (glĕnare) ; 3° dans *parchemin* (pergamenum), *dauphin* (vieux français *dalphin*, de delphinus), *marcotte* (mergus), *marche* (mercatum), *marchand* (mercatantem*), *appartenir* (appertinere), *arracher* (exradicare), *soulager* (sublevjare*), *tancer* (tentiare*).

On trouve déjà *lucarna* pour *lucerna* dans le latin vulgaire, *marcadus* pour *mercatus* dans les Chartes Mérovingiennes.

Dérivés de *amender* : *amende* (substantif verbal), *amendement*, *amendable*.

Amener, voy. *mener*. — D. *ramener*.

Aménité, du L *amœnitatem* (douceur).

Amer, du L. *amarus* (amer). Sur *a* latin (amarus) devenu *e*, voy. *acheter*. — D. *amèrement*,

Amertume, du L. *amaritudinem* (amertume). — *Amaritúdinem* a d'abord perdu son *i* atone (comme on l'a vu au mot *accointer*); de même que *amarus* donna *amer*, *amar'tudinem* changea le second *a* en *e* (voyez la règle de cette permutation au mot *acheter*); dans le suffixe *údinem*, l'*i* atone disparaît suivant la loi de l'accent latin (voyez p. LXXXVI), et l'on obtient la forme *úd'nem*, qui est devenue *ume* en français; *amar'túdinem* donne *amertume*; *consuetúdinem* = *coutume*; *incúdinem* = *enclume*, — Ce changement s'opéra sans doute de très-bonne heure en latin puisqu'on trouve les formes *constuma costuma* pour *cons'tudinem* (consuetudinem), dans les textes du sixième siècle.

Améthyste, du L. *amethystus* (même sens).

Ameublement, voy. *meuble*.
Ameublir, voy. *meuble*.
Ameuter, est une de ces expressions de chasse passées dans la langue commune (voyez p. XXIV). En terme de vénerie, *ameuter*, c'est mettre les chiens en meute, les réunir, les attrouper: puis ce mot a pris le sens de réunir, d'attrouper de soulever. — Sur l'étymologie d'*ameuter*, voy. *meute*.

Ami, du L. *amicus* (ami). — Le *c* médial qui suit la voyelle accentuée a disparu, entraînant avec lui la voyelle suivante, comme dans *ennemi* (inimicus), *épi* (spicus), *fourmi* (formicus*), *lai* (laicus), *feu* (focus), *jeu* (jocus), *lieu* (locum), *Eu* (Aucum), *peu* (paucum), *queux* (coquus), *fétu* (festucus*), *foie* (ficatum*), *si* (sic), *ni* (nec), *ici* (ecc'ic), *lui* ill'huic). — Quand le *c* médial qui suit la voyelle accentuée, est lui-même suivi d'un *a*, cette dernière lettre persiste en français, témoin *amie* de *ami(c)a*, — *mie* de *mi(c)a*, — *pie* de *pi(c)a*, — *vessie* de *vesi(c)a*, — *taie* de *the(c)a*, — *noie* de *ne(c)a*, — *lieue* de *leu(c)a*, — *ivraie* de *ebria(c)a*, — *baie* de *ba(c)a*, — *braie* de *bra(c)a*, — *oie* de *au(c)a*, — *charrue* de *carru(c)a*, — *verrue* de *verru(c)a*, — *laitue* de *lactu(c)a*, — *massue* de *maxu(c)a**, — *tortue* de *tortu(c)a*.

Amiable, du L. *amicabilis* (amical) Sur la chute du *c* latin *ami(c)abilis*, voyez au mot *affouage*: sur le changement de *abilis* en *able* voy. *affable*.

Amiante, du L. *amiantus* (amiante).

Amical, du L. *amicalis* (m. s.). — D. *amicalement*.

Amict, du L. *amictus* (même sens).

Amidon, corruption du L. *amylum* (amidon), (voy p. LXXXVI), qui est déjà *amydum* dans un document du neuvième siècle. — D. *amidonner,-ier*.

Amincir, voy. *mince*. — D. *amincissement*.

† **Amiral,** mot arabe introduit en France peu de temps avant les croisades. Il correspond au bas latin *amiralius* qui vient lui-même de l'arabe — D. *amiralté*, qui est *amirauté* en fr. moderne. Sur *l = u*, voyez *agneau*.

Amitié. Ce mot est dans notre ancienne langue *amistié*, plus anciennement *amisté*, et à l'origine *amistet*, forme qui correspond à l'italien *amistà*, à l'espagnol *amistad*, au catalan *amistat*, — et qui vient, ainsi que ces trois mots, du L. *amicitas*, forme du latin vulgaire pour *amicitia* (*amicitas* a été formé d'*amicus*, comme *mendicitas* de *mendicus*, *antiquitas* de *antiquus*, etc...).

Pour aller d'*amicitatem* à *ami-*

tié, ou plutôt à la forme française originaire amisté, nous trouvons trois changements philologiques : 1° l'*i* qui précède immédiatement la voyelle accentuée amic(i)tátem, a disparu (conformément à la règle donnee au mot accointer). 2° Dans le mot latin ainsi contracté (amic'tatem), le c est devenu s, — et la finale atem s'est changée en é suivant la règle etudiée au mot abbé. Quant au changement de c latin en s, nous l'avons déjà vu pour le c doux latin au mot agencer: cette permutation est plus rare pour le c dur latin.

Le c dur latin devient s en français ou plus généralement la gutturale c devient sifflante (s, ss, x, z), en français dans les mots suivants :

1° s: sangle (cingulum), siller (ciliare*), serin (citrinus?). — oiseau (aucellum), loisir (licere), moisir (mucere), gésir (jacere), plaisir (placere), gîte (giste de jacitum), cousin (culicinus), raisin (racemus), demoiselle (dominicella), damoiseau (dominicellus), dîner (disner, de dec'nare*), voisin (vicinus), inimitié (inimicitatem*), dîme (disme, de decima), panse (panticem), réseau (reticellum), cuisine (coquina), sois (vicem).

2° ss: génisse (junicem). saussaie (salicetum), glousser (glocire), hérisson (ericius*), brasse (brachia), chaussée (calciata), paroisse (parochia), poussin (publicenus), vermisseau (vermicellum), bassin (bacinon*), ruisseau (riv'cellus).

3° *c*: croix (crucem), chaux (calcem), taux (falcem), doux (dulcem), dix (decem), noix (nucem), perdrix (perdicem), poix (picem), voix (vocem), paix (pacem).

4° z: lézard (lacerta), onze (und'cim), douze (duod'cim), treize (tred'cim), quatorze (quatuord'cim), quinze (quind'cim), seize (sed'cim). — Amistié est enfin devenu amitié par la suppression de l's etudiée au mot abîme.

Ammoniaque, écrit anciennement ammoniac, du L. ammoniacus sal (sel ammoniac, dans Pline). — D. ammoniacal.

Amnistie, du grec 'αμνηστια (ubli). — D. amnistier.

Amoindrir, voy. moindre. — D. amoindrissement.

Amollir, voy. mou. — D. amollissement.

Amonceler, voy. monceau.

Amont, voyez aval.

Amorce, corruption de l'ancien français amorse, participe passé fort (voyez absoute) du verbe amordre, qui en ancien français est un composé de mordre. Amorse vient d'amordre, comme entorse d'entordre (voyez tordre). — Le sens originaire d'amorse est appât, c'est-à-dire ce qui attire, ce qui fait mordre. — D. amorcer.

Amortir, rendre comme mort, voyez mort. — D. amortissement.

Amour, du L. amorem (amour) — Sur o latin = ou franç. voyez affouage. — D. amourette.

† **Amouracher** (s'), mot importé en France par les Italiens au seizième siècle et qui nous vient d'Italie. Amouracher a été formé d'amourache et celui-ci vient de l'italien amoraccio passion (déréglée).

Amoureux, du L. amorosu (qui aime). — Sur o latin (amorosus) = ou, voyez amour; sur osu = eux, comparez épineux (spinosus), hideux, (hisp'dosus) pierreux (petrosus), creux (corrosus*), envieux (individiosus). Ce suffixe a été employé plus tard par le français pour former des dérivés nou veaux qui n'ont pas de correspondants en latin : tels sont heur*eux*, hont*eux*, etc... qui viennent directement du français *heur*, *honte*, etc... — D. *amoureusement*

Amovible, du L. *amovibilis* (qu'on peut déplacer). Sur la chute de l'avant dernier *i*, voy p. LXXXVI. — D. *inamovible*, *inamovibilité*.

Amphibie, du grec ἀμφίβιος, (qui a double vie).

Amphibologie, du L. *amphibologia* (qui offre un double sens).

Amphigouri, origine inconnue.

Amphithéâtre, du L. *amphitheatrum* (même sens).

Amphitryon, allusion à ce mot de Sosie dans l'*Amphitryon*, de Molière (acte III, scene v) : « Le veritable Amphitryon est l'Amphitryon où l'on dîne. »

Amphore, du L. *amphora* (vase à deux anses).

Ample, du L. *amplus* (large). — D. *amplement*, — *eur*.

Ampliation, du L. *ampliationem* (augmentation).

Amplifier, du L. *amplificare*, (même sens). — Sur la chute du c dans *amplifi(c)are*, voyez *affouage*. — *Amplification*, du L. *amplificationem* (même sens).

Amplitude, du L. *amplitude*, (étendue).

Ampoule, du L. *ampulla*, (petite fiole, — et plus tard petite tumeur ayant la forme d'une ampoule). — Le sens de *fiole* est encore visible dans la locution la *Sainte Ampoule*, fiole, ampoule, qui contenait l'huile consacree pour l'onction des rois de France. Sur *u* latin = *ou* français, voyez *accouder*.

Ampoulé, du L. *ampullatus* (emphatique. Horace). — Sur *u* = *ou* voyez *accouder*. Sur *atus* = *é*, voyez *acheter*, pour le changement d'*a* en *é*, — et *aigu* pour la chute du *t* latin. — Le suffixe *atus* devient toujours *é* en français : *pré* (*pratum*), *curé* (*curatus*), *carré* (*quadratus*), *gré* (*gratum*, juré (juratus*), marbré (*marmoratus*), fossé (*fossatus*), duché (*ducatus*), évêché (*episc'patus*), marché (*mercatus*), péché (*peccatum*), clergé (*clerc'atus*). congé (comm'j*atus**), marié (*maritatus*), allié (*alligatus*), blé, (*ablatum*), lé (*latus*), doyenné (*decanatus*), comté (*comitatus*) Le suffixe *ata* perd son *t* et devient *ée*: année (*annata*), chevauchée (caballicata), coudée (cub'*tata*), fée (*fata*), onglée (*ungulata*), armée (*armata*), fumée (*fumata*), araignée, (*areneata*), journee (*diurnata*), épee (*spatha*), contree, (contrata), denrée (den'*iata*), purée (pip rata), chaussée (calc*iata*), travée (*trabata**).

Amputer, du L. *amputare* (même sens). — D. *amputation*.

Amulette, du L. *amuletum* (talisman, dans Pline).

Amure. Origine inconnue.

Amuser, composé de l'ancien verbe *muser* (nous avons conservé celui-ci dans le dérivé *musard*). L'étymologie de *muser* est inconnue. — D. *amusement*, *amuseur*.

Amygdale, du L. *amygdalus* (amande) ces glandes ayant la forme d'une amande.

An, du L. *annus* (même sens). Le *nn* latin s'est réduit à *n* en français comme dans van (*vannus*), pan (|annus), ban (*bannum**).

Anachorète, du L. *anachoreta* (du grec ἀναχωρητής, qui va à l'écart.

Anachronisme, du grec ἀναχρονισμός (erreur chronologique), de ἀνά *contre*, et χρόνος, *temps*.

Anagramme, du grec ἀνάγραμμα (transposition de lettres), de ἀνά *contre* et γράμμα *lettre*.

Analogie, du L. *analogia* (même sens).

Analogue, du L. *analogus* (même sens).

Analyse, du grec ἀνάλυσις (resolution d'un tout en ses parties), de ἀναλύω (délier), de ἀνά, et λύω (délier). — D. *analytique*.

† **Ananas**, mot apporté des Indes par les voyageurs.

Anarchie, du gr. ἀναρχία (absence de commandement), de αν (ans, — et ἀρχή (chef)

Anathème, du grec ἀνάθεμα exposition (a la malédiction publique). — D. *anathematiser*, rendre quelqu'un *anathème*.

Anatomie, du L. *anatomia* (dissection) du grec ἀνατομή, (même sens). — D. *anatomiste,-ique*.

Ancêtre, du L *antecessor* (celui qui vous précède). *Antĕcéssor* suivant la règle invariable donnée au mot *accointer* perd son ĕ atone, et se contracte en *ant'cessor* qui est déjà *ancessor* dans un texte latin de 980.

Ancéssor étant accentué sur la pénultieme et par suite prononcé *ancéss'r* devint en vieux français *ancestre*, par le changement de *sr* en *str*, grâce à l'intercalation euphonique d'un *t*. Cette intercalation d'un *t* euphonique n'est point le fait du français, mais du latin qui transformait *esserix*, *tonsorix* en *estrix*, *tonstrix*. On trouve déjà la forme Is*tr*aël pour Israël dans un texte biblique du cinquième siècle : et le français a continué cette tendance dans : être (vieux-français *estre* de ess'r) paraître (v. fr. paraistre de parcs're) croître (v. fr. croistre de cres're*) connaître (v. f. connaistre de cognos're), paître (v.-fr. paistre de pas're*) naître (v. f. naistre de nas're), âtre (v. f. astre de ass'r), coudre (v. f. cousdre de cons're*), ladre (laz'r-

us), tistre (tex're). — Le peuple, toujours fidèle à l'instinct, continue cette transformation euphonique et dit cas*tr*ole pour casserole, etc ..

Anche, tuyau est le sens originaire de ce mot qui est d'origine germanique et vient de l'ancien haut allemand *ancha* (tibia, puis tuyau ; comme le latin *tibia* qui est venu du sens d'os antérieur de la jambe, de tibia, à celui de tuyau, puis de flûte, dans Horace, Ciceron, etc..

† **Anchois**, anciennement *anchoie*, venu vers le quinzième siècle de l'espagnol *anchoa* (anchois).

Ancien, du L. *antianus** (qui a lieu avant nous, — adjectif dérivé de *antè*, et que l'on rencontre dans les Bulles papales du onzième siècle). — Sur le changement de *ti* latin en *ci*, voyez au mot *agencer*. Quant au suffixe *anus* (et je comprends aussi sous ce nom les finales en *anus*) il donne généralement *ain* en français : hum*ain* (hum*anus*), rom*ain* (rom*anus*), pl*ain* (pl*anus*), n*ain* (n*anus*), chapel*ain* (cappell*anus**) dem*ain* (de-m*anè*), écriv*ain* (scrib*anus**), fus*ain*, fus*anus**) m*ain* (m*anus*), loint*ain* (longit*anus**) v*ain* (v*anus*), souver*ain* (super*anus**), cert*ain* (cert*anus**). — *Anus* devient ordinairement *ien*, *yen*, quand il est précédé en latin d'une consonne médiane qui tombe en français, témoin doy*en* de de(c)*anus*, — moy*en* de me(d)*ianus*, — païen de pa(g)*anus*, — citoy*en* de cita(d)*anus**) — mitoy*en* de mita(d)*anus**. — D. *Ancienneté*.

Ancre, du L. *ancora* (ancre). L'*ŏ* atone *ánc(ŏ)ra*, a disparu (*anc'ra*), conformément à la règle absolue de l'accent latin (voyez p. LXXXVI), règle qui a aussi enlevé cet *o* dans les mots suivants : arbre (árbŏr), pâtre (pástŏr), chantre (cántŏr), diable (diabolus), apôtre (apostolus), épître (épistola), parole (parabola), trèfle (trifŏlium), tertre (terraetŏrus), aurone (abrotŏnum), camphre (camphŏra), diacre (diacŏnus), ente (impŏtus), évêque (episcopus), lièvre (leporis), moindre (minor).

† **Andante**, mot italien signifiant proprement *allant*.

Andouille, corruption du vieux français *endouille* ; celui-ci vient du L. *inductilis* (qui dans les glossaires bas latins est traduit par *saucisse*, *boudin*, et vient lui-même de *inducere*, introduire; l'*inductilis* est proprement un boyau dans lequel on a introduit [*inductus*] de la chair hachée.

Pour aller d'*inductilis* à la forme française originaire *endouille*, nous trouvons quatre changements philologiques 1° *in* est devenu *en*, ce qui est une transformation régulière, témoin *enfant* de *infantem*, etc... 2° *ductilis* est devenu *douille*; *ductilis* s'est d'abord régulièrement (voyez p. LXXXVI) contracte en *duc'tlis* · 3° celui-ci s'est transforme en *ducllis* par l'assimilation de *t'l*, et le changement en *cl*, changement qui avait déjà lieu en latin , puisque le peuple romain changeait *vet'lus* (vetulus), *sit'la* (situla), en *vec*lus, *sic*la. 4° Le mot *duc'llis* est devenu *douille* en changeant *cl* en *il* (voyez cette permutation au mot *abeille*), et *u* latin en *ou* (voyez sous *accouder*.

C'est ainsi que *sicla* a donné *seille*, *veclus* *vieil*, — et *volat'la*, *volaille*.

D. *Andouillette*.

Andouiller. Origine inconnue.

Ane, vieux français *asne*, du L. *asinus* (âne). — Sur la chute de *s* latin, voyez p. LXXXVI. Sur la chute de *s*, et l'accent circonflexe, voyez *abîme* — D. *ânesse*, *ânon*, *ânerie*.

Anéantir, voyez *neant*. — D. *anéantissement*.

Anecdote, particularité historique, du grec ἀνέκδοτος (inédit, qui n'a point été raconté). — D. *anecdotique*.

Anemone, du L. *anemone* (même sens)

Anevrisme, au dix-septième siècle, *anevrysme*, du grec ἀνεύρυσμα (dilatation, de ἀνά, et de εὐρύς *large*)

Anfractueux, du L. *anfractuosus* (tortueux. — D. *anfractuosité*.

Ange, du L. *angelus* (messager de Dieu). *áng(ĕ)lus* a donné *ange*, par la loi de l'accent latin. (voyez p. LXXXVI).

Angelique, du L. *angelicus* (même sens). — La plante *angélique* reçut cette appellation de la vertu que les médecins du quinzième siècle, lui attribuaient contre les piqûres des insectes, et les morsures des serpents.

Angine, du L. *angina* (suffocation, étranglement)

Angle, du L. *angulus* (angle). Sur la chute de l'avant dernier *u*, voye page LXXXVI. — D. *anguleux* du L. *angulosus* (même sens). Sur *osus = eux*, voyez *amoureux; angulaire* du L. *angularis* (même sens).

Angoisse, du L. *angustia* (resserrement, état de gêne). *st* latin est ici devenu *ss*, comme dans *tesson* (testonem*) *coussin* (cul'stinum*) *boisseau* (bustellus*), *huissier* (ostiarus)*, *lisière* (listaria*), *livèche* (anciennement *livesse* de levisticum, Cassel (Castellum), *huis* (ostium, puis (post).

Cette réduction fort rare de *st* en *s* avait déjà lieu chez les Romains;

on trouve pos-legem pour (pos *te legem*) dans les arpenteurs romains, et posquam pour postquam dans quelques glossateurs.

Angustia, transforme en *angussia* est devenu *angoisse* par le changement de *u* latin en *oi*, changement qui est souvent produit par l'attraction d'un *i*, comme dans foison (fusionem), moisson* (muscionem*), coi (quietus), ivoire (eburius*), coin (cunius*), — mais qui se rencontre aussi produit de l'*u* isolé, soit de l'*u* accentué dans : noix (nucem), croix (crücem), — joindre (jungere), oindre (*u*ngere), poindre (pungere), poing (pugnus), point (punctum), boîte (bux'da*), goître (guttur), — atone dans : moisir (mucere), oignon (ünionem), boisseau (bustellus*).

† **Angora**, mot d'origine historique (voyez p. LXV). Espèce de chat originaire d'*Angora* (ville de l'Asie Mineure, qui est l'Ancyre des anciens) Le chat angora, la chèvre angora, et le lapin angora sont remarquables par la finesse et la longueur de leur poil.

Anguille, du L. *anguilla* (même sens).

Anicroche, au seizième siècle *hanicroche*, obstacle, proprement ce qui empêche, ce qui *accroche* « *Tous ces gens-là*, dit Regnard, *sont faits de croche et d'anicroches*. » *Anicroche* avait donc à l'origine le même sens que *croche* (croc). On trouve en effet dans Rabelais *hanichroche* au sens de pique à crochet « *Ils aiguisoient piques, hallebardes, hanicroches*. » L'étymologie de ce mot est inconnue

Ânier, ancien franç. *asnier*, du L. *asinarius* (ânier), par la chute régulière de l'*i* qui précède la voyelle accentuée *as'nārius* (voyez au mot *accointer*), — et par le changement de *a* en *ie* (as'narius = asnier), changement qu'on retrouve dans chien, (cănis), grief (gravis), — amitié (amicitalem*), inimitié (inimicitatem*), pitié (pietatem), pieu (anciennement *piel*, de pălus), — tarière (taralrum), — aiguière (aquaria*), ecolier (scolaris), et tous les suffixes latins *aris, arius* qui deviennent *er, ier* en français : premier (primarius), séculier (sæcularis), grenier (granarium), écuyer (scutarius), rivière (riparia), sanglier (singularis), fumier (fimarium). Le suffixe *ier*, le plus productif peut-être des suffixes français, a formé un nombre considérable de dérivés qui n'existaient point en latin (barrière de *barre*, perruquier de *perruque*, arbalétrier d'*arbalète*, etc...) Ce suffixe sert à désigner le plus souvent : 1° les *métiers* (boutiquier, potier, batelier, berger, archer, écuyer, viguier ; 2° les objets d'usage journalier (sablier, encrier, foyer, etc...); 3° les végétaux (laurier, grenadier, figuier, pommier, poirier, peuplier, cerisier, etc...

Animadversion, du L. *animadversionem* (réprimande).

Animal, du L. *animal* (tout ce qui respire, tout être animé). — D. *animaliser, animalité, animalcule*.

Animer, du L. *animare* (donner la vie). — D. *animation, ranimer*.

Anis, du L. *anisum* (anis). D. *aniser, anisette*.

Ankylose, du grec ἀγκύλωσις (courbure). — D. *ankylosé*.

Annales, du L. *annales* (chronique des événements de l'année). — D. *annaliste*.

Annate, du L. *annata** (dans les textes du moyen âge, *revenu annuel*).

Anneau, du L. *annellus* (anneau, dans Horace); sur *ellus* devenu *eau*, voyez *agneau*. Anneau était en vieux français *annel*, forme qui a persisté dans les dérivés *annelet, anneler, annelure*.

Année, du latin mérovingien *annata* (durée d'un an; *annata* est dérivé du latin *annus*, an). Sur *ata* devenu *ée*, voyez *ampoulé*.

Annexe, du L. *annexus* (joint, ajouté) — D *annexer, annexion*.

Annihiler, du L. *annihilare* (réduire à néant).

Anniversaire, du L. *anniversarius* (qui revient chaque année).

Annoncer, du L. *annuntiare* (même sens). — D. *annonce*, substantif verbal.

Sur ce changement de *tiare* en *cer* voyez *agencer*. — Quant au changement de *u* (annuntiare) en *o* annoncer), il se retrouve en français dans un grand nombre de mots : *u* latin accentué devient *o* en français, quand il est long par position, comme dans colombe (c*o*lumba), comble (c*u*m'lus), concombre (cucum'rem); nonce (nuntius), vergogne (verecundia), donc (tunc), monde (mundus), nombre (num'rus), noce (nuptiæ), onze (undecim), ongle (ungula), orme (*u*lmus), oncques (*u*nquam), ponce (p*u*micem), dont (de *u*nde), étrope (str*u*ppus), flot (fl*u*ctus), fondre (f*u*ndere), fronde (f*u*nda), furoncle (f*u*runculus), gorge (g*u*rges), grotte (gr*u*pta*), jonc (j*u*ncus), lombe (l*u*mbus), longe (l*u*mbea), mot (m*u*ttus), plomb (pl*u*mbum), oncle (av*u*nc*u*lus), onde (*u*nda), once (*u*ncia), remorque (rem*u*lcum), roche (r*u*pca), rompre (r*u*mpere), ronce (r*u*micem), rond (rot*u*ndus), saorre(sab*u*rna),viorne(vib*u*rnum), tombe (t*u*mba), tronc (tr*u*ncus), tot (r*u*ctus), ton (th*u*nnus), son (s*u*mmum), somme (s*u*mma). *U* latin inaccentué ou *atone*, devient *o* en français quand il est bref dans : commencer (c*u*minitiare), conil (c*u*niclus), cognée (c*u*neata), cogner (c*u*neare), noyau (n*u*cale), noyer (n*u*carius), — quand il est long par nature dans froment (fr*u*mentum), trotter (tol*u*tare), — quand il est long par position dans ortie (*u*rtica), sommier (s*u*mmarium), volonté (vol*u*ntatem), roter (r*u*ctare), roture (r*u*ptura), sangloter (sing*u*ltare), serpolet (serp*u*llum), sombrer (s*u*b-*u*mbrare), sonder (s*u*b-*u*ndare), rossignol (l*u*sciniola), ronger (r*u*m'gare), ponceau (p*u*m'cellum), plonger (pl*u*mbicare), colombier (col*u*mbarium), consommer (cons*u*mmare), annoncer (ann*u*ntiare), dénoncer (den*u*ntiare), renoncer (ren*u*ntiare), devergonde (verec*u*ndiare), fonder (f*u*ndere), gronder (gr*u*ndire), grogner (gr*u*nnire), nombreux (n*u*m'rosus), nombrer (n*u*m'rare), onguent (*u*nguentum), ombrage (*u*mbraticum), godet (g*u*ttus), onglee (*u*ngulata).

Ce changement de *u* latin en *o* qui a lieu, le plus souvent (comme on vient de le voir), devant les nasales et les liquides, qui suivent un *u* en position, existe aussi en latin, où l'on trouve volpes, volsus, voltus, volnus, volt, à côté de vulpes, vulsus, vultus, vulnus, vult. Dans le latin archaïque, les finales *us, um, unt*, les suffixes *ulus, ula*, sont ordinairement *os, om, ont, olos, ola*: on trouve populus, tabola, vincola, nontiare, sont, consolere pour populus, tabula, vincula, nuntiare, sunt, consulere dans les plus anciennes inscriptions romaines. La Colonne rostrale donne poplom, diebos, navebos, primos pour populum, diebus, navibus, primus; il suffit de rappeler ici le début de la fameuse inscription du tombeau des

Scipions: *Honc oino ploirume cosentiont duonoro optumo fuise viro, Luciom Scipione, filios Barbati, consol...* — Les *Graffiti* de Pompéi, et certaines inscriptions des derniers temps de l'Empire donnent également *dolcissima, mondo, tomolo* pour *dulcissima, mundo, tumulo :* on trouve *sol us, fornus, moltus, sordus, polchium, colpam,* dans plusieurs textes du cinquième siècle et du sixième. Enfin plusieurs diplômes mérovingiens donnent *titolum, singoli, somus, fondamentis, polsatur,* ondè pour *singuli, sumus, fundamentis, pulsatur, undè.*

Annoter, du L. *annotare* (même sens) — D. *annotation*

Annuaire, du L. *annuarium* (qui a lieu, qui paraît chaque année)

Annuel, du L *annualis* même sens), voy. *an.*

Annuité, du L *annuitatem* (so nme payée annuellement).

Annulaire, du L. *annularius* (d'anneau).

Annuler, du L. *annullare* (annihiler, saint Jérôme). — D. *annulation.*

Anoblir, *anoblissement,* voy. *noble.*

Anodin, du L. *anodynos* (sans douleur, dans Marcellus Empiricus).

Anomal, du grec ἀνώμαλος (irrégulier). — D. *anomalie*

Anon, voy. *âne.* — D. *ânonner.*

Anonyme, du L. *anonymus* (dont le nom n'est pas connu).

Anse, du L. *ansa* (anse).

Antagonisme, du grec ἀνταγώνισμα (opposition). — D. *Antagoniste.*

Antarctique, du grec ἀνταρκτικός, de ἀντί et ἀρκτικός opposé à *arctique*

Antécédent, du L. *antecedentem* (qui précède).

Antechrist, dans Rabelais *antichrist,* du grec ἀντί (opposé à) et *Christ.*

Antédiluvien, imité de *antèdiluvium* (avant le déluge).

Antenne, du L. *antenna* (même sens).

Antepénultième, qui précède (antè) le *pénultième* (voy. ce mot).

Antérieur, du L. *anterior* (même sens). — D. *antériorité.*

Anthère, du grec ἀνθηρός de ἄνθος (fleur).

Anthologie, du grec ἀνθολογία (choix de fleurs)

Anthracite, dérivé du L. *anthracem* (charbon). — *Anthracites* est dans Pline au sens de pierre précieuse.

Anthrax, du L. *anthrax* (charbon).

Anthropologie, de ἄνθρωπος (homme), et λογος (étude, discours).

Anthropophage, de ἄνθρωπος (homme), et φαγεῖν (manger).

Antichambre, de *antè* (avant) et *chambre :* pièce qui précède la chambre.

Anticiper, du L. *anticipare* (prendre par avance).

Antidate, de *antè* (avant), et *date :* date fausse et antérieure à la date véritable. — D. *antidater.*

Antidote, du L. *antidotum* (contre-poison).

Antienne, du L. *antiphona* (chant alternatif de deux chœurs). *Anti*(ph)*ōna* a perdu son *ph* (f) médial, fait très-rare en français, et qu'on ne retrouve que dans les trois mots *écrouelles* de *scro*(f)*ellae** — *Étienne* de *Stephanus,* — *biais* de *bi*(f)*acem*.*

L'*ō* latin est devenu *e,* anti(ph)*ona :* antienne, — comme dans : *nennil* (*non-illud),* ne (*nōn*), demoiselle (dŏmnicella). avec (abŏc*), larcin (anciennement larecin de latrōcinium), grelot (crŏt'lum *).

Antilope, origine inconnue.
Antimoine, origine inconnue.
Antinomie, du grec ἀντινομία (opposition de deux lois).
Antipathie, du grec ἀντιπάθεια (disposition contraire) de ἀντί (contre) et πάθος (passion).
Antiphonaire, du L. antiphonarium de antiphona (antienne).
Antiphrase, du grec ἀντίφρασις (contradiction, voy. phrase).
Antipode, du L. antipodes (Habitants d'un lieu de la terre diametralement opposé).
Antiquaille, venu au seizième siècle de l'italien anticaglia (même sens).
Antique, du L. antiquus (ancien). — D. antiquaire, antiquité.
Antithèse, du grec ἀντίθεσις (opposition, voy. thèse).
Antonomase, du grec ἀντονομασία de ἀντί (en place de), et ὄνομα (nom).
Antre, du L. antrum (même sens).
Anus, du L. anus (même sens).
Anxiété, du L. anxietatem (angoisse).
Anxieux, du L. anxiosus (inquiet).
Aorte, du grec ἀορτή (Aristote).
Août, ancien français aoust, provençal aost, italien agosto, — du L. augustus (août). — Sur la chute du g, dans au(g)ustus = a-oust, voy. allier; sur u latin (augustus) devenu ou, voy. accouder, sur la suppression de l's latin voy. abîme.
Apaiser, derivé de paix par la forme pais du vieux français. (voy. paix). — D. apaisement.
Apanage. Restreint aujourd'hui au sens de domaine donné aux princes du sang pour leur subsistance, ce mot avait en droit féodal le sens générique de pension alimentaire ou mieux dedotation alimentaire. Apanage dérive de l'ancien verbe français apaner qui signifie nourrir (apanage a été tiré d'apaner, comme badinage de badiner, patelinage de pateliner, savonnage de savonner, etc...).
Quant au verbe apaner, c'est le latin feodal apanare, adpanare (nourrir), qui vient lui-même du latin panis (pain).
Aparte, mots latins qui signifie à part, de côté.
Apathie, du grec ἀπάθεια (absence de passions). — D. apathique.
Apercevoir, voy. percevoir. — D. aperçu, aperception.
Aperitif, du L. aperitivus, de aperire (ouvrir).
Apetisser, voy. petit. — D. rapetisser.
Aphorisme, du grec ἀφορισμός (sentence, définition).
Aphthe, du L. aphtha (ulcère de la bouche).
Api, du L. appiana (même sens). — Appiana mala est dans Pline au sens de pommes d'api.
Apitoyer, toucher de pitié. Apitoyer est composé de a et d'un primitif pitoyer (resté dans pitoyable, impitoyable). Pitoyer dérive de pitié (voy. ce mot).
Aplanir, voy. plane. — D. aplanissement.
Aplatir, voy. plat. — D. aplatissement.
Aplomb: en terme d'architecture, verticalité. Déterminer l'aplomb d'un mur. — Ce mot vient de à et plomb, parce qu'on determine la verticalité à l'aide d'un fil à plomb.
Apocalypse, du grec ἀποκά-

λυψις (révélation). — D. *apocalyptiques*

Apocope, du grec ἀποκοπή (retranchement).

Apocryphe, du grec ἀπόκρυφος (caché, obscur, incertain).

Apogée, du grec ἀπόγαιον (éloignement de la terre).

Apologétique, du grec ἀπολογητικος (defense).

Apologie, du grec ἀπολογία (justification). — D. *apologiste*.

Apologue, du grec ἀπολογος (récit).

Apophthegme, du grec ἀπόφθεγμα (sentence).

Apoplexie, du grec ἀποπληξία (étourdissement).

Apostasie, du grec ἀποστασία (abandon). — D. *apostat*, du grec ἀποστάτης (déserteur).

Aposter, composé de *poster*, voy. ce mot.

Apostille, composé de *postille*, qui n'est lui-même que la transcription du latin scolastique *postilla* (qui avait le sens d'explication, d'annotation). L'expression complète est *post illa* (*verba auctoris*). — D. *apostiller*.

Apostolat, du L. *apostolatus* (mission dans Tertullien).

Apostolique, du L. *apostolicus* (même sens).

1. **Apostrophe**, du grec ἀποστροφη (détour; l'orateur pendant son discours se detourne pour interpeller quelqu'un).

2. **Apostrophe**, marque orthographique, du L. *apostrophus* (même sens).

Apostume, corruption du mot *apostème*, lequel vient du grec ἀπόστημα (abcès).

Apothéose, du grec ἀποθέωσις (mise au rang des Dieux).

Apothicaire, du L. *apothecarius* (qui tient une *apotheca*, c'est-à-dire une boutique).

Apôtre, vieux français *apostre*, plus anciennement *apostle*, du du L. *apostolus* (même sens). *Apostolus* contracté en *apost'lus* suivant la règle de l'accent latin (voy. au mot *ancre*, et à la page LXXXVI) a donné au vieux français *apostle* qui est devenu *apostre* par le changement de *l* en *r*, que l'on retrouve dans orme (u*l*mus), remorque (remu*l*cum), chapitre (capit'*l*um), chartre (cart'*l*a), chartrier (cart'*l*arium), maitre (mart'*l*a*), epître (epist'*l*a), pupitre (pulpit'*l*um), titre (tit'*l*us), esclandre (scand'*l*um), pourpier (pull'pedem*), hurler (u*l*lare), décombres (de-cum'*l*is), forteresse (fortalitia*), navire (navi*l*e), trotter (to*l*utare*), vautrer (voltu*l*are*), — et au commencement du mot dans l'unique exemple rossignol (lusciniola, déjà rusciniola dans un texte du septième siècle).

Ce changement de *l* en *r* n'était point inconnu aux Romains, qui disaient indifféremment pa*l*ilia ou parilia, caeluleus ou caeruleus.

Apparaître, du latin populaire *apparescere* (même sens). — Accentué sur l'antépénultième, *aparésc(ĕ)re* devenant régulièrement (voy. p. LXXXVI), *apparés're* donna au vieux français la forme *apparoistre*, 1° par le changement de *sr* latin en *str* changement etudié au mot *ancêtre*; 2° par le changement de *e* latin en *oi* étudié au mot *accroire*. — Sur le changement de *oi* en *ai* (apparoistre en apparaistre), voy. *accroire*. — Sur la chute de l's (apparaistre devenu *apparaître*), voy. *abîme*.

Apparat, du L. *Apparatus* (apprêt).

Appareil, substantif verbal de *appareiller*.

Appareiller. Le sens originaire du mot est *arranger*, *assor*-

tir, mettre ensemble des choses *pareilles*; pour l'étymologie, voy. *pareil*. — D. appareil.

Apparemment, adv. formé de l'adjectif *apparent*. Sur *apparemment* pour *aparentment*, voy. *Abonder*.

Apparent du L. *Apparentem* (même temps)

Apparenter, voy. *Parent*.

Apparier, voy. *Paire*.

Appariteur, du L. *Apparitor* (officier subalterne, attaché aux magistrats romains).

Apparition, du L *Apparitionem* (même sens).

Apparoir, du L. *Apparere* (paraître). Sur *e* latin=*oi*, voy. *accroire*

Appartement, divisions principales d'une maison, du bas latin *Appartimentum* (division).

Appartenir, du L. *Adpertinere*, *Appertinere*, composé de *pertinere* (appartenir à, dans Tertullien). — Sur *e* (appertinere) devenu *a*, voy. *amender*. — Sur *i* latin devenu *e*, voy. *admettre*. — Sur *e* accentué (appertinēre) devenu *i*, voy. *accomplir*.

Appas. Ce mot qui signifie proprement *ce qui attire*, ne s'emploie jamais qu'au pluriel, parce qu'il n'est, en effet, que le pluriel du mot *appât*. *Appât*, en vieux français *appast*, était alors au pluriel *appasts*, dont *appas* est la corruption. Pour l'étymologie de *appas*, voy. *appât*.

Appât, vieux français *appast*, du latin du moyen âge *appastum*, *adpastum* (pâture pour attirer le gibier ou le poisson), composé du latin classique *pastum* (pâture). — D. *Appâter*.

Appauvrir, Appauvrissement, voy. *Pauvre*.

Appeau, anciennement *appel* comme *beau* est venu de *bel*: engin imitant le cri des oiseaux, pour les *appeler*, les attirer dans un piège. *Appeau* n'est donc qu'une forme secondaire d'*appel*, substantif verbal d'*appeler*.

Appel, substantif verbal d'*appeler*.

Appeler, du L. *appellare* (adresser la parole). — D. *Appel*.

Appellation, du L. *appellationem* (même sens).

Appendice, du L. *appendicem* (supplément).

Appendre, du L. *appendere* (suspendre). Sur la chute de l'*e* latin pénultième, voy. p. LXXVII.

Appentis, du L. *appendicium*, dérive de *appendere* (appendre).

Appesantir, voy *Pesant*.

Appétit, du L *appetitus* (désir). — D. *appétissant*

Applaudir, du L. *applaudere* (même sens). — D. *applaudissement*.

Appliquer, du L. *applicare* (appliquer). — D. *applicable*, *application*.

Appoint, voy. *Point*.

Appointer, *appointement*, voy. *point*.

Apporter, du L. *apportare* (même sens). D. *apport*, substantif verbal. *Rapport, rapporter, rapporteur*.

Apposer, du L. *appausare*, composé de *pausare* (placer), qui a donné *poser*. Sur *au* latin devenu *o* en français, voy. *alouette*.

Apprécier, du L. *appretiare* (évaluer, priser dans Tertullien). — D. *appréciation, appréciable*.

Appréhender, du L. *apprehendere* (même sens). — D. *appréhension*, du L. *apprehensionem*.

Apprendre, du L. *apprendere* (comprendre, saisir), forme qui coexiste en latin avec *apprehendere*. (*Apprendere* est dans Silius Italicus.) Sur la chute de *e* latin pénultième, voy. p. LXXVII. — D. *désapprendre*, *apprenti*, celui qui apprend · ce mot qui était en vieux français *apprentif*, vient du bas latin *apprendivus*, mot formé au moyen âge d'*apprendere*.

Apprenti, voy. *apprendre*.— D. *apprentissage*.

Apprêter, voy. *prêt*.— D. *apprêt*. substantif verbal.

Apprivoiser du latin *apprivitiare** (même sens). *Apprivitiare* est dérivé de *privus*. — Sur le changement de la finale *tiare* en *ser*, voy. *agencer* — Sur le changement de *i* latin en *oi*, voy. *boire*.

Approbation, du L. *approbationem* (même sens).

Approcher, du L. *appropiare* (s'approcher, dans Sulpice Sévère et saint Jérôme) Sur le changement de *pi* en *ch*, voy. *abréger*.— D. *approche*, substantif verbal ; *rapprocher, rapprochement*.

Approfondir. Voy. *Profond*.

Approprier. du L. *appropriare* (même sens).— D. *appropriation*.

Approuver, du L. *approbare* (approuver). Sur *o* latin devenu *ou*, voy. *affouage*. Sur *b* latin devenu *v*, voy. *avant*. — D. *désapprouver*.

Approvisionner, **approvisionnement**, voy. *Provision*.

Approximatif, du latin scolastique *approximativus* (même sens).

Approximation, du latin scolastique *approximationem* (même sens).

Appui, substantif verbal de *appuyer*.

Appuyer, dérivé de *pui*, comme *ennuyer* de *ennui*. *Pui* vient de *podium* (balcon de maison dans Pline, base, piédestal, soutien dans d'autres auteurs). *S'appuyer* est proprement se soutenir à l'aide de quelque chose, d'un *pui*, d'un soutien. Que *podium* ait donné *pui*, comme *hodié* a donné *hui* (aujourd'hui), — comme *modium* a donné *muid*, — comme *inodio* a donné *ennui*, — cela est incontestable (sur l'attraction de l'*i* latin, voy. *cuider*; — sur la chute du *d*, voy. *alouette*).

Enfin le bas latin qui dit *appodiare* (de *podium*) pour *appuyer*, l'italien qui dit *appoggiare* (appuyer) de *poggio* (*pui*) confirment cette étymologie. D. *appui*.

Âpre, anciennement *aspre*, du L. *asper* (âpre). — D. *âprement*.

Après, voy. *Près*.

Âpreté, ancien français *aspreté* du L. *asperitatem* (même sens).— *Asper(i)tatem*, contracté en *asper'tatem*, suivant la loi démontrée au mot *accointer*, a d'abord donné *asperte* (sur *atem=é*, voy. *abbé*), et *asperté* est devenu *aspreté* par le déplacement, la transposition de l'*r* qui a pour but de faciliter la prononciation. Cette transposition, ou comme disent les grammairiens grecs, cette *métathèse*, dont nous avons parlé à la page LXXXII, qui est fréquente en français, a aussi lieu en grec (καρδια et κραδία), et en latin (qui tire *crevi* de *cerno*, *sprevi* de *sperno*), etc. En français, cette métathèse de l'*r* se rencontre dans : brebis (vervecem), breuvage (biberaticum), abreuver (adbiberare), fromage (formaticum), pour (pro), pauvreté (paupertatem), récrier (requiritare), tremper (temperare), treuil (torculus), trombe (turbo), troubler (turbulare), trouver (turbore), frange (fimbria), octroyer (auctoricare), ogre (orcus), trouble (turbulus), lamproie (lampetra), truffe (tuber), trousser (tortiare), fatras (fartaceus*), cette métathèse de l'*r* se poursuit même en français dans certains mots ; au dix-septième siècle, le mot brelan était prononcé indifféremment berlan ou brelan; les paysans disent berbis, bertaudre, bertèche, pour brebis, bretauder, bretèche, etc.

A-propos, voy. Propos.

Apte, du L. aptus (propre à). — D. aptitude.

Apurer, apurement, voyez pur.

† **Aquarelle**, venu de l'italien acquarella (lavis, détrempe).

Aquatique, du L. aquaticus (même sens).

Aqueduc, du L. aquaeductus (conduit pour les eaux).

Aquilin, du L. aquilinus (d'aigle).

Aquilon, du L. aquilonem (vent du Nord).

† **Arabesque**, du mot arabe, par l'intermédiaire de l'italien arabesco.

Arable, du L. arabilis (qu'on peut labourer).

Araigne, ancien français araigne, du L. aranea (araignée). — Sur le changement du suffixe anea en agne, aigne, comparez chataigne (castanea*), montagne (montanea*), campagne (campania*). Aneus devient ordinairement ain: chatain (castaneus), soudain (subitaneus), souterrain (subterraneus), fusain (fusaneus), etc....
Dans notre ancienne langue, l'aranea était appelée araigne, et sa toile araignée (de araneata, proprement le travail de l'aranea. Sur la chute du t latin voy. ampoulé). Au seizième siècle, le sens étymomologique se perdit, et on appela indifféremment l'animal araigne ou araignée, confondant ainsi l'animal ? et son œuvre. Au dix-septième siècle araignée l'emporta définitivement, et l'on ne trouve plus araigne que dans la Fontaine: aujourd'hui ce mot est relégué dans nos patois. On doit regretter sa perte.

Araignée, voy. aragne.

Aratoire, du L. aratorius.

Arbalète, ancien français arbaleste, du L. arcuballista (arbalète dans Végèce). Arcuballista déjà contracté en arc'ballista dans la basse latinité a donné arbalète: 1° par la réduction de rc latin en r, comme dans carrefour (quadrifurcum*). 2° par la chute de l's du vieux français arbaleste, chute étudiée au mot abîme. — D. arbalétrier.

1. **Arbitre**, du L. arbiter (juge, expert). — D. arbitrage, arbitration, arbitral.

2. **Arbitre**, du L. arbitrium (volonté). — D. arbitraire.

Arborer, élever droit comme un arbre (arborer un étendard, etc...) du bas latin arborare (de arbor, arbre) L'italien dit de même pour arborer, alberare formé de albero (arbre).

Arbouse, de arbuteus, dérivé de arbutum (arbouse). Arbuteus régulièrement transformé en arbutius (voy. au mot abréger), a donné arbouse par le changement de u en ou (voy. accouder) et par celui de ti en s (voy. agencer). — D. arbousier.

Arbre, du L. arbor. Sur la chute de l'o voy. ancre.

Arbrisseau, du L. arboricellus (petit arbre) diminutif de arbor (arbre). Sur la chute de o latin, arb'ricellus voy. accointer; sur c latin devenu ss voy. amitié; sur ellus devenu eau, voy. agneau.

Arbuste, du L. arbustum (arbre dans Lucrèce).

Arc, du L. arcus (arc). — D. archer.

† **Arcade**, venu de l'Italien?

Arc-boutant, voy. bouter.

Arceau, ancien français *arcet*, littéralement petit *arc* (voy. ce mot).

Arc-en-ciel, de *arc*, *en* et *ciel*.

Archaïsme du grec ἀρχαῖσμος (emploi de locutions surannées). — D. *archaïque*.

Archal, du L. *orichalcum* (laiton). Sur *o* latin devenu *a*, voy. *août*. Sur la chute de l'*i*. or'*chalcum* voy. *accointer*.

Archange, du L. *archangelus* (ange d'un ordre supérieur; dans saint Jérôme; *archangelus* est la transcription de ἀρχάγγελος, de ἀρχί qui est au-dessus, — et ἄγγελο-, ange).

1. **Arche** (au sens d'arche sainte, etc..., du L. *arca* (coffre).

2. **Arche** (arche d'un pont), voûte en forme d'arc, du L. *archia* (voûte), dérivé de *arcus* (arc).

Archéologie, du grec ἀρχαιολογία, étude de l'antiquité, de ἀρχαῖος ancien, et λόγος discours. D. *archéologue*.

Archet, diminutif de *arc*, comme *cochet* de *coq*. L'*archet* était à l'origine une baguette recourbée en forme d'arc.

Archevêque, du latin ecclésiastique *archiepiscopus*, qui est au dessus (ἀρχί), de l'*episcopus* (de l'évêque). *Episc(o)pus* suivant la loi de l'accent latin (voy. p. LXXXVI) a laissé tomber les deux dernières syllabes qui sont inaccentuées, et *episc* est devenu *evesque* : 1° par le changement de *p* en *v* (voy. *arriver*); 2° par celui de *i* en *e* (voy. *admettre*); 3° par celui de *î* en *q*. *Evesque* est devenu *évêque* par la suppression de l'*s* étudie au mot *abîme*. — D. *archevêché*.

Archidiacre, qui est au-dessus (ἀρχί) du *diacre*.

Archiduc, qui est au dessus (ἀρχί) du *duc*.

† **Archipel**, venu de l'italien *arcipelago* (même sens). Au dix-septième siècle, quelques personnes conservaient la forme italienne et disaient *archipelague*.

Architecte, du L. *architectus* (architecte). — D. *architecture*, *architectural*.

Architectonique, du grec ἀρχιτεκτονικός (qui a rapport à l'architecture).

Architrave, maîtresse poutre, de *trabem* (poutre) et ἀρχί (qui est au-dessus).

Archives, du L. *archivum* (archives dans Tertullien). — D. *archiviste*.

† **Archivolte**, venu au seizième siècle de l'italien *arcivolto* (même sens).

Arçon, venu comme l'italien *arcione*, du bas latin *arcionem*, diminutif de *arcus* (arc). L'*arçon* est, en effet, une pièce de bois cintrée, en forme d'arc. — D. *Désarçonner*.

Arctique, du grec ἀρκτικός (situé au nord, de ἄρκτος, ours, — la grande ourse étant située dans le voisinage du pôle nord).

Ardent, du L. *ardentem* (qui brûle de). — D. *ardemment*.

Ardeur, du L. *ardorem* (chaleur).

Ardillon, origine inconnue.

Ardoise, origine inconnue.

Ardu, du L. *arduus* (escarpé).

Are, du L. *area* (superficie).

Arene, du L. *arena* (sable).

Arête, du L. *arista* (arête de poisson dans Ausone). Sur *i* devenu *e*, voy. *admettre*; sur la chute de l'*s*, voy. *abîme*.

Argent, du L. *argentum* (argent). — D. *argenter*, *argenterie*, *argenture*, *argentier*, *argentin*, *désargenter*.

Argile, du L. *argilla* (argile). — D. *argilleux*.

Argot, origine inconnue.

† **Argousin,** surveillant des galères, au seizième siècle *algosans,* corruption de l'espagnol *alguazil* (surveillant).

Arguer, du L. *arguere* (même sens).

Argument, du L. *argumentum* (m. s.). — D. *argumenter, argumentation.*

Argutie, du L. *argutia* (subtilité).

Aride, du L. *aridus* (sec). — D. *aridité.*

Ariette, diminutif de l'italien *aria* (air de musique), mot venu au dix-septieme siècle avec Lulli.

Aristocrate, du grec ἀριστοκρατεία (gouvernement des meilleurs). — D.

Arithmétique, du L. *arithmetica* (m. s.).

† **Arlequin,** venu au seizième siècle, de l'italien *arlechino* (même sens).

Armateur, du L. *armator* (celui qui arme).

Arme, du L. *arma* (m s.). — D. *armer, armée* (subs. participial) *armement, armure, armorier, armorial.*

Armet, origine inconnue.

Armistice, du L. *armistitium** (m. s.).

Armoire, ancien français *armaire,* du L. *armarium* (armoire, coffre).

Armoiries, ancien français *armoyeries,* derivé de l'ancien verbe *armoyer* (peindre les armes, blasonner) qui vient de *arme,* comme *larmoyer* de *larme.*

Armoise, du L *artemisia* (armoise); sur la contraction de artëmisia par la chute de *ë* atone, voy. *accointer ;* sur le changement de *i* accentué en *oi,* voy.

Armorial, voy. *arme.*

Armure, voy. *arme.* — D. *armurier.*

Arome, du L. *aroma* (parfum). — D. *aromatique, aromatiser.*

Aronde, du L. *hirundo* (hirondelle). Le mot est encore au dix-septième siècle dans Lafontaine; au dix huitième siècle dans Voltaire. — Sur la chute de l'*h,* initial latin, voy. *atelier,* sur le changement de *i* latin atone en *o,* voy. *frotter ;* sur le changement de *u* latin en *o,* voy. *annoncer.*

† **Arpège,** de l'italien *arpeggio,* dérivé de *arpa* (harpe).

Arpent, provençal *arpen,* du latin *arepennis* (même sens); sur la chute de *e* atone, voy. *accointer ;* (on trouve déja en latin classique *arpennis* à côté de *arepennis*). — D. *arpenter, arpentage, arpenteur.*

† **Arquebuse,** venu au seizième siècle, de l'italien *archibuso* (même sens). — D. *arquebusier.*

Arquer, voy. *arc.*

Arracher, du L. *eradicare* (arracher).

Contracté en *erad'care* suivant la loi démontrée au mot *accointer* par la chute de l'*i* atone, — ce mot est devenu era'care, puis *arracher* 1° par le changement de *c* latin en *ch* pour lequel je renvoie au mot *acharner.* 2° par la reduction de *de* latin en *c,* réduction qui a lieu dans : *venger* (vind'care) , *juger* (jud'care) , *manger* (mand'care)*: piège* (ped'ca), *pencher* (pend'care), *prêcher* (praed'care), *revancher* (revend'care. — D. *arrachement, arrache-pied.*

Arranger, voy. rang. — D. *arrangement.*

Arrérages, voy. *arrière.*

Arrestation, voy. *arrêter.*

Arrêt, substantif verbal de *arrêter.*

Arrêter, du L. *adrestare, ar-*

restare (m. s.). — *Arrestare* avait d'abord donné le vieux français *arrester*, qui est devenu *arréter* par la chute de l's (voy. abîme); mais la forme primitive du mot a persisté dans *arrestation* qui devrait être logiquement *arrétation*.

Arrhes, du L. *arrha* (gage).

Arrière, du L. *ad-retro**, comme *derrière* de *de retro*. — Le latin *retro* (derrière) donna en vieux français *rière* (comme *petra* donna *pierre*), par le changement :

1° de *e* en *ie*, qui se retrouve pour l'*e* accentué dans le mots bien (bĕne), hier (fĕrus), fiel (fĕl) hier (hĕri), miel (mĕl), pied (pĕdem), rien (rĕm), sied (sĕdet), tient (tĕnet), vient (vĕnit), gesier (gigérium) matière (matĕria), mieux (mĕlius), pièce (pĕtium), — cimetière (cœmetĕrium), chantier (canterium*), — fièvre (febris), cierge (cerjus*), entier (integrum), hièble (eb'lum), fierté (fer'tatem), lierre hed'ra), nièce (neptia*), lièvre (leporem), pierre (petra), siège (sed'ca*), tiède (tep'dus), tiers (tertius), centieme (centes'mus), huitième (octes'mus), derrière (deretro), liege (levjum)*, paupière (palpebra), piège (ped'ca), vieux (veclus), — pour l'*e* inaccentué dans . brieveté (brĕvitatem), fierté (fer'tatem), assiéger (assedjare*).

2° de *tr* en *r* (retro = rière).

tr latin est d'abord devenu *dr*, comme on l'a vu au mot *aider;* *dr* est devenu *rr* voy. page LXXVII), comme dans : larron (latronem), pourrir (putrere)*, nourrir (nutrire) pierre (petra), parrain (patrinus), marraine (matrina), tonerre (tonitru), verre (vitrum), nourrisson (nutritionem), merrain (mat'riamen*), marguilher (anciennement marreglier matric'larius*), errer (it'rare), beurre (but'rum). Dans frère (fratrem), mère (matrem), père (patrem), tarière (taratrum), larcin (latrocinium), serin (citrinus), arrière (adretro), derrière (deretro), confrérie (confratria*), maratre (matraster), persil (petroselinum), repairer (repatriare*), véricle (vitricula*), vernu (vitrinire*), carillon (quaf'rnionem), dernier (v. fr. derrenier derrainier de derrain de deretramus*), — les *rr* se sont adoucis en *r*.

On voit ainsi comment *retro* a donné *rière* : le latin mérovingien ayant créé les composés *ad-retro* et *deretro*, ceux-ci devinrent respectivement *arrière* et *derrière*; dans adretro, *dr* s'assimila en *rr* (voy. page LXXXI), arrière, comme dans carré (quadratum), carrefour (quadrifurcus), lierre (haed'ra), arriver (adripare), arroser (adrorare), carrière (quadraria), équerre (ex-quadra)*), équarrir (exquadrare*); dans quarante (quadraginta), carême (quadragesima), chaire (cathedra), croire (cred're), occire occid're), rire (rid're), désirer (desid'rare), conclure (conclud're), exclure (exclud're), raire(rad're), clore (claud're), — ces *rr* se sont adoucis en *r*.

A côté d'*arrière*, on trouve en ancien français la forme non diphthonguee *arrère*, qui a persisté dans le dérivé *arrérage* (pour arriérage).

D. *arrérage*. *arriérer*.

Arriver, du L. *adripare** (aborder à la rive, toucher terre), qui est déjà *arripare* dans un texte du neuvième siècle, *arribore* dans une charte du onzième siècle.

En français, *arriver* est à l'origine, un terme de marine; comme son original *adripare*, il signifie proprement *aborder, mener à la rive* : dans un poeme du douzième siècle, la vie de Grégoire le grand, un pêcheur conduit des voyageurs à un îlot situé en pleine mer; après maints efforts, dit le vieux poëte, *au rocher il les arriva*, c'est-à-dire il leur fit toucher la rive. Le sens étymologique est encore visible dans un recueil de règlements administratifs du treizième siècle, le *Livre de Justice*, on y lit que les bateliers peuvent *arriver* leur bateau, et attacher leur câble aux arbres. Dès le quatorzième siècle *arriver* perd sa signification première, *de toucher à la rive*, et prend le sens général de *toucher au but*. Nous avons vu, au mot *aller*, cette même métaphore de la navigation à la marche: *adnare* auquel Cicéron donne le sens de *venir par eau*, signifie venir *par terre* dans Papias.

Sur *dr* (adripare), devenu *rr* (arriver), voy. au mot *arrière*. — Sur *p* (arripare), devenu *v* (arriver), voy. p xc; nous avons vu que *p* n'arrive à *v* qu'en passant par *b*, et qu'entre le latin *arripare* et le français *arriver*; nous trouvons le bas latin *arribare*. Cet adoucissement de *p* en *v* se retrouve en français dans : assouvir (assopire*), cheveu (capillus), crever (crepare), louve (lupa), neveu (nepotem), prévôt (praepositum), percevoir (percipere), rave (rapa), recevoir (recipere), rive (ripa), saveur (saporem), savoir (sapere), savon (saponem), sève (sapa), chevêtre (capistrum), enchevêtrer (incapistrare*), cive (caepa), civet (caepatum), concevoir (concipere), convoiter (cupitare*), couvercle (cooperculum*), cuve (cupa), souverain (de superaneus*), ensevelir (insepelire), évêque (episcopus), évêché (episcopatus), javelle (capella*), navet (napus), pavillon (papilionem), ravine (rapina*), ra-

vir (rapere), recevoir (recipere), rive (ripa), rivage (ripaticum*), rivière (riparia), seneve (inapi), — chèvre (capra), œuvre (opera), ouvrer (op'rare), ouvrier (op'rarius), ouvrir (ap'rire), pauvre (paup'rem), avec (ap'dhoc), avril (aprilis), chevreuil (capreolus), chevron (capronem*), couvrir (coop rire), cuivre (cuprum), genièvre (junip'rum), guivre (vip'ra), lièvre (lep'rem). levrier (lep'rarius), poivre (pip'r), recouvrer (recup'rare), serrer (sep'rare), purée (ancien francais pevrée de pip'rata*). — D. *arrivage, arrivée*.

Arrogance, du L. *arrogantia* (m. s.). — D. *arrogant*.

Arroger, du L. *arrogare* (même sens).

Arrondir, voy. *rond*. — D. *arrondissement*.

Arroser, du L. *adrorare* (arroser, dans Marcellus Empiricus). Sur *dr* latin devenu *rr* en français, voy. *arrière*. Quand à la substitution d'un *s* (arroser), à l'*r* latin (adrorare), elle se retrouve en français dans plusieurs, besicle (vieux-français bericle, beryllus), poussière (vieux français pourriere), chaise (chaire, cathedra). Cette altération phonétique de *r* en *s* remonte haut : Théodore de Bèze xvi° siècle), nous apprend que les Parisiens disaient pèze, mèze, chaize, Théodoze. Mazie pour père, mère, chaire, Theodore, Marie. Palsgrave (1530), remarque qu'à la cour on disait non Paris, mais Pazis. — Cette permutation se retrouve encore dans quelques patois, notamment dans celui de la Champagne qui dit ecuzie pour ecurie, frèze (pour frère), etc ...— D. *arrossage, arrosoir*.

† **Arsenal**, venu au seizième siècle, de l'italien *arsenale* (même sens).

Arsenic, du L. *arsenicum* (arsenic). — D. *arsenical, arsenieux.*
Art, du L. *artem* (m. s.).
Artere, du L. *arteria* (m. s.). — D *artériel.*
Artésien (puits), mot d'origine historique, ces puits ayant été forés en France pour la première fois dans l'Artois.
† **Artichaut,** mot venu au seizième siècle de l'italien *articiocco* (même sens).
Article, du L. *articulum* (même sens).
Articuler, du L. *articulare* (même sens).— D. *articulation, articulaire, désarticuler, inarticulé.*
Artifice, du L. *artificium* (ruse). — D. *artificier.*
Artificiel, du L. *artificialis* (meme sens).
Artificieux, du L. *artificiosus* (m. s).
Artillerie, mot que l'on trouve en français plus de deux siècles avant l'emploi de la poudre à canon; — *artillerie* avait alors un double sens: tantôt il signifiait l'ensemble des armes, des engins du guerre, — et en particulier des armes de trait, qui etaient les armes offensives par excellence (« Quiconque doresenavant voudra être artilleur *et user du mestier d'*artillerie *en la ville et banlieue de Paris, c'est à savoir faiseur d'arcs, de flesches, d'arbalestes....* » lit-on dans un document de 1375), — tantôt il désignait comme dans Joinville, au treizième siècle, le lieu ou l'on déposait les armes, l'arsenal Les soldats d'*artillerie* étaient les archers et les arbalétriers : quand l'usage de la poudre à canon fut introduit, et que les *armes à feu* succédèrent aux armes de trait, on conserva aux armes nouvelles la dénomination des anciennes. — *Artillerie* dérive de notre ancien verbe *artiller,* armer. [Ce mot a longtemps persisté dans le vocabulaire de la marine; on disait encore au dix-huitième siècle *un vaisseau artillé,* non *un vaisseau armé.*]
Artiller, est dans la basse-latinité *artillare,* qui correspond au latin *articulare* derivé de *artem* par l'intermediaire de *articulus.*— Qu'*artem* ait pris dans la basse latinité le sens d'art de la guerre, c'est ce que l'on comprend mieux quand on voit la même métaphore se produire pour le mot *ingenium* qui a donné *engin* (voy. ce mot).
Artilleur, derivé d'*artiller.*— Voy. *artillerie.*
Artimon, du L. *artemonem* qui est dans Isidore de Séville avec le même sens. — Sur *e* latin devenu *i,* voy. *accomplir.*
† **Artisan,** venu au seizième siècle de l'italien *artigiano* (même sens). — A l'origine *artisan* avait le sens que nous donnons au mot *artiste* : « *Peintre, poete ou aultre artisan* » dit Montaigne.
† **Artiste,** venu au seizième siècle de l'italien *artista* (m. s.).
As, du L. *as* (même sens).
Ascendant, du L. *ascendentem* (qui monte). — D. *ascendance.*
Ascension, du L. *ascensionem* (action de monter). — D. *ascensionnel.*
Ascete, du grec ἀσκητής, celui qui s'exerce [s. ent. à la *mortification*]. — D. *ascétisme, ascétique.*
Asile, du L *asylum* (lieu inviolable, qu'on ne pille pas).
Aspect, du L *aspectum* dérivé de *aspicere* (regarder).
Asperge du L. *asparagus* (asperge). *Aspár(a)gus* contracté en *aspár'gus* suivant la règle de l'accent latin (page LXXIX), a perdu

son *ă* atone, comme les mots suivants : baume (bals*ă*mum), buffle (bub*ă*lus), chaume (cal*ă*mus), capre (capp*ă*ris), cinnabre (cinnab*ă*ris), esclandre (scand*ă*lum), grelot (crot*ă*lum), ladre (laz*ă*rus), lampe (lamp*ă*dem), martre (mart*ă*la*), nacre (nacara*), orgue (org*ă*num), plane (plat*ă*num), seigle (latin vulgaire sec*ă*le), timbre (tympanum), sucre (sacch*ă*rum), cercueil (sarcoph*ă*gus).

Sur *a* latin (aspar'gus) devenu *e* (asperge), voy. *acheter*.

Asperger, du L. *aspergere* (arroser).

Aspérité, du L. *asperitatem* (m. s.).

Aspersion, du L. *aspersionem* (m. s).

Aspersoir, du L. *aspersorium** (m. s.).

Asphalte, du L. *asphaltus* (bitume).

Asphyxie, du grec ἀσφυξία (arrêt du pouls).

1. **Aspic**, corruption de *espic*, qui est le latin *spicus* (lavande). L'huile odorante et volatile de la grande lavande, connue sous le nom vulgaire d'*huile d'aspic*, est appelée par les chimistes *huile de spic*. Sur sp dev. *esp*, voy. *espérer*.

2. † **Aspic**, espèce de vipère de petite taille. *Aspic* qu'on n'a point trouvé dans les textes français antérieurs au seizième siècle vient du provencal *aspic*, qui est le latin *aspidem* (même sens). — Dans notre ancienne langue le latin *aspis* existait sous la forme *aspe*.

Aspirer, du L. *aspirare* (aspirer). — D. *aspiration*, *aspirateur*.

Assaillir, du L. *assalire* (qui est au sens d'assaillir dans la *Lex Salica*). — Pour le changement de *salire* en *saillir*, voy. *saillir*.

Assainir, voy. sain. — D. *assainissement*.

Assaisonner, voy. *saison*. — D. *assaisonnement*.

Assassin. Mot d'origine historique (voy. p. LXIII). — *Assassin* qui est *assacis* dans Joinville au treizième siècle, — dans la basse latinité *hassessin*, est le nom d'une secte célèbre de la Palestine au treizième siècle, celle des *Haschischin* (buveurs de *haschisché*, boisson enivrante, dissolution de *haschisch* poudre de feuilles de chanvre.) Le *Scheik* des *Haschischin*, connu sous le nom de Vieux de la montagne, exaltait l'esprit de ses séides, à l'aide de cette boisson, et les envoyait ensuite poignarder ses ennemis. et en particulier les chefs des croisés. — Joinville emploie encore le mot *assassin* au sens de membre de la secte des *Haschischin*, mais dès le quinzième siècle *assassin* devient synonyme de *meurtrier*, et perd le sens spécial qu'il gardait à l'origine. Nous avons tout à fait oublié aujourd'hui l'histoire de ce mot, et le fait qui l'a introduit dans notre langue. Il en est de même de plusieurs autres mots du même genre, tels que *berline* qui signifiait à l'origine une voiture fabriquée à *Berlin*, *séide* qui est dans le *Mahomet* de Voltaire un fanatique aveuglement dévoué aux volontés du prophète, etc.... — D. *assassiner*, *assassinat*.

Assaut, ancien français *assalt*, du L. *assaltus* (assaut) composé de *saltus* (saut, bond). — Sur *al* latin devenu *au*, voy. *agneau*.

Assembler, du L. *adsimulare*, *assimulare* (mettre ensemble, *simul*) — *Assimuláre* devenu *assim'lare* conformément à la règle donnée au mot *accointer*, est devenu *assembler* par le changement 1° de *ml* (assim'lare) en *mbl* (assembler), changement étudié au mot *absoudre;* — 2° de *i* latin en *e;* voy. *admettre.* — D. *assemblée* (substantif participial), *assemblage, rassembler, rassemblement.*

Assener, du L. *assignare* (viser). *Assener* avait à l'origine de la langue le sens de diriger un coup, d'atteindre le but ; Froissart nous parle d'un archer qui tira *un carreau* (une flèche), *et assena un chevalier en la teste,* c'est-à-dire visa un chevalier à la tête. Peu à peu, *assener* perdit son sens étymologique d'ajuster, de viser, — et arriva à la signification actuelle, *porter un coup violent.* Dans *assignare*, *gn* est devenu *n* en français. On trouve déjà *assinare, assenare* dans les Chartes du onzième siècle. Les Romains disaient indifféremment *aprugna* ou *apruna.* Cette réduction de *gn* en *n* se retrouve dans : bénin (benignus), malin (malignus), connaître (cognoscere), dessiner (designare), dédain (disdignum*). Cette réduction a encore lieu, oralement, dans le mot *signet,* que nous prononçons *sinet.* Sur *i* latin (assignare) = *e* (assener), voy. *admettre.*

Assentiment, de l'ancien verbe *assentir* (approuver), qui vient du L. *assentire* (être de même avis).

Asseoir, du L. *assidere* (être assis). — Sur la chute du *d, assi(d)ere,* voy. *accabler;* sur *i* latin devenu *e* voy. *admettre;* sur *e* latin (assidere) devenu *oi,* voy. *accroire.* — D *rasseoir, rassis.* Le participe féminin *assise* est devenu substantif (voy. *absoute).*

Assermenter, voy. *serment.*

Assertion, du L. *assertionem* (affirmation).

Asservir, du L. *asservire* (assujettir). — D. *asservissement.*

Assesseur, du L. *assessorem* (adjoint). — Sur *o* latin devenu *eu,* voy. *accueillir.*

Assez, du L. *adsatis* * (le *t* latin se retrouve encore dans le provençal *assatz*). — *Assez* signifiait à l'origine *beaucoup* et se plaçait après le substantif. On trouve à chaque page dans la *Chanson de Roland* : Je vous donnerai *or et argent assez* (pour: beaucoup d'or et d'argent), *trop assez* (pour *beaucoup trop*), plus *assez* (pour *beaucoup plus*) etc... — De même *assai* en italien : *presto assai* (prestus adsatis) signifie (*très-vite,* et non *assez vite.*

Dans ce mot, *ds* latin (adsatis), s'est assimilé en *ss,* comme dans assurer (adsecurare), aussi (aliudsic), associer (adsociare), assouvir (adsopire), rassasier (re-adsatiare*), Sur *a* latin (adsatis) devenu *e,* voy. *acheter :* adsatis a donné *assez,* comme *amatis, portatis* donnent aimez, portez.

Assidu, du L. *assiduus* (assidu). — D. *assiduité, assidûment.*

Assiéger, du L. *assediare* * (qui est au sens de *mettre le siège* dans certains textes du huitième siècle). — Sur *diare* devenu *ger* en français, voy. *abréger* et *ajouter.* Sur *e* (assediare) devenu *ie,* voy. *arrière.*

1. **Assiette,** au sens de position (*assiette* d'une ville, perdre son *assiette*,) — ou de répartition, d'établissement (*assiette* d'un impôt), n'est autre chose que le participe fort d'*asseoir.* Sur les participes forts, voy. *absoute.*

2. **Assiette** (vaisselle). Le latin *assecare* (composé de *ad,* et *secare* trancher), donna naissance par le supin *assectum* (voy. page XXXIII) au verbe factitif *as-

sectare, d'où est venu l'italien *assettare* (découper les viandes); sur le *ct* latin (asse*ct*are) devenu *tt* en italien, voy. page XIX.

Le français *assiette*, aussi écrit *assiecte*, correspond à *assecta* *, et veut dire proprement, le plat dans lequel on découpe les mets. Sur *e* latin (assecta) devenu *ie*, voy. *arrière*. Quant au changement de *ct* latin en *tt* (assiette), changement qui se retrouve dans *datte* (dact'lum), *jette* (jacto), *lutter* (luctare), *cueillette* (collecta), *emplette* (implic'ta), *frotter* (frictare), — cette assimilation avait déjà lieu en latin où l'on trouve *mattea* pour *mactea*, *natta* pour *nacta*, *gluttio* pour *gluctio* (glocire). — D. *assiettée*.

Assigner, du L. *assignare* (m. s.). — D *assignation*, *assignat*.

Assimiler, du L. *assimilare* (rendre semblable). — D. *assimilation*.

Assise, voy. *asseoir*.

Assister, du L. *assistere* (se tenir auprès). — D. *assistance*.

Associer, du L. *associare* (m. s.). — D. *association*.

Assolement, voy. *sole*.

Assombrir, voy. *sombre*.

Assommer, voy. *somme*. — D. *assommoir*.

Assomption, du L. *assumptionem* (enlèvement).

Assonant, du L. *assonantem* (qui répond à une voix). — D. *assonance*

Assortir, rassembler des objets de même *sorte* (voy. ce mot). — D. *assortiment*, *désassortir*.

Assoupir, du L. *assopire* (même sens), — D. *assoupissement*.

Assouplir, voy. *souple*.

Assourdir, voy. *sourd*. — D. *assourdissement*.

Assouvir, du L. *assopire* (calmer, apaiser). — Sur *o* latin devenu *ou*, voy. *affouage*. — Sur *p* devenu *v*, voy. *abeille*. — D. *assouvissement*.

Assujettir, voy. sujet. — D. *assujettissement*.

Assumer, du L. *assumere* (m s.).

Assurer, au seizième siècle *asseurer*, au douzième *asseurer*, du L. *assecurare* (rendre sûr). Sur la chute du *c*, asse(c)*urare*, voy. *affouage*. — D. *assurance*, *rassurer*.

Astérisque, du grec ἀστερίσκος (petite étoile).

Asthme, du grec ἄσθμα (respiration). — D. *asthmatique*.

Asticoter, voy. *astiquer*.

Astiquer, lisser le cuir à l'aide d'un polissoir nommé *astic*. (L'origine d'*astic* est inconnue). — *Asticoter* a été tiré d'*astiquer*, au sens métaphorique de tourmenter, irriter. Les verbes fréquentatifs de ce genre ne sont point rares en français, témoin *picoter* de *piquer*, *trembloter* de *trembler*, etc.

Astragale, du L. *astragalus* (m s).

Astre, du L. *astrum* (m s.)

Astreindre, du L. *astringere* (assujettir). — *Astringere*, régulièrement contracté en *astrin're* suivant la règle de l'accent latin (voy. page LXXIX), a donné *astreindre* par le changement de *nr* latin en *ndr*, changement étudié au mot *absoudre*.

Astringent, du L. *astringentem* (qui resserre).

Astrolabe, du grec ἀστρολάβον, littéralement, instrument propre à prendre (λαμβανω) la position des astres.

Astrologie, du grec ἀστρολογία (étude des astres). — D. *astrologue*. — ἀστρολογία n'a en grec aucun sens défavorable et a la même valeur que notre mot *astronomie*.

Astronomie, du L. *astronomia* (m. s.; littéral. étude des mouvements des astres). — D. *astronome, astronomique*.

Astuce, du L. *astucia* (ruse). — D. *astucieux*..

Atelier, ancien français *astelier* (Bernard Palissy écrit *hastelier*), — du L. *hastellarius* *, lieu où l'on fabrique les *hastellae* (pour *hastulae* planchettes, dans Isidore de Séville). — *Hastella* * a donné l'ancien français *astelle*, planchette, qui est aujourd'hui *attelle* (lame de bois que les chirurgiens emploient pour maintenir les fractures. L'*astelier* lieu où l'on fabriquait ces *astelles*, ces planchettes, n'eut donc à l'origine que le sens d'*atelier de menuiserie*, et il passa de là au sens d'atelier en général. Sur ces amplifications du sens, voy. page XXII. Quant aux changements philologiques, le plus important est la chute de l'*h* latin (*hastellarius*) qui a disparu en français, comme dans *étique* (*hecticus*), *avoir* (*habere*), *on* (*homo*), *orge* (*hordjum* *), *or* (*hora*), *oui* (*hoc-illud*), *encore* (*hanc horam*), *ordure* (*horridus*), *ôter* (*haustare*): cette chute, qui avait déjà lieu dans le latin classique *er, olus, era* (vieux latin *her, holus, hera*), est très-fréquente dans les inscriptions (où l'on trouve *ujus, ic, oc, eredes. onestus, omo* pour : *hujus, hic, hoc, heredes, honestus, homo*), bien que les Romains aspirassent profondément l'*h* initial, à la façon de l'*h* anglais ou de l'*h* allemand. — Sur la chute de *s* (*hastellarius*), voy. *abîme*; sur *arius* (*hastellarius*) devenu *ier* en français, voy. *dnier*.

Atermoyer, différer, reculer le *terme* (voy. ce mot). Atermoyer dérive de *terme*, comme *rudoyer* de *rude, nettoyer* de *nette*, etc.... — D. *atermoiement*.

Athee, du grec ἄθεος (qui n'a pas de Dieu). — D. *athéisme*.

Athlete, du grec ἀθλητής (lutteur). — D. *athlétique*.

Atlas, mot d'origine historique. Mercator donna le premier ce nom de géant à un recueil de cartes géographiques à cause de la grandeur du format.

Atmosphère, mot forgé par les savants, du grec ἀτμος (vapeur), et σφαῖρα (sphère). — D. *atmospherique*.

Atome, du grec ἄτομος (qu'on ne peut diviser).

Atonie, du grec ἀτονία (relâchement). — D. *atone*.

Atour, parure, dérivé de l'ancien verbe *atourner* (parer). — *Atour* vient d'*atourner* comme *tour* de *tourner*, *contour* de *contourner*. Sur l'etymologie d'*atourner*, voy. *tourner*.

Âtre, ancien français *astre*, au huitième siècle *astrum* dans les Gloses de Reichenau avec le sens de *carrelage*. L'*âtre* désignait proprement le bas d'une cheminée garni de carreaux, et par les formes *astre, astrum*, ce mot vient de l'ancien haut allemand *astrih* (dallage, plancher carrelé). Les Gloses de Reichenau qui traduisent *astrum* par *pavimentum* (carrelage) confirment cette origine.

Atroce, du L. *atrocem* (m. s.). — D. *atrocité*.

Atrophie, du grec ἀτροφία (privation de nourriture, dépérissement). — D. *s'atrophier*.

Attabler, voy. *table*.

Attacher, *détacher*, dérivent d'un radical commun *tacher*, comme *attendre* et *détendre* dérivent de *tendre*, comme *attirer* et *détirer* dérivent de *tirer*. Ce radical a disparu, sans laisser de traces dans notre ancienne langue et son origine est inconnue. — D. *Attachement, attacher, rattacher, soustacher, détachement.*

Attaquer. J'ai expliqué ailleurs (*Grammaire historique de la langue française*, page XLVIII), comment le dialecte de l'Ile de France se développa au moyen âge aux dépens des dialectes voisins de la Normandie, de la Picardie, etc..., et finit même par les supplanter ; comment il reçut cependant plusieurs mots de ces mêmes dialectes, qui existant déjà en français sous une forme française, firent alors double emploi, ou prirent une autre acception. Tel est le cas du mot *attaquer* qui n'est autre chose que le mot *attacher*, — comme cela est visible par la locution(*s'attaquer à*, qui est identique avec *s'attacher à*. D'ailleurs l'histoire de notre langue le prouve, ces deux mots étaient indifféremment employés l'un pour l'autre : tantôt *attaquer* a le sens d'*attacher*, comme dans ce texte du quatorzième siècle : *elle attaque au mantel une riche escarboucle*. (Baudoin de Sebourc).

Tantôt *attacher* signifie *attaquer*, *livrer un combat* ; ainsi dans ce passage d'une lettre de Calvin au régent d'Angleterre : « A ce « que j'entends, Monseigneur, « vous avez deux espèces de mu« tins qui se sont eslevez contre le « roy et l'estat du royaume : les « uns sont gens fantastiques qui « soubs couleur de l'Évangile « vouldroient mettre tout en con« fusion ; les autres sont gens obs« tinés aux superstitions de l'An« techrist de Rome. Tous ensemble « méritent bien d'estre réprimés « par le glayve qui vous est com-« mis, veu qu'ils *s'attaschent* non-« seulement au roy, mais à Dieu « qui l'a assis au siége royal, et « vous a commis la protection « tant de sa personne que de sa « majesté. » (*Lettres de Calvin recueillies par M. Bonnet*, II, 201). — *Attaquer* n'étant qu'une autre forme d'*attacher*, je renvoie le lecteur à ce dernier mot pour l'étymologie. — D. *attaque, inattaquable.*

Attarder, voy. *tard.*
Atteindre, du L. *attingere* (toucher). — Sur *ingere* devenu *eindre*, voy. *astreindre*. — D. *atteinte*, substantif participial (voy. *absoute*).
Atteler, dételer proviennent d'un radical commun *teler* dont l'origine est inconnue — D. *attelage.*
Attenant, du L. *attinentem* (m. s.), voy *tenir*.
Attendre, du L. *attendere* (m. s.). Sur la chute de l'avant-dernier e latin, voy. *accourir*. — D. *attente*, substantif participial (voy. *absoute*).
Attendrir, voy. *tendre*. — D. *attendrissement.*
Attenir, voy. *attendre.*
Attenter, du L. *attentare* (m. s.). — D. *attentat, attentatoire.*
Attentif, du L. *attentivus* (m.s.).
Attention, du L. *attentionem* (attention).
Atténuer, du L. *attenuare* (diminuer). — D. *atténuation.*
Atterrer, littéralement renverser par terre. Le sens étymologique est encore visible dans cette phrase de Bossuet : « *Se ralentir après l'avoir atterré, c'est lui faire reprendre ses forces.* »
Atterrir, voy. *terre*. — D. *atterrissage, atterrissement.*
Attester, du L. *attestari* (m. s.). — D. *attestation.*

Atticisme, du grec ἀττικισμός (manière de parler propre aux habitants de l'Attique).

Attiédir, voy. *tiède*. — D. *attiédissement*.

Attifer, origine inconnue.

Attirer, voy. *tirer*.— D. *attirail*.

Attiser, voy. *tison*.

† **Attitude**, venu au seizième siècle de l'italien *attitudine* (m. s.).

Attouchement, de *attoucher*, voy. *toucher*.

Attraction, du L. *attractionem* (m. s.)

Attrait, du L. *attractus* (attrait, action d'attirer dans Dictys de Crète). — *Ct* latin est ici devenu *it* par suite d'une assimilation incomplète; *ct* est d'abord devenu *jt*, et celui-ci s'est transformé en *it*, — et dans cette permutation l'*i* français représente le *c* latin : ce changement n'est point rare en français 1° après un *a* : fait (fa*ctus*), distrait (distra*ctus*), lait (la*ctem*), laitue (la*ctuca*) allaiter (alla*ctare*), latte (la*ctes*), traiter (tra*ctare*, et tous les composés). 2° Après un *e* : confit (confe*ctus*), dépit (despe*ctus*), répit (respe*ctus*), lit (le*ctum*), litière (le*ctaria*), profit (profe*ctum*), pis (pe*ctus*), élite (ele*cta*), droit (dire*ctus*), poitrail (pe*ctoraclum**), endroit (indire*ctus*), toit (te*ctum*), poitrine (pe*ctorina*), voiture (ve*ctura*). 3° Après un *i* : étroit (stri*ctus*), exploit (expli*c'tum*), détroit (distri*ctum*), Poitiers (Pi*ctavi*). 4° Après un *o* : cuit (co*ctus*), nuit (no*ctem*), huit (o*cto*), biscuit (bisco*ctus*), huitième (o*ctesimus*). 5° Après un *u* : fruit (fru*ctus*), truite (tru*cta**), conduit (condu*ctus*), réduit (redu*ctus*), séduit (sedu*ctus*), enduit (indu*ctum*).—L'orthographe *faict*, *traict*, etc.... est l'œuvre grotesque et barbare des pédants du quinzième siècle. Le français du moyen âge disait comme nous *fait*, *trait*, etc.... Voulant rapprocher ces mots de leur original latin, les *latinistes* intercalèrent un *c* et dirent *faict*, *traict*, sans se douter que *it* représentait déjà le *ct* latin.

Attraper, de *trappe*, comme on l'a vu dans l'*Introduction* p. XXIII. — Pour l'étymologie, voy. *trappe*. — D. *attrape*, substantif, verbal; *rattraper*.

Attribuer, du L. *attribuere* (m. s.) — D. *attribution*, *attributif*.

Attribut, du L. *attributum* (m. s.)

Attrister, voy. *triste*.

Attrouper, voy. *troupe*.—D. *attroupement*.

Au, anciennement *al*, contraction de *à le* (voy. *le*); *aux*, anciennement *aus*, plus anciennement *als* pour *à les* (voy. *les*). — Sur le changement de *l* en *u* dans ces mots, voy. *agneau*.

Aubaine, droit de succession aux biens d'un *aubain* (étranger non naturalisé). — L'origine du mot *aubain* est inconnue.

1. **Aube**, anciennement *albe*, du L. *alba* (l'aube étant le premier blanchissement de l'horizon). Sur *l=u*, voy. *agneau*. — D. *aubade* venu au quinzième siècle de l'espagnol *albada* (même sens).

2. **Aube**, palette de roue hydraulique Origine inconnue.

3. **Aube**, vêtement de toile blanche, du L. *alba* (blanche).

Aubépine, ancien français *albespine*, du L. *albaspina* (aubépine). — Sur *l* devenu *u*, voy. *agneau*; sur la chute de *s*, voy. *épine*.

Auberge, anciennement *alberge*, plus anciennement *helberge*, au onzième siècle *herberge* dans la Chanson de Roland, avec le sens de station militaire, — est un mot d'origine germanique comme la plupart des termes de guerre, et vient de l'ancien haut allemand *her'berga, heriberga* (campement militaire). — Il est curieux que l'allemand moderne *herberge* qui en derive, signifie *auberge*, — par la même extension de sens qui a modifié la signification de notre mot français. — D. *aubergiste*.

Aubier, du L. *albarius** (de *albus*, blanc, à cause de la blancheur de l'aubier).— Sur *arius* devenu *ier*, voy *ânier*

Aubour, du L. *alburnum* (aubier). Sur *al* latin devenu *au*, voy. *agneau*; sur *u* (alburnum) = *ou*, voy. *accouder*. Rn latin (alburnum) s'est reduit à *r* en français, comme dans cor (cornu), enfer (infernum), cahier (quaternum), chair (carnem), four (furnum), jour (djurnum*), hiver (hibernum), tour (tornus*), ver (vermis).

Aucun. Ce mot qui s'écrivait au treizième siècle *alcun*, et *alqun* au douzième, est un composé de *alque* comme *chacun* est un composé de *chaque*, et *quelqu'un* de *quelque*. — ALIQUIS donna un vieux français *alque* : aliqui venerunt, *Alque vinrent*, disait notre ancienne langue.— *Alque* est donc l'équivalent de *quelque*, et *alqun* (alqu'un) l'équivalent de *quelqu'un*. L'histoire et l'étymologie d'*aucun* montrent que ce mot a un sens essentiellement affirmatif: Avez-vous entendu *aucun* discours qui vous fît croire. Allez au bord de la mer attendre les vaisseaux, et si vous en voyez *aucuns*, revenez me le dire. Phèdre était si succinct qu'*aucuns* l'en ont blâmé (la Fontaine, *Fables*, VI, 1. — *Aucun* devient negatif quand il est accompagné de *ne* : J'en attendais trois, *aucun* ne vint. — Mais il ne faut pas perdre de vue qu'en lui-même et de sa nature *aucun* est positif et signifie *quelqu'un*. — Sur le changement de *al(i)quis* en *alque* par la chute de l'*i* latin, voy. p. LXXX. — Sur *al* devenu *au*, voy. *agneau*.

Audace, du L. *audacia* (m. s.) — D. *audacieux*.

Audience, du L. *audientia* (m. s.) — D. *audiencier*.

Auditeur, du L. *auditor* (m. s.)

Auditif, du L. *auditivus* (m. s.)

Audition, du L. *auditionem* (m. s.)

Auditoire, du L. *auditorium* (m. s.)

Auge, du L. *alveus* (auge) — Sur *al* devenu *au*, voy. *agneau*; sur *veus* devenu *ge*, voy. *alléger* et *abréger*.

Augment, du L. *augmentum* (m. s.)

Augmenter, du L. *augmentare* (m. s.) — D. *augmentation*

Augure, du L. *augurium* (m. s.) — D *augurer*.

Auguste, du L. *augustus* (m. s.)

Aujourd'hui. *Hui* est le latin *hodiè* (aujourd'hui). — Sur le changement de *odie* en *ui*, voy. *alouette* et *appuyer*. — Le vieux français est resté dans le terme de palais : *d'hui en un an*. — *Aujourd'hui*, que notre ancienne langue écrivait plus correctement *au jour d'hui* est un pléonasme, puisqu'il signifie littéralement *au jour d'aujourd'hui*.

Aumône, vieux français *aumosne*, au onzième siècle *almosne*, — dans le latin du neuvième siècle *almosna, elmosna*, du latin *eleemosyna* (aumône, dans Tertullien). — Sur la chute de l'*y* latin par la règle de l'accent latin, voy. *affable*, — Sur la disparition de *ee*, voy. *aider*. — Sur *el* devenu *au*, voy. *agneau*.—Sur la chute de l's, voy. *abîme*. — D. *aumônier, aumônerie, aumônière*.

Aumusse, origine inconnue.

1. **Aune**, arbre, du L. *alnus* (aune). — Sur *al* devenu *au*. voy. *agneau*.

2. **Aune**, mesure de longueur, ancien-français *alne*, du bas latin *alena* qui vient lui-même du gothique *aleina* (aune). — Sur *al* devenu *au* voy. *agneau*.— D. *auner*, *aunage*.

Auparavant, de *au* et de *paravant*. L'article *au* ne fut ajouté à cette locution que vers le quinzième siècle. Le vieux-français employait *par-avant* : « *Je ne voulus point être ingrat*, dit Froissard, *quand je considerai la bonté qu'il me montra par avant.* »

Auprès, voy. *près*.

Aureole, du L. *aureola* (scil. *corona*, couronne d'or).

Auriculaire du L. *auricularius* (m s.).

Aurone, du L. *abrotonum* (aurone) : *abrót(o)num* régulièrement contracté en *abrót'num* suivant la loi de l'accent latin (voy. au mot *ancre*), réduisit *tn* (abrot'num) à *n* (aurone), comme dans *plane* (plat'nus), *rêne* (ret'na) — Quant au changement de *br* en *ur*, il s'est opéré ainsi : *b* latin s'est d'abord adouci en *v* : atrotonum ; celui-ci s'est vocalisé, et est devenu *u*, vocalisation qui est très fréquente en latin (nauta pour nav'ta ; naufragium pour nav fragium ; aucellus pour av cellus, etc ...)—On trouve même en latin des exemples dans lesquels l'*u* provient comme en français d'un *b* par l'intermédiaire de *v* : ainsi *ableio* a donné aufero, en passant par avfero ; abfugio a donné atfugio puis aufugio. Enfin le latin vulgaire connaît la forme *gauta* pour *gab'ta* (gabata). Ce changement de *b* en *u* se retrouve dans *parole*, *tôle*, *forge*, *purée*, mots qui ont perdu leur physionomie étymologique dans la langue moderne, mais que le vieux français écrivait *paraule* (parab'la), *taule* (tab'la), *faurge* (fabr'ca), *peurée* (pevrée-pip rata) Cet adoucissement se poursuivit même en français : *aurai*, *saurai* sont en vieux-français *avrai*, *savrai* pour *averai* (habere) *saverai* (sapere), comme nous l'avons démontré ailleurs (*Grammaire Historique de la langue française*, p 226.)

Aurore, du L. *Aurora* (m. s.).

Ausculter, du L. *auscultare* (écouter). — D *ascultation*.

Auspice, du L. *auspicium* (m. s.)

Aussi, ancien français *alsi*, du L. *aliud sic*, *aliud* ayant donné regulièrement *al* dans notre vieille langue (qui se retrouve encore dans *autant*, voy. ce mot). — Sur *sic* devenu *si*, voy. *si*.— Sur *al* devenu *au*, voy. *agneau*.

Aussitôt, voy. *aussi* et *tôt*.

Austere, du L *austerus* (rigide). — D *austerité*.

Austral, du L. *australis* (méridional).

† **Autan**, venu du provençal *autan* (le vent du midi). Ce mot, qui à l'origine est *altan*, vient du L. *altanus* (le vent du S. O. dans Vitruve).

Autant, ancien français *altant*, du L. *aliud tantum*. Sur *aliud* devenu *al* puis *au*, voy. *aussi*.

Autel, ancien français *altel*, au onzième siècle *alter* dans la Chanson de Roland, du L. *altare* (autel). — Sur *al* devenu *au* voy *agneau* —Sur *a* (altare) devenu *e*, voy. *acheter*. — Quant au changement de *r* (altare) en *l* (autel), il se retrouve dans : *crible* (cribrum), *pèlerin* (peregrinus), *flairer* (fragrare), *palefroi* (parafredus), *échalas* (ex-caratium).

Auteur, du L. *autorem* qui existe en latin à côté d'*auctorem*.

Authentique, du L. *authenticus* (dont l'autorité n'est pas douteuse). — D. *authenticité*.

Autochthone, du grec αυτόχθων (qui est de la terre même).

Autocrate, du grec αὐτοκράτης (qui a la force par soi-même).

† **Auto-da-fe**, mot venu du portugais *auto-da-fé* (exécution des jugements rendus par l'inquisition. littéralement *acte de foi*).

Autographe, du grec αὐτόγραφος (écrit de la main même de l'auteur).

Automate, du grec αὐτόματος (de son propre mouvement). — D. *automatique*.

Automne, du L. *autumnus*.

Autonome, du grec αὐτόνομος (qui vit suivant ses propres lois. — D. *autonomie*.

Autopsie, du grec αὐτοψία (action de voir soi-même).

Autoriser, du bas latin *auctorizare** (même sens).

Autorite, du L. *auctoritatem* (m. s.).

Autour, voy. *tour*.

Autour, espece de milan, en provençal *austor*, en italien *astore*, dans la basse latinité *astorius*, du L. *asturius** (de *astur* qui est au quatrieme siecle, avec le sens d'*autour* dans Firmicus Maternus).

Autre, anciennement *altre*, du L *alter* (autre). Sur la chute de *l* latin, voy. page LXXX. — *Autrui* est le complément de *autre*, comme *cettui* l'est de *cet* (voy. *Grammaire Historique de la langue française*. page CLXXXI. Par suite *autrui* n'avait point d'article dans notre ancienne langue : on disait *l'autrui cheval*, ou *le cheval autrui* (alterius equus), pour : le cheval d'un autre.

Autruche, ancien français *autruce*, et *austruce*, du L. *avis-struthio* (littéral oiseau autruche. — On trouve déjà *strucio* pour *struthio* dans la moyenne latinité). — *Avis-strucio* s'est contracté en *av'strucio*, et le *v* est devenu *u* austrucio, comme dans *naufragium* qui vient de *navifragium*, par l'intermédiaire *nav'fragium*, comme dans *nauta* qui vient de *navita* par l'intermédiaire *nav'ta*. Je renvoie le lecteur au mot *aurone* où cette permutation de *av* latin en *au* est étudiée. — Sur la chute de *s* dans *austrucio*, voy. *abime*. L'espagnol qui dit *avestruz* pour *autruche*, confirme la derivation d'*avis-struthio*.

Auvent, origine inconnue.

Auxiliaire, du L. *auxiliaris* (qui aide).

Aval, du L. *ad-vallem* (en suivant la vallée, en descendant le fleuve) : l'opposé est *amont* (admontem, c'est-à-dire en se dirigeant vers la montagne, en remontant le cours du fleuve). Le verbe *avaler* (littéralement *aller aval*) signifiait *descendre* à l'origine de notre langue : ce n'est que tardivement qu'il se restreignit au sens de faire descendre les aliments. (Sur ces restrictions de sens, voy p. XXI). Quelques traces du sens originaire ont persisté dans le français moderne ; on dit encore que *les bateaux avalent le fleuve* et le mot *avalanche* est proprement une masse de neige qui descend, qui *avale* la montagne. Dv latin (advallem) s'est ici réduit à *v* comme dans *avertir* (advertere), *avenir* (advenire), *avent* (adventum), *avoue* (advocatus), *avérer* (adverare).

† **Avalanche**, mot originaire des patois de la Suisse romande. Voy. son étymologie au mot *aval*.

Avaler, voy- *aval.*

Avancer, venir en *avant;* voy. *avant.* — D. *avance* (substantif verbal), *avancement.*

† **Avanie.** Ce mot est un curieux exemple de ces vicissitudes de sens dont nous avons parlé dans l'*Introduction*, p. xxi. Avanie qui n'est autre chose que le grec vulgaire ἀβανία (affront), le turc *avan* (vexation), signifiait à l'origine les vexations que les Turcs exerçaient contre les marchands chrétiens pour leur extorquer de l'argent Apporté d'Orient par les voyageurs, le mot *avanie* ne tarda point à passer de son sens special de vexation contre les chrétiens, au sens général qu'il possède aujourd'hui.

Avant, du L. *abantè* (devant), forme que l'on rencontre dans un certain nombre d'inscriptions romaines de l'empire, par exemple dans cette épitaphe : « *Fundi hujus dominus infans hic jacet similis Deo ; hunc* abantè *oculis parentis rapuerunt nymphaeo in gurgite....* » *Abantè* était certainement une forme du latin vulgaire, correspondant à *antè* qui était la forme du latin classique. — Nous avons conservé un témoignage curieux sur ce point : le peuple disait *ab-antè*, au lieu d'*antè*, et un vieux grammairien romain blâme vivement cette forme, et engage ses lecteurs à l'éviter : « *Antè me fugit* dicimus, « non *Ab-ante me fugit*; nam præ-« positio præpositioni adjungitur « imprudenter : quia *antè* et *ab* « sunt duæ præpositiones. » *Gloses de Placidus* dans MAI, III, 431. — B latin (*abantè*) est devenu *v* (avant). Cet adoucissement avait déjà lieu en latin : on trouve dans les plus vieux monuments : incomparavilis (incomparabilis), acervus (acerbus), devitum (debitum) ; dans les textes du sixième siècle : deliverationem pour deliberationem, etc.... Cet adoucissement a lieu en français dans . avoir (habere), aveindre (abemere), cheval (caballus), couver (cubare), devoir (debere), niveau (libellum), prouver (probare), souvent (subindè), aveugle (aboclus *), avorter (abortare), échevin (scabinus*), ecrivain (scribanus,*) endive (entyba), fève (faba), gouverner (gubernare), gouvernail (gubernaclum), guimauve (ancien franc. *vimauve* de bismalva *), hiver (hibernum), ivoire (ebureus), preuve (proba), provende (praebenda), taverne (taberna), entraver (intrabare *), travée (trabata *), travail (trabaclum *), y (anciennement *iv*, de ibi) ; — chanvre (cann'bis), ivre (ebrius), livre (librum), livre (libra), abreuver (vieux français abeuvrer, adbibrare *), cerveau (cer'bellum), cervelle (cer'bella), couleuvre (colubra), lèvre (fabrum), février (februarius), fièvre (febrim), ivraie (ebriaca), lèvre (labrum), livrer (liberare), mauvisque (mal'visca), merveille (mir'bilia), morve (morbus*), orfèvre (aurifabrum), routre (rob'rem), trouver (turbare), verveine (verbena). — D. *avantage* (ce qui nous profite, ce qui nous sert, ce qui nous *avance*, ce qui nous met en *avant*).

Avantage, voy. *avant.* — D. *avantager, desavantager, avantageux, désavantageux.*

Avare, du L. *avarus* (m. s.). — D. *avarice.*

Avarie, au sens de droit d'entretien d'un port pour chaque vaisseau qui y mouille. *Avarie,* dans la basse latinité *havaria, haveria,* correspond au hollandais *havery* (même sens).

Avec, anciennement *aveuc*, à l'origine *avoc*. d'un type latin barbare *abhoc*, *aboc* qui est la transformation de l'expression *apud hoc* (litteralement *avec cela*, *apud* ayant pris le sens de *cum* dans plusieurs textes merovingiens et carlovingiens). — *Apud* perdit de bonne heure le *d* (comme le prouve la forme *apue* qu'on trouve pour *apud* dans une inscription de l'Empire) et se réduisit par cette chute au radical *ap*, qui devint *ab* par la permutation régulière du *p* en *b* (voy. *abeille*). On trouve *ab* pour *apud*, dans une Charte de Louis le Pieux (de l'année 814) : « *Ab his cellulis* » Cet *ab* passa en français au sens d'*avec* : dans le plus ancien monument de la langue, les Serments de Strasbourg, on lit : *ab Ludher nul plaid numquam prindrai* (avec Lothaire je ne ferai aucun accord). — *Hoc* perdit en français son *h* initial (comme on l'a vu au mot *atelier*), et le composé *ab-oc*, changeant *b* en *v* (suivant la règle exposée au mot *avant*) devint *avoc* que l'on trouve dans les textes français du onzième siècle, L'*o* de *avoc* se diphthongua en *eu* (conformément à la règle donnée au mot *accueillir*) et *avoc* se transforma en *aveuc*, qui vers le quatorzieme siècle céda la place à la forme actuelle *avec*.

Aveline, du L. *avellina* (noisette).

Avenir, du L. *advenire* (arriver). — Sur *dv* devenu *v*, voy. *aval*. — *Avenir* est archaique ; le dix-septième siècle l'employait encore : *Ce que les prophètes ont dit devoir avenir dans la suite des temps.* (Pascal). — D. *avenir* substantif ; c'est l'infinitif pris substantivement : *avenue* (substantif participial) ; *aventure* (par l'intermédiaire de *adventurus*, lit téralement . ce qui doit arriver).

Avent, du L. *adventus* (arrivée : l'avénement de J. C.).

Aventure, voy. *avenir*. — D. *aventurer*, *aventureux*, *aventurier*, *aventurière*.

Avenue, voy. *avenir*.

Averer, du L. *adverare* * (certifier, de *verus*, vrai). — Sur *dv* = *v*, voy. *aval*.

Averse, voy. *verser*.

Aversion, du L. *aversionem* (repulsion).

Avertir, du L. *advertere* (m. s.). — D. *avertissement*.

Aveu, voy. *avouer*.

Aveugle, du L. *aboculus**(privé d'yeux), est composé de *oculus* (œil) et de *ab* qui marque la privation, comme *amens* lou, prive de raison, est composé de *mens* (raison) et de *ab*. — Ce mot doit remonter assez haut dans le latin vulgaire, puisqu'on trouve dans Petrone (premier siècle), l'expression *aboculo librum legere* (lire à l'aveugle, lire les yeux fermes, clausis oculis. — *Aboculus* régulièrement contracté en *aboclus* (voy. p. LXXX), — [on trouve déja *oclus* pour *oculus* dans l'*Appendix ad Probum*], — donna en français *aveugle*. Sur le *b* (aboclus) devenu *v*. voy. *avant*. — Sur *o* latin devenu *eu* (aveugle), voy. *accueillir*. — Sur *cl* (aboclus) = *gl* (aveugle), voy. *aigle*. — D. *aveugler*, *aveuglement*.

Avide, du L. *avidus* (m. s.).— D. *avidité*.

Avilir, voy. *vil*. — D. *avilissement*

Aviner, voy. *vin*.

Aviron, instrument qui sert à tourner, à *virer* (voy. ce *mot*).

Avis, de *à* et de *vis* qui vient de *visum* (ce qui est vu juge), et qui dans notre ancienne langue avait le sens d'opinion, de manière de voir ; l'expression du moyen âge était : *il m'est à vis* (mon opinion est que..) — A et *vis* se sont soudés par la suite, et l'expression du moyen âge est devenue *il m'est avis*. — D. *aviser, raviser, malaviser*.

Avitailler, approvisionner, munir de *vitaille* (ce mot qui dans notre ancienne langue veut dire provisions, vient du L. *victualia* qui a le même sens ; sur *ct* devenu *t*, voy *affete* Sur la disparition de *u*, voy *coudre* D'ailleurs on trouve déjà *vitalia* pour *victualia* dans les chartes carlovingiennes. — D *ravitailler*.

Aviver, voy. *vif* — D. *raviver*

Avocat, du L. *advocatus* (défenseur) — D. *avocasserie*.

Avoine, du L *avena* (avoine). Sur *e = oi*, voy. *accroire*.

Avoir, du L. *habere* (avoir) Sur la chute de l'*h* latin, voy. *ate lier*. — Sur *b = v*, voy. *avant*. — Sur *e* latin devenu *oi*, voy. *accroire*.

Avoisiner, voy. *voisin*.

Avorter, du L *abortare* (avorter, dans Varron). — Sur *b* devenu *v* voy. *avant*. — D. *avortement, avorton*.

Avoué, du L. *advocatus* (défenseur, conseil) — Sur la chute du *c*, *ad(o'c)atus*, voy *affouage*. — Sur *dv* devenu *v*, voy *aval*. — Sur *o* devenu *ou*, voy. *affouage*. — Sur *atus* devenu *é*, voy. *ampoule*.

Avouer, composé de *vouer* (voy ce mot). L histoire de ce mot offre un exemple curieux de ces déplacements de sens, dont nous avons parlé dans l'*Introduction*, p. XXI. — A l'origine *avouer*, est un terme de droit féodal : *Avouer un seigneur*, c'est le reconnaître pour son supérieur, c'est se *vouer* à lui : c'est lui jurer obéissance, c'est approuver tous ses actes. De là le second sens d'*avouer*, qui est approuver : *Je t'avouerai de tout*, dit Racine dans Phèdre. Corneille : *Et sans doute son cœur vous en avouera bien*. Paul-Louis Courier l'emploie encore dans ce sens : *Parle, écris, je t'avouerai de tout*, dit-il dans une de ses lettres. — Du sens d approuver, *avouer* a pris celui de ratifier, puis de reconnaître comme sien (*avouer une lettre*), puis enfin de reconnaître en général, de confesser. — D. *aveu* (substantif verbal); *desavouer* dont le substantif verbal est *désaveu*.

Avril, du L *aprilis* (avril). Sur *p* devenu *v*, voy *arriver*.

Axe, du L. *axis* (m. s.)

Axiome, du grec ἀξίωμα (proposition).

Axonge, du L. *axungia* (graisse de porc, dans Pline.)

Azote, forgé du grec α (privé de), et ζωω (vivre), impropre à entretenir la vie.

† **Azur**, verre bleui par l'oxyde de cobalt. Ce mot qu'on trouve en français dès le onzième siècle, est d'origine orientale. C'est une corruption du bas latin *lazurrum*, *lazur*, qui est le persan *lâzur* (c'est la pierre que nous appelons aujourd'hui *lapis lazuli*). — D. *azure*.

Azyme, du grec ἄζυμος (sans levain), par le latin *azymus* qui est dans saint Jérôme.

B

Babiller, onomatopée (voyez l'*Introduction*, p. LXV). — D. *babillard, babillage, babil* (subst. verb.).

Babine, origine inconnue.

† **Babiole,** venu au seizième siècle de l'Ital. *babbole* (même sens).

† **Babord,** venu de l'all. *backbord* (bord de derrière).

† **Babouche,** de l'arabe *baboudj* (pantoufle).

Babouin, origine inconnue.

Bac, du néerl. *bak* (bateau). Du primitif, est venu le diminutif *bachot* (petit *bac*), qui a le sens de petit bateau. — *Bac* a aussi en français le sens d'*auge*, de bassin. Ainsi les brasseurs appellent *bac* le vase de bois dans lequel ils préparent le houblon. Dans ce sens, le mot *bac* a donné un autre diminutif, *baquet* (sur les diminutifs en *et*, voy. *ablette*).

Baccalauréat, voy. *bachelier*.

Bacchanales, du L. *bacchanalia* (fêtes de Bacchus).

Bacchante, du L. *bacchantem* (prêtresse de Bacchus).

Bâche, origine inconnue.

Bachelier, en provençal *baccalar*, en italien *baccalare*, du L. mérovingien *baccalarius** (propriétaire d'une *baccalaria*, d'une métairie). *Baccalaria*, qu'on doit rapprocher de *baccalator*, gardeur de vaches dans les textes du neuvième siècle, dérive de *bacca*, vache, forme que l'on trouve pour *vacca* dans la basse latinité.

Ce mot a traversé, pour arriver jusqu'à nous, une suite de sens qu'il est intéressant de reproduire. le *bachelier*, propriétaire d'une *baccalaria*, d'un bien rural, est au-dessus du serf, tout en restant un vassal d'ordre inférieur : ce mot prend ensuite le sens, en droit féodal, de vassal qui marche sous la bannière d'autrui; puis de gentilhomme trop jeune pour lever bannière, qui sert sous la conduite d'un autre seigneur; puis dans la langue de l'ancienne Université, de jeune homme qui étudie sous un maître pour acquérir la dignité inférieure à celle de docteur ; enfin de gradué d'une Faculté.

Sur le suffixe *arius* devenu *ier*, voy. *ânier*. Sur ce latin devenu *ch*, voy. *acheter*. Quant au changement de *vacca* en *bacca*, on retrouve ce changement de *v* en *b* dans plusieurs textes de la latinité : *Berbecem* pour *vervecem* est dans Pétrone. On trouve dans les inscriptions *besica*, pour *vesica* ; l'*Appendix ad Prob.* signale *albeus* pour *alveus* comme une prononciation vulgaire : on trouve *silbam*, *pribati*, *conserbandis*, dans certaines Chartes du sixième siècle, pour *silvam*, *privati*, *conservandis*. Ce changement de *v* en *b* a lieu en français dans *brebis* (*vervecem*), *berger* (*vervecarius*), *corbeau* (*corvellus*), *courbe* (*curvus*), *courber* (*curvare*, *embler* (*involare*).

Ajoutons que vers la fin du moyen âge, *bachelier*, au sens de gradué d'une faculté, a été latinisé en *baccalaureus* par les clercs de l'Université, qui donnèrent alors pour étymologie à ce mot ainsi forgé *bacca lauri* (baie de laurier), par allusion aux lauriers d'Apollon. — Après avoir inventé *baccalaureus*, ils en tirèrent *baccalaureatus*, que nous avons francisé en *baccalauréat*. Il est inutile d'ajouter que toutes ces étymologies n'ont aucun fondement.

Bachique, du L. *bacchicus* (qui a rapport à Bacchus).

Bachot, voy. *bac*. — D. *bachoteur*.

Bâcler. Le sens originaire est fermer une porte avec une barre de bois (*baculus*, d'où *baculare* qui a donné *bâcler* par la chute régulière de *u*, voy. au mot *accointer*). — Le sens primitif de *fermer* a persisté dans quelques expressions techniques (*bâcler un port*, le fermer avec des chaînes; *bâcler* une rivière, etc.) — D. *débâcler*, *débâcle*.

† **Badaud**, mot venu vers le seizième siècle du provençal *badau* (niais), qui se rattache au latin *badare* (voy. au mot *bayer*.)

Badigeon, origine inconnue. — D. *badigeonner*, *-age*.

† **Badin**, venu du provençal *badin* (même sens), qui se rattache au latin *badare* (voy. au mot *bayer*). — D. *badiner*, *-age*, *-erie*.

Badine, origine inconnue.

Bafouer, dérivé du vieux français *baffer*, *beffer* (moquer), qui est d'origine germanique et vient du néerlandais *beffen* (même sens).

Bâfre, origine inconnue. — D. *bâfrer*, *eur*.

Bagage, dérive de *bague*, qui signifiait anciennement paquets, fardeaux (ce mot est resté dans la locution : *Sortir d'un danger vie et bagues sauves*). — *Bague*, qui est dans le bas latin *baga*, vient du celtique (gael. *bag*., paquet).

Bagarre, origine inconnue.

† **Bagatelle**, venu au seizième de l'italien *bagatella* (m. s.)

† **Bagne**, venu au seizième siècle de l'italien *bagno* (m. s.).

Bague, du L. *bacca* (qui a pris le sens d'anneau, dans les premiers temps du moyen âge). Sur le changement de *cc* latin en *g*, voy. *adjuger*.

† **Baguette**, venu au seizième siècle de l'italien *bacchetta* (m. s.).

† **Bahut**, — du moyen haut allemand *behut* (endroit où l'on conserve des provisions).

Bai, du L. *badius* (bai, châtain, dans Varron). Sur la chute du *d*, voy. *alouette* et *appuyer*.

1 **Baie**, du L. *baía* (baie, dans Isidore de Séville · *hunc portum*, dit-il. *veteres vocabant* baias). —

2. **Baie**, du L. *baca* (baie). Sur la chute du *c* latin, voy. *ami*.

Baigner, du L. *balneare* (baigner). — *l* latin disparaît, comme dans *able* de a*l*bla * (voy. ce mot): et *baneare* a donné *baigner* par le changement de *ne* latin en *gn* (voy. *cigogne*), et par celui de *a* en *ai* (voy. *aigle*, et l'*Introduction* p. LXXXIII). — D *bain* (substantif verbal, voy. *aboi*), *baigneur*, *baignoire*.

Bail. contrat par lequel on donne à loyer, substantif verbal de *bailler*, donner en puissance ; ce verbe qui a encore aujourd'hui le sens de donner (il lui *bailla* cent coups), avait dans notre ancienne langue, sous la forme *baillir*, le sens de tenir, de garder, d'administrer ; d'où les dérivés : *bailli*, *bailliage*. — Quant à *bailler*, il vient du latin *bajulare* (porter, garder, veiller à). Sur la chute de l'*u*, baj(u)láre, et sur le changement de baj'lare, en bai'lare, puis *bailler*, voy. *aider*.

Bâiller, ancien français *baailler*, en provençal *badaillar*, en catalan *badallar*, du L. *badaculare* * (diminutif du L. *badare*, bâiller).

— Sur la chute de l'*u* latin, et la contraction régulière, en *badac'lare*, voy. *accointer*; sur *cl* latin devenu *il*, voy. *abeille*; sur la chute du *d* latin *ba(d)ac'lare*, qui a produit le vieux français *baailler*, voy. *accabler*. — D. *bâillement; entre-bâiller*.

Bailler, voy. *bail*.

Bailli, *bailliage*, voy. *bail*.

Baillon, du L. *baculonem* (petit bâton, dérive de *baculus*, bâton). Sur la chute de l'*u* latin, *bac'lonem*, voy. *accointer*. Sur *cl*, devenu *il*, voy. *abeille*. — D. *bâillonner*.

Bain, voy. *baigner*.

Baionnette, arme ainsi nommée de la ville de *Bayonne* où elle fut inventée.

Baiser, du L. *basiare* (même sens). — Sur la transposition de l'*i* latin, voy. p LXXXIX.

Baisser, voy. *bas*. — D. *baisse, baissier, abaisser, rabaisser, rabais, surbaisser*.

Bal, subst. verbal du vieux-français *baller*, danser, qui vient du L. *ballare* (mêmesens). — D *ballet*. — *Ballade* est venu vers le quatorzième siècle du provençal *ballada* (même sens); — *baladin* dérive également du provençal *baladin*, qui se rattache au verbe *balar*, danser.

† **Baladin**, voy. *bal*.

Balafre, origine inconnue.

Balai, en vieux français *balain*, du celtique (breton *balaen*, balai). — D. *balayer*.

† **Balais** (rubis), en it. *balascio*, dans la basse latinité *balascius*, venu de l'Orient comme beaucoup d'autres termes de joaillerie, et dérivé de l'arabe *balchash* (espèce de rubis).

Balance, du L. *bilancem* (balance). — Le changement de *i* latin atone en *a*, existe dans le latin vulgaire (on trouve *calandrus* pour *cylindrus* dans Schuchardt, et *salvaticus* pour *silvaticus* dans les Gloses de Cassel). Il a lieu en français dans : *calandre* (cylindrus), *paresse* (pigritia), *sauvage* (silvaticus), *chacun* (quisque unus), *aronde* (hirundo). Quant aux mots *sanglot* (singultus), *sanglier* (singularis), *andouille* (inductilis), *tanche* (tinca), *dimanche* (dies-dominica), *langue* (lingua), *sangle* (cingulum), *sans* (sine), *quarante* (quadraginta), *cinquante* (quinquaginta), *soixante* (sexaginta), voy. *andouille*. — D. *balancer, balancoire, balancier*.

Balauste, du L. *balaustium* (grenadier).

Balayer, voy. *balai*. — D. *balayeur*.

Balbutier, du L. *balbutire* (bégayer).

† **Balcon**, venu au seizième siècle de l'italien *balcone* (même sens).

† **Baldaquin**, venu au seizième siècle de l'ital. *baldacchino* (même sens).

Baleine, du L. *balaena* (m. s.). — D. *baleineau, -ier*.

Balise, origine inconnue. — D. *baliser*.

Balisier, origine inconnue.

Baliste, du L. *ballista* (même sens).

Baliverne, origine inconnue.

† **Ballade**, voy. *bal*.

1. **Balle**, boule, du vieil haut allemand *balla* (même sens). — D. *ballon, ballot, déballer, emballer*.

2. **Balle** d'avoine, origine inconnue.

Ballet, voy. *bal*.

Ballon, voy. *balle*, 1. — D. *ballonné*.

Ballot, voy. *balle*, 1. — D. *ballotter*, primitivement voter à l'aide de *ballottes* (diminutif de *balle*), petites boules servant à voter; encore avec ce sens dans Montaigne : *Le peuple*, dit-il, *n'eut pas le cœur de prendre les ballottes en main*. D'où : *ballottage*.

† **Balourd**, venu au seizième siècle de l'it. *balordo* (même sens). — D *balourdise*.

Balsamine, du L. *balsaminus* (m. s.).

Balsamique, du L. *balsamicus* (de *balsamum*, baume).

† **Balustre**, venu au seizième siècle de l'ital. *balaústro* (même sens). — D *balustrade*, qui correspond à l'italien *balustrata*.

† **Balzan**, venu au seizième siècle de l'ital. *balzano* (cheval noir ou bai, marqué de blanc).

† **Bambin**, venu au seizième siècle de l'italien *bambino* (petit garçon).

† **Bamboche** (marionnette), de l'italien *bamboccio* (poupée).

† **Bambou**, mot hindou, rapporté de l'Inde par les voyageurs.

Ban, proclamation, ordonnance, mot d'origine germanique (haut allemand *bannan*, ordonner, publier, rendre un arrêt, une sentence). En terme de droit feodal, le *four à ban*, ou *four banal* est celui auquel tous les vassaux doivent cuire leur pain, par ordre, par *ban* du seigneur ; il y avait de même des moulins *banaux*, des puits *banaux*, c'est-à-dire des moulins, des puits auxquels tous les habitants soumis à la juridiction, au *ban* seigneurial, étaient tenus de se rendre: de là l'origine du mot *banal*, signifiant d'abord ce qui est employé par tous, — puis par une transition naturelle, ce qui est commun, ce qui est vulgaire ou sans originalité. — Quant à l'expression *rompre son ban*, elle signifie littéralement: transgresser la défense, le *ban* qui nous est imposé. *Ban* a pris, dans certains cas, le sens spécial de sentence de bannissement, et dans la locution *mettre au ban*, le sens même de bannissement, d'où *bannir*, et *bannissement ;* le verbe *bannir* avait dans notre ancienne langue un composé *forbannir* (*for*, c'est-à-dire *hors*, et *bannir*), dont nous avons conservé le souvenir dans le mot *forban*. (Voy. ce mot.)

Banal, voy. *ban*. — D. *banalité*.

† **Banane**, mot apporté des Indes par les voyageurs. — D. *bananier*.

Banc, du vieil haut allemand *banc* (meme sens). — D. *banquet* (c'est ainsi qu'en allemand *tafel* possède à la fois le sens de table et celui de festin); *banquette*.

Bancal, mot d'origine inconnue.

1. **Bande**, pièce d'étoffe, du vieil haut allemand *band* (m. s.). — D. *bandeau* (anciennement *bandel*, d'où *bandelette*), *bander*, *bandage*, *bandagiste*.

2. **Bande**, troupe, de l'allemand *bande* (troupe).

† **Banderole**, venu au seizième siècle, de l'ital. *banderuola* (même sens).

† **Bandière**, venu au seizième siècle, de l'ital. *bandiera* (même sens).

† **Bandit**, venu au seizième siècle de l'ital. *bandito* (même sens).

† **Bandoulière**, venu au seizième siècle de l'ital. *bandoliera* (même sens).

Banlieue, dans le latin des coutumes *banleuca*, de *leuca* (lieue), et de *ban*. *Leuca* avait, comme on sait, dans le latin du moyen âge, non-seulement le sens propre de *lieue*, mais celui de terrain d'une étendue indéterminée: on trouve *leuca* avec cette signification dans les Capitulaires de Charles le Chauve, et c'est aussi celle qu'il possède dans notre mot *banlieue*. *Banlieue*, proprement *étendue* (leuca) du *ban*, est le territoire dans les limites duquel un *ban* est valable. a force de loi (voy. pour l'étymologie au mot *ban*, et au mot *lieue*) ; de là, territoire soumis à la même juridiction.

Banne, du L. *benna* (chariot en osier, que Festus designe comme un mot d'origine gauloise).

Bannière, diminutif d'un radical *ban**, qui vient du bas latin *bandum* (drapeau), derivé lui-même de l'allemand *band*. — D. *banneret*.

Bannir, voy. *ban*.

† **Banque**, venu au seizième siècle de l'ital. *banca* (banque). — D. *banquier*.

† **Banqueroute**, venu au seizième siècle de l'ital. *bancarotta* (même sens). — D. *banqueroutier*.

Banquet, voy. *banc*. — D. *banqueter*.

Baptême, anciennement *baptesme*, du L. *baptisma* (immersion). — D. Pour le changement de *t* latin en *e*, voy. *admettre*; pour la chute de l's voy. *abîme*.

Baptiser, du L. *baptizare* (plonger. immerger).

Baptistère, du L. *baptisterium* (lieu ou l'on opère l'immersion).

Baquet, voy. *bac*.

Baragouin, à l'origine le langage des bas Bretons, aujourd'hui langage inintelligible en général. Mot d'origine historique (voy. l'*Introduction* p. LXIV) *Baragouin*, que Rabelais écrit *baraguoin*, est formé des deux mots bretons *bara* (pain), et *gwin* (vin), qui revenaient le plus souvent dans les dialogues des bas Bretons et des Français, et que ceux-ci ont appliqués, comme sobriquet, à ce langage étranger. — D. *baragouiner*, *-age*.

† **Baraque**, venu au seizième siècle de l'italien *baracca* (même sens).

Baratter, origine inconnue. — D. *baratte* (substantif verbal).

† **Barbacane**, mot rapporté de l'Orient par les Croises, comme beaucoup d'autres termes d'art militaires du moyen âge: *barbacane* (à l'origine *barbaquane* dans Joinville) n'est que la transcription de l'arabe *barbak-khaneh* (rempart).

Barbare, du L. *barbarus*, (cruel). — D. *Barbarie*, *barbarisme*.

Barbe, du L *barba* (même sens). — D. *barbiche*, *barbelé*, *barbier*, *barbu*, *barbue*, *ébarber*, *barbouiller* (voy. ce mot).

Barbeau, ancien français *barbel*, de *barbellus* diminutif de *barbus* (barbeau). — Sur *ellus* devenu *el* puis *eau*, voy. *agneau*. Un autre diminutif de *barbus* est *barbillon*.

† **Barbon**, venu au seizième siècle de l'espagnol *barbon* (même sens).

Barboter, origine inconnue.

Barbouiller, A l'origine, *se barbouiller* signifiait proprement se salir la *barbe*, puis se salir, se souiller en général. — D. *débarbouiller*, *barbouillage*, *barbouilleur*.

† **Barcarolle**, venu au seizième siècle de l'ital. *barcarola* (chanson des gondoliers de Venise).

Bard, ancien français *bar*, mot d'origine germanique, de l'ancien haut allemand *bâra* (brancard, civière pour porter des fardeaux). — D. *barder*, *bardeur*, *débarder* (décharger des fardeaux), *débardeur* (proprement *ouvrier qui décharge les trains de bois*; le costume du *débardeur* introduit dans les bals costumés a donné au mot lui-même une autre acception).

1. **Barde,** ancienne armure du cheval, aujourd'hui tranche de lard fort mince, dont on cuirasse, dont on *barde* les bécasses ou les perdrix. Origine inconnue. — D. *barder.*

2 **Barde,** du L. *bardus* (poète chez les Gaulois).

Barguigner, origine inconnue.

Baril, origine inconnue. — D. *barillet*

Barioler, du L. *bis-regulare** (rayer de plusieurs manières, de diverses couleurs). — *Regulare* (rayer) devenu *re-ulare* par la chute régulière du *g* médial (voy. *allier*), *ri-ulare* par le changement de *eu* en *iu* (voy. *abreger* et *agencer*), donna le vieux français *riuler* qui se transforma en *rioler* par le changement ordinaire de *u* en *o* devant une liquide (voy. *annoncer*). *Riolé* est dans Ambroise Paré au sens de tacheté. — Quant au changement de *bis* en *ba*, voy. *balance* pour la transformation de *i* en *a*; pour la chute de l's latin voy. *abime.* — Pour l'ensemble du sens et de la forme, voy. au mot *bis.* — D. *bariolage.*

Barlong, deux fois plus long que large, du L. *bis-longus* (double en longueur). — Sur *i* latin devenu *a*, voy. *balance*; sur *s* devenu *r*, voy. *orfraie.* — Voy. aussi au mot *bis.*

Baromètre, mot forgé par les savants à l'aide des deux mots grecs βάρος (pesanteur), et μέτρον (mesure).

Baron, mot d'origine inconnue. — D. *baronne, baronnage, baronnet, baronnie.*

† **Baroque,** ce mot qui était à l'origine un terme de joaillerie (une perle *baroque*, perle qui n'était pas sphérique, qui avait une forme bizarre), ne tarda point à prendre une extension importante, et à être appliqué à la forme de divers objets (un meuble baroque, une maison baroque). puis aux qualités intellectuelles (une pensée baroque). — *Baroque* nous est venu au seizième siècle de l'Espagne et du Portugal, par suite du commerce des perles *Baroque* dérive de l'espagnol *barruco* (en portugais *barroco*) perle qui n'est pas ronde.

† **Barque,** mot qu'on n'a point trouvé en français avant le seizième siècle, et qui vient du L. *barca* (canot, dans Isidore de Séville), *par l'intermédiaire* des formes espagnoles ou italiennes *barca* (barque) : ces deux peuples riverains de la Méditerranée ayant fourni à notre langue beaucoup de termes de marine — La forme *barque* prouve que ce mot n'est point venu *directement* du latin en français ; dans notre langue, le latin *barca* aurait donné *barche,* comme *arca* a donné *arche.* — D. *embarquer, embarcation, débarquer, -ement.*

Barre, bas latin *barra*, du celtique (kymri *bar.*— D. *barreau,* proprement petite barre. (En tant que terme de palais, *barreau,* désigne l'enceinte réservée, séparée par des barreaux du reste de la salle, et où plaident les avocats.) D. *barrière, barrer, barrage.*

Barrette, du L. *birretum* que l'on trouve au sixième siècle, avec cette signification : *birreto auriculari.* (Charte de 532.)

† **Barricade,** venu au seizième siècle de l'ital. *barricata* (même sens). — D. *barricader.*

Barrière, voy. *barre.*

Barrique, origine inconnue.

Baryton, du grec βαρύτονος, qui a la voix forte.

Bas, adj. du L. *bassus* qui est dans Isidore de Séville, et auquel Papias donne le sens de *curtus, humilis*. C'est évidemment un mot de la langue populaire romaine. — D. *bassesse, basset, basse, basson, baisser, abaisser, rabaisser, rabais*.

Bas, substantif, abréviation de *bas de chausses*, que l'on disait autrefois par opposition à *haut de chausses*.

Basalte, du L. *basaltes* (même sens). — D. *basaltique*.

Basane, mot d'origine inconnue. — D. *basaner, basané*.

Bascule, origine inconnue.

Base, du L. *basis* (fondement). — D. *baser*.

Basille, du L. *basiliscus* (basilic).

Basilique, du L. *basilica* (même sens).

Basoche, au moyen âge, tribunal connaissant des différents qui s'élevaient entre les clercs du Parlement. Du L. *basilica* (tribunal) — *Basil(i)ca*, contracté en *basil'ca*, suivant la règle de l'accent latin (voy. p. LXXXI) est devenu *baselche* (par le changement de *c* en *ch*, voy. *acharner*), puis *baseuche* (par l'adoucissement de *l* en *u*, voy. *agneau*), et de cette dernière forme est venue la forme moderne *basoche* qui semble à première vue, bien éloignée du primitif latin. — L'expression : « clerc de la *Basoche* de Paris, » ne voulait point dire autre chose que « clerc du tribunal de Paris : » on appelait ces clercs, clercs *basilicains*, et dans la langue populaire *basochiens* (mot qui correspond exactement à *basilicanus*).

Basque, origine inconnue.

Basquine, venu de l'espagnol *basquina* (jupe).

Basse, voy. *bas*.

Bassin, dans l'ancien français *bacin* et *bachin*, du L. *barchinon** (vase), que Grégoire de Tours cite comme un mot d'usage rustique : *pateræ quas vulgo* bacchinon *vocant*. — D. *bassiner, bassinet, bassinoire*.

† **Bastide,** mot venu du provençal *bastida* (maison), substantif participial du verbe provençal *bastir*, qui correspond au fr. *bâtir* (voy ce mot).

Bastille, voy. *bâtir*.

Bastingages, origine inconnue.

† **Bastion,** venu au seizième siècle de l'ital. *bastione* (même sens).

† **Bastonnade,** venu au seizième siècle de l'ital. *bastonnata* (même sens), comme beaucoup d'autres termes de discipline militaire.

Bât, ancien français *bast*, du L. *bastum** (selle, dans la langue latine vulgaire : « *Sagma*, dit un glossateur, *sella quam vulgus* bastum *vocat, super quo componuntur sarcinae.* » — D *bâter*.

Bataille, du L. *batalia*, mot qui correspondait dans la langue vulgaire au *pugna* du latin classique. Le témoignage de Cassiodore est formel sur ce point : « *Quae vulgo* batalin *exercitationes militum significant.*» — Sur *alia* devenu *aille* voy. au mot *ail*. — D. *batailler, batailleur*.

† **Bataillon,** venu au seizième siècle de l'ital. *battaglione* (même sens).

Batardeau, diminutif de l'ancien français *batard* (digue) dont l'origine est inconnue.

Bateau, ancien français *batel*, diminutif d'un radical *bat* qui a persisté dans le latin mérovingien *batus* (qui est au septième siècle avec le sens de *bateau*). Ce mot, d'origine germanique comme la plupart de nos termes de marine, vient de l'anglo-saxon *bât* (bateau). — Sur les diminutifs en *el* devenu *eau*, voy. *agneau*.

Bateleur, origine inconnue.

† **Batifoler**, venu au seizième siècle de l'ital. *batifolle* (jouer à des combats simulés au pied des remparts).

1. **Bâtir**, origine inconnue. — D. *bâtiment, bâtisse, bastille* (de la forme ancienne du verbe qui est *bastir*).

2. **Bâtir**, coudre, anciennement *bastir*, mot d'origine germanique, de l'ancien haut allemand *bistan* (coudre).

Bâton, origine inconnue. — D. *bâtonner, bâtonnier*.

Batterie, voy. *battre*.

Battologie, du gr. βαττολογία (répétition fatigante).

Battre, ancien français *batre*, du L. *batere*, forme populaire de *batuere* (battre). Sur cette chute de l'*u*, voy. *coudre*. *Bat(e)re* a perdu son ê conformément à la règle exposée p. LXXXI. — D. *battant, battoir, batteur, batterie, battage, battement, battue* (substantif participial). *abattre, rabattre, combattre* d'où *combat* (subst. verbal), *débattre* d'où *débat* (subst. verba), *rebattre, rebattu, ébattre* d'où *ébat* (subst. verbal).

Baudet, mot d'origine historique (voy. p. LXIV). Il existe dans notre ancienne langue un adjectif *baud*, à l'origine *bald*, de l'ancien haut allemand *bald*, gai, content (Sur le changement de *l* en *u*, voy. *agneau*). — Cet adjectif *baud*, qui était d'un usage fréquent dans l'ancien français, a persisté en français moderne dans le composé *s'ébaudir*, se réjouir, être *baud*.

D'autre part, on sait que le moyen âge avait développé, sinon inventé tout un vaste cycle de fables racontant la vie et les aventures des animaux : chacun d'eux était personnifié par un nom significatif; l'animal que les Latins nommaient *vulpes* était désigné par le sobriquet de maître *Renard* (littéralement : le cruel); l'ours portait le nom de *Bernard*; le bélier était dit *Bélin*; l'âne, l'animal toujours gai et content par excellence, l'animal toujours *baud*, comme on disait au onzième siècle, reçut dans cette mythologie le surnom de *maître Baudet* ou de *maître Baudouin* (noms qui sont l'un et l'autre des diminutifs de l'adjectif *baud*.) Ce sobriquet lui resta, et on en vint a désigner l'âne par cette épithète de *baudet* (qui signifie littéralement : guilleret), comme on désigna le *vulpes* par celle de *Renard*.

Baudrier, du L. *balterarius**, dérivé de *balteus* (baudrier, ceinturon). — *Balt(e)rárius* a perdu *e* conformément à la règle exposée au mot *accointer*; *balt'rarius* est alors devenu *baudrier* par le changement 1° de *arius* en *ier* (voy. *ânier*); 2° de *tr* en *dr* (voy. *aider*); 3° de *al* en *au* (voy. *agneau*).

Le sens actuel de *baudrier* n'est point antérieur au quatorzième siècle. Au douzième siècle, pour désigner cette partie du costume militaire, on se servait du mot *baudré* (de *balteratus* autre dérivé de *balteus*); et l'ouvrier qui fabriquait les *baudrés* s'appelait un *baudrier* : cette distinction, très-nette pendant la première partie du moyen âge s'obscurcit dès le quatorzième siècle qui prend le Pirée pour un nom d'homme, et désigne l'œuvre par le nom de l'ouvrier : nous avons vu un exemple de confusion analogue entre les mots *aragne* et *araignée* (voy. ci-dessus).

Baudruche, origine inconnue.

Bauge, origine inconnue.

Baume, ancien français *bausme*, du L. *balsamum* (baume). *Bals(a)mum* a perdu *a* conformément à la règle étudiée p. LXXXI. *Bal'smum* a donné le vieux français *bausme* par le changement de *al* en *au* (voy. *agneau*); sur la chute de l'*s* dans *bausme*, voy *abime*). — D. *baumier, embaumer.*

Bavard, voy. *bave*. — D. *bavarder, -age.*

Bave, onomatopée. — D. *bavette; baveux; bavard; bavure.*

Bavolet, origine inconnue.

Bayer, dans l'ancien français *baer*, en provençal *badar*, en italien *badare*, du L *badare* (qui est dans Isidore de Séville avec le sens de bayer). Sur la chute du *d* médial, *ba(d)are*, voy. *accabler;* sur *are* devenu *er*, voy. *acheter*. Une autre variante de *baer* est *beer* par le changement de *a* atone (badare en *e* (voy. *acheter*). Ce verbe de l'ancien français a disparu de la langue moderne, mais en nous laissant son participe present *béant*. — D. le provençal *badar* (bayer), avait produit deux dérivés *badau* et *badin*, qui ont pris pied dans notre langue (voy. aux mots *badaud, badin*).

† **Bazar,** mot apporté d'Orient par les voyageurs, et qui est l'arabe *bâzar* (marché).

Béant, voy. *bayer.*

Béat, du L. *beatus* (heureux). — D. *béatitude, béatifique, béatifier, béatification.*

Beau, dont *bel* est la forme primitive (sur *l* devenu *u*, voy. *agneau*). Bel vient du L. *bellus* (joli). — D. *bellâtre, embellir.*

Beaucoup (de *beau* et de *coup* (voy ces deux mots). Notre ancienne langue disait plus souvent *grant coup* que *beaucoup* : « Le roi eut grand coup *de la terre du comte*, » dit Joinville. Quant au sens de *grand*, il se retrouve dans d'autres locutions p. ex. *un beau mangeur.*

† **Beaupre,** de l'angl. *bowsprit* (même sens).

Beauté, vieux français *belté*, à l'origine *beltet*, du L *bellitatem* (beauté). L'*i* de *bell(i)tatem* ayant disparu conformément à la règle donnée au mot *accointer*, *bell'tatem* a donné *beauté* par le changement 1° de *el* en *eau* (voy. *agneau*), 2° de *atem* en *é* (voy *abbé*).

Bec, du L. *beccus* (bec que Suétone cite comme un mot d origine gauloise). — Sur *cc* latin devenu *c*, comparez *sec* (siccus), *soc* (soccus), *sac* (saccus). — D. *becqueter, bécasse, béquille* (proprement *canne à bec*).

Bécarre, transcription de l'abréviation *b* ♮. On disait anciennement *b carré; b* étant le *si* dans la gamme en *la*, on disait *b carré* (c'est-à-dire *b* dur) quand le *si* était dans son ton naturel, — et l'on désignait par *b mol* (c'est-à-dire *b* mou, *b* faible), le *si* baissé d'un demi-ton.

Bécasse, voy. *bec*. — D. *bécassine.*

Bêche, du L. *becca*,* forme féminine de *beccus*. Sur *ca* devenu *che*, voy. *acharner*. — D. *bêcher.*

Bedaine, origine inconnue.

Bedeau, ancien français *bedel*, mot d'origine germanique, de l'ancien haut allemand *butil* (héraut).

Beffroi, ancien français *berfroi*, dans la basse latinité *berfredus* (sur *e* devenu *oi*, voy *accroire*). Ce mot, d'origine germanique, comme la plupart des termes d'art ilitaire du moyen âge, vient du moyen haut allemand *bervrit* (tour d'où l'on donne l'alarme).

Bégayer, voy. *bègue*.

Beignet, origine inconnue.

Bègue, mot d'origine inconnue. — D. *bégayer*.

Bégueule, ancien français *bégueule*, et *gueule bée*. (Pour l'étymologie, voy. aux mots *gueule* et *bayer* : *bée* est le participe passé du verbe dont *béant* est le participe présent.) — Avoir la *gueule bée*, ou *être gueule bée*, c'est proprement rester *bouche béante* ; *bégueule* désignait autrefois la sottise, tandis qu'il désigne aujourd'hui la pruderie.

Béguin, coiffure des *Béguines*, association religieuse des Pays-Bas. Mot d'origine historique (voy. p. ιxiv). — D. *embéguiner*.

Béjaune, ancien français *becjaune* forme qui ne laisse pas de doute sur l'étymologie (voy. *bec* et *jaune*).

Bel, voy. *beau*.

† **Belandre**, de l'anglais *belander* (bâtiment côtier à fond plat).

Bêler, du L. *balare* (bêler). Sur *a* (balare) devenu *e*, voy. *acheter*. D'ailleurs, on trouve déjà dans Varron la forme *belare* pour *balare*. — D. *bêlement*.

Belette, diminutif de l'ancien français *bele* (martre, belette). Sur les diminutifs en *ette*, voy. *ablette*.

Quant au vieux français *bele*, c'est le latin *bella* (jolie) ; *belette* signifie donc proprement *la jolie petite bête*. En parlant dans l'*Introduction*, p xxvi, de ces métaphores populaires, nous avons remarque qu'elles avaient pour caractère principal de n'être jamais isolées et de se retrouver à la fois dans plusieurs langues de l'Europe. Cette règle se vérifie encore ici : la belette est nommée en danois *den Kjœnne* (la belle), en bavarois *schœnthierlein* (la jolie petite bête), dans l'ancien anglais *fairy* (la jolie).

Bélier, Le néerlandais *bell* (clochette), donna dans le bas latin *bella* ainsi qu'un radical français *bele* (clochette), qui a disparu sans laisser de traces, mais dont l'existence nous est révélée par le mot *belière* qui en dérive (voy. ce mot), et aussi par le mot *bélier* qui signifie proprement celui qui porte la *bele*, la clochette : — on sait que l'habitude des bergers est de pendre une clochette au cou du bélier, pour que le troupeau en marche se rallie autour de lui. De là est venue cette métaphore générale dans les langues de l'Europe pour désigner l'*aries* : la langue anglaise dit *bellwether* (proprement: le mouton à la clochette), le néerlandais dit *belhamel* qui a le même sens ; enfin, dans plusieurs de nos provinces, on ne nomme point le *bélier* autrement que *mouton à la sonnette* ; ce qui confirme pleinement l'étymologie du mot.

Belière, Voy. *belier*.

Bélître, mot dont l'origine est inconnue.

† **Belladone**, venu de l'ital. *belladonna* (belladone).

Belligerant, du L. *belligerantem* (combattant).

Belliqueux, du L. *bellicosus* (guerrier).

† **Belvédère**, venu au seizième siècle, comme beaucoup de termes d'architecture, de l'ital. *belvedere* (même sens). L'italien signifie proprement : d'où l'on a une *belle vue*.

Bemol, transcription de la formule *b mol* (voy. *becarre*).

Benedicite, mot latin qui signifie *bénissez*.

Benedictin, moine de l'ordre de S. *Benedictus* (Saint-Benoît).

Bénédiction, du L. *benedictionem* (même sens).

Bénéfice, du L. *beneficium* (bienfait). D. *bénéficiaire, -er*.

Benêt, du L. *benedictus* (béni). Cette métaphore qui peut sembler étrange est cependant tout à fait exacte; l'Évangile disant que le royaume des cieux appartenait aux pauvres d'esprit, que ceux-ci étaient bénis de Dieu, le mot *benedictus* devint alors l'équivalent de *stultus*; par le changement de *ct* en *t* (voy. *affété*), par la chute du *d* médial (voy. *accabler*), *bene(d)ictus* devint *bene-it* qui donna par la contraction une double forme : d'une part, *bene it* est devenu *bénit*, de l'autre *beneit*, *benêt* (la même métaphore se retrouve dans le mot *innocent*).

Bénévole, du L. *benevolus* (bienveillant).

Bénin, du L. *benignus* (obligeant). Sur *gn* devenu *n*, voy. *asséner*.

Bénir, ancien français *beneir*, italien *benedire*, du L. *benedicere* (bénir). — *Benedic(e)re*, contracté en *benedic're* suivant la règle de l'accent latin, devint *bénir* 1° par le changement de *cr* en *r* qu'on retrouve dans *dire* (dic're), *faire* (fac're), *plaire* (plac're), *taire* (tac're), *duire* (duc're, dans les composés *conduire*, *reduire*, *seduire*, etc...), *traire* (trac're), *luire* (luc're), *nuire* (noc're), *larme* (lacr'ma), *serment* (sacr'mentum), changement qui est le plus souvent accompagné de la diphthongaison de la voyelle précédente. — 2° *Benedic're*, ou *benedir*, perd son *d* médial (voy. *accabler*), et devient *beneir* forme que l'on trouve au onzième siècle dans la *chanson de Roland* et qui nous amène à la forme moderne. — D. *bénit, bénitier*. Sur la distinction grammaticale entre *bénite* et *bénie*, voy. ma *Gram aire historique de la langue française*. p. 225.

Béquille, voy. bec.

Bercail, du L. *berbecalia** pour *vervecalia** (même sens), on trouve dès le premier siècle *berbecem* pour *vervecem*. Sur ce changement du *v* en *b*, voy. *bachelier*. — *Berb(e)calia* perdit *e* conformément à la règle exposée au mot *accointer*; et *berb'calia* devint *bercail* par la réduction de *bc* en *c* (voy. *sujet*), et le changement de *alia* en *ail* (voy. *ail*).

Berceau, voy. bercer.

Bercer, mot d'origine inconnue.

† **Beret**, mot venu au français par le patois du Béarn (*berreto*) qui est le L. *birretum** (béret, dans un texte du sixième siècle).

† **Bergamote**, venu du portugais *bergamota* (même sens).

Berge, origine inconnue.

Berger, du L *vervecarius* (berger), qui est déjà *berbecarius* au cinquième siècle, et *bercarius* dans un texte carlovingien. — *Verv(e)cárius* a perdu *e* conformément à la règle donnée au mot *accointer Vervcarius* a donné *berger* par le changement 1° de *v* initial en *b* (voy. *bachelier*); 2° de *vc* en *c* (voy. *alleger*); 3° de *c* en *g* (voy. *adjuger*); 4° de *arius* en *ier* (voy. *dnier*). — D. *bergerie*.

Berline, carrosse que l'on construisait originairement à Berlin.

Berlue, proprement : état maladif des yeux, qui fait voir à la personne qui en est atteinte, ou les mêmes objets repetés plusieurs fois, ou même des objets fictifs, dérivé non directement du L *bislucere* (briller plusieurs fois). Pour le changement de *bis* en *ber* voy aux mots *bis, admettre* et *orfraie* quant au mot *lue*, son rapport avec *lueur* et *luire*, est visible.

Une autre forme adoucie de *berlue* est *bellue* (sur r devenu *l*, voy. *autel*), dont le diminutif est *beluette* (étincelle), contracté aujourd'hui en *bluette* (voy. ce mot).

† **Berme**, venu de l'allemand *berme* (même sens).

Berner, faire sauter dans un *berne* (manteau de drap dans notre ancienne langue). De même l'action de berner s'appelait, chez les Romains *sagatio*, parce que l'on bernait dans un *sagum* (manteau). — L'origine de l'ancien français *berne* est inconnue.

Béryl, du L. *beryllus* (aigue-marine).

Besace, en italien *bisaccia*, du L. *bisaccia* (qui est dans Pétrone avec le sens de *sac à double poche*); sur *i* devenu *e*, voy. *admettre*; sur *cia* devenu *ce*, voy *agencer*.

Besaigre, doublement aigre, de *bis* et *aigre* (voy. ces deux mots).

Besaiguë, doublement aiguë, qui a deux tranchants; de *bis* et *aiguë* (voy. ces deux mots).

Besant, en provençal *bezan*, en italien *bizante*; à l'origine monnaie frappée par les empereurs d'Orient, du L. *byzanthus* (monnaie de Byzance). Sur *y* devenu *e* voy. *admettre*.

Besicles, ancien français *bericle*, qui signifie à la fois cristal et lunettes, de *beryculus*, *beryclus** diminutif du L. *beryllus* (qu'on trouve avec le double sens de cristal et de lunettes dans les textes du moyen âge. — Quant à l'adoucissement de *bericle* en *besicle* par le changement de *r* en *s*, voy. *arroser*.

Besogne, origine inconnue.

Besoin, origine inconnue. — D *besogneux*.

Bestiaire, du L. *bestiarius* (m. s.).

Bestial, du L. *bestialis* (m. s.). — D. *bestialité*.

Bestiaux, du L. *bestialia* Sur *l* devenu *u*, voy. *agneau*.

Bestiole, du L. *bestiola* (mêm sens).

Bétail, du L *bestialia*. Sur la chute de *s*, voy. *abîme*; sur *alia* devenu *ail*, voy. *ail*.

Bête, ancien français *Beste*, du L. *bestia* (bête). Sur la chute de *s*, voy. *abîme*. — D. *bêtise*; *abêtir*; *embêter*.

Bétoine, du L. *betonica* (bétoine), que les auteurs latins citent comme un mot d'origine gauloise. Betonica a perdu ses deux dernières syllabes, par l'influence de l'accent latin (voy. p. LXXXI), et *o* latin est devenu *oi* par l'attraction de l'*i* suivant (voy. *chanoine*). Betonica est devenu *bétoine*) comme *canonicus* est devenu *chanoine*.

† **Beton**, venu du provençal *betun* (beton), qui est le L. *bitumen*.

Bette, du L. *beta* (m. s.); *betterave* écrit au seizième siècle *betterave* (voy. *bette* et *rave*).

Beugler, pous er des beuglements, crier à la manière du bœuf, du L. *buculare** (crier comme un bœuf, de *buculus*, taureau, dans Colum.). — *Buc(ù)l'are*, régulièrement contracté (voy. *accointer*), en *buc'lare*, a donné *beugler* par le changement de *cl* en *gl* (voy. *aigle*), — et par celui de *u* (*buc'lare*) en *eu*, changement qui se retrouve dans *fleuve* (flūvius), *gueule* (gula), *couleuvre* (colubra), *jeune* (juv'nis), *beurre* (but'rum); *pleuvoir* (pluere). — D. *beuglement*.

Beurre, du L. *butyrum* (beurre). *Bút(y)rum* est régulièrement contracté en *but'rum* suivant la règle de l'accent latin (voy p LXXXI); *but'rum*) a donné *beurre* par le changement 1° de *u* en *eu* (voy. *beugler*); 2° de *tr* en *rr* (voy. *arrière*) — D. *beurrier*

Bévue, anciennement *besvue*, fausse vue, *cette fausse lumière est une bévue de ses yeux*, dit Balzac au dix-septième siècle On saisit ici le sens propre du mot erreur commise par suite d'une illusion d'optique · on avait cru voir une chose qui n'existait pas, on avait mal vu, on avait *bévu*. c'est-à-dire *vu double* (on a vu au mot *bis* comment ce mot est devenu *bé*; pour *vue*, voy. *voir*).

† **Bezoard**, au seizième siècle *bezoar*, mot venu des Indes par l'intermédiaire du portugais *bezuar* (même sens).

Biais, oblique, du L. *bifacem* (qui est dans Isidore de Seville au sens de *louche*, qui regarde obliquement, qui se dirige de côté). Sur la chute de l'*f*, *bi(f)acem*, voy. *antienne*. Sur *acem* devenu *ais*, voy. *vrai*. — D. *biaiser*.

Biberon, mauvais mot forgé à l'aide de *bibere* (boire), et du suffixe *on*, comme *forgeron* de *forger*.

Bible, du L. *biblia* (venu du grec βίϐλια, la réunion des livres sacrés). — D. *biblique*.

Bibliographie, du grec βιϐλίον (livre), et γραφω (qui décrit). — D. *bibliographie*.

Bibliomanie, du grec μανία (folie) et βιϐλίον (livre). — D. *bibliomane*.

Bibliophile, du grec φίλος (ami), et βιϐλίον (livre).

Bibliothèque, du grec βιϐλοθήκη (dépôt de livres) — D. *bibliothécaire*.

Biche, origine inconnue.

† **Bicoque**, venu au seizième siècle de l'italien *bicocca* (même sens).

Bidet, origine inconnue.
Bidon, origine inconnue.
Bief, voy. *biez*.
Bieille, origine inconnue.
Bien, du L. *bene* (m. s.). Sur le changement de *e* en *ie*, voy. *arrière*. — D. *bien-être, bienfaire, bienfaisant, bienfaisance* (que l'abbé de Saint-Pierre a non pas inventé comme on le prétend, mais mis à la mode) *bienfait, bienfaiteur, bienheureux, bienséant, bientôt, bienveillant, bienvenu, bienvenue.*

Biennal, du L. *biennalis* (qui arrive tous les deux ans).

Bienséant, de *bien*, et de *séant* participe de *seoir* (voy. ce mot). — D. *bienséance*.

Bientôt, voy *tôt*.

Bienveillant, *malveillant*, on pourrait croire, en examinant superficiellement ces mots, qu'ils sont formés de *veillant* participe de *veiller*. Il n'en est rien. La forme ancienne de ces mots est *bienveuillant, malveuillant*; — *veuillant* est l'ancien participe présent de *vouloir* (voy. ce mot), et *bien-mal-veillant* ne veulent pas dire autre chose que *voulant* le bien, *voulant* le mal — Cette origine est confirmée par l'italien qui dit *benivolente*; si le mot fût venu de *veiller*, la forme italienne eût été *beni vegliante*, ce qui prouve que *vouloir* est bien l'origine du mot. — D. *bienveillance, malveillance*.

1. **Bière**, du moyen haut allemand *bier* (bière).

Bière, cercueil, civière, de l'ancien haut allemand *bâra* (civière).

Bièvre, du L. *bibrum* (castor *castorem*, *bibrum* dit le scoliaste de Juvénal sat. 12); sur *i* d'abord devenu *e* voy. *admettre* puis sur la diphthongaison de *e* en *ie* voy. *arrière* : sur *b* devenu *v*, voy. *avant* — *Bibrum* a donné *bièvre*, comme *febrim* a donné *fièvre*.

Biez (*bief*), ancien français *bied*, dans la basse latinité *bedum*, mot d'origine germanique, de l'ancien haut allemand *betti*, lit (d'un cours d'eau).

Biffer, origine inconnue.

† **Bifteck**, mot introduit dans la langue après les invasions étrangères de 1814 et de 1815 ; c'est une corruption de l'angl. *beefsteak* (tranche de bœuf).

Bifurquer, tiré du L. *bifurcus* (à deux branches). — D. *bifurcation*.

Bigame, du L. *bigamus* (marié deux fois). — D. *bigamie*.

† **Bigarade**, venu du provençal *bigarrat* (orange amère) dont l'origine est inconnue.

Bigarrer, mot qui paraît n'être point ancien dans la langue et dont l'origine est inconnue.

Bigle, origine inconnue.

Bigne, origine inconnue.

Bigorne, du L. *bicornis* (enclume à deux cornes), sur *c* devenu *g*, voy. *adjuger*.

Bigot, origine inconnue. — D. *bigotisme*, *bigoterie*.

Bijou, origine inconnue. — D. *bijoutier*, *bijouterie*.

† **Bilan**, venu au seizième siècle, comme beaucoup d'autres termes commerciaux, de l'ital. *bilancio* (balance).

Bilboquet, origine inconnue.

Bile, du L. *bilis* (bile). — D. *bilieux*.

† **Bill**, mot anglais signifiant *loi*, introduit vers les premières années de la Restauration dans notre langage parlementaire.

Billard, voy. *bille*.

1. **Bille**, origine inconnue. — D. *billard*.

2. **Bille**, tronc d'arbre destiné à être débité en planches, du celtique (irl. *bille*, tronc d'arbre). — D. *billot*.

Billet, on trouve dans le latin du moyen âge, la forme *billa* (écrit, mémoire), parallèlement à la forme classique *bulla*. C'est de ce mot *billa* qu'est venu le diminutif *billet* (proprement petit écrit).

Billevesée, origine inconnue.

Billon, mot qu'on trouve en français dès le treizième siècle. Son origine est inconnue. — D. *billonner*, *-age*.

Billot, voy. *bille* 2.

Bimbelot, origine inconnue. — D *bimbelotier*, *-erie*.

Binaire, du L *binarius* (m. s.).

Biner. faire un second labour, du L. *binare* * (dérivé de *binus*, double.)

Binocle, mauvais mot forgé depuis le commencement du siècle, à l'aide du L. *bini-oculi* (binocli, *bin-ocle*), lunette à deux yeux.

Binôme, du L. *bis* (deux) du gr. νομή (division).

Biographe, mot formé de deux mots grecs : βίος (vie) et γράφειν (écrire).— D. *biographie*, *-ique*.

Bipède, du L. *bipedem* (à deux pieds).

Bique, origine inconnue.

1. **Bis**, mot latin (signifiant deux fois), qui joue le rôle de préfixe dans les mots *bisaïeul*, *biscuit*, etc. Changeant *i* en *e* conformément à la règle donnée au mot *admettre*, *bis* est devenu *bes* dans *besaigre*, *besaigue*, *besace* (voy. ces mots), qui s'est réduit à *bé* dans *bévue* (voy. ce mot). — Par le changement de *s* en *r* (voy. *orfraie*), le préfixe *bes* a donné *ber* dans *berlue* (voy. ce mot), et dans *berouette* qui s'est plus tard contracté en *brouette* (voy. ce mot). *Ber* devant *l* a même assimilé *r* en *r*, et a donné *belluette*, puis *bluette* (voy. ce mot). — Enfin dans les deux mots *barlong*, *ba-*

rioler (voy. ce mot), le préfixe *ber* est devenu *bar* par le changement de *e* en *a* (voy. *amender*).

A côté de ces modifications dans la forme, il s'est produit une importante modification dans le sens : *bis* a pris, en passant dans les langues romanes, une acception péjorative qui rejaillit sur le radical : ainsi l'espagn. *bis-ojo* (littéral. *qui a deux yeux*), le wallon *bes-temps* (littéral. *double temps*), l'italien *bis-cantare* (littéral. *chanter double*), le catalan *bes-compte* (littéral. *compte double*) signifient respectivement *louche, mauvais temps, mal chanter, mécompte*. De même en français *biscornu* (proprement qui a deux cornes), *bistourné* (qu'on a tourné, courbé deux fois), ont le sens, le premier de *baroque*, le second de *déformé*. Il en est de même pour *bevue* et *berlue* (voy. ces mots), qui n'ont point étymologiquement le sens péjoratif que la langue française leur attribue.

2. **Bis**, de couleur brune. Origine inconnue

Bisaïeul, voy. aux mots *bis* 1. et *aieul*.

† **Bisbille**, venu au seizième siècle de l'it. *bisbiglio* (même sens).

Biscayen, gros mousqueton inventé en *Biscaye*, et dont les balles, beaucoup d'un calibre inusité, ont conservé le nom, bien qu'elles n'entrent guère de nos jours que dans la mitraille.

Biscornu, voy. aux mots *bis* 1 et *cornu*.

Biscuit, du L. *bis coctus* (qui a subi une double cuisson). — Sur *oct* latin devenu *uit*, voy. *attrait*.

Bise, origine inconnue.

Biseau, origine inconnue.

† **Bismuth**, venu de l'allem. *bissmuth* (même sens. La forme ordinaire est *wissmuth*).

Bison, du L. *bison* (m. s.).
Bisque, origine inconnue.
Bisquer, origine inconnue.
Bissac, du L. *bissacium* (bissac).

Bissexte, du L. *bissextus* (double sixième ; les Romains ajoutant un jour tous les quatre ans, le 6me jour avant les calendes de mars, il y avait alors un nouveau sixième jour, d'où le nom de *bissextus*). — D. *bissextile*.

Bistouri, origine inconnue.
Bistourner, voy. *bis* 1 et *tourner*.

Bistre, origine inconnue. — D. *bistrer*.

Bitord, du L. *bis tortus* (qui a été tordu deux fois).

Bitume, du L. *bitumen* (bitume).

† **Bivouac**, à l'origine *bivac*, mot venu de l'allemand *beiwache* (bivouac), et introduit à l'époque de la guerre de Trente ans. — D. *bivaquer*.

† **Bizarre**, avant de signifier *capricieux*, ce mot avait eu le sens de colère, d'emporté, et à l'origine, au seizième siècle, celui d'intrépide et de vaillant. Il vient de l'espagn. *bizarro* (vaillant). — D. *bizarrerie*.

Blafard, mot d'origine germanique, de l'ancien haut allemand *b'ei-faro* (de couleur pâle).

Blaireau, dans notre ancienne langue *bléreau*, forme qui marque mieux l'origine du mot : *bléreau* est un diminutif de *blé*, *bléreau* est proprement l'animal qui se nourrit de *blé*. Voy. ce mot. Le *bléreau* est appelé en anglais *badger*, mot qui signifie littéralement *marchand de blé*, ce qui confirme et assure l'étymologie du mot français (sur ces métaphores, voy. p. xxvi).

Blâmer, anciennement *blas-*

mer, du L. *blasphemare* (qui est dans Grégoire de Tours, V, 43) avec le sens de blâmer; on trouve dans les glossaires: *blasphemare, vituperare, reprehendere*. « *Tantummodo* blasphemabatur *a pluribus*, dit Aymonus monachus, *quod esset avaritiæ deditus*. » Sur la chute de e dans *blas(phe)mare*, voy. *aider*. *Blas'mare* a donné le vieux français *blasmer*, qui est devenu *blâmer*. Sur la chute de l's, voy. *abîme*.

Blanc, de l'ancien haut allemand *blanch* (blanc). — D. *blanchet, blancheur, blanchâtre, blanchir, blanchissage, blanchisseur, blanquette*.

Blanquette, voy. blanc.

Blaser, origine inconnue.

Blason, au onzième siècle *bouclier, écu*; plus tard, bouclier sur lequel on a peint les *armes* du chevalier; enfin vers le quinzième siècle les armoiries elles-mêmes. L'origine de ce mot est inconnue. — D. *blasonner*

Blasphemer, du L. *blasphemare* (même sens). — D. *blaspheme* (substantif verbal), *blasphemateur*.

Blatier, voy. *blé*.

Blatte, du L. *blatta* (blatte).

Blé, en vieux français *bled*, en provençal *blat*, dans la basse latinité *bladum, abladum* (avec le sens de blé récolté), du L. *ablatum* * (recolte, moisson, dans les textes du moyen âge). *Ablatum* veut dire proprement ce qu'on a enlevé, ce qu'on a cueilli, mais cette métaphore n'est point rare dans les langues indo-européennes: fruit est en grec καρπο; qui signifie littéral. *destiné à être enlevé, cueilli*; l'allemand *Herbst* moisson, a proprement le sens de choses enlevées. *Ablatum* a donné *blé*, 1° par le changement de *atum* en *é*, voy. *ampoulé*; 2° par la chute de l'*a* initial, comme dans *diamant* (adamantem), *boutique* (apotheca). — D. *blaireau* (anciennement *bléreau*, l'animal qui se nourrit de *blé*), *blatier*, marchand de blé, qui est en bas latin *bladarius* (sur *arius* devenu *ier*, voy. *ânier*).

Blême, d'origine germanique, scandinave *blâmi* (bleuâtre, puis livide). — D. *blêmir*.

Blesser, origine inconnue. — D *blessure*

Blet, blette, origine inconnue.

Bleu, d'origine germanique, de l'ancien haut allemand *blao* (bleu). — D. *bleuir, bleuâtre, bluet*.

† **Blinde**, de l'allemand *blende* (blindage). — D. *blinder, blindage*.

Bloc, mot d'origine germanique, de l'ancien haut allemand *bloc* (bloc). — D *bloquer, débloquer. Blocus*, mot introduit au seizième siècle, vient de la forme allemande ancienne, *blockhüs* (fortin qui interdit aux assiégés toute communication avec le dehors).

† **Blockhaus**, mot introduit récemment dans l'art militaire, et qui est l'allemand *block-haus* (fortin).

Blond, origine inconnue. — *blondin, blondir, blonde*.

Bloquer, voy. *bloc*.

Blottir (se) : à l'origine terme de fauconnerie; se dit du faucon quand il se ramasse pour dormir sur son *blot* (perchoir). De cette acception spéciale, le mot (par une de ces extensions de sens dont nous avons parlé p. xxii), est venu au sens général de se ramasser, se tapir. L'origine du mot *blot* est inconnue.

1. **Blouse**, trou du billard, origine inconnue.

2. **Blouse**, sarrau, origine inconnue.

Bluet, anciennement *bleuet*, dérivé de *bleu* (voy. ce mot). Sur *eu* devenu *u*, voy. *jumeau*.

Bluette, anciennement *beluette*, *belluette*, en patois normand *berluette*, diminutif de *bellue* (voy. au mot *berlue*). Le sens primitif du mot *bluette* est étincelle : Régnier parle d'un grand feu *qui naît d'une bluette*. On a dit métaphoriquement qu'une petite poésie était une *bluette*, une étincelle passagère.

Bluter, anciennement *beluter*, *buleter*, et à l'origine *bureter*, c'est-à-dire tamiser à travers la *bure* (tissu grossier qui servait à cet usage; pour l'étymologie de *bure*, voy. ce mot). — Pour le changement de *r* en *l* (dans *bureter*, *buleter*), voy. *autel*. — Ce qui confirme cette origine, c'est qu'on trouve *buratare* pour *bluter* dans un texte latin du onzième siècle, et que l'italien dit *buratello* pour *bluteau*. — D. *bluteau*, *blutoir*, *blutage*.

Boa, du L. *boa* (serpent).
Bobèche, origine inconnue.
Bobine, origine inconnue.

Bocage, anciennement *boscage*, en provençal *boscatge*, du L *boscaticum*, diminutif de *boscum* (voy. *bois*). Sur *aticum* devenu *age*, voy. *âge*; sur la chute de l's, voy. *abîme*.

† **Bocal**, mot venu au seizième siècle de l'italien *boccale* (même sens).

Bœuf, du L. *bovem* (bœuf). — Sur *o* lat. devenu *œu*, voy. *accueillir*. — Quant au changement de *v* latin en *f*, qui est rare en latin (on trouve *parafredus* pour *paraveredus* dans les Lois Barbares), il se retrouve en français : 1° pour le *v* initial dans : *fois* (*vicem*) ; 2° pour le *v* final dans : *bref* (*brevem*), *cerf* (*cervum*), *chétif* (*captivus*), *clef* (*clavis*), *naïf* (*nativus*), *nef* (*navis*), *nerf* (*nervus*), *neu*, (*novus*), *neuf* (*novem*), *œuf* (*ovum*), *sauf* (*salvum*), *serf* (*servum*), *suif* (*sevum*), *vif* (*vivus*), *grief* (*gravem*), *ogif** (*augivus**), *rétif* (*resticus**), *veuf* (*viduus**), *poussif* (*pulsativus**).

Boire, du L *bibere* (boire). — *Bib(e)re*, régulièrement contracte en *bib're* suivant la loi de l'accent latin (voy. p. LXXXI), a subi deux changements : 1° *br* est devenu *r*: *bib're*, *boire*, comme dans *écrire* (*scrib're*), *paupière* (*palpebra*). — 2° *i* est devenu *oi* : *i* latin accentué devient *oi* en français, — quand il est bref, dans : *courroie* (*corrigia*), *foi* (*fidem*), *moins* (*minus*), *poi* (*picem*), *poil* (*pilum*), *poire* (*pirum*), *quoi* (*quid*), *soit* (*sit*), *soif* (*sitis*), *voie* (*via*), *foi* (*vicem*), — quand il est long par nature dans : *cervoise* (*cervisia*), *pois* (*pisum*), *loir* (*glirem*) ; quand il est long par position dans: *doigt* (*dig'tus*), *étroit* (*strictus*), *loire* (*Lig'r*), *noire* (*nigra*), *moindre* (*min'r*), *poivre* (*pip'r*), *raide* (anc. *roide*, *rig'dus*), *épais* (anc. *épois*, *spissus*), *dais* (anc. *dois*, *discus*), *froid* (*frig'dus*). — *I* latin inaccentué ou atone, devient *oi*, quand il est bref dans: *frayer* (anc. *froyer*, *fricare**), *employer* (*implicare*), *ployer* (*plicare*), *loisir* (*licere*); quand il est long par nature, dans: *voisin* (*vicinus*), *frayeur* (*frigorem*); quand il est long par position, dans : *poisson* (*piscionem**), *damoiseau* (*domin'cellus*), *demoiselle* (*domin'cella*). — D. *boite* (dans l'expression *être en boite* en parlant du vin), participe fort de *boire* (voy. *absoute*), *bu*, ancien français *beu*, contraction de *bibutus*, forme barbare du participe passé de *bibere*. Sur la chute de *b* médial *bi*(b)*utus*, voy. *aboyer*; sur celle de *t* final, voy. *aigu*; sur le changement de *i* en *e*, voy. *admettre*. Cette forme *bibutus* pour *bibitus* n'est point isolée; on trouve *pendutus* (dans la *Lex Alaman.*), *battutus* (dans un decret de 595), *reddutus* (dans une charte de 796).

Bois, en provençal *bosc*, en italien *bosco*, dans le plus ancien bas latin *boscum*, *buscum* (avec le sens de *bois*, mot dont l'origine est inconnue). — Sur *u* latin (*buscum*) devenu *oi*, voy. *angoisse*. — Pour *sc* devenu *s*, cf. *dais* (*discus*), marais (*marescus**), moule (*muscla**), connais (*cognosco*). — D. *boiser, deboiser, reboiser, boiserie*.

Boisseau, ancien français *boissel*, du L. *bustellus** (boisseau, diminutif de *busta*, proprement *boîte à mesurer les grains*, voy. *boîte*). — Sur le changement de *st* en *ss*, et sur celui de *u* en *oi*, voy. *angoisse*; sur celui de *ellus* en *eau* voy. *agneau*.

Boisson, du L. *bibitionem** (boisson). Sur la chute du *b*, *bi*(b)*itionem*, voy. *aboyer*. — Sur *tionem* devenu *sson* voy. *agencer*. — Quant au changement de *i* latin en *oi*, voy. *boire*.

Boîte, ancien français *boiste*, qui est successivement *bossida*, *boxida*, dans les textes latins lorsque l'on remonte jusqu'au neuvieme siècle, ou l'on trouve la forme originaire *buxida* (boîte). *Buxida* est le grec πύξιδα, boîte. — *Buxida* devenu *bóssida* par le changement de *x* en *s* (voy. *aisselle*), et par celui de *u* en *o* (voy. *annoncer*), s'est régulièrement contracte en *bóss'da* suivant la loi de l'accent latin (voy. p. LXXXI). *boss'da* a donne *boisie* par le changement de *o* en *oi* (voy. *chanoine*). et par celui de *d* latin en *t* (voy. *dont*) Sur la chute de l's dans *boiste*, voy. *abime*. — D. *boîtier*. *Boîte* a aussi le sens d'articulation, qui est resté dans plusieurs expressions ; se *déboîter un bras*, le faire sortir de sa *boîte*, de son articulation ; emboîter *un os*, le faire rentrer dans l'articulation, dans la *boîte; boiter*, avoir mal à l'articulation, à la *boîte*.

Boîter, voy. *boîte*. — D. *boiteux*

Bol (alimentaire, etc....), du grec βῶλος (masse arrondie).

† **Bol,** coupe, venu de l'anglais *bowl* (bol).

Bombance, origine inconnue.

Bombe, origine inconnue. — D. *bombarde, bombarder, bombardement, bomber*.

Bomber, voy. *bombe*.

Bon, du L. *bonus* (m. s). — D. *bon* (substantif, d'où *abonner* littéralement : *prendre un bon pour...*), *bonne* (substantif), *bonasse, bonifier, bonification, bonbon, bonbonnière*.

· † **Bonace,** venu au seizième siècle de l'ital *bonaccia* (calme de la mer).

Bond, voy. *bondir*.

Bonde, mot d'origine germanique, de l'allemand (souabe *bunte*, bonde). — D. *bondon, bonder, débonder*.

Bondir, le sens de *sauter* est relativement moderne, et n'apparaît guère qu'au onzième siècle. A l'origine de la langue *bondir* signif. *retentir, résonner :* on voit dans la Chanson de Roland que l'olifant du neveu de Charlemagne *bondissait* (résonnait) plus fort que tous les autres. — *Bondir*, vient du L. *bombitare** (résonner). Sur le changement de conjugaison, voy. *aimant*. — *Bombitare* régulièrement contracté en *bomb'-tare* (voy. *accointer*), a changé *bt* en *d* (voy. *accouder*), *m* en *n* (voy. *changer*). — D *bond* (substantif verbal), *bondissement, rebondir*.

Bonheur, voy. *heur*.

Boni, mot latin (proprement *de bon*. Combien de boni?)

Bonnet. Le sens originaire du mot est étoffe. Il y avait des robes de *bonnet*; l'expression *chapel de bonnet* se trouve plusieurs fois dans les textes: on l'a abrégée en *un bonnet*, comme on dit *un feutre* pour un chapeau de *feutre*. L'origine de *bonnet* est inconnue. — D. *bonnetier, bonneterie*.

Bonté, du L. *bonitatem* (même sens). — Sur la chute de l'*i* latin, voy. *accointer*; sur le changement de *atem* en *é*, voy. *accointer*.

† **Borax**, venu de l'Orient, comme beaucoup de termes d'alchimie. L'original est l'hébreu *borak* (blanc).

Bord, du néerlandais *bord* (bord). — D. *border, bordure, aborder, déborder, bordage, rebord, bordereau, bordée* (ensemble des canons qui garnissent le même côté, le même *bord* d'un vaisseau). — Une autre forme de *border* est *broder* par transposition de l'*r* (sur ce déplacement de l'*r*, voy. p. LXXVI, et au mot *âpreté*). Le sens originaire de *broder* était proprement: orner le *bord* d'une étoffe de dessins à l'aiguille, faire à cette étoffe une *bordure* qui la relevât. Ce qui confirme cette étymologie, c'est que l'espagnol *bordar* (border), signifie en même temps *broder*.

Boréal, du L. *borealis* (même sens).

Borgne, origine inconnue. — D. *éborgner*.

Borne, anciennement *bonne*, au douzième siècle *bodne* du L. mérovingien *bodina* (borne, dans un texte du septième siècle : l'origine de *bodina* est inconnue). *Bód(i)na* contracté en *bod'na* suivant la règle de l'accent latin (voy. p. LXXXI), a donné *bodne* qui est devenu *bonne* par l'assimilation de *dn* en *nn* (voy. *aller*); de même que *ll* est devenu *rl* par dissimilation dans *hurler* (*ul'lare*), *nn* (bonne) est devenu *rn* (borne) par une dissimilation analogue (voy. p. IXXV). D. *borner, bornage*.

Bosquet, diminutif de *boscus* (bois, voy. ce mot), proprement: petit bois.

1. **Bosse**, origine inconnue. — D. *bossu, bossuer, bosseler, bossette*.

2. **Bosse**, amarre, origine inconnue. — D. *embosser*.

† **Bosseman**, venu de l'allem. *bootsmann* (contre-maître).

Bot, origine inconnue.

Botanique, du grec βοτανική (étude des plantes). — D. *botaniste*.

1. **Botte** (de foin, etc....), de l'ancien haut allemand *bôzo* (faisceau, fagot). — D *botteler*.

2. **Botte**, tonneau, outre, d'origine germanique (all. *bütte*), *botte* (chaussure) est le même mot; cette transition du sens d'outre, de vase en cuir, à celui de chaussure telle que les *bottes* n'est point isolée dans les langues indo-européennes; l'anglais *boot*, signifie à la fois bottes, et coffre (de voyage). — D. *bottier, bottine*.

† 3 **Botte** (escrime), de l'italien *botta* (coup de fleuret).

Bottine, voy. *botte*, 2.

Bouc, origine inconnue. — D. *bouquin, bouquetin, boucher*.

Bouche, du L. *bucca* (bouche). — Sur *u* devenu *ou*, voy. *accouder*. Sur *cc* devenu *ch*, voy. *acheter*. — D. *bouchée, emboucher*, embouchure, aboucher, boucher proprem^t fermer la bouche, clore l'ouverture).

Boucaner, boucanier, origine inconnue.

1. **Boucher**, (verbe) voy. bouche. — D. bouchon, bouchonner.

2. **Boucher** est proprement *celui qui tue les boucs*; et *boucherie* le lieu où l'on vend de la viande de bouc dont le peuple mangeait au moyen âge). On sait quelle était au moyen âge la jalousie réciproque des corporations; et avec quelle rigueur la division du travail etait maintenue et protégée contre les empiétements d'autrui : au dix-huitième siècle même, les cordonniers qui fabriquaient des chaussures neuves ne pouvaient réparer les vieilles : et les cordonniers en vieux leur intentèrent maints procès; au moyen âge les *bouchers*, c'est-à-dire les marchands de viande de *bouc* n'avaient point licence pour vendre d'autres viandes; nous lisons par exemple dans les *Statuts de la ville de Montpellier* (année 1204) : *Ni el mazel de bocarid no sid venduda carn de feda*. (Il est interdit aux marchands de *boucherie*, de vendre de la viande d'agneau). On voit ici le mot boucherie au sens propre de *viande de bouc* — Ce qui confirme pleinement cette origine du mot *boucher*, c'est que l'italien dit *beccaio* pour boucher, et que *beccaio* dérive précisément de *becco* (bouc).

Boucle, du L. *bucula** (bucula, umbo scuti*, dit Isidore de Séville). — Pour la chute de l'*u* atone, *buc'la*, voy. p. LXXXI; pour le changement de *u* en *ou*, *buc'la*= boucle, voy. accouder. — *Boucle* avait au moyen âge le double sens *e umbo scuti* et d'anneau ; ce dernier seul a persisté (et s'est développé métaphoriquement dans *boucle* de cheveux, anneau que forment les cheveux). — Quant au premier sens, il a disparu du radical, mais a persisté dans le dérivé *bouclier*, qui dans les premiers siècles de notre langue, n'était qu'un simple adjectif. On disait avant le treizième siècle *un ecu bouclier* (comme on dit *un jour ouvrier*), c'est-à-dire un écu qui a une *boucle* (bosse au centre de l'arme) : puis l'épithète a éliminé le substantif, et dès le quatorzième siècle on ne dit plus qu'un *bouclier*.

Bouder, origine inconnue. — D. *boudoir*, mot creé au dix-huitième siècle, *bouderie*.

Boudin, origine inconnue.

Boue, origine inconnue. — D. *boueux*.

Bouée, diminutif de *boue*, originairement *boye* (bouée, dans notre ancienne langue) : *boye* est le latin *boja* (chaîne, corde qui sert à retenir la pièce de bois flottante). — Sur le changement de *j* latin en *i*, voy. aider; sur celui de *o* latin en *ou*, voy. affouage.

Bouffer, onomatopée (voy. p LXV) — D. *bouffé*.

Bouffir, onomatopée. — D. *bouffissure*.

† **Bouffon**, venu au seizième siècle de l'ital. *buffone* (bouffon). — D. *bouffonnerie*.

Bouge, du L. *bulga* (petit sac, selon Festus, c'est un mot d'origine gauloise : *bulgas Galli sacculos scorteos vocant*. Du sens de sac est venu celui de *boîte*, puis métaphoriquement celui de réduit, de chambre aussi étroite et obscure qu'une *boîte*. — La même métaphore se retrouve dans le parler vulgaire de Paris; ce qui nous fait mieux comprendre comment elle a pu se produire chez les Romains.

Bouger, en provençal *bolegar* (s'agiter), en italien *bulicare* (bouillonner), — du L. *bullicare* *, fréquentatif de *bullire* (bouillir). Chacune des trois formes romanes marque un degré nouveau dans le déplacement du sens. — *Bull(i)-cáre* régulièrement contracté en *bull'care* (voy. *accointer*), a donné *bouger* par le changement 1° de *ull* en *ou* (voy. *agneau*); 2° de *care* en *ger* (voy. *adjuger*).

Bougie, mot d'origine historique (voy. p. LXIV). De la ville de Bougie où l'on fabriquait ce produit. — D. *bougeoir*.

Bougon, origine inconnue.

Bouillir, du L. *bullire* (bouillir). — Sur *u* devenu *ou*, voy. *accouder*; sur *lli* latin devenu *ill*, voy. *ail*. — D. *bouillon, bouillonner; bouilli, bouillie, bouilloire*.

Boulanger, origine inconnue. — D. *boulangerie*.

Boule, du L. *bulla* (petite boule ronde, proprement *bulle*) sur *u* devenu *ou*, voy. *accouder*. — D. *boulet, boulette, boulon, bouleverser,* le sens propre est *faire tourner* (versare) comme une *boule*. *Ébouler* est proprement rouler en tombant comme une boule.

Bouleau, diminutif de l'ancien français *boule* (même sens), qui est le latin *betula* (bouleau). — *Betula* régulièrement contracté en *bet'la* suivant la loi de l'accent latin (voy. LXXXI) a changé *tl* latin en *ll*, puis en *l*, comme dans *rôle* (rot'*lus*), rou*ler* (rot'*lare*), crou*ler* (coro*t'lare*), epau*le* (spa*l'la*), meu*le* (me*t'la*), grelot (cro*t'lum*), frôler (pour frotler).

† **Bouledogue,** venu récemment de l'anglais *bulldog* (m. s.).

Boulevard, ancien français *boulevart, boulevert, bouleverc,* venu dans les premières années du quinzième siècle de l'allemand *bollverk* (fortification). On sait qu'à l'origine le mot *boulevard* était un terme d'art militaire, désignant le terre-plein des remparts : les *boulevards* de Paris n'étaient sous Louis XIV que l'enceinte même de Paris ; ces *boulevards* plantés d'arbres, devinrent un lieu de promenade à la mode, et le mot *boulevards* devint synonyme de promenade ou de rue plantée d'arbres, signification tout a fait étrangère au sens étymologique.

Bouleverser, voy. *boule*. — D. *bouleversement*.

Boulimie, du gr. βουλίμια (faim de bœuf).

† **Bouline,** de l'angl. *bowline,* (m. s.). — D. *bouliner*.

† **Boulingrin,** venu de l'angl. *bowling-green* (gazon où l'on joue aux boules).

Boulon, voy. *boule*. — D. *boulonner*.

Bouquet, anciennement *bousquet,* a l'origine *bosquet,* proprement *petit bois* (on dit encore un *bouquet d'arbres*; le sens de *petit bois* est bien visible dans cette phrase de Mme de Sévigné. *Il a voulu vendre un petit bouquet qui faisait un assez grande beauté.* La forme primitive *bosquet* est un diminutif du latin *boscum* * (voy. *bois*). — Sur *o* devenu *ou*, voy. *affouage*. Sur la chute de l'*s* latin, voy. *abîme*. — D. *bouquetière*.

1. **Bouquin,** voy. *bouc*.

2. † **Bouquin,** vieux livre, venu du neerlandais *bœckin* (petit livre). — D. *bouquiner, bouquiniste*.

Bouracan, origine inconnue.

Bourbe, origine inconnue. — D. *bourbeux, bourbier, embourber*.

Bourde, mensonge, origine inconnue.

1 **Bourdon,** bâton de pèlerin,

du L. *burdo* (âne). Pour le changement de *u* latin en *ou*, voy. *accouder*. — Cette métaphore n'est point isolée dans les langues romanes et l'on a plusieurs exemples de cette comparaison entre le bâton qui soutient, et l'animal qui porte : en espagnol *muleta* possède le double sens de *mulet*, et de *béquille*; en italien *mula* (mule) signifie également *bâton*; au dix-septième siècle on appelait un bâton *la haquenée des cordeliers*, expression qui répond à la locution espagnole *el caballo de S. Francisco* (bâton ; littéralement *le cheval de saint François*).

2. **Bourdon**, tuyau d'orgue, origine inconnue. — D. *bourdon* (insecte dont le bruissement a été assimilé aux sons graves du bourdon d'orgue).

3 **Bourdon**, insecte; voy. *bourdon*, 2. — D. *bourdonner*, *bourdonnement*.

Bourg, du L. *burgus* qui a ordinairement le sens de petite place fortifiée, comme dans ce passage de Végece : *Castellum parvum, quod burgum vocant*. Dans Isidore de Séville le mot a déjà le sens que nous lui donnons aujourd'hui *Burgus*, dit-il, *domorum congregatio, quæ muro non clauditur*. — De *burgensis* (l'habitant du *burgus*) forme que fournissent les textes mérovingiens, est venu le français *bourgeois* (l'habitant du bourg), par la réduction de *ns* (burge*ns*is) à *s* (voy. *aîné*), et par le changement 1° de *ē* (burgēsis) en *oi* (voy. *accroire*); 2° de *u* en *ou* (voy. *accouder*). — D. *bourgade*.

Bourgeois, voy. *bourg*. — D. *bourgeoisie*.

Bourgeon, vieux français *bourgeon*, a l'origine *burjon*; d'origine germanique (ancien haut allemand *burjan*, lever, proprement ce qui pousse, ce qui lève, les premières pousses de l'arbre.— D. *bourgeonner*.

† **Bourgmestre**, venu de l'allem. *burgmeister* (maire).

Bourrache, en ital *borragine*, du L. *borraginem* (bourrache). *Borráginem* ayant perdu les syllabes qui suivent la syllabe accentuée (conformément à la règle de l'accent latin, voy. p. LXXXI) donna *bourrache* par le changement 1° de *o* latin en *ou* (voy. *affouage*); 2° de *g* en *c* (l'ancien français dit *borrace* (voy. *fraise*); 3° de *c* en *ch* (vov. *acharner*).

† **Bourrasque**, venu au seizième siècle de l'ital. *burrasca*, (bourrasque)

Bourre, du L *burra** (dans la basse latinité, amas de laine); sur le changement de *u* en *ou*, voy. *accouder*. Bourre de fusil est le même mot (les *bourres* étant ordinairement faites de laine et de poils); de *bourre* de fusil est venu *bourrer* (action d'enfoncer la *bourre*, puis d'introduire en général); d'où les dérivés *débourrer*, *embourrer*, *rembourrer*, *bourrade*, *bourrée*, *bourru*, *bourreler*, *bourrelet*, *bourlet*.

Bourreau, origine inconnue.

Bourrelet, voy *bourre*.

Bourrique, du L *burricus* qui est dans Isidore de Séville, avec le sens de mauvais petit cheval · *mannus quem vulgo buricum vocant*. Sur *u* = *ou*, voy. *accouder* — D. *bourriquet*.

Bourru, qui a coutume de *bourrer* les gens d'injures, voy. *bourre*.

Bourse, du L *byrsa* (bourse, qui n'est autre que le grec βυρσα (bourse) : sur le changement de *y* latin en *ou* par l'intermédiaire de voy. p. LXXXVI, l. 8. — D. *bour-*

sier; débourser, débours; rembourser, -ement, -able.

Boursoufler, boursouflé, qui n'est que la contraction de bourse-soufflé, veut proprement dire soufflé, enflé, comme une bourse. Pour l'étymologie voy. aux mots bourse et souffler. — Le valaque ditde mêmebosunfla (boursoufler) qui est litteralement enfler (unfla), comme une bourse (bos), ce qui confirme la métaphore du mot français. — D boursouflure.

Bousculer, origine inconnue.

Bouse origine inconnue. — D. bousiller.

† **Boussole**, mot venu au seizième siècle de l'italien bossolo (même sens; proprement petite boîte dans laquelle sont enfermés l'aiguille et le cadran).

Bout, voy. bouter. — D. debout, embouitr, aboutir.

† **Boutade**, voy. bouter.

Boute-en-train, voy. bouter

Boute-feu, voy. bouter.

Bouteille, du L. buticula (bouteille, au huitième siècle, dans les Gloses de Reichenau, et plus tard dans le célèbre Capitulaire de Villis). Buticula est le diminutif de butica qui est dans Papias avec l'épithète de vasis genus : butica n'est qu'un dérivé de βύτις (flacon), — Buticula a donné bouteille par le changement 1° du suffixe icula en eille (voy. abeille); 2° de u en ou (voy. accouder).

Bouter, pousser, mettre, ancien français boter, du moyen-haut allemand bôzen (même sens). — D bout (substantif verbal, bout est proprement la partie d'un corps qui boute, qui heurte la première); bouture (branche que l'on met, que l'on boute en terre) ; bouton (ce qui pousse, ce qui boute aux plantes, et par analogie pièces de bois ou de métal ayant la forme d'un bouton); boute-feu, qui sert à mettre, a bouter le feu aux canons; boute-en-train, qui met en train ; boute-selle, sonnerie qui avertit les cavaliers de se mettre, de se bouter en selle; arc-boutant, arceau qui soutient un mur, qui l'empêche de tomber, qui le repousse, qui le boute; boutoir, ce qui sert à heurter, à repousser, à bouter; boutade, attaque, poussée, mot venu au seizième siècle de l'italien comme l'indique le suffixe ade.

Boutique, corruption du L. apotheca, (boutique); pour l'analyse de ce mot, je renvoie le lecteur à la p cvi, où cette dérivation a déjà été étudiée. — D boutiquier.

Bouton, voy. bouter. — D. boutonner, deboutonner, boutonnière.

Bouture, voy. bouter.

Bouvier, du L. bovarius (qui garde les bœufs). — Sur arius devenu ier, voy. ânier; sur o devenu ou, voy. affouage. — Un autre dérivé de bovus est bouvillon.

Bouvreuil, du L. bovariolus (petit bouvier, diminutif de bovarius, bouvier). Sur la cause de cette dénomination voy. p. xxv, ou ce mot est étudié. Quant à la forme, bov(a riolus contracté en boviolus, suivant la règle donnée au mot accointer, est devenu bouvreuil par le changement 1° de iolus en euil (voy aieul), 2° de o en ou (voy. affouage).

Bovine, du L bovinus (m. s.).

† **Boxer**, de l'angl. box (m. s.) — D. boxeur.

Boyau, ancien français boyel, à l'origine boel, en ital. budello, du L. botellus, boyau d'animal, saucisse, dans Martial; intestin humain, dans les Lois Barbares

Si botellum vulneraverit, lit-on dans la *Lex Frisionum* (5,52). — Sur le déplacement du sens, voy. p. xxii Sur la chute de *t*, *bo(t)ellus*, voy. *abbaye*, sur *ellus* devenu *eau*, voy. *agneau*.

Bracelet, voy. *bras*.

Braconner, voy. *braque*. — D. *braconnier*.

Brai, goudron; ce mot qui correspond pour la forme au provençal *brac*, à l'ital. *brago* vient du scandinave (nord. *brâk*, goudron).

Braie, en provençal *braya*, en italien *braca*, du L. *braca* (caleçon, culotte, que les écrivains latins regardent comme un mot emprunté par les Romains aux Gaulois). — D. *brayette*; *débrailler* qui est pour *debrayer* (avoir des braies en désordre).

Brailler, voy. *braire*. — D. *braillard*.

Braire, origine inconnue. — D. *braiment*, *brailler* (diminutif).

Braise, en espagnol *brasa*, en portugais *braza*, mot d'origine germanique (vieil allemand *bras* feu). — D. *braiser*, *brasier*, *embraser*.

† **Bramer**, venu au seizième siècle de l'ital. *brammare* (m. s.).

Bran, mot d'origine celtique (gaél. *bran*, son).

Brancard, voy. *branche*.

Branche, origine inconnue. — D. *ébrancher, embrancher; embranchement. Brancard*, signifie originairement une grosse branche dépouillée de ses feuilles, un grand bâton : d'où le sens de *brancards* d'une voiture; et celui de litière (brancards) formée originairement de bâtons croisés.

Branchies, du gr. βράγχια (même sens).

Brande, bruyère, origine inconnue.

Brandebourg, mot d'origine historique (voy. p. LXIV). Au dix-septième siècle, un brandebourg était une casaque garnie de passementerie, comme celles que portaient en 1674, les soldats de l'Electeur de Brandebourg, quand ils entrèrent en France.

† **Brandevin**, de l'all. *brantwein*, (eau-de-vie).

Brandir, signifiait proprement agiter un *brand* (une épée), puis agiter une arme en général. Sur ces extensions de sens, voy. p. xxii. Quant à l'ancien français *brand*, il est d'origine germanique (scandin. *brandr* epée).

Brandon, diminutif de l'ancien haut allemand *brant* (tison).

Branler, origine inconnue.— D. *branle* (substant. verbal), *branloire, branlement; ébranler.*

Braque, au sens de chien de chasse, d'origine german. (all. *brack*, chien de chasse) : au sens de *fou*, d'*ecervelé*, c'est le produit de la comparaison : plus étourdi qu'un *braque*, qu'un chien de chasse. — D. *bracon* diminutif de *braque*, proprement petit braque; le valet préposé à la garde des *bracons* s'appelait le *braconnier* (de même que celui qui soignait les *faucons* s'appelait *fauconnier*). Du sens qu'avait à l'origine le mot *braconnier*, est venue par une transition naturelle la signification qu'il possède aujourd'hui : le valet qui dirigeait les chiens, le braconnier, mettant à profit l'absence du seigneur, et chassant pour son propre compte.

Braquemart, origine inconnue.

Braquer, origine inconnue.

Bras, du L. *brachium* (bras) : *Chi* latin s'est réduit à *ci* (voy. p. xcix), et celui-ci est devenu *s* (voy. *agencer*). — D. *brachia* par le changement régulier de *chi* en *ci* (voy. p. xcix), et par celui de *ci* en *c* (voy. *agencer*) a donné le vieux français *brace* (d'ou *bracelet*); *brace* à son tour a subi le changement de *c* en *ss* (voy. *amitie* et est devenu *brasse* (proprement mesure qu'on prend avec les deux bras étendus) d'ou *brassée*, *brassard*, *embrasser*.

Brasier, voy. *braise*.

Brasser, ancien français *bracer*, fabriquer de la bière, verbe dérivé du mot *brace* (qui signifie *malt* dans notre ancienne langue) A son tour, le vieux français *brace* vient du L. *brace* (malt, dans Pline qui attribue à ce mot une origine gauloise) le latin *brace* donna un dérivé *bracium* (*Bracium unde cervisia fit*, dit Papias) lequel a donné l'ancien français *brace* par le changement de *ci* latin en *c* voy. *agencer*; le vieux français *bracer* a changé *c* en *ss* (voy. *agencer*), et est devenu *brasser*.

† **Brave**, mot venu au seizième siècle de l'italien *bravo* (courageux).— D. *braver*, *bravade*, *bravoure*, *bravache*, *bravo*.

Brayette, voy. *braie*.

Brebis, ancien français *berbis*, en italien *berbice*, du L. *berbicem** (brebis) (sur la transposition de *r* latin, voy. p. LXXVI) *Berbicem* que l'on trouve déjà dans Vopiscus, est ordinaire dans les Lois Barbares : *Si quis* berbicem *furaverit*, dit la Loi Salique (t. 4. § 2). *Berbicem* est une autre forme de *berbecem* que l'on trouve au premier siècle dans Pétrone. (Sur le changement de *e* en *i*, voy. *accomplir*). *Berbecem* que Pétrone emploie comme une forme du latin populaire correspond au *vervecem* du latin littéraire. Sur le changement de *v* en *b*, voy. *bachelier*.

Brèche, de l'ancien haut allemand *brecha* (rupture). — D. *ébrécher*.

Bréchet, anciennement *breschet*, à l'origine *brischet*, mot d'origine celtique (Kymri · *brisket* poitrine).

Bredouiller, origine inconnue.

Bref, du L. *brevis* (court). Sur *v* devenu *f*, voy. *bœuf*.

Bref, (du pape), du L. *breve* (acte, document, dans Justinien et dans saint Jérôme). Sur *v* devenu *f*, voy. *bœuf*. — D. *brevet* (voy. *achever*).

Brehaigne, origine inconnue.

Breloque, origine inconnue.

Brème, ancien français *bresme*, de l'allem. *brachsme* (m. s.).

Bretauder, origine inconnue.

Bretelle, origine inconnue.

Brette, d'origine germanique (scandinave *bredda*, épée). — D. *bretteur*.

Breuvage, dans l'ancienne langue *beuvrage*, en espagnol *bebrage*, en ital. *beveraggio*, du L. *biberaticum* * (breuvage, dans Ducange) : *biberaticum* vient de *biberare** (fréquentatif de *bibere* boire) *Bib(é)ráticum* contracté en *bib'ráticum* suivant la règle donnée au mot *accointer*, a donné l'ancien français *beuvrage* par le changement 1° du suffixe *aticum* en *age* (voy. *âge*), 2° de *i* latin en *e* puis en *eu* (voy *admettre*) ; 3° de *br* en latin en *vr* (voy. *avant*). — *Beuvrage* est devenu *breuvage* par la transposition de l'*r* étudiée à la p LXXVI, et au mot *âpreté*

De même que *biberaticum* a donné *beuvrage* puis *breuvage*, *biberare* (qu'on trouve au moyen âge) a donné, par son composé *adbiberare*, le verbe *abeuvrer* dans notre ancienne langue, qui est devenu *abreuver* comme *beuvrage* est devenu *breuvage*. Pour les permutations, je renvoie au mot *breuvage*.

Brevet, voy. *bref*. 2.

Bréviaire, du L. *breviarium* (abrégé, manuel, et spécialement dans la langue ecclésiastique manuel des prieres quotidiennes).

Bribe, origine inconnue.

† **Brick**, venu de l'anglais *brig* (même sens).

Bricole, origine inconnue.

Bride, mot d'origine germanique (ancien haut allemand *brit'l, brittil*). — D. *brider, bridon, débrider*.

† **Brigade**, venu au seizième siècle de l'ital. *brigata* (division d'armée). — D. *brigandage*.

Brigue, origine inconnue. — D *briguer*.

Briller, du L. *beryllare** (scintiller comme une pierre précieuse, de *beryllus* pierre précieuse). Sur la chute de l'e latin, *b(e)ryllare*, comparez · *brûler* (*perustulare*). Cette disparition très-rare d'ailleurs se retrouve pour les voyelles autres que *e* dans : *crier* (*quiritare*), *creux* (*corrosus**) *crouler* (*corotulare*); elle a lieu, au second degré pour les formes françaises, dans : *bluter* (de *beluter*), *bluette*, (de *belluette*), *brouette* (de *berouette*) etc... — D. *brillant, brillanter*.

Brimborion, origine inconnue.

Brin, origine inconnue.

Brioche, origine inconnue.

Brique, le sens originaire de *brique* est fragment, morceau; le patois de la Bresse dit *brique de pain* pour morceau de pain. d'origine germanique (angl. *brick*, anglo-saxon, *brice*, fragment). — D. *briquetier, briqueter, briquet*.

† **Brise**, terme de marine venu vers la fin du dix-septième siècle de l'anglais *breeze* (brise).

Briser, de l'ancien haut allemand *bristan* (briser) — D. *bris* (substantif verbal); *brisée* (substantif participial); *brisant, briseur*.

Broc, origine inconnue.

Brocanter, origine inconnue. — D *brocantage, brocanteur*.

† **Brocard**, mot d'origine historique. Au moyen âge, dans la langue des Écoles, *brocard* (en latin du temps *brocarda*) designait les sentences de Brocardus évêque de Worms qui compila vingt livres de *Règles ecclésiastiques*.

Brocart, pour *brochart*, étoffe brochée d'or, voy. *broche*.

Broche, du L. *brocca** (aiguillon, dérive de *broccus* qui est dans Plaute au sens de pointe, de dent aiguë). — D. *brocher, brochette, embrocher. brochure, brochage, brochet*, diminutif de *broche* mot qui dans notre ancienne langue désignait ce poisson; ainsi nomme à cause de sa tête pointue en forme de *broche*; cette metaphore n'est point isolée ; l'anglais dit *pike* pour *brochet* (ce qui veut dire proprement lance, pique).

Brocher, un livre, le coudre avec la *broche*. — D. *brochure*.

Brochet. voy. *broche*.

Brodequin, en espagn. *borcegui*, en ital. *borzacchino*, du flamand *broseckin* (même sens). Il est à remarquer que l'italien et l'espagnol ont conservé l's du flamand, tandis que le français l'a très-irrégulièrement transformé en dentale *d*.

Broder, voy. *border*. — D. *broderie*.

Bronches du grec βρόγχος (gorge). — D *bronchite*.

Broncher, origine inconnue.

† **Bronze**, venu au seizième

siècle de l'ital. *bronzo* (même sens). — D. *bronzer.*

Brosse, ce mot qui signifie aujourd'hui plaque de bois garnie de crin, et primitivement de chiendent ou de bruyère, est un exemple de ces restrictions de sens dont nous avons parlé dans l'*Introduction* p. xxii. *Brosse*, en bas latin *brustia*, de l'ancien haut allemand *brustia*, avait à l'origine de notre langue le sens de bruyère, buisson, et ne se restreignit que tardivement au sens spécial de branche de bruyère préparée pour enlever la poussière. — Le sens originaire de broussailles a persisté pour le mot *brosse*, dans quelques acceptions spéciales ; en terme d'eaux et forêts, un buisson s'appelle encore une *brosse*; courir à travers les buissons s'appelle encore *brosser* en termes de chasse : *Il* brossa *longuement sans trouver nulle proie*, dit Ronsard, et Saint-Simon emploie même ce mot au sens général de courir, de traverser : Le *premier président* brossa *à travers la compagnie et disparut*. Ce verbe *brosser*, au sens de traverser, existe encore dans le dérivé *rebrousser* qui était à l'origine *rebrosser* — Enfin *broussaille* qui est encore *brossaille* au seizième siècle, est le diminutif de *brosse*, et signifie proprement petite *brosse*, petit buisson.

Brouet, proprement *bouillon*. On se rappelle le brouet que le renard sert à la cigogne dans la fable de la Fontaine De même que l'italien *brodetto* (brouet) est le diminutif de it. *brodo* (bouillon), *brouet* est aussi un diminutif en *et* de l'ancien français *brou* (bouillon), qui correspond au bas latin *brodum* et à l'ancien haut allemand *brod* (sauce, jus). — Quant au changement de *brodum* en *brou*, voy. *affouage* pour le changement de *o* en *ou*, et voy. *accabler* pour la chute du *d*.

Brouette, au douzième siècle *beurouaite*, en wallon *berouette*. Ce mot qui désigne aujourd'hui un petit tombereau à une seule roue, désignait, jusqu'au dix-huitième siècle, une petite charrette à bras et à deux roues ; on appelait *brouette* au temps de Louis XIV, une chaise à porteur à *deux* roues. Au quinzième siècle la brouette était encore une charrette d'assez grande dimension, puisqu'André de la Vigne nous parle *des charrettes et* brouettes *qui estoient à l'entrée de Charles VIII à Florence*. — *Brouette* ou plutôt *berouette* qui est l'orthographe primitive est le diminutif d'un radical *beroue* (sur les diminutifs en *ette*, voy. *ablette*). *Beroue* est la reproduction exacte du L. *birota* (chariot à deux roues, dans les auteurs romains). Pour le changement de *bi* latin en *be*, voy. *bis*; pour celui de *rota* en *roue*, voy. *roue*. — L'ancien français *berouette* s'est contracté en *brouette* par la chute de l'*e* (voy. *brûler*), mais beaucoup de patois sont restés fidèles à la forme de la vieille langue et disent encore *berouette*.

Brouillard, voy. *brouiller*.
Brouiller, origine inconnue. — D. *brouille* (substantif verbal), *brouillon*; *débrouiller*; *embrouiller*.

Brouir, origine inconnue.
Broussailles, voy. *brosse*.
Brout (pousse des jeunes arbres), anciennement *broust*, à l'origine *brost*, du mot d'origine germanique (angl.-sax. *brústian* bourgeonner). — D. *brouter* (littéralement manger les *brouts*, les jeunes pousses), *broutiller*.

Brouter, voy. *brout*
Broyer, mot d'origine germa-

nique (goth. *brikan*, rompre); la forme latine *bricare** qui sera resultée de ce mot allemand, donne régulièrement *broyer* comme *plicare* donne *ployer* (voy. ce mot)

Bru, ancien français *brut*, mot venu de l'ancien haut allemand *brût* (fiancée).

† **Brugnon**, mot dérivé au seizième siècle de l'italien *brugna*.

Bruine, origine inconnue.

Bruire, origine inconnue. — D. *bruit, ebruiter, bruissement*. — Le participe présent de *bruire* est *bruyant*.

Bruit, voy. *bruire*.

Brûle-pourpoint (à), à l'origine coup de feu tiré d'assez près pour brûler le *pourpoint*. Voy. *brûler* et *pourpoint*.

Brûler, anciennement *brusler*, en italien *brustolare*, du L. *perustulare**, brûler entièrement, consumer. De *ustus* participe de *urere*, brûler, s'est produit, conformément à la règle donnée p. xxxiii, le verbe *ustare*, qui a donné a son tour le diminutif *ustulare* (resté dans l'ancien espagnol *uslar*, brûler, qui est pour *ust'lar*). De même que *ustus* a donné *ustulare*, le latin *perustus* (de *perurere*, brûler entièrement), a donné par l'intermédiaire de *perustare*, la forme dérivée *perustulare* (qui s'est conservée presque intacte dans l'italien *brustolare*, brûler).

Quant au changement du latin *perustulare* en *brusler*, *perust(u)lare* a perdu, suivant la règle (voy. *accointer*), son *ē*; *perust'lare* s'est contracté en *prust'lare* par la chute de la première voyelle (voy. *brûler*); le *p* latin est devenu *b* (voy. p. cii), et *brust'lare* par l'assimilation de *tl* en *ll*, et la réduction de *ll* en *l* (voy. *bouleau*) a donné *bruslar* et enfin l'ancien français *brusler* (sur la chute de

l's français, voy. *abîme*). — D. *brûlure, brûlot*.

Brume, du L. *bruma*. — D. *brumeux*.

Brun, de l'ancien haut allemand *brûn* (brun). — D. *brune* subst.; *brunir, brunissage, brunâtre, embrunir, rembrunir*.

† **Brusque**, venu au seizième siècle de l'italien *brusco* (rude, sombre). — D. *brusquer, brusquerie*.

Brut, du L. *brutus* (lourd, pesant). — D. *brutal, brutalité, brutaliser*.

Bruyant, voy. *bruire*. — D. *bruyamment* (pour *bruyantment*, voy. *abondamment*).

Bruyère, anciennement *bruière* de *brugaria** (bruyère dans plusieurs textes latins de la première partie du moyen âge. Ce mot vient des langues celtiques et est un diminutif du breton *brûg* bruyère). — Quant au changement de *brugaria* en *bruyère*, voy. *allier* pour la chute du *g* latin ; voy. *ânier*, pour le changement du suffixe *aria* en *ière*.

Buandier, voy. *buée*.

Bubon, du grec βουβών (tumeur à l'aîne propr. *aine*).

Buccal du L. *buccalis* (relatif à la bouche)

Bûche, ancien français *busche*, en provençal *busca*, du L. *bosca**, forme féminine de *boscum* (bois. Voy. ce mot). Sur le changement de *ca* en *che* voy. *acharner*; sur celui de *o* latin en *u*, voy. *curée*. — D. *bûcher, bûcheron*.

Bucolique, du grec βουκολικός (pastoral).

† **Budget**, venu à la fin de l'Empire (1814), de l'anglais *budget* (même sens).

Buée, origine inconnue. — D. *buandier, buanderie*.

Buffet, origine inconnue.

Buffle du L. *bufalus* (buffle, dans Fortunat, forme secondaire de *bubalus*). — D. *buffletin, buffleterie.*

Buis, du L. *buxus* (buis) — Sur *x* devenu *s*, voy. *ajouter*; *u* latin accentué devient *ui* dans: per*tuis* (pertusus), cu*ivre* (cuprum), d*uire* (duc're Composés. conduire, reduire, séduire, etc...), f*uir* (fug're), l*uire* (luc're), ag*uille* (acu la*), c*uistre* (custor*). *U* latin devient *ui* par attraction de l'*i* dans: j*uin* (junius), pl*uie* (pluvia), f*uis* (fugio), aig*uis*er (acutiare), p*uits* (putius*). — D. *buisson.* (Pour l'extension du sens, voy. p. xxii).

Buisson, voy. *buis.*

Bulbe, du L *bulbus* (oignon).

Bulle, du L. *bulla* (globule) *Bulle* avait aussi le sens de petite boule de métal qu'on appendait au sceau des lettres patentes, d'où le nom de *bulle* donne aux lettres patentes des papes.

† **Bulletin**, venu au seizième siècle, de l'italien *bulletina* (même sens).

Bure, du L. *burra** (étoffe grossière : *Nobilis horribili jungatur purpura burrae*, dit une épigramme attribuée à Eucérias — D. *bureau* (étoffe de laine: *vêtu de simple bureau*, a dit Boileau); puis table recouverte d'un tapis de *bureau*.

Bureau, voy. *bure*. — D. *buraliste, bureaucratie* (de *bureau* et de *cratie*; voy. *aristocratie, démocratie*) *bureaucrate.*

Burette, diminutif de l'ancien français *bure* (bouteille), dont l'origine est inconnue.

† **Burgrave**, venu de l'allemand *burggraf* (comte du château).

† **Burin**, venu, comme la plupart des termes d'art, de l'ital. *borino* (même sens).

† **Burlesque**, venu au seizième siècle de l'ital. *burlesco* (grotesque).

† **Burnous**, mot apporté d'Afrique par les voyageurs. (Arabe *bornos*, même sens).

.† **Busc**, mot que l'on trouve aussi écrit *busque* et *buste* au seizième siècle, et qui est une corruption de l'italien *busto* (voy. *buste*).

Buse, du L. *buteo* (épervier, dans Pline). — Pour le changement de *teo* en *se* par l'intermédiaire de *tio*, voy. *agencer*. D. *busard*, faucon.

† **Buste**, venu au seizième siècle de l'italien *busto* (buste).

But, voy. *buter.*

Buter, heurter, frapper en général, dans notre ancienne langue, il s'est restreint dans le français moderne à certaines acceptions spéciales ; étymologiquement *buter* est une variante dialectale de *bouter* (voy. ce mot). — D. *but* (proprement le point où l'on vise, ou l'on veut frapper, où l'on veut *buter; but* est substantif verbal), *rebuter, rebut, début, débuter.*

Butin, mot d'origine germanique (moyen haut allemand *büten*, butin). — D. *butiner.*

Butor, oiseau de proie, mot d'origine inconnue. La stupidité de cet oiseau est proverbiale; et on dit métaphoriquement un *butor*, comme on dit une *buse* (qui est proprement un oiseau de proie qu'on ne peut dresser pour la chasse, voy. *buse*).

Butte, anciennement *bute*, forme féminine de *but* (voy. ce mot) : les deux mots ont la même origine, et avaient primitivement le même sens, comme cela est visible par la locution *être en butte à*, c'est-à-dire *servir de but à* Le but étant place d'ordinaire sur un tertre élevé, le mot ne tarda point à désigner ce tertre lui-même. puis le sens originaire s'est perdu.

Buveur, ancien français *beuveur*, plus anciennement *beveur*, à l'origine *beveor*, du L. *bibitorem* (buveur, dans Isidore de Seville). — *Bibi(t)orem* a donné *beveor* par la chute du *t* médial (voy. *abbaye*), le changement de *b* en *v* (voy. *avant*), celui des deux *i* atones en *e* (voy. *mettre*). — *Beveor*, est devenu *beveur*, par le changement de *eo* en *eu* (voy. *aïeul*); puis *beuveur* par le changement de la première voyelle (*e*), en *eu* (voy. *jumeau*); enfin *buveur* par la réduction de *eu* a *u* (voy. *jumeau*). — L'espagnol *bevedor*, l'italien *bevitore* confirment cette dérivation. — Par une transformation identique à celle que nous venons d'étudier, *bibentem* a donné *buvant* (pour les permutations, voy. ci-dessus), d'où *buvable*, *buvette*, etc....

Byssus, du L. *byssus* (sorte de lin très-fin).

C

Çà, adv. signif. *ici*, du L. *ecc'ac* (composé de *ecce-hac*, comme *eccisle*, *eccille* sont pour *ecce-iste*, *ecce-ille*. Sur la chute de l'*h* dans *ecce-hac*, voy. *atelier*. *Ecce* a déjà le sens d'*ici* dans plusieurs textes du septième siècle et du huitième. On trouve par exemple : *Parentes* ecce *habeo multos* (J'ai *ici* beaucoup de parents). La locution *ecce-hac* est donc un véritable pleonasme ; pour le changement de *ecc'ac* en *ça*, voy. au mot *ce*.

† **Cabale**, mot d'origine hébraïque, la cabale étant proprement la tradition judaïque pour l'interprétation de l'Ancien Testament (de l'hébreu *Kabala*, doctrine traditionnelle) ; ce mot qui prit au moyen âge le sens d'interprétation cachée, puis de science mystérieuse pour commercer avec les êtres surnaturels, a donné l'adjectif *cabalistique*. — Du sens de menées occultes, d'efforts cachés pour atteindre un but, est venu la signification actuelle du mot *cabale* (d'où *cabaler*).

† **Caban**, venu au seizième siècle de l'espagnol *gaban* (même sens).

Cabane, du L. *capanna* (cabane dans Isidore de Seville : *Tugurium*, dit-il, *parva casa est; hoc rustici capanna vocant*. On trouve déjà *cabanna*, au huitième siècle, dans les Gloses de Reichenau). — Sur le changement de *p* en *b*, voy. *abeille*. — D. *cabanon*.

Cabaret, origine inconnue. — D. *cabaretier*.

Cabas, origine inconnue.

† **Cabestan**, au dix-septième siècle *capestan*, venu de l'anglais *capstan* (même sens).

† **Cabine**, venu de l'anglais *cabin* (même sens).

† **Cabinet**, venu au seizième siècle de l'italien *gabinetto* (cabinet).

Câble, du L. *caplum* (qui se

trouve au sens de *corde* dans Isidore de Séville à côté de la forme *capulum*) : sur le changement de *p* en *b*, voy. *abeille*.

Caboche, diminutif du L. *caput* (tête), par le suffixe *och'e* (*oceus*), qui se retrouve dans *épinoche*, *pioche* etc.. Sur le changement de *p* en *b* dans *caput* (qui est dans le *Lex salica*, *cabo*), voy. *abeille*.

† **Caboter**, cabotage, venu de l'italien *cabotaggio* (même sens). — D *caboteur*, *cabotin* (comédien ambulant qui va de ville en ville, comme le marin *cabote* de port en port.

Cabotin, voy. *caboter*.

† **Cabrer**, se dresser comme une chèvre sur les pieds de derrière; venu au seizième siècle de l'espagnol *cabra* (chèvre).

† **Cabri**, anciennement *cabrit* (chevreau), du provençal *cabrit* qui est le latin *capritum** (chevreau dans les Lois Barbares, de *capra*, chèvre).

† **Cabriole**, dans Montaigne *capriole*, venu au seizième siècle de l'italien *capriola* (même sens, proprement saut de jeune chèvre). — D. *cabrioler*, *cabriolet* (voiture à deux roues, qui saute, qui *cabriole* par sa légèreté).

Cabriolet, voy. *cabriole*.

Cabus, dérivé indirectement du L. *caput* (tête : proprement *chou à tête*. Pour le changement de *p* en *b*, voy. *abeille*. Pour *chou-cabus*, l'allemand dit *Kopfkohl* (littéralement *chou à tête*), l'italien *capuccio* (proprement *petite tête*), formes qui confirment l'origine du mot français.

† **Cacao**, mot venu d'Amérique à la fin du seizième siècle. — D. *cacaotier*.

† **Cachalot**, mot venu de l'anglais *cachalot* (même sens).

† **Cachemire**, étoffe originairement tissée dans le royaume de Cachemire.

Cacher, en italien *quattare*, du L. *coactare* (être pressé, foulé, comprimé, d'où par extension se *cacher*, ce qui est proprement se tapir, se blottir, se comprimer) : d'ailleurs on trouve en français *cacher* au sens actif de *fouler*, de *presser* dans ce vers de Ronsard : *A pieds deschaux cache le vin nouveau* (Pieds nus, il écrase le raisin), ce qui met hors de doute l'étymologie : de même en italien *quatto* signifie à la fois *caché* et *comprimé*.

Quant à la forme, *coactare* a donné *cacher* : 1° par le changement de *ct* en *ch*, voy. *allecher*; 2° par la suppression de l'*o* (*cacher* pour *coacher*); cette suppression de l'*o* devant *a* se retrouve dans *cailler* de *cooglare*, qui était dans notre ancienne langue *coailler* (voy *cailler*). — D. *cache* (substantif verbal) : *cachette*; *cachet* (proprement qui sert à cacher le contenu d'une lettre); *cachotter*, d'où *cachot* (substantif verbal), *cachotterie*.

Cachet, voy. *cacher*. — D. *cacheter*, *décacheter*

Cachot, qui avait originairement le sens, non de prison, mais de *cachette* (Ambroise Paré parle des *cachots des bêtes sauvages*), est le substantif verbal de *cachotter* (voy. *cacher*).

Cacochyme, du grec κακοχυμος (d humeurs malsaines).

Cacographie, du grec κακογραφια (proprement mauvaise écriture).

Cacologie, du grec κακολογία (locution vicieuse).

Cacophonie, du grec κακοφωνία (dissonance).

Cactus, du grec κάκτος (même sens).

Cadastre, anciennement *capdastre*, en italien *catastro*, du L. *capitastrum** (registre servant à l'assiette de l'impôt, dérivé de *caput* qui a, dans le latin classique, le sens de montant d'une contribution). L'espagnol a tiré de même *cabezon* (rôle de perception), de *cabeza* (tête).

Cap(ĭ)*tastrum*, a perdu son ĕ, suivant la règle (voy. *accointer*), et a donné *cadastre* par le changement de *pt* en *d* que l'on retrouve dans *malade* (male-*aptus*), *cadet* (*cap'tellum**).

Cadavre, du L. *cadaver* (même sens). — D. *cadavérique, cadavéreux*.

Cadeau signifie proprement les traits de plumes entrelacés, dont les maîtres d'écriture ornent leurs exemples; tel était le sens du mot jusqu'au seizième siècle; il prend alors le sens de futilités, de passe-temps agréable, mais inutile; *faire des cadeaux* se disait pour : s'amuser à des riens, à des bagatelles ; *cadeau* devint l'équivalent d'amusement, de divertissement, de fête : *J'aime les visites, les cadeaux, les promenades, en un mot toutes les choses de plaisir* (Molière, dans le *Mariage forcé*). Il s'appliquait en particulier aux fêtes que l'on offrait aux femmes: donner aux femmes un cadeau de musique et de danse, disait-on au dix-septième siècle. — C'est de cette locution *donner un cadeau* (donner une fête), qu'est dérivé le sens actuel de présent donné au mot cadeau, de don fait à quelqu'un. — On voit combien l'histoire de ce mot nous éloigne de sa signification primitive. — Au sens originaire de traits de plume entrelacés, qui forment comme un enchaînement calligraphique, *cadeau* qui est au douzième siècle *cadel*, dans le poëme de Gérard de Roussillon, vient, par l'intermédiaire du provençal, du L. *catellus* (petite chaîne).

† **Cadenas**, dans Rabelais *catenas*. venu au seizième siècle de l'italien *catenaccio* (même sens). — D. *cadenasser*.

† **Cadence**, venu au seizième siècle de l'ital. *cadenza* (cadence). — D. *cadencer*.

† **Cadène**, venu du provençal *cadena* (chaîne), dérivé lui-même du L. *catena* (chaîne).

Cadenette, mot d'origine historique (voy. p. LXIV) : coiffure, coupe de cheveux mise à la mode sous Louis XIII, par le seigneur de *Cadenet* (Honoré d'Albret, frère du duc de Luynes).

† **Cadet**, mot venu du provençal *capdet* qui est le latin *cap'tettum**, *capitettum* (diminutif de *caput*, chef; le fils aîné étant considéré comme le premier chef de la famille, — le second des enfants, le *cadet*, est proprement le second chef, le *petit chef*

Cadran, ancien français *quadrant*, du L. *quadrantem* (cadran solaire; proprement plan sur lequel les heures sont tracées).

† **Cadre**, venu au seizième siècle de l'ital. *quadro* (cadre). — D. *cadrer, encadrer*.

Caduc, du L. *caducus* (même sens). — D. *caducité*.

Caducee, du L. *caduceum* (baguette de héraut).

Cafard, origine inconnue.

† **Café**, mot apporté de l'Orient par les voyageurs, au commencement du dix-septième siècle, et qui est le turc *kahveh* (café). — D. *cafier, cafetier, cafetière*.

Cage, du L. *cavea* (cage). — Sur le changement de *ea* en *ge*, voy. *agencer* et *abréger* ; sur la chute du *v*, voy. *alléger*. — D. *ca-*

7

joler (pour *cageoler*), qui avait dans notre ancienne langue le sens de *chanter comme un oiseau en cage*, a pris, par une transition naturelle, la signification de séduire par des paroles insinuantes, de flatter.

† **Cagneux**, qui marche comme un chien basset, diminutif de *cagne* venu de l'ital *cagna* (chienne).

Cagot, origine inconnue.

Cahier, anciennement *cayer*, à l'origine *quayer*, du L *quaternum** (cahier de quatre feuilles, puis cahier en général) — Sur la chute du *t* médial, *qua*(t)*ernum*, voy. *abbaye;* sur la réduction de *rn* final a *n*, voy *aubour;* sur le changement de *qua* en *ca*, voyez *car*, sur l'intercalation d'un *h* voy. p LXXXIX — L'italien *quaderno* (cahier). le catalan *cuern* (cahier), confirment cette origine.

Cahin-caha, expression tirée du L. *qua hinc*, — *qua hac* (par ci, par là)

Cahoter, origine inconnue. — D. *cahot* (substantif verbal).

† **Cahute**, proprement cabine de navire, les marins disent *cajute*, du hollandais *Kajuit* (cabine).

Caïeu, origine inconnue.

Caille, ancien français *quaille*, en italien *quaglia*, du latin du moyen âge *quaquila* (caille). *Quaquila*, régulièrement contracté en *quaq'la* (voy. p. LXXXI), a donné *caille* par le changement 1° de *qua* en *ca* (voy. *car*); 2° par celui de *cl* en *il* (voy *abeille*). — Quant à la forme latine *quaquila*, elle est d'origine germanique et correspond à l'ancien néerlandais *quakele* (caille).

Cailler, ancien français *coailler*, du L. *coagulare* (cailler). *Coag*(ü)*lare*, contracté régulièrement (voy. *accointer*), en *coag'lare*, a donné le vieux français *coail-* *ler* par le changement de *gl* en *il*, qu'on retrouve dans : *veiller* (vig'lare), *tuile* (teg'la), *étrille* (strig'lis), *traille* (trag'la), *frileux* (frig'losus*), *frêle* (ancien français *fraile* de *trag'lis*. Pour la chute de l'o, et le changement de *coailler* en *cailler*, voy. *cacher*. — D. *caillot*.

Caillou, origine inconnue. — D. *cailloutage*,

† **Caïman**, mot venu des colonies américaines, par l'intermédiaire de la transcription espagnole *cayman*.

† **Caisse**, du L. *capsa* (coffre), par l'intermédiaire du provençal *caissa*. — Sur *a* (*capsa*) devenu *ai*, voy. *aigle*. — *Ps* s'est assimilé et est devenu *ss*. Cette assimilation existait déjà en latin; on trouve *issi*, *scrisi*, pour *ipsa*, *scripsi*, dans un texte du huitième siècle; et ce changement de *ps* en *ss* était accompli depuis bien des siècles dans le latin populaire, puisque Suétone raconte que l'empereur Claude mit un sénateur à l'amende pour avoir prononcé *isse* au lieu d'*ipse* (*ss* devient *s* dans *dès* de *de-ipso*, même anciennement *messe* de *metipsimus**). *Pt* s'assimile également: *grotte* (*crypta*), *recette* (*recepta*), — *chasser* (*captiare**), *nièce* (*neptia**), *noce* (*nuptiæ**), *rançon* (*redemptionem*), *conter* (*comp'tare*), *emprunter* (*impromptare**), *ente* (*imp'tus**). — *Pm* devient *m* : *semaine* (*septimana*). — D *caissier*, *caisson*, *encaisser*.

Cajoler, voy. *cage*. — D. *cajolerie*.

Cal, du L. *callus* (même sens).

Calamité, du L. *calamitatem* (malheur)

1. **Calandre**, alouette, du grec χαραδριός, par l'intermédiaire du latin *caradrion* qui est dans la Vulgate : sur le changement de *r*

en *l*, voy. *autel*; sur l'intercalation d'un *n*, voy. *concombre*.

2. **Calandre**, cylindre pour lustrer les étoffes ; du L. *cylindrus* (même sens) : sur le changement de *y* en *a*, voy. p. LXXXVI et au mot *balance*; sur celui de *in* en *an* voy. p LXXX. — D. *calandrer*.

Calcaire, du L. *calcarius* (de chaux).

Calciner, du L. *calcinare** (réduire en *calcem*, en chaux).

Calcul, du L. *calculus* (proprement *caillou*, et aussi jeton pour compter, puis compte, calcul. — D. *calculer, calculateur, incalculable, calculeux*.

† 1. **Cale** (de navire), vient de l'italien *cala* (cale).

† 2. **Cale**, coin de bois pour soutenir, pour *caler*, venu de l'allemand *Keil* (coin servant à caler).

† **Calebasse**, venu au seizième siècle, de l'espagnol *calabaza* (calebasse).

† **Calèche**, venu des langues slaves (polonais *kolaska*, slav. *kolassa*) par l'intermédiaire de l'allemand *Kalesche* (calèche).

† **Caleçon**, venu au seizième siècle de l'italien *calzone* (même sens).

Calembour, origine inconnue.

Calendes, du L. *calendæ* (le premier jour du mois).

Calendrier, ancien français *calendier*, du L. *calendarium* (calendrier). — Pour le changement de *arium* en *ier*, voy. *dnier* ; pour l'insertion de *r*, voy. *chanvre*.

Calepin, mot d'origine historique (voy. p. LXIV). Ce mot, qui ne signifie plus aujourd'hui qu'un petit agenda, avait, au dix-septième siècle, le sens de vaste recueil de notes. (Boileau l'emploie encore dans ce sens : *Qui de ses revenus écrits par alphabet Peut fournir aisément un calepin complet*) Ce mot désignait, à l'origine, un volumineux dictionnaire en six langues, très-répandu dans les premières années du seizième siècle, et dont l'auteur était Ambroise Calepin, moine Augustin mort en 1511.

Caler, voy. *cale* 2.

† **Calfater**, dans Rabelais *calfater*, venu au seizième siècle de l'italien *calafatare* (calfater). — D. *calfat* (substantif verbal). Dès le seizième siècle, le verbe *calfater* a été corrompu en *calfeutrer* (*calfeutrer* un navire n'est pas rare dans les auteurs du seizième siècle).

Calfeutrer, voy. *calfater*.

† **Calibre**, venu au seizième siècle de l'italien *calibro* (même sens).

1. **Calice**, du L. *calicem* (vase).
2. **Calice**, du L. *calycem* (calice des fleurs).

Calicot, mot d'origine historique (voy. p. LXIV), toile de coton, importée de la ville de Calicut, qui en faisait sa principale industrie.

† **Calife**, de l'arabe *Khalifa* (successeur du prophète).

Califourchon, origine inconnue.

Calin, origine inconnue. — D. *câliner, câlinerie*.

Calleux, du L *callosus* (calleux). — Sur *osus* devenu *eux*, voy. *amoureux*. — D. *callosité*.

Calligraphe, du grec χάλλος (beauté), et γράφειν (écrire). — D. *calligraphie*.

† **Calme**, venu de l'italien *calma* (même sens). — D. *calmer*.

Calomnie, du L. *calumnia* (même sens). — D. *calomniateur, calomnier*

Calorifère, mot forgé à l'aide du latin *calor* (chaleur), et *ferus* (qui porte).

Calotte, origine inconnue.

† **Calquer**, venu au seizième

siècle (comme beaucoup de termes de dessin) de l'italien *calcare* (calquer). — D. *calque* (substantif verbal), *décalquer*.

Calvitie, du L. *calvities* (même sens).

Camaïeu, voy. *camée*.

† **Camail**, à l'origine cotte de maille des chevaliers, couvrant seulement la tête et les épaules ; aujourd'hui petit vêtement du clergé couvrant la tête et les épaules jusqu'à la ceinture : mot venu, au moyen âge, du provençal *capmail* (camail), qui est le latin *caput* (tête) et *macula* (maille) ; proprement armure de mailles pour la tête : pour l'étymologie de *maille*, voy. ce mot.

† **Camarade**, venu au seizième siècle de l'espagnol *camarada* (proprement : celui qui demeure dans la même chambre ; terme originairement militaire). — ' D. *camaraderie*.

Camard, origine inconnue. Voy. *camus*.

† **Cambouis**, ancien français *cambois*, venu du provençal *camois* (boue), dont l'origine est inconnue.

Cambrer, courber, du L. *camerare* (voûter). Sur la chute de *e* cam(é)*rare*, voy. *accointer*. — Sur *m'r* devenu *mbr*, voy. *absoudre*. — D. *cambrure*.

† **Cambuse**, cuisine du navire, venu de l'anglais *caboose* (même sens).

† **Camée**, venu au seizième siècle de l'italien *cameo* (camée). — D. *camaieu*.

Caméléon, du grec χαμαιλέων (caméléon).

Camelot, étoffe de poil, et à l'origine de poil de *chameau*. Ce mot, qui est dans les textes latins du moyen âge *camelotum*, est un dérivé du L. *camelus* (chameau).

† **Camérier**, venu de l'italien *cameriere* (officier de la chambre).

† **Camériste**, venu de l'italien *camerista* (femme de chambre).

Camion, origine inconnue.

† **Camisole**, venu au seizième siècle de l'italien *camiciula* (même sens).

† **Camomille**, venu au seizième siècle de l'italien *camomilla* (camomille).

Camouflet, origine inconnue.

Camp, du L. *campus* (champ de bataille, proprement : le terrain sur lequel une armée dresse ses tentes, avant le combat). — D. *camper*, *décamper*.

Campagne, du L. *campania* (qu'on trouve déjà au sens de *plaine*, dans les arpenteurs romains). Sur le changement de *ania* en *agne*, voy. *montagne*. — L'ancien français disait *champagne* pour *campagne*, qui originairement appartient au dialecte picard (voy. *Grammaire historique de la langue française*, p. 48), et s'est implanté assez tard en français. — D. *campagnard*.

† **Campanile**, venu de l'italien *campanile* (clocher).

† **Campanule**, venu au seizième siècle de l'italien *campanula* (clochette).

Campêche, mot d'origine historique (voy. p. LXIV) ; bois qu'on tire des forêts qui bordent la baie de Campêche.

'**Camper**, voy. *camp*. — D. *campement*.

Camphre, du L. *camphora*, qui est d'origine arabe (*Kafar*) : sur la chute de l'o latin *camph(o)ra*, voy. *ancre*.

Camus, origine inconnue.

† **Canaille**, venu au seizième siècle de l'italien *canaglia* (même sens).

Canal, du L. *canalis* (canal). — D. *canaliser.*

† **Canapé,** venu au seizième siècle de l'italien *canopé* (même sens). Rabelais dit *conopée*

Canard, voy. *cane.* — D. *canarder.*

Canari, anciennement *canaries,* mot d'origine historique (voy. p. LXIV), serin des îles *Canaries.*

Cancan, onomatopée (voy. p. LXV). — D. *cancaner*

Cancer, du L *cancer* (ulcère). — D. *cancéreux*

Cancre, proprement *crabe,* du L. *cancer* (crabe); sur la chute de de l'*e* latin, voy. p. LXXXI. Ce mot appartient originairement au dialecte picard (voy. *Grammaire historique de la langue française,* p. 42), et n'est entré qu'assez tard dans notre langue.

Candélabre, du L. *candelabrum* (même sens).

Candeur, du L. *candor* (blancheur)

† **Candi,** venu au seizième siècle de l'italien *candi* (même sens).

Candidat, du L. *candidatus* (qui brigue une charge). — D. *candidature.*

Candide, du latin *candidus* (blanc)

Cane, bateau dans le vieux français; puis *canard.* Ce mot, qui à l'origine a le sens de bateau dans notre ancienne langue, prend assez tard la signification qu'il possède aujourd'hui : la transition d'idée est celle d'animal flottant sur l'eau, comme un bateau. — *Cane* vient de l'allemand *Kahn* (bateau) — D. *canard, caneton;* au sens de bateau, *cane* a laissé le diminutif *canot.*

Canéphore, du grec χανηφόρος (porteuse de corbeille).

† **Canette,** diminutif de *cane,* qui est l'allemand *Kanne* (cruche, pot). — D. *canon* (mesure pour les liquides).

† **Canevas,** venu au seizième siècle de l'italien *canavaccio* (même sens, proprement : grosse toile à broder).

Caniche, dérivé du L. *canis* (chien).

Canicule, du L. *canicula* (m s.).

Canif, mot d'origine germanique (anglo-saxon *cnif,* couteau).

Canine, du L. *canina* (de chien).

Caniveau, origine inconnue.

Canne, du L *canna* (roseau, jonc) — D. *cannelle, cannelé, cannelure, canon* (avant de signifier pièce d'artillerie, ce mot désignait le canon, le tube du fusil, et à l'origine le fût, la *canne de l'arbalète*)

1. **Canon,** voy. *canne* — D. *canonner, canonnade, canonnier, canonnière.*

2. **Canon,** règle, décret, du L *canon* (règle). — D. *canonique, canoniser* (inscrire sur le canon, sur la liste des saints).

Canonicat, du L. *canonicatus* (bénéfice du *canonicus,* du chanoine).

Canoniser, voy. *canon* 2. — D. *canonisation*

Canot, voy. *cane.*

† **Cantaloup,** mot d'origine historique, dont on trouvera l'étymologie à la page LXIV.

† **Cantate,** venu de l'italien *cantata* (cantate).

† **Cantatrice,** venu de l'italien *cantatrice* (chanteuse).

Cantharide, du L. *cantharidem* (même sens).

Cantilène, du L. *cantilena* (même sens)

† **Cantine,** venu au seizième siècle de l'italien *cantina* (même sens). — D. *cantinière.*

Cantique, du L. *canticum* (même sens)

Canton, origine inconnue. — D. *cantonal, cantonner, cantonnement, cantonnier,*

† **Cantonade,** de l'italien *cantonata* (même sens).

Canule, du L. *cannula* (même sens).

† **Caoutchouc,** mot d'origine américaine (*cahutchu* dans les langues indiennes).

† **Cap,** mot venu au seizième siècle de l'italien *capo* (cap). L'italien a aussi le sens de tête; d'où l'expression de *pied en cap* (c'est-à-dire de la tête aux pieds).

Capable, du L. *capabilis** (même sens). — Sur *abilis* devenu *able,* voy. *affable.*

Capacité, du L. *capacitatem* (même sens).

† **Caparaçon,** venu au seizième siècle de l'espagnol *caparaçon* (même sens).

Cape, du L. *cappa* (manteau à capuchon, dans Isidore de Séville). Sur *pp* devenu *p,* voy. *chape.* Sur l'introduction du mot *cape* en français, voy. *Grammaire historique de la langue française,* p. 42. — D. *capeline, capotte.*

Capeline, voy. *cape.*

Capillaire, du L. *capillaris* (de cheveu)

† **Capilotade,** au seizième siècle *cabirotade,* venu de l'espagnol *cabirotada* (même sens).

Capitaine, venu vers le quatorzième siècle de *capitaneus,* forme que le latin du moyen âge avait tirée de *caput* (chef).

Capital, du L. *capitalis* (même sens). — D. *capital, capitaliser, capitaliste.*

† **Capitan,** venu au seizième siècle de l'espagnol *capitan* (capitaine).

† **Capiteux,** venu au seizième siècle de l'italien *capitoso* (même sens).

† **Capiton,** venu de l'italien *capitone* (bourre de soie) — D. *capitonner.*

Capituler, du L. *capitulare** (fixer les conditions, les *chapitres* de la convention d'abandon). — D. *capitulation, capitulaire.*

† **Capon,** venu de l'italien *cappone* (chapon). — D. *caponner.*

† **Caporal,** venu au seizième siècle de l'italien *caporale* (m. s.).

Capote, voy. *cape.*

Câpre, du L. *capparis* (câpre). — Sur la chute du dernier *a,* voy. *asperge.*

† **Caprice,** venu au seizième siècle de l'italien *capriccio* (même sens). — D. *capricieux.*

Capricorne, du L. *capricornus* (même sens).

Capsule, du L. *capsula* (petite boîte)

Capter, du L. *captare* (prendre). — D. *captation, captateur.*

Captif, du L. *captivus* (même sens). — D. *captivité, captiver.*

Capture, du L. *captura* (action de saisir). — D. *capturer.*

† **Capuce,** venu au seizième siècle de l'italien *capuccio* (même sens). — D. *capucin, capucine* (fleur en forme de capuce).

† **Caquer,** anciennement *quaquer,* venu du hollandais *kaaken* (caquer).— D. *caque, encaquer.*

Caqueter, onomatopée (voy. p. LXV). — D. *caquet* (substantif verbal).

Car, du L. *quare* (c'est pourquoi). Dans notre ancienne langue, *car* avait gardé son sens étymologique : « *Je ne sais ni* car, *ni comment,* » disait-on au treizième siècle (au lieu de : *Je ne sais ni pourquoi, ni comment*). — Quant changement du *qu* latin en *c,* on le trouve déjà effectué dans nombre d'inscriptions de l'Empire : *cotidiè, condam, alico,* etc.... pour quotidiè, quondam, aliquo. — *Qu* latin devient *c* dur en français dans : car (*quare*), casser (*quassare*), comme (*quomodo*), coi (*quietus*), carillon (*quaternionem*), crier (*quiritare*), cote (*quota*), carrière (*quadraria*), carrefour (*quadrifurcum*), carnet (*quaternetum*). carême (*quadragesima*), caille (*quaquila*), cahier (*quaternum*), carré (*quadratus*), lac (*laqueus*), encan (*inquantum*), onc (*unquam*), chacun (*quisque unus*). — *Qu* latin devient *c* doux dans · cinq (*quinque*), cinquante (*quinquaginta*), cercelle (*querquedula*) ; il devient *ch* dans chêne (*quercinus*), chacun (*quisque unus*) ; il devient *s* dans cuisine (*coquina*) — Certaines inscriptions romaines du troisième siècle donnent déjà cocere, cinque pour coquere, quinque.

† **Carabine**, venu au seizième siècle de l'italien *carabina* (même sens). — D● *carabin* (au seizième siècle, soldat armé d'une *carabine*; on donna aux garçons chirurgiens, et à l'origine aux garçons apothicaires le sobriquet de *carabin à genoux*, de là le sens actuel de *carabin*); *carabinier*.

† **Caracole**, venu au seizième siècle de l'espagnol *caracol* (même sens — D. *caracoller*.

Caractère, du L. *character* (marque). — D. *caractériser*, *caractéristique*.

† **Carafe**, venu au seizième siècle de l'italien *caraffa* (même sens). — D. *carafon*.

Caramboler, origine inconnue. — D. *carambolage*.

† **Caramel**, venu de l'espagnol *caramello* (même sens).

† **Carapace**, venu de l'espagnol *carapacho* (carapace).

† **Carat**, venu (comme beaucoup de termes de joaillerie) de la langue italienne (*carato*, carat).

† **Caravane**, mot rapporté de l'Orient par les voyageurs (arabe *kairavan*). — D. *caravansérail*, proprement *maison des caravanes* (persan *karvan-sarai*).

† **Caravelle**, venu de l'italien *caravella* (même sens).

Carbone, du L. *carbonem* (charbon). — D *carboniser*, *carbonique*, *carbonate*.

† **Carbonade**, de l'italien *carbonada* (même sens).

Carcan, anciennement *quercant*, collier de fer, mot venu de l'ancien haut allemand *querca* (gosier).

† **Carcasse**, venu au seizième siècle de l'italien *carcassa* (m. s.).

Carde, du L. *carduus* (chardon). — D. *cardon*, *carder* (peigner avec des *cardes*, c'est-à-dire des fers en forme de *carde*, de chardon), *cardeur*.

Cardinal, adj du L. *cardinalis* (principal, sur quoi tout roule). — D. *cardinal*, substantif.

Carême, dans notre ancienne langue *quaresm*, à l'origine *quaraesme*, — en italien *quaresima*, — du L. *quadragesima* (le quarantième jour avant Pâques). *Quadrages(i)ma*, ayant perdu son *i* suivant la règle (voy. p. LXXX), devint *quadrages'ma*, et donna *carême*, 1° par la chute du *g* médial *quadrá(g)es'ma*, d'où le vieux français *quaraesme*; 2° par le changement de *dr* en *r* (voy. *arrière*); 3° par celui de *qua* en *ca* (voy. *car*); 4° par la chute de l's (voy. *abîme*).

Carène, au seizième siècle *carine*, du L. *carina* (même sens)

† **Caresse**, venu au seizième siècle de l'italien *carezza* (caresse) — D. *caresser*.

† **Carguer**, venu du provençal *cargar* (charger), qui est le latin *carricare* (voy. *charger*). — D. *cargue* (substantif verbal), *cargaison*.

Cariatide, du grec καρυάτιδες (même sens).

† **Caricature**, venu au seizième siècle de l'italien *caricatura* (charge). — D. *caricaturiste*.

Carie, du L. *caries* (même sens). — D. *carier*

Carillon, sonnerie de plusieurs cloches accordées ensemble, du L. *quadrilionem* (proprement : sonnerie de *quatre* cloches) Sur le changement 1° de *qua* en *ca*, voy *car*; 2° de *dr* en *r*, voy *arrière*. — D. *carillonner*.

Carlin (chien), origine inconnue.

† **Carmagnole**, mot d'origine historique (voy p. LXIV) ; de la ville de *Carmagnole* (Piémont).

Carnage, du L. *carnaticum** (dérivé de *carnem*, chair). — Sur le changement de *aticum* en *age*, voy *âge*

† **Carnassier**, mot venu du provençal *carnaza* (chair morte), qui a aussi donné le mot *carnassière*, gibecière. Quant au provençal *carnaza*. c'est le latin *carnacea**, dérivé de *carnem* (chair).

Carnation, du L. *carnationem* (embonpoint).

† **Carnaval**, venu au seizième siècle de l'italien *carnovale* (carnaval). — D. *carnavalesque*.

Carnet, proprement petit cahier, de *quaternetum* (diminutif de *quaternum*, cahier ; voy. ce mot). *Qua(t)ernetum*, ayant perdu son *t* médial (voy. *abbaye*), a changé *qua* en *ca* (voy. *car*).

Carnivore, du L. *carnivorus* (même sens).

Carotide, du grec καρωτίδες (même sens).

Carotte, du L. *carota* (carotte, dans Apicius).

† **Caroube**, venu de l'italien *carrobo* (même sens). — D. *caroubier*.

Carpe, du L. *carpa* (carpe, dans Cassiodore, lib. XII, ep. 4 : « *Destinet* carpam *Danubius*. »). — D. *carpillon*.

† **Carquois**, à l'origine *tarquois*, *tarquais*, du bas-latin *tarcasia*, transcription du bas-grec ταρκάσιον (étui à flèches), mot rapporté d'Orient par les premiers croisés (comme beaucoup d'autres termes d'art militaire du moyen âge), et qui correspond au turc *turkash* (carquois).

Carré, voy. *carrer*.

Carreau, anciennement *carrel*, à l'origine *quarréel*, du L. *quadratellum* (dérivé de *quadratus*, voy. *carré*). — *Quadra(t)ellum*, laissant tomber son *t* médial (voy. *abbaye*), adoucissant *dr* en *r* (voy. *arrière*), et changeant *qua* initial en *ca*, a donné l'ancienne forme *carrel* (restée dans *carreler*, *carrelage*, *décarreler*), qui est devenue *carreau* par le changement de *el* en *eau* (voy. *agneau*).

Carrefour, anciennement *quarrefour*, en provençal *carreforc*, du L. *quadrifurcum* (double bifurcation). Sur le changement 1° de *rc* en *r*, voy. *arbalète*; 2° de *dr* en *r*, voy. *arrière*; 3° de *u* en *ou*, voy. *accouder*; 4° de *qua* en *ca*, voy. *car*.

Carreler, carrelage, voy. *carreau*. — D. *carrelet*.

Carrer, du L. *quadrare* (carrer). Sur *qua* devenu *ca*, voy. *car*; sur *dr* devenu *r*, voy. *arrière*. — D. *carré*, *contre-carrer*, *carrure*.

† **Carrick**, venu de l'anglais *carrick* (même sens).

1. **Carrière** (de pierre), du L. *quadraria** (qui a le sens de carrière, dans plusieurs textes du moyen âge; la carrière est proprement le lieu d'où l'on extrait des pierres de taille (*quadrata saxa*), des pierres à équarrir. Sur le chan-

gement 1° de *qua* en *ca*, voy. *car*; 2° de *dr* en *r*, voy. *arrière*,; 3° de *aria* en *ière*, voy. *dnier*.—D. *carrier*.

2. **Carrière**, lieu où courent les chars dans le cirque, mot dérivé de *carrus* (char).

† **Carriole**, venu de l'italien *carriola* (même sens).

† **Carrosse**, venu au seizième siècle de l'italien *carrozza* (carrosse).—D *carrossier, carrossable*.

† **Carrousel**, venu de l'italien *carosello* (même sens).

Carte, du L. *charta, carta* (papier écrit) Sur *ch* devenu *c*, voy. p. XCIX.

† **Cartel**, de l'it. *cartello* (cartel).

Cartilage, du L. *cartilaginem* (même sens). — D. *cartilagineux*.

† **Carton**, venu de l'italien *cartone* (même sens). — D. *cartonnage, cartonnier*.

† **Cartouche**, venu au seizième siècle de l'italien *cartoccio* (qui possède les deux sens du mot français)

Cartulaire, du L. *chartularium* (registre contenant les titres, les actes, les *chartulæ* d'un établissement religieux).

Cas, du L. *casus* (même sens).

Casanier, dérivé par un intermédiaire *casana* du L. *casa* (maison) : le casanier est proprement celui qui reste à la maison.

† **Casaque**, venu au seizième siècle de l'italien *casacca* (casaque). — D. *casaquin*.

Casaquin, voy. *casaque*.

† **Cascade**, venu au seizième iècle de l'italien *cascata* (cascade).

† **Case**, de l'espagnol *casa* (maison). — D. *casier, caser*. (Du sens e petite maison est venu celui de éduit, de compartiment, de *case*.)

† **Casemate**, venu au seizième 'ècle de l'italien *casamatta* (m. s.).

† **Caserne**, venu de l'espagnol *caserna* (même sens). — D. *caserner, casernement*.

Casimir, corruption de *cachemire* (voy. ce mot).

† **Casoar**, nom malaisien de cet oiseau.

† **Casque**, venu de l'italien *casco* (casque). — D. *casquet*, petit casque léger), d'où *casquette*

Casquette, voy. *casque*.

1. **Casse**, mot qui s'est restreint aujourd'hui au sens spécial de caisse à compartiments (pour les caractères d'imprimerie), mais qui avait dans notre ancienne langue le sens général de caisse. (Il a persisté avec cette signification dans le dérivé *cassette*, petite caisse, petite boîte) *Casse* est le L. *capsa* (caisse, boîte). Pour le changement de *ps* en *ss*, voy. *caisse*. — D *cassette, cassetin*.

2. **Casse**, poêlon, du bas-latin *caza*, qui vient lui-même de l'ancien haut-allemand *kezi* (poêle). — D. *casserole*.

3 **Casse** (cannelle), du L. *casia* (cannelier). — D. *cassier*.

4. **Casse**, substantif verbal de *casser* (voy. ce mot).

Casser, du L. *quassare* (briser, casser) Sur *qua* devenu *ca*, voy. *car*. — D. *casse, cassure, cassation, concasser*.

Casserolle, voy *casse* 2.

Cassette, voy *casse* 1.

Cassis, origine inconnue.

† **Cassolette**, venu de l'espagnol *cazoleta* (même sens).

† **Cassonade**, mot venu du portugais *cassonada* (même sens)

† **Castagnettes**, de l'espagnol *castañetas* (même sens).

† **Caste**, du portugais *casta* (race pure, non mélangée; d'abord appliqué aux *castes* des Hindous).

† **Castel**, venu au seizième siècle de l'italien *castello* (même sens).

Castor, du L. *castor* (même sens).

Castrat, du L. *castratus* (même sens). — D *castration.*

Casuel, du L. *casualis* (accidentel, fortuit)

† **Casuiste,** venu de l'espagnol *casuista* (même sens).

Catachrèse, du grec καταχρησις (abus).

Cataclysme, du grec κατακλυσμος (inondation)

† **Catacombes,** venu de l'italien *catacomba* (même sens)

† **Catafalque,** venu au seizième siècle de l'italien *catafalco* (même sens).

Catalepsie, du grec κατάληψις (saisissement). — D. *cataleptique*

Catalogue, du grec κατάλογος (énumération). — D. *cataloguer.*

Cataplasme, du grec κατάπλασμα (application, enduit).

Catapulte, du L. *catapulta* (même sens).

Cataracte, du L. *cataracta* (même sens).

Catarrhe, du grec κατάρρους (écoulement).—D. *catarrhal, -eux.*

Catastrophe, du grec καταστροφή (renversement, issue malheureuse).

Catéchiser, du grec κατηχίζειν (enseigner par demandes et réponses), *catéchisme* du grec κατηχισμος; *catéchiste,* du grec κατηχιστης; *catéchumène,* du grec κατηχούμενος (celui que l'on catéchise)

Catéchisme, voy. *catéchiser.*

Catégorie, du grec κατηγορία (attribution). — D. *catégorique.*

Cathédrale, du L. ecclésiastique, *cathedralis* (église épiscopale, qui se trouve au siège *cathedra*] de l'évêché

Catholique, du grec καθολικός (universel). — D *catholicisme, catholicité*

Catimini, origine inconnue.

Catir, presser du drap pour le lustrer, dérivé de *cat**, qui correspond à *coactus* (pressé). Sur la chute de l'*o*, voy *cailler;* sur le changement de *ct* en *t*, voy *affété,* l'italien qui dit *quatto* (de *coactus*), confirme cette origine. — D. *cati* (substantif verbal); *catissage, décatir.*

• **Cauchemar,** oppression pendant le sommeil causée, selon l'ancienne mythologie, par la présence d'un être surnaturel qui pèse sur la poitrine de la personne endormie — *Cauchemar* signifie proprement le *démon qui presse,* et est formé des deux mots *mar* (démon, dans les idiomes germaniques, resté dans l'anglais *night-mare,* l'allemand *nacht-mar*), et de *cauche,* qui est l'ancien verbe français *caucher* (presser, dans notre vieille langue) ; *caucher* est régulièrement formé du L. *calcare* (fouler) ; sur *c* devenu *ch*, voy. *acharner*; sur *al* devenu *au*, voy. *agneau* — Ménage raconte que, de son temps, le *cauchemar* était appelé *cauchevieille* dans le Lyonnais : *cauche-vieille,* qui signifie *la vieille qui presse*, confirme l'étymologie du mot français.

Caudataire, du L. *caudatarius* (qui porte la queue).

Cause, du L. *causa* (même sens) — D *causer* (être cause de. .), *causalité*

Causer, du L. *causari* (défendre une cause, discuter, enfin *parler; causator* est au sens d'avocat dans la *Lex Salica*) — D. *causeur, causette.*

Caustique, du L. *causticu* (mordant).

Cautèle, du L. *cautela* (ruse défiance). — D *cauteleux*

Cautère, du L. *cauteriu*

(caustique). — D. *cautériser, cautérisation.*
Caution, du L. *cautionem* (même sens). — D. *cautionner, cautionnement.*
† **Cavalcade,** venu au seizième siècle de l'italien *cavalcata* (même sens).
† **Cavalcadour,** venu au seizième siècle, de l'italien *cavalcatore* (même sens).
† **Cavale,** venu au seizième siècle de l'italien *cavalla* (même sens).
† **Cavalier,** venu au seizième siècle de l'italien *cavaliere* (même sens). — D *cavalièrement.*
† **Cavalerie,** venu au seizième siècle de l'italien *cavalleria* (m. s.)
† **Cavatine,** venu de l'italien *cavatina* (même sens).
1. **Cave,** du L. *cava* (au sens de *cave* dans les arpenteurs romains). — D. *caveau.*
2. **Cave,** adj., du L. *cavus* (creux, renfoncé).
Caveau, voy. *cave* 1.
† **Caveçon,** venu au seizième siècle de l'ital. *cavezzone* (caveçon).
Caver, du L. *cavare* (creuser)
† **Caver,** terme de jeu, de l'ital. *cavare* (puiser, tirer de sa poche). — D. *décaver.*
Caverne, du L. *caverna* (m. s.). — D. *caverneux.*
† **Caviar,** au seizième siècle *cavial,* de l'italien *caviale* (caviar).
Cavité, du L. *cavitatem* (m. s.).
Ce, anciennement *ço,* à l'origine *ico,* du L. *ecce-hoc* qui a perdu *h* (voy. *atelier*), et *c* final (voy. *ami*), d'où le changement de *ecce-o* (ou *ecc'o*) en *iço* par la réduction du *cc* en *c* doux, et par le changement de *e* en *i* (voy. *accomplir*). — Le vieux français *iço* s'est plus tard réduit à *ço* (comme *ici* s'est abrégé en *ci*), qui a donné la forme moderne *ce.*

De même que *ecce-hoc* donna *ico,* — *ecce-hic* donna *ici* (d'où l'adverbe *ci*); — *ecce-hac* donna *içà** (d'où l'adverbe *çà*); — *ecciste* (celui-ci) donna le vieux français *icist,* plus tard réduit à *cist* (signifiant *celui-ci* dans notre ancienne langue), qui devint *cest* (par le changement de *i* en *e,* voy. *admettre*), d'où le français moderne *cet* (sur la chute de *s,* voy. *abîme*) ; — *eccille* (celui-là) donna le vieux français *icil,* puis *icel* (sur le changement de *i* en *e,* voy. *admettre*); *icel* (dont le féminin *icelle* a persisté dans quelques termes de procédure) se réduisit à *cel* (dont nous avons conservé le féminin *celle*); quant au masculin, il a disparu, en nous laissant son régime *celui.* (Voyez pour les détails, ma *Grammaire Historique de la Langue française,* p. 178 — *Eccillos* donna l'ancien français *iceux* (sur le changement de *ill* en *eu,* voy. *agneau*), comme *illos* a donné *eux,* comme *capillos* a donné *cheveux*; *iceux* s'est enfin réduit à *ceux* dans la langue moderne.

Céans, ancien français *çaiens,* à l'origine *çaens,* composé de l'adverbe *ça* (voy. ce mot), et de *ens* qui est le latin *intus* (dedans). — Sur le changement de *in* latin en *en* dans l'ancien français, puis en *an* dans la langue moderne, voyez p. LXXXV, et au mot *andouille.*
Ceci, composé de *ce,* et de *ci* (voy. ces mots).
Cécité, du L. *caecitatem* (état d'aveuglement).
Céder, du L. *cedere* (m. s.).
† **Cédille,** venu de l'espagnol *cedilla* (même sens).
† **Cedrat,** venu au seizième siècle de l'ital. *cedrato* (m. s).
Cèdre, du L. *cedrus* (m. s.).
Cédule, du L. *schedula* (page).

Ceindre, du L. *cingere* (ceindre). — *Cin(gē)re* ayant perdu suivant la règle (voy. p. LXXXI) la pénultième atone devint *cin're*, d'où *ceindre*, par l'intercalation euphonique du *d* (*n'r* = *n*-d-*r*), comme dans astr*eindre*(astringere), p*eindre* (pingere) etc.... (voy aux mots *ceinture* et *absoudre*).

Ceinture, du L. *cinctura* (ceinture). — Sur *ct* devenu *t*, voy. *affeté*, sur *i* devenu *ei*, cf. : s*ein* (sinus), *enseigne* (insignia), s*eing* (signum), t*eigne* (tinea), *enseigner* (insignare), t*einture* (tinctura), p*einture* (pinctura*), et tous les verbes en *eindre* (correspondant au latin *ingere*, *imere*) : étr*eindre* (stringere), astr*eindre* (astringere), f*eindre* (fingere), t*eindre* (tingere), empr*eindre* (imprimere), épr*eindre* (exprimere, etc.... — D. *ceinturon*.

Cela, composé de *ce* et de *là* (voy. ces deux mots).

Céladon, mot d'origine historique (voy. p. LXIV), allusion au Céladon de l'Astrée.

Celèbre, du L. *celebris* (m. s.). — D. *célébrité*

Célébrer, du L. *celebrare* (célébrer). — D. *célébration*

Celer, du L. *celare* (cacher). — D *déceler*, *recéler*.

† **Celeri**, venu de l'italien *seleri* (même sens, *seleri* est une forme piémontaise).

Célérité, du L. *celeritatem* (rapidité).

Celeste, du L. *coelestis* (céleste).

Célibat, du L. *caelibatus* (m. s.). — D. *célibataire*.

Celle, voy. *ce*.

Cellier, du L *cellarium* (garde-manger) Sur *arium* devenu *ier*, voy. *ânier*.

Cellule, du L. *cellula* (m. s.). — D. *celluleux*, *cellulaire*.

Celui, voy. *ce*.

Cément, du L. *caementum* (pierre). — D. *cémenter*, *cémentation*.

Cénacle, du L *caenaculum* (salle à manger).

Cendre, en ital *cenere*, du L. *cinerem* (cendre). *Cin(ĕ)rem* contracte suivant la règle (voy. p. LXXXI) en *cin'rem*, a donné *cendre* par le changement 1° de *i* en *e* (voy. *admettre*); 2° de *nr* en *ndr* (voy *absoudre*). — D. *cendrer*, *cendrier*, *cendreux*, *cendrillon*.

Cène, du L. *coena* (repas).

Cenobite, du L. *coenobita* (cloitré, qui vit dans le *coenobium*, couvent).

Cénotaphe, du gr. κενοτάφιον (tombeau vide).

Cens, du L. *census*, (recensement, puis redevance annuelle). — D. *censier*, *censitaire*, *censive*.

Censer, d'où le part. *censé*, réputé, du L. *censere* (réputer).

Censeur, du L. *censor*(m. s.).

Censure, du L. *censura* (m. s.). — D. *censurer*.

Cent, du L. *centum*. — D. *centaine*, *centenaire*.

Centenier, du L. *centenarius* (m s). Sur *arius* devenu *ier*, voy. *ânier*.

Centième, anciennement *centiesme*, du L. *centesimus* (m s.). — *Centés(i)mus* contracté en *centes'mus* suivant la règle (voy. p LXXXI), a donné *centième* par le changement de *e* en *ie* (voy. *arrière*) et par la chute de l'*s* (voy. *abime*).

Centime, du L. *centesimus* (centième partie): *Centés(i)mus*, contracté en *centes'mus* (voy. p. LXXXI), a donne *centime*, par le changement de *e* en *i* (voy. *accomplir*), et la chute de l'*s* (voy. *abime*).

Centon, du L. *centonem*(m. s.).

Centre, du L. *centrum*; cen-

tral du L. *centralis* (m. s.). — D. *centraliser*, *décentraliser*, *concentrer*, *concentrique*, *excentrique*

Centrifuge, **Centripète**, mots forgés par les savants : le premier avec *fugere* (fuir, s'éloigner du centre), le second avec *petere* (se rapprocher, tendre vers le centre).

Centuple, du L. *centuplus* (m. s.). — D. *centupler*.

Centurie, du L. *centuria* (m. s.).

Centurion, du L. *centurionem* (m. s.).

Cep, du L. *cippus** (tronc d'arbre, puis spécialement : pied de vigne). Sur *i* devenu *e*, voy. *admettre*; sur *pp* réduit à *p*, voy. *chape*. — D. *cépage*.

Cependant, c'est-à-dire *pendant cela* (voy. *ce* et *pendant*).

Cephalalgie, du grec κεφαλαγια (douleur de tête).

Céramique, du grec κέραμος (vase en argile).

Céraste, du grec κεράστης (serpent à cornes).

Cérat, du L. *ceratum* (pommade pharmaceutique ayant la cire, *cera*, pour base).

Cerceau, anciennement *cercel*, du L. *circellus** (petit cercle). — Sur le changement de *i* en *e* (voy. *admettre*); sur celui de *ellus* en *el*, puis en *eau*, voy. *agneau*

Cercle, du L. *circulus* (cercle) *Circ(u)lus*, contracté suivant la règle (p. LXXXI), en *circ'lus* a changé *i* en *e*, (voy. *admettre*).

Cercueil, ancien français *sarcueil*, plus anciennement *sarcueu*, du L. *sarcophagus* (cercueil). Accentué sur l'*o*, *sarcóphăgus* a régulièrement perdu ses deux dernières voyelles qui étaient atones (voy. p. LXXXI), et a donné *sarcueu*, par le changement de *o* latin en *ue* (voy *accueillir*). De cette forme *sarcueu*, est venu par corruption la forme *sarcueil* dans lequel la présence de *l* reste inexpliquée. — *Sarcueil* a changé *a* en *e* (voy. *acheter*), et *s* latin en *c*, comme dans cidre (*sicera*), sauce (*salsa*). saucisse (*salsitia*), morceau (*morsellum**), souci (*solsequium*). — L'étude des noms propres qui apporte d'ordinaire des secours si précieux pour établir l'origine des noms communs nous fournit ici la confirmation de l'étymologie qui relie *cercueil* à *sarcophagus*: c'est qu'il existe dans l'arrondissement de Lisieux une localité nommé *Cercueux*, et qui dans les textes du moyen âge est précisément désignée par *Ecclesia de Sarcophagis*.

Céréale, du L. *cerealis* (don de Cérès).

Cérébral, du L. *cerebralis* (m. s.).

Cérémonie, du L. *caeremonia* (m. s.). — D. *cérémonial*, *-ieux*.

Cerf, du L. *cervus* (cerf); sur *v* devenu *f*, voy *bœuf*

Cerfeuil, du L. *caerefolium* (*cerfeuil*)). Sur la chute de l'*e*, *cer'folium*, voy. *accointer*; sur *olium* devenu *euil*, voy. *feuille*.

Cerise, du L. *cerasa*, pl. de *cerasum* (cerise). Sur *a* devenu *i*, voy *aimant*. — D. *cerisier*, *cerisaie*

Cerne*, cercle, du L. *circinus* (cercle) *Cir(ci'nus*, contracté suivant la règle (voy. p LXXXI) en *cir'nus* a donné *cerne* par le changement de *i* en *e* (voy *admettre*). — D. *cerneau*, *cerner* (entourer).

Cerner, voy. *cerne*

Certain, du L. *certus* (certain) par l'adjonction d'un suffixe latin *anus* qui a donné *ain* en français (voy. *ancien*). — D. *certainement*.

Certes, du L. *certé* (m. s.). Sur cette addition d'un *s*, voy. *Grammaire Historique de la langue française* (p. xxii).

Certificat, du L. *certificatum**, participe du verbe *certificare** qui a donné *certifier*.

Certifier, voy. *certificat*.

Certitude, du L. *certitudo** (m. s.).

Ceruse, du L. *cerussa* (m. s.).

Cerveau, anciennement *cervel**, du L. *cerebellum* (cerveau). *Cer(ë)be'llum*, contracté suivant la règle (voy. *accointer*) en *cer'bellum*, a donné *cerveau* par le changement 1° de *b* en *v*, voy. *avant*; 2° de *ellum* en *eau*, voy. *agneau* De même que *cerebellum* a donné *cerveau*, la forme féminine *cerebella* a donné *cervelle*. — D. *cervelet, écervelé*.

† **Cervelas**, au seizième siècle *cervelat*, venu de l'ital. *cervellata* (m. s.).

Cervelle, voy *cerveau*

Cervical, du L. *cervicalis* (de *cervix*, cou).

Cervoise, du L. *cervisia* (bière, dans Pline, qui cite ce mot comme étant d'origine gauloise, voy. p. xxxiv). — Sur *i* devenu *oi*, voy. *boire*.

Cesser, du L. *cessare* (m. s.). — D. *cesse* (substantif verbal) *incessant, cessation*.

Cession, du L. *cessionem* (m. s.). — D. *cessionnaire*.

Ceste, du L. *cestus* (m. s.).

Césure, du L. *caesura* (coupure).

Cet, voy. *ce*.

Cétacé, du L. *cetaceus**, dérive de *cetus* (baleine).

Chabot, poisson à grosse tête, du L. *caput* (tête), avec l'addition du suffixe *ot*, qui se retrouve en français dans *cachot, brûlot, billot*, etc... Pour le changement de *c* en *ch*, voy. *acharner;* pour celui de *p* en *b*, voy. *abeille*. — Le *chabot* s'appelait de même κέφαλος chez les Grecs, et *capito* chez les Latins (dérivé de *caput*, tête).

† **Chabraque**, mot venu de l'allemand *schabrake* (même sens).

† **Chacal**, mot rapporté d'Orient par les voyageurs (persan et turc, *schakal*).

Chacun, ancien français *chascun, chasqun*, du L. *quisque unus* (même sens). *Quisque unus* ou *quisq'unus* a donné *chascun* par le changement de *qu* en *ch* (voy. *acharner*) et par celui de l'*i* latin en *a* (voy. *balance*). Sur la chute de l's dans *chascun*, voy. *abîme*.

Chafouin, dans les patois *chatfouin*, mot composé de *chat* et de *fouine*.

† 1. **Chagrin**, cuir grenu, mot venu vers le quinzième siècle de l'italien (vénitien *zagrin*, chagrin).

2. **Chagrin**, affliction, origine inconnue. — D. *chagriner*

Chaîne, du L. *catena* (chaîne). Sur la chute du *t* médial *ca(t)ena*, voy. *abbaye*; sur le changement de *e* en *i*, voy. *accomplir*. — D. *chaînon, chaînette, enchaîner, déchaîner*

Chair, ancien français *char*, à l'origine *charn*, du L. *carnem* (chair). Pour le changement de *c* en *ch*, voy. *acharner;* pour celui de *a* en *ai*, voy. *aigle*; pour la réduction de *rn* à *n*, voy. *aubour*. — D. *charnel, charnier, charnu, charnure, charogne, décharner, acharner*.

Chaire, ancien français *chaère*, du L *cathedra* (chaise, et aussi chaire, c'est-à-dire siège élevé d'où l'on parle). Sur la chute du *t* médial *ca(th)edra*, voy *abbaye* Sur le changement de *c* en *ch*, voy.

acharner; sur celui de *dr* en *r*, voy. *arrière*. Avant le seizième siècle, le mot *chaise* n'existait point; et *chaire* avait comme le latin *cathedra* le double sens de *chaire* et de *chaise*. « *S'élançant d'une* chaire (chaise), *où elle estoit assise*, » dit Montaigne. Au seizième siècle, le peuple de Paris substitue *s* à *r* (voy. au mot *arroser*), et transforme chaire en chaise. Sous Louis XIV, on disait à Paris, non une chaire de Droit, mais une chaise de Droit, une chaise de Theologie. « *Les savants ne sont bons que pour prêcher en* chaise » a dit Molière : exemples qui montrent bien que *chaise* a longtemps conservé le sens de *chaire*, et n'est qu'une altération de ce mot.

Chaise, voy. *chaire*

1. **Chaland**, bateau plat, mot d'origine byzantine, comme beaucoup de termes de marine et d'art militaire du moyen âge; chaland, qui est dans le bas latin *chelandium*, répond au grec du moyen âge χελάνδιον (chaland).

2. **Chaland**, origine inconnue. — D. *achalander*.

† **Châle**, mot rapporté d'Orient par les voyageurs (arabe *schâl*, même sens).

† **Chalet**, mot suisse, du patois des Grisons.

Chaleur, du L. *calorem* (même sens) Sur le changement 1° de *c* en *ch*, voy. *acharner*; 2° de *o* en *eu*, voy. *accueillir*. — D. *chaleureux*.

Châlit, origine inconnue.

Chaloir, du L. *calere* (être plein de feu pour, se soucier de). Sur le changement 1° de *c* en *ch*, voy. *acharner*; 2° de *e* en *oi*, voy *accroire*. — Voy. sur ce verbe ma *Grammaire historique de la langue française*. p. 222. — D. *nonchaloir* (ne se soucier de rien),

d'où le participe présent *nonchalant*.

† **Chaloupe**, au seizième siècle *chaluppe*. venu de l'italien *scialuppa* (même sens).

Chalumeau, tuyau de roseau, ancien français *chalemel*, du L *calamellus* (diminutif de *calamus*, roseau). Pour le changement 1° de *c* en *ch*, voy. *acharner*; 2° de *ellus* en *eau*, voy. *agneau*; 3° de *a* latin en *u* par l'intermédiaire de *e*, il se retrouve dans *sucre* (*saccharum*), *rhubarbe* (*rhabarbarum*)

† **Chamade**, venu au seizième siecle de l'italien *chiamata* (même sens).

Chamailler, origine inconnue.

† **Chamarre**, broderies, ornements, de l'espagnol *chamarra* (même sens). — D. *chamarrer*.

Chambellan, anciennement *chambellanc*, à l'origine *chamberlenc*, en italien *camarlingo*, de l'ancien haut allemand *chamarlinc* (officier de la chambre). — Sur l'assimilation de *rl* en *ll*, voy. p xcvi; sur la dissimilation de *mm* en *mb*, voy. p. xcv.

Chambranle, origine inconnue

Chambre, du L. *camera* (chambre). *Cam(ĕ)ra*, contracté suivant la règle (voy. p. LXXXI) en *cam'ra*, a donné *chambre* par le changement 1° de *c* en *ch* (voy. *acharner*), 2° de *m'r* en *mbr* (voy *absoudre*). — D. *chambrer*, *chambrette*, *chambrée*, *chambrier*, *chambrière*.

Chameau, à l'origine *chamel*, du L. *camelus* (chameau). Sur le changement 1° de *c* en *ch*, voy. *acharner*, 2° de *el* en *eau*, voy. *agneau*. — D. *chamelle*, *chamelier*.

† **Chamois**, mot d'origine suisse. — D. *chamoiser*.

Champ, du L. *campus* (champ).

Sur *c* devenu *ch*, voy. *acharner*.— D. *champion* (celui qui combat en champ clos).

Champart, pour *champ-part*; voy. *champ* et *part*.

Champêtre, du L. *campestris* (même sens). Sur *c* devenu *ch*, voy. *acharner*; sur la chute de *s*, voy *abîme*

Champignon, du L. *campinionem** (proprement : qui croît dans les prés, dérivé de *campus*. Sur le changement 1° de *c* en *ch*, voy. *acharner*; 2° de *ni* en *gn*, voy. *cigogne*.

Champion, voy. *champ*.

Chance, ancien français *chéance*, en italien *cadenza*, du L. *cadentia* (hasard heureux, ce qui arrive, ce qui *tombe* à propos, de *cadere*, tomber, terme de jeu de dés). Sur la chute du *d* medial, *ca(d)entia*, voy. *accabler;* sur le changement de *c* en *ch*, voy. *acharner;* sur celui de *tia* en *ea*, voy *agencer.* — D. *chanceux*

Chancel, grille, balustrade du chœur, du L. *cancellus* (grille, balustrade qui séparait le tribunal du public). On appelait *cancellarius* l'huissier qui se tenait auprès de cette balustrade. De *cancellarius* (huissier, puis scribe, greffier), est venu notre mot *chancelier*, par le changement 1° de *c* en *ch* (voy *acharner*); 2° de *arius* en *ier* (voy. *ânier*)

Chanceler, du L *cancellare* (rayer, décrire des zigzags, d'où ne pas marcher droit, puis chanceler). — Sur le changement de *c* en *ch*, voy. *acharner*

Chancre, du L. *cancrum* (ulcère) Sur *c* devenu *ch*, voy. *acharner*.

Chandelle, du L. *candela* (même sens). Sur *c* devenu *ch*, voy *acharner*. — D *chandelier*, *chandeleur*, fête des cierges (*candelæ*); *chandeleur* représente le latin *candelarum* dans *festa S. Mariæ candelarum*.

Chanfrein, origine inconnue.

Changer, du L. *cambiare** (changer, dans la *Lex Salica*, dérivé lui-même de la forme *cambire* qui est dans Apulée). — *Cambiare* a donné *changer* par la consonnification de *ia* (voy. *abréger*), et la chute du *b* latin (voy. *sujet*). — Sur *c* latin devenu *ch*, voy. *acharner.* — Quant au changement de *m* en *n*, on le trouve déjà effectué dans la langue latine, qui dit également *tamdiu* et *tandiu*, *quandiu* et *quamdiu*, on trouve dans les Inscriptions *quen*, *tan*, *ren*, pour *quem*, *tam*, *rem*. Ce changement de *m* en *n* a lieu en français : 1° Au commencement du mot dans natte (*matta*), nappe (*mappa*), nèfle (*mespilum*) On trouve déjà *natta* dans Grégoire de Tours, et *nespilum* dans la basse latinité. 2° Au milieu des mots, et le plus souvent quand *m* est assourdi, c'est-à-dire appuyé contre une autre consonne : congé (*comm'jatus**). ponce (pum'cem), printemps (prim'tempus), rançon (redemptionem), ronce (rum'cem), ronger (rum'gare), sentier (sem'tarius), singe (sim'jus*), songe (somnum), tante (am'ta), vendange (vindem'ja), bondir (bomb'tare), conter (comp'tare), fangeux (fam'cosus), longe (lumbja*), rameau (ram'cellus*), tandis (tamdiu), jante (cam'tem). Dans : Daine (dama), connétable (comestabli*), *m* médial est devenu *n* 3° A la fin des mots dans : son (summum), son (suum), mon (meum), ton (tuum), on (homo), raisin (racemus), rien (rem), voy. aussi sous *airain*. — D. *change* (substantif verbal), *rechanger*, *rechange*, *échanger*, *changeur*, *changement*

Chanoine, du L. *canonicus* (chanoine). Accentué sur l'*o*, ce mot a régulièrement (voy. p. LXXXI) perdu ses deux dernières voyelles; quant au changement de *c* initial en *ch*, voy. *acharner* · *o* a donné *oi* par l'attraction de *l'i*, comme dans les mots *histoire* (historia), *gloire* (gloria), *paroisse* (parochia), *mémoire* (memoria), *poison* (potionem), *toison* (tonsionem), *témoin* (testimonium), *oiseux* (otiosus), *pivoine* (paeonia), *cloison* (closionem), *sardoine* (sardonyx), *foire* (foria). — *O* latin est encore devenu *oi* dans les mots *foyer* (focarium), *loyer* (locarium), *voyelle* (vocalis), *loin* (longè), *voix* (vocem). — D. *chanoinesse.*

Chanson, du L. *cantionem* (chanson). Sur *c* devenu *ch*, voy. *acharner;* sur *ti* devenu *s*, voy. *agencer.* — D. *chansonnier, chansonnette.*

Chant, du L. *cantus* (chant). Sur *c* devenu *ch*, voy. *acharner.*

Chanteau, coin, morceau pris à l'extrémité, ancien français *chantel*, du L. *cantellus**, diminutif de *antus** (coin) — Sur *ellus* devenu *eau*, voy. *agneau*; sur *c* devenu *ch*, voy. *acharner*

Chantepleure, voy. *chanter* et *pleurer*

Chanter, du L. *cantare* (chanter). Sur *c* devenu *ch*, voy. *acharner.* — D *chanteur, chanteuse, déchanter, chantonner, chanterelle.*

Chantier, du L. *canterium* (bois de soutenement, madriers qui supportent de grosses charges). — Sur le changement de *c* en *ch*, voy. *acharner*, sur celui de *e* en *ie*, voy *arrière.*

Chantre, du L. *cantor* (qui chante) *Cant(ö)r* contracté suivant la règle (voy. p. LXXXI) en *cant'r* a changé *c* en *ch* (voy. *acharner*).

Chanvre, du L. *cannabus* (chanvre) —*Cann(ă)bus*, contracté suivant la règle (voy. p. LXXXI) en *cann'bus*, aurait dû donner *chanve* par le changement de *c* en *ch* (voy. *acharner*), et de *b* latin en *v* (voy. *avant*). Cette forme *chanve* existe en effet dans le patois de la Picardie, et elle a dû exister dans notre ancienne langue. L'intercalation d'un *r*, qui a eu lieu dans la forme française *chanvre,* se retrouve dans un certain nombre de mots · *fronde* (funda), *encre* (encaustum), *épeautre* (spelta), *trésor* (thesaurus), *gouffre* (golphum*), *perdrix* (perdicem), *registre* (regestum), *rustre* (rusticus), *velours* (villosus). On trouve déjà *regestrum* pour *regestum* à une époque relativement ancienne

Chaos, du L. *chaos* (même sens) — D *chaotique.*

Chape, du L *cappa* (manteau à capuchon, dans Isidore de Seville) Sur *c* devenu *ch*, voy *acharner.* — *Pp* devient *p* comme dans *coupe* (cuppa), *sape* (sappa), *poupe* (puppis), *étoupe* (stuppa*). D'ailleurs on trouve déjà *capa* à côté de *cappa* dans certains textes latins. — D *chaperon; chapeau,* ancien français *chapel* (proprement. petite *chape,* petite coiffure; sur le changement de *el* en *eau*, voy. *agneau*). L'ancienne forme avait un diminutif *chapelet*, petite coiffure qui consistait ordinairement en une couronne de fleurs Ronsard, parlant d'une jeune fille qui arrose des lis · *Soir et matin les arrose Et à ses noces propose De s'en faire un chapelet.* Le *chapelet* de *roses,* couronne ou guirlande que l'on plaçait sur la tête de la Vierge et que l'on appelle proprement *rosaire*, a servi plus tard à désigner une sorte de guirlande servant à la prière, faite de grains enfilés, et qui ressemble à la cou.

ronne, au *rosaire*, au *chapelet* de la Vierge. — Un autre dérivé de *capa* est le diminutif *capella*, qui dès le septième siècle avait le sens du français *chapelle* : on appelait primitivement *capella* le sanctuaire où était conservée la *cappa*, la chape de saint Martin, et par extension tout sanctuaire possédant des reliques.

Chapeau, voy. *chape*. — D. *chapelier* (de l'ancienne forme *chapel*).

Chapelain, voy. *chapelle*.

Chapeler, du L. *capulare* (tailler, trancher). Sur *c* devenu *ch*, voy. *acharner*. U latin est ici devenu *e*, comme dans genièvre (juniperus), génisse (junicem), secours (succursus), secourir (succurrere), moelle (medulla), semondre (submonere), secouer (succutare*), secousse (succussa*), séjourner (subdiurnare*), selon (sublongum). — D. *chapelure*.

Chapelet, voy. *chape*

Chapelle, voy. *chape*. — D. *chapelain*.

Chaperon, voy. *chape*. — D. *chaperonner*.

Chapiteau, ancien français *chapitel*, du L. *capitellum* (même sens). Sur *c* devenu *ch*, voy. *acharner*; sur *ellum* devenu *eau*, voy. *agneau*.

Chapitre, ancien français *chapitle*, du L. *capitulum* (chapitre). *Capit(u)lum*, contracté suivant la règle (voy. p. LXXXI) en *capit'lum*, a donné *chapitre* par le changement 1° de *c* en *ch* (voy. *acharner*); 2° de *l* en *r*, voy. *apôtre*. — D. *chapitrer*, réprimander en plein chapitre, devant tous les membres du chapitre réunis.

Chapon, du L. *caponem* (même sens). Sur *c* devenu *ch*, voy. *acharner*.

Chaque, ancien français *chasque*. Pour l'étymologie, voy. *chacun*.

Char, du L. *carrus* (char). Sur *c* devenu *ch*, voy. *acharner*. — D. *charrier*, *charroyer*, *charrette*, *charron*, *chariot*.

† **Charade**, mot d'origine provençale (voy. p. XLIX) introduit vers le dix-huitième siècle dans la langue française; étymologie inconnue.

Charançon, origine inconnue.

Charbon, du L *carbonem* (charbon). Sur le *c* devenu *ch*, voy. *acharner*. — L. *charbonner*, *charbonnier*.

Charcutier, encore *chaircutier* dans J. J. Rousseau, au dix-septième siècle *chaircuitier*, à l'origine *chaircuitier*, proprement : marchand de *viande cuite*, opposé à boucher, marchand de viande crue. Pour l'étymologie, voy. *chair* et *cuite* — D. *charcuterie*, *charcuter*.

Chardon, du L *carduonem** (dérivé de *carduus*, chardon). — Sur *c* devenu *ch*, voy. *acharner*; sur la chute de l'*u*, voy. p. XC. — D. *chardonneret*, que l'ancien français appelait *chardonnet*, proprement oiseau qui recherche les chardons. Ce qui confirme cette origine, c'est que les Latins disaient de même *carduelis* (chardonneret), dérivé de *carduus* (chardon); les Grecs ἀκανθίς (chardonneret), de ἄκανθος (acanthe; plante épineuse); enfin les Allemands appellent le chardonneret *Distelfink* proprement linotte de chardon).

Chardonneret, voy. *chardon*

Charger, en espagnol *cargar*, en italien *caricare*, du L. *carricare* charger, dans Saint-Jérôme *Carr(i)cáre* s'est de bonne heure contracté suivant la règle (voy. *accoin-*

ter), en *car'care* (les *Gloses* de Reichenau qui remontent au huitième siècle donnent *onerati* = *carcati*). *Carcare* a donné *charger* par le changement 1° de *c* initial en *ch* (voy. *acharner*; 2° de *rc* en *rg* (voy. *adjuger*) — D. *charge* (subst verbal) *chargement, décharger, surcharger*

Chariot, voy *char*.

Charité, du L. *caritatem* (amour du prochain) Sur le changement 1° de *c* en *ch*, voy. *acharner*; 2° de *atem* en *é*, voy *abbé*. — D. *charitable*.

Charivari, origine inconnue

† **Charlatan**, venu au seizième siècle de l'ital. *ciarlatano* (m. s.). — D. *charlatanisme*.

1. **Charme**, arbre, dans le patois du Berry *charne*, en italien *carpino*, du L. *carpinus* (charme). — *Cár*(pi)*nus* contracté suivant la règle (voy. p. LXXXI), en *car'nus* a donné *charme* par le changement 1° de *c* en *ch* (voy. *acharner*); 2° de *n* en *m*, altération dont ce mot est à peu près l'unique exemple. — D. *charmoie*.

2. **Charme**, enchantement, du L. *carmen* (enchantement). Sur le changement de *c* en *ch*, voy. *acharner*. — D. *charmer, charmant*.

Charnel, voy. *chair*.
Charnier, voy *chair*.
Charnu, voy. *chair*.

Charnière, du L. *cardinaria* (dérivé de *cardinem*, gond). *Card*-(i)*nária* contracté suivant la règle (voy. *accointer*) en *card'naria*, a donné *charnière* par le changement 1° de *c* en *ch*, voy. *acharner*; 2° de *dn* en *n* voy. *aller*, 3° de *aria* en *ière*. voy. *ânier*.

Charogne, voy. *chair*.

Charpentier, du L. *carpentarius* (propr *charron*; sur ce mot, voy. p. XXII). Sur le changement 1° de *c* en *ch*, voy. *acharner*; 2° de *arius* en *ier*, voy *ânier* — D. *charpenter, charpente* (subst verbal).

Charpie, substantif participial (voy. *absoute*) de l'ancien verbe *charpir* (effiler), du L. *carpere* (détirer de la laine, effiler). — Sur le changement de *c* en *ch*, voy *acharner*; sur celui de *ĕ* en *i* voy. *accomplir*.

Charrette, voy. *char*. — D. *charretier, charretée*.

Charrier, voy. *char*.

Charroyer, voy *char*. — D *charroi* (substantif verbal).

Charrue, du L *carruca* (charrue). Sur le changement 1° de *c* en *ch*, voy. *acharner*; 2° de *uca* en *ue*, voy. *ami*.

Charte, du L. *charta* (m s.). *Charta* étant en réalité prononcée *carta* (voy. p. XCIX), *carta* a donné *charte* par le retour du *c* au *ch* (voy. *acharner*)

1. **Chartre**, du L. *chartula* (diminutif de *charta*, voy. *charte*). *Chart*(ŭ)*la* contracté suivant la règle (voy. p. LXXXI) en *chart'la* a change *l* en *r* (voy. *apôtre*). — D. *chartrier*

2 **Chartre**, prison, du L *carcer* (prison). Sur le changement de *c* en *ch*, voy. *acharner*; *c'r* (carc'r) est devenu *tr* par le changement tout à fait isolé, en français moderne, de *c* en *t*.

Chas, trou d'une aiguille. Origine inconnue.

Châsse, coffre dans lequel on renferme les reliques d'un saint, du L. *capsa* (coffre) Sur *c* devenu *ch*, voy. *acharner*; sur *ps* devenu *ss*, voy. *caisse* — D *châssis, enchâsser*

Chasse, substantif verbal de *chasser* (voy. ce mot).

Chasser, du L. *captiare** (dérivé de *captare*, qui a pris le sens de chasser dans les derniers siècles de la latinité ; on trouve déjà dans Properce *captare feras* pour chasser) — Sur le changement 1° de *c* en *ch*, voy. *acharner;* 2° de *ti* en *ss*, voy. *agencer;* 3° sur l'assimilation du *p*, voy. *caisse.* — D. *chasse, chasseur, chasseresse, pourchasser.*

Chassie, origine inconnue — D. *chassieux*

Châssis, voy *chasse.*

Chaste, du L *castus* (m s.). Sur *c* devenu *ch*, voy. *acharner.*— D. *chasteté*

Chasuble, du L *casibula** (diminutif de *casula* qui est dans Isidore de Séville avec le sens de manteau) *Casibula* ou *casubula* contracté suivant la règle (voy. p LXXXI) en *casub'la* a donné *chasuble* par le changement de *c* en *ch* (voy *acharner*).

Chat, du L *cattus* (chat, dans Isidore de Séville) Sur *c* devenu *ch*, voy. *acharner.*—D. *chatoyer,* changer de couleur, comme l'œil du *chat;* les pierres précieuses qu'on appelle en termes de joaillerie *œil de chat*, sont *chatoyantes* *Chattemite,* de *chatte* et de *mite* (qui est le L *mitis,* douce)

Châtaigne, anciennement *chastaigne,* du L. *castanea* (châtaigne) — Sur *c* devenu *ch*, voy *acharner;* sur *a* devenu *ai*, voy *aigle;* sur *nea* devenu *gne*, voy *cigogne;* sur la chute de *s*, voy. *abîme.*— D *châtaignier, châtaigneraie.*

Château, anciennement *chastel,* du L *castellum* (château fort). Sur *ellum* devenu *eau,*voy. *agneau;* sur *c* devenu *ch*, voy *acharner.* sur la chute de *s*, voy *abîme* — D. de l'ancienne forme *châtel · châtelain, châtellenie, châtelet.*

Chat-huant, au dix-septième siècle *chahuan* dans Ménage,

chauhan et *chouhan* dans le patois angevin; au seizième siècle *chouan* dans Ronsard, cette forme *chouan* est la véritable forme du mot (d'ailleurs les naturalistes appellent encore *chouan*, le moyen duc que l'on appelle aussi *hibou*). *Chouan* est un diminutif de l'ancien français *choue* (chouette). *Choue* dérive à son tour, de l'ancien haut allemand *chouch* (chouette; le radical allemand a aussi donné une forme *chouc*, d'où notre mot *choucas*). — L'ancien français *choue* nous a laissé deux dérivés: *chouette*, et *chouan* (d'où *chat-huant*, mot dont l'orthographe présente ferait croire à une composition des deux mots *chat* et *huer,* ce qui n'est point).

Châtier, anciennement *chastier,* du L *castigare* (châtier). Sur la chute du *g*, voy. *allier;* sur *c* devenu *ch*, voy. *acharner;* sur la chute de *s*, voy *abîme* — D *châtiment.*

Chaton, anciennement *chaston,* à l'origine *caston,* de l'allemand *kasten* (chaton)

Chatouiller, du L. *catulliare** (dérivé de *catullire*, qui a le sens de *titillari*) Sur le changement 1° de *c* en *ch*, voy *acharner;* 2° de *u* en *ou*, voy. *accouder;* 3° de *lli* en *ill*, voy *ail.* — D *chatouillement.*

Chatoyer, voy *chat*

Châtrer, anciennement *chastrer,* du L. *castrare* (m. s) Sur *c* devenu *ch*, voy. *acharner;* sur la chute de *s*, voy. *abîme*

Chattemite, voy. *chat.*

Chaud, ancien français *chald,* en italien *caldo,* du L. *caldus* (chaud) qu'au temps d'Auguste, on employait à Rome pour *calidus*: « *Sed Augustus* (dit Quintilien, I, 6), *quoque in epistolis ad Caium Caesarem scripsit, emendat quod* *is dicere* calidum *quam* caldum *malit: non quia illud non sit latinum, sed quia sit odiosum* » Pour le changement: 1° de *c* en *ch*, voy. *acharner*; 2° de *al* en *au*, voy. *agneau*. — D. *échauder, réchaud*.

Chaudière, du L. *caldaria* (même sens; *vasa caldaria* est dans Vitruve). Pour le changement 1° de *c* en *ch*, voy. *acharner*; 2° de *al* en *au*, voy. *agneau*; 3° de *aria* en *ière*, voy. *ânier*. — D. *chaudron*, ancien français *chauderon*, dérivé de *chaudère* autre forme de *chaudière*. De même en espagnol *calderon* (chaudron) dérive de *caldera* (chaudière).

Chaudron, voy. *chaudière*. — D. *chaudronnier*.

Chauffer, en provençal *calfar*, en italien *calefare*, — de *calefare** forme contractée de *calefacere* (chauffer). — Pour la chute de l'ĕ, *cal'fare*, voy. *accointer*; pour le changement : 1° de *c* en *ch*, voy. *acharner*; 2° de *al* en *au*, voy. *agneau*. — D. *chauffe* (substantif verbal) ; *chauffage, chauffoir, chaufferette, chauffeur, échauffer, réchauffer*.

Chauler, voy. *chaux*.

Chaume, du L. *calamus* (roseau, qui est déjà *calmus* dans un texte de 672). — *Cál(ă)mus* contracté suivant la règle (voy. p LXXXI) en *cal'mus* a donné *chaume* par le changement 1° de *c* en *ch*, voy. *acharner*; 2° de *al* en *au*, voy *agneau*. — D. *chaumière, chaumine*

Chausse, voy. *chausser*.

Chaussée, en provençal *caussada*, en espagnol *calzada*, du L. *calciata** (s. e. *via;* proprement : voie maçonnée à la chaux; *calciata* dérivé de *calcem*, chaux). — Pour le changement 1° de *c* en *ch*, voy. *acharner*; 2° de *al* en *au*, voy. *agneau*; 3° de *ci* en *ss*, voy.

agencer; 4° de *ata* en *ée*, voy. *ampoulé*

Chausser, du L. *calceare* (chausser). Sur le changement : 1° de *c* en *ch*, voy. *acharner*; 2° de *al* en *au*, voy. *agneau*; 3° de *ce* en *ss*, voy. *agencer*. — D. *chausses* (substantif verbal); *chaussette, chausson, chaussure, déchausses, déchaux, chausse-trape* (proprement . piège, trappe qui *chausse* le pied).

Chausse-trape, voy. *chausser et trappe*.

Chauve, du L. *calvus* (chauve). Sur le changement 1° de *c* en *ch*, voy. *acharner;* de *al* en *au*, voy. *agneau*. — D. *chauve-souris*, ainsi nommée, parce que les ailes de cet animal sont membraneuses et dépourvues de plumes. On trouve déjà *Vespertiliones* = *calves sorices* dans les *Gloses* de Reichenau, qui sont du huitième siècle.

Chauve-souris, voy. *chauve*.

Chaux, en provençal *calz*, en italien *calce*, du L *calcem* (chaux). Sur le changement 1° de *c* en *ch*, voy *acharner;* 2° de *al* en *au*, voy. *agneau*

Chavirer, pour *chapvirer*, proprement · être renversé la tête en bas; des deux mots *virer* (voy. ce mot), et *chap* (qui est le latin *caput*, tête). Sur *c* devenu *ch*, voy. *acharner*.

Chef. Le sens primitif est tête : le *chef* d'un saint, un couvre-*chef*, du L. *caput* (tête). — Sur *c* devenu *ch*, voy. *acharner;* sur *a* devenu *e*, voy. *acheter*. P est ici devenu *f* après avoir traversé tous les degrés de l'échelle phonique (*p, b, v, f*), comme le prouvent le bas latin *cabo* (pour *caput*), et le français du dixième siècle, qui dit *chève*. Comme le mot *chef*, les deux mots *fresaie* (praesaga), *nèfle* (mespilum) ont également changé *p* en *f.* — D *achever* (voy. ce mot), *chevet* (partie du lit où l'on met la tête, le *chef*), *chef-lieu.*

Chemin, en provençal *camin,* en italien *cammino,* du L *caminus** (chemin, dans les textes du sixième siècle) Sur *ca* devenu *che,* voy. *acharner* et *acheter.* — D. *cheminer, acheminer*

Cheminée, en italien *camminata,* du L. *caminata,* qui est dérivé de *caminus* (cheminée dans Vitruve). Sur le changement : 1° de *ca* en *che,* voy. *acharner* et *acheter* ; 2° de *ata* en *ée,* voy. *ampoulé.*

Chemise, du L. *camisia* (chemise). Paulus, abréviateur de Festus, dit au mot *supparus,* vêtement de toile : *Supparus, vestimentum lineum quod* camisia *dicitur.* Sur le changement de *ca* en *che,* voy. *acharner* et *acheter*

Chenal, du L. *canalis* (chenal) Sur *ca* devenu *ch,* voy. *acharner* et *acheter* Une autre forme du même mot est *chéneau* (sur le changement de *l* en *u,* voy. *agneau*).

† **Chenapan,** mot introduit par les guerres allemandes vers la fin du dix-septième siècle, et qui vient de l'allemand *schnapphahn* (bandit, vaurien).

Chêne, ancien français *chesne,* du L. *casnus** (chêne dans une charte de l'an 508). Sur *c* devenu *ch,* voy. *acharner;* sur *a* devenu *e,* voy. *acheter;* sur la chute de *s,* voy. *abîme.* — La forme *casnus* n'est qu'une transformation de la forme régulière *quercinus* (querc'nus), par le changement de *rc* (rs) en *s* ; ce changement de *rs* en *s* se retrouve en français dans dos (dorsus), museau (morsellum*), pêche (persica), jus (deorsum*) : il existait déjà en latin ; les Romains disaient *dossum* pour *dorsum,* susum pour sursum, prosa pour prorsa, retrosum pour retrorsum. On trouve même introsus pour introrsus dans une inscription (Orelli, 14034). — Quant au *qu* devenu *c* (casnus), voy. *car.* — D. *chénaie.*

Chenet, anciennement *chiennet,* voy. *chien.*

Chènevis, du latin *cannabisium*,* dérivé de *cannabis* (chanvre). Sur le changement 1° de *ca* en *che,* voy. *acharner* et *acheter;* 2° de *b* en *v,* voy. *avant.* — D. *chenevière, chènevotte.*

Chenil, du L. *canile** (lieu où l'on renferme les chiens) ; *canile* dérive de *canis,* comme *equile* d'*equus, agnile* d'*agnus,* etc....). Sur le changement de *ca* en *che,* voyez *acharner* et *acheter.*

Chenille, du L. *canicula* (petite chienne) ; dénomination fondée sur la ressemblance de la tête de certaines chenilles avec la tête d'un petit chien. Cette étymologie, qui paraît au premier abord si étrange, est confirmée par ce fait que la *chenille* a reçu dans un grand nombre d'idiomes, le nom de différents animaux : le milanais appelle la chenille *cagnon* (proprement *petit chien*) ; dans d'autres parties de l'Italie, on nomme la chenille *gáttola* (proprement *petit chat*) ; les Portugais l'appellent *lagarta* (proprement *lézard*). — Pour le changement 1° de *ca* en *che,* voy. *acharner* et *acheter;* 2° de *icula* en *ille,* voy. *abeille.* — D. *écheniller.*

Chenu, du L. *canutus* (blanc, dérivé de *canus*). Sur *ca* devenu *che,* voy. *acharner* et *acheter;* sur *utus* devenu *u,* voy. *aigu.*

Cheptel, en provençal *captal,* du L. *capitale* (avoir, ce que l'on possède). *Cap(i)tale* contracté suivant la règle (voy *accointer*), en *cap'tale* a donné *cheptel,* par le changement : 1° de *ca* en *che,* voy. *acharner* et *acheter;* 2° de *ale* en *el,* voy. *annuel.*

Cher, du L. *carus* (cher). Sur *ca* devenu *che,* voy. *acharner* et *acheter.* — D. *chérir, chèrement.*

Chercher, en provençal *cercar,* en italien *cercare,* du L. *circare* (qui est déjà dans Properce, avec le sens d'errer çà et là). — Pour le changement 1° de *c* en *ch,* voy. *acharner;* 2° de *i* en *e,* voyez *admettre;* 3° de *a* en *e,* voy. *acheter.* — D. *chercheur, rechercher, recherche*

Chère, du L. *cara* (visage, mine que Corippus, poete du sixième siècle, a employé dans son Panégyrique de Justin : « *Postquam venere verendam Cæsaris antè caram* ... » *Faire bonne chère* n'a pris que tardivement le sens de faire un bon repas; il signifiait autrefois *faire bon accueil,* et à l'origine *faire bon visage :* le sens propre de *chère* étant visage, comme dans ces vers de Patelin : *Que ressemblez-vous bien de* chère, *Et du tout, à vostre feu père.* — Sur le changement de *ca* en *che,* voy. *acharner* et *acheter.*

Chérir, voy. *cher.* — D. *chérissable, enchérir, renchérir, surenchérir.*

Cherté, du L. *caritatem* (cherté). *Car(i)tatem* contracté suivant la règle (voy. *accointer*) en *car'tatem* a donné *cherté* par le changement 1° de *ca* en *che* (voy *acharner* et *acheter*); 2° de *atem* en *é* (voy. *abbé*)

Cherubin, du L. ecclésiastique *cherubim* (ange), mot introduit dans la langue latine par saint Jérôme (voy. p. LX).

Chétif, du L. *captivus* (prisonnier); avant de signifier faible, misérable, ce mot avait à l'origine de la langue le sens de *captif,* de prisonnier; on lit dans Joinville que saint Louis délivra les *chétifs* (c'est-à-dire les chrétiens *captifs* des Sarrasins). *Chétif* vient du latin *captivus* (captif) par le changement : 1° de *ca* en *che* (voy. *acharner*), 2° de *pt* en *t* (voy. *acheter*), 3° de *v* en *f* (voy. *bœuf.*

Tandis que notre langue a perdu le premier sens de *chétif,* et n'a conservé que celui de *misérable,* l'italien *cattivo* (captivus) a conservé parallèlement cette double signification, et *cattivo* signifie à la fois *chétif* et *prisonnier.*

Cheval, du L. *caballus* (cheval de trait). Sur le changement : 1° de *ca* en *che,* voy. *acharner* et *acheter;* 2° de *b* en *v,* voy. *avant* — D. *chevalin, chevalet,* diminutif de *cheval;* les Romains disaient de même *equuleus* (chevalet), diminutif de *equus* (cheval).

Chevalier, du L. *caballarius* (qui est dans Isidore de Seville avec le sens de *alaris eques*). Sur le changement : 1° de *ca* en *che,* voy *acharner* et *acheter;* 2° de *b* en *v,* voy. *avant;* 3° de *arius* en *ier,* voy. *ânier.* — D. *chevalerie; chevalière* (bague); *chevaleresque,* mot formé à l'imitation de l'italien *cavalleresco* (même sens).

Chevaucher, ancien français *chevalcher,* en italien *cavalcare,* en espagnol *cabalgar,* du L. *caballicare** (chevaucher : *si quis caballum sine permissu domini sui ascenderit, et eum caballicaverit,* lit-on dans la *Lex Salica,* tit. 25). *Caball(i)care* (contracté suivant la règle (voy. *accointer*) en *cabal'care* a donné *chevaucher* par le changement : 1° de *ca* en *che* (voy. *acharner* et *acheter*); 2° de *b* en *v,* voyez *avant*; 3° de *al* en *au* (voy. *agneau*). — D. *chevauchée.*

Chevelu, voy. *cheveu.*

Chevelure, ancien français *cheveleüre,* en italien *capellatura,* du L. *capillatura* (même sens, dans saint Augustin; dérivé de *capillum*, cheveu). *Capella(t)ura* ayant perdu son *t* médial suivant la règle (voy. *abbaye*), a donné *chevelure* par le changement 1° de *ca* en *che* (voy. *acharner* et *acheter*); 2° de *p* en *v* (voy. *arriver*); 3° par la contraction de *eu* (cheveleure) en *u* (voy. p. LXC).

Chevet, voy. *chef*. — D. *chevecier* (maître de chœur, du *chevet*, comme on appelait autrefois cette partie de l'église).

Chevêtre, licou, en ancien français *chevestre*, en espagnol *cabestro*, en italien *capestro*, du L. *capistrum* (lien, courroie), par le changement. 1° de *ca* en *che* (voy. *acharner* et *acheter*); 2° de *p* en *v* (voy. *arriver*); 3° de *i* en *e* (voy. *admettre*); 4° par la chute de *s* (voy. *abime*). — D. *s'enchevêtrer* se dit proprement du cheval, quand il s'embarrasse la jambe dans la longe de son licou, de son *chevêtre*, d'où le sens figuré de s'embarrasser, de s'embrouiller.

Cheveu, ancien français *chevel*, du L. *capillum* (cheveu), par le changement: 1° de *ca* en *che* (voy. *acharner* et *acheter*); 2° de *p* en *v* (voy. *arriver*); 3° de *il* en *el* (voy. *admettre*), puis de *el* en *eu* (voy. *agneau*). — D. de l'ancienne forme *chevel*: *chevelu*, *echeveler* (écheveau).

Cheville, en italien *caviglia*, du L. *clavicula** (propr. cheville de bois). Sur le changement de *icula* en *ille*, voy. *abeille*; sur celui de *a* en *e* voy. *acheter*; *clavicula* aurait donné *cleville*; mais l'euphonie a amené une dissimilation (voy. p. LXXXI), et la reduction de *cl* à *c* (voy. *able*). Ce *c* a régulièrement donné *ch* en français (voy. *acharner*).

Chèvre, du L. *capra* (chèvre), par le changement: 1° de *ca* en *che* (voy. *acharner* et *acheter*); 2° de *p* en *v* (voy *arriver*). — D. *chevreau, chevrette, chevron, chevrier, chevroter, chevrotin, chevrotine* (balle pour tirer le chevrotin, le chevreuil).

Chèvrefeuille, du L. *caprifolium* (chevrefeuille); pour les changements de lettres, voy. aux mots *chèvre* et *feuille*.

Chevreuil, du L. *capreolus* (chevreuil), par le changement: 1° de *ca* en *che* (voy. *acharner* et *acheter*); 2° de *p* en *v* (voy. *arriver*); 3° de *eolus* en *euil* (voy. *aïeul*).

Chevron, pièce de bois, du L. *capronem** (chevron). On trouve déjà *capriones* pour *chevrons* dans les Gloses de Cassel qui remontent au huitième siècle. Pour les changements de lettres, voy *chèvre*. — Quant à la transition du sens, la même métaphore existait en latin; les Romains désignaient le chevron par le mot *capreolus* (proprement *chevreuil*).

Chevroter, voy. *chèvre*.
Chevrotine, voy. *chèvre*.

Chez, du L. *casa* (maison), par le changement: 1° de *ca* en *che* (voy. *acharner* et *acheter*); 2° de *s* en *z* (voy. *nez*). — *Chez* à l'origine de notre langue était substantif et avait le sens de *maison*: le *Grand Coutumier* parle de *ces maisons et chez èsquels les marchands mettent leur marchandise*. On disait au onzième siècle: je vais *à chez* Gautier (littéralement: *Vado ad casam Walterii*; à la maison de Gautier); je viens *de chez* Gautier (de la maison de G.). Mais cette distinction ne tarda point à s'altérer: la locution *à chez* devint *chez* qui n'a plus de sens aujourd'hui; *de chez* persista, et témoigne par sa forme, que le mot *chez* était originairement substantif. Voy. ma *Grammaire Historique de la Langue Française*, p 247

† **Chicane**, ce mot est un nouvel exemple de ces changements de sens dont nous avons parlé dans l'*Introduction* (p. XXII). — Avant de signifier procès, *chicane* avait le sens de dispute au jeu, en particulier au jeu de mail, et à l'origine le sens de *jeu de mail*; dans cette signification *chicane* représente un type *zicanum**, qui est le grec du moyen âge τζυκάνιον (jeu de mail); ce mot est, on le voit, d'origine byzantine. — D. *chicaner*.

1. **Chiche** (pois), du L. *cicer* (pois chiche), par le changement de *c* en *ch* (voy. *acharner*).

2. **Chiche**, adj. du L. *ciccum* (peu de chose, de peu de valeur). Sur le changement de *c* en *ch*, voy. *acharner*; sur celui de *cc* en *ch*, voy. *acheter*.

Chicoree, au seizième siècle *cichoree*, du L. *cichorium* (même sens)

Chien, du L. *canis* (chien) par le changement: 1° de *c* en *ch* (voy. *acharner*); 2° de *a* en *ie* (voy. p. LXXXIII) — D. *chienne*; *chenet* qui était dans notre ancienne langue *chiennet*, ainsi nommé parce que ces ustensiles avaient à leur extrémité une petite tête de chien; on nommait autrefois en Provence, un chenet *cafuec* (littéral. chien de feu, chien qui garde le feu): l'allemand dit de même *Feuerbock* (bouc du feu) pour chenet.

Chiffe, origine inconnue. — D *chiffon, chiffonnier*.

Chiffre, ancien français *cifre*, qui signifiait *zéro* à l'origine de notre langue, comme le bas latin *cifra* (cifra, *figura nihili*, dit le *Breviloquus*) est d'origine arabe, comme beaucoup de termes de mathematiques, et représente l'arabe *cifr* (zéro). — D. *chiffrer, déchiffrer*.

Chignon, le derrière du cou, les vertebres cervicales; *le chignon du cou* est une expression fréquente dans Buffon (par extension, les cheveux de derrière la tête, qu'on réunit dans un filet, appuyé sur le *chignon*). *Chignon*, au sens de vertèbres cervicales était dans notre ancienne langue *chaignon*, à l'origine *chaaignon*, et dérive du L. *catenionem** (chaînon vertébral). — *Ca(t)enionem* perdant suivant la règle (voy. *abbaye*) son *t* médial a donné *chaignon* par le changement: 1° de *c* en *ch* (voy. *acharner*); 2° de *ni* en *gn* (voy. *cigogne*).

Chimere, du L. *chimaera* (m. s.) — D. *chimérique*.

Chimie, du L. *chymia** — D. *chimique, chimiste*.

Chiner, tisser les étoffes à la manière des étoffes de la Chine. Mot d'origine historique (voy. p. LXIV).

† **Chiourme**, venu au seizième siècle de l'ital. *ciurma* (m. s.).

Chiquenaude, origine inconnue.

Chiragre, du grec χειράγρα (même sens).

Chiromancie, du grec χειρομαντεία (divination par l'inspection de la main).

Chirurgie, du grec χειρουργία (chirurgie, littéralement opération à l'aide de la main).

Chlore, du grec χλωρός (vert pâle). — D. *chlorique, chlorate, chlorose* (maladie qui donne à la peau un teint jaunâtre ou verdâtre); *chloroforme* (composé de chlore et d'acide formique, voy. *formique*).

8

† **Choc,** venu au seizième siècle de l'ital. *cioco*.

† **Chocolat,** au dix-septième siècle *chocolate*, venu au seizième siècle de l'espagnol *chocolate* (m. s.).

Chœur, du L. *chorus* (m. s.). Sur *o* devenu *œu*, voy. *accueillir*.

Choir, anciennement *chéoir*, à l'origine *chaer* et *cader*, — du L *cadere* (tomber), par le changement. 1° de *c* en *ch* (voy. *acharner*); 2° de *e* en *oi* (voy. *accroire*); 3° par la chute du *d* (voy. *accabler*), et par la synérèse de *e-oir* en *oir* (voy. p. xc). — De même que *ca*(d)*ere* donna *chéoir*, — *ca*(d)*utus** (sur les participes en *utus*, voy. *boire*) donna l'ancien français *ché-ut*, puis *chu* et le féminin *ca*(d)*uta*, devint *ché-ute*, puis *chute* qui est aujourd'hui substantif, par un changement étudié au mot *absoute* — D. *choir, échoir, déchoir; chute, rechute*

Choisir, avant de signifier *élire, trier,* ce mot avait le sens de *voir*, d'*apercevoir; de sa tour, le guetteur* choisit (découvre) *les ennemis,* disait-on au moyen âge; *choisir,* anciennement *coisir*, à l'origine *cosir*, en provençal *causir*, en italien *causire,* est un mot d'origine germanique, et dérive du gothique *Kausjan* (voir, examiner). — D. *choix* (subst. verbal).

Choléra (mot latin, dérivé du grec χωλέρα, choléra). — D. *cholérique*.

Chômer, qu'on trouve souvent écrit *chaumer* au seizième siècle, *chômer* est proprement se reposer; en provençal *chaume* signifie le temps de repos des troupeaux; ce mot, dérive ainsi que le mot français, du latin du moyen âge *cauma* (ardeur du soleil, puis moment de la journée où la chaleur est trop forte pour permettre au laboureur

de travailler). Quant au latin *cauma*, il représente le grec καῦμα (chaleur). — Sur le changement de *au* latin en *o* français, voy. *alouette;* sur celui de *c* en *ch*, voy. *acharner.* — D. *chômage*.

Chope, de l'allemand *schoppen* (chope). — D *chopine*.

Chopper, mot d'origine germanique, de l'allemand *schupfen* (heurter)

† **Choquer,** récent dans la langue, de l'allemand *schokken*.

Chose, en italien *cosa*, du L. *causa* (qui signifie proprement *cause*, mais qui n'a point tardé à prendre le sens de *res*, de chose, dans la latinité des derniers temps de l'Empire. Hyginus emploie *causa* pour *res*, Pline a dit *quam ob causam* pour *quam ob rem;* les Gloses de Reichenau, qui remontent au huitième siècle donnent « *rerum = causarum* » On lit dans la *Lex Longobard.*: « *Quia viri istam causam faciunt, non autem mulieres.* »

Causa a donné *chose,* par le changement: 1° de *c* en *ch* (voy. *acharner*); 2° de *au* en *o* (voy. *alouette*). Voy aussi p. xxvi.

Chou, anciennement *chol*, du L *caulis* (chou). *Caulis* a donné *chol* par le changement: 1° de *c* en *ch* (voy. *acharner*); 2° de *au* en *o* (voy. *alouette*); *chol* est devenu *chou* par l'adoucissement de *ol* en *ou* (voy. *agneau*).

Choucas, voy. *chat-huant*.

† **Choucroute,** corruption de l'allemand *sauerkraut*(même sens), mot venu par l'Alsace.

Chouette, voy. *chat-huant*

Choyer, origine inconnue.

Chrême, du L. ecclésiastique *chrisma* (grec χρῖσμα, onction). Sur *i* devenu *e*, voy. *admettre;* sur la chute de *s,* voy *abîme*

Chrestomathie, du grec χρηστομάθεια (recueil d'extraits intéressants).

Chrétien, du L. *christianus* (qui adore le Christ), par le changement: 1° de *ianus* en *ien* (voy. *ancien*); 2° de *i* en *e* (voy. *admettre*); 3° par la chute de *s* (voy. *abîme*).

Chrétienté, du L. *christianitatem* (chrétienté) qui s'est contracté suivant la règle (voy. *accointer*) en *christian'tatem*, et a donné *chrétienté* par le changement: 1° de *christian'* en *chrétien* (voy. ce mot); 2° de *atem* en *é* (voy. *abbé*).

Christianisme, du grec χριστιανισμος (religion du Christ).

Chrome, du grec χρῶμα (couleur).

Chromatique, du grec χρωματικός (coloré).

1 **Chronique**, du L. *chronica* (chronique). — D: *chroniqueur*.

2. **Chronique**, adj. du L. *chronicus* (qui suit l'ordre des temps, au fig qui dure longtemps).

Chronogramme, du grec χρόνος (temps), et γράφειν (écrire)

Chronologie, du grec χοονολογία (même sens). — D. *chronologique*.

Chronometre, du grec χρόνος (temps), et μέτρον (mesure).

Chrysalide, du L. *chrysalidem* (m. s.).

Chrysocale, mot forgé à l'aide des deux mots grecs καλός (beau), et χρυσος (or), aussi beau que l'or.

Chuchoter, onomatopée (voy. p. LXV). — D. *chuchotement*.

Chut, onomatopee (voy. p. LXV)

Chute, substantif participial (voy. *absoute*) du verbe *choir* (voy. ce mot).

Chyle, du grec χυλός (suc).

Ci, voy. *ici*.

Cible, anciennement *cibe*, de l'ancien haut allemand *sciba* (cible).

Ciboire, du L. *ciborium* (même sens).

Ciboule, du L. *caepulla* (même sens). Par le changement : 1° de *p* en *b* (voy. *abeille*); 2° de *u* en *ou* (voy. *accouder*); 3° de *ae* en *i* (voy. *cive*).

Cicatrice, du L. *cicatricem* (même sens). — D. *cicatriser*.

† **Cicerone**, venu de l'italien *cicerone* (même sens).

Cidre, ancien français *sidre*, du L. *sicera* (cidre, grec σίκερα) Sicera contracte suivant la règle en *sic'ra*, a donné *sis'ra* par le changement de *c* en *s* (voy. *amitié*); *sis'ra* a intercalé suivant la règle (voy. *ancêtre*) une dentale euphonique entre *s* et *r*, et a donné *sisdre*, comme *lazarus* a donné *ladre* (laz'rus), comme S *Lusor* a donné S. Ludre (Lus'r). *Sisdre* est devenu *sidre* (voy. *abîme*) puis *cidre* (voy *amitié*).

Ciel, du L. *cœlum* (ciel), déjà écrit *celum* par les Romains (voy. p. LXXXVI) Sur le changement de *e* en *ie*, voy. *arrière*

Cierge, chandelle de cire, du L. *cereus* (dérivé de *cera*, cire). Sur *eus* devenu *ge*, voy. *abréger*, et p. LXXXIX ; sur *e* devenu *ie*, voy. *arrière*

† **Cigale**, venu du provença *cicala* (cigale) qui est le L *cicadula* (diminutif de *cicada*, cigale).

† **Cigarre**, venu de l'espagnol *cigarro* (même sens). — D. *cigarette*.

Cigogne, du L. *ciconia* (cigogne). Sur le changement de *c* latin en *g*, voy *adjuger*. — Quant au changement de *ni* latin en *gn* devant une voyelle, il a lieu dans les mots suivants (cette liste comprend aussi les mots en *nè*; cette forme s'étant toujours transformée en *nï*; sur l'équivalence de *ĕ* et de *ĭ*, voy. *abréger*): oignon (unionem), engeigner (ingeniare), rossignol (lusciniola), rognon (renionem), Seigneur (seniorem), campagne (campania), baigner (balneare), chignon (catenionem), cognée (cuneata), ivrogne (ebrioneus), montagne (montanea), araigne (aranea), châtaigne (castanea), ligne (linea), teigne (tinea), vigne (vinea). Voy. aussi au mot *araignée*.

Ciguë, du L. *cicuta* (ciguë), par le changement : 1° de *c* en *g* (voy *adjuger*) ; 2° de *uta* en *ue* (voy *aigu*)

Cil, du L. *cilium* (cil). — D *ciller*, d'où l'ancien français *déciller* (qui est aujourd'hui *dessiller*, voy. p. XXIV)

Cime, ancien français *cyme*, du L *cyma* (qui a le sens de *cime* dans Isidore de Séville : *Cima est enim summitas arborum*) — D. *cimier* (ornement placé sur la cime du casque).

Ciment, du L. *caementum* (moellon), — *ae* latin est ici devenu *i*, comme dans *ciboule* (caepulla), *cive* (caepa), *civet* (caepatum*), *lie* (laeta), *pivoine* (paeonia). *Ae* (réduit à *e*) devient *ie* dans *siècle* (saeclum), *grièche* (graeca). Voy. p LXXXVI — D. *cimenter*.

† **Cimeterre**, anciennement *cimiterre*, venu de l'Orient par l'intermédiaire de l'italien *scimiterra* (même sens).

Cimetière, du L. *cœmeterium* (cimetière) par le changement : 1° de *œ* en *i* (voy. p. LXXXVI), et au mot *accomplir*; 2° de *e* en *ie* (voy *arrière*).

Cimier, voy. *cime*.

Cinnabre, du L. *cinnabaris* (cinnabre), sur la chute de l'a pénultième, voy. *asperge*.

Cinéraire, du L. *cinerarius* (même sens)

1. **Cingler**, fouetter, du L *cingulare* (fouetter à l'aide d'une courroie, d'un *cingulum*), par la chute régulière de *u* (voy. *accointer*).

2. **Cingler**, naviguer, ancien français *singler*, à l'origine *sigler*, mot d'origine germanique (ancien scandinave *sigla*, naviguer).

Cinname, du L. *cinnamum* (même sens).

Cinq, du L. *quinque* (cinq), qui est déjà *cinque* dans une inscription du troisième siècle. Sur *qu* devenu *c* voy. *car*. — D. *cinquième*.

Cinquante, du L. *quinquaginta* (même sens) par le changement de *qu* initial en *c* (voy. *cinq*), et par la chute du *g* médial (voy. *allier*. — D. *cinquantième*, *cinquantaine*.

Cintrer, du L *cincturare* (cintrer), par la chute régulière de *u* (voy. *accointer*) et le changement de *ct* en *t* (voy *affolé*). — D. *cintre* (substantif verbal), *décintrer*.

Cippe, du L. *cippus* (m. s).

Circoncire, du L. *circumcidere* (m. s.). Sur le changement de la finale *cidere*, en *cire*, voy. *occire*. — D *circoncision*.

Circonférence, du L. *circumferentia* (m. s.).

Circonflexe, du L. *circumflexus* (m. s.).

Circonlocution, du L. *circumlocutionem* (m. s).

Circonscrire, du L *circumscribere* (m. s.). — D. *circonscription*.

Circonspect, du L. *circumspectus* (m. s.). — D. *circonspection*.

Circonstance, du L. *circum-*

stantia (m. s.). — D. *circonstancier, circonstanciel.*

Circonvallation, du L. *circumvallationem,* dérivé de *circumvallare* (fortifier autour).

Circonvenir, du L. *circumvenire* (m. s.).

Circonvoisin, composé de *voisin* et du préfixe *circon* (autour, L. *circum*).

Circonvolution, du L. *circumvolutionem**, dérivé de *circumvolvere,* rouler autour.

Circuit, du L. *circuitus* (m. s.).

Circulaire, du L *circularis.*

Circuler, du L. *circulari* (m. s.). — D. *-ation.*

Cire, du L. *cera* (cire). Sur *e* devenu *i,* voy. *accomplir.* — D. *cirer, -age, cirier.*

Ciron, etymologie inconnue.

Cirque, du L. *circus* (m. s.).

Cirre, du L. *cirrus* (boucle de cheveux).

Cisailles, voy *ciseau.* — D. *cisailler.*

Ciseau, origine inconnue. — D *cisailles, ciseler* (de l'ancienne forme *cisel* pour *ciseau,* voy. *agneau*).

Ciseler, voy. *ciseau.* — D. *ciseleur, -ure*

† **Citadelle,** de l'italien *cittadella* (citadelle).

† **Citadin,** de l'italien *cittadino* (qui habite la ville).

Cité, du L. *citatem* qui est pour *civitatem* (cité), dans plusieurs inscriptions antérieures au troisième siècle. Pour la chute de l'*i* latin *civ*(i)*tatem,* voy *accointer;* pour la réduction 1° de *v't* à *t,* voy. *alléger;* 2° de *atem* à *é,* voy. *abbé.*

Citer, du L. *citare* (même sens). — D. *citation.*

Citérieur, du L *citerior* (même sens).

Citerne, du L. *cisterna* (citerne) Sur la chute de *s,* voy. *abîme.* — D. *citerneau.*

Cithare, du L. *cithara* (même sens).

Citoyen, en provençal *ciptadan,* du L. *civitadanus** (dérivé de *civitatem,* cité). Pour le changement de la première partie du mot (*civita* en *cit,* voy. au mot *cité* : pour la chute du *d* médial, voy. *accabler;* pour le suffixe *yen,* voy. *ancien.*

Citrin, du L. *citrinus* (même sens).

Citron, du L. *citrum* (citron), par un diminutif *citronem**.

Citrouille, diminutif de l'ancien français *citre* (courge): *citre* est le L *citrum* (citron ; la couleur jaune de la *citre* l'ayant fait assimiler à un citron).

Cive, du L. *caepa* (cive). Sur le changement de *ae* en *i* par l'intermédiaire de *e,* voy. p. LXXXVI, et au mot *ciment.* — Sur *p* devenu *v,* voy. *arriver.* — D. *civet,* que l'on écrivait anciennement *civé,* est proprement un ragoût aux *cives ; civette.*

† **Civette,** ou chat musqué, mot d'origine Orientale (arabe *zébed*) et qui est venu dans notre langue par l'intermédiaire du grec du moyen âge ζαπετιον (civette).

Civière, origine inconnue

Civil, du L. *civilis* (m. s.) — D. *civilité, civiliser, -ation.*

Civique, du L. *civicus* (m. s.). — D. *civisme.*

Clabaud, qui glapit, mot d'origine germanique (Néerland. *Klappen,* même sens). — D. *clabauder, -age.*

Claie, ancien français *cloie* en provençal *cleda,* du L. *clida** (claie, dans la *Lex Bajuwariorum,* titre LXXVII : *Si eum interfecerit, coram testibus in quadrivio in clida eum levare debet.* Ce latin *clida* dérive des idiomes celtiques (kymri *clwyd*, claie. — Le latin *clida*, a donné l'ancien français *cloie* par la chute du *d* medial (voy. *alouette*) et le changement de *i* en *oi* (voy. *boire*); *oi* est à son tour devenu *ai* (voy. *accroire*), d'où la forme moderne — D. *clayon*; *cloyère* de la forme ancienne *cloye*).

Clair, du L. *clarus* (clair); sur *a* devenu *ai*. voy. *aigle*. — D. *clairet*, *clairière*, *clairon* (trompette au son clair); *clarine*, *clarinette*, *éclairer*, *éclaircir*, *clairvoyant*.

Clairière, voy. *clair*.
Clairon, voy. *clair*.
Clairvoyant, voy. *clair*. — D. *clairvoyance*.

Clameur, du L. *clamorem* (cri). Sur *o* devenu *eu*, voy *accueillir*.

Clandestin, du L. *clandestinus* (même sens)

† **Clapet**, de l'allemand *klappe* (soupape).

Clapier, voy. *clapir*.

Clapir (se), se cacher en parlant des lapins, du L. *clepere* (se *clepere*, se cacher), par le changement, 1° de *e* latin accentué en *i* (voy. *accomplir*); 2° de *e* atone en *a* (voy. *amender*). — D. *clapier*.

Clapoter, diminutif de *clapper* (même sens), onomatopée.

Claque, onomatopée. — D. *claquer*, *claqueur*.

Claquemurer, mot d'origine inconnue.

Clarifier, du L. *clarificare* (rendre clair (voy.*clair*).—D. *clarification*.

Clarinette, diminutif de *clarine*, voy. *clair*.

Clarté, du L. *claritatem* (clarté), par la chute régulière de *i* (voy. *accointer*), et par le changement de *atem* en *é* (voy. *abbé*)

Classe, du L. *classis* (même sens). — D. *classer, classement, déclasser, classique, classification*.

Clause, ce que l'on arrête, ce que l'on conclut, du L *clausa* (participe de *claudere*, clore, arrêter).

Claustral, du L. *claustralis* (même sens).

1. **Claveau**, du L. *clavellus* (diminutif de *clavis*, clef de voûte). Sur *ellus* devenu *eau*, voy. *agneau*, ancien français *clavel*, terme d'architecture.

2. **Claveau**, anciennement *clavel*, maladie des bêtes à laine, du L. *clavellus* (même sens; les boutons du claveau étaient assimilés à des clous). — D. *clavelée* (de l'ancienne forme *clavelé*).

† **Clavecin**, de l'italien *clavicembalo* (même sens).

Clavicule, du L. *clavicula* (même sens).

Clavier, du L. *claviarius* * (porte-clefs, dérivé de *clavis*, clef). Ce mot qui signifie *porte clefs* dans notre ancienne langue, a été appliqué à l'assemblage des touches, des clefs.

Clef, du L. *clavis* (clef), par le changement, 1° de *a* en *e* (voy. *acheter*); 2° de *v* en *f* (voy. *bœuf*).

Clématite, du L. *clematidem* (pervenche).

Clément, du L. *clementem* (même sens). — D. *clémence*, du L. *clementia*.

Clepsydre, du L. *clepsydra* (même sens).

Clerc, du L *clericus* (grec κληρικός, qui appartient au clergé. opposé à *laïque*). Le sens primitif du mot s'est élargi; *clerc* a pris le sens d'homme *docte*, puis d'homme de plume, puis de greffier, enfin de commis (*clerc* d'avoué. etc....). — Sur la chute de *i* dans *clericus*, voy. p. LXXXI, et au mot *affable*.

Clergé, du L. *clericatus* (le corps des clercs, dérivé de *clericus*), par la chute régulière de l'*i* atone (voy. *accointer*), et par le changement de *c* en *g* (voy. *adjuger*) et de *atus* en *é* (voy. *ampoulé*).

Clérical, du L. *clericalis* (même sens).

Clicher, anciennement *cliquer*, forme qui montre que *clicher* est une variante de *cliquer* (voy. ce mot), de même en allemand *ab-klatschen* (clicher) dérive de *klatschen* (claquer). — D. *cliché, clichage*.

Client, du L. *clientem* (même sens). — D. *clientèle*.

Cligner, du L. *clinare* (même sens). *N* latin est devenu *gn*, et a subi la même transformation que *nn* dans *grogner* (*grunnire*), pignon (*pinnonem**).

Climat, du L. *climatem* (climat). — D. *climatérique*.

Clin, substantif verbal de *cligner* (voy. ce mot).

Clinique, du L. *clinice* (leçon qui se fait près du lit des malades).

Clinquant, abréviation de l'ancienne expression *or clinquant*; *clinquer* qui correspond au néerlandais *klinken* (résonner), veut dire proprement faire du bruit; la même métaphore se retrouve dans la langue allemande qui appelle le clinquant *rauschgold* (littéral. l'or bruyant).

Cliqueter, fréquentatif du vieux français *cliquer* (faire du bruit) qui est une onomatopée. — D. *cliquetis*.

† **Cliver**, de l'anglais *to cleave* (fendre). — D. *clivage*.

Cloaque, du L. *cloaca* (égout).

Cloche, du L. mérovingien *clocca* (cloche, dont l'origine est inconnue). — Sur le changement de *c* en *ch*, voy. *acharner*. — D. *clocher, clochette, clocheton*.

Clocher (boiter), en provençal *clopchar*. — Le grec χωλοίπους (boiteux) donna naissance, dans les premiers siècles qui suivirent la chute de l'Empire, à une forme latine *cloppus* (boiteux); on trouve déjà *cloppus* dans les Gloses de Philoxène (« *cloppus* = χωλός »), et la *Lex Alamannorum*, donne *cloppus* pour *claudus* · « ut *cloppus* permaneat. » Cet adjectif *cloppus* fournit à notre langue deux mots importants :

1° *Cloppus* donna l'ancien adjectif français *clop* (boiteux), d'où le verbe *cloper*, qui a disparu de la langue moderne, mais qui a laissé son participe présent dans l'expression *clopin-clopant* (dont le premier terme est le substantif verbal de *clopiner*, autre dérivé de *cloper*); *éclopé* est aussi un composé de *cloper*.

2° *Cloppus*, par un dérivé *cloppicus*, donna le verbe *cloppicare* (clocher), qui perdant, suivant la règle (voy *accointer*), son *i*, se contracta en *clop'care* et donna d'une part le provençal *clopchar*, de l'autre le français *clocher* par le changement de *c* latin en *ch* (voy. *acharner*).

Cloison, du L. *closionem* (même sens), par la transposition de l'*i* (voy. *chanoine*).

Cloître, anciennement *cloistre*, du L. *claustrum* (cloître); sur le changement de *au* en *oi* par l'intermédiaire de *o*, voy. *aboyer*; sur la chute de *s*, voy. *abîme*. — D *cloîtrer*

Clopin-clopant, voy. *clocher*

Cloporte, qu'au dix-septième siècle on écrivait encore *clausporte*, altération de *clausporc* qui serait la véritable forme, — ce mot venant du L *clausus porcus* (littéralement *porc enfermé*, en-

clos). Pourquoi cette dénomination appliquée au cloporte? Il serait difficile de le dire; cependant elle est générale; le cloporte se trouve presque partout désigné par le nom du cochon. les Latins nommaient le cloporte tantôt *asellus* (petit âne), tantôt *porcellio* (petit porc); les Grecs l'appelaient ὀνίσκος (petit âne); les Italiens disent *porcellini* (proprement: petits cochons); il en est de même dans toutes nos provinces; le cloporte s'appelle en Champagne *cochon de saint Antoine;* en Dauphiné *kaion* (cochon); en Anjou *tree* (truie). — Tous ces rapprochements ne nous expliquent point la cause de l'appellation; mais ils en démontrent l'existence.

Clore, du L. *claudere* (fermer), par la chute régulière (voy. p. LXXXI), de l'ĕ penultième *claud're*, et par le changement de *au* latin en *o* (voy. *alouette*), de *dr* latin en *r* (voy. *arrière*). — D. *éclore*, *enclore*, *enclos*, *déclore*; *clos*, *closerie*, *closier*.

Clôture, anciennement *closture*, du L. *clausitura** (de *clausus*, fermé), par la chute régulière de l'*i* (voy. *accointer*), le changement de *au* en *o* (voy. *alouette*) et la chute de *s* (voy. *abîme*).

Clou, ancien français *clo*, du L. *clavus* (clou), par le changement de *au* latin (*clauus*) en *o*, puis en *ou* (voy. *alouette*). — D. *clouer*, *cloutier*, *enclouer*, *déclouer*.

Cloyère, voy. *claie*.

† **Club**, de l'anglais *club* (réunion). — D. *clubiste*.

Clystère, du L. *clyster* (même sens).

Coactif, du L. *coactivus* (qui contraint).

Coaguler, du L. *coagulare* (même sens).

Coaliser, mot mal formé de *coalescere* (s'unir à). — D. *coalition*.

Coasser, au seizième siècle *coaxer*, du L. *coaxare* (coasser). — D. *coassement*.

† **Cobalt**, venu de l'allemand *cobalt* (même sens).

Cocagne, anciennement *coquaigne*, dans la mythologie du moyen âge, nom d'un pays imaginaire dont les maisons sont faites de gâteaux, de *coques* (comme l'on disait alors, gâteau que l'on appelle aujourd'hui *couque*).

Cocarde, anciennement *coquarde* (crête de coq), puis insigne à l'origine de couleur rouge, comme la crête du *coq* (voy. ce mot)

Cocasse, origine inconnue.

1. **Coche**, bateau, du L. *concha** (qui, du sens originaire de coquille, de petit vase, est venu à celui de petit bateau). Sur la réduction de *nc* à *c*, voy. *coque*. Le mot *coche* (bateau) a été appliqué de bonne heure à certaines voitures publiques par une assimilation si fréquente du transport par terre au transport par eau; on sait qu'avant 1855 plusieurs omnibus de Paris s'appelaient les uns *gondoles*, les autres *galères*, empruntant ainsi leur nom aux termes de la navigation.

2 **Coche**, voiture, voy. *coche* 1. — D. *cocher*, porte *cochère*.

3 **Coche**, entaille, mot d'origine inconnue. — D. *décocher* une flèche, la faire sortir de la *coche* de l'arbalète.

4. **Coche**, truie, origine inconnue. — D. *cochon*

† **Cochenille**, venu au seizième siècle de l'espagnol *cochinilla* (même sens).

Cocher, voy. *coche* 2.

Cochet, voy. *coq*.

Cochevis, origine inconnue.
Cochon, voy. *coche* 4.
† **Coco,** mot venu du portugais *coquo* (même sens). — D. *cocotier.*
Cocon, voy. *coque.*
Coction, du L. *coctionem* (cuisson).
Code, du L. *codex* (code). — D. *codifier.*
Codicille, du L. *codicillus* (même sens).
Coefficient, de *co* (qui est le latin *cum*, avec), et de *efficient*, du L. *efficientem* (qui fait).
Coemption, du L. *coemptionem* (même sens).
Coercition, du L. *coercitionem* (même sens). — D. *coercitif.*
Cœur, du L. *cor* (cœur). Sur *o* devenu *œu,* voy. *accueillir.* — D. *écœurer.*
Coffre, du L. *cophinus* (panier, qui a déjà le sens de *coffre* dans le Capitulaire *de Villis*, art. 62 : *cofinis id est scriniis.* — Conformément à la loi de l'accent latin (voy. p. LXXXI), *cóph(i)nus* fut d'abord contracté en *coph'nus*. Dans ce mot *ph* devient *f,* suivant une règle générale en français (les Romains prononçaient différemment le *ph* et l'*f* : « *Non tam fixis labris,* nous dit Priscien, *est pronuntianda f, quomodo ph,* » mais cette nuance ne tarda point à devenir insaisissable, et elle a tout à fait disparu de nos langues modernes). *Ph* devient *f* dans : *faisan* (phasianus), *fantôme* (phantasma), *flemme* (phlegma), *olifant* (elephantum), *greffe* (graphium), *soufre* (sulphur), *griffon* (griphonus*).
Cof'nus devient *coffre* par le changement de *n* en *r*; cette permutation de la nasale en liquide se retrouve dans : *ordre* (ord'nem), *timbre* (tymp'num), *pampre* (pamp'nus), *diacre* (diac'nem). — D. *coffret, coffrer; encoffrer.*
Cognée, ancien français *coignée,* du L. *cuneata** (coin pour fendre le bois). *Ea* se changeant régulièrement en *ia* (voy. *abréger, agencer*), *cuniata* a donné *coignée* par le changement : 1° de *ni* en *gn* (voy. *cigogne*); 2° de *u* en *oi* (voy. *angoisse*); 3° de *ata* en *ée* (voy *ampoulé*).
Cogner, anciennement *coigner,* du L. *cuneare* (même sens). Pour le changement de *cuneare* en *coigner* voy. au mot *cognée.*
Cohabiter, du L. *cohabitare* (habiter ensemble). — D *cohabitation.*
Cohérent, du L. *cohaerentem* (qui tient ensemble).
Cohésion, du L. *cohaesionem* (même sens).
Cohorte, du L. *cohortem* (cohorte).
Cohue, substantif verbal de *cohuer* (crier, huer ensemble). Pour l'étymologie, voy. *huer.*
Coi, féminin *coite,* du L. *quietus* (tranquille), par la chute du *t* (voy. *aigu*) et par le changement de *i* en *oi* (voy. *boire*), de *qu* en *c* (voy. *car*).
Coiffe, du L. *cofea* (coiffe, dans Fortunat). — *Ea* devenant régulièrement *ia* (voy. *abréger, agencer*), *cofia* a donné *coiffe* par l'attraction de l'*i* qui a changé *o* en *oi* (voy. *chanoine*). — D. *coiffer, coiffeur, coiffure; décoiffer.*
Coin, vieux français *coing,* du L. *cuneus* (coin), par le changement : 1° de *eus* en *ius* (voy. *abréger, agencer*), *cuneus* devient *cunius*; 2° de *ni* en *gn* (voy. *cigogne*); 3° de *u* en *oi* (voy. *angoisse*). — D. *recoin.*
Coïncider, du L. *co-incidere* (se superposer exactement). — D. *coïncidence.*

Coing, ancien français *cooing*, en provençal *codoing*, en italien *cotogna*, du L. *cotoneus* (de coing). — *Eus* devenant régulièrement *ius* (voy. *abréger, agencer*), *cotonius* a donné le vieux français *cooing* : 1° par la chute du *t* medial *co(t)onius*; 2° par le changement de *ni* en *ng*; 3° par le changement de *o* en *oi* (voy. *chanoine*). — D. *cognasse: cognassier*.

† **Coke,** de l'anglais *coke* (charbon).

Col, dont le mot *cou* est l'adoucissement (voy. *agneau*), du L. *collum* (cou). — D. *collier, collerette, collet; décoller; encolure; accoler*.

† **Colback,** du turc *kolbāk* (bonnet de fourrure), adopté pour certains régiments de cavalerie au retour de la campagne d'Égypte.

Coléoptère, du grec χολεόπτερος (qui a des ailes en forme d'étui).

Colère, du L. *cholera* (bile, colère). — D. *colérique*.

† **Colibri,** mot venu des colonies américaines.

Colifichet, origine inconnue.

Colimaçon, voy. *limaçon*.

Colique, du L. *colica* (même sens).

† **Colis,** qu'on écrit plus correctement *coli*, venu de l'italien *colli* (charges, paquets).

Collaborer, du L. *collaborare* (même sens). — D. *collaborateur, collaboration*.

Collatéral, du L. *collateralis** (qui marche à côté).

Collateur, du L. *collator* (qui confère).

Collation, du L. *collatio* (action de conférer). Quant au sens de repas léger, il vient de ce que dans les couvents les moines faisaient chaque jour une *collation*, une conférence sur l'Écriture sainte, conférence qui était suivie d'un repas léger auquel on donna le nom de *collatio*. — D. *collationner*.

Colle, du grec χόλλα (même sens). — D. *coller, décoller, encoller*.

Collecte, du L. *collecta** (participe du verbe *colligere*, proprement ce qu'on recueille). — D. *collecteur*.

Collectif, du L. *collectivus* (même sens).

Collection, du L. *collectionem* (même sens). — D. *collectionner*.

Collège, du L. *collegium* (même sens). — D. *collégial, collégien*.

Collègue, du L. *collega* (même sens).

Coller, voy. *colle*.

Collerette, voy. *collier*.

Collet, voy. *col*. — D. *colleter, se décolleter*.

Collier, voy. *cou*. — D. *collerette*, diminutif de l'ancienne forme *coller* pour *collier*

Colline, du L *collina* (colline, dans les arpenteurs romains; Columelle donne la forme *collinum*).

Collision, du L. *collisionem* (choc).

Collocation, du L. *collocationem* (placement)

Colloque, du L. *colloquium* (entretien).

Colloquer, du L. *collocare* (placer).

Collusion, du L. *collusionem* (même sens).

Collyre, du L. *collyrium* (même sens).

Colombe, du L. *columba* (même sens). — D *colombier, colombin*.

Colon, du L. *colonus* (qui cultive une terre). — D. *colonie, colonial, coloniser*

† **Colonel,** venu au seizième siècle de l'italien *colonello* (même sens).

Colonne, du L. *columna* (colonne), par le changement : 1° de *u* en *o* (voy. *annoncer*); 2° de *mn* en *nn*, comme dans Garonne (de Garumna). Cette assimilation existait déjà dans la langue latine qui disait *connecto* pour *cumnecto*, etc.... — D. *colonnade, colonnette*.

Colophane, au seizième siècle *colophone*, du L. *colophonia* (résine de Colophon).

Coloquinte, du L. *colocynthis* (courge amère).

Colorer, du L. *colorare* (même sens). — D. *coloration*.

† **Coloris**, venu au seizième siècle de l'italien *colorito* (même sens). — D. *colorier, coloriste*.

Colosse, du L. *colossus* (même sens). — D. *colossal*.

Colporter, de *col* et *porter* (voy. ces mots), le colporteur, étant proprement un marchand ambulant qui porte ses marchandises sur son dos. — D. *colporteur, colportage*.

Colure, du grec χόλουρος (γραμμή, proprement : ligne colure).

† **Colza**, du flamand *koolsaed* (colza).

Combattre, de *battre* (voy. ce mot), et de *cum* (avec). — D. *combat* (subst. verbal).

Combien, du vieux français *com* (à quel point), ancienne forme de *comme* (voy. ce mot), et de l'adverbe *bien*. Voy. ma *Grammaire Historique de la langue française*, p. 238.

Combiner, du L. *combinare* (même sens). — D. *combinaison*.

Comble, du L. *cumulus* (qui a le sens de *faîte*, de *comble*, dans plusieurs textes du moyen âge); *cum(ü)lus* contracté suivant la règle (voy. p. LXXXI) en *cum'lus* a donné *comble* par le changement :

1° de *u* en *o* (voy. *annoncer*); 2° de *ml* en *mbl* (voy. *absoudre*).

Combler, du L. *cumulare* (combler), contracté régulièrement (voy. *accointer*) en *cum'lare*, d'où *combler* par le changement : 1° de *u* en *o* (voy. *annoncer*); 2° de *ml* en *mbl* (voy. *combler*).

Combustion, du L. *combustionem* (même sens).

Comédie, du L. *comœdia* (même sens). — D. *comédien*.

† **Comestible**, venu au seizième siècle de l'italien *comestibile* (même sens).

Comete, du L. *cometes* (même sens).

Comice, du L. *comitium* (assemblée).

Comique, du L. *comicus* (même sens).

† **Comité**, venu, pendant la Régence, de l'anglais *committee* (même sens).

Commander, du L. *commendare* (ordonner, dans les derniers siècles de la latinité). — D. *commande* (substantif verbal), *commandement ; commandant, commendeur, commenderie; commandite; recommander*.

Commandite, voy. *commander*. — D. *commanditer, commanditaire*.

Comme, du L. *quomodo* (de quelle façon). Sur la chute des deux dernières syllabes, voy. p. LXXXI). (Sur *qu* devenu *c*, voy. *car*. — D. *comment*, composé de *comme* et de *ent* qui est le latin *inde* (sur *i* devenu *e*, voy. p. LXXXV ; sur *d* devenu *t*, voy. p. XCVIII); cette forme *ent* se retrouve aussi dans le mot *souv-ent* (sub inde).

Commemoration, du L. *commemorationem* (même sens). — D. *commemoratif*.

Commencer, en italien *cominciare*, du L. *cuminitiare* (même sens, composé de *cum* et de *initiare*, commencer) *Cumin(i)tiáre* perdant son *i* bref suivant la règle (voy. *accointer*), *cumin'tiare* a donné *commencer* par le changement : 1° de *tiare* en *cer* (voy. *agencer*); 2° de *in* en *en* (voy. p. LXXXV); 3° de *u* en *o* (voy. *annoncer*. — D. *commencement*.

Commensal, du L. *commensalis** (qui vit à la même table, *mensa*).

Commensurable, de *cum* et de *mensurabilis* (mesurable).

Comment, voy. *comme*.

Commentaire, du L. *commentarius* (même sens).

Commenter, du L. *commentari* (même sens). — D. *commentateur*.

Commerce, du L. *commercium* (trafic). — D. *commerçant, commercer, commercial*.

Commère. L'Église catholique donne aux enfants, par le baptême, un père et une mère *spirituels* chargés de remplacer le père et la mère *naturels* lorsque ceux-ci meurent; le *parrain* et la *marraine* de l'enfant, étant considérés par l'Église comme son second père et sa seconde mère, ou, comme nous dirions aujourd'hui, son *co-père* ou sa *co-mère*, le latin ecclésiastique exprimait cette double idée par les mots *com-pater, com-mater*, d'où *compère* et *commère*, qui, à l'origine de la langue, signifiaient seulement celui et celle qui ont tenu un enfant sur les fonts baptismaux. — Sur le changement de *commater* en *commère*, voy. *mère*. — D. *commérage*.

Commettre, du L. *committere* (confier). Sur *mittere* devenu *mettre*, voy. *admettre*. — D. *commis, commissaire, commission*.

Comminatoire, du L. *comminatorius** (de *comminationem*, menace, *comminari*, menacer).

Commis, voy. *commettre*.

Commisération, du L. *commiserationem* (même sens).

Commissaire, voy. *commettre*. — D. *commissariat*.

Commission, voy *commettre*. — D. *commissionner, commissionnaire*.

Commode, du L. *commodus* (même sens). — D. *commode* (meuble ainsi nommé à cause de sa *commodité*).

Commotion, du L. *commotionem* (ébranlement, *commouvoir*).

Commuer, du L. *commutare* (commuer). Sur la chute du *t*, voy. *abbaye*. — D. *commuable*.

Commun, du L. *communis* (même sens). — D. *commune, communal, communisme, communiste*.

Communauté, du L. *communalitatem* (même sens), par la chute régulière de l'*i* latin (voy. *accointer*), et la réduction de *communal'tatem* en *communauté* par le changement : 1° de *al* en *au* (voy. *agneau*); 2° de *atem* en *é* (voy. *abbé*).

Communier, du L. *communicare* (qui, dans la langue de l'Église, signifie participer au sacrement de l'Eucharistie). Sur la chute du *c* médial, voy. *affouage*.

Communion, du L. *communionem* (même sens).

Communiquer, du L. *communicare* (même sens). — D. *communication, communicatif*.

Commutation, du L. *commutationem* (même sens).

Compacte, du L. *compactus* (presse).

Compagne, féminin de l'ancien français *compaing* (compagnon); le latin *cum-panis** (qui mange le même pain), donna, aux temps mérovingiens, un substantif *compánio** qui a donné le vieux français *compaing* (par le changement de *a* en *ai*, voy. *aigle*), tandis que l'accusatif *companionem* donnait la forme *compagnon* (par le changement régulier de *ni* en *gn.*, voy. *cigogne*). — De ces deux cas, sujet et régime, c'est le dernier seul qui a persisté (voy. *Grammaire Historique de la langue française*, p. 154) ; — *compaing* a disparu (tout en laissant son éminin *compagne* et le dérivé *compagnie*), et *compagnon* a pris sa place. Le plus ancien exemple que l'on connaisse de ce mot, se trouve dans les Gloses germano-latines de la Bibliothèque du Vatican, Gloses contemporaines de Louis le Débonnaire, dans cette phrase déjà toute romane : « *ubi (h)abuisti mansionem (h)ac nocte, compagn ?* » — D. *compagnie, compagnon, accompagner.*

Compagnie, voy. *compagne.*
Compagnon, voy. *compagne.*
— D. *compagnonnage.*

Comparaître, du L. *comparescere* (même sens). Sur le changement de *parescere* en *paraître*, voy. *apparaître.*

Comparer, du L. *comparare* (même sens). — D. *comparaison, comparable, comparatif.*

Comparoir, du L. *comparere* (même sens). Sur *e* devenu *oi*, voy. *accroire.*

‡ **Comparse**, venu de l'italien *comparsa* (figurant).

Compartiment, division, substantif tiré de l'ancien verbe français *compartir* (diviser), qui est le L. *compartiri* (distribuer).— *Compartiment* dérive de *compartir* comme *sentiment* de *sentir.*

Comparution, corruption du L. *comparitionem* (même sens).

Compas, proprement, mesure, distance égale ; dans notre ancienne langue, *compas* signifiait *pas égal, pas régulier*, du L. *compassus* (voy. *pas*). — D. *compasser*, mesurer au compas, d'où le sens figuré de s'étudier, de s'observer.

Compassion, du L. *compassionem* (souffrance partagée).

Compatir, du L. *compatiri* (souffrir avec). — D. *compatible, incompatible* (compatibilis*, incompatibilis*).

Compatriote, qui a la même patrie, du L. *compatriota* (même sens).

Compendium, mot latin signifiant *abrégé.*

Compenser, du L. *compensare* (même sens). — D. *compensation, récompenser.*

Compère, voy. *commère.*

Competer, du L. *competere* (être de la compétence de). — D. *compétent, compétence, incompétent, incompétence.*

Compétiteur, du L. *competitor* (même sens). — D. *compétition.*

Compiler, du L. *compilare* (même sens). — D. *compilation.*

Complainte, substantif participial de l'ancien verbe *complaindre* (voy. *plaindre*).

Complaire, du L. *complacere* (même sens). Voy. *plaire*. — D. *complaisant, complaisance.*

Complément, du L. *complementum* (même sens). — D. *complémentaire.*

Complet, du L. *completus* (même sens). — D. *compléter.*

Complexe, du L. *complexus* (qui embrasse, qui réunit).

Complexion, du L. *complexionem* (constitution).

Complice, du L. *complicem* (lié, mêlé à une affaire). — D. *complicité.*

Complies, qui est dans le latin ecclésiastique *completæ*; sur le ch ement de *e* en *i*, voy. *accom-*

9

plir; sur la chute du *t*, voy. *aigu*. — Dans la langue liturgique, on appelle cette partie de l'office *horæ completæ*, parce qu'elles achèvent le service divin (qui comprend *Prime, tierce, sexte, none* et *complies*, — ou, comme disent les liturgistes, *prima, tertia, sexta, nona. completorium*).

† **Compliment**, venu au seizième siècle de l'italien *complimento* (même sens). — D. *complimenter*.

Compliquer, du L. *complicare* (même sens) — D. *complication*.

Complot, origine inconnue. — D. *comploter*.

Componction, du L *compunctionem* (douleur poignante d'avoir offensé la divinité).

Comporter, du L. *comportare* (même sens).

Composer, du L. *compausare*, composé de *cum* et de *pausare* (placer). Sur *au* devenu *o*, voy. *alouette*. — D. *recomposer, décomposer, compositeur, composition* (L. *compositorem, compositionem*).

Composite, du L. *compositus* (même sens)

Composteur, du L. *compositorem* (qui compose), par la chute régulière de *i* atone (voy. *accointer*), et par le changement de *o* en *eu* (voy. *accueillir*).

Compote, ancien français *composte*, en italien *composta*, du L. *composita* (composition de sucre, de cannelle, etc.).

Comprendre, du L. *comprendere* (même sens) Sur la chute de l'*e* pénultième, voy. *apprendre*. — D. *comprehension* (directement du L *comprehensionem*, m. sens).

Compresse, substantif verbal de l'ancien verbe français *compresser* (voy. *presser*).

Comprimer, du L. *comprimere* (même sens).

Compromettre, du L. *compromittere* (même sens). Sur *mittere* devenu *mettre*, voy. *admettre*. — D. *compromis*.

Comptable, voy. *compter*. — D. *comptabilité*.

Compter, du L. *computare* (calculer), par la chute régulière de *ü* (voy. *accointer*). — D *compte* (substantif verbal), *comptable, comptoir, à-compte, décompter, mécompte* (substantif verbal de *mécompter*).

Compulser, du L *compulsare* (pousser, puis réunir, rassembler).

Comput, du L. *computum* (calcul) — D. *computer*.

Comte, du L. *comitem*, par la chute régulière de l'*i* (voy. p. LXXXI). — D. *comtesse, comté, vicomte*.

Concasser, du L. *conquassare* (même sens); voy. *casser*.

Concave, du L. *concavus* (même sens).

Conceder, du L. *concedere* (même sens)

Concentrer, de *con* (*cum*, avec) et de *centre*. D. *concentration, concentrique*.

Concept, du L. *conceptus* (ce que l'on conçoit).

Conception, du L. *conceptionem* (même sens).

Concerner, du L. *concernere* (mêler ensemble).

† **Concert**, venu au seizième siècle de l'italien *concerto* (même sens).

† **Concerter**, venu au seizième siècle de l'italien *concertare* (même sens). — D. *déconcerter*.

Concession, du L. *concessionem* (même sens). D. *concessionnaire*.

† **Concetti**, mot italien, signifiant *pensée brillante et fausse*.

Concevoir, du L. *concipere* (concevoir). Voy. *accourir* et ma *Grammaire historique de la langue* *française*, p. 199, pour le déplacement de l'accent latin. Sur le changement 1° de *i* en *e*, voy. *mettre*; 2° de *p* en *v*, voy. *arriver*; de *e* en *oi*, voy. *accroire*. — D. *inconcevable*

Conchyliologie, science, étude (λόγος) des coquilles (κογχύλια).

Concierge, origine inconnue.

Concile, du L. *concilium* (assemblée).

Conciliabule, du L. *conciliabulum* (même sens).

Concilier, du L. *conciliare* (unir). — D. *conciliation, réconciliation*.

Concis, du L. *concisus* (concis). — D. *concision*.

Concitoyen, de *con* (*cum*, avec), et *citoyen* (voy. ce mot)

† **Conclave**, de l'italien *conclave* (même sens).

Conclure, du L. *concludere* (conclure), qui perdant son *ĕ* pénultième suivant la règle (voy. p. LXXXI) et se contractant en *conclud're* a changé *dr* en *r* (voy. *arrière*).

Conclusion, du L. *conclusionem* (même sens).

Concombre, du L. *cucumerem* (concombre). Suivant la loi de l'accent latin (voy. p. LXXXI), *cucum(ĕ)rem*, contracté en *cucum'rem*, a subi trois changements : 1° l'intercalation d'un *n*, *cuncum'rem*, comme dans : lanterne (laterna), rendre (redd're), convoiter (cupitare*), jongleur (joculator), langouste (locusta), peintre (pictor), flanc (flaccus), peinture (pictura), malingre (malæger). Cette intercalation avait souvent lieu en latin, où l'on trouve déjà *pinctor*, *lanterna*, *rendere*, pour *pictor*, *laterna*, *reddere*. 2° *Cuncum'rem* est devenu *concombre* par le changement de *m'r* en *mbr* (voy. *absoudre*), et par celui de *u* en *o* (voy. *annoncer*).

Concorde, du L. *concordia* (même sens). — D. *concorder, concordance, concordat*.

Concourir, du L. *concurrere* (même sens). Voy. *courir*.

Concours, du L. *concursus* (voy. *cours*).

Concret, du L. *concretus* (qui a une consistance solide).

Concretion, du L. *concretionem* (même sens).

Concubine, du L. *concubina* (même sens). — D. *concubinage*.

Concupiscence, du L. *concupiscentia* (même sens).

Concurrent, du L. *concurrentem* (même sens). — D. *concurrence*.

Concussion, du L. *concussionem* (concussion, en droit romain). — D. *concussionnaire*.

Condamner, du L. *condemnare* (même sens). — D. *condamnation, condamnable*.

Condenser, du L. *condensare* (épaissir). — D. *condensation, condensateur, condensable*.

Condescendre, du L. *condescendere* (même sens) Voy. *descendre*. — D. *condescendant, condescendance*.

Condiment, du L. *condimentum* (assaisonnement).

Condition, du L. *conditionem* (même sens). — D. *conditionner, conditionnel*.

† **Condor**, mot d'origine américaine.

Condoléance, voy. *doléance*.

Conducteur, du L. *conductorem* (même sens).

Conduire, du L. *conducere* (conduire). *Conduc(ĕ)re* se contracte régulièrement (voy. p. LXXXI) en *conduc're*, et donne *conduire* par le changement 1° de *u* en *ui* (voy. *buis* et *bénir*) ; 2° de *cr* en *r* (voy.

bénir). — D. *conduite* (substantif participial), *conduit*, *conduire*, *reconduire*, *inconduite*.

Cône, du L. *conus* (cône). — D. *conique*, *conifère* (qui porte, *fer*, des fruits coniques).

Confection, du L. *confectionem* (même sens). — D. *confectionner*.

Confederer, du L. *confœderare* (même sens). — D. *confédération*.

Conferer, du L. *conferre* (conférer) — D *conférence*.

Confesser, du L. *confessari* (confesser, fréquentatif de *confiteri*; pour la formation, voy p. XXXIII). — D. *confesse* (substantif verbal), *confesseur*, *confession*, *confessionnal*.

Confidence, du L. *confidentia* (même sens). — D. *confidentiel*, *confident* (L. *confidentem*).

Confier, du L. *confidare** (confier). Pour les permutations, voy. *fier*. — D. *confiance*, *confiant*.

Configuration, du L. *configurationem* (même sens).

Confins, du L. *confinis* (ayant la même frontière).

Confire, du L. *conficere*, préparer des (fruits). *Conficere* a pris spécialement, dans la latinité du moyen âge, le sens de composer un remède, une préparation pharmaceutique : *quod perveniet ad notitiam suam* (lit-on dans les *Leges Neapolitanæ*) *quod aliquis confectionarius minus benè conficiat, curiæ denuntiabit*. Contracté suivant la règle (voy. p. LXXXI) en *confic're*, ce mot a donné *confire* par le changement de *cr* en *r* (voy. *bénir*) — D. *confit*, *confiture*, *confiseur*, *déconfit*, *déconfiture*.

Confirmer, du L. *confirmare* (même sens). — D. *confirmation*.

Confiseur, voy. *confire*. — D. *confiserie*.

Confisquer, du L. *confiscare* (adjuger au fisc). — D. *confiscation*.

Confiture, voy. *confire*.

Conflagration, du L. *conflagrationem* (embrasement général).

Conflit, du L. *conflictus* (conflit), par le changement de *ct* en *t* (voy. *affété*).

Confluer, du L *confluere* (même sens). — D. *confluent*.

Confondre, du L. *confundere* (même sens). Sur la chute de l'*ĕ* pénultième, voy. p. LXXXI; sur *u* devenu *o*, voy *annoncer*.

Conformation, du L. *conformationem* (même sens).

Conforme, du L. *conformis* (même sens). — D. *conformer*, *conformité*.

† **Confort, Confortable**, mots venus de l'anglais *confort*, *confortable* (même sens).

Conforter, du L. *confortare** (rendre *fort*). — D. *réconforter*.

Confraternité, voy. *fraternité*.

Confrère, voy. *frère*. — D. *confrerie*.

Confronter, voy. *front*. — D. *confrontation*.

Confus, du L *confusus* (même sens). — D. *confusion*.

Congé, proprement . permission; faire quelque chose sans le *congé* de quelqu'un. du L. *commeatus* (congé, permission, autorisation), qui est déjà *commiatus* dans les textes du huitième siècle, par exemple dans les Capitulaires de Charlemagne : *Mulier, si sinè comiato viri sui velum in caput suum miserit.* (VI, 16). — Sur ce changement de *commeatus* en *commiatus*, voy. *abréger* et *agencer*. *Comiatus* donne le provençal *comjat* et le français *congé*; ce dernier, par le changement 1° de *i* latin en *g*, voy. *abréger* ; 2° de *atus* en *é*, (voy. *ampoulé*); 3° de *m* en *n* (voy. *changer*). — D. *congédier*.

Congeler, du L. *congelare* (même sens). — D. *congélation.*
Congenère, du L. *congener* (du même genre).
Congestion, du L. *congestionem* (accumulation, amas).
Congre, du L. *congrus* (congre).
Congregation, du L. *congregationem* (réunion).
Congrès, du L. *congressus* (rencontre entrevue).
Congru, du L. *congruus* (convenable). — D. *incongru, incongruité.*
Conjecture, du L. *conjectura* (même sens). — D *conjectural.*
Conjoindre, du L. *conjungere* (unir) Voy. *joindre.* — D. *conjoint.*
Conjonctif, du L. *conjonctivus* (même sens). — D. *conjoncture.*
Conjonction, du L. *conjonctionem* (même sens).
Conjoncture, du L. *conjonctura* (même sens).
Conjugal, du L. *conjugalis* (même sens)
Conjuguer, du L. *conjugare* (conjuguer). — D. *conjugaison.*
Conjurer, du L *conjurare* (conjurer). — D. *conjuration.*
Connaître, ancien français *conoistre,* du L. *cognoscere* Cognosc(ê)re contracté suivant la règle de l'accent latin (voy p. LXXXI) en *cognos're,* a donné *conoistre* par le changement 1° de *gn* en *n* (voy. *assener*) ; 2° de *o* en *oi* (voy. *chanoine*); 3° de *sr* en *str* (voy. *ancêtre*) — *Conoistre* est devenu *connaître* par le changement 1° de *n* en *nn* (voy. *ennemi*); 2° de *oi* en *ai* (voy. *accroire*); 3° par la chute de *s* (voy. *abîme*). — D. *connaissant, connaissance, connaisseur, connaissement, connaissable, reconnaissable, reconnaître, reconnaissant, reconnaissance, méconnaître.*
Connétable, anciennement *conestable,* en italien *conestabile,* du L. *comes stabuli* (préfet des écuries; dignité de l'Empire Romain conservée par les Rois Francs). Le *comes-stabuli,* ou, comme on ne tarda point à l'appeler en un seul mot, le *comestabulus,* chargé, sous nos premiers rois, du soin de la cavalerie, arriva au treizième siècle à posseder le commandement général des armées. *Comes-stabuli,* devenu *comestabulus,* se changea des le huitième siècle en *conestabulus.* (Un texte de 807 dit : *comes stabuli quem corrupté* conestabulus *appellamus*) *Comestáb(u)lus* contracté régulièrement (voy. p. LXXXI) en *comestab'lus* a donné *conestable* par le changement très-irrégulier de *m* médial en *n* (voy. *changer*). Sur la chute postérieure de *s,* voy. *abîme.*
Connexe, du L. *connexus* (qui a une liaison, un rapport intime)
Conniver, du L. *connivere* (fermer les yeux). — D. *connivence* (L. *conniventia*).
Conque, du L. *concha* (coquille).
Conquérir, du L. *conquirere* (conquerir). Sur le changement de *quirere* en *quérir,* voy. *acquérir.* — D. *conquérant, conquête* (substantif participial fort; voy. *absoute* et *quête* pour la formation de ce mot).
Consacrer, du L. *consecrare* (même sens).
Consanguin, du L. *consanguineus* (parent du côté du père).
Conscience, du L. *conscientia* (même sens). — D. *consciencieux.*
Conscription, du L. *conscriptionem* (enregistrement).
Conscrit, du L. *conscriptus* inscrit, enregistré).
Consecration, du L. *consecrationem* (même sens).
Consécutif, du L. *consecuti-*

vus (qui se suit, dérivé de *consecutum*).

Conseil, du L. *consilium* (conseil). Sur *i* devenu *ei*, voy. p. LXXXV. — D. *conseiller, déconseiller*.

Consentir, du L. *consentire* (s'accorder). — D. *consentement*.

Conséquence, du L *consequentia* (consequence). — D. *conséquent* (consequentem), *conséquemment* (pour *conséquentment* ; voy. *abondamment*), *inconséquent, inconséquence*.

Conserver, du L. *conservare* (même sens). — D. *conservation, conservatoire, conserve* (substantif verbal), *conservateur*.

Considérer, du L. *considerare* (examiner attentivement) — D. *considération, considérable, inconsidéré, déconsidéré*.

Consigner, du L. *consignare* (même sens). — D. *consigne* (substantif verbal), *consignation, consignataire*.

Consister, du L. *consistere* (se composer de) — D. *consistant, consistance*.

Consistoire, du L. *consistorium* (lieu où l'on siège).

Console, origine inconnue.

Consoler, du L. *consolari* (consoler). — D. *consolation, consolable, consolateur*.

Consolider, du L. *consolidare* (rendre solide). — D *consolidation*.

Consommer, du L. *consummare* (achever). — D. *consommation, consommé, consommateur*.

Consomption, du L. *consumptionem* (destruction).

Consonne, du L. *consona* (même sens).

Consonnance, du L. *consonantia* (même sens).

Consorts, du L. *consortes* (co-intéressés).

Consoude, ancien français *consolde*, en italien *consolida*, du L. *consolida* (même sens). Pour la forme, voy. *soude*.

Conspirer, du L. *conspirare* (même sens). — D. *conspiration, conspirateur*.

Conspuer, du L. *conspuere* (couvrir de bave).

Constant, du L. *constantem* (même sens). — D. *constance, constamment*.

Constater, formé du L. *status* (état) *Constater*, c'est proprement décrire l'état d'une chose.

Constellé, du L. *constellatus* (constellé).

Constellation, du L. *constellationem* (même sens).

Consterner, du L. *consternare* (effrayer). — D. *consternation*.

Constiper, du L. *constipare* (même sens). — D. *constipation*.

Constituer, du L. *constituere* (établir, fonder). — D. *constitution, constitutionnel, constitutionnalité, constituant, constitutif*.

Constricteur, du L. *constrictor* (qui serre). — D. *constriction*.

Construction, du L *constructionem* (même sens).

Construire, du L. *construere* (même sens).

Consul, du L. *consul* (même sens). — D. *consulat, consulaire*.

Consulter, du L. *consultare* (consulter). — D. *consulte* (substantif verbal), *consultant, consultation, consultatif*.

Consumer, du L. *consumere* (même sens).

Contact, du L. *contactus* (même sens).

Contagion, du L. *contagionem* (communication par contact). — D. *contagieux* (L. *contagiosus*).

Conte, voy. *conter*.

Contempler, du L. *contemplari* (même sens). — D. *contemplation, contemplateur, contemplatif*.

Contemporain, du L. *contemporaneus* (qui est du même temps.)
Contempteur, du L. *contemptor* (qui méprise).
Contenance, voy. *contenir*.
Contenir, du L. *continere* (renfermer), par le changement 1° de *i* en *e* (voy. *admettre*); 2° de *e* en *i* (voy. *accomplir*) — D. *contenant, contenance, décontenancer*.
Content, du L. *contentus* (même sens). — D *contenter, mécontenter, contentement*.
Contentieux, du L. *contentiosus* (même sens).
Contention, du L. *contentionem* (tension).
Conter, en provençal *contar*, du L. *computare* (proprement compter, puis *énumérer*, enfin *faire un récit*). Ce qui met hors de doute cette origine, c'est que l'italien *contare*, l'espagnol *contar* possèdent le double sens de *conter* et de *compter*. L'allemand dit de même *erzählen* (conter), dérivé de *zahlen* (compter). *Comp(u)táre*, se contractant régulièrement (voy *aconter*) en *compt'are*, a donné *conter* par le changement 1° de *m* en *n* (voy. *changer*), 2° de *pt* en *t* (voy. *acheter*). — D. *conte* (substantif verbal); *conteur, raconter*.
Contester, du L. *contestari* (même sens). — D. *conteste* (substantif verbal), *contestation, contestable*.
Contexte, du L. *contextus* (tissu).
Contigu, du L *contiguus* (qui touche à).
Continent, du L. *continentem* (même sens). — D. *continence*.
Contingent, du L. *contingentem* (éventuel) — D *contingence*.
Continu, du L. *continuus* (même sens). — D. *continuité, continuellement, continuer, continuation, discontinuer*.

Contondant, du L. *contundentem* (qui broie).
Contorsion, du L. *contorsionem* (action de tordre).
Contourner, voy. *tourner*. — D. *contour* (substantif verbal; voy. *tour*).
Contracter, du L. *contractare* (contracter). — D. *contraction*.
Contradicteur, du L. *contradictor* (qui contredit). — D *contradiction* (L. *contradictionem*); *contradictoire* (L. *contradictorius*).
Contraindre, du L. *constringere* (contraindre). Sur la chute de *s*, voy. *abîme*; sur le changement 1° de *ingere* en *eindre*, voy. *astreindre*; 2° de *eindre* en *aindre*, voy. p. LXXXV). — D. *contrainte* (substantif participial).
Contraire, du L. *contrarius* (même sens). — D. *contrarier, contrariété*.
† **Contraste** (opposition), venu au seizième siècle de l'italien *contrasto* (même sens). — D. *contraster*.
Contrat, anciennement *contract*, du L *contractus* (contrat).
Contravention, du L. *contraventionem*.
Contre, du L. *contra* (contre, à l'opposé de). — D. *encontre*.
† **Contrebande**, venu au seizième siècle de l italien *contrabbando* (contrebande). — D. *contrebandier*.
Contrecarrer, voy. *contre* et *carrer*.
Contre-danse, voy. *danse*.
Contredire, voy. *contre* et *dire*.
Contrée, en italien *contrada*, du L. *contrata* (proprement le pays qui est devant vous, *contrà*); voici un exemple de l'emploi de ce mot dans un texte latin du moyen âge : *Statuimus, ut in utraque contrata, tam in terris domanii*

nostri quam in baronum, etc. [Leges Sicil., III, 38.] — De même que *contrata* dérive de la préposition *contra*, l'allemand *gegend* (contrée) dérive de la préposition *gegen* (contre). — Pour le changement de *contrata* en *contrée*, voy. *ampoulé*.

Contrefaçon, voy. *contre* et *façon*.

Contrefaire, voy. *contre* et *faire*. — D. *contrefait*.

Contremander, voy. *contre* et *mander*.

Contre-partie, voy. *partie*.

Contre-pied, voy. *pied*.

Contre-poids, voy. *contre* et *poids*.

Contre-point, voy. *contre* et *point*.

Contre-temps, voy. *contre* et *temps*.

Contrevenir, voy. *contre* et *venir*.

Contrevent, qui protége du vent, voy. *contre* et *vent*.

Contribuer, du L. *contribuere* (même sens). — D. *contribuable, contribution* (L. *contributionem*).

Contrister, du L. *contristare* (attrister).

Contrit, du L. *contritus* (broyé, humilié). — D. *contrition*).

Contrôle, ancien français *contre-rôle*, proprement registre double à l'aide duquel on vérifie le registre, le *rôle* original. — D *contrôler, contrôleur*.

Controuver, voy. *trouver*.

Controverse, du L. *controversia* (dispute). — D. *controversiste*.

Contumax, du L. *contumax* (qui fait défaut). — D. *contumace*.

Contus, du L. *contusus* (fracassé).

Contusion, du L. *contusionem* (même sens).

Convaincre, du L. *convincere* (convaincre) : pour les permutations de lettres, voy. *vaincre*.

Convalescent, du L. *convalescentem* (qui prend des forces). — D. *convalescence*.

Convenir, du L. *convenire* (même sens). — D. *convenu, convenable, convenance* (L. *convenientia*), *déconvenue*.

Convention, du L. *conventionem* (accord). — D. *conventionnel*.

Conventuel, du L. *conventualis* (qui appartient au couvent, au *conventus*).

Converger, du L *convergere* (tourner vers). — D. *convergent, convergence*.

Convers, du L. *conversus* (converti).

Converser, du L. *conversari* (vivre avec quelqu'un ; d'où le sens de causer). — D. *conversation*.

Conversion, du L. *conversionem* (changement).

Convertir, du L. *convertere* (changer). Sur le déplacement de l'accent latin, voy. *accourir*; sur le changement de *e* en *i*, voy. *accomplir*. — D *convertible*.

Convexe, du L. *convexus* (même sens). — D. *convexité*.

Conviction, du L. *convictionem* (même sens)

Convier, en italien *convitare*, du L *convitare* (formé de *con*, avec, et du radical *vitare*, qui se retrouve dans *invitare*, inviter). Sur la chute du *t, convi(t)are*, voy. *abbaye*.

Convive, du L. *conviva* (commensal).

Convocation, du L. *convocationem* (appel).

Convoi, voy. *convoyer*.

Convoiter, en vieux français *coiveiter*, en italien *cupitare*, du L. *cupitare* (désirer), dérivé de *cupitum*, participe de *cupere* par la formation ordinaire des verbes fré quentatifs; voy. p. xxiii. *Cupitare* a donné le vieux français *covoiter*, puis la forme moderne *convoiter*, par le changement 1° de *u* en *o* (voy. *annoncer*) et le renforcement d'un *n* (voy. *concombre*); 2° par le changement de *p* en *b* (voy. *abeille*); 3° de *i* en *oi* (voy. *boire*).

Convoitise, ancien français *covoitise*, en catalan *cobdicia*, en italien *cupidizia*, du L. *cupiditia* (forme de la basse latinité pour *cupiditas*, désir : *qui cupiditia æstuant*, dit Ratherius Veron), qui a donné *covoitise*, puis *convoitise* par le changement: 1° de *u* en *o* (voy. *annoncer*), et par l'addition de *n* (voy. *concombre*); 2° par le changement de *p* en *b* (voy *abeille*); 3° par le durcissement insolite de *d* en *t* (voy. p. xcviii); 4° le changement de *ti* en *s* doux (voy. *agencer*); 5° de *i* en *oi* (voy. *boire*).

Convoler, du L. *convolare* (même sens).

Convoquer, du L. *convocare* (réunir).

Convoyer, à l'origine *convoier*, du L. *conviare* (escorter, faire route, *via*, accompagner). Sur le changement de *i* en *oi*, voy. *boire*. — D *convoi* (substantif verbal).

Convulsion, du L. *convulsionem* (spasme). — D. *convulsif, convulsionnaire.*

Cooperer, du L *cooperari* (même sens). — D. *coopération, coopérateur, coopératif.*

Coordonner, Coordination, voy. *ordonner.*

Copeau, origine inconnue.

Copie, du L *copia* (proprement *abondance multiplication*; multiplier, répandre (*facere copiam*) un manuscrit, en le reproduisant par l'écriture un grand nombre de fois. D'où le sens restreint de *copia*, qui désigne au moyen âge la reproduction d'un acte ou d'un manuscrit. — D. *copiste, copier.*

Copieux, du L. *copiosus* (abondant)

Copule, du L. *copula* (union, lien). — D. *copulatif.*

Coq, anciennement *coc*, du L. *coccum** (coq, dans les Lois Barbares). *Si quis* coccum *aut gallinam furaverit,* dit la *Lex Salica* (VII, 16). *Coccum* est une onomatopée, exprimant le cri de l'oiseau.

— D. *cochet, cocarde* (crête de coq), *coquet* (anciennement petit coq; d'ou le sens de l'adjectif *coquet,* proprement vain comme un coq); *coquelicot,* qui est dans l'ancien français *coquelicoq* et signifie *coq;* il désigne aujourd'hui le petit pavot des champs, dont les fleurs sont rouges comme la crête du coq. L'origine de *coquelicot* au sens de coq est une onomatopée, imitation du cri du coq

Coque, du L *concha* (coque). *Concha* a donné *coque*, comme *conchylium* a donné *coquille*. Cette réduction de *nc* à *c* se retrouve dans *escarboucle* (*carbunculus*), à *s* dans *demoiselle* (*domin'cella*), *damoiseau* (*domin'cellus*). Sur *ch* devenu *c*, puis *q*, voy. xcix. — D. *coquetier.*

Coquecigrue, origine inconnue.

Coquelicot, voy *coq*.

Coqueluche, origine inconnue

Coquet, voy. *coq.* — D. *coqueter, coquetterie.*

Coquille, du L *conchylium* (coquille) : pour les changements de lettres, voy. *coque*. — D. *coquillage, coquillier*

Coquin, origine inconnue. — D. *coquinerie.*

1. **Cor,** du L. *cornu* (tumeur

de l'épiderme qui a l'aspect de la corne). Sur *rn* devenu *r*, voy. *aubour*.

2. **Cor**, trompe, du L. *cornu* (trompette). Sur *rn* devenu *r*, voy. *aubour*. — D. *corner, cornet* (petit cor; puis rouleau de papier en forme de *cornet*).

Corail, du L. *corallium* (corail); pour les changements de lettres, voy. *ail*. — D. *corallin*.

Corbeau, anciennement *corbel*, du L. *corvellus* (corbeau, diminutif de *corvus*. Pour l'extension du sens, voy. p. XXXII.). — Sur *v* devenu *b*, voy. *bachelier*; sur *ellus* devenu *eau*, voy. *agneau*. — D. *encorbellement* (de l'ancienne forme *corbel*).

Corbeille, du L. *corbicula* (corbeille) Sur *icula* devenu *eille*, voy. *abeille*. — D. *corbillon*.

Corbillard, mot d'origine historique (voy p. LXIV) : *corbillard*, qu'on écrivait anciennement *corbeillard*, désignait au dix-septieme siècle le coche qui faisait le service de Paris à Corbeil; Menage en parle comme d'un mot très-employé de son temps : « CORBILLART. *On appelle ainsi le coche de Corbeil à Paris; duquel lieu de Corbeil il a été appelé* Corbillart, *comme le Melunois de Melun* Corbillard, vers la fin du dix septième siècle, prend le sens de grand carrosse de gala, de voiture de noce; ce n'est qu'au dix-huitième siècle qu'il reçoit le sens qu'il possède aujourd'hui.

Corde, du L. *chorda* (corde d'arc, puis corde en général). Sur *ch* devenu *c*, voy. p. XCIX). — D. *cordeau* (ancien français *cordel*, qui, sous cette forme, a donné les dérivés · *cordelle, cordelier, cordelier, cordelière*); *corder, cordage, cordon, cordier, corderie*.

Cordial, du L. *cordiale** (dérivé de *cordis*, cœur). — D. *cordialité, cordialement*.

Cordon, voy. *corde*. — D *cordonnerie, cordonnet*.

Cordonnier, ancien français *cordouanier*; proprement qui travaille le *cordouan* (cuir que l'on importait de Cordoue pour faire des chaussures). Nous disons encore aujourd'hui du *maroquin*, pour du cuir du Maroc, etc De même l'italien *cordovaniere* (cordonnier) dérive de *Cordova* (Cordoue).

Coriace, dur comme du cuir, du L. *coriaceus** (de *corium*, cuir).

Coriandre, du L. *coriandrum* (coriandre).

Corme, origine inconnue. — D. *cormier*.

Cormoran, corruption de *cormaran*, que les pêcheurs ont conservé et qui est plus régulier, — ce mot qui est en catalan *corbmari*, en portugais *corvomarinho*, vient du L. *corvus-marinus* (littéralement : corbeau de mer). Les Gloses de Reichenau, qui remontent au huitième siècle, donnent : *Mergulus = corvus marinus*. Quant à la transformation de *corvus marinus* en *cor-maran* (par le changement de *in* en *an*, qui se retrouve dans *sans*, de *sine*, langue de *lingua*, etc.), voy. *amande*.

† **Cornac**, mot hindou, qui désigne le conducteur d'un éléphant.

† **Cornaline**, venu de l'italien *cornalina* (cornaline).

Corne, du L. *cornua* (corne, pluriel de *cornu* qui a donné *cor*; voy. ce mot). — D. *corné, cornée, cornouille, cornemuse* (voy. *muse*), *écorner, racornir, cornichon*.

Corneille, du L. *cornicula* (corneille, voy. p. XXXII, diminutif de *cornicem*). Sur *icula* devenu *eille*, voy. *abeille*.

Cornemuse, v. *corne* et *muse*.

Cornet, voy. *cor.* — D. *cornette*.

† **Corniche**, anciennement *cornice* (venu de l'italien *corniccio* (même sens).

Cornichon, proprement petite *corne*, — puis petit concombre ayant la forme d'une *corne* (voy. ce mot).

Cornouille, voy. *corne.* — D. *cornouiller*.

Cornu, du L. *cornutus* (cornu). Sur *utus* devenu *u*, voy. *aigu*. — D. *cornue, biscornu*.

Corollaire, du L. *corollarium* (petite couronne; signe qui indiquait le corollaire d'une proposition).

Corolle, du L. *corolla* (même sens).

Corporation, du L. *corporationem** (de *corporatus**, incorporé, de *corpus* corps).

Corporel, du L. *corporalis*.

Corps, du L. *corpus* (corps). — D. *corset* (voy. ce mot), *corsage, corselet*.

Corpulence, du L. *corpulentia* (m. s.).

Correct, du L. *correctus* (m. s.). — D. *correcteur, correction, correctif*.

Correlatif, voy. *relatif*.

Correlation, voy. *relation*.

Correspondre, du L. *respondere** (de *cum* avec *respondere*, répondre). Pour la chute de l'avant-dernier *e*, voy. p. LXXXI. — D. *correspondant, correspondance*.

† **Corridor**, venu au seizième siècle de l'italien *corridore* (m. s.).

Corriger, du L. *corrigere* (redresser). — D. *corrigible, incorrigible*.

Corroborer, du L. *corroborare* (fortifier). — D. *corroboratif -ation*.

Corroder, du L. *corrodere* (ronger).

Corrompre, du L. *corrumpere* (m. s). — Pour les permutations, voy. *rompre*.

Corrosif, du L. *corrosivus* (qui ronge).

Corrosion, du L. *corrosionem* (m. s.).

Corroyer, dérivé de *corroi* (preparation du cuir). — *Corroi* qui est dans l'ancien français *conroi*, dans la basse latinité *conredum* est composé de *cum*, et du mot *redum* (arrangement, préparation), qui est d'origine germanique (flamand *réden*, préparer; gothique *raidjan*, préparer). — D. *corroyeur*.

Corrupteur, du L. *corruptorem* (m. s.).

Corruption, du L. *corruptionem* (m. s).

Corruptible, du L. *corruptibilis* (m. s.). — D. *incorruptible*.

Corsage, voy. *corps*.

† **Corsaire**, venu du provençal *corsari* (corsaire) celui qui fait la *corsa*, la course (voy. ce mot).

Corselet, voy. *corps*.

Corset, voy. p. XXVI.

† **Cortege**, venu de l'italien *corteggio* (suite).

Corvée, au huitième siècle *corvada* dans les Capitulaires de Charlemagne, du L. *corrogata** (corvee, littéralement *travail* commandé).

Le phénomène philologique le plus intéressant que présente ce mot est l'intercalation d'un *v* qui n'existait point en latin, intercalation qui s'est opérée de la manière suivante: Le *g* médial disparaît (voy. *allier*), *corro(g)ata* devient *corro-ata*, et les deux voyelles forment hiatus. Or dans ce cas, il arrive souvent que le latin intercale un *v* qui empêche la rencontre des deux voyelles. de *plu-ere*, le latin a tiré *plu-v-ia* et non plu-ia; de ἀργεῖος, argi-v-us non argi-us; de viduus il a fait vidu-v-um non vidu-ium; de fluere, flu-v-ius, et non flu-ius; le français a continué cette tendance à l'intercalation De pluere, il a fait non pleu-oir, mais pleu-v-oir* de pæonia il a tiré pi-v-oine, non pi-oine: notre langue a même étendu cette transformation à des mots qui originairement ne présentaient point d'hiatus, et qu'elle dépouille de leur consonne médiane pour y substituer un v euphonique: de gra(d)ire, elle a fait gra-ire puis gra-v-ir; de gla(d)ius, gla ius, puis glai-v-e; de imbla-(d)are*, embla-are puis embla-v-er; de po(t)ere, po-ere puis pou-v-oir; de para(d)isus para-is puis par-v-is; de corro(g)ata corro-ata puis corro-v-ata qui nous amène à la forme carlovingienne corvada, au français corvée. Quant au changement de corrovata en corvada par la chute de l'o, voy. accointer, sur ata devenu ada puis ée (corvée), voy. ampoulé.

Le français a même appliqué ce procédé d'intercalation à un mot étranger croate, pour détruire l'hiatus: le seizième siècle et le dix septième ne disaient point croate, mais cra-v-ate un cheval cravate, s'enrôler dans une compagnie de cravates: « la crainte des embûches des Cravates (dit Voiture) leur donne l'alarme. » De là le nom du régiment Royal-cravate qui ne veut dire autre chose que Royal-croate De là aussi le nom commun de cravate, pièce d'étoffe légère que portaient autour du cou, les premiers Cravates qui vinrent au service de la France, et qui prit le nom de ceux qui la portaient. — D. corvéable.

† **Corvette**, venu du portugais corveta (corvette).

Coryphée, du grec κορυφαῖος (chef du chœur).

Cosmetique, du grec κοσμητικός (qui orne, qui embellit).

Cosmogonie, du grec κοσμογονία (naissance du monde).

Cosmographie, du grec κοσμογραφία (description du monde).

Cosmologie, du grec κοσμολογία (théorie du monde).

Cosmopolite, du grec κοσμοπολίτης (citoyen du monde).

Cosse, origine inconnue. — D. écosser.

† **Costume**, de l'italien costume (même sens). — D. costumer, costumier.

Cote, voy. coter. — D. cotiser, cotisation.

Côte, ancien français coste, du L. costa (côte). Sur la chute de s, voy. abîme. — D. côtoyer, côtier, coteau; cotelette (dérivé de cotelle petite côte).

Côté, anciennement costé, en italien costato, du L. costatum* (côté, dans la latinité du moyen âge). Sur le changement de atum en é, voy. ampoule; sur la chute de s, voy. abîme.

Coteau, voy. côte.

Cotelette, voy. côte.

Coter, du L. quotare* (indiquer le prix, noter dérivé de quotum, quantième). Sur qu devenu c, voy. car. — D. cote (substantif verbal).

Coterie, origine inconnue.

Cothurne, du L. cothurnus (m. s.).

Côtier, voy. côte.

Cotillon, voy. cotte.

Cotir, origine inconnue

Cotiser, voy. cote.

† **Coton**, mot d'origine orientale (arabe qoton, coton). — D. cotonneux, cotonnade, cotonnier.

Côtoyer, voy. côte.

Cotret, origine inconnue.

Cotte, ancien français *cote*, mot d'origine germanique (moyen haut allemand *kott*, m. s.). — D. *cotillon*, petite *cotille* (dérivé de *cotte*).

Cotylédon, du L. *cotyledon* (m. s).

Cou, voy. *col*.

Couard, proprem. *qui porte la queue basse*, dérivé du vieux français *coue* (queue). En langage héraldique, le lion *couard* est celui qui porte la queue entre les jambes, les animaux qui ont peur, et portent la queue basse, sont dits *couards*, d'où *couard* a pris le sens de *peureux*, de *lâche*. — Le vieux français *coue* (queue) est le L. *cauda* (queue); par le changement régulier de *au* latin en *ou* (voy. *alouette*), et par la chute du *d* médial (voy. *alouette*). Ce qui confirme cette origine, c'est que l'italien *codard* (couard), dérive de *coda* (queue). — D. *couardise*.

Coucher, anciennement *colcher*, en italien *colcare*, du L. *collocare* (coucher, dans Suétone, *Caligula*, 24). *Coll(ŏ)cāre* perdant suivant la règle (voy. *accointer*) son *ŏ*, a donné la forme *colcare* que l'on trouve dans la *Lex Salica* (tit. 60): *Et si tunc discendi se, legem distulerint, sole colcato* (du soleil couché). — *Colcare* a donné *coucher* par le changement: 1° de *ol* en *ou*, voy. *agneau*; 2° de *c* en *ch*, voy. *acharner*. — D. *couche* (subst. verbal), *coucher*, *couchette*, *couchant*, *accoucher* (voy. ce mot), *découcher*.

Coucou, du L. *cuculus* (coucou), par le changement: 1° de *u* en *ou*, voy. *accouder*; 2° de *ul* en *ou* (voy. *agneau*).

Coude, du L. *cubitus* (coude); *Cúb(ĭ)tus*, devenant *cub'tus* par la chute régulière de *ĭ* (voy. p. LXXXI) a changé *bt* en *d* (voy. *accouder*), et *u* en *ou* (voy. *accouder*). — D. *coudée*, *coudoyer*.

1. **Coudre**, noisetier, anciennement *coldre*, du L. *corylus* (noisetier). *Cŏr(y̆)lus* contracté suivant la règle (voy. p. LXXXI) en *cor'lus*, a subi la transposition de *l* (voy. *sangloter*), et donné la forme *col'rus* (on trouve déjà *colrina* dans un document latin du neuvième siècle); *col'rus* a donné le vieux français *coldre* par le changement régulier de *lr* en *ldr* (voy. *absoudre*); d'où la forme *coudre* par l'adoucissement de *ol* en *ou* (voy. *agneau*). — D. *coudraie*, *coudrier*.

2. **Coudre**, anciennement *cousdre*, du L. *consuere* (coudre), qui est déjà *cosere* au huitième siècle, par une transformation très-régulière, *ns* s'étant réduit à *s*, *cosuere* (comme on l'a vu au mot *aîné*), et la diphthongue *ue* (*cosuere*) s'étant alors simplifiée en *e*, simplification fréquente en latin, puis qu'on trouve déjà *mortus* pour *mortuus* dans Cicéron *febrarius* pour *februarius* dans l'*Appendix ad Probum*. Adamantinus Martyr dit expressément: « *batualia quae vulgo* bat*a*lia *dicuntur.* »
Cosere, qui est accentué en latin *cós(e)re*, donna *cos're* suivant la loi de l'accent latin (voy. p. LXXXI). Or *s* et *r* sont incompatibles (voy. *ancêtre*), quand ces deux sons sont mis en présence par la chute d'une voyelle latine, ils intercalent une lettre euphonique, soit un *t* (voy. *ancêtre*), soit un *d*: *cos're* est alors devenu *cos-d-re*, et l'*o* s'étant diphthongué en *ou* (voy. *affouage*), le mot devint *cousdre*, qui en perdant *s* (voy. *abîme*), nous amène à la forme moderne.

Couenne, peau de cochon, en italien *cotenna*, du L. *cutanea* (dérivé de *cutis*, peau). — Sur la chute du *t*, voy. *abbaye*; sur *u* devenu *ou*, voy. *accouder*.

Couette, anciennement *coute*, à l'origine *coulte*, du L *culcita* (matelas), qui contracté en *cul'cta* (voy. p. LXXXI), puis *cul'ta* (voy. *affété*), a changé *u* en *ou*, voy. *accouder*).

Couler, du L. *colare* (proprem. *filtrer*, puis *couler*). Sur *o* devenu *u*, voy. *affouage*. — D. *coulage, coulée, couloir, écouler, découler*.

Couleur, du L. *colorem* (couleur), par le changement de *o* accentué en *eu* (voy. *accueillir*) et de *o* atone en *ou* (voy. *affouage*).

Couleuvre, du L. *colubra* (couleuvre), par le changement : 1° de *o* en *ou* (voy. *affouage*); 2° de *u* en *eu* (voy. *beugler*); 3° de *b* en *v* (voy. *avant*). — D. *couleuvrine* (couleuvrine), pièce de canon allongée et mince.

Coulis, adjectif restreint aujourd'hui à certaines acceptions spéciales (vent *coulis*, etc....), mais qui avait dans notre ancienne langue le sens général de coulant, de glissant ; *coulis*, en vieux français *coléis*, en provençal *coladitz*, représente le L. *colaticius** (dérivé de *colare*, couler). Sur la chute du *t*, voy. *abbaye*. — D. *coulis* (substantif) ; *coulisse*.

Coulisse, voy. *couler*.

Couloir, voy. *couler*.

Coup, anciennement *colp*, en italien *colpo*, du L. *colpus* (coup) dans les Lois Barbares : *Si quis voluerit alterum occidere, et colpus ei fallierit* (Lex Salica, tit. 19). *Colpus* est une forme contracte de *colapus* (coup) qu'on trouve dans la *Lex Alamannorum* ; sur cette chute régulière de *a* latin pénultième, voy. *asperge*; à son tour *colapus* est une forme secondaire, du L. *colaphus* (coup de poing), par le changement assez fréquent dans le latin populaire de *ph* en *p*; on disait à Rome *stropa, ampora* pour *stropha, amphora*, comme nous le rapporte un vieux grammairien latin. Sur le changement du vieux français *colp* en *coup*, par la résolution de *l* en *u*, voy. *agneau*. — D. *couper* (proprement donner un coup à l'aide d'un instrument tranchant).

Coupable, du L. *culpabilis* (coupable), par le changement : 1° de *ul* en *ou* (voy. *agneau*); 2° de *abilis* en *able* (voy. *affable*).

1. **Coupe**, substantif verbal de *couper*.

2. **Coupe**, vase, du L. *cuppa* (coupe), par le changement de *u* en *ou* (voy. *accouder*). — D. *soucoupe* (pour *sous-coupe*) : *coupelle*.

Couper, voy. *coup*.— D. *coupe, coupé, coupeur, couperet, coupure, coupon, découper, entrecouper*.

† **Couperose**, venu de l'italien *copparosa* (couperose). — D. *couperose*.

Couple, du L. *copula* (m. s.), par la chute régulière de l'avant-dernière voyelle *u* (voy. p. LXXXI), et le changement de *o* en *ou* (voy. *affouage*). — D. *coupler, accoupler, découpler; couplet* (ce qui est *uni, accouplé* ; parties d'une chanson, unies entre elles, accouplées).

Couplet, voy. *couple*.

† **Coupole**, de l'italien *cúpola* (coupole).

Cour, anciennement *court*, à l'origine *cort*, du L. *chortem* (basse-cour, puis ferme, dans Palladius, métairie dans Varron, qui nous apprend que les paysans romains disaient *cortem* : « *nam cortes quidem audimus vulgo, sed barbare dici*, » à cette forme *cortem*, succède la forme *curtem* (résidence rurale d'un grand seigneur frank, et aussi sa maison (ses officiers, et ses familiers), enfin, la cour de justice qui se tenait en son nom). La *Lex Alamannorum* renferme parmi ses titres, le suivant : *de eo qui in* curte *Regis hominem occiderit*, exemple de *curtem* au sens de cour *princière*; en voici un autre, où le même mot a le sens de cour *judiciaire:* « *ad placitum sive ad* curtem *veniens.* » (Syn. Confl.).

Curtem a donné *court* par le changement de *u* en *ou* (voy. *accouder*). — D. *courtois* (de l'ancienne forme *court*).

Courage, anciennement *corage*, en provençal *coratge*, du L. *coraticum** (dérivé de *cor*, cœur). Sur *aticum* devenu *age*, voy. *âge*; sur *o* devenu *ou*, voy. *affouage*. — D. *courageux*, *décourager*, *encourager*.

Courbe, du L *curvus* (courbe). Sur *u* devenu *ou*, voy. *accouder*; sur *v* devenu *b*, voy. *bachelier*. — D *courber*, *courbure*, *courbette*, *recourber*

Courge, origine inconnue

Courir, du L *currere* (courir), par une série de changements étudiés au mot *accourir*. — D. *courant*, *coureur*, *courrier*.

Couronne, du L. *corona* (couronne), par le changement: 1° de *o* en *ou*, voy. *affouage*, 2° de *n* en *nn*, voy. *ennemi* — D. *couronner*, *couronnement*

Courre, voy. *accourir*. — D. *courrier*.

Courrier, voy. *courre*.

Courroie, en italien *correggia*, du L. *corrigia* (courroie), par la chute du *g* médial (voy. *allier*), et le changement de *i* en *oi* (voy. *boire*).

Courroux. A côté de ce mot, l'ancien français avait une forme *corrot*, qui correspond au provençal *corroptz*, à l'italien *corrotto* (deuil) et vient du L. *corruptum** (proprement, ruine, abattement, tristesse; puis indignation, enfin colère) Sur *u* latin devenu *ou* en français, voy. *accouder*; sur *pt* devenu *t*, voy. *acheter*. Quant à la forme moderne *courroux*, elle dérive du verbe *courroucer*, qui reproduit à son tour le L. *corruptiare** (dérivé de *corruptus*). *Corruptiare* a donné *courroucer* par le changement 1° de *o* en *ou* (voy. *affouage*), 2° de *u* en *ou* (voy. *accouder*); 3° de *pt* en *t* (voy. *acheter*); 4° de *tiare* en *cer* (voy. *agencer*). La forme provençale *corropt* et la forme italienne *corrotto* (en italien *pt* latin donne toujours *tt*, *captivus = cattivo*, *scriptus = scritto*) qui conservent le *pt* latin, confirment cette étymologie.

Cours, du L. *cursus* (cours) par le changement de *u* en *ou* (voy. *accouder*).

Course, du L. *cursa* (course). — D. *coursier*.

Court, du L. *curtus* (court) par le changement de *u* en *ou* (voy. *accouder*). — D. *écourter*, *courtaud*, *accourcir*, *raccourcir*.

Courtage, voy. *courtier*.

Courte-pointe, couverture piquée; dans l'ancien français *coulte-pointe*; du L. *culcita puncta* (couverture piquée). Pour le changement de *culcita* en *coulte*, voy. *couette*; pour celui de *puncta* en *pointe*, voy. *poindre*. — *Coulte-pointe* est devenu *courte-pointe* par le changement de *l* en *r* (voy. *apôtre*).

Courtier, ancien français *couretier*, à l'origine *couratier*, en italien *curattiere*, du L. *curatarius** (qui s'entremet pour les achats ou les ventes, dérivé de *curatus*, qui prend soin). Sur la chute de *a* dans *curat(a)rius*, voy. *aider*; sur *arius* devenu *ier*, voy. *dnier*. — D. *courtage* (par un verbe *courter**, L. *curatare**).

Courtine, du L. *cortina* (qui a le sens de mur entre deux bastions, dans la latinité du moyen âge). Sur *o* devenu *ou*, voy. *affouage*.

† **Courtisan**, venu au seizième siècle de l'italien *cortigiano* (courtisan).

⁋ **Courtiser**, venu vers la fin du moyen âge du provençal *cortezar* (courtiser), dérivé de *cort* (cour).

Courtois, voy. *cour*. — D. *courtoisie*.

1. **Cousin**, en provençal *cosin*, dans le patois des Grisons *cusrin*, du L. *cosinus**, que l'on retrouve au septième siècle dans le Vocabulaire de Saint-Gall. Cette forme *cosinus* dérive du L. *consobrinus* (cousin) par la réduction régulière de *ns* à *s* (*cossobrinus*, voy. *aîné*), par la chute de l'*o* (*cos'rinus*, voy. *aider*). Cette forme *cos'rinus* a donné *cusrin* (cousin) dans le patois des Grisons. Le *r* latin s'est affaibli en *s* (voy. *arroser*), d'une manière très-insolite toutefois, et a donné *cosinus*, qui existe dans un texte latin de l'époque mérovingienne. *Cosinus* a donné *cousin* par le changement de *o* en *ou* (voy. *affouage*). — D. *cousinage*.

2. **Cousin**, moucheron, du L. *culicinus** (diminutif de *culicem*, cousin). *Cul(i)cinus*, contracté suivant la règle (voy. *accointer*) en *cul'cinus* a donné *cousin*, 1° par le changement de *ul* en *ou* (voy. *agneau*), 2° de *c* en *s* (voy. *amitié*)

Coussin, du L. *culcitinum** (diminutif de *culcita*, proprement : petit matelas). *Culci(t)inum*, ayant perdu son *t* médial (voy. *abbaye*), a donné *coussin* par le changement 1° de *c* en *ss* (voy. *agencer* et *amitié*), 2° de *ul* en *ou* (voy. *agneau*). — D. *coussinet*.

Coût, voy. *coûter*.

Couteau, anciennement *coutel*, à l'origine *coltel*, en italien *cultello*, du L. *cultellus* (couteau), par le changement 1° de *ul* en *ou* (voy. *agneau*); 2° de *ellus* en *eau* (voy. *agneau*). — D. *coutelier* (de l'ancienne forme *coutel*, *coutellerie*, *coutelas*.

Coûter, anciennement *couster*, à l'origine *coster*, en italien *costare*, du L. *constare* (coûter) par la réduction de *ns* à *s* (*costare*, voy. *aîné*), par le changement subséquent de *o* (*costare*) en *ou* (voy. *affouage*), et la chute de l'*s* (voy. *abîme*). — D. *coût* (substantif verbal), *coûteux*.

Coutil, dérivé de *coute*; voy. *couette*.

Coutre, en italien *coltro*, du L. *cultrum* (coutre), par le changement de *ul* en *ou* (voy. *agneau*).

Coutume, anciennement *coustume*, à l'origine *costume*. dans le latin du moyen âge *costuma* (charte de 705); du L. *consuetudinem* (coutume). *Cons(ue)túdinem*, contracté (voy. *aider*) en *cons'tudinem*, a donné *costudinem* par la réduction régulière de *ns* à *s* (voy. *aîné*) : *costume* par le changement du suffixe *udinem* en *ume* (voy. *amertume*); *coutume* par le changement de *o* en *ou* (voy. *affouage*), et la chute de *s* (voy. *abîme*). — D. *coutumier*, *accoutumer*.

Couture, ancien français *cousture*, à l'origine *costure*, en espagnol *costura*, du L. *consutura** (dérivé de *consuere*, coudre). *Cons(ū)tura*, contracté (voy. *aider*) en *cons'tura*, a donné *costura* par la réduction de *ns* à *s* (voy. *aîné*), *cousture* par le changement de *o* en *ou* (voy. *affouage*), *couture* par la chute de *s* (voy. *abîme*). — D. *couturier, couturière*.

Couvent, du L. *conventum* (réunion, assemblée de religieux), par la réduction de *nv* latin a *v* (voy. p. XCVI), et par le changement de *o* latin (*coventum*) en *ou* (voy. *affouage*).

Couver, du L. *cubare* (couver), par le changement 1° de *b* en *v* (voy. *avant*); 2° de *u* en *ou* (voy. *accouder*). — D. *couvée, couveuse, couvaison*.

Couvercle, du L. *cooperculum* (couvercle), qui s'est contracté régulièrement (voy. p. LXXXI) en *cooperc'lum*, et a donné *couvercle* par le changement 1° de *o* en *ou* (voy. *affouage*); 2° de *p* en *v* (voy. *arriver*).

Couvert, voy. *couvrir*.

Couvrir, du L. *cooperire* (couvrir). *Coop(e)rire*, contracté régulièrement (voy. *accointer*) en *coop'rire*, a donné *couvrir* par le changement 1° de *o* en *ou* (voy. *affouage*); 2° de *p* en *v* (voy. *arriver*). — D. *couvert, couverte, couverture, couvreur, recouvrir, découvrir*.

Crabe, de l'allemand *krabbe* (crabe). — D. *crevette* (diminutif de *crabe* par les intermédiaires suivants : *crabette*, puis *cravette*; sur le changement régulier de *b* en *v*, voy. *avant*).

Crac, onomatopée (voy. p. LXV). — D. *craquer*.

Cracher, ancien français *racher*, mot d'origine germanique (nor. *hraki*, salive). — D. *crachement, crachat, crachoir*.

Craie, anciennement *croie*, en italien *creta*, du L. *creta* (craie), par la chute du *t* (voy. *aigu*), et le changement de *e* en *oi* puis en *ai* (voy. *accroire*). — D. *crayeux, crayon*.

Craindre, du L. *tremere* (craindre), par le changement ordinaire de *emere* en *eindre* (voy. *geindre*), et par la mutation insolite de *tr* en *cr*. — D. *crainte* (substantif participial, voy. *absoudre*), *craintif*.

Cramoisi, mot d'origine orientale (arabe *karmesi*, cramoisi, qui a donné le bas latin *carmesinus*, d'où le français *cramoisi* par la transposition de *r* (voy. *âpreté*) et le changement de *e* en *oi* (voy. *accroire*).

Crampe, mot d'origine germanique (angl. *cramp*; même sens).

Crampon, diminutif de l'ancien français *crampe* (crochet), qui est l'allemand *krampe* (crochet) — D. *cramponner*.

Cran, du L. *crena* (entaille, rainure) par le changement insolite de *e* en *a* (voy. p. LXXXIV, LXXXV). — D. *créneau* (anciennement *crenel*, de *crenellum*, diminutif de *crena*), *crénelé*.

Crâne, du grec κράνιον (crâne) — D *crânerie*.

Crapaud, dérivé de l'ancien verbe français *craper* (ramper), *crapaud* signifie proprement *le rampant*; quant au verbe *craper*, il est d'origine germanique (island. *craup*, ramper). — D. *crapaudine*.

Crapule, du L. *crapula* (même sens). — D. *crapuleux*.

Craquer, voy. *crac*. — D *craquement, craqueter*.

Crase, du grec κρᾶσις (fusion, contraction).

Crasse, du L. *crassus* (épais). — D. *crasse* (subst.), *crasseux, décrasser, encrasser*.

Cratère, du L *crater* (cratère d'un volcan).

†**Cravache,** venu par les guerres allemandes, de l'allemand *karbatsche* (cravache), qui est d'origine slave.

Cravate, mot d'origine historique (voy. p. LXIV); nous avons expliqué au mot *corvée* l'étymologie (et la formation du mot *cravate*. Ménage, qui vivait au temps où la mode de porter des cravates fut introduite en France, confirme cette origine : CRAVATE, dit-il, *on appelle ainsi ce linge blanc qu'on entortille à l'entour du cou, dont les deux bouts pendent par devant; lequel linge tient lieu de collet. Et on l'appelle de la sorte, à cause que nous avons emprunté cette sorte d'ornement des* Croates, *qu'on appelle ordinairement* Cravates. *Et ce fut en 1636 que nous prismes cette sorte de collet des* Cravates, *par le commerce que nous usmes en ce tans-là en Allemagne au sujet de la guerre que nous avions avec l'Empereur*

Crayon, voy. craie. — D. *crayonner.*

Créance, qui signifie proprement *croyance* dans : lettres de *créance*, donner *créance* a une chose, du L. *credentia** (dérivé de *credere*, croire). Sur la chute du *t* médial, voy. *abbaye;* sur *tia* devenu *ce*, voy. *agencer.* —D. *créancier.*

Créateur, du L. *creator* (même sens).

Création, du L. *creationem* même sens)

Créature, du L. *creatura* (même sens)

Crécelle, origine inconnue.

Crèche, en provençal *crepcha*, en italien *greppia*, mot d'origine germanique (vieux saxon *cribbia*, crèche). Sur le changement de *pia* en *che* par l'intermédiaire de *pja, pcha*, voy. p. xc.

Crédibilité, du L. *credibilitatem* (même sens).

Crédit, du L. *creditum* (chose prêtée). — D. *créditer, créditeur, accréditer*, *discréditer*, *décréditer.*

Crédule, du L. *credulus* (même sens) — D. *crédulité, incrédule.*

Créer, du L. *creare* (créer).

Crémaillère, crampon, dérivé de l'ancien français *cremaille* (même sens), qui vient du L. *cramaculus** (m. s.) au huitième siècle, dans le Capitul. *de Villis*, part. 41 *catenas, cramaculos* par le changement 1° de *aculus* en *aille* (voy. *abeille*); 2° de *a* en *e* (voy. *acheter*). *Cramaculus* est un mot d'origine germanique et un diminutif du néerlandais *kram* (crampon).

Crème, du L. *crema* (crème, dans Fortunat). — D. *écrémer.*

Créneau, voy. *cran.* —D. *créneler.*

† **Créole,** venu de l'espagnol *criollo* (créole).

Crêper, friser, du L. *crispare* (friser), par le changement de *i* en *e* (voy. *admettre*), et la chute de *s* (voy. *abîme*). — D. *crêpe* (étoffe légèrement *crêpée); crêpe* (gâteau mince comme l'étoffe dite *crêpe); crêpu.* Une autre forme de *crêper* est *crépir* (crépir du crin, le faire bouillir pour le *friser); crépine.*

Crépir, voy. *crêper.* — D. *crépi* (subst. partic.), *crépissure.*

Crépitation, du L. *crepitationem* (même sens).

Crépuscule, du L *crepusculum* (crépuscule) — D. *crépusculaire*

† **Crescendo,** mot italien signifiant *croissant.*

Cresson, en italien *crescione*, du L. *crescionem** (de *crescere*, croître; littéralement : qui croît rapidement). — *Sc* latin s'est assimilé en *ss* devant *e* et *i*, comme dans : croissant (crescentem), naissant (nascentem), poisson (piscionem), rossignol (lusciniola), vaisseau (vascellum).

Crête, anciennement *creste*, du

L. *crista* (crête), par le changement de *i* en *e* (voy *admettre*) et la chute de *s* (voy. *abîme*).

† **Crétin**, mot du patois des Grisons. — D. *crétinisme*.

Cretonne, origine inconnue.

Creuser, voy. *creux*.

Creuset, origine inconnue.

Creux, en provençal *cros*, dans la basse latinité *crosum*, contraction du L. *corrosum* (rongé, troué, puis creuse). Sur *osum* devenu *eux*, voy. *amoureux*; sur la contraction de *c(o)rrosus* en *c'rosus*, voy *briller*. — D. *creuser*.

Crever, en provençal *crebar*, en italien *crepare*, du L *crepare* (même sens), par le changement de *p* en *v* (voy. *arriver*). — D. *crevasse*, *crève-cœur*.

Crevette, voy. *crabe*.

Criailler, voy. *crier*. — D. *criaillerie*

Crible, du L. *cribrum* (crible), par la dissimilation de *r* en *l* (voy. p. LXXV, et au mot *autel*). — D *cribler*.

Cric, onomatopée (voy. p. LXV).

Crier, en provençal *cridar*, en espagnol *gritar*. du L *quiritare* (crier, criailler), par la contraction de *q(ui)ritare* en *q'ritare* (voy. *briller*); le changement de *q* en *c* (voy *car*); la chute du *t* médial, *cri(t)are* (voy. *abbaye*) — D. *cri* (substantif verbal); *crieur, criard criée, décrier. s'écrier, criailler*.

Crime, du L *crimen* (crime)

Criminel, du L. *criminalis* (même sens). — D. *criminalité, criminaliser, criminaliste*

Crin, du L *crinis* (cheveu. Sur la restriction de sens, voy p XXII) — D *crinière, crinoline*

Crique, mot d'origine germanique (néerlandais *kreek*, crique)

Criquet, sauterelle, dérivé de *cric*, onomatopée On appelle de même le grillon *cri-cri*.

Crise, du L. *crisis* (crise).

Crisper, du L. *crispare* (contracter) — D. *crispation*.

Cristal, du L. *crystallum* (cristal). — D. *cristallin, cristalliser, cristallisation*.

Criterium, mot latin (grec κριτήριον, moyen de juger).

Critique, du grec κριτικός (qui juge). — D. *critiquer, critiquable*.

Croasser, onomatopée (voy. p. LXV) — D *croassement*.

Croc, mot d'origine germanique (néerlandais *krok*, croc). — D. *crochet, crochu, croché, accrocher, décrocher*.

Crochet, voy. *croc*. — D. *crocheter, crocheteur*.

Crochu, voy. *croc*.

Crocodile, du L. *crocodilus* (même sens).

Croire, du L. *credere* (croire), par une série de changements déjà étudiés au mot *accroire* — D *croyant, croyance, croyable, accroire, mécroire*.

† **Croisade**, mot venu du provençal *croxada* (croisade), formé lui-même de *croz* (croix, de *crucem*).

Croiser, voy. *croix*. — D *croise, croisement, croisée* (primitivement fenêtre *croisée*, c'est-à-dire divisée en quatre par une croix de pierre), *croisière*.

Croissant, voy. *croître*.

Croître, du L. *crescere* (croître) Pour la série des changements du latin au français, voy *accroître* — D. *croît* (substantif verbal). *cru, crue, accroître, décroître, recroître, surcroître* (surcroît) Le participe *croissant* (du L *crescentem*; sur *e=oi*, voy. *accroire*; sur le changement de *sc* en *ss*, voy *cresson*), a donné les substantifs *croissant* et *croissance*.

Croix, du L. *crucem* (croix). Sur *u* devenu *oi*, voy. *angoisse*.

sur c devenu x, voy. *amitié* — D. *croiser.*

Croquer, onomatopée (voy. p. LXV). — D. *croquette, croquis, croquignole.*

Croquis, voy *croquer.*

Crosse, ancien français *croce*, en italien *croccia*, dans le latin du moyen âge *crucea*, dérive de *crucem* (croix). *Crucea* signifie proprement une béquille en forme de croix (le sens *exclusif* de crosse épiscopale est moderne). On dit encore dans quelques provinces *marcher aux crosses*, en parlant des personnes infirmes qui marchent à l'aide de béquilles placees sous l'aisselle.

Crotte, origine inconnue. — D. *crotter, décrotter, crottin.*

Crouler, anciennement *croller*, à l'origine *crodler*, en provençal *crotlar*, du L *corotulare* (rouler, tomber ensemble, en même temps). Ce mot perdant son *u* atone, suivant la règle (voy. *accointer*), s'est contracte en *corot'lare*, qui est devenu *c'rot'lare* par la chute du premier o (voy. *brûler*). *Crotlare*, assimilant *tl* en *ll* (voy. *bouleau*), donne l'ancien français *croller*, qui devient *crouler* par la résolution de *ol* en *ou* (voy *agneau*). — D. *écrouler.*

† **Croup**, mot anglais introduit en France, vers 1815.

Croupe, ancien français *crope*. Le sens originaire du mot est protubérance (*croupe* d'une montagne, etc.), mot d'origine germanique (nord. *kryppa*, protubérance, bosse). — D. *croupion, croupière, croupir* (qui signifiait anciennement *s'accroupir*), *s'accroupir, croupier* (proprement : celui que l'on associe au jeu, que l'on prend en *croupe* avec soi).

Croupier, voy. *croupe.*

Croupion, voy. *croupe.*

Croupir, voy. *croupe.*

Croûte, anciennement *crouste*, du L. *crusta* (croûte), par le changement de *u* latin en *ou* (voy. *accouder*), et la chute de *s* (voy. *abîme*) — D. *crouton, encroûter, croustiller.*

Croyable, voy. *croire.*

Croyance, voy. *croire.*

1. **Crû**, voy *croître.*

2. **Cru**, du L. *crudus* (cru), par la chute du *d* (voy. *alouette*)..

Cruauté, anciennement *crualté*, à l'origine *cruelté*, du L *crudelitatem* (cruaute). *Crudel(i)tatem*, régulièrement contracté (voy. *accointer*) en *crudel'tatem*, a donné l'ancien français *crualtet* par la chute du *d* médial (voy *accabler*); *cruauté* par l'adoucissement de *l* en *u* (voy. *agneau*), et le changement de *atem* en *é* (voy. *abbé*).

Cruche, mot d'origine celtique (kymri, *cruc, crwc*, cruche).— D. *cruchon.*

Crucifère, du L. *crucifer* (qui porte une croix, qui a la forme de croix).

Crucifier, du L. *crucificare* (même sens). Sur la chute du *c*, voy. *affouage.* — D. *crucifiement*

Crucifix, du L. *crucifixus* (attaché à la croix).

Crudité, du L. *cruditatem* (crudité).

Crue, voy. *croître.*

Cruel, du L. *crudelis* (cruel), par la chute du *d* médial (voy. *accabler).*

Crustacé, du L. *crustaceus* (revêtu d'une croûte, *crusta*).

Crypte, du L *crypta* (grotte).

Cryptogame, de χρυπτογάμος (dont les organes de fructification ne sont pas apparents).

Cryptographie, du grec χρυπτός, caché, et γραφειν, écrire.

Cube, du L. *cubus* (cube). — D. *cuber, cubage, cubique*

Cubitus, du L. *cubitus* (coude).

Cueillir, du L. *colligere* (cueillir). Pour les permutations de lettres, voy *accueillir* — D. *cueillette* (L *collecta* récolte). Sur *ct* devenu *tt*, voy. *assiette; accueillir, recueillir*.

Cuider, du L. *cogitare* (croire). *Cog(i)tare* s'est contracté, suivant la règle (voy. *accointer*), en *cog'tare*. O latin est ici devenu *ui*, comme dans : cuisine (coquina), cuisse (coxa), cuire (coq're), huître (ostrea), huis (ostium), puis (post), nuire (noc're), cuit (coctus), huit (octo), nuit (noctem), cuillère (cochlearia), cuisson (coctionem), huitième (octesimus), puissant (possentem*). Dans les mots : ennui (in-odio), appuyer (appodiare*), muid (modius), hui (hodie), cuir (corium), huile (olium*), l'o latin est devenu *ui* par l'attraction de l'*i*. — Sur le changement de *gt* en *d*, voy. *aider*. — D. *outrecuidance*.

Cuiller, du L. *cochleare* (cuiller, dans Pline et Martial), *cocleare* dès les derniers siècles de l'Empire. — Sur o devenu *ui*, voy. *cuider*; sur *cl* devenu *il*, voy. *abeille*. — D. *cuillère, cuillerée*.

Cuir, du L. *corium* (cuir), par le changement de *o* en *ui* (voy. *chanoine*).

† **Cuirasse,** venu de l'italien *corazza* (cuirasse). — D. *cuirasser, cuirassier*.

Cuire, du L. *coquere* (cuire), qui est déjà *cocere* dans une inscription du troisième siècle (voy. *car*); ce mot, contracté suivant la règle de l'accent latin (voy. p. LXXXI) en *coc're* (voy. *car*), a donné *cuire* par le changement de *o* en *ui* sous l'influence du *cr* suivant (voy. *cuider*), qui se réduit à *r* (voy. *bénir*).

Cuisine, en italien *cucina*, en espagnol *cocina*, du L. *coquina* (cuisine dans Palladius et dans Isidore de Séville); ce mot, qui est déjà *cocina* dans les Gloses (voy. *car*), a donné *cuisine* par le changement de *o* en *ui* (voy. *cuider*) et de *c* en *s* (voy. *amitié*). — D. *cuisiner, cuisinier, cuisinière*.

Cuisse, du L. *coxa* (hanche), que l'on trouve déjà écrit *cossa* chez les Romains (sur ce changement de *x* en *ss*, voy. *aisselle*). Sur o devenu *ui*, voy. *cuider* — D. *cuissot, cuissard*.

Cuisson, du L. *coctionem* (cuisson), par le changement : 1° de *o* en *ui* sous l'influence du *c* (voy. *cuider* et *attrait*); 2° de *ti* en *ss* (voy. *agencer*).

Cuistre, à l'origine cuisinier, marmiton, du L *cocistro** (cuisinier, dans Isidore de Séville, forme qui représente le L. *coquaster** dérivé de *coquus*). — Sur la chute du *c* médial (co(c)istro, voy. *affouage*; sur o devenu *i*, voy. *cuider*.

Cuivre, du L. *cuprum* (cuivre), par le changement : 1° de *p* en *v* (voy. *arriver*); 2° de *u* en *ui* (voy. *buis*). — D. *cuivrer*.

Cul, du L. *culus*. — D. *culasse, acculer, éculer, reculer, culée, culotte; culbuter* (voy. *buter*); *cul-de-sac*.

Culinaire, du L. *culinarius* (même sens).

Culminer, du L. *culminare* (atteindre le point culminant).

Culpabilité, du L. *culpabilitatem* (même sens).

Culte, du L. *cultus* (culte)

Cultiver, du L. *cultivare** (qui a le sens de cultiver dans la basse latinité).

Culture, du L. *cultura* (culture).

Cumin, du L. *cuminum* (cumin).

Cumuler, du L. *cumulare* (entasser). — D. *cumul* (subst. verbal).

Cunéiforme, en forme de *coin* (du L. *cuneus*).

Cupide, du L. *cupidus* (avide). — D. *cupidité*.

Curaçao, liqueur exportée de l'île de *Curaçao*.

Curateur, du L. *curator* dérivé de *curare* (même sens). — D. *curatelle*.

1. **Cure,** du L. *cura* (cure, traitement)

2. **Cure,** du L. *cura* (charge, et dans la langue ecclésiastique charge d'âmes; *cura* prit le sens de fonction de curé, puis par extension celui de demeure du prêtre. — D. *curé* (le titulaire d'une *cure*).

Curée, du L. *corata** (viscères et poumons d'un animal, de *cor*, cœur; la *curée* étant proprement les poumons et les entrailles du cerf que l'on donne aux chiens après la chasse). — Sur *ata* devenu *ée*, voy. *ampoulé*. O (corata) devient ici *u*, comme dans : *fur* (fŏrum), *mûre* (mōrum), *jus* (jōsum*), *tuf* (tōfus), *museau* (morsellum*).

Curer, du L. *curare* (soigner, entretenir, d'où le sens nettoyer). — D. *curage, cureur, récurer, cure-dent, cure-oreille*.

Curieux, du L. *curiosus* (curieux), par le changement de *osus* en *eux* (voy. *amoureux*).

Curiosité, du L. *curiositatem* (curiosité).

Cursive, du L. *cursiva** (tiré de *cursum*, supin de *currere*, courir).

Cutané, du L. *cutaneus** (dérivé de *cutis*, peau).

† **Cutter,** terme de marine, venu de l'anglais *cutter* (qui fend l'eau).

Cuve, du L. *cupa* (cuve), par le changement de *p* en *v* (voy. *arriver*). — D. *cuvier, cuvée, cuvette, cuver*.

Cycle, du grec κύκλος (cercle). — D. *cyclique*.

Cyclope, du grec κύκλωψ (cyclope). — D. *cyclopéen*.

Cygne, du L. *cygnus*.

Cylindre, du L *cylindrus* (cylindre). — D. *cylindrique*.

† **Cymaise,** venu au seizième siècle de l'italien *cimasa* (cymaise).

Cymbale, du L. *cymbalum* (cymbale). — D. *cymbalier*.

Cynique, du L. *cynicus* (cynique). — D. *cynisme*.

Cyprès, du L. *cupressus* (cyprès).

Cytise, du grec κύτισος (cytise).

† **Czar,** du russe *tzar* (titre des empereurs de Russie).

D

Da, anciennement *dea, dia*, à l'origine *diva*, composé des deux impératifs *di* (dis) et *va*. (Voy. *dire* et *aller*.) On trouve même cette interjection *diva* suivie de *di*. Le poëte Rutebœuf, au treizième siècle, dans le *Miracle de Théophile* emploie « *diva di*, » ce qui montre bien la présence de l'impératif *dis* dans le mot.

Dactyle, du L. *dactylus* (dac-ty e).

Dague, origine inconnue. — D. *daguet* (jeune cerf qui porte des dagues, c'est-à-dire de petites cornes droites comme des dagues, comme des poignards).

Dahlia, mot d'origine historique (voy. p. LXIV), plante dédiée au botaniste *Dahl* par Cavanilles.

Daigner, du L. *dignari* (daigner). Pour le changement de *i* en *ai*, voy. *marraine*. — D. *dédaigner*

Daim, du L *damus** (daim, forme secondaire de *dama*). Sur *a* devenu *ai*, voy. *aigle*. — D. *daine* (l'ancien français, écrivant *dain* pour *daim*, le féminin ne pouvait être que *daine*).

Dais, ancien français *dois*, en italien *desco*, du L. *discus* (table à manger). *Dais* signifie toujours table à manger, dans notre ancienne langue, mais spécialement une table d'apparat, surmontée d'une tenture en forme de ciel de lit ; le sens de ce mot s'est réduit peu à peu à la tenture elle-même et l'idée de table a disparu. *Discus* donne l'ancien français *dois*, comme *meniscus* donne *menois*, par le changement de *i* en *oi* (voy. *bois*). *Dois* est devenu *dais* par le changement de *oi* en *ai* (voy. *accroire*).

Dalle, origine inconnue. — D. *daller*.

Dam, du L. *damnum* (dommage). Sur *mn* réduit à *m*, voy. *allumer*.

Damas, mot d'origine historique (voy. p. LXIV) de la ville de Damas où l'on fabriquait originairement cette étoffe. — D. *damasser*.

† **Damasquiner,** de *damasquin*, venu au seizième siècle de l'italien *damaschino* (lame de Damas).

1. **Dame** (substantif), du L *domina* (dame), qui est déjà *domna* dans les Inscriptions. — *Domna* a donné *dame* par le changement : 1° de *mn* en *m* (voy. *allumer*) ; 2° de *o* en *a*, exemple unique d'un pareil changement pour l'*o* accentué (voy. p. LXXXV), mais dont il y a plusieurs exemples pour l'*o* atone : tels sont *damoiseau* de *domicellus**, *danger* de *dominiarium**, *langouste* de *locusta*. — D. *dameret, damer, damier*.

2. **Dame** (interjection), reste de l'ancienne interjection du moyen âge *Dame-Dieu !* (domine Deus !) c'est-à-dire *Seigneur Dieu !* Le sens propre de l'exclamation *dame !* est donc *Seigneur !*

Dominus étant déjà *domnus* chez les Romains (on trouve cette forme dans plusieurs inscriptions de l'Empire, voy. p. LXXXI), *domine* devint de même *domne* qui a donné *dame* (interjection), comme *domna* a donné *dame* (substantif). Pour le détail des changements de lettre, voy. ci-dessus, au mot *dame* 1.

3. † **Dame,** digue, de l'allemand *damm* (digue).

Damer, voy. *dame* 1.

Dameret, voy. *dame* 1.

Damier, voy. *dame* 1.

Damner, du L. *damnare* (damner). — D. *damnation, damnable*.

Damoiseau (gentilhomme qui n'est point encore reçu chevalier), ancien français *damoisel*, du L. *dominicellus** (jeune seigneur, diminutif de *dominus*, seigneur). — *Domin(i)cellus*, se contractant, suivant la règle (voy *accointer*), en *domin'cellus*, nc latin, s'est réduit à *c* (voy. *coque*), et l'on obtient la forme *domicellus* qui est celle de la latinité du moyen âge : *Non* *habeant domicellos*, lit-on dans les *Statut. Cluniacenses*. — De cette forme *domicellus* est venu directement l'ancien français *damoisel* par le changement : 1° de *o* en *a* (voy. *dame* 1); 2° de *i* en *oi* (voy *boire*); 3° de *c* en *s* (voy. *amitié*) : *damoisel* est devenu postérieurement *damoiseau* par la résolution de *el* en *eau* (voy. *agneau*). — D. *demoiselle* (anciennement *damoiselle*, féminin de l'ancien français *damoisel*).

Dandiner, marcher gauchement comme un *dandin* (qui avait dans l'ancien français le sens de niais et de gauche; cet adjectif a été personnifié plusieurs fois, dans *Perrin* Dandin, *Georges* Dandin, etc). L'origine de *dandin* est inconnue.

† **Dandy**, mot anglais introduit pendant la Restauration, et qui a le sens de petit-maître.

Danger. Le sens originaire de *danger* est puissance, pouvoir; *être en danger de l'ennemi* signifie, au moyen âge, *être au pouvoir de l'ennemi, être à la merci de l'ennemi*. De ce premier sens d'être au pouvoir, à la merci de quelqu'un, découle par une transition naturelle le sens de péril; il est périlleux d'être au *danger*, aux mains de l'ennemi; le sens originaire de *pouvoir* a persisté jusqu'au milieu du seizième siècle. *Danger*, qui est dans l'ancien français *dongier* (sur ce passage de *o* à *a*, voy. *dame* 1.) vient du L. *dominiarium** (pouvoir, puissance, dérivé de *dominium* qui a le sens de souveraineté, dans Cicéron.). De même que *dominus* était déjà *domnus* chez les Romains (voy. *dame* 2), *dominiarium* est devenu *domniarium*, qui a consonnifié *ia* suivant la règle (voy. *abréger*); *domnjarium*, a donné l'ancien français *dongier* par le changement : 1° de *m* en *n* (voy. *changer*); 2° de *arium* en *ier* (voy. *anier*) — D. *dangereux*.

Dans, ancien français *dens* (*d'ens*, contraction de *de* et de *ens*); *ens* est le L. *intus* (dedans); sur le changement de *intus* en *ens*, voy. *mettre*; sur le changement de *dens* en *dans*, voy. p. LXXXV. — D. *dedans*.

Danser, mot d'origine germanique (vieil haut allemand *dansón*) — D. *danse* (substantif verbal), *danseur, contredanse*.

Dard, en italien *dardo*; mot d'origine germanique (angl.-saxon *dar'dh, daradh*, dard). — D *darder*

Darne, mot d'origine celtique (Kymri *darn*, tranche, portion).

† **Darse**, venu de l'italien *darsena* (darse).

Dartre, origine inconnue. — D. *dartreux*.

Date, en italien *data*, du L. *data* (proprement *donnée*, dans l'expression *datum Romæ*, donné à Rome le...). — D *dater, antidater, postdater*.

Datif, du L *dativus* (même sens).

Datte, qu'on trouve aussi écrit *dacte*, en portugais *datil*, du L. *dactylus* (datte). Sur le changement de *ct* en *tt*, voy. *assiette*; sur la chute des deux dernières syllabes *ylus*), voy. p. LXXXI. — D. *dattier*

Daube, origine inconnue.

Dauber, proprement battre, frapper, mot d'origine germanique (v. allem. *dubban*, frapper).

Dauphin, en provençal *dalfin*, du L. *delphinus* (dauphin). Le fils aîné des rois de France porta le titre de *dauphin* depuis 1343, date de la réunion du Dauphiné à la France Le Dauphiné ou plutôt le Viennois avait eu plusieurs seigneurs nommés *Dauphin*, nom propre qui n'est autre que le L. *delphinus* Sur le changement : 1° de *el* en *au*, voy. *agneau*; 2° de *ph* en *f*, voy. *coffre*.

Davantage, anciennement d'avantage, voy. *de* et *avantage*.

Davier, origine inconnue.

De, du L. *de* (de).

1. **Dé**. Prefixe qui correspond : 1° au latin *de*; 2° au latin *dis*, et dans ce cas la forme *dé* est toujours *des* à l'origine de la langue : *calceare* (chausser), *dis-calceare* (*des*-chausser, puis déchausser). Sur le changement de *dis* en *des*, puis *dé*, voy. *admettre* et *abîme*. On a dans la double forme *décréditer-discréditer* un exemple frappant de l'opposition de la forme populaire et de la forme savante. 3° au latin *de-ex* dans un petit nombre de mots (*dévier, deduire*, etc) qui sont dans notre ancienne langue *destier* (de-ex-viare), *desduire* (de-ex-ducere), etc.

2. **Dé** (à coudre), ancien français *del*, a l'origine *déel*, en espagnol *dedal*, en italien *ditale*, du L. *digitale** (dé à coudre). *Dig(i)tále*, contracté suivant la règle (voy. *accointer*) en *dig'tale*, a perdu la consonne médiale *t di(t)ale* (voy *abbaye*) et a donné l'ancien français *deel* par le changement 1° du suffixe *ale* en *el* (voy. *annuel*): 2° de *i* en *e* (voy. *admettre*).

3. **Dé** (à jouer), du L. *datum* (ce qu'on jette sur la table; de *dare*, jeter, dans les expressions telles que *dare ad terram*, etc.). Sur le changement de *atum* en *é*, voy. *ampoulé*.

Débâcle, voy. *bâcler*.

Déballer, voy. *balle*. — D. *Déballage*.

Débander, voy. *bande* 2. — D. *débandade*.

Débarder, débardeur, voy. *bard*.

Débarquer, voy. *barque*. — D. *debarcadère* (cf. l'espagnol *desembarcadero*).

Débarrasser, voy *embarrasser* — D. *débarras* (subst verbal)

Débattre, voy. *battre*. — D. *débat* (substantif verbal).

Débaucher, faire sortir de l'*atelier* (qui est *bauche*, dans notre vieille langue). L'origine de *bauche* est inconnue. — D. *debauche* (proprement cessation du travail, puis paresse, puis inconduite).

Debet, mot latin *debet* (il doit).

Débile, du L. *debilis* (même sens). — D. *debiliter*, *débilité*.

Debit, du L *debitum* (dû). — D. *débiter, débiteur*.

Deblaterer, du L. *deblaterare* (crier).

Déblayer, du L *debladare** (qui a, dans la latinité du moyen âge, le sens originaire d'enlever le blé coupé, de déblayer un champ après la moisson; puis d'enlever, d'ôter, de déblayer en général. On lit dans une charte de 1272 : « Si- « militer in pratis ipsorum de dicto « loco, postquam fuerint *debla- « data*. » *Debladare* est dérivé de *bladum**, blé (voy ce mot). *Debladare* a donné *déblayer* par la chute du *d* medial (voy. *accabler*). — D. *déblai* (substantif verbal).

Débloquer, voy. *bloquer*.

Deboire, voy. *boire*.

Déboîter, voy. *boîte*.

Débonnaire, ancien français *de bon aire*, voy. *air* (au sens de naturel).

Déborder, voy *bord*. — D. *débord* (substantif verbal), *débordement*.

Déboucher, voy. *boucher*. — D. *débouche*.

Débourser, voy. *bourse*. — D. *débours* (substantif verbal).

Debout, voy. *bout.*
Débouter, voy. *bouter.*
Débrailler, voy. *braie.*
Débris, voy. *briser.*
Débucher, sortir du bois, voy. *bûche* et *bois.*
† **Debusquer,** voy. *embusquer* et au mot *dé*....
Début, voy. *but.* — D. *débuter, débutant.*
Deçà, voy. *de* et *ça.*
Decade, du grec δεκάδος (dizaine).
Decadence, du L. *decadentia** (de *decadere**, déchoir)
Decadi, de δέκα (dix) et *dies* (jour).
Decagone, du grec δεκάγωνος (qui a dix angles).
Décagramme, du grec δέκα (dix), et *gramme* (voy. ce mot)
Decalitre, du grec δέκα (dix), et *litre* (voy. ce mot).
Decalogue, du grec δεκάλογος (dix commandements).
Décamper, voy. *camper.*
Décanat, du L *decanatus* (dignité de doyen, de *decanus*)
Décanter, en italien *decantare*, du L *decanthare** (verser doucement, en inclinant le vase, de *canthus*, angle d'une cruche).
Décaper, proprement ôter la croûte, la rouille, le vêtement impur qui recouvre une surface métallique, dérivé de *cape*, vêtement (voy. *cape*); le décapage consistant à mettre le métal à *nu*, à enlever l'enduit qui le recouvre. — D. *décapage.*
Decapiter, du L. *decapitare** (dérivé de *caput*, tête).
Decéder, du L. *decedere* (s'en aller)
Déceler, voy *celer.*
Décembre, du L. *decembrem* (décembre)
Decennal, du L. *decennalis* (qui a lieu tous les dix ans).

Décent, du L. *decentem* (convenable). — D *décence.*
Déception, du L. *deceptionem* (même sens).
Decerner, du L. *decernere* (voter).
Décès, du L. *decessus* (départ).
Décevoir, du L. *decipere* (tromper). Sur le changement de *cipere* en *cevoir,* voy. *decevoir.* — D. *decevable*
Déchaîner, anciennement *deschaîner,* du L. *dis-catenare** (ôter la chaîne) Pour le changement de lettres, voy. *dé....* et *chaîne.* — D. *déchaînement.*
Déchanter, anciennement *deschanter,* voy. *dé....* et *chanter.*
Décharger, anciennement *descharger,* voy. *dé. ..* et *charger.* — D *décharge* (substantif verbal), *déchargement.*
Décharner, ancien français *descharner,* en espagnol *descarnar,* du L *discarnare** (ôter la chair, *carnem*). Sur le changement de *c* en *ch,* voy. *acharner.* Sur *dis* devenu *dé,* voy. *dé.. .*
Déchausser, ancien français *deschausser,* du L. *discalceare* (déchausser). Pour les changements de lettres, voy *chausser* et *dé....* — D *déchaux* (carmes).
Déchéance, du L *decadentia** (décheance, de *decadere,* dechoir), par la chute du *d* médial (voy. *accabler*), le changement : 1° de *ca* en *che* (voy. *acharner* et *acheter*), 2° de *tia* en *ce* (voy *agencer*).
Déchet, voy. *déchoir.*
Déchiffrer, voy *chiffre.* — D *déchiffrable, indéchiffrable.*
Déchiqueter, mettre en menus morceaux, en *chiquets,* mot qui paraît être un diminutif du L. *ciccum* (une chose insignifiante, un rien)
Déchirer, ancien français *deschirer,* composé de l'ancien verbe

eschirer, en provençal *esquirar*. Mot d'origine germanique (vieil haut allemand *skërran*, déchirer) — D. *déchirement*, *déchirure*.

Déchoir, voy. *dé....* et *choir*. — D. *dechet* (autre forme de *déchoit* ; voy. *Grammaire historique de la langue française*, p. 42).

Decider, du L. *decidere* (trancher, decider) — D. *indécis* (de *in* et de *decisus*, décidé), *décisif* (de *decisivus*, dérivé de *decisus*).

Décime, du L. *decima* (dixième). — D. *decimer*, *decimation*, *décimal*.

Décimètre, du L. *deci* (préfixe marquant dix), et *mètre* (voy. ce mot). On voit que le préfixe *deci* signifie dix fois, et que le mot *décimètre* est mal formé, signifiant proprement dix mètres, tandis qu'il veut désigner la dixième partie d'un mètre. En latin, *deci* multiplie, et ne divise pas.

Decisif, voy. *décider*.

Decision, du L. *decisionem* (décision).

Declamer, du L. *declamare* (même sens). — D. *déclamation*, *déclamatoire*.

Declarer, du L *declarare* (déclarer). — D. *déclaration*.

Decliner, du L. *declinare* (même sens). — D. *déclin* (substantif verbal), *déclinable*, *déclinaison*.

Declive, du L. *declivus* (qui est en pente). — D *déclivité*

Déclore, voy. *dé. ..* et *clore*.

Declouer, voy. *dé....* et *clouer*.

Décocher, voy. *dé....* et *coche*

Décoction, du L *decoctionem* (même sens)

Décoiffer, voy. *coiffer*.

Decollation, du L. *decollationem* (même sens)

1 **Décoller**, voy. *col*
2. **Décoller**, voy. *colle*.
Décolleter, voy. *collet*.

Décolorer, voy. *dé....* et *colorer*.

Décombres, voy. *encombre*.

Decomposer, voy. *composer*. — D. *décomposition*.

Déconfire, défaire, détruire. Malherbe dit encore que la France a *déconfit* l'Espagne. *Déconfire*, anciennement *desconfire*, du L. *disconficere* (défaire, composé de *conficere*, parfaire, achever). Pour le changement de lettres, voy. *dé....* et *confire* — D. *déconfiture*.

Décontenancer, voy. *contenance*.

Déconvenue, voy. *dé....* et *convenir*.

Decorer, du L. *decorare* (orner). — D. *décor* (substantif verbal), *décoration*, *décorateur*, *décoratif*.

Décorum, du L. *decorum* (convenance, bienséance.

Découcher, voy. *dé....* et *coucher*.

Découdre, voy. *dé....* et *coudre*.

Découler, voy. *dé....* et *couler*.

Découper, voy *dé....* et *couper*. — D. *découpure*

Découvrir, voy. *dé....* et *couvrir*. — D *découverte* (substantif participial).

Décrasser, voy. *crasse*.

Décréditer, voy. *dé....* et *créditer*.

Décrépit, du L. *decrepitus* (même sens). — D. *décrépitude*.

Décret, du L. *decretum* (arrête). — D. *décréter*, *décrétale*.

Décrier, voy. *dé....* et *crier* — D. *décri* (substantif verbal).

Décrire, anciennement *descrire*, du L. *describere*, (décrire). Pour les changements de lettres, voy *écrire*.

Décrocher, voy. *croc*.

Décroître, voy. *croître*. —

DÉF 172 DÉF

D. *décroissant*, *décroissance*, *décrue*.

Décrotter, voy. *crotte*. — D *décrotteur*. *décrottoir*

Decuple, du L. *decuplus* (même sens). — D. *décupler*.

Dédaigner, ancien français *desdaigner*, en italien *disdegnare*, du L *dis* (voy. *dé*....) et *dignari* (voy. *daigner*). — D. *dédain* (substantif verbal), *dédaigneux*.

Dedale, du grec Δαίδαλος (Dédale, qui construisit le labyrinthe de Crète).

Dedans, voy. *de* et *dans*.

Dedicace, du L. *dedicatio* (dédicace).

Dédier, du L. *dedicare* (dédier), par la chute du *c* médial (voy. *affouage*).

Dédire, voy *dé*.... et *dire*, — D. *dédit*.

Deduction, du L. *deductionem* (même sens).

Déduire, du L *deducere* (déduire). *Deduc(ĕ)re* contracté suivant la regle de l'accent latin en *deduc're*, a donné *déduire* par le changement de *cr* en *ir*, voy. *bénir*.

Déesse, anciennement *deuesse*, forme de l'ancien français *deu* (qui est le L. *deus*), et du suffixe féminin *esse* (voy., *abbesse*)

Défaillir, voy. *dé* ... et *faillir* — D *défaillance*.

Défaire, anciennement *desfaire*, voy. *dé*... et *faire*. — D *défaite* (substantif participial)

Défalquer, en italien *diffalcare*, composé de *dé*.... (voy ce mot), et du radical *falquer*, qui est d'origine germanique (vieil haut allemand *falcan*, retrancher).— D. *Défalcation*.

Défaut, voy. *faute*.

Défaveur, voy. *dé*.... et *faveur*. — D. *défavorable*.

Défectif, du L. *defectivus* (qui manque).

Défection, du L. *defectionem* (même sens).

Defectueux, du L. *defectuosus* (même sens)

Défendre, du L. *defendere* (même sens). Sur la chute de l'avant-dernier *e*, voy. p. LXXXI. — D *défendable*, *défendeur*, *défenderesse*.

Défense, du L *defensa* (defense, dans Tertullien).

Defenseur, du L *defensorem* (même sens).

† **Defensif**, venu au seizième siècle de l'italien *defensivo* (m. s).

Deferer, du L. *deferre* (decerner, accorder). — D. *déférence*.

Déferler, voy *ferler*.

Deferrer, voy *fer*.

Défiance, voy. *défier*.

Deficit, mot latin · *deficit* (il manque).

Défier, ancien français *desfier*, en italien *disfidare*, pour l'étymologie, voy. *dé*. et *fier* — D *défi* (subst. verbal.) *défiance*.

Défigurer, voy *figure*

Défilé, voy. *défiler* 2.

1 **Défiler**, voy. *fil*.

2. **Défiler**, voy. *file*. — D. *défilé*, passage etroit où il faut aller à la file.

Definir, du L. *definire* (même sens). — D *défini*, *indéfini*, *définissable*, *indéfinissable*.

Definitif, du L *definitivus* (même sens).

Définition, du L *definitionem* (même sens).

Défleurir, voy. *fleur*.

Deflorer, du L. *deflorare* (ôter la fleur).

Défoncer, voy *fond*. — D. *défoncement*.

Déformer, voy. *forme*. — D. *déformation*.

Défrayer, voy. *frais*.

Défricher, voy. *friche*. — D. *défrichement*.

Défroquer, voy. *froc.* — D *défroque* (substantif verbal).
Defunt, du L. *defunctus* (même sens).
Dégager, voy. *gager.* — D *dégagement.*
Dégainer, voy. *gaine.* — D. *dégaine* (substantif verbal).
Dégarnir, voy. *garnir.*
Dégât, substantif verbal de l'ancien verbe *dégâter* (voy *gâter*).
Dégeler, voy. *geler.* — D. *dégel* (substantif verbal).
Degenérer, du L. *degenerare* (même sens) — D. *dégénération.*
Degenérescence, de *dégénérescent,* qui est le L. *degenerescentem** (*degenerescere**) de *degenerare.*
Déglutition, du L. *deglutitionem,* de *deglutire* (avaler).
Dégoiser, voy *gosier.*
Dégorger, voy. *gorge.*
Dégourdir, voy. *gourd.*
Dégoût, ancien français *desgoust,* en italien *disgusto,* voy. *dé ...* et *goût.* — D. *dégoûter.*
Dégoutter, voy. *goutte.*
Degrader, du L *degradare* (même sens) — D *dégradation.*
Dégrafer, voy *agrafer.*
Dégraisser, voy. *graisse.* — D. *dégraisseur, dégraissage.*
Degré, en provençal *degrat,* Ce mot répond à un type de *gradus,* composé de *de* et du L. *gradus* (degré). Sur la chute du *d,* voy. *alouette;* sur le changement de *a* en *e,* voy. *acheter.*
Dégrever, voy. *grever.* — D. *degrèvement*
Dégringoler, origine inconnue
Dégriser, voy *griser*
Dégrossir, voy. *grossir.*
Déguenillé, voy. *guenille.*
Déquerpir, compose de *dé ...* et de l'ancien verbe français *guerpir* (abandonner) qui est dans la latinité du moyen âge *werpire,* mot d'origine germanique (scandin. *verpa*). Pour le changement de *w* en *gu* français, voy. p. CII et au mot *gaine.* — D. *déguerpissement.*
Déguiser, voy *guise.* — D. *déguisement.*
Deguster, du L. *degustare* (même sens). — D. *dégustation, dégustateur.*
Dehiscence, du L. *dehiscentia** (*dehiscere,* s'entr'ouvrir).
Déhonté, voy. *honte.*
Dehors, voy. *hors.*
Deicide, du L. *deicidium** (meurtre de Dieu).
Deifier, du L. *deificare.* — D. *déification.*
Deisme, de *Deus* (Dieu), avec le suffixe *isme.* — D *déiste*
Deite, du L *deitatem* (divinité).
Déjà, ancien français *desjà,* voy *dès* et *jà.*
Déjection, du L. *dejectionem* (même sens)
Déjeter, du L. *dejectare* (même sens). Sur *ct* devenu *t,* voy. *affété.*
Déjeûner, ancien français *desjeuner,* voy *dé ...* et *jeûner,* littéralement : cesser de jeûner. Pour le sens, voy. p. xx. — D. *déjeuner* (substantif).
Déjoindre, voy. *joindre*
Déjouer, voy. *jouer.*
Déjucher, voy. *jucher.*
De là, voy *là.*
† **Delabrer,** anciennement *deslabrer,* de l'italien (milanais *dislabrare*). — D. *délabrement.*
Délai, voy *délayer.*
Délaisser, voy. *laisser.* — D. *délaissement.*
Délasser, voy. *las.* — D. *délassement.*
Delateur, du L. *delator* (même sens).
Delation, du L. *delationem* (même sens).

Délayer, du L. *dilatare* (étendre, dilater), par la chute du *t* médial (voy. *abbaye*), et le changement de *i* en *e* (voy *mettre*). Le passage du sens de dilater, d'allonger, d'étendre (*dilatare*) à celui de délayer est visible dans l'expression *délayer un discours*. — D. *délai* (substantif verbal du verbe délayer pris au sens d'étendre : le délai est le temps accordé pour faire une chose).

Delecter, du L. *delectare* (même sens). — D. *délectation, délectable*

Deléguer, du L. *delegare* (envoyer) — D. *délégation*.

Délétere, du grec δηλητήριος (nuisible).

Deliberer, du L. *deliberare* (examiner). — D. *délibération, délibératif*

Delicat, du L *delicatus* (même sens). — D *indélicat, délicatesse*.

Delices, du L. *deliciae* (délices) — D. *délicieux*.

1. **Délié**, au sens de *menu*, de délicat (un fil *délié*, un style *délié*, etc), du L. *delicatus* (délié, fin, delicat), par la chute du *c* médial (voy. *affouage*), et le changement de *atus* en *é* (voy. *ampoulé*).

2. **Délié**, participe de *délier*.

Délier, ancien français *deslier*, voy. *dé ..* et *lier*.

Delimiter, du L *delimitare* (même sens) — D. *délimitation*.

Delineation, du L. *delineationem* (de *delineare*, dessiner).

Delinquant, du L. *delinquentem* (fautif).

Delire, du L. *delirium* (égarement d'esprit). — D. *délirer*.

Delit, du L *delictum* (faute).

Délivrer, du L. *deliberare** (composé de *liberare*, liberer). De-lib(è)rare, contracté suivant la règle (voy. *accointer*) en *delibr'are*, a donné *délivrer* par le changement de *b* en *v* (voy. *avant*). — D. *délivrance*.

Déloger, voy. *loger*.

Déloyal, anciennement *desloyal*, en italien *disleale*, de *dé ..* (voy ce mot) et *loyal* — D *déloyauté* (voy *dé* .. et *loyauté*).

Déluge, en italien *diluvio*, du L. *diluvium* (déluge), par la consonnification de *iu* en *ge* (*diluvjum*, voy. *abréger*), et la réduction de *vj* a *j* (voy. *abréger*). Pour le changement de *i* (diluvium) en *e* voy. *mettre*.

Déluré, voy. p. XVIII et au mot *leurre*

Demagogue, du grec δημαγωγός (qui conduit le peuple). — D *demagogie, démagogique*.

Demain, en provençal *deman*, en italien *dimane*, du L. *de-manè** (composé de *manè*, matin) Sur le changement de *a* en *ai*, voy. *aigle*. — D. *lendemain*, qui était dans notre ancienne langue *l'endemain* (de même en italien *l'indomani*), forme composee de *en* et de *demain*. Au quatorzième siècle, l'article *le*, par une méprise singulière, se soude au corps du mot (voy. *lierre*), et donne le substantif *lendemain*, qui à son tour est précédé d'un nouvel article (*le lendemain*).

Demander, du L. *demandare*. — D. *demande* (substantif verbal), *demandeur, demanderesse*

Démanger, voy. *manger*. — D. *démangeaison*.

Démanteler, proprement *ôter le mantel* (manteau), ôter le vêtement qui protège une ville, détruire ses murailles. — D. *démantèlement*.

Démantibuler, anciennement *démandibuler*, proprement : se rompre la mâchoire, de *dé....* (voy. ce mot) et *mandibula* (mâchoire).

Démarcation, voy. *marquer*.

Démarche, voy. *marche*
Démarier, voy. *marier*
Démarquer, voy *marquer*.
Démarrer, voy. *amarrer*
Démasquer, voy *masque*.
Démêler, voy. *de* . et *mêler*.
— D. *Démêlé, démêloir*.
Démembrer, voy. *membre*.
— D. *démembrement*.
Déménager, voy. *ménage* —
D *déménagement*
Demence, du L. *dementia* (folie)
Démener, voy. *mener*.
Démentir, anciennement *desmentir*, voy. *dé*. et *mentir* —
D. *dementi*.
Demeriter, voy. *mériter* —
D. *démérite* (substantif verbal).
Démesuré, voy. *mesure*.
Démettre, voy. *mettre*.
Demeurer, en italien *dimorare*, du L *demorari* (rester, tarder, demeurer, dans le Code Théodosien). — D. *demeure* (substantif verbal), *au demeurant*.
Demi, du L *dimidius* (demi), par la chute du *d* médial (voy. *alouette*), et le changement de *i* atone en *e* (voy. *mettre*)
Démission, venu au seizième siècle du L *demissionem* (renvoi).
— D. *démissionnaire*.
Democratie, du grec δημοκρατία (gouvernement du peuple). —
D. *democrate, démocratique*.
Demoiselle, voy. *damoiseau*.
Demolir, du L. *demoliri* (renverser). — D. *démolisseur, démolition* (L. *demolitionem*).
Demon, du L. *daemon* (génie).
— D. *démoniaque*.
Démonétiser, changer la valeur d'une monnaie (de *dé*.... et de *moneta*, monnaie)
Demonstratif, du L. *demonstrativus* (même sens).
Démonstration, du L. *demonstrationem* (même sens).

Démonstrateur, du L. *demonstrator* (même sens).
Démonter, voy. *dé*.... et *monter*.
Démontrer, anciennement *demonstrer*, du L. *demonstrare* (demontrer). Sur la chute de *s*, voy. *abîme* — D. *démontrable*.
Démordre, voy. *dé* .. et *mordre*.
Denaire, du L. *denarius* (qui contient le nombre dix).
Dénaturer, voy. *nature*.
Denegation, du L. *denegationem* (même sens).
Déni, voy. *dénier*.
Dénicher, voy. *nicher*. — D. *dénicheur*
Denier, du L. *denarius* (denier). Sur *arius* devenu *ier*, voy. *dnier*.
Dénier, du L. *denegare* (dénier), par la chute du *g* médial (voy. *allier*), et le changement de *ea* latin en *ia* (voy *abreger*). —
D. *déni* (substantif verbal).
Denigrer, du L *denigrare* (noircir) — D. *dénigrement*.
Dénombrer, du L. *denumerare* (même sens). Sur le changement de *numerare* en *nombrer*, voy. *nombre*. — D. *dénombrement*.
Denominatif, du L. *denominativus* (qui sert à nommer).
Dénominateur, du L. *denominator* (qui denomme).
Denomination, du L *denominationem* (denomination).
Dénommer, du L. *denominare* (même sens) Voy *nommer* pour les changements de lettres.
Dénoncer, du L. *denuntiare* (dénoncer). Pour le changement de *nuntiare* en *noncer*, voy. *annoncer*.
Dénonciateur, du L. *denuntiatorem* (même sens).
Denonciation, du L. *denuntiationem* (même sens).

Denoter, du L. *denotare* (dénoter).

Dénouer, voy. *dé* ... et *nouer*. — D. *dénoûment*.

Denrée, à l'origine *marchandise en general*, et spécialement marchandise de la valeur d'un *denier*. L'espagnol dit de même *dinerada* (denree), de *dinero* (denier) Du mot *denier* est venu l'ancien français *deneree*, comme de *panier* est venu *pannerée; denerée* s'est plus tard contracté en *den'rée*, puis *denree* De même dans le bavarois, *pfenningwerth* (denrée) veut dire proprement : *ce qui vaut un pfenning*. — Pour la chute de l'ĕ, *den(ĕ)rata*, voy. *accointer;* pour le changement de *ata* en *ee*, voy. *ampoulé*.

Dense, du L. *densus* (lourd, épais). — D. *densité*.

Dent, du L. *dentem* (dent). — D. *endenté, édenté, dentier, dentiste, dentelle*.

Dentaire, du L. *dentarius* (même sens).

Dentelle, proprement : petite dent. — D. *dentelé, dentelure*.

Dentifrice, du L. *dentifricium* (frotte-dent, Pline).

Dentition, du L. *dentitionem* (même sens).

Denuder, du L. *denudare* (mettre à nu).

Dénuer, du L. *denudare* (mettre à nu, priver de), par la chute du *d* médial (voy. *accabler*). — D. *dénûment*.

Dépareiller, voy. *pareil*.

Déparer, voy. *parer*.

Déparler, voy. *parler*.

Departement, voy. *départir*.

Départir, ancien français *despartir*, du L. *dispartire* (distribuer, partager, répartir). Sur le changement de *dis* en *dé*, voy. *dé*. — D. *départ* (substantif verbal), *département* (division).

Dépasser, voy. *passer*.
Dépayser, voy. *pays*.
Dépecer, voy. *pièce*.
Dépêcher, voy. *empêcher*. — D. *dépêche* (substantif verbal).

Dépeindre, du L. *depingere* (peindre), sur le changement de *ingere* en *eindre*, voy. *ceindre*.

1 **Dépendre** quelqu'un, voy. *dé*.... et *pendre*.

2. **Dépendre** de, du L. *dependere* (meme sens). Pour la transformation des lettres, voy. *pendre;* pour le déplacement de l'accent latin, voy. *accourir*.

3. **Dépendre,** dépenser, du L. *dependĕre* (dépenser). Pour la chute de l'ĕ latin, *depend're*, voy. p. LXXXI.

Dépens, voy. *dépenser*.
Dépense, voy. *dépenser*.

Dépenser, anciennement *despenser*, du L. *dispensare* (distribuer de l'argent), par le changement de *dis* en *dé* (voy. *dé* ...). — D. *dépens, dépense, dépensier*

Deperdition, du L. *deperditionem** (de *deperdere*, perdre).

Depérir, du L. *deperire* (même sens). — D. *dépérissement*.

Dépêtrer, anciennement *despestrer,* — opposé de *empétrer* (anciennement *empestrer*). *Empétrer* signifie proprement: lier les jambes d'un cheval que l'on met en pâture ; et *dépêtrer*, débarrasser les pieds de ce lien, de cette entrave. Ces mots viennent du latin du moyen âge *pastorium* (entrave des chevaux au pâturage). *Pastorium* (dérivé, par *pastum*, de *pascere*, paître) est fréquent dans les Lois Barbares au sens d'entrave. *Si quis in exercitu aliquid furaverit,* pastorium, capistrum, frenum, *etc*. dit la *Loi des Bavarois,* titre II, VI, 1. On lit aussi dans la *Loi des Lombards,* tit I, XX, 5 : « *Si quis* pastorium *de ca-*

ballo alieno tulerit... » *Pastorium*, par les deux composés *impastoriare** (entraver), *dispastoriare* (délivrer de l'entrave) a donné les deux verbes français *empestrer, despestrer*, par le changement 1° de *im* en *in*, puis en (voy. *admettre*), de *dis* en *des*, puis *dé* (voy. *dé...*), 2° de *past(o)riare* en *pestrer* par la chute de l'*o*, *past'riare* (voy. *accointer*), d'où la forme moderne *pêtrer* par la disparition de *s* et le changement de *a* en *e* (voy. *acheter, abîme*).

Dépeupler, voy. *peupler*. — D. *depeuplement*.

Dépiler, du L. *depilare* (même sens). — D. *dépilation, dépilatoire*.

Dépister, voy. *piste*.

Dépit, ancien français *despit*, du L. *dispectus* (mépris, puis colère), par le changement de *des* en *dé* (voy. *abîme*); 2° de *e* en *i* (voy. *accomplir*); 3° de *ct* en *t* (voy. *affété*). — D. *députer*.

Déplacer, voy. *place*. — D. *déplacement*.

Déplaire, voy. *plaire*. — D. *déplaisir, déplaisant*.

Déplier, voy. *dé....* et *plier*.

Déployer, voy. *dé....* et *ployer*. — D. *déploiement*.

Deplorer, du L. *deplorare* (même sens). — D. *déplorable*.

Déplumer, voy. *dé....* et *plume*.

Dépopulation, du L. *depopulationem* (même sens).

Déporter, du L. *deportare* (exiler). — D. *déport, déportation, déportement*.

Déposer, voy. *poser*.

Dépositaire, du L. *depositarius* (dépositaire).

Dépositeur, du L. *depositorem* (même sens).

Deposition, du L. *depositionem* (même sens).

Déposséder, voy. *posséder*.

Dépouiller, anc ennement *despouiller*, du L. *despoliare*, par le changement 1° de *o* en *ou* (voy. *affouage*); 2° de *li* en *ill* (voy. *ail*), 3° par la chute de *o* (voy. *abîme*).— D. *dépouille* (substantif verbal), *dépouillement*.

Dépourvoir, voy. *pourvoir*. — D *dépourvu*.

Depraver, du L. *depravare* (même sens). — D. *dépravation*.

Déprecier, du L. *depretiare* (diminuer le prix). — D. *dépréciation*.

Déprédation, du L. *depraedationem* (même sens)

Depression, du L. *depressionem* (abaissement).

Deprimer, du L. *deprimere* (abaisser).

Depuis, voy. *puis*.

Depurer, du L. *depurare* (purifier). — D. *dépuration, dépuratif*.

Députer, du L. *deputare* (assigner, confier une mission). — D. *députation, député*.

Déraciner, voy. *racine*.

Dérailler, voy. *rail*.

Déraison, voy. *raison* — D. *déraisonner, déraisonnable*.

Déranger, voy. *ranger*. — D. *dérangement*.

Derechef, qu'on écrivait autrefois *de rechef*, est composé de *re* qui marque le retour, la répétition, et de *chef* (au sens de fin, d'extrémité. Nous avons vu, au mot *achever*, que la langue du moyen âge disait *venir à chef* pour *venir à bout*). Voy. *chef*.

Dérégler, voy. *règle*. — D. *déréglement*.

Dérision, du L. *derisionem* (moquerie)

Dérisoire, du L. *derisorius* (même sens).

Deriver, du L. *derivare* (dériver). — D. *dérive* (substantif verbal), *dérivation, dérivatif.*

Derme, du grec δερμα (peau).

Dernier, anciennement *derrenier, derrainier,* dérive de l'ancien français *derrain* (dernier). *Derrain* correspond au L. *deretranus** (dérivé de *de-retro,* derrière, proprement celui qui marche derrière). *Der(e)tranus,* contracté suivant la règle (voy. *accointer*) en *dertr'anus,* adoucit *tr* en *dr* puis en *rr* (voy. *arrière*), et change *a* en *ai* (voy. *aigle*).

Dérober, voy. *robe.*

Deroger, du L. *derogare* (déroger) — D. *dérogation.*

Dérouler, voy. *rouler.*

Déroute, ancien français *desroute,* du L. *disrupta* (de *disrumpere,* disperser une armée en bataille). Sur le changement de *dis* en *dé,* voy. *dé;* sur celui de *u* en *ou,* voy. *accouder;* sur celui de *pt* en *t,* voy. *acheter.*

Dérouter, voy. *route.*

Derrière, du L. *de retro** (derrière). *Visa itaque turba* de retro *et ab ante adorantes dicite* |Baruch, VI, 5 | Pour le changement de *retro* en *rière,* voy. *arrière.*

Des, article; *des,* contraction de *dels,* qui représente *de les.* Voy. pour les détails ma *Grammaire historique de la langue française,* p. 162.

Dès, du L. *deipso (tempore,* depuis ce temps). *De-ipso,* contracte en *d'ipso,* a donné *dès* par le changement 1° de *i* en *e* (voy. *mettre*); 2° de *ps* en *s* (voy. *caisse*).

Désaimer, voy. *aimer* et *dé.*

Désappointer, voy. *dé ...* et *appointer.* — D. *désappointement.*

Désarroi, composé de *des* (voy. *dé*), et de l'ancien français *arroi* (ordre). *Dés-arroi* équivaut donc à *dés-ordre.* Quant au mot *arroi,* c'est un composé de l'ancien

français *roi* (comme arranger de ranger, arrondir de *rond,* etc.. .). *Roi,* qui a dans notre vieille langue le sens d'ordre, de mesure (ce dernier sens a persisté dans *pied de roi*) correspond à la racine italienne *redo*,* au latin du moyen âge *redum*,* et vient des langues germaniques (suedois *reda,* mettre en ordre, disposer, arranger).

† **Desastre,** venu au seizième siècle de l'italien *desastro* (désastre). — D. *désastreux.*

Désavantage, voy. *avantage.*

Désaveu, voy. *aieu.*

Désavouer, voy. *avouer.*

Desceller, voy. *sceller.*

Descendre, du L. *descendere* (même sens). Sur la chute de l'*e* latin, voy. p. LXXXI. — D. *descente* (substantif participial, voy. *absoute*), *descendance, redescendre, condescendre.*

Descriptif, du L. *descriptivus* (m. s.).

Description, du L. *descriptionem* (m. s.).

Désemparer, voy. *emparer.*

Désert, adj. du L. *desertus* (abandonné). — D. *déserter, déserteur, désertion.*

Désert, subst. du L. *desertum* (désert).

Désespérer, voy. *dé....* et *espérer*

Désespoir, voy. *dé....* et *espoir.*

Déshabiller, voy. *dé....* et *habiller.*

Deshérence, voy. *hoir.*

Deshonnête, voy. *honnête.*

Deshonneur, voy. *honneur.*

Déshonorer, voy. *honorer.*

Designer, du L. *designare* (m. s.). — D. *désignation.*

Desinence, du L. *desinentia* (terminaison).

Désintéresser, voy. *d°...* et *interesser.* — D. *désintéressement.*

† **Désinvolture,** de l'italien *disinvoltura* (tournure dégagée).
Désir, voy. *désirer.*
Désirer, ancien français *désirrer,* du L. *desiderare* (désirer). *Desid(è)ráre* contracté suivant la règle (voy. *accointer*) en *desid'rare* a donné *désirer* par la réduction de *dr* latin à *rr* puis à *r* (voy. *arrière*). — D. *désir* (substantif verbal); *désireux, désirable.*
Desister, du L. *desistere* (se tenir loin). — D. *désistement*
Désœuvrer, voy. *œuvre.* — D. *désœuvrement.*
Desoler, du L. *desolari* (ravager). — D. *désolant, désolation.*
Desopiler, du L. *dis-oppilare* (déboucher, vider).
Désordonné, voy. *dé....* et *ordonner*
Désordre, voy. *dé....* et *ordre.*
Désormais, ancien français *dès ore mais; ore* est le latin *hora*, mais le latin *magis* (plus); *dès ore mais* signifie proprement « dès cette heure en plus, dès cette heure en avant, dès l'heure présente à plus tard, » c'est-à-dire *à dater de l'heure présente.* Pour l'étymologie voy. aux mots *dès, or,* et *mais.* — De même *dorénavant* qui était dans notre ancienne langue *d'ore en avant* signifie: de l'heure présente en avant, à partir de cette heure. Pour l'étymologie, voy. aux mots *de, or, en,* et *avant.*
Désosser, voy. *os.*
Despote, du grec δεσπότης (maître). — D. *despotique, despotisme.*
Dessaisir, voy. *saisir.* — D. *dessaisissement.*
Dessécher, voy. *sécher.* — D. *dessèchement.*
Dessein, voy. *dessin.*
Dessert, voy. *desservir..*
Desservant, voy. *desservir*
Desservir, voy. *servir.* —

D. *desservant, dessert* et *desserte* (subst. participiaux de *desservir;* voy. *absoute;* de même l'ancien français disait le *sert* de *servir).*
Dessiccation, du L. *desiccationem* (m. s.).
Dessiller, sur ce mot que l'ancien français écrivait *déciller,* voy. p. XXIV, e au mot *cil*
Dessin, voy. *dessiner*
Dessiner, dans Régnier *dessigner,* en italien *disegnare,* du L. *designare* (tracer, dessiner). — Sur le changement de *s* latin en *ss,* cf. vessie (*vesica*), pousser (*pulsare*). Sur *gn* devenu *n,* voy. *asséner.* — D. *dessin* (subst. verbal); *dessinateur.*
Dessous, voy. *sous.*
Dessus, voy. *sus.*
Destin, voy. *destiner.*
Destination, du L. *destinationem* (m. s.).
Destinée, voy. *destiner.*
Destiner, du L. *destinare* (m. s.). — D. *destin* (substantif verbal), *destinée* (substantif participial)
Destituer, du L. *destituere* (abandonner). — D. *destitution.*
Destrier, cheval de bataille du chevalier, cheval que l'écuyer conduisait à sa *droite* (*dextra*) d'où le dérivé *dextrarius* qui a le sens de cheval de bataille dans les textes du moyen âge : *equo ejus militari quem dextrarium vocant, ablato* dit une chronique du onzième siècle.
Pour le changement 1° de *x* en *s* voy. *ajouter;.* 2° de *arius* en *ier,* voy. *âmer.*
Destructeur, du L. *destructor* (m. s.).
Destructible, du L. *destructibilis* (m s.). — D. *indestructible.*
Destructif, du L. *destructivus* (m. s.).

Destruction, du L. *destructionem* (m. s.).
Desuetude, du L. *desuetudo* (perte d'une habitude).
Détacher, voy. *attacher.* — D. *détachement.*
Détailler, voy. *tailler* — D. *detail* (subst. verb.), *detaillant.*
Détaler, voy. *étal.*
Déteindre, voy. *teindre.*
Dételer, voy. *atteler.*
Détendre, voy. *tendre.* — D. *détente* (subst. participial, voy. *ab soute.*).
Détenir, du L. *detinere* (retenir). Sur le changement. 1° de *i* atone en *e*, voy. *mettre*; 2° de *e* en *i*, voy. *accomplir.* — D. *détenu.*
Detenteur, du L. *detentorem* (qui a en sa possession).
Detention, du L. *detentionem* (m s.).
Deterger, du L. *detergere* (nettoyer).
Deteriorer, du L. *deteriorare* (rendre plus mauvais). — D. *détérioration.*
Determiner, du L. *determinare* (fixer) D. *détermination.*
Deterrer, voy. *terre.*
Detersif, du L. *detersivus** (de *detersus*, p. p. de *detergere*, évacuer)
Détester, du L. *detestari* (haïr). — D. *détestable.*
Detoner, du L. *detonare* (tonner) — D. *détonation.*
Détonner, voy. *ton.*
Detorquer, du L. *detorquere* (détourner).
Détors (fil), voy. *tordre.*
Détourner, voy. *tourner.* — D. *détour* (substantif verbal), *détournement.*
Détracteur, du L. *detractorem* (qui rabaisse).
Détraquer, voy. *traquer.*
Détremper, voy. *tremper.* — D. *détrempe* (subst. verbal).

Détresse, ancien français *destrece*, oppression, substantif verbal de *destrecer* qui avait dans notre vieille langue le sens d'*oppresser*, et représente le L *destrictiare** dérive, suivant la regle (voy. p. XXXII), du participe *destrictus* (oppressé, de *destringere*, étreindre).
Destrictiare a donné *destrecer* par le changement 1° de *ct* en *t* (voy. *affeté*); 2° de *tiare* en *cer* (voy. *agencer*); 3° de *i* en *e* (voy. *mettre*). — *Destrece* est devenu *détresse:* 1° par la chute de *s* (voy. *abîme*); 2° le changement de *c* en *ss* (voy. *agencer*).
Detriment, du L. *detrimentum* (dommage).
Détroit, ancien français *destroit*, du L. *districtus*. On trouve dans les textes du moyen âge *districtus fluvii* (locus ubi fluvius trajicitur, dit Ducange). *Districtus* a donné *détroit*, comme *strictus* a donné *étroit*, par le changement 1° de *dis* en *dé*, voy. *dé...*; 2° de *ict* en *oit*, voy. *attrait.*
Détruire, ancien français *destruire*, du L. *destruere* (détruire), par la chute de *s* (voy. *abîme*), et le changement de *e* en *i* (voy. *accomplir*).
Dette, du L. *debita* (ce qui est dû, pl. de *debitum*); sur la chute de l'*i*, *deb'ta* voy. p. LXXXI, sur *bt* devenu *tt*, voy. *sujet.* — D. *endetter*
Deuil, voy *douloir.*
Deux, du L. *duos* (deux), par le changement de *uo* en *o* (voy. p. XC. l. 22), puis de *o* en *eu* (voy. *cueillir*); sur *s* devenu *x*, cf *époux* (sposus*), *roux* (russus), *toux* (tussis), *creux* (corrosus*), *oiseux* (otiosus) (et les suffixes en *osus* devenu *eux* en français, voy. *amoureux*). — D. *deuxième.*
Dévaler, voy. *aval.*

Dévaliser, voy. *valise*.
Devancer, voy. *devant*. — D *devancier*.
Devant, ancien français *davant* (d'avant), composé de *de* et *avant* (voy. ces mots). — D. *devancer*.
Dévaster, du L. *devastare* (ravager). — D. *dévastation, dévastateur*.
Développer, Envelopper, formés d'un radical commun *velop*, dont on ignore l'origine. — D. *développement*.
Devenir, du L. *devenire* (arriver)
Dévergondé, participe de l'ancien verbe *dévergonder* (perdre toute honte), composé lui-même de *dé* (voy. ce mot), et *vergonder* (avoir honte) qui est le L. *verecundari* (avoir de la retenue). *Ver(ĕ)cundari* contracté suivant la règle (voy. *accointer*) en *ver'cundari* a donné *vergonder* par le changement de *c* en *g* (voy. *adjuger*), et de *u* en *o* (voy. *annoncer*). — D. *dévergondage*.
Devers, voy. *vers*.
Dévers, du L. *deversus* (incliné). — D. *déverser* (une pièce de bois).
Déverser, voy. *verser*. — D. *déversoir*.
Dévider, ancien français *desvider*, voy. *vide*. *Dévider*, dévider c'est proprement rendre le fuseau *vide* de fil. — D. *dévidoir*.
Déviation, du L. *deviationem* (écart).
Dévier, ancien français, *desvier*, du L. *de-ex-viare* (sortir de la droite voie). Voy. aux mots *dé*... et *voie*.
Devin, du L. *divinus* (devin). — D. *deviner, devineur, devineresse*.
Devis, substantif verbal de *viser* (qui signifie dans notre an- cienne langue répartir, distribuer, régler), d'où le sens du mot *devis* (estimation de toutes les dépenses probables pour la construction d'un bâtiment).
Dévisager, voy *visage*.
Devise, substantif verbal de *deviser* (au sens ancien de partager) : *devise* était à l'origine un terme de blason; on appelait *devise* (c'est-à-dire division), une portion de l'écu dans laquelle on inscrivait une figure emblématique (dite *corps de la devise*), — et au-dessus une légende, une sentence explicative (dite *âme de la devise*); cette sentence qui n'était qu'une des parties de la *devise*, ne tarda point à prendre le nom du tout.
Deviser (parler de...), a dans notre ancienne langue le sens de régler, de traiter, et vient du L. *divisare* (régler, répartir, distribuer; *divisare* est le fréquentatif de *dividere* formé à l'aide du participe *divisus* suivant la règle, voy. p. xxxiii). Sur le changement de *i* en *e*, voy. *admettre*. — D. *devis, devise*.
Dévisser, voy. *vis*.
Dévoiement, voy. *dévoyer*.
Dévoiler, voy. *voile*.
Devoir, du L. *debere* (devoir). Pour le changement 1° de *b* en *v*, voy. *avant*; 2° de *e* en *oi* voy. *accroire*. — D. *devoir* (subst. verb.).
Dévolu, du L. *devolutus* (qui est attribué, qui revient à).
Dévorer, du L. *devorare* (m s.).
Dévot, du L. *devotus* (pieux). — D. *dévotieux*.
Dévotion, du L. *devotionem* (dévotion).
Dévouer, du L. *devotare* (dévouer) par la chute du *t* médial (voy. *abbaye*), et le changement de *o* en *ou*. — D. *dévouement*.

11

Dévoyer, voy. *voie.* — D. *dévoiement.*
Dextérité, du L. *dexteritatem* (dextérite).
Dextre, du L. *dextra* (main droite).
Diabète, du grec διαβήτης (diabète).
Diable, du L. *diabolus* (le diable), par la chute régulière de l'*ŏ* pénultième (voy. p. LXXXI et au mot *ancre*). — D. *diablerie, diablesse, diablotin.*
Diabolique, du L. *diabolicus* (diabolique).
Diaconat, du L. *diaconatus* (m. s. dans saint Jérôme).
Diaconesse, du L. *diaconissa* (diaconesse, dans saint Jérôme).
Diacre, ancien français *diacne*, du L *diaconus* (diacre, dans Tertullien). *Diac(ŏ)nus*, contracté, suivant la règle (voy. p. LXXXI, et au mot *ancre*) en *diac'nus*, a changé *n* en *r* (voy. *coffre*).
Diadème, du L. *diadema* (m. s).
Diagnostic, substantif de l'adjectif *diagnostique* qui est le grec διαγνωστικός (qui sert à reconnaître).
Diagonal, du L. *diagonalis* (même sens).
Dialecte, du L. *dialectus* (m. s.) — D *dialectal.*
Dialectique, du L. *dialectica* (art de discuter).
Dialogue, du L. *dialogus* (m. s.)
Diamant, du L. *adamantem* (diamant) par la chute très-irrégulière de l'*a* initial, et le changement de l'*a* atone en *ia*.
Diamètre, du grec διάμετρος (diamètre). — D. *diamétral, diamétralement.*
† **Diane,** venu au seizième siècle de l'espagnol *diana* (diane).

Diapason, du L. *diapason* (octave).
Diaphane, du grec διαφανή (qui laisse passer la lumière).
Diaphragme, du L. *diaphragma* (m. s.).
† **Diaprer,** au moyen âge *diasprer*, verbe formé de l'ancien substantif *diaspre* (étoffe de couleur bigarrée, de couleur jaspee); *diaspre* vient de l'italien *diaspro* (jaspe).
Diarrhée, du L. *diarrhoea* (m. s.).
Diathèse, du grec διάθεσις (disposition).
Diatribe, du L. *diatriba* (discussion).
Dictame, du L. *dictamnus* (m. s.).
Dictateur, du L. *dictator* (dictateur). — D *dictatorial.*
Dictature, du L. *dictatura* (m. s.).
Dicter, du L. *dictare* (dicter). — D. *dictée* (substantif participial).
Diction, du L. *dictionem* (action de dire). — D. *dictionnaire.*
Dicton, mot latin corrompu (*dictum*, ce que l'on dit).
Didactique, du grec διδακτικός (qui est propre à l'enseignement).
Diérèse, du grec διαίρεσις (division).
Dièse, du L. *diesis* (dièse). — D. *diéser.*
1. **Diète,** assemblée, du L. *diaeta** (journée puis assemblée réunie à jour fixe; dérivé de *dies*, jour). La même métaphore se retrouve dans l'allemand *Tag* qui a le double sens de *journée* et de *diète.*
2. **Diète,** du L. *diaeta* (régime).
Dieu, dans les serments de 842 *Deo*, du L. *deus* (Dieu). De la forme du neuvième siècle *dco* est ve-

nue la forme moderne *dieu* par le changement : 1° de *eo* en *io* (voy. *abréger*), puis de *o* en *eu* (voy. *accueillir*. — D. *adieu* (littéralement *A Dieu*), ellipse pour *à dieu soyez!* qui était la forme complète de cette locution dans notre ancienne langue.

Diffamer, du L. *diffamare* (diffamer). — D. *diffamateur, diffamatoire*.

Difference, du L. *differentia* (m. s.).

Different, du L. *differentem* (différent). *Différend* n'est qu'une altération orthographique de *différent*

Differer, du L. *differre* (tarder, et aussi être différent).

Difficile, du L. *difficilis* (m. s.). — D *difficilement*.

Difficulte, du L *difficultatem* (m. s.). — D *difficultueux*.

† **Difforme**, venu au quinzième siècle de l'italien *difforme* (m. s.). — D. *difformité*.

Diffus, du L. *diffusus* (répandu).

Digerer, du L. *digerere* (digérer).

Digestif, du L. *digestivus** (digestif).

Digestion, du L. *digestionem* (digestion).

Digitale, dans le latin des botanistes *digitalis purpurea* (ainsi nommée de la forme de sa corolle).

Digne, du L. *dignus* (digne). — D. *dignement*.

Dignite, du L *dignitatem* (dignité). — D. *dignitaire*.

Digression, du L. *digressionem* (digression).

Digue, ancien français *dicque*, mot d'origine germanique (néerlandais *dyk*, digue). — D. *endiguer*.

Dilapider, du L. *dilapidare* (dilapider). — D. *dilapidation, dilapidateur*.

Dilater, du L. *dilatare* (m. s.). — D. *dilatation*.

Dilatoire, du L. *dilatorius* (dilatoire).

Dilection, du L. *dilectionem* (amour).

Dilemme, du L. *dilemma* (m. s.).

† **Dilettante**, de l'italien *dilettante* (amateur). — D. *dilettantisme*.

Diligence, du L. *diligentia* (m. s.).

Diligent, du L. *diligentem* (soigneux). — D. *diligenter*.

Diluvien, du L. *diluvianus** (de *diluvium*, déluge). — D *antédiluvien*

Dimanche, ancien français *diemenche*, du L. *dies-dominica* (jour du Seigneur, dimanche, dans saint Augustin et Tertullien). *Domin(i)ca* perdant suivant la règle son *i* pénultième (voy. p LXXXI), devient *domin'ca*. *Die-dominica* devenu *die-domin'ca*, perdit son *d* médial *die(d)omin'ca* (voy. *accabler*), et donna le vieux français *diemenche* par le changement 1° de *ca* en *che* (voy. *acharner* et *acheter*); 2° de *in* en *en* (voy. p. LXXXV), puis en *an* dans la langue moderne (voy. p. LXXXV).

Dime, anciennement *disme*, en italien *decima*, du L. *decima* (dime, dans Varron). *Déc(i)ma*, perdant son *i* suivant la règle (voy. p. LXXXI) se contracte en *dec'ma*, d'où *disme* par le changement: 1° de *e* en *i* (voy. *accomplir*); 2° de *c* en *s* (voy. *amitié*); sur la chute postérieure de *s*, voy. *abîme*.

Dimension, du L. *dimensionem* (m. s.).

Diminuer, du L. *diminuere* (diminuer).

Diminution, du L. *diminutionem* (m. s.).

Dinde, mot d'origine historique (voy. p. LXIV). abréviation pour *coq d'Inde.* — D. *dindon, dindonneau.*

Dîner, anciennement *disner,* dans le latin du neuvième siècle *disnare* (dîner, dans les Gloses du Vatican). L'origine de *disnare* est inconnue. Sur la chute de *s*, voy. *abîme.* — D. *dîner* (substantif).

Diocèse, du L. *diocesis* (diocèse dans Tertullien). — D. *diocésain,*

Diphthongue, du L. *diphthongus* (m. s.).

Diplomate, voy. *diplôme.* — D. *diplomatie, diplomatique.*

Diplôme, du L. *diploma* (m s.). — D. *diplomate.*

Diptyque, du L. *diptycha* (diptyque).

Dire, du L. *dicere* (dire). *Dic(ĕ)re* contracté régulièrement (voy. p. LXXXI) en *dic're* est devenu *dire* par la réduction de *cr* à *r* (voy. *bénir*). — D *dire* (substantif) *contredire, médire, dédire, maudir, bénir, redire, dit, diseur, diseuse.*

Direct, du L. *directus* (direct).

Directeur, du L. *director* (dérivé de *directus* qui dirige).

Direction, du L. *directionem* (m. s.).

Directoire, du L. *directorium* (dérivé de *director*).

Diriger, du L. *dirigere* (m. s.).

Dirimant, du L. *dirimere* (dissoudre) par le participe *dirimentem.*

Discerner, du L. *discernere* (discerner). — D. *discernement.*

Disciple, du L. *discipulus* (m. s.).

Discipline, du L. *disciplina* (m. s.). — D. *discipliner, disciplinaire.*

Discorder, du L. *discordare* (être en désaccord). — D. *discord* (substantif verbal), *discordant* (d'où *discordance).*

Discorde, du L. *discordia* (m. s.).

Discourir, du L. *discurrere* (discourir); pour les changements de lettres, voy. *courir.* — D. *discoureur.*

Discours, du L *discursus* (discours) dans le Code Theodosien.

Discret, du L. *discretus* (séparé).

Discrétion, du L. *discretionem* (distinction). — D. *discretionnaire.*

Disculper, du L. *disculpare* (se disculper, composé de *culpare,* accuser).

Discussion, du L. *discussionem* (discussion).

Discuter, du L. *discutere* (juger, examiner). — D. *discutable, indiscutable.*

Disert, du L. *disertus* (éloquent).

Disette, origine inconnue.

Disgrâce, voy. *grâce.* — D. *disgracier.*

Disgracieux, voy. *gracieux.*

Disjoindre, du L. *disjungere* (disjoindre); pour le changement de lettres, voy. *joindre.*

Disjonction, du L. *disjunctionem* (m. s.)

Disloquer, de *dis* (voy. *dé*) et *locare* (placer); *disloquer* veut dire proprement *déplacer. faire sortir de :* disloquer le bras, luxer le bras. — D. *dislocation.*

Disparaître, voy. *paraître.* — D. *disparition* (formé d'après *apparition*),

Disparate, du L. *disparatus* (disparate, dans Boèce).

Disparition, voy. *disparaître.*

Dispendieux, du L. *dispendiosus* (onéreux).

Dispenser (*distribuer*), du L.

dispensare (accorder), d'où le sens de *dispenser de* (accorder la permission de ne point faire). — D. *dispense* (substantif verbal).

Disperser, du L. *dispersare** (disperser, dérivé de *dispersus* part. de *dispergere*. Voy. p. xxxiii).

Dispersion, du L. *dispersionem* (m. s.).

Disponible, du L. *disponibilis** (dérivé de *disponere*), disposer.

Dispos, du L. *dispositus* (disposé). Sur la chute deux dernières syllabes atones, voy p. LXXXI.

Disposer, voy. *poser*. — D. *indisposer*.

Disposition, du L. *dispositionem* (m. s.). — D. *dispositif*.

Disputer, du L. *disputare* (discuter). — D. *dispute* (substantif verbal).

Disque, du L. *discus* (m. s.).

Dissection, du L. *dissectionem* (coupe).

Disséminer, du L. *disseminare* (m. s.).

Dissension, du L. *dissensionem* (m. s).

Dissentiment, voy. *sentiment*.

Dissequer, du L. *dissecare* (couper en deux).

Dissertation, du L. *dissertationem* (m. s.).

Disserter, du L. *dissertare* (m. s.).

Dissidence, du L. *dissidentia* (m. s.).

Dissident, du L. *dissidentem* (qui diffère).

Dissimulation, du L. *dissimulationem* (m. s.). — D. *dissimulateur*.

Dissimuler, du L. *dissimulare* (m s.).

Dissipateur, du L. *dissipator* (qui dissipe).

Dissipation, du L. *dissipationem* (dissipation).

Dissiper, du L. *dissipare* (dissiper).

Dissolu, du L. *dissolutus* (dissolu).

Dissolution, du L. *dissolutionem* (dissolution).

Dissolvant, du L. *dissolventem* (qui dissout).

Dissoner, du L. *dissonare* (m. s.). — D. *dissonant, dissonance*.

Dissoudre, du L. *dissolvere* (dissoudre). Pour le changement de *solvere* en *soudre*, voy. *absoudre*.

Dissuader, du L. *dissuadere* (détourner de).

Dissuasion, du L. *dissuasionem* (action de détourner).

Distance, du L. *distantia* (distance).

Distant, du L. *distantem* (m.s.).

Distendre, du L. *distendere* (étendre).

Distiller, du L. *distillare* (tomber goutte à goutte). — D. *distillateur, distillation*.

Distinct, du L. *distinctus* (m.s.).

Distinctif, du L. *distinctivus* (m. s.).

Distinction, du L. *distinctionem* (m. s.).

Distinguer, du L. *distinguere* (m. s.).

Distique, du L. *distichon* (distique).

Distraction, du L. *distractionem* (m. s.).

Distraire, du L. *distrahere* (séparer de). Pour le changement de lettres, voy. *traire*.

Distrait, du L. *distractus* (éloigne de). Sur *ct* devenu *it*, voy. *attrait*.

Distribuer, du L. *distribuere* (répartir).

Distributeur, du L. *distributor* (m. s).

Distributif, du L. *distributivus** (de *distribuere*).

Distribution, du L. *distributionem* (répartition).
District, du L. du moyen âge *districtum* (étendue de territoire relevant de la même juridiction).
Dit, voy *dire*.
Dithyrambe, du L. *dithyrambus* (m. s.).
† **Dito,** de l'italien *detto* (dit).
Diurnal, du L. *diurnalis*, (m. s.).
Diurne, du L. *diurnus* (de jour).
Divaguer, du L. *divagari* (errer çà et là).
† **Divan,** mot d'origine orientale (arabe *dioudnn*).
Dive, du L. *diva* (divine).
Diverger, du L. *divergere* (s'écarter de).
Divers, du L. *diversus* (m. s.).
Diversifier, du L. *diversificare* dérivé de *diversus*
Diversion, du L. *diversionem* (m. s.).
Diversité, du L. *diversitatem* (diversité).
Divertir, du L. *divertere* (détourner) — D. *divertissement*.
Dividende, du L. *dividenda* (de *dividere*, répartir)
Divin, du L *divinus* (m s.).
Divination, du L. *divinationem* (m. s)
Divinité, du L. *divinitatem* (m. s).
Divis, du L. *divisus* (séparé).
Diviser, du L. *divisare* fréquentatif de *dividere* (m. s.).
Diviseur, du L. *divisor* (m. s.).
Divisible, du L. *divisibilis* (m. s.).
Division, du L. *divisionem* (m s.).
Divorce, du L. *divortium* (m s).
Divulguer, du L. *divulgare* (m. s.).
Dix, du L. *decem* (dix) par le changement: 1° de *e* en *i* (voy. accomplir) ; 2° de *c* en *x* (voy. amitié). — D. *dixain, dizaine, dixieme*.
Docile, du L. *docilis* (docile).
Docilité, du L. *docilitatem* (douceur).
† **Dock,** de l'anglais *dock* (chantier maritime).
Docte, du L. *doctus* (m. s.).
Docteur, du L. *doctor* (m. s.). — D *doctorat, doctoral.*
Doctrine, du L. *doctrina* (doctrine).
Document, du L. *documentum* (document).
Dodu, origine inconnue
† **Doge,** de l'italien *doge* (doge). — D. *dogat.*
Dogmatique, du L. *dogmaticus* (m. s.).
Dogmatiser, du L. *dogmatizare* (m s).
Dogmatiste, du L. *dogmatistes* (m. s.).
Dogme, du L. *dogma* (dogme).
† **Dogue,** gros *chien d'Angleterre*, dit Ménage au dix-septième siècle. de l'anglais *dog* (chien).
Doigt, du L. *digitus* (doigt). *Dig(i)tus* contracté suivant la règle (voy. p. LXXXI) en *dig'tus*, a donné *doigt* par le changement de *i* en *oi* (voy. *boire*). — D. *doigter, doigtier*.
Dol, du L. *dolus* (tromperie, fraude)
Doléance, voy. *dolent*.
Dolent, du L *dolentem* (qui souffre).
Doler, du L *dolare* (façonner).
† **Dollar,** de l'anglais *dollar* (m. s).
† **Dolman,** mot d'origine magyare (hongrois *dolman*, voy. p. LIX).
† **Dolmen,** mot du patois de la basse Bretagne, introduit dans notre langue, vers la fin du dix-hui-

tième siècle, et qui est d'origine celtique (gaël, *tolmen*, table de pierre).

Doloire, ancien français *doléoire*, du L. *dolatoria* (doloire dans Végèce : *cum securibus et dolatoriis*). Pour la chute du *t* médial, voy. *abbaye*; pour la contraction de *doléoire* en *doloire*, voy. p. xc.

Dom, du L. *dominus* (seigneur), qui est déjà *domnus* dans plusieurs textes mérovingiens. Sur la chute de l'*i*, voy. p. LXXXI. Sur la réduction de *mn* à *m*, voy. *allumer*.

Domaine, du L. *dominium* (propriété) Sur le changement de *i* en *ai* qui se retrouve dans *daigne* de *digno*, voy. *marraine*. — D. *domanial*.

† **Dôme**, venu vers le quinzième siècle de l'italien *domo* (coupole d'église).

Domesticité, du L. *domesticitatem* * (m. s.).

Domestique, du L. *domesticus* (de la maison).

Domicile, du L. *domicilium* (m. s.). — D. *domiciliaire*, *domicilier*.

Dominateur, du L. *dominator* (m s.).

Domination, du L. *dominationem* (m. s.).

Dominer, du L. *dominari* (m. s.)

Dominical, du L. *dominicalis* (dérive de *dominus*, seigneur).

† **Domino**, de l'espagnol *domino* (capuchon noir, camail que porte le prêtre). — D. *domino* (jeu composé de pièces d'ivoire dont chacune est ornée d'un revêtement noir, que l'on a comparé à un *domino*.

Dommage, voy. au mot *dam*. — D. *dommageable*, *dédommager*, *endommager*

Dompter, du L. *domitare* (dompter), contracté suivant la règle (voy. *accointer*) en *dom'tare*. — D. *dompteur*, *domptable*, *indomptable*.

Don, du L. *donum* (don). — D. *donation*, *donateur*, *donataire*.

Donc, aphérèse de l'ancien français *adonc* (alors). *Adonc* est le L. *ad-tunc* (composé de *tunc*, alors). Sur le changement de *u* en *o*, voy. *annoncer*.

Donjon, en provençal *dompnhon*, du L. du moyen âge *domnionem* (donjon, tour qui commande, qui *domine*; *domnionem* est contracté de *dominionem* par la chute de l'*i*, contraction régulière comme on l'a vu au mot *accointer*. A son tour *dominionem* est un dérivé de *dominium*.

Quant au changement de *domnionem* en *donjon*, il a eu lieu par la réduction de *mn* à *m*, *domionem* (voy. *allumer*); par la consonnification de *io* en *jo* (voy. *abréger*), et le retour de *m* (domjonem) à *n* (voy. *congé*).

Donner, du L. *donare* (donner). — *n* latin est ici devenu *nn*, comme dans : ennemi (inimicus), monnaie (moneta), honneur (honorem), ordonner (ordinare), tonner (tonare), sonner (sonare), étonner (ex-tonare), étrenne (strena). — D. *donnée* (subst. participial), *donneur*.

Dont, dans Clément Marot *d'ond*, du L. *de-undè* d'où le français avait conservé au dix-septième siècle le sens étymologique; « Le Mont Aventin, *dont* il l'aurait vu faire une horrible descente. » (Corneille, dans *Nic.* V, 2). — Sur *u* latin devenu *o*, voy. *annoncer*. — *d* (*de-undè*) est ici devenu *t*, comme dans : souven*t* (subindè), ver*t* (viridis), otage (obsdaticum *), métayer (medietarius *).

† **Donzelle**, venu au seizième siècle de l'italien *donzella* (m. s).

† **Dorade**, venu du provençal *daurada* (dorade). *Daurada* signifie proprement *dorée*, étant le participe du verbe provençal *daurar* (dorer), qui est le L. *deaurare* (dorer).

Dorénavant, voy. *désormais*.

Dorer, du L. *de-aurare* (dorer, dans Sénèque). *De-aurare* régulièrement contracté en *d'aurare* a donné *dorer* par le changement de *au* en *o* (voy. *alouette*). — D. *doreur*, *dorer*, *dédorer*.

Dorloter, origine inconnue.

Dormir, du L. *dormire* (m. s.). — D. *dormeur*, *dormeuse*, *endormir*.

Dorsal, du L. *dorsalis* * (de *dorsum*, dos).

Dortoir, du L. *dormitorium* (chambre à coucher). *Dorm(i)tórium* contracté suivant la règle (voy. *accointer*) en *dorm'torium*, qui est devenu *dor'torium* (sur la chute de *m*, voy. p. XCV), a donné *dortoir* par l'attraction de *i* (voy. *chanoine*).

Dos, du L. *dossum* forme que l'on trouve déjà pour *dorsum* (dos), dans plusieurs inscriptions de l'Empire. Sur ce changement de *rs* en *s*, voy. *chêne*. — D. *dossier*.

Dose, du L. *dosis* (dose). — D. *doser*.

Dossier, liasse de papiers étiquetée au *dos* (voy. ce mot).

Dot, du L. *dotem* (dot). — D. *doter*, *dotal*.

Dotation, du L. *dotationem* (m. s.).

Douaire, du L. *dotarium* (douaire), par la chute du *t* médial (voy. *abbaye*), le changement de *o* en *ou* (voy. *affouage*). — D. *douairière* (qui jouit d'un douaire).

† **Douane**, venu vers le quinzième siècle de l'italien *doana*, forme archaïque de *dogana* (douane). — D. *douanier*.

Double, du L. *duplus* (double) par le changement : 1° de *u* en *ou* (voy. *accouder*) ; 2° de *p* en *b* (voy. *abeille*). — D. *doubler*, *dédoubler*, *redoubler*, *doublet*, *doublure*.

† **Doublon**, venu de l'espagnol *doublon* (m. s.).

Doucet, voy. *doux*.

Douceur, du L. *dulcorem* (douceur), par le changement de *ul* en *ou* (voy. *agneau*) et de *o* en *eu* (voy. *accueillir*). — D. *doucereux*, *doucereusement*.

† **Douche**, venu au seizième siècle de l'italien *doccia* (conduit). — D. *doucher*.

Douelle, voy. *douve*.

Douer, du L. *dotare* (doter) : sur la chute du *t*, voy. *abbaye* ; sur *o* devenu *ou*, voy. *affouage*.

Douille, cylindre creux, du L. *ductile* * (rigole, gouttière dans les textes du moyen âge. On trouve *ductilis aquæ* dans une charte de 1016). Pour le changement de *ductile* en *douille*, voy. au mot *andouille*.

Douillet, diminutif de l'ancien français *douille* (mou, tendre) qui est le L. *ductilis* (mou) ; pour le changement de *ductilis* en *douille*, voy. *andouille*. — D. *douillettement*.

Douleur, du L. *dolorem* (douleur). Sur le changement : 1° de *o* accentué en *eu*, voy. *accueillir* ; 2° de *o* atone en *ou*, voy. *affouage*.

Douloureux, du L. *dolorosus* (même sens), par le changement : 1° de *osus* en *eux*, voy. *amoureux* ; 2° de *o* latin atone en *ou*, voy. *affouage*.

Douloir (se), du L. *dolere*

(éprouver de la douleur), par le changement de o en ou (voy. *affouage*) et celui de *e* en *oi* (voy. *accroire*). — D. *deuil*, anciennement *deul*, substantif verbal de l'ancienne forme *doloir* ; sur le changement de o en *en*, voy. *accueillir*.

Douter, en catalan *dubtar*, du L. *dubitare* (douter), par la chute régulière de I, *dub(i)tare* (voy. *accointer*), et le changement de *u* en *ou* (voy. *accouder*) ; sur la réduction de *bt* (dub'tare) à *t*, voyez *accouder*. — D. *doute* (substantif verbal), *douteux, redouter*.

Douve, origine inconnue. — D. *douelle* (pour *dou-v-elle*) ; sur la chute du *v*, voy. *aieul*.

Doux, anciennement *dous*, à l'origine *dols*, du L. *dulcis* (doux), par le changement de *ul* en *ou* (voy. *agneau*), et celui de *c* en *s* (voy. *agencer*). — D. *adoucir, doucet, douceâtre*.

Douze, du L. *duodecim* (douze), par la contraction régulière de *duod(ê)cim* en *duod'cim* (voy. p. LXXXI), — par la réduction de *uo* latin à *o* (voy. *deux*), et par celle de *d'c* à *c* (voy. *adjuger*) ; par le changement de o en *ou* (voy. *affouage*), et celui de *c* en *z* (voy. *amitié*). — D. *douzième, douzaine*.

Doyen, du L. *decanus* (doyen) par la chute du *c* médial (voy. *affouage*), et le changement de *e* en *oi* (voy. *accroire*), de *anus* en *en* (voy. *ancien*). — D. *doyenné*.

Drachme, du L. *drachma* (m. s.).

† **Dragée**, venu par l'intermédiaire du provençal *dragea*, de l'italien *treggea* (dragée). — D. *drageoir*.

Drageon, pousse, mot d'origine germanique (goth. *draibjan* pousser).

Dragon, du L. *draconem* (dragon); sur le changement de *c* en *g* voy. *adjuger*. — D. *dragon* (cavalier), *dragonne, dragonnade*.

† **Drague**, venu de l'anglais *drag* (m. s.). — D. *draguer, dragueur*.

† **Drainer**, venu de l'anglais *to drain* (dessécher). — D. *drainage*.

Drame, du L. *drama* (m. s.).

Dramatique, du L. *dramaticus* (m. s.).

Dramaturge, du grec δραματουργός (m s).

Drap, de *drappum* drap, dans les *Capitulaires* de Charlemagne : l'origine de *drappum* est inconnue. D. *draper, drapier, draperie*.

Drapeau, qui signifie à l'origine *étoffe, guenille*, est un diminutif de drap.

Drastique, du grec δραστικός (qui opère).

Drèche, ancien français *dresche*, orge concassée, qui est *drascus* dans la basse latinité, et vient de l'ancien haut allemand *drascan* (battre le blé en grange). Sur le changement de *a* en *e*, voy. *acheter*; sur la chute de *s*, voy. *abîme*.

Dresser, en italien *drizzare*, *dirizzare*, du L. *drictiare** (dresser, rendre droit, verbe dérivé de *drictus* droit, forme dont on trouvera l'explication au mot *droit*). *Drictiare* a donné *dresser* par le changement de *ctiare* (cciare) en *sser* (voy. *agencer*), de *i* en *e* (voy. *admettre*). — D. *dressoir, redresser*.

Drille, mot d'origine germanique (ancien haut allemand *drigil*, serviteur, garçon).

† **Drogman**, dans Villehardouin *drughemant*, en italien *drogomanno*, mot d'origine orientale, rapporté de Constantinople par les croisés, qui l'avaient emprunté au

grec du moyen âge δραγούμανος (interprète).

1. Drogue, origine inconnue. — D. *droguiste, droguer.*

2. Drogue, (jeu de la). Origine inconnue.

1. Droit, du L. *directum* (qui a pris le sens de *jus*, on trouve *directum facere* pour *faire droit*, dans les Formules de Marculfe). *Directus* est déjà *directus* dans les textes du latin du moyen âge : « *et ultra hoc debet habere* dirictum »; sur ce changement de *e* en *i*, voy. *accomplir*; *dirictum* ne tarde pas à se contracter en *drictum* que l'on trouve au huitième siècle dans les *Capitulaires* de Charlemagne. *Et plus per drictum et legem fecissent.* Enfin *drictum* a donné *droit*, par le changement régulier de *ict* en *oit* (voy. *attrait*), comme *strictus* a donné *etroit*. — D. *droiture.*

2. Droit, adj. du L. *directus* (droit); pour les changements de lettres, voy. *droit* 1. — D. *adroit.*

† **Drôle,** anciennement *drolle*, mot venu de l'anglais *droll* (comique). — D. *drôlerie, drôlesse, drolatique.*

Dromadaire, du L. *dromadarius* (dérivé de *dromadem*, chameau).

Dru, mot d'origine celtique (kymr. *drud*, vigoureux).

Druide, du L. *druida* (prêtre chez les Celtes). — D. *druidesse, druidisme.*

Drupe, du L. *drupa* (proprement olive).

Dryade, du L. *dryadem* (m s.).

Du, ancien français *deu*, à l'origine *del*; cette dernière forme est la contraction de *de le. Del* est ensuite devenu *deu* par l'adoucissement de *l* en *u* (voy. *agneau*).

Dû, anciennement *deû*, participe passé de *devoir*, pris substantivement. — On a vu au mot *boire* comment le participe passé de *debere* a été *debutus*; pour le changement de (b)*utus* en *de-u*, puis *dû*, voy. *boire.* — D. *dûment* (du féminin *due* et du suffixe *ment*).

Dubitatif, du L. *dubitativus* (m. s.).

Duc, du L. *ducem* (chef). — D. *duché, duchesse* (voy. *abbesse*).

† **Ducat,** de l'italien *ducato* (ducat). — D. *ducaton.*

Duché, voy. *duc.*

Duchesse, voy. *duc.*

Ductile, du L. *ductilis* (ductile). — D. *ductilité.*

† **Duègne,** de l'espagnol *dueña* (gouvernante).

Duel, du L. *duellum* (combat dans Horace), — D *duelliste.*

Dulcifier, du L. *dulcificare** (rendre doux, *dulcem*).

Dune, mot d'origine celtique (irland. *dún*, colline).

† **Duo,** de l'italien *duo* (deux).

Dupe, origine inconnue. — D. *duper, duperie, dupeur.*

Duplicata, mot latin; pl. neutre de *duplicatus*, participe de *duplicare* (doubler).

Duplicité, du L. *duplicitatem* (m. s.).

Dur, du L. *durus*. — D. *dureté* (L. *duritatem*); *durillon*; *durcir.*

Durer, du L. *durare* (durer). — D. *durée* (substantif participial). *durant, durable.*

Duvet, du L. *dumetum*, par l'intermédiaire d'une forme *dubetum**. voy. p. XCVI.

Dynastie, du grec δυναστεία (puissance).

Dyspepsie, du grec δυσπεψία (mauvaise digestion).

Dyssenterie, du grec δυσεντερία (mal d'entrailles).

Dysurie, du grec δυσουρία (m. s.).

E

Eau, au quinzième siècle *eaue,* plus anciennement *eave,* à l'origine *ève,* du L. *aqua* (eau). — *Aqua* devenu *aqva* par la consonnification de *u* (voy. *janvier*) se réduit à *ava* par la réduction de *qv* à *v* (voy. aux mots *janvier* et suivre). — *Ava* donne *ève* par l'adoucissement régulier de *a* en *e* (voy. *acheter, ava* devenant *ève*, comme *faba, sapa* deviennent *fève, sève*). — *Ève* ne tarde point à subir la diphthongaison de *e* en *ea* (*eave*) comme *bel* est devenu *beal* (d'où *beau* par l'adoucissement de *l* en *u*). — *Eave* à son tour vocalise la consonne *v* en *u* (voy. *aurone*), d'où la forme *eaue,* qui se réduit à *eau* dès le seizième siècle.

Ébahir, onomatopée, verbe formé de l'interjection *bah!* (voy. p. LXV). — D. *ébahissement*.

Ébarber, voy. *barbe.* — D. *ébarbures.*

Ébattre, voy. *battre.* — D. *ébat* (substantif verbal).

Ébaubi, interdit au point de bégayer. *Ébaubi* est le participe de l'ancien verbe *ebaubir*. *Ébaubir* c'est rendre *baube,* comme *effaroucher* est rendre *farouche; baube* (qui veut dire *bègue* dans l'ancien français) vient du L. *balbus* (bègue) par l'adoucissement de *l* en *u* (voy. *agneau*.)

Ébaucher, origine inconnue — D. *ébauche* (substantif verbal), *ébauchoir.*

Ébaudir, rendre *baud* (gai).

Pour l'étymologie de *baud,* voy. au mot *baudet.*

Ébène, du L. *ebenus* (m. s.). — D. *ébénier, ébéniste, ébénisterie.*

Éblouir, origine inconnue. — D. *éblouissement.*

Éborgner, voy. *borgne.*

Ébouler, tomber comme une *boule;* voy. *boule.* — D. *éboulement.*

Ébouriffer, origine inconnue.

Ébranler, voy. *branler.* — D. *ébranlement.*

Ébrécher, faire une *brèche* (voy. ce mot).

1. **Ébrouer** (s'), origine inconnue.

† 2. **Ébrouer** (laver une pièce d'étoffe destinée à la teinture), de l'allemand *bruhen* (laver à l'eau chaude).

Ébruiter, voy. *bruit.*

Ébullition, du L. *ebullitionem* (m. s.).

Écacher (presser, écraser), anciennement *escacher,* composé avec préfixe intensitif (*ex*), de l'ancien verbe *cacher* (presser, fouler), dont l'étymologie se trouve à l'article *cacher* (voy. ce mot).

Écaille, ancien français *escaille,* à l'origine *escale,* mot d'origine germanique (gothique *scalja;* allemand *schale,* écaille). Pour le changement de *s* initial en *es,* puis en *é,* voy. *espérer.* — D. *écailler, écaillère.*

Écale, anciennement *escale;*

pour l'étymologie, voy. *écaille*. — D. *écaler*.

Écarlate, anciennement *escarlate*, mot d'origine orientale (persan *scarlat*, écarlate); sur *sc* devenu *esc* puis *éc*, voy. *espérer*.

Écarquiller, origine inconnue.

Écart, voy. *écarter*.

Écarteler, anciennement *escarteler*, composé de *ex* et de *cartel*; écarteler c'est mettre en *cartel*. *Cartel* est le L. *quartellus** (quartier, diminutif de *quartus*, quart). *Écarteler* est donc mettre en quartiers. — Sur le changement de *qu* latin en *c*, voy. *car*. — D. *écartèlement*.

Écarter, anciennement *escarter*, mot composé de *ex* (hors) et de *carte*. *Écarter* qui n'est à l'origine qu'un terme de jeu, signifie proprement mettre des cartes de côté, rejeter des cartes, puis par extension, rejeter en général. — D. *écart* (substantif verbal), *écarté*, *écartement*.

Ecchymose, du grec ἐγχύμωσις (proprement sortie de l'humeur).

Ecclésiastique, du L. *ecclesiasticus* (m. s.)

Écervelé, voy. *cervelle*.

Échafaud, ancien français *eschafaud*, *eschaafaut*, à l'origine *escadafaut*, dont le premier sens est estrade de cérémonie (de laquelle on assiste à un tournois, à un combat singulier, etc....). *Escadafaut*, qui est en bas latin *scadafaltum*, est un composé de *ex* et de *cadafaltum* (échafaudage). — *Cadafaltum* est, en provençal, *cadafalc*, en italien *catafalco*. Cette forme *catafalco* est un composé de *cata* et de *falco*: *cata* dérive du verbe roman *catar* (voir) dont l'origine est inconnue; *falco* est d'origine germanique, et correspond au vieil haut allemand *palcho* (échafaudage, pièce de bois).

Catafalco signifie proprement échafaudage d'où l'on voit, estrade de parade.

Quant au changement de *excadafaltum** en *eschadafaut*, *eschaafaut*, *eschafaut*, voy. pour la permutation de *c* en *ch*, au mot *acharner*: pour la chute du *d*, voy. *accabler*; pour la chute de *s*, voy. *abîme*; pour la résolution de *l* en *u*, voy. *agneau*. — D. *échafaudage*, *échafauder*.

Échalas, anciennement *eschalas*, *escalas*, à l'origine *escaras*, du L. *ex-caratium**. *Caratium* (qui a le sens d'échalas dans la Lex Longobardorum : « Si quis palum, quod est *carratium*, de vite tulerit, ») dérive du grec χαραξ (échalas).

Ex-caratium a donné *escaras*, puis *eschalas*, par le changement: 1° de *c* en *ch* (voy. *acharner*); 2° de *r* en *l* (voy. *autel*); 3° de *x* en *s* (voy. *ajouter*).

Échalote, anciennement *eschalote*, corruption de *eschalone*, *escalone*, qui est la forme française du moyen âge. *Escalone* est le L. *ascalonia* (échalote, dans Pline). Sur le changement 1° de *a* initial en *e*, voy. *acheter*; 2° de *c* en *ch*, voy. *acharner*; 3° sur la chute de *s*, voy. *abîme*.

Échancrer, tailler en forme de chancre (de croissant). *Chancre* est le L. *cancrum* (proprement écrevisse, puis croissant d'après la forme de l'écrevisse). Sur le changement de *c* en *ch*, voy. *acharner*. — D. *échancrure*.

Échanger, voy. *changer*. — D. *échange* (subst. verbal); *échangeable*, *échangiste*.

Échanson, ancien français

eschançon, du L. scantionem* (echanson dans les Lois Barbares. *Scantio* derive de l'ancien haut allemand *scenço*, echanson).

Scantionem a donné *échanson* par le changement 1° de *s* initial en *es*, puis *é* (voy. *esperer*); 2° de *c* en *ch*, voy. *acharner*; 3° de *ti* en *ç*, puis *s* (voy. *agencer*).

Échantillon, diminutif de l'ancien français *échantil*; *echantil*, qui et à l'origine *eschantil*, *escantil*, est un composé de *ex*, et de l'ancien français *cant* (coin, morceau), derive lui-même du L. *canthus* (coin). Sur le changement de *c* latin en *ch*, voy. *acharner*. — D. *echantillonner*.

Échapper, anciennement *eschaper, escaper*, proprement sortir de la *cape* (du manteau), d'où, par extension, s'enfuir; une métaphore analogue existe dans le grec ἐκδύεσθαι (fuir, s'echapper, qui signifie proprement se deshabiller, se dépouiller, sur cette analogie des métaphores, voy. p. xxvi).

Ce qui confirme cette origine, c'est que l'italien possède les deux verbes *scappare* (echapper), formé de *cappa*, manteau, et de *ex* (hors de), et *incappare* (tomber dans), formé de *cappa* et de *in* (dans). — D *echappée* (substantif verbal) ; *échappement* ; *échappatoire*

Écharde, piquant de chardon, *écharde*, dans l'ancien français *escharde*, est un composé de *ex* et de *charde*, qui représente le L. *carduus* (chardon); pour le changement de *c* en *ch*, voy. *acharner*.

Écharpe, au moyen âge grande bourse que les pèlerins portaient suspendue au cou : Joinville parle d'un pèlerin qui mettait dans « son *escharpe* grant foison d'or et d'argent » : plus tard le mot *écharpe* n'a plus servi qu'à designer la bande d'étoffe, à laquelle était suspendue la bourse, l'écharpe proprement dite. Sur ce deplacement de sens, voy. p. xxii. — *Écharpe*, ancien français *escharpe, escherpe* est un mot d'origine germanique (vieil haut allemand *scherbe* poche, bourse).

Ce mot allemand a donné dans la latinité du moyen âge, un type *scarpa**, duquel est venu le diminutif *scarpicella** (proprement petite bourse). *Scarp(i)cella* a donné le français *escarcelle* (bourse) par la chute régulière de l'*i* (voy. *accointer*), d'où *scarp'cella*, — et par le changement. 1° de *sc* initial en *esc*; 2° de *pc* en *c* (voy. *caisse*).

Écharper, forme secondaire (avec changement de conjugaison) de l'ancien verbe *écharpir*, mettre en pièces: *écharpir*, à l'origine *escharpir* est le L. *excarpere* (composé de *carpere*, couper, mettre en morceaux); sur le changement: 1° de *c* en *ch*, voy *acharner*; 2° de *e* en *i*, voy. *accomplir*.

Échasse, ancien français *eschace*, mot d'origine germanique (vieux flamand *schœtse*, échasse); sur le changement de *sch*, en *esch*, puis *éch*, voy. *espérer* — D. *échassier*.

Échauder, anciennement *eschauder*, du L. *excaldare* (échauder dans Apicius) par le changement : 1° de *c* en *ch* (voy. *acharner*); 2° de *al* en *au* (voy. *agneau*). — D. *échaudé*, *échaudoir*.

Échauffer, voy. *chauffer*. — D. *échauffement; réchauffer*.

Échauffourée, substantif participal de l'ancien verbe *échauffourer*, composé de *ex* et de l'ancien français *chauffourer* dont l'origine est inconnue

Échauler, voy. *chauler*.

Éche, (amorce) ancien français *esche*, du L. *esca* (amorce) par le changement de *ca* en *che* (voy. *acharner* et *acheter*), et par la chute de *s* (voy. *abîme*).

Échéance, voy. *échoir*.

Échecs, ancien français *eschac*; le jeu et le nom du jeu sont d'origine orientale (persan *schah* dont le sens propre est roi, le jeu ayant tiré son nom de la principale pièce. De la locution *schach-mat* qui veut dire en persan *le roi est mort*, est venue l'expression *échec et mat*). — D. *échec* (au sens de défaite, sens qui provient de la locution : tenir en échec, donner échec), *échiquier*.

Échelle, ancien français *eschele*, du L. *scala* (échelle) par le changement : 1° de *c* en *ch* (voy. *acharner*); 2° de *sch* initial en *esch*, puis *éch* (voy. *espérer*); 3° de *a* en *e* (voy. *acheter*). — D. *échelon*, *échelonner*.

Écheveau, ancien français *echevel* (sur *el* devenu *eau*, voy. *agneau*). *Échevel* est le substantif verbal d'*écheveler* (voy. *échevelé*).

Échevelé, part. de l'ancien verbe *écheveler* (voy. *cheveu*).

Échevin, anciennement *eschevin*, en italien *scabino*, du L. *scabinus** (juge, dans les textes carlovingiens; *scabinus* est d'origine germanique et dérive de l'ancien haut allemand *skepeno* qui a le même sens). *Scabinus* est devenu *échevin* par le changement : 1° de *ca* en *che* (voy. *acharner* et *acheter*); 2° de *sc* en *esc* puis *éc* (voy. *espérer*); 3° de *b* en *v* (voy. *avant*).
— D. *échevinage*, *échevinal*.

Échine, anciennement *eschine*, en provençal *esquina*, d'origine germanique (ancien haut allemand *skina*, épine ; l'échine étant proprement l'épine dorsale).

Échiquier, voy. *échecs*.

Écho, du L. *echo* (m. s.).

Échoir, anciennement *eschoir*, du L. *excadere** (échoir); pour le changement de *cadere* en *choir*, voy. *choir*. — D. *échéant*, part. prés. (d'où le substantif *échéance*).

1. **Échoppe**, burin; origine inconnue.

2. **Échoppe**, anciennement *eschoppe*, de l'allemand *schoppen* (boutique) : sur la préposition d'un *e*, voy. *espérer*.

Échouer, origine inconnue.

Éclabousser, origine inconnue.

Éclair, substantif verbal de *éclairer*.

Éclaircir, voy. *clair*. — D. *éclaircie* (subst. participial), *éclaircissement*.

Éclairer, anciennement *esclairer*, du L. *exclarare* (éclairer) par le changement de *a* en *ai* (voy. *aigle*), de *x* en *s* (voy. *ajouter*), et la chute de *s* (voy. *abîme*) — D. *éclair*, *éclairage*, *éclaireur*.

Éclanche, origine inconnue.

Éclat, voy. *éclater*.

Éclater, le sens propre est rompre, voler en *éclats*; d'origine germanique (vieil haut allemand *skleizan*, rompre, devenu *skleitan*), d'où l'ancien français *esclater*, puis *éclater*). — D. *éclat*, *éclatant*.

Éclectique, du grec ἐκλεκτικός (qui choisit). — D. *éclectisme*.

Éclipse, du L. *eclipsis* (éclipse).
— D. *éclipser*.

Écliptique, du L. *eclipticus* (qui concerne les éclipses).

Éclisse, composé de *clisse* morceau de bois fendu, mot d'origine germanique (ancien haut allemand *kliozan*, fendre).

Écloppé, voy. *clopin-clopant*.

Éclore, anciennement *esclore* du L. *ex-claudere** (la forme composée *ex-claudere* a le sens d'*éclore*; on trouve souvent dans Columelle *excludere ova* pour faire éclore des œufs). Sur le changement de *claudere* en *clore*, voy. *clore*. Sur celui de *x* en *s*, voy. *ajouter*. — D. *éclos, éclosion*.

Écluse, anciennement *escluse*, en espagnol *esclusa*, du L. *exclusa* (proprement eau retenue, arrêtée. *Exclusa aqua* au sens d'écluse est dans Fortunat, et dans plusieurs textes mérovingiens; *exclusa* est déjà *sclusa* au huitième siècle dans la *Lex Salica* « si quis *sclusam* de molendino alieno rumperit. ») Sur le changement de *x* en *s*. voy. *ajouter*; sur la chute de *s*, voy. *abîme* — D. *éclusier, éclusée*

École, anciennement *escole*, du L. *schola* (école) par le changement: 1° de *ch* en *c* (voy. p. XCIX); 2° de *sc* initial en *esc*, puis *éc* (voy. *espérer*). — D. *écolier*.

Économe, du L. *oeconomus* (économe dans le Code Théodosien). — D. *économie, économiser, économiste*.

Économique, du L. *oeconomicus* (régulier) dans Quintilien.

Écorce, anciennement *escorce*, en italien *scorza*, au septième siècle *scorzia* dans le Vocabulaire de Saint-Gall, du L. *excorticea* (dérivé de *corticem*, écorce). Sur *ex* devenu *é*, voy. *écluse*; sur *cort(i)cea* devenu *cort'cea* voy p. LXXXI; sur *cortcea* devenu *cortcia* puis *corce*, voy. *agencer*. — D. *écorcer*.

Écorcher, anciennement *escorcher*, du L *excorticare* (ôter le *corticem*, l'enveloppe, puis dans la Loi Salique, *excorticare* a le sens d'enlever le cuir, la peau des animaux) *Excorticare* est déjà *scorticare* dans les Capitulaires de Charlemagne: « *anteà flagellatus et scorticatus.* »

Excor(ti)cáre, contracté suivant la règle (voy. *accointer*) en *excort'care*, *excor'care* a donné escorcher par le changement: 1° de *x* en *s* (voy *ajouter*); 2° de *ca* en *che* (voy. *acharner* et *acheter*). — D. *écorcheur, écorchure*.

Écorner, voy. *corne*. — D. *écornifler*.

Écornifler, voy. *écorner*. — D. *écornifleur*.

Écosser, voy. *cosse*.

1. **Écot**, branche d'arbre, ancien français *escot*, mot d'origine germanique (vieux norois *skot* même sens)

2. **Écot**, anciennement *escot* (quote-part), mot d'origine germanique (anglais *scot* contribution).

Écouler, anciennement *escouler*, du L. *excolare* (écouler, dans une version latine de la Bible) : sur *x* devenu *s* (voy. *ajouter*); sur la chute de *s*, voy. *abîme*; sur *o* devenu *ou*, voy. *affouage*. — D. *écoulement*.

Écourter, voy. *court*.

1. **Écoute**, voy. *écouter*.

2. **Écoute** (cordage), anciennement *escoute*, mot d'origine germanique (suédois *skot*, m. s.).

Écoutille, origine inconnue.

Écouvette, balai, diminutif d'*écouve* ancien français *escouve* qui est le L. *scopa* (balai) par le changement: 1° de *sc* initial en *esc*, puis *éc* (voy. *espérer*); 2° de *o* en *ou* (voy. *affouage*); 3° de *p* en *b*, puis en *v* (voy. *arriver*). Un autre diminutif d'*écouve* est *écouvillon* (balai ayant la forme d'un tampon pour nettoyer l'âme des canons).

Écouvillon, voy. *écouvette*.

Écran, anciennement *escran*, origine inconnue.

Écraser, anciennement *escraser*, composé d'un radical *craser* qui est d'origine germanique (suédois *krasa*, broyer, écraser). — D. *ecrasement*

Écrevisse, au treizième siècle *crevice*, de l'ancien haut allemand *krebiz* (écrevisse).

Écrier (s'), voy. *crier.*

Écrin, anciennement *escrin*, du L. *scrinium* (ecrin), par le changement de *sc* en *esc*, puis *éc* (voy. *espérer*).

Écrire, anciennement *escrire*, du L. *scribere* (écrire), par la chute régulière de l'ĕ pénultième, *scrib're* (voy. p. LXXXI) ; — par le changement de *br* en *r* (voy. *boire*), et de *sc* en *esc*, puis *ec* (voy. *espérer*) — D. *écriveur, écrivassier.*

Écrit, anciennement *escrit*, du L. *scriptum* (écrit) : sur le changement de *scri* en *écri*, voy. *ecrire*, sur *pt* devenu *t*, voy. *acheter* — D. *écriteau.*

Écritoire, du L. *scriptorium* (écritoire). Pour le changement de *script* ... en *écrit*... voy. *écrit*; pour celui de *o* en *oi* voy. *chanoine.*

Écriture, du L. *scriptura* écriture) ; pour le changement de *script*....en *écrit ,.* voy. *écrit.*

Écrivain, du L. *scribanus* * (écrivain, dérivé de *scriba*, scribe): pour le changemant: 1° de *scri* ... en *écri*... voy. *écrit*; 2° de *b* en *v*, voy *avant* ; 3° de *anus* en *ain* voy. *ancien.*

1. Écrou (trou pour insérer une vis), anciennement *escrou*, du L. *scrobem* (trou), par le changement : 1° de *sc* initial en *esc*, puis *ec* (voy. *espérer*) ; 2° de *o* en *ou* (voy *affouage*) ; 3° par la chute du *b* médial (voy. *aboyer*).

2 Écrou, registre de prison, voy. *écrouer.*

Écrouer, origine inconnue. — D. *écrou* (substantif verbal).

Écrouelles , anciennement *escrouelles* , du L *scrofella* * (écrouelle : forme secondaire de *scrofula*) : sur la chute de *f* voy. *antienne*; sur *o* devenu *ou*, voy. *affouage ;* sur *sc* devenu *esc* puis *éc*, voy. *espérer.*

Écrouir, origine inconnue.

Écrouler, voy. *crouler*. — D. *écroulement.*

Écru, composé de *cru* (voy. ce mot) : le *cuir écru* est ce que les Romains nommaient *crudum scorium* (cuir qui n'a point encore été tanné, proprement *cuir cru*).

Écu (bouclier), anciennement *escu*, à l'origine *escut*, du L *scutum* (bouclier), par le changement de *sc* en *esc* puis *éc* (voy *esperer*), et par la chute du *t* (voy. *aigu*). La monnaie qui portait, en ecu de blason, les trois fleurs de lis, a été dite *écu*. — D. *écusson* (proprement petit écu, *scutionem* * ; sur *ti* devenu *ss*, voy. *agencer*).

Écueil, anciennement *escueil*, du L. *scopulus* (écueil), par la contraction régulière (voy. p. LXXXI) en *scop'lus* et le changement : 1° de *pl* en *il* (voy. p. XCVI) , 2° de *o* en *ue* (voy. *accueillir*), 3° de *sc* en *ec* (voy. *espérer*).

Écuelle, ancien français *escuelle*, en provençal *escudela*, du L. *scutella* (ecuelle), par la chute du *t* médial et le changement de *sc* en *esc* puis *éc* (voy. *espérer*).

Éculer, voy. *cul.*

Écume, anciennement *escume*, d'origine germanique (ancien haut allemand *scŭm*, écume) — D. *écumer, écumeux, écumeur, écumoire.*

Écurer, voy. *curer*. — D. *récurer.*

Écureuil, anciennement *escureuil*, du L. *sciuriolus* (diminutif de *sciurus*, écureuil), par le changement. 1° de *iolus* en *euil* (voy *aieul*) ; 2° de *sc* initial en *esc* puis *éc* (voy. *espérer*).

Écurie, anciennement *escurie*, du latin mérovingien *scuria* (*Si quis scuriam cum animalibus incenderit*, dit la Loi Salique), par le changement de *sc* en *esc* puis *éc* (voy. *espérer*). Quant à *scuria*, il est d'origine germanique (vieil haut allemand *skura*, écurie).

Écusson, voy. *écu*. — D. *écussonner* (greffer, insérer un morceau d'écorce en forme d'écusson).

Écuyer, anciennement *escuyer*, en provençal *escudier*, en italien *scudiere*, du L. *scutarius* * (celui qui porte le *scutum*, l'écu d'un chevalier), — par la chute du *t* médial (v. y. *abbaye*), et le changement. 1° de *arius* en *ier* (voy. *ânier*)) ; 2ⁿ de *sc* en *esc* puis *éc* (voy. *espérer*). — D. *écuyère*.

Éden, du L. *Eden* (paradis terrestre, dans saint Jérôme).

Édenter, voy. *dent*.

Édificateur, du L. *aedificator* (m. s.).

Édification, du L. *aedificationem* (m. s.).

Édifice, du L. *aedificium* (même sens).

Édifier, du L. *aedificare* (m. s.).

Édile, du L. *aedilis* (m. s.).

Édilité, du L. *aedilitatem* (m. s.).

Édit, du L. *edictum* (m. s.). Sur *ct* devenu *t*, voy. *affété*.

Éditer, du L. *editare* fréquentatif de *edere* (publier).

Éditeur, du L. *editor* (dérivé de *edere* publier).

Édition, du L. *editionem* (édition).

† **Édredon**, anciennement *ederdon*, de l'allemand *eiderdune* (édredon).

Éducation, du L. *educationem* (m. s.).

Édulcorer, donner de la *dulcorem*, de la douceur.

Effacer, voy. *face* (le sens originaire est, faire disparaître une *face*, une figure, à l'aide de ratures). — D *effaçable*, *ineffaçable*, *effacement*.

Effarer, du L. *efferare* (effaroucher, par le changement de *e* en *a* (voy. *amender*).

Effaroucher, voy. *farouche*

Effectif, du L. *effectivus* (qui exprime un effet).

Effectuer, du L *effectuare* * (dérivé de *effectus*, effet).

Efféminer, du L. *effeminare* (m. s.).

Effervescent, du L. *effervescentem* (qui entre en ébullition).

Effet, du L. *effectum* (m. s) ; sur *et* devenu *t*, voy. *affété*.

Efficace, du L *efficacem* (m. s.).

Efficacité, du L. *efficacitatem* (m. s).

Efficient, du L. *efficientem* (m. s.).

Effigie, du L. *effigiem* (m. s)

Effilé, Effiler, voy. *fil*.

Effilocher, voy. *filoche*.

Efflanquer, voy. *flanc*.

Effleurer, voy *fleur*.

Efflorescent, du L. *efflorescentem* (m s).

Efflorescence, du L. *efflorescentia* (dérivé de *efflorescentem* efflorescent).

Effluve, du L. *effluvium* (écoulement).

Effondrer, voy. *fond* — D. *effondrement*.

Efforcer, voy. *forcer*. — D. *effort* (substantif verbal).

Effracteur, du L. *effractorem* (m. s)

Effraction, du L. *effractionem** (m. s.).

Effrayer, anciennement *esfrayer, esfroyer*, en provençal *esfreidar*, du L. *exfrigidare** (composé de *frigidus*, froid ; proprement glacer d'effroi).
Exfrig(i)dáre contracté suivant la règle (voy. *accointer*) en *exfrig'dare*, a réduit le *gd* à *d* (voy. *amande*) ; *exfridare* a donné *esfroyer* par le changement : 1° de *æ* en *s* (voy. *ajouter*) ; 2° de *i* en *oi* (voy. *boire*) ; 3° par la chute du *d* médial (voy. *accabler* ; puis *effroyer* par la chute de *s* (voy. *abîme*) ; et *effrayer* par le changement de *oi* en *ai* (voy. *accroire*). — D. de l'ancienne forme *effroyer* : 1° *effroi* (substantif verbal) ; 2° *effroyable*.

Effréné, du L. *effrenatus* (effrene), par le changement de *atus* en *é* (voy. *ampoulé*).

Effroi, voy. *effrayer*.

Effronté, voy. *front*. — D. *effronterie*.

Effroyable, voy. *effrayer*.

Effusion, du L. *effusionem* (m. s.).

Égal, du L. *aequalis* (égal) par le changement 1° de *ae* en *e* (voy. p. LXXXVI) ; 2° de *qu* en *g* (voy. *aigle*). — D. *égaler*, *égaliser*, *égalité*, *égalitaire*.

Égard, voy. *garder*.

Égarer, voy. *garer*. — D. *égarement, égaré*.

Égayer, voy. *gai*.

Égide, du L. *aegidem* (m. s.).

Églantier, anciennement *aiglentier*, proprement couvert d'*aiglents*, d'épines ; *aiglent* est le L. *aculentus** (dérivé de *aculeus*, aiguillon). *Ac(ú)lentus* contracté suivant la règle (voy. *accointer*), en *ac'lentus* a donné *aiglent* par le changement : 1° de *cl* en *gl* (voy. *aigle*) ; 2° de *a* en *ai* (voy. *aigle*).

Aiglant a donné en français deux dérivés : 1° *aiglantier* (aujourd'hui *églantier*) ; 2° *aiglantine* (aujourd'hui *églantine*).

Églantine, voy. *aiglant*.

Église, du L. *ecclesia* (église) par le changement 1° de *e* en *i* (voy. *accomplir*) ; 2° de *cl* en *gl* (voy. *aigle*).

Églogue, du L. *ecloga* (poésies fugitives)

Égoïsme, dérivé de *ego* (moi). — D. *égoïste*.

Égorger, voy. *gorge*. — D. *égorgement, égorgeur*.

Égosiller, voy. *gosier*.

Égout, voy. *égoutter*. — D. *égoutier*.

Égoutter, voy. *goutte*. — D. *égout* (substantif verbal).

Égratigner, voy. *gratter*. — D *égratignure*.

Égrener, anciennement *égrainer*, voy. *grain*.

Égrillard, origine inconnue.

† **Égriser**, composé d'un radical *grise** qui est l'allemand *gries* (gravier). L'*egrisée* est la poudre même du diamant, que l'on emploie pour polir cette pierre.

Éhonté, voy. *honte*.

Éjaculation, du L. *ejaculationem** (m. s.).

Élaboration, du L. *elaborationem* (m. s.).

Élaborer, du L. *elaborare* (élaborer).

Élaguer, mot d'origine germanique (holl. *laken*, retrancher). — D. *élagage*.

1. **Élan**, voy. *élancer*.

2. † **Élan**, espèce de cerf, de l'allemand *elenn* (élan).

Élancer, v. *lancer*. — D. *élan* (subst. verbal), *élancé, élancement*.

ÉLI 199 ÉMA

Élargir, voy. *large*. — D. *élargissement*.
Élastique, du grec ἐλαστικός, (qui a la faculté de pousser). — D *élasticité*.
† **Eldorado**, de l'espagnol *eldorado* (pays enchanté)
Électeur, du L *elector* (m. s.). — D. *electoral*, *électorat*.
Électif, du L. *electivus**, dérivé de *electus* (voy. *élire*).
Élection, du L. *electionem* (m. s.).
Électrique, du L. *electrum* (ambre) — D *électricité*, *électriser*.
Électuaire, du L. *electuarium* (électuaire).
Élégance, du L. *elegantia* (m s).
Élégant, du L. *elegantem* (m. s.).
Élégiaque, du L. *elegiacus* (m. s.).
Élégie, du L. *elegia* (m. s.).
Élement, du L. *elementum* (m. s.). — D. *élémentaire*.
Éléphant, du L. *elephantem* (m. s)
Élève, voy. *élever*.
Élever, voy. *lever*. — D. *élève* (subst. verbal), *élevé*, *élévation*, *éleveur*, *élevage*.
Élider, du L. *elidere* (élider).
Éligible, du L. *eligibilis* (m. s.). — D. *éligibilité*.
Élimer, voy. *limer*.
Éliminer, du L. *eliminare* (faire sortir). — D. *élimination*.
Élire, du L. *eligere* (choisir, trier, élire), Pour le changement de *ligere* en *lire*, voy. *accueillir*.
— *Eligere* signifiant en latin *choisir*, *trier*, l'ancien français *élire* eut aussi cette signification qui a persisté dans l'ancien participe *élite*, anciennement participe passé d'*élire*, aujourd'hui substantif, et qui signifie proprement *ce qui a été trié, choisi*. *Élite* représente le L *electa* (ce qui est choisi, ce qui est supérieur). Sur le changement : 1° de *e* en *i*, voy. *accomplir*; 2° de *ct* en *t*, voy. *affété*.
Élision, du L. *elisionem* (élision)
Élite, voy *élire*.
† **Élixir**, mot d'origine orientale, comme beaucoup de termes d'alchimie.
Élixir represente l'arabe *al-aksir* (quintessence).
Elle, du L. *illa* (elle), par le changement de *i* en *e*, voy. *admettre*.
Ellébore, du L. *elleborum* (m. s.).
Ellipse, du L. *ellipsis* (même sens, dans Priscien). — D. *elliptique*
Élocution, du L. *elocutionem* (m. s.).
Éloge, du L. *elogium* (épitaphe). — D. *élogieux*.
Éloigner, voy. *loin*. — D. *éloignement*.
Éloquence, du L. *eloquentia* (m s.).
Éloquent, du L. *eloquentem* (qui a le talent de la parole).
Élucider, du L. *elucidare* (annoncer).
Élucubration, du L. *elucubrationem* (m. s.).
Éluder, du L. *eludere* (m. s.).
Élysée, du L. *elysium* (élysée).
Émail, anciennement *esmail*, en italien *smalto*, mot d'origine germanique (ancien haut allemand *smalti* ce qui est fondu, qui a subi la fusion); sur le changement de *sm* en *esm*, puis *em*, voy. *espérer*). — D. *émailler*, *émailleur*.
Émancipation, du L. *emancipationem* (m. s.).

Émanciper, du L. *emancipare* (m. s.).

Émaner, du L. *emanare* (m. sens). — D. *emanation*.

Émarger, voy. *marge*. — D. *émargement*.

Emballer, voy. *balle*. — D. *emballage, emballeur*.

† **Embarcadère**, à l'origine lieu où l'on s'embarque, de l'espagnol *embarcadero* (quai d'embarquement).

† **Embarcation**, de l'espagnol *embarcacion* (m. s.).

† **Embargo**, de l'espagnol *embargo* (saisie).

Embarquer, voy. *barque*. — D. *embarquement*.

Embarrasser, débarrasser, composé du radical *barras** (qui est aussi en espagnol *barras*, perche, gaule), d'où le verbe *barrasser** (qui vient de *barras** comme *barrer* de *barre*). — Quant au mot *barras** il dérive de *barre* (voy. ce mot. — D. *embarras* (substantif verbal d'*embarraser*.

Embaucher, voy. *débaucher*. — D. *embauchage, embaucheur*.

Embaumer, voy. *baume* — D. *embaumeur, embaumement*.

Embellir, voy. *beau*. — D. *embellissement*.

Emblaver, ensemencer une terre en blé, du L. *imbladare** (ensemencer une terre en *bladum*, en *blé*: voy. ce mot. *Imbladare* est fréquent dans les textes du moyen âge, et a également donné naissance à l'italien *imbiadare* qui est le correspondant d'*emblaver*). *Imbla(d)are* par la chute du *d* médial (voy. *accabler*), l'intercalation d'un *v* euphonique (voy. *corvée*), le changement de *i* en *e* (voy. *admettre*) a donné *emblaver*. — D. *emblavure*.

Emblée (d'), c'est-à-dire du premier coup ; locution adverbiale composée de *de* et de *emblée*, substantif participial d'*embler* qui signifie *voler* dans notre ancienne langue, et qui est le L. *involare* (voler) qui est *imbolare* dans les Lois Barbares. Pour le changement de *involare* en *imbolare*, voy. *bachelier* ; pour la contraction de *imb(o)lare* en *imbl'lare* puis *embler*, voy. *accointer*. Sur *i* devenu *e*, voy. *admettre*.

Emblématique, voy. *emblème*.

Emblème, du L. *emblema* (ornement en relief). — D. *emblématique*.

Emboire, voy. *boire*.

Emboîter, voy. *boîte*.

Embonpoint, anciennement *en bon point* (en bon état) voy. *point*.

Embosser, composé de *en* et de *bosse* (nom de certains cordages de navire). — D. *embossage*.

Emboucher, voy. *bouche*. — D. *embouchure, embouchoir*.

Embourber, voy. *bourbe*.

Embranchement, dérivé de *embrancher* (composé de *en* et de *branche*, voy. ce mot).

Embraser, voy. *braise*. — D. *embrasement, embrasure* (à l'origine terme de fortification, fenêtre étroite pratiquée dans un parapet pour laisser passer le canon, proprement fenêtre d'où l'on *embrase* le canon.

Embrasser, ancien français *embracer*, proprement prendre dans sa *brace* (serrer dans ses bras) ; pour l'explication et l'étymologie de l'ancien français *brace*, voy. au mot *bras*. — D. *embrassement, embrassade, embrasse* (subst. verbal).

Embrasure, voy. *embraser*.

Embrocher, voy. *broche*.

Embrouiller, voy. *brouiller*.

Embryon, du grec ἔμβρυον (fœtus).

Embûche, substantif verbal de l'ancien verbe *embûcher*, à l'origine *embuscher*, en italien *imboscare*, dans la basse latinité *imboscare* (proprement : attirer dans le *boscum*, dans le *bois*, tendre une embûche; sur l'origine de *boscus*, voy. *bois*).

Imboscare a donné *embûcher*: par le changement : 1° de *i* en *e* (voy. *admettre*); 2° de *o* en *u* (voy. *curée*); 3° de *ca* en *che* (voy. *acharner* et *acheter*); 4° par la chute de *s* (voy. *abîme*).

† **Embuscade**, venu au seizième siècle de l'italien *imboscata* (embuscade).

† **Embusquer**, venu au seizième siècle de l'italien *imboscare* (embusquer).

Émender, du L. *emendare* (corriger).

Émeraude, ancien français *esmeralde*, en italien *smeraldo*, du L. *smaragdus* (émeraude), par le changement 1° de *sm* en *esm*, puis *ém* (voy. *espérer*); 2° de *a* en *e* (voy. *acheter*); 3° de *gd* en *d* (voy. *amande*). Quant à l'intercalation d'un *l*, voy. *somme*; pour le changement de *al* en *au*, voy. *agneau*.

Émerger, du L. *emergere* (m. s.). — D. *emergent, émergence*.

† **Émeri**, anciennement *esmeril*, venu au seizième siècle de l'italien *smeriglio* (émeri).

Émerillon, anciennement *esmerillon*, diminutif d'un type *esmerle**, composé du préfixe *es* du mot *merle* (voy. *merle*).

Émérite, du L. *emeritus* (qui a fini de servir).

Émerveiller, voy. *merveille*.

Émétique, du grec ἐμετικός (vomitif). — D. *émétiser*.

Émettre, du L. *emittere* (é-mettre); pour le changement de *mittere* en *mettre*, voy. *admettre*.

Émissaire, du L. *emissarius* (m. s.).

Émission, du L. *emissionem* (m. s.).

Émeute, ce qui est ébranlé, troublé, du L. *exmota* (ce qui est troublé), par le changement : 1° de *x* en *s* (voy. *ajouter*); pour la chute de *s*, voy. *abîme*; 2° de *o* en *eu* (voy. *accueillir*). — D. *émeutier*.

Émigrer, du L. *emigrare* (émigrer). — D. *émigration, émigrant, émigré*.

Éminence, du L. *eminentia* (m. s.).

Éminent, du L. *eminentem* (qui s'élève).

Émissaire, du L. *emissarius* (m. s.).

Émission, du L. *emissionem* (m. s.).

Emmancher, voy. *manche*.

Emmener, voy. *mener*.

Émoi, ancienn. *esmoi*, à l'origine *esmai*, en provençal *esmagi*, en italien *smago*, substantif verbal du verbe *esmaier* (être en émoi); ce verbe, de l'ancien français, qui correspond au verbe italien *smagare*, est d'origine germanique; il est composé du préfixe *es* et de l'ancien haut allemand *magan* (pouvoir), proprement : perdre toute force (*ex*).

Émollient, du L. *emollientem* (qui amollit).

Émolument, du L. *emolumentum* (m. s.).

Émonctoire, du L. *emunctorius* (m. s.).

Émonder, du L. *emundare* (nettoyer). — D. *émondage*.

Émotion, du L. *emotionem* (m. s.). — D. *émotionner*

Émoudre, ancienn. *emoldre*,

du L. *emolere* (émoudre), par la contraction régulière (voy. p. LXXXI) de *emol(ĕ)re* en *emol're*, — par le changement de *lr* en *ldr* (voy. *absoudre*), et par celui de *o* en *ou* (voy. *affouage*). — D. *émouleur, rémouleur*.

Émousser, voy. *mousse*.

Émoustiller, origine inconnue.

Émouvoir, du L. *emovere* (émouvoir), par le changement: 1° de *o* en *ou* (voy. *affouage*); 2° de *e* en *oi* (voy. *accroire*).

Empaler, voy. *pal*.

Empan, ancienn. *espan*, en italien *spanna*, mot d'origine germanique (allemand *spanne*, empan).

Emparer (composé de *en* et de *parer*, préparer), a dans notre ancienne langue, le sens de *fortifier*: *s'emparer* veut dire, au quinzième siècle, se fortifier, s'augmenter, s'accroître, d'où le sens actuel d'acquérir. — D. *remparer* (composé de *re* et de *emparer*, fortifier), d'où le substantif verbal *rempar*, aujourd'hui *rempart*.

Empâter, voy. *pâte*. — D. *empâtement*.

Empêcher, anciennement *empacher*, du L. *impactare** (dérivé de *impactus*, participe de *impingere*, embarrasser quelqu'un de quelque chose; voy p. XXXII). — *Impactare* a donné *empacher*, puis *empêcher* par le changement: 1° de *ct* en *ch* (voy. *allécher*); 2° de *a* en *e* (voy. *acheter*); 3° de *i* en *e* (voy. *admettre*). — D. *empêchement; dépêcher* correspond au type *dis-pactare** (voy. *dé*.... et *empêcher* pour le changement de lettres); *dépêcher* signifie donc proprement *se débarrasser*, comme *empêcher*, s'embarrasser.

Empeigne, origine inconnue.

Empereur, ancienn. *empereür*, à l'origine *empereor, emperedor*, du L. *imperatorem* (empereur), par le changement 1° de *i* en *e* (voy. *admettre*); 2° de *a* en *e* (voy. *acheter*); 3° par la chute du *t* (voy. *abbaye*); 4° par le changement de *eo* (empereor) en *eu* (voy. *aïeul*).

Empeser, apprêter à l'empois; on a vu (p. CXI, l. 24) pourquoi le dérivé d'*empois* est *empeser*, non *empoiser*.

Empester, voy. *peste*.

Empêtrer, voy. *dépêtrer*.

Emphase, du L. *emphasis*, (m. s). — D. *emphatique*.

Emphytéose, ancienn. *emphyteuse*, du L. *emphyteusis* (m. s.).

Empiéter, voy. *pied*. — D. *empietement*.

Empire, du L. *imperium* (empire), par le changement: 1° de *i* en *e* (voy. *admettre*); 2° de *e* en *i* (voy. *accomplir*).

Empirer, voy. *pire*.

Empirique, du L. *empiricus* (m. s.). — D. *empirisme*.

Empirisme, voy. *empirique*.

Emplacer, voy. *place*. — D. *emplacement, remplacer*.

Emplâtre, ancienn. *emplastre*, du L. *emplastrum* (m. s.)

Emplette, du L. *implicita** (qui a le sens de dépense dans plusieurs textes latins du moyen âge : « *implicitam* vero declaramus emptionem mercium per committentes ordinatam, » dit un règlement du douzième siècle. *Implic(i)ta*, contracté suivant la règle (voy. p. LXXXI) en *implic'ta*, a donné *emplette*, par le changement : 1° de *i* en *e* (voy. *admettre*); 2° de *ct* en *tt* (voy. *assiette*).

Emplir, du L. *implere* (emplir), par le changement: 1° de *i* en *e* (voy. *admettre*); 2° de *e* en *i* (voy. *accomplir*). — D. *remplir*.

Employer, du L. *implicare*,

qui a le sens d'*employer* au profit de quelqu'un, dans les documents latins du moyen âge. On lit dans un texte du treizième siècle · *Dedit* 40 *libras* implicandas *in augmentum communitatis*. Sur la chute du *c*, *impli*(c)*are*, voy. *affouage;* sur le changement de *i* en *e*, voy. *admettre;* sur celui de *i* en *oi*, voy. *boire.* — D. *emploi* (substantif verbal), *employé*,

Empois, voy. *poix*.

Empoisonner, voy. *poison*. — D. *empoisonnement, empoisonneur*.

Emporter, anciennement *enporter* pour *entporter*, du L. *indè portare* (porter de là), par le changement de *indè* en *ent* (voy. *souvent*), puis en *en* (voy. *en* 2). — D. *emportement, emporté, remporter*.

Empoter, voy. *pot*.

Empreindre, du L. *imprimere* (m. s.), par le changement de *imere* en *eindre*, voy. *geindre*. — D. *empreinte* (substantif participial fort, voy. *absoute*).

Empresser (s'). voy. *presse*. — D. *empressé, empressement*.

Emprunter, du L. *impromutuare** (composé de *promutuari*, emprunter, dérivé lui-même de *promutuum*, prêt).

Improm(ū)*tuare* contracté en *improm'tuare* (voy. *aider*) a réduit *ua* à *a* suivant la règle (voy. p. xc), d'où la forme *impromtare* qui a donné *emprunter* par le changement . 1° de *i* en *e* (voy. *admettre*); 2° de *m* à *n* (voy. *changer*); 3° de *o* à *u* (voy. *curée*). — D. *emprunt* (substantif verbal), *emprunteur*.

Empyrée, du grec ἔμπυρος (qui est enflammé).

Empyreume, du L. *empyreuma* (m. s.). — D. *empyreumatique*.

Émulation, du L. *æmulationem* (m. s.). — D. *émulateur*.

Émule, du L. *æmulus* (m. s.).

Émulgent, du L. *emulgentem* (qui épuise).

Émulsion, du L. *emulsionem** dérivé de *emulsus* (épuise). — D. *émulsionner, émulsif*.

1. **En**, préposition, dans le français du neuvième siècle *in*, du L. *in* (dans) par le changement de *i* en *e* (voy. *admettre*).

2. **En**, pronom relatif, anciennement *ent*, à l'origine *int*, du L. *indè* (en, de là, d'ici), par le changement : 1° de *i* en *e* (voy. *admettre*); 2° de *nd* en *nt*, puis en *n* (voy. p. xciii).

Le latin *indè* avait reçu, dans la langue populaire, l'acception de *ex illo, ab illo :*

Cadus erat vini; *indè* implevi Cirneam.
Plaute, *Amphyt.*, I, 1.

Cet emploi de *indè* fut très-fréquent dans la basse latinité, et les textes mérovingiens en offrent de nombreux exemples · *Si potis* indè *manducare*, si tu peux *en* manger (dans une *Formule* du septième siècle), — *Ut mater nostra ecclesia Viennensis* indè *nostra hæres fiat* (dans un diplôme de 543), etc.... *Indè* devint en français *int* qu'on trouve dans les *Serments* de 842, — au dixième siècle il est *ent* (forme qu'on retrouve dans *souvent* de *subinde*); au douzième *en*.

Encadrer, voy. *cadre*.

Encaisser, voy. *caisse*. — D. *encaisse* (substantif verbal), *encaissement*.

Encan, ancien français *encant*, *en quant*, à l'origine *inquant*, du L. *inquantum* (à combien), par le changement : 1° de *qu* en *c* (voy. *car*); 2° de *i* en *e* (voy. *admettre*).

Encaquer, voy. *caque*.

Encastrer, du L. *incastrare* (encastrer, dans Isidore de Séville),

Encaustique, du L. *encaustirus* (m. s.).

Enceindre, du L. *incingere* (enceindre) ; pour le changement de lettres, voy. *ceindre*. — D. *enceinte* (circuit de murailles, qui entoure, qui *enceint* une ville).

Enceinte, du L. *incincta* (femme enceinte dans Isidore de Séville), par le changement : 1° de *i* en *e* (voy. *admettre*) ; 2° de *ct* en *t* (voy. *affété*).

Encens, du L. *incensum* (encens, dans Isidore de Séville), par le changement de *i* en *e* (voy. *admettre*). — D. *encenser, encensoir*.

Encéphale, du grec ἐγκέφαλος (qui est dans la tête). — D. *encéphalie, encéphalite*.

Enchanter, du L. *incantare* (enchanter) ; pour le changement de lettres, voy. *chanter*. — D. *enchantement, enchanteur, désenchanter*.

Enchérir, voy. *chère*. — D. *enchère* (substantif verbal), *enchérissement, enchérisseur, renchérir, surenchérir, surenchère*.

Enchevêtrer, du L. *incapistrare* (enchevêtrer, enlacer, dans Apulée), par le changement 1° de *i* en *e* (voy. *admettre*) ; 2° de *ca* en *che* (voy. *acharner* et *acheter*). 3° de *p* en *v* (voy. *arriver*) ; 4° par la chute de *s* (voy. *abîme*). — D. *enchevêtrement*.

Enchifrener, origine inconnue.

Enchymose, du grec ἐγχύμωσι; (effusion du sang).

Enclaver, du L. *inclavare** (enfermer, dans le latin du moyen âge). — D. *enclave* (substantif verbal).

Enclin, du L. *inclinis* (penché, incliné vers); sur *i* devenu *e*, voy. *admettre*.

Enclore, du L. *inclaudere**, (pour *includere*, enclore): sur le changement de *claudere* en *clore*, voy. *clore*. — D. *enclos* (substantif participial).

Enclos, voy. *enclore*.

Enclouer, voy. *clouer* — D. *enclouage*.

Enclume, du L. *incudinem* (enclume) par le changement 1° de *m* en *en* (voy. *admettre*) ; 2° de *udinem* en *ume* (voy. *amertume*) ; 3° par l'intercalation d'un *l*.

Encogner, voy. *cogner* et *coin*. — D. *encognure*.

Encognure, voy. *encogner*.

Encolure, voy. *col*.

Encombre, voy. *décombres*, composé des préfixes *dé*.... et *en* ... et d'un radical *combre** signifiant *amas* ; le L. *cumulus* (tas, amas), perdit suivant la règle (voy. *able*, et p. LXXXI) son *u* cùm(*ŭ*)lus, et devint *cum'lus* ; m'*i* intercalant régulièrement un *b* (voy. *absoudre*), *cum'lus* devint *cumblus* qui changeant *l* en *r* (voy. *apôtre*), donna la forme *cumbrus* que l'on trouve au sens de *tas*, d'*amas*, dans plusieurs textes mérovingiens (voy. entre autres les *Gesta Regum Francorum*, chap. 25).

Encontre (à l'), substantif verbal de l'ancien verbe *encontrer* (qui est lui-même composé de *contre*). — D. *rencontrer*.

Encorbellement, voy. *corbeau*.

Encore, anciennement *ancore*, du L. *hanc horam* (jusqu'à cette heure), par la chute de *h* initial (voy. *atelier*).

Encourager, voy. *courage*. — D. *encouragement*.

Encourir, du L. *incurrere* (encourir, dans certaines acceptions) pour le changement de lettres, voy *courir* et *en*.

Encrasser, voy. *crasse*.

Encre, anciennement *enque*, à l'origine *enca*, du L. *encaustum* (encre), par l'intercalation d'un *r* (voy. *chanvre*) ; comme on l'a vu (p. cv), le mot a gardé l'accentuation grecque (ἔγκαυστον), non l'accentuation latine (*encaustum*). D. *encrier*,

Encyclique, du grec ἐγκύκλιος (qui embrasse tout).

Encyclopédie, du grec (ἐγκυκλοπαιδεία (éducation complète). — D. *encyclopédique*, *encyclopédiste*.

Endémique, du grec ἐνδήμιος, qui est propre au peuple d'un certain pays.

Endêver, origine inconnue.

Endive, du L. *intyba** (forme feminine de *intybus* chicorée), par le changement · 1° de *i* en *e* (voy. *admettre*); 2° de *b* en *v* (voy. *avant*); 3° de *t* en *d* (voy. *aider*).

Endolorir, voy. *douleur*.

Endormir, voy. *dormir*.

Endosser, voy. *dos*. — D. *endos* (subst. verbal), *endossement endosseur*

Endroit, composé de *en* et *droit*, voy. ce mot. *Endroit*, adverbe dans notre ancienne langue avec le sens de *droit devant nous* directement, vis-à-vis (d'où le sens du subst. *endroit*, lieu qui se présente directement à nous).

Enduire, du L. *inducere* (enduire), par la contraction régulière (voy. p LXXXI), de *induc(e)re* en *induc're*, — par le changement de *cr* en *ir* (voy. *bénir*), et par celui de *in* en *en* (voy. *admettre*). — D. *enduit* (subst. participial).

Endurcir, voy. *dur*. — *endurcissement*.

Endurer, du L. *indurare* (proprement s'endurcir); sur *i* devenu *e*, voy. *admettre*. — D. *endurant*

Énergie, du L. *energia** (m.s.). — D. *énergique*.

Énergumène, du grec ἐνεργούμενος, qui subit l'influence (du démon).

Énerver, du L. *enervare* (m. s.).

Enfance, du L. *infantia* (enfance); sur *tia* devenu *ce*. voy. *agencer*.

Enfant, du L. *infantem* (enfant); sur *in* devenu *en*, voy. *admettre*. — D. *enfanter*, *enfantin*, *enfantillage*, *enfantement*.

Enfariner, voy. *farine*.

Enfer, en provençal *enfern*, en italien *inferno*, du L. *infernum* (enfer), par le changement 1° de *i* en *e* (voy. *admettre*), 2° de *rn* en *r* (voy. *aubour*).

Enfermer, voy. *fermer*.—D. *renfermer*.

Enfiler, voy. *fil*.—D. *enfilade*.

Enfin, voy. *en*, et *fin*.

Enflammer, du L. *inflammare* (enflammer) par le changement de *i* en *e* (voy. *admettre*).

Enfler, du L. *inflare* (enfler); sur *i* devenu *e*, voy. *admettre*. — D. *désenfler*, *renfler*, *enflure*.

Enfoncer, voy. *fond*. — D. *enfoncement*, *renfoncer*.

Enforcir, voy. *force*.

Enfouir, du L. *infodere* (enfouir), par la chute du *d* médial (voy. *accabler*), et le changement: 1° de *i* en *e* (voy. *admettre*); 2° de *e* en *i* (voy. *accomplir*, 3° de *o* en *ou* (voy. *affouage*). — D. *enfouissement*.

Enfourcher, voy. *fourche*.

Enfourner, voy. *four*.

Enfreindre, voy. *freindre*.

Enfuir, voy. *en* 2., et *fuir*.

Engageant, voy. *engager*.

Engagement, voy. *engager*.

Engager, voy. *gage*. — D. *engageant*, *engagement*.

Engainer, voy. *gaîne*. — D. *rengainer*.

Engeance, voy. *enger*.

Engelure, de l'ancien verbe *engeler*, voy. *geler*.

Engendrer, du L. *ingenerare* (engendrer) par la contraction régulière (voy. *accointer*) de *ingen(ĕ)ráre* en *ingen'rare*, et par le changement : 1° de *i* en *e* (voy. *admettre*) ; 2° de *n'r* en *ndr* (voy. *absoudre*).

Enger, se multiplier ; origine inconnue. — D. *engeance.*

Engin, en italien *ingegno*, du L. *ingenium* (machine de guerre, engin de guerre dans Tertullien, *de Pallio* : « Cùm tamen ultimarent tempora patriae et aries jam Romanus in muros quondam suos auderet ; stupuere illico Carthaginenses ut novum extraneum *ingenium*, » — et dans Isidore de Séville « Apud Antiquos Minerva vocata quasi Dea et manus artium variarum. Hanc enim multorum *ingeniorum* prohibent. »

Pour le changement : 1° de *i* en *e* voy. *admettre* ; 2° de *e* en *i*, voy. *accomplir*.

Englober, voy. *globe.*

Engloutir, du L. *inglutire* (engloutir, absorber, dans Isidore de Séville) : sur *i* devenu *e*, voy. *admettre* ; sur *u* devenu *ou*, voy. *accouder*. — D. *engloutissement.*

Engorger, voy. *gorge.* — D. *engorgement, rengorger.*

Engouer, origine inconnue. — D. *engouement.*

Engourdir, voy. *gourd.* — — D. *engourdissement.*

Engraisser, du L. *incrassare* (engraisser), par le changement : 1° de *i* en *e*, voy. *admettre* ; 2° de *c* en *g* (voy. *adjuger*) ; 3° de *a* en *ai* (voy. *aigle*). — D. *engrais* (substantif verbal) ; *engraissement, engraisseur*.

Engraver, voy. *gravier* — D. *engravement.*

1. **Engrener,** anciennement *engrainer*, voy. *grain.*

2. **Engrener,** terme de mécanique, du L. *increnare** (formé de *crena*, cran, dent d'une roue), par le changement : 1° de *i* en *e* (voy. *admettre*) ; 2° de *c* en *g* (voy. *adjuger*.). — D. *engrenage.*

Enhardir, voy. *hardi*

Énigmatique, voy. *enigme*

Énigme, du L. *aenigma* (m. s.). — D. *enigmatique.*

Enivrer, voy. *ivre.* — D. *enivrement, enivrant.*

Enjamber, voy. *jambe.* — D. *enjambement, enjambée.*

Enjoindre, du L. *injungere* (enjoindre) ; pour le changement de lettres, voy. *en* et *joindre.*

Enjôler, voy. *geôle.* — D. *enjôleur.*

Enjoliver, voy. *joli.* — D. *enjolivement, enjolivure, enjoliveur.*

Enjoué, participe de l'ancien verbe *enjouer*, composé de *jouer* (voy. ce mot). — D. *enjouement.*

Enlacer, voy. *lac.* — D. *enlacement.*

Enlever, voy. *en* 2, et *lever.* — D. *enlèvement.*

Enluminer, du L. *in* (voy *en*) et *luminare* (propr. éclairer, d'où le sens d'orner de couleurs brillantes. — D *enlumineur, enluminure*

Ennemi, du L. *inimicus* (ennemi) : sur *icus* devenu *i*, voy. *ami* ; sur *i* devenu *e* voy. *admettre. N* est ici devenu *nn*, comme dans : monnaie (moneta), sonner (sonare). tonner (tonare), étonner (extonare*), donner (donare), étrenne (strena), honneur (honorem), ordonner (ordinare).

Ennui, anciennement *enui* (avec le sens de *chagrin*, de *douleur*, de *haine*), en espagnol *enojo*, dans l'ancien vénitien *inodio*, — du L. *inodio* (on lit dans les Gloses de Cassel qui remontent à

Charlemagne: *in odio habui* c.-à-d.
(j'étais ennuyé de...). Pour le
changement de *in* en *en*, voy. *en*;
pour celui de *odio* en *ui*, voy.
alouette et *cuider*. — D. *ennuyer,
ennuyeux*.

Énoncer, du L. *enuntiare*
(énoncer); pour le changement de
lettres, voy. *annoncer*. — D. *énonciation, énoncé*.

Énorgueillir, voy. *orgueil*.

Énorme, du L. *enormis* (qui
est contre la règle). — D. *énormément*.

Énormité, du L. *enormitatem*
(irregularité).

Enquérir, du L *inquirere*
(rechercher), pour le changement
de lettres, voy. *en* et *acquérir*.

Enquête, ancienn. *enqueste*,
du L. *inquisita* (propr ce que l'on
recherche), subst. participial fort
(voy. *absoute*); pour la contraction régulière en *inquis'ta*, voy.
p. LXXXI; pour le changement de *i*
en *e*, voy. *admettre*; pour la
chute de *s*, voy. *abîme*.

Enrager, voy. *rage*.

Enrayer, voy. *rayon*. — D.
enrayure.

Enregistrer, voy. *registre*.
— D. *enregistrement*.

Enrichir, voy. *riche*.

Enrôler, voy. *rôle*. — D. *enrôlement, enrôleur*.

Enrouer, du L. *inraucare*
(dérivé de *raucus*, rauque), par la
chute du *c* médial (voy. *affouage*),
le changement : 1° de *au* en *ou*
(voy. *alouette*), 2° de *in* en *en*
(voy. *en*). — D. *enrouement*.

Enrouler, voy. *rouler*.

Ensabler, voy. *sable*. — D.
ensablement.

Enseigne, en italien *insegne*,
du L. *insignia** (marque, indice),
par le changement : 1° de *in* en
en (voy. *en*); 2° de *i* en *ei* (voy.
ceinture).

Enseigner, du L. *insignare**
(proprement graver dans, puis enseigner). Pour le changement de
lettres voy. *enseigne*). — D *enseignement, renseigner*.

Ensemble, du L. *insimul*
(ensemble) par le changement :
1° de *in* en *en* (voy. *en*), 2° de
simul en *semble* (voy. *assembler*).

Ensemencer, voy. *semence*.

Ensevelir, du L. *insepelire**
(composé de *sepelire*, ensevelir),
par le changement : 1° de *in* en
en (voy. *en*); 2° de *p* en *v* (voy.
arriver). — D. *ensevelissement*.

Ensorceler, voy. *sorcier*. —
D. *ensorcellement, ensorceleur*.

Ensuite, voy. *en et suite*.

Ensuivre (s'), voy. *en et suivre*.

Entablement, voy. *table*.

Entacher, voy. *tache*.

Entailler, voy. *tailler*. — D.
entaille (subst. verbal), *entaillure*.

Entamer, en provençal *entamenar*, du L. *intaminare* (composé
de *in* et du radical *taminare*,
qui se retrouve dans *contaminare*, dans *attaminare* gâter, entamer). *Intam(i)nare*, contracté
suivant la règle (voy. *accointer*) en
intam'nare, a donné *entamer* par
le changement : 1° de *in* en *en*
(voy. *en*); 2° de *mn* en *m* (voy.
allumer).

Entasser, voy. *tas*. — D.
entassement

Ente, voy. *enter*.

Entendre, du L. *intendere*
(appliquer, diriger vers, d'où le
sens de faire attention, puis d'écouter). Pour le changement de
lettres, voy. *en* 1, et *attendre*, —
D *entente* (substantif participial,
voy. *absoute*); *entendement, entendeur, entendu*.

Entente, voy *entendre*.

Enter, greffer par *ente*, du L.
impotare* (enter, dérivé de *impo-*

tus greffe, ente, dans la *Lex Salica*; *impotus* est le grec ἔμφυτον, ce qu'on a planté). *Imp(ŏ)tare* contracté. suivant la règle (voy. *accointer*) en *imp'tare* a donné *enter* par le changement : 1° de *pt* en *t* (voy. *acheter*); 2° de *m* en *n* voy. *changer*); 3° de *i* en *e* (voy. *admettre*). — D. *ente* (substantif verbal), *enture*.

Entériner, ratifier, rendre parfait, dérivé de l'ancien français *enterin* (parfait, complet) qui correspond à un type *integrinus* (dérivé de *integrum*, complet). Pour le changement : 1° de *in* en *en*, voy. *en*; 2° de *gr* en *r*, voy. *accueillir*). — D. *entérinement*.

Enterrer, voy. *terre*. — D. *enterrement*.

Entêter, voy. *tête*. — D. *entêtement*.

Enthousiasme, du grec ἐνθουσιασμος (inspiration). — D *enthousiasmer, enthousiaste*.

Enthousiaste, voy. *enthousiasme*.

Enthymème, du L. *enthymema* (m. s.).

Entier, en provençal *enteir*, en italien *intero*, du L. *integrum* (entier) par le changement : 1° de *in* en *en*, voy. *en*; 2° de *e* en *ie*, voy. *arrière*; 3° de *gr* en *r*, voy. *accueillir*.

Enticher, origine inconnue

Entité. dans le L. des scolastiques *entitatem* dérivé de *entem* (être, chose).

Entomologie, du grec ἔντομον (insecte) et λογος (discours). — D. *entomologique, entomologiste*.

1. **Entonner**, voy. *tonne*. — D. *entonnoir*.

2 **Entonner**, voy. *ton*

Entorse, voy. *tordre*.

Entortiller, voy. *tortiller*.

Entour, voy. *tour*. — D. *entourer, entourage*.

Entournure, voy. *tournure*.

Entrailles, en provençal *intralia*, du L. *intrania* (dans la *Lex Salica* : « Si vero intra costas vulnus intraverit, et usque ad *intrania* pervenerit. ») *Intrania* est le L. *interanea* (entrailles dans Pline) par la chute régulière de ĕ, *int(ĕ)ranea* (voy. *accointer*), et le changement de *ea* en *ia* (voy. *abréger*). — *Intrania* a donné *entrailles* par le changement 1° de *in* en *en* (voy. *en*); 2° de *n* en *l* (voy. *aller*); 3° de *a* en *ai* (voy. *aigle*).

Entrain, voy. *entraîner*.

Entraîner, voy. *en* 2. et *traîner* — D *entrain* (substantif verbal) ; *entraînement*.

Entraver, mettre une entrave, c'est-à-dire un *bâton* (trabem), qui retient l'animal, d'où le composé *intrabare** qui a donné *entraver* par le changement : 1° de *in* en *en* (voy. *en*); 2° de *b* en *v* (voy. *avant*). — D. *entrave* (substantif verbal).

Entre, du L. *intra* (dans l'intervalle de); sur *in* devenu *en*, voy. *en*.

Entrée, voy. *entrer*.

Entre-bâiller, voy *entre* et *bâiller*.

† **Entrechat**, venu au seizième siècle, comme beaucoup de termes de danse, de l'italien *intrecciato* (dans la locution *capriola intrecciata*, proprement saut entrelacé).

Entrefaites (sur ces), c'est-à-dire *entre* (dans l'intervalle de) ces choses faites.

Entrelacer, voy. *lacer*. — D. *entrelacs, entrelacement*.

Entremêler, voy. *mêler*.

Entremets, voy. *mets*.

Entremettre, voy. *mettre*. — D. *entremetteur*.

Entremise, voy *mise*.

Entreposer, voy. *entre* et *poser*. — D. *entrepôt* (comme *dépôt* de *déposer*), *entreposeur, entrepositaire*.

Entreprendre, voy. *prendre*. — D. *entreprise* (substantif participial), *entreprenant, entrepreneur*.

Entrer, du L. *intrare* (entrer), par le changement de *in* en *en* (voy. *en*). — D. *entrée* (substantif participial), *rentrer*.

Entre-sol, voy *entre* et *sol*.

Entretenir, voy. *entre* et *tenir*. — D. *entretien* (substantif verbal).

Entrevoir, voy. *entre* et *voir*. — D. *entrevue* (substantif participial).

Énumération, du L. *enumerationem* (m. s.). — D. *énumératif*.

Énumerer, du L. *enumerare* (m. s.).

Envahir, en espagnol *envadir*, en italien *invadire*, du L. *invadere* (envahir) par la chute du *d* médial (voy. *accabler*), l'intercalation d'un *h* (voy. p. LXXXIX). Sur *in* devenu *en*, voy. *mettre*; sur *ere* devenu *ir*, voy. *accomplir*. *Inva(d)ere* ayant perdu le *d*, donna à l'origine de notre langue *enva-ir*, dans lequel le français moderne intercale un *h* pour maintenir l'hiatus: cette intercalation se retrouve dans *trahir* (tradere), *trahison* (traditionem). — Le français a ajouté *h* au commencement des mots dans : *hache* (ascia), *haut* (altus), *hausser* (altiare*), *hièble* (ebulum), *huile* (oleum), *huis* (ostium), *huit* (octo), *huître* (ostrea), *huppe* (upupa), *hurler* (ululare), *heur* (augurium), *hermite* (eremita), *hérisson* (ericius), *hermine* (armenia), *houlette* (agoletta*), *huitième* (octesimus), *hérisser* (ericiare*). — On trouve déjà en latin *hornamentum, hobitus, hac* — pour *ornamentum, obitus, ac*, dans le Recueil d'Inscriptions de Gruter. — D. *envahisseur, envahissement*.

Envelopper, voy. *développer*. — D *enveloppe* (substantif verbal).

Envenimer, voy. *venin*.

Enverguer, déployer les voiles en les attachant aux vergues (voy. *vergue*). — D. *envergure*, déploiement des voiles, et par metaphore, déploiement des ailes de l'oiseau.

1. **Envers**, substantif, du L. *inversus* (retourné); sur *in* devenu *en*, voy. *en*.

2. **Envers**, préposit.; de *en* et *vers* (voy. ces mots).

Envi (à l'), en rivalité, du L. *invitus* (qui s'oppose à, d'où le sens de concurrence, de rivalité); sur *in* devenu *en*, voy. *en*; sur la chute du *t*, voy. *aigu*.

Envie, du L. *invidia* (envie); sur *in* devenu *en*, voy *en*; sur la chute du *d*, voy. *accabler*. — D *envieux, envier*.

Envier, voy. *envie*. — D. *enviable, envieux*

Environ, voy. *virer*. — D. *environner*.

Envisager, voy. *visage*.

Envoi, voy. *envoyer*.

Envoler, voy *en* 2 et *voler*.

Envoûter, à l'origine *envolter*, du L. du moyen âge *invultuare* (faire une image de cire, dérivé de *vultus*, image, figure) *Invultuare* a donné *envoûter* par le changement: 1° de *ua* en *a* (voy. p. xc) puis en *e* (voy. *acheter*); 2° de *in* en *en* (voy. *en*); 3° de *ul* en *ol* puis *ou* (voy. *agneau*). — D. *envoûtement*.

Envoyer, anciennement *enveier*, à l'origine *entveier*, du L. *indèviare* (faire partir de); pour le changement de *indè* en *ent* puis en, voy. *en* 2.; pour celui de *viare* en *voyer*, par le changement de *i* eu *oi*, voy *boire*. — D. *envoi* (subst. verbal); *renvoyer*.

Épacte, du L. *epactae* (jours intercalaires).

Épagneul, dans Montaigne *espagneul*, dans Rabelais *espagnol* (« avec une demi-douzaine d'espagnols, et deux levriers, vous voilà roy des perdrix et lièvres pour tout cet hyver » dit Gargantua, I, 12). Cette espèce étant originaire d'Espagne, ces chiens ont reçu le nom de *chiens espagnols*, ou comme nous disons aujourd'hui de *chiens épagneuls*; pour le changement: 1° de *o* en *eu*, voy. *accueillir*; 2° de *esp* en *ép*, voy. *abîme*.

Épais, anciennement *espais*, à l'origine *espois*, du L. *spissus* (épais) par le changement: 1° de *i* en *oi* (voy. *boire*) puis en *ai* (voy. *accroire*); 2° de *sp* en *esp* puis *ép* (voy. *espérer*). — D. *épaissir*, *épaisseur*, *épaississement*.

Épancher, anciennement *espancher*, du L. *expandicare** (dérivé de *expandere*, ouvrir, d'où le sens de verser, d'épancher); *expand*(i)*cāre* contracté suivant la règle (voy. *accointer*) en *expand*'*care* a donné *épancher* par le changement: 1° de *ex* en *es* (voy. *ajouter*), puis en *é* (voy. *abîme*); 2° de *dc* en *c*, puis en *ch* (voy. *arracher*); 3° de *a* en *e* (voy. *acheter*). — D. *épanchement*.

Épandre, anciennement *esandre*, du L. *expandere* (épandre), par la chute régulière de l'*ĕ* pénultième (voy. p. LXXXI), et par le changement de *ex* en *es* (voy. *ajouter*), puis en *é* (voy. *abîme*). — D. *répandre*.

Épanouir, anciennement *espanouir*, développement de l'ancien français *espanir* qui est pour *espandir*, et qui correspond au L. *expandere* (étaler, épanouir), par le changement: 1° de *expandēre* en *expandēre* (voy. *courir*); 2° de *ex* en *es* puis *é* (voy. *ajouter*); 3° de *e* en *i* (voy *accomplir*). — D. *épanouissement*.

Épargner, origine inconnue. — D. *épargne* (substantif verbal).

Éparpiller, anciennement *esparpiller*, disperser; au sens propre, au moyen âge, de disperser, s'envoler comme ferait un papillon; *esparpiller* est composé de *ex* (*es*), et du radical *parpille** qui correspond au L. *papilio* (papillon). Pour l'addition de *r*, voy. *chanvre*. Ce qui met hors de doute l'étymologie qui relie *éparpiller* au L. *papilio*, c'est que l'italien *sparpagliare* (éparpiller) est formé de même de *parpaglione* (papillon); c'est que le provençal *esfarfalhá* (éparpiller) dérive de *farfalla* (papillon). — D. *éparpillement*

Épars, anciennement *espars*, du L. *sparsus* (épars), par le changement de *sp* en *esp* puis *ep* (voy. *espérer*).

Épater, voy. *patte*.

Épaule, anciennement *espaule*, à l'origine *espalle*, du L. *spatula* (épaule d'animal dans Apicius). *Spát*(ŭ)*la* s'étant contracté suivant la règle (voy. *able* et p. LXXXI) en *spat'la*, a donné *espalle* par l'assimilation de *tl* en *ll* (voy. *bouleau*) et le changement de *sp* en *esp*, (voy. *espérer*); *espalle* a donné *espaule* par l'adoucissement de *al* en *au* (voy. *agneau*); *épaule* par la chute de *s* (voy. *abîme*). — D. *épauler*, *épaulement*, *épaulette*.

Épave, anciennement *espave*; ce mot qui ne s'applique aujourd'hui qu'aux *choses* perdues, s'applique encore aux animaux dans q. q. locutions juridiques vieillies (un cheval *épave*); dans notre ancienne langue *épave* ne s'appliquait qu'aux animaux, non aux choses ; un animal *espave* était un animal égaré, errant; *espave* vient du L. *expavidus* (effrayé, que la peur égare, d'où le sens d'*errant*); sur le changement de *ex* en *es* puis *é* (voy. *ajouter* et *abîme*) ; sur la chute des deux dernières syllabes atones, voy. p. LXXXI

Épeautre, anciennement *espeautre*, en espagnol *espelta*, en italien *spelta*, du L. *spelta* (espèce de blé), par le changement: 1° de *sp* en *esp* puis *ép* (voy. *espérer*); 2° de *el* en *eal* (voy. *eau*), puis en *eau* (voy. *agneau*) ; 3° par l'intercalation d'un *r* (voy. *chanvre*).

Épée, anciennement *espée*, à l'origine *spede*, en italien *spada*, du L. *spatha* (épée, dans Tacite) par le changement : 1° de *sp* en *esp*, *ép* (voy. *espérer*); 2° de *ata* en *ée*, voy. *ampoulé*.

Épeler, anciennement *espeler* (au moyen âge, expliquer, énoncer en général), mot d'origine germanique (ancien haut allemand *spellôn*, expliquer). — D. *épellation*.

Éperdu, voy. *perdu*.

Éperlan, anciennement *esperlan*, à l'origine *esperlanc*, de l'allemand *spierling* (éperlan) ; pour le changement de *sp* en *esp*, *ép*, voy. *espérer*.

Éperon, anciennement *esperon*, *esporon*, de l'ancien haut allemand *sporon* (éperon) par le changement de *sp* en *esp*, *ép* (voy. *espérer*). — D. *éperonner*.

Épervier, anciennement *espervier*, en provençal *esparvier*, en italien *sparviere*, de l'ancien haut allemand *sparvari* (épervier); sur *sp* devenu *esp*, *ép* (voy. *espérer*).

Éphélide, du L. *ephelidem* (tache de rousseur).

Éphémère, du grec ἐφήμερος (qui dure un jour).

Éphémérides, du L. *ephemeridem* (mémorial journalier).

Épi, anciennement *espi*, du L. *spicus* (forme masculine de *spica*, épi), par le changement : 1° de *sp* en *esp*, *ép* (voy. *espérer*); 2° de *icus* en *i* (voy. *ami*).

Épice, anciennement *espice*, du L. *species* (épice, dans le *Digeste*, de Publicanis et vectigalibus : « *species* pertinentes ad vectigal, cinnamonum, piper longum. »), par le changement 1° de *sp* en *esp*, *ép* (voy. *espérer*); 2° de *e* en *i* (voy. *accomplir*). — D. *épicier*, *épicerie*, *épicer*.

Épidémie, du grec ἐπιδήμιος (s.-ent. νόσος, maladie qui circule parmi le peuple). — D *épidémique*.

Épidemique, voy. *épidémie*

Épiderme, du L. *epidermis* (épiderme).

Épier, anciennement *espier*, en italien *spiare*, mot d'origine germanique (anglais to *spy*, épier; ancien haut allemand *spehen*); sur *sp* devenu *esp*. *ép*, voy. *espérer*.

Épieu, anciennement *espieu*, à l'origine *espieil*, du L. *spiculum* (épieu, dard) par la contraction régulière (voy. p. LXXXI) en *spic'lum*; le changement : 1° de *sp* en *esp* puis *ép* (voy. *espérer*) ; 2° de *cl* en *il* (voy. *abeille*), puis de *espieil* en *espieu* (voy. *agneau*)

Épigrammatique, du L. *epigramaticus* (épigrammatique).

Épigramme, du L. *epigramma* (inscription).

Épigraphe, du grec ἐπιγραφή (inscription).

Épilepsie, du L. *epilepsia* (mal caduc).

Épileptique, du L. *epilepticus* (épileptique).

Épiler, du L. *epilare* (dérivé

de *pilus*, ôter les poils). — D. *épilatoire*.

Épilogue, du L. *epilogus* (péroraison). — D. *épiloguer*.

Épinard, voy. *épine*.

Épine, anciennement *espine*, du L. *spina*, (épine); sur *sp* devenu *esp*, *ep* (voy. *espérer*). D. *épineux*, *épinoche*, *épinière*, *épinard* (à cause des dentelures épineuses du calice), *épine-vinette*.

† **Épinette**, au seizième siècle *espinette*, de l'italien *spinetta* (épinette).

Épingle, anciennement *espingle*, du L. *spinula* (petite pointe propr. petite épine), par la contraction régulière (voy. *able* et p. LXXXI) en *spin'la* et le changement : 1° de *n'l* en *ngl* (voy. *absoudre*); 2° de *sp* en *esp* (voy. *espérer*). — D. *épinglette*, *épingler*.

Épinoche, voy. *épine*.

Épique, du L. *epicus* (épique).

Épiscopal, du L. *episcopalis* (épiscopal).

Épiscopat, du L. *episcopatus* (épiscopat).

Épisode, du grec ἐπεισόδιον (incident). — *épisodique*.

Épispastique, du grec ἐπισπαστικός (qui attire).

Épisser, anciennement *espisser*, mot d'origine germanique (angl. *to splice*, épisser). — D. *épissoire*, *épissure*.

Épistolaire, du L. *epistolaris* (épistolaire).

Épitaphe, du L. *epithaphium* (épitaphe).

Épithalame, du L. *epithalamium* (chant nuptial).

Épithète, du L. *epithetum* (m. s. dans Macrobe).

Épitome, du L. *epitome*, (abrégé, extrait).

Épître, anciennement *epistre*, à l'origine *epistle*, du L. *epistola* (épître), par la contraction régulière (voy. LXXXI), en *epistl'la*, le changement de *l* en *r* (voy. *apôtre*) et la chute de *s* (voy. *abime*).

Épizootie, maladie contagieuse parmi les animaux, du grec : ἐπι, sur, ζῶον, animal. — D. *épizootique*.

Éploré, voy. *pleurer*.

Éployé, du L. *explicatus* (éployé) : pour le changement de lettres, voy. *ployer*; sur *atus* devenu *é* voy. *ampoulé*.

Éplucher, anciennement *esplucher*, *espelucher*, voy. *peluche*. — D. *épluchage*, *épluchement*, *éplucheur*, *épluchoir*, *épluchure*.

Épointer, voy. *pointe*.

Épois, anciennement *espois*, de l'ancien haut allemand *spiz* (lance, bois pointu, d'où le sens de cors du cerf). — Sur *sp* devenu *esp*, puis *ep*, voy. *espérer*; sur *i* devenu *oi*, voy. *boire*.

Éponge, anciennement *esponge*, du L. *spongia* (éponge) par le changement de *sp* en *esp*, puis *ép* (voy. *espérer*. — D. *éponger*.

Épopée, du grec ἐποποιία, (poème épique).

Époque, du grec ἐποχή (tout ce qui arrête).

Épouser, anciennement *espouser*, a l'origine *esposer*, en italien *sposare*, du L. *sponsare* (fiancer dans le Digeste), par le changement : 1° de *ns* en *s* (voy. *aîné*); 2° de *sp* en *esp* puis *ép* (voy. *espérer*; 3° de *o* en *ou*, voy. *affouage*.

Épousseter, voy. *poussière*. — D. *époussette*.

Épouvanter, anciennement *espouvanter*, à l'origine *espaventer*, en italien *spaventare*, du L. *expaventare* (dérivé de *expaventem* partic. de *expavere*, avoir peur). —

D. *épouvante* (substantif verbal), *épouvantable*, *épouvantail*.

Époux, du L. *sponsus* (fiancé); pour le changement de lettres, voy. *épouser*. — D *épousailles*, *épouseur*.

Épreindre, du L. *exprimere* (presser) ; pour le changement de de *primere* en *preindre*, voy *empreindre*. — D. *épreinte* (substantif verbal).

Éprendre, voy. *prendre*. — D *épris*.

Épreuve, voy. *éprouver*.

Éprouver, voy. *prouver*. — D. *épreuve* (substantif verbal), *éprouvette*.

Épuiser, voy. *puiser* — D. *épuisement*, *épuisable*, *inépuisable*.

Épurer, voy. *pur*.—D. *épure* (subst. verbal), *épuration*.

Équarrir, tailler en *équerre* (voy. ce mot). — D. *équarrissage*, *equarrisseur*.

Équateur, du L *æquator**, (cercle qui divise le monde en deux parties *égales*).— D. *equatorial*.

Équatorial, voy. *équateur*.

Équation, du L *aequationem* (égalité).

Équerre, anciennement *esquerre*, à l'origine *esquarre*, substantif verbal d'un type *esquarrer**, qui répond au L. *exquadrare** (tailler à angles droits) d'où le nom d'*équerre* donné à l'instrument qui sert à tracer des angles droits.

Exquuadrare* a donné *esquarrer**, par le changement : 1° de *ex* en *es* (voy. *ajouter*) puis en *e* (voy. *abîme*), 2° de *dr* en *rr* (voy. *arrière*) — D. *équarrir* (anciennement *esquarrir*,de la forme *esquarre* pour *équerre*, du vieux français).

Équestre, du L. *equestris* (équestre).

Équidistant, du L. *aequidistantem* (parallèle).

Équilatéral, du L. *aequilateralis* (équilatéral).

Équilibre, du L. *aequilibrium* (équilibre). — D. *equilibrer*.

Équinoxe, du L. *aequinoctium* (équinoxe) — D. *équinoxial*.

Équiper, terme de marine qui signifie pourvoir un vaisseau des choses nécessaires, d'où par extension, pourvoir en général. *Equiper*, dans l'ancien français *esquiper*, gréer un navire, dérive du gothique *skip* (navire par le changement de *sq* en *esq* puis *éq* (voy. *espérer*). — D. *équipe* (subst. verbal) *équipage*, *équipée*, *équipement*.

Équipollent, du L. *equipollentem* (équivalent).— D. *équipollence*.

Équitation, du L. *equitationem* (équitation).

Équité, du L. *aequitatem* (égalité). — D. *équitable*.

Équivalent, du L. *aequivalentem* qui est égal). — D. *équivalence*

Équivaloir, du L. *aequivalere* (égaler) ; voy. aussi *valoir*.

Équivoque, du L. *aequivocus* (à double sens) — D. *équivoquer*.

Érable, anciennement *érabre*, *érarbre*, du L. *acer* (érable) et *arbor*. Pour le changement de *arbor* en *arbre*, dans *érarbre*, voy. *arbre*; pour celui de *acer* ou plutôt de *ac'r* (voy. p. LXXXI) en *ér* voy. *bénir* pour la réduction de *cr* en *r*, voy. *acheter* pour le changement de *a* en *e*. *Erabre* a donné *érable* par le changement de *r* en *l* (voy. *autel*.

Érafler, voy *rafle*.— D. *éraflure*.

Érailler, *esrailler*, du L. *ex-*

rallare * (proprement user par le frottement, dérive de *rallum* racloir); sur *ex* devenu *es* puis *é* voy. *ajouter*. — D. *éraillement*, *éraillure*.

Ère, du L. *aera* (époque).

Érectile, du L. *erectilis** (m. s.).

Érection, du L. *erectionem* (action d'élever).

Éreinter, voy. *rein*.

Érésipèle, voy. *érysipèle*.

Ergot, origine inconnue. — D. *ergoté*.

Ergoter, fatiguer son interlocuteur de syllogismes, dérivé de *ergo* (donc) conclusion du syllogisme. — D *ergoteur*.

Ériger, du L. *erigere* (m. s.).

Ermite, du L. *eremita* (ermite); sur la chute de *e*, voy. *aider*. — D. *ermitage*.

Érosion, du L. *erosionem* (action de ronger).

Érotique, du L. *eroticus* (m. s.).

Errata, mot latin signifiant *erreurs*.

Erratique, de L. *erraticus* (errant).

Errements, marche, procédé que l'on suit, dérivé de l'ancien verbe *errer* (voyager) qui a persisté dans le substantif verbal *erre* (allure) et dans la locution chevalier *errant* (qui voyage pour redresser les torts.)

Errer qui est en provençal *edrar*, dérive du L. *iterare** (voyager, de *iter* chemin) par la contraction régulière (voy. *accointer*) en *it'rare* et par le changement : 1° de *tr* en *rr* (voy *arrière*); 2° de *i* en *e* (voy. *admettre*).

Errer, du L. *errorem* (erreur); sur *o* devenu *eu*, voy *accueillir*.

Erroné, du L. *erroneus* (errant, vagabond).

Éructation, du L. *eructationem* (action de jeter hors.)

Érudit, du L. *eruditus* (instruit)

Érudition, du L. *eruditionem* (instruction).

Érugineux, du L. *aeruginosus* (couvert de rouille).

Érysipèle, du L. *erysipelas* (inflammation de la peau).

Ès, contraction de *en les* (enls, puis ens, d'où es par la réduction régulière de *ns* à *s*, réduction étudiée au mot *ainé*. *Ès* (en les) a disparu de notre langue non sans laisser quelques traces telles que *maître ès arts, docteur ès sciences, ès mains*, *Saint-Pierre ès liens*, etc....

Escabeau, du L. *scabellum* (escabeau) par le changement de *sc* en *esc* (voy. *espérer*), et de *ellum* en *eau* (voy. *agneau*).

† **Escadre,** venu de l'italien *squadra* (m. s.). — D. *escadrille*.

† **Escadron,** venu au seizième siècle de l'italien *squadrone* (escadron).

† **Escalade,** venu au seizième siècle de l'italien *scalata* (escalade). — D. *escalader*.

† **Escale,** de l'italien *scala* (escale).

† **Escalier,** du provençal *escalier* (m. s) qui est L. *scalarium** (dérivé de *scala*, échelle).

† **Escamoter,** de l'espagnol *escamotar* (escamoter). — D. *escamotage, escamoteur*.

† **Escamper,** s'enfuir, de l'italien *scampare* (se sauver, décamper), d'où la locution *prendre la poudre d'escampette*.

† **Escapade,** de l'italien *scappata* (escapade).

Escape, du L. *scapus* (fût).

Escarbot, diminutif d'un type *escarbe** qui correspond au L. *scarabaeus* (scarabée). *Scar(a)baeus* s'est contracté en *scar'baeus* (voy. p. LXXXI) d'où *escarbot* par le changement de *sc* en *esc*, et par l'addition du suffixe *ot* (voy. *chabot*).

Escarboucle, du L. *carbunculus* (escarboucle) avec prosthese d'un *s*; *excarbunc(ù)lus* perdant régulièrement *u* (voy. p. LXXXI, et reduisant *nc* à *c* (voy. *coque*) a donné *escarboucle* par le changement de *u* en *ou* (voy. *accouder*).

Escarcelle, voy. echarpe.

Escargot, à l'origine *escargol*, de *ex* (es), et de la racine *cargol*, qui correspond à l'espagnol *caracol* (escargot), a l'italien *caragollo* (escargot), dont l'origine commune est inconnue.

† **Escarmouche**, de l'italien *scaramuccia* (escarmouche).

† **Escarpe**, terme de fortification, de l'italien *scarpa* (talus escarpe) —D. *escarper, escarpement, contrescarpe*.

† **Escarpin**, de l'italien *scarpino* (escarpin).

† **Escarpolette**, de l'italien *scarpoletta* (escarpolette).

Escarre, ou mieux *escharre*, du L. *eschara* (escarre)

Escient, du L. *scientem* (sachant). Sur *sc* devenu *es*, voy. *espérer*.

Esclandre, anciennement *escandle*, du L. *scandalum* (scandale, esclandre), *Scand(ă)lum* contracté suivant la règle (voy. *asperge*) a donné *scand'lum* d'où l'ancienne forme *escandle* (sur *sc* devenu *esc*, voy. *espérer*); puis *esclandre* par l'intercalation d'un (voy. *lierre*), et le changement de *dl* en *dr* (voy. *apôtre*).

Esclave, au dixième siècle *sclavus*, au neuvième *slavus*, mot qui signifie proprement *slave*, et ne s'appliquait à l'origine qu'aux prisonniers slaves faits par Charlemagne, et qui avaient été réduits en servage. Dès le dixième siecle, le mot *sclavus* prend le sens de serf en général, sans distinction de nationalité. Sur *scl* devenu *escl*, voy. *esperer*. — D. *esclavage*.

Escobarderie, mot d'origine historique (voy. p. LXV); user do reticence comme *Escobar* (casuiste espagnol que Pascal a immortalisé dans les Provinciales).

Escogriffe, origine inconnue.

† **Escompter**, de l'italien *scontare* (escompter). — D. *escompte* (substantif verbal).

† **Escopette**, de l'italien *schioppetto* (escopette)

† **Escorte**, de l'italien *scorta* (escorte). — D. *escorter*.

† **Escouade**, au seizième siècle *escouadre*, et *scouadre*, de l'italien *squadra* (troupes en bataille).

Escourgée, lanière, du L. *excorrigiata** (composé de *corrigia*, lanière.) *Excorr(i)giata* contracté régulièrement (voy. *accointer*) a donné *escourgee* par le changement : 1° de *ex* en *es* (voy. *ajouter*); 2° de *o* en *ou* (voy. *affouage*; 3° de *ata* en *ée* (voy. *ampoulé*).

Escourgeon, orge, origine inconnue.

Escousse, du L. *excussa* * (proprement secousse). — D. *rescousse*.

† **Escrimer**, venu de l'italien *schermare* (escrimer). — D. *escrime* (substantif verbal).

† **Escroc**, de l'italien *scrocco* (escroc). — D. *escroquer, escroqueur, escroquerie*.

Espace, du L. *spatium* (espace, par le changement : 1° de *sp* en *esp* (voy. *espérer*); 2° de *ti* en *c* (voy. *agencer*). — D. *espacer, espacement*.

† **Espadon**, de l'italien *spadone* (espadon).

† **Espagnolette,** mot venu au dix-septième siècle de l'italien *spagnoletta* (espagnolette).

† **Espalier,** de l'italien *spalliere* (espalier).

Espèce, du L. *species* (espèce) sur *sp* devenu *esp*, voy. *espérer*.

Espérer, du L. *sperare*. Aux ons initiaux *sc* (scribere), *sm* (smaragdus), *sp* (sperare), *st* (status) qu'il ne prononçait qu'avec difficulté, le peuple romain ajouta de bonne heure un *i* qui facilitait l'émission de cette consonne composée en la dédoublant. Dès le quatrième siècle on trouve dans les inscriptions *ispatium* pour *spatium*, *istare* pour *stare*, *istatua* pour *statua*, *ispiritu* pour *spiritu*, *istabilis* pour *stabilis*, *ismaragdus* pour *smaragdus*; cet *i* ne tarde point à devenir *e* (voy. la règle étudiée au mot *admettre*), et on rencontre au cinquième siècle dans les inscriptions chrétiennes des formes telles que *estatua*, *espatium*, dans les diplômes mérovingiens : *especiem*, *esperare*, *estudium*. Ce changement de *sc* en *esc*, de *sm* en *esm*, de *sp* en *esp*, de *st* en *est* se poursuivit en français dans : espace (*spátium*), espèce (*spécies*), espérer (*speráre*), estomac (*stomáchum*), esclandre (*scándalum*), esprit (*spíritus*), ester (*státre*), escabeau (*scabéllum*), escient (*scientem*) esclave (*slávus*), escalier (*scalárium*). Dès le seizième siècle, plusieurs de ces mots subissent une modification : l'*s* tombe (voy. *abîme*), et la suppression en est marquée par l'accent aigu qui surmonte l'*é* initial : état (*státum*), épice (*spécies*), échelle (*scála*), écrin (*scrínium*), étain (*stánnum*), étable (*stábulum*), étude (*stúdium*), épais (*spíssus*), école (*schóla*), étroit (*strictus*), époux (*spónsus*), épine (*spína*); épi (*spíca*), étoile (*stélla*), écriture (scriptura), écu (scutum), écrouelle (scrofellae*), émeraude(smaragda), épaule (spatula), établir (stabilire), étreindre (stringere), épée (spatha), Écosse (Scótia).

On en vint même par une fausse assimilation à ajouter un *e* à des mots qui n'avaient point d'*s* en latin; córticem (écorce), carbúnculus (escarboucle), etc.... — D. *espérance, désespérer*.

Espiègle, mot d'origine historique (voy. p. LXIV). *Espiègle* ne remonte qu'au seizième siècle ; époque où fut traduite en français sous le titre d'*Histoire joyeuse de Till Ulespiègle*, une nouvelle allemande très-populaire (*Eulenspiegel*) dont le héros fait nombre de bons tours et d'*espiégleries*; l'*Histoire de Tiel Ulespiègle*, ou comme on disait l'*Histoire de l'Espiègle* se répandit promptement, et ce mot d'*Espiègle* devint synonyme d'esprit malicieux. — D. *espièglerie*.

† **Espion,** de l'italien *spione* (espion). — D. *espionner, espionnage*.

† **Esplanade,** dans Montaigne *splanade*, de l'italien *splanata* (esplanade).

Espoir, du L. *speres* (espoir); sur *sp* devenu *esp*, voy. *espérer*; sur *e* devenu *oi*, voy. *accroire*.

† **Esponton,** de l'italien *spuntona* (esponton).

Esprit, du L. *spiritus* (esprit) par le déplacement de l'accent latin *spíritus* pour *spirítus*) et par le changement de *sp* en *esp* (voy. *espérer*); sur la chute de *i*, voy. *accointer*.

Esquif, de l'ancien haut allemand *skif* (bateau) ; *sk* devenu *esq*, voy. *espérer*.

Esquille, du L. *schidulae** (diminutif de *schidiae*, éclat de bois) par la contraction régulière (voy. *able*) en *schid'lae*, et par le changement : 1° de *dl* en *ll* (voy. *allumer*); 2° de *sch* en *sc* puis en *esq* (voy. *espérer* et p. xcix).

† **Esquinancie**, au seizième siècle *squinancie*, de l italien *schinanzia* (m. s.).

† **Esquisse**, de l'italien *schizzo* (esquisse). — D. *esquisser*.

Esquiver, de l'ancien haut allemand *skiuhan* (s'esquiver, se sauver par peur).

Essai, épreuve, du L. *exagium* (pesage, expérience pour connaître le poids exact). Sur le changement : 1° de *x* en *ss*, voy. *aisselle*; 2° de *agium* en *ai*, voy. *allier*. — D. *essayer, essayeur*.

Essaim, du L. *examen* (essaim d'abeilles) par le changement 1° de *x* en *ss* (voy. *aisselle*) ; 2° de *amen* en *aim* (voy. *airain*). — D. *essaimer*.

Essarter, du L. *exsaritare** (dérivé d'*ex-saritum*, participe de *ex sarire*, sarcler; sur la formation des fréquentatifs, voy. p. xxxiii). *Exsar*(i)*tare* a donné *essarter*· par la chute régulière de *i* (voy. *accointer*); 2° le changement de *xs* en *ss* (voy. *aisselle*). — D. *essartement*.

Essayer, voy. *essai*.

Essence, du L. *essentia* (nature d'une chose).

Essentiel, du L. *essentialis* (essentiel dans Isidore de Seville).

Esseulé, voy. *seul*.

Essieu, dans Amyot *aissieu*, dans Montaigne *aixieu*, du L. *axiculus* (*essieu*) par le changement : 1° de *a* en *ai*, puis en *e* (voy. *acheter*); 2° de *x* en *ss* (voy. *aisselle*); 3° de *iculus* en *ieu* (voy. *épieu*).

Essor, voy. *essorer*.

Essorer, mettre à l'air, du L. *exaurare** (dérivé de *aura*, vent). par le changement : 1° de *x* en *ss* (voy. *aisselle*); 2° de *au* en *o*, voy. *alouette*. — *Essorer* avait au moyen âge le sens de s'élancer dans les airs, d'où le substantif verbal *essor* (prendre son *essor*, son élan).

Essoriller, du latin *exauriculare** (couper les oreilles, dérivé de *auricula*, oreille), par la contraction régulière (voy. *accointer*), de *exauric*(u)*lare* en *exauriclare*, et par le changement. 1° de *x* en *ss* (voy. *aisselle*) ; 2° de *au* en *o* (voy. *alouette*); 3° de *cl* en *il* (voy. *abeille*).

Essouffler, voy. *souffler*.

Essuyer, en italien *asciugare*, du L *exsuccare* (ôter l'humidité en frottant). *Exsuccare*, réduisant les *cc* à *c* (voy. *bec*), a transformé *exsu*(c)*are* en *essuyer* par le changement de *xs* en *ss* (voy. *aisselle*) et par la chute du *c* medial (voy. *affouage*). — D. *essui* (subst. verbal).

Est, mot d'origine germanique (allemand *ost*, anglais *east*).

† **Estacade**, de l'italien *steccata* (estacade).

† **Estafette**, de l'italien *staffetta* (estafette).

† **Estafier**, de l'italien *staffiere* (laquais).

† **Estafilade**, de l'italien *staffilata* (coup d'étrivière)

Estaminet, origine inconnue.

† **Estampe**, de l'italien *stampa* (estampe). — D. *estampille*.

† **Estamper**, de l'italien *stampare* (estamper).

Estampille, voy. *estampe*.

Ester, du latin *stare* (assister), par le changement de *st* en *est* (voy. *espérer*).

Esthetique, du grec αἰσθητικός (qui est relatif au sentiment).

Estimation, du L. *aestimationem* (m. s.). — D. *estimateur, estimatif*.

Estimer, du L. *aestimare*

(m. s.). — D. *estime* (subst. verbal), *estimable; mésestimer, mésestime.*

Estoc, bâton, puis épée, en italien *stocco*, de l'allemand *stock* (bâton), par le changement de *st* en *est* (voy. *espérer*).

† **Estocade**, de l'italien *stoccata* (estocade).

Estomac, du L. *stomachus* (estomac); sur *st* devenu *est*, voy. *espérer*.

† **Estompe**, de l'allemand *stumpf* (proprement émoussé).

† 1. **Estrade**, route, de l'italien *strada* (route : d'où la locution *battre l'estrade*).

† 2. **Estrade**, plancher élevé, de l'italien *strato* (plancher).

Estragon, corruption du L. *draconem* (primitif de *dracunculus*, estragon), avec adjonction du préfixe *ex*. Sur les mots français qui sont le produit d'une corruption, voy. p. cv.

† **Estramaçon**, de l'italien *stramazzone* (épée).

† **Estrapade**, de l'italien *strappata* (estrapade).

† **Estropier**, de l'italien *stroppiare* (estropier).

Estuaire, du L. *aestuarium* (espace de terre couvert d'eau à la marée montante).

Esturgeon, en espagnol *esturion*, du L. du moyen âge *sturionem* (esturgeon; ce latin *sturio* dérive de l'ancien haut allemand *stúrio*, esturgeon).

Sturionem a donné *esturgeon*, par le changement : 1° de *st* en *est* (voy. *espérer*); 2° de *io* en *jo*, puis *geo* (voy. *abréger*).

Et, du L. *et* (et).

Étable, anciennement *estable*, du L. *stabulum* (étable), par la chute régulière de l'*u* pénultième (voy. *able*), et le changement de *st* en *est*, puis *ét* (voy. *espérer*).

Établir, ancienn. *establir*, du L. *stabilire* (établir). *Stab(i)lire*, contracté régulièrement (voy. *accointer*) en *stab'lire*, a donné *établir*, par le changement de *st* en *est*, puis *ét* (voy. *espérer*). — D. *établi* (subst. verbal), *établissement*.

Étage, ancienn. *estage* (demeure), en provençal *estatge* (résidence), du L. *staticum** (propr. lieu où l'on se tient, dérivé de *status*, état. *Staticum* indique l'état, l'ordre dans lequel sont placés les différents appartements d'une maison.

Staticum a donné *étage*, par le changement : 1° de *aticum* en *age* (voy. *âge*); 2° de *st* en *est*, puis *ét* (voy. *espérer*). — D. *étager, étagère*.

Étai, ancienn. *estay*, mot d'origine germanique (flamand *staeye* appui, soutien). — D. *étayer*.

Étaim, ancienn. *estaim*, du L. *stamen* (fil de la quenouille) par le changement : 1° de *amen* en *aim* (voy. *airain*); 2° de *st* en *est* puis *ét* (voy. *espérer*).

Étain, ancienn. *estain*, en italien *stagno*, du L. *stagnum** (forme archaïque de *stannum*, étain). *Stagnum* a donné *étain* par le changement : 1° de *st* en *est* puis *ét* (voy. *espérer*); 2° de *gn* en *in* (voy. p. ci). — D. *étamer*, d'*étain*, comme *venimeux*, de *venin*.

Étal, ancienn. *estal*, en italien *stallo*, mot d'origine germanique (ancien haut allemand *stal*, anglais *stall*, m. s.). — D. *étaler; détaler* (serrer ses marchandises et fuir).

Étaler, voy. *étal*. — D. *étalage, étalagiste*.

1. **Étalon**, ancienn. *estalon*, en italien *stallone*, cheval que l'on garde à l'écurie, et qui n'est

point soumis au travail. L'italien *stallone* (étalon) dérive de *stalla* (*écurie*); de même notre mot français *estalon* dérive du latin du moyen âge *stallum* écurie (par le changement de *st* en *est*, puis *ét*, voy. *espérer*; et l'addition du suffixe *on*, voy. *aiglon*. Le latin *stallum* est l'ancien haut allemand *stall*, étable).

Ce qui met hors de doute cette étymologie, c'est qu'on trouve dans les Lois Barbares *equus ad stallum* (pour étalon; proprement le cheval qui reste à l'écurie). La *Lex Wisigothorum*, VIII, 4 : « qui alienum animal aut quemcumque quadrupedem qui *ad stallum* servatur, castrav. »

2. **Étalon** de mesure, ancienn. *estalon*, dans la basse latinité *stallonem* (règle qui sert d'étalon, propr. bâton, dérivé de l'ancien haut allemand *stihil*, bâton), sur le changement de *st* en *est* puis *ét*, voy. *espérer*.

Étamer, voy. *étain*. — D. *étamage*, *étameur*.

1. **Étamine**, anciennement *estamine*, dérivé d'*estame* qui est le L. *stamen* (tissu) par le changement de *st* en *est* puis *ét* (voy. *espérer*).

2. **Étamine** (botanique), du L. *stamina* (filaments); sur *st* devenu *est* puis *ét*, voy. *espérer*.

Étancher, origine inconnue.

Étançon, soutien, ancienn. *estancon*, dérivé de l'ancien français *estance* (soutien) qui est le L. *stantia** (qui se tient debout), sur *st* devenu *est* voy. *espérer*; sur *tia* devenu *ce*, voy. *agencer*. — D. *étançonner*.

Étang, ancien français *estang*, du L. *stagnum* (étang). Sur *st* devenu *est*, puis *ét*, voy. *espérer*. — Sur *gn* latin devenu *ng* en français, cf. *poing* (pugnus), *seing* (signum), *vingt* (vig'nti).

Étape, anciennement *estaple*, proprement *entrepôt*, magasin de vivres (encore avec ce sens dans Montesquieu), puis spécialement magasin de vivres pour les troupes en marche, et par extension lieu où les troupes s'arrêtent.

Étaple, qui est dans le latin du moyen âge *stapula* est d'origine germanique (flam. *stapel* entrepôt).

Stap(ŭ)la contracté régulièrement (voy. *able*) en *stap'la* a donné *estaple* puis *estape*, *étape* par le changement de *st* en *est* puis *ét* (voy. *espérer*), et par la chute de *l* (voy. *able*).

État, anciennement *estat*, du L. *status* (état) Sur *st* devenu *est* puis *ét*, voy. *espérer*.

Étau, anciennement *estau*, de l'allemand *stock* (dans la composition allemande *schraub-stock*, étau); sur *st* devenu *est*, *ét*, voy. *espérer*.

Étayer, voy. *étai*. —D. *étayement*.

1 **Été**, voy. *être*.

2. **Été**, anciennement *esté*, du L. *aestatem* (été), par le changement : 1° de *ae* en *e* (voy. p LXXXVI); 2° par celui de *atem* en *é* (voy. *abbé*) ; 3° par la chute de *s* (voy. *abîme*).

Éteindre, anciennement *esteindre*, du L. *exstinguere* (éteindre). *Exsting*(ue)*re* réduit à *exsting(e)re* (voy. p XC) ; puis à *exsting're* (voy. p. LXXXI), d'ou *exstin're* qui a donné *esteindre* par le changement de *nr* en *ndr* (voy. *absoudre*); enfin *éteindre* par la chute de *s* (voy. *abîme*).— D *éteignoir*.

Étendard, enseigne que l'on déploie, dérivé par le suffixe *ard*, du L. *extendere* (déployer). Pour le changement de lettres, voy. *étendre*.

Étendre, anciennement *estendre*, du L. *extendere* (etendre) : sur *ex* devenu *es* puis *é* (voy. *ajouter* et *abîme*) : sur le changement de *tendere* en *tendre*, voy. ce mot. — D. *etendue* (subst. participial).

Éternel, du L. *aeternalis* (éternel).

Éternité, du L. *aeternitatem* (éternité). — D. *éterniser*.

Éternuer, anciennement *esternuer*, du L. *sternutare* (éternuer) par la chute du *t* medial (voy. *abbaye*), et le changement de *st* en *est* puis *ét* (voy. *espérer*). — D. *éternuement*.

Éteule, anciennement *esteule*, à l'origine *estuble*, du L. *stipula* (paille). *Stip(u)la* contracté suivant la règle (voy. *able*) en *stip'la* a donné *estuble* par le changement : 1° de *st* en *est* (voy. *espérer*); 2° de *p* en *b* (voy. *(abeille)*. — *Estuble*, vocalisant *bl* en *ul* (voy. *aurone* et *alouette*) est devenu *estule* d'où *esteule* par le changement de *u* en *eu* (voy. *beugler*), puis *éteule* par la chute de *s* (voy *abîme*).

Éther, du L. *aether* (feu élémentaire). — D. *éthéré*.

Éthique, du L. *ethica* (morale).

Ethnique, du L. *ethnicus* (païen, gentil).

Ethnographie, du grec ἔθνος (nation) et γράφειν (écrire). — D. *ethnographique, ethnographe*.

Étiage, du L *aestivaticum* * (proprement niveau des eaux pendant l'été) par la chute du *v* medial (voy. *aïeul*), celle de *s* (voy. *abîme*) et par le changement : 1° de *aticum* en *age* (voy. *âge*); 2° de *ae* en *e* (voy. p. LXXXVI).

Étincelle, anciennement *estincelle*, en italien *scintilla*, du L *scintilla* (étincelle), par la transposition de *scintilla* en *stincilla* * (voy. p. LXXXVI) d'où *etincelle* par le changement · 1° de *i* en *e* (voy. *admettre*) ; 2° de *st* en *est* puis *ét* (voy. *espérer*). — D. *étinceler*.

Étioler, origine inconnue. — D. *étiolement*.

Étiologie, du grec αἰτιολογία partie de la médecine qui traite des causes des maladies)

Étique, voy. *hectique*. — D. *étisie*.

Étiquette, origine inconnue. — D. *etiqueter*.

Étoffe, anciennement *estoffe*, en italien *stoffa*, de l'allemand *stoff* (étoffe). — D *étoffer*.

Étoile, anciennement *estoile* du L. *stella* (étoile) par le changement : 1° de *e* en *oi* (voy. *accroire*); 2° de *st* en *est* puis *ét* (voy. *espérer*). — D. *étoilé*.

Étole, anciennement *estole*, du L. *stola* (etole) par le changement de *st* en *est* puis *ét* (voy. *espérer*).

Étonner, anciennement *estonner*, du L. *extonare* (composé de *ex* et du radical *tonare* qui est dans *at-tonare*, étonner). Sur le changement de *ex* en *es*, voy *ajouter*); sur celui de *es* en *é*, voy. *abîme*. — D. *etonnement*.

Étouffer, anciennement *estouffer*, composé de *ex* et d'un radical *touffer* * dérivé du grec τύφος, (vapeur, qui se trouve dans le provençal *touffe* vapeur suffocante, dans l'espagnol *tufo*, vapeur). *Étouffer* signifie donc proprement *être étouffé* par la vapeur. — D. *étouffée* (subst. participial); *étouffement, étouffoir*.

Étoupe, anciennement *estoupe*, du L. *stuppa* (etoupe), par le changement : de 1° de *st* en *est* puis ét (voy. *espérer*) ; 2° de *u* en *ou* (voy. *accouder*) ; 3° de *pp* en *p* (voy. *chape*).

Étourdir, anciennement *estourdir*, en italien *stordire*, du L. *extorpidire* (étourdir, rendre immobile, rendre *torpidus*). *Extorp(i)dire* contracté suivant la règle (voy. *accointer*) en *extorp'dire* a réduit *pd* à *d* (voy. *hideux*) ; *extordire* a donné *estourdir* par le changement : 1° de *o* en *ou* (voy. *affouage*) ; 2° de *ex* en *es* (voy. *ajouter*). — puis *étourdir* par la chute de *s* (voy. *abîme*). — D. *étourdi, étourdissement, étourderie*.

Étourneau, anciennement *estournel*, du L. *sturnellus* (diminutif de *sturnus*, étourneau), par le changement : 1° de *st* en *est* puis *ét* (voy. *espérer*) ; 2° de *u* en *ou* (voy. *accouder*) ; 3° de *ellus* en *el* puis *eau* (voy. *agneau*).

Étrange, anciennement *estrange*, du L. *extraneus* (qui nous est étranger), par le changement : 1° de *ex* en *es* puis *é* (voy. *ajouter* et *abîme*), 2° de *eus* en *ge* (voy. *abréger*). — D. *étrangeté, étrangement*.

Étranger, anciennement *estranger*, en italien *straniere*, du L. *extranearius* (dérivé de *extraneus*, étranger). *Extranearius*, devenant *extraniarius* (voy. *abréger* et *agencer*), — a changé *ia* en *ge* (voy. *abréger*) ; pour les autres changements de lettres, voy. *étrange*. — D. *étrangeté*.

Étrangler, anciennement *estrangler*, du L. *strangulare* (étrangler) par la contraction régulière (voy *accointer*) en *strang'lare*, et le changement de *st* en *est* puis *ét* (voy. *espérer*). — D. *étranglement*.

Être. Le verbe *Esse* était défectif en latin, et il empruntait six temps (*fui, fueram, fuero, fuerim, fuissem, forem*) à l'inusité *fuere*. En français, le verbe *être* est composé de trois verbes différents : 1° *Fuo* qui a donné le prétérit *fus* (fui), et le subjonctif *fusse* (fuissem), 2° *Stare* qui a donné le participe passé *eté*, vieux français *esté* (status); 3° *Esse* qui a fourni tous les autres temps et en particulier l'infinitif présent *être*, en vieux français *estre*.

Aux verbes défectifs tels que *velle, posse, offerre, inferre, esse*, qui étaient trop courts pour donner des infinitifs romans, le latin vulgaire ajouta la désinence *re* et les assimila faussement aux verbes de la deuxième conjugaison. — C'est ainsi que dès le sixième siècle on trouve dans les textes mérovingiens *volére* (pour *velle*), *potere* (pour *posse*), *offerrere* (pour *offerre*), *inferrere* (pour *inferre*), *essere* (pour *esse*).

Essere, étant accentué *éssere*, se contracta suivant la règle (voy. p. LXXXI) en *ess're* ; *sr* donnant *str* (voy. *accroître*), *ess're* devint *estre* qui est aujourd'hui *être* (sur la chute de *s*, voy. *abîme*). Cette étymologie est d'ailleurs confirmée par la forme du verbe *être* dans les autres langues romanes, qui est *éssere* en italien, *ser* en espagnol, *ser* en portugais, *esser* en provençal.

A ceux d'ailleurs qui douteraient qu'*essere* ait jamais existé, il est aisé de répondre par des textes positifs.

Dans le Recueil d'inscriptions romaines de Gruter (n°1062, 1), on lit cette épitaphe trouvée à Rome dans une église du septième siècle : *Cod estis fui et quod sum essere abetis*, c'est-à-dire *quod estis, fui ; et quod sum, esse habetis*. (Ce que vous êtes, je le fus, et ce que je suis, vous aurez à l'être). Nous trouvons dans une série de diplômes carlovingiens, à l'année 820 : « quod essere debuissent.... » — à l'année 821 : » essere de benificio, » à l'année 836 : « quod de ista ecclesia Vulfaldo episcopus essere debuisset. » On trouve même cet allongement en *re* appliqué aux composés d'*esse* (tels qu *adesse*, etc...), comme par exemple dans cette charte de 818 : « quam ingenuus *adessere*. »

Il est inutile de donner d'autres preuves de ce fait, qu'*être* et *essere* sont un seul et même mot. Personne ne croit plus aujourd'hui qu'*être* dérive du latin *stare* Comment *stare* eût-il pu devenir *être* puisqu'en latin l'accent est sur *sta* (*stáre*) ? D'ailleurs comment *stare* s'accorderait-il avec le provençal *esser*, l'italien *essere*, l'espagnol et le portugais *ser* ? Enfin on sait d'une manière précise que *stare* a donné en français *ester*, et il n'a pu donner autre chose. On dit *ester* en justice (stare in justitia). *Ester* est encore demeuré dans quelques composés, tels que *rester* (re-stare); *arrêter*, en vieux français *arrester* (adre-stare).

Étrécir, voy. étroit. — D. *retrécir, rétrecissement*.

Étreindre, anciennement *estreindre*, du L. *stringere* (etreindre) par le changement de *st* en *est*, puis *ét* (voy. *espérer*) ; pour *ingere* devenu *eindre*, voy. *astreindre*. — D. *étreinte* (substantif verbal).

Étrenne, anciennement *estrenne* du L. *strena* (étrenne) par le changement de *st* en *est* puis *ét* (voy. *espérer*). — D. *étrenner*.

Étrier, proprement *courroie*, l'*étrier* n'étant à l'origine qu'une courroie ; *étrier*, anciennement *estrier*, contraction de *estri[v]ier*.

(Cette forme avec *v* a persisté dans *étrivière*, anciennement *estrivière*, courroie). *Estrivier** est le dérivé d'*estrif* (qui veut dire *étrier* dans notre ancienne langue) ; *estrif* est d'origine germanique (all. *strippe*, courroie).

Pour le changement de *st* en *est* puis *ét* voy. *espérer* ; pour la chute du *v*, voy. *aieul*.

Étrille, anciennement *estrille*, du L. *strigilis* (étrille) ; *strig(i)lis* régulièrement contracté en *strig'lis* a donné *étrille* par le changement : 1° de *st* en *est* puis *ét* (voy. *espérer*) ; 2° de *gl* en *il* (voy. *cailler*). — D. *étriller*.

Étriquer, origine inconnue.

Étrivière, voy *étrier*.

Étroit, anciennement *estroit*, du L. *strictus* (étroit), par le changement : 1° de *st* en *est* puis *ét* (voy. *espérer*) ; 2° de *icten oit* (voy. *attrait*). — D. *étroitesse, étrécir* (non *étroicir*, voy. p. xcı).

Étude, anciennement *estude*, du L. *studium* (étude) : sur *st* devenu *est* puis *ét*, voy. *espérer*. — D. *étudier, étudiant*.

Étui, anciennement *estui*, en provençal *estug*, en espagnol *estuche*, mot d'origine germanique (moyen haut allemand *stûche*, étui, gaine). Sur *st* devenu *est* puis *ét*, voy. *espérer*.

Étuve, anciennement *estuve*, en provençal *estuba*, du L. du moyen âge *stuba* (étuve, dérivé lui-même de l'ancien haut allemand *stupa*, étuve).

Stuba a donné *étuve* par le changement : 1° de *st* en *est* puis *ét* (voy. *espérer*) ; 2° de *b* en *v* (voy. *avant*). — D. *étuver, étuvée* (substantif participial), *étuviste*.

Étymologie, du L. *etymologia* (m. s.). — D. *étymologique, étymologiste*.

Eu, anciennement *eü*, à l'origine *aü*, *avud*, du L *habutus* (sur les participes en *utus*, voy. *bû*. *Ha*(*b*)*utus* a donné *eü* par la chute du *b* médial, voy. *aboyer*, et par le changement: 1° de *a* en *e* (voy. *acheter*); 2° de *utus* en *u* (voy. *aigu*), 3° par la disparition de *h* initial (voy. *atelier*).

Eucharistie, du L. *eucharistia* (même sens dans saint Cyprien). — D. *eucharistique*.

Eucologe, du grec εὐχή (prière) et λόγος (discours).

Eudiomètre, du grec εὔδιος (serein) et μέτρον (mesure).

Eunuque, du L. *eunuchus* (m. s.).

Euphémisme, du grec εὐφημισμος (discours de bon augure).

Euphonie, du grec εὐφωνία (belle voix). — D *euphonique*.

Euphorbe, du L *euphorbia* (plante à suc laiteux).

Eux, anciennement *eus*, à l'origine *els*, du L. *illos* (eux) par la contraction régulière de *ill*(*o*)*s* en *ill's* voy p. LXXXI) ; le changement de *i* en *e* (voy. *admettre*) et de *il's* en *els* ; la transformation de *els* en *eus* (voy. *agneau*), et de *eus* en *eux* (voy. *deux*).

Évacuation, du L. *evacuationem* (action de vider).

Évacuer, du L. *evacuare* (vider).

Évader (s'), du L. *evadere* (se sauver).

Évaluer, voy. *valoir*. — D. *évaluation*.

Évangélique, du L. *evangelicus* (m. s.).

Évangéliser, du L. *evangelizare* (m. s).

Évangéliste, du L. *evangelista* (m s.).

Évangile, du L. *evangelium* (évangile) par le changement de *e* en *i* (voy. *admettre*).

Évanouir, proprement disparaître, anciennement *esvanouir*, en italien *svanire*, — composé du L. *ex* et de l'adjectif *vanus* (sans réalité, comme dans les expressions *vana simulacra, vana imago*). Le rapport exact entre le radical latin et le dérivé français est difficile à préciser. — D. *évanouissement*.

Évaporation, du L. *evaporationem* (m. s.).

Évaporer, du L. *evaporare* (évaporer)

Évaser, voy. *vase*. — D. *évasement*.

Évasif, du L. *evasivus** (évasif dérivé de *evasus*, évité, voy. *évader*)

Évasion, du L. *evasionem* (délivrance, dans saint Jérôme).

Évêché, voy. *évêque*.

Éveiller, anciennement *esveiller*, du L. *exvigilare** (s'éveiller). Pour le changement de lettres, voy. *veiller*. — D. *éveil* (substantif verbal) ; *réveiller*.

† **Événement**, venu au seizième siècle de l'italien *evenimento* (événement).

Éventail, voy. *éventer*. — D. *éventailliste*.

Éventer, voy. *vent*. — D. *éventail, éventaire, évent* (subst. verb.).

Éventrer, voy. *ventre*.

Éventuel, du L. *eventualis** (de *eventus*, événement). — D. *éventualité*.

Évêque, du L. *episcopus* (évêque dans saint Augustin) Pour le changement de lettres, voy. *archevêque* — D. *évêché*.

Éversion, du L. *eversionem* renversement).

Évertuer (s'), voy. *vertu*.

Éviction, du L. *evictionem* (recouvrement d'une chose par jugement).

Évidence, du L. *evidentia* (évidence).

Évident, du L. *evidentem* (visible).

Évider, voy. *vide.* — D. *évidoir.*

Évier, dérivé de *ève* forme archaique de *eau.* (Pour l'étymologie de *ève,* voy. *eau*).

Évincer, du L. *evincere* (triompher de).

Éviter, du L. *evitare* (éviter) — D. *évitable.*

Évocation, du L. *evocationem* (évocation).

Évolution, du L. *evolutionem* (action de dérouler),

Évoquer, du L. *evocare* (appeler). — D *évocable.*

Exacerbation, du L. *exacerbationem* (action d'irriter).

Exact, du L. *exactus* (exact). — D. *exactement.*

Exacteur, du L. *exactor* (même sens).

Exaction, du L. *exactionem* (exaction).

Exactitude, du L. *exactitudo** (dérivé de *exactus* exact)

Exageration, du L. *exaggerationem* (amplification). — D. *exagérateur.*

Exagerer, du L *exaggerare* (exagérer).

Exaltation, du L. *exaltationem* (orgueil, dans Tertullien).

Exalter, du L. *exaltare* (exalter).

Examen, du L. *examen* (examen).

Examinateur, du L. *examinator* (celui qui examine).

Examiner, du L. *examinare* (examiner).

Exanthème , du L. *exanthemata* (pustules).

Exasperation, du L. *exasperationem* (irritation).

Exasperer, du L. *exasperare* (irriter).

Exaucer, écouter favorablement celui qui prie, proprement l'*elever,* le grandir, en lui accordant ce qu'il demande, du L. *exaltiare** (élever, dérivé de *altus* haut) par le changement: 1° de *al* en *au* (voy. *agneau*); 2° de *tiare* en *cer* (voy. *agencer*). — D. *exaucement.*

Excavation, du L. *excavationem* (m. s.).

Excedant, du L. *excedentem* (qui outre-passe).

Exceder, du L. *excedere* (excéder).

Excellemment, voy. *exceller.*

Excellence, du L. *excellentia* (grandeur).

Excellent, du L. *excellentem* (supérieur).

Excellentissime , du L. *excellentissimus* (le plus éminent).

Exceller, du L. *excellere* (élever).

† **Excentricité,** venu récemment de l'anglais *eccentricity* (même sens).

† **Excentrique,** venu récemment de l'anglais *eccentric* (m. s).

Excepter, du L. *exceptare* (excepter).

Exception, du L. *exceptionem* (exception). — D. *exceptionnel.*

Excès, du L. *excessus* (excès). — D. *excessif.*

Exciper, du L. *excipere* (alleguer).

Excision, du L. *excisionem* (entaille)

Excitable, du L. *excitabilis* (propre à réveiller). — D. *excitabilité.*

Excitation, du L. *excitationem* (action de réveiller). — D. *excitateur, excitatif.*

Exciter, du L *excitare* (réveiller). — D. *excitant.*
Exclamation, du L. *exclamationem* (éclat de voix). —D.*exclamatif*
Exclure, du L. *excludere* (exclure). Pour le changement de lettres, voy. *conclure.*
Exclusion, du L. *exclusionem* (exclusion). — D *exclusif.*
Excommunication, du L. *excommunicationem* (m s).
Excommunier, du L. *excommunicare* (m. s.)
Excrement, du L. *excrementum* (m s.)
Excretion, du L. *excretionem* (m. s).
Excroissance, du L. *excrescentia** (dérivé de *excrescentem,* part. de *excrescere* pousser). Pour le changement de lettres, voy. *croissance.*
Excursion, du L. *excursionem.*
Excuse, voy. *excuser.* — D. *excusable.*
Excuser, du L. *excusare* (excuser).—D. *excuse* (substantif verbal).
Execrable, du L. *execrabilis* (exécrable).
Execration, du L. *execrationem* (execration).
Execrer, du L. *execrari* (exécrer).
Executer, du L. *executare** (m. s., dérivé de *executus*; voy. p. XXXIII). — D. *exécutant, exécutable.*
Exécuteur, du L. *executor* (exécuteur).
Exécution, du L. *executionem* (exécution) — D. *exécutif.*
Executoire, du L. *executorius** (dérivé de *executare.*)
Exegese, du grec ἐξήγησις (explication) — D. *exégétique.*
1. **Exemplaire,** du L. *exemplaris* (m. s. dans le latin de la théologie).

2. **Exemplaire,** subst. du L. *exemplarium* (copie, exemplaire dans Arnobe).
Exemple, du L. *exemplum* (m. s.).
Exempt, du L. *exemptus* (exempté). Le sens d'officier de police donné au mot *exempt* vient de ce que sous l'ancienne monarchie, des officiers de cavalerie étaient *exemptés* du service régulier et détachés pour commander les escouades de la maréchaussée, d'ou leur titre d'*exempt.*
Exempter, du L. *exemptare** (exempter, dérivé de *exemptus,* exempté).
Exemption, du L. *exemptionem* (m. s.)
Exequatur, mot latin signifiant *qu'il exécute.*
Exercer, du L. *exercere* (m.s)
Exercice, du L. *exercitium* (exercice).
Exergue, du grec ἐx (hors de) et ἔογον (ouvrage).
Exfoliation, du L. *exfoliationem** (m. s.)
Exfolier, du L. *exfoliare* (effeuiller)
Exhalaison, du L. *exhalationem* (m. s.) Sur *ationem* devenu *aison,* voy. *fenaison.*
Exhalation, du L. *exhalationem* (m. s.).
Exhaler, du L. *exhalare* (exhaler).
Exhausser, du L. *exaltiare** (rendre plus haut; dérivé de *altus,* haut) par le changement : 1° de *al* en *au* (voy. *agneau*); 2° de *tiare* en *sser* (voy. *agencer*). 3° par l'addition d'un *h* (voy. *haut*) — D. *exhaussement.*
Exhereder, du L. *exheredare* (déshériter) — D. *exhérédation.*
Exhiber, du L. *exhibere* (m. s.).
Exhibition, du L. *exhibitionem* (m. s.).

Exhortation, du L. *exhortationem* (m. s).
Exhorter, du L. *exhortari* (m s.)
Exhumer, du L. *exhumare* (déterrer). — D. *exhumation*.
Exigence, du L. *exigentia* (m. s).
Exiger, du L. *exigere* (réclamer, exiger). — D. *exigible*.
Exigu, du L. *exiguus* (m. s).
Exiguité, du L. *exiguitatem* (m. s).
Exil, du L *exilium* (m. s.) — D. *exile*, *exiler*.
Exister, du L. *existere* (exister). — D *existence*.
Exorable, du L. *exorabilis* (m s.)
Exorbitant, du L. *exorbitantem* (qui s'écarte).
Exorciser, du L. *exorcizare* (m. s).
Exorcisme, du L *exorcismus* (m s.).
Exorde, du L. *exordium* (exorde).
Exoterique, du L. *exotericus* (commun, trivial).
Exotique, du L. *exoticus* (m. s).
Expansif, du L. *expansivus* (dérive de *expansus*, étendu).
Expansion, du L. *expansionem* (m. s)
Expatrier, du L *expatriare** (s'expatrier), dans la latinité du moyen âge.
Expectant, du L. *expectantem* (qui attend).
Expectative, du L. *expectativa** (attente, dérivé de *expectatus* (attendu)
Expectorer, du L. *expectorare** (m. s.). —D. *expectoration*.
Expedient, du L. *expedientem* (qui dégage).
Expédier, du L. *expeditare** fréquentatif de *expedire*, expédier

voy. p. XXXIII); par la chute du *t* médial, voy. *abbaye*.
Expediteur, du L. *expeditor** (m. s,).
Expeditif, du L. *expeditivus**, dérivé de *expedire* (tirer d'embarras).
Expédition, du L. *expeditionem* (m. s.). — D. *expéditionnaire*.
Experience, du L. *experientia* (m. s).
Experimental, du L. *experimentalis** (m. s.).
Experimenter, du L. *experimentare* (essayer).
Expert, du L. *expertus* (qui a l'expérience de). — D. *expertise*.
Expiation, du L. *expiationem* (m. s)
Expiatoire, du L. *expiatorius* (m. s.).
Expier, du L. *expiare* (m. s.).
Expirer, du L. *expirare* (m. s.).
Explétif, du L. *expletivus* m. s.)
Explicatif, du L. *explicativus** (m. s)
Explication, du L. *explicationem* (explication).
Explicite, du L. *explicitus* (expliqué).
Expliquer, du L. *explicare* (expliquer)
Exploit, substantif verbal d'*exploiter*
Exploiter, en provençal *explectar*, du L. *explicitare* (fréquentatif de *explicare*, achever, terminer, puis accomplir, agir; voy. p. XXXIII). *Explic(i)tare*, contracté régulièrement (voy. *accointer*) en *explic'tare*, a donné *exploiter*, par le changement de *ici* en *oit* (voy. *attrait*). — D. *exploit* (subst verbal), signif. proprement *acte* (comme son primitif indirect *explicare* a eu le sens d'agir), *exploitation*.

Explorateur, du L. *explorator* (m s.)
Exploration, du L. *explorationem* (observation).
Explorer, du L. *explorare* (m. s.).
Explosion, du L. *explosionem* (action de rejeter).
Exporter, du L. *exportare* (m. s.) — D. *exportation, exportateur.*
Exposer, du L. *expausare*, composé de *pausare* (placer). — D. *exposant.*
Exposition, du L. *expositionem* (m. s.).
Exprès, du L. *expressus* (clair, formel). — D. *exprès* (adverbe).
† **Express**, venu récemment de l'anglais *express* (m. s.).
Expressif, du L. *expressivus** (expressif, dérivé de *expressus*, exprimé).
Expression, du L. *expressionem* (m. s.)
Exprimer, du L. *exprimere* (m s.).
Expropriation, voy. *exproprier.*
Exproprier, du L. *expropriare** (m. s.). — D. *expropriation.*
Expulser, du L. *expulsare* (renvoyer).
Expulsion, du L. *expulsionem* (m s.).
Expurger, du L. *expurgare.*
Exquis, du L. *exquisitus* (choisi, excellent) ; sur la chute des deux dernières syllabes, voy. p. LXXXI.
Exsuder, du L. *exsudare* (s'évaporer entièrement). — D. *exsudation.*
Extase, dérivé du grec ἔκστασις (ravissement d'esprit). — D. *exstasier.*
Extatique, du grec ἐκστατικός (m. s.).

Extensif, du L. *extensivus* (susceptible d'extension).
Extension, du L. *extensionem* (m. s.). — D. *extenseur, extensible.*
Exténuation, du L. *extenuationem* (m s.).
Exténuer, du L. *extenuare* (affaiblir). — D. *exténuation.*
Extérieur, du L. *exterior* (m. s.).
Exterminateur, du L. *exterminator* (exterminateur).
Extermination, du L. *exterminationem* (m. s.)
Exterminer, du L. *exterminare* (exterminer).
Externe, adj. du L. *externus* (m s.) — D. *externe* (substantif), d'où *externat.*
Extinction, du L. *extinctionem* (m. s.)
Extirpation, du L. *extirpationem* (m. s.).
Extirper, du L. *extirpare* (m. s.).
Extorquer, du L. *extorquere* (arracher).
Extorsion, du L. *extortionem**, dérivé de *extortus* (arrache).
Extraction, du L. *extractionem**, dérivé de *extractus* (extrait).
Extradition, du L. *traditionem* (action de livrer), et *ex* (hors de).
Extraire, du L. *extrahere* (extraire). Sur *trahere* devenu *traire*, voy. *traire.* — D. *extrait* (substantif verbal).
Extraordinaire, du L. *extraordinarius* (m. s.).
Extravaguer, du L. *extravagari** (m. s.). — D. *extravagance, extravagant.*
Extrême, du L. *extremus* (m. s.). — D *extrême-onction* (voy. *onction*).

Extrémité, du L. *extremitatem* (m s)

Extrinsèque, du L. *extrinsecus* (de l'extérieur).

Exubérance, du L *exuberantia* (m. s.).

Exubérant, du L. *exuberantem* (qui regorge).

Exulcerer, du L *exulcerare* (m. s.).

Exutoire, du L. *exutorium* * (qui dégage, qui débarrasse, dérive de *exutus*, participe de *exuere*, débarrasser).

Ex-voto, du L. *ex* (d'après) et *voto* (un vœu).

F

Fable, du L. *fabula* (fable) par la chute régulière de l'*u* (voy. *able*).

Fabliau, anciennement aussi *fableau*, à l'origine *fablel*, du L. *fabulellus** (diminutif de *fabula*, conte) par la chute de l'*u* atone *fab(u)lellus* (voy. *accointer*), d'où *fablellus*, et le changement de *el* en *eau* (voy. *agneau*); *fableau* est devenu *fabliau*, comme *beau* est devenu *biau* ou *épeautre* est devenu *épiautre* dans certains patois.

Fabrique, du L. *fabrica* (atelier, fabrique). — D *fabriquer*, *fabricant*, *fabrication*, *fabricateur*, *fabricien*.

Fabuleux, du L. *fabulosus* (m. s.). Sur *osus* devenu *eux*, voy *amoureux*.

Fabuliste, mot forgé à l'aide de *fabula* (fable) et du suffixe *iste*.

† **Façade**, venu au seizième siècle de l'italien *facciata* (façade).

Face, du L. *facies* (face); sur *ci* devenu *c*, voy. *agencer*. — D. *facette*, *facer*, *effacer*, *surface*.

Facétie, du L. *facetia* (m. s.). — D. *facétieux*

Facette, voy. face

Fâcher, anciennement *fascher*, venu du provençal *fastigar* (fâcher, ennuyer) par la chute de *i* (voy. *accointer*), d'où *fast'gar*, *fas'gar* puis *fascher*. Quant au provençal *fastigar* (ennuyer), il dérive de *fastig* qui en provençal, veut dire *ennui*, et représente le L. *fastidium* (ennui, dégoût) — D. *fâcherie*, *défâcher* (se), *fâcheux*

Facile, du L. *facilis* (facile)

Facilité, du L. *facilitatem* (m. s)

† **Faciliter**, venu au seizième siècle de l'italien *facilitare* (m. s)

Façon, du L *factionem* (manière de faire), par le changement de *ctio* en *ccio*, *cio*, puis *ço* (voy *agencer*). — D. *façonner*.

Faconde, du L. *facundia* (m. s).

Fac-simile, du L. *fac* (fais) et *simile* (semblable).

Facteur, du L. *factor* (qui fait). — D. *factorerie*.

Factice, du L. *facticius* (m s.)

Factieux, du L *factiosus* (factieux).

Faction, du L. *factionem* (parti, ligue).

Factionnaire, dérivé de *faction* au sens de service militaire, et qui est le L. *factionem* (au sens d'action de faire, de servir).

Factotum, du L. *fac* (fais) et *totum* (tout).

Factum, du L. *factum* (proprement fait, acte, d'où le sens d'exposé des faits d'un procès).

Facture, du L. *factura* (m s.). — D. *manufacture, manufacturer*

Faculté, du L. *facultatem* (faculté — D. *facultatif*.

Fade, du L. *vapidus* (fade, proprement éventé, qui n'a plus d'odeur), par la chute régulière de *i* (voy. p LXXXI), d'où *vap'dus* qui donne *fade* par le changement 1° de *pd* en *d* (voy. *hideux*); 2° de *v* en *f* (voy *bœuf*). — D. *fadeur, fadaise, fadasse*.

Fagot, origine inconnue. — D. *fagoter, fagotin, fagoteur*

Faible, anciennement *foible*, du L *flebilis* (misérable, d'où le sens de faible), par la contraction régulière (voy p. LXXXI) en *fleb'lis* qui a donné *faible* 1° par le changement de *e* en *oi* puis *ai* (voy *accroire*), 2° par la chute du premier *l* latin, résultat de la dissimilation (voy p. LXXV) — D. *faiblesse, faiblir, affaiblir*

†**Faïence**, poterie de terre vernissée fabriquée pour la première fois, dans le bourg de *Faënza* qui lui a donné son nom —D. *faïencier, faïencerie*

Faillir, du L. *fallere* (faillir), par le changement de *ll* en *ill* (voy. *ail*), et de *e* en *i* (voy. *accomplir*). Sur le changement de *fallère* en *fallère*, voy. *courir*. — D. *failli* (substantif participial); *faillite, défaillir, faillible, faillibilité, infaillible*.

Faim, du L. *fames* (faim); sur *a* devenu *ai*, voy. *aigle* — D. *affamer* (voy. p. XCI), *faimvalle* (l'origine de *valle* est inconnue)

Faîne, du L. *fagina* * (faîne),

fag(i)na perdant régulièrement *i* (voy. p LXXXI), a donne *fag'na* d'où *faj'na* (voy. *jumeau*), puis *faina* (voy. *aider* pour le changement de *j* en *i*) *Fagina* a donné *faîne*, comme *vagina* a donné *gaine*

Fainéant, anciennement *fait neant* prop. qui ne fait rien (*néant*). — D. *fainéanter, fainéantise*

Faire, du L *facere* (faire) par la chute régulière de *ĕ fac(ĕ)re* (voy. p. LXXXI), d'où *fac're*, puis *faire* par le changement de *acr* en *air* (voy. *bénir*) — D. *faisant, faiseur, faisable, affaire, bienfaire, contrefaire, défaire, forfaire, malfaire, méfaire, refaire, surfaire*.

Faisan, du L. *phasianus* (faisan) par le changement : 1° de *ph* en *f* (voy. *coffre*) ; 2° de *a* en *ai* (voy. p. LXXXIII). — D. de l'ancienne orthographe *faisant*, sont dérivés *faisande, faisander* (donner au gibier le fumet du faisan mortifié) *faisanderie, faisandeau*.

Faisceau, du L. *fascellus* * diminutif de *fascis*, faisceau) Sur *a* devenu *ai*, voy *aigle* ; sur *ellus* devenu *eau*, voy *agneau*.

Faiseur, voy. *faire*

Fait, du L. *factum* (fait); sur le changement du groupe *ct* en *it* voy. *attrait*

Faîte, anciennement *faiste*, du L *fastigium* (faîte), par un déplacement irrégulier de l'accent tonique (en *fástigium*, d'où *faiste* par la chute des deux dernières syllabes atones (voy. p. LXXXI), par le changement de *a* en *ai* (voy. *aigle*), et *faîte* par la chute de *s* (voy. *abîme*). — D. *faîtage, faîtière*

Faix, du L. *fascis* (faix). Sur *a* devenu *ai*, voy. *aigle*; sur *s* devenu *x*, voy. *deux*. — D. *affais-*

ser (s'), proprement se courber sous le faix ; portefaix.

Falaise, anciennement *faloize* et *falize*; de l'ancien haut allemand *felisa* (rocher). Sur *i* devenu *oi* (v. *boire*), puis *ai* (v. *accroire*).

Falbala, mot qui remonte au dix-septième siècle et dont l'origine est inconnue.

Fallace, du L. *fallacia* (tromperie).

Fallacieux, du L. *fallaciosus* (m s.). Sur *osus* devenu *eux*, voy. *amoureux*

Falloir, proprement manquer (dans les locutions ; il s'en faut de etc ...), du L. *fallere* (manquer. Sur *fallere* au lieu de *fallere*, voy. *accourir*). Sur *e* devenu *oi*, voy. *accroire*

Falot, anciennement *fanot*, composé du radical *fan** et du diminutif *ot*. Fan * est le grec φανός (lanterne) Sur le changement de *n* en *l*, voy. *aller*.

Falourde, origine inconnue.

Falsification, du L. *falsificationem* * dérivé de *falsificatus* (falsifie). — D. *falsificateur*.

Falsifier, du L. *falsificare* (m s.).

Falun, origine inconnue. — D. *faluner, falunière*.

Fame, du L *fama* (renommée).

Famé, du L. *famatus* (décrié). Sur *atus* devenu *é*, voy. *ampoulé*.

Famélique, du L. *famelicus* (m. s.)

Fameux, du L. *famosus* (fameux). Sur *osus* devenu *eux*, voy. *amoureux*

Familiariser, voy. *familier*.

Familiarité, du L. *familiaritatem* (familiarité).

Familier, du L. *familiaris* (familier) — D *familiariser*

Famille, du L. *fami ia* (famille).

Famine, du L. *famina* * (dérivé barbare de *fames* faim).

† **Fanal**, venu au seizième siècle de l'italien *fanale* (m. s.).

Fanatique, du L. *fanaticus* (fanatique). — D. *fanatisme, fanatiser*

Faner, proprement: retourner l'herbe d'un pré fauché pour la dessécher . d'où le sens de dessecher, de flétrir; *faner* représente le L *foenare** (derivé de *foenum*, foin), par le changement de *œ* latin en *e* (voy. p. LXXXVI) puis de *e* en *a* (voy. *amender*). — D *fanage, fane* (substantif verbal), *faneur*.

Fanfare, origine inconnue.

† **Fanfaron**, de l'espagnol *fanfarron* (fanfaron). — D. *fanfaronnade, fanfaronnerie*.

† **Fanfreluche**, de l'italien *fanfaluca* (vétille).

Fange, du L. *famicem** (dont le dérive *famicosus*, fangeux est dans Festus) ; *fam*(i)*cem* régulièrement contracté en *fam'cem* a changé *c* en *g* (voy *juge* et *adjuger*), *m* en *n* (voy. *changer*).

Fangeux, du L. *famicosus* (fangeux, dans Festus) *Fam*(i)*cosus* devenu *fam'cosus* (voy *accointer*), a donné *fangeux* par le changement : 1° de *c* en *g* (voy. *adjuger*), 2° de *m* en *n* (voy. *changer*), 3° de *osus* en *eux* (voyez *amoureux*).

Fanon, pièce d'étoffe qui sert de signe de ralliement, et par extension peau pendante que les bœufs ont sous la gorge ; mot d'origine germanique (ancien haut allemand *fano*, morceau d'étoffe).

Fantaisie, du grec φαντασία (caprice).

Fantasmagorie, du grec φάντασμα spectre et ἀγορά (assemblée). — D. *fantasmagorique*

Fantasque, pour *fantasche*, du L. *fantasticus* (capricieux, désordonné * dans les textes latins du moyen âge). *Fantást(l)cus* régulièrement contracté (voy. p. LXXXI) en *fantast'cus*, est devenu *fantas'cus* (par le changement de *tc* en *c*, voy. p. c).

† **Fantassin**, de l'italien *fantaccino* (soldat à pied).

Fantastique, du grec φανταστικός (qui est le produit de la fantaisie).

Fantôme, anciennement *fantosme*, du L *phantasma* (fantôme, spectre) par le changement : 1° de *ph* en *f* (voy. *coffre*) ; 2° de *a* accentué en *o*, changement qui fait exception à toutes les règles, 3° par la chute de *s* (voy. *abime*).

Faon, anciennement *feon*, du L. *fœtonus** (derivé de *fœtus*) proprement *petit* ; *faon* ne s'est restreint que fort tard au sens de petit de la biche; il signifiait au moyen âge petit de toute espèce d'animaux : on disait le *faon* de la tigresse, de la brebis, du lièvre. *Fœ(t)onus** a donné *faon* par la chute du *t* médial (voy. *abbaye*), et le changement de *a* en *e* (voy. p. LXXXVI) puis en *a* (voy. *amender*). D. *faonner*

† **Faquin**, de l'italien *facchino* (faquin). — D. *faquinerie*.

† **Farandole**, du provençal *farandolo* (danse) dont l'origine est inconnue.

Farce, voy. *farcir*. — D. *farceur*.

Farcin, du L. *farciminum* (m. s) : sur la chute des deux dernières syllabes, voy. p. LXXXI. Sur le changement de *m* en *n*, voy *changer* — D. *farcineux*.

Farcir, du L. *farcire* (farcir). — D. *farce* (substantif verbal), au sens de hachis ; *farce* au sens de comédie, est le substantif verbal de *farcir* (dans les locutions : épîtres *farcies*, pièces *farcies*, épîtres pièces, latines dans lesquelles on introduisait des expressions ou des mots de la langue vulgaire).

Fard, anciennement *fart*, mot d'origine germanique (ancien haut allemand *farjon*, teindre, le fard etant une couleur qui sert à changer le teint du visage). — D. *farder*.

Farde, anciennement fardeau en general, restreint aujourd'hui au sens commercial de balles de café. L'origine de *farde* est inconnue. — D *fardeau*.

Fardeau, voy. *farde*.

Farfadet, origine inconnue.

Farfouiller, composé de *fouiller*, et d'un préfixe *far* dont l'origine exacte est inconnue.

Faribole, origine inconnue.

Farine, du L. *farina* (m. s.). — D. *farineux*, *farinier*, *enfariner*.

Farouche, du L. *ferocem* (farouche) par le changement : 1° de *e* en *a* (voy. *amender*) ; 2° de *c* en *ch* (voy. *acharner*). — D. *effaroucher*.

Fasce, du L. *fascia* (bande).

Fascicule, du L *fasciculus* (fascicule).

Fascine, du L. *fascina* (fagot de sarments). — D. *fascinage*.

Fascination, du L. *fascinationem* (m. s.).

Fasciner, du L. *fascinare* (fasciner).

Faséole, du L. *phaseolus* (haricot).

Fashion, mot anglais désignant la *mode*, le *ton*. — D. *fashionable*

Faste, du L. *fastus* (faste). — D. *fastueux*

Fastes, du L *fasti* (fastes, calendrier ; fastes consulaires, d'où le sens d'annales, d'histoires, de chronique).

Fastidieux, du L. *fastidiosus* (degoûte). Sur *osus* devenu *eux*, voy. *amoureux*.

Fastueux, du L. *fastuosus* (superbe). Sur *osus* devenu *eux*, voy. *amoureux*.

† **Fat**, venu du provençal *fat* (vain, écervelé) qui est le L. *fatuus* (insipide, fou). — D. *fatuité*

Fatal, du L. *fatalis* (fatal). — D. *fatalisme*.

Fatalite, du L. *fatalitatem* (fatalité).

Fatidique, du L. *fatidicus* (qui prédit l'avenir).

Fatiguer, du L. *fatigare* (fatiguer). — D. *fatigue* (substantif verbal), *défatiguer*.

Fatras, du L. *fartaceus** (dérivé de *fartus*, farci ; *fatras* a le sens propre de pêle-mêle, d'amas confus de choses disparates).

Fartaceus a donné *fatras* (qui est pour *fartas**) par la transposition de *r* (voy. *âpreté*).

Fatuité, du L. *fatuitatem* (sottise)

Faubourg, quartier situé *en dehors de* l'enceinte de la ville ; *faubourg*, qui était plus correctement *forbourg*, *forsbourg*, dans l'ancien français, est le L *forisburgus* (qui est situé en de-hors de la ville), composé de *foris* (en dehors de), et de *burgus* (voy. *bourg*).

Faucher, du L. *falcare* (faucher, dans la latinité du moyen âge) par le changement : 1° de *al* en *au* (voy. *agneau*) ; 2° de *ca* en *che* (voy. *acharner* et *acheter*) — D. *fauche* (substantif verbal), *fauchage*, *fauchaison*, *fauchée* (substantif participial), *faucheur*

Faucille, du L. *falcilla* (qui est pour *falcula*, dans les textes carlovingiens) par le changement de *al* en *au* (voy *agneau*).

Faucon, du L. *falconem* (faucon) par le changement de *al* en *au* (voy. *agneau*). — D *fauconneau, fauconnerie, fauconnier*.

Faufiler, proprement coudre provisoirement une étoffe, à l'aide d'un *fauxfil* (d'un fil qui ne doit pas rester). Pour l'étymologie, voy. *faux* et *fil*.

Faune, du L. *faunus* (m. s.).

Faussaire, du L *falsarius* (faussaire), par le changement de *al* en *au* (voy. *agneau*).

Fausser, du L. *falsare* (fausser); sur *al* devenu *au* voy. *agneau*.

Fausset, voy. *faux* 1.

Faute, action de faillir, en italien *falta*, du L *fallita** (action de faillir, dérivé de *fallere*, faillir; Sur les substantifs de cette nature, voy *absoute*) — *Fall*(I)ta regulièrement contracté (voy. p. LXXXI) en *fall'ta* a donné *faute* par le changement de *al* en *au* (voy. *agneau*)

De même que *fallita** a donné *faute*, — *fallitum* a donné *faut* que nous possédons à l'état de composé dans *défaut*, formé de *dé*... (voy. *dé*....) et de *faut*; et qui correspond à *défaillir*, comme *faute* à *faillir*. — D. *fautif*.

Fauteuil, anciennement *faudesteuil*, à l'origine *faldesteuil*, en italien *faldistorio*, du L. *faldestolium** (fauteuil dans un texte du neuvième siècle. Ce mot est d'origine germanique et répond à l'ancien haut allemand *faltstuol*,siége). *Faldestolium* a changé successivement : 1° *olium* en *euil* (voy *accueillir* et *aieul*) ; 2° *al* en *au* (voy. *agneau*) ; sur la chute du *d* dans *fau*(d)*esteuil*, voy. *accabler*; sur la chute de *s*, voy *abîme*.

Fauteur, du L. *fautor* (fauteur).

Fautif, dérivé de *faute* (voy. ce mot).

Fauve, anciennement *falve*, en provençal *falb*, en italien *falbo*, mot d'origine germanique (allemand *falb*, fauve). Sur *b* devenu *v*, voy. *avant*; sur *al* devenu *au*, voy. *agneau*. — D. *fauvette*.

1. **Faux**, adj, du L. *falsus* (faux) par le changement : 1° de *al* en *au*, voy. *agneau*; 2° de *s* en *x* (voy. *deux*). — D. *fausset*, mot formé de *faux*, à l'imitation de l'italien *falsetto*, fausse voix.

2. **Faux**, du L. *falcem* (faux) : sur *a* devenu *au*, voy. *agneau*; sur *c* devenu *s*, voy. *agencer*; sur *s* devenu *x*, voy. *deux*.

Faveur, du L. *favorem* (m. s.). — D. *défaveur*.

Favorable, du L. *favorabilis* (m. s.). — D. *défavorable*.

† **Favori**, de l'italien *favorito* (favori). — D. *favoriser*, *favoritisme*.

† **Favorite**, de l'italien *favorita* (favorite).

Féal, du L *fidelis* (fidèle) par la chute du *d* médial (voy. *accabler*), et le changement : 1° de *i* en *é* (voy. *admettre*) ; 2° de *e* en *a* (voy. *amender*).

Fébrifuge, du L. *febrifugia* (plante fébrifuge).

Fébrile, du L. *febrilis* (m. s.).

Fécal, du L. *fecalis* (m. s).

Fèces, du L *fecem* (m. s.).

Fécond, du L. *fecundus* (m. s.).

Féconder, du L. *fecundare* (m. s.). — D *fécondant*, *fécondation*.

Fécondité, du L. *fecunditatem* (m. s).

Fécule, du L. *faecula* (tartre, lie). — D *féculent*.

Federal, du L. *foederalis* dérivé de *fœdus* (alliance).

Federation, du L. *fœderationem* (m. s). — D. *fédératif*.

Federer, du L *fœderare* (faire alliance). — D. *fédéré* (substantif participial).

Fée, proprement être surnaturel qui (suivant la mythologie du moyen âge) préside à nos destinées, comme les Parques chez les anciens. *Fée*, qui est en portugais *fada*, en italien *fata*, vient du L. *fata* (fée, dans une inscription contemporaine de Dioclétien ; *fata* est proprement celle qui préside à nos destinées, à notre *fatum*. L'inscription donne *fata* pour *parca*, ce qui ne laisse aucun doute sur le sens exact de cette forme populaire).

Fata a donné *fee* par le changement de *ata* en *ée* (voy *ampoulé*). — D. *féerie*, *féerique*

Feindre, du L. *fingere* (feindre). Sur *ingere* devenu *eindre*, voy. *ceindre*. — D. *feinte* (substantif participial, voy. *absoute*), *feintise*.

Fêler, du L *fissulare* * (dérivé de *fissus*, fendu) par la chute régulière de *ü*, *fiss(u)lare* (voy. *accointer*) d'où *fiss'lare* qui a donné *fesler* puis *fêler* par le changement de *i* en *e* (voy. *admettre*), et la chute de *s* (voy. *abime*). — D. *fêlure*.

Félicité, du L. *felicitatem* (m. s.).

Féliciter, du L. *felicitare* (rendre heureux, dans Donat). — D. *félicitation*.

Félin, du L. *felinus* (de chat).

Félon, du L. *fellonem** (félon) qui est dans les Capitulaires de Charles le Chauve. L'origine du mot latin est inconnue.— D. *félonie*.

† **Felouque**, de l'italien *feluca* (felouque).

Femelle, du L. *femella* diminutif de *femina* (femelle)

Feminin, du L. *femininus* (féminin).

Femme, du L *femina* (femme) par la chute régulière (voy. p. LXXXI) de l'*i*; et le changement de *fem'na* en *femme* par l'assimilation de *mn* en *mm* (voy. *allumer*). — D. *femmelette*.

Fémur, du L. *femur* (cuisse).
— D *fémoral*

Fenaison, du L *fœnationem** (dérivé de *fœnare**, faire du foin). Sur *œ* devenu *e*, voy. p. LXXXVI; *ationem* est devenu *aison* par l'attraction de l *i* et l'adoucissement du *t* (voy *agencer*).

Fendre, du L. *findere* (fendre) par la contraction régulière (voy. p. LXXXI) de *find(è)re* en *find're*; sur *i* devenu *ei*, voy *ceinture*. — D. *fente* (substantif participial, voy. *absoute*), *fendiller*.

Fenêtre, anciennement *fenestre*, du L. *fenestra* (fenêtre) par la chute de *s* (voy. *abîme*).

Fenil, du L. *fœnile* (lieu où l'on serre le foin).

Fenouil, du L. *fœnuculum* (forme secondaire de *fœniculum* fenouil), par le changement : 1° de *œ* en *e* (voy. p. LXXXVI) ; 2° de *uculum* en *ouille* (voy. *abeille*). — D *fenouillette*.

Fente, voy *fendre*.

Féodal, du L. du moyen âge *feodalis* (qui concerne les *fiefs*; voy ce mot). — D. *féodalité*.

Fer, du L. *ferrum* (fer) — D. *ferrer, ferrage, ferrement, ferrant, ferrure, ferraille, ferret, ferrière, ferronnier, ferronnerie, enferrer, déferrer*.

Fer-blanc, fer doux réduit en lames minces, et plongé dans de l'étain en fusion, qui couvre le fer d'une couche *blanche*. — D. *ferblantier* (voy p XCI).

Ferie, du L. *feriæ* (jours fériés). — D *férié, férial*.

Férie, voy. *férie*.

Férir, du L *ferire* (frapper). Sans coup *férir*, c'est-à-dire sans frapper un seul coup.

† **ferler,** terme de marine, de anglais *to furl* (ferler) — D. *déferler*.

Fermail, du L. *firmaculum** (fermoir, dans la latinité du moyen âge). Sur *i* devenu *e*, voy. *admettre*; sur *aculum* devenu *ail*, voy *abeille*.

1. **Ferme,** |adj., du L. *firmus* (ferme) Sur *i* devenu *e*, voy. *admettre*. — D. *affermir. Fermeté* vient du L. *firmitatem* (m. s.). Sur *i* devenu *e*, voy. *admettre*; sur *atem* devenu *é*, voy. *abbé*.

2. **Ferme,** proprement convention de louage (en particulier louage des domaines ruraux, et par une extension de sens: les domaines ruraux donnés à *ferme*; d'où le sens d'habitation du fermier)

Ferme, au sens de *convention* est le L. *firmus* (ce qui est convenu, arrêté) Sur *i* devenu *e*, voy. *admettre*. — D. *fermage, fermier, affermer*.

Ferment, du L. *fermentum* (m. s). — D. *fermentatif*.

Fermentation, du L. *fermentationem** dérivé de *fermentatus* (fermenté).

Fermenter, du L. *fermentare* (fermenter)

Fermer, du L. *firmare* (fermer; *firmare* a le sens de *claudere* dans Isaie XXXIII, 15 . *et firmans oculos suos, ut ne videat.*) Sur *i* devenu *e*, voy. *admettre*.—D. *fermoir, enfermer, fermeture*.

Fermeté, voy *ferme 1*.

Fermier, voy. *ferme 2*.

Feroce, du L. *ferocem* (farouche)

Ferocité, du L. *ferocitatem* (férocité).

Ferraille, voy. *fer*. — D. *ferrailler, ferrailleur*.

Ferrugineux, du L. *ferruginosus* (dérivé de *ferruginem*).

Fertile, du L. *fertilem* (m. s.). — D *fertiliser, fertilisation*.

Fertilité, du L. *fertilitatem* (m. s.).

Férule, du L. *ferula* (férule).
Fervent, du L. *ferventem* (bouillant)
Ferveur, du L. *fervorem* (chaleur).
Fesse, du L. *fissa* (de *fissus*, partic. de *findere*, fendre).
† **Festin**, de l'italien *festino* (festin). — D. *festiner*.
Festival, du L. *festivalis**, dérivé de *festivus* (gai).
† **Feston**, de l'italien *festone* (feston). — D. *festonner*.
Festoyer, du L *festicare** (dérivé de *festum* fête); sur la chute du c médial, voy. *affouage;* sur *i* devenu *oi*, voy *boire*.
Fête, anciennement *feste*, du L *festa* (pl. de *festum* fête) ; sur la chute de *s*, voy. *abîme*. — D *f ter*.
† **Fétiche**, nom que les Portugais donnèrent aux idoles grossières qu'adorent les populations des côtes occidentales de l'Afrique. *Fétiche* est le portugais *feitiço* (fétiche) — D. *fétichisme*.
Fetide, du L *fetidus* (m. s.) — *Fétidité*.
Fétu, anciennement *festu*, en provençal *festuc*, du L. *festucus* (forme masculine de *festuca*, fétu). Sur *ucus* devenu *u*, voy. *ami*; sur la chute de *s*, voy. *abîme*
1. **Feu**, du L. *focus* (feu) : sur la chute du *c*, voy. *ami*; sur le changement de *o* en *eu*, voy. *accueillir*.
2. **Feu**(adj.), anciennement *feu* (au féminin *feüde* dans Saint Alexis), du L. *fatutus** (dérivé de *fatum*, sort; *feu* signifie proprement qui a accompli sa destinée). *Fa(t)utus* perdant son *t* médial (voy *abbaye*) et changeant *utus* en *u* (voy. *aigu*), a donné *fau*, d'où *feü* par l'adoucissement de *a* en *e* (voy. *acheter*).
Feudataire, du L. *feudata-*

*rius** (m. s.)', terme de droit féodal dérivé de *feudum* (fief) Pour l'étymologie de *feudum*, voy. *fief*.
Feudiste, du L. *feudista** dérivé de *feudum* (voy. *fief*).
Feuille, du L. *folia* (pl de *folium* feuille) : sur le changement: 1° de *li* en *il*, voy. *ail* ; 2° de *o* en *eu*, voy. *accueillir*. — D. *feuillage*, *feuiller*, *feuillée*, *feuillu*, *feuillaison*. *feuillet*, *feuilleter*, *feuilleton*.
Feuillette, origine inconnue.
Feurre, en espagnol *forro*, en italien *fodero*, mot d'origine germanique (vieux scandinave *fodr*, fourrage). Pour le changement de *dr* en *rr*, voy. *arrière*; pour celui de *o* en *eu*, voy. *accueillir*.
Feutre, anciennement *feltre*, en italien *feltro*, du L. *filtrum** feutre, dans les textes du moyen âge ; *filtrum* est d'origine germanique (néerl. *vilt*, all. *filz*, feutre).
Filtrum a donné *feltre* puis *feutre* par le changement : 1° de *i* en *e* (voy. *admettre*); 2° de *el* en *eu* (voy *agneau*). — D. *feutrer*, *feutrage*.
Fève, du L. *faba* (fève); sur *a* devenu *e* voy. *acheter;* sur *b* devenu *v*, voy *avant*. — D. *féverole*.
Février, du L *februarius* (février) par la réduction de *ua* en *a* (voy p. xc), et le changement 1° de *b* en *v* (voy. *avant*); 2° de *arius* en *ier* (voy. *ânier*).
Fi, onomatopée (voy. p. LXV).
Fiacre, mot d'origine historique (voy. LXIV) : il date de 1640, epoque où furent introduites les premières voitures de louage qui stationnaient à l'Hôtel de Saint-Fiacre : Ménage écrivait en 1650 : « Fiacre. On appelle ainsi à Pa-«ris depuis quelques années un carrosse de louage, à cause de l'Image «Saint Fiacre qui pendoit pour «enseigne à un logis de la rue

« *Saint-Antoine, où on louoit ces sortes de carrosses. C'est dont je suis témoin oculaire.* »

Fiancer, en italien *fidansare*, du L. *fidantiare** (fiancer, dans certains textes latins du moyen âge; *fidantiare* dérive par *fidantia*, de *fidantem* partic. de *fidare**, voy. au mot *fier*).

Fi(d)*antiare* a donné *fi-ancer* : 1° par la chute du *d* médial (voy. *accabler*); 2° par le changement de *tiare* en *cer* (voy. *agencer*). — D. *fiancée, fiançailles*.

Fibre, du L. *fibra* (fibre). — D. *fibreux, fibrille, fibrine*.

Ficelle, du L. *filicellum** (diminutif de *filum*, fil) : *fil(i)cellum* contracté régulièrement (voy. *accointer*) en *fil'cellum* a donné *ficelle** puis *ficelle*. — D *ficeler*.

Ficher, du L *figicare** (dérivé de *figere*, ficher, enfoncer) par la contraction régulière de *fig(i)care* en *fig'care* (voy. *accointer*) d'où *ficher* par le changement de *ca* en *che* (voy. *acharner* et *acheter*). — D. *fiche* (substantif verbal), *fichu*.

Fictif, du L. *fictivus** dérivé de *fictus* (supposé).

Fiction, du L. *fictionem* (action de feindre)

Fidéicommis, du L. *fideicommissum* (m. s.).

Fidéjusseur, du L. *fidejussor* (garant).

Fidèle, du L. *fidelis* (m. s.)

Fidélité, du L. *fidelitatem* (m. s.)

Fiduciaire, du L. *fiduciarius* (fiduciaire).

Fief, au onzième siècle *fied*; dans la basse latinité *feodum*, de l'ancien haut allemand *feod* (biens, avoir, propr. bétail). *Feod* a donné *fief* par le changement :
1° de *eo* en *ieu* (pour le détail de cette permutation, voy. au mot *dieu*); *ieu* (qu'on trouve dans la forme *fieu* que donnent plusieurs textes du moyen âge) se réduit d'une manière très-insolite à *ie*;
2° de *d* en *f*; cette résolution d'une dentale en labiale se retrouve dans *soif* (*sitis*), *juif* (*judaeus*), *veuf* (*viduus*), *mœuf* (*modus*) et dans tous les noms de lieu normands terminés en *beuf* qui dérivent d'un type latin *bodus*: Marbeu*f* (Marbodus), Paimbeu*f* (Pambodus), etc... — D. *fieffé* : ce mot signifie anciennement · qui possède un fief ; un huissier *heffé* disait-on sous l'ancienne monarchie. Ce mot est devenu postérieurement un adjectif destiné à renforcer une appellation injurieuse : un coquin *fieffé*, un ignorant *fieffé*, etc.

Fiel, du L. *fel* (fiel). Sur *e* devenu *ie*, voy. *arrière*. — D. *enfieller*.

Fiente, en provençal *fenta*, en catalan *fempta*, du L. *fimitus** (dérivé de *fimum* fumier, fiente). *Fim(i)tus* contracté suivant la règle (voy. p. LXXXI) en *fim'tum*, change d'abord *i* en *e* (voy. *admettre*), puis cet *e* en *ie* (voy. *arrière*); sur *m* devenu *n*, voy. *changer*. — D *fienter*.

Fier, en espagnol *fiar*, en italien *fidare*; du L. *fidare** (fier, dans un texte du treizième siècle · *habeant perfectam fidem, ita ut omnes .. possint se in illis fidare.*).

Sur la chute du *d* médial *fi(d)are*, voy. *accabler*. — D. *défier, confier, méfier*

Fier, du L. *ferus* (farouche). Sur *e* devenu *ie*, voy. *arrière*.

Fierté, du L. *feritatem* (naturel farouche) par la contraction régulière (voy. *accointer*) de *fer(i)tatem* en *fer'tatem* puis *fierté* par le changement : 1° de *e* en *ie* (voy. *arrière*); 2° de *atem* en *é* (voy. *abbé*).

Fièvre, du L *febris* (fièvre) par le changement. 1° de *e* en *ie* (voy *arrière*); 2° de *b* en *v* (voy. *avant*). — D. *fièvreux.*

Fifre, mot d'origine germanique (*pfiffer*, fifre, dans les patois allemands de la Suisse).

Figer, du L. *figere* (fixer)

† **Figue,** mot venu, dans sa forme actuelle, du provençal *figa* (figue) qui est le L *fica* (forme feminine de *ficus* figue). L'ancien français disait correctement *fie* pour *fi(c)a* (voy. *affouage*). — D. *figuier.*

Figure, du L *figura* (m. s.). — D. *figurine, figuratif.*

Figurer, du L. *figurare* (figurer). — D. *figurant, configuration, défigurer, transfigurer, figuré* (substantif participial.).

Fil, du L. *filum* (fil, et aussi tranchant de l'épée dans Ennius). — D *filer, fileur, fileuse, filandière, enfiler, faufiler, effiler, affiler; file* proprement rangée suivant un fil, d'où *filer. défiler); filet, filière, filoche, filon, filasse, filandreux* (de *flandres,* derivé de *filer*), *filage.*

Filament, du L. *filamentum* (tiré de *filare,* filer, verbe duquel on a tiré aussi les formes non classiques *filator*, *filatura* qui ont donné respectivement *filateur* et *filature*). — D. *filamenteux.*

Filateur, voy. *filament.*

Filature, voy *filament.*

Filial, du L. *filialis* (m. s.).

Filiation, du L. *filiationem* (m. s.).

Filière, voy. *fil.*

† **Filigrane,** venu de l'italien *filigrana* (filigrane).

Fille, du L. *filia* (fille); sur *lia* devenue *lle,* voy. *ail.* — D. *fillette.*

Filleul, du L. *filiolus* (diminutif de *filius,* fils On a vu aux mots *commère, compère, marraine* et *parrain* que l'Eglise a donné le nom de *père* et celui de *mère* aux personnes qui tiennent un enfant sur les fonts baptismaux; elle a donné, de même, le nom de *filiolus,* c'est-à-dire de *fils chéri* à l'enfant qui a été l'objet de cette ceremonie.

Sur *olus* devenu *eul,* voy. *aieul*; sur *li* devenu *ll,* voy. *ail.*

Filoche, voy *fil.* D. *effilocher.*

Filon, voy. *fil.*

† **Filoselle,** de l'italien *filugello* (ver a soie).

Filou, origine inconnue. — D. *filouter, filouterie.*

Fils, du L. *filius* (fils); sur la persistance de *s,* voy. *Grammaire Historique de la langue française,* p. 153

Filtre, du latin pharmaceutique du moyen âge *filtrum* (linge ou etoffe, et originairement morceau de feutre, à travers lequel on fait passer un liquide pour le clarifier : *filtrum* signifie proprement *feutre;* pour l'étymologie de *filtrum* voy. *feutre*). — D. *filtrer, filtration, infiltrer.*

1. **Fin** (subst.) du L. *finis* (fin). — D. *afin, enfin.* De l'ancien verbe français *finer* (mener à fin, conclure, enfin *payer*) est venu par le participe *finant* le derivé *finance* (proprement payement, puis argent comptant).

2. **Fin** (adj.), du L. *finitus* (achevé, parfait, fini, d'où par extension le sens de raffiné, puis de rusé). Sur le déplacement de l'accent latin (fīnĭtus pour finītus), voy. p. cv. — Sur la chute des deux dernières voyelles, voy. p. LXXXI. — D. *finesse, finaud, finasser, finasserie, affiner, affinage, affineur, raffiner, raffineur, raffinerie.*

Final, du L. *finalis* (m. s.). — D. *finalité*
Finance, voy. *fin.* 1. — D. *financer, financier.*
Finasser, voy. *fin* 2.
Finaud, voy *fin* 2.
Finesse, voy. *fin* 2.
Fini, voy. *finir.*
Finir, du L. *finire* (achever) — D. *fini* (substantif participial), *définir*
Fiole, du L. *phiala* (fiole); sur *ph* devenu *f*, voy. *coffre*; sur *a* devenu *o* d'une manière tout à fait insolite, voy. *taon.*
† **Fioritures,** de l'italien *fioriture* (m. s).
Firmament, du L. *firmamentum* (ciel).
† **Firman,** mot d'origine orientale (du persan *firman*, ordre signé par le Grand Vizir).
Fisc, du L. *fiscus* (fisc).
Fiscal, du L. *fiscalis* (du fisc). — D. *fiscalité.*
Fissure, du L. *fissura* (m. s).
Fistule, du L. *fistula* (fistule). — D. *fistuleux.*
Fixe, du L. *fixus* (fixe). — D *fixer, fixation, fixité.*
Flaccidité, du L *flacciditatem**, de *flaccidus* (flasque).
Flacon, du L. *flasconem** (bouteille, dans les textes mérovingiens et carlovingiens; citons seulement ce passage de Flodoard : « *Vas, quod vulgo* flasconem *vocant, vini a se benedicti plenum dedit.* » *Flasconem* est un diminutif de *flasca* qui a le sens de fiole dans Isidore de Séville). *Flasconem* a donné *flacon* par la chute de *s* (voy. *abîme*).
Flagellation, du L. *flagellationem* (action de fouetter).
Flageller, du L. *flagellare* (m s). — D. *flagellant*
Flageolet, voy. *flûte.* — D. *flageoler* (de *flageol**, voy. *flûte*).

Flagorner, origine inconnue — D. *flagornerie, flagorneur.*
Flagrant, du L. *flagrantem* (flagrant).
Flair, voy. *flairer.*
Flairer, dans l'ancien français possède le sens neutre d'exhaler une odeur, du L. *fragrare* (avoir de l'odeur) par la réduction de *gr* à *r* (voy. *accueillir*), d'où *frarare* qui a donné *flairer* par la dissimilation de *r* en *l* (voy. p. LXXVI) et le changement de *a* en *ai* (voy. *aigle*). — D. *flair* (subst. verbal), *flaireur.*
Flamant, anciennem. *flammant* (nom qui a été donné à cet oiseau à cause de son plumage couleur de *flamme*).
Flambe (pour *flamble*) du L. *flammula* (diminutif de *flamma*, flamme), par la contraction régulière (voy. p LXXXI) de *flamm(u)la* en *flam'la* d'où *flamble* par le changement de *ml* en *mbl* (voy. *absoudre*); sur la chute de *l*, voy. *able.* — D. *flamber, flambeau.*
Flambeau, voy. *flambe.*
Flamber, voy. *flambe.* — D. *flamboyer.*
Flamberge, mot d'origine historique, nom de l'épée de Renaud de Montauban dans les romans de Chevalerie. — Par extension épée en général.
Flamboyer, voy. *flamber.*
Flamme, du L. *flamma* (m. s). — D. *flammèche, enflammer.*
Flan, tarte, ancien français *flaon*, en italien *fladone*, du L. *flatonem** (tarte dans Fortunat, mot qui dérive de *flatus*, soufflé). Sur la chute du *t* médial *fla(t)onem* voy *abbaye.*
Flanc, du L *flaccus** (mou, faible, proprement la partie molle du corps). Une métaphore analogue existe dans l'allemand, qui dit *weiche* (flanc), de *weich* (mou,

faible) Sur cette analogie des métaphores indo-européennes. voy. p. XXVI.
Flaccus a donné *flanc* par l'addition d'un *n* (voy. *concombre*). — D. *flanquer, efflanqué*

Flandrin, mot d'origine historique (voy p. LXV), sobriquet donné aux habitants des Flandres, puis homme grand et fluet comme les *Flandrins*

Flanelle, origine inconnue

Flâner, origine inconnue —D *flâneur*.

Flaque, mot d'origine germanique (flamand *vlaque*, mare)

1. **Flasque**, du L. *flaxidus** (transformation de *flaccidus*, mou, flasque) *Flaxidus*, répondant exactement à *flacsidus* (voy p c), s'est transposé en *flascidus* (voy. *lâche* et p. c), *flasquidus*, d'où *flasque* par la chute des syllabes atones (voy p. LXXXI)

Flatter, origine inconnue. — D. *flatterie, flatteur*

Fleau, dans l'ancien français *flael*, en provençal *flagel*, en italien *flagello*, du L *flagellum* (fléau), par la chute du *g* médial *fla(g)ellum* (voy *allier*), l'adoucissement de *a* en *e* (voy. *acheter*), et le changement de *el* en *au* (voy. *agneau*)

1. **Flèche**, anciennement *flesche*, mot d'origine germanique (moyen haut allemand *flitsch*, flèche)

2. **Flèche** (lard), ancienn *flesche*, mot d'origine germanique (danois *flesk*, lard).

Fléchir, du L. *flectere* (fléchir), par le changement. 1° de *e* en *i* (voy. *accomplir*); 2° de *ct* en *ch* (voy *allécher*). — D. *fléchissement, fléchisseur*.

Flegme, du L. *flegma* (flegme). — D *flegmatique*.

1 **Flétrir** (faner), anciennement *flestrir*, dérivé de l'ancien français *flestre*, *flaistre* (fané). *Flaistre* correspond à un L *flaccaster** (dérivé de *flaccere*; proprement. être mou, flasque, sans vie, d'ou, être flétri). *Flaccaster* se réduisant à *fla(c)aster* et perdant le *c* médial suivant la règle (voy. *affouage*), a donné *flaistre* par le changement de *a* en *ai* (voy *aigle*)

2. **Flétrir** (déshonorer, à l'origine marquer d'un fer chaud; le sens propre est donc brûler, dessécher, ce qui nous permet de rattacher le mot à *flétrir* 1, qui signifie faner, dessécher).—D. *flétrissure*.

1 **Fleur**, du L *florem* (fleur). Sur *o* devenu *eu*, voy. *accueillir*. — D *fleuron, fleurette, fleuriste, fleuret, fleuraison*.

2. **Fleur de** (à), au niveau de. Le mot *fleur* est ici d'origine germanique (allemand *flur*, terreplein) — D *affleurer, effleurer*.

Fleurdeliser, dérivé de *fleur de lis* (voy ces mots).

† **Fleuret**, mot créé au seizieme siècle sous l'influence de l'italien *fioretto* (fleuret).

Fleurir, du L. *florere* (fleurir); sur *e* devenu *i* voy. *accomplir*; sur *o* devenu *eu* voy. *accueillir*. — D. *fleuraison*

Fleuve, du L. *fluvius* (fleuve); sur *u* devenu *eu* voy. *beugler*. —

Flexibilité, du L. *flexibilitatem* (m s.)

Flexible, du L. *flexibilis* (m. s.).

Flexion, du L. *flexionem* (m. s)

† **Flibustier**, anciennement *fribustier*, terme de marine d'origine germanique (hollandais *vrybuiter*, pillard, maraudeur; anglais, *freebooter*).

† **Flint-glass,** de l'anglais *flint-glass* (*flint,* caillou, *glass,* verre).

Flocon, diminutif d'un radical *floc** (qui s'est conservé dans le provençal *floc,* flocon), et qui est le L. *floccus* (flocon). — D. *floconneux.*

Floraison, voy. *florir.*

Flore, du L. *flora* (déesse des fleurs).

Floréal, dérivé de *florem* (fleur).

† **Florin,** de l'italien *fiorino* (florin).

Florir, du L. *florere* (florir) : sur *e* devenu *i,* voy. *accomplir.* — D. *floraison*

Flot, du L. *fluctus* (flot). Sur *u* devenu *o,* voy. *annoncer;* sur *ct* devenu *t,* voy. *affété.* — D. *flotter, flottage, flottable, flottaison.*

Flotter, voy. *flot.* — D. *flotte* (substantif verbal); *flottille, flotteur.*

Flou, anciennement *flo* (faible), mot d'origine germanique (flamand *flauw,* même sens). Sur *au* devenu *o,* puis *ou,* voy. *alouette.* — D *fluet.*

Fluctuation, du L. *fluctuationem* (m. s.).

Fluctueux, du L. *fluctuosus* (m. s.). Sur *osus* devenu *eux,* voy. *amoureux.*

Fluer, du L. *fluere* (couler).

Fluet, mince, délicat, faible. *Fluet,* qui est dans Lafontaine *flouet,* est un diminutif de *flou* (faible. Voy. *flou.*

Fluide, du L. *fluidus* (m. s.). — D. *fluidité.*

Fluor, auj. radical présumé de l'acide fluorhydrique, — autrefois nom que les alchimistes donnaient à tous les acides minéraux, à cause de leur fluidité, du L. *fluorem* (état fluide).

Flûte, anciennement *flaûte,* en en italien *flauta,* substantif verbal de l'ancien verbe *flaûter* (souffler dans un instrument à vent). *Flaûter* est le L. *flatuare* (souffler, dérivé de *flatus,* souffle), par transposition de *u :* flautare pour flatuare

Flauta* ou plutôt la forme masculine *flautus** a donné le diminutif *flauticlus** (petite flûte), qui, consonnifiant *io* en *jo* (voy. *abréger*), a créé le provençal *flaujol,* l'ancien français *flajol, flageol* (petite flûte). Ce mot *flageol* disparut avec le seizième siècle en nous laissant son diminutif *flageolet.* — D. *flûteur, flûtiste.*

Fluvial, du L. *fluvialis* (m. s.).

Flux, du L. *fluxus* (courant).

Fluxion, du L. *fluxionem* (écoulement). — D. *fluxionnaire.*

† **Foc,** terme de marine, du hollandais *fok* (foc).

Fœtus, du L. *fœtus* (m. s.).

Foi, du L. *fidem* (foi). Sur *i* devenu *oi,* voy. *boire;* sur la chute du *d* voy. *alouette.*

Foie, en italien *fegato,* du L. *ficatum* (foie en général dans Marcellus Empiricus). Sur le déplacement de l'accent latin (ficătum pour ficātum), voy. p. cv. *Fíc(à)tum* perdant alors la dernière syllabe atone (voy. p. LXXXI) se réduit à *fica,* qui donne *foie,* par la chute du *c* medial, *fi(c)a* (voy. *affouage*), et le changement de *i* en *oi* (voy. *boire*).

Foin, du L. *fœnum* (foin), par le changement de *œ* en *e* (voy. p. LXXXVI), puis en *oi* (voy. *accroire*)

Foire, en espagnol *feria,* du L. *feria* (foire dans les textes latins du moyen âge : « *Quod nullus in regno potest facere feriam sinè permissu Regis;* » *feriae,* qui veut dire proprement jours fériés, a pris le sens de foire, parce qu'au moyen âge les foires se tenaient les jours de fêtes). Sur *e* devenu *oi*, voy *accroire*.

Fois, en provençal *fes*, en italien *vece*, du L. *vice* (fois), par le changement : 1° de *v* en *f* (bœuf); 2° de *i* en *oi* (voy. *boire*); 3° de *c* en *s* (voy. *amitié*).

Foison, abondance, du L *fusionem* (action de répandre, postérieurement de répandre avec abondance, avec profusion). Sur *u* devenu *oi* par l'attraction de l'*i*, voy. *buis* — D. *foisonner*.

Fol, du L *follus** (fou, dans un texte latin de 879) *Follus* signifie proprement qui grimace, qui s'agite sans but; *follus* doit être rapproché du L. *follere* (se remuer, s'agiter), de *follis* (grimace qui consiste à enfler les joues comme un ballon ou un soufflet, dans Juvénal). L'idée d'agitation est encore visible dans les locutions *feu follet, esprit follet*. — D *folie, follet, foldtre, folichon, affoler*.

Folâtre, voy *fou*. — D. *foldtrer*.

Folie, voy. *fol*

Folio, mot latin (*folio*, ablatif de *folium*, feuille).

Follet, voy. *fol*.

Folliculaire, dérivé de *follicule* que Voltaire emploie au sens de petite feuille de papier . *follicule* est un mot très-mal forgé à l'aide du L *folium* (feuille).

Follicule, du L *folliculus* (petit sac).

Fomenter, du L. *fomentare* (m s). — D. *fomentation*.

Foncer, voy. *fond*. — D. *foncé, enfoncer, défoncer*.

Foncier, voy. *fonds*.

Fonction, du L. *functionem* (m. s.). — D. *fonctionner, fonctionnaire, fonctionnement*.

Fond, du L. *fundus* (fond) par le changement de *u* en *o* voy. *annoncer*). — D. L'ancienne forme française était *fonds* pour le nominatif, d'où *fonser** aujourd'hui *foncer* Sur cet *s* au nominatif de l'ancien français, voy *Grammaire Historique de la langue française*. p. 152 Un autre dérivé est *effondrer* (voy. *fondrière*).

Fondamental, du L. *fundamentalis** dérive de *fundamentum* (fondement).

Fondateur, du L. *fundatorem* (m. s.)

Fondation, du L. *fundationem** (m. s.).

Fondement, du L. *fundamentum* (fondement).

Fonder, du L. *fundare* (fonder).

Fondre, du L. *fundere* (fondre). Sur *u* devenu *o*, voy *annoncer* Sur la chute de l'avant dernier *e*, voy. p. LXXXI. — D *fonte* (substantif participial, voy. *absoute*); *fondeur, fonderie, refondre*.

Fondrière, dérivé de *fondrer*, verbe de notre ancienne langue qui a persisté dans le composé *effondrer*. *Fondrer* est dérivé de *fond*; sur l'addition de *r* (voy. *chanvre*).

Fonds, du L. *fundus* (fonds); sur *u* devenu *o*, voy. *annoncer*. — D *foncier*.

Fongibles, du L. *fungibiles* (m. s.).

Fongueux, du L. *fungosus* (spongieux).

Fontaine, du L. *fontana** (dérive de *fontem*, fontaine. On a plusieurs exemples de *fontana* dans les textes latins du neuvième siecle.). Sur *a* devenu *ai*, voy. *aigle*. — D. *fontainier*.

Fontange, mot d'origine historique (voy. p. LXIV) Coiffure inventée par Mlle de Fontange en 1679.

1. **Fonte,** voy. *fondre*
2. † **Fontes,** mot venu au seizième siècle de l'italien *fonda* (poche)

Fonts, du L. *fontes* (dérivé de *fons,* fontaine ; les fonts baptismaux)

For, proprement tribunal, du L. *forum* (tribunal).

Forage, voy. *forer.*

Forain, du L. *foraneus** qui est du dehors, qui est étranger : — *foraneus** dérive de *foras* (dehors). Les marchands ambulants, sont dits *forains* c.-à-d étrangers, par opposition aux marchands indigènes.

Forban, bandit, qui est hors la loi, qui est *banni* (pour l'étymologie, voy *ban*).

† **Forçat,** venu du provençal *forcat* (forçat) qui est le L. *fortiatus** (voy. *forcer*).

Force, du L. *fortia** (force dans les Lois Barbares ; comme dans ce passage de la *Lex Bajuvariorum* 11, 5 : *Si cui Deus dederit fortiam et victoriam*). Sur le changement de *tia* en *ce,* voy. *agencer.*

Forcené, anciennement *forsené,* en italien *forsennato,* proprement fou furieux, qui est hors de sens, composé de *for* qui est le latin *foris* (hors de), — et de l'ancien français *sené* (sensé, dérivé de *sen* qui veut dire raison, jugement, bon sens, dans notre vieille langue. Ce substantif *sen* est d'origine germanique, et correspond à l'ancien haut allemand *Sin,* sens).

Forceps, du L. *forceps* (forceps).

Forcer, du L *fortiare** (imposer par force, dérivé de *fortia** ; voy. *force).* Sur *tia* devenu *ce,* voy. *agencer.* — D. *efforcer, renforcer.*

Forces, ciseaux, du L. *forpices* (ciseaux), par la contraction régulière (voy. p LXXXI) de *forp(i)ces* en *forp'ces* d'où *forces* par l'assimilation de *pc* en *c* (voy. *caisse*).

Forclore, du L. *foris* et *claudere,* proprement *exclure de.* Pour les changements de lettres, voy. *clore.*

Forer, du L. *forare* (m. s.). — D. *forage, foret.*

Forestier, dérivé de *forest* forme ancienne du mot *forêt.* Pour l'étymologie, voy. *forêt.*

Foret, voy. *forer.*

Forêt, anciennn. *forest,* du L. *forestis** (qui a dans les textes carlovingiens le sens d'emplacement non clos, et sur lequel le droit de chasse est réservé. Au bois clos de mur, au *parcus,* les textes du moyen âge opposent la *forestis* le bois non clos, mais dans lequel le propriétaire a seul le droit de chasse : *forestis* dérive de *foris* (hors de, c.-à-d. non clos). Un texte du moyen âge fait nettement sentir la différence de la *forestis* et du *parcus* : « *Forestis* est ubi sunt ferae non inclusae ; *parcus* locus ubi sunt ferae inclusae. » Du sens spécial de bois non clos de mur, *forestis* est venu à désigner toute espèce de *bois*).

Pour le changement de *forestis* en forêt, voy. *abîme.*

Forfaire, du L. *foris* (en dehors de) et *facere* (agir), proprement commettre des actions contraires à l'honnêteté, agir criminellement. Pour le changement de lettres, voy. *faire.* — D. *forfait* (subst. participial), *forfaiture.*

1 **Forfait,** voy. *forfaire.*

2. **Forfait** (à), proprement à prix fait, du L. *forum factum** (de *forum* prix, et de *factum* fait). Pour les changements de lettres,

voy. *fait*. Quant au sens de prix, donné à *forum*, en voici des exemples tirés des textes latins du moyen âge : « *Quod victualia eis vendantur et tradantur ad rationabilem* forum. » (Ordonn des Rois de France); et dans un texte de 744 · *Ut per omnes civitates legitimum* forum *et mensura fiat, secundum abundantiam temporis.*

† **Forfanterie**, venu de l'italien *furfanteria* (fanfaronnade).

Forge, en provençal *faurga*, du L *fabrica* (forge) par la contraction régulière (voy. p. LXXXI) de *fábr(i)ca* en *fabr'ca* et par le changement . 1° de *br* en *ur* (voy *aurone*) d'ou *faurca*, 2° de *c* en *g* (voy *adjuger*), d'où *faurga* puis *forge* par le changement de *au* en *o* (voy. *alouette*).

Forger, en provençal *faurgar*, du L. *fabricare* (forger) par la contraction régulière (voy. *accointer*) de *fabr(i)cáre* en *fabr'care*. Pour les changements de lettres, voy. *forge*. — D. *forgeron; forgeur*.

Forjeter, de *for* (L. *foris*, hors de) et *jeter*.

Formalite, voy. *formel*.

Format, du L. *formatus* (qui a une certaine forme, une certaine dimension).

Formateur, du L. *formatorem* (m. s.).

Formation, du L. *formationem* (m. s).

Forme, du L. *forma* (m. s.).

Formel, du L. *formalis* (qui sert de type). — D. *formalité, formalisme, formaliste*, *se formaliser*.

Former, du L. *formare* (m. s).

Formidable, du L. *formidabilis* (m. s).

Formule, du L. *formula* (formule) — D. *formuler, formulaire*.

Forniquer, du L. *fornicari* (m. s.). — D *fornicateur, fornication*.

Fors, du L. *foris* (hors de).

Fort, du L. *fortis* (m s). — D. *fort* (substantif), *fortin*.

† **Forte**, de l'italien *forte* (fort).

Forteresse, en provençal *fortalessa*, en espagnol *fortaleza*, du L. *fortalitia*· (citadelle, dérivé de *fortis* au sens de fort, d'ouvrage fortifié. On lit dans un chroniqueur latin du treizième siècle « *Consules occurrebant et regi* fortalitia *tradebant.* »)

Fortalitia a donné *forteresse* par le changement : 1° de *l* en *r* (voy. *apôtre*); 2° de *a* atone en *e* (voy. *acheter*); 3° de *itia* en *esse* (voy. p. 31, col. 1, ligne 45)

Fortification, du L *fortificationem* (action de fortifier).

Fortifier, du L. *fortificare* (m. s).

Fortuit, du L *fortuitus*(même sens).

Fortune, du L. *fortuna* (fortune). — D. *infortune*.

Fortune, du L. *fortunatus* (m. s). — D *infortuné*.

Fosse, du L. *fossa* (fosse). — D. *fossette, fossoyer*.

Fossé, du L *fossatum*· (fossé, dérivé de *fossa*, fossé. *Fossatum* est dans la *Lex Longobardorum*. *Si quis fossatum in terra alterius fecerit*) Sur *atum* devenu *é*, voy. *ampoulé*.

Fossile, du L. *fossilis* (qu'on tire de la terre, proprement *enfoui*).

Fossoyer, voy. *fosse*. — D. *fossoyeur, fossoyaye*.

Fou, adoucissement de *fol* (voy. ce mot). Sur le changement de *l* en *u*, voy. *agneau*.

Fouace, galette cuite sous la cendre, en provençal *fogassa*, en italien *focaccia*, du L. *focacia* (forme féminine de *focacius*, cuit sous la cendre : « *Subcinericius, cinere coctus et reversatus ipse est et* focacius, » dit Isidore de Séville. *Focacius* est un dérivé de *focus*. (foyer).

Fo(c)acia a donné *fouace* par la chute du *c* médial (voy. *affouage*) et par le changement : 1° de *o* en *ou* (voy. *affouage*), 2° de *cia* en *ce* (voy. *agencer*).

Fouage, en provençal *foguatge*, du L. *focaticum** (redevance exigée pour chaque feu ; dérivé de *focus*, feu. On lit dans un texte cité par Ducange : « *Forma litterarum quæ mittitur prædictis super* focatico. »)

Pour le changement de *focaticum* en *fouage*, voy. *affouage*.

Fouailler, voy. *fouet*.

1. † **Foudre**, tonneau, de l'allemand *Fuder* (tonneau).

2. **Foudre**, ancienn. *foldre*, du L. *fulgur* (foudre), par la contraction régulière (voy. p. LXXXI) de *fulg(u)r* en *fulg'r* d'où *ful'r* par la réduction de *gr* à *r* (voy. *accueillir*), *ful'r* a donné *foldre* par le changement : 1° de *u* en *o* (voy. *annoncer*); 2° de *lr* en *ldr*, (voy. *absoudre*). *Foldre* adoucit *ol* en *ou* (voy. *agneau*), d'où *foudre* — D. *foudroyer*.

Fouet, proprement faisceau de verges pour fouetter, faisceau de petites branches, de baguettes, diminutif de *fou* (proprement branches de hêtre, puis branches en général). L'ancien français *fou*, qui est à l'origine *fau*, dérive du L. *fagus* (hêtre) par le changement : 1° de *a* en *au*, puis *o* (voy. *taon* et *alouette*); 2° par la chute du *g* médial (voy. *allier*). — D. *fouetter*; du primitif *fou* dérive *fouailler*.

Fouger, du L. *fodicare* (fouiller, creuser) par la contraction régulière (voy. *accointer*) en *fod'care*, d'où *fouger* par le changement : 1° de *dc* en *c*, puis *g* (voy. *adjuger*) ; 2° de *o* en *ou* (voy. *affouage*).

Fougère, dans l'ancien français *feugère*, du L *filicaria** (dérivé de *filicem* fougère) par la contraction régulière (voy. *accointer*) de *fil(i)cária* en *fil'caria* qui est devenu *filgeria* par le changement de *c* en *g* (voy. *adjuger*) et de *a* en *e* (voy. *acheter*). *Filgeria* est dans un texte du onzième siècle : «*Dedit perpetualiter.... percursum centum porcorum in glande et filgeria* »

Filgeria donne *felgère* par le changement de *i* en *e* (voy. *admettre*) ; par l'adoucissement de *el* en *eu* (voy. *agneau*).

† **Fougue**, de l'italien *foga* (fougue). — D. *fougueux*.

Fouiller, du L. *fodiculare** (fouiller, fréquentatif de *fodicare*, fouiller, creuser) par la contraction régulière (voy. *accointer*) de *fodic(ù)lare* en *fodic'lare*. *Fo(d)iclare* perdant le *d* médial (voy. *accabler)* devient *fouiller* par le changement : 1° de *cl* en *il* (voy. *abeille*) ; 2° de *o* en *ou* (voy. *affouage*). — D *fouille* (substantif verbal), *fouillis*. Pour le composé *farfouiller*, voy. ce mot.

1. **Fouine**, ancienn *foine*, à l'origine *faine*, en italien *faina*, en catalan *fagina*, du L. *fagina** (martre des hêtres, dérivé de *fagus* hêtre ; *fagina* a le sens de *fouine* dans cet article du Concile de Tarragone : *Nulli canonici vel clerici.... vestes rubeas vel virides nec forraturas pellium de martis, de faginis.... portare præsumant.*

Pour le changement de *fagina* en *faine* voy. *faine*.

2. **Fouine** (fourche) pour *fouisne*, du L. *fuscina* (trident) par la contraction régulière (voy. p. LXXXI) de *fúsc(i)na* en *fus'na*,

d'où *fouisne** (voy. *buis* et *accouder*), puis *fouine* (voy *abîme*).

Fouir, du L *fodere* (fouir) qui est déjà *fodire* dans un texte de 470. Sur le changement de *fodēre* en *fodire*, voy. *accourir*; *fo(d)ere* a donné *fouir :* 1° par la chute du *d* médial (voy. *accabler*); 2° par le changement de *o* en *ou* (voy. *affouage*) et de *e* en *i* (voy. *accomplir*)

Foulard, origine inconnue.

Foule, voy *fouler*.

Fouler, en italien *follare*, du L. *fullare** (fouler ; le latin classique ne possédait que le dérivé *fullonem* foulon). Sur *u* devenu *ou* voy. *accouder*. — D. *foule* (substantif verbal), *fouleur*, *foulerie*, *foulure*, *refouler*.

Foulon, du L. *fullonem* (foulon). Sur *u* devenu *o*, voy. *accouder*.

Foulque, du L. *fulica* (foulque), par la contraction régulière (voy. p. LXXXI) de *ful(i)ca* en *ful'ca*; *foulque* par le changement de *u* en *ou* (voy. *accouder*).

Four, anciennement *for*, à l'origine *forn*, en italien *forno*, du L. *furnus* (four) par le changement : 1° de *u* en *o* (voy. *annoncer*), puis de *o* en *ou* (voy. *affouage*; 2° de *rn* en *n* (voy. *aubour*). — D. de l'ancienne forme du moyen âge *fournel* (d'où *fourneau* ; sur *el* devenu *eau*, voy. *agneau*), *fournée*, *fournier*, *fournage*, *fournil*, *enfourner*

† **Fourbe**, venu au seizième siècle de l'italien *furbo* (fourbe). — D. *fourbe* (substantif), *fourberie*.

Fourbir, mot d'origine germanique (ancien haut allemand *furban*, fourbir) : sur *u* devenu *ou* (voy. *accouder*). — D. *fourbissage*, *fourbissure*, *fourbisseur*.

Fourbu, anciennement *forbu*, participe de l'ancien verbe français *forboire* (boire avec excès). On croyait que la maladie des chevaux, nommée *fourbure*, était causée par un excès de boisson après une longue course

Pour l'étymologie de *forboire*, voy. *boire*; *for* est le L. *foris* (hors de). Pour le changement de *forbu* en *fourbu* voy. *affouage*.

Fourche, du L. *furca* (fourche) par le changement : 1° de *u* en *ou* (voy. *accouder*), 2° de *c* en *ch* (voy. *acharner*). — D. *fourchette*, *fourchon*, *fourchu*, *fourcher*, *fourgon* (outil pour attiser le feu).

Fourgon (chariot), origine inconnue.

Fourmi, anciennn. *formi*, du L. *formicus** (forme masculine de *formica* fourmi). Sur *icus* devenu *i*, voy *ami*; sur *o* devenu *ou*, voy. *affouage*.

Fourmiller, du L. *formiculare** (dérivé de *formicula*, fourmi de petite taille dans Apulée) par la contraction régulière (voy. *accointer*) en *formic'lare*; d'où *fourmiller* par le changement : 1° de *o* en *ou* (voy. *affouage*) : 2° de *cl* en *il* (voy. *abeille*). — D. *fourmilière*, *fourmillement*.

Fourmillon, du L. *formiculonem** (dérivé de *formicula*). Pour les changements de lettres, voy. *fourmiller*.

Fournaise, en italien *fornace*, du L. *fornacem* (fournaise). Sur *o* devenu *ou*, voy. *affouage*; sur *c* devenu *s*, voy. *amitié*; sur *a* devenu *ai*, voy. *aigle*.

Fourneau, voy. *four*.

Fournée, voy *four*.

Fournier, voy. *four*.

Fournil, voy. *four*.

Fournir, anciennement *fornir*, en provençal *formir* et *fromir*, mot d'origine germanique (v. h. allemand *frumjan*, fournir, procurer). Le radical germanique, par le changement de *u* en *o* (voy. *annoncer*) donne d'abord *fromir*, qui passe à *formir* par la transposition de *r* (voy. *âpreté*), d'où *fornir* par le changement de *m* en *n* (voy. *changer*); *fornir* adoucit enfin *o* en *ou* (voy. *affouage*). — D. *fourniment, fournisseur, fourniture.*

Fourrage, anciennement *forrage*, dérivé de l'ancien français *forre* (fourrage), qui est *fodrum* (fourrage) dans les textes carlovingiens. On lit dans une Charte de Louis le Pieux, à l'année 796 « *Inhibuit à plebeus.... annonas militares quas vulgo fodrum vocant, dari.* » *Fodrum* est d'origine germanique et correspond au gothique *fôdr*, qui a le même sens.

Fodrum a donné *forre* par le changement de *dr* en *rr* (voy. *arrière*), d'où le dérivé *forrage* qui est devenu *fourrage* par le changement de *o* en *ou* (voy. *affouage*). — D. *fourrager, fourragère, fourrageur.*

Fourreau, anciennement *fourrel* (pour le changement de *el* en *eau*, voy. *agneau*). *Fourrel* est le diminutif de l'ancien français *fourre* (fourreau). *Fourre* est d'origine germanique; et répond au gothique *fôdr* (fourreau) par le changement. 1° de *dr* en *rr* (voy. *arrière*), 2° de *o* en *ou* (voy. *affouage*), — D. de l'ancienne forme *fourre* (fourreau), est venu le verbe *fourrer* (proprement mettre comme dans un *fourreau*).

Fourrer, voy. *fourreau*. — D. *fourré, fourrure, fourreur.*

Fourrier, autrefois officier chargé de pourvoir aux logements et aux vivres, à l'origine celui qui allait au fourrage; *fourrier* vient du L. *fodrarius* (chargé du fourrage, dans les textes carlovingiens; bornons-nous, comme exemple, à cette phrase d'Hincmar, opus. 5 : « *De coercendis militum rapinis : Et mitte homines secundum consuetudinem prædecessorum vestrorum, qui in longius pergant propter fodrarios.* » *Fodrarius* dérive de *fodrum* fourrage, mot dont on trouvera l'étymologie au mot *fourrage*).

Fodrarius a donné *fourrier* par le changement : 1° de *o* en *ou* (voy. *affouage*), 2° de *dr* en *rr* (voy. *arrière*), 3° de *arius* en *ier* (voy. *dnier*) Le lieu où logeaient les *fourriers* se nommait *fourrière*, et l'on a postérieurement appliqué cette dénomination à l'endroit où les animaux errants sont recueillis et nourris pendant un certain laps de temps.

Fourrure, voy. *fourrer.*

Fourvoyer, ancien *forvoyer*, marcher hors du chemin, composé de *for* (du L *foris*, hors de) et de *voyer* (dérivé de *voie*). Sur *o* devenu *ou*, voy. *affouage* — D. *fourvoiement.*

Foyer, du L. *focarium* (dérivé de *focus*, feu); on lit dans un Glossaire latin du moyen âge : *Igniarium. focarius locus in quo fit ignis.*

Fo(c)arium, perdant le *c* médial (voy. *affouage*), devient *foyer* par le changement de *arium* en *ier* (voy. *dnier*).

† **Frac**, de l'allemand *frack* (m s.).

† **Fracasser**, venu au seizième siècle de l'italien *fracassare* (fracasser) — D. *fracas.*

Fraction, du L. *fractionem* (action de briser). — D. *fractionnaire, fractionner, fractionnement.*

Fracture, du L *fractura* (fracture). — D. *fracturer.*

Fragile, du L. *fragilis* (m s.).

Fragilité, du L *fragilitatem* (m s.)

Fragment, du L *fragmentum* (m. s.).

Frai, action de *frayer*, voy. *frayer*.

Frairie, du L. *fratria* (proprement réunion, assemblée, puis fête, partie de plaisir), par le changement : 1° de *tr* en *r* (voy. *arrière* ; 2° de *a* en *ai*, voy. *aigle*

1 **Frais** (adj.), en provençal *fresc*, en italien *fresco*, mot d'origine germanique (anglo-saxon *fresc*, frais); sur le changement : 1° de *e* en *oi* puis *ai*, voy *accroire* ; 2° de *sc* en *s* (voy. *bois*)

La forme germanique *fresc* étant latinisée en *frescus* par les Gallo-Romains, le féminin *fresca* donna *fresche* par le changement de *c* en *ch* (voy *acharner*); *fraïsche* est devenu *fraiche* par la chute de *s* (voy. *abîme*). — D. *fraîcheur*, *fraîchir*, *rafraîchir*.

2. **Frais**, pluriel de l'ancien français *frait* (amende), qui est le L. *fredum* * (amende, dans les lois Barbares, comme dans ce passage de la Loi des Ripuaires : « Fredum autem non illi judici tribuat, qui culpam commisit, sed illi qui solutionem recipit. ») Fredum, mot d'origine germanique, correspond au danois *fred*, allem. *friede* (paix; proprement amende pour avoir troublé la paix publique)

Fredum a donné *frait* par le changement de *e* en *oi*, puis en *ai* (voy. *accroire*) — D. *défrayer*.

1. **Fraise**, du L. *fragea* (dérivé de *fragum* *, fraise), par le changement de *ea* en *ia* (voy. *abréger*); par le changement de *gia* en *se* (voy *agencer*, et cf. *gésier* de *gigerium*, gencive de *gingiva*); sur *a* devenu *ai*, voy *aigle*. — D. *fraisier*.

2. † **Fraise**, dentelle, venu de l'espag. *freso* (fraise). — D. *fraiser*.

3. **Fraise** (terme de boucherie), origine inconnue.

Framboise, mot d'origine germanique (holland. *brambezie*), propr. fruit des ronces). Sur *b* devenu *v*, puis *f*, changement tout à fait insolite au commencement des mots, voy. *avant* et *bœuf*; sur *e* devenu *oi*, voy. *accroire*. — D. *framboisier*, *framboiser*.

1. **Franc**, monnaie, ainsi nommée à cause de la devise *Francorum rex* qui y était inscrite.

2. **Franc** (adj), proprement libre, du L *francus* * (libre, dans les textes mérovingiens, sens resté dans *franc de port*, etc... *Francus* dérive de l'ancien haut allemand *franco*, homme libre). — D *franchir* (se libérer; se débarrasser d'une contrainte, d'un obstacle), *franchise*, *affranchir*

Français, ancienn. *françois*, du L. *francensis* * (dérivé de *Franc*, nom de peuple, par le suffixe *ensis*, qui marque en latin la nationalité). Francensis, réduisant suivant la règle (voy. *aîné*) *ns* à *s*, devient *francēsis*, d'où *françois*, par le changement de *ē* en *oi* (voy. *accroire*), puis *français* (sur *oi* devenu *ai*, voy *accroire*). — D. *franciser*, *francisation*.

Franchir, voy. *franc*. 2.

Franchise, voy. *franc*. 2.

† **Franco**, de l'italien *franco* (libre, sans frais)

Frange, ancienn. *fringe*, en valaque *frimbie*, du L *fimbria* * (frange); par la transposition de l'*r* (voy. *âpreté*), *fimbria* devient *frimbia*, d'où la forme valaque *frimbie*; *frimbia* consonnifiant *ia* en *ge* (voy. *abréger*), perdant le *b* (voy. *abréger*) donne *fringe* par le changement de *m* en *n* (voy. *changer*); d'où *frange* par le changement de *in* en *en*, puis *an* (voy. *andouille*) — D. *franger*.

† **Frangipane**, de l'italien *frangipana* (m. s).

Frapper, en provençal *frappar*, en italien *frappare*, du scandinave *hrappa* (rudoyer, d'où par extension *frapper*). Sur le changement de *hr* initial en *fr*, cf. *freux* (hrôc), *froc* (hroch), *frimas* (hrim).— D. *frappe* (substantif verbal), *frappement*, *frappeur*.

† **Frasque**, de l'italien *frasca* (farce).

Fraternel, du L *fraternalis* (même sens).

Fraternité, du L. *fraternitatem* (m s.) — D *fraterniser*.

1 **Fratricide**, du L. *fratricidium* (meurtre du frere)

2 **Fratricide**, du L. *fratricida* (qui a tué son frere).

Fraude, du L *fraudem* (m. s). — D. *frauder*, *fraudeur*.

Frauduleux, du L. *fraudulosus* (m. s)

Frayer, ancienn. *froyer*, du L *fricare* (frotter). Pour le changement de *icare* en *oyer*, voy. *employer*. Sur *oi* devenu *ai*, voy *accroire*. — D *frai* (subst. verbal).

Frayeur, anciennement *froyeur*, du L *frigorem* (frisson causé par la terreur) *Fri(g)orem* perdant le *g* médial (voy. *allier*) devient *frayeur* par le changement de : 1° de *o* en *eu* (voy. *accueillir*); 2° de *e* en *oi* (voy *boire*) qui devient posterieurement *ai* (voy. *accroire*).

Fredaine, origine inconnue

Fredonner, origine inconnue. — D. *fredonnement*

† **Fregate**, venu au seizième siècle de l'italien *fregata* (frégate).

Frein, du L. *frenum* (frein). Sur *e* devenu *ei*, devant *n*, *m*, comparez . *plein* (plenum), *rein* (ren), *veine* (vena), *seigneur* (seniorem), *serein* (serenus), *verveine* (verbena), *geindre* (gemere); devant d'autres lettres que *n*, *m*, dans : *seize* (sed'cim), *treize* (tred'cim), *seigle* (sec'le*). — D *effrené*.

† **Frelater**, signifie ancienn. transvaser; venu du flamand *verlaten* (transposer); par la metathèse de *verlaten* en *vrelaten* (voy. *âpreté*) — D *frelateur*, *frelatage*.

Frêle, ancienn. *fraile*, du L. *fragilis* (frêle) par la contraction regulière (voy. p LXXXI) de *frag(i)lis* en *frag'lis* d'où *fraile* par le changement de *gl* en *il* (voy. *cailler*) Sur *ai* devenu *ê*, voy. p LXXXIII. — D. *frelon* (proprement insecte dont le corps est frêle et délié).

Frelon, voy. *frêle*.

Freluche, origine inconnue. — D *freluquet*

Freluquet, voy *freluche*

Frémir, du L *fremere* (frémir). Sur le changement de conjugaison (fremère au lieu de fremère) voy. *accourir*. Sur *e* devenu *i*, voy. *accomplir* — D *frémissement*

Frêne, ancienn. *fresne*, en italien *frassino* du L. *fraxinus* (frêne) par le changement régulier de fraxinus en frassinus (« *quomodo vadit ad caput frassinorum* » lit-on dans un auteur cité par Ducange).

Frass(i)nus contracté (voyez p. LXXXI) en *frass'nus*, donne *fresne* par le changement de *a* en *e* (voy. *acheter*). Sur la chute de *s*, voy. *abîme*.

Frénésie, du L. *phrenesis* (m.s.)

Frenetique, du L. *phreneticus* (m s.).

Frequence, du L *frequentia* (fréquence)

Fréquent, du L. *frequentem* (m. s.).

Fréquenter, du L. *frequentare* (fréquenter). — D. *fréquentation, fréquentatif*

Frère, du L. *fratrem* (frère) par le changement : 1° de *tr* en *r* (voy *arrière*), 2° de *a* en *e* (voy *acheter*). — D. *confrère, confrérie*.

Fresaie, dans le patois poitevin *presaie,* en gascogne *bresague,* du L *praesaga** (proprem. oiseau de mauvais presage). Sur *ae* devenu *e*, voy. p. LXXXVIII; sur *p* devenu *f,* voy *chef*; sur la chute du *g,* voy *allier*; sur *a* devenu *ai,* voy *aigle*.

† **Fresque,** venu au seizième siècle de l'italien *fresco* (fresque).

Fressure, or gine inconnue.

Fret, loyer d'un navire, mot d'origine germanique (ancien haut allemand *freht,* m. s.). — D. *fréter, freteur, affréter*.

Frétiller, du L. *frictillare** (derive de *frictare** fréquentatif de *fricare* frotter). Sur *ct* devenu *t* voy *affeté*; sur *i* devenu *e,* voy. *admettre*. — D *frétillement*.

Frétin, origine inconnue.

Frette, origine inconnue. — D. *fretter*.

Freux, mot d'origine germanique (ancien saxon *hrôc* freux), pour le changement : 1° de *hr* en *fr,* voy. *frapper*; 2° de *o* en *eu* (voy. *accueillir*)

Friable, du L. *friabilis* (m. s.). — D. *friabilité* du L. *friabilitatem* (dérivé de *friabilis*).

Friand, voy. *frire*. — D. *friandise, affriander*.

Fricandeau, origine inconnue.

Fricasser, origine inconnue — D *fricassée*.

Friche, origine inconnue — D. *défricher*.

Fricot, origine inconnue. — D. *fricoter, fricoteur*.

Friction, du L. *frictionem* (m. s.). — D. *frictionner*.

Frileux, ancien français *frilleux,* du L. *frigidulosus* (dérivé de *frigidulus* refroidi) On a vu au mot *froid* que *frigidus* existait dans la langue populaire des Romains sous la forme *frigdus;* ce qui indique que la contraction de *frigidulosus* en *frig'dulosus* avait déjà eu lieu dans le latin de la décadence.

Frigdulosus réduisant *gd* à *d* (voy *amande*), *frid(u)losus* se contracte suivant la règle (voy. *accointer*) en *frid'losus* d'où *frilleux* par l'assimilation de *dl* en *ll* puis en *l* (voy. *allumer*), et par le changement de *osus* en *eux* (voy. *amoureux*)

Frimas, gelée blanche, dérivé de l'ancien scandinave *hrim* (gelée blanche) par le changement régulier de *hr* en *fr* (voy. *frapper*. — D. *frimaire*.

Frime, origine inconnue. — D *frimousse*.

Fringale, dans le patois normand *frainvale,* corruption de la locution *faimvalle* (voy ce mot).

Fringant, dérivé de *fringuer,* dont l'origine est inconnue.

Fripe, voy *friper*. — D. *fripier, friperie*.

Friper, origine inconnue. — D. *fripon*.

Fripon, signifie originairement *gourmand,* et dérive de *friper* au sens de manger. — D. *friponnerie, friponner, friponneau*.

Frire, du L. *frigere* (frire) par la contraction régulière (voy. p. LXXXI) de *frig(è)re* en *frig're* d'où *frire* par la réduction de *gr* en *r* (voy. *accueillir*). — D. *friand* (pour *friant,* participe de *frire,* comme *riant* de *rire*; *friand* signifie à l'origine ce qui est appétissant) par une extension assez forte du sens primitif. La forme ancienne de *friand* est toujours *friant* ce qui confirme l'étymologie indiquée.

† 1. **Frise** (architecture, de l'italien *fregio* (frise).

2. **Frise** (étoffe de), mot d'origine historique (voy. LXIV). Toile de la province de Frise.

3. **Frise** (cheval de), de la province de Frise ou ce mode de défense fut employé pour la première fois.

Friser, origine inconnue. — D. *frisure, frison, frisotter, défriser*.

Frisson, anciennement *friçon*, du L. *frictionem* (frisson dans Grégoire de Tours : « *Ita sospitati est restitutus ut nec illas, quas vulgo* frictiones *vocant, ultra perferret*. » Pour le changement de *frictionem* en *friçon*, ou mieux de *ctionem* en *çon* voy. *façon*; pour le changement de *friçon* en *frisson*, voy. *agencer*. — D. *frissonner, frissonnement*.

Friture, du L. *frictura** (m. s.). Sur *ct* devenu *t*, voy. *afféte*.

Frivole, du L. *frivolus* (frivole). — D. *frivolité*.

Froc, dans la basse latinité *hrocus*, de l'ancien haut allemand *hrock* (habit, vêtement) Sur *hr* devenu *fr*, voy. *frapper*. — D. *frocard, defroque, défroquer*.

Froid, du L *frigdus* (que le peuple disait à Rome pour *frigidus*, froid. « *Frigida* non *frieda* » dit l'*Appendix ad Probum*. On trouve de même *frigdor* pour *frigidor*, *frigdosus* pour *frigidosus*, etc. ..). Sur cette chute de l'*i*, dans frigidus, voy. p. LXXXI.

Frigdus a donné *froid* par le changement : 1° de *gd* en *d* (voy. *amande*); 2° de *i* en *oi* (voy. *boire*). — D. *froideur, froidure, refroidir*.

Froisser, frotter fortement, du L. *frictiare** (dérivé de *frictus* participe de *fricare* frotter, voy. p. XXXIII) Sur le changement de *ctiare* en *sser*, voy. *agencer*, sur *i* devenu *oi*, voy. *boire*. — D. *froissement, froissure*.

Frôler, du L *frictulare* (diminutif de *frictare** fréquentatif de *fricare* frotter). *Frictulare* devint *fritulare* par le changement de *ct* en *t* (voy. *afféte*), *frit(u)lare* contracté suivant la règle (voy. *accointer*) en *fritʼlare*, change *i* en *o* (voy. *frotter*), d'où *frotʼler* qui donne *frôler* par l'assimilation de *tl* en *l* (voy. *bouleau*). — D. *frôlement*.

Fromage, anciennement *formage*, en provençal *formatge*, du L. *formaticum* (qui a le sens de *caseum* dans les textes merovingiens et carlovingiens. on lit dans les Gloses de Reichenau qui remontent au huitième siècle : « *caseum — formaticum*. » *Formaticum* signifie proprement qui est fait dans une forme. Papias cite *formaticum* comme une expression populaire : « *caseus vulgo* formaticum. » Un texte du neuvième siècle cité par Ducange dit également : *Ova manducant et* formaticum *id est caseum*.

Formaticum a donné *formage* par le changement de *aticum* en *age* (voy. *âge*); puis *fromage* par la transposition de *r* (voy. *âpreté*). — D. *fromager, fromagerie*.

Froment, du L. *frumentum* (blé). Sur *u* devenu *o*, voy. *annoncer*

Froncer, proprement cont-acter, rider le front, du L. *frontiare** (dérivé de *frontem* front) Sur *tiare* devenu *cer* voy. *agencer*. — D. *fronce* (substantif verbal), *froncement, froncis, défroncer*.

Fronde, du L. *funda* (fronde)

par le changement de *u* en *o* (voy. *annoncer*) et l'intercalation d'un *r* (voy. *chanvre*). — D. *fronder, frondeur.*

Front, du L *frontem* (front). — D. *frontal, fronteau, fronton, affront, affronter, confronter, effronté, effronterie.*

Frontière, du L. *fronteria** (limite de deux pays, dans les textes du moyen âge, proprement limite où deux pays se regardent front à front ; dérivé de *frontem* front). Sur *e* devenu *ie*, voy. *arrière.*

Frontispice, du L. *frontispicium** (m. s).

Fronton, voy. *front.*

Frotter, du L. *frictare** (fréquentatif de *fricare* frotter) par le changement de *ct* en *tt* (voy. *assiette*), et de *i* en *o* comme dans *ordonne* de *ordino*, *frôler* de *frictulare*. — D. *frottement, frottage, frotteur, frottoir.*

Fructidor, derivé du L. *fructus* (fruit).

Fructification, du L *fructificationem* (m. s.).

Fructifier, du L. *fructificare* (m. s.).

Fructueux, du L *fructuosus* (m. s.). Sur *osus* devenu *eux*, voy. *amoureux.*

Frugal, du L. *frugalis* (frugal)

Frugalité, du L. *frugalitatem* (frugalité).

Frugivore, du L. *frugem* (fruit) et *vorare* (manger).

Fruit, du L. *fructus* (fruit). Sur *ct* devenu *it*, voy. *attrait.* — D. *fruitier, fruiterie.*

Frusquin, origine inconnue.

† **Fruste**, de l'italien *frusto* (usé, vieux).

Frustration, du L. *frustrationem* (m. s.).

Frustrer, du L. *frustrari* (m. s.).

Fugace, du L. *fugacem* (qui fuit facilement).

Fugitif, du L. *fugitivus* (m. s.).

† **Fugue**, de l'italien *fuga* (fuite.)

Fuir, du L. *fugere* (fuir) par la contraction régulière (voy. p. LXXXI) en *fug're* d'où *fuir* par le changement de *gr* en *ir* (voy. *accueillir* et *buis*). — D. *fuite* (substantif participial, voy. *absoute*), *fuyard ; s'enfuir.*

Fuite, voy. *fuir.*

Fulgural, du L. *fulguralis* (m. s).

Fulguration, du L. *fulgurationem* (m. s.)

Fuligineux, du L *fuliginosus* (couvert de suie).

Fulminer, du L. *fulminare* (foudroyer). — D. *fulminant, fulmination.*

Fumer, du L. *fumare* (fumer). — D. *fumée* (substantif participial), *fumage, fumet, fumeur, fumoir, fumeron, fumiste, enfumer, parfumer.*

Fumeux, du L. *fumosus* (m. s.). Sur *osus* devenu *eux*, voy. *amoureux.*

Fumier, anciennement *femier*, du L. *fimarium** (dérivé de *fumus* fumier) par le changement 1° de *arius* en *ier* (voy. *dîner*), 2° de *i* en *e* puis *u* (voy. *affubler*),

Fumigation, voy. *fumiger.*

Fumiger, du L. *fumigare* (m s.). — D. *fumigation, fumigatoire.*

Funambule, du L. *funambulus* (danseur de corde).

Funèbre, du L. *funebris* (m. s).

Funérailles, du L. *funeralia** (m. s.). Sur *alia* devenu *aille*, voy. *ail.*

Funéraire, du L. *funerarius* (m. s.).

Funeste, du L. *funestus* (funeste).

Funin, diminutif de *fune*, qui est dérivé de *funis* (corde).

Fur (au) *et à mesure*, locution pléonastique, *fur* signifiant déjà prix, mesure. *Fur* est le L. *forum* (au sens de *prix*, pour les exemples, voy. *à forfait*). Sur *o* devenu *u*, voy. *curée*. Pour l'étymologie voy. *mesure*.

Furet, diminutif de *fur* * radical qui correspond au L. *furo* (furet, dans Isidore de Séville). — D. *fureter* (proprement chasser au furet puis fouiller, chercher partout).

Fureter, voy. *furet*. — D. *fureteur*.

Fureur, du L. *furorem* (fureur).

Furibond, du L. *furibundus* (m. s.).

Furie, du L *furia* (m. s.)

Furieux, du L. *furiosus* (furieux). Sur *osus* devenu *eux* voy *amoureux*

Furoncle, du L. *furunculus* (furoncle).

Furtif, du L *furtivus* (furtif).

Fusain, arbre dont le bois sert à faire des fuseaux ; *fusain* correspond à un L. *fusanus* * dérivé de *fusus* (fuseau), sur *anus* devenu *ain* voy. *ancien*. On appelle aussi *fusain* le charbon (fait avec le bois du *fusain*) qui sert à tracer des esquisses

Fuseau, anciennement *fusel* (sur *el* devenu *eau*, voy *agneau*). *Fusel* représente le L. *fusellus* * (dérivé de *fusus* fuseau).

Fusée, proprement la masse de fil enroulée sur le fuseau (puis par assimilation pièce d'artillerie ayant la forme d'un fuseau). *Fusée* au sens de masse de fil enroulé sur le fuseau dérive du L. *fusata* * (qui a le même sens : *portans secum duas* fusatas *fili*, dit un texte de 1355). Sur *ata* devenu *ée*, voy. *ampoulé*

Fuser, du L. *fusare* * dérivé du participe *fusus*, de *fundere* (fondre).

Fusible, du L. *fusibilis* (m. s.). —D *fusibilité* du L. *fusibilitatem* *, dérivé de *fusibilis*.

Fusil, proprement morceau d'acier avec lequel on bat la pierre à feu pour allumer l'amadou (puis arme à feu qui est munie d'un *fusil*).

Fusil, qui est en italien *focile*, vient du L. *focile* * (briquet, dérivé de *focus* feu) par le changement : 1° de *o* en *u* (voy. *curée*), 2° de *c* en *s* (voy. *amitié*). — D. *fusiller, fusillade, fusilier.*

Fusion, du L. *fusionem* (fusion). — D. *fusionner*.

Fustiger, du L *fustigare* (m. s.). — D. *fustigation*.

Fût, anciennement *fusi*, proprement *bois* (fût d'une lance), du L. *fustis* (bois, bâton) Sur la chute de *s*, voy. *abîme*. — D. *futaie, futaille* (petit fût), *fûté* (qui a de l'expérience ; qui a souffert, dans l'ancien français · qui a été battu, dérivé de *fût* au sens de *bâton*), *affût*, composé de *à* et *fût*, c'est-à-dire *au bois*, proprement être appuyé contre un arbre, pour épier le passage du gibier.

Futaie, voy. *fût*

Futaille, voy *fût*.

† **Futaine**, anciennement *fustaigne*, venu au moyen âge, par le commerce de Gênes, de l'italien *fustagno* (futaine)

Fûté, voy. *fût*

Futile, du L. *futilis* (futile).

Futilité, du L. *futilitatem* (m. s.).

Futur, du L. *futurus* (m. s.).

Fuyant, voy. *fuir*.

Fuyard, voy. *fuir*.

G

† **Gabarre**, de l'italien *gabarra* (gabare) — D. *gabarier; gabarit*, modèle pour la construction des gabarres, puis des vaisseaux en général.

Gabelle, à l'origine impôt en général, mot d'origine germanique (anglais, *gabel, gavel;* anglo-saxon, *gafol*, tribut, impôt). — D. *gabeleur, gabelou, gabeler, gabelage*.

Gaber, en italien *gabbare*, mot d'origine germanique (ancien scandinave *gabba* tromper, se moquer de).

† **Gabier**, venu de l'italien *gabbiere* (gabier).

† **Gabion** venu de l'italien *gabbione* (gabion). — D. *gabionner*

Gâche, origine inconnue. — D. *gâchette*.

Gâcher, anciennement *gascher*, proprement détremper, délayer du plâtre, mot d'origine germanique (ancien haut allemand *waskan*, laver, qui a donné dans la basse latinité un type *wascare* dont *gascher* est la tranformation régulière, par le changement : 1° de *w* initial en *gu*, puis en *g* devant *a*, comme dans . *gager* (*wadiare*), *gagner* (*weidaniare**), *gant* (*wantus*), *garant* (*warant**, *garder* (*warten*), *garenne* (*warenna*), *garer* (*warôn*), *garnir* (*warnian*), *gâteau* (*wastel*), *gauche* (*welk*), *gaufre* (*wafer*), *gaule* (*walu*), *gazon* (*waso*); *gu* persiste devant *e*: *guerre* (*werra*), *guerir* (*werjan*), *guetter* (*wahten*) 2° de *ca* en *che* (voy *acharner* et *ache-*

ter). Sur la chute postérieure de *s*, voy. *abîme*. — D. *gâche* (substantif verbal), *gâcheur, gâcheux, gâchis*

Gâchette, voy. *gâche*.

Gade, du grec γαδος (m. s.).

Gadoue, origine inconnue. — D. *gadouard*.

Gaffe, mot d'origine celtique (gaélique, *gaf*, croc) — D. *gaffer*.

Gage, voy *gager*. — D. *gagiste*.

Gager, en provençal *gatjar*, du L. *wadiare* (gager dans les Lois Barbares, *wadiare* dérive de *wadium* que l'on trouve dans ces mêmes lois avec le sens de *gage*; *wadium* est d'origine germanique et correspond au gothique *vadi*, gage). *Wadiare* transformé suivant la règle (voy *abréger*) en *wadjare* a donné *gager* par le changement : 1° de *dj* en *g* (voy. *ajouter*) ; 2° de *w* en *g* (voy. *gâcher*) — D. *gage* (subst verbal), *gagerie, gageur, gageure, engager, dégager*.

Gagnage, voy. *gagner*.

Gagner, anciennement retirer un profit, un revenu de la culture, a l'origine retirer un profit du pâturage, et enfin *paître* qui est le sens primitif (*gagner* au sens de paître est resté dans *gagnage* pâturage, et dans les termes de chasse « le lièvre *gagne*, le cerf *gagne* » c'est-à-dire paît). *Gagner* qui est dans notre ancienne langue *gaagner*, en provençal *gazanhar*, en italien *guadagnare*, dans l'ancien espagnol *guadanar*, est

15

un mot d'origine germanique, et correspond à l'ancien haut allemand *weidanjan* (faire paître) : cette forme correspond à un type de la basse latinité *wei(d)aniare* * qui a donné *gaagner* : 1° par la chute du *d* médial (voy. *accabler*) ; 2° par le changement de *w* en *g* (voy. *gâcher*), et de *ni* en *gn* (voy. *rogne*). *Gaagner* avait créé le substantif verbal de l'ancien français *gaaing*, aujourd'hui contracté en *gain*.

Gai, mot d'origine germanique (ancien haut allemand *gáki* (vif, alerte), d'où postérieurement le sens de *gai*). — D. *gaieté, égayer*.

† **Gaïac**, mot apporté de l'île de Saint-Domingue.

Gaieté, voy. *gai*.

Gaillard, origine inconnue. — D. *gaillardise, ragaillardir*.

Gain, voy. *gagner*.

Gaîne, du L. *vagina* (gaîne, fourreau). Pour le changement de *agina* en *aine*, voy. *faîne* ; la forme *vaina* est devenue *gaîne* par le changement du *v* initial latin en *g*, qui se retrouve dans : gascogne (vasconia), gâter (vastare), gué (vadum), guêpe (vespa), guéret (veractum *), gui (viscum), guivre (vipera), goupillon (vulpeculionem*), gap (vapp), guimauve (viscummalva) — D. *gainier, gainerie, engainer, rengainer, dégainer*.

† **Gala**, venu de l'italien *gala* (fête).

Galant, participe du verbe *galer* qui a dans notre ancienne langue le sens de se réjouir, *galer* est d'origine germanique et dérive de l'anglo-saxon *gâl* (gai, réjoui). — D. *galanterie, galantin, galantiser*.

Galantine, du L. *galatina* * (galantine dans les textes du moyen âge). Pour l'insertion de l'*n*, voy. *concombre*. *Galatina* est une corruption de *gelatina* (voy. *gélatine*). Quant au sens de galantine possédé par la forme *galatina*, en voici un exemple tiré de la *Philippide* de Guillaume le Breton (liv. x) : *Millia salmonum murenarumque ministrat Brutigenis, quos inde procul commercia mittunt Chara diu, dum servat eis Galatina vigorem*. Un compte manuscrit de 1240 donne le même sens au mot *galatina* : « *De duodecim lampredis portatis in galatina*. »

Galaxie, du grec γαλαξίας (voie lactée).

Galbanum, du L. *galbanum* (galbanum).

† **Galbe**, au seizième siècle *garbe* dans Ronsard, de l'italien *garbo* (galbe).

Gale, du L. *callus* (proprement *callosité* et par extension gale, maladie cutanée qui rend la peau calleuse et épaisse) ; *callus* avait déjà le sens de *gale* dans le latin du moyen âge, puisqu'on trouve son dérivé *callosus* employé au sens de *galeux* dans un texte du onzième siècle : *Insuper expertus calloso corpore lepram*.

Sur le changement de *c* en *g*, voy. *adjuger*. — D. *galeux*.

† **Galega**, de l'espagnol *gallega* (m. s.).

Galène, du L. *galena* (galène).

† **Galère**, venu au seizième siècle de l'italien *galera* (galère). — D. *galérien*.

† **Galerie**, venu de l'italien *galleria* (galerie).

Galerne, mot d'origine celtique (breton *gwalern*, vent du nord-ouest).

Galet, origine inconnue. — D. *galette* (qui a la forme plate et ronde du galet).

Galetas, origine inconnue.

Galimatias, origine inconnue.

Galion, *galiote*, dérivés de l'ancien français *galée* (galère) dont l'origine est inconnue.

Galiote, voy. *galion*.

Galle, du L. *galla* (noix de galle). — D. *gallique*.

Gallican, du L. *gallicanus**, dérivé de *gallus* (gaulois).

Gallinace, du L. *gallinaceus*. (m. s.).

† **Gallon**, de l'anglais *gallon* (m s.).

Galoche, chaussure à semelle de bois, du L *calopedia**, soulier de bois dans plusieurs textes du moyen âge; *calopedia* est le grec καλοπόδιον soulier de bois). *Calopedia* est contracté (voy. p. LXXXI) en *calop'dia* qui se transforme régulièrement (voy. *abréger*) en *calop'dja* d'où est venu *galoche* par le changement : 1° de *c* en *g* (voy. *adjuger*); 2° de *pd* en *d* (voy. *hideux*); 3° de *dja* en *che* (voy. *ajouter* et *abréger*)

Galonner, origine inconnue. — D *galon*.

Galoper, en provençal *galaupar*, mot d'origine germanique (gothique *gahlaupan** composé de *hlaupan* courir et du préfixe *ga*). Sur *au* devenu *o*, voy. *alouette*. — D. *galop* (substantif verbal), *galopin*, *galopade*.

Galoubet, origine inconnue.

Galvanique, mot d'origine historique (voy. p. LXIV), dérivé de Galvani, nom du physicien italien qui découvrit les phénomènes dits *galvaniques* en 1780. — D. *galvanisme*.

Galvauder, mot d'origine inconnue.

† **Gambade**, venu de l'italien *gambata* (gambade). — D. *gambader*.

† **Gambit**, de l'italien *gambetto* (croc en jambe).

Gamelle, du L. *camella* (écuelle de bois). Sur *c* devenu *g*, voy. *adjuger*.

Gamin, origine inconnue — *gaminer, gaminerie*.

Gamme, francisation du grec *gamma* nom de la lettre γ par laquelle Gui d'Arezzo termina la série des sept notes de la musique (notes qu'il avait désignées par les lettres *a, b, c, d, e, f, g*). La dernière note *g* a donné son nom à toute la série.

† **Ganache**, de l'italien *ganascia* (ganache).

Ganglion, du L. *ganglion* (ganglion).

Gangrène, du L *gangraena* (m s.). — D. *gangréneux, gangrener*.

† **Gangue**, de l'allemand *gang* (filon).

Ganse, origine inconnue.

Gant, du L. *wantus** (gant) dans les capitulaires de Charlemagne *wantos in aestate*, et dans les *Acta Sanctorum*: « *chirothecas quas vulgo* wantos *vocant* ». *Wantus* est d'origine germanique et correspond au suédois *wante* (gant).

Wantus a donné *gant* par le changement de *w* en *gu* (voy. *gâcher*). — D. *gantier, ganter, ganterie, gantelet* (par l'intermédiaire de *gantel**)

Garance, origine inconnue. — D. *garancer*.

Garant, dans la basse latinité *warantus*, mot d'origine germanique (anglais *warrant*, frison *warend*, garant. Sur *w* devenu *g* voy. *gâcher*. — D. *garantir, garantie*.

† **Garcette**, de l'espagnol *garceta* (garcette).

Garçon, diminutif de *gars* dont l'origine est inconnue.

Garder, mot d'origine germanique (ancien haut allemand *warten*, veiller sur, garder). Sur le changement du *w* allemand en *g*, voy. *gâcher*. — D. *garde* (substantif verbal), *gardeur*, *gardien*, *regarder*, *regard*.

Gardien, voy. *garder*.

Gardon, origine inconnue.

Gare, voy. *garer*.

Garenne, proprement : terrain sur lequel le droit de chasse etait réservé, et à l'origine défense de chasser dans un bois. *Garenne*, qui est dans la latinité du moyen âge *warenna*, est d'origine germanique et dérive de l'ancien haut allemand *warôn* (défendre mettre à l'abri).

Warenna a donné *garenne* par le changement de *w* en *g* (voy. *gâcher*). — D. *garennier*.

Garer, mot d'origine germanique (ancien haut allemand *warôn*, mettre à l'abri, prendre garde). — D *gare* (subst. verbal), *egarer*.

Gargariser, du L. *gargarizare* (m. s.).

Gargarisme, du L *gargarisma* (m. s.).

Gargote, origine inconnue. — D *gargotier, gargoter, gargotage*

Gargouille, origine inconnue. — D *gargouiller, gargouillement, gargouilhs, gargouillade*.

Garnement, voy. *garnir*

Garnir, mot d'origine germanique (anglo-saxon *warnian*, avoir soin. fournir, munir, d'où le sens de défense et de fortifier qu'a possédé le mot français).

Sur le changement du *w* germanique en *g*, voy. *gâcher*. — D. *garniture, garnement* (proprement qui sert à défendre, à protéger ; mauvais garnement, qui défend mal, qui ne sert à rien, par extension mauvais sujet, mauvais drôle); *garnison* de *garnir* au sens de défendre (proprement troupe qui sert à garnir, à protéger une ville); *garnisaire; garni* (subst. part.).

Garnison, voy. *garni*.

Garniture, voy. *garnir*.

Garou (loup), dans la mythologie du moyen âge, homme qui erre la nuit transformé en loup : *garou* qui est dans notre ancienne langue *garoul* vient de *gerulphus* (loup-garou dans la latinité du moyen âge : Gervasius Tilberiensis dit au sujet de cet animal fantastique. *Vidimus enim frequenter in Anglia per lunationes homines in lupos mutari quod hominum genus gerulphos galli nominant, Angli vero were-vulf dicant*

Gerulphus est d'origine germanique et représente le suedois *varulf*, garou. *Varulf* est composé de *var* (homme) et de *ulf* (loup) et signifie proprement homme-loup.

Gerulphus a donné l'ancien français *garoul* par le changement: 1° de *e* en *a* (voy. *amender*) ; 2° de *u* en *ou* (voy. *accouder*) ; 3° par la réduction de *lph* final à *l* (*garoul* de *gerulphus*, comme *Raoul* de *Radulphus*) puis de *oul* en *ou*, comme dans S¹ *Ou* de S. *Ulfus*.

1. **Garrot**, origine inconnue. — D. *garrotter*.

2. **Garrot**, origine inconnue.

Garrotter, voy. *garrot* 1

Gars, voy *garçon*.

Gascon, du L *Vasconem* (habitant de la Vasconia). Sur *v* devenu *g*, voy. *gaine*. — D. *gasconner, gasconnade*

Gaspiller, mot d'origine germanique (anglo-saxon *gaspillan*, consumer, prodiguer) — D *gaspilleur, gaspillage*.

Gaster, du grec γαστήρ (estomac). — D. *gastrique, gastrite*.

Gastralgie, du grec γαστραλγία (douleur de l'estomac).

Gastrique, voy. *gaster.*

Gastrite, voy. *gaster.*

Gastronomie, du grec γαστρονομία (science de la bonne chère) — D. *gastronome, gastronomique.*

Gâteau, anciennement *gasteau*, à l'origine *gastel* (sur *el* devenu *eau*, voy. *agneau*). *Gastel* est un mot d'origine germanique et répond à l'ancien haut allemand *wastel* (gâteau). — Pour le changement de *w* en *g*, voy. *gâcher.*

Gâter, anciennement *gaster*, du L. *vastare* (proprement détruire) : sur *v* devenu *g*, voy. *gaîne*; sur la chute de *s*, voy. *abîme.* — D. *dégât.*

Gauche, forme féminine de *gauc**, à l'origine *galc** type qui est d'origine germanique et répond à l'ancien haut allemand *welk* (faible), *welk* donne *galc* par le changement : 1° de *w* en *g* (voy. *gâcher*); 2° de *e* en *a* (voy. *amender*); 3° puis de *al* en *au* (gauche), voy. *agneau.*

On voit que la main *gauche* signifie proprement la main faible par opposition aux qualités d'adresse et d'agilité que l'on attribue à la main droite Si étrange que paraisse cette origine elle est certaine, et confirmée par l'existence de métaphores analogues dans plusieurs langues de l'Europe : l'italien appelle la main gauche *stanca* (la fatiguée) ou *manca* (la défectueuse), le provençal moderne dit *man seneco* (la main décrépite), etc.. — D. *gaucher, gaucherie, gauchir.*

Gauchir, voy. *gauche.* — D. *gauchissement.*

Gaude (réséda), mot d'origine germanique (allemand *waude* réséda); sur *w* devenu *g*, voy. *gâcher.*

Gaudir, du L. *gaudere* (se réjouir). — D. *gaudriole* (pour *gaudiole*).

Gaudriole, voy. *gaudir.*

Gaufre, anciennement *gafre*, mot d'origine germanique (anglais *wafer* gaufre, allemand *waffel*) : sur le changement : 1° de *w* en *g*, voy. *gâcher.* — D. *gaufrer, gaufrier, gaufrure.*

Gaule, anciennement *waule*, mot d'origine germanique (frison *walu*, gaule, bâton)· sur *w* devenu *g*, voy. *gâcher* — D. *gauler.*

Gaulois, dérivé de *Gaule* qui est le L. *Gallia* (Gaule) par le changement de *al* en *au* (voy. *agneau*).

Gaupe, mot dont l'origine est inconnue.

† **Gausser,** venu de l'espagnol *gozar; gozarse* (se moquer). — D. *gausseur, gausserie*

Gavotte, mot d'origine historique (voy. p. LXIV), originairement danse des *Gavots* (c'est-à-dire des habitants du pays de Gap).

Gaz, mot d'origine historique (voy. p. LXIV); *gaz* fut créé au seizième siècle par l'alchimiste Van-Helmont — D *gazeux, gazéifier, gazéiforme, gazier, gazomètre.*

Gaze, mot d'origine historique (voy. p. LXIV); tissu fabriqué originairement à Gaza, ville de Palestine. — D *gazer.*

† **Gazelle,** mot d'origine orientale, rapporté de l'Afrique par les croisés au temps de saint Louis. *Gazelle* est le diminutif de l'arabe *ghaza* (gazelle).

† **Gazette,** venu de l'italien *gazetta* (gazette). — D. *gazetier.*

Gazomètre, de *gaz* (voy. ce mot), et du grec μέτρον (mesure).

Gazon, anciennement *wason*, mot d'origine germanique (ancien haut allemand *waso* gazon). Sur *w* devenu *g*, voy. *gâcher.* — D. *gazonner, gazonnement.*

Gazouiller, forme secondaire de l'ancien français *gaziller* diminutif de *gaser* qui est pour *jaser* (voy. ce mot). — D. *gazouillement, gazouillis.*

Geai, anciennement *gai* qui est le même mot que l'adjectif *gai* (le *geai* ayant reçu ce nom à cause de sa loquacité). L'ancien espagnol qui dit *gayo* à la fois pour *geai* et *gai*, confirme cette origine.

Géant, en italien *gigante*, du L. *gigantem* (geant) par la chute du *g* médial et le changement de *i* en *e* (voy. *admettre*).

Géhenne, du L. *gehenna* (enfer, dans Tertullien qui avait transcrit ce mot du grec des Septante γέεννα qui est l'hébreu *ge-hinnom* lieu de damnation éternelle, sur ce mot, voy. p. LX).

Geindre, du L. *gemere* (geindre) par la contraction régulière (voy. p LXXXI) de *gem(e)re* en *gem're*, d'où *geindre* par le changement: 1° de *e* en *ei* (voy *frein*) 2° de *m* en *n* (voy *changer*); 3° de *nr* en *ndr* (voy *absoudre*).

Gelatine, du L *gelatina** (dérive de *gelatus*, qui est congelé). — D. *gélatineux.*

Geler, du L. *gelare* (geler). — D. *gelée* (substantif participial), *gelif, gelive, engelure, dégeler, congeler.*

Gelif, gelive, voy. *geler.*

Geline, du L. *gallina* (poule). Sur *a* devenu *e*, voy *acheter.* — D. *gelinotte.*

Gelinotte, voy. *geline.*

Gemeau, anciennement *gemel*, du L *yemellus* (jumeau). Sur *el* devenu *eau*, voy. *agneau.* (Le français moderne ne connaît *gémeau* au singulier que dans les locutions astronomiques. *gémeau oriental, gémeau occidental*).

Géminé, du L. *geminatus* (doublé).

Gémir, du L. *gemere* (gémir) Sur le changement de *gemére* en *gemère*, voy. au mot *accourir.* Sur *e* devenu *i*, voy. *accomplir* — D. *gémissement.*

Gemme, du L. *gemma* (pierre gemme).

Gémonies, du L. *gemoniæ* (gémonies).

Gencive, du L. *gingiva* (gencive). Sur *g* devenu *c* voy. *fraise*). Sur *in* devenu *en*, voy. *admettre.*

Gendarme, anciennement *gent d'arme* (voy. aux mots *gens, de* et *arme*). — D. *gendarmerie, gendarmer* (se).

Gendre, du L. *gener* (gendre) par la contraction régulière (voy. p LXXXI) de *gen(e)r* en *gen'r* d'où *gendre* par le changement de *nr* en *ndr* (voy. *absoudre*).

Gêne, anciennement *torture*; mettre à la gêne se disait pour donner la question On voit combien le sens de ce mot s'est graduellement amoindri.

Gêne, qui est anciennement *gehenne* est le L. *gehenna* (proprement lieu de supplice, enfer dans Tertullien ; puis supplice, torture). — D. *gêner.*

Généalogie, du L. *genealogia* (m. s.). — D. *généalogique, généalogiste.*

Gêner, voy. *gêne.*

General, du L. *generalis* (m. s.). — D. *général* (substantif) *généralat, généraliser, généralité.*

Généraliser, voy. *général.* — D. *généralisation.*

Généralissime, du L. *generalissimus* superlatif de *generalis* (général).

Générateur, du L. *generator* (m. s.).

Génération, du L *generationem* (m. s.).

Généreux, du L. *generosus* (généreux). Sur *osus* devenu *eux* voy. *amoureux*.

Générique, du L. *genericus* * (m. s.).

Générosité, du L. *generositatem* (noblesse).

Genèse, du grec γένεσις (création).

† **Genet**, de l'espagnol *ginete* (cavalier armé à la légère).

Genêt, anciennement *genest*, du L. *genista* (genêt) ; sur *i* devenu *e*, voy. *admettre* ; sur la chute de *s*, voy. *abîme*.

† **Genette**, mot d'origine orientale (arabe *djerneith* genette).

Genévrier, voy. *genièvre*.

Génie, du L. *genius* (genie).

Genièvre, anciennement *genèvre*, du L. *juniperus* (genévrier). Contracté en *junip'rus* suivant la loi de l'accent latin (voy. p. LXXXI) ce mot est devenu *genèvre* par le changement de *p* en *v* (voy. *arriver*) ; de *u* en *e* (voy. *chapeler*) ; enfin de *j* en *g*, qui se retrouve dans *génisse* (*junicem*), *gesir jacere*). Genèvre a donné genièvre par le changement de *e* en *ie* (voy. *arrière*. — D. *genévrier*.

Génisse, du L. *junicem* (génisse) par le changement : 1° de *u* en *e* (voy. *chapeler*); 2° de *j* en *g* (voy. *genièvre*) ; 3° de *c* en *ss* (voy. *amitié*)

Génital, du L. *genitalis* (m.s.).

Génitif, du L. *genitivus* (génitif).

Géniture, du L. *genitura* (géniture).

Genou, anciennement *genouil*, du L. *genuculum* (diminutif de *genu* genou ; *genuculum* a le sens de genou dans les Lois Barbares : *Si tibia subtus genuculo media incisa fuerit*, dit la *Lex Frisonium*, 22, 60).

Genuculum a donné *genouil* par le changement de *uculum* en *ouil* (voy. *abeille*). Sur la réduction de *genouil* à *genou*, voy. aussi au mot *abeille*. — D. de la forme *genouil* de l'ancien français *agenouiller, genouillère*.

Genre, du L. *genere* (genre, ablatif de *genus*).

Gens, pluriel de *gent* ; voy. ce mot.

1. **Gent**, nation, du L. *gentem* (nation). — D. *gens*.

2. **Gent** (adj.), du L. *genitus* (propr. né), de bonne naissance, puis gracieux, charmant, par la contraction régulière de *gen(i)tus* (voy. p. LXXXI) en *gen'tus*. — D. *agencer*, d'un type *agentiare* * dérive de *gentus* * pour *gen(i)tus*. Voy. *agencer*.

Gentiane, du L. *gentiana* (m. s.).

Gentil, du L. *gentilis* (qui est de bonne race). — D. *gentillesse, gentillâtre*.

Gentilhomme, composé de *homme* et de *gentil* (au sens de : né, de bonne naissance).— D. *gentilhommerie, gentilhommière*.

Gentillâtre, voy. *gentil*.

Gentillesse, voy. *gentil*.

Genuflexion, du L. *genuflexionem* * (m. s.).

Géodesie, du grec γεωδαισία (partage des terres).

Géognosie, du grec γῆ (terre) et γνωσις (connaissance). — D. *géodésique*.

Géographie, du L. *geographia* (m. s.). — D. *géographique, géographe*.

Geôle, anciennement *gaiole*, en italien *gabbiula*, du L. *caveola* (prison, proprement cage. *Geôle* possédait encore ce double sens au moyen âge ; on disait aussi bien au treizième siècle la *geôle* d'un oiseau que la *geôle* d'un prisonnier.

Caveola, consonnifiant *eo* en *io* (voy. *abréger*) et changeant *c* en *g* (voy. *adjuger*), donne *gaviola*, que l'on rencontre sous la forme *gabiola* dans cette charte de 1229 : « *Ipsos quittamus ab omni... custodia villae, turris et* gabiolæ, *ab exercitu*, etc... » *Ga(b)iola* devient *jaiole* par la chute du *b* médial (voy. *aboyer*), et par le changement de *g* en *j* (voy. *jumeau*) : l'ancien français *jaiole* devient *jeole* par le changement de *ai* en *e* (voy. p. LXXXIII), puis *geôle* (voy. *genièvre*.

Au sens de cage d'oiseau, *geôle* a donné naissance au composé *engeôler* (aujourd'hui écrit *enjôler*), qui à l'origine avait au moyen âge le sens de *mettre en cage*, de captiver (comme l'espagnol *enjaular*, dérivé de *jaula*, cage) : *engeôler* (dans le langage des oiseleurs) c'était attirer un oiseau dans une cage ou dans un piége, à l'aide du chant d'autres oiseaux. De cette acception technique, *engeôler* a pris le sens métaphorique de captiver par des paroles flatteuses ou insinuantes.

L'orthographe *engeôler*, qui est étymologique et montre clairement l'origine du mot, a persisté jusqu'à la fin du siècle de Louis XIV. — D. *geôlier*.

Géologie, du grec γῆ (terre) et λόγος (discours, étude) — D. *géologique, géologue*.

Géomancie, du L. *geomantia* (m s.). — D. *géomancien*.

Géomètre, du L. *geometra* (m. s.). — D. *géométral*.

Géometrie, du L. *geometria* (m. s.). — D. *géometrique*.

Geranium, du L. *geranium* (m. s.).

Gerbe, en vieux français *garbe*, de l'ancien haut allemand *garba* (gerbe). — D. *gerbée, gerber*.

Gercer, anciennement *garcer*, proprement se fendiller, sous l'influence du froid, du L. *carptiare** (dérivé de *carptus*, part. de *carpere*, se diviser, se fendiller; sur la formation des verbes à l'aide des participes, voy. p. XXXIII).

Carptiare a donné *garcer* par le changement : 1° de *c* en *g* (voy. *adjuger*); 2° de *tiare* en *cer* (voy. *agencer*); *garcer* a donné *gercer* par l'adoucissement de *a* en *e* (voy. *acheter*). — D. *gerçure*.

Gérer, du L. *gerere* (gérer). — D. *gérant*.

Gerfaut, anciennement *gerfauc*, à l'origine *gerfalc*, mot d'origine germanique (allemand *gerfalk*, gerfaut). Sur *al* devenu *au*, voy. *agneau*.

Germain, du L. *germanus* (frère).

† **Germandrée** (pour *gelmandrée*), de l'ital. *calamandrea* (m s.).

Germe, du L. *germen* (m. s.).

Germer, du L *germinare* (germer), par la contraction régulière (voy. p. LXXXIII), de *germ(i)nare* en *germ'nare*, d'où *germer*, par la réduction de *mn* à *n* (voy. *allumer*).

Germinal, de *germen* (germe).

Germination, du L. *germinationem* (m. s.).

Gerondif, du L. *gerundivus* (m. s.).

Gésier, du L. *gigerium* (sing. inusité de *gigeria*, gésier). Sur le changement : 1° de *i* en *e*, voy. *admettre*; 2° de *g* en *s*, voy *fraise*; 3° de *e* en *ie*, voy. *arrière*).

Gésir (infinitif de *gît, gisais*, etc....), du L. *jacere* (être couché), par le changement : 1° de *j* en *g* (voy. *genièvre*); 2° de *a* en *e* (voy. *acheter*); 3° de *c* en *s* (voy. *amitié*); 4° de *e* en *i* (voy. *accomplir*). — D. *gésine*.

Gestation, du L. *gestationem* (m. s.).

Geste, du L. *gestus* (geste).

Gesticuler, du L. *gesticulari* (m. s.). — D. *gesticulation, gesticulateur*.

Gestion, du L. *gestionem* (m. s).

Gibbosite, du L. *gibbositatem* * de *gibbosus* (gibbeux).

Gibecière, sac où l'on met le gibier; gibecière est un dérivé de l'ancien français *gibecer* (chasser) ; *gibecière* vient de *gibecer*, comme *grimacière* de *grimacer*. (Voy *gibier*).

Gibelet, origine inconnue.

Gibelotte, origine inconnue.

† **Giberne**, venu au seizième siècle de l'italien *giberna* (giberne).

Gibet, origine inconnue.

Gibier, origine inconnue.

Giboulée, origine inconnue.

Giboyer, voy. *gibier*. — D. *giboyeur, giboyeux*.

† **Gigantesque**, venu de l'italien *gigantesco* (gigantesque).

Gigot, voy. *gigue*.

1. **Gigue**, jambe, origine inconnue. — D. *gigot* (proprement cuisse de mouton).

2. **Gigue**, danse qui s'exécutait au son de la *gigue* (instrument à cordes, dans notre ancienne langue). *Gigue* est d'origine germanique (moyen haut allemand *gîge*, allemand *geig*, violon).

Gilet, voy. *gille*. — D. *giletière*.

Gille, bouffon de théâtre. — Gille comme nom propre représente le L. *Aegidius*; *sanctus Aegidius* est devenu en français *saint Gilles*. — Pourquoi a-t-on désigné le bouffon de théâtre par le nom de Gille? C'est ce que nous ignorons absolument. — D. *guet* (à l'origine veste sans manche que portaient les Gilles en paradant sur les tréteaux) : une métaphore analogue se retrouve dans le mot *jaquette* (voy. ce mot).

Gimblette, origine inconnue.

Gingembre, dans Joinville *gingimbre*, à l'origine *gingibre*, du L. *zinziber* (gingembre) par la contraction régulière (voy. p. LXXXI) en *zinzib'r* d'où *gingibre* par le changement de *z* en *g* (voy. *jaloux*) Sur l'intercalation de *m* (*gingimbre*), voy. *lambruche*. Sur le changement de *i* en e (*gingembre*), voy. *admettre*.

† **Girafe**, mot d'origine orientale (arabe *zurâfa*, girafe. Sur le changement de *z* en *g*, voy. *gingembre*).

† **Girandole**, de l'italien *girandola* (girandole).

Girasol, du L. *gyrare* (tourner) et *sol* (soleil).

Girofle, corruption (pour *cheriofle* voy. p. CVI), du L. *caryophyllum* (girofle) contracté suivant l'accent grec (καρυόφυλλον voy p. LXXX et CV) en *caryoph'lum* d'où *girofle* par le changement 1° de *ph* en *f* (voy. *coffre*) : 2° de *c* en *g* (voy. *accointer*) ; 3° par les transformations insolites de *a* en *i* (voy. *aimant*), et surtout de *io* en *o*. — D. *giroflier, giroflée*.

Giratoire, du L. *gyratorius* * dérive de *gyratus*, participe de *gyrare* (faire tourner en rond).

Giron, avant de posséder son sens actuel *giron* désignait la partie de l'habillement qui s'étend de la ceinture aux genoux ; ce mot était dans le L. du moyen âge *giro* qui avait le sens de partie inférieure d'une tunique, de pans d'une tunique *mox cum sinistra manu girones albae accipiens, et ante se tenens, spargit ante se aquam benedictam....* dit un texte cité par Ducange.

Le L *giro** est d'origine germanique (moyen haut allemand *gëre*, pan)

Girouette, dérivé de l'ancien verbe français *girer* (tourner) qui est le L. *gyrare* (tourner)

Gisant, du L. *jacentem* (gisant) par le changement: 1° de *a* en *i* (voy. *aimant*); 2° de *c* en *s* (voy. *amitié*); 3° de *j* en *g* (voy. *genièvre*).

Gisement, dérivé de *gésir* (voy. ce mot); *gisement* est pour *gésement*; sur *e* devenu *i*, voy. *accomplir*.

Gîte, anciennement *giste*, dans la basse latinité *gista*, à l'origine *gesta*, qui représente le L. *jacita** (lieu ou l'on couche, participe de *jacere* être couché, se reposer). *Jac(i)ta* contracté, suivant la règle (voy. p. LXXXI) en *jac'ta* a donné le bas latin *gesta* par le changement: 1° de *j* en *g* (voy *genièvre*); 2° de *c* en *s* (voy *amitié*); 3° par l'adoucissement de *a* en *e* (voy *acheter*). *Gesta* donne l'ancien français *giste* par le changement de *e* en *i* (voy. *accomplir*), puis *gîte* par la chute de *s* (voy. *abîme*). — D. *gîter*

1. **Givre**, origine inconnue
2. **Givre**, (serpent) ancien français *guivre*, du L. *vipera* (serpent) par la contraction régulière de *vi-p(ĕ)ra* en *vip'ra* d'où *guivre* par le changement: 1° de *v* initial en *gu* (voy *gaine*), 2° de *p* en *v* (voy *arriver*).

Glabre, du L *glaber* (m. s.).

Glace, du L. *glacia** (glace; forme secondaire de *glacies* que l'on trouve dans les Glossaires grecs latins du moyen âge). Sur *cia* devenu *ce*, voy. *agencer*. — D *glaçon, glacer, glacier, glacière, glacis*.

Glacial, du L. *glacialis* (m. s.).

Gladiateur, du L. *gladiator* (m. s.).

Glaïeul, du L. *gladiolus* (glaïeul, dans Pline) par le changement de *glad-iŏ-lus* en *glad-io-lus* (voy. *aïeul*); d'où *glaïeul* par la chute du *d* médial (voy. *accabler*), et le changement de *olus* en *eul* (voy. *aïeul*).

Glaire, ce mot qui signifie proprement blanc d'œuf (le sens d'humeur glaireuse est postérieur, et découle de l'assimilation de cette humeur au blanc de l'œuf) vient du L. *clara* (dans la locution *clarum ovi* blanc d'œuf dans quelques textes de la basse latinité.

Sur *cl* devenu *gl*, voy. *aigle*; sur *a* devenu *ai*, voy *aigle*. Ce qui met hors de doute cette origine, c'est que *glaire* est en italien *chiara*, en espagnol, et en portugais *clara*. — D. *glaireux*.

Glaise, du L. *glitea** (glaise, dans un glossaire latin du moyen âge; *glitea* dérive de *glitem* qui est dans Isidore de Séville avec le sens d'argile grasse). *Glitea* devenant *glitia* (suivant la règle (voy. *abréger* et *agencer*) donne *glaise* par le changement: 1° de *tia* en *se* (voy. *agencer*), 2° de *i* en *ai* (voy. *marraine*). — D *glaiser, glaiseux, glaisière*.

Glaive, du L. *gladius* (glaive) par la chute du *d* médial (voy. *accabler*) et l'insertion d'un *v* (voy. *corvée*).

Gland, du L. *glandem* (gland) — D *glande* (par assimilation au fruit du chêne), *glandée*.

Glande, voy. *gland*.

Glandule, du L. *glandula* (m. s.). — D. *glanduleux, glandulaire*.

Glaner, du L. *glenare** (glaner, dans certains textes du sixième siècle: « Si quis in messem alienam glenaverit, » lit-on dans un texte de 561. L'origine de *glenare* est inconnue).

Sur le changement de e en a, voy *amender*. — D *glane* (substantif verbal), *glaneur, glanure, glanage*.

Glapir, mot d'origine germanique (néerlandais *klappen* glapir); sur *cl* devenu *gl*, voy *aigle*. — D. *glapissement*.

Glas, écrit aussi *clas* dans l'ancien français, du L. *classicum* (dans le latin classique signal donné par la trompette pour rassembler les soldats. dans le latin ecclésiastique signal donné par la cloche pour avertir les moines de se rendre à l'église : ce sens de sonnerie de cloches est visible dans le passage suivant · *Ad matutinum primo totum* classicum *pulsetur, et, remanente* classico, *duo minora signa sonent, donec fratres ad ecclesiam conveniant*. On trouve de même *classicum mortuorum* pour le *glas des trépassés*)

Classicum a donné *glas* : 1° par la chute des deux dernières syllabes atones (voy. p. LXXXI) ; 2° par le changement de *cl* en *gl* (voy. au mot *aigle*).

Glauque, du L. *glaucus* (m. s.).
Glèbe, du L. *gleba* (m. s.).
† **Glette**, mot venu de l'allemand *glatte* (litharge).
Glisser, mot d'origine germanique (néerland. *glitsen*, glisser). — D. *glissoire, glissade, glisseur, glissement*.
Globe, du L. *globus* (m. s.). — D. *englober*.
Globule, du L. *globulus* (m. s.). — D. *globuleux, globulaire*.
Gloire, du L. *gloria* (gloire) par la transposition de l'*i* (voy. *chanoine*).
Glorieux, du L. *gloriosus* (m s.). — Sur *osus* devenu *eux* voy. *amoureux*.
Glorifier, du L. *glorificare* (m. s.). — D. *glorification*.

Gloriole, du L. *gloriola* (m.s.)
Glose, du L *glossa* (glose). — D. *gloser, gloseur, glossateur*.
Glossaire, du L. *glossarium* (m. s.).
Glossateur, voy. *glose*.
Glotte, du grec γλωττίς (luette).
Glousser, ancienn. *gloucer*, du L. *glociare*· (dérivé de *glocire* glousser) par le changement : 1° de *ciare* en *cer*, voy. *agencer* ; 2° de *o* en *ou*, voy. *affouage* ; 3° de *cer* en *sser* (gloucer puis glousser ; voy. *agencer*) — D *gloussement*.

Glouteron, corruption de l'ancien français *gletteron; gletteron* est un dérivé de *glette*, comme *moucheron* de *mouche*, *aileron* de *aile*. *Glette* qui a le sens de bardane, dans notre ancienne langue est un mot d'origine germanique (allemand *klette*, glouteron). Sur *cl* devenu *gl*, voy. *aigle*.

Glouton, du L. *glutonem* (glouton dans Festus). Sur *u* devenu *ou*, voy. *accouder*. — D. *gloutonnerie*.
Glu, en provençal *glut* du L. *glutem* (glu, dans Ausone). Sur la chute du *t*, voy. *aigu*. — D. *gluau, gluant, engluer*.
Glui, origine inconnue.
Gluten, du L. *gluten* (colle). — D. *glutineux*.
Glyptique, du grec γλυπτός (gravé).
Gnome, mot forgé par Paracelse à l'aide du grec γνώμη (intelligence).
Gnomique, du grec γνωμικός (sentencieux).
Gnomon, du L. *gnomon* (aiguille). — D. *gnomomique*.
Go (tout de), voy. *gober*.
Gobelet, diminutif de l'ancien français *gobel*. *Gobel* est le L. *cupellum* (forme masculine de *cupella* petit broc dans Apicius) par le changement : 1° de *c* en *g* (voy. *adutoer*); 2° de *u* en *o* (voy. *an*-

noncer) ; 3° de *p* en *b* (voy. *abeille*).

Gobelotter, de *gobelot** (diminutif de *gobel*, voy. *gobelet*).

Gober, mot d'origine celtique (gaël. *gob* bouche d'où *gober* qui est proprement *avaler*). — D. *gob* (substantif verbal, qui a disparu, de l'usage courant, tout en persistant dans la locution *tout de gob* (aujourd'hui *tout de go*, c'est-à-dire librement, sans obstacle).

Goberger, origine inconnue.

Godailler, dérivé de l'ancien verbe français *goder* (comme *criailler* de *crier*, etc....) L'origine de *goder* est inconnue.

Godelureau, origine inconnue.

Goder, origine inconnue.

Godet, diminutif du radical *got* qui existe encore dans le patois saintongeais; *got* est le L *guttus* (burette) dans Pline. Sur *u* devenu *o*, voy. *annoncer*.

Sur le changement de *got-et* en *god-et*, voy. *aider* et *aigu*.

Godiveau, origine inconnue.

Godron, origine inconnue. — D. *godronner*.

Goéland, anciennement *goiland*, mot d'origine celtique (kymri *guilan*, goéland : ce radical *guil* a donné le double dérivé *goéland*, et *goélette*, proprement hirondelle de mer, puis navire aussi léger que la goélette).

Goélette, voy. *goeland*.

Goémon, origine inconnue.

Gogo, origine inconnue.

Goguenard, dérive de l'ancien français *gogue* (plaisanterie, bonne humeur) qui nous a donné aussi le dérivé *goguette*. L'origine de *gogue* est inconnue. — D. *goguenarder*, *goguenarderie*.

Goguette, voy *goguenard*.

Goinfre, origine inconnue. — D. *goinfrer*, *goinfrerie*.

Goitre, anciennement *goetre*. du L. *gutter** (autre forme de *guttur*). *Gutter* signifie proprement *gorge*, mais il a eu le sens de *goitre* dans la latinité de la décadence car on trouve son dérivé *gutturosus* employé au sens de goîtreux dans Ulpien : *Si quis natura gutturosus sit, aut oculos eminentes habeat, sanus videtur*. — et dans le scoliaste de Juvénal à propos des goîtreux des Alpes : *tanquam si in Alpibus* gutturosos *homines admireris*.

Gutter, changeant *u* en *o* (voy. *annoncer*) a donné *goetre* par la métathèse de l'*e*. — D. *goîtreux*

† **Golfe**, venu de l'italien *golfo* (golfe).

Gomme, du L. *gummi* (m. s.). sur *u* devenu *o*, voy. *annoncer* — D. *gommer, gommeux, gommier*.

Gond, anciennement *gon*, du L. *gumphus** (clou, morceau de fer qui sert de gond ; *gumphus* est le grec γομφος, clou)

Gumphus que l'on trouve aussi écrit *gonfus* dans plusieurs textes latins du onzième siècle a donné l'ancien français *gon* par le changement : 1° de *u* en *o* (voy. *annoncer*); 2° de *m* en *n* (voy. *changer*), 3° de *ph* en *f* (voy. *coffre*; 4° par la réduction de *nf* à *f*, comme nous avons vu au mot *garou* celle de *lf* à *f* dans Raou*l* (Radu*l*fus), garou*l** (geru*l*fus). (voy *garou*).

† **Gondole**, de l'italien *gondola* (gondole). — D. *gondolier*.

† **Gonfalon**, de l'italien *gonfalone* (gonfalon). — D *gonfalonnier*.

Gonfler, du L. *conflare* (qui a le sens de gonfler, dans les derniers siècles de l'Empire). Sur *c* devenu *g*, voy. *adjuger*. — D. *gonflement, dégonfler*.

Goret, diminutif de *gore* qui signifie truie dans notre ancienne langue, et dont l'origine est inconnue.

Gorge, du L. *gurges* (proprement gouffre, puis gorge. Pour le changement de sens, voy. p xxiv). Sur *u* devenu *ou*, voy. *accouder*. — D. *gorgerette, gorger, dégorger, égorger, engorger, regorger, rengorger, gorgée* (substantif participial).

Gosier, dérivé de l'ancien français *gueuse* (gosier) dont l'origine est inconnue. Sur la modification de la syllabe tonique de *gueuse* dans le dérivé gosier, voy. p. xci.

Gueuse a donné un autre dérivé ; c'est le verbe *égosiller* (se fatiguer le gosier) ; sur la modification de *gueuse* en gos, voy. p. xci, l. 24.

Gossampin, du L. *gossympinos* (gossampin).

Gothique, du L. *gothicus*, de *Gothus* (Goth).

† **Gouache**, de l'italien *guazzo* (gouache).

† **Goudron**, corruption de *goudran*, en italien *catrame*, mot d'origine orientale (arabe *gatran*, goudron). — D. *goudronner*.

Gouffre, à l'origine *golfre**, en italien *golfo*, du grec κόλπος (abîme, fond de la mer, gouffre). Sur *ol* devenu *ou*, voy. *agneau*; sur le changement de *p* en *f* (voy. *chef*); sur l'intercalation d'un *r*, voy. *chanvre*. — D. *engouffrer*.

Gouge (ciseau de menuisier), du L. *guvia** (ciseau dans Isidore de Séville, lib. 19, De instrumentis lignariis : « *Cauterium gallis guvia* »).

Guvia transformé suivant la règle (voy. *abréger*) en *guv'ja* a donné *gouge*: 1° par la réduction de *vj* à *j* (voy. *abreger*); 2° par le changement de *o* en *ou*, voy. *affouage*.

Goujat, origine inconnue.

Goujon, en italien *gobio*, du L. *gobionem* (goujon) par la consonnification de *io* en *jo*, *gobjonem* (voy *abréger*), et par le changement : 1° de *bj* en *j* (voy. *abreger*); 2° de *o* en *ou* (voy. *affouage*).

Goulée, dérivé de *goule* qui a le sens de gosier, dans l'ancien français, et qui derive du L. *gula* (gosier. gorge), par le changement de *u* en *ou* (voy. *accouder*). — D. de l'ancienne forme *goule: goulet, goulette, goulot, goulotte, goulu*.

Goulet, voy. *goulée*.

Goulot, voy. *goulée*.

Goulotte, voy. *goulée*.

Goulu, voy. *goulée*.

Goupille, anciennement *coupille* (cheville), du L. *cuspicula* (diminutif de *cuspis*, clou, cheville) par le changement. 1° de *icula* en *ille* (voy. *abeille*); 2° de *u* en *ou* (voy. *accouder*); 3° de *c* en *g* (voy. *adjuger*); 4° par la chute de l'*s* (voy. *abîme*).

Goupillon, dérivé de *goupil* (renard). *Goupillon* qui signifie à l'origine queue de renard, est venu au sens qu'il possède actuellement parce que les premiers goupillons ont été assimilés à une queue de renard.

Goupil, qui veut dire renard dans notre ancienne langue représente le L. *vulpeculus** (renard, diminutif de *vulpes*). *Vulpeculus* a donné *goupil* par le changement : 1° de *eculus* en *il* (voy. *abeille*) ; 2° de *v* initial en *g* (voy. *gaine*) ; 3° de *ul* en *ou* (voy. *agneau*).

Gourd, en espagnol *gordo*, du L. *gurdus* (lourd, inhabile) par le changement de *u* en *ou* (voy. *accouder*). — D. *dégourdir, engourdir, engourdissement*.

Gourde (courge), anciennement *gouourde* et *gougourde*, du

L. *cucurbita* (courge) par la contraction régulière (voy. p. LXXXI) de *cucurb(i)ta* en *cucurb'ta*, d'où *gougourde* par le changement 1° de *bt* en *d* (voy. *accouder*); 2° de *c* en *g* (voy. *adjuger*); 3° de *u* en *ou* (voy. *accouder*); *gou(g)ourde* donne l'ancien français *gouourde* puis *gourde* par la chute du *g* médial (voy. *allier*).

† **Gourdin**, de l'italien *cordino* (garcette pour châtier les galériens).

Gourgandine, origine inconnue.

Gourmade, voy. *gourmer*.

Gourmand, origine inconnue. — D. *gourmandise*.

Gourmander, dérivé de *gourmé* (voy. ce mot).

Gourmandise, voy. *gourmand*.

Gourme, origine inconnue.

Gourmé, voy. *gourmer*. — D. *gourmander*.

Gourmer, proprement mettre la gourmette à un cheval; origine inconnue. — D. *gourmette*, *gourmade*.

Gourmet, anciennement celui qui déguste le vin, à l'origine garçon de marchand de vin, au treizième siècle garçon en général. *Gourmet*, anciennement *groumet*, est un diminutif de *groume*, que l'on trouve au sens de garçon dans les textes français anciens, et qui est d'origine germanique (néerlandais *grom*, garçon). Sur *o* devenu *ou*, voy. *affouage*. Pour la transposition de *groumet* en *gourmet*, voy. *âpreté*.

Gourmette, voy. *gourmet*.

† **Gousse**, au seizième siècle *gosse*, de l'italien *guscio* (gousse); le milanais dit *gussa*.

Gousset, origine inconnue.

Goût, ancienn. *goust*, en italien *gusto*, du L. *gustus* (goût).

Sur *u* devenu *ou*, voy *accouder*; sur la chute de *s*, voy. *abîme*. — D. *goûter*, *dégoûter*, *ragoûter*, *goûter* (substantif participial).

Goutte, du L. *gutta* (goutte). — Au sens de maladie des articulations, *goutte* vient de ce qu'on attribuait les douleurs articulaires à des gouttes d'humeur qui gonflaient les membres du malade. — D. *gouttelette*, *goutteux*, *gouttière*, *dégoutter*, *égoutter*, *égout*.

Gouvernail, du L. *gubernaculum* (gouvernail), par le changement: 1° de *aculum* en *ail* (voy. *abeille*); 2° de *u* en *ou* (voy. *accouder*), 3° de *b* en *v* (voy. *avant*).

Gouverner, du L. *gubernare* (gouverner), par le changement. 1° de *u* en *ou* (voy. *accouder*), 2° de *b* en *v* (voy. *avant*). — D. *gouverne* (substantif verbal), *gouvernement*, *gouvernante*.

Gouvernement, voy. *gouverner*.

Gouverneur, anciennement *gouverneür*, en provençal *governador*, en italien *governatore*, du L *gubernatorem* (gouverneur) par le changement. 1° de *atorem* en *eur* par les intermédiaires *ador*, *edor*, *edur*, *eur*, *eur* (pour les détails, voy. au mot *empereur*); 2° de *u* en *ou* (voy. *accouder*); 3° de *b* en *v* (voy. *avant*)

Grabat, du L. *grabatus* (m. s.).

Grabuge, origine inconnue.

Grâce, du L. *gratia* (grâce). Sur *tia* devenu *ce*, voy. *agencer*. — D. *disgrâce*.

Gracier, du L *gratiare** (dérivé de *gratia*, grâce).

Gracieux, du L. *gratiosus* (qui accorde une faveur). Sur *osus* devenu *eux*, voy. *amoureux*.

Gracieuseté, du L. *gratiositatem* (charme). Sur *atem* devenu *é*, voy. *abbé*.

Gracilité, du L. *gracilitatem* (forme élancée).
Gradation, du L. *gradationem* (escalier).
Grade, du L. *gradus* (degré). — D. *gradé*, *gradin*.
Grade, voy. *grade*.
Gradin, voy. *grade*.
Graduation, voy. *graduer*.
1. **Graduel**, du L. *gradualis** (m s.), dérivé de *gradus*.
2. **Graduel**, du L. ecclésiastique *graduale* (proprement versets des psaumes gradués des Hébreux ; psaumes que les levites chantaient sur les quinze degrés du Temple).
Graduer, du L. *graduare** (dérivé de *gradus*, degré). — D. *graduation*.
Grailler, sonner du cor, verbe dérivé de l'ancien français *graile* (trompette) — qui est le L. *gracilis* (proprement clair, aigu, puis trompette, dans les textes latins du moyen âge. Nous disons de même un *clairon* dérivé de l'adjectif *clair*). Voici un exemple de *gracilis* (au sens de trompette, de clairon) tiré de la chronique *Bella Antiochena* de Gauterius Cancellarius *Libetque preconari voci propatula ut universi, audito primo sonitu* gracilis, *festinent bellicis indui.* Et ailleurs : « *Gracilibus*, tibiis, tubis clangentibus. » Pour le changement de *gracilis* en *graile*, voy. *grêle*. — D *graillement*.
Graillon, origine inconnue.
Grain, du L. *granum* (grain). Sur *anum* devenu *ain*, voy ancien — D *grainier*, *grener*, *grenu*, *égrener*, *greneler*, *grenaille*.
Graine, du L. *grana** (forme feminine de *granum* grain). Sur *ana* devenu *aine*, voy. *ancien*. — D. *grainetier*.
Graisse, voy. *gras*. — D. *graisser*, *graisseux*.

Graisser, voy. *graisse*. — D. *graissage*.
Gramen, du L *gramen* (gazon).
Graminée, du L. *graminea** (qui est de la nature du gazon)
Grammaire, du L. *grammaria** (forme hypothétique dérivée du L. *gramma* lettre, et du suffixe *arius*). — D *grammairien*.
Grammatical, du L. *grammaticalis**, dérivé de *grammatica* (grammaire).
Gramme, du grec γράμμα (scrupule qui valait deux oboles).
Grand, du L *grandis* (m. s.). — D. *grandelet*, *grandeur*.
† **Grandesse**, de l'espagnol *grandeza* (grandesse).
Grandeur, voy. *grand*.
† **Grandiose**, de l'italien *grandioso* (grandiose)
Grandir, du L. *grandire* (développer).
Grandissime, du L. *grandissimus* (le plus grand).
Grand'mère, voy. *grand* et *mère* ; voy. aussi *Grammaire Historique de la langue française*, p. 3
Grange, en espagnol *granja*, du L. *granea** (grange, emplacement destiné au battage des grains ; dérivé de *granum* grain). *Granea** est au sens de grange, dans les Lois Barbares : *Si enim domum.... incenderit aut.... graneam vel cellaria*, dit la *Lex Alemannor.* 81,2.
Granea a donné successivement *grania* suivant la règle (voy. *abréger*), puis *granja* (voy. *abreger* et *agencer*). — D. *engranger*.
† **Granit**, de l'italien *granito* (granit). D. *granitique*.
Granulation, voy. *granuler*.
Granuler, dérivé de *granule* qui est le L. *granulum* (petit grain). — D. *granulation*.
Granuleux, dérivé de *granule*.

Graphique, du grec γραφικός (qui sert à écrire)

Graphomètre, du grec μέτρον (mesure) et γράφη (ligne).

Grappe, proprement crochet, puis fruits attachés, *accroches aux* branches. *Grappe* au sens de crochet a persisté dans quelques acceptions spéciales (*grappe* de maréchal ferrant, etc..), et dans le dérivé *grappin*. *Grappe* est un mot d'origine germanique (allemand *krappen* crochet, crampon). Sur le changement de *k* en *g*, voy. *adjuger* — D. *grappiller, grappilleur, grappillon, grappin, égrapper.*

Grappiller, voy. *grappe.*
Grappillon, voy. *grappe.*
Grappin, voy. *grappe.*

Gras, ancien français *cras,* du L. *crassus* (gras, dans Martial) qui est déjà *grassus* au septième siècle dans Isidore de Séville; sur ce changement de *c* en *g* (voy. *adjuger*). — D. *graisse, graisser, graisseux, grassouillet, grasseyer, grasseyement.*

Grateron, voy. *gratter*

† **Graticuler,** de l'italien *graticolare* (graticuler).

Gratification. du L. *gratificationem* (faveur).

Gratifier, du L. *gratificari* (m. s.).

Gratin, voy. *gratter.*

Gratis, du L. *gratis* (gratuitement).

Gratitude, du L. *gratitudinem* (m s.).

Gratter, en italien *grattare,* du L. *cratare* (gratter, dans les Lois Barbares: *Si quis alium unguibus crataverit, ut non sanguis, sed tumor aquosus decurrat,* lit-on dans la *Loi des Frisons,* app. 5. — *Cratare* est un mot d'origine germanique et répond à l'island. *kratta,* gratter).

Cratare a donné *gratter* par le changement de *c* en *g* (voy *adjuger*). — D. *grattelle, grateron, grattoir, gratin, égratigner, égratignure.*

Gratuit, du L. *gratuitus* (m. s.) — D. *gratuité.*

Grave (adj.), du L. *gravis* (grave) — D. *graviter.*

Graveleux, voy *gravier.* — D *gravelure.*

Gravelle, voy. *gravier.*

† **Graver,** mot venu des langues germaniques (néerlandais *graven* creuser, buriner). — D. *graveur, gravure.*

Gravier, dérivé de *grave* mot qui dans notre ancienne langue a le sens de gros sable mêlé de cailloux L'origine de *grave* est inconnue.

Ce primitif *grave* nous a laissé d'autres dérivés: *gravois, gravelle, graveleux, engraver,* sans parler de *grève* qui est l'adoucissement de l'ancienne forme *grave*. (Sur *a* devenu *e,* voy *acheter*) — D. *gravats, gravatier.*

Gravir, en italien *gradire,* du L. *gradire* (gravir, proprement monter par degrés, dérivé de *gradus* degré). Gra(d)ire a donné *gravir.* 1° par la chute du *d* médial, *gra-ire* (voy. *accabler*); 2° par l'intercalation subséquente d'un *v* euphonique pour supprimer l'hiatus (voy *corvée*).

Gravité, du L. *gravitatem* (gravité).

Graviter, voy. *grave.* — D. *gravitation.*

Gravois, voy. *gravier.*
Gravure, voy. *graver.*

Gré, en provençal *grat,* en italien *grato,* du L. *gratum* (chose agréable) par le changement de *atum* en *é* (voy. *ampoulé*). — D. *agréer, malgré* (voy. ce mot).

Grec, du L. *græcus* (grec).

Gredin, origine inconnue. — D. *gredinerie*.

Gréement, voy. *gréer*.

Gréer, mot d'origine germanique (gothique *ge-raidjan*, apprêter, outiller, gréer ; pour la contraction de *geraidjan* en *g'raidjan*, voy. *briller* ; pour la chute du *d*, voy *accabler*). — D. *agrès*, *gréement*, *gréeur*.

1. **Greffe**, dépôt des minutes des actes de procédure ; ce mot qui est dans la basse latinité *graphium* (voy. *greffier*), dérive du L. *graphium* (style, poinçon à écrire) par le changement : 1° de *ph* en *f* (voy. *coffre*) ; 2° de *a* en *e* voy. *acheter*). Ce mot *greffe* au sens de poinçon a donné le verbe *greffer* (inciser l'écorce d'un arbre à l'aide d'un poinçon, d'une *greffe*).

2. **Greffe** (terme de jardinage), voy. *greffer*.

Greffer, voy. *greffe* 1. — D *greffe* (substantif verbal), *greffeur*, *greffoir*.

Greffier, du L. *graphiarius* (greffier, scribe, dans les textes du moyen âge. « *Guillelmus christianissimi regis consiliarius et status regni a secretis, ut etiam dicti ordinis S. Michaelis ab actis seu graphiarius,* » lit-on dans un acte de 1550 *Graphiarius* scribe, derive de *graphium* poinçon à écrire. — *Graphiarius* a donné *greffier* par le changement : 1° de *a* en *e* (voy. *acheter*) ; 2° de *ph* en *f* (voy. *coffre*); 3° de *arius* en *ier* (voy. *ânier*).

† **Grège** (soie), de l'italien *greggia* (*seta greggia*, soie grège).

Grégeois (feu), anciennement *feu grezois* feu inventé au septième siècle par Callinique d'Héliopolis : il a reçu ce nom des Byzantins qui l'employaient, ou comme on disait au moyen âge des *Gregeois* : Scarron dit encore plaisamment les *Grégeois* pour les *Grecs*).

Grégeois représente le L. *graecensis* dérivé de *graecus* (grec). *Graecencis* a donné *grézois* : 1° par la réduction de *ns* à *s* (voy. *aîné*); 2° par le changement de *e* en *oi* (voy. *accroire*), et de *c* en *z* (voy *amitié*); 3° *grezois* est devenu *grégeois* comme *zelosus* est devenu *jaloux* (voy. ce mot).

† **Grègue**, anciennement *gregesque*, venu de l'italien *grechesco* (proprement chausser à la grecque).

1. **Grêle** (adj.), anciennement *graile*, en italien *gracile*, du L *gracilis* (grêle) par la contraction regulière (voy. p. LXXXI) de *grac(i)lis* en *grac'lis*, d'où l'ancien français *graile* par le changement de *cl* en *il* (voy, *abeille*).

2. **Grêle** (substantif) anciennement *gresle*, mot dont le radical *grès*.. se retrouve dans *grésil* (petite grêle). L'origine de ce radical commun *grès*... est inconnue — D. *grélon*, *grêler*.

† **Grelin**, de l'allemand *greling* (grelin).

Grélon, voy. *grêle*.

Grelot, diminutif de *grelle*, origine inconnue.

Grelotter, voy. *grelot*.

† **Grenade**, venu du provençal *granada* qui dérive du latin *granata* (pour *granatum*, grenade) : le suffixe *ade* montre que ce mot n'est point venu directement du latin au français ; autrement il eût été *grenee* (le suffixe *ata* devenant toujours *ée* en français, voy. *ampoulé*). — D. *grenadier*, *grenadine* : de *grenade*, au sens de projectile est venu *grenadier* (soldat qui lançait des grenades).

1. **Grenadier** (botan.), voy. *grenade*.

2. **Grenadier** (art militaire), voy. *grenade*.

Grenaille, diminutif de *grain*. — D. grenailler.

† **Grenat**, de l'italien *granato* (grenat).

Grener, voy. *graine*. — D. greneler, grené (subst. participial).

Grènetier, dérivé de *grenette*, diminutif de *graine*. — D. grèneterie.

Grènetis, dérivé de *grenet*, diminutif de *grain* (voy. ce mot).

Grenette, diminutif de *graine*.

Grenier, du L. *granarium* (grenier par le changement de *arium* en *ier* (voy. *dnier*) et de *a* atone en *e* (voy. *acheter*).

Grenouille, dans l'ancien français *renouille*, en italien *ranocchia* du L. *ranuncula* (forme féminine de *ranunculus*, qui est dans Cicéron et qui dérive de *rana* grenouille).

Ranuncula, devenant *ranucula* par la réduction de *nc* à *c* (voy. *coque*), a donné *renouille* par le changement : 1° du suffixe *ucula* en *ouille* (voy. *abeille*) ; 2° de *a* atone en *e* (voy. *accointer*).

Renouille est devenu *grenouille* par la préposition tout à fait insolite d'un *g* (voy. p. CI.). — D. grenouillet, grenouillette (voy. renoncule), grenouillère.

Grenu, dérivé de *grain* (un épi grenu, qui est chargé de grains).

Grès, mot d'origine germanique (vieil haut allemand, *gries*, gravier, le grès étant formé de grains de sable). — D. grésil, gresserie.

Grésil, voy. *grès*. — D. grésiller, grésillement.

Grève, voy. *gravier*.

Grever, du L. *gravari* (être à charge), par le changement de *a* en *e* (voy. *acheter*). — D. dégrever.

Griblette, origine inconnue.

Gribouiller, origine inconn. — D. gribouillage, gribouillette

Grièche, du L. *graeca* (grecque) par le changement : 1° de *ae* en *e* (voy. p. LXXXVI) puis en *ie* (voy. *ciment* et *arrière*), 2° de *ca* en *che* (voy. *acharner*). *Grièche* n'est plus employé que dans les deux composés : pie-grièche, ortie-grièche (que les anglais appellent *greek nettle* ortie grecque).

1. **Grief**, au féminin *griève* (d'où *grièvement*). *Grief* est encore dans Bossuet comme adjectif au sens de dur, de pénible, et dérive du L. *gravis* (dur, pesant) par le changement : 1° de *v* en *f* (voy. *bœuf*); 2° de *a* en *e* (voy. *acheter*), d'où l'ancien français *gref* qui donne *grief* par le changement de *e* en *ie* (voy. *arrière*).

2. **Grief** (substantif), du L. *grave* (chose pénible, fâcheuse), par le changement de *ave* en *ief* (voy. pour les détails *grief* 1).

Grièveté, du L. *gravitatem* (énormité), par le changement: 1° de *a* en *e* (voy. *acheter*), puis en *ie* (voy. *arrière*); 2° de *i* en *e* (voy. *admettre*); 3° de *atem* en *é* (voy. *abbé*).

Griffe, mot d'origine germanique (ancien haut allemand *grif*, ce qui sert à saisir, puis dans certains textes allemands du moyen âge : serres, griffes). — D. griffer, griffade, griffonner, griffonneur, griffonnage.

Griffon, en portugais *gripho*, dérivé (par le suffixe *on*), du L. *gryphus* (griffon) ; sur le changement de *ph* en *f*, voy. *coffre*.

Grignoter, dérivé de *grigner*, comme *trembloter* de *trembler*. *Grigner*, qui a, dans l'ancien français, le sens de montrer les dents, est un mot d'origine germanique (ancien haut allemand *grinan*, grincer des dents).

Grigou, origine inconnue.

Gril, anciennement *gréil*, à

l'origine *grail*, du L. *craticulum* (forme masculine de *craticula*, gril dans Martial)

Cra(t)iculum a donné *grail* par la chute du *t* médial (voy *abbaye*), et par le changement : 1° de *c* en *g* (voy. *ajuger*). On trouve la forme *graticula* pour *craticula* dans les Glossaires grecs-latins du moyen âge); 2° de *iculum* en *il* (voy. *abeille*), comme dans *péril* de *periculum*. *Grail* a donné *greil* par l'adoucissement de *a* en *e* (voy. *acheter*), puis *gril* par la synérèse de *ei* en *i* (voy. p. xc). — D. *griller*, *grillade*.

Grille, anciennement *greil*, à l'origine *grail*, du L. *craticula** (dérive de *crates*, grille). *Craticula* est déjà *graticula* dans les textes latins du moyen âge : *Unam graticulam.... abstulit*, lit-on dans un acte de 1353

Pour le changement de *craticula* en *grille*, voy. *gril*. — D. *griller*, *grillage*.

Grillon, diminutif du L. *grillus* (grillon).

Grimace, mot d'origine germanique (vieux scandinave *grima*, masque, contorsion du visage). — D. *grimacer*, *grimacier*.

Grimaud, voy. *grime*.

† **Grime**, terme de théâtre, venu assez tard de l'italien *grimo* (grime, vieillard ridicule, propr. ridé). — D. (*se*) *grimer*, *grimaud*.

Grimoire, origine inconnue.

Grimper, anciennement *gripper*, qui a le double sens de grimper, de s'accrocher pour grimper, et aussi de s'accrocher à, de saisir, mot d'origine germanique (néerlandais *grippen*, saisir. Pour l'intercalation de *m*, voy. *lambruche*).

Grincer, mot d'origine germanique (ancien haut allemand *gremizôn*, grincer des dents, par les intermédiaires de *grem'zon*, *grenzon* : sur *m* devenu *n*, voy. *changer*. — D. *grincement*.

Griotte, corruption de l'ancienne forme *agriotte* (cerise sauvage), diminutif du grec ἄγριος (sauvage). Le marbre *griotte* a été ainsi nommé de sa couleur rouge cerise.

Gripper, saisir, mot d'origine germanique (vieux norois *gripa*, saisir). — D. *grippe*.

Gris, saisir, mot d'origine germanique (ancien haut allemand *gris* gris blanc, en parlant des cheveux, d'où le sens de gris, couleur cendrée, entre le blanc et le noir). — D. *grisâtre*, *grisaille*, *griser*, *grison*.

Grisonner, dérivé de *grison* (voy. *gris*).

Grive, origine inconnue. — D. *grivelé*.

Grivois, mot dont l'origine est inconnue.

† **Grog**, de l'anglais *grog* (même sens).

Grogner, forme secondaire de *grognir** (de même l'italien dit *grugnare* et *grugnire*), qui est le L. *grunnire* (grogner, en parlant du cochon), par le changement de *nn* en *gn* (voy. *cligner*) et de *u* en *o* (voy. *annoncer*). — D. de *groigner*, forme de l'ancien français pour *grogner*, est venu le substantif verbal *groing*, aujourd'hui *groin*; pour le rapport entre *groin* et *groigner*, comparez *soin* et *soigner*, *témoin* et *témoigner*, *loin* et *éloigner*, etc.... — Autres dérivés de *grogner*, *grognement*, *grognard*, *grognon*, *grognonner*.

Groin, voy. *grogner*.

Grommeler, anciennement *grummeler*, mot d'origine germanique (ancien allemand *grummeln* grommeler).

Gronder, du L. *grundare**

(forme secondaire hypothétique de *grundire* gronder. Sur *u* devenu *o*, voy. *annoncer*). — D. *grondeur, grondement, gronderie*.

† **Groom**, de l'anglais *groom* (domestique).

Gros, du L. *grossus* (gros). — D. *grosseur, grossesse, grossier, grossir, dégrossir, grossoyer, grosse, grossissement*.

Groseille, en espagnol *grosella*, mot d'origine germanique (de l'ancien haut allemand *krausel*, dans la composition *krausselbeere* groseille). Sur *c* devenu *g*, voy. *adjuger*; sur *au* devenu *o*, voy. *alouette*. — D. *groseillier*.

Grossier, voy. *gros*. — D. *grossièreté*.

† **Grotesque**, de l'italien *grotesco* (grotesque).

Grotte, en provençal *cropta*, du L. *crypta* (grotte), qui est devenu *crupta* par le changement régulier de *y* en *u* (voy. p. LXXXVI); *crupta*, adoucissant *c* en *g* (voy. *adjuger*), a donné *grupta* qui est dans un texte carlovingien : *Insuper eidem contuli gruptas eremitarum.... cum omnibus ad dictas gruptas pertinentibus*, lit-on dans une charte de 887 — *Grupta* a donné *grotte* par le changement de *u* en *o* (voy. *annoncer*), et l'assimilation de *pt* en *tt* (voy. *caisse*).

Grouiller, origine inconnue. — D. *grouillement*.

Group, origine inconnue.

† **Groupe**, venu de l'italien *groppo* (groupe) —D. *grouper, groupement*.

Gruau, anciennement *gruel*, de *grutellum* qui a le sens de gruau, dans la latinité du moyen âge: *grutellum* est un diminutif de *grutum* (gruau, dans un texte carlovingien); *grutum* est lui-même d'origine germanique (anglo-saxon *grût* gruau)

Gru(t)ellum a donné *gruel* par la chute du *t* médial (voy. *abbaye*), *gruau* par l'adoucissement de *el* en *au* (voy. *agneau*).

Grue, du L. *grua* (autre forme de *grus* grue, que l'on rencontre dans la *Loi Salique*, 7, 6 *Si quis gallum aut gallinam furaverit, vel cignum aut gruam domesticam*).

Au sens de machine qui sert à élever des fardeaux, *grue* est le même mot que *grue* au sens d'oiseau; en grec γερανος avait aussi le double sens de grue et de machine qui sert à élever des fardeaux.

Gruger, origine inconnue.

Grume, origine inconnue.

Grumeau, ancienn. *grumel* (sur *el* devenu *eau*, voy. *agneau*), du L *grumellus* (diminutif de *grumus*, petite agglomération, d'où le sens de grumeau, de globule). — D. de l'ancienne forme *grumel*: *grumeler, grumeleux*.

Gruyer, surveillant forestier, mot d'origine germanique (ancien allemand *grus*, que l'on trouve au sens de verger). — D. *gruerie*.

Gruyère, mot d'origine historique (voy. p. LXIV); fromage fabriqué à Gruyère, village du canton suisse de Fribourg.

Gué, en espagnol *vado*, du L. *vadum* (gué) par le changement : 1° de *v* initial en *gu* (voy. *gaîne*); 2° de *atum* en *é* (voy. *ampoulé*); voy. aussi *aigu* pour la chute du *d*. — D. *guéable*.

Guède, ancien français *guaide*, à l'origine *waide*, mot d'origine germanique (allemand *waid*, guède). Sur le changement de *w* en *gu*, voy. *gâcher*.

Guenille, origine inconnue. — D *deguenillé*.

Guenon, mot d'origine inconnue.

du même radical (*guen*) le dérivé *guenuche*.

Guêpe, anciennement *guespe*, à l'origine *wespe*, en italien *vespa*, du L. *vespa* (guêpe), par le changement de *v* initial en *gu* (voy *gaine*) et par la chute de *s* (voy. *abime*). — D. *guêpier*.

Guère, en provençal *gaigre*, signifie *beaucoup* dans notre ancienne langue *S'il eust guère vécu, il eust conquis toute l'Italie*, dit une chronique du quatorzième siècle.

Guère est un mot d'origine germanique et correspond à l'ancien haut allemand *weigaro** (beaucoup). Ce mot contracté en *weig'ro* a donné *guere* par le changement : 1° de *w* initial en *gu* (voy *gâcher*); 2° de *gr* en *r* (voy. *aigrette*). *gr* a persisté dans le provençal archaïque *gaigre*. — D. *naguère* (voy. ce mot.).

Guéret, en provençal *garag*, de *veractum** (forme de la basse-latinité qui represente le L. *vertactum* (jachère) par la réduction tout à fait insolite (au milieu du mot) de *rv* à *v*.

Veractum, réduisant *ct* à *t* (voy. *affété*) a donné le français *guéret* par le changement : 1° de *v* en *gu* (voy. *gaine*); 2° de *actum* en *ent* puis *et* (voy. *attrait* et *affété*).

Gueridon, origine inconnue.

Guérir, le sens primitif de ce mot est *défendre, protéger* dans les plus anciens textes français; *guérir*, anciennement *guarir* à l'origine *warir*, est un mot d'origine germanique (gothique *warjan*, défendre, protéger). Sur le changement de *w* initial en *gu*, voy. *gâcher*. — D. *guérison, guérissable*

† **Guerite**, de l'espagnol *garita* (loge de sentinelle).

Guerre, en italien *guerra*, mot d'origine germanique (ancien haut allemand *werra* dispute, querelle). Sur le changement de *w* initial en *gu*, voy. *gâcher*. — D. *guerrier, guerroyer, aguerrir.*

Guet, voy. *guetter*. — D. *guet-apens*, anciennement *guet-apensé*, composé de *guet*, et de l'adjectif *apensé* qui répond à un type *appensatus* (suspendu, dressé). Sur *atus* devenu *é* voy *ampoulé* — *Guet-apens* signifie proprement embûche dressée.

Guêtre, origine inconnue

Guetter, anciennement *guaiter*, en italien *guatare* mot d'origine germanique (ancien haut allemand *wahtan* guetter ; sur le changement de *w* initial en *gu*, voy. *gâcher*). — D. *guet* (substantif verbal) *guetteur, aguets* (substantif verbal de l'ancien verbe *aguetter*).

Gueule, du L. *gula* (gueule) ; sur *u* devenu *eu*, voy. *beugler.* — D. *gueuler.*

† **Gueules**. mot d'origine orientale comme plusieurs autres termes de blason (persan *ghul*, rose d'où le sens du mot *gueules*).

† **Gueuse**, mot d'origine allemande comme beaucoup d'autres termes de métallurgie (*gueuse* est l'allemand *guss* fonte).

Gueux, origine inconnue. — D. *gueuse, gueuser, gueuserie.*

Gui, ancien français *guis* et *vis* en italien *visco*, du L. *viscum* (gui) par le changement. 1° de *v* initial en *gu* (voy. *gaine*) ; 2° de *sc* final en *s* (bois), d'où les formes de l'ancien français *vis* et *guis*.

Guichet, le sens originaire de ce mot est porte (les guichets du Louvre, etc.); dans notre ancienne langue *guichet* a le sens de petite porte.

Guichet, anciennement *vicket*, est un mot d'origine germanique (*vicket* est le diminutif de l'ancien norois *vik* cachette, réduit). *Vicket* s'est transformé en *guichet* par le changement : 1° de *v* en *gu* (voy. *gaine*); 2° de *c* en *ch* (voy. *acharner*). — D. *guichetier*.

† **Guide**, venu de l'italien *guida* (guide). — D. *guider, guidon*.

Guider, voy. *guide*.

Guigne, anciennement *guine*, à l'origine *guisne*, mot d'origine germanique (ancien haut allemand *wihsela* cerise aigre), *Wihs(e)la* contracté en *wihs'la* a donné *guisne* par le changement : 1° de *w* initial en *gu* (voy. *gâcher*); 2° de *l* en *n*, *guisne* pour *guisle* (voy *quenouille*). L'ancien français *guisne* a donné successivement *guine* (voy *abîme*), puis *guigne* (voy. *cligner*).

Guigner, origine inconnue

† **Guignon**, de l'espagnol *guiñon* (guignon).

Guilledou, origine inconnue.

Guillemet, mot d'origine historique (voy. p. LXIV) *guillemet* est le nom de l'imprimeur du seizième siècle (Guillaumet ou Guillemet) qui inventa ce signe typographique.

Guilleret, origine inconnue.

Guillocher, mot d'origine historique (voy. p. LXIV), *guillocher* dérive de *Guilloche*, nom de l'inventeur des ornements appelés guillochis.

Guillotine, mot d'origine historique (voy. p. LXIV), *guillotine* dérive de *Guillotin* nom d'un médecin français mort en 1814, et qui inventa cet instrument de supplice. — D. *guillotiner*.

Guimauve, anciennement *vimauve*, du L. *bismalva* (guimauve au huitième siècle dans le Capitulaire *de Villis*). *Bis-malva* est la contraction de *ibiscum-malva* composé de *ibiscum* mauve dans Pline, et de *malva* m. s.). Sur la réduction de *sc* (ibiscum) en *s* (bis) voy. *bois*.

Bismalva perdant *s* (voy. *abîme*) a donné *vimauve* par le changement : 1° de *b* en *v* (voy. *avant*); 2° de *al* en *au* (voy. *agneau*). *Vimauve* est devenu *guimauve* par le changement de *v* initial en *gu* (voy. *gaine*).

Guimbarde, origine inconnue.

Guimpe, anciennement *guimple*, mot d'origine germanique (ancien haut allemand *wimpal*, m s.).

Wimp(a)l contracté en *wimp'l* a donné *guimple* par le changement de *w* en *gu* (voy. *gâcher*).

Guinder, proprement se hisser, mot d'origine germanique (ancien haut allemand *windan* hisser). Sur le changement de *w* initial en *gu*, voy. *gâcher*.

† **Guinée**, de l'anglais *guinea* (guinée).

Guinguette, origine inconnue.

Guipure, dérivé de l'ancien verbe français *guiper* qui est d'origine germanique (gothique *veipan*, tisser). Sur le changement de *v* initial en *g*, voy *gaine* et *gâcher*.

† **Guirlande**, de l'italien *ghirlanda* (guirlande). — D. *enguirlander*.

Guise, mot d'origine germanique (ancien haut allemand *wisa*, guise). Sur le changement de *w* initial en *gu*, voy. *gâcher*. — D. *déguiser*.

† **Guitare**, de l'espagnol *guitarra* (guitare). — D. *guitariste*.

Gustation, du L *gustationem* (m. s.).

† **Gutta-percha**, de l'anglais *gutta-percha* (m. s.).

Guttural, du L. *gutturalis* dérivé de *guttur* (gosier)

Gymnase, du L. *gymnasium*

(gymnase). — D. *gymnasiarque, gymnaste.*
Gymnastique, du L.*gymnasticus* (m. s.).
Gymnique, du *l. gymnicus* (de lutte).

Gymnosophiste, du L. *gymnosophistae* (secte de l'Inde).
Gynécée, du L. *gynaeceum* (m. s.).
Gypse, du L. *gypsum* (pierre à plâtre). — D. *gypseux.*

H

Habile, du L. *habilis* (habile).
Habileté, du L. *habilitatem* (aptitude). Sur *atem* devenu *é*, voy. *abbé.*
Habiliter, du L. *habilitare* (rendre apte, dans les Notae Tironis). — D. *réhabiliter.*
Habiller, très-mauvais dérivé de *habilis* (proprement rendre habile à, apte à, mettre en état, puis vêtir). — D. *habillement, habilleur, deshabiller.*
Habit, du L. *habitus* (habillement, vêtement dans Virgile)
Habitacle, du L. *habitaculum* (m. s.).
Habitation, du L. *habitationem* (habitation).
Habiter, du L. *habitare* (habiter). — D. *habitable, habitant.*
Habitude, du L. *habitudo* (manière d'être).
Habituel, du L. *habitualis* (dérivé de *habitus*, coutume).
Habituer, du L. *habituare* (dérivé de *habitus*, coutume).
† **Hâbler**, de l'espagnol *hablar* (parler). — D. *hâbleur, hâblerie.*
Hache, mot d'origine germanique (ancien haut allemand *hacco*, hache) ; sur le changement de *cc* en *ch*, voy. *acheter.* — D. *hachette, hachereau, hacher, hachoir, hachure, hachis.*

Hachure, voy. *hache.*
Hagard, proprement *sauvage*; on a vu, p. XXIV, que ce mot ne s'appliquait d'abord qu'aux faucons; on appelle *faucon hagard* celui qui a été pris après plus d'une mue, qu'on ne peut plus apprivoiser, qui reste farouche; *faucon hagard* signifie littéralement faucon *de haies*, faucon qui mue dans les haies, qui n'a point mué en domesticité; pour l'étymologie de *hagard*, voy. *haie.*
Hagiographe, du grec ἁγιογράφος (qui traite des choses saintes). — D. *hagiographie.*
Haie, du L. *haga** (haie, dans les plus anciens textes latins du moyen âge : « *Quod totam dictam plateam.... includere possint fossato et* haga.... » *Haga* est d'origine germanique et représente l'ancien haut allemand *haga*, haie). Le latin *ha(g)a* perdant son *g* médial (voy. *allier*) donne *haia*, qui est, au neuvième siècle, dans les Capitulaires de Charles le Chauve, tit. XXXVI : *Quicumque istis temporibus castella et firmitates et* haias *sine nostro verbo fecerint.*
Sur *a* devenu *ai*, voy. *aigle* — D. de l'ancienne forme *haga* est venu le dérivé *hagard* (qui vit

dans les haies, en parlant des oiseaux).

Haillon, mot d'origine germanique; diminutif d'un radical hypothétique *haille*, qui représente l'ancien haut allemand *hadil* (lambeau, haillon) par la contraction de *had(i)l* en *had'l*, l'assimilation de *dl* en *ll* (voy. *allumer*), et le changement de *a* en *ai* (voy. *boire*).

Haine, voy. *haïr*. — D. *haineux*

Haïr, au onzième siècle *hadir* dans le poème de saint Alexis, mot d'origine germanique (anglosaxon *hatian*, haïr; sur le changement de *t* en *d*, voy. *aider*). L'ancien français *ha(d)ir* est devenu *ha-ir* par la chute du *d* médial (voy. *accabler*). — D. *hoine* (anciennement *haine*, qui dérive de *haïr*, comme *saisine* de *saisir*); *haïssable*.

Haire, mot d'origine germanique (vieux scandin. *hæra*, haire, tissu de poil).

Halbran, mot d'origine germanique (allemand *halbente*, m. s.; — par la forme hypothétique du moyen haut allemand *halberent*, d'où *halbran*). — D. *halebrené*.

Hâle, voy. *hâler*. 2.

Haleine, anciennement *aleine* (sur l'addition de *h*, voy. *envahir*), substantif verbal de l'ancien verbe *alener* (respirer), qui est pour *aneler* venant du L. *anhelare* (respirer) par la transposition des liquides *n* et *l* (voy. *sangloter* et p. LXXVI. Sur le changement de *e* en *ei* devant *n* (alene, puis aleine), voy. *frein*.

Halener, anciennement *alener*, voy. *haleine*.

1 **Haler**, mot d'origine germanique (anglais *to hale* haler, vieux norois *hâla*). — D. *halage*

2 **Hâler**, anciennement dessécher. (Le soleil *hâle* le teint, c'està-dire lui enlève sa fraîcheur, le dessèche).

Hâler est un mot d'origine germanique et dérive du flamand *hael* (sec). On trouve l'adjectif *hâle* dans notre vieille langue au sens de desséché et l'on appelle encore *hâloir* le lieu où l'on *sèche* le chanvre. — D. *hâle* (substantif verbal).

Haleter, en italien *alitare*, du L. *halitare* (exhaler dans Ennius).

Hallali, onomatopée (voy. p. LXV).

Halle, mot d'origine germanique (allemand *halle* lieu couvert, grande salle. Le français *halle* signifie à l'origine un marché couvert.). — D. *hallage*.

† **Hallebarde**, venu de l'italien *alabarda* (hallebarde). — D. *hallebardier*.

Hallier, dérivé d'un type *halle* qui est le L. *hasla** (branchages, dans les Lois Barbares. L'origine de *hasla* est inconnue.). Sur la chute de *s*, voy. *abîme*.

Hallucination du L. *hallucinationem* (m. s).

Halo, du grec ἅλως (halo).

Halte, ancien français *hait*, mot d'origine germanique (allemand *halt*, arrêt, halte).

Haltères, du grec ἁλτῆρες (poids dont l'on s'aide pour mieux sauter).

† **Hamac**, venu de l'espagnol *hamaca* (hamac).

Hamadryades, du grec ἁμαδρυάδες (nymphes des bois).

Hameau, anciennement *hamel* (sur *el* devenu *eau* voy. *agneau*), l'ancien français *hamel* est le diminutif de *ham** qui est d'origine germanique (anglo-saxon *ham*, demeure)

Hameçon, du L. *hamicionem** (diminutif de *hamus* hameçon) par le changement : 1° de cio en ço (voy. *agneau*); 2° de *i* en *e* (voy. *admettre*).

Hampe, pour *hampte**, *hantbe**, mot d'origine germanique (vieil haut allemand *hanthabe*, proprement ce que la main tient, manche, — par la contraction de *hanthabe* en *hant'be*, puis très-irrégulièrement *hant'pe*, *hamt'pe*)

Hanap, mot d'origine germanique (ancien haut allemand *hnap* vase à boire).

Hanche, mot d'origine germanique (ancien haut allemand *ancha*, jambe, cuisse, puis hanche). Sur l'addition d'un *h*, voy. *envahir*.

† **Hanebane**, de l'anglais *henbane* (m. s.).

Hangar, anciennement *angar* proprement remise destinée à abriter divers instruments ou ustensiles.

Le grec ἄγγαρος (estafette) avait donné, par la forme ἀγγαρία, le L. *angaria* (obligation de fournir aux courriers de l'empereur les moyens de transport, puis station où relayaient les courriers impériaux), — d'où le dérivé *angarium* (lieu couvert, hangar où l'on ferrait les chevaux des courriers. *angarium est locus ubi sufferantur equi*, dit un texte de la basse latinité) *Angarium* s'est étendu du sens spécial de remise où l'on ferre les chevaux, à toute remise pour abriter des ustensiles ou des chariots. — Sur l'addition de *h*, voy. *envahir*; au dix-septième siècle, on écrivait encore *angar*.

Hanneton, anciennement *haneton*, diminutif d'un radical *hanc** qui est d'origine germanique et répond à l'allemand provincial *hahn* (hanneton, dans la composition *weiden-hahn* qui est le nom de cet insecte dans plusieurs provinces de l'Allemagne).

Hanse, de l'ancien haut allemand *hansa* (association). — D. *hanséatique*.

Hanter, origine inconnue.

Happe, serpe, mot d'origine germanique (ancien haut allemand *happa*, faucille).

Happer, mot d'origine germanique (néerlandais *happen*, mordre, puis saisir, happer).

† **Haquenée**, de l'espagnol *hacanea* (haquenée).

Haquet, charrette basse et aussi, mauvais cheval « *panser un haquet* » disait-on au quinzième siècle. *Haquet* est un diminutif de l'ancien français *haque* (petit cheval) qui est lui-même un mot d'origine germanique (*hack* cheval)

† **Harangue**, anciennement *arengue*, venu de l'italien *aringa* (harangue). — D *haranguer*.

Haras, anciennement *faras* (au sens de troupe de chevaux) mot d'origine orientale (arabe *faras*, equus, d'où le sens collectif de haras.) Pour le changement de *f* en *h*, voy. *hors*.

Harasser, origine inconnue.

Harceler, anciennement *herceler*, dérivé de *herce* (forme de l'ancien français pour *herse*) : *herceler*, c'est proprement tourmenter, agiter sans cesse, comme la *herce* retourne la terre. La langue anglaise dit de même *to harrow* (harceler, et aussi herser).

1. **Harde**, au sens de troupeau, mot d'origine germanique (allemand *herde* troupeau).

2. **Harde** (corde pour attacher les chiens de chasse) : voy. *hart*.

Hardes, anciennement *fardes*, dont l'origine est inconnue. Sur *f* devenu *h*, voy. *hors*.

Hardi, participe de l'ancien verbe *hardir*, qui est d'origine germanique (ancien haut allemand *hartjan*, enhardir; sur *t* devenu *d*,

16

voy. p. xciii). — D. *hardiesse,* enhardir (de l'ancien verbe *hardir*).
Hardiesse, voy. hardi.
† **Harem,** mot d'origine orientale, (arabe *charam,* harem).
Hareng, anciennement *harenc,* mot d'origine germanique (ancien haut allemand *harinc,* hareng). — D. *harengère.*
Hargneux, dérivé de l'ancien verbe français *hargner* (se quereller) ; *hargner* est un mot d'origine germanique (ancien haut allemand *harmjan* quereller, injurier).
1. **Haricot** (fève), origine inconnue.
2. **Haricot** (ragoût) origine inconnue.
Haridelle, origine inconnue.
† **Harmonica,** de l'allemand *harmonika* (le nom et l'instrument vinrent d'Allemagne au commencement de ce siècle).
Harmonie, du L. *harmonia* (m. s.). — D. *harmonieux, harmoniste.*
Harmonieux, voy. *harmonie.*
Harmonique, du L. *harmonicus* (harmonieux).
Harnacher, voy. harnais. — D. *enharnacher.*
Harnais, anciennement l'équipement complet d'un cavalier et de son cheval ; à l'origine *harnais* signifie seulement l'armure du cavalier (harnais a encore ce sens dans la locution blanchir sous le *harnais*).
Harnais, anciennement *harnas,* armure, est un mot d'origine celtique (bas breton *harnez,* kymrique *haiarnez,* attirail de fer, d'ou le sens d'*armure*). — D. *harnacher* (anciennement *harnascher,* en provençal *arnascar,* de l'ancienne forme *harnasc**).
Haro, origine inconnue.

Harpe, du L. *harpa* (harpe, au sixième siècle dans Fortunat : « Romanusque lyra, plaudet tibi Barbarus harpa. » *Harpa* est d'origine germanique et répond au scandinave *harpa* (harpe). — D. *harpiste.*
Harper, saisir avec les ongles, mot d'origine germanique (ancien haut allemand *harfan,* saisir, accrocher). — D. *harpon.*
Harpie, du L. *harpyia* (monstre fabuleux).
Harpon, voy. harper. — D. *harponner, harponneur.*
Hart (aussi *harde*) = corde, origine inconnue.
Hasard, à l'origine jeu de dés (dans les textes français du douzième siècle), postérieurement les chances du jeu, puis les chances de la vie, etc.... *Hasard* (jeu de dés) dans notre ancienne langue *asart,* en provençal *azar,* en espagnol *azar,* dans l'ancien italien *zaro,* — est un mot d'origine orientale, et vient de l'arabe *al-sâr* (le jeu de dés), qui a donné sans l'article (al) l'italien *zaro,* et avec l'article les formes composées de l'espagnol (*azar*), et du français *asar* (qui a subi postérieurement l'addition d'un *d,* comme dans *homard* qui est pour *homar,* — et d'un *h* initial (voy. *envahir*). — D *hasarder, hasardeux.*
Hase, mot d'origine germanique (allemand *hase* lièvre).
Hast, du L. *hasta* (haste). — D. *hastaire.*
Hâte, anciennement *hast,* mot d'origine germanique (allemand *hast,* hâte). Sur la chute de *s,* voy. *abîme.* — D. *hâter, hâtif.*
Hâtier, anciennement *hastier,* dérivé de *haste* (broche), qui est le L. *hasta* (pique, tige de fer pointue). Sur la chute de *s,* voy. *abîme.*

Hâtif, voy. *hâte.* — D. *hâtiveté*

Haubans, anciennement *hoben*, mot d'origine germanique comme la plupart des termes de marine (flamand *hobent*, hauban).

Haubert, anciennement *hauberc*, à l'origine *halberc*. — dans le L. du moyen âge *halsberga*, mot d'origine germanique (ancien haut allemand *halsberc*, haubert). — D. de l'ancienne forme *hauberc* : *haubergeon*

Hausser, du L. *altiare** (rendre plus haut ; dérivé de *altus* haut). Pour le changement de *altiare* en *hausser*, voy. *exhausser*. — D. *hausse-col*, *haussement*. *hausse* (substantif verbal), *rehausser*.

Haut, anciennement *halt*, à l'origine *alt*, du L. *altus* (haut) par le changement de *al* en *au* (voy. *agneau*) et par l'addition d'un *h* (voy. *envahir*). — D. *hautain*, *hautesse*, *hauteur*.

Hautain, voy. *haut.*

Hautbois, composé de *bois* et de *haut* (voy. ces mots). *Hautbois* est proprement un *bois*, une flûte dont le son est aigu, est *haut*.

Hautesse, voy. *haut.*

Hauteur, voy. *haut.*

Hâve, mot d'origine germanique (anglo-saxon *hasva* pâle, hâve). Sur la chute de *s*, voy. *abîme.* — D. *havir*.

Havre, anciennement *havle*, à l'origine *hable*, du L. *habulum** havre, port dans les textes de la basse latinité : « *Laxavi et dimisi... quidquid juris habebam in portu et habulo*, » dit un acte du douzième siècle. *Habulum* est un mot d'origine allemande, et est le diminutif des formes germaniques : anglo-saxon *hafen*, havre ; anglais *haven*, havre).

Hab(u)lum, contracté en *hab'lum* (voy. p. LXXXI), a donné successivement les formes françaises *hable*, puis *havle* (voy. *avant*), et enfin *havre* (voy. *apôtre*).

† **Havre sac**, au dix-septième siècle *habresac*, mot que Menage définissait ainsi en 1650 : « Havre-
« sac ou habresac · *Les Chartiers*
« *et les Fiacres appellent ainsi un*
« *sac de toile dans lequel ils don-*
« *nent de l'avoine à leurs che-*
« *vaux dans les rues.... Les sol-*
« *dats fantassins se servent aussi*
« *de cette sorte de sac quand ils*
« *vont en campagne.* »
Le sens originaire du mot, on le voit, est *sac à avoine*. *Havresac* ou *habresac* vient de l'allemand *Habersack* (sac à avoine).

Heaume, anciennement *helm*, mot d'origine germanique (ancien haut allemand *helm*, heaume, casque). Sur le changement du suffixe *el* en *eau*, voy. *agneau*.

Hebdomadaire, du L. *hebdomadarius** (m. s.).

Héberger, anciennement *herberger*, loger, dérivé de l'ancien français *herberge* (endroit où l'on loge). *Herberge* est un mot d'origine germanique (allemand *herberge*, lieu où l'on loge, auberge). — D. *héberge*.

Hébêter, du L. *hebetare* (m. s.).

Hébraïque, du L. *hebraïcus* (m. s.). — D. *hébraïsant*, *hébraïsme*.

Hébreu, du L. *hebraeus* (m. s.)

Hecatombe, du L. *hecatomba* (m. s.).

Hectare, formé du mot grec ἑκατόν (cent) et du mot *are* (voy. *are*).

Hectique, du L *hecticus* (habituel)

Hectogramme, formé du mot grec ἑκατον (cent) et du mot *gramme* (voy. *gramme*).

Hectolitre, formé du mot grec ἑκατόν (cent) et du mot *litre* (voy. *litre*).

Hectomètre, formé du mot grec ἑκατόν (cent) et du mot *mètre* (voy. *mètre*).

Hélas ! que notre ancienne langue écrit *hé! las!* se compose de l'interjection *hé!* et de l'adjectif *las* (*lassus*, malheureux). On disait au treizième siècle : « Cette mère est *lasse* de la mort de son fils. » — « Hé! *las!* que je suis! » (c.-à-d. *malheureux* que je suis ! — Ce n'est qu'au quinzième siècle que les deux mots se soudèrent, et qu'*hélas* devint inséparable. — En même temps, *las* perdait toute son énergie primitive, et passait du sens de *douleur* à celui de *fatigue*, comme cela est arrivé pour les mots *gêne* et *ennui*, qui signifiaient à l'origine *tourment* et *haine*.

† **Héler**, mot d'origine anglaise, comme beaucoup d'autres termes de marine (anglais *to hail*, héler).

Hélianthe, du L *helianthes* (m. s. dans Pline).

Hélice, du grec ἕλιξ (spirale).

Héliocentrique, du grec ἥλιος (soleil) et κέντρον (centre).

Hélioscope, du grec ἥλιος (soleil) et σκοπεῖν (examiner).

Héliotrope, du L. *heliotropium* (tournesol)

Hellénique, du grec ἑλληνικός (relatif aux Grecs).

Helléniste, du grec ἑλληνιστής (qui parle la langue des Grecs).

Helvétique, du L. *helveticus* (m. s.).

Hématite, du grec αἱματίτης (qui est couleur de sang).

Hématocèle, du grec αἷμα (sang) et κήλη (tumeur).

Hématose, du grec αἱμάτωσις (sanguification).

Hématurie, du grec αἱματουρία (m. s.).

Hémicycle, du L. *hemicyclium* (amphithéâtre).

Hémiplégie, du grec ἡμιπληξία (paralysie de la moitié du corps).

Hémiptère, du grec ἡμι (demi) et πτερόν (aile).

Hémisphère, du L. *hemisphaerium* (m. s.). — D. *hémisphérique*.

Hémistiche, du L. *hemistichium* (m. s.).

Hémoptysie, du grec αἷμα (sang) et πτύσις (crachement).

Hémorragie, du grec αἱμορραγία (eruption de sang).

Hémorrhoïdes, du grec αἱμορροΐδες (m. s.). — D. *hémorrhoïdal*.

Hémostatique, du grec αἱμοστατικός (m. s.).

Hendecasyllabe, du grec ἕνδεκα (onze) et συλλαβή (syllabe).

Hennir, du L. *hinnire* (hennir), par le changement de *i* en *e* (voy. *admettre*). — D. *hennissement*.

Hépatique, du grec ἡπατικός (relatif au foie).

Hépatite, du grec ἡπατίτης (inflammation du foie).

Heptacorde, du grec ἑπτάχορδος (lyre à sept cordes).

Heptagone, du grec ἑπτάγωνος (à sept angles).

Héraldique, du L. du moyen âge *heraldicus*(dérivé de *heraldus*, voy. *heraut*.) proprement l'art du héraut d'armes).

Héraut, anciennement *heralt*, en espagnol *heraldo*, du L. du moyen âge *heraldus* (héraut), sur *al* devenu *au*, voy. *agneau*. L'origine précise de *heraldus* est inconnue. — D. du L. *heraldus* l'adjectif *heraldicus* (d'où le français *héraldique*).

Herbacé, du L. *herbaceus* (de couleur d'herbe).
Herbage, du L. *herbaticum*⁎ dérivé de *herba* herbe), par le changement de *aticum* en *age* (voy. *âge*.
Herbe, du L. *herba* (m. s.) — D. *herbette, herboriser, herboriste*.
Herbeux, du L *herbosus* (couvert d'herbe). Sur *osus* devenu *eux*, voy. *amoureux*.
Herbier, du L. *herbarium* (herbier). Sur *arium* devenu *ier*, voy. *dnier*.
Herbivore, du L. *herba* (herbe) et *vorare* (manger).
Herboriser. voy. *herbe* — D. *herborisation, herboriseur*.
Herboriste, voy. *herbe*.
Hère, origine inconnue.
Hereditaire, du L. *hereditarius* (m. s.).
Heredite, du L. *hereditatem* (m. s.). Sur *atem* devenu *é* voy. *abbé*.
Héresiarque, du grec αἱρεσιαρχης (chef de secte).
Heresie, du grec ⁎ αἱρεσις (secte).
Hérétique, du L. *hæreticus* (m s.).
Hérisser, faire comme le *hérisson*, de même en italien *arricciare* (hérisser) est un composé de *riccio* (hérisson); de *erizo* (hérisson), l'espagnol a tiré le verbe *erizar* (hérisser).
Le français *hérisser* ne vient pas directement de *hérisson*, mais bien du radical *hériss....* dont *hérisson* est le diminutif.
Hérisson, anciennement *hériçon*, à l'origine *ériçon*, du L. *ericionem*⁎ (diminutif de *ericius* hérisson): 1° par le changement de *cio*, en *ço* puis *sso* (voy. *agencer*); 2° par l'addition d'un *h* (voy. *envahir*).
Héritage, voy. *hériter*.

Hériter, en provençal *heretar*, en espagnol *heredar*, du L. *hereditare* (hériter de, dans Arnobe).
Here(di)*tare* devenant *heretare* (voy. *accointer*), a donné *hériter* par le changement de *e* en *i* (voy. *accomplir*). — D. *héritage, deshériter*.
Héritier, du L. *hereditarius* (héritier). Par le changement de *heredit....* en *hérit....* voy. *hériter*; pour celui de *arius* en *ier*, voy. *dnier*.
Hermaphrodite, du L. *hermaphroditus* (m. s.).
Hermeneutique, du grec ἑρμηνευτικος (interprétatif).
Hermès, du grec Ἑρμῆς Mercure. — D. *hermétique*. Philosophie hermetique, celle qui s'occupe de la recherche de la pierre philosophale (de Hermès Trismégiste); la science hermétique ou l'alchimie employait pour sceller les flacons un mode de fermeture dit sceau *hermétique* (d'où le sens de l'adverbe *hermétiquement* fermé).
Hermétique, voy. *hermès*. — D. *hermétiquement*.
Hermine, anciennement *ermine*, en espagnol *armiño*, du L. *armenius*⁎ (proprement fourrure d'Arménie, l'hermine ayant été importée d'Arménie à Rome).
Armenius a donné *ermine* par le changement : 1° de *a* en *e* (voy. *acheter*); 2° de *e* en *i* (voy. *accomplir*). *Ermine* a donné *hermine* par la prosthèse d'un *h* voy. *envahir*. — D. *herminé*.
Hermite, voy. *ermite*. Pour la prosthèse de *h*, voy. *envahir*. — D. *hermitage*.
Hernie, du L. *hernia* (m. s.). — D. *herniaire*.
Heroïne, du L. *heroina* (héroine).
Heroïque, du L. *heroicus* (héroïque).

Héroïsme, voy. *héros*.
Héron, voy. *aigrette*. — D. *héronneau, héronnier, héronnière*.
Héros, du L. *heros* (héros). — D. *héroïsme*.
Herse, anciennement *herce*, en italien *erpice*, du L. *hirpicem* (herse dans Varron) par la contraction régulière (voy. p. LXXXI) de *hirp(i)cem* en *hirp'cem, hir'cem* d'où l'ancien français *herce* par le changement de *i* en *e* (voy. *admettre*); sur le changement de *herce* en *herse*, voy. *amitié*. — D. *hersage, herser, herseur*.
Hésitation, du L. *haesitationem*.
Hésiter, du L. *haesitare* (hésiter).
Hétéroclite, du L. *heteroclitus* (irrégulier, dans Priscien).
Hétérodoxe, du grec ἑτερόδοξος (qui suit une autre doctrine). — D. *hétérodoxie*.
Hétérogène, du grec ἑτερογενής (qui est d'une nature différente). — D. *hétérogénéité*.
Hêtre, anciennement *hestre*, mot d'origine germanique (bas allemand *hester*, bêtre). Sur la chute de *s*, voy. *abime*.
Heur, anciennement *eûr, aür*, (chance heureuse ou malheureuse, présage), — en provençal *agur* en italien *augurio* du L. *augurium* (présage, puis chance bonne ou mauvaise). *Augurium* se réduisant à *agurium* (comme *auscultare* était déjà *ascultare* chez les Romains, voy. p. CV), *a(g)urium* par la chute du *g* médial (voy. *allier*) donna l'ancien français *a-ür*; *aur* adoucissant *a* en *e* (voy. *acheter*) devint *eur* puis *eur* d'où la forme moderne *heur* par la prosthèse d'un *h* (voy. *envahir*).
Les savants qui ont tiré *heur* de *hora* ont commis une grosse erreur parce que *hora* ne pouvait donner et n'a donné qu'un monosyllabe (*heure*) terminé par un *e* correspondant à l'*a* final du mot latin, le mot *eûr, aür* ne peut venir de *hora* puisqu'il est dissyllabique et terminé par une consonne. — D. *bonheur; malheur; heureux*.
Heure, du L. *hora* (heure) par le changement de *o* en *eu* (voy. *accueillir*).
Heureux, voy. *heur*.
Heurter, origine inconnue. — D. *heurt* (substantif verbal), *heurtoir*.
Hexaèdre, du grec ἕξ (six) et ἕδρα (base).
Hexagone, du L. *hexagonus* (m. s. dans Columelle).
Hexamètre, du L. *hexametrus* (m. s.).
Hiatus, du L. *hiatus* (rencontre de voyelles).
Hibou, origine inconnue.
† **Hidalgo**, de l'espagnol *hidalgo* (m. s.).
Hideux, ancien français *hisdeux*, du L. *hispidosus*, hérissé dans Catulle. Le sens originaire est encore visible dans ce vers de Dubellay: « *Sur l'autre sont les murs vieux, hideux de ronces et d'hierre* [de lierre]. »
Hisp(i)dósus, contracté régulièrement en *hisp'dosus* (voy. *accointer*), a donné *hisdeux* par le changement de *pd* en *d* qu'on retrouve dans : tiède (tep'dus), maussade (malè sap'dus), fade (vap'dus'), étourdir (extorp'dire). Sur *hisdeux* devenu *hideux*, voy. *abime*.
Hie, mot d'origine germanique (néerlandais *hei*, hie).
Hièble, anciennement *ièble*, du L. *ebulum* (hièble) par la contraction régulière (voy. p. LXXXI) de *eb(u)lum* en *eb'lum* d'où *ièble*

par le changement de *e* en *ie* (voy. *arrière*) puis *hièble* par la prosthese de *h* (voy. *envahir*).

Hier, du L. *heri* (hier) par le changement de *e* en *ie* (voy. *arrière*).

Hiérarchie, du L. *hierarchia* (m. s.). — D. *hiérarchique*.

Hiératique, du grec ἱερατικός (divin).

Hiéroglyphe, du grec ἱερός (sacre) et γλύφω (graver). — D. *hiéroglyphique*.

Hilarité, du L. *hilaritatem* (m. s.). Sur *atem* devenu *é* voy. *abbé*.

Hippiatrique, du grec ἱππιατρική (art de guérir les chevaux).

Hippique, du grec ἱππικός (qui concerne le cheval).

Hippodrome, du grec ἱππόδρομος (m. s.).

Hippogriffe, cheval griffon ; mot hybride composé du grec ἵππος (cheval) et du L. *gryphus* (griffon).

Hippopotame, du grec ἱπποπόταμος (m. s.).

Hirondelle, du L. *hirundo* (hirondelle) et du suffixe diminutif *elle* ; sur le changement de *u* en *o*, voy. *annoncer*.

Hisser, mot d'origine germaque (allemand *hissen* hisser).

Histoire, du L. *historia* (histoire) par la transposition de *i* (voy. *chanoine*). — D. *historier*, *historien*, *historiette*, *historial*.

Historien, voy. *histoire*.

Historiette, voy. *histoire*.

Historiographe, du grec ἱστοριόγραφος (m. s.).

Historique, du L. *historicus* (m. s.).

Histrion, du L. *histrionem* (comedien).

Hiver, anciennement *ivern*, du L. *hibernus* (hiver dansTertullien et dans Solin) par le changement : 1° de *b* en *v* (voy. *avant*) ; 2° de *rn* final en *r* (voy. *aubour*).

Hivernal, du L. *hibernalis* (m. s.). Sur *b* devenu *v*, voy. *avant*.

Hiverner, du L. *hibernare* (m.s.). Sur *b* devenu *v*, voy. *avant*. — D *hivernage*.

Hobereau, proprement petit faucon ; *hobereau* est le diminutif de l'ancien français *hobe* (petit oiseau de proie) qui est d'origine germanique (anglais *hobby*, petit vautour).

Hochequeue, voy. *hoche* et *queue*.

Hocher, anciennement *hochier*, *hocier*, *hossier*, mot d'origine germanique (flamand *hotsen*, secouer). — D. *hochet*.

Hochet, voy. *hocher*.

Hoir, du L. *heres* (héritier par le changement de *e* en *oi* (voy *accroire*). — D. *hoirie*.

Hola! interjection, compose de *ho!* et de *là!*

Holocauste, du grec ὁλόκαυστον (holocauste).

Holographe, du grec ὁλόγραφος (qui est écrit en entier de la main du testateur).

Homard, anciennement *homar*, mot d'origine germanique (danois *hommer* homard).

† **Hombre**, de l'espagnol *hombre* (hombre).

Homélie, du grec ὁμιλία (entretien).

Homéopathie, du grec ὅμοιος (semblable) et πάθος (affection).

Homicide, du L. *homicidium* (m. s.).

Hommage, en provençal *homenatge*, du L. *hominaticum* (hommage) dans les textes latins du moyen âge. *Hominaticum* au sens d hommage féodal est dans un testament de 1035 : « *Volo ergo et mando ut jam dicta ecclesia de*

Molig teneat eam Bernardus per manum prædicti filii mei Berengarii, et per suum donum et habeat inde hom(i)naticum. »

Hom(i)naticum contracté suivant la règle (voy. *accointer*) en *hom'naticum* a donné *hommage* par le changement : 1° de *aticum* en *age* (voy *âge*) ; 2° de *mn* en *mm* (voy. *allumer*).

Hommasse, voy. *homme*.

Homme, du L. *hominem* (homme) par la contraction régulière (voy. p. LXXXI) en *hom'nem*, d'où *homme* par l'assimilation de *mn* en *mm* (voy. *allumer*). — D. *hommasse*

Homocentrique, du grec ὁμόκεντρος (qui a un centre commun).

Homogène, du grec ὁμογενής (de la même espèce). — D. *homogénéité*.

Homologue, du grec ὁμόλογος (analogue). — D. *homologuer, homologation*.

Homonyme, du grec ὁμώνυμος (qui a le même nom). — D. *homonymie*.

Honchet, voy. *jonchets*.

Hongre, mot d'origine historique (voy. p. LXIV)signifiant proprement *hongrois*. Jusqu'au seizième siècle, les habitants de la Hongrie furent appelés non Hongrois, mais Hongres. (Les chevaux *hongres* étaient à l'origine importés de Hongrie).

Honnête, du L. *honestus* (honnête) par la chute de *s* (voyez *abîme*) et le changement de *n* en *nn* (voy. *ennemi*). — D. *honnêtement, honnêteté*.

Honneur, du L. *honor* (honneur) par le changement: 1° de *o* en *eu* (voy. *accueillir*) ; 2° de *n* en *nn* (voy. *ennemi*).

Honnir, anciennement *honir*, mot d'origine germanique (ancien haut allemand *honjan*, honnir).

Honorable, du L. *honorabilis* (m. s.).

Honoraire, du L. *honorarius* (honorifique).

Honoraires, du L. *honorarium* (honoraires).

Honorer, du L. *honorare* (honorer).

Honorifique, du L. *honorificus* (honorable).

Honte, en italien *onta*, mot d'origine germanique (vieux saxon *honda*, honte, déshonneur). — D. *honteux, éhonté*.

Honteux, voy. *honte*.

Hôpital, anciennement *hospital*, du L. *hospitale* (lieu hospitalier, hôpital dans la basse latinité).

Hoquet, onomatopée (voyez p. LXV).

Hoqueton, ancienn. *hauqueton. auqueton* (casaque et aussi étoffe, qui est le sens etymologique), à l'origine *alqueton*, en espagnol *alcoton*. Ce mot est d'origine orientale et dérive de l'arabe *al-qôton* (étoffe ouatée).

Horaire, du L. *horarius* (d'une heure).

† **Horde**, mot d'origine slave (voy. p. LIX).

Horion, origine inconnue,

Horizon, du L. *horizon* (m. s.). — D. *horizontal*.

Horizontal, voy. *horizon*.

Horloge, du L. *horologium* (clepsydre).Pour la chute régulière de *ŏ* en *hor(ŏ)logium*, voy. *accointer*. — D. *horloger, horlogerie*.

Hormin, du L. *horminum* (hormin).

Hormis (vieux français *hors-mis* c'est-à-dire *mis hors*. Dans cette locution, le participe *mis* (missus) était variable: on disait au treizième siècle : « Cet homme a perdu tous ses enfants, hors *mise* sa fille. » Au quinzième siècle le, participe *mis* s'est soudé à la particule *hors* et la locution *hors mis* est devenue à son tour une préposition.

Pour l'étymologie, voy. aux mots *hors* et *mis*.

Horoscope, du L. *horoscopus* (horoscope).

Horreur, du L. *horrorem* (horreur) Sur *o* devenu *eu*. voyez *accueillir*.

Horrible, du L. *horribilis* (m. s.).

Horrifique, du L. *horrificus* (affreux).

Horripilation, du L. *horripilationem* (m. s.).

Hors, anciennement *fors*, du L. *foras* (hors). Par le changement très insolite de *f* initial en *h* (voy. *haras* et *hardes*). — D. *hormis*.

Horticole, du L. *horticola* (jardinier dans Isidore de Séville).

Horticulteur, mot forgé à l'aide des deux mots latins *hortus* (jardin) et *cultor* (qui cultive).

Horticulture, mot forgé à l'aide des deux mots latins *hortus* (jardin) et *cultura* (culture).

Hospice, du L. *hospitium* (lieu ou l'on donne l'hospitalité).

Hospitalier, du L. *hospitalarius** (m. s.).

Hospitalité, du L. *hospitalitatem* (m. s.).

Hostie, du L. *hostia* (proprement victime).

Hostile, du L. *hostilis* (m. s.).

Hostilité, du L. *hostilitatem* (m. s)

Hôte, anciennement *hoste*, en portugais *hospede*, du L. *hospitem* (hôte) par la contraction régulière (voy. p. LXXXI) de *hosp(i)tem* en *hosp'tem* ; par la réduction de *pt* à *t* (voy. *acheter*), d'où *hoste*, puis *hôte* (voy. *abîme*).

Hôtel, anciennement *hostel*, en espagnol *hostal*, du L. *hospitale* (hôtel, maison, palais, dans la latinité du moyen âge : « *actum apud hospitale juxta Corbolium, anno Domini* MCCXLIII », lit-on dans une ordonnance de saint Louis.

Hosp(i)tale contracté suivant la règle (voy. *accointer*) en *hosp'tale* a donné *hostel* par la réduction de *pt* à *t* (voy. *acheter*), et le changement de *a* en *e* (voy. *acheter*, puis *hôtel* par la chute de *s* (voyez *abîme*). — D. *hôtelier*, *hôtellerie*.

Hotte, mot d'origine germanique (allemand suisse *hotte*, hotte).

Houblon, diminutif d'un radical *houble**, qui est le L. du moyen âge *hupulus** dérivé de *hupa* (houblon, dans les textes de la basse latinité : *Huparum hortus* dit une chronique du moyen âge ; *hupa* est d'origine germanique et repond au néerlandais *hop*, houblon.

Hupulus a donné *houble** par la contraction régulière (voy. p. LXXXI) en *hup'lus* et par le changement de *p* en *b* (voy. *arriver*). — D. *houblonnière*.

Houe, dans le patois de Namur *houve*, mot d'origine germanique (anglais *hoe*, moyen haut allemand *houwe*, houe). — D. de l'ancienne forme *hoe*, le diminutif *hoel*, puis *hoyel* (pour adoucir l'hiatus, voyez p. LXXXIX) ; *hoyel* est devenu *hoyau* par l'adoucissement de *el* en *au* (voy. *agneau*).

Houille, origine inconnue — D. *houillère*.

Houle, ce mot, qui signifie *vague* au seizième siècle, est d'origine celtique (breton *houl*, vague ; kymr. *hoeval*, houle). — D. *houleux*.

Houlette, du L. *agolum* (houlette de berger dans Festus) par un diminutif *a(g)oletta** qui perdant le *g* médial (voy *accointer*), donne *a-olette* puis *a-oulette* par le changement de *o* en *ou* (voyez *affouage*) : *aoulette* est devenu *oulette*, comme *aoncle* de *a(v)unclus** est devenu *oncle*. — Pour la prosthèse de *h*, voy. *envahir*.

Houppe, voy. *huppe*.

Houppelande, mot que l'on trouve dès les premières années du quatorzième siècle, et dont l'origine est inconnue.

Hourder, à l'origine fortifier à l'aide de treillis, de claies, mot d'origine germanique (allemand *hurde*, claie).

Houseau, anciennement *housel* (sur *el* devenu *eau*, voy. *agneau*). *Housel* est un diminutif de l'ancien français *house* (botte) qui vient du L. du moyen âge *hosa* (botte ; ce mot est d'origine germanique et répond à l'ancien haut allemand *hosa* chausse). Sur le changement de *hosa* en *house* voy. *affouage*.

Houspiller, origine inconnue.

Housse, anciennement *houce*, du L. du moyen âge *hultia** (qui est un dérivé de l'ancien haut allemand *hulst* couverture, enveloppe). *Hultia* a donné *houce* par le changement : 1° de *tia* en *ce* (voy. *agencer*); 2° de *ul* en *ol* puis *ou* (voy. *agneau*). Sur *houce* devenu *housse*, voy. *agencer*.

Houssine, voy. *houx*

Houssoir, voy *houx*.

Houx, anciennement *hous*, à l'origine *hols**, mot d'origine germanique ancien haut allemand *huliz*, arbrisseau épineux) *Hul(i)z* contracté en *hul'z*, donne *hols* par le changement de *ul* en *ol* (voy. *agneau* et *annoncer*); *hols* donne *hous* par l'adoucissement de *ol* en *ou* (voy. *agneau*), puis *houx* par le changement de *s* en *x* (voy. *deux*). — D. *houssine* (proprement branche de houx), *houssoir*.

Hoyau, voy. *houe*.

Huche, du L. *hutica** (huche, dans la latinité du moyen âge : « *Quadam cista, vulgo* hutica *dicta, quantitate magnitudinis ampla.... annonæ plena,* » dit un texte cité par Ducange. L'origine de *hutica* est inconnue).

Hut(i)ca contracté suivant la règle (voy. p. LXXXI) en *hut'ca* a donné *huche* par la réduction de *tc* à *c* (voy. p. c), et par le changement de *ca* en *che* (voy. *acharner* et *acheter*).

Hucher, appeler, en provençal *hucar*, dérivé du L. *huccus** (cri d'appel, dans les textes latins du moyen âge · « *Qui ad ipsos* huccos *cucurrerunt,* » lit-on dans une Formule publiée par Sirmond num 30. *Huccus* est une exclamation dérivée de *huc*, ici).

Huccus a donné un verbe *huccare** qui est devenu *hucher* par le changement de *cca* en *che* (voy *acheter*). — D. *huchet*.

Huchet, voy *hucher*.

Hue, onomatopée, voy. p LXV. — D *huer*.

Huer, voy. *hue*.

Huguenot, origine inconnue. — D. *huguenotisme*.

Hui, anciennement *hoi*, en espagnol *hoy*, du L *hodiè* (aujourd'hui), par le changement de *odi* en *oi* puis *ui* (voy. *appuyer*, *huile* et *alouette*).

Huile, anciennement *uile*, à l'origine *oile*, en espagnol *olio*, du L. *oleum* (huile) par le changement régulier (voy. *abréger*) de *oleum* en *olium*; *olium* donne *oile* par la transposition de l'*i* (voyez *chanoine*) ; pour le changement de *oile* en *uile*, voy *cuider*; pour la prosthèse de *h*, voy. *envahir*. — D *huiler, huileux, huilier, huilerie.*

Huis, anciennement *uis*, en

italien *uscio*, du L. *ostium* (porte), par l'attraction de l'*i* (*ostium* donne *oistum**); et par la réduction de *st* à *t* comme dans *dispos* de *dispos'tus*, etc.... Pour le changement de *oi* en *ui* voy. *cuider*; pour la prosthèse de *h*, voy. *envahir*. — D *huissier* (proprement celui qui garde la porte, l'*huis*), *huisserie*

Huis clos, voy. *huis* et *clos*.
Huissier, voy. *huis*.
Huit, anciennement *uit*, à l'origine *oit*, en portugais *oito*, en italien *otto*, du L. *octo* (huit); pour le changement de *oct* en *oit* voyez *attrait*; pour celui de *oit* en *uit*, voy. *attrait* et *cuider*; pour la prosthèse de *h*, voy. *envahir*. — D. *huitain, huitaine.*

Huitième, anciennement *huitiesme*, du L. *octesimus** (huitième) par la contraction régulière (voyez p. LXXXI) de *octes(ĭ)mus* en *octes'mus*, d'où *huitiesme* par le changement: 1° de *oct*. en *huit* (voy. *huit*); 2° de *e* en *ie* (voy. *arrière*). *Huitiesme* a donné *huitième* par la chute de *s* (voy. *abîme*). — D. *huitièmement*

Huître, anciennement *uistre*, à l'origine *oistre*, du L. *ostrea* (huître) par le changement régulier de *ostrea* en *ostria* (voy. *abréger*), d'où *oistre* par l'attraction de *i* (voy. *chanoine*), puis *uistre* par le changement de *oi* en *ui* (voyez *cuider*), *huistre* par la prosthèse de *h* (voy. *envahir*); sur la chute de *s*, voy. *abîme*. — D *huîtrier, huîtrière*.

Hulotte, espèce de chouette, diminutif d'un radical *hule**, qui représente le L. *ulula* (chouette) par la contraction régulière (voyez p. LXXXI) de *ul(ŭ)la* en *ul'la* d'où *ulle* puis *hulle* par la prosthèse de *h* (voy. *envahir*).

Humain, du L. *humanus* (m. s.). Sur *anus* devenu *ain*, voyez *ancien*. — D. *humaniser, humaniste.*

Humanité, du L. *humanitatem* (m s.).

Humble, du L. *humilis* (humble) par la contraction régulière (voy. p. LXXXI) de *hum(ĭ)lis* en *hum'lis*, d'où *humble* par le changement de *ml* en *mbl* (voy. *absoudre*)

Humectation, du L. *humectationem* (m. s.).

Humecter, du L. *humectare* (m. s.).

Humer, origine inconnue

Humerus, du L. *humerus* (épaule). — D. *huméral*

Humeur, du L *humorem* (humeur). Sur *o* devenu *eu*, voy. *accueillir*. — D. *humoral*.

Humide, du L. *humidus* (humide).

Humidité, du L. *humiditatem** (m s.). Sur *atem* devenu *é*, voy *abbé*.

Humiliation, du L. *humiliationem* (action de s'humilier).

Humilier, du L. *humiliare* (m. s.).

Humilité, du L *humilitatem* (modestie)

Humoriste, dérivé du L. *humor* (humeur).

† **Humour**, de l'anglais *humour* (gaieté). — D. *humoristique*.

Humus, du L. *humus* (terre).

Hune, mot d'origine germanique (anglo-saxon *hun*, hune). — D. *hunier*.

Huppe, en provençal *upa*, en italien *upupa* (huppe) par la contraction régulière (voy. p. LXXXI) de *up(ŭ)pa* en *up'pa* d'où *hupe* par la prosthèse de *h* (voy. *envahir*). — D. *huppé* (proprement qui a une huppe sur la tête). Une variété dialectale de *huppe* est *houppe* (sur *u* devenu *ou*, voy. *affouage*).

Huppé, voy. *huppe*.

Hure, origine inconnue.
Hurler, anciennement *huller*, à l'origine *uller*, du L. *ululare* (hurler) par la contraction régulière (voy. *accointer*) de *ul(ŭ)lare* en *ul'lare*, d'où l'ancien français *uller* qui devient *huller* par la prosthèse de *h* (voy. *envahir*), puis *hurler* par le changement de *l* en *r* (voy. *apôtre*). — D *hurlement*.
Hurluberlu, origine inconnue.
† **Hussard**, mot d'origine hongroise (voy. p LIX).
Hutte, mot d'origine germanique (allemand *hütte*, hutte). — D. *hutter*.
Hyacinthe, du L. *hyacinthus* (m. s. dans Pline).
Hyades, du L. *hyades* (m. s.).
Hybride, du L *hybrida* (m. s.).
Hydrate, dérivé de ὕδωρ (eau).
Hydraulique, du L *hydraulicus* (m. s. dans Pline).
Hydre, du L. *hydra* (m. s.).
Hydrocéphale, du grec ὑδροκέφαλον (hydropisie de la tête).
Hydrodynamique, du grec ὕδωρ (eau) et δύναμις (puissance).
Hydrogène, mot forgé en 1776, par Cavendish, du grec ὕδωρ (eau) et γένος (naissance).
Hydrographe, du grec ὕδωρ (eau) et γράφειν (écrire). — D. *hydrographie*, *hydrographique*.
Hydrologie, du grec ὕδωρ (eau) et λόγος (discours).
Hydromel, du L. *hydromeli* (m. s. dans Pline).
Hydromètre, du grec ὕδωρ (eau) et μέτρον (mesure). — D. *hydrométrie*.
Hydrophobe, du L. *hydrophobus* (m. s. dans Pline). — D. *hydrophobie*.
Hydropique, du L. *hydropicus* (m. s).
Hydropisie, du L. *hydropisis* (m. s.).

Hydroscope, du grec ὑδροσκόπος (celui qui recherche les sources). — D. *hydroscopie*.
Hydrostatique, composé de *hydro*, correspondant au grec ὕδωρ (eau) et *statique* (voy. ce mot).
Hyène, du grec ὕαινα (m. s.).
Hygiène, du grec ὑγιεινός (qui contribue à la santé). — D. *hygiénique*.
Hygromètre, du grec ὑγρός (humide) et μέτρον (mesure. — D. *hygrométrie*, *hygrométrique*.
Hymen, du L. *hymen* (m. s.).
Hyménée, du L. *hymenaeus* (m. s.).
Hyménoptères, du grec ὑμήν (membrane) et πτερόν (aile).
Hymne, du L. *hymnus* (m. s.).
Hyoïde, du grec ὑοειδές (os du cou, semblable à un *y*)
Hypallage, du L. *hypallage* (m. s.).
Hyperbole, du L. *hyperbola* (m. s.). — D. *hyperbolique*.
Hyperborée, du L. *hyperboreus* (septentrional). — D *hyperboréen*.
Hypèthre, du grec ὕπαιθρος (sous un ciel serein).
Hypnotique, du grec ὑπνωτικός (soporifique).— D. *hypnotisme*.
Hypocondre, du L. *hypocondria* (m. s. dans Priscien). — D. *hypocondrie*.
Hypocondrie, voy. *hypocondre*. — D. *hypocondriaque*.
Hypocras, corruption du L. *hippocraticum* (vinum, hypocras).
Hypocrisie, du L. *hypocrisis* (hypocrisie, dans saint Jérôme).
Hypocrite, du L. *hypocrita* (hypocrite, dans saint Jérôme).
Hypogastre, du grec ὑπογάστριον (m. s.).— D *hypogastrique*.
Hypogée, du L. *hypogeum* (cave, dans Isidore de Séville).
Hypostase, du L. *hypostasis* (substance, dans saint Jérôme).

Hypoténuse, du grec ὑποτεί-νουσα (ligne sous-tendante).
Hypothécaire, du L. *hypothecarius* (m. s.).
Hypothèque, du L. *hypotheca* (m. s.). — D. *hypothéquer*.
Hypothèse, du L. *hypothesis* (m. s.).
Hypothétique, du L. *hypo-theticus* (conditionnel dans Cassiodore).
Hypotypose, du grec ὑποτύπωσις (image).
Hysope, du L. *hyssopum* (m. s. dans Pline).
Hysterie, du L. *hysteria** (m. s.)
Hysterique, du L. *hystericus* (m. s. dans Martial).

I

Iambe, du L. *iambus* (ïambe).
Iambique, du L. *iambicus* (m. s.).
Ibis, du L. *ibis* (m. s.).
Icel, voy. ce.
Icelui, voy. ce.
Ichneumon, du L. *ichneumon* (rat d'Égypte).
Ichthyologie, du grec ἰχθυολογία (qui traite des poissons). — D. *ichtyologique, ichthyologiste*.
Ichthyophage, du grec ἰχθυοφάγος (qui se nourrit de poisson).
Ici, voy. ce. — D. *ci*.
Iconoclaste, du grec εἰκονοκλάστης (briseur d'images).
Iconographie, du L. *iconographia* (art du dessin). — D. *iconographe, iconographique*.
Iconolâtre, du grec εἰκών (image) et λάτρης (adorateur). — D. *iconolâtrie*.
Iconologie, du grec εἰκονολογία (explication des images)
Ideal, du L. *idealis* (m. s.) — D. *idéalisme, idéaliste, idéaliser*.
Idée, du L. *idea* (idée).
Idem, du L. *idem* (la même chose).
Identique, du L. scolastique *identicus** (dérivé de *idem*, voy. ce mot)
Identité, du L. *identitatem* (dérivé de *idem*, voy. *identique*).
Ideologie, du grec ἰδέα (idée) et λόγος (discours). — D. *idéologue, idéologique*.
Idiome, du L. *idioma* (idiotisme, terme de grammaire).
Idiot, du L. *idiota* (ignorant).
Idiotisme, du L *idiotismus* (locution familière).
Idolâtre (m. s.), du L *idolatra* — D. *idolâtrer*.
Idolâtrie, du L. *idolatria* (m s.)
Idole, du L *idolum* (idole).
Idylle, du L. *idyllium* (poème pastoral). — D. *idyllique*
If, en espagnol *iva*, mot d'origine germanique (ancien haut allemand *iwa*, if.). Sur *v* devenu *f*, voy *bœuf*.
Ignare, du L. *ignarus* (ignorant).
Igne, du L *igneus* (enflammé). — D *ignicole*.
Ignition, du L. *ignitionem**, dérivé de *ignitus* (enflammé).
Ignoble, du L. *ignobilis* (abject).

17

Ignominie, du L. *ignominia* (ignominie).
Ignominieux, du L. *ignominiosus* (m. s.). Pour le changement de *osus* en *eux* voy. *amoureux*.
Ignorance, du L. *ignorantia* (m. s.).
Ignorant, du L. *ignorantem* (qui ne sait pas). — D. *ignorantin*.
Ignorer, du L. *ignorare* (m. s.).
Il, du L. *ille* (celui-là).
Ile, anciennement *isle*, en provençal *isla*, du L. *insula* (île) par la contraction régulière (voy. LXXXI) de *ins(ŭ)la* en *ins'la* d'où *isle* par la réduction de *ns* à *s* (voy. *aîné*), puis *île* par la chute de *s* (voy. *abîme*). — D. *îlot*.
Illégal, du L *illegalis** (m. s.). — D. *illégalité*.
Illégitime, du L. *illegitimus** (m s. voy. *légitime*).
Illettré, du L. *illitteratus* (m. s.). Pour le changement de *litteratus* en *lettré*, voy. *lettre*.
Illicite, du L. *illicitus* (m. s).
Illimité, voy. *limité*.
Illisible, voy. *lisible*.
Illuminateur, du L *illuminatorem* (celui qui éclaire).
Illumination, du L. *illuminationem* (action d'éclairer).
Illuminer, du L. *illuminare* (m. s.). — D. *illuminé* (substantif participial), *illuminisme*.
Illusion, du L. *illusionem* (moquerie). — D. *illusionner*
Illusoire, du L. *illusorius** (illusoire),
Illustration, du L. *illustrationem* (action d'éclairer).
Illustre, du L. *illustris* (illustre).
Illustrer, du L. *illustrare* (illustrer).
Illustrissime, du L. *illustrissimus* (le plus illustre).

Ilot, voy. *île*.
Ilote, du L. *ilotae* (esclaves à Sparte). — D. *ilotisme*.
Image, du L. *imaginem* (image). Sur la chute des deux dernières syllabes atones, voy. p. LXXXI. — D. *imager*, *imagier*, *imagerie*.
Imaginable, du L. *imaginabilis** (m. s.). — D. *inimaginable*.
Imaginaire, du L. *imaginarius* (imaginaire).
Imaginatif, du L. *imaginativus** (m. s.). — D. *imaginative*.
Imagination, du L. *imaginationem* (méditation, pensée).
Imaginer, du. L. *imaginari* (s'imaginer).
Imbecile, du L. *imbecillus* (faible d'esprit).
Imbecillité, du L. *imbecillitatem* (faiblesse).
Imberbe, du L. *imberbis* (imberbe)
Imbiber, du L. *imbibere* (s'imprégner). — D. *imbibition*.
Imbriqué, du L *imbricatus* (m. s.).
† **Imbroglio**, venu au seizième siècle de l'italien *imbroglio* (embrouillement).
Imbu, du L. *imbutus* (imbu). Sur *utus* devenu *u*, voy. *aigu*.
Imitable, du L. *imitabilis* (m. s).
Imitateur, du L. *imitatorem* (m. s.).
Imitation, du L *imitationem* (m. s.).
Imiter, du L. *imitari* (m. s.). — D. *imitatif*.
Immaculé, du L. *immaculatus* (m. s.).
Immanent, du L. *immanentem* (qui réside dans).
Immangeable, voyez *manger*.
Immanquable, voyez *manquer*.

Immaterialité, voy. *immatériel*.

Immatériel, du L. *immaterialis* (m. s.). — D. *immatérialité*.

Immatricule, de *im* pour *in* (dans), et *matricule*. — D. *immatriculer, immatriculation*.

Immédiat, du L. *immediatus* * (m. s.). — D. *immédiatement*.

Immémorial, voyez *mémoire*.

Immense, du L. *immensus* (demesuré).

Immensité, du L. *immensitatem* (m s.).

Immerger, du L. *immergere* (m. s.)

Immérite, voy. *mériter*.

Immersion, du L. *immersionem* (m. s.).

Immeuble (bien), du L. *immobilis* (qui est au sens d'immeuble dans le Digeste, *res immobiles*). Sur *mobilis* devenu *meuble*, voy. *meuble*.

Imminence, du L. *imminentia* (m s.).

Imminent, du L. *imminentem* (qui menace).

Immiscer, du L. *immiscere* (immiscer).

Immixtion, du L. *immixtionem* (m. s)

Immobile, du L. *immobilis* (qui ne peut être mû). — D. *immobiliser, immobilisation*.

Immobilité, du L. *immobilitatem* (immobilité).

Immodere, du L. *immoderatus* (m. s.).

Immodeste, du L. *immodestus* (qui est sans retenue).

Immodestie, du L. *immodestia* (excès).

Immolation, du L. *immolationem* (m. s.).

Immoler, du L. *immolare* (m. s).

Immonde, du L. *immundus* (m. s).

Immondice, du L. *immunditia* (m. s.).

Immoral, voy. *moral*. — D. *immoralité*

Immortaliser, voy. *immortel*

Immortalité, du L *immortalitatem* (m s).

Immortel, du L. *immortalis* (m. s.). — D. *immortaliser, immortelle*.

Immuable, du L. *immutabilis* (qui ne change point). Pour le changement de *mutabilis* en *muable*, voy. *muer*.

Immunité, du L. *immunitatem* (m. s.).

Immutabilité, du L. *immutabilitatem* (m. s.).

Impair, voy. *pair*.

Impalpable, du L. *impalpabilis* * (m. s.).

Impardonnable, voy. *pardonner*

1. **Imparfait** (adj.), du L. *imperfectus* (m. s.), voy. *parfait*.

2. **Imparfait,** du L. *imperfectum* (m. s), voy. *parfait*.

Impartageable, voy. *partager*.

Impartial, voy. *partial*. — D. *impartialité*.

Impasse, voy. *passe*.

Impassibilité, du L. *impassibilitatem* (m. s.).

Impassible, du L. *impassibilis* (m. s.).

Impatience, du L. *impatientia* (m. s)

Impatient, du L. *impatientem* (qui ne peut souffrir). — D. *impatienter*.

Impatienter, voy. *impatient*.

Impatroniser, voy. *patron*.

Impayable, voy. *payer*.

Impeccabilité, du L. *impeccabilitatem* * (m. s.).

Impeccable, du L. *impeccabilis* (m. s.).
Impenetrable, du L. *impenetrabilis* (m. s.) — D. *impénétrabilité*.
Impénitence, du L. *impœnitentia* (m. s.).
Impenitent, du L. *impœnitentem* (m. s.).
1. **Imperatif**, du L. *imperativus* (m. s.).
2. **Imperatif** (subst.), du L. *imperativus* (modus, qui exprime le commandement).
Impératrice, du L. *imperatricem* (m. s.).
Imperceptible, voy. *perceptible*.
Imperdable, voy. *perdre*.
Imperfection, du L. *imperfectionem* (m. s. dans saint Augustin).
Imperforation, voy. *perforation*.
Impérial, du L. *imperialis* (m. s.).
Impérieux, du L. *imperiosus* (qui commande). Sur *osus* devenu *eux*, voy. *amoureux*.
Imperissable, voy. *périssable*.
Impéritie, du L. *imperitia* (m. s.).
Imperméabilité, voy. *perméabilité*.
Imperméable, voy. *perméable*.
Impersonnel, du L. *impersonalis* (m. s.).
Impertinence, voy. *impertinent*.
Impertinent, du L *impertinentem* (qui n'a pas le droit). — D. *impertinence*.
Imperturbable, du L. *imperturbabilis* (m. s.). — D. *imperturbabilité*.
Impétrant, voy. *impétrer*.
Impetration, du L. *impetrationem* (obtention).

Impétrer, du L. *impetrare* (obtenir). — D. *impétrant* (substantif participal)
Impetueux, du L *impetuosus* (m. s.)
Impétuosité, du L. *impetuositatem* (m. s.).
Impie, du L. *impius* (m. s.).
Impiété, du L. *impietatem* (m. s.).
Impitoyable, voy. *pitoyable*
Implacable, du L. *implacabilis* (m. s.). — D *implacabilité*.
Implantation, voy. *implanter*.
Implanter, voy. *planter*. — D. *implantation*.
Implexe, du L *implexus* (entrelacé).
Implication, du L. *implicationem* (entrelacement).
Implicite, du L. *implicitus* (impliqué).
Impliquer, du L. *implicare* (impliquer).
Implorer, du L. *implorare* (m. s.).
Impoli, du L. *impolitus* (qui n'est pas poli).
Impolitesse, voy. *politesse*.
Impolitique, voy. *politique*.
Imponderable, voy. *pondérable*.
Impopulaire, voy. *populaire*.
Impopularité, voy. *popularité*.
Importance, voy. *important*.
Important, voy. *importer 2*. — D. *importance*.
Importation, voy. *importer 1*.
1. **Importer**, du L. *importare* (m s). — D. *importation*.
2. **Importer**, du L. *importare* (m. s). — D. *important*.
Importun, du L *importunus* (importun). — D. *importuner*.
Importuner, voy. *importun*.

Importunité, du L. *importunitatem* (m. s.).
Imposable, voy. *imposer*.
Imposer, voy. *poser*. — D. *imposable, imposant*.
Imposition, du L. *impositionem* (action de mettre sur)
Impossibilité, du L. *impossibilitatem* (manque de puissance).
Impossible, du L. *impossibilis* (m. s.).
† **Imposte**, de l'italien *imposta* (iniposte).
Imposteur, du L. *impostor* (m. s. dans Ulpien).
Imposture, du L. *impostura* (m. s. dans Ulpien).
Impôt, anciennement *impost*, du L. *impositus** (imposition dans la latinité du moyen âge) par la contraction régulière (voy. page LXXXI) de *impos(i)tus* en *impos'tus*, d'où *imposl* puis *impôt* par la chute de *s* (voy *abime*).
Impotence, du L. *impotentia* (faiblesse).
Impotent, du L. *impotentem* (impuissant).
Impraticable, voy. *pratiquer*
Imprécation, du L. *imprecationem* (m. s.).
Imprégner, du L. *imprægnare** (m. s.).
Imprenable, voy. *prenable*.
† **Impresario**, de l'italien *impresario* (directeur de théâtre).
Imprescriptible, voy. *prescriptible*. — D. *imprescriptibilité*.
Impression, du L. *impressionem* (empreinte). — D. *impressionner, impressionnable, impressionnabilité*.
Imprévoyance, voy. *imprévoyant*.
Imprévoyant, voy. *prévoyant*. — D. *imprévoyance*
Imprevu, voy. *prévu*
Imprimer, du L. *imprimere* (imprimer). — D. *imprimé* (substantif participial), *imprimeur, imprimerie*
Improbable, du L. *improbabilis* (qui ne peut être approuvé).
Improbateur, du L. *improbatorem* (m. s.). — D. *improbatif*.
Improbation, du L. *improbationem* (m. s.).
Improbité, du L. *improbitatem* (perversité).
Improductif, voy. *productif*. — D. *improductible*.
Impromptu, du L. *in* et *promptu* improvisation, chose faite sans préparation, dans les locutions telles que *in promptu aliquid habere* (avoir quelque chose sous la main), *dicere quae sunt in promptu* (dire ce qui se présente à l'esprit).
Impropre, du L. *improprius* (m. s.). — D. *impropriété*.
Improuve, voy. *prouver*.
† **Improviser**, de l'italien *improvvisare* (improviser).
† **Improviste**, de l'italien *improvvisto* (à l'improviste, proprement : dépourvu)
Imprudence, du L. *imprudentia* (imprudence).
Imprudent, du L. *imprudentem* (imprudent).
Impubère, du L. *impuberem* (m. s.).
Impudence, du L. *impudentia* (m. s.).
Impudent, du L. *impudentem* (m. s.).
Impudeur, voy. *pudeur*.
Impudicité, voy. *pudicité*.
Impudique du L. *impudicus* (m. s.).
Impuissance, voy. *impuissant*.
Impuissant, voy. *puissant*. — D. *impuissance*.
Impulsif, voy. *impulsion*.

Impulsion, du L. *impulsionem* (m. s). — D. *impulsif.*
Impuni, du L. *impunitus* (m. s.).
Impunité, du L. *impunitatem* (m. s.).
Impur, du L. *impurus* (m. s.).
Impureté, du L. *impuritatem* (m. s.).
Imputable, voy. *imputer.*
Imputation, du L. *imputationem* (m. s.).
Imputer, du L. *imputare* (m. s). — D. *imputable.*
Inabordable, voy. *abordable.*
Inacceptable, voy. *acceptable.*
Inaccessible, du L. *inaccessibilis* (m. s. dans Tertullien).
Inaccordable. voy. *accordable.* — D. *inadmissibilité.*
Inaccostable, voy. *accostable.*
Inaccoutumé, voy. *accoutumé.*
Inachevé, voy. *achevé.*
Inactif, voy. *actif.* — D. *inactivité.*
Inaction, voy. *action.*
Inactivité, voy. *inactif.*
Inadmissible, voy. *admissible.* — D. *inadmissibilité.*
Inadvertance, du L. scolastique *inadvertantia** (négligence, composé de *advertantia*, précaution, dérivé de *advertere*).
Inaliénable, voy. *aliéner.* — D *inaliénabilité.*
Inalliable, voy. *alliable.*
Inaltérable, voy. *altérer.*
Inamovible, voy. *amovible.* — D. *inamovibilité*
Inanime, du L. *inanimatus* (m. s.). — Sur *atus* devenu *é*, voy. *ampoulé.*
Inanité, du L. *inanitatem* (futilité).
Inanition, du L. *inanitionem* (m. s. dans Isidore de Seville).
Inappétence, voyez *appétence.*

Inapplicable, voy. *applicable.* — D. *inapplication, inappliqué.*
Inappréciable, voy. *appreciable.*
Inaptitude, voy. *aptitude.*
Inarticule. voy. *articule.*
Inattaquable, voy. *attaquable.*
Inattendu. voy. *attendu.*
Inattentif, voy. *attentif.*
Inattention, voy. *attention.*
Inauguration, du L. *inaugurationem* (debut).
Inaugurer, du L. *inaugurare* (inaugurer). — D. *inaugural.*
Incalculable, voy. *calculable.*
Incandescent, du L. *incandescentem* (qui est en feu). — D. *incandescence.*
Incantation du L. *incantationem* (enchantement).
Incapable, voy. *capable.*
Incapacite, de *in* privatif et *capacitatem* (capacite).
Incarceration, voy. *incarcérer.*
Incarcérer, du L. *incarcerare** (mettre en prison, dans les textes latins du moyen âge; derivé du L. *carcer*, prison.
† **Incarnat**, venu de l'italien *incarnato* (incarnat).
Incarnation, du L. *incarnationem* (incarnation).
Incarner, du L. *incarnare* (m s.).
† **Incartade**, de l'espagnol *encartada* (derive de *encartarse* proprement prendre une mauvaise carte; au figuré faire une sottise).
Incendiaire, du L. *incendiarius* (qui incendie).
Incendie, du L. *incendium* (incendie). — D *incendier.*
Incendier, voy. *incendie.*
Incertain, voy. *certain.*
Incertitude, du L. *incertitudinem** (m. s.).

Incessant, du L. *incessantem* (m. s.).

1. **Inceste**, adj. du L. *incestus* (incestueux).

2. **Inceste**, du L. *incestus* (inceste). — D. *incestueux*.

Inchoatif du L. *inchoativus* (m. s.).

Incident, du L. *incidentem* (qui survient). — D. *incident* (substantif), *incidence*.

Incise, du L. *incisus* (coupé).

Inciser, du L. *incisare** (couper, fréquentatif, par le supin *incisum*, de *incidere*, couper). — D. *incisif*.

Incisif, voy. *inciser*.

Incision, du L. *incisionem* (m. s.).

Incitation, du L. *incitationem* (instigation).

Inciter, du L. *incitare* (exciter).

Incivil, du L. *incivilis* (brutal).

Incivilité, du L. *incivilitatem* (brutalité). Sur *atem* devenu *é* voy. *abbé*.

Incivique, voy. *civique*.

Incivisme, voy. *civisme*.

Inclemence, du L. *inclementia* (m. s).

Inclément, du L. *inclementem* (dur).

Inclinaison, du L. *inclinationem* (m. s.) par le changement de *ationem* en *aison* (voy. *fenaison*).

Inclination, du L. *inclinationem* (m. s.).

Incliner, du L. *inclinare* (m. s.).

Inclus, du L. *inclusus* (renfermé).

Incognito, venu de l'italien *incognito* (inconnu).

Incohérence, voy. *incohérent*.

Incohérent, du L. *incohærentem* (m. s.). — D. *incohérence*.

Incolore, du L. *incolor* (m. s.).

Incomber, du L. *incumbere* (reposer sur).

Incombustible, de *in* (négatif) et de *combustibilis** dérivé de *combustus* (brûlé entièrement).

Incommensurable, du L. *incommensurabilis* (m. s). — D. *incommensurabilité*.

Incommode, du L. *incommodus* (incommode).

Incommoder, du L. *incommodare* (m. s.).

Incommodité, du L. *incommoditatem* (m. s.). Sur *atem* devenu *é* voy. *abbé*

Incommunicable, du L. *incommunicabilis* (m. s. dans Saint Jérôme).

Incommutabilité, du L. *incommutabilitatem* (m.s.). Sur *atem* devenu *é*, voy. *abbé*.

Incommutable, du L. *incommutabilis* (immuable).

Incomparable, du L. *incomparabilis* (m. s).

Incompatibilité, voy. *incompatible*.

Incompatible, voy. *compatible*. — D. *incompatibilité*.

Incompetence, voyez *compéter*.

Incompétent, du L. *incompetentem* (déplacé).

Incomplet, du L. *incompletus* (non accompli).

Incomplexe, du L. *incomplexus* (m. s.).

Incompréhensibilité, du L. *incomprehensibilitatem** (m. s.). Sur *atem* devenu *é*, voy. *abbé*.

Incomprehensible, du L *incomprehensibilis* (m. s.).

Incompressible, composé de *compressible* (du L. *compressibilis**, dérivé de *compressus*, comprimé).

Inconcevable, voyez *concevoir*.

Inconciliable, voy. *concilier*.
Inconduite, voy. *conduite*.
Incongru, du L. *incongruus* (inconvenant).
Incongruité, du L. *incongruitatem* (m. s). Sur *atem* devenu *é*, voy. *abbé*.
Inconsequence, du L. *inconsequentia* (défaut de suite).
Inconsequent, du L. *inconsequentem* (qui ne s'accorde pas avec).
Inconsideration, du L. *inconsiderationem* (défaut de réflexion).
Inconsidéré, du L. *inconsideratus* (m. s.). Sur *atus* devenu *é* voy. *ampoulé*.
Inconsistance, voy. *consister*.
Inconsolable, du L. *inconsabilis* (qu'on ne peut consoler.)
Inconstance, du L. *inconstantia* (m. s.).
Inconstant, du L. *inconstantem* (m. s.).
Inconstitutionnel, voy. *constituer*.
Incontestable, voyez *contester*
Incontesté, voy. *contester*.
Incontinence, du L. *incontinentia* (m. s).
1. **Incontinent** (adj.), du L. *incontinentem* (m. s.).
2. **Incontinent** (adv.), du L. *in continenti* (sur l'heure).
Inconvenant, voy. *convenir*. D. *inconvenance*.
Inconvenient (adj. pris substantivement) du L. *inconvenientem* (messéant).
Incorporation, du L. *incorporationem* * (m. s.).
Incorporel, du L. *incorporalis* (incorporel) — D. *incorporalité*.
Incorporer, du L. *incorporare* (m. s. dans Solin).

Incorrect, du L. *incorrectus* (non corrige) — D. *incorrection*.
Incorrigible, du L. *incorrigibilis* (m. s.). — D. *incorrigibilité*.
Incorruptibilité, du L. *incorruptibilitatem* (m. s.) Sur *atem* devenu *é*, voy. *abbé*.
Incorruptible, du L *incorruptibilis* (m. s.).
Incredibilité, du L. *incredibilitatem* (incrédulité, dans Apulée). Sur *atem* devenu *é*, voy. *abbé*.
Incrédule, du L. *incredulus* (incrédule).
Incredulité, du L. *incredulitatem* (m. s.).
Incrée, du L. *increatus* * (m. s. dans les Controversistes chrétiens).
Incriminer, du L. *incriminari* * (derivé de *crimen*, crime). — D. *incrimination*.
Incroyable, voy. *croyable*.
Incrustation, du L. *incrustationem* (revêtement).
Incruster, du L. *incrustare* (appliquer un enduit, garnir d'une croûte).
Incubation, du L. *incubationem* (incubation).
Inculpation, du L. *inculpationem* * (m, s.).
Inculper, du L. *inculpare* * (m. s.). — D. *inculpé*.
Inculquer, du L. *inculcare* (inculquer).
Inculte, du L. *incultus* (même sens).
Incunable, du L. *incunabulum* (berceau, origine).
Incurabilité, voy. *incurable*.
Incurable, du L. *incurabilis* (m. s). — D. *incurabilité*.
Incurie, du L. *incuria* (même sens).
Incursion, du L. *incursionem* (invasion).
Inde, mot d'origine historique

(voy. p. LXIV) : couleur bleue qui provenait originairement de l'Inde.

Indecence, du L. *indecentia* (inconvenance).

Indecent, du L. *indecentem* (inconvenant).

Indechiffrable, voy. *déchiffrer*.

Indécis, du L. *indecisus* (non tranché).

Indecision, du L. *indecisionem* (m. s).

Indeclinable, du L *indeclinabilis* (indeclinable). D. *indéclinabilité*.

Indecomposable, voy. *décomposer*.

Indéfini, du L. *indefinitus* (m s.). Sur la chute du *t*, voyez *aigu* de *acutus*

Indéfinissable, voy. *définir*.

Indelebile, du L. *indelebilis* (m. s.).

Indelicat, voy. *délicat*. — D. *indélicatesse*.

Indemne, du L. *indemnis* (qui n'a pas éprouvé de dommage. — D *indemniser*.

Indemniser, voy. *indemne*.

Indemnité, du L *indemnitatem* (indemnité). Sur *atem* devenu *é* voy. *abbé*

Indépendant, voy. *dépendant*. — D *indépendance*.

Indestructible, voy. *destructible*. — D. *indestructibilité*.

Indétermination, voy. *indéterminé*.

Indéterminé, du L *indeterminatus* (infini). — Sur *atus* devenu *é* voy. *ampoulé*. — D. *indétermination*.

Index, du L. *index* (qui indique).

Indicateur, voy. *indiquer*.

Indicatif, du L. *indicativus* (qui désigne)

Indication, du L. *indicationem* (m. s.).

Indice, du L. *indicium* (indice).

Indicible, composé du L. *dicibilis** (que l'on peut dire, dérivé de *dicere*, dire).

Indiction, du L. *indictionem* (indiction dans le Code Théodosien).

Indienne, dérivé de *Ind* (voy. p. LXIV), proprement étoffe de coton peinte que l'on fabriquait originairement aux Indes.

Indifference, du L. *indifferentia* (m. s.).

Indifferent, du L. *indifferentem* (m. s.).

Indigence, du L. *indigentia* (nécessité).

Indigène, du L. *indigena* (m. s.).

Indigent, du L. *indigentem* (qui est dépourvu).

Indigeste, du L. *indigestus* (non digéré).

Indigestion, du L. *indigestionem* (indigestion).

Indignation, du L. *indignationem* (m. s).

Indigne, du L. *indignus* (m. s.)

Indigner, du L. *indignari* (dérivé de *indignus* indigne).

Indignité, du L. *indignitatem* (m s). Sur *atem* devenu *é* voy. *abbé*.

† **Indigo**, de l'espagnol *indico* (indigo). — D. *indigoterie*, *indigotier*.

Indiquer, du L. *indicare* (m. s.).

Indirect, du L. *indirectus* (m. s.).

Indisciplinable, voy. *indiscipline*.

Indiscipline, du L. *indisciplina* (m. s.) —D. *indisciplinable*.

Indiscipliné, du L. *indisciplinatus* (m. s.). Sur *atus* devenu *é* voy. *ampoulé*.

Indiscret, du L. *indiscretus**

(indiscret, dans des textes du sixième siècle).
Indiscrétion, du L. *indiscretionem*" (voy *indiscret*).
Indispensable, v. *dispenser*.
Indisponible, voy. *disponible*.
Indisposer, voy. *disposer*.
Indisposition, voy. *disposition*.
Indissolubilité, voy. *indissoluble*.
Indissoluble, du L. *indissolubilis* (m. s.). — D. *indissolubilité*.
Indistinct, du L. *indistinctus* (m. s.).
Individu, du L. *individuus* (indivisible)
Individualiser, voy. *individuel*.
Individualité, voy. *individuel*.
Individuel, dérivé de *individu*. — D. *individualité, individualiser*.
Indivis, du L. *indivisus* (m. s.).
Indivisibilité, voy. *indivisible*.
Indivisible, du L. *indivisibilis* (m. s.). — D. *indivisibilité*.
Indivision, du L. *indivisionem*" (m. s.).
Indocile, du L. *indocilis* (indocile). — D. *indocilité*.
Indolence, du L. *indolentia* (insensibilité).
Indolent, du L. *indolentem* (qui souffre).
Indomptable, voy. *dompter*.
Indompté, voy. *dompter*.
Indu, voy. *dû*.
Indubitable, du L. *indubitabilis* (m. s.).
Induction, du L. *inductionem* (induction)
Induire, du L. *inducere* (déterminer), voy. *conduire*. — D. *induit*.
Indulgence, du L. *indulgentia* (m. s.).

Indulgent, du L. *indulgentem* (m. s.).
Industrie, du L. *industria* (activité). — D *industriel*.
Industrieux, du L. *industriosus* (m. s.)
Inébranlable, voy. *ébranler*.
Inédit, du L. *ineditus* (m. s.)
Ineffable, du L *ineffabilis* (ineffable). — D. *ineffabilité*.
Ineffaçable, voy. *effacer*.
Inefficace, du L. *inefficacem* (m. s.). — D. *inefficacité*.
Inégal, du L. *inaequalis* (m. s.). voy. *égal*.
Inégalité, du L. *inaequalitatem* (inégalité). Voy. *égalité*.
Inéligible, voy. *éligible*.
Inénarrable, du L *inenarrabilis* (m. s.).
Inepte, du L. *ineptus* (absurde).
Ineptie, du L. *ineptia* (sottise).
Inépuisable, voy. *épuiser*.
Inerte, du L *inertem* (inactif).
Inertie, du L. *inertia* (inaction).
Inespéré, voy. *espérer*.
Inestimable, du L. *estimabilis* (inestimable).
Inévitable, du L. *inevitabilis* (m. s.).
Inexact, voy. *exact*. — D. *inexactitude*.
Inexactitude, voy. *exactitude*.
Inexcusable, du L. *excusabilis* (m s.).
Inexécutable, voy. *exécuter*.
Inexécution, voy. *exécution*
Inexercé, voy. *exercer*.
Inexigible, voy. *exiger*.
Inexorable, du L. *inexorabilis* (m. s)
Inexpérience, voy. *expérience*.
Inexpérimenté, voy. *expérimenter*.
Inexpiable, du L. *inexpiabilis* (inexpiable).

Inexplicable, du L. *inexplicabilis* (inexplicable).
Inexprimable, voy. *exprimer*.
Inexpugnable, du L. *inexpugnabilis* (m. s.).
Inextinguible, du L. *inextinguibilis* (inextinguible).
Inextricable, du L. *inextricabilis* (m. s.).
Infaillibilité, voy. *faillir*.
Infaillible, voy. *faillir*.
Infâme, du L. *infamis* (infâme). — D. *infamant*.
Infamie, du L. *infamia* (m. s).
† **Infant**, de l'espagnol *infante* (enfant).
† **Infanterie**, venu au seizième siècle de l'italien *infanteria* (infanterie).
1. **Infanticide**, du L. *infanticidium* (m. s.).
2. **Infanticide**, du L. *infanticida* (celui qui tue son enfant).
Infatigable, du L. *infatigabilis* (m. s.).
Infatuation, voy. *infatuer*.
Infatuer, du L. *infatuare* (rendre sot). — D. *infatuation*.
Infécond, du L. *infecundus* (m. s.).
Infécondité, du L. *infecunditatem* (m. s). Sur *atem* devenu *e* voy. *abbé*.
Infect, du L. *infectus* (corrompu). — D. *infecter*.
Infecter, voy. *infect*.
Infection, du L. *infectionem* (action de corrompre).
Inféodation, voy. *inféoder*.
Inféoder, du L. du moyen âge *infeodare* (dérivé de *feodum* fief; pour l'étymologie de *feodum*, voy. *fief*).
Inférer, du L. *inferre* (conclure).
Inférieur, du L. *inferiorem* (m. s). — D. *infériorité*.
Infernal, du L. *infernalis* (m. s.).

Infertile, du L. *infertilis* (m. s.).
Infester, du L. *infestare* (infester).
Infidèle, du L. *infidelis* (m. s.).
Infidélité, du L. *infidelitatem* (m. s). Sur *atem* devenu *é*, voy. *abbé*.
Infiltrer, voy. *filtre*. — D. *infiltration*.
Infime, du L. *infimus* (m. s.).
Infini, du L. *infinitus* (m. s.). — D. *infinitésime**, d'où *infinitésimal*.
Infinité, du L. *infinitatem* (immensité). Sur *atem* devenu *é*, voy. *abbé*.
Infinitésimal, voy. *infini*.
Infinitif, du L. *infinitivus* (m. s.).
Infirme, du L. *infirmus* (faible). — D. *infirmier, infirmerie*.
Infirmer, du L. *infirmare* (réfuter). — D. *infirmatif*.
Infirmerie, voy. *infirme*.
Infirmier, voy. *infirme*.
Infirmité, du L. *infirmitatem* (faiblesse). Sur *atem* devenu *é*, voy. *abbé*.
Inflammable, voy. *flamme*.
Inflammation, du L. *inflammationem* (inflammation). — D. *inflammatoire*.
Inflammatoire, voy. *inflammation*.
Infléchir, du L. *inflectere*. (courber). Pour les changements de lettres, voy. *fléchir*.
Inflexibilité, dérivé de *inflexible*.
Inflexible, du L. *inflexibilis* (m. s.).
Inflexion, du L. *inflexionem* (sinuosité).
Infliger, du L. *infligere* (imposer).
Influence, du L. *influentia* (m. s.). — D. *influencer*.

Influencer, voy. *influence.*
Influent, du L *influentem* (qui s'insinue)
Influer, du L. *influere* (s'insinuer).
In-folio, du L. *in* (en) et *folio* (feuille).
Information, du L. *informationem* (action de former).
Informe, du L. *informis* (m. s.).
Informer, du L. *informare* (instruire)
Infortune, du L. *infortunium* (m. s.).
Infortuné, du L. *infortunatus* (m. s.). Sur *atus* devenu *é*, voy. *ampoulé.*
Infraction, du L. *infractionem* (action de briser). — D. *infracteur.*
Infructueux, du L. *infructuosus* (m. s). Sur *osus* devenu *eux,* voy. *amoureux.* — D. *infructueusement.*
Infus, du L. *infusus* (versé sur). — D. *infuser.*
Infuser, voy. *infus.* — D. *infusoires.*
Infusible, voy. *fusible.*
Infusion, du L. *infusionem* (action de verser dans).
Infusoires, voy. *infuser.*
† **Ingambe,** venu de l'italien *ingamba* (alerte).
Ingénier, du L. *ingeniari* (s'ingénier).
Ingénieur, proprement du L. *ingeniatorem* (ingénieur militaire, dans les textes du moyen âge : «*Erat etiam ibi* ingeniator... *qui fecerat plurima ingenia,* » dit un texte cité par Ducange *Ingeniator* dérive de *ingenium,* qui a eu, comme on l'a vu au mot *engin,* le sens d'engin de guerre. Sur *atorem* (ingeniatorem) devenu *eur,* voy. *empereur.*
Ingénieux, du L. *ingeniosus* (ingénieux). Sur *osus* devenu *eux,* voy. *amoureux.*
Ingenu, du L. *ingenuus* (modeste).
Ingénuité, du L. *ingenuitatem* (réserve). Sur *atem* devenu *é,* voy. *abbé*
Ingérer (s'), du L. *ingerere* (mettre dans).
Ingrat, du L. *ingratus* (m. s.).
Ingratitude, du L. *ingratitudo* (ingratitude).
Ingrédient, du L. *ingredientem* (qui entre dans).
Inguérissable, voy. *guérir.*
Inhabile, du L. *inhabilis* (inhabile). — D. *inhabileté, inhabilité.*
Inhabitable, du L. *inhabitabilis* (m. s.).
Inhérence, voy. *inhérent.*
Inhérent, du L. *inhaerentem* (qui est adhérent) — D. *inhérence.*
Inhospitalité, du L *inhospitalitatem* (m. s.). Sur *atem* devenu *é,* voy. *abbé.* — D. *inhospitalier*
Inhumain, du L. *inhumanus* (m. s.).
Inhumanité, du L. *inhumanitatem* (inhumanité). Sur *atem* devenu *é,* voy. *abbé.*
Inhumation, voy. *inhumer.*
Inhumer, du L. *inhumare* (mettre en terre). — D. *inhumation.*
Inimaginable, voy. *imaginable.*
Inimitable, du L. *inimitabilis* (m. s.).
Inimitié, du L. *inimicitatem* (dérivé de *inimicus* ennemi, comme *amicitatem* de *amicus;* voy. *amitié*). Pour le changement de ....*icitatem* en ....*itié,* voy. *amitié.*
Inintelligible, du L. *inintelligibilis* (m. s. dans St Ambroise).
Inique, du L. *iniquus* (injuste).
Iniquité, du L. *iniquitatem* (injustice).

Initial, du L. *initialis* (primordial).

Initiation, du L. *initiationem* (m. s.).

Initier, du L. *initiare* (m. s.). — D. *initié, initiative.*

Injecter, du L. *injectare* (jeter sur).

Injection, du L. *injectionem* (m. s.).

Injonction, du L. *injunctionem* (action d'imposer).

Injure, du L. *injuria* (offense)

Injurier, du L. *injuriari* (faire du tort).

Injurieux, du L. *injuriosus* (injuste).

Injuste, du L. *injustus* (m. s.). — D. *injustement.*

Injustice, du L. *injustitia* (m. s.).

Innavigable, du L. *innavigabilis* (m. s.).

Inné, du L. *innatus* (inné). Sur *atus* devenu *é*, voy. *ampoulé.*

Innocence, du L. *innocentia* (innocence).

Innocent, du L. *innocentem* (innocent). — D. *innocenter.*

Innocuité, du L. *innocuitatem* (dérivé de *innocuus*, qui ne nuit pas).

Innombrable, du L. *innumerabilis* (m. s.).

Innommé, voy. *nommer.*

Innovateur, voy. *innover.*

Innovation, du L. *innovationem* (renouvellement).

Innover, du L. *innovare* (innover).

Inoccupé, voy. *occupé.*

In-octavo, de *in* (en) et *octo* (huit).

Inoculateur, du L. *inoculatorem* (celui qui greffe).

Inoculation, du L. *inoculationem* (greffe).

Inoculer, du L. *inoculare* (inculquer).

Inodore, du L. *inodorus* (inodore)

Inoffensif, voy. *offensif.*

Inondation, du L. *inundationem* (m. s.)

Inonder, du L. *inundare* (m. s.).

Inopiné, du L. *inopinatus* (m. s.). Sur *atus* devenu *é*, voyez *ampoulé.*

Inopportun, du L. *inopportunus* (peu convenable).

Inopportunité, du L. *inopportunitatem** (m. s.). Sur *atem* devenu *é*, voy. *abbé.*

Inorganique, voy. *organique.*

Inouï, voy. *ouïr.*

In-pace, du L. *in* (en) et *pace* (paix).

In-partibus, du L. *in partibus* [*infidelium*], dans les pays occupés par les infidèles).

† **In-petto,** de l'italien *in-petto* (à part soi; proprement, dans le cœur).

In-quarto, du L. *in* (en) et *quartus* (quatrième).

Inquiet, du L. *inquietus* (toujours agité).

Inquiéter, du L. *inquietare* (inquiéter). — D. *inquiétant.*

Inquiétude, du L. *inquietudinem* (inqu étude).

Inquisiteur, du L. *inquisitorem* (celui qui poursuit, qui recherche). — D. *inquisitorial.*

Inquisition, du L. *inquisitionem* (investigation).

Insaisissable, voy. *saisir.*

Insalubre, du L. *insalubris* (m. s.).

Insalubrité, du L. *insalubritatem** (m. s.). Sur *atem* devenu *é*, voy. *abbé.*

Insatiabilité, du L. *insatiabilitatem* (m. s.). Sur *atem* devenu *é*, voy. *abbé.*

Insatiable, du L. *insatiabilis* (m. s.).

Inscription, du L. *inscriptionem* (inscription).
Inscrire, du L. *inscribere* (inscrire). Sur ....*ibere* devenu .. *ire*, voy. *écrire*.
Insecte, du L. *insectum* (m. s.).
In-seize, du mot L. *in* (en) et *seize*
Insensé, du L. *insensatus* (m. s.). Sur *atus* devenu *é*, voyez *ampoulé*
Insensibilité, du L. *insensibilitatem* (m. s.). Sur *atem* devenu *é*, voy *abbé*.
Insensible, du L. *insensibilis* (m s.).
Inséparable, du L. *inseparabilis* (m. s.).
Inserer, du L. *inserere* (m. s.).
Insertion, du L *insertionem* (action de greffer).
Insidieux, du L. *insidiosus* (insidieux). Sur *osus* devenu *eux*, voy. *amoureux*.
1. **Insigne** (adj.), du L *insignis* (insigne).
2. **Insigne** (subst.), du L. *insigne* (signe particulier).
Insignifiant, voy. *signifier*. — D. *insignifiance*.
Insinuation, du L. *insinuationem* (m. s.).
Insinuer, du L. *insinuare* (insinuer).
Insipide, du L. *insipidus* (m. s.). — D. *insipidité*.
Insistance, voy. *insister*.
Insister, du L. *insistere* (insister). — D. *insistance*.
Insociable, du L. *insociabilis* (m. s.). — D. *insociabilité*.
Insolation, du L. *insolationem* (m. s.).
Insolence, du L. *insolentia* (insolence).
Insolent, du L. *insolentem* (insolent).
Insolite, du L. *insolitus* (m. s.).
Insolubilité, du L. *insolubilitatem* (m. s.). Sur *atem* devenu *é*, voy. *abbé*.
Insoluble, du L. *insolubilis* (indissoluble).
Insolvable, voy. *solvable*. — D. *insolvabilité*.
Insomnie, du L. *insomnia* (m. s.).
Insouciant, voy. *soucier*. — D. *insouciance*.
Insoumis. voy. *soumettre*.
Insoutenable, voy. *soutenable*.
Inspecter, du L. *inspectare* (examiner).
Inspecteur, du L. *inspectorem* (inspecteur),
Inspection, du L. *inspectionem* (m. s.).
Inspirateur, du L. *inspiratorem* (m. s.).
Inspiration, du L. *inspirationem* (m. s.).
Inspirer, du L. *inspirare* (inspirer).
Instabilité, du L. *instabilitatem* (mobilité). Sur *atem* devenu *é*, voy. *abbé*.
Installer, voy. *stalle*. — D. *installation*.
Instance, du L. *instantia* (insistance)
Instant, du L. *instantem* (pressant). — D. *instantané*.
Instar (à l'), du L. *instar* (à la ressemblance de)
Instauration, du L. *instaurationem* (reconstruction).
Instigateur, du L. *instigatorem* (m. s.).
Instigation, du L. *instigationem* (m. s.).
Instiguer, du L. *instigare* (m. s.).
Instinct, du L. *instinctus* (ce qui pousse, ce qui excite). — D. *instinctif*.
Instinctif, voy. *instinct*.
Instituer, du L. *instituere* (instituer).

Institut, du L. *institutum* (chose instituée).
Instituteur, du L. *institutorem* (m. s.).
Institution, du L. *institutionem* (m. s.).
Instructeur, du L. *instructorem* (préparateur).
Instructif, du L. *instructivus** (m. s. dérivé de *instruere*, instruire).
Instruction, du L. *instructionem* (instruction dans Arnobe).
Instruire, du L. *instruere* (m. s.).
Instrument, du L. *instrumentum* (qui sert à construire). — D. *instrumental*, *instrumenter*.
Instrumentation, voy. *instrumenter*.
Instrumenter, voy. *instrument*. — D. *instrumentation*.
Insu (à l'), voy. *savoir*.
Insubordination, voy. *subordination*.
Insubordonné, voy. *subordonner*.
Insuffisance, du L. *insufficientia* (faiblesse).
Insuffisant, du L. *insufficientem* (m. s.).
Insufflation, du L. *insufflationem* (m. s.).
Insuffler, du L. *insufflare* (m. s.).
Insulaire, du L. *insularis* (insulaire).
Insulte, du L. *insultus* (action d'assaillir).
Insulter, du L. *insultare* (insulter).
Insupportable, voy. *supportable*.
Insurger (s'), du L. *insurgere* (s'insurger). — D. *insurgé* (subst. participial faible).
Insurmontable, voy. *surmonter*.
Insurrection, du L. *insurrectionem* (action de se lever). — D. *insurrectionnel*.
Intact, du L. *intactus* (intact)
Intarissable, voy. *tarir*.
Integral, du L. *integralis**
Intègre, du L. *integer* (intègre)
Intégrer, du L. *integrare* (rétablir). — D. *intégration*.
Intégrité, du L. *integritatem* (m. s.). Sur *atem* devenu *é*, voyez *abbé*.
Intellect, du L. *intellectus* (entendement).
Intellectuel, du L. *intellectualis* (m. s.).
Intelligence, du L. *intelligentia* (m. s.).
Intelligent, du L. *intelligentem* (m. s.).
Intelligible, du L. *intelligibilis* (qui tombe sous le sens).
Intemperance, du L. *intemperantia* (m. s.).
Intempérant, du L. *intemperantem* (intempérant).
Intempere, du L. *intemperatus* (immodéré) Sur *atus* devenu *é*, voy. *ampoulé*.
Intemperie, du L. *intemperies* (intempérie)
Intempestif, du L. *intempestivus* (m s).
Intendant, du L. *intendentem* (qui dirige) —D. *intendance*.
Intense, du L. *intensus* (intense). — D. *intensité*.
Intenter, du L. *intentare* (diriger contre).
Intention, du L. *intentionem* (intention). — D. *intentionné*, *intentionnel*.
Intercalaire, du L. *intercalaris* (m. s.).
Intercalation, du L. *intercalationem* (m. s.).
Intercaler, du L. *intercalare* (m. s.).

Intercéder, du L. *intercedere* (solliciter).
Intercepter, du L. *interceptare*° (m. s.; composé de *inter*, entre et de *ceptare* pour *captare* prendre).
Interception, du L. *interceptionem* (m. s.).
Intercesseur, du L. *intercessorem* (intercesseur).
Intercession, du L. *intercessionem* (intervention).
Intercurrent, du L. *intercurrentem* (m s.).
Interdiction, du L. *interdictionem* (m s.).
Interdire, du L. *interdicere* (interdire)
Interdit, du L. *interdictum* (arrêt, sentence). Sur le changement de *ct* en *t* voy. *affété*.
Intéressant, voy. *intéresser*.
Intéresser, du L. *interesse* (importer).
Intérêt, anciennement *interest* du L. *interest* (il importe : ce qui importe, ce qui rapporte). Sur la chute de *s*, voy. *abîme*.
Intérieur, du L. *interiorem* (m. s.).
Intérim, du L. *interim* (provisoirement). — D. *intérimaire*.
Interjection, du L. *interjectionem* (interjection).
Interjeter, du L. *interjectare*° (m. s. composé de *inter* et de *jectare* qui est lui-même dérivé de *jectum*). Sur *ct* devenu *t*. voy. *affété*.
Interligne, du L. *inter* (entre) et *ligne*.
Interlocuteur, du L. *interlocutorem*° (dérivé de *interloqui*; voy. *interloquer*).
Interlocution, du L. *interlocutionem* (interpellation).
† **Interlope**. de l'anglais *to interlope* (être interlope).
Interloquer, du L. *interloqui* (interrompre).

Intermède, du L. *intermedius* (intercale). — D. *intermédiaire*.
Intermediaire, voy. *intermède*.
Interminable, du L. *interminabilis* (m s.)
Intermission, du L *intermissionem* (suspension).
Intermittence, voy. *intermittent*.
Intermittent, du L. *intermittentem* (qui a des repos). — D. *intermittence*.
Interne, du L. *internus* (m. s.). — D. *interner, internat*.
Internonce, du L. *internuncius* (envoyé)
Interpellation, du L. *interpellationem* (m. s.).
Interpeller, du L. *interpellare* (interrompre).
Interpolation, du L. *interpolationem* (m. s.).
Interpoler, du L. *interpolare* (insérer).
Interposer, du mot L. *inter* (entre) et *poser* (voy. ce mot).
Interposition, du L. *interpositionem* (m. s.).
Interprétatif, du L. *interpretativus* (dérivé de *interpretare* voy. *interpreter*).
Interprétation, du L. *interpretationem* (m. s.).
Interprète, du L. *interpretem* (interprète).
Interpreter, du L. *interpretari* (m. s).
Interrègne, du L *interregnum* (m. s.).
Interrogant, du L. *interrogantem* (qui questionne).
Interrogateur, du L. *interrogatorem* (m s.).
Interrogatif, du L. *interrogativus* (m. s.).
Interrogation, du L. *interrogationem* (m. s.).

Interrogatoire, du L *interrogatorius* (interrogatif).
Interroger, du L. *interrogare* (m. s.).
Interrompre, du L. *interrumpere* (m. s.).
Interrupteur, du L. *interruptorem* (m. s.).
Interruption, du L. *interruptionem* (interruption).
Intersection, du L *intersectionem* (m. s.).
Interstice, du L *interstitium* (m. s).
Intervalle, du L *intervallum* (m. s.).
Intervenir, du L. *intervenire* (intervenir).
Intervention, du L. *interventionem* (m. s).
Interversion, du L. *interversionem* (renversement d'ordre).
Intervertir, du L. *intervertere* (m. s.).
Intestat, du L. *intestatus* (m. s.).
1. **Intestin** (adj), du L *intestinus* (intérieur).
2. **Intestin**, du L. *intestinum* (entrailles). — D *intestinal*.
Intimation, du L. *intimationem* (accusation).
Intime, du L *intimus* (intime). — D *intimité*.
Intimer, du L. *intimare* (intimer).
Intimider, voy. *timide*.
Intituler, du L. *intitulare* (mettre un titre)
Intolerable, du L. *intolerabilis* (m. s.).
Intolerance, du L. *intolerantia* (m. s)
Intolérant, du L. *intolerantem* (qui ne peut supporter) — D *intolérantisme*
Intonation, du L *intonationem*" (m. s dérivé de *intonare*).
Intraduisible, voy *traduire*.
Intraitable, voy. *traiter*.

Intransitif, du L. *intransitivus* (m s.).
Intrepide, du L. *intrepidus* (m. s.). — D. *intrépidité*.
† **Intrigue**, venu au seizième siecle de l'italien *intrigo* (intrigue). — D. *intrigant*, *intriguer*.
Intrinseque, du L. *intrinsecus* (intérieurement).
Introducteur, du L. *introductorem* (m. s.).
Introduction, du L. *introductionem* (m. s.).
Introduire, du L. *introducere* (m. s).
Introit, du L *introitus* (entrée, début, exorde).
Intromission, du L. *intromissionem*" (introduction, dérivé de *intromissus*).
Introniser, du L. *inthronizare*" (mettre sur le trône). — D *intronisation*.
Introuvable, voy *trouver*.
Intrus, du L. *intrusum* (intrus). — D. *intrusion*.
Intuitif, du L. *intuitivus*" (dérivé de *intueri* regarder)
Intuition, du L. *intuitionem*" (m. s.)
Intumescence, du L. *intumescentia*" (dérivé de *intumescere* se tuméfier).
Intussusception, du L *intus* (en dedans) et *susceptionem* (action de recevoir).
Inusite, du L. *inusitatus* (m. s.). Sur *atus* devenu *é*, voyez *ampoulé*.
Inutile, du L. *inutilis* (m s)
Inutilité, du L. *inutilitatem* (inutilité) Sur *atem* devenu *é*, voy. *abbé*.
Invaincu, voy. *vaincu*.
Invalide, du L. *invalidus* (débile). — D *invalider*, *invalidité*.
Invariabilité, voy *invariable*.
Invariable, voy. *variable*. — D. *invariabilité*.

Invasion, du L. *invasionem* (m. s.).
Invective, du L. *invectiva* (de *invectivus* qui tient de l'invective). — D. *invectiver.*
Invendable, voy. *vendable.*
Invendu, voy. *vendu.*
Inventaire, du L. *inventarium* (m. s) — D. *inventorier.*
Inventer, du L. *inventare* (dérivé de *inventum* supin de *invenire* trouver). — D. *inventif.*
Inventeur, du L. *inventorem* (m. s.).
Invention, du L. *inventionem* (m. s.).
Inventorier, voy. *inventaire.*
Inverse, du L. *inversus* (retourné).
Inversion, du L. *inversionem* (m. s.).
Invertébré, voy. *vertébré.*
Investigateur, du L. *investigatorem* (m. s.).
Investigation, du L. *investigationem* (m. s.).
Investir, du L. *investire* (entourer). — D *investissement, investiture.*
Invétérer (s'), du L. *inveterare* (enraciner)
Invincible, du L. *invincibilis* (m. s.).
Inviolable, du L. *inviolabilis* (m. s.). — D. *inviolabilité.*
Invisibilité, du L. *invisibilitatem* (m. s.). Sur *atem* devenu *é*, voy. *abbé.*
Invisible, du L. *invisibilis* (m. s.).
Invitation, du L. *invitationem* (m. s.).
Invitatoire, du L *invitatorius* (qui invite).
Inviter, du L. *invitare* (m. s.).
Invocation, du L. *invocationem* (m. s.).
Involontaire, du L. *involuntarius* (m. s.).

Involucre, du L *involucrum* (enveloppe).
Involution, du L *involutionem* (enroulement).
Invoquer, du L. *invocare* (appeler).
Invraisemblable, voy. *vraisemblable.*
Invraisemblance, voy. *vraisemblance.*
Invulnérable, du L. *invulnerabilis.*
Iode, du grec ἰώδης (qui a la couleur de la violette).
Ionique, du L. *ionicus* (m. s.).
Iota, du grec ἰῶτα (m. s.).
† **Ipecacuana,** mot d'origine américaine (voy. p. LXII). Cette racine fut apportée du Brésil en Europe vers la fin du dix-septième siècle.
Irascible, du L. *irascibilis* (m. s.).
Ire, du L. *ira* (colère).
Iris, du L. *iris* (déesse de l'arc en ciel; puis arc en ciel. Ce nom a reçu d'autres emplois; l'iris de l'œil, à cause des couleurs de cette membrane, couleurs aussi variées que celles de l'arc en ciel; l'iris des botanistes, à cause de la couleur bleue de cette plante). — D. *irisé.*
Ironie, du L *ironia* (m. s.). — D. *ironique.*
Irradiation, voy. *irradier.*
Irradier, du L. *irradiare* (rayonner). — D. *irradiation.*
Irraisonnable, voy. *raisonnable.*
Irrationnel, du L. *irrationalis* (m. s.).
Irréconciliable, voy. *réconcilier.*
Irrécusable, du L *irrecusabilis* (m. s.).
Irreductible, voy. *réduire.* — D. *irréductibilité.*
Irréfléchi, voy. *réfléchir.*
Irreflexion, voy. *réflexion.*

Irréfragable, du L. *irrefragabilis* (qu'on ne peut contredire).
Irrégularité, voy. *régularité*.
Irrégulier, voy. *régulier*.
Irreligieux, du L. *irreligiosus* (m. s.). Sur *osus* devenu *eux*, voy. *amoureux*.
Irréligion, du L. *irreligionem* (m. s.).
Irremédiable, du L. *irremediabilis* (m. s.).
Irrémissible, du L. *irremissibilis* (m. s.).
Irreparable, du L. *irreparabilis* (m. s.).
Irrépréhensible, du L. *irreprehensibilis* (m. s.).
Irréprochable, voy. *reprocher*.
Irrésistible, du L. *irresistibilis* (à quoi on ne peut résister).
Irrésolu, voy. *résolu*.
Irresolution, voy. *résolution*.
Irrespectueux, voy. *respectueux*.
Irrévérence, du L. *irreverentia* (m. s.)
Irrévérent, du L. *irreverentem* (irrespectueux).
Irrévocable, du L. *irrevocabilis* (m. s.). — D. *irrévocabilité*.
Irrigation, du L. *irrigationem* (m. s.).
Irritabilité, du L. *irritabilitatem* (m. s.). Sur *atem* devenu *é*, voy. *abbé*.
Irritable, du L. *irritabilis* (m. s.).
Irritation, du L. *irritationem* (action d'irriter).
Irriter, du L. *irritare* (m. s.).
Irruption, du L. *irruptionem* (m. s.).
Isocèle (pour *isoscèle*) du grec ἰσοσκέλης, composé de ἴσος (égal) et σκέλος (jambe).
Isochrone, du grec ἰσόχρονος (qui a une égale durée). — D. *isochronisme*.
Isolation, voy. *isoler*.
Isolement, voy. *isoler*.
† **Isoler**, mot venu au seizième siècle de l'italien *isolare* (isoler). — D. *isolement, isolation, isoloir*.
Issu, participe de l'ancien verbe *issir* (sortir) qui est le L. *exire* (sortir) par le changement: 1° de *x* en *ss* (voy. *aisselle*); 2° de *e* en *i* (voy. *accomplir*). — D. *issue* (substantif participial).
Issue, voy. *issu*.
Isthme, du L. *isthmus* (isthme).
Italique, du L. *italicus* (italique). Le caractère typographique, dit *italique* fut inventé à Venise par Alde Manuce.
Item, du L. *item* (de même)
Iteratif, du L. *iterativus* (m. s.).
Itinéraire, du L. *itinerarius* (de voyage, qui se rapporte au voyage).
Ivoire, du L. *eboreus* (d ivoire) par le changement régulier de *ebor(eu)s* en *ebor(iu)s* (voy. *abréger*), d'ou *ivoire* par le changement: 1° de *e* en *i* (voy. *accomplir*), 2° de *b* en *v* (voy. *avant*); 3° de *o* en *oi* (eborius) par l'attraction de l'*i* (voy. *chanoine*).
Ivraie, du L. *ebriaca* (dérivé de *ebrius*, ivre ; a cause de l'ivresse ou plutôt de la torpeur que cause l'ivraie). Sur le changement d'*ebri...* en *ivre...*, voy. *ivre*; sur celui de *a(c)a* en *aie*, voy. *ami* pour la chute du *c*, et *aigle* pour le changement de *a* en *ai*.
Ivre, du L. *ebrius* (ivre) par le changement: 1° de *e* en *i* (voy. *accomplir*); 2° de *b* en *v* (voy. *avant*). — D. *ivresse, enivrer, ivrogne*.
Ivresse, voy. *ivre*.
Ivrogne, voy. *ivre*. — D. *ivrognerie*.

J

Ja, du L. *jam* (déjà) par la chute de *m* final, qui était déjà accomplie dans le latin populaire, puisqu'on trouve dans les Inscriptions de l'Empire *Corsica* pour *Corsicam*, *viro* pour *virum*, *urbe* pour *urbem*, etc.. — D. *déjà*, *jadis*, *jamais*.

Jable, origine inconnue. — D. *jabler*.

Jabot, origine inconnue. — D *jaboter*.

Jacasser, crier comme un *jacques* (sobriquet donné à la pie ; les noms propres d'homme ont été assez fréquemment appliqués aux oiseaux, témoin *pierrot* pour moineau, etc....)

Jachère, anciennement *jaschière, gaschière*, du L. *gascaria* (terre labourable non ensemencée, dans les textes du moyen âge. « *Unusquisque equus, qui laborat in terrae ejusdem villari, id est in gascariis....* » dit un texte du douzième siècle. L'origine de *gascaria* est inconnue).

Gascaria a donné *gaschière* par le changement : 1° de *c* en *ch* (voy. *acharner*) ; 2° de *aria* en *ière* (voy *dnier*) ; — puis *jachière* par la chute de *s* (voy. *abîme*) et le changement de *g* en *j* (voy. *jumeau*). D. *jachérer*.

Jacinthe, du L. *hyacinthus* (jacinthe) par le changement de *hy* en *j* (voy. *abréger*).

Jaconas, origine inconnue.

Jacque, voy. *jaquette*.

Jactance, du L. *jactantia* (m s.).

Jaculatoire, du L. *jaculatorius* (m. s.).

Jade, origine inconnue.

Jadis, composé de *jà* et *dis* ; *jà* est le L *jam* (déjà), voy. ce mot ; *dis* est le L. *dies* (jour).

† **Jaguar**, mot venu des colonies de l'Amérique espagnole, *jaguar* ou *jaguara*.

Jaillir (anciennement lancer, jeter), autre, forme de *jailler**, du L. *jaculare* (lancer) dans Isidore de Séville). par la contraction régulière (voy. *accointer*) de *jac(u)lare* en *jac'lare* d'où *jailler* par le changement de *cl* en *il* (voy. *abeille*). — D. *jaillissement*, *rejaillir*.

Jais, mot très-mal formé du L. *gagates* (jais). *Jais* est dans l'ancien français *jayet*, en wallon *gaiete*.

Ga(g)ates perdant le *g* médial (voy. *allier*) donne *gayet* par l'intercalation euphonique d'un *y* (voy. p. LXXXIX) et le changement de *at* en *et* (voy. *ampoulé*) ; *gayet* devient *jayet* par le changement de *g* en *j* (voy. *jumeau*). Jusqu'ici la transformation est régulière ; comment *jayet* s'est-il corrompu en *jaye* puis *jai et jais*, c'est ce que nous ignorons.

Jalap, mot d'origine historique (voy. p LXIV) ; de la ville mexicaine de *Jalap* (en espagnol *Xalapa*) d'où cette plante fut apportée en Europe au commencement du dix-septième siècle.

Jale, origine inconnue. — D. *jalage*.

Jalon, origine inconnue. — D. jalonner, jalonneur.

Jalouser, voy. jaloux.

Jalousie, voy. jaloux.

Jaloux, du L. *zelosus* (jaloux). — Sur *e* devenu *a*, voy. *amender*. Sur *o* devenu *ou*, voy. *affouage*. *z* initial est ici devenu *j*, comme dans : *jujube* de (*zizyphum*). — D. jalouser, jalousie.

Jamais, voy. *ja* et *mais*.

Jambe, anciennement *gambe*, en italien *gamba*, du L. *gamba* (jarret, cuisse, puis jambe dans Végèce Art. Vétérin. lib. I, 56 : *Post quod admonitus injuria, tollit altius crura, et in flexione geniculorum atque* gambarum *molliter vehit*). Sur le changement de *g* latin en *j*, voy. *jumeau*. — D. jambage, jambon, enjamber, jambière, jambette, jambé.

Jambon, voy. *jambe*. — D. jambonneau.

† **Janissaire**, mot d'origine orientale (turc *jenitcheri*, janissaire).

Janséniste, mot d'origine historique (voy. p. LXIV), dérivé de *Jansénius*, évêque d'Ypres. — D. jansénisme.

Jante, du L. *camitem** (jante, dans les Gloses Florentines ; l'origine de *camitem* est inconnue. *Camitem*, régulièrement contracté en *cam'tem* (voy. p. LXXXI) a donné *jante* par le changement de *m* en *n* (voy. *changer*), et par celui de *c* initial en *g*, puis en *j*, qu'on retrouve dans *javelle* (*capella*).

Janvier, du L. *januarius* (janvier). — Sur *arius* devenu *ier*, voy. *dîner*. — *U* latin (januarius) est ici devenu *v* : cette consonnification de l'*u* qui se retrouve dans *veuve* (vidva), *pleure* (πλευρά), et après un *q*, comme dans *suivre* (sequere), *eve** (aqua) existe déjà chez Lucrèce qui emploie *genva* pour *genua*, *tenvis* pour *tenuis*, et dans le latin mérovingien qui offre au sixième siècle *severe* pour *sequere* (seq'vere).

Japper, onomatopée (voyez p. LXV). — D. jappement.

Jaque, espèce de jaquette ; mot d'origine historique remontant à l'époque de la Jacquerie ; (voy. p. LXV) vêtement que portaient les *Jacques*, les paysans révoltés du quatorzième siècle. — D jaquette.

Jaquemart, origine inconnue.

Jaquette, voy. *jaque*.

Jardin, anciennement *gardin*, mot d'origine germanique (allemand *garten* jardin). Sur *g* devenu *j*, voy. *jumeau*; sur le changement de *t* en *d*, voy. p. XCIII. — D. jardiner, jardinier, jardinage, jardinet.

Jargon, origine inconnue. — D. jargonner.

† **Jarre**, mot venu de l'espagnol *jarra* (jarre).

Jarret, anciennement *garret*, diminutif d'un radical disparu *garre** (qu'on retrouve dans le provençal *garra* jambe) et qui est d'origine celtique (breton *gár*, ambe). Sur *g* devenu *j*, voy. *jumeau*.— D. jarretière.

Jarretière, voy. *jarret*.

Jars, origine inconnue.

† **Jaser**, mot récent dans la langue et venu du provençal *gasar* (jaser, qui est un mot d'origine germanique ; scandinave *gassi* caqueteur). Sur *g* devenu *j*, voyez *jumeau*. — D. jaseur, jaserie.

† **Jasmin**, mot venu de l'espagnol *jasmin* (jasmin).

Jaspe, du L. *iaspis* (jaspe dans Pline). — D. jasper, jaspure.

Jatte, anciennement *gatte*, en

espagnol *gabata*, du L *gabata* (jatte) par la contraction régulière (voy. p. LXXXI) de *gab*(à)*ta* en *gab'ta*, d'où *gatte* par l'assimilation de *bt* en *tt* qui aurait dû régulièrement donner *d* (voy. *accouder*). *Gatte* devient *jatte* par le changement de *g* en *j* (voyez *jumeau*). — D. *jattée*.

Jauger, origine inconnue. — D. *jauge* (substantif verbal), *jaugeage*.

Jaune, anciennement *jalne*, du L *galbinus* (jaune) par la contraction régulière (voy. p LXXXI) de *galb*(I)*nus* en *galb'nus* qui se réduit à *gal'nus* (voy p. XCV) d'où *jalne* (voy. *jumeau*), puis *jaune* (voy. *agneau*). — D. *jaunâtre*, *jaunir*, *jaunisse*.

Javart, origine inconnue.

† **Javeline**, mot venu au seizième siècle de l'italien *giavelina* (javeline).

Javelle, anciennement *gavelle*, en italien *gavella* poignée de sarment ou d'épis, du L. *capella** (poignée, dérivé du même radical que *capulus* poignée). *Capella* a donné *gavelle* par le changement de *p* en *v* (voy. *arriver*), de *c* en *g* (voy. *adjuger*), puis *javelle* (voy. *jumeau*). — D. *javeler*, *javeleur*, *enjaveler*.

Javelot, origine inconnue.

Jayet, voy. *jais*.

Je, au onzième siècle *jo*, au neuvième *io* et *eo*, du L *ego* (je). Par la chute régulière du *g* médial (voy. *allier*) *e*(g)*o* donne *eo* qui est au neuvième siècle dans les Serments de Strasbourg : « Eo *salvarai cest meon fradre Karlo* (ego salvabo eccistum meum fratrem Karolum).

De même que *l*(eo)*nem* devint *l*(io)*n*, *eo* devint *io* (voy. *abreger*) que l'on trouve en 842 dans le Serment de Charles le Chauve : *ne io ne neuls* (littéralement : nec ego nec nec-ullus).

Suivant la règle (voy. *abréger*) *io* se consonnifie en *jo* qui vers le milieu du douzième siècle s'affaiblit en *je*, comme les formes *ça*, *lo* de notre ancienne langue se sont affaiblies en *ce* et en *le*.

Jérémiade, mot d'origine historique (voy. p. LXIV).

Jésuite, à l'origine *Jésuiste*, dérivé de *Jésus*. Sur la chute de *s*, voy. *abîme*. — D *jésuitique*, *jésuitisme*.

Jet, voy. *jeter*.

Jeter, en italien *gettare*, du L. *jactare* (jeter) par le changement : 1° de *a* en *e* voy. *acheter*); 2° de *ct* en *t* (voy. *affété*). — D. *jet* (subst. verbal), *jetée* (subst. participial), *dejeter*, *rejeter*, *surjeter*, *jeton*.

Jeton, voy: *jeter*.

Jeu, en provençal *joc*, du L. *jocus* (jeu) par le changement de *o* en *eu* (voy. *accueillir*) et par la chute du *c* (voy. *ami*).

Jeudi, en italien *giovedi*, du L *Jovis dies* (jeudi dans les Inscriptions). *Jovis* a donné *jeu* par la chute du *v* (voy. *aïeul*) et par le changement de *o* en *eu* (voy. *accueillir*). Ce qui confirme cette origine, c'est que le provençal, renversant l'ordre des composés, appelle le jeudi *dijous* (dies jovis).

Jeun (à), anciennement *jeûn*, du L. *jejunus* (à jeun) par la chute du *j* médial *je*(j)*unus* que l'on retrouve dans *jeûne* de *je*(j)*unium*, *jeûner* de *je*(j)*unare*.

Jeune, anciennement *jone*, du L. *juvenis* (jeune) par la contraction régulière (voy. p. LXXXI) de *juv*(é)*nis* en *juv'nis*; d'où *jone* par la réduction de *vn* latin à *n* (voy. *alléger*) et par le changement de *u* en *o* (voy. *annoncer*); *jone* devient *jeune* par le changement de *o* en *eu* (voy. *accueillir*). — D. *jeunesse*, *rajeunir*.

Jeûne, anciennement *jeûne*, du L. *jejunium* (jeûne). Pour les changements de lettres, voy. *jeun*.

Jeûner, anciennement *jeuner*, du L. *jejunare* (jeûner). Pour le changement de lettres, voy. *jeun*.— D. *déjeuner* (voy. p. xxvi), *jeûneur*.

Jeunesse, voy. *jeune*.

Jouillier, voy. *joyau*. — D. *joaillerie*.

† **Jockey**, de l'anglais *jockey* (m. s.).

Jocrisse, origine inconnue.

Joie, du L. *gaudia* (de *gaudium*), joie par la chute du *d* médial *gau(d)ia** (voy. *accabler*), d'où *gau-ia* qui devient *joie* par le changement de *au* en *o* (voyez *alouette*) et de *g* en *j* (voy. *jumeau*).

Joindre, du L. *jungere* (joindre) pour le changement de *ungere* en *oindre*, voy. *oindre*.

Joint, du L. *junctus* (joint). — Pour les changements de lettres, voy. *accointer*. —D. *jointée*, *jointoyer*.

Jointure, du L. *junctura* (jointure) par le changement de *unct* en *oint*, voy. *accointer*.

Joli, qui signifie joyeux dans l'ancien français, est un mot d'origine germanique, vieux scandinave *jul*, proprement fête, puis joie, d'où le sens primitif de joyeux que possédait le mot *joli* à l'origine de la langue française. — D. *joliet*, *enjoliver*, *joliveté*.

Jonc, du L. *juncus* (jonc). Sur *u* devenu *o* voy. *annoncer*. — D. *joncher* (anciennement parsemer de jonc, puis par extension, parsemer de verdure, de fleurs etc.), *jonchet* (origin. fiches en jonc.)

Joncher, voy. *jonc*. — D. *jonchée* (subst. part).

Jonchet, voy. *jonc*.

Jonction, du L. *junctionem* (m. s.). — Pour les changements de lettres, voy. *accointer*.

Jongler, à l'origine divertir en général, du L. *joculari* (debiter des plaisanteries) par la contraction régulière (voy. *accointer*) en *joc'lari* ; par l'insertion d'un *n* (voy. *concombre*) et le changement de *cl* en *gl* (voy. *église*) ce mot devient *jongler*. — D. *jonglerie*, *jongleur*.

Jonglerie, voy. *jongler*.

Jongleur, voy. *jongler*.

† **Jonquille**, de l'espagnol *junquillo* (jonquille).

Joubarbe, du L. *Jovis barba* (joubarbe dans Pline). *Jovis* a donné *jou* par la chute de *v* (voyez *aieul*) et par le changement de *o* en *ou* (voy. *affouage*). Renversant les termes de la composition *Jovis barba*, l'italien dit *barba di Giove* pour joubarbe.

Joue, anciennement *joe*, à l'origine *jode*, en italien *gota*, en provençal *gauta*, du L. *gauta** joue, dans les textes du moyen âge : *Habuit partem capitis S. Bartholomæi, quæ maxilla seu faux, vel gauta vulgariter dicitur*..... dit un texte cité par Ducange. — *Gauta* est une contraction de *gavata* (forme employée par Ennodius) qui est une transformation de *gabata* (ecuelle, dans Martial ; voy. p. xxiv pour le passage du sens d'écuelle à celui de joue).

Gab(a)ta devenant successivement *gav(a)ta* (voy. *avant*) puis *gav'ta* (voy. p. lxxxi), enfin *gauta* (voy. *aurone*) a donné *joe* par la chute du *t* (voy. *aigu*), le changement de *au* en *o* (voy. *alouette*) et de *g* en *j* (voy. *jumeau*). L'ancien français *joe* devient *joue* par le changement de *o* en *ou* (voy. *affouage*). — D. *joufflu* (le rapport exact de ce mot avec le primitif est difficile à préciser).

Jouer, en provençal *jogar*, du

L. *jocari* (jouer) par la chute régulière du *c* médial *jo(c)ari* (voy. *affouage*), et le changement de *o* en *ou* (voy. *affouage*).— D. *joujou, jouailler, joueur, déjouer, enjoué*.

Jouet, diminutif de *jeu* (voyez ce mot; voy. aussi p. xci pour le changement de la diphthongue).

Joufflu, voy. *joue*.

Joug, du L *jugum* (joug) par le changement de *u* en *ou* (voy. *accouder*).

Jouir, anciennement *joir*, en provençal *gaudir*, du L. *gaudere* (se réjouir) par le changement de *gaudere* en *gaudire* (voy. *accomplir*). Gau(d)ire perdant son *d* médial voy. *accabler*) donne *joir* par le changement : 1° de *g* en *j* (voy. *jumeau*) : 2° de *au* en *o* (voy. *alouette*). *Joir* devient *jouir* par le changement de *o* en *ou* (voy. *affouage*). — D. *jouissant* (d'où *jouissance*), *réjouir*.

Jour, anciennement *jor*, à l'origine *jorn*, en italien *giorno* du L *diurnus* (proprement de jour: puis espace d un jour dans la latinité de la décadence).

Diurnus consonnifiant *di* en *j* (voy. *abréger*) et changeant *u* en *o* (voy. *annoncer*) donne *jornus* que l'on trouve pour *diurnus* dans les textes carlovingiens : *Donamus etiam mancipia his nominibus..., sub eo censu, ut masculi denarios 4. de capite annis singulis, simul et* jornos 2 *nisi reditus terræ teneant....* lit-on dans une Charte de 896.

Jornus donne l'ancien français *jorn* qui se réduit à *jor* (voy. *aubour*), d'où la forme moderne *jour* (voy. *affouage*). — D. de l'ancienne forme *jorn*, *jornée* * aujourd'hui *journée* (sur *o* devenu *ou*, voyez *affouage*), *ajourner, séjourner*.

Journal, anciennement *jornal* (proprement qui a lieu chaque jour) du L. *diurnale* (journalier) qui est déjà *jornale* dans les textes mérovingiens par la transformation de *diurn*... en *jorn*.... étudiée au mot *jour*. « *Similiter dono* joinales *de terra arabili* ..., » dit une charte du huitième siècle.

Jornale donne l'ancien français *jornal* qui devient *journal* par le changement de *o* en *ou* (voyez *affouage*. — D. *journalier, journaliste, journalisme*.

Journalier, voy. *journal*.

Journalisme, voy. *journal*.

Journaliste, voy. *journal*.

Journée, voy. *jour*.

Joute, voy. *jouter*.

Jouter, anciennement *jouster*, à l'origine *juster*, en espagnol *justar*, du L. *juxtare* * s'approcher, puis combattre de près, dans la latinité du moyen âge, dérivé de *juxta* (près de). *Juxtare* a donné *juster* par le changement de *x* en *s* (voy. *ajouter*), *jouster* par celui de *u* en *ou* (voy. *accouder*), *jouter* par la chute de *s* (voy *abîme*). — D. *joute* (substantif verbal), *jouteur*.

Jouvence, du L. *juventia* * (jeunesse) par le changement : 1° de *u* en *ou* (voy. *accouder*) ; 2° de *tia* en *ce* (voy. *agencer*).

Jouvenceau, anciennement *jouvencel*, en italien *giovincello*, du L. *juvenicellus* * (diminutif de *juvenis*, jeune).

Juven(i)cellus contracté suivant la règle en *juven'cellus* (que l'on trouve dans un texte de 1150) donne *jouvencel* par le changement de *u* en *ou* (voy. *accouder*), *jouvenceau* par celui de *el* en *eau* (voy. *agneau*).

† **Jovial**, de l'italien *giovale* (jovial).

Joyau, anciennement *joyel, joel*, du L. *jocale* * (joyau dans Grégoire de Tours). Ce mot qui dérive de *jocari*, est fréquent au sens de joyau dans les textes latins du moyen âge · *Reges....jocalia plurima in sanctae ecclesiae ornamentum contulerant....* dit Ingulphe, p. 858).

Jo(c)ale, perdant le *c* médial (voy. *affouage*), changeant *al* en *el* (voy. *annuel*), donne *joel*, puis *joyel* par l'intercalation d'un *y* destiné à adoucir l'hiatus (voyez p. LXXXIX). *Joyel* devient *joyau* par le changement de *el* en *au* (voy. *agneau*). — D. *joaillier* (de l'ancienne forme *joal, joel*).

Joyeux, du L. *gaudiosus* (joyeux) *Gau(d)iosus* perdant le *d* médial (voy. *accabler*) donne *joyeux* par le changement : 1° de *g* en *j* (voy. *jumeau*); 2° de *au* en *o* (voy. *alouette*); 3° de *osus* en *eux* (voy. *amoureux*). — D. *joyeuseté*.

Jube, mot d'origine historique (voy p. LXIV); ainsi appelé à cause du *Jube, domine, dicere* que l'on chantait autrefois dans cette partie de l'Église.

Jubilation, du L. *jubilationem* (jubilation dans saint Jérôme).

Jubilé, du L. *jubilæus* (même sens).

Jucher, origine inconnue. — D. *juchoir, déjucher*.

Judaïque, du L. *judaicus* (m. s).

Judaïser, du L. *judaizare* (m s.).

Judaïsme, du L. *judaismus* (m. s.).

Judas, mot d'origine historique (voy. p. LXIV).

Judicature, du L. *judicatura** (m. s.).

Judiciaire, du L. *judiciarius* (m. s.).

Judicieux, du L *judiciosus ** (m. s). Sur *osus* devenu *eux*, voy. *amoureux*.

Juge, en provençal *jutge*, en italien *giudice*, du L. *judicem* (juge) par la contraction régulière (voy. p. LXXXI) de *jud(i)cem* en *jud'cem*, d'où *juge* par la réduction de *dc* à *c* puis à *g* (voy. *adjuger*).

Jugement, voy. *juger*.

Juger, du L. *judicare* (juger). Pour le changement de *judicare* en *juger*, voy. *adjuger*. — D. *jugement, adjuger, préjuger*.

Jugulaire, dérivé du L. *jugulum* (gorge).

Juif, du L. *judaeus* (Juif) par le changement : 1° de *ae* en *e* (voy. p. LXXXVI) d'où *judeus*; 2° de *jud(eu)s* en *jud(iu)s* (voy. *abréger*); 3° par l'attraction de *i* (voy. *buis*) et le changement de *d* en *f* (voy. *fief*). — D. *juiverie*.

Juillet, diminutif du L. *julius* (juillet chez les Romains), par un diminutif *juliettus** d'où *juillet* par le changement de *li* en *il* (voy. *ail*).

Juin, du L. *junius* (juin) par transposition de l'*i* (voy. *buis*).

Jujube, du L. *zizyphum* (jujube) par le changement régulier de *y* en *u* (voy. p. LXXXVI), *zizuphum*, d'où *jujube*; pour le changement : 1° de *z* en *j*, voy. *jaloux*; 2° de *i* en *u*, voy. *fumier*; 3° de *ph* ou *f* en *b* (changement qui est contre toutes les règles) voyez p. XCIII) — D *jujubier*.

† **Julep**, de l'espagnol *julep* (julep).

Jumeau, du L. *gemellus* (jumeau). — Sur *ellus* devenu *eau*, voy *anneau*. — *G* initial est ici devenu *j* comme dans : jouir (gaudere), jatte (gab'ta), jaune (galbinus), jambe (gamba), joie (gaudia), joyeux (gaudiosus), joue (gauta*). Quant au changement de *e* en *u* (par l'intermédiaire de *eu*, comme dans buveur, bluet, purée qui étaient *beuveur*, *bleuet*, *peurée* dans notre ancienne langue), on le retrouve dans *réussir* (re-exire). — D. *jumelles*.

Jumelles, voy. *jumeau*.

Jument, du L. *jumentum* (bête de somme, dans le latin classique, jument dans le latin de la decadence et dans le latin du moyen âge).

Jupe, mot d'origine orientale (arabe *jubbet*, vêtement de dessous). — D *jupon*.

Jupon, voy. *jupe*.

Jurande, voy. *jurer*.

Jurer, du L *jurare* (m. s.).— D *jurement*, *juron*, *jurande*.

Juridiction, du L. *jurisdictionem* (juridiction).

Juridique, du L. *juridicus* (m. s.).

Jurisconsulte, du L. *jurisconsultus* (m s.).

Jurisprudence, du L *jurisprudentia* (m. s. dans Ulpien).

Juron, voy. *jurer*.

† **Jury**, de l'anglais *jury* (jury).

Jus, du L. *jus* (jus). — D. *juteux* (voy. p. xci).

Jusant (mouvement de la marée qui baisse) dérivé de *jus*, adverbe qui signifiait *en bas* dans notre ancienne langue. Ce vieux français *jus* est le L. *jusum* (en bas, dans saint Augustin : « *Jusum* facere Deum, » dit cet écrivain dans son traité sur la première épître de saint Jean).

Jusque, du L. *de usque* (composé de *de* et de *usque*, jusque). *D*(eu)*sque* devenant régulièrement *d*(iu)*sque* (voy *accointer*), cette forme a donné *jusque* par la consonnification de *di* (diusque) en *j* (voy *abréger*).

Jusquiame, du L. *jusquiamus* (m. s. dans Végèce).

Jussion, du L. *jussionem* (action d'ordonner).

Justaucorps, composition de *juste, au, corps* (voy. ces mots).

Juste, du L. *justus* (juste)

Justesse, du L *justitia* (justesse) par le changement de *itia* en *esse* (voy. *forteresse*)

Justice, du L. *justitia* (justice). Sur *tia* devenu *ce*, voy. *agencer*. — D. *justicier*, *justiciable*.

Justification, du L *justificationem* (m s).

Justifier, du L *justificare* (m s.). — D *justifiable*.

Juteux, voy. *jus* et p xci.

Juvenile, du L. *juvenilis* (m. s.).

Juxtaposer, du L. *juxta* (auprès), et de *poser* (voy. ce mot). — D. *juxtaposition*.

K

† **Kan**, mot d'origine orientale (persan *khân*, kan).

† **Kangurou**, le nom et l'animal nous sont venus d'Australie.

† **Kaolin**, mot d'origine chinoise (*kaoling*, argile qui sert à fabriquer la porcelaine).

† **Kermès**, mot d'origine orientale (arabe *kermes* cochenille).

† **Kermesse**, du flamand *kerkmisse*, kermesse, fête patronale

Kilo..., du grec χίλιοι (mille).
Kilogramme, voy. *kilo* et *gramme*.
Kilolitre, voy. *kilo* et *litre*.
Kilomètre, voy *kilo* et *mètre*.
† **Kiosque**, mot d'origine orientale (turc *kieuchk*, helvédère).
† **Kirsch-wasser**, de l'allemand *kirsch-wasser* (eau de cerises).

† **Knout**, du russe *knout* (m. s.).
Kyrielle, mot forgé à l'aide des deux premiers mots de la litanie grecque Κύριε ελεησον (Seigneur, aie pitié), litanie qui contient des invocations à un grand nombre de saints, d'où le sens de longue suite, de longue énumération donné au mot *kyrielle*.
Kyste, du grec χύστις (poche).

L

1. ***La*** (article), voy. *le*.
2. **La**, sixième note de la gamme (voy. *gamme*).
3. ***Là*** (adverbe de lieu, en espagnol *ella*, du L. *illac* (par là) : pour l'aphérèse de *il* initial voy. *le*; pour la chute du *c*, voy. *ami*.
Labarum, du L. *labarum* (m. s.).
Labeur, du L. *laborem* (m. s.). Sur le changement de *o* en *eu*, voy. *accueillir*.
Labial, du L *labialis** (m. s. dérivé de *labia* lèvre).
Labiée, dérivé de *labium* (lèvre).
Laboratoire, du L. *laboratorium** (dérivé de *laborare* travailler).
Laborieux, du L. *laboriosus* (m. s.). Sur *osus* devenu *eux*, voy. *amoureux*.
Labourer, du L. *laborare* (travailler; pour la restriction du sens, voy. p. XXIII).— D. *labour* (subst. verbal), *labourage*, *labourable*, *laboureur*.
Labyrinthe, du L. *labyrinthus* (m. s.).

Lac, du L *lacus* (lac).
Lacer, voy *lacs*. — D. *lacis*, *enlacer*, *délacer*, *entrelacer*.
Laceration, du L *lacerationem* (action de déchirer).
Lacérer, du L. *lacerare* (déchirer).
Lacet, voy. *lacs*.
Lâche, ancien français *lasche*, en provençal *lasc*, en italien *lasco*, du L. *lascus*, transposition de *lacsus* (laxus) lâche. — La consonne double *x* qui équivaut à *cs*, s'est transposée en *sc* dans un certain nombre de mots : *lâcher* ancien français *lascher*, *lasquer* dans la Chanson de Roland, de *lascare* pour *lacsare* [*laxare*]), mèche (ancienn. *mesche* de *mysca* pour *mycsa* [myxa]), tâche (ancienn. *tasche*, de *tasca*, pour *tacsa* [taxa*])
Quant au changement de *lascus* en *lâche*, voy. *abîme* pour la chute de l'*s*, et *acharner* pour la permutation du *c* latin en *ch*.
Lâcher, anciennement *lascher*, du L *laxare* (lâcher) Pour le changement de *lacsare* (*laxare*) en *lascare* puis *lascher*, voy. aux

mots *lâche* et *acharner*; sur la chute de *s*, voy. *abîme*. — D. *relâcher*.

Lâcheté, anciennement *lascheté*, en italien *laschità*, du L. *laxitatem* (lâcheté). Pour le changement de *taxi...* en *lâche....* voy. *lâcher*; pour celui de *atem* en *é*, voy. *abbé*.

Lacis, voy. *lacer*.

Laconique, du L. *laconicus* (de Laconie).

Lacrymal, du L. *lacrymalis* * (m s). — D *lacrymatoire*.

Lacs, du L. *laqueus* (lacs); sur le changement de *qu* en *c* voy. *car*; sur la persistance de *s*, voy *Grammaire historique de la langue française*, p. 153. — D. de la forme *lac* du cas-régime : *lacer*, *lacet*.

Lactation, du L. *lactationem* (allaitement).

Lacté, du L. *lacteus* (de lait).

Lacune, du latin *lacuna* (lacune)

Ladre, lépreux au moyen âge, du L. *lazarus* (proprement Lazare, le pauvre de l'Évangile qui se tenait couvert d'ulcères et de *lèpre*, à la porte du riche : d'ou par extension le nom de *lazarus* donné aux lépreux; Saint Lazare était au moyen âge invoqué contre la lèpre et *lazarus* a le sens de *lépreux* dans les textes de la basse latinité : « *de infirmis qui et leprosi, vulgo autem lazarii nominantur...* » *Laz(à)rus* contracte suivant la règle (voy. p ιxxxι) en *laz'rus* donne *laz-d-re* par le changement de *zr* en *zdr* (voy. *ancêtre*) Sur le changement de *lasdre* en *ladre*, voy. *abîme*.

Ce qui confirme cette origine, c'est que *Saint Lazare* est appelé *Saint Ladre* dans tous les pays situés au nord de la Loire.— D *ladrerie*.

† **Lagune,** de l'italien *laguna* (lagune).

1. **Lai** (adj.), du L. *laicus* (laïque) : sur la chute du *c*, voy. *ami*.

2. **Lai** (subst.) poème, chant, mot d'origine celtique (kymrique *llais*, chant, mélodie).

Laîche, anciennement *laische*, en italien *lisca*, mot d'origine germanique (ancien haut allemand *lisca*, fougère) Sur *i* devenu *oi*, voy. *marraine*, sur *c* devenu *ch*. voy. *acharner*.

Laid, en italien *laide*, mot d'origine germanique (ancien haut allemand *laid*, odieux, désagréable). — D. *laideron, laideur, enlaidir*.

1. **Laie** (zoologie), origine inconnue.

2. **Laie** (route) du L du moyen âge *leda* (route de forêt, dans les textes de la basse latinité : « *terram, alnetum, paludem, quæ jacent inter ledam.... et sclusam molendini...* » lit-on dans une charte de 1136.— *Leda* est d'origine germanique . scandinave *leid*, voie).

Leda a donné *laie* par la chute du *d* (voy. *alouette*) et le changement de *e* en *oi* puis *ai* (voy. *accroire*).

Laine, en italien *lana*, du L. *lana* (laine); sur le changement de *ana* en *aine*, voy ancien.— D. *lainer, lainage, lainerie, lainier*.

Laineux, du L. *lanosus* (laineux), par le changement : 1° de *a* en *ai* (voy. *aigle*); 2° de *osus* en *eux* (voy *amoureux*).

Laïque, du L. *laicus* (m. s).

Lais, voy. *laisser*.

Laisse, du L. *laxa** (laisse, dans les textes latins du moyen âge : *laxa* dérive de *laxus*, lâche, proprement corde tenue très-lâche) Sur *x* devenu *ss*, voy. *aisselle*; sur *a* devenu *oi*, voy. *aigle*.

Laisser, du L *laxare* (laisser dans Grégoire de Tours) par le changement 1° de *a* en *ai* (voy. *aigle*), 2° de *x* en *ss* (voy *aisselle*). — D. *lais* (subst. verbal), *relais*, *délaisser*.

Lait, du L *lactem* (lait) Sur *ct* devenu *it*, voy *attrait* — D. *laité*, *laiterie*, *laitage*, *laiteux*, *laitier*, *allaiter*.

Laitance, voy *laite*.

Laite, du L. *lactes* (laitance), par le changement de *ct* en *it* (voy. *attrait*) — D *laitance*.

Laiton, origine inconnue.

Laitue, du L. *lactuca* (laitue) par le changement : 1° de *ct* en *it* (voy. *attrait*); de *uca* en *ue* (voy *ami*).

Laize (largeur), anciennement *laise*, du L. *latia* (largeur), dérivé de *latus* large) par le changement 1° de *a* en *ai* (voy *aigle*), 2° de *tia* en *s* doux (voy *agencer*), puis en *z* (voy *nez*)

1 † **Lama,** mot d'origine thibétaine, désignant les prêtres du Boudha

2. † **Lama** (zoologie), mot d'origine péruvienne, ainsi que l'animal qu'il désigne.

Lamaneur, dérivé de l'ancien français *laman* pilote côtier. *Laman* est un mot d'origine germanique (flamand *lotman*, lamaneur).

Lambeau, anciennement *lambel* (forme qui a persisté en terme de blason). Sur *el* devenu *eau*, voy *agneau*. L'origine de ce mot est inconnue

Lambin, mot d'origine historique (voy p LXIV). — D. *lambiner*

Lambourde, origine inconnue

Lambrequin, origine inconnue.

Lambris, dérivé de l'ancien français *lambre* (lambris, proprement plaques de bois ou de métal appliquées sur les murailles d'une salle) · *lambre* est le L. *lamina* (lame, plaque de bois ou de métal) par la contraction régulière (voy. p. LXXXI) de *lam(i)na* en *lam'na* — qui change très-irrégulièrement *mn* en *mr* (voy *coffre*), d'où *mbr* (voy. *absoudre*). — D. *lambrisser*, *lambrissage*.

Lambruche, au seizième siècle *lambrusche*, du L *labrusca* (vigne sauvage) Sur la chute de *s*, voy. *abîme*. — Pour l'addition de *m*, cf. *trombe* (turbo)

Lame, du L. *lamina* (lame) par la contraction régulière (voy. p LXXVI) de *lam(i)na* en *lam'na*, d'où *lame* par la réduction de *mn* a *m* (voy *allumer*). — D. *lamé*, *lamelle*. *lamelleux*, *lamellé*.

Lamentable, du L *lamentabilis* (m. s.).

Lamentation, du L *lamentationem* (m. s.)

Lamenter, du L. *lamentari* (m s.)

Lamie, du L. *lamia* (sorte de vampire).

Laminer, du L. *laminare* (dérivé de *lamina*, lame). — D *laminage*, *laminoir*

Lampadaire, du L. *lampadarius* (porte flambeau).

1. **Lampas** (étoffe), origine inconnue.

2. **Lampas** (art vétérinaire), origine inconnue.

Lampe, du L. *lampas* (lampe). — D *lampion*, *lampiste*.

Lamper, voy *laper* — D *lampée* (subst. participial).

Lampion, voy *lampe*.

Lampiste, voy *lampe*

Lamproie, en provençal *lamprada*, en italien *lampreda*, du L *lampetra* (lamproie) *Lampetra*, changeant régulièrement *tr* en *dr* (voy. *aider*) donne *lampedra* (qui est dans les textes du septième siècle), d'où *lampreda* par la transposition de l'*r* (voy. *âpreté*). *Lampre(d)a* donne *lamproie* par la chute du *d* medial (voy. *accabler*) et le changement de *e* en *oi* (voy. *accroire*).

Lance, en italien *lancia*, du L. *lancea* (lance) par la transformation régulière (voy. *abréger*) de *lanc(ea)* en *lanc(ia)*, d'où *lance* par le changement de *cia* en *ce* (voy. *agencer*). — D. *lancer* (proprement jeter la lance, puis jeter un trait, un javelot), *lancette*, *lancier*.

Lancer, voy. *lance*.

Lancinant, du L. *lancinantem* (qui coupe).

Lande, mot d'origine germanique (allemand *Lande*, contrée).

Landier, origine inconnue.

Langage, voy. *langue*.

Lange, étoffe de laine, du L. *lanea* (étoffe de laine). *Lan(ea)* devenant régulièrement *lania* (voy. *accointer*), donne *lanja* par la consonnification de *ia* en *ja* (voy. *abréger*) d'où *lange*.

Langoureux, voy. *langueur*.

Langouste, dans l'ancien français a le double sens de sauterelle et d'écrevisse (proprement sauterelle de mer). On voit dans un psautier du treizième siècle que Dieu livra les blés d'Égypte aux *langoustes*.

Langouste, en portugais *lagosta*, vient du L. *locusta* (sauterelle). *Locusta* a donné *langouste* par l'addition de *n* (voy. *concombre*); pour le changement 1° de *u* en *ou* voy. *accouder*; 2° de *o* en *a* voy. *dame*.

Langue, anciennement *lengue*, du L. *lingua* (langue) par le changement de *in* en *en*, puis en *an* (voy. p. LXXXV). — D. *langage*, *languette*.

Langueur, du L. *languorem* (m. s.). Sur *o* devenu *eu*, voy. *accueillir*) — D. *langoureux*.

Languir, du L. *languere* (languir) par le changement de *e* en *i* (voy. *accomplir*).

Lanière, ce mot qui a dans notre ancienne langue le sens de courroie de laine (on trouve *tisser des lanières* au treizième siècle dans le *Partonopeus*), dérive du L. *lanaria* (de *lana*, laine) par le changement de *aria* en *ière* (voy. *dnier*).

Lanifère, du L. *lanifer* (m. s.).

† **Lansquenet**, de l'allemand *landsknecht* (fantassin).

Lanterne, du L. *lanterna* (lanterne). Voy. *concombre*. — D. *lanternier*.

Laper, mot d'origine germanique (allemand *lappen*, laper). Une autre forme de *laper* est *lamper*. (Pour l'addition de *m*, voy. *lambruche*.)

Lapereau, voy. *lapin*.

Lapidaire, du L. *lapidarius* (tailleur de pierres).

Lapidation, du L. *lapidationem* (m. s.).

Lapider, du L. *lapidare* (lapider).

Lapin, *lapereau*, dérivés d'un radical commun *lap*, dont l'origine est inconnue.

Laps, du L. *lapsus* (m. s.).

† **Laquais**, de l'espagnol *lacayo* (m. s.).

† **Laque**, de l'italien *lacca* (laque). — D. *laqueux*.

Larcin, ancien français *larecin*, à l'origine *larrecin*, en espagnol *ladrocinio*, du L. *latrocinium* (vol); 1° par le changement de *tr* en *rr* puis en *r* (voy. *arrière*); 2° par la chute de *o*, *larr(o)cinium* (voy. *aider*).

Lard, du L. *lardum* (lard dans Horace) — D. *larder, lardoir, lardon, entrelarder*.

Lares, du L. *lares* (dieux domestiques).

Large, du L. *largus* (abondant puis large). — D. *élargir, largeur*.

Largesse, du L. *largitia** (m. s.). Sur *itia* devenu *esse* voy. *forteresse*

Largeur, voy. *large*.

† **Largue**, de l'italien *largo* (largue). — D. *larguer*.

Larme, en espagnol *lagrima*, du L. *lacryma* (larme) par la contraction régulière (voy. *accointer*) de *lacr(y)ma* en *lacr'ma* d'où *larme* par la réduction de *cr* à *r* (voyez *hennir*). — D. *larmier, larmoyer*.

Larmoyer, voy. *larme*. — D. *larmoiement*.

Larron, du L. *latronem* (larron) par le changement de *tr* en *rr* (voy. *arrière* et p. LXXV). — D. *larronnesse, larronneau*.

Larve, du L. *larva* (masque).

Larynx, du grec λάρυγξ (m. s.). — D. *laryngé, laryngien, laryngite*.

Las, du L. *lassus* (las).

Lascif, du L. *lascivus* (lascif).

Lasciveté, du L. *lascivitatem* (m. s.) Sur *atem* devenu *é*, voyez *abbé*).

Lasser, du L. *lassare* (m. s.). — D. *délasser*.

Lassitude, du L. *lassitudo* (m. s.).

† **Last**, de l'allemand *last* (poids).

Latent, du L. *latentem* (caché)

Latéral, du L. *lateralis* (qui tient au côté).

Laticlave, du L. *laticlavus* (m s.)

Latin, du L. *latinus* (latin).

Latiniser, du L. *latinizare* (m. s.). — D. *latinisme, latiniste*.

Latinisme, voy. *latiniser*.

Latiniste, voy. *latiniser*.

Latinite, du L. *latinitatem* (latinité).

Latitude, du L. *latitudo* (largeur).

Latrines, du L. *latrina* (m. s.).

Latte, mot d'origine germanique (allemand, *latte, latte*). — D. *latter, lattis*.

Laudanum, origine inconnue.

Laudatif, du L. *laudativus* (m. s.).

Laudes, du L. *laudes* (louanges).

Lauréat, du L. *laureatus* (couronné de laurier).

Laurier, du L. *laurarius** (dérivé de *laurus*, laurier) par le changement de *arius* en *ier* (voyez *dnier*).

Lavabo, du L. *lavabo*, futur de *lavare* (laver).

† **Lavande**, de l'italien *lavanda* (lavande).

† **Lave**, de l'italien *lava* (lave).

Laver, du L. *lavare* (m. s.). — D. *laveur, lavis, lavoir, lavure, lavasse, lavement, lavandière*.

Laxatif, du L. *laxativus* (m. s.).

Layer, voy. *laie*. 2. — D. *layeur*.

Layette, proprement caisse (encore au sens de tiroir, dans layette d'archives), puis linge ou étoffes contenues dans la layette; on dit de même *corbeille* de mariage pour désigner les étoffes contenues dans la *corbeille*. *Layette* est un diminutif de l'ancien français *laye* (caisse) qui est d'origine germanique (allemand *lade*, boîte, caisse). Sur la chute du *d*, voy. *alouette*. — D. *layetier*.

† **Lazaret**, de l'italien *lazaretto* (lazaret).

† **Lazzi**, de l'italien *lazzi* (badinages).

Le, anciennement *lo*, en espagnol *lo*, du L *illum* (Pour l'emploi du pronom *ille*, comme article dans les langues Romanes, voy. *Grammaire historique de la langue française*, p. 160).

Il-lum a donné *le*, comme *il-la* a donné *la*, comme *il-los* a donné *les*, comme *il-huic* a donné *lui*, comme *il-lorum* a donné *leur*, par la chute générale de la première syllabe *il* (qui est brève chez les comiques latins); *ille, illa, illum* sont presque des enclitiques, comme on le voit par les composés *ellum ellam* dans Térence qui sont la contraction de *en-illum, en-illam*, par la chute de *il* : en(il)*lum*, en(il)*lam*, d'où *en'lum, enl'am* qui deviennent *ellum, ellam* par l'assimilation de *nl* en *ll*. On voit ainsi comment *ille* n'étant point accentué, a perdu en français la première syllabe :

1° *Il-lum* ainsi réduit à *lum* a donné *lu* par la chute de *m* (voy. *ja*) *lo* par le changement de *u* en *o* (voy. *annoncer*); l'ancien français *lo* est devenu *le*, comme *jo* et *ço* sont devenus *je* et *ce*.

2° *Il-los* réduit à *los* a donné *les*, par le même adoucissement de *o* en *e* que nous venons de signaler.

3° *Illi-huic*, contracté en *ill'huic* d'où *illuic* par la chute de *h* (voyez *atelier*), a donné *illui* que l'on trouve déjà dans une inscription de l'Empire (Mur. 2088,6) : « *ultimum illui spiritum* » *Il-lui* perdant comme on vient de le voir la syllabe initiale, s'est réduit à *lui*

4° *Il-lorum*, se réduisant à *lorum* donne *leur* par le changement de *o* en *eu* (voy *accueillir*)

Lé, du L. *latus* (large). Sur *atus* devenu *é*, voy. *ampoulé*.

Lèche, origine inconnue — D *léchefrite*

Lécher, en provençal *lecha*, en italien *leccare*, mot d'origine germanique (allemand *lecken*, lécher) Sur le changement de *ck* ou *cc* en *ch*, voy. *acheter*.

Leçon, du L. *lectionem* (leçon) par le changement de *ctio* en *ço* (voy *agencer*)

Lecteur, du L. *lectorem* (m. s).

Lecture, du L. *lectura*' (m.s.)

Légal, du L *legalis* (conforme à la loi) — D *légaliser, légalisation*

Légalité, du L. *legalitatem*' (m. s).

Légat, du L. *legatus* (ambassadeur).

Légataire, du L *legatarius* (m. s.)

Légation, du L. *legationem* (m. s.).

† **Lège,** mot d'origine hollandaise, comme beaucoup d'autres termes de marine (hollandais *leeg* vide)

Légendaire, voy. *légende*

Légende, du L *legenda*, pluriel neutre du participe futur passif *legendus*, devant être lu, de *legere* (lire) — D *légendaire*.

Léger, du L *leviarius*' (léger, dérivé de *levis* léger) par le changement de *le*(via)*rius* en *le*(vja)*rius* (voy. *abréger*) d'où l'ancien français *légier* par la réduction de *vj* à *g* (voy. *abréger*) et le changement de *arius* en *ier* (voy. *ânier*). — D *légèreté*

Légion, du L. *legionem* (légion).

Légionnaire, du L *legionarius* (m s.).

Législateur, du L *legislatorem* (m. s). — D. *législature*.

Législatif, du L. *legislativus*' (m. s).

Législation, du L. *legislationem* (m. s).

Légiste, du L. *legista*' (dérivé de *legem*. m. s.).

Légitime, du L. *legitimus* (légitime). — D. *illégitime, légitimer, legitimaire, legitimation, légitimité.*
Léguer, du L. *legare* (léguer). — D. *legs* (subst. verbal).
Légume, du L. *legumen* (légume) — D. *légumineux.*
Lemme, du L. *lemma* (m. s.).
Lémures, du L. *lemures* (spectres).
Lendemain, anciennement *l'endemain,* composé de *en* (voyez *en*) et de *demain* (voy. ce mot). Pour l'agglutination de l'article et la soudure de *l'endemain* en *lendemain,* voy. *lierre.*
Lénitif, du L. *lenitivus*, dérive de *lenitus* (adouci).
Lent, du L. *lentus* (lent). — D. *ralentir* (alentir).
Lente (subst.), du L. *lendem* (lente). Sur *d* devenu *t,* voyez p. XCVIII).
Lenteur, du L. *lentorem* (mollesse).
Lenticulaire, du L. *lenticularis* (m. s.) — D. *lenticulé.*
Lentille, du L. *lenticula* (lentille). Sur *icula* devenu *ille,* voyez *abeille.*
Lentisque, du L. *lentiscus* (m. s.).
Léonin, du L. *leoninus* (léonin).
Léopard, du L. *leopardus* (m. s.).
Lèpre, du L. *lepra* (m. s.).
Lépreux, du L. *leprosus* (m s.). Sur *osus* devenu *eux,* voy. *amoureux.* — D. *léproserie.*
Lérot, voy. *loir.*
Les, voy. *le.*
Lèse, du L. *laesus* (blessé ; on trouve *laesa majestas,* dans les jurisconsultes romains). — D. *léser.*
Leser, voy. *lèse.*
† **Lésine,** de l'italien *lesina* (avarice). — D. *lésiner.*

Lésiner, voy. *lésine.* — D. *lésinerie.*
Lésion, du L. *laesionem* (même sens).
Lessive, du L. *lixiva* (cinis, lessive dans Pline) par le changement : 1° de *i* atone en *e* (voy. *admettre*) ; 2° de *x* en *ss* (voy. *aisselle*). — D. *lessiver.*
† **Lest,** de l'allemand *last* (poids). — D. *lester.*
Leste, en italien *lesto,* en espagnol *listo,* mot d'origine germanique (allemand *listig,* habile)
Lester, voy. *lest.* — D. *lesteur, lestage.*
Léthargie, du L. *lethargia* (m s.). — D. *léthargique.*
Lettre, du L. *littera* (lettre) par la contraction régulière (voy. p. LXXXI) de *litt(e)ra* en *litt'ra,* d'où *lettre* par le changement de *i* en *e* (voy. *admettre*).
Lettré, du L *litteratus* (lettré) par la contraction régulière (voy. *accointer*) de *litt(e)ratus* en *litt'ratus,* d'où *lettré* par le changement de *atus* en *é* (voy. *ampoulé*), et de *i* en *e* (voy. *admettre*). — D. *illettré.*
Leude, du latin mérovingien *leudes* leude, compagnon du roi ; ce mot est d'origine germanique ; allemand *leute* (les gens, les compagnons du roi).
Leur, voy. *le.*
Leurre, mot d'origine germanique: moyen allemand *luoder,* (leurre) qui contracté en *luod'r* a donné *leurre* par le changement : 1° de *dr* en *rr* (voy. *arrière*) ; 2° de *uo* en *o* (voy. p. XC), puis de *o* en *eu* (voy. *accueillir*). — D. *leurrer*
Levain, du L. *levamen* (levain) par le changement de *amen* en *ain* (voy. *airain*)
Levant, voy. *lever.* — D. *levantin, levantine.*

Lever, du L. *levare* (m. s.). — D. *levee* (subst. participial), *levûre*, *levier*, *levant*, *elever*, *prelever*.

Levis, en provençal *levadis*, en portugais *levadico*, du L. *levaticius** (propr. que l'on lève, dérivé de *levare*, lever) par le changement successif de *a(t)icius* en *a(d)is*, *a-is*, *eis*, *is*, déjà étudié au mot *coulis*.

Levite, du L. *levitis* (m. s.).

Levraut, voy. *lièvre* — D. *levrauder*.

Lèvre, du L. *labrum* (lèvre) par le changement : 1° de *a* en *e* (voy. *acheter*); 2° de *b* en *v* (voy. *avant*).

Levrette, voy. *lièvre*.

Levrier, voy. *lièvre*.

Levure, voy. *lever*.

Lexique, du grec λεξικόν (m. s.). — D. *lexicographe*, *lexicographie*, *lexicographique*.

Lèz, du L. *latus*. Dans la basse latinité *latus* fut employé pour *juxta*, et signifiait *auprès*. *Plexitium latus Turonem* — le Plessis-lèz-Tours, c'est-à-dire *auprès de Tours*). Passy-*lèz*-Paris, Champigny-*lèz*-Langres. — En vieux français, *lèz* était substantif. *le roi est sur son trône, et son fils à son lèz* (c'est-à-dire à son côte). *Latus* a donné *lèz* par le changement de *atus* en *ès* (voy. *ampoulé*), puis *ez* (voy. *nez*).

Lézard, du L. *lacertus* (lézard) par le changement : 1° de *a* en *e* (voy. *acheter*); 2° de *c* en *z* (voy. *amitié*), 3° de *e* en *a* (voy. *amender*); 4° de *t* en *d* (voy. *aider*). — D. *lézarde* (propr. crevasse dans la muraille qui sert de retraite aux lézards), *lézarder*.

Liais, origine inconnue.

Liaison, du L. *ligationem* (liaison) par la chute du *g* médial *li(g)ationem* et le changement de *ationem* en *aison* (voy. *fenaison*).

† **Liane**, voy. p. LVI.

Liard, origine inconnue. — D. *liarder*.

Liasse, voy. *lier*

Libation, du L. *libationem* (m. s.).

Libelle, du L. *libellus* (pamphlet). — D. *libeller*, *libelliste*.

Liberal, du L. *liberalis* (qui concerne la liberté).

Libéralite, du L. *liberalitatem* (génerosité). Sur *atem* devenu *é*, voy. *abbé*.

Liberateur, du L. *liberator* (m. s.).

Libération, du L. *liberationem* (delivrance).

Liberer, du L. *liberare* (m. s.).

Liberte, du L. *libertatem* (m. s.).

Libertin, du L. *libertinus* (affranchi, — d'où le sens d'affranchi des pratiques de la religion, sens fréquent au dix-septième siècle; puis qui n'observe aucune règle, déréglé). — D. *libertinage*.

Libidineux, du L. *libidinosus* (libidineux).

Libraire, du L. *librarius* (derive de *liber*, livre).

Librairie, du L. *libraria* (dérivé de *liber*, livre).

Libre, du L. *liber* (libre).

1. **Lice** (trame), du L. *licium* (trame).

2. **Lice** (tournois), origine inconnue

3. **Lice** (chienne), anciennement *lisse*, du L. *lycisce* (chienne) par la chute du *c* médial *ly(c)isce* (voy. *affouage*), d'où *ly-isce* qui donne le provençal *léissa*, le français *lisse*, puis *lice*.

Licence, du L. *licentia* (permission). — D. *licencier*, *licencié*.

Licencieux, du L. *licentiosus* (licencieux).

Lichen, du grec λειχήν (lichen)

Licitation, du L. *licitationem* (m s.).

Licite, du L. *licitus* (m. s.).

Liciter, du L. *licitari* (surenchérir).

† **Licorne**, de l'italien *licorno* (licorne).

Licou, anciennement *licol* pour *lie-col* (voy. *lier* et *cou*).

Licteur, du L. *lictorem* (licteur).

1. **Lie** (du vin), origine inconnue.

2. **Lie**, dans l'expression *faire chère lie*, c. à d. faire bon accueil, proprement *visage joyeux* (voy. *chère*); quant au mot *lie*, c'est le L. *laeta* (joyeuse) par le changement successif de *ae* en *e* (voy. p. LXXVI), puis de *e* en *i* (voy. *accomplir*), ainsi que par la chute du *t* médial *le*(t)*a* (voy. *aigu*).

Liége, du L. *levium* (dérivé de *levis*, léger. qui flotte sur l'eau) par la consonnification de *le*(vi*u*)*m* en *le*(vj*u*)*m* (voy. *abréger*), d'où *liége* par le changement de *vj* en *g* (voy. *abréger*) et de *e* en *ie* (voy. *arrière*).

Lien, anciennement *liain*, en provençal *liam*, en portugais *ligame*, du L. *ligamen* (lien) par la chute du *g* médial *li*(g)*amen* (voy. *allier*), d'où *liain* par le changement de *amen* en *ain* (voy. *airain*), puis *en* (voy. *ancien*) comme dans *chien* qui est pour *chiain*.

Lier, du L. *ligare* (lier). Pour le changement de *li*(g)*are* en *lier*, voy. *allier*. — D. *lieur*.

Lierre, dans notre ancienne langue *ierre*, *hierre*, au dixième siècle *edre*, du L. *hedera* (lierre). *Hed*(e)*ra* suivant la loi de l'accent latin (voy. p. LXXXI) se contracta en *hedra* qui devint *hierre* par le changement de *e* en *ie* (voy. *arrière*), et par celui de *dr* en *rr* (voy. *arrière*); *hierre* donna enfin *ierre* par la chute de l'*h* initial (voy. *atelier*). Le moyen âge disait correctement *l'ierre*, et ce n'est que vers le quinzième siècle que l'article se souda au substantif (*lierre*); ce nom ainsi formé dut être précédé à son tour d'un nouvel article *le lierre*. Cependant l'indécision persista. Ronsard dit encore *l'hierre*, non *le hierre*; et Dubellay dit tantôt : *Le chef environné de verdoyant lierre* ; tantôt *Les vieux murs, hideux de ronces et d'hierre.*

Cette corruption se retrouve dans plusieurs autres mots : nous disons *le lendemain*, *le loriot*, *la luette*, *lors*, tandis que nos ancêtres disaient correctement *l'endemain*, *l'oriot*, *l'uette*, *l'ors*. (Voy. ces mots).

Liesse, anciennement *leesse* à l'origine *ledèce*, en italien *letizia*, du L. *laetitia* (joie), par la réduction de *ae* à *e* (voy p LXXXVI) : *le*(t)*itia* perdant le *t* médial (voyez *abbaye*), et changeant *itia* en *esse* (voy. *forteresse*) donne *leesse* qui devient *liesse* par le changement de *e* en *i* (voy. *accomplir*).

Lieu, anciennement *lu*, du L. *locus* (lieu) par la chute du *c* médial (voy. *ami*) et le changement successif de *o* latin en *eu* (voy *accueillir*) puis en *iu* (voyez *abréger*) d'où la forme *liu* qui devient *lieu* par le changement de *u* en *eu* (voy *beugler*).

Lieue, du L. *leuca* (lieue) par la chute du *c* médial *leu*(c)*a* (voy. *ami*), et par le changement de *eu* en *ieu* (voy. *lieu*).

Lieutenant, voy. *tenant* et *lieu*. — D. *lieutenance*.

Lièvre, à l'origine *levre*, du L. *leporem* (lièvre) par la contraction régulière (voy. p. LXXXI) de *lep*(ŏ)-

rem en *lep'rem*, d'où *lebre* par le changement de *p* en *b* (voyez *abeille*), — *lèvre* dans la Chanson de Roland, par le changement de *b* en *v* (voy. *avant* et *arriver*), — *hèvre* par le changement de *e* en *ie* (voy. *arrière*). — D. *levraut*, *levrette*. *Lévrier* représente le L. *leporarius** (proprement chien qui sert à courir le lièvre, dans les textes du moyen âge : « Si quis per canes *leporarios* feram fugaverit, » lit-on dans un acte du douzième siècle, ») par la contraction (voyez *accointer*) de *lep(o)rarius* en *le p'rarius* et par le changement : 1° de *p* en *v* (voy. *arriver*) ; 2° de *arius* en *ier* (voy. *dnier*).

Ligament, du L. *ligamentum* (bandage). — D. *ligamenteux*.

Ligature, du L. *ligatura* (ligature).

Lige, origine inconnue.

Lignage, en provençal *lignatge*, du L. *lineaticum** (lignée, dérivé de *ligna*, ligne), par le changement de *linea* en *ligne* (voy. *ligne*) et par celui de *aticum* en *age* (voy. *âge*). — D. *lignager*.

Ligne, du L. *linea* (ligne) par le changement régulier de *linea* en *linia* (voy. *abreger*) d'où *ligne* par le changement de *nia* en *gne* (voy. *cigogne*). — D. *lignée*, *aligner*, *enligner*.

Lignée, voy. *ligne*.

Ligneul, du L. *lineolum** (petit fil, dérivé de *linea* ligne) par le changement de *linea* en *ligne* (voy. *ligne*) et par celui de *olum* en *eul* (voyez *aieul*).

Ligneux, du L. *lignosus* (même sens). Sur *osus* devenu *eux* voy. *amoureux*.

Ligue, voy *liguer*.

Liguer, du L *ligare* (attacher). — D. *ligue* (substantif verbal), *ligueur*.

Ligueur, voy. *liguer*.

† **Lilas**, venu de l'italien *lilac* (lilas).

Liliacé, du L *liliaceus* (de *lis* dans Palladius)

Limace, du L *limacem* (m. s.) — D *limaçon*.

Limaçon, voy. *limace*.

Limaille, voy *limer*.

Limande, voy *lime*.

Limbe, du L. *limbus* (bord).

Limbes, du L. *limbi* (limbes de l'enfer).

Lime, du L. *lima* (m. s.)

Limer, du L. *limare* (limer). — D. *limaille*, *limure*.

Limier, anciennement *liemier*, dérivé de l'ancien français *liem* (laisse), du L. *ligamen* (laisse ; proprement le chien tenu en laisse). En provençal *liamier* (limier) dérive de même de *liam* (laisse).

Li(g)amen a donné l'ancien français *liem* par la chute du *g* médial (voy. *allier*) et par le changement de *a* en *e* (voy. *acheter*).

Limitation, du L. *limitationem* (m. s.).

Limite, du L *limitem* (frontière).

Limiter, du L. *limitare* (m. s). — D. *illimité*, *limitatif*, *limité*.

Limitrophe, du L. *limitrophus* (m. s.).

1. **Limon** (boue), dérivé d'un radical *lim** qui est le L *limus* (limon). — D. *limoneux*.

2. † **Limon** (citron), de l'italien *limone* (citron). — D *limonier*, *limonade*.

3. **Limon** (de charrette), origine inconnue. — D. *limonière*, *limonier*.

Limonade, voy. *limon* 2. — D *limonadier*.

Limoneux, voy. *limon* 1.

Limpide, du L. *limpidus* (même sens)

Limpidité, du L. *limpidita-*

*tem** (m s) Sur *atem* devenu *é*, voy *abbé*.

Lin, du L *linum* (lin). — D. *linon*

Linceul, en provençal *linsol*, du L *linteolum* (toile de lin) par le changement régulier (voy *abréger*) de *lint*(eo)*lum* en *lint*(io)*lum* qui devient *linciolum* (voy. *agencer*) ; on trouve déjà *linciolo* au septième siècle dans les Glosses de Reichenau : « *Sindones* linciolos. » *Linciolo* donne *linceul* par le changement : 1° de *ci* en *c* (voy. *agencer*), 2° de *o* en *eu* (voy. *accueillir*)

Linéaire, du L. *linearis* (même sens).

Linéal, du L. *linealis* (m. s.).

Linéament, du L. *lineamentum* (m. s.).

Linge, à l'origine toile de lin ; *linge* était adjectif dans notre ancienne langue : le vieux français disait *un drap linge* pour un drap de lin ; *linge* dérive régulièrement de l'adjectif *lineum* (de lin) par le changement de *lin*(eu)*m* en *li*-*n*(iu)*m* (voy. *abréger*) et par la consonnification subséquente de *iu* en *ju*, *linjum* d'où *linge* (voyez *abréger*). — D. *linger*, *lingère*, *lingerie*.

Lingot, origine inconnue. — D. *lingotière*.

Lingual, du L. *lingualis** dérivé de *lingua* (langue).

Linguiste, dérivé de *lingua* (langue) — D. *linguistique*.

Linguistique, voy. *linguiste*.

Liniment, du L. *linimentum* (m s.).

Linon, voy. *lin*.

Linot, **Linotte**, oiseau qui se nourrit principalement de graine de *lin*, et qui vit dans les linières.

Linteau, anciennement *lintel*, du L. *limitellus** (dérivé de *limi-* *tem*, limite). Par la contraction régulière (voy. *accointer*), de *lim*(i)*tellus* en *lim'tellus*, d'où *lintel*, par le changement de *m* en *n* (voy. *changer*), *linteau* par celui de *el* en *eau* (voy. *agneau*).

Lion, du L. *leonem* (lion), par le changement de *eo* en *io* (voy. *abréger*). — D. *lionceau*.

Lippe, mot d'origine germanique (allemand *lippe*, lèvres). — D. *lippée*, *lippu*.

Lippée, voy. *lippe*.

Lippu, voy. *lippe*.

Liquation, du L. *liquationem* (fusion).

Liquefaction, du L. *liquefactionem** (m. s.).

Liquéfier, du L. *liqueficare** (liquéfier).

Liqueur, du L. *liquorem* (liquide). — D. *liquoreux*, *liquoriste*.

Liquide, du L. *liquidus* (m. s.). — D. *liquider*.

Liquider, voy. *liquide*. — D. *liquidation*, *liquidateur*.

Liquidité, du L. *liquiditatem* (pureté, dans Apulée).

Lire, du L. *legere* (lire), par la contraction régulière (voy. p. LXXXI) de *leg*(ĕ)*re* en *leg're*, d'où *lire*, par la réduction de *gr* à *r* (voy. *accueillir*), et le changement de *e* en *i* (voy. *accomplir*). — D. *lisant*, *liseur*, *lisible*.

Liron, voy. *loir* et p. XCI.

Lis, du L. *lilius* (pour *lilium*, lis), par la contraction régulière, (voy. p. LXXXI) de *lil*(iu)s en *lil's*. Sur la persistance de *s*, voy. *Grammaire historique de la langue française*, p. 160. — Une variété orthographique de *lis* est *lys*.— D. *liseron*.

Liseré, substantif participal de l'ancien verbe *liserer*, qui dérive de *lisière*.

Liseron, voy. *lis*.

19

Lisible, voy. *lire*.
Lisière, voy. *liste*. — D. *liseré* (voy. ce mot).
† **Lisse** (adj.), venu au seizième siècle de l'italien *liscio* (lisse). — D. *lisser*, *lissoir*.
Lisse (tapisserie), du L. *licium* (trame). Sur *ci* devenu *ss*, voy. *agencer*.
Liste, proprement bande sur laquelle est inscrite une série de noms; à l'origine, bande proprement dite (on dit encore une *liste* pour désigner une bande blanche sur le front du cheval). *Liste*, au sens de bande, est un mot d'origine germanique (ancien haut allemand *lista*, bordure, bande qui borde). — D. *lisière* (petite *liste*, petite bande). *Lisière* est pour *listière* (sur cette réduction de *st* à *ss*, puis à *s*, voy. *angoisse*); *listeau*, *liteau*, *liston*, *listel*.
Listeau, voy. *liste*. — D. *liteau*, qui est pour *listeau*, ayant perdu *s* (voy. *abîme*).
Liston, voy. *liste*.
Lit, du L. *lectum* (lit). Sur le changement de *ect* en *it*, voy. *attrait*. — D. *literie*, *aliter*, *liteau*, *litée*.
Litanies, du grec λιτανεία (supplication).
Liteau, voy. *liste*.
Litharge, du L. *lithargyrus* (m. s.). — D. *litharge*, *lithargyré*.
Lithographie, du grec λίθος (pierre) et γράφειν (écrire). — D. *lithographier*, *lithographique*.
Lithographier, voy. *lithographie*. — D. *lithographe* (subst. verbal).
Lithotomie, du grec λιθοτομία (m. s.). — D. *lithotome*, *lithotomiste*.
Lithotritie, formé du mot grec λίθος (pierre) et du mot latin *tritus*, participe de *terere* (broyer). — D. *lithotriteur*.

Litière, du L. *lectaria** (litière, dans les textes latins du moyen âge : « Item pro una lectaria..., » lit-on dans un compte de 1333. *Lectaria* dérive de *lectus*, lit) Pour le changement : 1° de *aria* en *ière*, voy. *dnier*; 2° de *ect* en *it*, voy. *lit*.
Litige, du L. *litigium* (contestation).
Litigieux, du L. *litigiosus* (litigieux). Sur *osus* devenu *eux*, voy. *amoureux*.
Litote, du grec λιτότης (proprement petitesse).
1. **Litre** (bande noire), anciennement *listre* (sur la chute de *s*, voy. *abîme*); *listre*, qui est *listra* dans la basse latinité, est un dérivé de *liste* (au sens de bande). Voyez *liste*.
2. **Litre**, du grec λίτρα (anciennement mesure grecque). — D. *hectolitre*, *décalitre*.
Littéraire, du L. *litterarius* (m. s.).
Littéral, du L. *litteralis* (m. s.). — D. *littéralité*.
Littérateur, du L. *litteratorem* (grammairien).
Littérature, du L. *litteratura* (littérature).
Littoral, du L. *littoralis* (du rivage).
Liturgie, du grec λειτουργία (service public). — D. *liturgique*, *liturgiste*.
Livide, du L. *lividus* (livide). — D. *lividité*.
Livraison, du L. *liberationem* (remise) par la contraction régulière (voy. *accointer*) de *lib(é)rationem* en *lib'rationem* d'où *livraison* par le changement : 1° de *b* en *v* (voy. *avant*); 2° de *ationem* en *aison* (voy. *fenaison*).
1. **Livre**, du L. *librum* (livre). Sur *b* devenu *v*, voy. *avant*. — D. *livret*.

2. **Livre**, du L. *libra* (livre). Sur *b* devenu *v*, voy. *avant*.

Livrée, voy. *livrer*.

Livrer, du L. *liberare* (qui a le sens de livrer dans les textes carlovingiens : *vel pro dona liberanda secum aliquantis diebus manere præcepit...* lit-on dans les Capitulaires de Charles le Chauve).
Pour les changements de lettres, voy. *délivrer*. — D. *livrée* (substantif participial ; à l'origine la *livrée* ou comme on disait, les habits de *livrée* étaient ceux que le roi faisait distribuer, *livrait* chaque année aux officiers de sa maison) ; *délivrer*.

Lobe, du grec λόβος (lobe). — D. *lobé*, *lobule*.

Local, du L. *localis* (m. s.). — D. *localiser*.

Localité, du L. *localitatem* (m. s.).

Locataire, du L. *locatarius* (qui se loue ; et non, comme en français, qui prend à louage.)

Locatif, du L. *locativus* (m. s.). — D. *locatis* (autre forme de locatif).

Location, du L. *locationem* (m. s.).

Locatis, voy. *locatif*.

† **Loch**, de l'anglais *log* (loch).

Loche, origine inconnue.

Locher, mot d'origine germanique (moyen haut allemand *lücke*, branlant). Sur le changement de *cc* en *ch* voy. *acheter*.

† **Locman**, mot d'origine germanique (néerlandais *lootsman*, lamaneur).

Locomotion, du L. *loco* (d'un lieu) et *motionem* (mouvement). — D. *locomoteur*.

† **Locomotive**, venu de l'anglais *locomotive* (proprement *locomotive engine*, machine locomotive).

Locution, du L. *locutionem* (m. s.).

Lods (droit de *lods* et de vente) ; du L. *laudes** (lods, dans la basse latinité : « *Si quis emerit terram, teneatur de tertio decimo denario, et non plus de* laudibus.... » lit-on dans une Charte de 1274 ; le sens primitif du mot devait être promesse, consentement, car *laudare* se trouve dans les textes latins du moyen âge avec le sens de promettre, de consentir). Pour le changement de *au* en *o*, voy. *alouette*.

† **Lof**, de l'anglais *loof* (lof).

Logarithme, du grec λόγος (proposition) et ἀριθμός (nombre). — D. *logarithmique*.

Loge, en italien *loggia*, en lombard *lobia*, du L. *laubia** (loge, dans les textes du moyen âge : *In palatio quod est fundatum juxta basilica beatissimi principis apostolorum, in* laubia.... *ipsius palatii....* dit un acte de 904. On lit dans le Polyptique de saint Remi : *Habet mansum dominicatum, casam cum cellario,* laubia, *horrea 2....* Laubia est d'origine germanique, et correspond à l'ancien haut allemand *laubja*, berceau de feuillage, hutte).
Laubia consonnifié suivant la règle (voy. *abréger*) en *laubja* a donné *loge* par le changement : 1° de *au* en *o* (voy. *alouette*) ; 2° de *bj* en *g* (voy. *abréger*). — D. *loger, logis, logement, logette, logeable*.

Loger, voy. *loge*. — D. *logeur, déloger*.

Logique, du L. *logica* (logique). — D. *logicien*.

Logis, voy. *loger*.

Logogriphe, du grec λόγος (discours) et γρῖφος (énigme).

Logomachie, du grec λογομαχία (dispute de mots).

Loi, du L. *legem* (loi), comme

regem a donné *roi*, par le changement de *e* en *oi* (voy. *accroire*) et par la chute du *g* (voy. *attier*). — D *aloi*.

Loin, à l'origine *loing*, du L. *longè* (loin). Sur *u* devenu *oi*, voy. *angoisse* — D. *éloigner* (qui est à l'ancienne forme *loing*, comme *poignet* est à *poing*, *soibner* à *soin*, *témoigner* à *témoin*).

Lointain, en italien *lontano*, du L. *longitanus** (dérivé de *longe* loin) par la contraction régulière (voy. *accointer*) de *long*(i)*tanus long'tanus* d'où *lointain* par le changement : 1° de *anus* en *ain* (voy. *ancien*) ; 2° de *ong* en *oin* (voy. *loin*).

Loir, en provençal *glire*, du L. *glirem* (loir) par le changement de *gl* en *l* (voy. p. CI), et par celui de *i* en *oi* (voy. *boire*). — D. *liron, lérot* (voy. sur ces dérivés p. XCI).

Loisir, infinitif employé substantivement (comme les mots *dîner, souper*, etc...) ; le verbe *loisir* (avoir la permission de ne pas travailler, ne rien faire), vient du L. *licere* par le changement : 1° de *i* en *oi* (voy. *boire*) ; 2° de *c* en *s* (voy. *amitié*) ; 3° de *e* en *i* (voy. *accomplir*). — D. *loisible*.

Lombes, du L. *lumbus* (lombes). — D. *lombaire*.

Long, du L. *longus* (long). — D. *longueur, longe, longer, allonger, longtemps, longuet*.

Longanimité, du L. *longanimitatem* (m. s.).

1. **Longe** (corde), voy. *long*.
2. **Longe** (portion de la colonne vertébrale et des lombes), du L. *lumbea* (dérivé de *lumbus* lombes) par le changement (voyez *abréger*) de *lumb*(ea) en *lumb*(ia), par la consonnification (voy. *abréger*) de *lumbia* en *lumbja*, d'où *longe* par le changement : 1° de *u*

en *o* (voy. *annoncer*) ; 2° de *m* en *n* (voy. *changer*) ; 3° de *bj* en *g* (voy. *abréger*).

Longer, voy. *long*.

Longevite, du L. *longaevitatem* (m. s.).

Longitude, du L. *longitudo* (longueur). — D. *longitudinal*.

Longtemps, voy. *long* et *temps*.

Longueur, voy. *long*.

Lupin, origine inconnue.

Loquace, du L. *loquacem* (m. s.).

Loquacité, du L. *loquacitatem* (m. s.)

1. **Loque**, mot d'origine germanique (ancien haut allemand *loc* chose pendante, d'où le sens de loque).

2. **Loquet**, diminutif de l'ancien français *loc* (loquet) qui est d'origine germanique (anglo saxon *loc* fermer, verrouiller).

Lorgner, dans le patois normand *loriner* (épier, lorgner), mot d'origine germanique (allemand suisse *loren*, épier, regarder). — D. *lorgnon, lorgnette, lorgneur*.

Loriot, ancien français *loriol*, à l'origine *oriol* dans les textes du douzième siècle, en provençal *auriol*, du L. *aureolus* (proprement doré, merle jaune ; les Allemands appellent de même cet oiseau *Gold-amsel* merle doré).

Aureolus devenant *auriolus* (voy. *abréger*), a donné *oriol* par le changement de *au* en *o* (voyez *alouette*). Par l'agglutination de l'article étudiée au mot *lierre*, *l'oriol* devint *loriol* vers la fin du treizième siècle ; sur la chute de *l* final, voy. *garou*.

Lors, anciennement *lores* à l'origine *l'ores* ; pour l'agglutination de l'article, voy. *lierre* ; pour l'étymologie voy. *le* et *or*. — D. *lorsque*.

Los, du L. *laus* (louange) par le changement de *au* en *o* (voyez *alouette*).

Losange, origine inconnue.

Lot, mot d'origine germanique (anglais *lot*, lot; flamand *lot*) — D. *lotir*, *loterie*.

Loterie, voy. *lot*.

Lotion, du L. *lotionem* (m. s) — D. *lotionner*.

Lotir, voy. *lot*. — D. *loti, lotissement*.

Loto, de l'italien *loto* (loto).

Lotte, origine inconnue.

Lotus, du L. *lotus* (lotus).

Louable, voy. *louer 2*.

Louage, voy. *louer 1*.

Louange, anciennement *loange*, du L. *laudemia** (louanges, forme dérivée de *laudem*) par la chute du *d* médial *lau(d)emia* et par le changement 1° de *au* en *o* puis *ou* (voy. *alouette*); 2° de *emia* en *emja* (voy. *abréger*); 3° de *men* n (voy. *changer*), d'où *enja* qui donne *ange* par le changement de *en* en *an* (voy. p. LXXXV). — D. *louanger, louangeur*.

Louche, anciennement *lousche*, en provençal *losc*, du L. *luscus* (louche, primitif de *lusciosus* louche; *luscus* a proprement le sens de borgne). Sur le changement: 1° de *u* en *ou*, voy. *accouder*; 2° de *c* en *ch*, voy. *acharner*; 3° sur la chute de *s*, voy. *abîme*. — D. *loucher*.

Louchet, origine inconnue.

1. **Louer,** du L. *locare* (louer) par la chute du *c* médial *lo(c)are* (voy. *affouage*) et par le changement de *o* en *ou* (voy. *affouage*). — D. *louage, loueur*.

2. **Louer,** du L. *laudare* (donner des louanges) par la chute du *d* médial *lau(d)are* (voy. *accabler*) et par le changement de *au* en *o* puis en *ou* (voy. *alouette*) — D. *louange* (voy. ce mot) *louable*.

Lougre, de l'anglais *lugger* (m. s).

Louis, mot d'origine historique (voy. p LXI), du nom de *Louis* XIII, qui fit le premier frapper cette monnaie (1640). Le nom propre *Louis*, ancien français *Lois*, à l'origine *Loois*, vient du L. *Ludovicus* (qui est lui même d'origine germanique : *Hluodowig*, nom propre chez les Germains, et qui est composé des deux mots *hluodo*, illustre et *wig*, combat).

Par la réduction du suffixe *icus* à *i* (voy. *ami*), *Lu(d)o(v)icus* perdant successivement le *d* médial (voy. *accabler*), le *v* médial (voy. *aïeul*), change *u* en *o* (voy. *annoncer*) et donne l'ancien français *Loois*, qui se contracte postérieurement en *Lois*, comme *rond* est la contraction de l'ancien français *roond*. *Lois* a donné *Louis* par l'adoucissement de *o* en *ou* (voy. *affouage*).

Loup, du L. *lupus* (loup) par le changement de *u* en *ou* (voy. *accouder*). — D. *louve* (du L. *lupa*; sur le changement de *u* en *ou*, voy. *accouder*, sur celui de *p* en *v*, voy. *arriver*); *louvat*; *louvet*; *louveteau*; *louvetier*, *louveterie*; *loupe* (tumeur, de même qu'en allemand *Wolfgeschwulst* loupe, signifie proprement tumeur de loup).

Loup-cervier, du L. *lupus cervarius* (loup cervier dans Pline). Pour le changement de lettres, voy. *loup*; sur *arius* devenu *ier*, voy. *ânier*.

Loupe, voy. *loup*.

Loup-garou, voy. *garou*

Lourd, en italien *lordo* sale, du L. *luridus* (sale, malpropre puis paresseux, lourd; le sens originaire est jaunâtre). *Lur(i)dus* régulierement contracté (voy. p. LXXXI) donne *lur'dus*, d'où *lourd* par le changement de *u* en *ou* (voy. *accouder.* — D. *lourdeur, lourdaud, lourderie, alourdir.*

Loure, origine inconnue.

Loutre, du L. *lutra* (loutre); sur *u* devenu *ou*, voy. *accouder.*

Louve, voy. *loup.*—D. *louvet, louveteau, louveterie, louvetier.*

Louvoyer, anciennement *lovoyer*, dérivé de *lof* (pour le rapport de *lof* à *lovoyer*, voy. *achever*); sur *o* devenu *ou*, voy. *affouage.* — Pour l'étymologie de *lof*, voy. ce mot.

Loyal, en italien *leale*, du L. *legalis* (conforme à la loi, d'où le sens de loyal, qui est conforme aux lois de la probité et de l'honneur. *Legalis* au sens de loyal, est très-fréquent dans les textes du moyen âge : *Legaliter custodire* est dans un acte de 1355. On lit dans les Épîtres de saint Bernard : *Neque enim et perjurus esse, et legalis simul manere poterit.* Un acte du onzième siècle emploie aussi le mot *legalis* au sens de loyal : *Ad quos missi sunt quatuor legales homines qui ex ore ipsorum... audierunt....*)
Le(g)*alis* a donné *loyal* par la chute du *g* médial (voy. *allier*), et par le changement : 1° de *e* en *oi* (voy. *accroire*); 2° de *alis* en *al* (voy. *annuel*). — D. *deloyal.*

Loyauté, anciennement *loyalté*, du L. *legalitatem* (dérivé de *legalis*, loyal). *Legal*(*i*)*tatem* contracté suivant la règle (voy. *accointer*) en *legal'tatem*, a donné *loyalté* par le changement de *legal....* en *loyal....* changement déjà étudié au mot *loyal*. Sur *atem* devenu *é*, voy. *abbé.*
Loyalté est devenu *loyauté* par le changement de *al* en *au* (voy. *agneau*).

Loyer, du L. *locarium* (loyer) par la chute du *c* médial (voy. *affouage*); sur l'intercalation d'un *y* euphonique destiné à adoucir l'hiatus, voy. p. LXXXIX.

Lubie, proprement volonté capricieuse, dérivé du L. *lubere* (vouloir).

Lubrifier, du L. *lubrificare**, dérivé de *lubricus* (lisse, poli). Sur la chute du *c*, voy. *affouage.*

Lubrique, du L. *lubricus* (proprement glissant). — D. *lubricité.*

Lucarne, du L. *lucarna** (que l'on trouve déjà pour *lucerna* dans certains textes latins de la décadence. *Lucerna* signifie proprement lampe).

Lucide, du L. *lucidus* (m. s.).

Lucidité, du L. *luciditatem* (m. s.).

Lucratif, du L. *lucrativus* (m. s.).

Lucre, du L. *lucrum* (m. s.).

Luette, à l'origine de la langue, *l'uette*. *Uette* est le diminutif d'un radical *ue** qui correspond au L. *uva* (luette). Sur la chute du *v* médial *u*(*v*)*a* voy. *aïeul.* Sur l'adjonction du suffixe diminutif *ette*, voy. *ablette.*— Sur l'agglutination de l'article (*luette* pour *l'uette*), voy. *lierre.*

Lueur, en provençal *lugor*, du L. *lucorem** (dérivé hypothétique de *lucem*, lumière) par la chute du *c* médial *lu*(*c*)*orem* (voy. *affouage*) et par le changement de *o* en *eu* (voy. *accueillir*).

Lugubre, du L. *lugubris* (m. s.).

Lui, voy. *le.*

Luire, du L. *lucere* (luire) par la contraction régulière (voy. p. LXXXI) de *luc*(*e*)*re* en *luc're* d'où *luire* par le changement de *cr* en *ir* (voy. *bénir*).— D. *luisant, reluire.*

Lumbago, du L. *lumbago* (m. s.).

Lumière, en provençal *lumneira*, du L. *luminaria* (lumière). *Lum*(*i*)*naria* contracté suivant la règle (voy. accointer) en lum'naria a donné lumière par le changement: 1° de aria en ière (voyez dnier); 2° de mn en m (voy. allumer).

Lumignon, du L. luminionem* (dérivé de lumen lumière). Sur le changement de ni en gn, voy. cigogne.

Luminaire, du L. luminare (luminaire).

Lumineux, du L. luminosus (lumineux).

Lunatique, du L. lunaticus (fou).

Lundi, en italien lunedi, du L. lunae dies (lundi dans les Inscriptions, proprement jour de la lune).

Lune, du L. luna (lune). — D. lunaire, lunaison, lunette (les verres de lunette ont reçu ce nom à cause de leur forme ronde). — D. lunaire, lunaison, lunette, lunule.

Lunette, voy. lune. — D. lunettier.

Lupin, du L. lupinus (lupin).

Luron, origine inconnue.

Lustral, du L. lustralis (m. s.).

Lustration, du L. lustrationem (m. s.).

Lustre, voy. lustrer.

Lustrer, du L. lustrare (nettoyer, puis rendre brillant, lumineux). — D. lustre (substantif verbal; lustrine).

Lut, du L. lutum (boue). — D. luter.

† **Luth**, mot qui vient, dans sa forme actuelle, de l'italien liuto (luth). — D. luthier.

Lutin, origine inconnue. — D. lutiner.

Lutrin, anciennement letrin, du L. lectrinum (dérivé de lectrum, pupitre dans Isidore de Séville) par le changement: 1° de ct en t (voy. affété); 2° de e en u (voy. jumeau).

Lutte, du L. lucta (lutte). Voy. lutter pour le changement de lettres.

Lutter, du L. luctari (lutter) par le changement de ct en tt (voy. assiette). — D. lutteur.

Luxation, du L. luxationem (luxation).

Luxe, du L. luxus (m. s.). — D. luxueux.

Luxer, du L. luxare (luxer).

Luxure, du L. luxuria (luxure).

Luxurieux, du L. luxuriosus (débauche). Sur osus devenu eux, voy. amoureux.

Luzerne, origine inconnue. — D. luzernière.

Lycanthropie, du grec λυκανθρωπία (m. s.). — D. lycanthrope.

Lycée, du grec λύκειον (le Lycée, célèbre gymnase d'Athènes).

Lycopode, du grec λύκος (loup), et πούς, ποδός (pied).

Lymphatique, du L. lymphaticus (m. s.).

Lymphe, du L. lympha (eau).

Lynx, du L. lynx (m. s.).

Lyre, du L. lyra (m. s.).

Lyrique, du L. lyricus (m. s.).

Lys, voy. lis.

M

Ma, voy. *mon*.
Macadam, mot d'origine historique (voy. p. LXIV). — D *macadamiser*.
† **Macaque**, du portugais *macaco* (macaque).
† **Macaron**, de l'italien *maccherone* (espèce de pâte).
† **Macaroni**, de l'italien *macaroni* (pluriel de *macarone*, m. s.).
† **Macaronique**, de l'italien *maccheronico* (m. s.).
Macédoine, origine inconnue.
Macération, du L. *macerationem* (m. s.).
Macérer, du L. *macerare* (m. s.).
Mâche, origine inconnue.
Mâchefer, origine inconnue.
Mâcher, anciennement *mascher*, en provençal *masgar*, en italien *masticare*, du L. *masticare* (mâcher) par la contraction régulière (voy. *aconter*) de *mast(i)care* en *mast'care*, puis *mas'care* (voy. p. XCV), d'où *mascher* par le changement de *ca* en *che* (voy. *acharner* et *acheter*) puis *mâcher* par la chute de *s* (voy. *abîme*). — D. *mâcheur, mâchoire, mâchonner*.
Machiavélisme, dérivé de *Machiavel*, célèbre écrivain florentin; sur ce mot d'origine historique, voy. p LXIV. — D. *machiavélique, machiavéliste*.
Machicoulis, origine inconnue.
Machinal, du L. *machinalis* (m. s.).
Machinateur, du L. *machinatorem* (m. s.).

Machination, du L. *machinationem* (ruse).
Machine, du L. *machina* (m. s.).
Machiner, du L. *machinari* (m. s.). — D. *machiniste*.
Mâchoire, voy. *mâcher*.
Mâchonner, voy. *mâcher*.
Mâchurer, ancienn. *maschurer*, à l'origine *mascurer*, barbouiller, tacher, mot d'origine germanique (ancien haut allemand *masca* tache). Sur la chute de *s*, voy. *abîme*; sur *c* devenu *ch*, voy. *acharner*.
Macis, du L. *macis* (m. s.).
Macle (cristallographie), origine inconnue.
Maçon, du L. *macionem* (maçon dans Isidore de Séville), qui donne aussi *machionem*; sur *ch* devenu *c*, voy. p. XCIX). Sur *cionem* devenu *çon*, voy. *agencer*. — D. *maçonner, maçonnage, maçonnique, franc-maçon, maçonnerie*.
Macreuse, origine inconnue.
Macule, du L. *macula* (tache).
Maculer, du L. *maculare* (tacher). — D. *maculation, maculature*.
Madame, voy. *ma* et *dame*.
Mademoiselle, voy. *ma* et *demoiselle*.
† **Madone**, de l'italien *madona* (madone).
Madras, mot d'origine historique (voy. p. LXIV), étoffe fabriquée originairement à Madras.
Madré, proprement tacheté, (bois *madré*, porcelaine *madrée*).

Madré est un dérivé de l'ancien français *madre*, *mazdre*, qui est un mot d'origine germanique (allemand *maser*, bois madré). *Maser*, contracté en *mas r*, a donné l'ancien français *masdre*, *mazdre* par le changement de *sr* en *sdr* (voy. *ancêtre*), sur la chute de *s*, voy. *abîme*

Du sens de tacheté, de varié dans les nuances et les couleurs, *madré* a pris le sens de fécond en ressources et en ruses.

† **Madrepore**, de l'italien *madrepora* (madrépore).

Madrier, du L. *materiarius* (dérivé de *materia*, madrier, poutre) par la contraction régulière (voy. *accointer*) de *mat(é)riarius* en *mat'riarius* d'où *madrier* par le changement : 1° de *tr* en *dr* (voy. *aider*); 2° de *arius* en *ier* (voy. *anier*).

‡ **Madrigal**, de l'italien *madrigale* (madrigal).

‡ **Magasin**, anciennement *magazin*, mot d'origine orientale, venu de l'arabe *machâzin*, proprement dépôts de marchandises, puis magasin.

Mage, du L. *magus* (m. s.).
Magie, du L. *magia* (m. s.). — D. *magique*, *magicien*.
Magister, du L. *magister* (maître).
Magistère, du L. *magisterium* (dignité).
Magistral, du L. *magistralis* (m. s.).
Magistrat, du L. *magistratus* (m. s.). — D. *magistrature*.
Magnanime, du L. *magnanimus* (m. s.).
Magnanimité, du L. *magnanimitatem* (grandeur d'âme).
Magnat, du L. *magnatus* (personnage éminent dans saint Jérôme)

Magnésie, du L. *magnes* (proprement aimant ; la magnésie ayant été assimilée à l'aimant).

Magnetique, du L. *magneticus* (d'aimant). — D. *magnétiser*
Magnétiser, voy. *magnétique*. — D. *magnétiseur*, *magnétisme*.
Magnificence, du L. *magnificentia* (m s.).
Magnifique, du L. *magnificus* (magnifique).
Magnolier, mot d'origine historique (voy. p. LXIV), du nom de P. Magnol († 1715)

Magot, origine inconnue.

Mai, du L. *madius* (forme que l'on trouve pour *maius* mai, dans la latinité du moyen âge) *Tunc etiam mensis madius florebat in herbis.* dit un poème du douzième siècle ; On lit dans un texte du onzième siècle : « *Expeditionem movet cum mense mense madio.* » Pour le changement de *adius* en *ai*, voyez *bai.*

Maie, du L. *magida* (maie, dans Varron) par la chute successive du *g* médial *ma(g)ida* (voyez *allier*), puis du *d*, *mai(d)a* (voyez *accabler*).

Maigre, du L. *macrum* (maigre). Sur *a* devenu *ai*, voy. *aigle*; sur *cr* devenu *gr*, voy. *adjuger*.— D. *maigrelet*, *maigret*, *maigrir*.

Maigreur, du L *macrorem* (maigreur). Sur *a* devenu *ai*, voy. *aigle*; sur *cr* devenu *gr*, voy. *adjuger*, sur *o* devenu *eu*, voy. *accueillir*.

Maigrir, voy. *maigre*.

Mail, proprement marteau, du L. *malleum* (mail) qui devient *mallium* (voy. *abréger* pour le changement de *eu* en *iu*), puis *mail* (voy. *ail* pour le changement de *allium* en *ail*). — D. *maillet*.

1. **Maille**, du L. *macula* (maille) par la contraction régulière (voy. p. LXXII) de *mac(u)la* en *mac'la* d'où *maille* par le chan-

gement de *cl* en *il* (voy. *abeille*).
— D. *maillot, mailler*.

2. **Maille**, monnaie (dans la locution *n'avoir ni sou ni* maille); *maille*, anciennement *meaille*, en vieux portugais *mealha*, représente le L. *metallea* qui est devenu successivement *metallia* (voy. *abréger*), *medallia* (voy. *aider*). *Me dallia* (que l'on trouve au sens de monnaie dans les textes latins du moyen âge : *thesaurus cum medaleis aureis inventus fuerit in horto* dit un acte de 1274 ; on lit dans un Glossaire latin : « *Obolus quod est medalia.* ») — a donné par la chute du *d* médial *me*(d)*allia* (voy. *accabler*) l'ancien français *meaille*, puis *maaille* (voyez *amender*), d'où *maille* par la contraction de *aa* en *a*, comme dans *âge* de *aage*.

Maillet, voy. *mail*. — D. *mailloche*.

Maillot, voy. *maille* 1.

Main, du L. *manus* (main). Sur *anus* devenu *ain*, voy. *ancien*. — D. *main-d'œuvre* (voyez *de* et *œuvre*.

Maintenant, voyez *maintenir*.

Maintenir, voy. *main* et *tenir*. — D. *maintien* (substantif verbal), *maintenue, maintenant*.

Maintien, voy. *maintenir*.

Maire, du L. *major* (maire dans les textes latins du moyen âge ; proprement le plus important de la cité).
Maj(o)r contracté suivant la règle (voy. p. LXXXI) en *maj'r* a donné *maire* par le changement de *j* en *i* (voy. *aider*) — D *mairie*.

Mais, du L *magis* (plus; le sens de *plus* est encore visible dans la locution *n'en pouvoir mais*) *Mag*(*i*)*s* s'est contracté suivant la règle en *mag's* (voy p LXXXI); sur *gs* devenu *is*, voy. *aigle* et p. CI.

† **Maïs**, mot venu de l'espagnol *mahis* (m. s.).

Maison, du L. *mansionem* (demeure, résidence) par la réduction de *ns* à *s* (masionem) voyez *aîné*); et par l'attraction de l'*i* qui amène le changement de *a* en *ai* (voy. *aigle*). — D. *maisonnette*.

Maître, anciennement *maistre*, à l'origine *maistre*, du L. *magistrum* (maître) par la chute du *g* médial *ma*(g)*istrum* (voyez *allier*), d'où *maistre* puis *maistre* qui devient *maître* par la chute de *s* (voy. *abîme*). — D. *maîtresse, maîtrise, maîtriser, maître-autel*

Maîtriser, voy. *maître*. — D. *maîtrise* (subst. verbal).

Majesté, du L. *majestatem*. — D. *majestueux*.

Majeur, du L *majorem* (plus grand) Sur *o* devenu *eu*, voy. *accueillir*.

Major, du L. *major* (qui est au-dessus).

Majorat, dérivé de *majorem* (majeur).

Majordome, du L. *major* (chef) et *domus* (de la maison).

Majorité, dérivé de *majorem* (majeur).

Majuscule, du L. *majusculus* (un peu plus grand).

1. **Mal** (substantif), du L. *malum* (mal).

2. **Mal** (adverbe), du L. *malè* (mal). — D *malpropre, malveillant, maladroit, malade*.

3. **Mal** (adjectif), du L. *malus* (mauvais): l'adjectif *mal* au sens de mauvais a persisté dans les substantifs composés· *malgré, malheur, malaise, malencontre, malemort, malfaçon*.

Malachite, du grec μαλαχίτης (malachite).

Malacie, du grec μαλαxιά (mollesse).

Malacoptérygien, du grec-μα

λακός (mou) et πτερύγιον (nageoire).

Malade, au dixième siècle malabde, en provençal malapte, du L. malè-aptus (composé de malè et de aptus disposé, proprement qui est mal disposé, qui est indisposé, qui est malade). Sur le changement de p en b voyez abeille; sur celui de t en d, voyez aider. Malabde s'est réduit à malade par la chute du b, comme dub'tare s'est réduit à douter. — D. maladie, maladif.

Maladresse, voy. adresse.

Maladroit, voy. adroit. — D. maladroitement.

Malaise, voy. aise. — D. malaisé.

† **Malandrin**, de l'italien malandrino (m. s.).

Malart, origine inconnue.

Malaviser, voy. aviser.

Malaxer, du L. malaxare (amollir).

Mâle, anciennement masle, au douzième siècle mascle, du L. masclus (mâle, cette forme masclus pour masculus est dans l'Appendix ad Probum). — Quant au changement de masclus en masle, cette reduction de cl latin en l, se retrouve dans moule (musclus), merlin (marc'hlinus *). — Sur la chute de l's (masle) voy. abîme.

Malédiction, du L. maledictionem (malédiction dans saint Jerôme.

Malefaim, voyez mal 3, et faim.

Maléfice, du L. maleficium (maléfices). — D. maléficié.

Maléfique, du L. maleficus (défavorable).

Malemort, voy. mal 3, et mort.

Malencontre, voy. encontre et mal 2. — D. malencontreux.

Malentendu, voy. mal 2, et entendre.

Malepeste, voyez mal 3. et peste,

Malévole, du L. malevolus (m. s.).

Malfaçon, voyez mal 3, et façon.

Malfaire, voy. mal 2, et faire. — D. malfaisant, malfaisance.

Malfaiteur, du L malefactorem (m. s.). — D. Sur ct devenu it, voy. attrait; sur o devenu eu, voy. accueillir.

Malfamé, voyez mal 2, et famé.

Malgracieux, voy. mal 2, et gracieux.

Malgré, ce mot qui était subtantif à l'origine de la langue est un composé de l'ancien adjectif mal mauvais (voy. mal 3) et de gré (voy. ce mot).

Malhabile, voyez mal 3, et habile

Malheur, voy. mal 3, et heur. — D. malheureux.

Malhonnête, voy. mal 2, et honnête.

Malhonnêteté, voy. mal 3, et honnêteté

Malice, du L. malicia (malice). Sur tia devenu ce, voyez agencer.

Malicieux, du L. malitiosus (rusé). Sur osus devenu eux, voy. amoureux.

Malignité, du L. malignitatem (malignité). Sur atem devenu é, voy. abbé.

Malin, du L. malignus (malin) par le changement de gn en n (voy. asséner).

Malines, mot d'origine historique (voy. p. LXIV) ; de la ville de Malines où l'on fabriquait originairement cette dentelle.

Malingre, composé de mal et

de l'ancien adjectif *hingre*, *heingre**, qui est le L. *aegrum* (malade). *Ægrum* se réduisant régulièrement à *egrum* (voy. p. LXXXVI) intercale un *n* (voy. concombre) d'où *eingre* par le changement de *e* en *ei* devant une nasale (voyez *frein*). Sur l'addition de *h*, voy. *envahir*.

Malintentionné, voy. *mal* 2, et *intentionné*.

Malle, mot d'origine germanique (ancien haut allemand *malha* valise). — D. *malle-poste; mallier*.

Malléable, du L. *malleabilis** (m. s.) — D. *malléabilité*.

Malléole, du L. *malleolus* (petit marteau).

Malmener, voy. *mal* 2, et *mener*.

Malotru, anciennement *malostru*, à l'origine *malestru* au sens de malheureux; en provençal *malastruc* (opposé de *benastruc* heureux) du L. *astrutus** (qui est sous l'influence d'une étoile, bonne ou mauvaise; de *astrum* qui est dans Pétrone au sens de chance, de sort).

Malpropre, voyez *mal* 2, et *propre*. — D. *malpropre*.

Malsain, voyez *mal* 2, et *sain*.

Malséant, voyez *mal* 2 et *séant*.

Malsonnant, voyez *mal* 2, et *sonner*.

† **Malt** mot d'origine germanique (anglais *malt*, malt).

Maltôte, anciennement *maltolte*, composé de *mal* (voy. *mal* 3) et de *tolte*, qui représente le L. du moyen âge *tolta* (impôt: *nullam toltam faciet eis in mercato suo, nisi monachi concesserint....* dit une charte de 1085. *Tollta* est la contraction du participe fort *tollita**; proprement ce que l'on enlève; sur ce participe fort, voyez *absoute*).

De ce mot *tolta* et de l'adjectif *mala*, vint le composé *malatolta* qui est dans les textes du moyen âge : « *Mercatores ... vendebant sine toltis malis ...* » dit Mathieu Paris On lit dans une charte de 1224 · de *malatolta quam Joannes rex Angliæ et sui imposuerunt sic erit.* — D. *maltôtier*.

Maltraiter, voy. *traiter* et *mal* 2.

Malvacée, du L. *malvaceus* (de mauve).

Malveillant, voy. *bienveillant*. — D. *malveillance*.

Malverser, voy. *mal* 2, et *verser*. — D. *malversation*.

Mamam, onomatopée (voyez p. IXV)

Mamelle, du L. *mamilla* (mamelle). Sur *i* devenu *e*, voyez *admettre*. — D. *mamelon*.

Mamelon, voy. *mamelle*. —

Mamillaire, du L. *mamillaris* (gorgerette).

Mammaire, dérivé de *mamma* (mamelle)

Mammifère, du L. *mamma* (mamelle) et *ferre* (porter).

Mammouth, origine inconnue.

Manant, en terme de droit féodal, désigne celui qui habite un bourg ou un village : « Les ma-« nants et habitants d'une pa-« roisse » (du sens de villageois est venu postérieurement celui de grossier, de rustre).

Manant dérive régulièrement du L. *manentem*, comme *tenant* de *tenentem*. *Manentem* (qui veut dire proprement celui qui reste, qui est attaché au sol), a le sens de paysan, de *manant* dans les textes du moyen âge: *Tradidit casam cum territorio suo et manentes* XV *cum colonis...,* lit-on dans une donation de 1080.

1. **Manche** (subst. féminin),

du L. *manica* (manche), par la contraction régulière (voy. p. LXXXI) de *man(i)ca* en *man'ca*, d'où *manche*, par le changement de *ca* en *che* (voy. *acharner* et *acheter*). — D. *manchette, manchon*.

2. **Manche** (subst. masc.), du L. *manica* (manche) Pour le changement de lettres, voy. *manche 1.*). — D. *emmancher, démancher*

Manchot, diminutif de l'ancien français *manc* (manchot), comme *bachot* de *bac* Le vieux français *manc* est le L. *mancus* (manchot)

† **Mandarin**, du portugais *mandarin* (m. s); nom que les Portugais ont donné aux fonctionnaires supérieurs de l'empire chinois, et qui est étranger à la langue chinoise.

Mandat, du L. *mandatum* (m. s.). — D. *mandataire*.

Mandement, voy. *mander*.

Mander, du L. *mandare* (m. s.). — D. *mandement, demander, contremander*.

Mandibule, du L. *mandibula* (m. s.).

† **Mandoline**, de l'italien *mandolino* (mandoline).

† **Mandore**, de l'italien *mandora* (m. s.).

Mandragore, du L. *mandragora* (mandragore).

Mandrin, origine inconnue.

Manducation, du L. *manducationem* (m. s.).

† **Manége**, de l'italien *maneggio* (manége).

Mânes, du L. *manes* (mânes).

† **Manganèse**, de l'allemand *mangan* (maganèse).

Manger, du L *manducare* (manger), par la contraction (voy. *aider*) de *mand(u)care* en *mand'-care*, d'où *manger*, par la réduction de *dc* à *c* et de *c* à *g* (voy. *adjuger*). — D. *mangeoire, mangeaille, démanger, mangeable, mangeur, mangeure*.

Maniaque, du L. *maniacus* (man'aque).

Manie, du L. *mania* (manie).

Manier, du L. *manicare* (prendre, toucher avec la main, dérivé de *manus*, main), par la chute du *c* médial *mani(c)are*, voy. *affouage*. — D. *maniement, remanier, maniable*.

Manière, du L. scolastique *maneria* (qui est dans Abélard, au sens de *genre*, de maniere, et qui dérive du L *manus*). Sur *e* devenu *ie*, voy. *arrière*. — D. *maniéré*.

Manifestation, du L. *manifestationem* (m. s.).

Manifeste, adj. du L. *manifestus* (m s).

Manifester, du L. *manifestare* (dérivé de *manifestus*, manifeste). — D. *manifeste* (substantif verbal).

Manigance, dérivé de *manus* (main) par une forme intermediaire qu'il est difficile de préciser. — D. *manigancer*.

† **Manille** (terme du jeu d'hombre), de l'espagnol *malilla* (manille).

† **Manioc**, mot venu des colonies de l'Amérique espagnole.

Manipule, du L. *manipulus* (m s.). — D. *manipuler* (préparer avec la main), *manipulation*.

Manivelle, origine iconnue.

1. **Manne**, du L. *manna* (manne).

2. **Manne** (panier), mot d'origine germanique (allemand *manne* manne).

† **Mannequin**, mot d'origine germanique (hollandais *maneken*, mannequin, proprement petit homme)

Manœuvre, proprement opération de la main, du L. du moyen âge *manu-opera* qui s'est contracté en *manopera* (opération de la main, manœuvre); pour le changement de lettres, voy. *œuvre* — D. *manœuvrer, manouvrier, manœuvrier*.

Manoir, du L. *manerium* (château, résidence, dans les textes du moyen âge, dérivé de *manere*, rester, résider); sur le changement de e en oi, voy. *accroire*.

Manquer, du L. *mancare* (faire défaut, proprement estropier, mutiler, dérivé de l'adjectif *mancus*). — D. *manque* (substantif verbal), *manquement, immanquable*.

Mansarde, mot d'origine historique (voy p. LXIV) de Mansard qui inventa ce genre de fenêtre.

Mansuétude, du L. *mansuetudo* (m. s.).

Mante, du L. *mantum* (manteau court, dans Isidore de Séville). — D. ancien français *mantel* qui s'est adouci en *manteau* (sur *el* devenu *eau*, voy. *agneau*), mais qui a persisté dans *démanteler* (voy. ce mot) et dans *mantelet*.

Manteau, voy. *mante*.

Mantelet, voy. *mante*.

† **Mantille**, de l'espagnol *mantilla* (mantille).

Manuel, du L. *manualis* (manuel).

Manufacture, mot forgé à l'aide des deux mots latins *factura* (m. s.) et *manus*, proprement facture à la main. — D *manufacturer, manufacturier*.

Manuscrit, du L. *manu scriptus* (écrit à la main).

Manutention, avant d'être restreint au sens qu'il possède aujourd'hui, ce mot signifiait gestion, administration, à l'origine action de gérer, de *maintenir*,

manutention dérive des deux mots latins (*manus* (main) et *tenere* (tenir).

Mappemonde, du L. *mappa mundi* (proprement nappe du monde, carte du monde).

Maquereau, origine inconnue.

† **Maquette**, de l'italien *macchietta* (ébauche).

Maquignon, mot d'origine germanique (dérivé du flamand *maeken*, trafiquer). — D. *maquignonnage*.

Maraîcher, voy. *marais*.

Marais, anciennement *marois* et *maresc*, du L. du moyen âge *mariscus* (marais). *Mariscus* est d'origine germanique : vieux flamand *maerasch* (marais).

Mariscus a donné *marais* par la réduction de sc a c (voy. *bois*), et par le changement de i en oi (voy. *boire*); sur oi devenu postérieurement ai, voy. *accroire*. — D. de l'ancienne forme *maresc* · 1° l'ancien français *marescage*, aujourd'hui *marécage* (sur la chute de s, voy. *abîme*); 2° *maraîscher* aujourd'hui *maraîcher* Pour le changement de lettres, voy. *frais* et *fraîche*.

Marasme, du grec μαρασμός (consomption).

† **Marasquin**, dérivé de l'italien *marasca* (cerise, acide qui sert à faire le marasquin).

Marâtre, anciennement *marrastre*, du L *matraster* (belle-mère; pour la restriction du sens, voy. p XXIII). *Matrast(e)r* régulièrement contracté en *matrast'r* (voy. p. LXXXI) donne *marrastre* par l'adoucissement de tr en rr (voy. *arrière*), puis *marastre* (voy. *arrière*) et *marâtre* (voy. *abîme*).

Maraud, origine inconnue. — D. *marauder*.

Marauder, voy. *maraud*. —

D. *maraude* (subst. verbal), *maraudeur.*

† **Maravédis**, de l'espagnol *maravedi* (maravédis).

Marbre, du L. *marmorem* (marbre) par la contraction régulière (voy. p. LXXXI) de *marm(ŏ)rem* en *marm'rem*, d'où *marbre* par le changement de *mr* en *mbr* (voy. *absoudre*) et par la suppression de *m* (voy. p. XCI). — D. *marbrier, marbrer, marbrure, marbrerie, marbrière.*

1. **Marc** (poids), mot d'origine germanique (ancien haut allemand *marc*, signe ; puis marc).

2. **Marc** (résidu), origine inconnue.

Marcassin, origine inconnue.

† **Marcassite**, de l'arabe *marcazat* (pyrite).

Marchand, ancienn. *marchéand, marchedant*; en italien *mercadante*; du L. *mercatantem* (participe de *mercatare*, vendre, négocier, dans les textes du moyen âge : *Volunt dum vobis placeat pacifice et quiete cum vestri mercatando et negotiando conversari...* lit-on dans un acte du onzième siècle. *Mercatare* est le fréquentatif de *mercari.* Voy. p. XXXIII).

Merca(t)antem perdant le *t* médial (voy. *abbaye*), changeant *ca* en *che* (voy. *acharner* et *acheter*) donne l'ancien français *marchéant* par le changement de *e* en *a* voy. *amender*). — D. *marchander, marchandise.*

1. **Marche** (frontière), mot d'origine germanique (ancien haut allemand *marcha* frontière).

2. **Marche** (action de marcher), voy. *marcher.*

Marché, en provençal *mercat*, en italien *mercato*, du L. *mercatum* (marché) par le changement. 1. de *e* en *a* (voy. *amender*); 2° de *c* en *ch* (voy. *acharner*) ; 3° de *atum* en *é* (voy. *ampoulé*).

Marchepied, voy. *marcher* et *pied.*

Marcher, au sens propre piétiner sur place, *pétrir, fouler, presser* (on dit encore que les briquetiers *marchent* l'argile. Un glossaire latin français du treizième siècle dit : *calcare = marcher*), du L. *marcare** (dérivé du L. *marcus* marteau : proprement battre, fouler, piétiner) par le changement de *ca* en *che* (voy. *acharner* et *acheter*). — D. *marche* (substantif verbal), *marcheur, démarche.*

Marcotte, anciennement *margotte*, dérivé par le suffixe diminutif *otte*, du L. *mergus* (marcotte). Sur *e* devenu *a*, voy. *amender.* — D. *marcotter.*

Mardi, anciennement *marsdi*, en italien *mortedi*, du L. *Martisdies* (mardi dans les Inscriptions : proprement jour de Mars). Pour la chute de *s*, voy. *abîme.*

Mare, du L. *mara** (mare), dans les textes latins du moyen âge : « *maras potare lutosas....* » dit Guillaume le Breton dans sa Philippide. *Mara* est une corruption de *mare*, (mer), pris au sens d'eau en général : dès le septième siècle *mare* signifie aussi bien l'eau douce que l'eau salée « *Mare est aquarium generalis collectio. Omnis enim congregatio aquarum sive salsae sint, sive dulces sint, abusive maria nuncupantur,* » dit Isidore de Séville.

Marécage, voy. *marais.* — D. *marécageux.*

Maréchal, proprement celui qui soigne les chevaux ; *maréchal ferrant* celui qui les ferre ; le *maréchal* de France, et originairement le *maréchal* était un officier préposé à l'entretien et à la surveillance des chevaux et des écuries du roi. *Ma-*

réchal, anciennement *mareschal*, vient du L. mérovingien *mariscalcus* (qui soigne les chevaux du roi : *Si mariscalcus, qui super 12 caballos est, occiditur*, 11. solid. *componatur*. dit la *Lex Alamannorum* 7, 9. — *Mariscalcus* est un mot d'origine germanique et répond à l'ancien hautallemand *marahscalc*' (valet qui soigne les chevaux).

Mariscalcus a donné *mareschal* par le changement. 1° de i en e (voy. *admettre*) ; 2° de c en ch (voy. *acharner*), 3° de lc en l (pour cette chute du c, voy. *bois*). Sur la chute postérieure de s, voy *abîme*. — D. *maréchalerie*.

Maréchaussée, proprement troupe commandée par un maréchal · *maréchaussée* correspond au L. du moyen âge *marescalciata* dérivé de *mariscalcus* (maréchal; pour l'étymologie, voy. ce mot).

Marescalciata a donné *mareschaussée* par le changement · 1° de ata en ée (voy. *ampoulé*), 2° de i en e (voy. *admettre*) ; 3 de c en ch (voy *acharner*); 4 de al en au (voy. *agneau*); 5° de ci en c puis ss (voy. *agencer*). Sur le changement de *mareschaussee* en *maréchaussée*, voy. *abîme*.

Marée, dérivé du L. *mare* par l'addition d'un suffixe ée (latin *ata*, voy. *ampoulé*) · *maree de mare* est une formation analogue à celle de *ondée* dérive de *onde*.

Marelle, voy. *méreau*.

Marge, du L. *marginem* (bord, d'où le sens de marge). Sur la chute des deux dernières voyelles atones, voy. p. LXXXI et au mot *image*. — D. *marginal, émarger, margelle*.

Margelle, voy. *marge*.

Marginal, voy. *marginer*.

Marginer, du L. *marginare* (border). — D. *marginal*.

Marguerite, du L. *margarita* (perle).

Marguillier, anciennement *marreglier*, du L. *matricularius* (marguillier, dans les textes du moyen âge : celui qui tient le registre, la *matricule* de l'église : *Officium matricularii est illuminare et extinguere omnia lumina*. dit un règlement ecclésiastique).

Matric(ü)*larius* se contractant régulièrement (voy. *accointer*) en *matric'larius* a donné l'ancien français *marreglier* par le changement : 1° de tr en rr (voy. *arrière*), 2° de i en e (voy *admettre*); 3 de ct en gl (voy *aigle*); 4° de *arius* en *ier* (voy. *dnier*)

Marreglier s'est postérieurement adouci en *mareglier*, d'ou *mar'glier* et *marguillier*.

Mari, du L. *maritus* (mari) ; sur le changement de *itus* en *i*, voy *aigu*

Mariage, en provençal *maridatge*, en italien *maritagio*, du L. *maritaticum* (mariage dans les textes latins du moyen âge. on lit, à la date de 1062, dans le Cartulaire de Marmoutier : *Cum de medietate ipsius terrae movisset calumniam quidam Constantinus.., asserens eam suae conjugi in maritaticum datam.*).

Mari(t)*aticum* a donné *mariage* par la chute du t médial (voyez *abbaye*) et par le changement de *aticum* en *age* (voy. *âge*).

Marier, en provençal *maridar*, en italien *maritare*, du L. *maritare* (marier) par la chute du t médial *mari*(t)*are* (voy. *abbaye*). — D. *mariable, marieur, remarier, démarier*

Marin, du L. *marinus* (m. s). — D. *marinier, mariner, marine, marinade*.

Maringouin, origine inconnue.

Marionnette, mot d'origine historique (voy. p. LXIV); *marionnette* est une altération de *mariolette* (sur *l* devenu *n*, voyez *marne*); *mariolette* est le diminutif de *mariole* (qui est dans les textes français du moyen âge avec le sens de poupée, de figurine, originairement de petites figures de la Vierge *Marie*, d'où le diminutif *mariole*).

Marital, du L. *maritalis* (marital). — D. *maritalement*.

Maritalement, voy. *marital*.

Maritime, du L. *maritimus* (m. s.).

Maritorne, mot d'origine historique (voy. p. LXIV): allusion à la servante d'auberge (*Maritorna*) dans Don Quichotte.

Marivauder, mot d'origine historique (voy. p. LXIV); du nom de *Marivaux*, écrivain du dix-huitième siècle. — D. *marivaudage*.

Marjolet, origine inconnue.

Marmaille, voy. *marmot*.

† **Marmelade**, de l'espagnol *mermelada* (marmelade).

Marmenteau, origine inconnue.

Marmite, origine inconnue. — D. *marmiteux* (proprement pauvre), *marmiton*.

Marmiton, voy *marmite*

Marmonner, mot dont l'origine est inconnue.

Marmot, dérivé (ainsi que *marmaille*) d'un radical commun *marm....* dont l'origine est inconnue.

† **Marmotte**, de l'italien *marmotta* (rat des Alpes).

Marmotter, origine inconnue

Marmouset, origine inconnue.

Marnage, voy. *marne*.

Marne, ancien français *marle* (qui est encore usité en Normandie), du L. *margula* (de *marga*, marne, dans Pline). — *Márg(u)la* contracte en *mar'la* suivant la règle de l'accent latin (voy. p. LXXXI); a donné le vieux français *marle*, et celui-ci a changé *l* en *n*, comme dans *niveau* (*libella*), *pène* (ancien français *pesne*, *pesle* de *pess'la*), *poterne* (*poster'la*), *quenouille* (*colucla*) : on trouve déjà *conucla* pour *colucla*, dans les textes mérovingiens. — D. *marnière*, *marner*, *marnage*, *marneux*.

Maroquin, mot d'origine historique (voy. p. LXIV); du *Maroc* où se fait le maroquin. — D. *maroquiner*, *maroquinier*, *maroquinerie*.

Marotique, mot d'origine historique (voy. p. LXIV); de *Marot*, célèbre poète français du seizième siècle.

Marotte, proprement poupée, jouet, dérivé de *Marie* (comme *marionnette*. Voy. ce mot).

Maroufle, origine inconnue

Marque, mot d'origine germanique (allemand *mark*, signe). — D. *marquer*, *marquant*.

Marquer, voy. *marque*. — D *marqueur*, *remarquer*, *démarquer*.

Marqueter, fréquentatif de *marquer*, comme *tacheter* de *tacher*, *voleter* de *voler*, etc....). — D *marqueterie*.

Marquis, anciennement *marchis*, du L. du moyen âge *marchensis* (proprement gouverneur préposé à la garde des marches, des frontières de l'Empire, depuis le règne de Charlemagne); — *marchensis* dérivé de *marcha*, frontière, voy. *marche* 1.

Marchensis réduisant *ns* à *s* (voy *ainé*), change *e* en *i* (voy *accomplir*) et donne successivement *marchis* puis *marquis* (voy. p. XCIX). — D. *marquise*, *marquisat*.

Marraine, en provençal *mairina*, en italien *madrina*, du L *matrina** (marraine, dérive de *mater*, mère). Sur *tr* devenu *rr*, voy. *arrière*. — *i* latin est ici devenu *ai* comme dans *parrain* (*patrinus**), *daigne* (*digno*), *glaise* (*glitea*), *domaine* (*dominum*), *poulain* (*pullinus*). Voy. aussi au mot *airain*.

Marri, participe de l'ancien verbe *marrir*, attrister, mot d'origine germanique (allemand *marrjan*, irriter)

† **Marron**, de l'italien *marrone* (marron). — D. *marronnier*

† **Marron** (nègre), de l'espagnol *cimarron* (sauvage).

Marrube, du L. *marrubium* (même sens).

Mars, du L. *Mars* (Mars).

Marsouin, mot d'origine germanique (ancien haut allemand *méri-suin*, marsouin).

Marteau, anciennement *martel* (sur *el* devenu *eau*, voy. *agneau*), du L. *martellus** (autre forme de *martulus*, marteau). — D. *marteler*, *avoir martel en tête*; *martelet*

Marteler, voy. *marteau*. — D. *martelage*, *marteleur*.

Martial, du L. *martialis* (m. s.).

1 **Martinet**, propr. *marteau* (le marteau que meut un moulin s'appelle encore *martinet*); diminutif de *martus* (marteau, dans les textes de la basse latinité).

2 **Martinet** (oiseau), dérivé de *Martin*, comme *pierrot* (moineau) de *Pierre*, comme *sansonnet* de *Sanson*. — D. du nom propre *Martin*. *martin-pêcheur*.

Martingale (courroie), mot d'origine historique (voy. p. LXIV); dérivé de *Martigues* en Provence, les Martigaux, ou Martingaux ayant porté les premiers les chausses dites à la *martingale*.

Martre, en italien *martora*, du L. *martalus**, martre dans certains textes de la basse latinité; *martalus* dérive de *martes* qui est dans Martial au sens de martre (Ep. x, 37) si la leçon est sûre.

Mart(ă)*lus* régulièrement contracté en *mart'lus* (voy. p. LXXXI) donne *martre* par le changement de *l* en *r* (voy. *apôtre*).

Martyr, du L. *martyr* (m. s.). — D. *martyriser*, *martyre*.

Martyrologe, du grec μάρτυρ (martyr) et λόγος (récit), proprement catalogue des martyrs.

† **Mascarade**, de l'italien *mascherata* (mascarade).

† **Mascaron**, de l'italien *mascherone* (mascaron).

Masculin, du L. *masculinus* (m. s.).

† **Masque**, venu au seizième siècle de l'italien *maschera* (masque). — D. *masquer*, *démasquer*.

Massacrer, mot d'origine germanique (bas allemand *matsken*, égorger). — D. *massacre* (subst. verbal), *massacreur*.

1. **Masse**, du L. *massa* (m. s). — D. *massif*, *masser*, *amasser*, *massicot*.

2. **Masse** (d'armes), du L. *matea** (primitif perdu de *mateola*, bâton). *Mat*(ea) devenant *mat*(ia) (voy. *abréger*), donne *masse* par le changement de *tia* en *sse* (voy. *agencer*). — D. *massier*.

† **Massepain**, dans Ronsard *marcepain*, de l'italien *marzapane* (massepain).

Massue, du L. *maxuca** (massue, dans les textes du moyen âge: *Quidam enormis staturae ferens ingentem maxucam super caput ejus....* dit Orderic Vital. *Maxuca* est un dérivé de *massa*: voy. *masse* 1).

Maxuca a donné *massue* par le changement: 1° de *x* en *ss* (voy.

aisselle); 2° de *uca* en *ue* (voy. *aini*).

Mastic, du L. *mastiche* (mastic). — D' *mastiquer*.

Mastication, du L. *masticationem* (m. s.).

Mastodonte, du grec ὀδούς, ὀδόντος (dent) et μαστός (mamelle).

Masure, du L. *mansura** (proprement résidence, de *manere* resider : « *anno vero sequenti dedit illis in puram et perpetuam eleemosynam suum dominium Marbodii et suam* mansuram, » dit une Charte de 1120).

Mansura a donné *masure* par la réduction de *ns* à *s* (voy. *ainé*).

1. **Mat** (dans la locution *échec et mat*) voy. *échec.* — D. *mater*.

2. † **Mat** de l'allemand *matt* (sans vigueur, faible, puis terne). — D. *matité*.

Mat, anciennement *mast*, mot d'origine germanique (allemand *mast*, mât). Sur la chute de *s*, voy. *abîme*. — D. *mâter, démâter, mâture, mâtereau*.

† **Matador**, de l'espagnol *matador* (prop. tueur).

† **Matamore**, de l'espagnol *matamoros* (matamore, proprement *tueur de mores*).

† **Matassin**, danseur de l'espagnol *matachin* (m. s.).

Matelas, anciennement *materas*, en provençal *almatrac*, en espagnol *almadraque*, mot d'origine orientale (voy. p. LXI) de l'arabe *al matrah* (matelas). L'ancien français *materas*, l'italien *materasso* reproduisent le substantif arabe sans l'article *al* qui se retrouve dans l'espagnol *almadraque*, le provençal *almatrac*. — D. *matelasser, matelassière*.

Matelot, origine inconnue. — D. *matelote*.

Mater, voy. *mat* 1.

Matérialiser, dérivé de *matériel*. — D. *matérialisme, matérialiste*.

Matérialité, dérivé de *matériel*.

Matériaux, pluriel d'un type *material** (de *materialis*, dérivé de *materia*, bois de construction).

Matériel, du L. *materialis* (m. s.). — D. *matérialité*.

Maternel, du L. *maternalis* (dérivé de *maternus* m. s.).

Maternité, du L. *maternitatem* (dérivé de *maternus*, maternel).

Mathématique, du L. *mathematica* (mathématiques dans Cicéron). — D. *mathématicien*.

Matière, du L. *materia* (matière) par le changement de *e* en *ie* (voy. *arrière*).

Matin, du L. *matutinum* (matin) par la contraction régulière (voy. *accointer*) de *mat(ü)tinum* en *mat'tinum* d'où l'italien *mattino*, et le français *matin*. — D. *matinée, matinal, matineux, matines, matinier*.

Mâtin, proprement chien de garde, chien qui reste à la maison. *Mâtin*, ancien français *mastin*, en italien *mastino* dérivé du L. *mansatinus** (proprement chien qui reste à la maison, dérivé de *mansum*, maison, résidence, dans les textes latins du moyen âge ; *mansum* est le substantif participial de *manere* rester, résider).

Mans(à)tinus contracté suivant la règle (voy. *accointer*) en *mans'tinus* donne *mastin* par la réduction de *ns* à *s* (voy. *ainé*); *mâtin* par la chute de *s* (voy. *abîme*). — D. *mâtiner, mâtineau*.

Matines, voy. *matin*.

Matir, voy. *mat*. 2.

Matois, origine inconnue. — D. *matoiserie*.

Matou, origine inconnue.

Matras, origine inconnue.

Matrice, du L. *matricem* (m. s.).

Matricule, du L. *matricula* (registre).

Matrimonial, du L. *matrimonialis* (m. s.).

Matrone, du L. *matrona* (m. s.).

† **Matte**, de l'allemand *matte* (masse compacte).

Maturation, du L. *maturationem* (m. s).

Mâture, voy *mât*.

Maturite, du L *maturitatem* (m. s.).

Matutinal, du L. *matutinalis* (m. s)

Maudire, anciennement *maldire*, du L. *maledicere* (maudire dans saint Jérôme) : sur *mal* devenu *mau* (voy *agneau*); sur *dicere* devenu *dire*, voy. *dire*. — D. *maudit*.

Maudisson, anciennement *maldisson*, du L *maledictionem* (malédiction) par le changement de *ctio* en *sso* (voy. *frisson*) et par celui de *al* en *au*, voy. *agneau*.

Maugréer, témoigner son mauvais gré, son *mal* (malum) *gré*, comme on disait au moyen âge (voy. *malgré*). — *Malgré* adoucissant *al* en *au* a donne *maugré* (voy. *agneau*) d'où le verbe *maugreer*.

Mausolée, du L. *mausoleum* (m s. dans Pline).

Maussade, anciennement *malsade*, de mauvais goût, — composé de *mal* (voy. *mal*. 2.), et l'ancien adjectif français *sade* (qui est d'un goût, d'une saveur agréable). *Sade* est le L *sapidus* (m. s) par la contraction régulière (voy. p. LXXXI), de *sap(i)dus* en *sap'dus*. d'où *sade* par la réduction de *pd* à *d* (voy *hideux*).

Malsade a donne *maussade* par le changement de *al* en *au* (voyez *agneau*). — D. *maussaderie*.

Mauvais, origine inconnue.

Mauve, du L. *malva* (mauve). Sur *al* devenu *au*, voy *agneau*.

Mauviette, voy. *mauvis*.

Mauvis, anciennement *malvis*. du L. *malvitius** (mauvis dans les textes du moyen âge : *malvitius* est un composé de *malum* et de *vitis* (vigne), le merle *mauvis* ayant reçu ce nom a cause des ravages qu'il commet dans les vignes : l'allemand l appelle de même oiseau de vigne *Weingarts-vogel*; et dans plusieurs provinces de France, on appelle le mauvis *grive de vendange*, ce qui confirme l'origine indiquée).

Malvitius a donné *mauvis* par le changement de *al* en *au* (voyez *agneau*) de *ti* en *s* (voy. *agencer*). — D *mauviette*.

Maxillaire, du L. *maxillaris* (m. s).

Maxime, du L. scolastique *maxima* (s. e. *sententia* proposition majeure, qui a la valeur d'une vérité générale et absolue).

Maximum, du L. *maximum* (m. s)

Mazette, origine inconnue.

Me, du L. *me* (moi).

Méandre, mot d'origine historique (voy. p. LXIV); de *Méandre* fleuve de l'ancienne Phrygie qui décrit de nombreuses sinuosités.

Meat, du L. *meatus* (méat).

1. **Mecanique** (subst), du L *mechanica* (m. s.) — D. *mécanicien, mecanisme*.

2. **Mecanique** (adj.), du L. *mechanica* (m. s).

Mecène, mot d'origine historique (voy. p. LXIV) : allusion à *Maecenas* qui fut le ministre et le confident d'Auguste.

Mechanceté, voy *méchant*.

Méchant, anciennement *meschant*, à l'origine *mescheant* (dans notre ancienne langue ce mot veut dire *malheureux*, qui a mauvaise chance), participe de *meschéoir* (avoir mauvaise chance, être malheureux).

Meschéoir est le L. *minus cadere* (proprement mal tomber, avoir mauvaise chance. Pour le sens, voy. au mot *chance*).

Pour le changement de *minus* en *mes* puis *mé*, voy. *mes...*; pour le changement de *cadere* en *chéoir* voy. *choir*. — D. *méchanceté* (dérivé de l'ancien français *méchance* qui représente le L. *minuscadentia**; pour le détail des changements de lettres, voy. *chance* et *mes...*).

Mèche, anciennement *mesche*, du L. *myxa* (forme féminine de *myxus*, mèche) par le changement: 1° de *mycsa* ($x = cs$, voy. *lâcher*) en *mysca*; 2° de *ca* en *che* (voy. *acharner* et *acheter*); 3° de *i* en *e* (voy. *admettre*); 4° par la chute de *s* (voy. *abîme*). — D. *mécher*.

Méchef, anciennement *meschef*, en provençal *mescap*, en espagnol *menoscabo*, — proprement mauvaise aventure. Comme on le voit par la forme du mot dans les autres langues romanes, *meschef* est un composé de *mes* (voy. *mes ...*) et de *chef* (voy. ce mot).

Mécompte, voy. *mécompter*.

Mécompter, anciennement *mescompter*: pour l'étymologie, (voy. *mes....* et *compter*. — D. *mécompte* (substantif verbal).

Méconnaître, anciennement *mesconnaître*, voy. *mes....* et *connaître*. — D. *méconnaissance*, *méconnaissable*.

Mécontent, ancienn. *mescontent*, voy. *mes....* et *content*. — D. *mécontenter*, *mécontentement*.

Mécréant, infidèle, qui appartient à une autre religion que la religion chrétienne (proprement qui croit mal); *mecréant* anciennement *mescreant* (en italien *miscredente* est un composé de *mes* (voy. *mes....*) et de *créant* qui est le L. *cre(d)entem*, croyant. Sur la chute du *d* medial, voy. *accabler*.

Mécroire, anciennement *mescroire*; voy. *mes....* et *croire*.

† **Medaille**, de l'italien *medaglia* (médaille). — D. *médaillon*, *médailler*, *médailliste*.

Medecin, du L. *medicinus* (propr. de médecin). Sur *i* devenu *e*, voy. *admettre*.

Medecine, du L. *medicina* (m. s.). Sur *i* devenu *e*, voy. *admettre*.

Median, du L. *medianus* (m. s.).

Médianoche, de l'espagnol *medianoche* (repas après minuit).

Mediastin, du L. *mediastinus* (m. s).

Médiat, du L. *mediatus* (m. s.) — D. *médiatiser*, *immédiat*.

Médiateur, du L. *mediator** (m. s.).

Mediation du L. *mediationem* (m. s.).

Medical, du L. *medicalis** (mot dérivé de *medicus*).

Médicament, du L. *medicamentum* (m. s). — D. *médicamenter*, *médicamenteux*.

Médicinal, du L. *medicinalis* (m. s.)

Médiocre, du L. *mediocrem* (m. s.).

Mediocrité, du L. *mediocritatem* (médiocrité). Sur *atem* devenu *é*, voy. *abbé*.

Médire, anciennement *mesdire*; voy. *mes....* et *dire*. — D. *médisant*, *médisance*.

Méditatif, du L. *meditativus* (m. s.).

Méditation, du L. *meditationem* (action de méditer).

Mediter, du L. *meditare* (m. s.).

Mediterrane, du L. *mediterraneus* (méditerrané).

Médium, du L. *medium* (milieu).

Médullaire, du L. *medullaris* (m. s.).

Méfaire, anciennement *mesfaire*, voy. *mes....* et *faire*. — D. *mefait* (subst. participial).

Méfait, voy. *méfaire*.

Méfiance, voy. *méfier*.

Méfier, anciennement *mesfier*, voy. *mes....* et *fier*. — D. *méfiant*, *méfiance*.

Mégarde, substantif verbal de l'ancien verbe *mégarder*, originairement *mesgarder* (voy. *mes....* et *garder*).

Mégère, du L. *Megaera* (Mégère, l'une des Furies).

Mégissier, dérive de l'ancien français *mégis* (composition de cendre et d'alun qu'on employait dans la mégisserie). L'origine de *mégis* est inconnue. — D. *mégisserie*.

Meilleur, du L. *meliorem* (meilleur). Sur *li* devenu *il*, voy. *ail*; sur *o* devenu *eu*, voy. *accueillir*.

Mélancolie, du L. *melancholia* (m. s.).

Mélancolique, du L. *melanholicus* (m. s.).

Mélange, voy. *mêler*. — D. *mélanger*.

† **Mélasse**, de l'espagnol *melaza* (mélasse).

Mêler, anciennement *mesler*, en portugais *mesclar*, du L. *misculare* (mêler, dans les textes latins du moyen âge : *Per plurimorum ora vulgatur, vos dicere, quoniam de istis rapinis atque depredationibus nihil vos debeatis misculare, unusquisque sua defendat ut potest*, lit-on dans une lettre d'Hincmar de 859. *Miscular* est un fréquentatif de *miscere* mêler).

Misc(u)lare contracté suivant la règle (voy. *accointer*) en *misc'lare* donne *mesler* par la réduction de *cl* à *l* (voy *mâle*) et par le changement de *i* en *e* (voy. *admettre*); *mêler* par la chute de *s* (voy. *abîme*). — D. *mêlée* (substantif participial); *mélange*; *pêle-mêle*; *emmêler*, *démêler*.

Mélèze, origine inconnue.

Mélisse, du grec μέλισσα (abeille, les abeilles recherchant particulièrement cette plante).

Mellifère, du L. *mellifer* (qui produit le miel)

Mélodie, du grec μελῳδία (m. s.). — D. *mélodieux*.

Mélodrame, proprement drame mêlé d chant, du grec μέλος chant) et δρᾶμα (drame).

Mélomanie, du grec μέλος (musique) et μανία (manie). — D. *mélomane*.

Melon, du L. *melonem* (melon). — D. *melonnière*.

Mélopée, du grec μελοποιία (règles de la composition du chant).

Membrane, du L. *membrana* (m. s.). — D. *membraneux*.

Membre, du L. *membrum* (membre). — D. *membré*, *membru*, *membrure*, *démembrer*.

Même, anciennement *mesme*, *meesme*, plus anciennement *meisme*, à l'origine *medisme*, en provençal *metessme*, en italien *medesimo*, du L. *metipsimus* (contraction de *metipsissimus* que l'on trouve dans les textes classiques sous la forme *ipsissimusmet*, signifiant : tout à fait le même).

Metips(i)mus contracté en *metips'mus* a donné, — par l'assimilation de *ps* en *s* (voy. *caisse*), par le changement de *t* en *d* (voy. *aider*), l'ancien français *medisme* que l'on trouve au onzième siècle dans le poëme de saint Alexis : — *me(d)isme* devient successivement *meisme* par la chute du *d* médial (voy. accabler), meesme par le changement de i en e (voy. admettre), mesme par la contraction de ee en e, même par la chute de s (voy. abîme). — D. mêmement.

Memento, du L. memento (propr. souviens-toi).

Mémoire, du L. memoria (m. s.). Sur l'attraction de i, voy. chanoine.

Memorable, du L. memorabilis (m. s.). Sur abilis devenu able, voy. affable.

Mémorial, du L. memorialis (m. s.). — D. immémorial.

Menace, du L. minacia (menace. Plaute emploie le pluriel minaciae). Sur cia devenu ce, voy. agencer. Sur i devenu e, voy. admettre. — D. menacer, menaçant.

Ménage, propr. dépense d'une maison ; ménage, anciennement mesnage, à l'origine maisnage, du L. mansionaticum* (dépense d'une maison, dans les textes carlovingiens : Nemo in villis nostris mansionaticum accipiat.... lit-on dans le Capitulaire De Villis. Mansionaticum est un dérivé de mansionem ; voy. maison).

Mans(io)naticum contracté (voy. accointer) en mans'naticum a réduit ns à s (voy. aîné), d'où masnaticum qui a donné maisnage par le changement de a en ai (voy. aigle) et par celui de aticum en age (voy. âge) : maisnage devient mesnage par le changement de ai en e (voy. p. LXXXIII), ménage par la chute de s (voy. abîme). — D. ménager, ménagère, ménagement, déménager, emménager ; ménagerie (proprement lieu où l'on réunit des animaux domestiques, par extension, lieu où l'on réunit des animaux étrangers et rares).

Menagement, voy. ménage.

Mendicité, du L. mendicitatem* (m. s.).

Mendier, du L. mendicare (mendier), par la chute du c medial (voy. affouage). — D. mendiant.

Mener, du L. minare (mener, en parlant des animaux ou des troupeaux). Sur i devenu e, voy. admettre. — D. menée (subst. participial), meneur, amener, ramener, démener, emmener, promener.

Ménestrel, du L. ministrale (menestrel, dans la latinité du moyen âge ; proprement serviteur : Una cum ministrale nostro Johanne et infantes suos, dit une charte de 805).

Sur i devenu e, voy. accomplir.

Ménétrier, anciennement menestrier, du L. ministerarius* (dérivé de minister, serviteur).

Minist(e)rarius, contracté régulièrement (voy. accointer) en minist'rarius, a donné menestrier, par le changement· 1° de i en e (voy. admettre) ; 2° de arius en ier (voy. ânier). Sur la chute postérieure de s, voy. abîme.

Méninge, du grec μῆνιγξ (membrane). — D. méningite.

Menisque, du grec μηνίσκος (croissant).

Menotte, diminutif de main (voy. main).

Mensonge, voy. mentir.— D. mensonger.

Mensuel, dérivé irrégulier de mensis (mois).

Mental, du L. mentalis (m. s.).

Menthe, du L. mentha (m. s.).

Mention, du L. mentionem (m. s.). — D. mentionner.

Mentir, du L. mentiri (mentir) — D. menteur, menterie, démentir ; mensonge (le rapport exact de ce mot au radical mentir est inconnu).

Menton, du L. mentonem* (dérivé de mentum, menton).— D. mentonnière.

Mentor, mot d'origine historique (voy. p. LXIV); allusion à *Mentor* guide de Télémaque.

Menu, du L. *minutus* (menu), par le changement: 1° de *i* en *e* (voy. *admettre*); 2° de *utus* en *u* (voy. *aigu*). — D. *menuet, menuiser* (couper menu, puis *tailler*), *menuisier, menuiserie.*

Menuet, voy. *menu.*

Menuisier, voy. *menuis.*

Mephitique, du L. *mephiticus* (m. s.). — D. *méphitisme.*

Méplat, anciennement *mesplat,* voy. *mes...* et *plat.*

Méprendre, anciennement *mesprendre,* voy. *mes...* et *prendre.* — D. *méprise* (subst. participial, voy. *absoute*).

Mépris, voy. *mépriser.*

Méprise, voy. *méprendre.*

Mépriser, anciennement *mespriser,* voy. *mes...* et *priser.* — D. *mépris* (substantif verbal), *méprisant, méprisable.*

Mer, du L. *mare* (mer). Sur *a* devenu *e,* voy. *acheter.*

† **Mercantile,** de l'italien *mercantile* (m. s.).

Mercenaire, du L. *mercenarius* (m. s.).

Mercerie, voy. *mercier.*

Merci, du L. *mercedem* (merci, grâce), par la chute du *d* (voy. *alouette*) et le changement de *e* en *i* (voy. *accomplir*). — D. *remercier* (composé de l'ancien français *mercier*).

Mercier, du L. *mercerius* * (mercier, dans les textes de la basse latinité: *mercerius* dérive de *mercem,* marchandise). Sur *e* devenu *ie,* voy. *arrière.* — D. *mercerie.*

Mercredi, du L. *Mercurii dies* (mercredi dans les inscriptions; proprement jour de Mercure). *Merc(ù)rii* a donné *mercre* par la chute régulière de *u* (voy. p. LXXXI).

Mercure, du L. *mercurius* (Mercure). — D. *mercuriel, mercuriale* (qui a lieu le mercredi).

1. **Mère,** à l'origine *medre,* en italien *madre,* du L. *matrem* (mère), par le changement · 1° de *tr* en *r* (voy. *arrière*); 2° de *a* en *e* (voy. *acheter*).

2. **Mère** (adjectif), dans *mère goutte, mère laine,* du L. *merus* (pur).

Mérelle, du L. *matrella* * (dérivé de *matara,* trait que l'on lance; le jeu ayant reçu son nom du palet que l'on y emploie).

Sur *tr* devenu *r,* voy. *arrière;* sur *a* devenu *e,* voy. *acheter.*

Méridien, du L. *meridianus* (m. s.) — D. *méridienne.*

Méridional, du L. *meridionalis* (m. s).

Méringue, origine inconnue.

† **Merinos,** mot venu de l'espagnol *merino* (troupeau qu'on fait changer de pâturage).

Mérise, origine inconnue. — D. *mérisier.*

Mérite, du L. *meritum* (mérite). — D. *mériter, méritoire.*

Merlan, origine inconnue.

Merle, du L. *merula* (merle), par la contraction régulière (voy. p. LXXXI) de *mer(u)la* en *mer'la.*

1. † **Merlin** (cordage), de l'anglais *marline* (merlin)

2. **Merlin,** (marteau), du L. *marculinus* * dérivé de *marculus* marteau) par la contraction régulière (voy. *accointer*) de *marc(ù)linus* en *marc'linus,* d'où *merlin* par le changement: 1° de *cl* en *l* (voy. *mâle*); 2° de *a* en *e* (voyez *acheter*).

Merluche, anciennement *merluce,* en espagnol *merluza,* — composé des deux mots *luce* et *mer* (proprement *luce de mer*); *luce* est le L. *lucius* (proprement brochet).—Pour le changement de *ciu* latin en *ce*, voy. *agencer*. Sur *c* devenu *ch*, voy. *acharner*.

Merrain, proprement bois de construction, du L. *materiamen* (*merrain* dans les textes mérovingiens, *Si quis Ripuarius in silva communi materiamen vel ligna fissa abstulerit....* dit la Loi des Ripuaires, 76 — *Materiamen* dérive de *materia* bois de construction).

Mat(e)riamen contracté régulièrement (voy. *accointer*) en *mat'riamen* a donné *merrain* par le changement : 1° de *amen* en *ain* (voy. *airain*); 2° de *tr* en *rr* (voyez *arrière*), 3° de *a* en *e* (voy. *acheter*).

Merveille, en italien *maraviglia*, du L. *mirabilia* (proprement choses étonnantes, puis *merveille*).

Mir(a)bilia se contractant (voyez *aider*) en *mir'bilia* donne *merveille* par le changement : 1° de *i* en *e* (voy. *admettre*); 2° de *li* en *il* (voy. *ail*), 3° de *b* en *v* (voyez *avant*). — D *merveilleux, émerveiller*.

1. **Mes....** (*mé..* par la chute de *s*, voy. *abime*) préfixe qui donne un sens péjoratif aux composés qui l'emploient : *priser* et *mepriser*, *dire* et *médire*, *fait* et *méfait*, etc....

Mé..., à l'origine *mes...*, en provençal *mens..*, en espagnol *menos...* répond au L. *minus* (proprement *moins*). Pour montrer comment *minus* est devenu *mé*, prenons par exemple le L. *minusfacere* (proprement mal faire, méfaire) : *min(u)sfacere* se contractant en *min'sfacere* (voy. *aider*), réduit *ns* à *s* (voy. *aîné*) et devient *misfacere* qui est dans les textes carlovingiens : *In hoc si frater meus meis fidelibus, qui contra illum nihil misfecerunt, et me, quando mihi opus fuit, adjuvaverunt.* dit un document de 825.

Misfacere devient *mesfaire* par le changement de *mis* en *mes* (voy. *admettre*; pour le changement de *facere* en *faire*, voyez *faire*). *Mesfaire* devient *méfaire* par la chute de *s* (voy. *abîme*).

On voit ainsi comment *minus* s'est réduit successivement à *min's*, *mis, mes, mé*.... Cette réduction se retrouve dans les mots : *méchant, méchef, mécompte, méconnaître, mécontent, mecréant, mécroire, medire, médisance, méfaire, méfait, méfier, megarde, méplat, méprendre, meprise, mépriser, mépris, mésallier, mésavenir, mésaventure, mesuser*, etc...

2. **Mes** (adj. poss.) du L *meos* (mes), par la réduction de *meos* à *mos* (voy. p xc), et de *mos* à *mes* (pour *o* devenu *e* voy *ie*).

Mésaise, voy. *mes*... et *aise*

Mésallier, voy. *mes*... et *allier*. — D. *mésalliance*.

Mésange, anciennement *masenge*, mot d'origine germanique (dérivé de l'anglo-saxon *mâse* mésange).

Mésarriver, voy. *mes....* et *arriver*.

Mésavenir, voy. *mes....* et *avenir*.

Mésaventure, voy. *mes....* et *aventure*.

Mésentère, du grec μεσεντέριον (mésentère). — D. *mésenterique*.

Mésestimer, voy. *mes....* et *estimer*.

Mesintelligence, voy. *mes....* et *intelligence*.

Mésoffrir, voy. *mes....* et *offrir*.

† **Mesquin** (signif. ancienn. pauvre), de l'espagnol *mezquino* (pauvre, misérable, proprement esclave). — D. *mesquinerie*.

Message, du L. *missaticum* (dans les textes carlovingiens : *Si*

20

quis missum dominicum occiderit, quando in missaticum directus fuerit.... dit un Capitulaire de 813 « Missaticum *tulit ipsi summo pontifici....* » dit un autre texte du moyen âge)
Missaticum donne *message* par le changement : 1° de *i* en *e* (voyez *admettre*) ; 2° de *aticum* en *age* (voy *affouage*). — D. *messager, messagerie.*

Messe, du L. *missa* (messe, dans les auteurs chrétiens du cinquième siècle)

Messéant, voy. *messéoir.*

Messéoir, voy. *mes....* et *séoir* — D. *messéant.*

Messie, du L. *messias* (Messie).

Messier, du L. *messarius* (dérivé de *Messis*, moisson). Sur *arius* devenu *ier*, voy. *ânier.*

Messieurs, voy. *mes* 2, et *sieur.*

Messire, composé de l'ancien français *mes* (mon) et de *sire* (voyez ce mot). *Mes* est le L. *meus* (mon)

Mesurable, du L. *mensurabilis* (mesurable) par la réduction de *ns* à *s* (voy *aîne*) et par le changement de *abilis* en *able* (voy. *affable*).

Mesure, du L. *mensura* (mesure) par le changement de *ns* en *s* (voy. *aîné*)

Mesurer, du L *mensurare* (mesurer) par la réduction de *ns* à *s* (voy. *aîné*). — D. *mesureur, mesurage, démesuré.*

Mésuser, voy. *mes....* 1. et *user.*

Métacarpe, du grec μετακάρπιον (métacarpe).

Métairie, anciennement *métayerie,* voy. *métayer.*

Métal, du L. *metallum* (métal) — D. *métalliser.*

Métalepse, du grec μετάληψις (m s.).

Métallique, du L. *metallicus* (m. s.).

Métalliser, voy. *métal.* — D. *métallisation.*

Métallurgie, du grec μεταλλουργία (m. s.). — D. *métallurgique.*

Métamorphose, du grec μεταμόρφωσις (m. s.). — D. *métamorphoser.*

Métaphore, du grec μεταφορά (prop. transport). — D. *métaphorique.*

Métaphysique, propr. science des choses intellectuelles, dont l'étude se place après (μετα) celle des choses naturelles (τα φυσικα), suivant la classification d'Aristote.

Métaplasme, du grec μεταπλασμος (propr. transformation).

Métastase, du grec μετάστασις (changement de face).

Métatarse, du grec μετα (après) et ταρσός (le tarse).

Métathèse, du grec μετάθεσις (transposition).

Métayer, qui donne pour fermage la moitié des fruits, du L. *medietarius* (metayer dans les textes latins du moyen âge, dérivé de *medietatem* moitié).
Medie(t)arius a donné *métayer* par la chute du *t* médial (voy. *abbaye*) et par le changement de *arius* en *ier* (voy. *ânier*) ; 2° de *d* en *t* (voy. p xcviii). — D. *métairie.*

Méteil, anciennement *mesteil,* du L. *mixtellum* (dérivé de *mixtum*, mêle ; le meteil étant proprement un mélange de seigle et de froment) Sur *x* devenu *s*, voy. *amitié* ; sur *i* devenu *e*, voy. *apmettre* ; sur la chute postérieure de *s*, voy. *abîme.*

Metempsycose, du grec μετεμψύκωσις (m. s).

Meteore, du grec μετέωρος (élevé, qui se passe en l'air). — D. *météorique.*

Météorologie, du grec μετέωρος (élevé) et λόγος (discours, etude). — D. *météorologique*

Methode, du grec μεθοδος (m. s.) — D *méthodique*, *methodisme*, *méthodiste*.

Meticuleux, du L. *meticulosus* (m s.) Sur *osus* devenu *eux*, voy. *amoureux*.

Métier, anciennement *mestier*, au dixième siècle *mistier* dans le poëme de Saint-Leger, du L. *ministerium* (office, puis charge, emploi, et enfin occupation quotidienne, métier dans les textes carlovingiens. On trouve dans les Capitulaires *amittere ministerium* pour *perdre sa charge* : Les Capitulaires de Charles le Chauve II, 15 emploient *ministerium* au sens de métier : *Ipsi monetarii jurent quod ipsum* ministerium, *quantum scierint et potuerint, fideliter faciant*. Les chefs des *métiers* sont designés dans les textes du moyen âge par l'expression *capita ministeriorum*).

Min(i)sterium contracté (voy. *aider*) en *min'sterium* réduit *ns* à *s* (voy. *aîné*) d'où *misterium* qui donne la plus ancienne forme française *mistier*, d'où *mestier* par le changement de *i* en *e* (voy. *admettre*), *métier* par la chute de *s* (voy. *abîme*).

Métis, ancienn. *mestis*, du L *mixtitius* * (mélangé, dérivé de *mixtus*) *Mixtitius* donne *mestis* par le changement : 1° de *i* en *e* (voy *admettre*), 2° de *x* en *s* (voy *amitié*); 3° de *itius* en *is* (voy. *agencer*) : *mestis* devient *métis* par la chute de *s* (voy. *abîme*).

Métonymie, du grec μετωνυμία (m. s.).

Métope, du grec μετόπη (m. s.).

Mètre, du grec μέτρον (mesure) — D. *métrer*, *métreur*.

Metrique, du grec μετρικός (relatif à la mesure).

Métropole, du grec μητρόπολις (propr. ville mère). —D *métropolitain*.

Mets, anciennement *mes*, en italien *messo*, du L. *missum* * (propr. ce que l'on sert, ce que l'on envoie : le latin *ferculum* mets, dérive de même de *ferre* porter). Sur *i* devenu *e*, voy. *admettre*. — D. *entremets*.

Mettre, du L *mittere* (propr. envoyer, puis mettre dans la latinité du moyen âge : *ut per omnia altaria luminaria mittantur*.... lit-on dans un très-ancien rituel).

Mitt(e)re régulièrement contracté (voy. p. LXXXI) en *mitt're* a donné *mettre* par le changement de *i* en *e* (voy. *admettre*). — D. *mettable*, *metteur*, *entremettre*, *démettre*, *soumettre*, *admettre*.

Meuble (adj.) du L. *mobilis* (que l'on peut remuer, terre meuble, biens meubles ; d'où postérieurement le sens de meuble pris substantivement pour designer tout ce qui garnit une maison sans en faire partie).

Mob(i)lis contracté régulièrement (voy. p. LXXXI) en *mob'lis* donne *meuble* par le changement de *o* en *eu* (voy. *accueillir*). — D. *meubler*, *meublant*, *ameublement* (de *ameubler*), *ameublir*.

Meugler, du L. *mugulare* * (dérivé de *mugire*, mugir). *Mug(u)lare* régulièrement contracté (voy. *accointer*) en *mug'lare* donne *meugler* par le changement de *u* en *eu* (voy. *beugler*).

1. **Meule** (de moulin), en italien *mola*, du L *mola* (meule) par le changement de *o* en *eu* (voy. *accueillir*). — D. *meulière*.

2. **Meule** (de foin), anciennement *meulle*, du L. *metula* * diminutif de *meta*, meule dans les textes carlovingiens : *acceptisque*

clavibus metas annonae, quae aderant, elidit.... dit Grégoire de Tours (*Hist* 4, 41). *Meta* signifie proprement cône.

Met(u)la contracté régulièrement (voy. p. LXXXI) en *met'la*, donne *meulle* puis *meule* par l'assimilation de *tl* en *ll* puis *l* (voy. *bouleau*).

Meunier, anciennement *meulnier*, en provençal *molinier*, en italien *molinaro*, du L. *molinarius* (meunier), par la contraction régulière (voy. *accointer*) de *mol(i)narius* en *mol'narius* d'ou *meulnier* par le changement de *arius* en *ier* (voy. *ânier*) et de *o* en *eu* (voy. *accueillir*); puis *meunier* par la chute de *l*. — D. *meunerie*.

Meurtre, du L. *mordrum* * (meurtre dans les textes carlovingiens : *Si mordrum totum quis fecerit....* dit la *Lex Saxonum*, 2, 6. *Si quis hominem in* mordro *occiderit....* lit-on dans un Capitulaire de 813. — *Mordrum*, mot d'origine germanique represente le gothique *maurthr*, meurtre. sur *au* devenu *o*, voy. *alouette*).

Mordrum a donné *meurtre* par le changement de *o* en *eu* (voy *accueillir*) et par celui de *dr* en *tr* (voy. p. XCVIII) qui est tout a fait insolite. — D. *meurtrier*, *meurtrir*, *meurtrière*.

Meurtrir, voy. *meurtre*. — D. *meurtrissure*.

Meute, auj. *troupe de chiens*, à l'origine *troupe* en général; la Chanson d'Antioche, poeme français du treizième siècle, dit par exemple que « Pierre l'Hermite vit périr toute la *meute* des croisés. » — *Meute* vient du L. *mota* * (proprement troupe qu'on leve pour une expédition, dans les textes latins du moyen âge : *mota* est le substantif participial de *movere*). — *Mota* a donné *meute* par le changement de *o* en *eu* (voy. *accueillir*). — D. *ameuter* (réunir, rassembler, mettre en troupe, en *meute*, puis exciter). Du sens de *troupe* puis d'attroupement, *meute* était venu, dans l'ancienne langue, à celui d'émeute, de trouble, de révolte; sens qui a persisté dans le derivé *meutin*, aujourd'hui *mutin* (sur *eu* devenu *u*, voy. *purée*).

Mi, du L. *medius* (mi) par la chute du *d* médial (voy. *alouette*) et le changement de *e* en *i* (voy. *accomplir*). — D. *minuit*, *mipartie*, *mi-jambe*, *mi-carême*, *midi*, *milieu*, *parmi*.

Miasme, du grec μίασμα (infection).

Miauler, onomatopée (voy. p. LXV) — D. *miaulement*.

Mica, du L. *mica* (dérivé de *micare*, briller).

Miche, mot d'origine germanique (flamand *micke*, pain de froment). Sur *c* devenu *ch*, voy. *acharner*.

Micmac, mot d'origine germanique (allemand *mischmasch*, micmac).

Micocoulier, origine inconnue.

Microcosme, du grec μιχρόχοσμος (petit monde).

Micrographe, du grec μιχρός (petit) et γράφειν (décrire). — D. *micrographie*, *micrographique*.

Micromètre, du grec μιχρός (petit) et μέτρον (mesure). — D. *micrométrique*.

Microscope, du grec μιχρός (petit) et σχοπεῖν (observer). — D. *microscopique*.

Midi, composé de *mi* (medius), et de *di* (diem): *Ipsum meridiem, cur non medidiem? Credo, quod erat insuavius....* dit Cicéron dans le *De Oratore*.

1. **Mie**, du L. *mica* (propr. parcelle; *mica panis* est dans Pétrone au sens de miette de pain ; et une formule du septième siècle oppose *mica a crusta*: « *A foris turpis est crusta, ab intus miga nimis est fusca.* »). Sur la chute du *c* médial *mi(c)a*, voy. *affouage*. — D. *miette*

2. **Mie** (négation), du L. *mica* (parcelle). *Je n'en ai mie* signifie proprement *je n'en ai pas une parcelle*; les Latins employaient déjà *mica* au même usage : « *nulla-que mica salis....* », dit Martial. Sur la chute du *c* médial *mi(c)a*, voy. *affouage*.

3. **Mie**, abréviation de *amie*.

Miel, du L. *mel* (miel) par le changement de *e* en *ie* (voy. *arrière*). — D. *mielleux*.

Mien, ancienn. *men*, forme adoucie de *mon* (voy. *mon*). Sur l'adoucissement de *mon* en *men* voy. *je*; sur la diphthongaison de *men* en *mien*, voy *arrière*. On trouve *le mon* pour *le mien* dans plusieurs textes du onzième siècle ; ce qui confirme l'origine indiquée. Pour l'étymologie, voy. *mon*.

Miette, voy. mie. — D. *émietter*.

Mieux, anciennement *mieus*, à l'origine *miels* et *mels*, du L. *melius* (mieux) par la contraction régulière (voy. p. LXXXI) de *mel(iu)s* en *mel's*, d'où l'ancien français *mels* qui devient successivement *miels* (voy. *arrière*), *mieus* (voy. *agneau*), *mieux* (voy. *deux*).

Mièvre, origine inconnue. — D. *mièvrerie, mièvreté*.

Mignard, pour l'étymologie de ce mot, voy. *mignon*. — D. *mignarder, mignardise*.

Mignon, **Mignard**, mots dérivés d'un radical commun *mign....* d'origine germanique (ancien haut allemand *minnia* amour). — D. *mignonette, mignoter*.

Migraine, du L. *hemicranium* (migraine, dans Marcellus Empiricus) ; sur la chute de la première syllabe, voy. *briller*; sur *c* devenu *g*, voy. *adjuger*.

Migration, du L. *migrationem* (m. s.).

Mijaurée, origine inconnue.

Mijoter, origine inconnue.

1. **Mil**, du L. *milium* (mil). — D. *millet, milleraie*.

2. **Mil**, du L. *mille* (mille).

† **Milan**, de l'espagnol *milano* (milan).

Miliaire, du L. *miliarius* (de *milium*, mil).

Milice, du L. *militia* (milice). — Sur *tia* devenu *ce*, voy. *agencer*. — D. *milicien*.

Milieu, voy. *mi* et *lieu*.

Militaire, du L. *militaris* (m. s.).

Militer, du L. *militare* (m. s.). — D. *militant*.

Mille, du L. *millia* (pluriel de *mille*, mille). — D. *milliard, million*.

Millénaire, du L. *millenarius* (m. s.).

Millesime, du L. *millesimus* (millième).

Millet, voy. *mil*.

Milliaire, du L. *milliarius* (m s.).

Millième, anciennement *milliesme*, du L. *millesimus* (millième) par le changement de *esimus* en *ieme* (déjà étudié au mot *huitieme*).

Millier, du L. *milliarium* (millier). Sur *arium* devenu *ier*, voy *dnier*.

Million, voy *mille*. — D. *millionnaire, millionième*.

† **Milord**, de l'anglais *my lord* (mon seigneur).

Mime, du L. *mimus* (m. s.).

Mimique, du L. *mimicus* (de comédien).

† **Minaret**, mot d'origine orientale (arabe *minaret*, mosquée).

Minauder, voy. *mine*. — D. *minauderie, minaudier*.

Mince, origine inconnue. — D. *amincir*.

1. † **Mine** (air, contenance), de l'italien *mina* (mine). — D. *minois, minaud, minauder*.

2. **Mine**, voy. *miner*. — D. *mineur*.

3. **Mine** (la moitié d'un setier), du L. *hemina* (moitié du *sextarius*). Pour l'aphérèse de *he*, voy. *migraine*.

4. **Mine** (poids), du L. *mina* (mine, poids de cent drachmes).

Miner, creuser une mine, conduire une galerie souterraine, du L. *minare* (conduire). — D. *mine* (substantif verbal), *minéral, minerai*.

Minéral, voy. *miner*. — D. *minéraliser, minéralisation, minéralisateur, minéralogie* (de *minéral* et λογος, étude).

Minéralogie, voy. *minéral*. — D. *minéralogiste, minéralogique*.

Minet, origine inconnue.

Mineur, du L. *minorem* (mineur), Sur *orem* devenu *eur*, voy. *accueillir*.

Miniature, du L. *miniatura* (proprement peinture au minium; les lettres initiales des manuscrits étant originairement tracées au *minium*, au vermillon). — D. *miniaturiste*.

Minime, du L. *minimus* (très petit).

Minimum, du L. *minimum* (la plus petite quantité).

Ministère, du L. *ministerium* (ministère). — D. *ministériel*.

Ministre, du L. *minister* (ministre).

Minium, du L. *minium* (m. s.).

Minois, voy. *mine* 1.

Minorité, du L. *minoritatem* (dérivé de *minor*, moindre).

Minuit, voy. *mi* et *nuit*.

Minuscule, du L. *minusculus* (un peu plus petit).

Minute, du L. *minuta* (propr. chose menue, d'ou le sens de très court espace de temps). — D. *minuter*.

Minutie, du L. *minutia* (très petite parcelle). — D. *minutieux*.

† **Mirabelle**, de l'espagnol *mirabel* (espèce de prune).

Miracle, du L. *miraculum* (prodige). Sur *aculum* devenu *acle*, voy. p. LXXXI.

Miraculeux, du L. *miraculosus* (m. s. dans saint Augustin).

Mirage, voy. *mirer*.

Mire (point de), voy. *mirer*.

Mirer, du L. *mirari* (propr. admirer, puis contempler, regarder dans un miroir, et enfin viser). — D. *mire* (subst. verbal), *miroir, mirage*.

Mirliflore, origine inconnue.

Mirliton, origine inconnue.

Miroir, voy. *mirer*. — D. *miroiter, miroitier*.

Miroiter, voy. *miroir*.

Miroton, origine inconnue.

† **Misaine**, de l'italien *mezzana* (misaine).

Misanthropie, du grec μισανθρωπία (haine des hommes. — D. *misanthrope, misanthropique*.

Miscellanées, du L. *miscellanea* (mélanges).

Mise, voy. *mettre*.

Miserable, du L. *miserabilis* (déplorable).

Misère, du L. *miseria* (m. s.).

Miséricorde, du L. *misericordia* (compassion). — D. *miséricordieux*.

Missel, du L. *missale* (livre qui contient les messes propres aux jours et fêtes de l'année; dérivé de *missa*, messe). Sur *alis* devenu *el*, voy. *annuel*.

Mission, du L. *missionem* (action d'envoyer.)—D. *missionnaire*.

Missive, du L. *missiva* (dérivé de *missum* part. de *mittere*, envoyer).

† **Mistral**, mot venu du provençal *mistral* (vent du N. O.); *mistral* qui est ancienn. *maestral*, en italien *maestrale*, représente le L. *ma(g)istralis* (propr. le maître des vents). Sur la chute du *g* medial, voy *allier*).

Mitaine, Miton, proprement demi-gant, mots dérivés d'un radical *mit*, d'origine germanique (ancien haut allemand *mittamo*, demi; d'où le sens de demi-gant.)

Mite, mot d'origine germanique (anglo-saxon *mite*, mite).

Mitigation, du L. *mitigationem* (adoucissement).

Mitiger, du L. *mitigare* (adoucir).

Miton, voy. *mitaine*.

Mitonner, origine inconnue.

Mitoyen, du L. *medietanus** (mitoyen, dans un texte latin du moyen âge) par la chute du *t* médial *medie(t)anus* (voy. *abbaye*), et le changement: 1° de *e* en *i* (voy. *accomplir*); 2° de *anus* en *en* (voy. *ancien*); 3° de *e* en *oi* (voy. *accroire*); 4° par le retour insolite du *d* au *t* (voy. p. xcviii). — D. *mitoyenneté*.

Mitraille, anciennement *mitaille* (sur l'addition de *r*, voyez *chanvre*). *Mitaille* est un diminutif de l'ancien français *mite* (petite monnaie de cuivre, d'où le sens de vieux morceaux de cuivre, qu'avait encore le mot *mitraille* au dix-septième siècle). *Mite* est un mot d'origine germanique (flamand *mijte* petite monnaie). — D. *mitrailler, mitraillade*.

Mitre, du L. *mitra* (mitre). — D. *mitré, mitron*.

Mitron, proprement coiffé d'une *mitre* de papier, voy. *mitre*

Mixte, du L. *mixtus* (mêle).

Mixtion, du L. *mixtionem* (m s.). — D. *mixtionner*.

Mixture, du L. *mixtura* (m. s.).

Mnémonique, du grec μνημονική (s. e. τέχνη, art de faciliter les opérations de la mémoire).

Mnémotechnie, du grec μνήμων (qui se souvient) et τέχνη (art).

Mobile, du L. *mobilis* (m. s.). — D. *mobiliaire, mobilier, mobiliser, immobile*.

Mobiliser, voy. *mobile*. — D. *mobilisation, immobiliser*.

Mobilité, du L. *mobilitatem* (m. s.). Sur *atem* devenu *e*, voyez *abbé*.

Modalité, du L. *modalitatem** (de *modalis*, dérivé de *modus*, manière d'être).

Mode, du L. *modus* (loi, mesure). — D. *modiste*

† **Modèle**, de l'italien *modello* (modèle). — D. *modeler, modelage*.

Modérateur, du L. *moderatorem* (m. s.).

Modération, du L. *moderationem* (moderation).

Modérer, du L. *moderari* (modérer).

Moderne, du L. *modernus* (m. s. dans Priscien).

Modeste, du L. *modestus* (réservé).

Modestie, du L. *modestia* (modestie).

Modification, du L. *modificationem* (arrangement).

Modifier, du L. *modificare* (régler). — D. *modificatif*.

Modique, du L. *modicus* (médiocre).

Modicité, du L. *modicitatem* (m. s.).

Module, du L. *modulus* (mesure).

Moduler, du L. *modulari* (moduler). — D. *modulation.*

Moelle, en provençal *meolla*, en espagnol *meollo*, du L *medulla* (moelle) par la chute du *d* médial *me(d)ulla* (voy. *accabler*), qui a donné *meolle* par le changement de *u* en *o* (voy. *annoncer*), d'où *moelle* par la transposition devoyelles (voy. p. LXXVI). — D *moelleux.*

Moellon, origine inconnue.

Mœuf. mode des verbes (encore dans Rollin avec ce sens), du L. *modus* (mode) par le changement : 1° de *o* en *oeu* (voy. *accueillir*) ; 2° de *d* en *f* (voy. *fief*).

Mœurs, du L. *mores* (mœurs) par la contraction régulière (voyez p. LXXXI) de *mor(e)s* en *mor's*, d'où *mœurs* par le changement de *o* en *eu* (voy. *accueillir*).

Moi, du L. *mi* (contraction de *mihi*). Sur *i* devenu *oi*, voy. *boire.*

Moignon, mot dont l'origine est inconnue.

Moindre, anciennement *mendre,* du L. *minor* (moindre) par la contraction régulière (voy. p. LXXXI) de *min(ö)r* en *min'r*, d'où l'ancien français *mendre* par le changement de *nr* en *ndr* (voy *absoudre*) et de *i* en *e* (voy. *admettre*). — *Mendre* a donné *moindre* par le changement de *e* en *oi* (voy *accroire*). — D. *amoindrir.*

Moine, dérivé d'un type *monius** (du grec μόνος, seul) par la transposition de *i* (voy. *chanoine*). *Monius** a donné un dérivé *monialis* qui est dans un texte de 649. — D. *moinerie.*

Moineau, anciennement *moinel, moisnel,* contraction de *moissonel* diminutif de l'ancien français *moisson* (moineau) qui est le L. *muscionem** (petit oiseau, dérivé de *musca* mouche ; proprement *oise(a)u* mouche).

Muscionem a donné *moisson* par le changement : 1° de *u* en *oi* (voy. *angoisse*) ; 2° de *scio* en *sso* (voy. *agencer*). *Moiss(o)nel,* diminutif de *moisson,* se contracte régulièrement (voy. *accointer*) en *mois'nel* d'où *moinel* (voy. *abîme*), puis *moineau* (voy. *agneau*).

Moins, du L. *minus* (moins) par la contraction (voy. p. LXXXI) de *min(u)s* en *min's* d'où *moins* par le changement de *ien* oi (voyez *boire*).

† **Moire,** de l'anglais *mohair* (moire) — D. *moirer.*

Mois, du L. *mensis* (mois) par la réduction de *ns* à *s,* mesis (voyez *aîné*), d'où *mois* par le changement de *e* en *oi* (voy. *accroire*).

Moise, origine inconnue.

Moisir, anciennement *muisir*, du L. *mucere* (moisir) par le changement de *u* en *ui* (voy. *buis*), puis en *oi* (voy *angoisse*) ; par celui de *c* en *s* (voy. *amitié*), et de *e* en *i* (voy. *accomplir*). — D. *moisissure,* moisi (substantif participial).

Moisson, du L. *messionem* (moisson dans Varron). Sur *e* devenu *oi,* voy. *accroire.* — D. *moissonner, moissonneur.*

Moite, anciennement *moiste,* du L. *musteus** (juteux, puis moite, dérivé de *mustum* moût).

Must(eu)s régulièrement transformé en *must(iu)s* (voy. *abréger*) donne *moiste* par le changement de *u* en *oi* (voy. *angoisse*), *moite* par la chute de *s* (voy. *abîme*). — D. *moiteur.*

Moitié, du L. *medietatem* (moitié) par la chute du *d* médial *me(d)ietatem* (voy. *accabler*), et par le changement : 1° de *e* en *oi* (voy. *accroire*) ; 2° de *atem* en *ié* (voy. *amitié*).

Mol, du L. *mollis* (mou). — D. *mollasse, mollement, mollet, molleton.*

Molaire, du L. *molaris* (molaire).

Môle, du L. *moles* (môle).

Molecule, du L. scolastique *molecula* (diminutif de *moles* masse). — D. *moléculaire.*

Molester, du L. *molestare* (molester).

Molette, diminutif de *mola* (meule).

Mollasse, voy. *mol.*

Mollesse, du L. *mollitia** (mollesse, dérivé de *mollis* mou); par le changement de *itia* en *esse* (voy. *agencer*).

Mollet, voy. *mol.*

Mollir, du L. *mollire* (amollir).

Mollusque, du L. *mollusca* (proprement noix, puis mollusque).

Moment, du L. *momentum* (moment).

Momentané, du L. *momentaneus* (m. s. dans saint Jérôme).

Momerie, proprement mascarade ; dérivé de l'ancien français *momer* (se masquer) qui est d'origine germanique (allemand *mummen* masquer).

† **Momie,** de l'italien *mummia* (momie).

Mon, du L. *meum* (mon) par la contraction de *meum* en *mum* (voy. p. xc; on trouve *sam* pour *suam* dans Ennius).
Mum donne *mon* par le changement ; 1° de *u* en *o* (voy. *annoncer*) ; 2° de *m* en *n* (voy. *changer*)

Monacal, dérivé de *monachus* (moine).

Monachisme, dérivé de *monachus* (moine).

Monade, du L. *monadem* (unité, dans Isidore de Séville).

Monadelphie, du grec μόνος (seul) et ἀδελφός (frère).

Monandrie, du grec μόνος (seul) et ἀνήρ (mâle).

Monarchie, du grec μοναρχία (gouvernement d'un seul). — D. *monarchique, monarchiste.*

Monarchique, voy. *monarchie.*

Monarque, du grec μονάρχης (qui gouverne seul).

Monastère, du L. *monasterium* (m. s).

Monastique, du L. *monasticus** (m. s.).

Monaut, du grec μόνωτος (qui n'a qu'une oreille).

Monceau, anciennement *moncel* (sur *el* devenu *eau*, voy. *agneau*). *Moncel* est le L. *monticellum* (amas fait en forme de mont, derivé de *montem* mont) par la contraction régulière (voy. *accointer*) de *mont(i)cellum* en *mont'cellum* : sur *tc* devenu *c*, voyez au mot *adjuger.* — D. de l'ancienne forme *moncel*: *amonceler.*

Mondain, du L. *mundanus* (mondain), par le changement de *u* en *o* (voy. *annoncer*) et celui de *anus* en *ain* (voy. *ancien*). — D *mondanité.*

1. **Monde,** du L. *mundus* (univers). Sur *u* devenu *o*, voy. *annoncer.*

2. **Monde** (adj.), du L. *mundus* (propre). Sur *u* devenu *o*, voyez *annoncer* — D. *immonde.*

Monder, du L. *mundare* (nettoyer). Sur *u* devenu *o*, voy. *annoncer.*

Monétaire, du L. *monetarius* (proprement *monnayeur*).

Moniteur, du L. *monitorem* (m. s.).

Monition, du L. *monitionem* (avertissement).

Monitoire, du L. *monitorium* (qui donne un avertissement). — D. *monitorial.*

nate, anciennement *mon-*

noie, du L. *moneta* (monnaie) par la chute du *t*, *mone(t)a* (voy. *aigu*), et le changement : 1° de *n* en *nn* (voy. *ennemi*); 2° de *e* en *oi* puis *ai* (voy. *accroire*). — D. *monnayer, monnayage, monnayeur*.

Monochrome, du grec μονόχρωμος (d'une seule couleur).

Monocorde, du grec μονόχορδος (a une seule corde).

Monocotylédone, du grec μόνος (seul) et κοτυληδών (cavité).

Monoecie, du grec μόνος (seul) et οἰκία (maison).

Monogramme, du grec μονογράμματον (m. s.).

Monographie, du grec μονογραφία (m. s.).

Monoïque, du grec μόνος (seul) et οἶκος (maison).

Monolithe, du grec μονόλιθος (m. s.).

Monologue, du grec μονολογία (m. s.).

Monomanie, du grec μόνος (seul) et *manie* (voy. ce mot). — D. *monomane*.

Monôme, du grec μονόω (isoler).

Monopétale, du grec μόνος (seul) et πεταλον (feuille).

Monophylle, du grec μονόφυλλος (qui n'a qu'une feuille).

Monopole, du grec μονοπωλία (vente exclusive). — D. *monopoleur, monopoliser*.

Monosyllabe, du grec μονοσύλλαβος (qui n'a qu'une syllabe). — D. *monosyllabique*.

Monotone, du grec μονότονος (qui est sur un seul ton). — D. *monotonie*.

Mons, abréviation de *monsieur* (voy. ce mot).

Monseigneur, voy. *mon* et *seigneur*. — D. *monseigneuriser*.

Monsieur, voy. *mon* et *sieur*.

Monstre, du L. *monstrum* (monstre).

Monstrueux, du L. *monstruosus* (m. s.). Sur *osus* devenu *eux*, voy. *amoureux*. — D. *monstruosité*.

Mont, du L. *montem* (mont). — D. *monter, amont*.

Montagne, du L. *montanea** (dérivé de *montem* mont). Sur le changement de *anea* en *agne* voy. *aragne*. — D. *montagnard, montagneux*.

Monter, voyez *mont*. — D. *montage, montée* (substantif participial), *montant, monteur, montoir, monture, démonter, remonter, surmonter*.

Monticule, du L. *monticulus* (m. s.).

Montre, voy. *montrer*.

Montrer, anciennement *monstrer*, du L. *monstrare* (montrer), par la chute de *s* (voy. *avime*). — D. *montre* (substantif verbal; cadran de l'horloge qui *montre* les heures, puis par extension horloge portative).

Montueux, du L. *montuosus* (m. s.). Sur *osus* devenu *eux*, voy. *amoureux*.

Monument, du L. *monumentum* (même sens). — D. *monumental*.

Moquer (se), origine inconnue. — D. *moquerie, moqueur*.

Moquette, origine inconnue.

Morailles, origine inconnue. — D. *moraillon*

Moral, du L. *moralis* (relatif aux mœurs). — D. *moraliser*

Morale, du L. *moralis* (subst. m. s. dans Ennodius).

Moraliser, voy. *moral*. — D. *moraliseur, moraliste, démoraliser*.

Moralité, du L. *moralitatem* (caractère). Sur *atem* devenu *é*, voy. *abbé*.

Morbide, du L. *morbidus* (m. s.).

† **Morbidesse**, de l'italien *morbidezza* (morbidesse).

Morceau, anciennement *morcel*, à l'origine *morsel*, en italien *morsello*, du L. *morsellum** (morceau dans les textes de la basse latinité, proprement chose mordue, bouchée, *morsellum* est un dérivé de *morsum* participe de *mordere* mordre. — De même en allemand *bissen* morceau dérivé de *beiszen* mordre).

Morsellum donne successivement l'ancien français *morsel*, puis *morcel* (voyez *cercueil* pour le changement de *s* en *c*), enfin *morceau* par le changement de *el* en *eau* (voy. *agneau*). — D. de l'ancienne forme *morcel* : *morceler*.

Morceler, voy. *morceau*. — D. *morcellement*.

Mordicant, du L. *mordicantem* (m. s ; dérivé de *mordere*, mordre).

Mordicus, du L. *mordicus* (en mordant avec opiniâtreté).

Mordiller, pour l'étymologie, voy. *mordre*.

Mordoré, anciennement *more doré* (proprement *noir doré*) composé de *doré* (voy. ce mot) et de *more* qui est le L. *maurus* (more, d'où le sens de noir); sur *au* devenu *o* voy. *alouette*.

Mordre, du L. *mordere* (mordre) par le changement de *mordere* en *mordre* (voy. *accourir*). *Mord(e)re* donne *mordre* par la chute régulière de *ĕ* (v. p. LXXXI). — D. *démordre*, *remordre*.

More, du L. *Maurus* (Maure, d'où le sens de noir). Sur *au* devenu *o*, voy. *alouette*. — D. *moresque*, *moreau* (anciennement *morel*; sur *el* devenu *eau*, voyez *agneau*); *morelle*, *morillon*, *moricaud*.

Morfil, voy. *fil* (tranchant), et *mort*.

Morfondre, à l'origine terme de vétérinaire, signifie causer chez le cheval, un catharre nasal; *morfondre* est une composition des deux mots *morve* (maladie du cheval) et *fondre*.

Morgeline, en italien *mordigallina*, plante particulièrement recherchée par les poules; comme l'indique son nom *morsus gallinae*, qui a donné *morsgeline*, puis *morgeline*) par la chute de *s* (voyez *abîme*; pour le changement de *gallina* en *géline*, voy. *géline*.

1. **Morgue**, origine inconnue. — D. *morguer*.

2. **Morgue** (dépôt), origine inconnue.

Moribond, du L. *moribundus* (m. s.)

Moricaud, voy. *more*.

Morigéner, du L. *morigerari* (être docile).

Morille, mot d'origine germanique (ancien haut allemand *morhila* morille).

† **Morion**, de l'italien *morione* (morion).

Morne, mot d'origine germanique (ancien haut allemand *mornen*, être triste, être morne).

† **Morne** (colline), mot venu des Antilles et qui représente l'espagnol *morron* (monticule).

Morose, du L. *morosus* (même sens).

Morosité, du L. *morositatem* (m. s).

Morphée, du grec Μορφεύς (dieu du sommeil). — D. *morphine*.

Morphine, voy. *Morphée*.

Mors (proprement ce que mord le cheval) *mors* représente le L. *morsus* (morsure).

Morsure, du L. *morsura** (dérivé de *morsus* (morsure).

1. **Mort**, du L. *mortem* (mort).
2. **Mort** (partic.), du L. *mor*

tuus (mort) par la réduction de *mortuus* à *mortus* (voy. p xc).

† **Mortadelle**, de l'italien *mortadella* (mortadelle).

Mortaise, origine inconnue.

Mortalité, du L. *mortalitatem* (m. s.).

Mortel, du L. *mortalis* (m. s). Sur *alis* devenu *el* voy. *annuel*.

Morte-saison, voy. *mort 2*. et *saison*.

Mortier, du L. *mortarium* (mortier) par le changement de *arium* en *ier* (voy. *ânier*).

Mortification, du L. *mortificationem* (m. s.).

Mortifier, du L. *mortificare* (m. s). — D. *mortifiant*.

Mortuaire, du L. *mortuarius* (m. s.).

Morue, origine inconnue.

Morve, proprement maladie du cheval, accompagnée d'un flux abondant par les narines (d'où le sens postérieur de mucosité nasale), du L. *morbum* (proprement maladie ; les affections des animaux étant en général désignées d'une manière très-vague. c'est ainsi qu'on dit des chiens qu'ils ont la *maladie*, sans spécifier la nature de l'affection ; la *morve* étant par excellence la maladie du cheval, dérive de même de *morbum*). — D. *morveux*.

1. † **Mosaïque**, de l'italien *musaico* (mosaique).

2. **Mosaïque**, du L. *mosaicus* (de Moïse).

† **Mosquée**, mot d'origine orientale (arabe *mesgid* mosquée) venu par l'intermédiaire de l'italien *moschea* (m. s.).

Mot, en italien *motto*, du L. *muttum*, mot : « *Non audet dicere* muttum » (Lucilius) ; Cornutus sur la première satire de Perse : *Proverbialiter dicimus, muttum nullum emiseris, id est verbum*.

Sur le changement de *u* en *o*, voy. *annoncer*.

† **Motet**, de l'italien *mottetto* (motet).

Moteur, du L. *motorem* (moteur).

Motif, du L *motivus** (dérivé de *motum*, proprement ce qui incite, ce qui pousse à faire quelque chose). — D. *motiver*.

Motion, du L. *motionem* (motion).

Motte, origine inconnue.

Motus, origine inconnue.

Mou, adoucissement de *mol* (voy. *agneau*). — D. *mou* (substantif).

Mouchard, voy. *mouche*.

Mouche, anciennement *mousche*, du L. *musca* (mouche), par le changement de *u* en *ou* (voy. *accouder*) et par celui de *ca* en *che* (voy. *acharner* et *acheter*), sur la chute de *s*, voy. *abîme*. — D. *moucheron, mouchard, moucheter, moucherolle, emouchet*.

Moucheter, voy. *mouche*. — D. *moucheture*.

Moucher, du L. *muccare* (moucher, dérivé de *mucus* Muccare est dans les Lois barbares : « *Si nasum excusserit ut muccare* « *non possit....* » dit la Loi des Ripuaires, 5, 2).

Muccare a donné *moucher*, par le changement : 1° de *cc* en *ch* (voy. *acheter*) ; 2° de *u* en *ou* (voy. *accouder*). — D. *mouchoir, mouchettes, moucheur, mouchure*.

Moudre, anciennement *moldre*, a l'origine *molre*, du L. *molere* (moudre), par la contraction régulière (voy. p. LXXXI) de *mol(e)re* en *mol're*, d'où l'ancien français *molre*, qui devient *moldre*, par le changement de *lr* en *ldr* (voy. *absoudre*) ; puis *moudre*, par le changement de *ol* en *ou* (voy. *agneau*).

Moue, mot d'origine germanique (néerlandais *mowe*, moue).
Mouette, diminutif de l'ancien français *moue* qui est d'origine germanique (allemand *mowe*, mouette).
1. **Moufle** (gant), du L. *muffula**, moufle, dans les textes carlovingiens; un Capitulaire de 817 ordonne. *Ut muffulae vervecinae « monachis dentur....* et quelques lignes plus bas: *Wantos in « aestate,* muffulas *in hieme cerve- « cinas... ».*
Muffula est d'origine germanique (néerlandais *moffel*). Par la chute de l'*u* (voy. p. LXXXI), *muff(ü)la* donne *muffla*, d'où *moufle*, par le changement de *u* en *ou* (voy. *accouder*).
2. **Moufle** (système de poulies), origine inconnue.
3. **Moufle** (vase), origine inconnue.
Mouflon, origine inconnue.
Mouiller, du L. *molliare** (mouiller, dérivé de *mollis*, mou; la même métaphore se retrouve dans l'allemand *einweichen*, mouiller, de *weich*, mou). Sur *lli* devenu *ill*, voy. *ail;* sur *o* devenu *ou*, voy. *affouage*. — D. *mouillage, mouilloir, mouillure, mouillette.*
1. **Moule**, ancienn. *mousle*, en languedocien *muscle*, du L. *musculus* (moule), par la contraction régulière (voy. p. LXXXI) de *musc(ü)lus* en *musc'lus*, d'où *mousle*, par la réduction de *cl* a *l* (voy. *mâle*); puis *moule*, par la chute de *s* (voy. *abîme*).
2. **Moule**, anciennement *molle*, à l'origine *modle*, du L. *modulus* (moule), par la contraction régulière (voy. p. LXXXI)de *mod-(ü)-lus* en *mod'lus*, d'où l'ancien français *modle*, qui devient *molle* par l'assimilation de *dl* en *ll* (voy.

allumer); puis *moule*, par le changement de *ol* en *ou* (voy. *agneau*). — D. *mouler, moulure, mouleur, moulage.*
Mouler, voy. moule 2.
Moulin, du L. *molinus** (moulin, dans les textes latins du moyen âge: « *Si quis ingenuus in* molino *alieno furaverit, ei cujus est* molinus.... » dit la *Lex Salica* p. XXIV, 1. La forme féminine *molina* est dans le latin classique).
Molinus donne *moulin* par le changement de *o* en *ou* (voy. *affouage*. — D. *moulinet, mouliner, moulinage, moulineur.*
Moult, du L. *multum* (beaucoup). Sur *u* devenu *ou*, voy. *accouder.*
Moulure, voy. moule 2.
Mourir, du L. *moriri* (mourir, dans Plaute, forme archaïque de *mori*). — D *mourant.*
Mouron, origine inconnue.
† **Mourre**, de l'italien *morra* (mourre).
† **Mousquet**, de l'italien *moschetto* (mousquet). — D. *mousquetaire, mousquetade, mousqueterie.*
† **Mousqueton**, de l'italien *moschettone* (mousqueton).
1. **Mousse** (émoussé), mot d'origine germanique (neerlandais *mots*, émoussé). — D. *émousser.*
2. † **Mousse** (marine), de l'italien *mozzo* (mousse, proprement jeune garçon).
3. **Mousse** (botanique), mot d'origine germanique (ancien haut allemand *mos*, mousse; sur le changement de *o* en *ou*, voy. *affouage*).—D. *mousse* (écume, assimilée à la *mousse* plante); *mousser.*
Mousseline, mot d'origine historique (voy. p. LXIV); étoffe originairement fabriquée à *Mossoul*.
Mousser, voy. mousse 3. — D. *moussoir, moussu, mousseux.*

21

Mousseron, voy. *mousse 3.*

† **Mousson**, du portugais *mousão* (mousson).

† **Moustache**, de l'italien *mostaccio* (moustache).

† **Moustique**, de l'espagnol *mosquito* (moustique); sur la transposition de *mosquite* en *moustique*, voy. p. LXXVI. — D. *moustiquaire*.

Moût, anciennement *moust*, du L. *mustum* (moût) par le changement de *u* en *ou* (voy. *accouder*); sur la chute de *s*, voy. *abîme*. — D. *moutarde* (graine de sénevé broyée avec du moût, ou du vinaigre).

Moutarde, voy. *moût*. — D. *moutardier*.

Moutier, anciennement *moustier*, plus anciennement *mostier*, à l'origine *monstier* dans un poeme du dixième siècle, du L. *monasterium* (monastère) par la contraction (voy. *aider*) de *mon(a)sterium* en *mon'sterium*, d'où l'ancien français *monstier* par le changement de *e* en *ie* (voy. *arrière*); *monstier* devient *mostier* par la réduction de *ns* à *s* (voy. *aîné*), *moustier* par le changement de *o* en *ou* (voy. *affouage*), *moutier* par la chute de *s* (voy. *abîme*).

Mouton, origine inconnue. — D. *moutonner, moutonneux, moutonnier*.

Mouture, anciennement *molture*, du L. *molitura* (mouture) par la contraction régulière (voy. p. LXXXI) de *mol(i)tura* en *mol'tura*, d'où *molture* devenu *mouture* par le changement de *ol* en *ou*, voy. *agneau*).

Mouvance, voy. *mouvoir*.

Mouvement, du L. *movimentum* (m. s.), par le changement de *o* en *ou* (voy. *affouage*) et par celui de *i* en *e* (voy. *admettre*).

Mouver, voy. *mouvoir*.

Mouvoir, du L. *movere* (mouvoir) par le changement de *o* en *ou* (voy. *affouage*) et par celui de *e* en *oi* (voy. *accroire*). — D. *mouvant, mouvance, émouvoir*.

Mouver est une autre forme de *mouvoir*.

† **Moxa**, mot d'origine chinoise, ainsi que l'invention de cette pratique chirurgicale.

1. **Moyen** (subst.), propr. ce qui sert d'intermédiaire. Voyez *moyen 2.* — D. *moyenner*.

2. **Moyen** (adj.), du L. *medianus* (moyen) par la chute du *d* médial *me(d)ianus* (voy. *accabler*); et par le changement: 1° de *anus* en *en* (voy. *ancien*); 2° de *e* en *oi* (voy. *accroire*). — D. *moyenne*.

Moyennant, voy. *moyenner*.

Moyenner, voy. *moyen*. — D. *moyennant*.

Moyeu, en provençal *moiol*, du L. *modiolus* (moyen), par la chute du *d* médial *mo(d)iolus* (voy. *accabler*); d'où l'ancien français *moieul* par le changement de *olus* en *eul* (voy. *aïeul*), *moyeu* par la chute de *l* final (voy. *garou*).

Mû, anciennement *meu*, du L. *motus* (mû) par la chute du *t* (voy. *aigu*) et le changement successif de *o* en *eu* (voy. *accueillir*) et de *eu* en *u* (voy. *curée*).

Muable, du L. *mutabilis* (muable par la chute du *t* médial *mu(t)abilis* (voy. *abbaye*), et le changement de *abilis* en *able* (voy. *affable*).

Mucilage, dérivé du L. *mucus* (mucus). — D. *mucilagineux*.

Mucosité, dérivé de *mucosus* (muqueux).

Mucus, du L. *mucus* (mucus).

1. **Mue**, voy. *muer*.

2. **Mue** (adj.) dans *rage mue* (rage muette).

Mue est le L. *muta* (muette) par la chute du *t* médial *mu(t)a* (voy. *aigu*).

Muer, du L. *mutare* (changer. Pour la restriction de sens, voy. p. xxiii). *Mu*(t)*are* a donné *muer* par la chute du *t* médial (voy. *abbaye.* — D. *mue* (subst. verbal); *muance*; *remuer.*

Muet, diminutif en *et* de l'ancien français *mu* (muet). *Mu* est le L. *mutus* (muet); pour le changement de *utus* en *u*, voy. *aigu.*

Muette (proprement *meute*), maison où l'on tient des relais de chasse, et des *meutes* de chiens. On a vu au mot *accueillir* que *meute* se trouve sous la forme *muete* dans l'ancien français. C'est cette forme archaïque qui a persisté dans le mot *muette*. (Pour l'etymologie, voy. *meute* et *accueillir*): au dix-huitième siècle, le mot *muette* était prononcé *meute*, comme on peut le voir par une lettre du maréchal de Richelieu qui parle d'une visite « *au bois de Boulogne au château de la* Meute » que nous appelons aujourd'hui La Muette.

Mufle, origine inconnue. — D. *muflier.*

Muge, du L. *mugil* (muge, mulet).

Mugir, du L. *mugire* (m. s.). D. *mugissant, mugissement.*

Muguet, anciennement *musguet,* du L. *musquettus** (diminutif de *muscus,* musc) Sur *q* devenu *g,* voy. *adjuger;* sur la chute de *s,* voy. *abîme.* — D. *muguet* (qui se parfume de *muguet*); *mugueter.*

Muid, du L. *modius* (muid). Sur *o* devenu *ui* par attraction de *i,* voy. *appuyer*

† **Mulâtre,** corruption de *mulate* mot des colonies hispano-américaines, qui est l'espagnol *mulato* (mulâtre).

† **Mule** (pantoufle), de l'italien *mula* (mule).

2. **Mule,** en italien *mula,* du L. *mula* (mule).

1. **Mulet,** diminutif de l'ancien français *mul* qui est le L. *mulus* (mulet). — D. *muletier.*

2. **mulet** (poisson) diminutif de *mulle* qui est le L. *mulla* (mulet, rouget).

Mulot, mot d'origine germanique (*mulot* est le dérivé d'un radical *mul* qui correspond au néerlandais *mol* taupe).

Multiflore, du L. *multiflorus* (m. s. dans Isidore de Séville).

Multiforme, du L. *multiformis* (varié).

Multiple, du L. *multiplex* (multiplié).

Multiplicande, du L. *multiplicandus* (devant être multiplié).

Multiplicateur, du L. *multiplicator* (qui multiplie).

Multiplication, du L. *multiplicationem* (m. s.).

Multiplicite, du L. *multiplicitatem** (dérivé de *multiplicus,* composé).

Multiplier, du L. *multiplicare* (m. s.). Sur la chute du *c,* voy. *plier.*

Multitude, du L. *multitudo* (m s.).

Multivalve, composé de *multus* (beaucoup) et de *valve* (voy. ce mot).

Municipal, du L. *municipalis* (municipal). — D. *municipalite.*

Municipe, du L. *municipium* (m. s.).

Munificence, du L. *munificentia* (m. s.). Sur *tia* devenu *ce* voy. *agencer.*

Munir, du L. *munire* (munir)

Munition, du L. *munitionem* (de *munire,* munni). — D. *munitionner, munitionnaire.*

Muqueux, du L. *mucosus* (muqueux). Sur *osus* devenu *eux,* voy. *amoureux.*

Mur, du L. *murus* (mur). — D. *murer, muraille, emmurer.*

Mûr, anciennement *meür*, en provençal *madur*, en italien *maturo*, du L. *maturus* (mûr) par la chute du *t* médial *ma(t)urus* (voy *abbaye*), d'où *meur* par l'adoucissement de *a* en *e* (voy. *acheter*), puis *meur* par la synérèse de *eu* en *eu* (voy. p. xc), et enfin *mûr* par la réduction de *eu* à *u* (voy. *curée*). — D. *mûrir.*

Muraille, voy. *mur.*

Mural, du L. *muralis* (de mur).

Mûre, anciennement *meure*, du L. *mora* (forme féminine de *morum* mûre) par le changement de *o* en *eu* (voy. *accueillir*) d'où *meure*, puis de *eu* en *u* (voy. *curée*). — D. *mûrier.*

Mûrement, voy. *mûr.*

Murène, du L. *muraena* (murène, poisson).

Murer, voy. *mur.*

Murex, du L. *murex* (pourpre).

Muriate, du L. *muria* (sel, propr. saumure ; le muriate de soude étant extrait du sel marin). — D. *muriatique.*

Mûrier, voy. *mûre.*

Mûrir, voy. *mûr.*

Murmure, du L. *murmur* (m. s.).

Murmurer, du L. *murmurare* (m. s.).

Musaraigne, du L. *musaraneus* (musaraigne). Sur *araneus* devenu *araigne*, voy. *araignée.*

Musard, voy. *muser.*

Musc, du L. *muscum* (musc, dans saint Jérôme). — D. *musquer.*

† **Muscade**, venu du provençal *muscada* qui est le L. *muscata** dérivé de *muscum* (musc). — D. *muscadier, muscadin* (pastille où il entre du musc : puis petit-maître).

Muscadin, voy. *muscade.*

† **Muscat**, du provençal *muscat* qui est le L. *muscatus** derivé de *muscum* (musc).

Muscle, du L. *musculus* (muscle). Sur la contraction de *musc(u)lus* en *musclus* (voy. p. LXXXI).

Musculaire, du L. *muscularis* (m. s.).

Musculeux, du L. *musculosus* (m. s.). Sur *osus* devenu *eux*, voy. *amoureux.*

Muse, du L. *musa* (muse).

Museau, anciennement *musel*, en provençal *mursel*. Le vieux français *musel* est le diminutif de *muse* qui veut dire bouche dans notre ancienne langue. — *Muse* qui correspond à l'italien *muso* (museau) dérive du L. *musus** (museau, dans un texte du huitième siècle. *Insuper et oblatrantes canis musibus sanctam ecclesiam.... velleant expugnari*, lit-on dans les *Epist.* d'Adrien, à l'année 784.) *Musus* est une transformation de *morsus*, dents, par le changement de *o* en *u* (voy. *curée*) et la réduction de *rs* à *s* (voy. *chêne*), comme dans *dos* de *dorsum.*

L'ancien français *muse* a donné le diminutif *musel* (d'où *museler*) qui est devenu postérieurement *museau* par le changement de *el* en *eau* (voy. *agneau*). Ce qui confirme cette étymologie c'est que le provençal a conservé *r* et dit *mursel* (museau) qui dérive directement de *morsellum**.

Musée, du L. *museum* (musée).

Museler, voy. *museau.* — D. *muselière, emmuseler.*

Muser, origine inconnue. — D. *musard, amuser.*

Museum, du L. *museum* (bibliothèque, académie).

Musical, voy. *musique.*

Musicien, voy. *musique.*

Musique, du L. *musica* (m. s.). — D. *musical, musicien.*

Musquer, voy. *musc.* — D. *musqué.*

Musser. origine inconnue.

Mutabilité, du L. *mutabilitatem* (m. s.) Sur *atem* devenu *é*, voy. *abbé.*

Mutation, du L. *mutationem* (m. s.).

Mutilation, du L. *mutilationem* (m. s.).

Mutiler, du L *mutilare* (m. s).

Mutin. voy. *meute.* — D. *mutiner, mutinerie.*

Mutisme, du L. *mutus* (muet).

Mutuel, du L. *mutualis* * (dérivé de *mutuus*, mutuel).

Myographie, du grec μῦς (muscle) et γράφειν (décrire).

Myologie, du grec μῦς (muscle) et λογος (étude, traité).

Myope, du grec μύωψ (qui serre les yeux.) — D. *myopie.*

Myotomie, du grec μῦς (muscle) et τομη (dissection).

Myriade, du grec μύριοι (nombre de dix mille).

Myriamètre, du grec μύριοι (dix-mille) et μέτρον (mesure) voy. *mètre.*

Myriapode, du grec μύριοι (dix mille) et πούς, ποδός (pied).

Myrobolan, du L. *myrobolanum* (parfum, noix aromatique).

Myrrhe, du L. *myrrha* (myrrhe).

Myrte, du L. *myrtus* (myrte). — D. *myrtille.*

Mystere, du L. *mysterium* (mystère). — D. *mystérieux.*

Mysticité, du L. *mysticitatem* * dérivé de *mysticus* (mystique).

Mystifier, du L. *mystificare* *, mot créé à l'aide de la racine de *mysterium*, secret; *mystificare* est proprement tromper secrètement. — D. *mystification, mystificateur.*

Mystique, du L. *mysticus* (mystique). — D *mysticisme.*

Mythe, du grec μῦθος (fable).

Mythologi , du grec μυθολογία (m. s). — D. *mythologique, mythologiste, mythologue.*

N

† **Nabab**, mot d'origine orientale (arabe *nâbab*, lieutenant).

Nabot, origine inconnue.

† **Nacarat**, de l'espagnol *nacarado* (nacarat).

Nacelle, du L. *navicella* * (nacelle, diminutif de *navis*, bateau) par la contraction régulière (voy. *accointer*) de *nav(i)cella* en *nav'cella* d'ou *nacelle* par la réduction de *vc* à *c* (voy. *alléger*).

† **Nacre**, en espagnol *nakar*, mot d'origine orientale (persan *nakar*, nacre). — D. *nacré.*

† **Nadir**, de l'arabe *nathir* (placé vis-à-vis).

† **Naffe**, de l'italien *nanfa* (naffe, eau de fleur d'oranger).

Nager, du L. *navigare* (nager, dans Ovide) par la contraction régulière (voy. *accointer*) de *nav(i)gare* en *nav'gare*, d'où *nager* par la réduction de *vg* à *g* (voy. *alléger*). — D. *nageoire, nage* (substantif verbal), *nageur, nagés.*

Naguère, qui s'écrivait en vieux français *n'a guères*, est un composé de *avoir*, et de *guères*, qui à l'origine signifiait *beaucoup*: *je l'ai vu n'a guères*, c'est-à-dire je l'ai vu il n'y a pas longtemps. En vieux français, le verbe était naturellement variable ; on disait au douzième siècle : *La ville était assiégée, n'avait guères, quand elle se rendit*, c'est-à-dire : Il n'y avait pas longtemps que la ville était assiégée quand elle se rendit. On remarquera que le vieux français emploie *n'a guère, n'avait guère* où nous dirions *n'y a guère, n'y avait guère* : c'est que notre ancienne langue disait non pas *il y a*, mais *il a* (illud habet), ce qui voulait le cas-régime du substantif (voy. *Grammaire historique de la langue française*, p. 152). Ex.: *il a un roi qui*.... (Illud habet regem), *il n'avait aucuns arbres dans ce pays* (illud non habebat aliquas arbores). *Roi, arbres* sont ici au cas-régime; au cas-sujet le vieux français eût dit *rois* (rex), etc. Dès le treizième siècle, l'adverbe *y* (ibi) se montre dans cette locution. Mais la forme ancienne *il a*, se retrouve encore au-dix-septième siècle, dans ce qu'on est convenu d'appeler le *style marotique* : «Entre Leclerc et son ami Coras, *N'a pas longtemps*, s'émurent grands débats, » a dit Racine. — Pour l'étymologie, voy. *ne, avoir* et *guères*.

Naïade, du L. *naiadem* (naïade)

Naïf, du L. *nativus*, natif, d'où le sens, en droit féodal, d'homme né sur le sol, de serf né sur la terre du seigneur : «*Et si quis hominum nativorum suorum, aliquod delictum fecerit....* » dit un texte du onzième siècle. L'ancien français, *naif* signifiait originairement *natif*. «Le beau pays de Troie dont il fut *naif*..., » lit-on dans le *Roman de la Rose*. — Du sens de serf, de paysan, *nativus* prend celui de grossier, d'imbécile, de niais, de stupide : *na(t)ivus* donne *naif* par la chute du *t* (voy. *abbaye*) et par le changement de *v* en *f* (voy. *bœuf*). — D. *naiveté*.

Nain, du L. *nanus* (nain) par le changement de *anus* en *ain* (voyez *ancien*).

Naissance, du L. *nascentia* (naissance dérivé de *nascentem*, naissant) par le changement : 1° de *a* en *ai* (voy. *aigle*) ; 2° de *sc* en *ss* (voy. *cresson*) ; 3° de *en* en *an* (voy. *andouille*) ; 4° de *tia* en *ce* (voy. *agencer*).

Naître, anciennement *naistre*, du L. *nascere** (naître; sur cet allongement en *re* de *nascere* pour *nasci*, voy. au mot *être*). *Nasc(ĕ)re* contracté suivant la règle (voy. p. LXXXI) en *nasc're*, d'où *nas're* par la réduction de *sc* à *s* (voy. *bois*), donne *naistre* par le changement de *sr* en *str* (voy. *ancêtre*), et par celui de *a* en *ai* (voy. *aigle*). Sur *naistre* devenu *naître*, voy. *abîme*.

Naïveté, voy. *naïf*.

Nanan, onomatopée (v. p. LXV).

Nankin, mot d'origine historique (voy. p. LXIV).

Nantir, proprement saisir, dérivé de l'ancien français *nam*, gage, qui est d'origine germanique (scandinave *nam* prise, saisie) : pour le changement de *namtir* en *nantir*, voy. *changer*. — D. *nantissement*.

Naphte, du L. *naphta* (m. s.).

Nappe, du L. *mappa* (nappe) par le changement de *m* en *n* (voy. *changer*). — D. *napperon*.

1. **Narcisse** (fleur), du L. *narcissus* (m. s.).

2. **Narcisse**, du L. *Narcissus* (Narcisse, fils de Céphise).

Narcotique, du grec ναρκωτικός (assoupissant). — D. *narcotine, narcotisme*.

Nard, du L. *nardus* (nard, parfum).

Narguer, du L. *naricare* * (défier, proprement froncer le nez; de *naricus**, qui fronce le nez, dérivé de *naris* narine).
Nar(i)care régulièrement contracté (voy. *accointer*) en *nar'care* donne *narguer*, par le changement de *c* en *g* dur (voy. *adjuger*). — D. *nargue* (substantif verbal); *narquois* (pour *narguois*).

Narine, anciennement *narille*, du L. *naricula** (dérivé de *naris*, narine) par le changement de *icula* en *ille* (voy. *abeille*), d'où *narine* par le changement de *l* en *n* (voy. *quenouille*).

Narquois, voy. *narguer*.

Narration, du L. *narrationem* (récit).

Narratif, du L. *narrativus* * (dérivé de *narratus*, raconté).

Narrateur, du L. *narratorem* (m. s.).

Narrer, du L. *narrare* (même sens).

Nasal, du L. *nasalis* * dérivé de *nasus* (nez). — D. *nasalité*.

Nasard, dérivé de *nasus* (nez). — D. *nasarder*.

Naseau, anciennement *nasel* du L. *nasellus* (dérivé de *nasus* nez). Sur *el* devenu *eau*, voyez *agneau*.

Nasiller, dérivé de *nasus* (nez). — D. *nasillard. nasilleur, nasillonner*.

Nasse, du L. *nassa* (m. s.).

Natal, du L. *natalis* (m. s.).

Natation, du L. *natationem* (natation).

Natatoire, du L. *natatorius* (qui sert à nager).

Natif, du L. *nativus* (m. s.).

Nation, du L. *nationem* (nation). — D. *national, nationalité, nationaliser*.

Nativité, du L. *nativitatem* (naissance). Sur *atem* devenu *é*, voy. *abbé*.

† **Natron**, de l'arabe *nathroun* (natron).

Natte, en italien *matta*, du L. *matta* (natte) qui est déjà *natta* au septième siècle dans Grégoire de Tours : *Nullum habens stratum fœni, palleæque mollimen, nisi tantum illud, quod intertextis junci virgulis, fieri solet; quas vulgo nattas vocant*... Sur ce changement de *m* en *n*, voy. *changer*. — D *natter, nattier*.

Naturaliser, voy. *naturel*.— D. *naturalisation*.

Naturalisme, voy. *naturel*.

Naturaliste, voy. *naturel*.

Naturalité, du L. *naturalitatem* (m. s.).

Nature, du L. *natura* (nature).

Naturel, du L. *naturalis* (naturel). — D *naturaliser, naturalisme, naturaliste*.

Naufrage, du L. *naufragium* (m. s.). — D. *naufrager*.

Naulage, dérivé de l'ancien français *naule* (fret), du L. *naulum* (fret).

Naumachie, du L. *naumachia* (représentation d'un combat naval).

Nauséabond, du L. *nauseabundus* (der. de *nausea* nausée).

Nausée, du L. *nausea* (nausée).

Nautile, du L. *nautilus* (nautile, mollusque).

Nautique, du L. *nauticus* (nautique).

Nautonier, ancienn. *notonier*, dérivé de l'ancien français *noton* (marin) qui est un diminutif de *nauta* (matelot, nautonier). — Sur *au* devenu *o*, voyez *alouette*. L'ancien français disait plus correctement *notonnier* (le groupe *au* ne persistant jamais en français ; voy. *alouette*) : au seizième siècle les savants ont transformé *notonnier* en *nautonier* pour le rapprocher du primitif *nauta*.

Naval, du L. *navalis* (m. s.).

Navée, du L. *navata* * (charge d'un bateau, dans les textes de la basse latinité ; dérivé de *navis*, bateau). Sur *ata* devenu *ée*, voyez *ampoulé*.

Navet, du L. *nappettus* * (diminutif de *napus* navet par le changement de *p* en *b* puis *v* (voy. *arriver*). — D. *navette*.

1. **Navette**, voy. *navet*.

2. **Navette** (d'église) petit vase en forme de navire où l'on conserve l'encens, du L. *navetta* * (petite barque, diminutif de *navis*, bateau).

La *navette* du tisserand a reçu ce nom à cause de sa forme qui imite celle de la *navette* d'église ; d'ailleurs la navette du tisserand a reçu un nom analogue dans plusieurs autres langues de l'Europe : l'allemand appelle la navette *schiff*(c'est-à-dire *bateau*) ; l'italien la nomme *navicella* (proprement *nacelle*).

Naviculaire, du L. *navicularis* (dérivé de *navicula* nacelle).

Navigable, du L. *navigabilis* (m. s.).

Navigateur, du L. *navigatorem* (m. s.).

Navigation, du L. *navigationem* (m. s.).

Naviguer, du L. *navigare* (m. s.).

Navire, du L. *navirium* * (navire, dans les textes latins du moyen âge, dérivé de *navis* navire).

Navrer, blesser dans les textes français du moyen âge. Pour l'affaiblissement du sens, voy. *ennui* et p. , п). *Navrer*, anciennement aussi *nafrer*, est un mot d'origine germanique (scandinave *nafar*, instrument tranchant, qui s'est contracté en *nafr*).

Ne, anciennement *nen*, adoucissement de *non* qui est le L. *non* (non) ; sur l'adoucissement de *non* en *nen*, voy. *je* ; sur la chute de *n*, voy. *ja*.

Né, du L. *natus* (né). Sur *atus* devenu *é*, voy *ampoulé*.

Néanmoins, anciennement *néantmoins*, composé de *néant* (voy. ce mot) et de *moins* (voyez *moins*).

Néant (proprement non-être), du L scolastique *necentem* (composé de la negation *nec* et de *entem* l'être) par la chute du *c* médial *ne(c)entem* (voy. *affouage*) et par le changement de *en* en *an* (voyez *andouille*). — D. *fainéant* (anciennement *fait néant*), *anéantir*, *néanmoins*.

Nebuleux, du L. *nebulosus* (m. s.).

Necessaire, du L. *necessarius* (m. s.).

Necessité, du L. *necessitatem* (necessité). — D. *nécessiter*.

Nécessiter, voy. *nécessité*. — D. *nécessiteux*, *nécessitant*.

Necrologe, du grec νεκρός (mort) et λόγος (liste, proprement discours). — D. *nécrologie*, *nécrologique*.

Necromancie, du grec νεκρομαντεία (art d'évoquer les âmes des morts). — D. *nécromancien*, *nécromant*.

Necrose, du grec νέκρωσις (mortification des os).

Nectaire, du L. *nectaria* (dans Pline), sur *a* devenu *ai*, voy. *aigle*.

Nectar, du L. *nectar* (nectar).

Nef, du L *navem* (nef) par le changement : 1° de *a* en *e* (voyez *acheter*) ; 2° de *v* en *f* (voy. *bœuf*).

Nefaste, du L. *nefastus* (néfaste).

Nèfle, du L. *mespilum* (nèfle) par la contraction régulière (voyez p. LXXXI) de *mesp(i)lum* en *mesplum* d'où *nesfle* par le changement : 1° de *m* en *n* (voy. *changer*) ; 2° de *p* en *f* (voy. *chef*); pour le changement de *nesfle* en *nèfle*, voy. *abîme* — D. *néflier*.

Négatif, du L. *negativus* (m. s.). — D. *negative*.

Négation, du L. *negationem* (négation). — D. *dénégation*.

Négligence, du L. *negligentia* (m. s.). Sur *tia* devenu *ce*, voyez *agencer*.

Négliger, du L. *negligere* (négliger). — D. *négligé* (substantif participial), *négligent*.

Négoce, du L. *negotium* (négoce). Pour le changement de *tiu* en *ce*, voy. *agencer*.

Négociant, voy. *négocier*.

Négociateur, du L. *negotiator* (entrepreneur).

Négociation, du L. *negotiationem* (trafic).

Négocier, du L. *negotiari* (trafiquer). — D. *négociant, négociable*.

† **Negre**, de l'espagnol *negro* (noir). — D. *négresse, négrier, negrillon*.

Neige, du L. *nivea* (proprement de neige) par le changement régulier (voy. *abréger*) de *niv*(ea) en *niv*(ia), d'où *nivja* par la consonnification de *ia* en *ja* (voy. *abréger*); *nivja* donne *neige* par le changement : 1° de *i* en *ei* (voyez *ceinture*) ; 2° de *vj* en *g* (voyez *abréger*). — D. *neiger, neigeux*.

Nenni, anciennement *nennil*, du L. *non illud* (proprement non cela ; voy. *oui*) ; sur *non* adouci en *nen*, voy. *je* ; sur *illud* devenu *il*, voy. *oui*; sur *nennil* devenu *nenni*, voy. *garou* pour la chute de *l* final.

‡ **Nenufar**, au seizième siècle *neufar*, mot d'origine orientale (persan *noufer* nénuphar).

Néographe, du grec νέος (nouveau) et γραφειν (écrire). — D. *néographisme*.

Néologie, du grec νέος (nouveau) et λόγος (discours). — D. *néologisme, néologique, néologue*.

Néoménie, du grec νεομηνία (nouvelle lune).

Néophyte, du grec νεόφυτος (personne nouvellement convertie).

Néphrétique, du grec νεφριτικός (qui appartient aux reins).

Néphrite, du grec νεφρῖτις, s.-ent. νόσος (mal de reins).

Népotisme, dérivé de *nepotem* (neveu).

Néréide, du L. *nereidem* (Néréide).

Nerf, du L. *nervus* (nerf). — D. *nerver*.

Nerprun, dans certains patois *noirprun*, composé des deux mots *ner* (du latin *nigrum*, noir) et *prun* (de *prunum* prune). Quant à la transformation de *nigrum* en *ner*, voy. *admettre* pour le changement de *i* en *e*; puis *accueillir* pour la réduction de *gr* à *r*.

Nerver, voy. *nerf*. — D. *nervure, énerver*.

Nerveux, du L. *nervosus* (nerveux). Sur *osus* devenu *eux*, voyez *amoureux*.

Nervure, voy. *nerver*.

Net, du L. *nitidus* (net) par la chute des deux dernières syllabes atones (voy. p. LXXXI) et le changement de *i* en *e* (voy. *admettre*) — D. *nettoyer, netteté*.

Netteté, voy. *net*.

Nettoyer, dérivé de *net*, comme *rudoyer* de *rude*, voy. *net*. — D. *nettoyage, nettoiement*.

Neuf, (subst.), du L. *novem* (neuf) par le changement : 1° de *o* en *eu* (voy. *accueillir*) ; 2° de *v* en *f* (voy. *bœuf*.)

Neuf (adj.), du L. *novus* (neuf) par le changement : 1° de *o* en *eu* (voy. *accueillir*) ; 2° de *v* en *f* (voy. *bœuf*).

Neume, du L. *pneuma* (qui a le même sens dans le latin ecclésiastique). — *Pn* initial, son étranger à notre langue, s'est réduit à *n*, comme *pt* initial à *t* dans *tisane* (*ptisana*).

Neutraliser, dérivé de *neutralis* (neutre). — D. *neutralisation*.

Neutralité, du L. *neutralitatem** dérivé de *neutralis* (neutre).

Neutre, du L. *neutrum* (neutre).

Neuvaine, du L. *novena** (dérivé de *novem* neuf) par le changement : 1° de *o* en *eu* (voy. *accueillir*) ; 2° de *e* en *ai* (voyez *accroire*).

Neuvième, anciennement *neuviesme*, du L. *novesimus** (dérivé de *novem* neuf) par le changement : 1° de *o* en *eu* (voy. *accueillir*) ; 2° de *esimus* en *ième* (pour le détail des changements de lettres, voy. *huitième*).

Neveu, du L. *nepotem* (neveu) par la chute du *t* (voy. *aigu*) et par le changement : 1° de *p* en *v* (voy. *arriver*) ; 2° de *o* en *eu* (voyez *accueillir*).

Névralgie, du grec νεῦρον (nerf) et ἄλγος (douleur).

Nez, du L. *nasus* (nez). Sur *a* devenu *e*, voy. *acheter*. *S* final est ici devenu *z*, comme dans *chez* (*casa*), *assez* (*adsatis*), *rez* (*rasus*), *lez* (*latus*).

Ni, du L. *nec* (ni) par la chute du *c* (voy. *ami*) et par le changement de *e* en *i* (voy. *accomplir*).

Niable, voy. *nier*.

Niais, ce mot est à l'origine un terme de chasse, et signifie pris au nid. On appelait *faucon niais* (*falconem nidacem**) le faucon pris au nid, qui n'avait point encore volé ; d'où le sens de sot, de simple, d'inexpérimenté, de maladroit, donné au mot *niais*. (Pour l'extension du sens, voy. p. XXIV).

Niais est le L. *nidacem** (dérivé de *nidus*, nid) par la chute du *d* médial *ni(d)acem* (voy. *arcabler*) et le changement : 1° de *a* en *ai* (voy. *aigle*) ; 2° de *c* en *s* (voyez *amitié*). — D. *niaiser*, *niaiserie*.

Nice, qui ne sait pas, en provençal *nesci*, en italien *nescio*, du L *nescius* (qui ne sait pas) par la chute de *s* (voy. *abîme*), et le changement : 1° de *e* en *i* (voy. *accomplir*) ; 2° de *ciu* en *ce* (voyez *agencer*).

1. † **Niche**, de l'italien *nicchia* (niche).

2 **Niche** (malice), voy. *nique*.

Nicher, du L. *nidicare* (dérivé de *nidicus*, qui est dans Varron) par la contraction régulière (voy. *accointer*) de *nid(i)care* en *nid'care* d'où *nicher* par la réduction de *dc* à *c* (voy. *adjuger*) et le changement de *c* en *ch* (voy. *acharner*). — D. *nichée* (substantif participial), *nichet*, *nichoir*, *dénicher*.

† **Nickel**, du suédois *nickel* (nickel).

Nicotiane, mot d'origine historique (voy p. LXIV) ; du nom de J. Nicot ambassadeur de France à Lisbonne qui envoya la plante du tabac à Catherine de Médicis en 1560.

Nid, du L. *nidus* (nid).

Nièce, du L. *neptia* (nièce, dans les textes latins du moyen âge : « *In quo et* neptiam *suam Christi famulam Erudrudam constituit....* », lit-on dans un acte de 809. *Neptia* est un dérivé de *neptis* nièce).

Neptia a donné *nièce* par l'assimilation de *pt* en *t* (voy *acheter*) et par le changement : 1° de *tia* en *ce* (voy. *agencer*) ; 2° de *e* en *ie* (voy. *arrière*).

1. **Nielle** (plante dont la semence est noire), du L. *nigella* (proprement noire) par la chute du *g* médial *ni(g)ella* (voy. au mot *allier*).
2. **Nielle** (maladie des grains qui transforme l'épi en poussière noire), du L. *nigella* (noire) par la chute du *g* médial *ni(g)ella* (voyez *allier*).
3. **Nielle** (émail noir), du L. *nigellum* (noir) par la chute du *g* médial *ni(g)ellum* (voy. *allier*).
— D. *nieller*.

Nier, du L. *negare* (nier) par la chute du *g* médial *ne(g)are* (voy. *allier*) et par le changement de *e* en *i* (voy. *accomplir*).

Nigaud, origine inconnue. — D. *nigauderie*.

Nimbe, du L. *nimbus* (nuage).

Nippe, mot d'origine germanique (island. *hneppe*, nippes). — D. *nipper*.

Nique, mot d'origine germanique (suédois *nyck*, malice). Une autre forme de *nique* est *niche*.

Nitouche (pour *n'y touche*; voy. chacun de ces mots).

Nitre, du grec νίτρον (m. s.).
— D. *nitrate, nitreux, nitrière, nitrique*.

Niveau, anciennement *liveau*, du L. *libella* (niveau) par le changement : 1° de *l* initial en *n* (voy. *quenouille*); 2° de *b* en *v* (voy. *avant*) ; 3° de *el* en *eau* (voy. *agneau*). — D. de l'ancienne forme *nivel* : *niveler*.

Niveler, voy. *niveau*.— D. *niveleur, nivellement*.

Nivôse, du L. *nivosus* (neigeux).

Nobiliaire, du L. *nobiliaris** (dérivé de *nobilis*, noble).

Nobilissime, du L. *nobilissimus* (le plus noble).

Noble, du L. *nobilis* (noble) par la contraction régulière (voy. p. LXXXI) de *nob(i)lis* en *nob'lis*
— D. *anoblir, ennoblir*.

Noblesse, du L. *nobilitia** (noblesse, dérivé de *nobilis*, noble) par la contraction régulière (voy. *accointer*) de *nob(i)litia* en *nob'litia*, d'où *noblesse* par le changement de *itia* en *esse* (voy. *agencer*).

Noce, du L. *nuptiæ* (noces) par l'assimilation de *pt* en *t* (voy. *acheter*) et par le changement : 1° de *u* en *o* (voy. *annoncer*); 2° de *tiæ* en *ce* (voy. *agencer*).

† **Nocher**, de l'italien *nocchiere* (nocher).

Nocturne, du L. *nocturnus* (nocturne).

Nodosité, du L. *nodositatem* (m. s).

Noël, jour de naissance du Seigneur, en provençal *nadal*, en italien *natale*, du L. *natalis* (jour de naissance) par la chute du *t* médial *na(t)alis* (voy. *abbaye*) et par le changement : 1° de *a* en *o* (voy. *taon*) ; 2° de *alis* en *el* (voy. *annuel*).

Ce qui confirme cette transformation de *natalis* en *noël*, c'est qu'une forme derivée *Sancta Natalia* a également donné *Sainte Noële*.

Nœud, du L. *nodus* (nœud) par le changement de *o* en *œu* (voy. *accueillir*).

Noir, du L. *nigrum* (noir) par la réduction de *gr* à *r* (voy. *accueillir*) et par le changement de *i* en *oi* (voy. *boire*).— D. *noirâtre, noiraud, noircir, noirceur*.

Noircir, voy. *noir*. — D. *noircissure*.

Noise bruit (en vieux français querelle, fâcherie), du L. *nausea* (proprement dégoût, d'où le sens de fâcherie, puis de querelle). *Naus(ea)* devenant régulièrement *naus(ia)* (voy. *abréger*) puis *nosia* (voy. *alouette*), donne *noise* par l'attraction de l'*i* (voy. *chanoine*).

Noisette, voy. *noix*. — D. *noisetier*.

Noix, du L. *nucem* (noix). Pour le changement de *ucem* en *oix*, voy. *croix*. — D. *noisette*.

Nolis, voy. *noliser*.

† **Noliser**, de l'italien *noleggiare* (noliser). — D. *nolis* (substantif verbal.

Nom, du L. *nomen* (nom).

Nomade, du L. *nomadem* (nomade).

Nombre, du L. *numerus* (nombre) par la contraction régulière (voy. p. LXXXI) de *num(é)rus* en *num'rus*, d'où *nombre* par le changement : 1° de *u* en *o* (voy. *annoncer*); 2° de *mr* en *mbr* (voy. *absoudre*).

Nombrer, du L. *numerare* (nombrer) par la contraction régulière (voy. *accointer*) de *num(é)rare* en *num'rare*, d'où *nombrer* par le changement de *u* en *o* (voy. *annoncer*) et par celui de *mr* en *mbr* (voy. *absoudre*).

Nombreux, du L. *numerosus* (nombreux) par la contraction régulière (voy. *accointer*) de *num(é)rosus* en *num'rosus*, d'où *nombreux* par le changement : 1° de *u* en *o* (voy. *annoncer*) ; 2° de *mr* en *mbr* (voy. *absoudre*); 3° de *osus* en *eux* (voy. *amoureux*).

Nombril, en provençal *umbril*, en italien *ombelico*, du L. *umbiliculus** (dérivé de *umbilicus* nombril) par la contraction régulière de *umb(i)liculus* en *umb'liculus* (voy. *accointer*); *umbliculus* changeant *u* en *o* (voy. *annoncer*) et *iculus* en *il* (comme dans *péril* de *periculum* : voy *abeille*) donne *omblil*, d'où *ombril* par dissimilation de *l* en *r* (voy. p. LXXVI) : *ombril* est devenu *nombril* (que l'on trouve dès le douzième siècle)

par une prosthèse de *n* qui est difficilement explicable.

Nomenclateur, du L. *nomenclator* (m. s.).

Nomenclature, du L. *nomenclatura* (m. s.).

Nominal, du L. *nominalis* (m. s.).

Nominatif, du L. *nominativus* (de *nominare*, nommer).

Nomination, du L. *nominationem* (m. s.).

Nommer, en provençal *nomnar*, en italien *nominare*, du L. *nominare* (nommer) par la contraction régulière (voy. *accointer*) de *nom(i)nare* en *nom'nare* d'où *nommer* par l'assimilation de *mn* en *mm* (voy. *allumer*). — D. *renommer* (d'où : *renom* substantif verbal ; *renommée* substantif participial), *surnommer*.

Non, du L. *non* (non).

Nonagénaire, du L. *nonagenarius* (m. s.).

Nonagésime, du L. *nonagesimus* (quatre-vingt-dix).

Nonante, du L. *nonaginta* (nonante). Pour le chang-ment de *aginta* en *ante* voy. *cinquante*.

† **Nonce**, de l'italien *nunzio* (nonce).

Nonchalant, voy. *chaloir*. — D. *nonchalance*.

† **Nonciature**, de l'italien *nunziatura* (nonciature).

None, du L. *nona* (la neuvième heure du jour).

Nones, du L. *nonae* (le huitième jour avant les ides).

Nonne, du L. *nonna* (consacrée à Dieu, dans saint Jérôme). — D. *nonnain*, *nonnette*.

Nonobstant, anciennement *non obstant*, du L. *non obstante* (participe de *obstare*, empêcher, d'où le sens de nonobstant, proprement : sans avoir égard à, sans que la chose empêche).

Nord, mot d'origine germanique (allemand *nord*, nord).
† **Noria**, de l'espagnol *noria* (noria).
Normal, du L. *normalis* (conforme à la règle).
Normand, anciennement *norman*, mot d'origine germanique (*northman*, homme du Nord).
Nos, voy *nôtre*.
Nosologie, du grec νόσος (maladie) et λόγος (traite).
Nostalgie, du grec νόστος (retour) et ἄλγος (douleur, mal).
Nota, du L. *nota* (note), impératif de *notare* (noter).
Notable, du L. *notabilis* (même sens). Sur *abilis* devenu *able*, voy. *affable*.
Notaire, du L. *notarius* (scribe dans le Code Théodosien). — D. *notariat*, *notarier*.
Notation, du L. *notationem* (m. s.).
Note, du L. *nota* (note).
Noter, du L. *notare* (m. s.). — D. *noteur*, *dénoter*.
Notice, du L. *notitia* (m. s.). Sur *cia* devenu *ce*, voy. *agencer*.
Notification, du L. *notificationem* (m. s.).
Notifier, du L. *notificare* (m.s.).
Notion, du L. *notionem* (m.s.).
Notoire, du L. *notorius* (m. s.). — D. *notoriété*.
Nôtre, anciennement *nostre*, du L. *nostrum* (nôtre) : Sur la chute de *s*, voy. *abîme*. — Une autre forme de *nostre* est *nos*, qui est pour *nost*, comme *propos* (propositum), *dispos* (dispositum) sont pour *propost* et *dispost*.
1. **Noue** (plaine marécageuse) origine inconnue.
2. **Noue** (tuile qui sert à égoutter les eaux), du L. *noca**, conduit dans les textes de la basse-latinité : *noca* est d'origine germanique (ancien haut allemand *nôch*, conduit). Sur la chute du *c* médial, *no(c)a*, voy. *ami*; sur *o* devenu *ou*, voy. *affouage*.
Nouer, du L. *nodare* (nouer) par la chute du *d* médial *no(d)are* (voy. *accabler*) et par le changement de *o* en *ou* (voy. *affouage*). — D. *dénouer*, *renouer*; *nouure*, *nouet*.
Noueux, du L. *nodosus* (noueux) par la chute du *d* médial (voy. *accabler*) et par le changement : 1° de *o* en *ou* (voy. *affouage*); 2° de *osus* en *eux* (voy. *amoureux*).
† **Nougat**, de l'espagnol *nogado* (nougat).
Nouille, de l'allemand *nudel* (nouille) par la contraction de *nud(e)l* en *nud'l*, d'où *nouille* par l'assimilation de *dl* en *ll* (voy. *allumer*) et par le changement de *u* en *oi* (voy. *angoisse*) puis de *oi* en *oui* (voy. *affouage*).
Nourrain, en provençal *noirim*, du L. *nutrimen* (propr. nourriture, puis action de nourrir, d'élever). — *Nutrimen* a donné *nourrain* par le changement : 1° de *u* en *ou* (voy. *accouder*); 2° de *tr* en *rr* (voy. *arrière*); 3° de *imen* en *ain* (voy. *airain*).
Nourrice, du L. *nutricem* (nourrice) par le changement : 1° de *u* en *ou* (voy. *accouder*); 2° de *tr* en *rr* (voy. *arrière*). — D. *nourricier*.
Nourrir, du L. *nutrire* (nourrir) par le changement : 1° de *u* en *ou* (voy. *accouder*); 2° de *tr* en *rr* (voy. *arrière*). — D. *nourrissant*, *nourrisseur*, *nourrissage*.
Nourrisson, du L. *nutritionem* (nourriture par le passage du sens abstrait de nourriture au sens concret d'être nourri, élevé : on dit de même *faire une éducation* pour *faire un élève*).
Nutritionem a donné *nourrisson*

par le changement : 1° de *u* en *ou* (voy. *accouder*); 2° de *tr* en *rr* (voy. *arrière*); 3° de *ti* en *ss* (voy. *agencer*).

Nourriture, du L. *nutritura* (nourriture) par le changement de *u* en *ou* (voy *accouder*) : 2° de *tr* en *rr* (voy. *arrière*).

Nous, du L. *nos* (nous) par le changement de *u* en *ou* (voy. *affouage*).

Nouveau, ancienn. *nouvel*, du L. *novellus* (nouveau), par le changement : 1° de *o* en *ou* (voy. *affouage*); 2° de *ellus* en *el*, puis en *eau* (voy. *agneau*). — D. de l'ancienne forme *nouvel: renouveler*.

Nouveauté, ancienn. *novelté*, du L. *novellitatem* (nouveauté) par la contraction régulière (voy. *accointer*) de *novell(i)tatem* en *novel'tatem*, d'où *novelté* par le changement de *atem* en *é* (voy. *abbe*); *nouvelté* par celui de *o* en *ou* (voy. *affouage*), *nouveauté* par celui de *el* en *eau* (voy. *agneau*).

Nouvelle, du L. *novella* (proprement chose nouvelle). Sur *o* devenu *ou*, voy. *affouage*. — D. *nouvelliste*.

Novateur, du L. *novator* (m. s.).

Novation, du L. *novationem* (m. s.).

Novembre, du L. *november* (m. s.).

Novice, du L. *novicius* (novice dans Juvénal). Sur *ciu* devenu *ce*, voy. *agencer*. — D. *noviciat*.

Noyau, anciennement *noial*, en provençal *nogal*, du L. *nucalis* (proprement amande) par la chute du *c* médial *nu(c)alis* (voy. *affouage*), d'où *noial* par le changement de *u* en *oi* (voy. *angoisse*), *noyau* par celui de *al* en *au* (voy. *agneau*).

1. **Noyer** (substantif), en provençal *noguier*, du L. *nucarius* (dérivé de *nucem*, noix). *Nu(c)arius* a donné *noyer* par la chute du *c* médial (voy. *affouage*) et par le changement : 1° de *u* en *o* (voy. *annoncer*); 2° de *arius* en *ier* (voy. *dnier*).

2. **Noyer** (verbe), ancien. *noier*, en provençal *negar*, en italien *negare*, du L. *necare*, proprement faire périr, puis faire mourir dans l'eau; sur cette restriction du sens, voy. p. XXIII : *necare* a déjà le sens de *noyer* dans les auteurs latins de la décadence · «*Postremo Eliæ jussu profani sacerdotes comprehensi, deductique ad torrentem* necati *sunt,* » dit Sulpice-Sévère (Hist. I); et dans Grégoire de Tours : *Matrem ejus lapide ad collum ligato* necare *jussisti.*

Necare est devenu *negare* par le changement régulier de *c* en *g* (voy. *adjuger*) dans les textes carlovingiens : « *Si quis alicujus pecus* negaverit *vel famulus vel infans....* » dit la *Lex Alamannorum*. *Ne(g)are* perdant le *g* médial (voy. *allier*) a donné *noyer* par le changement de *e* en *oi* (voy. *accroire*). — D. *noyade*.

Nu, du L. *nudus* (nu) par la chute du *d* (voy. *alouette*). — D. *nûment* (propr. *nuement*).

Nuage, voy. *nue*. — D. *nuageux*.

Nuaison, voy. *nue*.

Nuance, voy. *nue*. — D. *nuancer*.

Nubile, du L. *nubilis* (m. s.). — D. *nubilité*.

Nudite, du L. *nuditatem* (m. s).

Nue, du L. *nubem* (nue) par la chute du *b* médial *nu(b)em* (voy. *taon*). — D. *nuer, nuance, nuage, nuaison, nuée.*

Nuire, du L. *nocere* (nuire) par la contraction régulière de *noc(è)re* en *noc're* (voy. p. LXXXI).

OBÉ 375 OBJ

d'où *nuire* par le changement de ocre en *uir*, changement déjà étudié au mot *cuire*.

Nuisible, du L. *nocibilis* (nuisible) par la contraction régulière (voy. p. LXXXI) de *nocib(i)lis* en *nocib'lis*; d'où *nuisible* par le changement : 1° de *o* en *ui* (voy. *cuider*); 2° de *c* en *s* (voy. *amitié*).

Nuit, anciennement *noit*, du L. *noctem* (nuit); sur *oct* devenu *oit* puis *uit*, voy. *huit*. — D. *nuitamment*; *nuitée*.

Nul, du L. *nullus* (nul). — D. *nullité*, *nullement*.

Nûment, voy. *nu*.

Numeraire, du L. *numerarius* (qui sert à compter).

Numéral, du L. *numeralis* (numéral).

Numérateur, du L. *numerator* (celui qui compte).

Numération, du L *numerationem* (action de compter).

Numérique, du L. *numericus** (dérivé de *numerus* nombre).

† **Numéro**, venu au seizième siècle de l'italien *numero* (nombre). — D. *numéroter*, *numérotage*.

Numismate, dérivé du grec νόμισμα (monnaie).

Numismatique, du grec νομισματικος (qui a rapport à la monnaie).

Nummulaire, du L. *nummularius* (qui est en forme de pièce de monnaie).

Nuncupatif, du L. *nuncupativus** (dérivé de *nuncupatus* désigné).

Nuptial, du L. *nuptialis* (même sens).

Nuque, mot d'origine germanique (néerlandais *nocke* colonne vertébrale).

Nutation, du L. *nutationem* (balancement).

Nutritif, du L. *nutritivus** (dérivé de *nutritus* nourri).

Nutrition, du L. *nutritionem* (action de nourrir).

Nyctalope, du grec νυκτάλωψ (qui voit plus clair la nuit que le jour). — D. *nyctalopie*.

Nymphe, du L. *nympha* (nymphe).

Nymphée, du L. *nympheum* (grotte, fontaine).

O

Oasis, du grec ὄασις (oasis).

Obedience, du L. *obedientia* (obéissance). Sur *tia* devenu *ce*, voy. *agencer*.

Obéir, du L. *obedire* (obéir) par la chute du *d* medial *obe(d)ire* voy. *accabler*. — D. *obéissant*, *obéissance*, *désobéir*.

Obéissance, voy. *obéir*.

Obélisque, du grec ὀβελίσκος (obélisque).

Obérer, du L. *obaerare* (obérer).

Obéré, du L. *obaeratus* (m. s.). Sur *atus* devenu *é*, voy. au mot *ampoulé*.

Obésité, du L. *obesitatem* (m. s.). Sur *atem* devenu *é*, voy. *abbé*.

Obier, voy. *aubier*.

Obit, du L. *obitus* (mort). — D. *obituaire*.

Objecter, du L. *objectare* (opposer).

Objectif, du L. *objectivus** dérive de *objectus* (objecté).
Objection, du L. *objectionem* (action de mettre devant).
Objet, du L. *objectus* (objet qui s'offre aux regards). Sur *ct* devenu *t*, voy. *affété.*
Objurgation, du L. *objurgationem* (reproches).
Oblation, du L. *oblationem* (action d'offrir).
Obligation, du L. *obligationem* (obligation).
Obligatoire, du L. *obligatorius* (m. s.).
Obligeance, voy. *obliger.*
Obliger, du L. *obligare* (obliger). — D. *obligeant, obligeance, désobliger.*
Oblique, du L *obliquus* (m. s.).
Obliquité, du L. *obliquitatem* (m. s.).
Oblitération, du L. *obliterationem* (m. s.).
Oblitérer, du L. *obliterare* (m. s.).
Oblong, du L. *oblongus* (allonge)
Obole, du grec όβόλος (ancienne monnaie d'Athènes).
Obombrer, du L. *obumbrare* (ombrager).
Obscène, du L. *obscenus* (m. s.).
Obscénité, du L. *obscenitatem* (m. s.).
Obscur, du L. *obscurus* (m. s.). — D. *obscurcir, obscurcissement.*
Obscurité, du L. *obscuritatem* (m s.). Sur *atem* devenu *é*, voyez *abbé.*
Obsécration, du L. *obsecrationem* (obsécration).
Obséder, du L. *obsidere* (assiéger, envahir).
Obsèques, du L. *obsequiae* (obsèques, dans les Inscriptions).
Obséquieux, du L. *obsequiosus* (assidu, attentif). Sur *osus* devenu *eux*, voy. *amoureux*. — D' *obséquiosité.*
Observance, du L. *observantia* (respect de). Sur *tia* devenu *ce*, voy. *agencer.*
Observateur, du L. *observator* (m. s.).
Observation, du L. *observationem* (observation).
Observatoire, dérivé de *observatus* (observé).
Observer, du L. *observare* (m. s.).
Obsession, du L. *obsessionem* (siége).
Obsidional, du L. *obsidionalis* (de siege).
Obstacle, du L. *obstaculum* (m. s.). Pour le changement de *aculum* en *acle*, voy. p. LXXXI.
Obstination, du L. *obstinationem* (obstination).
Obstiné, du L. *obstinatus* (obstiné). Sur *atus* devenu *é*, voy. *ampoulé.*
Obstiner, du L. *obstinare* (m. s.).
Obsructif, du L. *obstructivus** (dérivé de *obstructus* obstrué).
Obstruction, du L. *obstructionem* (m s.).
Obstruer, du L. *obstruere* (boucher). — D. *désobstruer.*
Obtempérer, du L. *obtemperare* (m. s.).
Obtenir, du L. *obtinere* (obtenir). Sur *i* devenu *e*, voy. *admettre*; sur *e* devenu *i*, voy. *accomplir.*
Obtention, du L. *obtentionem* (dérive de *obtentum* supin de *obtinere* obtenir).
Obturateur, du L. *obturator* (dérivé de *obturare*, boucher).
Obtus, du L *obtusus* (obtus).
† **Obus,** de l'espagnol *obuz* (obus). — D. *obusier.*
Obvier, du L. *obviare* (obvier).

Occase, du L. *occasus* (coucher du soleil).
Occasion, du L. *occasionem* (m. s.). — D. *occasionner, occasionnel.*
Occident, du L. *occidentem* (m. s.).
Occidental, du L. *occidentalis* (m. s.).
Occipital, du L. *occipitalis* (dérivé de *occiput*).
Occiput, du L. *occiput* (m. s.).
Occire, du L. *occidere* (tuer) par la contraction régulière (voy. p. LXXXI) de *occid(e)re* en *occid're* d'où *occire* par la réduction de *dr* à *r* (voy. *arrière*).
Occision, du L. *occisionem* (massacre, dans saint Jérôme).
Occultation, du L. *occultationem* (action de se cacher).
Occulte, du L. *occultus* (secret).
Occupation, du L. *occupationem* (m. s.).
Occuper, du L. *occupare* (même sens). — D. *occupant.*
Occurrence, du L. *occurrentia* * (m. s.).
Occurrent, du L. *occurrentem* (qui va au-devant).
Océan, du L. *oceanus* (m. s.). — D. *océane.*
Ocre, du grec ὤχρα (terre jaune). — D. *ocreux.*
Octaèdre, du grec ὀκτάεδρος (corps solide à huit faces).
Octant, du L. *octantem* (la huitième partie).
Octante, du L. *octaginta* forme dérivée de *octuaginta* par la réduction habituelle de *ua* en *a*) voy. p. XC. *Octuaginta* est dans Vitruve pour *octoginta*. Sur le changement de *aginta* en *ante*, voy. *cinquante*. — D. *octantième.*
Octave, du L. *octavus* (huitième).
Octobre, du L. *october* (m. s.).
Octogénaire, du L. *octogenarius* (m. s.)
Octogone, du grec ὀκτώ (huit) et γῶνος (angle).
Octroi, voy. *octroyer.*
Octroyer, accorder, du L. *auctoricare* (dérivé de *auctorare* procurer, puis concéder, accorder, octroyer) par la contraction (voy. *aider*) de *auct(o)ricare* en *auct'ricare*. Perdant le *c* médial (voy. *affouage*), *auctri(c)are* donne *auctroyer* (comme *plicare* a donné *ployer*) par le changement de *i* en *oi* (voy. *boire*). *Auctroyer* devient *octroyer* par le changement de *au* en *o* (voy. *alouette*); enfin l'ancien français transformant régulièrement *ct* en *t* (voy. *affété*) dit *o-troyer*. — D. *octroi* (ce que l'on accorde, don, cadeau; puis subside accordé par le peuple au souverain).
Octuple, du L. *octuplum* (même sens). — D *octupler.*
Oculaire, du L. *ocularius* (m. s.).
Oculiste, dérivé de *oculus* (œil).
† **Odalisque,** mot d'origine orientale (turc *odalik* odalisque).
Ode, du grec ᾠδή (chant).
Odeur, du L. *odorem* (m. s.).
Odieux, du L. *odiosus* (m. s.). Sur *osus* devenu *eux*, voy. *amoureux*
Odontalgie, du grec ὀδονταλγία (mal de dents). — D. *odontalgique.*
Odontologie, du grec ὀδούς (dent) et λόγος (traité).
Odorant, du L. *odorantem* (qui sent).
Odorat, du L. *odoratus* (m. s.).
Odoriférant, composé de *odorem* (odeur) et *ferentem* (portant).
Odyssée, du grec ὀδύσσεια o lyssée).
Œcuménique, du grec οἰκου-

μενικός (universel). — D. œcuménicité.

Œdème, du grec οἴδημα (gonflement).

Œil, anciennement oil, du L. oculus (œil) par la contraction régulière (voy. p. LXXXI) de oc(u)lus en oc'lus, qui était déjà effectuée dans le latin populaire (puisqu'on lit dans l'*Appendix ad Probum* : « oculus non oclus. »
Oclus, a donné l'ancien français oil par le changement de cl en il (voy. abeille); oil est devenu euil puis œil par le changement de o en œu (voy. accueillir). Quant au pluriel yeux, il s'est ainsi formé : l'ancien français euil devenant ieuil par le changement de eu en ieu (voy. lieu), a transformé ieuil en ieul par dissimilation (voy. p. LXXVI); ieul étant au pluriel ieuls (oculos) s'est réduit à ieus par la chute de l (comme dans eux de illos); ieus, qui est aussi écrit yeus est devenu yeux par le changement de s en x (voy. deux).
— D. œillère, œillade, œillet.

Œillet, voy. œil. - D. œilleton.

Œillette (huile), au seizième siècle oliette, dérivé de olium, forme de la basse latinité pour oleum (huile; sur eu devenu iu, voy. huile).

Œnologie, du grec οἶνος (vin) et λογος (traité).

Œsophage, du grec οἰσοφάγος (œsophage).

Œstre, du grec οἶστρος (œstre).

Œuf, du L. ovum (œuf), par le changement· 1° de o en œu (voy. accueillir); 2° de v en f (voy. bœuf).— D. œuvé.

Œuvre, du L. opera (plur. de opus, œuvre), par la contraction régulière (voy. p. LXXXI) de op(e)ra en op'ra, d'où œuvre, par le changement: 1° de o en œu (voy. accueillir); 2° de p en b, puis en v (voy. arriver). - D. désœuvré (participe du vieux français désœuvrer, composé de l'ancien verbe œuvrer, derivé de œuvre).

Offenser, du L. offensare (m. s.). — D. offense (subst. verbal), offensant, offenseur, offensif, offensive.

Offertoire, voy. offrir.

Office, du L. officium (m. s.). — D. officier (v.), officier (s.).

Official, du L. officialis (ministre d'un magistrat).— D. officialité.

Officiel, du L. officialis (dérivé de officium, office).

Officier (subst.), voy. office.

Officier (verbe), voy. office.

Officine, du L. officina (laboratoire). — D. officinal.

Offrande, du L. offerenda (chose qui doit être offerte), par la contraction regulière (voy. accointer) de off(e)renda en off'renda, d'où offrande par le changement de en en an (voy. andouille).

Offre, voy. offrir.

Offrir, du L. offerere* (dérivé de offerre, offrir; sur cet allongement en re, voy. au mot être). Off(e)rere, régulièrement contracté (voy. accointer) en off'rere, a donné offrir par le changement de e en i (voy. accomplir). — D. offre (substantif verbal); offerte (subst. participial fort, voy. absoute); offertoire.

Offusquer, du L. offuscare (ollusquer)

Ogive (que l'on écrivait aussi augive au dix-septième siècle), du L. augiva* (dérivé de augere, augmenter; l'ogive va en s'augmentant, en même temps que l'arc ainsi formé augmente la force de la voûte. D'ailleurs on trouve arc ogif (qui représente arcus augivus), ce qui est décisif).

Augivus a donné *ogif* par le changement : 1° de *au* en *o* (voy. *alouette*) ; 2° de *v* en *f* (voy. *bœuf*).
— D. *ogival*.

Ogre, dans la mythologie du moyen âge, monstre qui se nourrissait de chair humaine. *Ogre* (qui est en italien *orco*) vient du L. *orcus* (dieu de l'enfer), par la transposition (voy. *âpreté*) de *orcus* en *ocrus*; *ocrus* donne *ogre* (comme *acris* donne *aigre*) par le changement de *c* en *g* (voy. *adjuger*). — D. *ogresse*.

Oie, en provençal *auca*, en italien *oca*, du L. *auca* (oie, dans les plus anciens textes latins du moyen âge : *Accipiter qui aucam mordet*, dit la *Lex Alamannorum*; et dans les Formules de Marculfe : « *Aucas tantas, fasianos tantos.* » *Auca* est une contraction de *avica*, dérivé de *avis*; *avica* a donné *auca*, comme *navifragium* a donné *naufragium*, comme *navita* a donné *nauta*).
Perdant le *c* médial (voy. *affouage*), *au(c)a* donne *oie* par le changement de *au* en *oi* (voy. *aboyer*). — D. *oison*.

Oignon, du L. *unionem* (oignon dans Columelle) par le changement : 1° de *ni* en *gn* (voy. *cigogne*) ; 2° de *u* en *oi* (voy. *angoisse*).

† **Oille**, de l'espagnol *olla* (espèce de potage).

Oindre, du L. *ungere* (oindre) par la contraction régulière (voy. p. LXXXI) de *ung(e)re* en *ung're*, d'où *un're* par la réduction de *gr* à *r* (voy. *accueillir*) qui donne *oindre* par le changement : 1° de *nr* en *ndr* (voy. *absoudre*) ; 2° de *u* en *oi* (voy. *angoisse*).

Oing, du L. *unguem* (oing) par le changement de *u* en *oi* (voy. *angoisse*).

Oint, du L. *unctum* (oint) par la réduction de *ct* à *t* et le changement de *u* en *oi* (voy. *affété*).

Oiseau, anciennement *oisel*, en provençal *aucel*, du L. *aucellus** (proprement petit oiseau ; sur l'extension du sens, voy. p. XXXII ; *aucellus* est une forme masculine d'*aucella*, qui est au premier siècle de l'Empire dans Apicius ; *aucella* est une contraction d'*avicella*, comme *nauta* de *navita*, *naufragium* de *navifragium*, etc...)
Aucellus donne *oisel* par le changement : 1° de *au* en *oi* (voy. *aboyer*); 2° de *c* en *s* (voy. *amitié*). *Oisel* devient *oiseau* par l'adoucissement de *el* en *eau* (voy. *agneau*).
— D. de l'ancienne forme *oisel* : *oiseleur*, *oiselier*; *oisellon* (aujourd'hui *oisillon* par le changement de *e* en *i*, voy. *accomplir*).

Oiseux, en provençal *ocios*, en espagnol *ocioso*, du L. *otiosus* (oiseux) par le changement régulier de *otiosus* en *ociosus* (voy. *agencer*).
Ociosus devient *oiseux* par la transformation : 1° de *osus* en *eux* (voy. *amoureux*) ; 2° de *c* en *s* (voy. *amitié*) ; 3° de *o* en *oi* par l'attraction de l'*i* (voy. *chanoine*).

Oisif, dérivé d'un radical *ose** qui répond au L. *otium* (oisiveté) par le changement : 1° de *ti* en *s* (voy. *agencer*); 2° de *o* en *oi* (voy. *angoisse*). — D. *oisiveté*.

Oisillon, voy. *oiseau*.

Oison, voy. *oie*.

Oléagineux, du L. *oleaginosus** (dérivé de *oleagina*, proprement olivier).

Olfactif, dérivé de *olfactus* (odorat).

Oligarchie, du grec ὀλιγαρχία (gouvernement d'un petit nombre).
— D. *oligarchique*.

† **Olinde**, mot d'origine historique (voy. p. LXIV) de la ville d'*Olinde* (dans le Brésil).

Olive, du L. *oliva* (olive et olivier). — D. *olivâtre, olivier, olivaire.*
Olographe, voy. *holographe.*
Olympe, du L. *olympus* (m. s.). — D. *olympien.*
Olympiade, du L. *olympiadem* (m. s.).
Olympique, du L. *olympicus* (m. s.).
Ombelle, du L. *umbella* (parasol).
Ombilic, du L. *umbilicus* (même sens). — D. *ombilical.*
Ombrage, du L. *umbraticum** (ombrage) par le changement : 1° de *u* en *o* (voy. *annoncer*); 2° de *aticum* en *age* (voy. *âge*). — D. *ombrager; ombrageux* (cheval qui a peur en voyant son ombre).
1. **Ombre,** du L. *umbra* (ombre) par le changement de *u* en *o* (voy. *annoncer*).
2 **Ombre** (poisson), origine inconnue.
† **Ombrelle,** de l'italien *ombrella* (ombrelle).
Ombrer, du L. *umbrare* (ombrer) par le changement de *u* en *o* (voy. *annoncer*).
Ombreux, du L. *umbrosus* (ombreux) par le changement : 1° de *osus* en *eux* (voy. *amoureux*); 2° de *u* en *o* (voy. *annoncer*).
Omelette, origine inconnue.
Omettre, du L. *omittere* (omettre); sur le changement de *mittere* en *mettre,* voy. *admettre.*
Omission, du L. *omissionem* (m s.).
Omnibus, du L. *omnibus* (pour tous).
Omnipotence, du L. *omnipotentia* (toute puissance).
Omniscience, du L. *omnis* (tout) et *scientia* (science).
Omoplate, du grec ὠμοπλάτη (omoplate).
On, anciennement *om, hom :*
« *Ce sait hom bien que....* » dit la Chanson de Roland (c'est-à-di : « *On sait bien cela, que....* »).
Hom est le L. *homo* (qui a déjà le sens de *on* dans la latinité de la décadence · « *Ut inter tabulas adspicere homo non posset....* » dans Grégoire de Tours.
Homo devient successivement *hom,* puis *om* par la chute de *h* initial (voy. *atelier*), *on* par le changement de *m* en *n* (voy. *changer*).
Onagre, du L. *onagrus* (onagre).
Onc, en italien *unque,* du L. *unquam* (quelquefois) par le changement : 1° de *u* en *o* (voy. *annoncer*); 2° de *qu* en *c* (voy. *car*).
1. **Once** (poids), du L. *uncia* (once) par le changement : 1° de *u* en *o* (voy. *annoncer*); 2° de *cia* en *ce* (voy. *agencer*).
2. † **Once** (jaguar), mot d'origine orientale (persan *youz,* once).
Oncial, du L. *uncialis* (haut d'un pouce).
Oncle, en provençal *avoncle,* du L. *avunculus* (oncle) par la contraction régulière (voy. p. LXXXI) de *avunc(u)lus* en *avunc'lus*; perdant *v* médial (voy. *aïeul*) *a(v)unclus* donne *aunclus* d'où *oncle* par le changement de *au* en *o* (voy. *alouette*).
Onction, du L. *unctionem* (m. s.). Sur *u* devenu *o,* voy. *annoncer.*
Onctueux, du L. *onctuosus** (dérivé de *unctus* poli). — D. *onctuosité.*
Onde, du L. *unda* (onde). Sur *u* devenu *o,* voy. *annoncer.* — D. *ondé, ondée, ondin, ondine, ondoyer* (dérivé de *onde,* comme *larmoyer* de *larme, guerroyer* de *guerre, côtoyer* de *côte, nettoyer* de *net, coudoyer* de *coude.*)

Ondoyer, voy. *onde*. — D. *ondoyant, ondoiement*.
Ondulé, du L. *undulatus* (m. s.) — D. *ondulation, ondulatoire*.
Onduler, du L. *undulare* (m. s.). — D. *onduleux*.
Onereux, du L. *onerosus* (m. s.).
Ongle, du L. *ungula* (ongle) par la contraction régulière (voy. p. LXXXI) de *ung(u)la* en *ung'la*, d'où *ongle* par le changement de *u* en *o* (voy. *annoncer*). — D. *onglée, onglet, onglé*.
Onguent, du L. *unguentum* (parfum).
Onguiculé, dérivé de *unguiculus* (petit ongle).
Ongule, du L. *ungulatus* (m. s.).
Onomatopee, du grec ὀνοματοποιία (m. s.).
Ontologie, du grec ὄν, ὄντος (être) et λόγος (traité). — D. *ontologique*.
Onyx, du grec ὄνυξ (espèce d'agate).
Onze, du L. *undecim* (onze) par la contraction régulière (voy. p. LXXXI) de *und(e)cim* en *und'cim* d'où *onze* par le changement : 1° de *dc* en *c* (voy. *adjuger*) et de *c* en *z* (voy. *amitié*) ; 2° de *u* en *o* (voy. *annoncer*). — D. *onzième*.
Oolithe, du grec ᾠόν (œuf) et λίθος (pierre).
Opacité, du L. *opacitatem* (m. s.).
Opale, du L. *opalus* (m. s.).
Opaque, du L. *opacus* (opaque).
† **Opéra**, de l'Italien *opera* (opéra).
Operateur, du L. *operatorem* (qui opère).
Operation, du L. *operationem* (travail).
Opercule, du L. *operculum* (couvercle).

Opérer, du L. *operari* (opérer).
Ophicléide, du grec ὄφις (serpent) et κλεις (clef), propr. serpent à clefs.
Ophidien, du grec ὄφις (serpent).
Ophthalmie, du grec ὀφθαλμία (inflammation des yeux). — D. *ophthalmique*.
Opiacé, dérivé de *opium* (voy. ce mot).
Opiat, dérivé de ὀπίον (suc).
Opiler, du L. *oppilare* (obstruer). — D. *désopiler*
Opime, du L. *opimus* (même sens).
Opiner, du L. *opinari* (opiner, juger). — D. *opinant, opiniâtre* (qui est obstinément attaché à ce qu'il a opiné).
Opiniâtre, voy. *opiner*. — D. *opiniâtrer, opiniâtreté*.
Opinion, du L. *opinionem* (m. s.).
Opium, du L. *opium* (m. s. dans Pline).
Opportun, du L. *opportunus* (m. s.).
Opportunité, du L. *opportunitatem* (m. s.).
Opposer, voy. *poser*. — D. *opposant*.
Opposite, du L. *oppositus* (ce qu'on met devant).
Opposition, du L. *oppositionem* (m. s.).
Oppresser, voy. *presser*. — D. *oppressif*.
Oppresseur, du L. *oppressor* (oppresseur).
Oppression, du L. *oppressionem* (m. s.).
Opprimer, du L. *opprimere* (opprimer).
Opprobre, du L. *opprobrium* (m. s.).
Optatif, du L. *optativus* (m. s.).
Opter, du L. *optare* (choisir).

Optimisme, dérivé de *optimus* (très-bon). — D. *optimiste*.
Option, du L. *optionem* (m. s.)
Optique, du grec ὀπτικός (qui a rapport à la vision). — D. *opticien*.
Opulence, du L. *opulentia* (m. s.).
Opulent, du L. *opulentus* (m. s.).
Opuscule, du L. *opusculum* (m. s.).
1. **Or** (substantif), du L. *aurum* (or) qui était déjà *orum* dans le latin populaire; comme nous l'atteste Festus : « *aurum, quod rustici orum dicebant.* » Sur *au* devenu *o*, voy. *alouette*).
2. **Or**, anciennement *ore* (proprement à cette heure, présentement), du L. *hora* (heure), par la chute de *h* initial (voy. *atelier*). — D. *désormais, dorénavant, encore, lors, alors* (voy. ces mots).
Oracle, du L. *oraclum* (oracle dans Virgile, forme contractée de *oraculum*).
Orage, en provençal *auratge*, du L. *auraticum** (orage, dérivé de *aura*, vent, brise) par le changement: 1° de *au* en *o* (voyez *alouette*); 2° de *aticum* en *age* (voy. *âge*). — D. *orageux*.
Oraison, du L. *orationem* (prière, oraison dans Tertullien). Sur *ationem* devenu *aison*, voyez *fenaison*.
Oral, du L. *oralis* (m. s.).— D. *oralement*.
† **Orange**, en espagnol *naranja*, mot d'origine orientale, de l'arabe *nāranj*, orange; le mot français qui devrait être *narange* a pris la forme *orange* par suite d'une confusion avec le mot *or*; le latin appelait l'orange pomme d'or (*aureum malum*); le français a voulu retrouver *or* dans le mot nouveau qu'il adoptait. — D. *oranger, orangerie, orangeat, orangeade, orangé*.
† **Orang-outang**, mot d'origine malaise.
Orateur, du L. *oratorem* (orateur).
1 **Oratoire** (subst), du L. *oratorium* (m. s.).— D. *oratorien*.
2. **Oratoire** (adj.), du L. *oratorius* (m. s.).
† **Oratorio**, de l'italien *oratorio* (m. s.).
Orbe, du L. *orbis* (voûte céleste).
Orbiculaire, du L. *orbicularis* (m. s.).
Orbite, du L. *orbita* (revolution, orbite). — D. *orbitaire*.
Orcanète, origine inconnue.
Orchestre, du grec ὀρχήστρα (partie du théâtre où le chœur faisait ses évolutions).
Orchis, du grec ὄρχις (plante bulbeuse). — D. *orchidée*.
Ordalie, du L. *ordalium**, mot de la basse latinité qui est d'origine germanique et répond à l'anglo-saxon *ordal* jugement de Dieu).
Ordinaire, du L. *ordinarius* (m s.).
Ordinal, du L. *ordinalis* (même sens).
Ordination, du L. *ordinationem* (nomination).
Ordonnancer, voy. *ordonner*. — D *ordonnancement*.
Ordonnateur, du L. *ordinator* (m s.). Sur *i* devenu *o*, voy. *ordonner*.
Ordonner, du L. *ordinare* (ordonner) par le changement : 1° de *i* en *o* (voy. *frotter*) ; 2° de *n* en *nn* (voy. *an*). — D. *désordonner, ordonnance*.
Ordre, du L. *ordinem* (ordre) par la contraction régulière (voyez p. LXXXI) de *ord(i)nem* en *ord'nem* d'où *ordre* par le changement de *n*

en r (voy. *coffre*). — D. *désordre, sous-ordre.*

Ordure, dérivé de l'ancien adjectif *ord* (sale) qui était encore employé par quelques écrivains au dix-huitième siècle. *Ord* est le L. *horridus* (repoussant, d'où le sens de sale) par la contraction régulière (voy. p. LXXXI) de *horr(i)dus* en *horr'dus* d'où *ord* par la chute de *h* initial (voy. *atelier*). — D. *ordurier.*

Orée (lisière d'un bois), du L. *orata** (bord, lisière, dérivé de *ora* bord). Sur *ata* devenu *ée*, voy. *ampoulé.*

Oreille, du L. *auricula* (dérivé de *auris* oreille) qui était déjà *oricula* dans le latin populaire (comme l'atteste Festus ; — sur ce changement de *au* en *o*, voyez *alouette*) *Oric(ŭ)la* régulièrement contracté en *oric'la* (voy. p. LXXXI) donne *oreille* par le changement de *icla* en *eille* (voy. *abeille*). — D. *oreillon, oreillette, oreiller, oreillard, orillon.*

Orémus, du L. *oremus* (prions, de *orare* prier).

Orfévre, du L. *aurifabrum* (orfévre, proprement ouvrier qui travaille l'or) par la contraction de *aur(i)fabrum* en *aur'fabrum* d'où *orfévre* par le changement: 1° de *au* en *o* (voy. *alouette*) ; 2° de *a* en *e* (voy. *acheter*) ; 3° de *b* en *v* (voyez *avant*). — D. *orfévrerie, orfévre.*

Orfraie, du L. *ossifraga* (orfraie, dans Lucrèce) par la contraction régulière (voy. *accointer*) de *oss(i)fraga* en *os'fraga. Osfra(g)a* perdant le *g* médial (voy. *allier*) donne *orfraie* par le changement: 1° de *a* en *ai* (voy. *aigle*) ; 2° de *s* en *r* que l'on retrouve dans Marseille de Massilia et dans varlet qui est une transformation de *vaslet* (voy. *valet*).

Orfroi, du L. *aurum phry-* *gium** (broderie d'or, orfroi. Ovide appelle *phrygiae vestes* des étoffes brochées d'or). Pour le changement de *aurum* en *or*, voy. ce mot. *Phry(g)ium* a donné *froi* par la chute du *g* médial (voy. *allier*) et par le changement: 1° de *phr* en *fr* (voy. *coffre*); 2° de *i* en *oi* (voyez *boire*).

Organdi, origine inconnue.

Organe, du L. *organum* (organe). — D. *organiser, organisme, organique.*

Organiser, voy. *organe*. — D. *organisation, organisateur, désorganiser, réorganiser.*

Organiste, voy. *orgue.*

Organsin, origine inconnue. — D. *organsiner, organsinage.*

Orge, en provençal *ordi*, du L. *hordeum* (orge) par le changement régulier (voy. *abréger*) de *hord(eu)m* en *hord(iu)m* d'où *hordjum* par la consonnification de *iu* en *ju* (voy. *abréger*). *Hordjum* donne *orge*: 1° par la chute de *h* initial (voy. *atelier*) ; 2° par la réduction de *dj* à *g* (voy. *abréger*). — D. *orgeat* (originairement décoction d'orge bien qu'il n'entre aujourd'hui dans cette boisson qu'une émulsion d'amande), *orgelet.*

Orgie, du grec ὄργια (fête de Bacchus).

Orgue, en italien *órgano*, du L. *organum* (orgue hydraulique dans Suétone) ; orgue, instrument à vent dans saint Augustin et Cassiodore) par la chute des deux syllabes atones (voy. p. LXXXI). — D. *organiste* (dérivé de *organum* orgue).

Orgueil, en italien *orgoglio*, mot d'origine germanique (*orgel* orgueilleux). — D. *orgueilleux.*

Orient, du L. *Orientem* (point du ciel où le soleil se lève sur l'horizon). — D. *orienter, oriental, orientaliste.*

Orienter, voy. *orient*. — D. *orientation*, *désorienter*.

Orifice, du L. *orificium* (m. s.).

Oriflamme, du L. *auriflamma* (flamme d'or, étendard): sur *au* devenu *o*, voy. *alouette*.

, **Origan**, du L. *origanum* (m. s.).

Originaire, du L. *originarius* (m. s.).

Original, du L. *originalis* (m. s). — D. *originalité*.

Origine, du L. *originem* (m. s.). — D. *originel*.

† **Orignal**, anciennement *orignac* (*orenac*, élan du Canada), du basque *orenac* cerf ; nom que les Basques émigrés au Canada donnèrent à l'élan de l'Amérique du Nord.

Oripeau, proprement feuille de laiton, du L. *auri pellem* (dans la basse latinité: proprement feuille d'or). Sur *au* devenu *o*, voyez *alouette*; sur *el* devenu *eau*, voyez *agneau*.

Orle bordure, du L. *orula* (diminutif de *ora* bord) par la contraction régulière (voy. p. LXXXI) de *or*(*ù*)*la* en *or'la*.

Orme, en provençal *olm*, en italien *olmo*, du L. *ulmus* (orme) par le changement: 1° de *u* en *o* (voy. *annoncer*) ; 2° de *l* en *r* (voy. *apôtre*). — D. *ormeau* (anciennement *ormel*; sur *el* devenu *eau*, voy. *agneau*), *ormaie*, *ormoie*, *ormille*.

Orne, du L. *ornus* (frêne).

Ornement, du L. *ornamentum* (ornement). — D. *ornemaniste*, (*ornementiste*).

Orner, du L. *ornare* (orner).

Ornière, dans le patois de la Picardie *ordière*, du L. *orbitaria* (dérivé de *orbita* ornière). *Orb*(*i*)*taria* se contractant régulièrement (voy. *accointer*) en *orb'taria* donne *ordière* par le changement : 1° de *bt* en *d* (voy. *accouder*); 2° de *aria* en *ière* (voy. *ânier*). *Ordière* s'est postérieurement altéré en *ornière*.

Ornithogale, du grec ὀρνιθόγαλον (m. s. propr. lait d'oiseau).

Ornithologie, du grec ὄρνις, ὄρνιθο: oiseau) et λόγο: (traite). — D. *ornithologiste*, *ornithologue*.

Oronge, corruption de *orange* (voy. *orange*).

Orpailleur, qui recherche les *pailles* (paillettes *d'or*). Pour l'étymologie, voy. *or* et *paille*.

Orphelin, anciennement *orphenin*, à l'origine *orphanin*, du L. *orphaninus* (dérivé de *orphanus* orphelin) par le changement: 1° de *a* en *e* (voy. *acheter*); 2° de *n* en *l* (voy. *aller*).

Orpiment (sulfure jaune d'arsenic employé en peinture) du L. *auri pigmentum* (couleur pour peindre en or). Sur *au* devenu *o*, voy. *alouette*; sur *gm* devenu *m*, voy. p. CI.

Orseille, origine inconnue.

Orteil, anciennement *arteil*, en provençal *arteil*, en italien *artiglio*, du L. *articulus* (articulation, et aussi doigt). *Articulus* a donné *arteil* par le changement de *iculus* en *eil* (voy. *abeille*); sur le changement d'*arteil* en *orteil*, voy. *taon*.

Orthodoxe, du grec ὀρθόδοξος (qui a des opinions droites). — D. *orthodoxie*.

Orthogonal, du grec ὀρθόγωνος (qui est à angles droits).

Orthographe, du grec ὀρθογραφία (écriture juste). — D. *orthographier*, *orthographique*

Orthographie, du grec ὀρθογραφία (coupe perpendiculaire d'un bâtiment).

Orthopédie, du grec ὀρθός (droit) et παιδεία (éducation). — D. *orthopédique*.

Ortie, en espagnol *ortiga*, en italien *ortica* du L. *urtica* (ortie) par le changement : 1° de *u* en *o* (voy. *annoncer*); 2° de *ica* en *ie* (voy. *ami*).

Ortive, du L. *ortivus* (qui se lève).

† **Ortolan,** venu du provençal *ortolan* (en italien *ortolano*), du L. *hortulanus* (propr. de jardin, les ortolans nichant d'ordinaire dans les haies des jardins).

† **Orviétan,** de l'italien *orvietano* (dérivé de *Orviete* nom d'un charlatan d'*Orvieto* qui apporta cet électuaire en France, en 1647).

Oryctographie, du grec ὀρυκτός (fossile) et γραφειν (décrire).

Oryctologie, du grec ὀρυκτός (fossile) et λογος (traité).

Os, du L. *os* (os).— D. *désosser, osselet* (diminutif de *ossel*, petit os).

Oscillation, du L. *oscillationem* (action de balancer).

Osciller, du L. *oscillare* (m. s.). — D. *oscillatoire*.

Oseille, du L. *oxalia* (dérivé de *oxalis*, oseille) par le changement : 1° de *x* en *s* (voy. *ajouter*); 2° de *li* en *il* (voy. *ail*); 3° de *a* en *e* (voy. *acheter*).

Oser, en provençal *ausar*, en italien *ausare*, du L. *ausare** (dérivé de *ausum*, supin de *audere* oser ; sur la formation des verbes fréquentatifs, voy. p. xxxii).

Ausare a donné *oser* par le changement de *au* en *o* (voy. *alouette*).

Oseraie, voy. *osier*.

Osier, dérivé du grec οἶσος (osier).

Osmazôme, du grec ὀσμή (odeur) et ζωμός (bouillon).

Osselet, voy. *os*.

Ossements, pluriel de *ossement** qui est le L. *ossamentum** (dérivé de *ossa*, os)

Osseux, du L. *ossuosus* (m. s.), par la réduction de *uo* à *o* (ossosus, voy. p. xc d'où *osseux* par le changement de *osus* en *eux* (voy. *amoureux*).

Ossifier, du L. *ossificare** (m. s. dérivé de *os*). — D. *ossification*.

Ossuaire, du L. *ossuarium* (urne sépulcrale).

Ostensible, du L. *ostensibilis** (dérivé de *ostensum*, supin de *ostendere*, montrer).

Ostensoir, du L. *ostensorium** (dérivé de *ostensum*, supin de *ostendere*, montrer).

Ostentation, du L. *ostentationem* (m. s.).

Ostéologie, du grec ὀστεολογία (étude des os).

Ostracé, du grec ὀστράκεος (qui est de la nature de l'huître).

Ostracisme, du grec ὀστρακισμός (m. s).

Otage, anciennement *ostage*, en provençal *ostatge*, du L. *obsidaticum** (dérivé de *obsidatus*, action d'être donné en otage et aussi gage).— *Obs(i)daticum* contracté suivant la règle (voy. *accointer*) en *ob'sdaticum* donne par le retour insolite de *d* à *t* (voy. p. xcviii) la forme *obstaticum* qui est au sens d'otage, dans les textes latins du moyen âge : « *Et de hoc dederunt centum Saracenos de melioribus obstaticos in potestate Januensium,* » dit un texte du onzième siècle. *Bs* se réduisant à *s* (comme on l'a vu au mot *sujet*), *obstaticum* devient *ostaticum* qui est dans une charte de 1070 : « *Raymundus.... et Arnaldus.... miserunt de in ostaticum.* »

Ostaticum a donné *ostage* par le changement de *aticum* en *age* (voy. *âge*); puis *otage* par la chute de *s* (voy. *abîme*).

Otalgie, de οὖς, ὠτός (oreille) et ἄλγος (douleur).

Oter, anciennement *oster*, du L. *haustare* (fréquentatif de *hau-*

rire, vider, retirer, d'où le sens d'*ôter*; on trouve dans Festus le composé *exhaustare* pour ôter : « *exhaustant = efferunt.* »

Haustare a donné *oster* par la chute de *h* initial (voy *atelier*) et par le changement de *au* en *o* (voy. *alouette*). Sur *oster* devenu *ôter*, voy. *abime*.

Ottomane, mot d'origine historique (voy. p. LXIV) ; dérivé de *Ottoman* (sofa à la turque).

Ou (conjonction), en italien *o*, du L. *aut* (ou) par la chute du *t* (voy. *abbé* et *aigu*) et par le changement de *au* en *o* puis en *ou* (voy. *alouette*).

Où (adverbe), anciennement *u*, en italien *ove*, du L. *ubi* (où); par la chute du *b* (voy. *taon*) *ubi* se réduit à l'ancien français *u* qui devient *où* par le changement de *u* en *ou* (voy. *accouder*).

Ouaille, proprement *brebis* (encore avec ce sens dans Mme de Sévigné), puis dans le langage symbolique chrétien : brebis du pasteur, fidèles.—*Ouaille*, anciennement *oueille*, à l'origine *oeille*, en provençal *ovelha*, du L. *ovicula* (brebis); par la chute du *v* médial *o(v)icula* (voy. *aieul*), le mot latin donne l'ancien français *oeille* par le changement de *icula* en *eille* (voy. *abeille*), *oueille* par le changement de *o* en *ou* (voy. *affouage*).

Ouate, origine inconnue. — D. *ouater*.

Oublie, ancien français *oublée*, du L. *oblata** (au moyen-âge gâteau que l'on offre, hostie; dérivé de *oblatus* offert : *oblata* au sens de gâteau et d'hostie est fréquent dans les textes de la moyenne latinité : « *ut de oblatis quae offeruntur a populo et consecrationi supersunt,* » dit une lettre d'Hincmar (852).

Oblata changeant *o* en *ou* (voy. *affouage*), et *ata* en *ée* (voy *ampoulé*) donne l'ancien français *oublée* qui est devenu postérieurement *oublie*. — D. *oublieur*.

Oublier, du L. *oblitare** (oublier, dérivé de *oblitus* participe de *oblivisci* oublier).

Obli(t)are a donné *oublier* par la chute du *t* médial (voy. *abbaye*) et par le changement de *o* en *ou* (voy. *affouage*). — D. *oubli* (substantif verbal); *oublieux*, *oubliette*.

Ouest, ancien français *west*, mot d'origine germanique (allemand *west* ouest).

Oui, anciennement *oïl*, du L. *hoc illud* (c'est cela). Le latin *hoc* avait donné dans notre ancienne langue la forme *o* (par la chute : 1° de *h* initial, voy. *atelier*; 2° de *c* final, voy. *ami*); au treizième siècle *ne dire ni o ni non* était l'équivalent de notre locution moderne *ne dire ni oui ni non*. De même que *hoc* devint *o*, le composé *hoc illud* (c'est cela même) devint *oïl* par la chute du *c* médial *ho(c) illud* (voy. *affouage*) et par la disparition de *h* initial (voy. *atelier*); ce *oïl* (*hoc illud*) avait pour correspondant *nennil* (non *illud*); de même que *nennil* perdant *l*, devint *nenni* en français moderne, — *oïl* devint *oï* d'où *oui* par le changement de *o* en *ou* (voyez *affouage*).

Ouïe, voy. *ouïr*. — D. *ouïes*.

Ouïr, anciennement *oïr*, en italien *udire*, du L. *audire* (entendre) par la chute du *d* médial *au(d)ire* (voy. *accabler*) et par le changement de *au* en *o* dans l'ancien français, puis de *o* en *ou* dans le français moderne (voyez *alouette*). — D. *ouïe*, (substantif participial).

† **Ouragan**, au dix-septième siècle *houragan*, primitivement

terme de marine, venu de l'espagnol *huracan* (ouragan), terme originaire des Antilles.

Ourdir, du L. *ordiri* (ourdir, dans Pline) par le changement de *o* en *ou* (voy. *affouage*). — D. *ourdissage, ourdisseur, ourdissoir.*

Ourler, du L. *orulare* (border, dérivé de *orula**, bord, voy. *orle*). Or(ü)lare régulièrement contracté en *or'lare* (voy. *accointer*) donne *ourler* par le changement de *o* en *ou* (voy. *affouage*). — D. *ourlet.*

Ours, du L. *ursus* (ours) par le changement de *u* en *ou* (voy. *accouder*). — D. *ourse* (L. *ursa*); *ourson.*

Outarde, anciennement *oustarde*, en provençal *austarde*, du L. *avistarda* (outarde dans Pline) par la contraction (voy. *autruche*) de *av(i)starda* en *av'starda*, puis *austarda; austarda* a donné *oustarde* par le changement de *au* en *ou* (voy. *alouette*), *outarde* par la chute de *s* (voy. *abime*). — D. *outardeau.*

Outil, anciennement *oustil*, à l'origine *ustil*, du L. *usitellum** (tout instrument dont se servent les artisans, dérivé de *usitare*, se servir) par la contraction régulière (voy. *accointer*) de *us(i)tellum* en *ustellum*, d'où *oustel** par le changement de *u* en *ou* (voy. *accouder*), puis *oustil* par le même changement qui a transformé *oisellon* en *oisillon* (voy. ce mot). — D. *outiller, outillage.*

Outrage, voy. *outrer*. — D. *outrager, outrageux, outrageant.*

Outrance, voy. *outrer.*

1. **Outre** (subst.), du L. *utrem* (outre) par le changement de *u* en *ou* (voy. *accouder*).

2. **Outre**, anciennement *oltre*, en provençal *oltra*, du L. *ultra* (au delà) par le changement de *u* en *o* (voy. *annoncer*) d'où *oltre*, puis *outre* par le changement de *ol* en *ou* (voy. *agneau*). — D. *outrer. outre-passer.*

Outrecuidant, voy. *outre* et *cuider.* — D. *outrecuidance.*

Outrer, voy. *outre* 2. — D. *outrance* (à); *outrage.*

Ouverture, voy. *ouvrir.*

Ouvrage, voy. *ouvrer*. — D. *ouvrager.*

Ouvrer, anciennement *ovrer*, du latin *operari* (fabriquer, ouvrer), par la contraction régulière de *op(ë)rari* en *op'rari*, d'où *ovrer*, par le changement de *p* en *v* (voy. *arriver*); puis *ouvrer*, par le changement de *o* en *ou* (voy. *affouage*).— D. *ouvrable, ouvrage, ouvroir, ouvrée.*

Ouvreur, voy. *ouvrir.*

Ouvrier, anciennement *ovrier*, en provençal *obrier*, du L. *operarius* (ouvrier), par la contraction régulière de *op(ë)rarius* en *op'rarius*, d'où *ovrier*, par le changement de *p* en *v* (voy. *arriver*) et par celui de *arius* en *ier* (voy. *ânier*); puis *ouvrier*, par le changement de *o* en *ou* (voy. *affouage*).

Ouvrir, anciennement *ovrir* et *avrir*, en espagnol *abrir*, en italien *aprire*, du L. *aperire* (ouvrir), par la contraction régulière de *ap(ë)rire* en *ap'rire*, d'où l'ancien français *avrir*, par le changement de *p* en *v* (voy. *arriver*); *avrir* a donné *ovrir*, par le changement insolite de *a* en *o* (voy. *taon*); *ovrir* s'est postérieurement transformé en *ouvrir* par le changement de *o* en *ou* (voy. *affouage*). — D. *ouvert* (du L. *apertus*; sur *p* devenu *v* voy. *arriver*); *ouverture, ouvrant, ouvreur.*

Ovaire, dérivé du L. *ovum* (œuf).

Ovale, du L. *ovalis* (m. s.).

Ovation, du L. *oationem* (même sens dans Festus).

Ove, dérivé de *ovum* (œuf). — D. *ovoïde.*

Ovipare, du L. *oviparus* (ovipare).

Ovoïde, voy. *ove.*

Oxalique, du grec ὀξαλίς (oseille). — D. *oxalate.*

Oxycrat, du grec ὀξύκρατον (eau mêlée de vinaigre).

Oxyde, mot créé par Lavoisier en 1787, du grec ὀξύς (acide). — D. *oxyder.*

Oxyder, voy. *oxyde.* — D. *oxydé, oxydation, oxydable.*

Oxygène, gaz découvert en 1774 par Priestley, et nommé *oxygène* par Lavoisier, en 1778 ; du grec ὀξύς (acide) et γενος (naissance). — D. *oxygéner.*

Oxygéner, voy. *oxygène.* — D. *oxygène, oxygénation.*

Oxymel, du grec ὀξύμελι (mélange de miel et de vinaigre).

Oyant, du L. *audientem* (entendant, voy. *ouïr*);—*au*(d)*ientem* a donné *oyant*, par la chute du *d* médial (voy. *accabler*), et par le changement : 1° de *au* en *o* (voy. *alouette*); 2° de *en* en *an* (voy. *amande*).

P

Pacage, anciennement *pascage*, du L *pascuaticum** (pâturage, dans les textes du moyen âge; dérivé de *pascuum*, pâturage) par la réduction de *pascuaticum* à *pascaticum* (voy. p. xc) d'ou *pascage* par le changement de *aticum* en *age* (voy. *âge*) ; *pacage* par la chute de *s* (voy. *abîme*).

† **Pacha,** du turc *pacha* (gouverneur). — D. *pachalik.*

Pachyderme, du grec παχύς (épais) et δέρμα (peau).

Pacificateur, du L. *pacificator* (m. s.).

Pacification, du L. *pacificationem* (m. s.).

Pacifier, du L. *pacificare* (même sens).

Pacifique, du L. *pacificus* (même sens).

Pacotille, voy. *paquet.*

Pacte, du L. *pactum* (pacte). — D. *pactiser.*

Paganisme, du L. *paganismus** (dérivé de *paganus* païen).

1. **Page,** du L. *paginem* (page) par la chute des deux dernières voyelles atones (voy. p. LXXXI).

2. **Page** (masculin). Origine inconnue.

Paginer, du L. *paginare** (dérivé de *pagina*, page).

† **Pagne,** de l'espagnol *paño* (étoffe).

† **Pagode,** mot d'origine orientale (persan *butkhoda*, maison des idoles).

Païen, en provençal *pagan*, en italien *pagano*, du L. *paganus* (païen, gentil, dans Tertullien et dans saint Jérôme) par la chute du *g* médial *pa(g)anus* (voy. *allier*) et par le changement de *anus* en *en* (voy. *ancien*); sur l'intercalation d'un *i* (voy. p. LXXXIX).

1. **Paillasse** (féminin), voy. *paille.* — D. *paillasson.*

2. **Paillasse** (masculin, voy. *paille*.

Paille, du L. *palea* (paille) par le changement régulier (voy. *abréger*) de *pal*(ea) en *pal*(ia), d'où *paille* par le changement de *li* en *il* (voy. *ail*). — D. *empailler, dépailler, paillasse* (féminin; d'où *paillasse* substantif masculin, proprement bateleur habillé d'une toile à paillasse, à matelas); *paillette, paillon; paillet*.

Pain, du L. *panem* (pain) par le changement de *a* en *ai* (voy. *aigle*). — D. *paner*.

1. **Pair** (adjectif), en espagnol *par*, du L. *par* (égal) par le changement de *a* en *ai* (voy. *aigle*). — D. *paire* (deux choses de même espèce, qui vont ensemble).

2. **Pair** (substantif) de *pair* 1. (Les pairs étant les principaux vassaux d'un seigneur, ayant des droits égaux et *pairs*). — D. *pairesse, pairie*.

Paisible, voy. *paix*.

Paisson, du L. *pastionem* (pâturage) par le changement de *stio* en *sso* (voy. *agencer* et *angoisse*). Sur *a* devenu *ai*, voy. *aigle*.

Paître, anciennement *paistre*, du L. *pascere** (dérivé de *pasci* paître; sur cet allongement en *re*, voy. *naître*). Pour le changement de *ascere* en *aitre*, voy. *naître*.

Paix, anciennement *pais*, du L. *pacem* (paix) par le changement de *a* en *ai* (voy. *aigle*) et de *c* en *s*, puis en *x*, voy. *amitié*. — D. *paisible, apaiser*.

Pal, du L. *palus* (pal, poteau). — D. *empaler*.

† **Paladin**, de l'italien *paladino* (paladin).

1. **Palais**, du L. *palatium* (palais) par le changement de *palatium* en *palacium* (voy. *agencer*) d'où *palais* par le changement: 1° de *a* en *ai* par l'attraction de *i* (voy. *aigle*); 2° de *c* en *s* (voy. *amitié*).

2. **Palais** (en termes d'anatomie, du L. *palatum* (palais), *atum* devenant régulièrement *é* (voy. *ampoulé*), la forme du mot français devrait être *palé; palais* provient d'une confusion avec *palais* 1.

† **Palan**, au seizième siècle *palanc*, de l'italien *palanco* (rouleau pour amener les fardeaux). — D. *palançon*.

† **Palanquin**, mot d'origine hindoue (pâli, *palangka*, litière).

Palatal, dérivé du L. *palatum* (palais).

Palatin, du L. *palatinus* (officier du palais).

Palatine, mot d'origine historique (voy. p. LXIV); allusion à la *princesse Palatine*, belle-sœur de Louis XIV, qui mit à la mode cette forme de fourrure en 1676.

Pale, du L. *pala* (pelle). — D. *paleron, palée, palette, palet*.

Pâle, du L. *pallidus* (pâle), par la chute des deux dernières voyelles atones (voy. p. LXXXI). — D. *pâlir, pâlot*.

Palefrenier, voy. *palefroi*.

Palefroi, en provençal *palafrei*, du L. *paraveredus* (cheval de poste, dans Cassiodore et dans le Code Théodosien); *parav(ĕ)redus* s'est contracté suivant la règle (voy. *accointer*) en *parav'redus*, que l'on trouve dans les textes carolingiens: « *Aut paravreda dare nolunt...,* » lit-on dans un Capitulaire de Charlemagne. — *Paravredus* devient, par le changement de *v* en *f* (voy. *bœuf*) *parafredus* qui est dans les Lois Barbares: « *Parafredos donent..* , » dit la *Lex Bajuwariorum*, I, 5. — *Parafredus*, changeant *r* en *l* par dissimilation (voy. p. LXXVI), donne *palafredus*, que l'on trouve dans un texte latin de la fin du dixième siecle. *Palafredus* devient *palefroi* par la chute du *d* (voy. *alouette*) et par le changement: 1° de *e* en *oi* (voy. *accroire*); 2° de *a* en *e* (voy. *acheter*). — D. *palefrenier* (qui est pour *palefredier*, comme *ornière* pour *ordière*; voy. ce mot).

Paleographie, du grec παλαιός (ancien) et γράφειν (écrire).

Paleontologie, du grec παλαιός (ancien), ὄντα (êtres) et λόγος (traité).

Paleron, voy. *pale*.

Palestre, du L. *palestra* (m. s.). — D. *palestrique*.

Palet, voy. *pale*. — D. *paleter*.

† **Paletot**, anciennement *paletoc*, mot d'origine germanique (hollandais, *paltsrock*, robe de gros drap). — D *paletoquet*.

Palette, voy. *palle*.

Paletuvier, origine inconnue.

Pâleur, du L. *pallorem* (pâleur); sur *orem* devenu *eur*, voyez *accueillir*.

Palier, anciennement *paillier*, dérivé de *paille* (à cause du *paillasson* placé sur le palier).

Palimpseste, du grec παλίμψηστος (regratte).

Palingénésie, du grec παλιγγενεσία (renaissance).

Palinodie, du grec παλινῳδία (rétractation).

Palis, du L. *palicium*⁎ (suite de pieux formant clôture: dans les textes du moyen âge; dérivé de *palus* pieu). Sur *c* devenu *s*, voyez *amitié*. — D. *palisser*.

† **Palissade**, de l'italien *palizzata* (palissade).

Palissandre, origine inconnue.

Palladium, du L. *palladium* m. s.).

Pallier, du L. *palliare* (m. s.). — D. *palliation*, *palliatif*.

Pallium, du L. *pallium* (manteau).

1. **Palme**, du L. *palma* (palme, branche de palmier). — D. *palmette*, *palmier*, *palmiste*, *palmite*.

2. **Palme**, du L. *palmus* (mesure de longueur, palme).

Palmette, voy. *palme* 1.

Palmier, du L. *palmariuᵉ* (proprement de palmier) Sur *arius* devenu *ier*, voy. *dnier*.

Palmipède, du L. *palmipedem* (m s.).

Palombe, du L. *palumba* (pigeon ramier).

Palonnier, origine inconnue.

Palpable, du L. *palpabilis* (m. s. dans saint Jérôme).

· **Palper**, du L. *palpare* (m. s.). — D. *palpe* (substantif verbal).

Palpiter, du L. *palpitare* (m. s.).—D *palpitant*, *palpitation*.

Pâmer, anciennement *pasmer*, vieil espagnol *espasmar*, en italien *spasmare*, du L. *spasmare* (dérivé de *spasma* spasme) par l'aphérèse insolite de *s* initial et par la chute de *s* (voyez *abîme*). — D. *pâmoison*.

† **Pamphlet**, de l'anglais *pamphlet* (pamphlet). — D. *pamphletaire*.

Pampre, du L. *pampinus* (pampre) par la contraction régulière (voy. p. LXXXI) de *pamp(i)nus* en *pamp'nus*, d'où *pampre* par le changement de *n* en *r* (voy. *coffre*).

Pan, du L. *pannus* (étoffe). Sur *nn* devenu *n*, voy. *an*.

Panacée, du L. *panacea* (panacée).

† **Panache**, de l'italien *pennacchio* (panache) — D. *panacher*, *panachure*, *empanacher*.

† **Panade**, de l'italien *panata* (panade).

Panader (se), origine inconnue.

Panage, anciennement *pas-*

nage, du L. *pastinaticum** (droit de pâture, dérivé de *pastionem* paisson; voy. ce mot). *Pas(ti)naticum* régulièrement contracté (voy. *accointer*) en *pas'naticum* donne *pasnage* par le changement de *aticum* en *age* (voy. *âge*), *panage* par la chute de *s* (voyez *abîme*).

Panais, du L. *panacem* (panais) par le changement de *a* en *ai* (voy. *aigle*) et par celui de *c* en *s* (voy. *amitié*).

Panaris, du L. *panaricium* (m. s. dans Apulée).

Pancarte, du L. du moyen âge *pancharta* (composé du grec πᾶν tout, et *charta* papier).

Pancreas, du grec πάγκρεας (m. s.). — D. *pancréatique*.

Pandour, mot d'origine historique (voy. p. LXIV) : nom donné à des troupes irrégulières de la Hongrie.

Panegyrique, du grec πανηγυρικός (sous-entendu λογος, discours public fait à la louange de quelqu'un).

Panegyriste, du grec πανηγυριστης (celui qui fait un panégyrique).

Paner, voy. *pain*. — D. *pané*.

Panetier, dérivé de l'ancien verbe *paneter* qui est formé sur le mot *pain*. — D. *panetière*, *paneterie*.

Panicule, du L. *panicula* (m. s.). — D. *paniculé*.

Panier, du L. *panarium* (corbeille à pain, dans Suétone); sur *arium* devenu *ier*, voy. *tuier*. — D. *panerée*.

Panifier, du L. *panificare** (de *panem* pain). — D. *panification*.

Panique, du grec πανικόν (sous-entendu δεῖμα, terreur panique).

1. **Panne** (peluche), du L. *panna** peluche, dans les textes latins du moyen âge; *panna* est une transformation de *penna* (plume); pour le passage du sens de *plume* à celui de *peluche*, cf. le moyen haut allemand *federe* qui signifiait à la fois plume et peluche; sur *e* devenu *a*, voy. *amender*.

2. **Panne** (graisse), origine inconnue.

3. **Panne** (terme de marine) : guipon de *panne*, morceau d'étoffe) dérivé de *pan* (voy. ce mot).

4. **Panne** (pièce de bois), origine inconnue.

Panneau, proprement *petit pan* (voy. *pan*). On trouve *panneau* au sens de pan d'étoffe dans plusieurs textes français du moyen âge.

Panneton, origine inconnue.

Panonceau, voy. *pennon*.

Panorama, du grec πᾶν (tout) et ὅραμα (vue).

Panse, du L. *panticem* (ventre) par la contraction régulière (voy. p. LXXXI) de *pant(i)cem* en *pant'cem* d'où *panse* par la réduction de *tc* à *c* (voy. *adjuger*), et le changement de *c* en *s* (voy *amitié*. — D. *pansu*.

Panser, anciennement *penser*, (soigner, veiller sur) en espagnol *pensar*, du L. *pensare* (se soucier de, examiner, veiller sur, d'où le sens de soigner). — D. *pansage*, *pansement*.

† **Pantalon**, de l'italien *pantalon* (m. s).

. **Panteler**, voy. *pantois*. — D. *pantelant*.

Panthéisme, du grec πᾶς (tout) et θεός (dieu).

Panthéon, du grec πάνθεον (temple consacré à tous les dieux).

Panthère, du L. *panthera* (m. s.).

Pantière, du L. *panthera* (forme féminine de *pantherum* filet). Sur *e* devenu *ie*, voy. *arrière*.

Pantin, origine inconnue.

Pantographe, du grec παν (tout) et γραφειν (décrire, dessiner).

Pantois, panteler, dérivés d'un radical *pant* qui est d'origine celtique (Kymr. *pant* oppression).

Pantomètre, du grec παν (tout) et μέτρον (mesure).

Pantomime, du L. *pantomimus* (m. s.).

† **Pantoufle**, venu de l'italien *pantofola* (pantoufle).

Paon, en espagnol *pavon*, du L. *pavonem* (paon), qui est déjà *paonem* au septième siècle dans les Gloses de Cassel. Sur la chute du *v* médial, voy. *aïeul*. — D. *paonne, paonneau*

Papa, onomatopée (L. *pappa* père).

Papauté, du L. *pappalitatem* (dérivé de *pappa* pape) par la contraction régulière (voy. p. LXXXI) de *pappal(i)tatem* en *pappal'tatem* d'où *papauté* par le changement : 1° de *pp* en *p* (voy. *chape*); 2° de *al* en *au* (voy. *agneau*); 3° de *atem* en *é* (voy. *abbé*).

Pape, du L. *pappa* (père, titre donné aux évêques par les premiers chrétiens). Sur le changement de *pp* en *p*, voy. *chape*. — D. *papal, papisme, papiste*.

† **Papegai** (papegaut), en espagnol *papagayo*, mot d'origine orientale (arabe *balbaga*, perroquet).

Papelard, origine inconnue.

Paperasse, voy. *papier*. — D. *paperasser, paperassier*.

Papetier, voy. *papier*. — D. *papeterie*.

Papier, du L. *papyrius** (de *papyrus*, papier). — D. *papetier* (mot très-irrégulièrement formé), *paperasse*.

Papille, du L. *papilla* (m. s.). — D. *papillaire*.

Papillon, du L. *papilionem* (m. s.). — D. *papillonner, papillote*.

Papillote, voy. *papillon*. — D. *papilloter, papillotage*.

Papyrus, du L. *papyrus* (même sens). — D. *papyracé*.

Pâque, anciennement *pasque*, en provençal *pasca*, du L. *pascha* (pâque) par le changement de *ch* en *c* (voy. p. XCIX) et par la chute de *s* (voy. *abîme*).

† **Paquebot**, de l'anglais *packet boat* (vaisseau qui porte les dépêches).

Pâquerette, anciennement *pasquerette*, dérivé de l'ancien français *pasquier* (pâturage), fleur qui croît dans les prés. *Pasquier* est un dérivé de *pascuum* (pâturage). Sur le changement de *pasquerette* en *pâquerette*, voy. au mot *abîme*.

Paquet, anciennement *pacquet*, dérivé (ainsi que *pacotille*) d'un radical commun *pac* qui est le L *paccus** (paquet, dans une charte du moyen âge : « *Non tamen licebit præfatis mercatoribus.... pannos suos scindere... nec aliter nisi per paccum vel integrum pannum.... vendere.* » — *Paccus* est d'origine celtique et correspond au gaélique *pac*, paquet). — D. *paqueter, empaqueter*.

1. **Par**, du L *per* (par); sur le changement de *e* en *a*, voy. *amender*, — voy. aussi *parachever*.

2. **Par (de)**, à l'origine *de part* dans les textes français du onzième et du douzième siècle, en italien *da parte*, en espagnol *de parte*, du L *de parte* (de la part); *de par le roi* qui est au douzième siècle *de part le roi* (dans *saint Thomas le martyr*) signifie proprement de la part du roi.

1. **Parabole** (mathématique), du grec παραβολή (parabole). — D. *parabolique*.

2. **Parabole** (allégorie), du L. *parabola* (comparaison). — D. *parabolique*.

Parachever, composé de *achever* (voy. ce mot) et de *par*. *Par* qui est le L. *per* (voy. *par*) se retrouve dans les composés latins par*fait* (per*fectus*), par*venir* (per*venire*), par*mi*(per*medio*), etc , et dans les composés français par*fumer*, par*donner*.
Les Latins employaient la particule *per* à marquer le plus haut degré d'intensité : per*horridus*, per*gratus*, per*gracilis*, etc.... De même en français par*achever*, par*faire*, etc... Cette particule *par* était séparable dans notre ancienne langue : le vieux français *parsage* (très-sage) se scindait par une tmèse en deux parties : « *tant par est sage*, » disait-on au douzième siècle pour « *tant il est parsage*. » Un débris de cette construction persiste dans la locution *par trop* : nous disons encore : *c'est par trop fort....* » phrase qui correspond à . « *c'est trop parfort*. »

Parachute, voy. *parer, à*, et *chute*.

† **Parade**, originairement terme d'équitation, de l'espagnol *parada* (figure de carrousel, arrêt brusque du cheval). — D. *parader*.

Paradigme, du grec παράδειγμα (exemple).

Paradis, du L. *paradisus* (paradis).

Paradoxe, du grec παράδοξος (contraire à l'opinion commune). — D. *paradoxal*.

Parafe, du L. *paragraphus* (dans Isidore de Séville, marque ayant la forme d'un gamma pour distinguer les différentes matieres d'un livre). — *Paragr*(*à*)*phus* se

contractant régulièrement (voy. p. LXXX'', en *paragr'phus* donne *pararfe*'' par la réduction de *gr à r* (voy.*accueillir*) et par le changement de *ph* en *f* (voy. *coffre*); *pararfe*'' est devenu *parafe* par dissimilation (voy. p. LXXVI).

1. **Parage** (rivage de la mer), origine inconnue.

2. **Parage** (extraction) du L. *paraticum*'' (dérivé de *par*, égal, pair); sur *aticum* devenu *age*, voyez *âge*.

Paragoge, du grec παραγωγή (allongement, addition). — D. *paragogique*.

Paragraphe, du grec παράγραφή (section, u vision).

† **Paraguante**, de l'espagnol *paraguante* (m. s. proprement pour avoir des gants).

Paraître, anciennement *paraistre*, du L. *parescere* (forme du latin populaire, pour p*arere* paraître). Pour le changement de *escere* en *aitre* voy. *apparaitre*. — D. *comparaitre*.

Parallaxe, en grec παράλλαξις (changement). — D. *parallactique*.

Parallèle, du grec παράλληλος (parallèle). — D. *parallélisme*.

Parallélogramme, du grec παραλληλόγραμμον (m. s).

Paralogisme, du grec παραλογισμός (faux raisonnement).

Paralysie, du grec παράλυσις (même sens).

Paralytique, du grec παραλυτικός (m. s.).

† **Parangon**, de l'espagnol *paragon* (parangon). — D. *parangonner*.

† **Parapet**, de l'italien *parapetto* (parapet).

Paraphernal, du grec τὰ παράφερνα (παρά à côté, et φερνή dot).

Paraphrase, du grec παράφρασις (développement). — D. paraphraser, paraphraseur.

Paraphraser, voy. paraphrase.

Parapluie, voy. aux mots parer, à, et pluie.

Paraselène, du grec παρά (auprès de) et σελήνη (lune).

Parasite, du L. parasitus (m. s.).

† **Parasol**, de l'italien parasole (parasol).

Paratonnerre, voy. aux mots parer, à, et tonnerre.

Paravent, voy. aux mots parer, à et vent.

Parc, du L. parcus*, parc dans les Lois Barbares : « Qui gregem equarum in parco furatus fuerit... », dit la Lex Bajuwariorum. Parcus signifiant proprement un espace clos où l'on conserve des animaux, une réserve, vient du L. parcere, réserver). — D. parquer, parquet, parcage.

Parcelle, du L. particella* (diminutif de partem partie) par la contraction regulière (voy. accointer) de part(i)celle en part'cella d'où parcelle par la réduction de tc à c (voy. adjuger). — D. parcellaire.

Parce que, voy. par, ce, et que.

Parchemin, à l'origine parcamin, en provençal pergamen, du L pergamena (parchemin dans saint Jérôme), qui est déjà pergamina dans Isidore de Séville. (Sur ce changement de e en i, voy. accomplir). — Pergamina (ou mieux pergaminum) a donné parchemin par le changement : 1° de e en a (voy. amender) ; 2° de g en c (d'où l'ancien français parcamin qui est devenu parchemin par le changement de ca en che (voy. acharner). — D. parcheminier, parcheminerie, parcheminé.

Parcimonie, du L. parcimonia (épargne). — D. parcimonieux.

Parcourir, du L. percurrere (parcourir); pour le détail des changements de lettres, voy. par et courir.

Parcours, du L. percursus* (composé de per et de cursus, cours). Pour le détail des changements de lettres, voy. par et cours.

Pardonner, du L. perdonare* (pardonner, dans les textes carolingiens : « Et pro illius gratia totum perdono quod contra me misfecerunt... , » lit-on dans les Capitulaires de Charles le Chauve, 26. Pour le sens du mot per dans perdonare, voy. parachever).

Pour le détail des changements de lettres, voy. par et donner. — D. pardon (substantif verbal), pardonnable.

Pareil, du L. pariculus* (pareil, dérivé de par, semblable. Pariculus est dans les plus anciens textes latins du moyen âge : « Hoc sunt pariculas cosas... , » dit la Lex Salica).

Pariculus a donné pareil par le changement de iculus en eil (voy. abeille). — D. appareiller, appareil, dépareiller.

Parement, voy. parer.

Parenchyme, du grec παρέγχυμα (m. s).

Parent, du L. parentem (m. s.). — D. parentage, parenté.

Parenthèse, du grec παρένθεσις (intercalation).

Parer, du L. parare (préparer, apprêter, disposer ; au sens de détourner un coup ; parer vient aussi de parare, se disposer à éviter un coup). — D. parement, parure, parade, réparer.

Paresse, anciennement parece, à l'origine perece, en espagnol pereza, du L. pigritia (paresse), par le changement : 1° de *itia* en *ece*, puis *esse* (voy. *agencer*) ; 2° de *gr* en *r* (voy. *accueillir*), 3° de *i* en *e* (*perece*), puis en *a* (voy. *amender*). — D. *paresser, paresseux.*

Parfaire, voy. *faire* et *parachever.* — D. *parfait.*

Parfait, voy. *parfaire.*

Parfiler, voy. *par* et *filer.* — D. *parfilage.*

Parfois, voy. *par* et *fois.*

Parfondre, voy. *parachever* et *fondre.*

Parfumer, voy. *fumer* et *parachever.* — D. *parfum* (subst. verbal), *parfumeur.*

Parhelie, du grec παρήλιος (m. s.).

†**Paria,** mot d'origine hindoue

Parier, du L. *pariare* (balancer un compte, d'où le sens de mettre en gage des sommes de valeur égale). — D. *pari* (subst. verbal), *parieur.*

Pariétaire, du L. *parietaria* (m. s. dans Apulée).

Pariétal, du L. *parietalis* (de *mur*).

Parité, du L. *paritatem* (m. s.).

1. **Parjure,** du L. *perjurium* (m s.). Sur *e* devenu *a* voy. *par*.

2. **Parjure** (adj.), du L. *perjurus* (m. s.). Sur *e* devenu *a* voy. *par*.

Parjurer, du L. *perjurare* (m. s.). Pour le changement de lettres, voy. *par* et *jurer.*

Parler, ancien français *paroler*, du L. *parabolare* * (parler, proprement, raconter; *parabolare* a le sens de parler, dans les textes carolingiens : « *Nostri seniores, sicut audistis,* parabolaverunt *simul, et consideraverunt cum communibus illorum fidelibus...,* » dit un Capitulaire de Charles le Chauve).

Parab(ŏ)lare régulièrement contracté (voy. *accointer*) en *parab'lare* est devenu *paraulare* *, par le changement de *bl* en *vl*, puis *ul* (voy. *aurone*). *Paraulare* a donné l'ancien français *paroler* par le changement de *au* en *o* (voy. *alouette*) ; enfin *par(o)ler* s'est contracté en *par'ler* (voy. *accointer*). — D. *parleur, parlement, parlementer, parlementaire, parlage, parler* (substant.), *parlerie, parleur, parloir, pourparler, reparler.*

Parmi, du L. *permedium* (par le milieu de). Pour le détail des changements de lettres, voy. *par* et *mi.*

Parnasse, du L. *Parnassus* (m s.).

Parodie, du grec παρῳδία (même sens). — D. *parodier, parodiste.*

Paroi, du L. *parietem* (paroi), par la chute du *t* (voy. *aigu*) et le changement de *i* en *oi* (voyez *boire*).

Paroisse, du L. *parœcia* (diocèse dans saint Augustin, paroisse dans Sidoine Apollinaire). *Parœcia* se réduisant régulièrement à *parecia* (voy. p. LXXXVI) devient *paroisse* par le changement : 1° de *e* en *oi* (voy. *accroire*); 2° de *ci* en *ss* (voy. *agencer*). — D. *paroissien, paroissial.*

Parole, en provençal *paraula*, du L. *parabola* (parole, proprement récit ; *parabola* est au sens de parole dans les textes carlovingiens : « *Non dicam illas* parabolas, *quas vos dixeritis ad me, et mandaveritis mihi, utcelem eas....* » dit un texte du dixième siècle).

Parab(ŏ)la régulièrement contracte (voy. p. LXXXI) en *parab'la* donne *paraula** par le changement de *bl* en *vl* puis en *ul* (voyez pour les détails au mot *aurone*).

*Paraula**** donne *parole* par le changement de *au* en *o* (voyez *alouette*).

Paronyme, du grec παρωνυμος (m. s.).

Parotide, du grec παρωτις (m. s.).

Paroxysme, du grec παρωξυσμός (irritation).

Parpaing, origine inconnue.

Parque, du L. *parca* (Parque).

Parquer, voy. *parc*.

Parquet, voy. *parc*. — D. *parqueter, parqueteur, parqueterie, parquetage*.

Parrain, anciennement *parrein* (encore au dix-septième siècle) en espagnol *padrino*, en italien *patrino*, du L. *patrinus** (parrain, dans les textes carlovingiens : « *Sanctissimus vir patrinus videlicet seu spiritualis pater noster....* » dit une Charte de 752. *Patrinus* dérive de *pater*, père).

Patrinus a donné *parrain* par le changement : 1° de *tr* en *rr*, voy. *arrière* ; 2° de *in* en *ein* (d'où l'ancien français *parrein*) puis de *ein* en *ain* (voy. *ceinture*).

1. **Parricide**, du L. *parricida* (parricide, meurtrier).

2. **Parricide**, du L. *parricidium* (parricide, meurtre).

Parsemer, voy. *semer*.

1. **Part**, du L. *partem* (partie).

2. **Part**, du L. *partus* (enfantement).

Partage, dérivé de *partir* (au sens du L. *partiri*, partager). — D. *partager, partageable, partageant*.

Partant, du L. *pertantum* (littér. pour autant). Pour les changements de lettres, voy. *par* et *tant*. — D. *partance*.

† **Partenaire**, de l'anglais *partner* (partenaire).

Parterre, voy. *par* et *terre*.

Parti (adj.) dans les expressions *parti* d'or et de gueule ; aigle d'or au chef *parti* (à deux têtes) ; — *parti* est le participe de l'ancien français *partir* (diviser, voy. *partir*) resté avec ce sens dans la locution *avoir maille à partir* (propr. avoir un sou à partager avec quelqu'un).

Parti, substantif participial de *partir* (au sens de diviser, voy. ce mot). *Parti* signifie proprement division.

Partiaire, du L. *partiarius* (colon partiaire).

Partial, du L. *partialis** (dérivé de *partem*, partie). — D. *partialité, impartial*.

Participe, du L. *participium* (m. s.).

Participer, du L. *participare* (m. s.). — D. *participant, participation*.

Particulariser, dérivé du L. *particularis* (particulier).

Particularité, du L. *particularitatem* (m. s.).

Particule, du L. *particula* (petite partie).

Particulier, du L. *particularis* (m. s.).

Partie, voy. *partir*.

Partiel, du L. *partialis** (dérivé de *partem*, partie).

Partir, au sens de diviser, de partager est le L. *partiri* (diviser, partager). — D. *départir, répartir, partie* (substantif participial, proprement division, portion) ; *parti* (substantif participial signifiant la part que l'on prend, d'où le sens de résolution, d'opinion).

Au moyen âge *se partir d'un lieu* voulait dire : se séparer d'un lieu, s'en éloigner ; d'où le sens de quitter un lieu, donné au mot *partir*. (Le composé *se départir d'un lieu*, voyager, donna le substantif participial *départ*).

† **Partisan**, de l'italien *partigiano* (partisan).
Partitif, du L. *partitivus** (dérivé de *partitum* supin de *partiri*, partager).
Partition, du L. *partitionem* (partage).
Partout, voy. *par* et *tout*.
Parure, voy. *parer*.
Parvenir, du L. *pervenire* (m. s.) : pour le changement de lettres, voy. *par*. — D. *parvenu*.
Parvis, propr. place devant le porche d'une église ; *parvis*, anciennement *parevis*, à l'origine *pareis* et *parais*, vient du L. *paradisus* (qui a le sens de *parvis* dans la langue ecclésiastique du moyen âge : « *Hic atrium beati Petri, quod* paradisus *dicitur, estque ante ecclesiam, magnis marmoribus struxit.* » dit Anastase le Bibliothécaire ; à la fin du huitième siècle Paul Diacre, contemporain de Charlemagne, donne le même sens au mot *paradisus* (livre V, chap XXXI) : « *Ecclesiæ locum qui* paradisus *dicitur....* »)
Para(d)isus par la chute du *d* médial (voy. *accabler*) donne l'ancien français *parais*, qui devient postérieurement *pareis* par l'adoucissement de *a* en *e* (voy. *acheter*). *Pareis* subit l'intercalation d'un *v* euphonique (voy. *corvée*) qui amène la suppression de l'hiatus *parev-is* ; d'où, par la chute de *e*, *par(e)vis* (voy. *accointer*) la forme définitive *parvis*.

1. **Pas** (subst.), du L. *passus* (pas). Sur *ss* devenu *s*, voy. *ais*.
2. **Pas** (négation) ; c'est le même mot que *pas* 1, employé d'abord d'une manière sensible, c'est-à-dire placé dans une comparaison où il avait une valeur propre (*Je ne marche* pas, etc....).

Pascal, du L. *pascalis* (qui paît).

Pasigraphie, du grec πᾶς (tout) et γραφειν (décrire).
† **Pasquin**, de l'italien *pasquino* (m. s.).
† **Pasquinade**, de l'italien *pasquinata* (pasquinade).
Passable, voy. *passer*.
† **Passade**, de l'italien *passata* (passade).
Passage, voy. *passer*. — D. *passager*.
Passavant, voy. *passer* et *avant*.
Passement, voy. *passer*. — D. *passementer, passementier, passementerie*
Passe-port, voy. *passer* et *port*.
Passer, du L. *passare**, dérivé de *passum* supin de *pandere*, ouvrir, écarter, fendre ; *pandere viam* est dans Tite Live pour ouvrir un chemin. Sur la formation des verbes fréquentatifs, voy. p. XXXIII). — D. *pas* (substantif verbal) resté dans quelques locutions telles que *pas* de vis, *pas* de porte, *pas* de Calais ; *passe, passable, passé, passant, passage, passeur, passoire, passerelle, passement, passe-passe, passation, compasser, dépasser, outrepasser, repasser, surpasser, trépasser*.
Passereau, du L. *passerellus* (diminutif de *passer*, passereau). Sur *ellus* devenu *eau*, voy. *agneau*.
Passible, du L. *passibilis* (passible). — D. *passibilité, impassible*.
Passif, du L. *passivus* (passif).
Passion, du L. *passionem* (passion). — D. *passionner*.
† **Pastel**, de l'italien *pastello* (pastel)
† **Pastèque**, du portugais *pateca* (pasteque).
Pasteur, du L. *pastorem* (pasteur) ; sur *o* devenu *eu*, voy. *accueillir*.

23

† **Pastiche**, de l'italien *pasticcio* (pastiche).
Pastille, du L. *pastilla* (forme féminine de *pastillus*, pastille).
Pastoral, du L. *pastoralis* (m. s.). — D. *pastorale* (adjectif pris substantivement).
Pastoureau, anciennement *pastourel*, du L. *pastorellus** (diminutif de *pastor*, pâtre) par le changement : 1° de *o* en *ou* (voy. *affouage*); 2° de *ellus* en *eau* (voy. *agneau*). — D. de l'ancienne forme *pastourel*: *pastourelle* (poésie pastorale).

† **Patache**, à l'origine petit vaisseau (dans Montaigne et dans les Mémoires de Sully); du sens de vaisseau est venu celui de voiture, de même que l'on a appelé *gondoles* certaines voitures publiques. *Patache* vient de l'espagnol *patache* (m. s.).

† **Patate**, de l'espagnol *patata* (m. s.).
Pataud, proprement : jeune chien qui a de grosses pattes (voy. *patte*.
Patauger, voy. *patte*.
Pâte, anciennement *paste*, du L. *pasta* (pâte, dans Marcellus Empiricus). Sur la chute de *s*, voy. *abime*. — D. *pâté*, *pâtée*, *pâteux*, *pâton*, *empâter*.
Patelin, mot d'origine historique (voy. p. LXIV), nom d'un personnage célèbre d'une comédie du quinzième siècle. — D. *pateliner*, *patelinage*, *patelineur*.
Patelle, du L. *patella* (m. s.).
Patène, du L. *patena* (plat).
Patenôtre, anciennement *patenostre*, à l'origine *paternostre*, du L. *pater noster* (Notre Père, début de l'oraison dominicale). Pour les changements de lettres, voy. *nôtre*.
Patent, du L. *patentem* (m. s.) — D. *patenté*.

Patère, du L. *patera* (m. s.).
Paterne, du L. *paternus* (paternel).
Paternel, du L. *paternalis** (dérivé de *paternus*, paternel).
Paternité, du L. *paternitatem* (m. s.).
Pathétique, du grec παθητικος (qui émeut).
Pathologie, du grec πάθος (maladie) et λογος (traité, étude). — D. *pathologique*.
Pathos, du grec πάθος (souffrance, d'où le sens de passion).
Patibulaire, dérivé du L. *patibulum* (gibet).
1. **Patience**, du L. *patientia* (m. s.). Sur *cia* devenu *ce*, voy. *agencer*).
2. **Patience** (plante), corruption du bas allemand *Patich* (m. s.).
Patient, du L. *patientem* (m. s.). — D. *patienter*, *impatient*.
Patin, voy. *patte*. — D. *patiner*, *patineur*.
Patine, origine inconnue.
Pâtir, du L. *patiri** (dérivé de *pati*, souffrir, comme *moriri* de *mori* : voy. *mourir*).
Pâtis, anciennement *pastis*, du L. *pasticium* (pâtis dans les textes latins du moyen âge ; *pasticium* dérive de *pastum* supin de *pascere* paître). — *Pasticium* donne *pastis* par le changement de *c* en *s* (voy. *amitié*); *pâtis* par la chute de *s* (voy. *abîme*).

† **Pâtissier**, au seizième siècle *pastissier*, venu de l'italien *pasticciere* (pâtissier). — D. *pâtisser*, *pâtisserie*.

Patois, origine inconnue.
Patraque, origine inconnue.
Pâtre, anciennement *pastre*, du L. *pastor* (pâtre) par la contraction régulière (voy. p. LXXXI) de *past(o)r* en *past'r*, d'où *pastre*, puis *pâtre* par la chute de *s* (voy. *abîme*.

Patriarche, du grec πατριάρχης (chef de famille). — D. *patriarcal, patriarcat.*
Patrice, du L. *patricius* (patrice). — D. *patriciat, patricien.*
Patrie, du L. *patria* (patrie).
Patrimoine, du L. *patrimonium* (m. s.).
Patriote, du grec πατριώτης (proprement compatriote). — D. *patriotique, patriotisme.*
Patron, du L. *patronus* (m. s.). — D. *patronage, patronal, patronner, patronat.*
† **Patrouille**, altération de *patouille* qui est la forme du seizième siècle; *patouille* vient de l'italien *pattuglia* (patrouille).
Patte, origine inconnue. — D. *pataud* (proprement jeune chien qui a de grosses pattes), *patauger, patin.*
Pâture, anciennement *pasture*, du L. *pastura* (pâture). — D. *pâturer, pâturage, paturon* (dérivé de l'ancien français *pâture*, corde pour attacher les bêtes qui paissent; d'où le sens de *paturon*, partie de la jambe du cheval où s'attache la pâture).
Paturon, voy. *pâture.*
1. **Paume**, ancienn. *palme*, du L. *palma* (paume de la main). Sur le changement de *al* en *au*, voy. *agneau.* — D. *paume* (jeu) parcequ'on lançait la balle avec la paume de la main.
2. **Paume** (jeu), voy. *paume* 1. — D. *paumier.*
Paupière, du L. *palpebra* (paupière) par le changement : 1° de *br* en *r* (voy. *boire*); 2° de *e* en *ie* (voy. *arrière*); 3° de *al* en *au* (voy. *agneau*).
Pause, du L. *pausa* (pause).
Pauvre, en provençal *paubre*, en italien *povero*, du L. *pauperus* (forme archaïque de *pauper*, pauvre) par la contraction régulière (voy. p. LXXXI) de *paup(e)rus* en *paup'rus*, d'où *pauvre* par le changement de *p* en *v* (voy. *arriver*).
— D. *pauvresse, appauvrir, pauvret, pauvrette.*
Pauvreté, du L. *paupertatem* (pauvreté) par le changement : 1° de *atem* en *é* (voy. *abbé*); 2° de *p* en *v* (voy. *arriver*); 3° par la transposition de *r* (voy. *âpreté* et p. LXXVI). — D. *pavé* (substantif participial.)
† **Pavane**, danse grave importée d'Espagne au seizième siècle; *pavane* vient de l'espagnol *pavana* (pavane). — D. *pavaner.*
Pavé, voy. *paver.*
Paver, du L. *pavare* * (pour *pavire*, paver).
Pavillon, en espagnol *pabellon*, du L. *papilionem* (tente, pavillon, dans Pline, Tertullien et Végèce) par le changement: 1° de *p* en *v* (voy. *avant*); 2° de *li* en *il* (voy. *œil*).
† **Pavois**, origine inconnue, de l'italien *pavese* (bouclier, pavois). — D. *pavoiser* (originairement mettre des *pavois*, des écus armoriés, d'où postérieurement le sens de mettre des drapeaux).
Pavot, anciennement *paot, pao* *, du L. *papaver* (par la chute irrégulière de *r* final, d'où *pa(p)ave* qui donne *pao* * par la disparition insolite du *p* médial, et le changement de *av* en *au* (voy. *aurone*), puis de *au* en *o* (voy. *alouette*), comme dans *clavus* qui adonné l'ancien français *clo* (d'où *clou*). *Pao* écrit postérieurement *paot*, devient très-régulièrement *pa-v-ot* par l'interjélation d'un *v* euphonique (voyez *corvée*).
Payer, en provençal *pagar*, en italien *pagare*, du L. *pacare* (proprement apaiser, satisfaire, d'où le sens de payer); on trouve *pacare*, pour payer dans plusieurs

textes latins du moyen âge : « *Et si non* pacaverint, *non tenentur plus commodare....*» lit-on dans les *Leges Burgorum* (Ordonnances d'Ecosse) et dans un autre endroit du même recueil : « Pacabit *mercatori a quo prædicta mercimonia emit, secundum forum prius statutum....*» Pour la chute du *c* médial *pa(c)are,* voy. *affouage*; pour le changement de *a* en *ai,* voy. *aigle.* — D *paye* (substantif verbal); *payement, payeur, payable, impayable.*

Pays, en italien *paese,* du L. *pagensis** (dans la locution *ager pagensis* dérivé de *pagus* canton; proprement territoire d'un canton. Sur l'extension du sens, voy. p. XXVI).

Pa(g)ensis se réduisant régulièrement (voy. *aîné*) à *pa(g)esis* donne *pais* (puis *pays*) par la chute du *g* médial (voy. *allier*) et le changement de *e* en *i* (voy. *accomplir*). — D. *paysan, paysage; dépayser.*

Paysage, voy. *pays.* — D. *paysagiste.*

Péage, droit de passage, en provençal *peatge,* en italien *pedaggio,* du L. *pedaticum** (péage dans les textes latins du moyen âge : « *In pedatico quod per aquam accipitur, duae partes erunt meae, tertiam monachorum....* » dit une Charte de 1164. *Pedaticum* dérive de *pedem,* pied).

Pe(d)aticum a donné *péage* par le changement de *aticum* en *age* (voy. *âge*) et la chute du *d* médial (voy. *accabler*). — D. *péager.*

Peau, anciennement *pel,* du L. *pellem* (peau) par le changement de *el* en *eau* (voy. *agneau*). — D. de l'ancienne forme *pel* : *peler* (ôter la peau d'un fruit).

Peaussier, en provençal *pelicier,* en italien *pelliciere,* du L. *pelliciarius** (peaussier, dérivé de l'adjectif *pellicius,* de peau, qui est dans le Digeste).

Pell(i)ciarius se contracte régulièrement (voy. *accointer*) en *pell'ciarius* d'où *peaussier* par le changement : 1° de *el* en *eau* (voy. *agneau*); 2° de *ci* en *ss* (voy. *agencer*); 3° de *arius* en *ier* (voy. *dnier*). — D. *peausserie.*

† **Pec** (dans la locution *hareng pec*), mot venu du néerlandais *pekel* (salé).

Peccable, du L. *peccabilis* (m.s.).

† **Peccadille,** de l'italien *peccadiglio* (peccadille).

1. **Pêche,** voy. *pêcher.*

2. **Pêche** (fruit), anciennement *pesche,* en italien *persica,* du L. *persicum* (pêche dans Pline et Columelle) par la contraction régulière (voy. p. LXXXI) de *pers(i)cum* en *pers'cum* d'où *pesche* par le changement : 1° de *rs* en *s* (voy. *dos*); 2° de *c* en *ch* (voy. *acharner*); pour le changement de *pesche* en *pêche* voy. *abîme.* — D. *pêcher.*

Pécher, du L. *peccare* (pécher) par le changement de *cc* en *ch* (voy. *acharner* et *acheter*). — D. *péché* (subst. participial, L. *peccatum*).

1 **Pêcher** (subst.), voy. *pêche* 2.

Pêcher, ancienn. *pescher,* en espagnol *pescar,* du L. *piscare* (pêcher) par le changement de *i* en *e* (voy. *admettre*); par celui de *ca* en *che* (voy. *acharner*); et par la chute de *s* (voy. *abîme*). — D. *pêche* (subst. verbal).

Pécheresse, en provençal *peccairitz,* en italien *peccatrice,* du L. *peccatricem* (pecheresse dans saint Jérôme) par le changement: 1° de *cca* en *che* (voy. *acharner* et *acheter*); 2° de *tr* en *r* (voy. *arrière*); 3° de *i* en *e* (voy. *admettre*); 4° de *c* en *ss* (voy. *amitié*).

Pécheur, ancienn. *pécheûr,*

à l'origine *pêchéor*, en espagnol *peccador*, en italien *peccatore*, du L. *peccatorem* (pécheur) par le changement : 1° de *cca* en *che* (voy. *acheter* et *acharner*); 2° de *atorem* en *eur*. (Pour le détail des changements de lettres, voy. *empereur*).

Pêcheur, ancienn. *pescheür*, à l'origine *peschéor*, en espagnol *pescador*, en italien *pescatore*, du L. *piscatorem* (pêcheur) par le changement : 1° de *i* en *e* (voy. *admettre*); 2° de *c* en *ch* (voy. *acharner*); 3° de *atorem* en *eur*. (Pour le détail de cette transformation, voy. au mot *empereur*). — D. *pêcherie*.

† **Pécore**, venu au seizième siècle de l'italien *pecora* (pécore).

Pectoral, du L. *pectoralis* (m. s.).

Péculat, du L. *peculatus* (m. s.).

Pécule, du L. *peculium* (m. s.).

Pécune, du L. *pecunia* (m. s.). — D *pécuniaire*.

Pédagogie, du grec παιδαγωγια (art du pédagogue, voy. ce mot). — D. *pédagogique*.

Pédagogue, du L. *pædagogus* (qui conduit les enfants à l'école)

Pedale, du L. *pedalis* (derivé de *pedem*, pied).

† **Pédant**, de l'italien *pedante* (pédant). — D. *pédantisme*, *pédanter*, *pédantiser*.

† **Pedanterie**, de l'italien *pedanteria* (m. s.).

† **Pédantesque**, de l'italien *pedantesco* (m. s.).

Pédestre, du L. *pedestris* (m. s).

Pediculaire, du L. *pedicularius* (de *pediculus*, pou).

Pedicule, du L. *pediculus* (diminutif de *pedem*, pied). — D. *pédiculé*.

Pedicure, composé forgé à l'aide des deux mots *cura* (soin) et *pedis* (du pied).

Pedoncule, du L. *pedunculus* (diminutif de *pedem*, pied). — D. *pédonculé*.

Peigne, en espagnol *peine*, en italien *pettine*, du L. *pectinem* (peigne), par la contraction régulière (voy. p. LXXXI) de *pect(i)nem* en *pect'nem*, d'où *peine** par le changement ordinaire du groupe *ct* en *it* (voy. au mot *attrait*). *Peine** s'est transformé postérieurement en *peigne* par le changement de *n* en *gn* (voy. au mot *cligner*).

Peigner, en espagnol *peinar*, en italien *pettinare*, du L. *pectinare* (peigner) par la contraction régulière (voy. *accointer*) de *pect(i)nare* en *pect'nare*, d'où *peiner** par le changement de *ct* en *it* puis en *i* (voy. *attrait*); *peiner** devient postérieurement *peigner* par le changement de *n* en *gn* (voy. *cligner*).
— D. *peignoir*, *peigneur*, *peignier*, *peignure*.

Peindre, du L. *pingere* (peindre) Pour les détails du changement de *ingere* en *eindre*, voyez *ceindre*.

Peine, du L. *pœna* (peine), par la réduction de *œ* à *e* (voyez p. LXXXVI) puis par le changement de *e* en *ei* (voy. *frein*). — D. *peiner*, *pénible*.

Peintre, du L. *pictor* (peintre) devenu *pinctor** dans le latin rustique par l'intercalation d'un *n* (sous l'influence du participe *pinctus*). Sur cette addition de *n* voyez *concombre*.

Pinct(ö)r régulièrement contracté (voy. p. LXXXI) en *pinct'r*, donne *peintre* par le changement de *ct* en *t* (voy. *affété*) et par celui de *i* en *e* (voy. *admettre*) qui devient *ei* sous l'influence du *ct* qui termine le mot (voy. *affété*).

Peinture, du L. *pictura* (peinture) devenu *pinctura* (voyez *peintre*). Pour le changement de *pinct*.... en *peint*.... voy. *peintre*.

Pelage, couleur du poil, du L. *pilaticum** (dérivé de *pilus* poil). *Pilaticum* donner *pelage* par le changement: 1° de *aticum* en *age* (voy. *âge*); 2° de *i* en *e* (voy. *admettre*).

Pêle-mêle, ancienn. *pesle mesle* (proprement *mêler*, remuer avec une *pelle*). Pour l'étymologie voy. *pelle* et *mêler*.

1. **Peler** (ôter le poil), du L. *pilare* (épiler), par le changement de *i* en *e* (voy. *admettre*). — D. *pelade*.

2. **Peler** (ôter la peau), voyez *peau*. — D. *pelure*.

Pèlerin, en provençal *pelegrin*, en italien *pellegrino*, en espagnol *peregrino*, du L. *peregrinus** (pèlerin dans les textes latins du moyen âge; proprement voyageur; pour le changement de sens, voy. p. xxii).

Peregrinus réduisant *gr* à *r* (voy. *accueillir*), donne *pèlerin* pour *pèrerin* par dissimilation (voy. p. lxxvi, et au mot *autel*, pour le changement de *r* en *l*). Ce qui confirme cette origine c'est que *sanctus Peregrinus* (évêque d'Auxerre, mort en 304) est devenu en français *saint Pèlerin*. — D. *pèlerinage*; *pèlerine* (manteau de pelerin).

Pèlerine, voy. *pèlerin*.

Pélican, du L. *pellicanus* (m. s.).

Pelisse, anciennement *pelice*, en italien *pellicia*, du L. *pellicia*, (qui est fait de fourrure) par le changement de *cia* en *ce* puis *sse* (voy. *agencer*).

Pelle, en italien *pala*, du L. *pala* (pelle) par le changement de *a* en *e* (voy. *acheter*). — D. *pel-*

lée, *pelletée* (de l'ancien verbe *pelleter* remuer avec la pelle); *pellerée*.

Pelletier, dérivé de l'ancien français *pel* (peau): sur l'origine de *pel*, voy. *peau*. — D. *pelleterie*.

Pellicule, du L. *pellicula* (m. s.).

Pelote, anciennement *pilote*, en italien *pillotta*, dérivé du L. *pila* (pelote dans Pline) par un diminutif *pilotta* (la forme *pilotellus* est au septième siècle dans Isidore de Séville). Sur le changement de *i* en *e*, voy. *admettre*. — D. *peloter*, *peloton* (de fil), *pelotonner*.

Pelotonner, voy. *pelote*. — D. *peloton* (au sens de groupe de personnes, ramassées, réunies pelotonnées en forme de masse compacte).

† **Pelouse**, mot venu du provençal *pelos* (fourré, dru, épais, d'où le sens de *pelouse*, de gazon court et épais). *Pelos* est le L. *pilosus* (velu).

Pelu, en provençal *pelut*, en espagnol *peludo*, du L. *pilutus** (dérivé de *pilum* poil). Sur *utus* devenu *u*, voy. *aigu*; sur *i* devenu *e*, voy. *admettre*.

Peluche, en italien *peluccio*, du L. *piluccius** (dérivé de *pilum* poil). Sur *i* devenu *e*, voy. *admettre*. — D. *pelucher*, *éplucher* (voyez ce mot).

Pelure, voy *peler* 2.

Pénal, du L. *pœnalis* (m. s.). — D. *pénalité*.

Pénates, du L. *penates* (m. s.).

Penaud, voy. *peine*.

Pencher, du L. *pendicare** (dérivé de *pendere* être suspendu) par la contraction régulière (voyez *accointer*) de *pend(i)care* en *pend'care*, d'où *pencher* par la réduction de *dc* à *c* (voy. *adjuger*) et le changement de *ca* en *che* (voyez *acharner*). — D. *penchant*.

PÉN 403 PÉP

Pendant (subst.), voy. *pendre.* — D. *pendant* (préposit.) « *pendant* l'affaire (*pendente* re). »

Pendeloque, voy. *pendre* et *loque*.

Pendre, du L. *pendere* (pendre) par la contraction régulière (voy. p. LXXXI) de *pend(ĕ)re* en *pend're*. — D. *pente* (substantif participial fort. voy. *absoute*) *pendant, pendentif, pendeloque, pendiller, pendable, pendant, pendaison*.

Pendule, du L. *pendulus* (qui est suspendu). — D. *pendule* (horloge, proprement horloge à pendule).

Pène, anciennement *p esne*, à l'origine *pesle*, du L. *pessulum* (verrou dans Plaute).— *Pess(ŭ)lum* se contracte régulièrement (voy. p. LXXXI) en *pes'lum* d'où *pesle* forme employée par Villon ; *pesle* devient *pesne* par le changement de *l* en *n* (voy. *quenouille*) ; *pesne* se réduit à *pène* par la chute de *s* (voyez *abîme*).

Pénétrable, du L. *penetrabilis* (m. s.). — D. *pénétrabilité*, *impénétrable*.

Pénétration, du L. *penetrationem* (m. s.).

Pénétrer, du L. *penetrare* (m. s.). — D. *pénétrant, pénétratif, pénétré*.

Pénible, voy. *peine*.

† **Péniche**, de l'anglais *pinnace* (péniche).

Penicillé, dérivé de *penicillum* (pinceau).

Péninsule, du L. *peninsula* (m. s.).

Pénitence, du L. *pœnitentia* (repentir). Sur *tia* devenu *ce*, voy. *agencer*. — D. *pénitencier, pénitencerie, impénitence*.

Pénitent, du L. *pœnitentem* (qui se repent).— D. *pénitentiaire, impénitent*.

Penne, du L. *penna* (plume). — D. *pennage*.

Pennon, proprement plume qui garnit la baguette d'une flèche, dérivé de *penna* (plume).

Pénombre, du L. *pæne* (presque) et *umbra* (ombre).

Penser, du L. *pensare* (peser, examiner). — D. *penseur, pensée* (substantif participial), *pensif*.

Pension, du L. *pensionem* (payement, loyer). — D. *pensionnaire, pensionnat, pensionner*.

Pensum, du L. *pensum* (tâche).

Pentacorde, du grec πεντάχορδος (lyre à cinq cordes).

Pentagone, du grec πεντάγωνος (qui a cinq angles).

Pentamètre, du grec πεντάμετρος (s.-ent στίχος, vers composé de cinq pieds).

Pentandrie, du grec πέντε (cinq) et ἀνήρ (mâle).

Pentapole, du grec πεντάπολις (territoire comprenant cinq villes).

Pentateuque, du grec πεντάτευχος (s.-ent. βίβλος, ouvrage en cinq livres).

Pente, voy. *pendre*.

Pentecôte, du grec πεντηκοστή (s.-ent. ἡμέρα, le cinquantième jour).

Penultième, du L. *penultimus* (m. s.).

Pénurie, du L. *penuria* (disette).

† **Péotte**, de l'italien *peotta* (même sens).

Pépie, en provençal *pepida*, en italien *pipita*, en portugais *pevide*, du L. *pituita* (pépie dans Columelle et dans Pline) par la consonnification de *u* (voy. *janvier*), d'où *pitvita* qui se réduit à *pivita* par le changement de *tv* en *v* (voy. p. XCVIII) : *pivi(t)a* donne *pépie* par la chute du *t* médial (voy. *aigu*), et par le retour insolite de *v* à *p* (voy. p. CII).

Pépin, origine inconnue. — D. *pépinière*, *pépiniériste*.

Peplum, du L. *peplum* (m s.).

Percale, origine inconnue. — D. *percaline*.

Percepteur, du L. *perceptorem* (celui qui recueille).

Perceptible, du L. *perceptibilis* *, dérivé de *perceptum*, supin de *percipere* (percevoir). — D. *perceptibilité*.

Perception, du L. *perceptionem* (action de recueillir).

Percer, origine inconnue. — D. *percée* (subst. participial), *perce* (subst. verbal), *percement*, *perce-bois*, *perce-feuille*, *perce-neige*, *perce-oreille*, *perçoir*, *transpercer*.

Percevoir, du L. *percipere* (percevoir). Pour le changement de lettres, voy. *apercevoir*.

1. **Perche**, du L. *pertica* (perche) par la contraction regulière (voy. p LXXXI) de *pert(i)ca* en *pert'ca*, d'où *per'ca* (voy. *adjuger*), puis *perche* (voy. *acharner*). — D. *percher*, *perchoir*.

2. **Perche**, du L. *perca* (perche, poisson). Sur *ca* devenu *che*, voy. *acharner* et *acheter*.

Perclus, du L. *perclusus* (empêché).

Percussion, du L. *percussionem* (m. s.).

Perdition, du L. *perditionem* (perdition dans saint Jérôme).

Perdre, du L. *perdere* (perdre) par la contraction régulière (voy. p. LXXXI) de *perd(e)re* en *perd're*. — D. *perdable*, *perte* (subst. participial fort; voy. *absoute*)

Perdrix, du L. *perdicem* (perdrix) par le changement de *c* en *x* (voy *amitié*), et par l'addition de *r* (voy. *chanvre*. — D. *perdreau*.

Père, du L. *patrem* (père) par le changement: 1° de *a* en *e* (voy. *acheter*); 2° de *tr* en *r* (voy. *arrière*). — D. *compère*.

Peregrination, du L. *peregrinationem* (m. s.).

Peremption, du L. *peremptionem* (m. s.).

Péremptoire, du L. *peremptorius* (peremptoire).

Perfectible, du L. *perfectibilis*, dérivé de *perfectus* (achevé).

Perfection, du L. *perfectionem* (m. s.). — D. *perfectionner*.

Perfide, du L. *perfidus* (m. s.).

Perfidie, du L. *perfidia* (m. s.).

Perforer, du L. *perforare* (m. s.). — D. *perforation*.

Périanthe, du grec περιανθής (qui fleurit tout autour).

Péricarde, du grec περικάρδιον (m. s).

Péricarpe, du L. *pericarpum* (m. s).

Péricliter, du L. *periclitari* (péricliter).

Périéciens, du grec περίοικος (m. s).

Périgée, du grec περίγειον (m. s.).

Périhélie, du grec περί (autour) et ἥλιος (soleil).

Péril, du L. *periculum* (péril). Sur *iculum* devenu *il*, voy. *abeille*.

Périlleux, du L. *periculosus* (m. s.), par la contraction régulière (voy. *accointer*) de *peric(u)losus* en *peric'losus*, d'où *périlleux*, par le changement : 1° de *cl* en *il* (voy. *abeille*) ; 2° de *osus* en *eux* (voy *amoureux*).

Périmer, du L. *perimere* (périmer).

Périmètre, du grec περίμετρος (s.-ent. γραμμή, contour, circonference).

Période, du L. *periodus* (m. s.).
Périodique, du L. *periodicus* (m. s.). — D. *périodicité.*
Périoste, du grec περίοστεον (m. s.).
Péripatéticien, du grec περιπατητικός (m. s.). — D. *péripatétisme.*
Péripétie, du grec περιπέτεια (dénoûment imprévu).
Périphérie, du grec περιφέρεια (circonférence).
Périphrase, du grec περίφρασις (circonlocution) — D. *périphraser.*
Périple, du grec περίπλοος (navigation autour d'une mer).
Péripneumonie, du grec περιπνευμονία (inflammation du poumon).
Périptère, du grec περίπτερον (m. s.).
Périr, du L. *perire* (m. s.).— D. *périssant, périssable.*
Perisciens, du grec περίσκιοι (m. s.).
Péristyle, du grec περίστυλον (m. s.).
Péritoine, du grec περιτόναιος (s.-ent. ὑμήν, m. s.).
Perle, en portugais *perola,* du L. *pirula* (dérivé de *pirum,* poire, à cause de la forme de certaines perles), par le changement de *i* en *e* (voy *admettre*), d'où *perula* (qui est au septième siècle dans Isidore de Séville). *Per(u)la,* régulièrement contracté (voy. p. LXXXI) en *per'la,* donne la forme *perle.* — D. *perler, perlé.*
Permanent, du L. *permanentem* (qui persiste). — D. *permanence.*
Perméable, du L. *permeabilis* (qui peut être traversé). — D. *perméabilité, imperméable.*
Permettre, du L. *permittere* (permettre). Pour le changement de *mittere* en *mettre,* voy. *admettre.* — D. *permis* (subst. participial).
Permission, du L. *permissionem* (m. s.)
Permutation, du L. *permutationem* (permutation).
Permuter, du L. *permutare* (permuter). — D. *permutant.*
Pernicieux, du L. *perniciosus* (m. s.). Sur *osus* devenu *eux,* voy *amoureux.*
Peroné, du grec περόνη (m. s.).
Peroraison, du L. *perorationem* (m. s.). Pour les changements de lettres, voy. *oraison.*
Pérorer, du L. *perorare* (m. s.).
Perpendiculaire, du L. *perpendicularis* (m. s). — D. *perpendicularité.*
Perpétrer, du L. *perpetrare* (m. s.).
Perpétuer, du L. *perpetuare* (perpétuer). — D. *perpétuation, perpétuel.*
Perpétuité, du L. *perpetuitatem* (perpétuité).
Perplexe, du L. *perplexus* (embarrassé).
Perplexité, du L. *perplexitatem* (ambiguïté).
Perquisition, du L. *perquisitionem* (recherche)
Perron, voy. *pierre.*
† **Perroquet,** de l'italien *perrochetto* (perroquet). — D. *perruche.*
† **Perruche,** voy. *perroquet.*
† **Perruque,** de l'italien *parruca* (perruque). — D. *perruquier, perruquière.*
Perse, mot d'origine historique (voy. p. LXIV): étoffe originairement fabriquée en *Perse.*
Persécuter, du L. *persecutari* (poursuivre sans relâche). — D. *persécutant, persécuteur, persécution.*

Persévérer, du L. *perseverare* (m. s). — D. *persévérant, persévérance.*
Persicaire, du L. *persicaria** (dérive de *persica*, pêche, voy. ce mot).
Persienne (proprement *persane*), mot d'origine historique (voy. p. LXIV): contrevent dont la mode est venue de *Perse* en Occident. Au dix-septième siècle, on disait *persien* pour *persan*.
Persifler, voy. *siffler* et *parachever* pour l'adjonction de *per*. — D. *persiflage, persifleur.*
Persil, du L. *petroselinum* (persil), l'accent grec (πετροσέλινον) ayant supplanté dans ce mot (voy. p. CVII) l'accent latin (*petroselĭnum*).
Petr(o)sélinum se contractant régulièrement (voy. *accointer*) en *petr'selinum* donne *persil* par la chute des deux dernières voyelles atones (voy. p. LXXXI), et par le changement: 1° de *tr* en *r* (voy. *arrière*); 2° de *e* en *i* (voy. *accomplir*). — D. *persillade, persillé.*
Persique, du L. *persicus* (de Perse).
Persister, du L. *persistere* (m. s.). — D. *persistant, persistance.*
Personne, du L. *persona* (personne). — D. *personnage, personnifier, personnification.*
Personnel, du L. *personalis* (m. s). — D. *personnalité, personnaliser.*
Perspectif, du L. *perspectivus** (dérivé de *perspectus*, vu à travers.) — D. *perspective.*
Perspicace, du L. *perspicacem* (m. s.). — D. *perspicacité.*
Perspicuïté, du L. *perspicuitatem* (transparence).
Persuader, du L. *persuadere* (m. s.).
Persuasion, du L. *persuasionem* (m. s.). — D. *persuasif.*

Perte, voy. *perdre* et *absoute.*
Pertinent, du L. *pertinentem* (relatif à). — D. *pertinence.*
Pertuis, du L *pertusus* (percé, troué, d'où le sens de trou). Sur *u* devenu *ui*, voy. *buis.*
† **Pertuisane**, de l'italien *partigiana* (pertuisane).
Perturbateur, du L. *perturbator* (m. s).
Perturbation, du L. *perturbationem* (m. s.).
Pervenche, du L. *pervinca* (pervenche) par le changement: 1° de *in* en *en* (voy. *admettre*); 2° de *ca* en *che* (voy. *acharner* et *acheter*).
Pervers, du L. *perversus* (m.s.).
Perversion, du L. *perversionem* (m. s.).
Perversité, du L. *perversitatem* (m. s.).
Pervertir, du L. *pervertere* (m. s.). Sur *e* devenu *i*, voy. *accomplir.*
Pesant, voy. *peser*. — D. *pesanteur.*
Peser, du L. *pensare* (peser) par la réduction de *ns* à *s* (voy. *aîné*). — D. *pesée* (substantif participial); *peseur, peson; pèse-liqueur; pèse-lait*, etc.
Pessimiste, dérivé du L. *pessimus* (très-mauvais).
Peste, du L. *pestis* (peste). — D. *pester.*
Pestifère, du L. *pestifer* (empesté). — D. *pestiféré.*
Pestilence, du L. *pestilentia* (peste)
Pestilent, du L. *pestilentem* (empesté). — D. *pestilentiel.*
Pet, du L. *peditus* (m. s.). Par la contraction régulière (voy. p. LXXXI) de *ped(i)tus* en *ped'tus, dt* s'est réduit à *t*, comme dans *perte* (*perd'ta* pour *perdita*), voy. *absoute*). — D. *péter, pétard, pétaud, pétaudière, pétiller.*

Pétale, du grec πέταλον (feuille).

Pétard, voy. *pet*. — D. *pétardière*.

Petiller, voy. *pet*. — D. *petillant, petillement*

Petiole, du L. *petiolus* (pétiole). — D. *pétiolé*.

Petit, origine inconnue. — D. *petitement, petitesse, petiot; apetisser, rapetisser*.

Petition, du L. *petitionem* (pétition). — D. *pétitionner, pétitionnaire*.

Peton, voy. *pied*.

Petoncle, du L. *pectunculus* (peigne, coquillage).

Petrée, du L. *petraeus* (m. s.).

Pétrel, origine inconnue.

Petrifier, du L. *petrificare** (m. s.) (dérivé de *petra*, pierre). — D. *pétrification*.

Pétrin, anciennement *pestrin*, du L. *pistrinum* (pétrin), par le changement de *i* en *e* (voy. *admettre*) et par la chute de *s* (voy. *abîme*).

Pétrir, anciennement *pestrir*, du L. *pisturire** (petrir, derivé de *pistura*, action de moudre le grain pour faire le pain).— *Pist*(ū)*rirese* contractant (voy. *aider*) en *pist'rire* donne *pestrir* par le changement de *i* en *e* (voy. *admettre*); *pétrir* par la chute de *s* (voy. *abime*). — D. *pétrissage*.

Pétrole, huile minérale, proprement huile de pierre, du L. *petra* (pierre) et *oleum* (huile).

Petulance, du L. *petulantia* (pétulance).

Petulant, du L. *petulantem* (pétulant).

Peu, en provençal *pauc*, en italien *poco*, du L. *paucus* (peu), par la chute du *c* (voy. *ami*) et par le changement de *au* en *o* (voy. *alouette*), puis de *o* en *eu* (voy. *accueillir*).

Peuplade, voy. *peupler*.

Peuple, du L. *populus* (peuple) par la contraction régulière (voy. p. LXXXI) de *pop*(ŭ)*lus* en *pop'lus*, d'où *peuple* par le changement de *o* en *eu* (voy. *accueillir*). — D. *peupler, peuplade, dépeupler, repeupler*.

Peuplier, dérivé de l'ancien français *peuple* (peuplier). *Peuple* est le L. *populus* (peuplier) par la contraction régulière (voy. p. LXXXI) de *pop*(ŭ)*lus* en *pop'lus* d'où *peuple* par le changement de *o* en *eu* (voy. *accueillir*).

Peur, anciennement *peür*, plus anciennement *péor*, à l'origine *paor*, en espagnol *pavor*, du L *pavorem* (peur) par la chute du *v* medial *pa*(v)*orem* (voy. *aïeul*) d'où l'ancien français *paor* qui devient *péor* par l'adoucissement de *a* (voy. *acheter*); puis *peür* par le changement de *o* en *u* (voy. *curée*); sur le changement de *péur* en *peur* voy. p. xc. — D *peureux*.

Peut-être, voy. *être* et *pouvoir*.

Phaeton, du L. *phaeton* (Phaeton, le soleil).

Phalange, du L. *phalangem* (m. s.).

Pharisien, dérivé de *pharisaeus* (pharisien dans Tertullien).

Pharmaceutique, du grec φαρμακευτικός (médicinal).

Pharmacie, du grec φαρμακεία (action de médicamenter). — D. *pharmacien*.

Pharmacopée, du grec φαρμακοποιία (composition des remèdes).

Pharynx, du grec φάρυγξ (gosier).

Phase, du grec φάσις (action de briller).

Phebus, du L. *phoebus* (phébus, Apollon).

Pheniroptère, du grec φοινικόπτερος (flamant).

Phénix, du grec φοῖνιξ (m. s.).
Phénomène, du grec φαινόμενον (ce qui apparaît).
Philanthrope, du grec φιλάνθρωπος (m. s.). — D. *philanthropie, philanthropique.*
Philharmonique, du grec φίλος (ami) et ἁρμονία (harmonie)
Philhellène, du grec φιλέλλην (qui aime les Grecs).
Philippique, du grec Φιλιππικός [λόγος], discours relatif à Philippe; discours de Démosthène contre Philippe de Macédoine.
Philologie, du grec φιλολογία (amour des lettres). — D. *philologue, philologique.*
Philomathique, du grec φιλομαθής (qui aime le savoir).
Philosophie, du grec φιλοσοφία (amour de la sagesse). — D. *philosophe, philosopher, philosophique, philosophisme, philosophal.*
Philotechnique, dérivé du grec φιλότεχνος (qui aime les arts).
Philtre, du grec φίλτρον (m. s).
Phlébotomie, du grec φλεβοτομία (saignée). — D. *phlébotome, phlébotomiser.*
Phonique, dérivé du grec φωνή (voix).
Phoque, du grec φώκη (veau marin).
Phosphore, du grec φωσφόρος (qui porte la lumière) — D. *phosphate, phosphoreux, phosphorique, phosphorescent, phosphorescence.*
Phrase, du grec φράσις (locution). — D. *phraser, phrasier.*
Phraséologie, du grec φρασεολογία (recueil de locutions).
Phthisie, du grec φθίσις (consomption). — D. *phthisique.*
Phylactère, du grec φυλακτήριον (talisman).
Physiognomonie, du grec φυσιογνωμονία (art de connaître le caractère par l'inspection des traits du visage). — D. *physiognomonique.*
Physiologie, du grec φυσιολογία (étude de la nature). — D. *physiologique, physiologiste.*
Physionomie, du grec φυσιογνωμία pour φυσιογνωμονία (voy. *physiognomonie*). — D. *physionomiste.*
Physique, du grec φυσική, s.-ent. τέχνη (étude des choses naturelles). — D. *physicien.*
Phytolithe, du grec φυτόν (plante) et λίθος (pierre).
Phytologie, du grec φυτόν (plante) et λόγος (traité).
Piaculaire, du L. *piacularis* (expiatoire).
Piaffer, origine inconnue. — D. *piaffeur.*
Piailler, onomatopée (voy. p. LXV). — D. *piaillerie, piailleur.*
Pianiste, voy. *piano*
† **Piano**, de l'italien *piano* (doux). Au sens d'instrument de musique à clavier, *piano* est une abréviation de l'ancien nom *pianoforte* (parce qu'on peut à volonté renforcer ou adoucir le son de cet instrument). — D. *pianiste.*
† **Piastre**, de l'italien *piastra* (piastre).
Piauler, onomatopée (voy. p. LXV).
Pic (oiseau) du L. *picus* (pic). — D. *pic-vert* (puis *pivert*; en italien *pico verde*).
2. **Pic** (instrument pointu), mot d'origine celtique (gaél. *pic* pointe). — D. *picot.*
3. **Pic** (de montagne) proprement *pointe:* voy. *pic* 2.
† **Picorée**, de l'espagnol *picorea* (picorée, maraude). — D. *picorer, picoreur.*
Picoter, voy. *piquer*. — D. *picotin, picotement, picoterie.*
Picotin, voy. *picoter.*

1. **Pie** (adjectif), du L. *pia* (pieuse).
2. **Pie** (substantif), du L. *pica* (pie dans Pline) par la chute du *c* médial pi(c)a (voy. *ami*). — D. *cheval-pie, pigeon-pie, piette*.

Pièce, du L. *petium* (pièce de terre dans un texte de l'année 768. L'origine de *petium* est inconnue.

Petium a donné *pièce* par le changement: 1° de *e* en *ie* (voyez *arrière*); 2° de *tium* en *ce* (voyez *agencer*). — D. *depecer, rapiécer*.

Pied, du L. *pedem* (pied), par le changement de *e* en *ie* (voy. *arrière*). — D. *contre-pied, pied-à-terre ; piéter*.

† **Piédestal**, de l'italien *piedestallo* (petit socle).

† **Piédouche**, de l'italien *pieduccio* (m. s.)

Piége, en italien *piedica*, du L. *pedica* (piége) par la contraction régulière (voy. p. LXXXI) de *ped(i)ca* en *ped'ca* d'où *piége*, par le changement 1° de *dc* en *g* (voy. *adjuger*); 2° de *e* en *ie* (voyez *arrière*).

Pie-grièche, voy. *grièche*.

Pie-mère.

Pierre, en provençal *peira*, en catalan *pedra*, en italien *pietra*, du L. *petra* (pierre) par le changement: 1° de *tr* en *rr* (voy. *arrière*); 2° de *e* en *ie* (voy. *arrière*). — D. *pierrer, pierrerie, pierrier, empierrer ; perron ; perrière, perré*.

Pierreux, du L. *petrosus* (pierreux) par le changement : 1° de *osus* en *eux* (voyez *amoureux*); 2° de *petr*... en *pierr*.. (voy. *pierre* pour le détail du changement de lettres).

1. **Pierrot**, proprement paysan (diminutif de *Pierre*); puis bateleur habillé comme un pierrot.
2. **Pierrot**, moineau franc : *terrot* est un diminutif de *Pierre*;

sur cette application d'un nom d'homme à un oiseau, voy. au mot *jacasser*.

Piété, du *pietatem* (piété). Sur *atem* devenu *é*, voy. *abbé*. — D. *piétiste*.

Piéter, voy. *pied*.

Piétiner, dérivé de l'ancien français *pietin*, diminutif de *pied*. — D. *piétinement*.

Piéton, du L. *peditonem* (dérivé de *peditare* aller à pied, dans les textes latins du sixième siècle).

Ped(i)tonem régulièrement contracté, voy. *accointer* en *pedtonem* donne *piéton* par le changement de *e* en *ie* (voy. *arrière*) et par la réduction de *dt* à *t* que l'on retrouve dans *perte* de *perd'ta* (perdita), *vente* de *vend'ta* (vendita), *rente* de *rend'ta* (rendita *).

Piètre, du L. *pedestris* (proprement qui va à pied, d'où le sens d'humble, de pauvre, puis de mesquin).

Pe(d)estris perdant le *d* médial (voy. *accabler*) donne *piètre* par le changement de *e* en *i* (voy. *accomplir*) et par la chute de *s* (voy. *abîme*). — D. *piètrement ; piètrerie*.

Piette, voy. *pie*.

Pieu, anciennement *pel*, en provençal *pal*, en italien *palo*, du L. *palus* (pieu) par le changement de *a* en *e* (voy. *acheter*), d'où la forme *pel* qui donne *piel* par la diphthongaison de *e* en *ie* (voyez *arrière*); *piel* devient *pieu* par l'adoucissement de *l* en *u* (voyez *agneau*).

Pieux, anciennement *pieus*, à l'origine *pius*, du L. *pius* (pieux), par le changement. 1° de *u* en *eu* (voy *beugler*), 2° de *s* en *x* (voyez *deux*). — D. *pieuse, pieusement*.

Piffre, proprement gros, qui a

de grosses joues ; c'est le même mot que le français du seizième siècle *pifre*, (joueur de flûte, d'où le sens de gros, qui a les joues enflées gonflées *comme* celles d'un joueur de flûte). *Pifre* (joueur de flûte vient de l'italien *pifero* (fifre). — D. *s'empiffrer*.

Pigeon, du L. *pipionem* (pigeon) par la consonnification régulière (voy. *abréger*) de *io* en *jo*, d'où *pip'jonem* qui donne *pigeon* par la réduction de *pj* à *j* et le changement de *j* en *ge* (voy. *abréger*). — D. *pigeonnier*, *pigeonneau*.

† **Pignon**, de l'italien *pignone* (pignon).

† **Pilastre**, de l'italien *pilastro* (pilastre).

† **Pilau**, mot d'origine orientale (turc *pilau* pilau).

1. **Pile**, du L. *pila* (colonne). — D. *empiler*, *pilier*, *pilot* (d'où *pilotis*, *piloter*).

2. **Pile**, mortier, du L. *pila* (mortier à piler). — D. *pilon*.

3. **Pile** (ou face), origine inconnue.

Piler, du L. *pilare* (piler). — D. *piloir*, *pileur*.

Pilier, voy. *pile* 1.

† **Piller**, mot venu au seizième siècle (comme beaucoup d'autres termes d'origine militaire) de l'italien *pigliare* (prendre). — D. *pillage*, *pillard*, *pillerie*.

Pilon, voy. *piler*.

Pilori, origine inconnue.

† **Pilote**, de l'italien *pilota* (pilote) — D. *piloter*, *pilotage*, *pilotin*.

Pilotis, voy. *pile* 1.

Pilule, du L. *pilula* (pilule).

Pimbêche, origine inconnue.

Piment, au moyen âge boisson très-épicée et aromatisée, d'où le sens postérieur d'épice et en particulier de poivre. *Piment* (au sens de boisson aromatisée) est le L. *pigmentum* (suc des plantes, drogue dans Cœlius Aurelianus). Sur la réduction de *gm* à *m*, voy. p. CI.

Pimpant, origine inconnue.

† **Pimprenelle**, au seizième siècle *pimpenelle*, de l'italien *pimpinella* (pimprenelle).

Pin, du L. *pinus* (pin).

† **Pinacle**, venu au seizième siècle de l'italien *pinacolo* (pinacle).

† **Pinasse**, de l'italien *pinaccia* (pinasse).

Pinceau, anciennement *pincel*, du L. *penicillum* (pinceau) par la contraction régulière (voy. *accointer*) de *pen(i)cillum* en *pen'cillum* d'où *pincel* par le changement : 1° de *e* en *i* (voy. *accomplir*) ; 2° de *i* en *e* (voy. *admettre*) ; sur le changement de *pincel* en *pinceau*, voy. *agneau*. — D. de l'ancienne forme *pincel*: *pincelier*.

Pincer, en vénitien *pizzare*, mot d'origine germanique (néerlandais *pitsen*, pincer); pour l'intercalation de *n* (*picer*, puis *pincer*) voy. *concombre*. — D. *pince* (substantif verbal); *pincée* (substantif participial); *pinçon*.

Pincette, diminutif de *pince* (voy. *pincer*).

† **Pingouin**, de l'anglais *pinguin* (pingouin).

Pinnule, du L. *pinnula* (proprement petite aile).

Pinson, anciennement *pinçon*, diminutif d'un radical *pinc* qui est d'origine celtique (kymri *pinc*, pinson).

† **Pintade**, de l'espagnol *pintada* (pintade).

Pinte, mot d'origine germanique (anglais *pint*, allemand *pinte*, m. s.).

Pioche, dérivé de *pic* (instrument pointu, voy. *pic* 1) par le suffixe *oche*, d'où *pi(c)oche*, qui a donné *pioche* par la chute du *c* médial (voy. *affouage*). — D. *piocher*.

Pion, proprement soldat, fantassin (d'où le sens de petite pièce au jeu des échecs, les figures étant prises pour les chefs du jeu).

Pion, que le dix-septième siècle emploie encore au sens de fantassin, est en espagnol *peon*, en italien *pedone* et dérive du L. *pedonem** (piéton, dans les textes latins de la décadence, d'où le sens de fantassin). Pe(d)*onem* a donné *pion* par la chute du *d* médial (voy. *accabler*) et par le changement de *e* en *i* (voy. *accomplir*).— D. *pionner, pionnier*.

Pionnier, voy. *pion*.

Pipe, proprement chalumeau, puis tuyau (d'où le sens de mesure de liquide, puis de tonneau). Au sens originaire de tuyau, de chalumeau, de musette (qui est celui du mot *pipe* dans nos plus anciens textes français, sens qui a persisté dans le dérivé *pipeau*), *pipe* est le substantif verbal du verbe *piper* (siffler; *piper* est le L. *pipare*, siffler). — D. *pipeau* (chalumeau).

Pipeau, voy. *pipe*.

Piper, proprement siffler, puis contrefaire le cri des oiseaux pour les attirer; d'où le sens de tromper, puis de voler: pour l'étymologie, voy. au mot *pipe*. — D. *pipée* (substantif participial); *pipeur, piperie*.

† **Pique-nique**, venu de l'anglais *pick-nick* (m. s.).

Piquer, dérivé de *pic* 1 (voy. ce mot). — D. *pique* (substantif verbal), *piquant, piquier, piquette, piqueur, piqûre; picoter* fréquentatif de *piquer* (comme *trembloter* de *trembler*); *piquet* (d'où le sens de troupe dont les chevaux sont réunis au même piquet).

Piquet (jeu de cartes), origine inconnue.

Pirate, du L. *pirata* (m. s.). — D. *pirater, piraterie*.

Pire, du L. *pejor* (pire), par la contraction régulière (voy. p. LXXXI de *pej(ŏ)r* en *pej'r*, d'où *pire*, par l'assimilation de *j* (voy. *aider*) et par le changement de *e* en *i* (voy *accomplir* et *aider*). — D. *empirer*

† **Pirogue**, de l'espagnol *piroga* (pirogue).

Pirouette, origine inconnue. — D. *pirouetter*.

1. **Pis**, du L. *pejus* (pis) par la contraction régulière (voy. p. LXXXI) de *pej(u)s* en *pej's* d'où *pis* par le changement de *e* en *i* et l'assimilation du *j* (voy. *accomplir* et *aider*).

2. **Pis** (substantif). Pour l'étymologie de ce mot, voy. p. XXII et XXIII.

Piscine, du L. *piscina* (m. s.).

Pise, substantif participial de *piser* qui est le L. *pisare* (piler).

Pisser, origine inconnue. — D. *pissoir, pissoter, pissotière, pissenlit*.

Pistache, du L. *pistacium* (pistache). — D. *pistachier*.

Piste, du L. *pistus* (battu, frayé, tracé).

Pistil, du L. *pistillus* (pilon).

Pistole, mot dont l'origine est inconnue.

† **Pistolet**, dérivé de l'italien *pistola* (pistolet).

Piston, du L. *pistonem** (dérivé de *pistare* fouler, presser).

Pitance, au sens propre désigne la portion que reçoit un moine, à chacun de ses repas. Il est encore employé aujourd'hui avec cette signification dans le langage monastique.

Pitance, qui est en italien *pietanza*, vient du L. *pietantia* repas de moine, dans les textes latins du moyen âge :

« *Nos frater Johannes Abbas.. pietantiae modus et ordo sic conscripti.... observentur ... In primis videlicet quod pietantiarius qui pro tempore fuerit.... tenebitur ministrare* » dit une Charte du treizième siècle.

Watts dans son glossaire sur Mathieu Paris: « *Pietantiam* alii scribunt; nam dapes suas ad pietatem ducebant. » *Pietantia* dérive de *pietatem*, et désigne le produit de la charité, de la piété des fidèles. On appelait de même au moyen âge, *misericordia* (pitié, compassion) certains repas monastiques: on lit dans Mathieu Paris: « *Ut detestabiles ingurgitationes misericordiarum in quibus profecto non erat misericordia, prohiberentur.* »

Pietantia a donné *pitance* comme *pietatem* a donné *pitié*; pour le changement de *cia* en *ce* voyez *agencer*.

Piteux, en provençal *pitos*, en espagnol *piadoso*, en italien *pietoso*, du L. *pietosus** (miséricordieux, qui est le sens originaire du mot français, puis digne de pitié). *Pietosus*, dérivé de *pietas*, est dans plusieurs textes latins du moyen âge:

« *Et certè nunquam visum fuit in aliqua civitate tam enorme nec pietosum infortunium...* » dit un texte du treizième siècle.

Pietosus a donné *piteux* par le changement de *osus* en *eux* (voyez *amoureux*) et par la réduction de *ie* à *i* qu'on retrouve dans pitance de pietantia, *piété* de *pietatem*.

Pitié, en espagnol *piedad*, en italien *pietà*, du L. *pietatem* (qui est au sens de pitié dans Suétone). Pour la réduction de *pietatem* à pitié, voy. au mot *piteux*; pour le changement de *osus* en *eux* voy.

amoureux.—D *pitoyer**, d'où *pitoyable, apitoyer*.

Piton, origine inconnue.

Pitoyable, voy. *pitié*. — D. *impitoyable*.

† **Pittoresque**, de l'italien *pittoresco* (pittoresque).

Pituite, du L. *pituita* (pituite). — D *pituitaire, pituiteux*.

Pivert, voy. *pic 2*.

Pivoine, anciennement *pioine*, du L. *paeonia* (pivoine) par la réduction de *ae* en *e* (voy. p. xci) d'où *peonia* qui donne *pioine* 1° par le changement de *e* en *i* (voy. *accomplir*); 2° par l'attraction de *i*, qui transforme *o* en *oi* (voy. *chanoine*). *Pi-oine* devient pi-v-oine par l'intercalation d'un *v* euphonique (voy. *corvée*).

Pivot, origine inconnue. — D. *pivoter*.

Placage, voy. *plaquer*.

Placard, voy. *plaquer*, — D. *placarder*.

Place, du L. *platea* (place) par le changement regulier (voy. *abréger*) de *plat*(ea) en *plat*(ia); d'où *place* par le changement de *tia* en *ce* (voy. *agencer*). — D. *placer* (mettre en place), *placement, placier, placet*.

Placer, voy. *place*. — D. *emplacer** (d'où *emplacement* et *remplacer*).

Placet, du L. *placet* (il plait).

Placide, du L. *placidus* (m. s). — D. *placidité*

Plafond, propr. *fond plat* pour l'etymologie, voy. *plat* et *fond*. — D. *plafonner, plafonnage, plafonneur*.

Plage, du L. *plaga* (étendue de terre).

Plagiaire, du L. *plagiarius* (plagiaire dans Martial).

Plagiat, du L. *plagiatus** (dérivé de *plagium*, plagiat).

Plaid, originairement assemblées féodales dans lesquelles se jugeaient les procès ; puis audience d'un tribunal, d'où le sens postérieur de plaidoyer. *Plaid* au sens d'assemblée juridique est le L. *placitum* * (assemblée juridique dans les textes carlovingiens ; *placitum* est le mot final des édits de convocation des plaids : *quia tale est nostrum placitum*

Plac(i)tum régulièrement contracté (voy. p. LXXXI) en *plac'tum* donne l'ancien français *plait* par le changement de *ct* en *it* (voy. *attrait*) ; pour le changement de *plait* en *plaid*, voy. p. XCVIII. — D. *plaider* (d'où l'ancien verbe *plaidoyer*, venu de *plaider*, comme *flamboyer* de *flamber* (*tournoyer* de *tourner*, etc.... *Plaidoyer* a disparu comme verbe de la langue moderne, mais il a persisté comme infinitif employé substantivement : nous disons un *plaidoyer*, comme nous disons un *dîner*, un *déjeuner*, etc. ..

Plaideur, dérivé de *plaider*, voy *plaid*.

Plaidoirie, voy. *plaidoyer*.

Plaidoyer, voy. *plaider*. — D. *plaidoirie* (pour *plaidoierie*).

Plaie, du L. *plaga* (plaie) par la chute du *g* médial (voy. *allier*) qui amène le changement de *a* en *ai* (voy. *aigle*).

Plain, du L. *planus* (plat, sans inégalités, uni). Sur le changement de *anus* en *ain*, voy. *ancien*. — D. *plaine*, *plain-chant*, *plain-pied*.

Plaindre, du L. *plangere* (plaindre) par la contraction régulière (voy. p. LXXXI) de *plang(è)re* en *plang're*, d'où *plan're* (voy. p. xcv). *Plan're* donne *plaindre* par le changement · 1° de *nr* en *ndr* (voy. *absoudre*) ; 2° de *a* en *ai* (voy. *aigle*). — D. *plainte* (substantif participial fort ; L. *plancta* ;

pour le changement de *ancta* en *ainte*, voy. *affété*).

Plaine, voy. *plain*

Plainte, voy. *plaindre*. — D. *plaintif*.

Plaire, du L. *placere* (plaire) par le déplacement de l'accent latin (*placére* pour *placère* ; voy *accourir*). *Plac(è)re* régulièrement contracté en *plac're* (voy. p. LXXXI) a donné *plaire* par le changement de *cr* en *r* (voy. *bénir*), changement qui produit l'affaiblissement de *a* en *ai* (voy. *aigle*). — D. *plaisant*, *plaisance*.

Plaisant, voy. *plaire*. — D. *plaisanter*, *plaisanterie*.

Plaisir, infinitif (employé substantivement) de l'ancien verbe français *plaisir* (plaire). *Plaisir* est le L. *placere* (plaire) par le changement : 1° de *a* en *ai* (voy. *aigle*) ; 2° de *c* en *s* (voy. *amitié*) ; 3° de *e* en *i* (voy. *accomplir*).

Plan (adjectif), du L. *planus* (m. s.). — D. *plan* (substantif), *aplanir*, *planer*.

Planche, du L. *planca* (planche) par le changement de *ca* en *che* (voy. *acharner* et *acheter*). — D. *plancher*, *planchéier*, *planchette*.

Plane, du L. *platanus* (platane). *Plát(à)nus* régulièrement contracté en *plat'nus* (voy. p. LXXXI) est devenu *plane* par la réduction de *tn* latin à *n* qui se retrouve dans *rêne* (*ret'na*), *aurone* (*abrot'num*). On retrouve une réduction analogue pour *tm*, dans *rime* (*rhythma*).

1. **Planer** (en parlant des oiseaux), voy. *plan*.

2. **Planer**, aplanir, du L. *planare* (aplanir). — D. *plane* (subst. verbal ; outil d'acier qui sert à aplanir le bois), *planeur*, *planure*.

Planète, du L. *planeta* (m. s.). — D. *planétaire*.

Planisphère, voy. *plan* et *sphère*.

Plantain, du L. *plantaginem* (plantain) par la contraction régulière (voy. p. LXXXI) de *plantag(ĭ)-nem* en *plantag'nem*, d'où *plantain* par la réduction de *gn* à *n* (voy. *assener*), et par le changement de *a* en *ai* (voy. *aigle*).

Plantation, du L. *plantationem* (m. s.).

Plante, du L. *planta* (m. s.).

Planter, du L. *plantare* (planter). — D. *plant* (substantif verbal), *plantage*, *planteur*, *planton*, *plantard*, *plançon*, *plantoir*, *déplanter*, *transplanter*, *replanter*, *implanter*.

Plantureux, dérivé de l'ancien français *plenture* (abondance) qui représente un L. fictif *plenitura* dérivé de *plenus* (plein) par la contraction régulière (voy. *accointer*) de *plen(ĭ)tura* en *plen'tura*; sur *en* devenu *an*, voy. *andouille*.

Plaque, mot d'origine germanique (flamand *placke*, lame de bois). — D. *plaquer*, *plaqué*, *plaquette*, *plaqueur*, *placage*, *placard*.

Plastique, du grec πλαστικός (de πλάσσειν former).

†**Plastron**, de l'italien *piastrone* (plastron). — D. *plastronner*.

Plat (adj.), mot d'origine germanique (allemand *platt* plat). — D. *plat* (substantif); *platée*, *aplatir*; *platitude*; *plat-bord*, *plate-forme*; *plate-bande*; *plafond* (pour *plat-fond*).

Platane, du L. *platanus* (platine). — D *plataniste*.

Plateau, anciennement *platel* (sur *el* devenu *eau*, voyez *agneau*); *platel* est un dérivé de *plat* (voy. ce mot).

1. **Platine** (pièce plate), voy. *plat*.

2. †**Platine** (métal), de l'espagnol *platino* (platine).

Plâtre, anciennement *plastre*, du L. *plastrum* (plâtre dans les textes de la basse latinité. *Plastrum* est le même mot que *emplastrum* par aphérèse de *em*). Pour le changement de *plastre* en *plâtre*, voy. *abîme*. — D. *plâtras*, *plâtrer*, *replâtrer*, *plâtrière*, *plâtrage*, *plâtreux*, *plâtrier*.

Plausible, du L. *plausibilis* (qui est digne d'être approuvé).

Plèbe, du L. *plebem* (même sens). — D. *plébéien* (de *plebeianus** extension de *plebeius* plébéien).

Plébiscite, du L. *plebiscitum* (m. s.).

Pléiades, groupe de sept étoiles, du grec πλειάδες (d'où le sens de *réunion de sept* donné au mot *pléiade*). En réalité, le groupe des pléiades ne comprend que six étoiles.

Pleige, origine inconnue. — D. *pleiger*.

Plein, du L. *plenus* (plein).

Plénier, du L. *plenarius* * (dérivé de *plenus* plein). Sur *arius* devenu *ier*, voy. *ânier*.

Plénipotentiaire, dérivé de *plenus* (plein) et *potentia* (puissance).

Plénitude, du L. *plenitudo* (dérivé de *plenus* plein).

Pléonasme, du grec πλεονασμός (surabondance).

Pléthore, du grec πληθώρη (plénitude). — D. *pléthorique*.

Pleurer, du L. *plorare* (pleurer) par le changement de *o* en *eu* (voy. *accueillir*). — D. *pleur* (substantif verbal) ; *pleurard* ; *pleureux* ; *pleurnicher*, *pleurnicheur*.

Pleurésie, dérivé de πλευρῖτις (s. ent. νόσος douleur de côté).

PLO   415   PNE

Pleistre, mot dont l'origine est inconnue.

Pleuvoir, du L. *pluere* (pleuvoir) par le changement : 1° de *u* en *eu* (voy. *beugler*) ; 2° de *ere* en *oir* (voy. *accroire*) ; pour le changement de *ëre* en *ère* (voyez *accourir*).
Pleu=oir devient *pleu-v-oir* par l'intercalation régulière (voyez *corvée*) d'un *v* euphonique ; les Latins disaient de même *plu-v-ia* non *plu-ia*.

Plèvre, du grec πλευρόν (côté) sur le changement de *u* en *v*, voy. *janvier*.

Plie, anciennement *plaie*, corruption de *plais* forme de la vieille langue ; *plais* est le L. *platessa* (plie dans Ausone). *Pla(t)essa* perdant le *t* médial (voy. *abbaye*) donne *plais* par le changement de *e* en *i* (voy. *accomplir*).

Plier, du L. *plicare* (plier) par la chute du *c* medial (voy. *affouage*). — D. *pli* (substantif verbal) ; *plieur, pliable, pliant, plioir, pliage, replier, déplier*.

Plinthe, du L. *plinthus* (plinthe dans Vitruve)

Plisser, du L. *plictiare*˙ dérivé de *plicare*; voy. p. xxxiii). Pour le changement de *ct* en *t* (voy. *affété*), pour celui de *tia* en *sse*, voy. *agencer*. — D. *plissure, plissement*.

Ploc, origine inconnue.

Plomb, du L. *plumbum* (plomb). Sur *u* devenu *o*, voy. *annoncer*. — D. *plomber, plombage, plombier, plomberie, plombeur, aplomb*.

Plombagine, du L. *plumbaginem* (mine de plomb, plombagine).

Plonger, du L. *plumbicare*˙ (dérivé de *plumbum*; *plumbicare* signifie proprement : *tomber à plomb*). *Plumb(i)care* régulièrement contracté (voy. *accointer*) en *plumb'care* donne *plonger* par la réduction de *bc* à *c* (voy. *sujet*) et par le changement : 1° de *c* en *g* (voy. *adjuger*) ; 2° de *u* en *o* (voyez *annoncer*). — D. *plongeon, plongeur, replonger*.

Ployer, du L. *plicare* (ployer) par la chute du *c* médial *pli(c)are* (voy. *affouage*) et par le changement de *i* en *oi* (voy. *boire*). — D. *déployer, reployer*.

Pluche, contraction de *peluche* (voy. ce mot).

Pluie, du L. *pluvia* (pluie) par la chute du *v* médial *plu(v)ia* (voy. *aïeul*).

Plume, du L. *pluma* (m. s.). — D. *plumer, plumage, plumeau, plumet, plumasser, plumassier, plumasseau, plumasserie, plumeux, remplumer, plumetis* (dont *plumitif* est la corruption)

Plupart, voy. *plus* et *part*.

Pluralité, du L. *pluralitatem* (m. s.).

Pluriel, anciennement *plurel*, du L. *pluralis* (m. s.), par le changement de *a* en *e* (voy. *acheter*) puis de *e* en *ie* (voy. *arrière*).

Plus, du L. *plus* (m. s.).

Plusieurs, du L. *pluriores*˙ (dérivé de *plures*, m. s.). Pour le changement de *r* en *s*, voy. *arroser*; pour celui de *o* en *eu*, voy. *accueillir*.

Plutôt, anciennement *plustôt*, voy. *plus* et *tôt*.

Pluvial, du L. *pluvialis* (m. s.).

Pluvier, dérivé du L. *pluvia* (pluie), cet oiseau arrivant dans nos pays aux approches de la saison des pluies.

Pluvieux, du L. *pluviosus* (m. s.). Sur *osus* devenu *eux*, voyez *amoureux*.

Pluviôse, du L. *pluviosus* (pluvieux).

Pneumatique (adj.), du grec πνευματικός (qui est relatif à l'air, proprement qui a rapport au souffle).

Pneumonie, du grec πνευμονία (inflammation du poumon). — D. *pneumonique.*

Pnyx, du grec πνύξ (place d'Athènes).

Poche, mot d'origine germanique (anglo saxon *pocca,* poche). Sur le changement de *cc* en *ch,* voy. *acheter.* — D. *empocher, pocher, pochade, pochette, pocheter.*

Podagre, du L. *podagra* (podagre).

† **Podestat,** de l'italien *podestà.*

1. **Poêle,** du L. *petalum** (lame d'or qui couvrait la tête du pape, d'où le sens de voile, que l'on tient sur la tête des mariés pendant la bénédiction nuptiale); le sens de *dais* est postérieur. — *Pe(t)alum* perdant le *t* médial (voy. *abbaye*) donne *poêle,* par le changement : 1° de *e* en *oi,* puis en *oe* (voy. *accroire*); 2° de *a* en *e* (voy. *acheter*).

2. **Poêle** (fourneau qui sert à chauffer une chambre), anciennement *poesle,* à l'origine *poisle,* du L. *pensile* (propr. suspendu. On trouve dans Pline *balneae pensiles,* au sens de chambres de bains suspendues, construites sur des voûtes et chauffées par-dessous; d'où le sens d'étuve donné au mot *pensile*). — *Pens(i)le,* se contractant régulièrement (voy. p. LXXXI) en *pens'le,* réduit *ns* à *s* (voy. *aîné*), d'où *pesle,* qui donne *poisle,* par le changement de *e* en *oi* (voy. *accroire*). *Poisle,* écrit aussi *poesle,* donne *poêle* par la chute de *s* (voy. *abîme*). — D. *poêlier.*

3. **Poêle** (ustensile de cuisine), anciennement *paelle* et *paele,* en italien *padella* du L. *patella* (plat). — *Pa(t)ella* par la chute régulière du *t* médial (voy. *abbaye*), donne l'ancien français *paele,* d'où *poêle,* par le changement de *a* en *o* (voy. *taon*). — D. *poêlon.*

Poëme, du L. *poema* (m. s.).

Poesie, du L. *poesis* (poesie).

Poëte, du L. *poeta* (m. s.). — D. *poétereau, poétesse, poétiser.*

Poétique, du L. *poeticus* (m. s.).

Poids, anciennement *pois,* du L. *pensum* (poids) par la réduction ordinaire de *ns* à *s* (voy. *aider*), d'où *pesum,* qui donne *pois,* par le changement de *e* en *oi* (voy. *accroire*). Au seizième siècle, les latinistes, qui tiraient *poids* de *pondus,* ajoutèrent un *d* au mot français pour l'assimiler plus complétement à ce qu'ils croyaient être son original latin.

Poignant, voy. *poindre.*

Poignard, voy. *poing.* — D. *poignarder.*

Poignée, voy. *poing.*

Poignet, voy. *poing.*

Poil, du L. *pilus* (poil), par le changement de *i* en *oi* (voy. *boire*). — D. *poilu.*

1. **Poinçon,** du L. *punctionem* (proprement action de percer, puis instrument qui sert à percer), par le changement : 1° de *unct* en *oin* (voy. *affété*); 2° de *tionem* en *çon* (voy. *agencer*). — D. *poinçonner.*

2. **Poinçon** (tonneau), origine inconnue.

Poindre, du L. *pungere* (piquer, poindre). Pour le changement de *ungere* en *oindre,* voyez *oindre.* — D. *poignant, pointe* (du L. *puncta*; substantif participial fort; pour le changement de lettres, voy. *affété*).

Poing, du L. *pugnus* (poing), par le changement : 1° de *gn* en *ng* (voy. *étang*), 2° de *u* en *oi* (voyez *angoisse*). — D. *poignée, poignet, empoigner*.

Point, du L. *punctum* (point) ; pour le changement de *unct* en *oint* voy. *oint*. — D. *pointer, appointer* (d'où *appoint* substantif verbal); *désappointer*.

Pointe, voy. *poindre*. — D. *pointu*.

Pointer, voy. *point*. — D. *pointage, pointement, pointeur*.

† **Pointiller**, dérivé de *pointille* mot venu au seizième siècle de l'italien *puntiglio* (pointille). — D. *pointillé* (substantif participial), *pointilleux, pointillerie*.

Pointu, voy. *pointe*.

Pointure, du L. *punctura* (pointure). Sur *unct* devenu *oint*, voy. *oint*.

Poire, du L. *pirum* (poire) ; pour le changement de *i* en *oi*, voy. *boire*. — D. *poirier, poiré*.

Poireau, voy. *porreau*.

Poirée, dérivé du L *porrus* (poireau ; *poirée* désignait anciennement un bouillon de poireaux). Sur *o* devenu *oi*, voy. *chanoine*.

Pois, du L. *pisum* (pois) par le changement de *i* en *oi* (voy. *boire*).

Poison, du L. *potionem* (breuvage empoisonné dans Cicéron). Sur le changement de *o* en *oi*, voy. *chanoine*; sur *tionem* devenu *son*, voy. *agencer*. — D. *empoisonner, empoisonneur*.

Poissard, voy. *poix*.

Poisser, voy. *poix*.

Poisson, au dixième siècle *pescion*, en italien *pescione*, du L. *piscionem* (dérivé de *piscis* poisson) par le changement : 1° de *i* en *oi* (voy. *boire*); 2° de *sc* en *ss* (voy. *cresson*); 3° de *cionem* en *sson* (voy. *agencer*). — D. *poissonnier, poissonnerie, poissonneux, poissonnaille, empoissonner*.

Poitrail, du L. *pectoraculum* (dérivé de *pectorale* région de la poitrine). — *Pect(ŏ)raculum* contracte suivant la règle (voy. *accointer*) en *pect'raculum* donne *poitrail* par le changement: 1° de *aculum* en *ail* (voy. *abeille*); 2° de *ect* en *oit* (voy. *attrait*).

Poitrine, du L. *pectorina* (dérive de *pectoris* poitrine) par la contraction régulière (voy. *accointer*) de *pect(ŏ)rina* en *pect'rina* d'où *poitrine* par le changement de *ect* en *oit* (voy. *attrait*). — D. *poitrinaire*.

Poivre, en provençal *pebre*, du L. *piperem* (poivre) par la contraction régulière (voy. p. LXXXI) de *pip(é)rem* en *pip'rem* d'ou *poivre* par le changement: 1° de *i* en *oi* (voy. *boire*) ; 2° de *p* en *v* par l'intermédiaire de *b* (voy. *arriver*). — D. *poivrade* (du provençal *pevrada*) ; *poivrer, poivrier, poivrière*.

Poix, du L. *picem* (poix) par le changement: 1° de *i* en *oi* (voy. *boire*) ; 2° de *c* en *s* (voyez *amitié*). — D. *poisser, poissard, empoisser, empois, empeser*.

Pôle, du L. *polus* (pôle). — D. *polaire, polarité, polariser, polarisation*.

Polémique, du grec πολεμικός (de combat).

1. **Police**, du L. *politia* (gouvernement, administration, organisation politique) ; sur *cia* devenu *ce*, voy. *agencer*. — D. *policer*.

2. † **Police** (d'assurance), de l'italien *polizza* (contrat).

† **Polichinelle**, venu de l'italien *polecenella* (forme napolitaine de *pulcinella* polichinelle).

Polir, du L. *polire* (polir). — D. *poliment, poli, polisseur, polissoir, polissure, dépolir, repolir*.

Polisson, origine inconnue. — D. *polissonner, polissonnerie*.

† **Politesse**, de l'italien *pulitezza* (politesse).

Politique (adjectif), du L. *politicus* (politique). — D. *politique* (substantif) ; *politiquer, impolitique.*

Pollen, du L. *pollen* (farine).

† **Poltron**, de l'italien *poltrone* (poltron). — D. *poltronnerie.*

Polyadelphie, du grec πολύς (beaucoup) et ἀδελφός (frère).

Polyèdre, du grec πολύεδρος (qui a plusieurs bases).

Polygamie, du grec πολυγαμία (m. s.). — D. *polygame.*

Polyglotte, en grec πολύγλωττος (m. s.).

Polygone, du grec πολύγωνος (à plusieurs angles).

Polygraphe, du grec πολυγράφος (qui écrit sur beaucoup de sujets).

Polynôme, du grec πολύς (plusieurs) et νομή (part).

Polype, du L. *polypus* (m. s.). — D. *polypier, polypeux.*

Polypétale, du grec πολύς (plusieurs) et πέταλον (feuille, pétale).

Polysyllabe, du grec πολυσύλλαβος (qui est de plusieurs syllabes).

Polytechnique, du grec πολυτέχνης (versé dans beaucoup d'arts).

Polythéisme, du grec πολύς (plusieurs) et θεός (Dieu). — D. *polythéiste.*

† **Pommade**, de l'italien *pomata* (pommade). — D. *pommader.*

Pomme, du L. *pomum* (fruit. Pour la spécialisation du sens, voy. p. xxiii). — D. *pommier, pommeler, pommelle, pommeau, pommette, pommer.*

Pommier, voy. *pomme.* — D. *pommeraie.*

1. **Pompe**, du L. *pompa* (pompe). — D. *pompeux, pompon* (qui signifiait jusqu'à la fin du dix-huitième siècle, toute espèce d'ornement ajouté à la toilette des femmes).

2. **Pompe** (machine pour élever l'eau), origine inconnue. — D. *pompier, pomper.*

Pompon, voy. *pompe.* — D. *pomponner.*

Ponce, en italien *pumice*, du L. *pumicem* (pierre ponce) par la contraction régulière (voy. p. LXXXI) de *pum(i)cem* en *pum'cem*, d'où *ponce*, par le changement : 1° de *u* en *o* (voy. *annoncer*) ; 2° de *m* en *n* (voy. *changer*). — D. *poncer, poncis, poncif.*

1. **Ponceau** (petit pont), du L. *ponticellus** (diminutif de *pontem* pont) par la contraction régulière (voy. *accointer*) de *pont(i)cellum* en *pont'cellum*, d'où *poncel* par la réduction de *tc* à *c* (voy. p. xcvii). Pour le changement de *poncel* en *ponceau*, voy. *agneau.*

2. **Ponceau**, rouge vif, du L. *punicellus* (dérivé de *puniceus* rouge vif) par la contraction régulière (voy. *accointer*) de *pun(i)cellus* en *pun'cellus* d'où *poncel* par le changement de *u* en *o* (voy. *annoncer*), *ponceau* par celui de *cl* en *eau* (voy. *agneau.*)

† **Poncire**, de l'espagnol *poncidre* (citronnier).

Ponction, du L. *punctionem* (action de piquer).

Ponctuel, du L. *punctualis** (dérivé de *punctum* point; proprement qui fait à point nommé ce qu'il doit). — D. *ponctualité.*

Ponctuer, dérivé de *punctum* (point). — D. *ponctuation.*

Pondération, du L. *ponderationem* (m. s.).

Pondérer, du L. *ponderare* (m. s.). — D. *pondérable.*

Pondre, du L. *ponere* (proprement déposer. *Ponere ova* pour *pondre* est dans Pline. Pour la restriction du sens, voy. p. XXII).

Pon(d)re régulièrement contracté (voy. p. LXXXI) en *pon're* a donné *pondre* par le changement de *nr* en *ndr* (voy. *absoudre*). — D. *ponte* (substantif participial fort, voyez *absoute*); *pondeuse*.

Pont, du L. *pontem* (pont). — D. *ponte, pontet*.

1. † **Ponte** (terme de jeu), de l'espagnol *punto* (point, as).

2. **Ponte** (action de pondre) voy. *pondre*.

Pontife, du L. *pontifex* (pontife).

Pontifical, du L. *pontificalis* (m. s.).

Pontificat, du L. *pontificatus* (m. s.).

Pont-levis, voy. *levis*.

Ponton, du L. *pontonem* (bac, ponton, bateau de transport). — D. *pontonnier, pontonage*.

Pontuseau, origine inconnue.

† **Populace**, de l'italien *populazzo* (populace). — D. *populacier*.

Populaire, du L. *popularis* (m. s.), — D. *impopulaire, populariser*.

Popularité, du L. *popularitatem* (m. s.).

Populariser, dérivé de *populaire* (voy. ce mot).

Population, du L. *populationem* (m. s.).

Populeux, du L. *populosus* (m. s.). Sur *osus* devenu *eux*, voy. *amoureux*.

Porc, du L. *porcus* (porc).

† **Porcelaine**, de l'italien *porcellana* (porcelaine, coquillage).

Porc-épic, anciennement *porc-espic*, composé de *porc* (voyez ce mot) et de *espic* qui est le L. *spicus* (piquant: on trouve *spicatus* pour *garni de piquants* dans Minucius Felix). Pour le changement de *spicus* en *espic*, voy. *espérer*; pour celui de *espic* en *épic*, voyez *abîme*.

Porche, du L. *porticus* (proprement portique ; puis porche d'église dans les textes mérovingiens : « *Sed Leudastes... infra sanctum* porticum *deprehensus est*. » dit Grégoire de Tours, 5, 49.) *Port(i)cus* s'est régulièrement contracte (voy. p. LXXXI) en *port'cus*, d'où *porche* par le changement de *tc* en *c* (voy. p. XCVII), puis de *c* en *ch* (voy. *acharner*)

Porcher, du L. *porcarius* (porcher) par le changement de *c* en *ch* (voy. *acharner*), et par celui de *a* en *e* (voy. *acheter*).

Pore, du L. *porus* (pore, conduit, passage). — D. *poreux; porosité*.

Porphyre, du L. *porphyrites* (porphyre). — D. *porphyriser*.

Porreau, anc. français *porrel*, du L. *porrellus* * (diminutif de *porrus* porreau). Sur le changement de *el* en *eau*, voy. *agneau*. — D. Une autre forme de *porreau* est *poireau*; sur le changement de *o* en *oi*, voy. *chanoine*.

1. **Port**, du L. *portus* (port).
2. **Port**, voy. *porter*.

Portail, du L. *portaculum* * (dérivé de *porta* porte) par le changement de *aculum* en *ail* (voy. *abeille*).

Portatif, du L. *portativus* * (dérivé de *portatum* supin de *portare* porter).

Porte, du L. *porta* (porte). — D. *portière*.

Portefaix, voyez *porter* et *faix*.

Portefeuille, voy. *porter* et *feuille*.

Porter, du L. *portare* (porter). —D. *port* (substantif verbal): *portée* (substantif participial); *portage; portable; porteur*.

Portier, du L. *portarius* (portier) par le changement de *arius* en *ier* (voy. *dnier*). — D. *portière*.

Portière (rideau), voy. *porte*.
Portion, du L. *portionem* (m. s.).
Portioncule, du L. *portiuncula* (m. s.).
Portique, du L. *porticus* (portique).
Portraire, dessiner, faire l'image, le portrait d'une personne à l'aide du dessin, du L. *protrahere* (dessiner, dans les textes latins du moyen âge: « *Propter quasdam picturas devotas de passione Salvatoris in illam tabulam protractas* ... » lit-on dans un document de la fin du douzième siècle.
Protrahere a donné *protraire* par le changement de *trahere* en *traire* (voy. *traire*) ; *protraire* est devenu *portraire* par la métathèse de r (voy. p. LXXVI). — D. *portrait* (subst. participial).
Portrait, voy. *portraire*. — D. *portraiture*, *portraitiste*.
† **Portulan**, de l'italien *portolano* (catalogue des ports).
Pose, substantif verbal de *poser*; voy. ce mot.
Poser, en provençal *pausar*, du L. *pausare* (dérivé de *pausus* participe de *ponere* poser; pour la formation des verbes fréquentatifs, voy. p. XXXIII).
Pausare a donné *poser* par le changement de *au* en *o* (voyez *alouette*). — D. *pose* (substantif verbal) ; *poseur* ; *posage* ; *posé* ; *apposer*; *composer*; *déposer*; *disposer*; *imposer*; *interposer*; *juxtaposer*; *opposer*; *préposer*; *proposer*; *reposer* ; *superposer* ; *supposer* ; *transposer*.
Positif, du L. *positivus* (positif).
Position, du L. *positionem* (position).
Posséder, du L. *possidere* (posséder). Sur *i* devenu *e*, voyez *admettre*.

Possesseur, du L. *possessorem* (possesseur).
Possessif, du L. *possessivus* (m. s.).
Possession, du L. *possessionem* (m. s.).
Possessoire, du L. *possessorius* (m. s.).
Possibilité, du L. *possibilitatem* (m. s.).
Possible, du L. *possibilis* (possible).
Postdater, composé de *dater* (voy. ce mot) et du L. *post* (après).
1. **Poste** (substantif féminin) proprement station, relais de chevaux, dépôt de chevaux, du L. *posita* (proprement mis en dépôt ; pour la restriction du sens, voy. p. XXIII). *Pos(i)ta* a donné *poste* par la chute régulière (voy. p. LXXXI) de l'avant-dernière voyelle atone. — D. *postal*.
2. † **Poste** (substantif masculin) venu au seizième siècle de l'italien *posto* (poste). — D. *poster*.
Poster, voy. *poste* 2. — D. *aposter*.
Postérieur, du L. *posterior* (m. s.). — D. *postériorité*.
Postérité, du L. *posteritatem* (m. s.).
Postface, mot forgé à l'aide du radical *face* (de *préface*) et du L. *post* (après).
Posthume, du L. *posthumus* (m. s.).
† **Postiche**, de l'italien *posticcio* (postiche).
† **Postillon**, mot venu au seizième siècle de l'italien *postiglione* (postillon).
Post-scriptum, du L. *post-scriptum* (écrit après).
Postulation, du L. *postulationem* (requête).
Postuler, du L. *postulare* (demander). — D. *postulant*.
Posture, du L. *positura* (pos-

ture) par la contraction régulière (voy. *accointer*) de *pos*(*i*)*tura* en *pos'tura*.

Pot, du L. *potus* (pot, au sixième siècle dans Fortunat *Vita S. Radegund.* 19 : « Missorium, cochleares, cultellos, cannas, *potum* et calices. »
D. *potier, potage, potée, potiche, empoter*.

Potable, du L. *potabilis* (m. s.). Sur *abilis* devenu *able*, voyez *affable*.

Potage, voy. *pot*. — D. *potager, potagère*.

† **Potasse**, de l'allemand *pottasche* (potasse). — D. *potassium*.

Pote, origine inconnue. — D. *potelé*.

Poteau, anciennement *posteau*, à l'origine *postel*, du L. *postellus** (diminutif de *postem* poteau dans Virgile). *Postel* a donné *posteau* par le changement de *el* en *eau* (voy. *agneau*) ; *poteau* par la chute de *s* (voy. *abîme*). — D. de l'ancienne forme *potel* : *potelet*.

Potelé, voy. *pote*.

Potence (proprement béquille ; le sens de gibet est postérieur) ; *potence* au sens de béquille vient du L. *potentia** (béquille : « *Per sex annos non poterat ire sinè duabus potentiis*.... » dit un texte latin du moyen âge. *Potentia* est le même mot que le latin classique *potentia* puissance, pouvoir, force, d'où le sens d'appui). Sur le changement de *cia* en *ce*, voy. *agencer*.

Potentat, du L. *potentatus** (souveraineté dans la basse latinité ; dérivé du L. *potentem* puissant).

Potentiel, du L. *potentialis* (m. s.).

Poterie, voy. *potier*.

Poterne (galerie souterraine), anciennement *posterne*, à l'origine *posterle*, en italien *posterla*, du L. *posterula* (galerie dérobée dans Ammien Marcellin, ouverture secrète dans les textes latins du moyen âge : « *Quantalibet urbs sublimitate murorum et clausarum portarum firmitate muniatur*, posterulae unius, quamvis parvissimae, proditione vastabitur.... » dit Cassien lib. 5. *De institutione Cœnob.* Chap. 11).

Poster(ŭ)*la* se contractant régulièrement (voy. p. LXXXI) en *pos- ter'la* a donné l'ancien français *posterle* qui est devenu *posterne* par le changement de *l* en *n* (voyez *quenouille*). *Posterne* a donné *poterne* par la chute de *s* (voyez *abîme*).

Potiche, dérivé de *pot* (voyez ce mot).

Potier, voy. *pot*. — D. *poterie*.

1. **Potin** (cuivre), origine inconnue.

2. **Potin** (commérages), origine inconnue.

Potion, du L. *potionem* (m. s.).

Potiron, origine inconnue.

Pou, anciennement *pouil*, à l'origine *péouil*, en provençal *pezolh*, en italien *pidocchio*, du L. *peduculus* (pou, forme secondaire de *pediculus*).

Peduc(ŭ)*lus*, régulièrement contracté (voy. p. LXXXI) en *peduc'lus*, donne l'ancien français *péouil* par le changement du suffixe *uclus* en *ouil* (voy. *abeille*) et par la chute du *d* médial *pe*(*d*)*uclus* (voy. *accabler*) ; *péouil* se contracte postérieurement (voy. p. XC) en *pouil* qui se réduit à *pou* (voy. *abeille*), comme les anciennes formes françaises *verrouil* et *genouil* se sont réduites à *verrou* et à *genou* dans la langue moderne. — D. de l'ancienne forme *pouil* : *pouillerie, pouiller, pouilles*.

Pouacre, écrit aussi *pouagre* (à l'origine : goutteux) du L. *poda*-

24

grum (goutteux) par la chute du *d* médial *po*(d)*agrum* (voy. *accabler*), et par le changement de *o* en *ou* (voy. *affouage*).

Pouce, anciennement *polce*, en italien *pollice*, du L *pollicem* (pouce) par la contraction régulière (voy. p. LXXXI) de *poll(i)cem* en *poll'cem* d'où l'ancien français *polce* qui est devenu *pouce* par le changement postérieur de *ol* en *ou* (voy. *agneau*). — D. *poucettes, poucier*.

† **Pou de soie** (étoffe), de l'anglais *paduasoy* (étoffe de soie).

† **Poudingue**, de l'anglais *pudding* (m. s.).

Poudre, anciennement *poldre*, à l'origine *puldre*, du L. *pulverem* (poudre) par la contraction régulière (voy. p. LXXXI) de *pulv(e)rem* en *pulv'rem* qui se réduit à *pul'rem* (voy. p. XCV); *pul'rem* donne l'ancien français *puldre* par le changement de *lr* en *ldr* (voy. *absoudre*); *puldre* devient *poldre* par le changement de *u* en *o* (voy. *annoncer*); *poudre* par celui de *ol* en *ou* (voy. *agneau*). — D. *poudrière, poudreux, poudrer, poudrier, saupoudrer*.

Pouf, onomatopée (voy. p. LXV). — D. *pouffer*.

Pouiller, voy. *pou*.

Pouilles, voy. *pou*.

Pouilleux, en provençal *pezolhos*, en italien *pidocchioso*, du L. *peduculosus** (dérivé de *peduculus*, voy. *pou*). *Peduc(u)losus* contracté suivant la règle (voy. *accointer*) en *peduc'losus* a donné l'ancien français *péouilleux** par la chute du *d* médial *pe(d)uclosus* (voy. *accabler*) et par le changement : 1° de *ucl* en *ouil* (voyez *pou*); 2° de *osus* en *eux* (voyez *amoureux*; pour la contraction postérieure de *péouilleux* en *pouilleux*, voy. p. XC.

Poulailler, de *poulaille* (dérivé lui-même de *poule*: voy. ce mot).

Poulain, du L. *pullanus* (poulain dans les textes latins du moyen âge: « *Expensae pro custodia* pullanorum *domini regis*.... » lit-on dans un compte du treizième siècle.

Pullanus est un dérivé de *pullus* (poulain dans Virgile).

Pullanus a donné *poulain* par le changement : 1° de *u* en *ou* (voy. *accouder*); 2° de *anus* en *ain* (voy. *ancien*). — D. *pouliner, poulinière*.

Poulaine (soulier à la), origine inconnue.

Poule, du L. *pulla* (poule dans saint Augustin: « *Apud nos* pullae *appellantur gallinae cujuslibet aetatis*. ») Sur le changement de *u* en *ou*, voy. *accouder*. — D. *poularde, poulet, poulette, poulaille, poulailler*.

Pouliche, dérivé d'un radical *poul*.... qui est le L. *pullus* (poulain).

Poulie, proprement *machine pour tirer*, mot d'origine germanique (anglo-saxon *pullian* tirer ; pour le changement de *u* en *ou*, voy. *accouder*).

Pouliot (menthe), diminutif d'un radical *poulie* qui est en italien *poleggio* et qui correspond au L. *pulegium* (pouliot). *Pulegium* a donné *poulie* par la chute du *g* (voy. *allier*) et par le changement : 1° de *u* en *ou* (voy. au mot *accouder*); 2° de *e* en *i* (voy. au mot *accomplir*).

Poulpe, du L. *polypus* (polype) par la contraction régulière p. LXXXI) de *pol(y)pus* en *pol'pus* d'où *poulpe* par le changement de *o* en *ou* (voy. *affouage*).

Pouls, du L. *pulsus* (pouls dans Pline) par le changement de *u* en *ou* (voy. *accouder*).

Poumon, anciennement *polmon*, à l'origine *pulmon* dans la Chanson de Roland, — du L. *pulmonem* (poumon) par le changement de *u* en *o* (voy. *annoncer*) d'où *polmon* qui devient *poumon* par l'adoucissement de *ol* en *ou* (voy. *agneau*). — D. *s'époumonner*.

Poupe, du L. *puppis* (poupe) par le changement de *u* en *ou* (voy. *accouder*).

Poupée, du L. *pupata** dérivé de *pupa* poupée, dans Varron). Pour le changement de *u* en *ou* voy. *accouder*, et pour celui de *ata* en *ée* voy. *ampoulé*.

Poupon, poupin, poupard, diminutifs d'un radical commun *poup*.... qui est le L. *pupa* (petite fille). Pour le changement de *u* en *ou* voyez *accouder*.

Pour, anciennement *por*, au neuvième siècle *pro* dans les Serments de Strasbourg, du L. *pro* (pour) par la transposition de *r* (voy. p. LXXVI et *âpreté*) d'où la forme *por*, qui devient *pour* par le changement de *o* en *ou* (voyez *affouage*.

Pour (comme le L. *pro* dans *progredi, propugnare, procurrere* etc....) sert de préfixe en français dans *pourchasser, pourparler, pourlécher, pourpris, poursuivre, pourvoir, pourtour*, etc....

Pourboire, voyez *pour* et *boire*.

Pourceau, ancienn. *pourcel* à l'origine *porcel*, du L. *porcellus* (pourceau) par le changement : 1° de *o* en *ou* (voy. *affouage*) ; 2° de *ellus* en *el* puis en *eau* (voy. *agneau*).

Pourchasser, composé de *pour* et *chasser* (voyez ces deux mots).

Pourfendre, fendre de haut en bas, composé de *fendre* (voyez ce mot), et de *pour* qui représente littéralement le L. *pro* (voy. *pour*) mais qui *pour le sens* correspond au L. *per* (à travers). Il y a eu confusion entre ces deux mots. — D. *pourfendeur*.

Pourlécher, voy. *pour* et *lécher*.

Pourparler, infinitif pris substantivement de l'ancien verbe *pourparler* (composé de *pour* et de *parler*, voy. ces mots).

Pourpier, à l'origine *pourpied*, du L. *pullipedem* (proprement pied de poulet, qui est aussi le nom de cette plante).

Pull(i)pedem contracté (voyez *accointer*) en *pull'pedem* a donné *poulpied** par le changement : 1° de *pedem* en *pied* (voy. *pied*) ; 2° de *u* en *ou* (voy. *accouder*).

Poulpied* est devenu *pourpied* par le changement de *l* en *r* (voy. *apôtre*).

Pourpoint, en provençal *perpoing*, en espagnol *perpunte*, substantif participial de l'ancien verbe *pourpoindre* (piquer, broder).

Pourpoindre est un composé de *poindre* (voy. *poindre*) et de *pour* qui représente, pour la lettre, le L. *pro* (voy. *pour*), et pour le sens le L. *per* (à travers) : il y aura eu confusion entre ces deux formes.

Pourpre, anciennement *porpre*, en italien *porpora*, du L. *purpura* (pourpre) par la contraction régulière (voy. p. LXXXI) de *purp(u)ra* en *purp'ra* d'où l'ancien français *porpre*, par le changement de *u* en *o* (voy. *annoncer*), puis *pourpre* par celui de *o* en *ou* (voy. *affouage*). — D. *pourpré, empourprer*.

Pourpris (habitation, enceinte), substantif participial (voy.

absoute), de l'ancien verbe *pour-prendre*.

Pourprendre (prendre dans son entier, dans son pourtour), est un composé de *prendre* (voy. ce mot) et de *pour* qui représente pour la forme le L. *pro* (voy. *pour*) et pour le sens le L. *per* (parmi, à travers) : il y aura eu confusion entre ces deux formes : le provençal dit correctement *perprendre*.

Pourquoi, voy. *pour* et *quoi*.

Pourrir, ancienn. *porrir*, à l'origine *purrir*, en espagnol *podrir*, du L. *putrere* (pourrir) par le changement : 1° de *u* en *o* (voy annoncer), puis en *ou* (voy. *affouage*) ; 2° de *tr* en *dr* puis en *rr* qui se réduit à *r* (voy. *arrière*). — D. *pourriture*, *pourrissage*, *pourrissoir*.

Pourrissage, voy. *pourrir*.

Poursuite, voy. au mot *poursuivre*.

Poursuivre, anciennement *porsuivre*, à l'origine *porsivre*, du L. *prosequere* (pour *prosequi*, poursuivre ; on sait qu'en français tous les déponents latins ont été remplacés par des actifs).

Prose(que)*re* par la consonnification de *u* en *v* (voy. *janvier*) donne *proseqvere* qui devient *prosevere* par la réduction de *qv* à *v* (comme dans *aq'va* qui est devenu *ève* ; voy. au mot *eau*).

Prosevere n'est point une forme supposée ; on trouve ce mot dans les *Formul Andegav*. (d. Mabillon) : « *Quia habeo quid apud acta prosevere debiam*. »

Prosev(e)*re* se contractant (voy. p. LXXXI) en *prosev're* donne l'ancien français *porsivre* (qui est dans Villehardouin) par le changement : 1° de *pro* en *por* (voy. au mot *pour*) ; 2° de *sev're* en *sivre* ; sur *e* devenu *i*, voy. *accomplir*. L'ancien français *porsivre* a donné

poursuivre par le changement de *por* en *pour* (voy. *pour*) et par la diphthongaison de *i* en *ui*. — D. *poursuite* (substantif participial fort, voy. *absoute*).

Pourtant, avant de signifier *malgré cela*, ce mot signifiait *pour tout cela*, pour *tant* ; voy. pour l'étymologie au mot *pour* et *tant*.

Pourtour, voyez *pour* et *tour*.

Pourvoi, voy. *pourvoir*.

Pourvoir, en provençal *provezir*, en italien *provvidere*, du L. *providere* (pourvoir) par le changement : 1° de *pro* en *pour* (voyez *pour*) ; 2° de *videre* en *voir* (voyez *voir*). — D. *pourvoyeur*, *pourvu*, *depourvu*, *pourvoi*.

Pourvoyeur, voy. *pourvoir*. — D. *pourvoirie*.

Pourvu que, composé de *pourvu* (voy. *pourvoir*) et de *que* (voy. ce mot).

1. **Pousse** (botanique), voy. *pousser*.

2. **Pousse** (médec. vétérinaire), voy. *pousser*. — D. *poussif*.

3. **Pousse** (poussière en termes de commerce) : *pousse* qui est anciennement *polce*, en provençal *pols* (poussière), vient du L. *pulvis* (poussière) par la contraction régulière (voy. p. LXXXI) de *pulv*(l)*s* en *pulv's* d'où *pul's* par la réduction de *vs* à *s* (voy. p. CIII, et p. XCV). *Puls* donne l'ancien français *polce* par le changement : 1° de *s* en *c* (voy. *cercueil*) ; 2° de *u* en *o* (voy. *annoncer*). — *Polce* est devenu *pousse* par le changement : 1° de *ol* en *ou* (voy. *agneau*) ; 2° de *c* en *ss* (voy. *agencer*). — D. *poussier*, *poussière*.

Pousser, ancienn. *polser*, du L. *pulsare* (pousser) par le changement de *u* en *o* (voy. *annoncer*), d'où l'ancien français *polser* qui devient *pousser* par le chan-

gement de *ol* en *ou* (voy. *agneau*).
— D *pousse* (action de pousser ;
substantif verbal) ; *pousse* (toux
des chevaux ; substantif verbal de
pousser au sens de tousser, sens
que possède aussi le latin *pulsare*) ;
poussée (substantif participial) ; *repousser*.

Poussier, voy. *pousse* 3. —
D. *poussière*.

Poussière, voy. *poussier*.

Poussif, voy. *pousse* 2.

Poussin, anciennement *poucin*, plus anciennement *polcin*, à l'origine *pulcin*, du L. *pullicenus* (poussin). *Pull(i)cenus* régulièrement contracté (voy. *accointer*) en *pull'cenus* a donné *pulcin* par le changement de *e* en *i* (voy. *accomplir*). *Pulcin* est devenu successivement *polcin* par le changement de *u* en *o* (voy. *annoncer*) ; *poucin* par celui de *ol* en *ou* (voy. *agneau*) ; *poussin* par celui de *c* en *ss* (voy. *agencer*). — D. *poussinière*.

Poutre. Ce mot qui signifie proprement *jument* (« *De toutes parts les* poutres *hennissantes* » dit encore Ronsard au seizième siècle), a désigné plus tard une pièce de bois qui sert à soutenir les solives d'un plancher ; par une application de cette métaphore assez fréquente qui consiste à donner aux pièces de bois qui *soutiennent*, le nom d'animaux qui *supportent* des fardeaux : c'est pour la même raison que *chevalet* dérive de *cheval*, et que le latin *equuleus* (pièce de bois) dérive de *equula* (jument).
Poutre (au sens de jument) est dans notre ancienne langue *poltre*, en italien *poledro* (poulain), et vient du L. *pulletrum** (poulain dans les Lois Barbares : « *Si quis* pulletrum *anniculum vel binum furaverit.* » lit-on dans la *Lex Salica*, tit. 40. *Pulletrum* est un dérivé du latin classique *pullus*, poulain).
Pull(e)trum contracté en *pull'trum* (voy. p. LXXXI) donne *poltre* par le changement de *u* en *o* (voy. *annoncer*) ; *poltre* devient *poutre* par l'adoucissement de *ol* en *ou* (voy. *agneau*). — D. *poutrelle*.

Pouvoir, anciennement *povoir*, plus anciennement *pooir*, à l'origine *podir*, en espagnol *poder*, en italien *potere*, du L. *potere** (pouvoir dans les actes mérovingiens et dans les Lois Barbares ; pour la formation de *potere*, voy. au mot *être*) *Potere* par le changement régulier de *t* en *d* (voy. *aider* et *aigu*) donne la forme *podere* que l'on trouve dans les textes de l'époque mérovingienne. « *Idio ipsa aucturetate mano propria non* podebat *subscribere* » dit une charte du roi Clotaire III (année 657).
Podere (qui est resté dans l'espagnol *poder*, pouvoir) donne par le changement de *e* en *i* (voy. *accomplir*) la forme *podir* qui est la plus ancienne forme française de ce mot : « *In quant Deus savir et* podir *me dunat....* » lit-on dans les *Serments* de 842. Perdant régulièrement le *d* médial (voy. *accabler*), *po(d)ir* donne l'ancien français *pooir*, par le changement de *i* en *oi* (voy. *boire*). Par l'intercalation d'un *v* euphonique destiné à supprimer l'hiatus (voy. *corvée*) *po-oir* devient postérieurement *po-v-oir* qui se transforme en *pouvoir* par le changement de *o* en *ou* (voy. *affouage*). — D. *pouvoir* (substantif).

Pragmatique, du L. *pragmaticus* (pragmatique dans le Code Théodosien qui donne *pragmatica sanctio*).

Prairie, anciennement *praerie*, en provençal *pradaria*, en italien *prateria*, du L. *prataria** (prairie dans les textes carlovingiens: « *De* prataria *in insula arpennos duos....* » dit une Charte de 832. *Prataria* dérive de *pratum* pré).

Pra(t)aria, perdant le *t* médial (voy. *abbaye*) et changeant *a* en *e* (voy. *acheter*) donne l'ancien français *praerie* qui s'est postérieurement transformé en *prairie*. — D. *prairial*.

Praline, mot d'origine historique(voy. p. LXIV); du nom du maréchal de Praslin (dont le cuisinier inventa ce bonbon au dix-septième siècle). — D. *praliner*.

† **Prame**, de l'anglais *prame* (prame).

Pratique (adj.), du L. *practicus* (actif, agissant dans Fulgence). Sur *ct* devenu *t*, voy. *affété*. — D. *pratique* (subst.), *pratiquer, praticable, praticien*.

Pré, anciennement *pred*, en provençal *prat*, en italien *prato*, du L. *pratum* (pré) par le changement de *atum* en *é*(voy. *ampoulé*).

Prealable, pour *préallable*; composé de *pré* (qui est le L. *prae* devant) et *allable* dérivé de *aller* (voy. ce mot).

Préambule, du L. *praeambulus* (qui précède).

Préau, anciennement *praël*, en provençal *pradel*, en italien *pratello* du L. *pratellum** (diminutif de *pratum* pré; pour le détail du changement de sens, voyez p. XXIII).

Pra(t)ellum par la chute régulière du *t* médial (voy. *abbaye*) donne l'ancien français *prael*; adoucissant *el* en *au*(voy. *agneau*), *prael* donne *praau** qui s'est immédiatement adouci en *préau* par dissimilation des voyelles (voyez p. LXXVI). Sur cet adoucissement de *a* en *é*, voy. *acheter*.

* **Prebende**, du L. *praebenda** (revenu ecclésiastique dans les textes du moyen âge; *praebenda* est un dérivé de *praebere* fournir). — D. *prébendé, prébendier*.

Précaire, du L. *precarius* (m. s.).

Précaution, du L. *praecautionem* (m. s.). — D. *precautionner*.

Précédent, du L. *praecedentem* (qui précède). — D. *précédent* (subst).

Precéder, du L. *praecedere* (précéder).

Précepte, du L. *praeceptum* (m. s.).

Precepteur, du L. *praeceptor* (professeur). — D. *préceptoral, préceptorat*.

Precession, du L. *praecessionem*, dérivé de *praecessum* (supin de *praecedere* précéder).

Prêcher, en italien *predicare*, du L. *praedicare* (prêcher) par la contraction régulière (voy. *accointer*) de *praed(i)care* en *praed'care* d'où *prêcher* par la réduction de *dc* à *c* (voy. *adjuger*) et par le changement: 1° de *c* en *ch* (voyez *acharner*); 2° de *ae* en *e* (voy. p. LXXXVI. — D. *prêche* (subst. verbal), *prêcheur*.

Precieux, du L. *pretiosus* (précieux). — D. *préciosité, précieuse*.

Précipice, du L. *praecipitium* (abîme); sur *ti* devenu *ce*, voyez *agencer*.

Précipitation, du L. *praecipitationem* (m. s.).

Précipiter, du L. *praecipitare* (m.s.). — D. *précipitant, précipité* (subst. participial).

Preciput, du L. *praecipuum* (préciput).

Précis, du L. *praecisus* (concis). — D *préciser, précis* (subst.).

Précision, du L. *praecisionem* (m. s.).

Précité, du L. *prae* (devant) et *cité* (voy. *citer*).
Précoce, du L. *præcocem* (m. s.). — D. *précocité.*
Préconiser, du L. *præconisare* (m. s. dans les auteurs latins de la décadence). — D. *préconisation.*
Précurseur, du L. *præcursor* (m. s.).
Prédécesseur, du L. *praedecessor* (m. s.)
Prédestination, du L. *praedestinationem* (m. s.).
Prédestiner, du L. *praedestinare* (prédestiner).
Prédicant, du L. *praedicantem* (qui prêche).
Prédicateur, du L. *praedicator* (prédicateur).
Prédication, du L. *praedicationem* (prédication).
Prédiction, du L. *praedictionem* (prédiction).
Prédilection, composé de *dilection* (qui est le L. *dilectionem,* m. s.) et de *pré* (qui est le L. *prae* en avant).
Prédire, du L. *praedicere* (prédire) : sur *dicere* devenu *dire,* voy. *dire.*
Prédisposer, de *disposer* (voy. ce mot) et du L. *prae* (avant). — D. *prédisposition.*
Prédominer, de *dominer* voy. ce mot) et du L. *prae* (avant). — D. *prédominance.*
Prééminence, du L. *praeeminentia* (m. s.). Sur *tia* devenu *ce,* voy. *agencer.*
Prééminent, du L. *praeeminentem* (m. s.).
Préétablir, de *établir* (voyez ce mot) et du L. *prae* (avant).
Preexistence, de *existence* (voy. ce mot) et du L. *prae* (avant).
Préexister, de *exister* (voyez ce mot) et du L. *prae* (avant).
Préface, du L. *praefatio* (préface). Sur *tio* devenu *ce,* voyez *agencer.*
Préfecture, du L. *praefectura* (administration, commandement).
Préférer, du L. *praeferre* (préférer). — D. *préférable, préférence.*
Prefet, du L. *praefectus* (préfet). Sur *ct = t,* voy. *affété.*
Préfix, du L. *praefixus* (placé devant. et aussi fixé d'avance). — D. *préfixe.*
Préjudice, du L. *praejudicium* (préjudice). — D. *préjudiciable.*
Préjudiciel, du L. *praejudicialis* (m. s.).
Préjugé, voy. *préjuger.*
Préjuger, de *juger* (voy. ce mot) et du L. *prae* (avant). — D. *préjugé* (substantif participial).
Prélasser (se), voy. *prélat.*
Prélat, du L. *praelatus* (qui est en avant, qui commande, d'où le sens de dignitaire, dans le latin ecclésiastique). — D. *prélature.*
Prélation, du L. *praelationem* (préférence).
Prélever, de *lever* (voy. ce mot) et du L. *prae* (avant). — D. *prélèvement.*
Préliminaire, du L. *prae* (avant) et de *liminaris* (initial).
Préluder, du L. *praeludere* (m. s.). — D. *prélude* (subst. verbal).
Prématuré, du L. *praematuratus* dérivé de *praematurus* (précoce). — D. *prématurité.*
Préméditation, du L. *praemeditationem* (prévision).
Préméditer, du L. *praemeditari* (m. s.).
Prémices, du L. *primitiae* (prémices). Sur *tiae* devenu *ce,* voyez *agencer.*
Premier, du L. *primarius* (premier) par le changement 1° de *arius* en *ier* (voy. *ânier*); 2° de *i* en *e* (voy. *admettre*).

Prémisses, du L. *praemissa* (proposition placée devant).
Prémunir, du L. *praemunire* (prémunir).
Prenable, voy. prendre. — D. *imprenable*.
Prendre, en italien *prendere*, du L. *prendere* (prendre dans Virgile) par la contraction regulière (voy. p. LXXXI) de *prend(ĕ)re* en *prend're*. — D. *apprendre, comprendre, reprendre, surprendre, éprendre, entreprendre, méprendre, preneur, prenable*.
Prénom, du L. *praenomen* (m. s.).
Prénotion, du L. *praenotionem* (m. s.).
Préoccupation, du L. *praeoccupationem* (occupation préalable).
Préoccuper, du L. *praeoccupare* (m. s.).
Préopiner, de opiner (voy. ce mot) et du L. *prae* (avant).
Préparation, du L. *praeparationem* (m. s.).
Préparatoire, du L. *praeparatorius* (m. s.).
Préparer, du L. *praeparare* (m. s.). — D. *préparatif*.
Prépondérant, du L. *preponderantem* (m. s.). — D. *prépondérance*.
Préposer, de poser (voy. ce mot) et du L. *prae* (devant).
Prépositif, du L. *praepositivus* (m. s.).
Préposition, du L. *praepositionem* (préposition).
Prérogative, du L. *praerogativa* (privilége).
Près, en italien *presso*, du L. *pressus* (proprement serre contre, qui avoisine, d'où le sens de *joignant* et de *près*). — D. *après; presque*.
Présage, du L. *praesagium* (présage). — D. *présager*.

Presbyte, du grec πρεσβύτης (m. s.).
Presbytère, du grec πρεσβυτέριον (habitation du prêtre). — D. *presbytéral, presbytérien*.
Prescience, du L. *praescientia* (m. s.). Sur *tia* devenu *ce*, voyez *agencer*.
Prescriptible, dérivé de prescription (voy. ce mot). — D. *imprescriptible*.
Prescription, du L. *praescriptionem* (prescription).
Prescrire, du L. *praescribere* (prescrire) ; sur *scribere* devenu *scrire*, voy. *écrire*.
Préséance, du L. *praesidentia** (droit d'avoir la première place; dérivé de *praesidere* avoir la préséance dans Suétone). *Praesi(d)entia* a donné *préséance* par la chute du *d* médial (voy. *accabler*) et par le changement: 1° de *ae* en *e* (voy. p. LXXXVI) ; 2° de *i* en *e* (voy. *admettre*) ; 3° de *en* en *an* (voy. *amender*) ; 4° de *tia* en *ce* (voy. *agencer*).
Présence, du L. *praesentia* (présence) Sur *tia* devenu *ce*, voy. *agencer*.
1. **Présent** (adj.), du L. *praesentem* (présent). — D *présenter, présent* (subst.).
2. **Présent** (subst.), voy. *présenter*.
Présenter, voy. *présent* 1. — D. *présent* (subst. verbal), *présentation, présentateur, présentable, présentement, représenter*.
Preserver, du L. *praeservare* (m s.). — D. *préservateur, préservatif*.
Président, du L. *praesidentem* (qui préside). — D. *présidence, présidentiel*.
Présider, du L. *praesidere* (présider).
† **Présides,** de l'espagnol *presidios* (garnisons).

Présidial, du L. *praesidialis* (de gouverneur de province).
Présomptif, du L. *praesumptivus* (m. s.).
Présomption, du L. *praesumptionem* (m. s.).
Présomptueux, du L. *praesumptuosus* (m. s.). Sur *osus* devenu *eux*, voy. *amoureux*.
Presque, voy. *près* et *que*.
Presqu'île, voy. *presque* et *île*.
Presse, voy. *presser*. — D. *pressier*.
Pressentir, du L. *praesentire* (m. s.). — D. *pressentiment*.
Presser, du L. *pressare* (presser). — D. *presse* (substantif verbal); *pressis*.
Pression, du L. *pressionem* (pression).
Pressoir, du L. *pressorium* (presse). Sur la transposition de *i*, voy. *chanoine*.
Pressure, du L. *pressura* (action de presser). — D. *pressurer*.
Pressurer, voy. *pressure*. — D. *pressurage*, *pressureur*.
Prestance, du L. *praestantia* (supériorité).
Prestation, du L. *praestationem* (action d'acquitter).
† **Preste**, de l'italien *presto* (preste)
† **Prestesse**, de l'italien *prestezza* (prestesse).
Prestige, du L. *praestigia* (charme).
Prestigieux, du L. *praestigiosus* (m. s.). Sur *osus* devenu *eux*, voy. *amoureux*.
† **Presto**, de l'italien *presto* (preste, rapide).
Prestolet, origine inconnue.
Présumer, du L. *praesumere* (présumer). — D. *présumable*.
Présupposer, de *supposer* (voyez ce mot) et du L. *prae* (avant).

Présupposition, de *supposition* (voy. ce mot) et du L. *prae* (avant).
† **Présure**, de l'italien *présura* (présure).
1. **Prêt** (adj.), anciennement *prest*, en italien *presto*, du L. *praestus* (prêt, dans plusieurs inscriptions de l'Empire. *Praestus* est fréquent avec ce sens dans les Lois Barbares: « *Quando cum petitore causam finire sit* praestus... » dit la loi des Wisigoths ix, 2).
Praestus a donné *prest* par le changement de *ae* en *e* (voyez p. LXXXVI); *prest* est devenu *prêt* par la chute de *s* (voy. *abîme*).
2. **Prêt** (subst.), voy. *prêter*.
Pretantaine, origine inconnue.
Prétendre, du L. *praetendere* (prétendre); sur le changement de *tendere* en *tendre*, voy. *tendre*. — D. *prétendant*, *prétendu*.
Prétentieux, voyez *prétention*.
Prétention, du L. *praetentionem** (dérivé de *praetentum* supin de *praetendere* prétendre). — D. *prétentieux*.
Prêter, anciennement *prester* du L. *praestare* (proprement fournir; ce mot a déjà le sens de prêter dans le Code Théodosien: « *cum nisi peculiariter ut pecuniam praestet, a domino fuerit postulatus.* »)— *Praestare* a donné *prester* par le changement de *ae* en *e* (voy. p. LXXXVI) ; *prêter* par la chute de *s* (voy. *abîme*). — D. *prêteur*, *prêt* (subst. verbal).
Prétérit, du L. *praeteritum* (m. s.).
Prétérition, du L. *praeteritionem* (m. s.),
Préteur, du L. *praetor* (même sens).
Prétexte, du L. *praetextus* (prétexte). — D. *prétexter*

Pretintaille, origine inconnue.

Prétoire, du L. *praetorium* (pretoire). Sur le changement de *o* en *oi*, voy. *chanoine*.

Prétorien, du L. *praetorianus* (m. s.).

Prêtre, anciennem. *prestre*, du L. *presbyter* (prêtre dans Prudence et dans saint Jérôme). *Presb(y̆)ter* régulièrement contracté (voy. p. LXXXI) en *presb'ter*, puis en *pres'ter* (voy. p. XCV), donne *prestre* par la chute du dernier *e* latin (voy. p. LXXXI) : *prestre* est devenu *prêtre* par la chute de *s* (voy. *abîme*). — D. *prêtresse, prêtrise, prêtraille*.

Preture, du L. *praetura* (même sens).

Preuve, en italien *prova*, en catalan *proba*, du L. *proba* (dérivé de *probare* prouver). *Proba* a donné *preuve* par le changement: 1° de *b* en *v* (voyez *avant*); 2° de *o* en *eu* (voy. *accueillir*).

Preux, anciennement *preus*, à l'origine *pros*, en italien *pro*, mot dont l'étymologie est inconnue — D. de l'ancienne forme *pro proesse** (aujourd'hui *prouesse* par le changement de *o* en *ou*; voy. *affouage*).

Prévaloir, du L. *praevalere* (m. s.). Sur le changement de *valere* en *valoir*, voy. *valoir*.

Prévaricateur, du L. *praevaricator* (m. s.).

Prévarication, du L. *praevaricationem* (m. s.).

Prévariquer, du L. *praevaricari* (m. s.).

Prévenant, voy. *prévenir*. — D. *prévenance*.

Prévenir, du L. *praevenire* (prévenir). — D. *prévenant*.

Préventif, voy. *prévention*.

Prévention, du L. *praeventio-nem* (dérivé de *praeventum* supin de *praevenire* prévenir).

Prévenu, substantif participial de *prévenir* (voy. ce mot).

Prévision, de *vision* (voy. ce mot) et du L. *prae* (avant).

Prévoir, du L. *praevidere* (m. s.). Pour le changement de *videre* en *voir*, voy. au mot *voir*. — D. *prévoyant, prévoyance*.

Prévôt, anciennement *prévost* (proprement: préposé du roi), du L. *praepositus* (préposé). *Praepos(i)tus*, régulièrement contracté (voy. p. LXXXI) en *praepos'tus* a donné *prévost* par le changement: 1° de *ae* en *e* (voy. p. LXXXVI); 2° de *p* en *v* (voy. *arriver*); *prévost* est devenu *prévôt* par la chute de *s* (voy. *abîme*). — D. *prévôtal, prévôté*.

Prévoyant, voy. *prévoir*. — D. *prévoyance*.

Prie-Dieu, voyez *dieu* et *prier*.

Prier, du L. *precare* (prier) par la chute du *c* médial (voyez *affouage*) et par le changement de *e* en *i* (voy. *accomplir*).

Prière, en provençal *preguiera*, en catalan *pregaria*, du L. *precaria** (prière dans les textes latins du moyen âge; *precaria* dérivé de *precare* prier). *Pre(c)aria* a donné *prière* par la chute du *c* médial (voy. *affouage*) et par le changement: 1° de *e* en *i* (voy. *accomplir*); 2° de *a* en *e* (voyez *acheter*).

Prieur, du L. *priorem* (le premier) par le changement de *o* en *eu* (voy. *accueillir*). — D. *prieuré, prieure*.

Primaire, du L. *primarius* (premier).

Primat, du L. *primatem* (qui est au premier rang). — D. *primatial, primatie*.

Primauté, du L. *primalita-*

tem* (dérivé de *primus* premier). Pour le changement de *alitatem* en *auté*, voy. *communauté*.

1. **Prime** (adj.), du L. *primus* (premier). — D. *prime-abord*,
2. **Prime** (liturgie), du L. *prima* [hora] (la première heure).
3. † **Prime** (d'assurance), de l'anglais *premium* (prime).
4. **Prime** (joaillerie), anciennement *prisme*, du L. *prisma* (prisme). Pour la chute de *s*, voy. *abîme*.

Primer, voy. *prime*. 1. — D. *primage*.

Prime-saut, voyez *saut* et *prime*. 1. — D. *prime-sautier*.

Primeur, voy. *prime*. 1.

Primevère, du L. *primum ver* (fleur, dans Martial).

Primicier, du L. *primicerius* (m. s.).

Primitif, du L. *primitivus* (primitif).

Primo, du L. *primo* (ablatif de *primus* premier).

† **Primogéniture**, de l'italien *primogenitura* (m. s.).

Primordial, du L. *primordialis* (m. s.).

Prince, en italien *principe* du L. *principem* (prince) par la chute des deux dernières syllabes atones (voy. p. LXXXI). — D. *princesse*, *princier*.

Princeps, du L. *princeps* (premier).

Principal, du L. *principalis* (principal).

Principauté, du L. *principalitatem* (dignité de prince, puis terre qui donne le titre de prince). Sur le changement de *alitatem* en *auté*, voy. *communauté*.

Principe, du L. *principium* (m. s.).

Printanier, voy. *printemps*.

Printemps, du L. *primum tempus** (la première saison de l'année; l'année commençant à Pâques). *Primum tempus* contracté en *prim'tempus* a donné *printemps* par le changement de *m* en *n* (voy. *changer*). — D. *printanier*.

Priori (*a*), du L. *a* (de) et *priori* (qui est avant).

Priorité, du L. *prioritatem** (dérivé de *prior* qui est avant).

Pris, du L. *prensus* (prís, dans Horace). *Prensus* réduisant régulièrement (voy. *aîné*) *ns* à *s*, donne *presus* qui devient *pris* par le changement de *e* en *i* (voy. *accomplir*). — D. *prise* (substantif participial), d'où *priser*.

1. **Priser** (aspirer du tabac en poudre), voy. *pris*. — D. *priseur*.
2. **Priser** (apprécier), du L. *pretiare* (priser, estimer, dans Cassiodore. Le mot est fréquent dans les Lois Barbares : « *Si quis alicui caballum involaverit et pretiet eum dominus ejus cum sacramento usque ad 6. solidos....* » dit la *Lex Alamannorum*, 71).

Pretiare a donné *priser* par le changement: 1° de *e* en *i* (voyez *accomplir*) ; 2° de *tiare* en *ser* (voy. *agencer*). — D. *commissaire-priseur*; *prisée*; *mépriser*.

Prisme, du grec πρίσμα (m. s.). — D. *prismatique*.

Prison, du L. *prensionem* (action de saisir, d'emprisonner, d'où le sens de prison, par le passage du sens abstrait au sens concret). *Prensionem*, réduisant régulièrement *ns* à *s* (voy. *aîné*) donne *presionem* qui devient *prison* par le changement : 1° de *e* en *i* (voy. *accomplir*); 2° de *sio* en *so* (voy. *agencer*). — D. *prisonnier*.

Privatif, du L. *privativus* (m. s.).

Privation, du L. *privationem* (m. s.).

Privauté ancienn. *privalte*,

du L. *privalitatem* * (de *privalis*, dérivé de *privus*, privé). Pour le changement de *aliatem* en *auté*, voy. *communauté*.

Privé, du L. *privatus* (particulier).

Priver, du L. *privare* (priver). — D. *privé*.

Privilege, du L. *privilegium* (m. s.). — D. *privilégier*, *privilégié*.

Prix, anciennement *pris*, du L. *pretium* (prix) par le changement: 1° de *e* en *i* (voy. *accomplir*) ; 2° de *tiu* en *s* puis en *x* (voy. *agencer*).

Probabilité, du L. *probabilitatem* (m. s.).

Probable, du L. *probabilis* (m. s.).

Probant, du L. *probantem* (qui prouve).

Probation, du L. *probationem* (épreuve).

Probatique, du L. *probaticus* (m. s.).

Probe, du L. *probus* (probe).

Probité, du L. *probitatem* (probité).

Problématique, du grec προ-βληματικός (m. s.).

Problème, du grec πρόβλημα (question proposée).

Proboscide, du L. *proboscidem* (museau).

Proceder, du L. *procedere* (procéder). — D. *procédé* (subst. participial), *procédure*.

Procedure, voy. *procéder*.

Proces, proprement marche, développement, du L. *processus* (marche). — D. *processif*.

Procession, du L. *processionem* (sortie solennelle). — D. *processionnal*.

Procès-verbal, voy. *procès* et *verbal*.

Prochain, voy. *proche*.

Proche, du L. *propius* (comp. de *prope*, proche), par le changement regulier (voy. *abréger*) de *piu* en *che*. — D. *prochain*, approcher, rapprocher, reprocher.

Prochronisme, du grec πρό-χρονος (antérieur).

Proclamation, du L. *proclamationem* (cris).

Proclamer, du L. *proclamare* (m. s.)

Proconsul, du L. *proconsul* (proconsul).

Proconsulaire, du L. *proconsularis* (m. s.).

Proconsulat, du L. *proconsulatus* (m. s.).

Procréation, du L. *procreationem* (m. s.).

Procréer, du L. *procreare* (m. s.).

Procurateur, du L. *procurator* (fondé de pouvoirs).

Procuration, du L. *procurationem* (commission).

Procurer, du L. *procurare* (soigner).

Procureur, du L. *procuratorem* (procurateur): pour le chang.-ment de *atorem* en *eur*, voy. *empereur*.

Prodigalité, du L. *prodigalitatem* (m. s.).

Prodige, du L. *prodigium* (m. s.).

Prodigieux, du L. *prodigiosus* (m. s.).

Prodigue, du L. *prodigus* (m. s.). — D. *prodiguer*.

Prodrome, du grec πρόδρομος (qui court devant, précurseur).

Producteur, du L. *productor* (dérivé de *productum* supin de *producere*, produire).

Productif, du L. *productivus* * (dérivé de *productum*, supin de *producere*, produire).

Production, du L. *productionem* (dérivé de *productum*, supin de *producere*, produire).

Produire, du L. *producere*

(produire). Pour le changement de *ducere* en *duire*, voy. *conduire*.
Produit, du L. *productus* (produit). Pour le changement de *ct* en *it*, voy. *attrait*.
Proeminent, du L. *proeminentem* (m. s.). — D. *proéminence*.
Profanateur, du L. *profanator* (m. s.).
Profanation, du L. *profanationem* (m. s.).
Profane, du L. *profanus* (m. s.).
Profaner, du L. *profanare* (profaner).
Proferer, du L. *proferre* (m. s.).
Profès, professe, du L. *professus* (qui a fait profession). — D. *professer*.
Professer, voy. *profès*.
Professeur, du L. *professor* (professeur).
Profession, du L. *professionem* (profession).
Professo (ex), du L. *ex* (de) et *professus* (déclaré, exposé).
Professoral, du L. *professoralis** (dérivé de *professor*, professeur).
Professorat, du L. *professoratus** (dérivé de *professor*, professeur).
† **Profil**, de l'italien *proffilo* (profil). — D. *profiler*.
Profit, du L. *profectus* (profit dans Ovide) par le changement régulier (voy. *attrait*) de *ect* en *it*. — D. *profiter*, *profitable*.
Profond, du L. *profundus* (m. s.). — D. *profondeur*, *approfondir*.
Profusément, dérivé de *profus* qui est le L. *profusus* (répandu abondamment).
Profusion, du L. *profusionem* (profusion).
Progeniture, du L. *progenitura** (dérivé de *progenitum*, supin de *progignere*, engendrer).
Programme, du grec πρόγραμμα (ecrit par lequel on annonce d'avance).
Progrès, du L. *progressus* (progrès). — D. *progresser*, *progressif*.
Progression, du L. *progressionem* (m. s.).
Prohiber, du L. *prohibere* (repousser, défendre).
Prohibitif, du L. *prohibitivus** (dérivé de *prohibitum*, supin de *prohibere*, prohiber).
Prohibition, du L. *prohibitionem* (m. s.).
Proie, en italien *preda*, du L. *praeda* (proie) par la chute du d médial *prae(d)a* (voy. *alouette*) et par le changement successif de *ae* en *e* (voy. p. LXXXVI), puis de *e* en *oi* (voy. *accroire*).
Projectile, du L. *projectilis** (dérivé de *projectum*, supin de *projicere*, jeter en avant).
Projection, du L. *projectionem* (jet en avant).
Projecture, du L. *projectura* (m. s.).
Projet, du L. *projectus* (ce que l'on met en avant, ce que l'on propose). — D. *projeter*.
Projeter, voy. *projet*.
Prolégomènes, du grec τα προλεγόμενα (préambule).
Prolepse, du grec πρόληψις (anticipation).
Proletaire, du L. *proletarius* (m. s.).
Prolifique, du L. *prolificus* (m. s.).
Prolixe, du L. *prolixus* (prolixe).
Prolixité, du L. *prolixitatem* (prolixité).
Prologue, du grec πρόλογος (discours preliminaire).
Prolonger, du L. *prolongari*

25

(m. s.). — D. *prolonge* (subst. verbal), *prolongation, prolongement.*

Promener, du L. *prominare* (mener dans Apulée). Sur le changement de *i* en *e*, voy. *admettre.*
— D. *promenade, promeneur, promenoir.*

Promesse, du L. *promissa* (chose promise) par le changement de *i* en *e* (voy. *admettre*).

Promettre, en italien *promettere,* du L. *promittere* (promettre), par le changement de *mittere* en *mettre* (voy. *admettre*).

Promiscuité, du L. *promiscuitatem* (dérivé de *promiscuus,* commun).

Promission, du L. *promissionem* (promesse).

Promontoire, du L. *promontorium* (m. s.).

Promoteur, du L. *promotor* (dérivé de *promotum,* supin de *promovere,* promouvoir).

Promotion, du L. *promotionem* (m. s.).

Promouvoir, du L. *promovere* (m. s.). Pour le changement de *novere* en *mouvoir,* voy. *mouvoir.*
— D. *promu.*

Prompt, du L. *promptus* (prompt).

Promptitude, du L. *promptitudo* (m. s.).

Promulgation, du L. *promulgationem* (m. s.).

Promulguer, du L. *promulgare* (m. s.).

Prône, du L. *praeconium* (publication, annonce) ; par le changement de *ae* en *e* (voy p. LXXXVI), d'où *preconium* qui donne *prône* par la chute du *c* médial *pre(c)onium* et par la contraction de *preone* en *prône* (voy. p. XC). — D. *prôner, prôneur.*

Pronom, du L. *pronomen* (m.

Pronominal, du L. *pronominalis* (m. s.).

Prononcer, du L. *pronuntiare* (m. s.), par le changement de *nuntiare* en *noncer* (voy. *annoncer.*)

Prononciation, du L. *pronuntiationem* (m. s.).

Pronostic, du grec προγνωστικόν (indice de ce qui doit arriver).
— D. *pronostiquer.*

Pronostiquer, voy. *pronostic.*
— D. *pronostiqueur.*

Propagande, mot d'origine historique (voy. p. LXIV) ; allusion au Collége de la *Propagande,* à Rome, congrégation instituée pour la propagation de la foi.

Propagateur, du L. *propagator* (m. s.).

Propagation, du L. *propagationem* (extension).

Propager, du L. *propagare* (propager).

Propension, du L. *propensionem* (m. s.).

Prophète, du L. *propheta* (m. s.).

Prophétesse, du L. *prophetissa* (m. s.). Sur *i* devenu *e,* voy. *admettre.*

Prophétie, du L. *prophetia* (m. s.).

Prophétique, du L. *propheticus* (m. s.).

Prophétiser, du L. *prophetizare* (prédire, dans saint Jérôme).

Propice, du L. *propitius* (propice). Sur *tiu* devenu *ce,* voy. *agencer.*

Propolis, du L. *propolis* (résine).

Proportion, du L. *proportionem* (m. s.). — D. *proportionner, disproportion.*

Proportionnalité, du L. *proportionalitatem* (m. s.).

Proportionnel, du L. *proportionalis* (m. s)

Propos, du L. *propositum* (cho-

PRO 435 PRO

se proposée, dessein, résolution). Pour le changement de *ositum* en *os*, voy. *dispos*.
Proposer, voyez ci-dessus au mot *poser*.
Proposition, du L. *propositionem* (proposition).
Propre, du L. *proprius* (m. s).
— D. *impropre*, *approprier*, *propret*, *propreté*.
Propreteur, du L. *propraetor* (m. s.).
Proprietaire, du L. *proprietarius* (propriétaire, dans Ulpien).
Propriete, du L. *proprietatem* (m. s.)
Propylees, du grec προπύλαιος (vestibule).
Prorata, du L. *pro* (pour) et *rata* [parte] (la part fixée, determinée).
Prorogation, du L. *prorogationem* (m. s.).
Proroger, du L. *prorogare* (m. s.).
Prosaïque, du L. *prosaicus* (écrit en prose). — D. *prosaisme*.
Prosateur, voy. *prose*.
Proscripteur, du L. *proscriptor* (m. s.).
Proscription, du L. *proscriptionem* (proscription).
Proscrire, du L. *proscribere* (proscrire), par le changement de *ibere* en *ire* (voy. *écrire*).
Proscrit, du L. *proscriptus* (proscrit) par le changement de *iptus* en *it* (voy. *écrit*).
Prose, du L. *prosa* (m. s.). — D. *prosateur*.
Prosecteur, du L. *prosector* (celui qui coupe).
Proselyte, du L. *proselytus* (m. s. dans saint Jerôme). — D. *prosélytisme*.
Prosodie, du grec προσῳδία (chant). — D. *prosodique*.
Prosopopee, du grec προσωποποιία (personnification).

Prospectus, du L. *prospectus* (vue).
Prospérer, du L. *prosperare* (réussir).
Prospérité, du L. *prosperitatem* (m. s.)
Prosterner (se), du L. *prosternere* (se prosterner). — D. *prosternation*, *prosternement*
Prostituer, du L. *prostituere* (m. s.).
Prostitution, du L. *prostitutionem* (m. s.).
Prostration, du L. *prostrationem* (abattement).
Prote, du grec πρῶτος (le premier).
Protecteur, du L. *protector* (protecteur). — D. *protectorat*.
Protection, du L. *protectionem* (m. s.).
Protée, du L. *proteus* (m. s.).
Proteger, du L. *protegere*.
Protestation, du L. *protestationem* (protestation)
Protester, du L. *protestari* (protester). — D. *protestant* (nom donné aux Luthériens qui protestèrent, en 1529, à la diète de Spire, contre un édit de la diète de Worms); *protestantisme*.
Protêt, pour *protest* (sur la chute de *s*, voy. *abîme*). *Protêt* est le substantif verbal de *protester* (voy. ce mot).
Protocole, du grec πρωτόκολλον (la première feuille du livre, propr. le premier feuillet collé).
Protonotaire, du grec πρῶτος (le premier) et du L. *notarius* (scribe).
Prototype, du grec πρωτότυπος (qui est le premier modèle).
Protoxyde, du grec πρῶτος (le premier) et ὀξύς (acide).
Protuberance, du L. *protuberantia* (de *protuberantem* part. de *protuberare*, être proéminent).

Protuteur, du L. *protutor* (même sens).

Prou (beaucoup) en italien *pro*, du L. *probe* (bien) par la chute du *b* médial (voy. *aboyer*) et par le changement de *o* en *ou* (voy. *affouage*).

† **Proue,** au seizième siècle *proe*, mot assez récent dans la langue et qui vient de l'espagnol *proa* (proue). Pour le changement de *proe* en *proue*, voy. au mot *affouage*.

Prouesse, voy. *preux*.

Prouver, du L. *probare* (prouver) par le changement : 1° de *o* en *ou* (voy. *affouage*); 2° de *b* en *v* (voy. *avant*). — D. *éprouver, reprouver*.

Provende, du L. *praebenda* (ce que l'on doit fournir, d'où le sens de provision). *Praebenda* a donné *provende* par le changement : 1° de *b* en *v* (voy. *avant*); 2° de *ae* en *e* (voy. p. LXXXVI), puis de *e* en *o* (voy. *rognon*).

Provenir, du L. *provenire* (provenir) —D *provenant,provenance.*

Proverbe, du L. *proverbium* (m. s.).

Proverbial, du L. *proverbialis* (m. s).

Providence, du L. *providentia* (providence). Sur *tia* devenu *ce*, voy *agencer*.

Provigner, voy. *provin*. — D. *provignement*.

Provin, anciennement *provain*, en provençal *probaina*, en italien *proppagine*, du L. *propaginem* (provin, rejeton de vigne). *Propag(i)nem* régulièrement contracté (voy. p. LXXXI) en *propag'nem* donne *provain* par le changement : 1° de *p* en *v* (voy. *arriver*); 2° de *gn* en *n* (voy. *asséner*); 3° de *a* en *ai* (voy. *aigle*). — D. *provigner, provignement*.

Province, du L. *provincia* (province).

Provincial, du L. *provincialis* (provincial).

Proviseur, du L. *provisor* (celui qui pourvoit à).

Provision, du L. *provisionem* (m. s.). — D. *provisionner, approvisionner*.

Provisoire, du L. *provisorius** (rendu par provision).

Provocateur, du L. *provocator* (provocateur).

Provocation, du L. *provocationem* (m. s.).

Provoquer, du L. *provocare* (provoquer).

Proximité, du L. *proximitatem* (m. s.).

Prude, du L. *prudens* (circonspect). — D. *prud'homme, pruderie, prud'hommie*.

Prudence, du L. *prudentia* (prévoyance).

Prudent, du L. *prudentem* (prudent).

Prune, du L. *prunum* (prune). — D. *prunier, pruneau*, (de l'ancien français *prunel*, diminutif de *prune*; sur *el* devenu *eau*, voy. *agneau*), *prunellier, prunelle* (d'où le sens de pupille de l'œil, assimilée à une petite prune noire).

1. **Prunelle,** voy. *prune*. — D. *prunellier*.

2. **Prunelle** (de l'œil), voy. *prune*.

Prurigineux, du L. *pruriginosus* (m. s.).

Prurit, du L. *pruritus* (m. s.).

Prussique (acide), ainsi nommé parce qu'il fut extrait d'abord du bleu de *Prusse*.

Prytanée, du grec πρυτανεῖον (m. s.).

Psalmiste, du L. *psalmista* (m. s. dans S Jérôme).

Psalmodie, du L. *psalmodia* (m. s).— D. *psalmodier*.

Psalterion, du L. *psalterium* (m. s.).

Psaume, du L. *psalmus* (psaume) par le changement de *al* en *au* (voy. *agneau*) Le son initial *ps* étant étranger à notre langue, l'ancien français disait correctement *saume* pour *psaume*, *sautier* pour *psautier*. (Pour la réduction de *ps* à *s*, voy. p. CII.)

Psautier, anciennement *sautier*, du L. *psalterium* (psautier) par le changement de *al* en *au* (voy. *agneau*) et par celui de *e* en *ie* (voy. *arrière*). Pour l'explication de l'ancienne forme *sautier*, voy. *psaume*.

Pseudonyme, du grec ψευδώνυμος (qui porte un faux nom).

Psyche, du grec ψυχή (Psyché, propr. âme). — D. *psyché* (glace).

Psychologie, du grec ψυχή (âme) et λογος (traité). — D. *psychologique*, *psychologiste*, *psychologue*.

Puanteur, voy. *puer*.

Pubère, du L *puber* (même sens)

Puberté, du L. *pubertatem* (m. s.).

Public, du L. *publicus* (m s.). — D. *publiciste*, *publicité*.

Publicain, du L. *publicanus* (publicain).

Publication, du L. *publicationem* (m. s.).

Publiciste, voy *public*.

Publicité, voy *public*.

Publier, du L. *publicare* (publier) par la chute du *c* médial (voy. *affouage*).

Puce, anciennement *pulce*, en italien *pulce*, du L. *pulicem* (puce) par la contraction régulière (voy p LXXXI) de *pul(i)cem* en *pul'cem*, d'où l'ancien français *pulce*. — D. *puceron*, *épucer*.

Pudeur. du L. *pudor* (pudeur). — D. *impudeur*

Pudibond, du L. *pudibundus* (pudibond).

Pudicité, du L. *pudicitatem* (m. s.).

Pudique, du L. *pudicus* (m. s).

Puer, ancien français *puir*, en provençal *pudir*, en italien *pudire*, du L. *putere* (puer), par la chute du *t* medial *pu(t)ere* et par le changement de *e* en *i* (voy. *accomplir*) — D. *puant*, *puanteur*; *empuantir*

Pueril, du L *puerilis* (m. s).

Puérilité, du L. *puerilitatem* (m. s.).

Pugilat, du L. *pugilatus* (m. s).

Puîné (qui est né après), anciennement *puisné*, du L. *postnatus* (puîné. — « *Est consuetudo in quibusdam partibus, quod postnatus praefertur primogenito* », dit un texte du moyen âge; *postnatus* est un composé de *natus* ne, et de *post* après). — Pour le changement de *post-natus* en *puis-né*, voy. *puis* et *né ;* pour le changement de *puisné* en *puîné*, voy. *abîme*.

Puis, du L. *post* (puis), par la chute du *t* (voy. *nôtre*), et par le changement de *o* en *ui* (voy. *cuider*). — D. *puisque ; depuis*.

Puiser, voy. *puits* — D. *puisatier ; épuiser*.

Puisque, voy. *puis* et *que*.

Puissance, voy. *puissant*.

Puissant, du L. *possentem** (participe barbare de *posse* pouvoir). Sur le changement de *o* en *ui*, voy. *cuider*. — D. *puissance*, *impuissant*.

Puits, anciennement *puis*, du L. *puteus* (puits) par le changement regulier (voy. *abréger*) de *put(eu)s* en *put(iu)s*, d'où *puis* par le changement de *u* en *ui* (voy. *buis*) et par celui de *ti* en *s* (voy. *agencer*). De cette ancienne forme *puis*, sont venus *puiser*, *puisard*. L'orthographe *puits* est l'œuvre des pédants du seizième siècle qui intercalèrent un *t* dans *puis* ; ils croyaient rapprocher ainsi le mot français de son original latin, sans se douter que l's de puis représentait déjà le tt latin.

Pulluler, du L. *pullulare* (pulluler).

Pulmonaire, du L. *pulmonarius* (pulmonique).

Pulpe, du L. *pulpa* (pulpe).

Pulpeux, du L. *pulposus* (charnu).

Pulsation, du L. *pulsationem* (choc).

† **Pulverin**, de l'italien *polverino* (pulvérin).

Pulveriser, du L. *pulverisare* (pulvériser). — D. *pulvérisation*.

Pulverulent, du L. *pulverulentus* (poudreux).

Punais, en provençal *putnais*, dérivé de l'ancien français *put* (fétide), par un suffixe *nais* (pour *inais*, qui est le L. *inaceus*. L'ancien français *put* est le latin *putidus* (fétide, puant). Pour la chute des deux dernières syllabes atones (voy. p. LXXXI) — D. *punaise* (proprement insecte puant).

Punaise, voy. *punais*.

† **Punch**, de l'anglais *punch* (punch).

Punique, du L. *punicus* (m. s.).

Punir, du L. *punire* (punir). — D. *punissable*, *punisseur*.

Punition, du L. *punitionem* (m. s.)

Pupillaire, du L. *pupillaris* (m. s.).

Pupille, du L. *pupilla* (pupille).

Pupitre, du L. *pulpitum* (pupitre). Par la transposition de *l* (voy. *sangloter*) *pulpitum* donne *pupitlum* d'où *pupitre* par le changement de *l* en *r* (voy. *apôtre*).

Pur, du L. *purus* (pur). — D. *puriste*, *purisme*.

Purée, anciennement *peurée*, à l'origine *pevrée*, du L. *piperata** (proprement mets au poivre) par la contraction régulière (voy. *accointer*) de *pip(è)rata* en *pip'rata* d'où *pevrée* par le changement: 1° de *p* en *v* (voy. *arriver*); 2° de *ata* en *ée* (voy. *ampoulé*). *Pevrée* a donné *peurée* par la vocalisation du *v* (voy. *aurone*); *peurée* s'est réduit postérieurement à *purée* par le changement de *eu* en *u* (voy. *curée*) que l'on retrouve dans *bu*, *mû*, *mûre*, *mutin*, *bluet*, etc., qui étaient anciennement *beu*, *meu*, *meure*, *meutin*, *bleuet*, etc.

Pureté, du L. *puritatem* (pureté). Sur *i* devenu *e*, voy. *admettre*.

Purgatif, du L. *purgativus* (m. s.).

Purgation, du L. *purgationem* (m. s.).

Purgatoire, du L. *purgatorius* (purgatif).

Purger, du L. *purgare* (purger). — D. *purge* (substantif verbal); *expurger*.

Purification, du L. *purificationem* (m. s.).

Purifier, du L. *purificare* (m. s.).

Purisme, voy. *pur*.

Puriste, voy. *pur*.

† **Puritain**, de l'anglais *puritan* (m. s.) — D. *puritanisme*.

Purpurin, du L. *purpurinus* (de pourpre).

Purulence, du L. *purulentia* (pus).

Purulent, du L. *purulentus* (m. s.).

Pus, du L. *pus* (m. s.).

Pusillanime, du L. *pusillanimis* (m. s.).

Pusillanimité, du L. *pusillanimitatem* (m. s.).

Pustule, du L. *pustula* (pustule).

Pustuleux, du L. *pustulosus* (m. s.). Sur *osus* devenu *eux*, voy. *amoureux*.

Putatif, du L. *putativus* (supposé).

Putois, proprement *bête puante; putois* est un dérivé de l'ancien français *put* (puant), qui vient lui-même du L. *putidus* (puant, fétide) par la chute des deux dernières voyelles atones (voy. p. LXXXI).

Putréfaction, du L. *putrefactionem* (m. s.).

Putréfier, du L. *putrificare* * (dérivé de *putris*, pourri).

Putride, du L *putridus* (pourri) —D. *putridité*.

Pygmée, du grec πυγμαῖος (haut d'une coudée).

Pylône, du grec πυλών (portail).

Pylore, du grec πυλωρός (m. s., proprement portier). —D. *pylorique*.

Pyramide, du L. *pyramidem* (m. s.). — D. *pyramidal, pyramider*.

Pyrique, dérivé du grec πῦρ (feu).

Pyrite, du grec πυρίτης (qui est de la nature du feu).—D. *pyriteux*.

Pyroligneux, du grec πῦρ (feu) et de *ligneux* (voy. ce mot).

Pyromètre, du grec πῦρ (feu) et μέτρον (mesure).

Pyrotechnie, du grec πῦρ (feu) et τέχνη (art).— D. *pyrotechnique*.

Pyrrhique, du grec πυρρίχη (danse militaire).

Pyrrhonisme, pyrrhonien, mots d'origine historique (voy. p. LXIV) de *Pyrrhon*, nom d'un philosophe grec.

Pythagoricien, dérivé du grec πυθαγορικος (disciple de Pythagore).

Pythie, du grec πυθία (prêtresse d'Apollon à Delphes).

Pythonisse, du grec πυθώνισσα (prophétesse

Q

Quadragénaire, du L. *quadragenarius* (m. s.).

Quadragésime, du L. *quadragesima* (s. ent. *dies*, le quarantième jour).

Quadrangle, du L. *quadrangulus* (m. s.). — D. *quadrangulaire*.

Quadrature, du L. *quadratura* (m. s.).

Quadri.... préfixe qui est le L. *quadri*... (quatre).

Quadrige, du L. *quadrigae* (m. s.)

Quadrilatère, du L. *quadrilaterus* (m. s.).

† **Quadrille**, de l'italien *quadriglia* (quadrille).

Quadrumane, du L. *quadrumanus* (m. s).

Quadrupède, du L. *quadrupedus* (m. s.).

Quadruple, du L. *quadruplus* (m. s.). — D. *quadrupler*.

Quai, mot d'origine celtique (breton *kaé*, quai)

† **Quaker**, de l'anglais *quaker* (trembleur).

Qualificatif, du L. *qualificativus* * (dérivé de *qualificare*; voy. *qualifier*).

Qualification, du L. *qualifi-*

QUA 440 QUE

cationem * (dérivé de *qualificare*; voy. *qualifier*).

Qualifier, du L. *qualificare* * (m s., dérivé de *qualis*, tel).

Qualité, du L. *qualitatem* (m. s.).

Quand, du L. *quando* (quand).

1. **Quant** (adj.), du L. *quantus* (combien de). — D. *quantième*.

2. **Quant** (adv.), du L. *quantum* (m. s.).

Quantième, voy. *quant*.

Quantité, du L. *quantitatem* (m. s.).

Quarante, du L. *quadraginta* (quarante) par le changement: 1° de *dr* en *r* (voy. *arrière*); 2° de *aginta* en *ante* (voy. *cinquante*). — D. *quarantaine*, *quarantième*.

Quarderonner, dérivé de *quart de rond* (voy. *quart*, *de* et *rond*).

Quart (adj), du L. *quartus* (quatrième). — D. *quart* (subst.), *quartaut*, *quartaine*.

Quarteron, voy. *quart*.

Quarte, du L *quarta* (m. s.).

Quartier, du L. *quartarius* (quart du *sextarius*) par le changement de *arius* en *ier* (voy. *dnier*). — D. *quarteron*).

Quartier-maître, proprement *maître* du *quartier* (voy. *maître* et *quartier*.)

† **Quartz**, de l'allemand *quarz* (quartz). — D. *quartzeux*.

Quasi, du L. *quasi* (comme si).

Quaternaire, du L. *quaternarius* (m. s.).

Quaterne, du L. *quaternus* (de quatre). — D. *quaternaire*.

Quatorze, en italien *quattordici*, du L. *quatuordecim* (quatorze) par la contraction régulière (voy. p LXXXI) de *quatuord(ĕ)cim* en *quatuord'cim*, d'où *quatorze* par le changement: 1° de *quatuor*. . en *quator*.... (voy. au mot *quatre*); 2° de *dc* en *z* (voy. *amitie* et *adjuger*). — D. *quatorzième*.

Quatre, du L. *quatuor* (quatre) par le changement regulier de *uo* en *o* (voy. p. xc), d'où la forme *quatuor* (on trouve déjà *cator* dans une inscription de l'Empire).

Quat(o)r donne *quatre* par la chute de la dernière voyelle (voy. p. LXXXI). — D. *quatrième*, *quatrain*.

Quatuor, du L. *quatuor* (m. s.).

1. **Que** (pronom), du L. *quem* (m. s.).

2. **Que** (conjonct.), du L. *quod* (que). Sur la chute du *d*, voyez *alouette*.

Quel, du L. *qualis* (quel) par le changement de *alis* en *el* (voy. *annuel*). — D. *quelque*.

Quelconque, du L. *qualecunque* (quelconque). Pour le changement de *quale* en *quel*, voy. *quel*; pour celui de *cunque* en *conque*, voy. *annoncer*.

Quelque, voy. *quel* et *que*. — D *quelqu'un*, *quelquefois*.

Quémander, origine inconnue. — D. *quémandeur*.

Quenotte (dent), diminutif de l'ancien français *quenne* (dent qui est d'origine germanique (island. *kenna*, mâchoire).

Quenouille, en italien *conocchia*, du L. *colucula* (diminutif de *colus*, quenouille). Par le changement de *l* en *n* (voy. *marne*), *colucula* donne la forme *conucula* que l'on rencontre dans les textes carlovingiens: « *Si ingenua Ripuaria servum ripuarium secuta fuerit, et parentes ejus hoc contradicere voluerint, offeratur ei à rege spatha et* conucula. *Quod si spatham acceperit, servum interficiat; si autem* conuculam. *in sor vitio perseveret....* » dit la Loi des Ripuaires, 59, 18.

Conuc(ŭ)la se contracte régulièrement (voy. p. LXXXI) en *conuc'la*, d'où *quenouille* par le changement. 1° de *o* en *ue* (voy. *accueillir*); 2° de *ucla* en *ouille* (voy. *abeille*); 3° de *c* initial en *q* (voy. *queue*).

Querelle, du L. *querela* (plainte, accusation, reproche). — D. *quereller, querelleur*.

Quérir, du L. *quaerere* (quérir, chercher) par le changement de *quaerĕre* en *quaerēre* (voy. *accourir*), d'où *quérir* par le changement de *e* en *i* (voy. *accomplir*). — D. *quête*, anciennement *queste* (du L. *quaesita*, substantif participial fort, voy. *absoute*) pour la chute de *i*, voy. p. LXXXI; pour celle de *s*, voy. *abîme*.

Questeur, du L. *quaestorem* (m. s.).

Question, du L. *quaestionem* (m. s.). — D. *questionner, questionnaire, questionneur*.

Questure, du L. *quaestura* (m. s.).

Quête, voy. *quérir*. — D. *quêter, quêteur, quêteuse*.

1. **Queue,** du L. *cauda* (queue). — *C* est ici devenu *q*, comme dans *quenouille* (*colucla**), *queux* (*cotem*), *pâquerette* (*pascua**), *manquer* (*mancare**), *queux* (*coquus*), *boutique* (*apotheca*). — Sur la chute du *d* médial *cau(d)a*, voy. *alouette*. — Quant au changement de *au* en *ue*, ou en *eu* (qui est le même son, voy. *accueillir*), il se retrouve dans : *peu* (*paucum*), *Eu* (*Aucum*).

2. **Queue** (futaille), origine inconnue.

1. **Queux** (pierre à aiguiser), en italien *cote*, du L. *cotem* (pierre à aiguiser) par la chute du *t* (voy. *aigu*) et par le changement : 1° de *c* en *q* (voy. *queue*); 2° de *o* en *eu* (voy. *accueillir*).

2. **Queux** (cuisinier), en italien *cuoco*, du L. *coquus* (cuisinier); *coquus* réduisant *uu* à *u* (voy. p. XC), donne *cocus* qui est déjà dans les auteurs latins; *cocus* devient *queux* par le changement : 1° de *o* en *eu* (voy. *accueillir*); 2° de *c* initial en *q* (voy. *queue*); 3° de *c* final en *s* puis en *x* (voy. *amitié*).

Qui, du L. *qui* (m. s.).

Quiconque, du L. *quicumque* (m. s.), par le changement : 1° de *m* en *n* (voy. *changer*); 2° de *u* en *o* (voy. *annoncer*).

Quidam, du L. *quidam* (un certain).

Quiet, du L. *quietus* (paisible). — D. *quiétisme, quiétiste*.

Quiétude, du L. *quietudo* (m. s.).

1. † **Quille,** de l'espagnol *quilla* (quille). — D. *quillage*.

2. **Quille** (jeu), mot d'origine germanique (ancien haut allemand *Kegil* quille) par la contraction de *Kegil* en *Keg'l* et par l'assimilation de *gl* en *ll* (voy. *cailler*).

Quina, voy. *quinquina*. — D. *quinine*.

Quinaud, origine inconnue.

Quincaille (à l'origine toute espèce d'objets et d'ustensiles de fer); ce mot qui est anciennement *clincaille** et aussi *cliquaille* dans Marot, dérive de *cliquer* (voy. ce mot), et signifie proprement ce qui résonne. *Cliquaille* a donné *clinquaille* par nasalisation (voy. *concombre*), *quincaille* par la dissimilation de *cl* en *c* (voy. *able*). — D. *quincaillier, quincaillerie*.

Quinconce, du L. *quincunce* (m. s.).

Quine, du L *quini* (cinq).

Quinine, voy. *quina*.

Quinola, origine inconnue.

Quinquagénaire, du L. *quinquagenarius* (m. s.).

Quinquennal, du L. *quinquennalis* (m. s.).

Quinquet, mot d'origine historique (voy. p. LXIV).

† **Quinquina,** anciennement *quinaquina*, mot d'origine américaine (péruvien *kinakina* quinquina) Une abréviation de *quinquina* est *quina* (voy. ce mot).

Quint (cinquieme), du L. *quintus* (cinquième.)

Quintaine, du L. *quintana* (petite place, d'où le sens de terrain réservé pour un exercice militaire, puis d'exercice militaire). Sur *a* devenu *ai*, voy. *aigle.*

† **Quinte** (musique), de l'italien *quinta* (cinquième).

Quinte (de toux), du L. *quinta* (cinquième : propr. tousser jusqu'à cinq fois). — D. *quinteux.*

Quintessence, anciennement *quinte essence,* du L. *quinta essentia* (proprement cinquieme essence, cinquième substance, supérieure aux quatre éléments). — D. *quintessencier.*

Quinteux, voy. *quinte.*

Quintuple, du L. *quintuplex* (m. s). — D. *quintupler.*

Quinze, en italien *quindici*, du L. *quindecim* (quinze) par la contraction régulière (voy. p. LXXXI) de *quind(ĕ)cim*, en *quind'cim*, d'où *quinze* par la réduction de *dc* à *c* (voy. *adjuger*) et par le changement de *c* en *z* (voy. *amitié*). — D. *quinzain, quinzaine, quinzième.*

Quiproquo, au seizième siècle *qui pro quod*, du L. *qui pro quod* (littéralement prendre un *quid* pour un *quod*).

Quittance, en italien *quitanza,* du L. *quietantia** (quittance : « *Qua praefatae camerae... solvere quomodo libet obligati erant, generalem* quietantiam *fecerit decernens eos ad illorum solutionem non teneri....* » dit un texte du moyen âge. *Quietantia* derive de *quietus* au sens de *quitte*, voy. *quitte*). — D. *quittancer.*

Quietantia a donné *quittance* comme *pietantia* a donné *pitance:* pour le détail du changement de lettres, voy. *pitance.*

Quitte, du L. *quietus* (tranquille, qui n'est point inquiété, et par extension qui a payé sa dette, qui s'est acquitté, qui est *quitte:* quietus est déjà au sens de *quitte* dans plusieurs textes carlovingiens : « *Et si de una judiciaria fuerit ad dies XII, antequam eat ad exercitum sit* quietus.... » lit-on dans la *Lex Longobardorum,* 2, 14).

Pour le changement de *ie* en *i* voy. *pitié*. — D. *quitter* (qui signifie proprement : tenir quitte, puis céder, exempter, d'où le sens de renoncer, d'abandonner, de laisser). — D. *acquitter.*

Quitter, voy. *quitte.*

Qui-vive, voy. aux mots *qui* et *vivre.*

Quoi, du L. *quid* (quoi) par la chute du *d* (voy. *alouette*) et par le changement de *i* en *oi* (voy. *boire*). — D. *quoique.*

Quolibet, propos trivial, originairement thèses scolastiques qui n'étaient proposées que pour exercer l'esprit des étudiants (d'où le sens de thèses *pour rire*, opposé à celui de thèses définitives), du L. *quod libet* (ce qui plaît).

Quote-part, composé de *part*, du L. *quota* (combien, en quel nombre).

Quotidien, du L. *quotidianus* (m. s.).

Quotient, du L. *quotiens* (combien de fois).

Quotité, dérivé du L. *quotus* (en quel nombre).

R

Rabâcher, origine inconnue. — D. *rabâchage, rabâcheur*.
Rabais, voy. *rabaisser*.
Rabaisser, voy. *re....* et *abaisser*. — D. *rabais* (subst. verbal).
Rabat, voy. *rabattre*.
Rabattre, voy. *re....* et *abattre*. — D. *rabat* (subst. verbal); *rabat-joie*; *rabattement*.
† **Rabbin**, mot d'origine hébraïque (*rabbi*, docteur). — D. *rabbinique*.
1. **Râble** (de lièvre), origine inconnue.
2. **Râble** (fourgon de boulanger), anciennement *roable*, du L. *rutabulum* (fourgon de boulanger, dans Festus) par la contraction régulière (voy. p. LXXXI) de *rutab(ü)lum* en *rutab'lum*, d'où *roable* par la chute du *t* médial *ru(t)ablum* (voy. *abbaye*) et le changement de *u* en *o* (voy. *annoncer*).
Rabot, voy. *raboter*
Raboter (proprement *heurter*, sens de ce mot dans notre ancienne langue, qui a persisté dans le mot *raboteux*); *raboter* est une autre forme de *rabouter* : pour l'étymologie, voy. *re....* et *bouter*. — D. *rabot* (subst. verbal); *raboteux*.
Rabougrir, origine inconnue.
Rabrouer, origine inconnue.
Racaille, diminutif d'un radical *rac** qui est d'origine germanique (anglais *rack*, chien; *racaille* est un mot formé comme *canaille* qui dérive indirectement du L. *canis*, chien).

Raccommoder, voy. *re....* et *accommoder*. — D. *raccommodeur, raccommodement*.
Raccorder, voy. *re....* et *accorder*. — D. *raccord* (subst. verbal); *raccordement*.
Raccourcir, voy. *re....* et *accourcir*. — D. *raccourci* (subst. participial).
Raccoutrer, voy. *re....* et *accoutrer*.
Raccoutumer, voy. *re...* et *accoutumer*.
Raccrocher, voy. *re....* et *accrocher*. — D. *raccroc* (subst. verbal).
† **Race**, de l'italien *razza* (race).
Rachat, voy. *racheter*.
Racheter, anciennement *rachater*: voy. *re....* et *acheter*. — D. *rachat* (subst. verbal).
Rachitique, dérivé du grec ῥάχις (colonne vertébrale). — D. *rachitisme*.
Racine, en provençal *racina*, du L. *radicina** (dérivé de *radicem* racine) par la contraction régulière (voy. *accointer*) de *rad(i)cina* en *rad'cina*, d'où *racine* par la réduction de *dc* à *c* (voy. *adjuger*). — D. *déraciner, enraciner*; *racinal, raciner*.
Racler, anciennement *rascier*, en catalan *rasclar*, en italien *raschiare*, du L. *rasiculare** (dérivé de *rasicare**, fréquentatif de *radere*, racler). *Ras(i)care* contracté régulièrement en *ras'care* (voy. *accointer*) a donné le dérivé *rascutare*; *rasc(ü)lare* perdant *u* suivant

la règle (voy. accointer) donne *ras'clare*, d'où *rascler* qui se transforme (voy. *abîme*) en *racler*. — D *racleur, racloir, racloire, raclure*.

Racoler, prendre par le *col* (voy. *col*). — D. *racoleur, racolage*.

Raconter, de *re*... et de *aconter** (composé de *a* et de *conter*; voy. ces mots). — D. *raconteur*.

Racornir, de *re*.. et de *acornir** (composé de *a* et de *corne*; voy. ces mots). — D. *racornissement*.

Racquitter (se), voy. *re*... et *acquitter*.

† **Rade**, de l'italien *rada* (rade). — D. *rader*.

Radeau, anciennement *radel*, (sur *el* devenu *eau*, voy. *agneau*), du L. *radellus** (radeau dans les textes du moyen âge; *radellus* est une transformation de *ratellus**; pour le changement de *t* en *d*, voy. *aider*. *Ratellus** est un diminutif de *ratis*, bateau).

Rader, du L. *radere* (raser). — D. *radeur*.

Radial, du L. *radialis* (dérivé de *radius*, rayon).

Radiant, du L. *radiantem* (qui rayonne).

Radiation, du L. *radiationem* (m. s.).

Radical, du L. *radicalis** (dérivé de *radicem*, racine).

Radicant, du L. *radicantem* (qui prend racine).

Radicule, du L. *radicula* (m. s.).

Radié, du L. *radiatus* (radié) Sur *atus* devenu *é*, voy *ampoulé*.

Radier (subst.), origine inconnue.

Radieux, du L. *radiosus* (m. s.). Sur *osus* devenu *eux*, voy. *amoureux*.

† **Radis**, du provençal *raditz* (radis). *Raditz* est le L. *radicem* (raifort).

Radius, du L. *radius* (m. s. dans Celse).

Radoter, anciennement *redoter*, composé de *re*... et du radical *doter**, qui est d'origine germanique (anglais *dote*, flamand *doten*, radoter). — D. *radoteur, radotage, radoterie*.

Radoub, voy *radouber*.

Radouber, anciennement *redouber*, composé de *re*.... et du thème *douber** qui est, comme beaucoup d'autres termes de marine, d'origine germanique (anglo-saxon *dubban*, frapper, battre, marteler, d'où le sens d'apprêter, puis de réparer). — D. *radoub* (subst. verbal).

Radoucir, voy. *re*.... et *adoucir*. — D. *radoucissement*.

Rafale, origine inconnue.

Raffermir, voy. *re*.... et *affermir*. — D. *raffermissement*.

Raffiner, voy. *re*.... et *affiner*. — D. *raffinage, raffinement, raffinerie, raffineur*.

Raffoler, voy. *re*.... et *affoler*.

Rafler, mot d'origine germanique (danois *rafle*, enlever). — D. *rafle* (subst verbal).

Rafraîchir, de *re*.. et *afraichir** (composé de *a* et de *frais*; voy. ces mots). — D. *rafraichissant, rafraîchissement*.

Ragaillardir, de *re*.... et de *agaillardir* (composé de *a* et de *gaillard*; voy. ces mots).

Rage, en espagnol *rabia*, du L. *rabies* (rage) par le changement régulier de *bi* en *bj* (voy. *abréger*), puis de *bj* en *j* (voy. *sujet*), enfin de *j* en *g* (voy. *abréger* et *genièvre*). — D. *enrager*.

Ragot, origine inconnue.

Ragoût, voy. *ragoûter*.

Ragoûter, de *re*.... et *agoû-*

ter* (composé de *a* et de *goûter* : voy. ces mots). — D. *ragoût* (substantif verbal), *ragoûtant*

Ragrandir, voy. *re....* et *agrandir*.

Ragréer, voy. *re....* et *agréer*.

† **Raïa**, du turc *raia* (proprement troupeau, puis chien de chrétien), nom injurieux donné par les musulmans aux chrétiens qui habitent la Turquie.

Raide, anciennement *roide*, du L. *rigidus* (raide) par la contraction régulière (voy. p. LXXXI) de *rig(i)dus* en *rig'dus* (contraction déjà effectuée dans le latin populaire, puisqu'on trouve *rigdus* dans l'*Appendix ad Probum*) *Rigdus* donne *roide* par la réduction de *gd* à *d* (voy. *amande*) et par le changement de *i* en *oi* (voy. *boire*) *Roide* est devenu *raide* par le changement de *oi* en *ai* (voy. *accroire*). — D. *raidir, raideur*.

Raideur, voy. *raide*.

1. **Raie** (ligne), du L. *radia** (forme féminine de *radius*, rayon) par la chute du *d* médial *ra(d)ia* (voy. *alouette*).

2. **Raie** (sillon), anciennement *roie*, en provençal *rega*, du L. *riga** (sillon dans les textes du moyen âge : « *Nec unam rigam de terra, nec ullum habebat mancipium proprium...* » lit on dans un texte du onzième siècle ; et dans un autre document latin d'une époque un peu antérieure : « *Cœpit terram fodere, et in modum sulci rigam facere.* » *Riga* est le substantif verbal de *rigare*, arroser) *Ri(g)a* a donné *roie* par la chute du *g* médial (voy. *allier*) ; puis *roie* par le changement de *oi* en *ai* (voy. *accroire*).

3. **Raie** (poisson), du L. *raia* (raie).

Raifort, ancien. *raisfort*, mot composé de l'adjectif *fort* (voyez ce mot) et de l'ancien français *rai, rais*, qui est le L. *radicem* (raifort, dans Horace). *Rad(i)cem* a donné *rais* par la contraction régulière (voy. p. LXXXI) de *rad(i)cem* en *rad'cem* et par le changement : 1° de *dc* en *c* (voy. *adjuger*) ; 2° de *c* en *s* (voy. *amitié*).

† **Rail**, de l anglais *rail* (rail). — D *dérailler*.

Railler, du L. *radiculare** (dérivé de *radere*, raser, l'allemand *scherzen*, railler, dérive de même de *scheren*, raser). *Radic(u)lare* contracté régulièrement (voy. *accointer*) en *radic'lare* donne *railler* par la chute du *d* médial *ra(d)iclare* (voy. *accabler*) et par le changement de *cl* en *il* (voy. *abeille*. — D. *raillerie, railleur*.

Raine, en italien *rana*, du L *rana* (grenouille) par le changement de *a* en *ai* (voy. *aigle*). — D. *rainette*.

1. **Rainette** (grenouille), voy. *raine*.

2. **Rainette** (pomme), voy. *reine*.

Rainure, origine inconnue.

† **Raiponce**, de l'espagnol *raiponce* (raiponce).

Rais, du L *radius* (rayon, on dit encore les *rais* d'une roue, du soleil). Pour le changement de *adiu* en *ai*, voy. *alouette* et *baie*. Pour la persistance de *s*, voy. *Grammaire historique de la langue française*, p. 153. — D. du cas régime *rai* est venu le dérivé *rayon* et le composé *enrayer*

Raisin, en provençal *razim*, en espagnol *racima*, en italien *racemo*, du L. *racemus* (raisin) par le changement : 1° de *a* en *ai* (voy. *aigle*) ; 2° de *c* en *s* (voy. *amitié*) ; 3° de *e* en *i* (voy. *accomplir*) ; 4° de *m* en *n* (voy. *changer*). — D. *raisiné*.

Raison, du L. *rationem* (raison); sur *ationem* devenu *aison*, voy. *fenaison*. — D. raisonner.

Raisonnable, du L. *rationabilis* (raisonnable) par le changement : 1° de *ration*.... en *raison*.... (voy. *raison*); 2° de *abilis* en *able* (voy pour cette transformation au mot *affable*). — D. *déraisonnable*.

Raisonner, voy. *raison*. — D. *raisonné, raisonnement, raisonneur, déraisonner*.

Rajeunir, voy. *jeune*. — D. *rajeunissement*.

Rajuster, voy. *ajuster*. — D. *rajustement*.

1. **Râle** (oiseau), voy. au mot *râler*.

2. **Râle**, voy. *râler*.

Ralentir, voy. *lent*. — D. *ralentissement*.

Râler, origine inconnue. — D. *râle* (substantif verbal) · *râle* (oiseau ainsi nommé à cause de son cri).

Ralingue, mot d'origine germanique (allemand *raaleik*, ralingue). Sur l'intercalation de *n*, voy. *concombre*. — D. *ralinguer*.

Rallier, voy. *allier*. — D. *ralliement*.

Rallonger, voy. *allonger*. — D. *rallonge* (subst. verbal), *rallongement*.

Rallumer, voy. au mot *allumer*

† **Ramadan**, de l'arabe *ramadan* (même sens).

1. **Ramage**, en provençal *ramatge*, du L. *ramaticum* (dérivé de *ramus*, branche), par le changement de *aticum* en *age* (voy. *âge*). *Ramage* signifie encore branchages en terme de vènerie; et l'on appelle étoffe à *ramage* une étoffe sur laquelle sont représentés des feuillages et des fleurs.

2. **Ramage**, anciennement *chant ramage*, chant des oiseaux dans le feuillage, dans le *ramage*. Pour l'origine de *ramage*, voy. *ramage* 1.

Ramaigrir, voy. *amaigrir*.

Ramas, voy. *ramasser*.

Ramasser, voy. *amasser*. — D. *ramas* (subst. verbal), *ramassé, ramasseur, ramassis*.

Rambour, anciennement *rambor*, à l'origine *rambure*, mot d'origine historique (voy. p. LXIV); de *Rambure* village voisin d'Amiens.

1. **Rame** (branchage), du L. *rama* (forme féminine de *ramus* branche). — D. *ramer, ramier* (pigeon sauvage qui niche sur les *rames*, sur les branches), *rameux, ramilles, ramure, ramon* (balai de petites branches).

2. † **Rame** (aviron), mot venu du provençal *rem* qui est le L. *remus* (rame). Jal (*Archéologie nautique*) dit que le mot *rame* est venu en français par les marins de la Provence et du Languedoc. — D. *ramer, rameur*.

3. † **Rame** (de papier), anciennement *rayme*, en espagnol *resma*, en italien *risma*, mot d'origine orientale (arabe *rizma* ballot de papier, rame ; sur *i* devenu *ai*, puis *a*, voy. *balance*; sur la chute de *s*, voy. *abîme*).

Rameau, anciennement *ramel*, du L. *ramellus** (diminutif de *ramus* branche). Pour le changement de *ellus* en *el* puis en *eau*, voy. *agneau*.

Ramée, en espagnol *ramada*, du L. *ramata** (dérivé de *ramus* branche).

Ramender, voy. *re*.... et *amender*.

Ramener, voy. *re*.... et *amener*.

Ramentevoir (ressouvenir), composé de *re*.... et de l'ancien français *amentevoir* (se rappeler). *Amentevoir*, aussi *amentavoir* (en italien *a mente aver*) est un composé des trois mots. *a ment avoir* (*ad mentem habere*, avoir à l'esprit, se souvenir). Pour l'étymologie, voy. *à* et *avoir*.

Ramer, voy. *rame* 2. — D. *rameur*.

Ramier, voy. *rame* 1. — D. *ramereau*.

Ramifier, du L. *ramificare** (dérivé de *ramus* branche et du suffixe verbal.... *ficare*). — D. *ramification*.

Ramilles, voy. *rame*.

Ramoitir, voy. *moite*.

Ramollir, voy. *amollir*. — D. *ramollissant*.

Ramon, balai fait de petites branches, fait de *rames* (voyez *rame* 1). — D. *ramoner* (nettoyer avec un *ramon*, à l'aide d'un *ramon*, d'un petit balai fait de branches: dans notre ancienne langue, *ramoner* signifie balayer en général ; ce mot, dans la langue moderne, s'est restreint au sens de *balayer une cheminée*. (Sur ces restrictions de sens, voy. p. XXIII).

Ramoner, voy. *ramon*. — D. *ramonage, ramoneur*.

Rampe, voy. *ramper*.

Ramper (signifie anciennement *grimper en s'accrochant*), en provençal *rapar*; mot d'origine germanique (bas allemand *rapen* s'accrocher, d'où le sens posterieur de grimper). Sur l'intercalation de *m*, voy. *lambruche*. — D. *rampe* (subst. verbal : le sens de grimper, de monter, propre à l'ancien français *ramper*, est encore visible dans ce mot, ainsi que dans le terme de blason *lion rampant* qui désigne un lion debout). — D. *rampant, rampement*.

Ramure, voy. *rame* 1.

Rance, du L. *rancidus* (rance) par la chute régulière (voy. p.

LXXXI) des deux dernières voyelles atones. — D. *rancir*.

Rancher, dérivé de *ranche* (cheville de bois). *Ranche* est le L. *ramicem* (pieu, bâton) par la contraction régulière (voy. p. LXXXI) de *ram(i)cem* en *ram'cem*, d'où *ranche* par le changement : 1° de *m* en *n* (voy. *changer*) ; 2° de *c* en *ch* (voy. *acharner*).

Rancidité, du L. *ranciditatem* (m. s.).

Rancir, voy. *rance*. — D. *rancissure*.

Rançon, anciennement *raençon*, en provençal *reemsos*, en italien *redenzione*, du L. *redemptionem* (rançon) par la chute régulière du *d* médial (voy. *accabler*) d'où *re-emptionem* qui devient *raençon* par le changement : 1° de *e* en *a* (voy. *amender*) ; 2° de *m* en *n* (voy. *changer*), 3° de *pt* en *t* (voy. *caisse*) ; 4° de *tionem* en *çon* (voy. *agencer*). Pour la contraction de *raençon* en *rançon*, voy. p. XC. — D. *rançonner, rançonneur, rançonnement*.

Rancune, altération de *rancure*, qui est le L. du moyen âge *rancura** (rancune : dérivé du même thème que le L. classique *rancor* rancune dans saint Jérôme). — D. *rancunier*.

Rang, anciennement *reng*, mot d'origine germanique (ancien haut allemand *hring*, cercle, rangée circulaire). Sur le changement de *in* en *en* puis *an*, voyez *andouille*. — D. *ranger, rangée* (subst. participial), *déranger, arranger*.

Ranimer, voy. *animer*.

† **Ranz**, mot d'origine suisse (allemand suisse *ranz*, même sens). Sur ce mot, voy. p LI.

Rapace, du L. *rapacem* (m. s.).

Rapacité, du L. *rapacitatem* (m. s.).

Rapatelle, origine inconnue.
Rapatrier, composé de *re*, *a*, et *patrie*. — D. *rapatriage*, *rapatriement*.
1. **Rape**, voy. *râper*.
2. † **Râpe** (grappe de raisin) de l'allemand *rappe* (grappe). — D. *râpé* (boisson).
Râper, anciennement *rasper*, mot d'origine germanique (ancien haut allemand *raspôn* râper). — D. *râpe* (subst. verbal).
Rapetisser, voy. *petit*.
Rapide, du L. *rapidus* (m. s.).
Rapidité, du L. *rapiditatem* (m. s.)
Rapiécer, voy. *pièce*. — D. *rapiéceter*, *rapiécetage*
Rapiécetage, voy. *rapiécer*.
Rapière, origine inconnue.
Rapine, du L. *rapina* (vol, larcin). — D. *rapiner*.
Rappareiller, voy. *re*.... et *appareiller*.
Rapparier, de *re*.... et *apparier* (voy. ce mot).
Rappel, voy. *rappeler*.
Rappeler, voy. *re*.... et *appeler*. — D. *rappel* (substantif verbal).
Rapport, voy. *rapporter*.
Rapporter, voy. *re*. .. et *apporter*. — D. *rapport* (subst. verbal), *rapportable*, *rapporteur*.
Rapprendre, voy. *re*.... et *apprendre*.
Rapprocher, voy. *re*.... et *approcher*. — D. *rapprochement*.
Rapsode, du grec ῥαψωδός (qui coud ensemble des pièces détachées). — D. *rapsodie*.
Rapt, du L. *raptus* (enlèvement).
Râpure, voy. *râper*.
Raquette, origine inconnue.
Rare, du L. *rarus* (m. s.). — D *rarement*.
Raréfier, du L. *rarefıcare* * (composé de *rarus* rare, et du suffixe verbal.... *ficare* qui donne *fier* par la chute régulière du *c* médial, voy. *affouage*). — D. *raréfiant*.
Rareté, du L. *raritatem* (rareté). Sur *i* devenu *e*, voy. *admettre*.
Rarissime, du L. *rarissimus* (le plus rare).
1 **Ras**, du L. *rasus* (tondu de pres). — D. *raser*, *rasibus*.
2. † **Ras** (de marée), mot assez récent dans la langue, où il a été introduit par les marins; il vient du bas breton *raz* (courant très-violent, ras, remous).
Rasade, voy. *raser*.
Raser, voy. *ras*. — D *rasant*, *rasement*, *rasoir*, *rasade*.
Rassasier, composé de *re*.... et de l'ancien verbe français *assasier* (satisfaire). *Assasier* représente le L *adsatiare* * (composé de *ad* et de *satiare*, rassasier). Sur *ds* devenu *ss*, voy. *assez*; sur *ti* devenu *s*, voy. *agencer*. — D. *rassasiant*, *rassassiement*.
Rassembler, voy. *re*.... et *assembler* — D. *rassemblement*.
Rasseoir, voy. *re*.. et *asseoir*.
Rasséréner, composé de *re*.... et de *asséréner* * (dérivé de *serein*, voy. ce mot).
Rassis, voy. *re*.... et *assis*.
Rassoter, composé de *re*. .. et de *assoter* * (voy. *sot*).
Rassurer, voy. *re*.... et *assurer*. — D. *rassurant*.
Rat, mot d'origine germanique (ancien haut allemand *rato*, rat). — D. *rate*, *ratier*, *ratière*, *raton*, *rater* (on disait autrefois *prendre un rat*, avoir un caprice, « ce pistolet a *pris un rat* » se rencontre dans certains textes du XVIIIᵉ siècle).
Ratafia, origine inconnue
Ratatiner (*se*), origine inconnue.
Rate, mot d'origine germanique (néerlandais *rate*, proprement

gaufre de miel, d'où le sens de rate par l'assimilation du tissu cellulaire de la rate à un rayon de miel). — D. ratelée, rateleux.

Râteau, anciennement ratel, à l'origine rastel, du L. rastellum (râteau dans Suétone), d'où rastel, puis ratel par la chute de s (voy. abîme), râteau par le changement de el en eau (voy. agneau). — D. de l'ancienne forme ratel: râteler, râtelée (subst. participial), râteleur, râtelier.

Rater, voy. rat.

Ratification, du L ratificationem* (m. s.).

Ratifier, du L. ratificare* (dérivé de ratum, confirmé).

Ratine, origine inconnue. — D. ratiner.

Ration, du L. rationem (mesure).

Rational, du L. rationale (rational dans Saint Jérôme).

Rationnel, du L. rationalis (m. s.).

Ratisser, voy. rature. — D. ratissage, ratissoire, ratissure.

Raton, voy. rat.

Rattacher, voy. attacher.

Ratteindre, voy. atteindre.

Rattraper, voy. attraper.

Rature, dérivé de l'ancien verbe français rater (effacer, gratter) dont l'origine est inconnue. Ce même verbe rater a donné un autre dérivé ratisser. — D. raturer

Raucité, du L. raucitatem (m. s.).

Rauque, du L. raucus (m. s.)

Ravage, voy. ravir. — D. ravager, ravageur.

Ravaler, abaisser, faire descendre, composé de re... et de l'ancien verbe français avaler (descendre) ; pour l'étymologie, voy. aval. — D. ravalement.

Ravauder (raccommoder, proprement renforcer, fortifier), composé de re.... et d'un thème avauder* qui est le L. advalidare* (composé du L. classique validare, fortifier, rétablir). — Adval(i)dare régulièrement contracté (voy. accointer) en adval'dare donne avauder* par le changement: 1° de dv en v (voy. aval) ; 2° de al en au (voy. agneau). — D. ravaudage, ravaudeur, ravauderie.

Rave, en espagnol raba, en italien rapa, du L. rapa (rave) par le changement de p en v (voy. arriver). — D. ravier, ravière.

† **Ravelin**, venu au seizième siècle de l'italien rivellino (ravelin).

Ravigoter, corruption de l'ancien verbe français ravigorer (remettre en vigueur; dérivé du L. vigorem, vigueur). — D. ravigote (subst. verbal).

Ravilir, voy. re.... et avilir.

Ravin, voy. ravine.

Ravine (proprement torrent qui se précipite avec impétuosité d'un lieu élevé), en provençal rabina, du L. rapina (action d'arracher, d'enlever, d'où le sens de torrent impétueux qui creuse un lit profond. Rapina a donné ravine par le changement de p en v (voy. arriver). — D. ravin (torrent creusé par une ravine).

Ravir, en italien rapire, du L. rapere (ravir) par le changement de rapëre en rapēre (voy. accourir) Rapēre donne ravir par le changement : 1° de p en v (voy. arriver) ; 2° de e en i (voy. accomplir). — D. ravissant, ravissement, ravisseur, ravage (dérivé de ravir, comme remplage, de remplir).

Raviser (se), voy. re . et aviser.

Ravitailler, composé de re. et avitailler — D. ravitaillement

Raviver, voy. re... et aviver.

Ravoir, voy. aux mots *re*.... et *avoir*.

Rayer, en provençal *raiar*, en espagnol *radiar*, en italien *radiare*, du L. *radiare* (rayer) par la chute du *d* médial *ra(d)iare* (voy. *accabler*). — D. *rayure*.

Rayon, voy. *rais*. — D. *rayonner*

Rayonner, voy. *rayon*. — D. *rayonnant*, *rayonné*, *rayonnement*.

Re..., préfixe, du L. *re*.... (préfixe qui marque réduplication, retour, renouvellement, réciprocité, rétrogradation, augmentation). Devant les mots qui commencent par une voyelle, *re* perd ordinairement *e* (*r-attacher*, *r-endormir*, etc ... pour re-*attacher*, re *endormir*, etc.) Devant *s*, *re* s'assimile en *res*.... (ressembler, ressusciter pour resembler, resusciter, etc....)

Réactif, du L. *reactivus** (de *re-agere*; voy. *réagir*).

Réaction, voy. *ré*.... et *action*.

Réaggraver, voy. *ré*.... et *aggraver*.

Réagir, du L. *reagere* (m. s.). Pour les changements de lettres, voy. *agir*.

Réajourner, voyez *ré*.... et *ajourner*. — D. *réajournement*.

† **Real**, de l'espagnol *real* (m. s., proprement *royal*).

† **Réalgar**, de l'espagnol *rejalgar* (réalgar).

Réaliser, dérivé du L. *realis** (réel). — D. *réalisation*, *réalisme*, *réaliste*.

Réalité, du L. *realitatem** (dérivé du L. *realis**, réel).

Réapparition, voy *ré*. .. et *apparition*

Réappeler, voy. *re*.... et *appeler* — D. *réappel* (substantif verbal).

Réapposer, voy. *re*.... et *apposer*. — D. *réapposition*.

Réassigner, voy. *re*.... et *assigner*. — D. *réassignation*.

Réatteler, voy. *re*.... et *atteler*.

Rebaisser, voyez *re*.... et *baisser*.

Rebander, voyez *re*.... et *bander*.

Rebaptiser, du L. *rebaptizare* (m. s. dans saint Augustin et saint Jérôme).

Rébarbatif, dérivé de *rebarbe** (composé de *re*... et de *barbe*; voy. ce mot).

Rebâtir, voy. *re*.... et *bâtir*.

Rebattre, voy. *re*.. . et *battre*. — D *rebattu*.

† **Rebec**, de l'italien *ribeca*, (rebec).

Rebelle, du L. *rebellis* (même sens).

Rebeller (se), du L. *rebellare* (m. s.).

Rébellion, du L. *rebellionem* (m. s.).

Rebénir, voyez *re*.... et *bénir*.

Rebéquer (se), voyez *re*.... et *bec*.

Reblanchir, voyez *re*.... et *blanchir*.

Rebondir, voyez *re*.... et *bondir*. — D. *rebondi*, *rebondissement*.

Reborder, voyez *re*.... et *border*. — D. *rebord* (substantif verbal).

Reboucher, voy. *re*.... et *boucher*.

Rebouillir, voy. *re*.... et *bouillir*.

Rebours (subst.), proprement contre-poil d'une étoffe, du L. *reburrus** (hérissé dans les textes latins de la décadence on lit dans les Gloses d'Isidore: « *reburrus = hispidus* »).

Reburr(u)s, régulièrement contracté (voy. p. LXXXI) en *reburr's*, a donné *rebours* par le changement de *u* en *ou* (voy *accouder*). — D. *rebours* (adj.).

Rebouteur, dérivé de *rebouter*, voy. *re....* et *bouter*.

Reboutonner, voy. *re....* et *boutonner*.

Rebrider, voyez *re....* et *brider*.

Rebrocher, voy. *re....* et *brocher*.

Rebroder, voyez *re....* et *broder*.

Rebrousser, anciennement *rebrosser* (pour l'étymologie, voy. au mot *brosse*). Pour le changement de *rebrosser* en *rebrousser*, voyez *affouage*.

† **Rebuffade**, dérivé de l'italien *rabbuffo* (rebuffade).

Rebus, anciennement *rebus de Picardie* : mot d'origine historique (voy. p. LXIV) : les clercs basochiens de Picardie composaient chaque année, une pièce satirique latine sur les affaires du temps (*de rebus quae geruntur*).

Rebuter, voy. *re....* et *buter*. — D. *rebut* (substantif verbal), *rebutant*.

Recacheter, voy. *re....* et *cacheter*.

Récalcitrant, du L. *recalcitrantem* (m. s.).

Recalcitrer, du L. *recalcitrare* (m. s.).

Récapituler, du L. *recapitulare* (m. s. dans Tertullien). — D. *récapitulation*.

Recarder, voyez *re...* et *carder*.

Recasser, voyez *re.....* et *casser*.

Receder, du L. *recedere* (retourner).

Receler, voy. *re....* et *celer*. — D. *recélé*, *receleur*, *recèlement*.

Recenser, du L. *recensere* (recenser). — D. *recensement*.

Récent, du L. *recentem* (m. s.). — D. *récemment*.

Receper, voy *re....* et *cep*. — D. *recepée* (substantif participial), *recepage*.

Récépissé, du L. *recepisse* (avoir reçu).

Réceptacle, du L. *receptaculum* (m. s.).

Reception, du L. *receptionem* (m. s.).

Rececler, voy. *re....* et *cercler*.

Recette, en provençal *recepta* en italien *ricetta*, du L. *recepta* * (ce que l'on reçoit : recette dans les textes latins du moyen âge, comme dans ce passage d'une charte du treizième siècle. « . .*compotum et rationem legitimam de receptis et misiis ob hoc factis semel in anno reddere teneantur...*»); *Recepta* a donné *recette* par le changement de *pt* en *tt* (voyez *caisse*).

Recevoir, du L. *recipere* (recevoir). Pour le changement de *cipere* en *cevoir*, voy. *apercevoir*. — D. *recevable*, *receveur*.

Recez, du L. *recessus* (action de se retirer).

Rechange, substantif verbal de *rechanger* * (voy. *changer*).

Réchapper, voyez *re....* et *échapper*.

Recharger, voyez *re....* et *charger*. — D *rechargement*.

Rechasser, voyez *re....* et *chasser*.

Réchaud, substantif verbal de *réchauder** composé de *re....* et de *échauder*, voy. *chaud*).

Réchauffer, voy. *re....* et *échauffer*. — D *réchauffement*, *réchauffoir*.

Rechausser, voy. *re....* et *chausser*.

Rêche, âpre au goût, rude au toucher puis rétif, indocile, anciennement *resche* de l'allemand *resche* (rude, cassant). Sur la chute de *s*, voy. *abîme*. — D. *réchin, rechigner*.

Rechercher, voy. *re....* et *chercher*. — D. *recherche* (subst. verbal), *recherché*.

Rechigner, voy. *rêche*.

Rechoir, voy. *re....* et *choir*. — D. *rechute* (voy. *re....* et *chute*).

Rechute, voy. *rechoir*.

Récidive, du L. *recidivus* (qui retombe). — D *récidiver*.

† **Récif**, du portugais *recife* (récif).

Recipé, du L. *recipe* (reçois).

Récipiendaire, du L. *recipiendarius* (m. s.).

Récipient, du L. *recipientem* (qui reçoit).

Réciprocité, du L *reciprocitatem* (m. s.).

Réciproque, du L *reciprocus* (m. s.).

Récit, voy. *réciter*.

Récitateur, du L. *recitator* (lecteur).

Récitation, du L *recitationem* (lecture).

Réciter, du L. *recitare* (réciter). — D. *récitatif*, *récitant*, *récit* (subst. verbal).

Réclamation, du L. *reclamationem* (m. s.).

Réclamer, du L. *reclamare* (protester). — D. *réclame* (subst. verbal).

Reclouer, voy. *re....* et *clouer*.

Reclure, du L. *recludere* (enfermer). Pour le changement de *cludere* en *clurs*, voy. *exclure*.

Reclus, du L. *reclusus* (enfermé). — D. *reclusion*.

Recogner, voy. *re....* et *cogner*.

Récognitif, du L. *recognitivus* dérivé de *recognitus* (reconnu).

Recoiffer, voy *re...* et *coiffer*.

Recoin, voy. *re....* et *coin*.

Recoler, du L. *recolere* (passer en revue). — D. *récolement*.

Recoller, voy. *re ...* et *coller*.

Recollet, du L. *recollectus* (recueilli, qui médite). Sur la réduction de *ct* à *t*, voy. *affété*.

† **Récolte**, de l'italien *raccolta* (récolte). — D. *récolter*.

Recommander, voy. *re....* et *commander*. — D. *recommandable*, *recommandation*.

Recommencer, voy. *re....* et *commencer*.

Récompenser, voy. *re....* et *compenser*. — D. *récompense* (subst. verbal)

Recomposer, voy. *re....* et *composer*. — D. *recomposition*.

Recompter, voy. *re....* et *compter*.

Réconciliateur, du L. *reconciliator* (m. s.).

Réconciliation, du L. *reconciliationem* (m. s.).

Réconcilier, du L. *reconciliare* (m. s.). — D. *réconciliable*, *irréconciliable*.

Reconduire, voy. *re....* et *conduire*.

Réconforter, voy. *re....* et *conforter*. — D. *réconfort* (subst. verbal), *réconfortation*

Reconnaître, voy. *re. .* et *connaître*. — D. *reconnaissable*, *reconnaissant*, *reconnaissance*.

Reconquérir, voy. *re....* et *conquérir*.

Reconstitution, voy. *re....* et *constitution*.

Reconstruction, voy. *re.. .* et *construction*.

Reconstruire, voy. *re....* et *construire*.

Recopier, voy. *re....* et *copier*.

Recoquiller, voy. *re....* et *coquille*. — D. *recoquillement*.

Recorder (se souvenir de), du L. *recordari* (se ressouvenir). —

D. *recors* (anciennement *records*, qui se ressouvient, d'où le sens de *témoin* qui est celui du mot *recors* dans notre ancienne langue judiciaire ; *recors* a pris postérieurement le sens d'assistant, puis d'agent armé).

Recors, voy. *recorder*.

Recoucher, voy. *re....* et *coucher*.

Recoudre, voy. *re....* et *coudre*.

Recouper, voy. *re....* et *couper*. — D. *recoupe* (subst. verbal), *recoupette*.

Recourber, voy. *re....* et *courbe*.

Recourir, du L. *recurrere* (m. s.). Pour le détail des changements de lettres voy. *accourir*. — D. *recours* (voy. *cours*).

Recouvrer, en espagnol *recobrar*, en italien *recuperare*, du L. *recuperare* (recouvrer) par la contraction régulière (voy. *accointer*) de recup(é)rare en recup'rare d'où *recouvrer* par le changement : 1° de *u* en *ou* (voy. *accouder*) ; 2° de *p* en *v* (voy. *arriver*). — D *recouvrable, recouvrance, recouvrement*.

Recouvrir, voy. *re....* et *couvrir*.

Recracher, voy. *re....* et *cracher*.

Recréer, du L. *recreare* (réjouir). — D. *récréation, récréatif*.

Recréer, voy. *re....* et *créer*.

Recrépir, voy. *re...* et *crépir*.

Récrier, voy. *re....* et *écrier*.

Récriminer, du L. *re* (re) et *criminari* (accuser). — D. *récrimination, récriminatoire*.

Récrire, voy. *re....* et *écrire*.

Recroître, voy. *re....* et *croître*. — D. *recrue*.

Recroqueviller, origine inconnue.

Recru, participe de l'ancien français *recroire*, du L. *recredere se** (se confier, au vainqueur, s'abandonner à sa merci, d'où le sens de s'avouer vaincu, de s'avouer faible, incapable, impuissant). Pour le détail du changement de lettres, voy. *accroire*.

Recrue, voy? *recroître*. — D. *recruter* (de l'ancienne forme masculine *recrut*).

Recruter, voy. *recrue*. — D. *recruteur, recrutement*.

Recta, du L. *recta* (en droite ligne).

Rectangle, du L. *rectiangulus** (rectangle dans un texte du septième siècle). — D. *rectangulaire*.

Recteur, du L. *rector* (celui qui régit).— D. *rectoral, rectorat*.

Rectifier, du L. *rectificare* (m. s.). — D. *rectification*.

Rectiligne, du L. *rectilineus* (m. s.). Pour le changement de lettres, voy. *ligne*.

Rectitude, du L. *rectitudo* (droiture).

Recto, du L *recto* (feuille qui est à droite).

Rectum, du L. *rectum* (propr. droit).

Reçu, subst. participial faible de *recevoir* (voy. ce mot).

Recueillir, du L. *recolligere* (recueillir). Pour le détail des changements de lettres, voy. *accueillir*. — D. *recueil* (subst. verbal), *recueillement*.

Recuire, voy. *re....* et *cuire*.

Reculer, voy. *cul*. — D. *recul* (subst. verbal), *reculée* (subst. participial) ; *reculade, reculement, reculé, à reculons*.

Recuperer, du L. *recuperare* (m s.).

Récurer, voy. *re....* et *écurer*.

Recusable, du L. *recusabilis* (m. s.). Pour le changement de *abilis* en *able*, voy. *affable*.

Récusation, du L. *recusationem* (m. s.).
Recuser, du L. *recusare* (récuser).
Rédacteur, du L. *redactor** (dérivé de *redactum*, supin de *redigere*, voy. *rédiger*).
Rédaction, du L. *redactionem** (dérivé de *redactum* supin de *redigere*; voy. *rédiger*).
Redan, au dix-septième siècle *reden* et *redent*, proprement ouvrage à *dents*: l'ancienne orthographe *redent* met cette origine hors de doute; pour le changement postérieur de *reden* en *redan*, voy. *andouille*. Pour l'etymologie de *redent*, voy. *re....* et *dent*.
Rédarguer, du L. *redarguere* (m. s.).
Reddition, du L. *redditionem* (action de rendre).
Redéfaire, voy. *re.* et *défaire*.
Redemander, voy. *re....* et *demander*.
Rédempteur, du L. *redemptor* (redempteur dans saint Jérôme).
Rédemption, du L. *redemptionem* (rédemption dans Prudence)
Redescendre, voy. *re....* et *descendre*.
Redevable, voy. *redevoir*.
Redevance, voy *redevoir*.
Redevenir, voy *re....* et *devenir*.
Redevoir, voy *re....* et *devoir*. — D. *redevable*, *redevance*.
Rédhibition, du L. *redhibitionem* (m. s.).
Rédhibitoire, du L. *redhibitorius* (m. s.).
Rédiger, du L. *redigere* (rassembler, réunir)
Redimer, du L. *redimere* (racheter).

† **Redingote**, de l'anglais *riding coat* (habit pour monter à cheval).
Redire, voy. *re....* et *dire*. — D. *redite* (subst. participial).
Redite, voy. *redire*.
Redondance, du L. *redundantia* (redondance). Sur *tia* devenu *ce*, voy. *agencer*. Sur *u* devenu *o*, voy. *annoncer*.
Redonder, du L. *redundare* (déborder).
Redonner, voy. *re....* et *donner*.
Redorer, voy. *re....* et *dorer*.
Redoubler, voy. *re....* et *doubler*. — D. *redoublement*.
† **Redoute**, venu au seizième siècle de l'italien *ridotto* (redoute).
Redouter, voy. *re....* et *douter*. — D. *redoutable*.
Redresser, voy. *re....* et *dresser*. — D. *redressement*, *redresseur*.
Réductible, du L. *reductibilis** (derive de *reductus*, voy. *réduire*).
Réductif, du L. *reductivus**, dérivé de *reductus* (ramené).
Réduction, du L. *reductionem* (action de ramener).
Réduire, du L. *reducere* (réduire) par le changement de *ducere* en *duire* (voy. *conduire*). — D. *réduit* (subst. participial).
Réduplicatif, du L. *reduplicatuus** dérivé de *reduplicatus* (doublé).
Réduplication, dérivé de *reduplicatus* (doublé).
Réédification, voy. *re....* et *édification*.
Réédifier, voy. *re....* et *édifier*.
Réel, du L. *realis** (dérivé de *rem*, chose). — D. *réellement*.
Réélection, voy. *re....* et *élection*.
Réélire, voy. *re....* et *élire*.

Réexportation, voy. *re....* et *exportation*
Réexporter, voy. *re..* . et *exporter*.
Refaire, voy. *re...* et *faire*.
— D. *refait* (subst. participial).
Refaucher, voy. *re....* et *faucher*.
Refection, du L. *refectionem* (reparation).
Refectoire, du L ecclésiastique *refectorium* * (proprement lieu où l'on se *refait*, où l'on se restaure).
Refendre, voy. *re....* et *fendre*. — D. *refend* (subst. verbal).
Referé, voy. *référer*.
Référendaire, du L. *referendarius* (m. s.).
Referer, du L. *referre* (rapporter). — D. *référé* (subst. participial).
Refermer, voy. *re....* et *fermer*
Referrer, voy. *re....* et *ferrer*.
Réfléchir, en italien *riflettere*, du L. *reflectere* (réfléchir) par le changement : 1° de *ct* en *ch* (voy. *allécher*) ; 2° de *e* en *i* (voy. *accomplir*). — D. *réfléchi*, *réfléchissement*, *irréfléchi*.
Reflecteur, du L. *reflectorem* (m. s.).
Refleter, au quatorzième siècle *réflecter*, du L *reflectere* (réfléchir) Sur *réflecter* devenu *refleter*, voy. *affété*.
— D. *reflet* (subst. verbal).
Refleurir, voy. *re....* et *fleurir*.
Réflexion, du L. *reflexionem* (action de retourner).
Refluer, du L. *refluere* (m. s.).
Reflux, voy. *re...* et *flux*.
Refondre, voy. *re ...* et *fondre*. — D. *refonte* (subst. participial, voy. *absoute*).
Reformateur, du L. *reformator* (m. s.).

Réformation, du L. *reformationem* (reforme).
Reformer, du L. *reformare* (réformer) D. *réformable*, *réforme* (subst. verbal).
Reformer, voy *re....* et *former*.
Refouler, voy. *re....* et *fouler*.
— D. *refoulement*, *refouloir*.
Refractaire, du L. *refractarius* (indocile).
Refracter, du L. *refractare* * (dérivé de *refractum*, brisé).
Refractif, du L. *refractivus* (m. s.).
Refraction, du L. *refractionem* (m. s.).
Refrain, substantif verbal de l'ancien français *refraindre* (briser; le *refrain* brisant la chanson à des intervalles égaux). *Refraindre* est le L. *refrangere* (briser à plusieurs reprises). Pour le changement de *angere* en *aindre*, voy. *absoudre* et *ceindre*.
Refrangible, du L. *refrangibilis* * (m. s., dérivé de *refrangere*, briser). — D. *refrangibilité*.
Refrapper, voy. *re....* et *frapper*.
Refréner, du L. *refrenare* (m. s.).
Refrigérant, du L. *refrigerantem* (qui refroidit).
Réfrigeration, du L. *refrigerationem* (rafraîchissement).
Refringent, du L *refringentem* (qui se brise).
Refrogner, composé de *re....* et d'un thème *frogner* dont l'origine est inconnue. — D. *renfrogner* (qui est le même mot que *refrogner*; sur l'intercalation de *n*, voy. *concombre*).
Refroidir, voy. *re...* et *froid*.
— D. *refroidissement*.
Refuge, du L. *refugium* (m. s.).
— D. se *réfugier*.
Refugier (se), voy. *refuge*. — D. *refugié* (subst. participial).

Refuser, du L. *refutiare*° (dérivé de *refutare* repousser, d'où le sens de refuser). Pour le changement de *ti* en *s*, voy. *agencer*. — D. *refus* (subst. verbal).
Réfutation, du L. *refutationem* (m. s.).
Réfuter, du L. *refutare* (m. s.).
Regagner, voy. *re*. . et *gagner*. — D. *regain* (subst. verbal).
1. **Regain** (de santé), voy. *regagner*.
2. **Regain,** composé de *re...* et de l'ancien français *gain*, à l'origine *gain* et *wain* (herbe qui pousse dans les prés fauchés), en italien *guaime*, mot d'origine germanique (d'un type *weidima*° dérivé de l'ancien haut allemand *weida*° herbe, pâture, et du suffixe roman *ime*). Wei(d)*ime* perdant le *d* médial (voy. *accabler*), donne *gain*, *ga-in* par le changement : 1° de *wei* en *ga* (voy. *gagner*); 2° de *ime* en *in* (voy. *airain*).
Regal, voy. *régaler*.
Regale, du L. *regalis* (royal). — D. *régalien*.
† **Régaler,** de l'espagnol *regalar* (m. s.). — D. *régal* (subst. verbal), *régalant, régalade, régalement*.
Regarder, voy. *re...* et *garder* — D. *regard* (subst. verbal), *regardant*.
Regarnir, voy. *re*.. et *garnir*.
† **Regate,** du vénitien *regatta* (courses de gondoles).
Régénérateur, du L. *regenerator*° (m. s.).
Régénération, du L. *regenerationem* (m. s.).
Régénérer, du L. *regenerare* (m. s.).
Régent, du L. *regentem* (qui gouverne). — D *régence, régenter*.
Régicide, dérivé de *regem* roi ; pour la finale *cide*, voy. *parricide*.

Régie, voy. *régir*.
Regimber, origine inconnue
Régime, du L. *regimen* (conduite).
Régiment, du L. *regimentum* (commandement, direction). — D. *régimentaire*.
Région, du L. *regionem* (région)
Régir, du L. *regere* (régir, diriger) par le changement de *e* en *i* (voy. *accomplir*). — D. *régie* (subst. participial); *régisseur*.
Régisseur, voy. *regir*
Registre, voy. *regître*. — D. *enregistrer*.
Regître, aussi *registre*, du L. *registrum*° (regître dans Papias : « *Registrum* liber qui rerum gestarum memoriam continet... » *Registrum* ou *regestrum* est une altération de *regestum* journal, dérivé de *regestus* transcrit).
Registrum a donné *registre* puis *regître* par la chute de *s* (voy. *abîme*).
Règle, du L. *regula* (m. s.), par la chute régulière de *u* (voy. p. LXXXI)
Règlement, voy. *régler*. — D. *reglementer, réglementaire*.
Régler, du L. *regulare* (régler, diriger) par la contraction régulière (voy. *accointer*) de *reg(u)lare* en *reg'lare*. — D. *règlement, réglet, réglette, régleur; déréglé*.
† **Réglisse,** de l'espagnol *regaliz* (réglisse).
Règne, du L. *regnum* (règne dans Horace).
Régner, du L. *regnare* (m. s).
Regnicole, du L. *regnicola* (m. s.).
Regonfler, voy. *re....* et *gonfler*. — D *regonflement*.
Regorger, voy. *re*. . et *gorge*. — D. *regorgement*.
Regratter, voy. *re....* et

gratter. — D. *regrat* (subst. verbal), *regrattier, regratterie.*
Regretter, anciennement *regreter* (avec le sens de *plaindre*); composé de *re*.... et du thème *greter** qui est d'origine germanique (gothique *gretan* plaindre). — D. *regret* (substantif verbal), *regrettable.*
Régulariser, dérivé de *regularis* (voy. *régulier*). — D. *régularisation.*
Regularite, du L. *regularitatem** (même sens, dérivé de *regularis*).
Regulateur, du L. *regulator** (m. s., dérivé de *regulare*).
Regulier, du L. *regularis* (qui suit une règle).
Rehabiliter, voy. *re*.... et *habiliter.* — D. *réhabilitation.*
Rehabituer, voy. *re*.... et *habituer*
Rehausser, voyez *re*.... et *hausser.* — D. *rehaussement.*
Reimporter, voyez *re*.... et *importer.*
Réimposer, voy. *re*.... et *imposer.*
Réimposition, voy. *re*.... et *imposition.*
Réimpression, voy. *re*.... et *impression.*
Reimprimer, voy. *re*.... et *imprimer.*
Rein, du L. *ren* (rein) par le changement de *e* en *ei* (voy. *frein*) — D. *éreinter* (voy. p. XCI)
Reine, anciennement *reine*, du L. *regina* (reine) par la chute du *d* médial *re*(g)*ina* (voy. *accabler*). — D. *reinette.*
Reinette, voy. *reine.*
Reinstaller, voy. *re*.... et *installer* — D. *réinstallation*
Reintegration, du L. *reintegrationem* (rétablissement).
Reintegrer, du L. *reintegrare* (rétablir).

Réitération, du L. *reiterationem* (répétition).
Reiterer, du L. *reiterare* (même sens).
† **Reître,** mot venu au seizième siècle de l'allemand *reiter* (cavalier).
Rejaillir, voy. *re*.... et *jaillir.* — D. *rejaillissement.*
Rejeter, du L. *rejectare* (même sens), par le changement de *ct* en *t* (voy. *affeté*). — D. *rejet* (substantif verbal), *rejetable, rejeton.*
Rejoindre, voy. *re*.... et *joindre.*
Rejointoyer, voy. *re*.... et *joint.*
Rejouer, voyez *re*.... et *jouer.*
Réjouir, voy. *re*.... et *jouir.* — D. *réjouissant, réjouissance.*
Relâcher, du L. *relaxare* (m. s.). Pour les changements de lettres voy. *lâcher.* — D. *relâche* (subst. verbal), *relâchant, relâchement.*
Relais, voy. *relayer.*
Relancer, voyez *re*.... et *lancer.*
Relaps, du L. *relapsus* (qui est retombé).
Rélargir, voyez *re*.... et *élargir.*
Relater, du L. *relatare** (dérivé de *relatum* rapporté, supin de *referre*).
Relatif, du L. *relativus* (même sens).
Relation, du L. *relationem* (relation).
Relaver, voyez *re*.... et *laver.*
Relaxation, du L. *relaxationem* (élargissement).
Relaxer, du L. *relaxare* (même sens).
Relayer. composé de *re*.... et de l'ancien verbe *layer*, cesser, discontinuer, s'arrêter, relâcher.

Layer est un mot d'origine germanique (gothique *latan* laisser). Ce mot a donné naissance à un type de la basse latinité *latare** qui est devenu *layer*, — comme *dilatare* est devenu *délayer*, — par la chute du *t* médial *la(t)are* (voy. *abbaye*), d'où *layer* par le changement de *a* en *ai* (voy. *aigle*). — D. *relai* substantif verbal de *relayer*, s'arrêter; proprement *arrêt, repos*). Quant au mot *relais* (dans l'expression « *lais* et *relais* de mer »), il dérive du verbe *relaisser* dont il est le substantif verbal (voy. *laisser*).

Reléguer, du L. *relegare* (m. s.). — D. *relégation*.

Relent, du L. *redolentem* (qui sent mauvais) par la contraction régulière (voy. *accointer*) de *red(o)lentem* en *red'lentem*, d'où *relent* par la réduction de *dl* à *l* (voy. *allumer*).

Relever, du L. *relevare* (relever). — D. *relief* (substantif verbal), qui est *relevium* dans plusieurs textes latins du moyen âge « *Et ibi omnes barones concesserunt sibi relevium...?* » lit-on dans un document du onzième siècle). *Relevium* a très-régulièrement donné *relief* par le changement: 1° de *e* en *ie* (voy. *arrière*); 2° de *v* en *f* (voyez *bœuf*); *relevailles, relèvement, relevé* (substantif participial), *relevée* (subst. particip. féminin), *releveur*.

1. **Relief**, (distinction, éclat), voy. *relever*.

2. **Relief** (saillie des objets), voy. *relever*. — D. *bas-relief* (ouvrage de sculpture en saillie sur un fond uni; proprement relief *bas*, c'est-à-dire peu saillant, par opposition à ronde bosse).

3. **Reliefs** (de table); ce qu'on *relève* de la table, ce qu'on remporte. Voy. *relever*.

Relier, du L. *religare* (attacher). Pour le changement de lettres, voy. *lier*. — D. *relieur, reliure, reliage*.

Religieux, du L. *religiosus* (m. s.).

Religion, du L. *religionem* (m. s.). — D. *religionnaire, coreligionnaire*.

Reliquaire, voy. *relique*.

Reliquat, du L. *reliquatum* (reliquat de compte). — D. *reliquataire*.

Relique, du L. *reliquiae* (rester). — D. *reliquaire*.

Relire, voy. *re....* et *lire*.

Relouer, voy. *re....* et *louer*.

Reluire, du L. *relucere* (reluire). Pour le détail des changements de lettres, voy. *luire*. — D. *reluisant*.

Remanier, voy. *re....* et *manier*. — D. *remaniement*.

Remarier, voy. *re....* et *marier*.

Remarquer, voy. *re....* et *marquer*. — D. *remarque* (substantif verbal); *remarquable*.

Remballer, voy. *re....* et *emballer*.

Rembarquer, voy. *re....* et *embarquer*. — D. *rembarquement*.

Rembarrer, composé de *re...* et de *embarrer* (voy. *barrer*).

Remblayer, composé de *re....* et de *emblayer*. Emblayer est l'opposé de *déblayer* (voy. ce mot). — D. *remblai* (substantif verbal)

Remboîter, voy. *re....* et *emboîter*. — D. *remboîtement*

Rembourrer, voy. *bourre*. — D. *rembourrement*.

Rembourser, composé de *re* et de *embourser*. Embourser est l'opposé de *débourser* (voy. *bourse*). — D. *remboursement, remboursable*.

Rembrunir, voy. *brun*. — D. *rembrunissement*.

Remède, du L. *remedium* (m. s.).

Remedier, du L. *remediare* (guérir).

Remêler, voy. re.... et *mêler*.

Remembrance (souvenir), dérivé de l'ancien verbe français se *remembrer* (se souvenir), qui est le L. *rememorare* (se souvenir). Remem(ŏ)rare* régulièrement contracté (voy. *accointer*) en remem'rare donne remembrer par le changement de mr en mbr (voy. *absoudre*).

Remémorer, du L. *rememorari* (se souvenir). — D. *remémoratif*.

Remercier, voy. *merci*. — D. *remercîment*.

Remettre, du L. *remittere* (remettre). Pour les changements de lettres, voy. *mettre*. — D. *remise* (subst. participial).

Remeubler, voy. re.... et *meubler*.

Réminiscence, du L. *reminiscentia* (m. s.). Sur *tia* devenu *ce*, voy. *agencer*.

Remise, voy. *remettre*. — D. *remiser*.

Rémissible, du L. *remissibilis* (m. s.).

Rémission, du L. *remissionem* (pardon).

Rémittent, du L. *remittentem* (qui se relâche).

Remmener, voy. re.... et *emmener*.

Rémoulade, voy. *remoudre*.

Remonter, voy. re.... et *monter*. — D. *remonte* (substantif verbal), *remontage*.

Remontrer, voy. re.... et *montrer*. — D. *remontrant*, *remontrance*.

Rémora, du L. *remora* (remora, poisson).

Remordre, du L. *remordere* (m. s.). Pour les changements de lettres, voy. *mordre*. — D. *remords* (substantif verbal).

Remords, voy. *remordre*.

Remorque, anciennement *remolque*, du L. *remulcum* (câble pour remorquer) par le changement: 1° de *u* en *o* (voy. *annoncer*); 2° de *l* en *r* (voy. *apôtre*). — D. *remorquer*, *remorqueur*.

Remoudre, voy. re.... et *moudre*. — D. *remous* (anciennement *remols*, substantif verbal de *remoldre* forme primitive de *remoudre*; pour le changement de *ol* en *ou*, voy. *agneau*); *remoulade*.

Remouleur, voy. *émoudre*.

Remous, voy. *rémoudre*.

Rempailler, voy. *paille*.

Remparer (se), se fortifier en prévision d'une attaque, composé des deux mots re... et *emparer*. — D. *rempart* (anciennement *rempar* qui est une forme plus correcte, *rempar* étant le substantif verbal de *remparer*).

Rempart, voy. *remparer*.

Remplacer, voy. re.... et *emplacer*. — D. *remplaçant*, *remplacement*.

Remplage, dérivé de *remplir* (voy. ce mot) comme *ravage* de *ravir*.

Remplir, voy. re.... et *emplir* — D. *remplissage*.

Remployer, voy. re.... et *employer*. — D. *remploi* (subst. verbal).

Remplumer, voy. *plume*.

Rempocher, voy. re.... et *empocher*.

Remporter, voy. re.... et *emporter*.

Rempoter, voy. *pot*. — D. *rempotage*.

Remue-ménage, voy. *ménage* et *remuer*.

Remuer, voy. re.... et *muer*. — D. *remuant*, *remuage*, *remuement*, *remue-ménage*.

Rémunérateur, du L. *remunerator* (m. s.)

Rémunération, du L. *remunerationem* (m. s.)

Rémunératoire, dérivé de *rémunérer* (voy. ce mot).

Remunerer, du L. *remunerare* (récompenser)

Renâcler, anciennement *renaquer*, à l'origine *renasquer*, mot dont l'étymologie est inconnue.

Renaître, du L. *renascere** (renaître). Pour le detail des changements de lettres, voy. *naître*. — D. *renaissant* (d'où *renaissance*)

Rénal, du L. *renalis* (même sens)

Renard, anciennement *regnard*, mot d'origine historique (voy. p. LXIV). On a vu au mot *goupillon*) que notre ancienne langue désignait cet animal par le mot *goupil*, forme qui fut supplantée par celle de *Regnard*. (*Maistre Regnard* est le surnom du *goupil* dans le *Roman de Renard*, célèbre composition satirique qui jouit durant le moyen âge, d'une popularité sans égale). *Maître Regnard* signifie proprement *Maître Rusé* (*Regnard* est un mot d'origine germanique : all. *reginhart*, rusé, cruel).

Pour le changement de regnard en renard, voy. *assener*. — Voyez pour le détail du changement de sens, au mot *baudet*. — D. *renarde*, *renardeau*, *renardière*.

Rencaisser, voy. re... et *encaisser*. — D. *rencaissage*.

Renchérir, voy. re... et *enchérir*. — D. *renchéri* (substantif participial), *renchérissement*.

Renchérissement, voy. au mot *renchérir*.

Rencontrer, composé de re... et de l'ancien verbe *encontrer* (voy. *encontre*). — D. *rencontre* (subst. verbal)

Rendez-vous, voy. *rendre* et *vous*.

Rendormir, voy. re ... et *endormir*.

Rendoubler, voy. *doubler*.

Rendre, en italien *rendere*, du L. *rendere** (rendre, dans les textes carlovingiens ; *rendere* est une forme nasalisée de *reddere* ; pour l'intercalation de *n*, voy. *concombre*). — D. *rente* (L. *rendita** rente dans les textes latins du moyen âge : substantif participial fort de *rendere*; voy. *absoute*) ; *rendant*, *rendement*.

Rendurcir, voy. re.... et *endurcir*.

Rêne, en italien *redina*, du L. *retina** (substantif de *retinere* retenir ; proprement courroie qui sert à arrêter, à retenir).

Ret(i)na contracté (voy. p. LXXXI) en *ret'na* donne *rêne* par la réduction de *tn* à *n* (voy. *plane*).

† **Renégat**, de l'italien *rinnegato* (renégat).

Renfermer, voy. re.... et *enfermer*.

Renfler, voy. re.... et *enfler*. — D. *renflement*.

Renfoncer, voy. re..... et *enfoncer*. — D. *renfoncement*.

Renforcer, voy. *force*. — D. *renfort* (subst. verbal), *renforcement*.

Rengager, voy. re.... et *engager*. — D. *rengagement*.

Rengainer, voy. re.... et *engainer*.

Rengorger (se) voy. re.... et *engorger*.

Rengraisser, voy. re.... et *engraisser*.

Renier, voy. re.... et *nier*. — D. *reniable*, *renieur*, *reniement*.

Renifler, composé de re.... et

de l'ancien verbe *nifler*, qui est d'origine germanique (b. allemand *nif*nez).

† **Renne**, du suédois *ren* (renne).

Renommer, voy. *re....* et *nommer*. — D. *renom* (substantif verbal), *renommée* (substantif participial), *renommé*.

Renoncer, du L. *renuntiare* (m. s.). Pour le changement de *...nuntiare* en *noncer*, voyez *annoncer*. — D. *renonce* (subs. verbal), *renoncement*,

Renonciation, du L. *renuntiationem* (renonciation), par le changement de *u* en *o* (voy. *annoncer*) et par celui de *ti* en *ci* (voy. *agencer*).

Renoncule, du L. *ranunculus* (renoncule dans Pline).

Renouée, voy. *renouer*.

Renouer, voy. *re...* et *nouer*. — D. *renouée* (subst. participial), *renoueur*, *renouement*.

Renouveau, voy. *re...* et *nouveau*.

Renouveler, du L. *renovellare* (m. s. dans Columelle). — D. *renouvellement*.

Rénovation, du L. *renovationem* (renouvellement).

Renseigner, voy. *re...* et *enseigner*. — D. *renseignement*.

Rente, voy. *rendre*. — D *renter*, *renté*, *rentier*.

Rentoiler, voy. *toile*. — D. *rentoilage*.

Rentraire, voy. *traire*. — D. *rentraiture*, *rentrayeur*.

Rentrer, voy. *re..* et *entrer*. — D. *rentrant*, *rentrée* (subst. participial).

Renverser, composé de *re...* et de l'ancien verbe *enverser* retourner, qui dérive de *envers* (voy. ce mot.). — D. *renversé*, *renversement*; *renverse* (subst. verbal).

Renvoyer, voy. *re...* et *envoyer*. — D. *renvoi* (substantif verbal).

Réordination, voy. *re...* et *ordination*.

Réordonner, voy. *re...* et *ordonner*.

Réorganiser, voy. *re...* et *organiser*. — D. *réorganisation*.

Réouverture, voy. *re...* et *ouverture*.

Repaire, à l'origine demeure en général. (Sur la restriction de sens imposée à ce mot par la langue moderne, voy. p. XXIII.) *Repaire* est le substantif verbal de l'ancien verbe *repairer* (se retirer dans sa demeure, retourner chez soi). *Repairer* est le L. *repatriare* (retourner chez soi, dans Isidore de Séville). *Repatriare* a donné *repairer* par l'attraction de *i* qui amène le changement de *a* en *ai* (voy. *aigle*), — et par la réduction de *tr* à *r* (voy. *arrière*).

Repaître, voy. *re...* et *paître*. — D. *repu*. (*Paître* avait aussi dans notre ancienne langue, le participe *pu* qui a persisté dans le langage de la fauconnerie : « un faucon qui a pu. »).

Répandre, voy. *re...* et *épandre*.

Réparable, du L. *reparabilis* (réparable).

Reparaître, voy. *re...* et *paraître*.

Réparateur, du L. *reparator* (m. s.).

Réparation, du L. *reparationem* (rétablissement).

Réparer, du L. *reparare* (réparer).

Reparler, voy. *re.* . et *parler*.

Repartir, voy. *re...* et *partir*. — D. *repartie* (subst. participial).

Répartir, voy. *partir* (au sens de diviser, de partager, de répartir). — D. *répartiteur*, *répartition*.

Repas, du L. *repastus** (repas, dans les textes mérovingiens : « *Nullum ibidem praesumant exercere dominatum, non ad mensionaticos aut repastos exigendo...* » dit une formule du septième siècle. *Repastus* est un composé intensitif du L. *pastus* nourriture).

Repastus a donné *repas* par la réduction de *st* final à *s* qui se retrouve dans : puis (*post*), nos (*noster*), dispos (*dispos'tus*) repos (*repos'tus*), appas (*appastus*), requis (*requis'tus*), exquis (*exquis'tum*), propos (*propos'tum*).

Repasser, voy. *re*.. et *passer*. — D. *repassage, repasseuse*.

Repaver, voy. *re*... et *paver*.

Repêcher, voy. *re*... et *pêcher*.

Repeindre, voy. *re*... et *peindre*. — D. *repeint* (subst. participial).

Repenser, voy. *re*... et *penser*.

Repentance, voy. *repentir*.

Repentir, composé de *re*... et de l'ancien verbe français *pentir* (se repentir). Ce vieux mot représente le L. *pœnitere* (se repentir) par le changement de *œ* en *e* (voy. p. LXXXVII) d'où *penitere* qui donne *pentir* par la contraction régulière (voy. *accointer*) de *pen(i)tere* en *pen'tere* et par le changement de *e* en *i* (voy. *accomplir*). — D. *repentir* (subst.), *repentant* (d'où *repentance*).

Repercer, voy. *re*... et *percer*.

Repercussion, du L. *repercussionem* (répercussion).

Répercuter, du L. *repercutere* (frapper).

Reperdre, voy. *re*... et *perdre*.

Repère, substantif verbal du L. *reperire* (trouver)

Repertoire, du L. *repertorium* (inventaire).

Repéter, du L. *repetere* (répéter). — D. *répétailler*.

Répétiteur, du L. *repetitor* (dérive de *repetere* répéter).

Répétition, du L. *repetitionem* (répétition).

Repeupler, voy. *re*.... et *peupler*. — D. *repeuplement*.

Répit, anciennement *respit*, en italien *rispetto*, du L. *respectus* (considération, réflexion, égard, d'où le sens d'indulgence, puis de délai, sens que le latin *respectus* possédait déjà dans les textes carlovingiens : « *Et si comes infra supradictarum noctium numerum mallum suum non habuerit, ipsum spatium usque ad mallum comitis extendatur, et deinde detur ei spatium ad respectum ad septem noctes,* » lit-on dans un Capitulaire de 819).

Respectus a donné *respit* par le changement de *ect* en *it* (voy. *attrait*), *répit* par la chute de *s* (voyez *abime*).

Replacer, voy. *re*.... et *placer*.

Replanter, voy. *re*.... et *planter*.

Replâtrer, voy. *re*.... et *plâtre*. — D. *replâtrage*.

Replet, du L. *repletus* (plein). — D. *réplétion*.

Replier, voy. *re*.... et *plier*. — D. *repli* (subst. verbal).

Répliquer, du L. *replicare* (dire). — D. *réplique* (substantif verbal).

Replonger. voy. *re*.... et *plonger*.

Repolir, voy. *re*.... et *polir*.

Répondre, anciennement *respondre*, du L. *respondere* (répondre) par la contraction régulière (voy. p. LXXXI) de *respond(ê)re* en *respond're*, d'où *répondre* par la chute de *s* (voy. *abime*). — D. *répondant; répons*, anciennement

respons (subst. participial fort du L. *responsus*, sur la chute de *s*, voy *abîme*) ; *réponse* féminin de *répons* (L. *responsa*) ; *répondant*.
Répons, voy. *repondre*.
Réponse, voy. *répondre*.
Reporter, du L. *reportare* (reporter). — D *report* (substantif verbal).
Reposer, voy. *re....* et *poser*. — D. *repos* (subst. verbal), *reposoir*, *reposé*.
Repousser, voy. *re....* et *pousser*. — D. *repoussant*, *repoussoir*, *repoussement*.
Répréhensible, du L. *reprehensibilis* (m. s.).
Reprehension, du L. *reprehensionem* (blâme).
Reprendre, voy. *re....* et *prendre*
† **Représaille**, de l'italien *ripresaglia* (représaille).
Representatif, du L. *repraesentativus** dérive de *repraesentatus* (présenté).
Représentation, du L. *repraesentationem* (représentation).
Representer, du L. *repraesentare* (exprimer). —D. *représentant*.
Répressif, du L *repressivus**, derive de *repressus* (retenu).
Repression, du L. *repressionem** (m. s.).
Réprimande, du L. *reprimenda* (chose blamâble, puis action de blâmer) — D. *réprimander*
Reprimer, du L. *reprimere* (réprimer). —D. *réprimable*.
Repris, voy. *re....* et *pris*.
Reprise, voy. *re....* et *prise*.
Reprobateur, du L. *reprobator* (m. s)
Reprobation, du L. *reprobationem* (m. s.).
Reprocher, en provençal *repropchar*, du L. *repropiare** (dérivé de *prope** proche, comme le latin *ob-jicere* qui signifie à la fois *placer devant*, et *reprocher* ; — comme l'allemand *vor-rücken* qui veut dire *s'approcher* et *reprocher*). *Repropiare*, c'est rapprocher, mettre devant les yeux, opposer, reprocher
Repropiare a donné *reprocher* par le changement régulier (voyez *abréger*) de *pia* en *che*. — D. *reproche* (substantif verbal) ; *reprochable*, *irréprochable*.
Reproducteur, voy. *re ..* et *producteur*.
Reproductible, voy. *re....* et *productible*. — D. *reproductibilité*.
Reproduction, voy. *re....* et *production*.
Reproduire, voy. *re....* et *produire*.
Reprouver, voy. *re....* et *prouver*.
Réprouver, du L. *reprobare* (réprouver). Pour le détail des changements de lettres, voy *prouver*. — D. *reprouvé* (subst. participial).
Reps, origine inconnue.
Reptile, du L. *reptilis* (m. s.).
Republique , anciennement *respublique* du L. *respublica* (m. s.). Sur la chute de *s*, voy. *abîme*. — D. *républicain*, *républicanisme*
Repudiation, du L. *repudiationem* (rejet).
Répudier, du L. *repudiare* (répudier).
Repugner, du L. *repugnare* (répugner).— D. *répugnant* (d'où *répugnance*).
Répulsif, du L. *repulsivus** dérive de *repulsus* (repoussé).
Répulsion, du L. *repulsionem* (m. s.).
Réputation, du L. *reputationem* (considération).
Reputer, du L. *reputare* (imputer).
Requérir, du L. *requirere*

(requérir) par le changement : 1° de *i* en *e* (voy. *admettre*) ; 2° de *e* en *i* (voy. *accomplir*). — D *requis*, du L. *requisitus* (m. s.), contracté régulièrement (voy. p. LXXXI) en *requis'tus* d'où *requis* par la réduction de *st* à *s* (voy. *repas*).

Requête, anciennement *requeste*, en italien *richiesta*, du L. *requisita* (proprement chose requise, demandée, d'où le sens de requête ; on lit dans une Charte latine du dixième siècle : « *requistam fecerunt* » pour faire une requête).
Requis(i)ta régulièrement contracté (voy. p. LXXXI) en *requis'ta*, donne *requeste* par le changement de *i* en *e* (voy. *admettre*), *requête* par celui de *s* (voy. *abîme*).

Requiem, du L. *requiem* (repos).

Requin, origine inconnue.

Requinquer, origine inconnue.

Requis, voy. *requérir*.

Réquisition, du L. *requisitionem* (m. s.).

Réquisitoire, du L. *requisitorium** (dérivé de *requirere*).

Rescinder, du L. *rescindere* (m. s.).

Rescision, du L. *rescisionem* (m. s.).

Rescousse, voy *escousse*.

Rescription, du L. *rescriptionem* (m. s.).

Rescrit, du L. *rescriptum* (réponse). Sur la réduction de *pt* à *t*, voy. *écrit*.

Réseau, anciennement *résel* en italien *reticello*, du L. *reticellum** (réseau, diminutif de *rete*, filet).
Ret(i)cellum régulièrement contracté (voy. *accointer*) en *ret'cellum* donne *résel* par la réduction de *tc* à *c* (voy. *adjuger*), et par le changement de *c* en *s* (voy. *amitié*) ; sur le changement de *résel* en *réseau*, voy. *agneau*.

Réséda, du L. *reseda* (m s).

Réserver, du L. *reservare* (m. s.). — D. *reserve* (subst. verbal), *réservoir*, *réservé*.

Résident, du L. *residentem* (m. s.). — D. *résidence*.

Résider, du L. *residere* (m. s.).

Résidu, du L. *residuum* (même sens).

Résignation, du L. *resignationem** (dérivé de *resignatus*, voy. *résigner*).

Résigner, du L. *resignare* (renoncer à). — D. *résignant*.

Résilier, du L. *resilire* (se dédire). — D. *résiliement*, *résiliation*.

Résine, du L. *resina* (m. s.).

Résineux, du L. *resinosus* (m. s.).

Résipiscence, du L. *resipiscentia* (m. s.).

Résistance, voy. *résister*.

Résister, du L. *resistere* (résister). — D. *résistant*, *résistance*.

Resolu, du L. *resolutus* (voyez *résoudre*). Sur *utus* devenu *u*, voy. *aigu*. — D. *irrésolu*.

Resoluble, du L. *resolubilis* (m. s.).

Résolution, du L. *resolutionem* (m. s. dans Ulpien). — D. *irrésolution*.

Résolutoire, du L. *resolutorius* (qui sert à résoudre).

Résolvant, du L. *resolventem* (qui résoud).

Resonnance, du L. *resonantia* (m. s)

Résonner, du L. *resonare* (m. s.). Sur *n* devenu *nn*, voyez *ennemi*. — D. *résonnant*, *résonnement*.

Resorption, du L. *resorptionem** (dérivé de *resorbere*, renfoncer).

Résoudre, du L. *resolvere*

(résoudre). Pour le changement de ...solvere en ...soudre, voy. absoudre. — D. résous (de résoudre, comme absous, d'absoudre) ; l'Académie emploie encore ce mot dans la locution « brouillard résous en pluie. »

Respect, du L. respectus (considération). — D. respecter, respectable.

Respectif, du L. respectivus * dérivé de respectus (point de vue).

Respectueux, du L. respectuosus* dérivé de respectus (respect). — D. irrespectueux.

Respiration, du L. respirationem (m. s.).

Respirer, du L. respirare (m. s.). — D. respirable, respiratoire.

Resplendir, du L. resplendere (m. s.). — D. resplendissant, resplendissement.

Responsable, du L. responsabilis * (dérivé de responsa réponse).

Ressac, origine inconnue.

Ressaisir, voyez re.... et saisir.

Ressasser, voyez re.... et sasser.

Ressauter, voyez re... et sauter. — D. ressaut (substantif verbal).

Ressembler, voyez re.... et sembler. — D. ressemblant (d'où ressemblance).

Ressemeler, voy. re.... et semelle. — D. ressemelage.

Ressemer, voy. re... et semer.

Ressentiment, voyez ressentir.

Ressentir, voy. re.... et sentir. — D. ressentiment.

Ressentir, voy. re.... et sentir. — D. ressentiment.

Resserrer, voy. re... et serrer. — D. resserrement.

Ressort, voy. ressortir.

Ressortir, voy re.... et sortir. — D. ressort (substantif verbal ; proprement ce qui ressort, ce qui rebondit).

Ressortir (à), anciennement resortir, du L. resortiri (qui a pris dans la latinité du moyen âge, le sens de ressortir). — D. ressort (judiciaire) ; ressortissant.

Ressouder, voyez re.... et souder.

Ressource, voy. source.

Ressouvenir (se), voy. re.... et souvenir. — D. ressouvenir (subst. verbal).

Ressuer, voy. re.... et suer. — D. ressuage.

Ressusciter, du L. resuscitare (ressusciter).

Ressuyer, voy. re.... et essuyer.

Restauration, du L. restaurationem (renouvellement).

Restaurer, du L. restaurare (m. s.). — D. restaurant, restaurateur.

Rester, du L. restare (s'arrêter). — D. restant (substantif participial), reste (substantif verbal).

Restituer, du L. restituere (restituer). — D. restituable.

Restitution, du L. restitutionem (restitution).

Restreindre, du L. restringere (resserrer), pour le changement de ...stringere en ...streindre, voy. astreindre.

Restrictif, du L. restrictivus* (dérivé de restrictus, voy. restreindre).

Restriction, du L. restrictionem (m. s.).

Restringent, du L. restringentem (qui resserre).

Résulter, du L. resultare (rejaillir). — D. résultat, résultante.

Résumer, du L. resumere. — D. résumé (substantif participial).

Résurrection, du L. *resurrectionem* (m. s.).
Rétablir, voy. *établir.* — D. *rétablissement.*
Retailler, voy. *re....* et *tailler.* — D. *retaille* (substantif verbal).
Retaper, voy. *re....* et *taper.*
Retard, voy. *retarder.*
Retarder, du L. *retardare* (m. s.). — D. *retard* (subst. verbal) ; *retardataire, retardation.*
Reteindre, voyez *re....* et *teindre.*
Retendre, voyez *re....* et *tendre.*
Retenir, du L. *retinere* (retenir) par le changement 1° de *i* en *e* (voy. *admettre*) ; 2° de *e* en *i* (voy. *accomplir*). — D. *retenue* (subst. participial).
Retention, du L. *retentionem* (action de retenir). — D. *rétentionnaire.*
Retentir, composé de *re....* et de l'ancien verbe français *tentir* (résonner), qui est le L. *tinnitire** (pour *tinnitare* résonner). *Tinn(i)tire* régulièrement contracté (voy. *accointer*) en *tin-n'tire* a donné le vieux français *tentir,* par le changement régulier de *in* en *en* (voy. *admettre*). — D. *retentissant, retentissement.*
Retenue, voy. *retenir.*
Retiaire, du L. *retiarius* (même sens).
Réticence, du L. *reticentia* (réticence).
Reticule, du L. *reticulum* (réseau). — D. *réticulaire, réticulé.*
Rétif, anciennement *restif* (proprement cheval qui refuse d'avancer, qui *reste* sur place). *Restif,* en italien *restio,* représente le L. *restivus** (dérivé de *restare* (rester. Pour la chute de *s* (voyez

abîme; pour le changement de *v* en *f,* voy. *bœuf.*
Rétine, du L. *retina** dérivé de *rete* filet, reseau ; *rétine* signifie proprement membrane réticulée : comme l'allemand *Netz-haut* (rétine), veut dire littéralement membrane en forme de réseau, de filet.
Retirer, voy. *re....* et *tirer.* — D. *retiré, retirement.*
Retomber, voy. *re....* et *tomber.* — D. *retombée* (subst. participial).
Retondre, du L. *retundere* (émousser).
Retordre, voyez *re.....* et *tordre.*
Retorquer, du L. *retorquere* (rétorquer).
Retors, du L. *retortus* (retors dans Martial). Sur la persistance de *s,* voy. *Grammaire historique de la langue française,* p. 153.
Retorte, du L. *retorta* (prop. retourne; vase de forme contournee).
Retoucher, voy. *re....* et *toucher.* — D. *retouche* (substantif verbal).
Retour, voy. *tour.*
Retourner, voyez *re....* et *tourner.* — D. *retourne* (substantif verbal).
Retracer, voyez *re....* et *tracer.*
Rétractation, du L. *retractationem* (rétractation).
Retracter, du L. *retractare* (retracter).
Retractile, dérivé de *retractus* (raccourci, retiré).
Retraction, du L. *retractionem* (raccourcissement).
Retraire, du L. *retrahere* (retirer). Pour le changement de.... *trahere* en.... *traire,* voy. *traire.* — D. *retrait* (du L. *retractus,* retire ; sur *ct* devenu *it,* voy. *attrait*) ;

retraite (action de se retirer, du L. *retracta* proprement retirée; sur *ct* devenu *it*, voy. *attrait*).

Retrait, voy. *retraire*.

Retraite, voy. *retraire*. — D. *retraité*.

Retrancher, voy. *re*.... et *trancher*. — D *retranchement*.

Retravailler, voy. *re*.... et *travailler*.

Rétrécir, voy. *re*.... et *trécir*. — D. *rétrecissement*.

Retremper, voy. *re*.... et *tremper*.

Retribuer, du L. *retribuere* (restituer).

Rétribution, du L. *retributionem* (m. s).

Retroactif, du L. *retro*, (en arrière) et de *actif* (voy. ce mot). — D. *retroactivité*.

Rétroaction, composé de *action* (voy. ce mot) et du L. *retro* (en arrière).

Rétrocéder, du L. *retrocedere* (m. s.). — D. *rétrocession*.

Rétrogradation, du L. *retrogradationem* (m. s).

Rétrograde, du L. *retrogradis* (m. s.).

Rétrograder, du L. *retrogradare* (m s).

Retrousser, voy. *re*.... et *trousser*. — D. *retroussement*, *retroussis*.

Retrouver, voy. *re*... et *trouver*.

Rets, du L. *retis* (rets). Sur la persistance de *s*, voy. *Grammaire Historique de la langue française*, p. 153.

Réunion, voy. *re*.... et *union*.

Réunir, voy. *re*.... et *unir*.

Réussir, composé de *ré*.... (voy. ce mot) et de l'ancien verbe français *ussir*, qui est le L. *exire* (sortir). *Exire* changeant *x* en *ss* (voy. *aisselle*), *e* en *i* (voy. *accomplir*), donne l'ancien français *issir* qui devient *ussir* par le changement de *i* en *u* (voy. *fumier*) Voy. aussi au mot *jumeau*.

† **Reussite**, de l'italien *riuscita* (réussite).

Revaloir, voy. *re*.... et *valoir*.

Revanche, voy. *revancher*.

Revancher, composé de *re*.... et du L. *vindicare* (se venger, prendre sa revanche) par la contraction régulière (voy. *accointer*) de *vind(i)care* en *vind'care* et par le changement : 1° de *dc* en *c* (voy. *adjuger*); 2° de *c* en *ch* (voy. *acharner*); 3° de *in* en *en* puis en *an* (voy. *dimanche*). — D. *revanche* (substantif verbal).

Révasser, voy. *rêve*. — D. *révasseur*, *révasserie*.

Rêve, origine inconnue. — D. *rêver*, *révasser*.

† **Revêche**, anciennement *revesche*, de l'italien *revescio* (revêche).

Réveiller, voy. *re*.... et *éveiller*, — D. *réveil* (substantif verbal), *réveillon*.

Revelateur, du L. *revelator* (m. s.).

Révélation, du L. *revelationem* (m. s.).

Reveler, du L. *revelare* (dévoiler).

Revenant, voy. *revenir*.

Revendeur, voy. *re*.... et *vendeur*.

Revendication, du L. *re*.... et *vindicationem* (réclamation).

Revendiquer, du L. *re*.... et *vindicare* (réclamer).

Revendre, voy. *re*.... et *vendre*.

Revenir, voy. *re*.... et *venir*. — D. *revenu* (substantif participial masc.); *revenue* (substantif participial féminin); *revient*.

Rêver, voy. *rêve*. — D. *rêveur*, *rêverie*.

Réverbère, voy. reverbérer.
Reverbérer, du L. *reverberare* (refléchir). — D. *reverbère* (subst. verbal), *réverbération*.
Reverdir, voy. re.... et *verdir*.
Révérence, du L. *reverentia* (révérence). — D. *révérencielle, révérencieux*
Révérend, du L. *reverendus* (vénérable).— D. *révérendissime*.
Révérer, du L. *revereri* (révérer)
Revers, du L. *reversus* (retourné).
Reverser, voy. re.... et *verser.* — D. *reversement, reversible.*
† **Reversi,** de l'italien *rovescino* (m. s.).
Reversible, voy. reverser.
Reversion, du L. *reversionem* (retour).
Revêtement, voy. revêtir.
Revêtir, voy. re.... et *vêtir.* — D. *revêtement*.
Revirer, voy. re.... et *virer.* — D. *revirement*.
Reviser, du L. *revisere* (revenir voir). — D. *réviseur*.
Revision, du L. *revisionem* (m. s.).
Revivifier, du L. *revivificare* (m s.).
Revivre, du L. *revivere* (m. s.). Pour le changement de lettres, voy. *vivre*.
Revocable, du L. *revocabilis* (qu'on peut rappeler).
Révocation, du L. *revocationem* (rappel).
Révocatoire, du L. *revocatorius* (m. s.).
Revoir, du L. *revidere* (revoir(Pour le changement de lettres voy. au mot *voir.* — D. *revue* (substantif participial).
† **Revolte,** de l'italien *rivolta* (révolution). — D. *révolter, révoltant*.

Révolu, du L. *revolutus* (m. s.). Sur *utus* devenu *u*, voy. *aigu*.
Révolution, du L. *revolutionem* (révolution), — D. *révolutionnaire*.
Revomir, du L. *revomere* (m. s.)
Révoquer, du L. *revocare* (rappeler).
Revue, voy. revoir.
Révulsif, voy. révulsion.
Révulsion, du L. *revulsionem* (action d'arracher). — D. *révulsif*.
Rez, du L. *rasus* (ras); *rez* signifie proprement au ras de, à fleur de (dans les locutions. *rez pied; rez terre ; rez de chaussée* désigne la partie de la maison qui est de niveau avec la route, la chaussée). Pour le changement de *rasus* en *rez*, voy. *nez*.
Rez-de-chaussée, voy. rez.
Rhabiller, voy. re.... et *habiller.* — D. *rhabillage*.
Rhéteur, du L. *rhetor* (m. s.).
Rhétorique, du L. *rhetorica* (m. s.). — D. *rhétoricien*.
Rhinoceros, du L. *rhinoceros* (m. s.).
Rhododendron, du L. *rhododendron* (laurier-rose).
Rhombe, du L. *rhombus* (losange).
Rhomboïde, du L. *rhomboides* (m. s.). — D. *rhomboïdal*.
Rhubarbe, du L. *rheubarbarum* (rhubarbe dans Isidore). *Rheubárb*(a)*rum* perdant régulièrement l'avant dernière voyelle atone (voy. p. LXXXI) devient *rheubarb'rum* qui donne *rhubarbe* par dissimilation (voy. p. LXXVI); pour le changement de *eu* en *u* voyez au mot *purée*.
† **Rhum,** de l'anglais *rum* (rhum).
Rhumatisme, du L. *rheumatismus* (m. s. dans Pline),— D. *rhumatismal*.
Rhume, du L. *rheuma* (ca-

tarrhe). Sur *eu* devenu *u* voy. *purée*.

Rhythme, du L. *rhythmus* (m. s.).

Rhythmique, du L. *rhythmicus* (m. s).

Riant, du L. *ridentem* (riant) par la chute du *d* médial *ri(d)entem* (voy. *accabler*) et par le changement de *en* en *an* (voy. p. LXXXV).

Ribambelle, mot dont l'origine est inconnue.

Ribote, mot dont l'origine est inconnue.
— D. *riboter, riboteur*.

Ricaner, origine inconnue.
— D. *ricanerie, ricaneur, ricanement*.

Richard, voy. *riche*.

Riche, mot d'origine germanique (allemand *reich*, anglais *rich*, riche). — D. *richesse, richard, richement, enrichir*.

Richesse, voy. *riche*.

Ricin, du L. *ricinus* (ricin).

Ricocher, mot dont l'origine est inconnue. — D. *ricochet* (subst. verbal).

Ride, voyez ci-dessous au mot *rider*.

Rideau, anciennement *ridel* (sur *el* devenu *eau*, voy. *agneau*); *ridel* est un diminutif de *ride* (voyez *rider*) et signifie proprement *étoffe plissée*.

Ridelle, mot dont l'origine est inconnue.

Rider, mot d'origine germanique (moyen haut allemand *riden* plisser). — D. *ride* (subst. verbal).

1. **Ridicule** (subst.), du L. *ridiculum* (plaisanterie).

2. **Ridicule** (petit sac), du L. *reticulum* (petit sac dans Horace).

3. **Ridicule** (adjectif), du L. *ridiculus* (ridicule). — D. *ridiculiser, ridiculité*.

Rien, du L. *rem* (chose) par le changement : 1° de *e* en *ie* (voy. *arrière*); 2° de *m* en *n* (voy. *changer*). *Rien* était substantif dans l'ancien français et gardait le sens originaire de *chose* : la *riens* (res) que j'ai vue est fort belle. Une très-belle *riens* (res). — Joint à une négation, il signifie *nihil*, comme *ne ...personne* signifie *nemo* : Je ne fais rien. — Cet emploi de *rien* est très-judicieux, et il ne perdit son sens naturel de *chose*, pour prendre celui de *nihil* (comme dans la locution : « on m'a donné cela pour *rien* »), que par l'habitude que l'on avait de construire ce substantif avec *ne* pour former une expression négative. C'est aussi par l'histoire du mot *rien* que s'explique ce passage de Molière dans lequel *rien* est à la fois négatif et positif :

Dans le siècle où nous sommes
On ne donne *rien* pour *rien*.
(*École des Femmes*, II, 2.)

Rieur, voy. *rire*.

Rigide, du L. *rigidus* (m. s.).

Rigidité, du L. *rigiditatem* (m. s.).

Rigodon, onomatopée (voy. p. LXV).

† **Rigole**, de l'italien *rigoro* (filet d'eau, ruisseau).

Rigorisme, dérivé du L. *rigor* (rigueur). — D. *rigoriste*.

Rigoureux, du L. *rigorosus* (rigide). Sur *o* devenu *ou*, voy. *affouage*; sur *osus* devenu *eux*, voy. *amoureux*.

Rigueur, du L. *rigorem* (rigueur). Sur *o* devenu *eu*, voy. *amoureux*.

Rimailler, voy. *rimer*. — D. *rimailleur*.

Rime, du L. *rhythmus* (rhythme, nombre; *rhythmus* désigne, au moyen âge, la versification

27

basée, non sur la longueur des syllabes comme dans la métrique classique, — mais bien sur le *nombre* des syllabes, mode de versification qui est celui des langues Romanes; à ces vers ainsi formés, s'adjoignit ce que nous appelons aujourd'hui rime, c'est-à-dire l'homophonie de deux syllabes accentuées à la fin des vers; et *rhythmus* qui désignait à l'origine un mode de versification, se restreignit à marquer l'une des conditions de ce système poétique). *Rhythmus* ou plutôt *rhythma* a donné *rime* par la chute de *h* (voy. p. cii), et la réduction de *im* à *m* (voy. *plane*). — D. *rimer*.

Rimer, voy. *rime*. — D. *rimeur, rimailler*.

Rinceau, anciennement *rainceau* (avec le sens de rameau, de feuillage, dans les textes du moyen âge), du L. *ramicellus** (diminutif de *ramus* feuillage). *Ram(i)cellus* contracté (voy. *accointer*) en *ram'cellus* a donné *raincel* par le changement : 1° de *m* en *n* (voy. *changer*); 2° de *a* en *ai* (voy. *aigle*). *Raincel* est devenu *rainceau* par l'adoucissement de *el* en *eau* (voy. *agneau*).

Rincer, anciennement *rinser, reinser* (mot d'origine germanique (ancien scandinave *hreinsa* nettoyer, d'où le sens de rincer). Sur *s* devenu *c*, voy. *cercueil*. — D. *rinçure*.

Rioter, origine inconnue. — D. *rioteur*.

Ripaille, origine inconnue.

Riper, gratter, de l'allemand *rippen* (forme populaire de *riben* qui correspond à l'ancien haut allemand *riban* gratter, frotter). — D *ripe* (subst. verbal).

Ripopée, origine inconnue.

† **Riposte**, de l'italien *riposta* (riposte). — D. *riposter*.

Rire, du L. *ridere* (rire) par la contraction régulière (voy. p. lxxxi) de *rid(e)re* en *rid're* d'où *rire* par la réduction de *dr* à *r* (voy. *arrière*). — D. *rieur, risible*.

Ris, du L. *risus* (ris). — D. *risée*.

Ris (de veau), corruption de *rides de veau*.

Risée, voy. *ris*.

Risible, du L. *risibilis* (dérivé de *ridere*, voy. *rire*).

† **Risque**, de l'espagnol *risco* (propr. écueil; d'où le sens de péril, de danger, puis de risque). — D. *risquer*.

Rissoler, diminutif d'un thème *risser** (griller, rôtir), qui est d'origine germanique (danois *riste* rôtir) : sur *st* devenu *ss*, voy. *angoisse*. — D. *rissole* (subst. verbal).

Rit, du L. *ritus* (coutume).

† **Ritournelle**, de l'italien *ritornello* (refrain).

Rituel, du L. *ritualis* [liber] (livre qui traite des rites).

Rivage, du L. *ripaticum** (rivage, dérivé de *ripa* rive : « *Ripaticum quoddam... tendidit super fluvium ad faciendum molendinum.* » dit un texte carlovingien). *Ripaticum* changeant *p* successivement en *b* puis en *v* (voy. *arriver*) devient *ribaticum* (qui est dans une charte de 891), *rivaticum* (dans un texte de 897) d'où *rivage* par le changement de *aticum* en *age* (voy. *âge*).

Rival, du L. *rivalis* (rival.) — D. *rivaliser*

Rivalité, du L. *rivalitatem* (m. s.).

Rive, en provençal *riba*, en italien *ripa*, du L. *ripa* (rive). Pour le changement de *p* en *v*, voy. *arriver*.

River, mot d'origine germanique (danois *rive*, proprement apla-

tir ce qui est proéminent, d'où river). — D. *rivet, rivure, rivoir.*
Riverain, voy. *rivière.*
Rivière, en espagnol *ribera*, du L. *riparia** (rivière dans les textes du moyen âge : « *Nec villae, nec homo distringatur facere pontes ad riparias....* » dit un texte du douzième siècle. *Riparia* dérive de *ripa* rive, que le latin du moyen âge a employé au sens de rivière). *Riparia* a donné *rivière* par le changement : 1° de *aria* en *ière* (voy. *ânier*) ; 2° de *p* en *v* (voy. *arriver*). — D. *riverain.*
† **Rixdale,** de l'allemand *Reichsthaler* (m. s.)
Rixe, du L. *rixa* (m. s.).
† **Riz,** de l'italien *riso* (riz). — D. *rizière.*
† 1. **Rob** (terme de jeu), de l'anglais *rubber* (rob).
† 2. **Rob** (pharmacie) mot d'origine orientale (arabe *robb* suc dépuré de fruits cuits).
Robe. On trouve dans les textes latins depuis le sixième siècle, un verbe *raubare* signifiant voler, dépouiller, piller : « *(Si quis in via alterum adsalierit et eum raubaverit....* » dit la *Lex Salica* Pact.), verbe qui est d'origine germanique (allemand *rauben* voler, dépouiller) et qui a donné en français par le changement de *au* en *o* (voyez *alouette*) l'ancien verbe *rober* (voler) dont nous avons conservé le composé *dérober.*
Le verbe *raubare* (dépouiller) produisit un substantif verbal *rauba* (produit du pillage, dépouilles, d'où postérieurement le sens de vêtement) : « *Quidquid super eum cum* rauba *vel arma tulit, omnia sicut furtiva componat....* » lit-on dans la *Lex Alemann,* tit. 49. *Rauba*, du sens général de vêtement, s'est spécialisé au sens de robe proprement dite·· *Apparatu* raubarum *Persicarum.... deposito, vilem habitum sumsit...* » disent les *Acta S. Yvonis. Rauba* a donné en provençal *rauba*, en français *robe* par le changement régulier de *au* en *o* (voy. *alouette*).

L'italien *roba* a mieux conservé la plénitude de sens du L. *rauba* (butin), et il possède le triple sens de robe, de marchandises et de biens — D. *robin* (homme de robe).
Robinet, diminutif de *Robin*, mot d'origine historique (voy. p. LXIV). On sait que dans la mythologie du moyen âge (voy. *baudet*) le mouton a pour surnom *Robin ;* les premiers robinets ayant été faits en forme de tête de mouton, ils furent désignés par le surnom de l'animal.
Robinier, mot d'origine historique (voy. p. LXIV) ; du nom de Jean *Robin* jardinier d'Henri IV, qui le premier, reçut d'Amérique en l'année 1601, les graines de cette plante.
Robuste, du L. *robustus* (m. s.).
Roc, du L. *rupicus* (dérivé de *rupes* roche) par la contraction (voy. p. LXXXI) de *rup(i)cus* en *rup'cus* d'où *roc* par le changement . 1° de *u* en *o* (voy. *annoncer*) ; 2° de *pc* en *c* (voy. p. CII.) — D *rocaille, rocailleux.*
Roche, du L. *rupea** (dérivé de *rupes* roche). *Rup(ea)* régulièrement transformé (voy. *abréger*) en *rup(ia)*, consonnifié *ia* en *ja* (voy. p. XC) d'où *rupja* qui donne *roche* par le changement : 1° de *u* en *o* (voy. *annoncer*) ; 2° de *pja* en *che* (voy. *abréger*). — D. *rocher, rocheux.*
Rochet, diminutif d'un thème *roc** (rochet derive de *roc*, comme *cochet* de *coq*, comme *sachet* de *sac*): *Roc* est le L. *roccus**, robe de dessus dans les textes carlovingiens : « *Roccus martrinus et*

utrinus.... » dit un Capitulaire de Charlemagne à l'année 808. On lit dans la chronique du Moine de saint Gall (2, 27): « *Carolus habebat pellicium herbycinum, non multum amplioris pretii, quam erat roccus ille S. Martini*, etc.... » *Roccus* est d'origine germanique et correspond à l'allemand *rock* (robe).

† **Rôder,** mot venu du provençal *rodar* (rôder); le provençal *rodar* correspond à l'italien *rotare*, et vient du L. *rotare* (tourner autour, d'où le sens de rôder).

† **Rodomont,** de l'italien *rodomonte* (m. s.). — D. *rodomontade.*

Rogation, du L. *rogationem* (m. s.).

Rogatoire, du L. *rogatorius** (m. s. dérivé de *rogare* demander).

Rogaton, mot dont l'origine est inconnue.

Rogne, anciennement *roigne*, du L. *robiginem* (rouille, d'où le sens de gale) par la contraction régulière (voy. p. LXXXI) de *robig(i)nem* en *robig'nem* d'où *ro-igne* par la chute du *b* médial *ro*(b)*ignem* (voy. *aboyer*). —D. *rogneux*.

Rogner, anciennement *roogner* (qui a le sens de: couper les cheveux en rond, dans les textes du douzième siècle); *roogner.* qui est en provençal *redonhar*, vient de l'ancien français *roond* (forme primitive de *rond;* voy. *rond*).

Roond a donné *roonner**, comme *plafond* a donné *plafonner*. *Roonner* est devenu *roogner* par le changement de *n* en *gn* (voy. *cligner*). *Roogner* a donné *rogner* par la contraction de *oo* en *o* (voyez *rond*). — D. *rogneur, rognure.*

Rognon, du L. *renionem** (diminutif de *ren*, rein). — Sur *nio* devenu *gno,* voy. *cigogne;* pour le changement de *e* latin en *o,* cf.

olifant (elephantem), poêle (petalum), vôtre (vester). On trouve déjà *voster* pour *vester* dans les inscriptions de l'Empire. — D. *rognonner.*

Rogue, mot d'origine germanique (nordique *hrôkr* arrogant).

Roi, du L. *regem* (roi). Pour le changement de.... *egem* en.... *oi*, voy. *loi*. — D. *roitelet* (diminutif de l'ancien français *roietel* roitelet; *roietel* est un dérivé de *roiet** composé lui-même de *roi* et du suffixe diminutif *et*. Pour le passage du sens de *roi* à celui de *roitelet*, voy. p. xxv).

Roide, roideur, voy. *raide, raideur.* — D. *roidillon, roidir.*

Roidir, voy. *roide*.

Roitelet, voy. *roi*.

Rôle, proprement rouleau de papier, en provençal *rotle*, en italien *rotolo*, du L. *rotulus* (rouleau) par la contraction régulière (voyez p. LXXXI) de *rot*(ù)*lus* en *rot'lus* d'où *rôle* par l'assimilation de *tl* en *ll* puis en *l* (voy. *bouleau*). — D. *enrôler; contrôle* (voy. ce mot); *rôler, rôlet.*

Rôlet, voy. *rôle*.

Romain, du L. *romanus* m. s.). Sur *anus* devenu *ain*, voyez *ancien*. — D. *romaine*.

Roman. La locution latine « *lingua romana* » désignait sous les Carlovingiens, la langue française naissante, le latin *rustique* par opposition à « *lingua latina* » qui désignait le latin *classique*.

On lit dans la Vie de saint Adalhard, abbé de Corbie (750), qu'il prêchait en langue vulgaire « *avec une abondance pleine de douceur,* » (Quem si vulgo audisses, dulcifluus emanabat) et son biographe exprime plus nettement encore cette distinction du *latin* langue savante, et du *roman* ou langue du peuple, lorsqu'il ajoute: « Saint

Adalhard parlait-il en langue vulgaire, c'est-à-dire en *langue romane*, on eût dit qu'il ne savait que celle-là; s'il parlait en *langue allemande*, il brillait encore plus; enfin, quand il employait la *langue latine*, il s'exprimait avec plus d'élégance encore que dans les autres. (*Qui si vulgari, id est* romana lingua, *loqueretur, omnium aliarum putaretur inscius; si vero* teutonica, *enitebat perfectius: si* latina, *in nulla omnino absolutius.* » Acta Sanctorum, Januar. I, 416).

De cette forme *romana*, vient l'adverbe *romanicè** (dans la locution: « *romanice loqui* »)

Roman(i)*ce* se contractant régulièrement (voy. p. LXXXI) en *roman'ce* donne à la fois au cas sujet *romance* et au cas régime *romant*. (Voyez Grammaire historique de la langue française, p. 150).

Romance et *romant* signifiaient proprement la langue vulgaire par opposition au latin; ces mots furent appliqués aux compositions en langue vulgaire et vinrent bientôt à désigner des genres littéraires. *Romant* est devenu postérieurement *roman* (d'où *romanesque*): de la forme nominative *romance* (au sens de roman) est venu *romancier* (proprement celui qui composait en langue vulgaire).

Romance et *roman* qui signifiaient proprement toute composition en langue vulgaire, ont subsisté parallèlement dans notre langue en prenant deux sens différents.

Romance, voy. ci-dessus, au mot *roman*.

Romancier, voy. ci-dessus, au mot *roman*.

Romanesque, voy. ci-dessus, au mot *roman*.

† **Romantique**, venu de l'anglais *romantic* (romanesque) à la fin du dix huitième siècle. — D. *romantisme*.

Romarin, du L. *rosmarinus* (romarin) par la chute de *s* (voy. *abîme*).

Rompre, du L. *rumpere* (rompre) par la contraction régulière (voy. p. LXXXI) de *rump*(è)*re* en *rump're* d'où *rompre* par le changement de *u* en *o* (voy. ci-dessus au mot *annoncer*). — D. *rompu, rompement*.

Ronce, du L. *rumicem* (proprement dard, d'où le sens d'arbuste épineux). *Rumicem* a donné *ronce* par le changement de... *umicem* en.... *once*, pour lequel je renvoie le lecteur au mot *ponce* où ce changement a été étudié.

Rond, anciennement *roond*, en italien *rotondo*, du L. *rotundus* (rond). *Ro*(t)*undus* perdant le *t* médial (voy. *abbaye*) et changeant *u* en *o* (voy. *annoncer*) donne l'ancien français *roond*, qui s'est contracté postérieurement (voy. p. XCI) en *rond*. — D. *ronde, rondeau, rondelle, rondelet, rondache, rondin, rondeur, arrondir*.

Rondache, voy. *rond*.

Ronde, voy. *rond*.

Rondeau, voy. *rond*.

Rondelet, voy. *rond*.

Rondelle, voy. *rond*.

Rondeur, voy. *rond*.

Rondin, voy. *rond*. — D. *rondiner*.

Rond-point, voy. *rond point*.

Ronfler, mot dont l'origine est inconnue. — D. *ronflant, ronfleur, ronflement*.

Ronger, en provençal *romiar*, en espagnol *rumiar*, du L. *rumigare* (proprement ruminer dans Apulée; ce sens de ruminer existait aussi dans l'ancien français,

où *ronger* a le double sens de ruminer et de ronger ; le sens de ruminer a persisté dans la locution de vénerie : « *le cerf fait le* ronge, » il rumine).
Rum(i)*gare* régulièrement contracté (voy. *accointer*) en *rum'gare*, donne *ronger* par le changement de *m* en *n* (voy. *changer*). — D. *rongeur*.

Rongeur, voy. *ronger*.

Roquefort, mot d'origine historique (voy. p. LXIV) ; fromage fabriqué à *Roquefort*, village du département de l'Aveyron.

Roquet, mot d'origine historique (voy. p. LXIV), proprement *chien de St Roch;* allusion à la légende qui représente *saint Roch* accompagné de son chien *saint Roquet*.

† **Roquette**, de l'italien *rucchetta* (chou).

Rorifère, dérivé du latin *rorifer* (qui répand la rosée).

Rosace, mot dérivé du L. *rosaceus* (fait en forme de rose).

Rosacée, du L. *rosacea* (de rose).

Rosaire, du L. *rosarius* (de rose), proprement guirlande de roses (voy. *chapelet*) dont on couronnait la vierge Marie au moyen âge ; puis par assimilation guirlande servant à la prière et faite de grains enfilés.

† **Rosat**, venu au seizième siècle de l'italien *rosato* (couleur de rose).

† **Rosbif**, de l'anglais *roastbeef* (bœuf rôti).

Rose, du L. *rosa* (rose). — D. *rose* (adjectif); *rosé, rosière, rosette*.

Rose (adjectif), voyez au mot *rose* (substantif).

Rosé, voy. *rose*.

Roseau, anciennement *rosel* (sur *el* devenu *eau*, voy. *agneau*) ; *rosel* (en provençal *rauzel*) est le diminutif d'un thème *ros* qui est d'origine germanique (gothique *raus* roseau). Le gothique *raus* a donné le provençal *raus* (roseau), le français *ros* * (par le changement régulier de *au* en *o ;* voyez *alouette*).

Rosée, substantif participial féminin (voyez au mot *absoute*) d'un ancien verbe *roser**, qui est le L. *rorare* (tomber en rosée), — *Rorare* est devenu *roser*, comme *adrorare* est devenu *arroser*. — Pour la substitution de *s* à *r*, voyez l'*Introduction* de ce livre (page XCVII, ligne 22).

Rosette, voyez ci-dessus au mot *rose*.

Rosier, du L. *rosarium* (prop. plant de roses). Pour le changement de *arium* en *ier*, voy. *ânier*. — D. *roseraie*.

† **Rosse**, de l'allemand *ross* (cheval).

Rosser, anciennement *roissier*, mot dont l'origine est inconnue.

Rossignol, anciennement *lossignol*, en italien *rossignuolo*, du L. *lusciniolus** (forme masculine de *lusciniola* rossignol dans Plaute). *Lusciniolus* donne l'ancien français *lossignol* par le changement : 1° de *u* en *o* (voy. *annoncer*) ; 2° de *sc* en *ss* (voy. *cresson*); 3° de *ni* en *gn* (voy. *cigogne*). *Lossignol* changeant *l* en *r* (voy. *apôtre*) s'est transformé en *rossignol* par dissimilation (voy. p. LXXVI). — D. *rossignoler*

Rossinante, mot d'origine historique (voy. p. LXIV) ; de l'espagnol *rocinante*, nom du cheval de Don Quichotte.

Rossolis, du L. *ros solis* (prop. rosée du soleil).

Rostrale, du L. *rostralis* (même sens).

Rostres, du L. *rostra* (tribune aux harangues).

Rôt, voy. *rôtir*.

Rot, en italien *rutto*, du L. *ructus* (m. s.), par le changement : 1° de *u* en *o* (voy. *annoncer*) ; 2° de *ct* en *t* (voyez *affeté*).

Rotateur, du L. *rotator* (même sens).

Rotation, du L. *rotationem* (m. s.).

† **Rote**, de l'italien *rota* (rote).

Roter, du L. *ructare* (m. s.), par le changement : 1° de *u* en *o*, (voy. *annoncer*) ; 2° de *ct* en *t* (voy. *affeté*).

Rotin, origine inconnue.

Rôtir, anciennement *rostir*, mot d'origine germanique (ancien haut allemand *rostjan* rôtir). Pour la chute de *s* voy. *abîme*. — D. *rôt* (substantif verbal), *rôti*, *rôtie*, *rôtisserie*, *rôtisseur*, *rôtissoire*.

Rôtisseur, voy. *rôtir*.

† **Rotonde**, de l'italien *rotonda* (rotonde).

Rotondité, du L. *rotunditatem* (rondeur).

Rotule, du L. *rotula* (prop. petite roue).

Roture, du L. *ruptura*, prop. action de rompre, de briser la terre, de défricher d'où le sens de champ défriché que possède ce mot dans la latinité du moyen âge : « *decimas et primitias de novis* rupturiis, *quae factae sunt in alodio, S. Felicis* » dit une charte du onzième siècle. Du sens de champ défriché, ce mot passe à celui de terre de vilain soumise à une redevance, de terre, d'héritage qui n'est point noble. *Ruptura* a donné *roture* par le changement : 1° de *pt* en *t* (voy. *acheter*) ; 2° de *u* en *o* (voyez *annoncer*).

Roturier, proprement paysan qui possède une *roture* (voy. ce mot), du L. *ruptararius** (qui cultive une *ruptura*; voy. *roture*).

On lit dans une charte du onzième siècle : « *Concedimus quoque eidem decem sextarias terrae, si a* rupturariis *dono vel emptione illas acquisierint*.... »

Rupturarius a donné *roturier* par le changement : 1° de *arius* en *ier* (voy. *dînier*); 2° de *pt* en *t* (voy. *acheter*); 3° de *u* en *o* (voyez *annoncer*).

Rouage, voy. *roue*.

† **Rouan**, anciennement *roan*, de l'italien *roano* (rouan).

Rouanne, origine inconnue. — D. *rouanner*, *rouannette*.

† **Rouble**, mot russe.

Roucouler, onomatopée (voy. p. LXV). — D. *roucoulement*.

Roue, du L. *rota* (roue), par le chute du *t* médial *ro(t)a* (voy. *aigu*) et par le changement de *o* en *ou* (voy. *affouage*). — D. *rouer*, *rouage*, *rouet*.

Roué, voy. *rouer*.

Rouelle, du L. *rotella* (petite roue) par la chute régulière du *t* médial *ro(t)ella* (voy. *abbaye*) et par le changement de *o* en *ou* (voy. *alouette*).

Rouennerie, mot d'origine historique (voy. p. LXIV) : étoffes fabriquées originairem. à *Rouen*.

Rouer, voy. *roue*. — D. *roué*; *rouerie*.

Rouerie, voy. *rouer*.

Rouet, voy. *roue*.

Rouge, anc. *roge*, en italien *robbio*, du L. *rubeus* (rouge dans Isidore de Séville). *Rub*(eu)*s* se transformant rég. (voy. *abréger*) en *rub*(iu)*s*, consonnifie *iu* en *ju* (voy. *abréger*) d'où *rubjus* qui donne l'ancien français *roge*, par la réduction de *bj* à *j* (voy. *sujet*) et par le changement de *u* en *o* (voyez *annoncer*). *Roge* est postérieurement devenu *rouge* par le changement de o en *ou* (voy. *affouage*). — D. *rougeâtre, rougeaud, rougeole, rouget, rougeur, rougir.*

Rouille, anciennement *roille*, en provençal *roilh*, du L. *rubigula** (diminutif de *rubigo* rouille). *Rubig(ü)la* régulièrement contracté (voy. p. LXXXI) en *ru(b)ig'la* donne *ro-ille* par la chute du *b* médial (voy. *aboyer*) et par le changement : 1° de *u* en *o* (voyez *annoncer*) ; 2° de *gl* en *il* (voyez *cailler*). *Roille* est devenu *rouille* par le changement de *o* en *ou* (voyez *affouage*). — D. *rouiller, rouillure, dérouiller, enrouiller.*

Rouir, mot d'origine germanique (holl. *roten*, rouir). Pour la chute du *t* médial, voyez *abbaye* ; pour le changement de *o* en *ou*, voy. *affouage*. — D. *rouissage, rouissoir.*

Roulade, voy. *rouler*.
Roulage, voy. *rouler*.
Rouleau, du L. *rotulellum** (diminutif de *rotulus* rouleau). *Rot(ü)lellum* régulièrement contracté (voy. *accointer*) en *rot'lel-lum*, donne *rouleau* par l'assimilation de *tl* en *ll* (voy. *bouleau*) et par le changement : 1° de *ol* en *ou* (voy. *affouage*); 2° de *ellum* en *el* puis en *eau* (voy. *agneau*).

Rouler, anciennement *roller*, en provençal *rotlar*, en italien *rotolare*, du L. *rotulare** (rouler, dans les textes du moyen âge : *ro tulare* dérive de *rotulus*). *Rot(ü)lare* régulièrement contracté (voyez *accointer*) en *rot'lare* donné l'ancien français *roller* par l'assimilation de *tl* en *ll* (voy. *bouleau*) ; *roller* devient *rouler* par l'adoucissement de *ol* en *ou* (voy. *agneau*). — D. *roulage, roulade, roulier, roulis, roulement, rouleur, rouleuse, roulette, rouloir, dérouler, enrouler.*

Roulier, voy. *rouler*.
Roulis, voy. *rouler*.
Roupie, origine inconnue.
Rousseur, voy. *roux*.
Roussin, dérivé de l'ancien français *rous, ros* (roussin) qui est d'origine germanique (moyen allemand *ros* cheval). Pour le changement de *ros* en *rous* (voy. *affouage*).

Roussir, voy. *roux*. — D. *roussi* (subst. participial).

† **Rout**, de l'anglais *rout* (assemblée).

Route, anciennement *rote*, du L. *rupta** [via] chemin pratiqué à travers. *Rupta* a le sens de route dans les textes latins du moyen âge : « *De quibus cimalus forestae de Gadabone, nec non de rup is ejusdem forestae....* » dit un texte du douzième siècle. Nous disons de même : *aller sur les* brisées *de quelqu'un*). *Rupta* a donné *rote* par le changement : 1° de *pt* en *t* (voy. *acheter*) ; 2° de *u* en *o* (voy. *annoncer*). *Rote* a donné *route* par le changement de *o* en *ou* (voy. *affouage*). — D. *routier, routine* (action de suivre la route tracée).

Routier, voy. *route*.
Routine, voy. *route*. — D. *routinier.*

Rouvieux, dérivé de *rouffe* (gale) Pour le rapport de *f* à *v*, voy. *achever*. *Rouffe* est un mot d'origine germanique (holland. *rofe*, gale, croûte).

Rouvre, ancien français *rovre*, en provençal *robre*, du L. *robur* (rouvre) par la contraction régulière (voy. p. LXXXI) de *rob(u)r* en *rob'r* d'où *rovre* par le changement de *b* en *v* (voy. *avant*), *rouvre* par le changement de *o* en *ou* (voy. *affouage*).

Rouvrir, voy. *re....* et *ouvrir*.

Roux, en provençal *ros*, en italien *rosso*, du L. *russus* (rouge) par le changement de *u* en *ou* (voy. *accouder*) et par celui de *ss* en *s* (voy. *ais*) d'où l'ancien français *rous* qui est devenu *roux* par le changement de *s* en *x* (voyez *deux*). — D. de l'ancienne forme *rous*: *rousse, roussâtre, rousseau, rousselet, rousseur, roussette, roussir*.

Royal, du L. *regalis* (royal). Pour le changement de ...*egalis* en ...*oyal*, voy. *loyal*. — D. *royale, royalisme, royaliste, royalement*.

Royaume, ancienn. *royalme*, en provençal *reialme*, en espagnol *realme*, du L. *regalimen** (dérivé de *regalis*).

Regal(i)men contracté (voy p. LXXXI) en *regal'men* donne l'ancien français *royalme* par le changement de *regal*.,.. en *royal*. . (voy. *royal*). *Royalme* devient *royaume* par l'adoucissement de *al* en *au* (voy. *agneau*).

Royauté, anciennement *roialté*, du L. *regalitatem** (dérivé de *regalis* royal) par la contraction régulière (voy. *accointer*) de *regal(i)tatem* en *regal'tatem* d'où *royalté* par le changement : 1° de *regal*. .. en *royal*.... (voy. *royal*); 2° de *atem* en *é* (voy. *abbé*).

Ru, ancien français *rui*, du L. *rivus* (ruisseau) ou plutôt de *rius* qui était la forme populaire de *rivus*, puisque l'*Appendix ad Probum* blâme cette prononciation, et dit : « *rivus non rius* ». Pour la chute du *v* médial, voy. au mot *aieul*.

Ruban, origine inconnue. — D. *rubanerie, rubanier*.

Rubéfier, du L. *rubeficare** (rougir, dérivé de *rubeus*; voyez *rouge*) — D. *rubéfiant*.

Rubiacée, du L. *rubiacea** (dérivé de *rubeus* rouge).

Rubicond, du L. *rubicundus* (m. s.).

† **Rubis**, mot venu de l'espagnol *rubi* (rubis).

Rubrique, du L. *rubrica* (rubrique)

Ruche, anciennement *rusche*, en provençal *rusca*, mot d'origine celtique (breton *rusken* ruche). Pour le changement de *c* en *ch*, voy. *acharner*; pour la chute de *s*, voy. *abîme*. — D. *rucher*, *ruchée*.

Rude, du L. *rudis* (brut). — D. *rudesse, rudoyer*.

Rudiment, du L. *rudimentum* (m. s.).

Rudoyer, voy. *rude*.

1 **Rue** (plante), en espagnol *ruda*, en italien *ruta*, du L. *ruta* (rue) par la chute du *t* médial *ru(t)a* (voy. *aigu*).

2. **Rue**, dans l'ancien italien *ruga*, du L. *ruga*, proprement sillon, puis chemin, rue dans les textes latins du moyen âge. On lit dans une Charte de 1111 : « *Quorum rex operta expertus, ecclesiam, rugam, plateam et mensuras concessit.* » Et dans un document de 1165 : « *Usque ad locum qui vocatur Tudella, in ruga ejusdem S. Germani.* »

Ru(g)a a donné *rue* par la chute du *g* médial (voy. *allier*). — D. *ruelle*.

Ruelle, voy. *rue*. — D. *rueller*.

Ruer, du L. *ruere* (m. s.). — D. *ruade, rueur*.

Rugir, du L. *rugire* (m. s.). — D. *rugissant, rugissement*.

Rugosité, du L. *rugositatem* (froncement). Pour le changement de *atem* en *é*, voy. *abbé*.

Rugueux, du L. *rugosus* (ridé) Sur *osus* devenu *eux*, voy. *amoureux*.

Ruine, du L. *ruina* (ruine). — D. *ruiner, ruineux.*

Ruinure, mot dont l'origine est inconnue?

Ruisseau, anciennement *ruissel* (sur *el* devenu *eau*, voyez *agneau*), du L. *rivicellus** (diminutif de *rivus* ruisseau). *Riv(i)cellus* régulièrement contracté (voyez *accointer*) en *riv'cellus* a donné *ruissel* par e changement de *v* en *u* (voyez ci-dessus au mot *aurone*), et par celui de *c* latin en *ss* (voyez au mot *amitié*). — D. de l'ancienne forme *ruissel : ruisseler, ruisselet.*

Ruisselant, voyez *ruisseler.*

Ruisselet, voyez ci-dessus au mot *ruisseau.*

Ruisseler, voy. *ruisseau.* — D. *ruisselant.*

† **Rumb**, de l'anglais *rhumb* (rumb).

Rumeur, du L. *rumor* (rumeur).

Rumination, du L. *ruminationem* (m. s.).

Ruminer, du L. *ruminare* m. s.). — D. *ruminant.*

Rupture, du L. *ruptura* (m. s.).

Rural, du L. *ruralis* (m. s.).

Ruser, anciennement *reüser* (à l'origine terme de chasse servant à désigner les détours que fait le gibier pour échapper aux chiens et leur faire perdre la piste. Pour l'extension postérieure du sens, voy. p. XXII).

Reüser, en provençal *reüsar*, vient du L. *recusare* (refuser) par la chute du *c* médial *re(c)usare* d'où *reüser* qui devient successivement *reuser* (voy. p. xc), *ruser* par la réduction de *eu* à *u* (voyez *purée*). — D. *ruse* (subst. verbal), *rusé.*

Rustaud, voy. *rustre.*

Rusticite, du L. *rusticitatem* (m. s).

Rustique, du L. *rusticus* (m. s.).

Rustre, anciennement *ruste*, du L *rusticus* (rustre). *Rústicus* perdant ses deux dernières voyelles atones (voy. p. LXXXI) donne l'ancien français *ruste* qui devient postérieurement *rustre* par l'addition de *r* (voy. *chanvre*). — D. de l'ancienne forme *ruste : rustaud.*

S

Sa, du L. *sam* (sa, dans Ennius). *Sam* est une forme archaïque de *suam*; pour le rapport de *sam* à *suam*, voy. p. xc. Pour la chute de *m*, voy. *ja.*

Sabbat, du L. *sabbatum* (sabbat). — D. *sabbatique.*

Sabbatique, voy. *sabbat.*

Sabine, du L. *sabina* (sabine, plante).

1. **Sable**, du L. *sabulum* (sable). Pour la contraction de *ab(u)lum* en *able*, voy. *able.* — D. *sabler, sablier, sablière.*

2. † **Sable** (blason), couleur noire, dans l'ancien français martre zibeline dont la fourrure est noire pendant l'hiver; *sable* est un mot d'origine slave (polonais *sobal*, martre zibeline).

Sabler, voy. *sable.* — D *ensabler*

Sableux, du L. *sabulosus* (sablonneux) par la contraction régulière (voy. *accointer*) de *sab(ŭ)losus* en *sab'losus*, d'ou *sableux* par le changement de *osus* en *eux* (voyez *amoureux*).

1. **Sablière,** voy. *sable*.
2. **Sablière** (instrument de charpentier), mot dont l'origine est inconnue.

Sablon, du L. *sabulonem* (gros sable) par la contraction régulière (voy. *accointer*) de *sab(ŭ)lonem* en *sab'lonem*. — D. *sablonner, sablonneux, sablonnier, sablonnière*.

Sabord, mot dont l'origine est inconnue.

Sabot, mot dont l'origine est inconnue. — D. *saboter, sabotier, sabotière*.

Sabouler, mot dont l'origine est inconnue.

† **Sabre,** de l'allemand *sābel* (sabre) par la contraction de *sab(e)l* en *sab'l*, d'où *sabre* par le passage de *l* à *r* (voy. *apôtre*). — D. *sabrer, sabreur*.

† **Sabretache,** de l'allemand *sabeltasche* (littéralement poche du sabre).

1. **Sac,** du L. *saccus* (sac). Sur la réduction de *cc* à *c*, voy. *bec*. — D. *sachée, sachet,* (comme *cochet,* de *coq*).
2. **Sac** (pillage), substantif verbal de l'ancien verbe français *sacquer* (*sac* vient de *sacquer*, comme *trac* de *traquer*). — L'origine de *sacquer* est inconnue.

† **Saccade,** venu au seizième siècle de l'italien *staccato* (dérivé de *staccare* détacher)

† **Saccager,** de l'italien *saccheggiare* (saccager). — D. *saccage* (substantif verbal); *saccagement*.

Sacerdoce, du L. *sacerdotium* (sacerdoce).

Sacerdotal, du L. *sacerdotalis* (m. s.).

† **Sacoche,** de l'italien *saccocia* (sacoche).

Sacramentel, du L. *sacramentalis** (dérivé de *sacramentum* serment).

Sacre, du L. *sacrum* (cérémonie religieuse).

Sacre, du L. *sacratus* (sacré). Sur *atus* devenu *é*, voy. *ampoulé*. — D. *consacré*.

Sacrement, du L. *sacramentum* (sacrement dans Tertullien).

Sacrer, du L. *sacrare* (consacrer). — D. *consacrer*.

Sacrificateur, du L. *sacrificator* (m. s.). — D. *sacrificature*.

Sacrifice, du L. *sacrificium* (m. s.).

Sacrifier, du L. *sacrificare* (sacrifier).

1. **Sacrilége** (subst.), du L. *sacrilegium* (m. s.).
2. **Sacrilege** (adj.), du L. *sacrilegus* (m. s.).

† **Sacripant,** de l'italien *Sacripante* (rodomont dans l'*Orlando furioso*).

Sacristain, du L. *sacristanus** (dérivé de *sacrista**, qui est chargé de la garde des objets du culte, des objets *sacrés* (déjà dans un texte du huitième siècle) *sacrista* est un dérivé de *sacrum* sacré).

Sacristie, du L. ecclésiastique *sacristia** (dérivé de *sacrista*, voyez *sacristain*).

† **Safran,** de l'italien *zafferano* (safran). — D. *safraner*.

1. **Safre,** origine inconnue
2. **Safre** (oxyde de cobalt), cou leur bleue, origine inconnue.

Sagace, du L. *sagacem* (sagace).

Sagacité, du L. *sagacitatem* (sagacité). Sur *atem* devenu *é*, voy. *abbé*.

Sage, en espagnol *sabio*, du L. *sapius* (sage, dans Pétrone qui

SAI 480 SAL

donne le composé *ne-sapius* insensé). *Sapius* devenant successivement *sabius** (voy. *arriver*; d'où l'espagnol *sabio* sage), *savius* (voy. *avant*), donne *sage* par la consonnification (voy. *abréger*) de *iu* en *ju* d'où *savjus* qui devient *sage* par la réduction de *vj* à *g* (voy. *alléger*). — D. *sagesse*.

Sagette, du L. *sagitta* (flèche). Sur *i* devenu *e*, voy. *admettre*.

Sagittaire, du L. *sagittarius* (m. s.).

†**Sagou**, mot d'origine indienne venu par l'anglais *sago* (sagou).

Sagouin, mot dont l'origine est inconnue.

Saie, du L. *saga** (de *sagum* sayon). Pour la chute du *g* médial, voy. *allier*. — D. *sayon*.

Saigner, du L. *sanguinare** (saigner dans les Lois Barbares: « *De ictu nobilis.... livor et tumor si sanguinat...* » lit-on dans la *Lex Saxonum*. — D. *saignant*, *saignée* (substantif participial), *saignement, saigneur, saigneux*.

Saillant, voy. *saillir*.

Saillie, voy. *saillir*.

Saillir, du L. *salire* (s'élancer, sortir, *rebondir*). Pour le changement de *ah* en *aill*, voy. *ail*. — D. *saillie* (subst. participial); *saillant, assaillir, tressaillir*.

1. **Sain** (subst.), en italien *saime*, en provençal *sain, sagin*, du L *sagimen** (graisse, sain, dans les textes du moyen âge : « *Qui lardum prius aliquantulum cum oleribus coctum, et sagimen faciunt,* » dit un document du douzième siècle. *Sa*(*g*)*imen* a donné *sain* par la chute du *g* médial (voy. *allier*) et par le changement de *imen* en *in* (voy. *airain*). — D. *sain-doux* (aujourd'hui *saindoux*.)

2. **Sain** (adj.). du L. *sanus* (sain). Sur le changement de *anus* en *ain*, voy. *ancien*. — D. *sain-foin*.

Saindoux, voy. *sain* 1.

Sainfoin, voy. *sain* 2 et *foin*.

Saint, du L. *sanctus* (saint). Pour le changement de *anct*.... en *aint*, voy. *affété*.

Sainteté, du L. *sanctitatem* (m. s.). Sur le changement de *i* en *e*, voy. *admettre*; sur *anct* der. *aint*, voy. *affété*; sur *atem* devenu *é*, voy *abbé*.

Saisie, voy. *saisir*.

Saisir, en italien *sagire**, du L. *sacire* (s'approprier, dans les textes du moyen âge : « *Alterius rem ad proprietatem sacire....* » dit une formule mérovingienne. *Sacire* est un mot d'origine germanique et répond à l'ancien haut allemand *sazjan* placer, établir, d'où le sens d'occuper, de prendre en possession puis de saisir). *Sacire* a donné *saisir* par le changement de *a* en *ai* (voy. *aigle*) et par celui de *c* en *s* (voy. *amitié*). — D. *saisie* (subst. participial), *saisine, saisissable, saisissant, saisissement*.

Saisissable, voy. *saisir*. — D. *insaisissable*.

Saison, en espagnol *sazon*, du L. *sationem* (proprement semailles, puis temps des semailles : « *Vere fabis sati....* » dit Virgile ; d'où le sens de période définie de l'année pendant laquelle il convient de planter, de semer). Pour le changement de ....*ationem* en ....*aison*, voy. *fenaison*.

1. †**Salade**, de l'italien *salata* (salade, on dit plutôt aujourd'hui *in-salata*). — D. *saladier*.

2. †**Salade** (casque), de l'italien *celata* (casque, salade)

Salaire, du L. *salarium* (salaire) — D. *salarier*.

Salaison, du L. *salationem** (dérivé de *sal* sel). Sur *ationem* devenu *aison*, voy. *fenaison*.

†**Salamalec**, locution apportée

d'Orient par les voyageurs (arabe *salam-alaik* révérence).

Salamandre, du L. *salamandra* (m. s. dans Pline).

Salarier, voy. *salaire*. — D. *salarié*.

Sale, mot d'origine germanique (ancien haut allemand *salo*, terne, d'ou le sens de malpropre, de sale). — D. *saleté*, *salir*, *salaud*, *saligaud*.

† **Salep**, mot apporté d'Orient par les voyageurs.

Saler, du L. *salare* (m. s. dér. de *sal*, sel). — D. *salant*, *saleur*, *salière*, *saloir*, *salure*, *saleron*, *salage*.

Saleté, voy. *sale*.

Salin, du L. *salinus* (salin).

Saline, du L. *salinae* (salines).

Salir, voy *sale*. — D *salissant*, *salissure*.

Salivaire, du L. *salivarius* (m. s.).

Salivation, du L *salivationem* (m s).

Salive, du L. *saliva*. — D. *saliver*.

Salle, ancien français *sale*, en italien *sala*, du L. *sala* (demeure, séjour, dans les textes mérovingiens : « *Si quis, super aliquem, focum in nocte miserit, ut domum ejus incendat aut salam suam ..* » dit la *Lex Alamann*, tit 5. *Sala* est un mot d'origine germanique et répond à l'ancien haut allemand *sal*, maison, demeure). — D. *salon*.

Salmigondis, origine inconnue.

Salmis, mot dont l'origine est inconnue.

Saloperie, dérivé du primitif *salope*, dont l'étymologie est inconnue.

Salpêtre, du L. *sal petrae* (sel de roche). — D. *salpêtrer*, *salpêtrier*, *salpêtrière*.

† **Salsepareille**. de l'italien *salsopariglia* (m. s.).

† **Salsifis**, corruption de l'italien *sassefrica* (salsifis).

Saltation, du L *saltationem* (danse).

† **Saltimbanque**, de l'italien *saltimbanco* (saltimbanque)

Salubre, du L. *saluber* (m. s.).

Salubrité, du L. *salubritatem* (m. s).

Saluer, en espagnol *saludar*, en italien *salutare*, du L. *salutare* (saluer) par la chute du *t* médial (voy. *abbaye*).

Salut, du L. *salutem* (m. s)

Salutaire, du L. *salutaris* (m. s.).

Salutation, du L. *salutationem* (m s).

† **Salve**, de l'italien *salva* (salve).

Samedi, du L. *sabbati dies* (proprement jour du sabbat); le mot devrait être régulièrement *sabedi* non *samedi*; mais l'existence de la forme latine archaïque *dubenus* à côté de *dominus* ne permet pas de douter de l'exactitude de cette origine ; d'ailleurs l'italien dit *sábato*, le valaque *sembete*, et le provençal, renversant les termes, emploie *dissapte* (dies sabb'ti).

Sanctification, du L. *sanctificationem* (m. s.).

Sanctifier, du L. *sanctificare* (m s.). — D. *sanctifiant*

Sanction, du L *sanctionem* (action de sanctionner). — D. *sanctionner*.

Sanctuaire, du L. *sanctuarium* (m s).

Sandale, du L. *sandalium* (sandale).

Sandaraque, du L. *sandaraca* (réalgar dans Pline)

Sang. du L. *sanguis* (sang).

Sanglant, du L *sanguilentus* (sanguinolent, dans Scribonius Largus) par la contraction (voy. p.

LXXXI) de *sang*(ui)*lentus* en *sang'-lentus*, d'où *sanglant* par le changement de *en* en *an* (voy. *dimanche*). — D. *ensanglanter*.

Sangle, anciennement *sengle*, et *cengle*, en italien *cinghia*, du L. *cingula* (sangle, dans Ovide) par la contraction régulière (voyez p LXXXI) de *cing*(ŭ)*la* en *cing'la* d'où *cengle* par le changement de *in* en *en* (voy. p. LXXXV), *sengle* par celui de *c* en *s* (voy. *amitié*), *sangle* par celui de *en* en *an* (voyez p. LXXXV). — D. *sangler, sanglade*.

Sanglier, ancien français *senglier*, à l'origine *porc senglier*, du L. *singularis porcus* (proprement cochon *solitaire*, porc sauvage; on sait que nous appelons encore aujourd'hui *solitaire* le sanglier âgé de cinq ans, parce qu'il vit seul); on trouve de même en grec l'adjectif μόνιος (solitaire) au sens de *sanglier*.

Senglier n'est à l'origine dans l'expression *porc senglier* qu'un simple adjectif signifiant *solitaire*; plus tard l'épithète a éliminé le substantif, et *sanglier* a persisté avec le sens du L. *aper*. D'ailleurs l'adjectif *singularis* est déjà pris substantivement avec cette signification dans les textes latins du moyen âge : « *Ecce immanissimus* singularis *de sylva egressus....* dit la *Vita S. Odonis*, lib. 2.

Sing(ŭ)*laris* régulièrement contracté (voy. *accointer*) en *sing'laris* a donné l'ancien français *senglier* par le changement : 1° de *aris* en *ier* (voy. *dîner*); 2° de *in* en *en* (voy. p. LXXXV) qui est devenu postérieurement *an* (voy. *dimanche* et p. LXXXV).

Sangloter, du L. *singultare* (sangloter) par le changement de *u* en *o* (voy. *annoncer*) et par la métathèse de *sangolter* en *sangloter*; cp. pour cette transposition de *l*, la forme *pupitre* (voy. ce mot). Pour le changement de *singultare* en *sangloter*, voy. p. LXXXV. — D. *sanglot* (subst. verbal).

Sangsue, du L. *sanguisuga* (sangsue) par la contraction (voyez p. LXXXI) de *sang*(ui)*suga* en *sang'-su*(*g*)*a* d'où *sangsue* par la chute du *g* médial (voy. *allier*).

Sanguin, du L. *sanguineus* (de sang). — D. *sanguine*.

Sanguinaire, du L. *sanguinarius* (sanguinaire).

Sanguinolent, du L. *sanguinolentus* (sanguinolent).

Sanie, du L. *saniem* (m. s.). — D. *sanieux*.

† **sanitaire**, mot venu de l'anglais *sanitary* (sanitaire).

Sans, anciennement *sens*, du L. *sine* (sans). Pour le changement de *in* en *an*, voy. p. LXXXV. Pour l'addition de *s*, voy. *Grammaire Historique de la langue française*, p. XXI. — Dans la locution *sens dessus dessous*, *sens* n'est point originaire, c'est une corruption orthographique de *c'en* : le moyen âge ne disait point *sens dessus dessous* mais *c'en dessus dessous*, c'est-à-dire cela qui est *en dessus* (mis) *dessous*. Pour l'étymologie, voy. aux mots *ce, en, dessus, dessous*.

Sansonnet, mot d'origine historique (voy. p. LXIV) : diminutif de *Sanson* (forme vulgaire de *Samson*; pour le changement de *m* en *n*, voy. *changer*). On sait combien de fois les oiseaux ont été désignés par des noms propres d'homme ; nous appelons encore un moineau *pierrot* (diminutif de *Pierre*) ; un perroquet *Jacquot* (diminutif de *Jacques*), etc.

Santé, du L. *sanitatem* (santé) par la contraction régulière (voyez *accointer*) de *san*(i)*tatem* en *san'tatem*; sur *atem* devenu *é*, voyez *abbé*.

† **Santaline**, diminutif de *santal*, bois d'origine malaisienne (malais *tsendana*).

Sanve (senevé), du L. *sinapi* (senevé, sanve); l'accent grec (σίνηπι) ayant supplanté dans ce mot (voy. p. cvii) l'accent latin (*sinápi*), — le mot se contracta (voy. p. LXXXI) en *sin'pi* d'où l'ancien français *senve* par le changement : 1° de *p* en *v* (voy. *arriver*); 2° de *in* en *en* (voy. p. LXXXV) qui devient postérieurement *an* (voy. p. LXXXV), d'où la forme *sanve*.

† **Sapajou**, mot d'origine américaine (voy. p. LXII).

Sape, du L. *sappa* (pioche, hoyau dans Isidore de Séville). Sur la réduction de *pp* à *p*, voy. *chape*. — D. *saper, sapeur*.

Sapeur, voy. *sape*.

Saphir, du L. *saphirus* (m. s.). — D. *saphirine*.

Sapide, du L. *sapidus* (qui a de la saveur). — D. *insapide*.

Sapience, du L. *sapientia* (habileté). Sur *tia* devenu *ce*, voyez *agencer*.

Sapin, du L. *sappinus* (arbre). Sur la réduction de *pp* à *p*, voyez *chape*. — D. *sapinière*.

Saponaire, du L. *saponarius** dérivé de *saponem* (savon).

† **Sarabande**, de l'espagnol *zarabanda* (sarabande).

† **Sarbacane**, de l'italien *sarbacane* (sarbacane).

Sarcasme, du L. *sarcasmus* (m. s. dans Quintilien). — D. *sarcastique*.

Sarcastique, du grec σαρκαστικός (m. s.).

Sarcelle, anciennement *sercelle*, à l'origine *cercele*, du L. *querquedula* (sarcelle) par le changement de *qu* en *c* (voy. *car*) d'où *cercedula**. *Cerced*(u)*la* régulièrement contracte (voy. p. LXXXI) en *cerced'la* donne *cercelle* par le changement de *dl* en *ll* (voy. *allumer*), puis *sercelle* par celui de *c* en *s* (voy. *amitié*); pour le changement de *sercelle* en *sarcelle*, voy. *amender*.

Sarcler, du L. *sarculare* (m. s.). Par la chute régulière de *ŭ* (voy. *accointer*), *sarc*(ŭ)*lare* donne *sarc'lare*. — D. *sarclage, sarcleur, sarcloir, sarclure*.

Sarcologie, du grec σάρξ (chair) et λόγος (traité).

Sarcophage, du grec σαρκοφάγος (tombeau dans Juvenal).

Sardine, du L. *sardina* (sardine dans Columelle). Pour la persistance de l'accent grec (σαρδίνη), voy. p. cvii.

Sardoine, du L. *sardonyx* (sardoine) par le changement de *o* en *oi* (voy. *chanoine*).

Sardonique, du grec σαρδάνιος [γέλως] (rire convulsif provoqué, à ce que les Grecs croyaient, par une herbe de Sardaigne).

† **Sarigue**, du brésilien *çarigueia*, mot d'origine américaine (brésilien *çarigueia* sarigue).

Sarment, du L. *sarmentum* (m. s.).

Sarmenteux, du L. *sarmentosus* (m. s.), sur *osus* devenu *eux*, voy. *amoureux*.

Sarrasin (blé), blé originaire d'Afrique, d'où la dénomination de *sarrasin*.

Sarrau, origine inconnue.

Sarriette, diminutif de *sarrie**. (Sur les diminutifs en *ette*, voy. *ablette*.) *Sarrie** en provençal *sadreia*, en italien *santoreggia* vient du L. *satureia* (sarriette, plante odoriférante). *Sat*(ŭ)*reia*, régulièrement contracté (voy. *accointer*) en *sat'reia*, donne *sarrie* par le changement : 1° de *tr* en rr (voy. *arrière*); 2° de *e* en *i* (voy *accomplir*).

Sas (tissu de *crin*, qui sert à tamiser), ancien français *saas*, à l'origine *séas*, en espagnol *sedaza*, en napolitain *setaccio*, du L. *setaceum* dérivé de *seta* (crin). *Setac*(eu)*m* devenant régulièrement (voy. *abréger*) *setac*(iu)*m* que l'on trouve dans un glossaire latin du moyen âge : « *Setacius instrumentum purgandi farinam, Setaciare farinam purgare*... »), ce mot est devenu *sedacium* par le changement régulier (voy. *aider* et *aigu*) de *t* latin en *d*. *Sedacium* est au neuvième siècle dans les *Gloses* de Schlestadt *Se*(d)*acium* perdant régulierement le *d* medial (voy. *accabler*) et changeant le *c* en *s* (voy. *agencer*) donne l'ancien français *séas*, qui devient postérieurement *saas* contracté plus tard en *sas* (sur le changement de *ea* en *aa* puis en *a*, voy. *âge*.). — D. *sasser, ressasser*.

† **Sassafras**, du portugais *sassafraz* (espèce de laurier).

Sasse (pelle), origine inconnue.

Sasser, v. *sas*. — D. *resasser*.

Satan, du L. *satan* (Satan dans Tertullien). — D. *satanique*.

Satellite, du L. *satellitem* (m. s.).

Satiete, du L. *satietatem* (m. s).

Satin, du L. barbare *setinus* (dérivé de *seta*, soie). Sur *e* devenu *a*, voy. *amender*. — D. *satiner, satinage*.

Satire, du L. *satira* (satire).

Satirique, du L. *satiricus* (satirique).

Satisfaction, du L. *satisfactionem* (satisfaction).

Satisfaire, du L. *satisfacere* (satisfaire). Pour le changement de *facere* en *faire*, voy *faire*.

Satisfaisant, partic. prés. de *satisfaire*.

Satrape, du L. *satrapa* (m. s).

Satrapie, du L. *satrapia* (m. s.).

Saturation, du L. *saturationem* (m. s.).

Saturer, du L. *saturare* (saturer).

Saturnales, du L. *saturnalia* (fêtes en l'honneur de Saturne).

Saturne, du L. *saturnus* (Saturne).

Satyre, du L. *satyrus* (Satyre).

Satyrique, du L. *satyricus* (m. s.).

Sauce, en italien *salsa*, du L. *salsa** sauce, assaisonnement de sel et d'épices dans les textes du moyen âge : « *Salvia, serpillum, piper, allia, sal, petrosillum. His bona fit salsa, vel sit sententia falsa*... » dit un vieux poeme latin *Salsa* est l'adjectif classique *salsa* (salée) à cause du sel qui forme avec les épices la base de l'assaisonnement.

Salsa a donné *sauce* : 1° par l'adoucissement de *al* en *au* (voy. *agneau*); 2° par le changement de *s* en *c* (voy. *cercueil*). — D. *saucer, saucière*.

Saucisse, en italien *salciccia* du L. *salsitia* * saucisse, dans les textes du moyen âge. *Salsitia* dérive de *salsus* (salé proprement boyau salé : « *Salsa intestina hirci* » lit-on dans Acron l'un des scoliastes d'Horace.

Salsitia, qui est dans plusieurs glossaires très-anc., donne par le changement de *s* en *c* (voyez *cercueil*) la forme *salcitia* : « *Lucanica, genus cibi, ut dicunt* salcitia.... » dit un auteur du moyen âge.

Salcitia donne *saucisse* par le changement: 1° de *al* en *au* (voy. *agneau*); 2° de *tia* en *sse* (voyez *agencer*). — D. *saucisson*

Sauf, du L. *salvus* (sauf, sauvé, préservé) par le changement: 1° de al en au (voy. agneau); 2° de v en f (voy. bœuf). — D. sauf-conduit, sauvegarde (voy. garde).

Sauge, en italien salvia, du L. salvia (sauge) par le changement: 1° de al en au (voy. agneau); 2° de via en ge (voy. abréger).

Saugrenu, d'un thème sal-grenu*, composé de sal (sel et de grenu (prop. au gros sel, au sel grenu, c'est-à-dire gros comme un grain de blé); voy. aux mots sel et grenu.

Saule, mot d'origine germanique (ancien haut allemand sala* contraction de salaha saule). Sur a devenu au, voy. gaule.

Saumâtre (qui a le goût d'eau de mer), anciennement saumastre, en italien salmastro, du L. salmastrum* (dérivé de sal sel). Pour la chute de s, voy abîme ; pour le changement de al en au, voy. agneau.

Saumon, en italien salamone, du L. salmonem (saumon) par le changement de al en au (voyez agneau). — D. saumoné, saumoneau.

Saumure, en espagnol salmuera, composé du L. sal (sel) et de muria (saumure). Sal-muria a donné saumure par le changement de al en au (voy. agneau).

Sauner, du L. salinare (dérivé de salinum) par la contraction régulière (voy. accointer) de sal(i)nare en sal'nare d'où sauner par la réduction d' al en au, voy. agneau. — D. saunage.

Saunier, du L. salinarius (prop. de sel) par la contraction régulière (voy. accointer) de sal(i)narius en sal'narius d'où saunier par le changement : 1° de al en au, voy. agneau ; 2° de arius en ier, voy. dnier). — D. saunière, saunerie.

Saupiquet, substantif de l'ancien verbe saupiquer, en espagnol salpicar, composé : 1° de sau qui est le L. sal (sel; pour le changement de al en au, voy. agneau) ; 2° de piquer (voy. ce mot).

Saupoudrer, littéralement poudrer de sel.

Sau-poudrer est un composé : 1° de sau qui est le L. sal (sel ; pour le changement de al en au, voy. agneau) ; 2° de poudrer (v. ce mot).

Saur, proprement desséché (hareng saur, etc...) , saur est un mot d'origine germanique et représente le néerlandais soor (dessèche) — D. saurer, sauret

Saurien, du grec σαῦρος (lézard).

Saussaie, du L. salicetum* (saussaie) par la contraction régulière (voy. accointer) de sal(i)cetum en sal'cetum, d'où saussaie par la chute du t médial (voy. aigu) et par le changement : 1° de al en au (voyez agneau); 2° de c en ss (voy. amitié); 3° de e en oi puis en ai (voyez au mot accroire).

Saut, du L. saltus (saut) par le changement de al en au (voyez agneau).

Sauter, en italien saltare, du L. saltare (sauter) par le changement de al en au (voy. agneau). — D. sauté (subst. participial) sauteur, sautoir, sautiller; ressauter; sauterelle.

Sauterelle, voy. au mot sauter.

Sautiller, voy sauter. — D. sautillant, sautillement.

Sauvage, ancien français salvage, en provençal salvatge, du L. silvaticus (sauvage, dans Pline) par la transformation de i en a (voy. balance) d'où salvaticus qui est au septième siècle dans les textes mérovingiens; on lit dans la

Lex Bajuwarior. tit. 20, § 6 : « *De his quidem aribus, quae de salvaticis per documenta humana domesticantur industria ...* » Les Gloses de Reichenau, qui remontent au huitième siècle, donnent. — « *Aper* salvaticus *porcus....* »

Salvaticus a donné *salvage* par le changement de *aticus* en *age* (voy. *âge*), *sauvage* par le changement de *al* en *au* (voy. *agneau*). — D. *sauvagerie, sauvageon, sauvagin, sauvagine*.

Sauvegarde, voy. *sauf* et *garde*.

Sauver, en italien *salvare* du L. *salvare* (sauver) par le changement de *al* en *au* (voyez *agneau*). — D. *sauveter* (d'où *sauvetage*.)

Sauvetage, voy. *sauver*.

Sauveter, voy. *sauver*.

Sauveur, en portugais *salvador*, en italien *salvadore*, du L. *salvatorem* (sauveur) par le changement : 1° de *atorem* en *eur* (voy. *empereur*) ; 2° de *al* en *au* (voy. *agneau*).

† **Savane**, de l'espagnol *savana* (savane).

Savant, partic. prés. de *savoir* (voy. ce mot). — D. *savantasse*.

† **Savate**, de l'italien *ciabatta*, *ciavatta* (savate). — D. *savatier* ; *savater* ; *saveterie*.

Saveur, en espagnol *sabor*, en italien *sapore*, du L. *saporem* (saveur) par le changement : 1° de *p* en *v* (voy. *arriver*) ; 2° de *o* en *eu* (voy. *accueillir*). — D. *savourer, savoureux*.

Savoir, en espagnol *saber*, en italien *sapere*, du L. *sapere* (savoir) par le changement (voy. *accourir*) de *sapēre* en *sapère*.

Sapere donne *sapire* (qui est dans les textes carlovingiens) par le changement de *e* en *i* (voy. *accomplir*) ; *sapire* devient *savire* par le chang. de *p* en *v* (voy. *arriver*) ; le subst. *savirum* est dans un Capitulaire de Charles le Chauve à l'année 851 : *Ego ill. Karolo Hludowici et Judith filio, ab ista die inante fidelis ero secundum meum savirum....*

Savire a donné *savoir* par le changement de *i* en *oi* (voy. *boire*). — Le subjonctif *sapiam* a donné *sache* par le changement de *pia* en *che* (voy. *abreger*) ; le part. prés. *sapientem* (qui sait) a donné *sachant* par le changement de *en* en *an* (voy. *amender*) et par celui de *pi* en *che* (voy. *abréger*). — D. *savoir* (subst. verbal), *savoir-faire, savoir-vivre, savant* (voyez ce mot).

Savon, du L. *saponem* (savon) par le changement de *p* en *v* (voy. *arriver*). — D. *savonner, savonnette*.

Savonner, voy. *savon*. — D. *savonnage, savonnerie, savonnier, savonneux*.

Savourer, voy. *saveur*. — D. *savourement*.

Savoureux, voy. au mot *saveur*.

Saxatile, du L. *saxatilis* (qui se tient dans les pierres).

Saxifrage, du L. *saxifraga* (m. s.).

Sayon, voy. *saie*.

† **Sbire**, de l'italien *sbirro* (sbire).

Scabieuse, du L. *scabiosa* (dérivé de *scabies*, gale ; prop. qui guérit la gale, à ce que l'on croyait). Sur *osa* devenu *euse*, voy. *amoureux*.

Scabieux, du L. *scabiosus* (galeux). Sur *osus* devenu *eux*, voy. *amoureux*.

Scabreux, du L. *scabrosus* (grossier).

Scalène, du grec σκαληνός (inégal).

Scalpel, du L. *scalpellum* (scalpel).

† **Scalper,** de l'anglais *to scalp* (scalper).

Scammonée, du L. *scammonea* (m. s.).

Scandale, du L. *scandalum* (scandale).

Scandaliser, du L. *scandalizare* (scandaliser, dans Tertullien).

Scander, du L. *scandere* (scander).

Scaphandre, du grec σκάφη (bateau) et ἀνήρ, ανδρός (homme).

Scapulaire (vêtement qui couvre les épaules), du L. *scapularis* * (scapulaire dans la basse latinité, dérivé de *scapulus*, épaule).

Scarabée, du L. *scarabaeus* (escarbot).

Scare, du L. *scarus* (scare, poisson).

Scarification, du L. *scarificationem* (m. s.).

Scarifier, du L. *scarificare* (m. s).

† **Scarlatine,** de l'italien *scarlattina* (proprement, *écarlate*; nom donné en 1553 par Ingrassias, médecin de Naples qui signala le premier cette maladie.

Sceau, anciennement *scel,* en italien *sigillo,* du L. *sigillum* (sceau). *Si(g)illum* perdant le *g* medial (voy. *allier*) et changeant *i* en *e* (voy. *admettre*) donna l'ancien français *séel,* qui est devenu *scel*, par l'addition postérieure d'un *e*, d'où *sceau* par le changement de *el* en *eau* (voy. *agneau*). — D. de l'ancienne forme *scel*: *sceller*.

Scélérat, du L. *sceleratus* (m. s.). — D. *scélératesse.*

Sceller, voy. *sceau.* — D. *scellé* (subst. participial), *scéllement, scelleur; desceller.*

Scène, du L. *scena* (scène, theâtre).

Scénique, du L. *scenicus* (m. s.)

Sceptique, du L. *scepticus* (m. s. dans Quintilien). — D. *scepticisme.*

Sceptre, du L. *sceptrum* (m. s.).

† **Schabraque,** voy. *chabraque.*

† **Schako,** voy. *shako.*

† **Schall,** voy. *châle.*

† **Schelling,** de l'anglais *shilling*, schelling).

Schismatique, du L. *schismaticus* (m. s. dans saint Augustin).

Schisme, du L. *schisma* (m. s.).

Schiste, du L. *schistos* (m. s. dans Pline). — D. *schisteux.*

† **Schlague,** de l'allemand *schlag* (coup).

Sciatique, corruption du L. *ischiadicus* (sciatique, dans Pline).

Scie, voy. *scier.*

Sciemment (en italien *scientementc*) est pour *scientment* * (voy. *abondamment*). *Scientment* * est un composé de *scient* qui est le L. *scientem* (sachant) et de.... *ment* (voy. *abonder*).

Science, du L. *scientia* (science). Sur *tia* devenu *ce*, voy. *agencer.* — D. *scientifique.*

Scier, ancien français *sier,* en italien *segare,* du L. *secare* (scier). *Se(c)are,* par la chute du *c* médial (voy. *affouage*) et par le changement de *e* en *i* (voy. *accomplir*), donne l'ancien français *sier* d'où *scier* par l'addition postérieure d'un *c*. — D. *scie* (subst. verbal), *sciage, scierie, scieur, sciure.*

Scille, du L. *scilla* (oignon marin).

Scinder, du L. *scindere* (fendre).

Scintillation, du L. *scintillationem* (m. s.).

Scintiller, du L *scintillare* (briller).

Scion est un dérivé de *scier*; pour l'étymologie, voy. *scier.*

Scissile, du L. *scissilis* (qui se partage en lames).
Scission, du L. *scissionem* (division). — D. *scissionnaire.*
sclerotique, dérivé du grec σκληρός (dur).
Scolaire, du L. *scholaris* (d'école).
Scolastique (subst.), du L *scholastica* (déclamation dans Sénèque).
Scolastique (adj.), du L. *scholasticus* (d'ecole).
Scoliaste, du grec σχολιάστης (annotateur).
Scolie, du grec σχόλιον (note).
scolopendre, du L. *scolopendra* (m. s. dans Pline).
Scombre, du L. *scombrum* (scombre, maquereau).
† **Scorbut** (au dix-septième siècle *scurbut*) mot d'origine hollandaise (néerl. *scheurbuk,* scorbut). — D. *scorbutique.*
Scorie, du L. *scoria* (m. s. dans Pline). — D. *scorifier.*
Scorpion, du L. *scorpionem* (m. s.).
† **Scorsonère,** de l'italien *scorzonera* (scorsonère).
Scribe, du L. *scriba* (écrivain public).
Scrofules, du L. *scrofulae* (m. s.). — D. *scrofuleux, scrofulaire.*
Scrupule, du L. *scrupulus* (scrupule).
Scrupuleux, du L. *scrupulosus* (scrupuleux).
Scrutateur, du L. *scrutator* (m s.).
Scruter, du L. *scrutari* (m.s).
Scrutin, du L. *scrutinium* (action de scruter).
Sculpter, du L. *sculptare* (dérivé de *sculptus,* sculpte. Sur la formation des fréquentatifs, voy. p. XXXII).
Sculpteur, du L. *sculptor* (m. s.).

Sculpture, du L. *sculptura* (m s.).
Se, du L. *se* (soi).
Séance, voy. *séant.*
Séant, du L. *sedentem* (qui est assis); d'où le sens postérieur de resident : « la cour royale *séant* à Paris »). *Se(d)entem* donne *séant* par la chute du *d* médial (voy. *accabler*) et par le changement de *en* en *an* (voy. *amande*). — D. *séant* (subst.); *séance* (action de seoir).
Seau, anciennement *séel,* en milanais *sidell,* du L. *sitellum* (forme masculine de *sitella,* vase, dans Cicéron). *Si(t)ellum* perdant le *t* médial (voy. *abbaye*) et changeant *i* en *e* (voy. *admettre*), donne *séel* qui devient posterieurement *seau* par le changement de *el* en *eau* (voy. *agneau*).
Sebace, du L. *sebaceus* (de suif).
Sebile, origine inconnue.
Sec, du L. *siccus* (sec) par le changement de *i* en *e* (voy. *admettre*) et la réduction de *cc* à *c* (voy. *bec*); *sèche* représente le L. *sicca* (sèche) par le changement de *i* en *e* (voy. *admettre*) et de *cc* en *ch* (voy. *acheter*). — D. *sécheresse.*
Secable, du L. *secabilis* (m. s.).
Secante, du L. *secantem* (qui coupe).
Sèche (substant.), en italien *sepia,* du L. *sepia* (seiche); pour le changement de *pia* en *che,* voy *abréger.*
Sécher, du L. *siccare* (sécher) par le changement : 1° de *i* en *e* (voy. *admettre*); 2° de *cc* en *ch* (voy *acheter*). — D. *sechoir.*
Sécheresse. voy. *sec.*
Second, du L *secundus* (m. s.), par le changement de *u* en *o* (voy. *annoncer*). — D. *seconde.*
Secondaire, du L. *secundarius* (m. s.).

Secondairement, voy. au mot *secondaire.*
Seconder, du L. *secundare* (m. s.).
Secouer, du L. *succutare** (forme secondaire de *succutere,* secouer).
Succu(t)*are** a donné *secouer* par la chute du *t* médial (voy. *abbaye*) et par le changement : 1° de *u* en *e* (voy. *chapeler*); 2° de *u* en *ou* (voy. *accouder*). — D. *secouement.*
Secourir, du L. *succurrere* (secourir) par le changement : 1° de *u* en *e* (voy. *chapeler*); 2° de *currere* en *courir* (voy. *accourir*). — D. *secours* (L. *succursus** de *succurrere*); pour le changement de *u* en *e,* voy. *chapeler;* pour celui de *...cursus* en *...cours,* voy. *course.* — D. *secourable.*
Secours, voy. *secourir.*
Secousse, du L. *succussa** (subst. participial; action de secouer; dérivé de *succussus* part. de *succutere,* secouer). Sur le changement de *su* en *se,* voy. *secouer;* sur celui de *u* en *ou,* voy. *accouder.*
1. **Secret** (adj.), du L. *secretus* (secret).
2. **Secret** (subst.), du L. *secretum* (secret). — D. *secrétaire.*
Secrétaire, voy. *secret.* — D *secrétariat, secrétairerie.*
Secreter, du L. *secretare** (dérivé de *secretus,* partic. de *secernere,* séparer). Sur la formation des fréquentatifs, voy. p. xxxII. — D. *sécréteur, sécrétoire.*
Secretion, du L. *secretionem* (dissolution).
Sectateur, du L. *sectator* (sectateur).
Secte, du L. *secta* (secte). — D. *sectaire*
Secteur, du L. *sector* (celui qui coupe).

Section, du L. *sectionem* (coupure).
Seculaire, du L. *saecularis* (séculaire).
Séculariser, dérivé de *saecularis* (au sens de mondain, donné à ce mot par la langue ecclésiastique; voy. *séculier*). — D. *sécularisation.*
Seculier, du L. *saecularis* (dérivé de *saeculum* au sens de monde, sens donné à ce mot par le christianisme). Sur *aris* devenu *ier,* voyez *ânier.*
Securité, du L. *securitatem* (sécurité).
Sedatif, du L. *sedativus** dérive de *sedatus* (apaisé, calmé).
Sedentaire, du L. *sedentarius* (m. s.).
Sediment, du L. *sedimentum* (m. s.).
Séditieux, du L. *seditiosus* (m. s.).
Sedition, du L. *seditionem* (m. s.).
Seducteur, du L. *seductor* (m. s.).
Seduction, du L. *seductionem* (m. s.).
Séduire, du L. *seducere* (séduire dans Tertullien). Pour le changement de *....ducere* en *....duire,* voy. *conduire.* — D. *séduisant.*
Séduisant, voy. *séduire.*
Segment, du L. *segmentum* (m. s.).
Ségrégation, du L. *segregationem* (séparation).
Seiche, voy. *sèche.* Pour le changement de *e* en *ei,* voy. *frein.*
Seide, mot d'origine historique (voy. p. LXIII, note 1).
Seigle, en provençal *seguel,* en italien *segale,* du L. *secale* (seigle dans Pline). Par un déplacement insolite de l'accent latin (voy. p cv), *secăle* est devenu *secāle* dans

le latin rustique; *secale*, changeant régulièrement *c* en *g* (voy. *adjuger*), donne *segale* qui est au huitième siècle dans un Capitulaire de Charlemagne.

Segale, par le changement de *e* en *i* (voy. *accomplir*), donne *sigale* qui est dans un texte de 794, « *De modio sigali denarii 3.* »

Sig(a)*le* perdant *a* pénultième (voy. p. LXXXI), se contracte en *sig'le*, d'où *seigle* par le changement de *i* en *ei* (voy. *ceinture*).

Seigneur, en espagnol *señor*, du L. *seniorem* (proprement vieillard, d'où le sens de *dominus*, de maître, de seigneur, dans les textes latins du moyen âge: « *Et mandat vobis noster* senior, *quia si aliquis de vobis talis est, cui suus* senioratus *non placet, et illi simulat, ut ad alium* seniorem *melius....* » dit un Capitulaire de Charles le Chauve.

Seniorem a donné *seigneur* par le changement : 1° de *e* en *ei* (voyez *frein*); 2° de *ni* en *gn* (voy. *cigogne*); 3° de *o* en *eu* (voy. *accueillir*).

Le nominatif *senior*, régulièrement contracté (voy. p. ғXXXI) en *sen'r*, a donné, par le changement de *nr* en *ndr* (voy. *absoudre*), la forme *sendre* qui est au neuvième siècle : « *Carlos meos* sendra » c'est-à-dire : « *Karolus meus* 'senior » dans les Serments de 842. De même que *prensus* a donné successivement *prins* puis *pris*, *sendre* a dû passer par les formes successives *sindre**, *sidre** *sire**. Pour le changement de *sendre* en *sindre** voy. *accomplir*; pour celui de *sindre** en *sidre** voy. p. XCVII; pour la réduction de *sidre* à *sire*, voy. *arrière*. — D. *seigneurie*, *seigneurial*.

Seigneurie, dérivé de *seigneur* (voy. ce mot).

Seille, en italien *secchia*, du L. *situla* (seau) par la contraction régulière (voy. p. LXXXI) de *sit*(ū)*la* en *sit'la*, d'où *sicla* par une mutation euphonique qui se retrouve dans le latin *veclus* de *vet'lus** (voy. *vieux*). *Sicla* n'est point une forme supposée, ce mot est au sens de *seille* dans les textes carlovingiens : « *Servi Ecclesiae tributa legitima reddant* XV *siclas de cervisa....* » dit la *Lex Alamannorum* tit. 22. Pour le changement de *s*(icla) en *s*(eille), voy. *abeille*.

Sein, du L. *sinus* (sein) par le changement de *i* en *ei* (voy. *frein*).

Seine, anciennement *seine*, en italien *sagenna*, du L. *sagena* (seine, filet, dans Ulpien). Par le changement de *e* en *i* (voy. *accomplir*) *sagena* devient *sagina* : « *Barcae ....grandesque* saginae.... » dit un texte du moyen âge. *Sa*(g)*ina* perdant le *g* médial (voy. *allier*) donne l'ancien français *se-ine* par l'adoucissement de *a* en *e* (voyez *acheter*) ; *seine* devient postérieurement *seine* (voy. p. XC) comme *reine* est devenu *reine*.

Seing, en italien *segno*, du L. *signum* (marque, sceau) par le changement : 1° de *gn* en *ng* (voyez *étang*); 2° de *i* en *ei* (voy. *ceinture*).

Seize, du L. *sedecim* (seize). Pour le changement de ....*edecim* en ....*eize*, voy. *treize*. — D. *seizième*.

Séjour, voy. *séjourner*.

Séjourner, ancien français *sojourner*, en provençal *sojornar*, en italien *soggiornare*, du L. *subdiurnare** (composé de *diurnare* rester longtemps). Par la chute du *b* (voy. *accouder*) et par le changement : 1° de *diurnare* en *journer* (voy. *jour*); 2° de *u* en *o* (voy. *annoncer*), *subdiurnare* donne *sojourner*, d'où *séjourner* par l'a-

doucissement de *o* en *e* (voy. *je*).
— D. *séjour* (substantif verbal).

Sel, du L. *sal* (m. s.), par le changement de *a* en *e* (voy. *acheter*).

Sélénite, du L. *selenites* (sélénite, sorte de pierre). — D. *séléniteux*.

Sélénographie, du grec σελήνη (lune) et γράφειν (décrire). — D. *sélénographique*.

Selle, du L. *sella* (siége, et aussi selle de cheval dans le Code Théodosien). — D. *sellette*, *seller*.

Seller, voy. *selle*. — D. *sellerie*, *sellier*, *desseller*.

Sellette, voyez, pour l'étymologie, au mot *selle*.

Selon, anciennement *selonc*, *solonc*, *sulunc*, *sullunc*, du L. *sublongum* * proprement le long de, auprès de, sens qui était celui de la préposition *selon* en ancien français : « *passer selon une tour....* » dit un texte français du douzième siècle.
Sublongum assimilant *bl* en *ll* donne l'ancien français *sullonc* qui devient *solonc* par le changement de *u* en *o* (voy. *annoncer*), d'où *selonc* par l'affaiblissement de *o* en *e* (voy. *je*).

Semailles, en provençal *semenalha*, du L. *seminalia* (terres ensemencées) par la contraction régulière (voy. *accointer*) de *sem(i)nalia* en *sem'nalia* d'où *semailles* par le changement : 1° de *mn* en *m* (voy. *allumer*) ; 2° de *alia* en *aille* (voy. *ail*).

Semaine, au treizième siècle *sepmaine* dans le Roman de la Rose, en provençal *setmana*, en italien *settimana*, du L. *septimana* (semaine dans le Code Théodosien) par la contraction régulière (voyez *accointer*) de *sep(ti)mana* en *sep'mana* d'où *semaine* par la réduction de *pm* à *m* (voy. *caisse*) et par le changement de *ana* en *aine* (voy. *ancien*).

Sémaphore, forgé à l'aide du grec σῆμα (signe) et φορός (qui porte).

Semblable, voy. *sembler*.

Semblant, voy. *sembler*.

Sembler, du L. *simulare* qui a pris le sens de sembler dans les textes carlovingiens : « *Ut ille possit res de sua ecclesia ordinare, et illi liceat, sicut ei simulaverit, disponere....* » lit-on dans une lettre d'Hincmar de 874 Pour le changement de *simulare* en *sembler* voy. *assembler*. — D. *semblant* (subst. participial), *semblable*, *ressembler*, *dissemblable*, *dissemblance*.

Semelle, origine inconnue. — D. *ressemeler*.

Semence, du L. *sementia* * (semence, au huitième siècle, dans les Capitulaires de Charlemagne; *sementia* dérivé de *sementis* semence). — Sur le changement de *tia* en *ce*, voy. *agencer*. — D. *ensemencer*.

Semer, en provençal *semnar*, en italien *seminare*, du L *seminare* (semer) par la contraction régulière (voy. *accointer*) de *sem(i)nare* en *sem'nare* d'où *semer* par la réduction de *mn* à *m* (voy. *allumer*). — D. *semeur*, *semis*, *semoir*, *parsemer*.

Semestre, du L. *semestris* (de six mois). — D. *semestriel*, *semestrier*.

Semi, du L. *semi* (demi).

Sémillant, mot d'origine celtique ; *sémillant* est le dérivé d'un thème *sem* * qui est le kymri *sim*, remuant, sémillant, léger. Sur *e* devenu *i*, voy. *accomplir*.

Séminaire, du L. *seminarium* (pépinière). — D. *séminariste*.

Semis, voyez ci-dessus au mot *semer*.

Semonce, voy. *semondre*. — D *semoncer*.

Semondre, du L. *submonere* (avertir dans Tertullien, *semondre* dans les textes latins du moyen âge). *Submonere*, assimilant *bm* en *mm* (voy. *sujet*), devient *summonere* comme *submoveo* est devenu *summoveo*. *Summonere*, changeant successivement *u* en *o* puis en *e* (voy. *secouer*), donne *semondre* par la contraction régulière (voy. p. LXXXI) de *summon(ê)re* en *summon're*, d'où *semondre* par le changement de *nr* en *ndr* (voyez *absoudre*). — D. *semonce* pour *semonse* (sur *s* devenu *c*, voyez *sauce*); *semonse* est la forme féminine de l'ancien français *semons*, du L *summonitus* (participe de *summonere*). *Summon(i)tus*, régulièrement contracté (voy. p. LXXXI) en *summon'tus*, a donné *semons* par le changement de *u* en *o* puis en *e* (voy. *secouer*).

† **semoule**, de l'italien *semola* (semoule)

Sempiternel, du L. *sempiternalis** dérivé de *sempiternus* (qui dure toujours).

Sénat, du L. *senatus* (m. s.).

Sénateur, du L. *senator* (m. s.). — D. *sénatorial*.

Sénatus-consulte, du L. *senatus consultum* (décret du sénat).

† **Senau**, mot d'origine hollandais, comme beaucoup de termes de marine (hollandais *snaauw* bâtiment à 2 mâts).

† **séné**, mot d'origine orientale comme beaucoup d'autres noms de produits pharmaceutique (arabe *sana* séné).

Sénéchal, anciennement *seneschal*, en provençal *senescal*, en italien *siniscalco*, du L. mérovingien *seniscalcus* (surveillant, intendant); « *Si alicujus* seniscalcus, *qui servus est, et dominus ejus* *XII vassos infra domum habet, occisus fuerit....* » dit la *Lex Alamannorum* 79, 3. *Seniscalcus* est d'origine germanique et répond à un thème *siniscalc** (proprement le plus âgé des serviteurs, d'où le sens d'intendant, de majordome). *Seniscalcus* a donné *sénéchal* par le changement de ....*iscalcus* en ....*échal*, pour l'étude duquel je renvoie le lecteur au mot *maréchal*. — D. *sénéchaussée* (venu de *sénéchal*, comme *maréchaussée* de *maréchal*; pour le détail de cette dérivation, voyez au mot *maréchoussée*).

Sénéchaussée, voyez au mot *sénéchal*.

Seneçon, du L. *senecionem* (seneçon dans Pline) par le changement de *cio* en *ço* (voy. *agencer*).

Sénestre, du L. *sinistrum* (gauche) par le changement de *i* en *e* (voy. *admettre*).

Sénevé, en italien *senapa*, du L. *sinapi* (senevé) par le changement : 1° de *i* en *e* (voy. *admettre*); 2° de *a* en *e* (voy. *acheter*); 3° de *p* en *v* (voy. *arriver*).

Sénile, du L. *senilis* (de vieillard).

Senne, voy. *seine*.

Sens, du L. *sensus* (sens). — D. *sensitif, sensitive*.

Sensation, du L. *sensationem** (dérivé de *sensare**, voyez au mot *sensé*).

Sensé, du L. *sensatus* (sensé, dans Firmicus). Sur *atus* devenu *é*, voy. *ampoulé*. — D. *sensément*.

Sensibilité, du L. *sensibilitatem* dérivé de *sensibilis* : voy. *sensible*.

Sensible, du L. *sensibilis* (sensible). — D. *sensiblerie*.

Sensitif, voy. *sens*. — D. *sensitive*.

Sensitive, voy. *sensitif*.

Sensualité, du L. *sensualitatem* (sensualité).
Sensuel, du L. *sensualis* (relatif aux sens).
Sente (sentier), en espagnol *senda*, du L. *semita* (sente) par la contraction régulière (voy. p. LXXXI) de *sem(i)ta* en *sem'ta* d'où *sente* par le changement de *m* en *n* (voy. *changer*).
Sentence, du L. *sententia* (sentence). Sur *tia* devenu *ce* voy. *agencer*.
Sentencieux, du L. *sententiosus* (m. s.). Sur *osus* devenu *eux*, voy. *amoureux*.
Senteur, voy. *sentir*.
Sentier, en espagnol *sendero*, en provençal *semdier*, du L. *semitarius* (dérivé de *semita* sentier) par la contraction régulière (voy. *accointer*) de *sem(i)tarius* en *sem'tarius*, d'où *sentier* par le changement : 1° de *m* en *n* (voy. *changer*); 2° de *arius* en *ier* (voy. *ânier*).
Sentiment, voy. *sentir*. — D. *sentimental*.
Sentine, du L. *sentina* (m. s.).
† **Sentinelle,** de l'italien *sentinella* (sentinelle).
Sentir, du L. *sentire* (m. s.). — D. *sentiment, ressentir, senteur*.
Seoir, ancien français *seder*, en italien *sedere*, du L. *sedere* (être assis), par la chute du *d* médial *se(d)ere* (voy. *asseoir*) et par le changement de *e* en *oi* (voy. *accroire*).
Séparable, du L. *separabilis* (m. s.).
Séparation, du L. *separationem* (m. s.).
Séparer, du L. *separare* (m.s.). — D. *séparément*.
† **Sepia,** venu au seizième siècle, de l'italien *sepia* (Sépia propr. seiche).

Sept, du L. *septem* (sept). — D *septième*.
Septante, du L. *septuaginta* (soixante-dix), par la réduction de *ua* à *a* (voy. p. xc) et par l changement de *aginta* en *ante* (voy. *cinquante*).
Septembre, du L. *september* (m. s.).
Septénaire, du L. *septenarius* (m. s.).
Septentrion, du L. *septentrionem* (m. s.).
Septentrional, du L. *septentrionalis* (m. s.).
Septième, voy. *sept*.
Septuagénaire, du L. *septuagenarius* (septuagénaire).
Septuagésime, du L. *septuagesimus* (soixante-dixième).
Septuple, du L. *septuplus* (m. s.).
Sépulcral, du L. *sepulcralis* (m. s.).
Sépulcre, du L. *sepulcrum* (m. s.).
Sépulture, du L. *sepultura* (m. s.).
Séquelle, du L. *sequela* (suite, séquelle).
Séquestration, du L. *sequestrationem* (m. s.).
Séquestre, du L. *sequester* (dépositaire).
Séquestrer, du L. *sequestrare* (m. s.). — D. *séquestre* (action de séquestrer; subst. verbal).
† **Sequin,** venu de l'italien *zecchino* (sequin).
† **Sérail,** mot apporté de Turquie par les voyageurs (turc *serai* palais).
Séraphin, sur ce mot, voy. p. LX. — D. *séraphique*.
Serein, du L. *serenus* (serein). — D. *serein* (substantif).
Serein (vapeur du soir), du L. *serenus* (dér. de *serum*, soir). Pour le changement de *e* en *ei*, voy. *frein*.

28

† **Sérénade**, de l'italien *serenata* (sérénade).

† **Sérénissime**, de l'italien *serenissimo* (sérénissime).

Sérénité, du L. *serenitatem* (m. s.).

Séreux, du L. *serosus* (m. s.) par le changement de *osus* en *eux* (voy. *amoureux*).

Serf, du L. *servus* (serf) par le changement de *v* en *f* (voy *bœuf*).
— D. *servage*.

Serfouette, dérivé de *serfouir*, voy. ce mot.

Serfouir, origine inconnue.
— D. *serfouissage, serfouette*.

Serge, en provençal *serga*, du L. *serica* (étoffe de soie : « *Vestimentorum sunt omnia lanea, lineaque vel serica vel bombacina....* » dit Ulpien. *Dig.* l. 23.)

Ser(i)*ca*, se contractant régulièrement (voy. p. LXXXI) en *ser'ca*, donne *serge* par le changement de *c* en *g* (voy. *adjuger*). — D. *sergerie, serger, sergier*.

Sergent (ancien français *serjent*), au moyen âge ce mot a le sens de serviteur : les *sergents du Roi*, les *sergents de l'Évêque* sont proprement les *serviteurs du Roi, de l'Évêque*. Au treizième siècle le *Roman de la Rose* appelle les amants « *sergens d'amour* » (c.-à-d. serviteurs du dieu Amour). On trouve dans plusieurs textes de notre ancienne langue « *sergent de Dieu* » pour « serviteur de Dieu. » — *Sergent* vient du L. *servientem* (serviteur) par la consonnification de *i* en *j* (voy. *abréger*), d'où *servjentem* qui se réduit à *serjentem* par la chute régulière du *v* (voy. *alléger*). D'ailleurs on trouve *serviens* dans les textes latins du moyen âge au sens de *sergent* ce qui confirme l'origine indiquée. « *De castrorum excubiis summe sollicitus, militibus* XX,

servientibus LX.... » dit un document du douzième siècle (1191).

Série, du L. *seriem* (série).

Sérieux, du L. *seriosus** (dérivé de *serius*, m. s.).

Serin, du L. *citrinus* (qui est de couleur de citron, dans Pline, d'où le sens de *serin*, d'oiseau jaune, couleur de citron).

Citrinus a donné *serin* par le changement : 1° de *c* en *s* (voy. *amitié*); 2° de *i* en *e* (voy. *admettre*); 3° de *tr* en *r* (voy. *arrière*).
— D. *seriner, serinette*.

Seringat, corruption de *syringa* qui dérive du L. *syrinx* (roseau).

Seringue, du L. *syringa* (*seringue* dans Végèce). — D. *seringuer*.

Serment, ancien français *sairment*, à l'origine *sairement*, en provençal *sagramen*, en italien *sacramento*, du L. *sacramentum* (serment) par le changement : 1° de *cr* en *ir* (voy. *bénir*); 2° de *a* en *e* (voy. *acheter*), d'où l'ancien français *sairement* qui devient postérieurement *sair'ment* par la chute de *e* (voy. *aider*); *sairment* se transforme en *serment* par la transcription de *ai* en *e* (voy. p. LXXXIII). — D. *sermenté, assermenter*.

Sermon, du L. *sermonem* (entretien). — D. *sermonner, sermonneur, sermonnaire*.

Serosite, du L. *serositatem** (dérivé de *serosus*; voy. au mot *séreux*).

Serpe, substantif verbal dérivé du L. *sarpere* (tailler, émonder; la serpe est proprement l'instrument qui sert à émonder). Sur *a* devenu *e* voy. *acheter*. — D. *serpette*.

Serpent, du L. *serpentem* (m. s.) — D. *serpenteau, serpentin, serpentine, serpenter*.

Serpentaire, du L. *serpentaria* (serpentaire, plante).
Serpentin, voy. *serpent.*
Serpentine, voy. *serpent.*
Serpillière, origine inconnue.
Serpolet, diminutif d'un thème *serpol**, qui correspond à l'espagnol *serpol* (serpolet) et qui dérive du L. *serpullum* (serpolet) par le changement de *u* en *o* (voy. *annoncer*).
Serre, voy. *serrer.*
Serrer, en italien *serrare*, du L. *serare*, fermer à clef, dans Priscien, d'où le sens de mettre sous clef, sens qui est celui du verbe français dans la locution *serrer les grains, serrer son argent, serrer des hardes* et dans le dérivé *serrure*, ce qui sert à *serrer*). Le L. *serare* devenu *serrare** dans les textes latins du moyen âge, prend le sens d'enchaîner, d'où postérieurement le sens de lier fortement, de presser, de *serrer*. On lit dans la *Chron. Saxon.* publ. dans Mabillon (t. 4, Ann. p. 431) : *Fratricidas autem et parricidas.... sive per manum et ventrem* serratos *de regno ejiciant ...* — D. *serre* (subst. verbal), *serres, serrement, serré, serre-file, serre-*papiers, *serre-*tête; *enserrer, resserrer, desserrer.*
Serrure, voy. *serrer.* — D. *serrurier, serrurerie.*
Sertir, du L. *sertire** (dérivé de *sertum*, couronne. — D. *sertissure.*
Sérum, du L. *serum* (m. s.).
Servage, voy. *serf.*
Servant, voy. *servir.*
Servante, voy. *servir.*
Serviable, voy. *servir*
Service, du L. *servitium* (servitude). Sur *tium* devenu *ce*, voy. *agencer*
Serviette, voyez, pour l'étymologie, au mot *servir.*

Servile, du L. *servilis* (servile). — D. *servilité.*
Servilité, voy. *servile.*
Servir, du L. *servire* (servir). — D. *servant, servante, serviable, serviette.*
Serviteur, du L. *servitor* (serviteur dans quelques Inscriptions).
Servitude, du L. *servitudo* (m. s. dans Festus).
Ses, en espagnol *sos*, du L. *sos* (sos, dans Ennius. Pour le rapport de cette forme archaïque *sos* à la forme classique *suos*, voy. p. xc. Pour le changement de *sos* en *ses*, voy. *je.*
Sésame, du L. *sesamum* (sésame).
Sessile, du L. *sessilis* (sessile, dans Pline).
Session, du L. *sessionem* (session).
Sesterce, du L. *sestertius* (m. s.). Sur *tius* devenu *ce* voy. *agencer.*
Setier, anciennement *sestier*, en italien *sestiere*, du L. *sextarius* (setier) par le changement : 1° de *arius* en *ier* (voy. *dnier*); 2° de *x* en *s* (voy. *amitié*) d'où l'ancienne forme *sestier* devenu *setier* par la chute de *s* (voy. *abîme*).
† **Seton,** de l'italien *setone* (séton).
Seuil, en provençal *sol*, du L. *soleum** (forme secondaire de *solea*, seuil, dans Festus) : *sol*(eu)*m*, régulièrement transformé (voy. *abréger*) en *sol*(iu)*m*, donne *seuil* par le changement de *o* en *eu* (voy. *accueillir*) et par la transposition de *i* (voy. p. xcvi).
Seul, du L. *solus* (seul) par le changement de *o* en *eu* (voy. *accueillir*). — D. *seulement, seulet; esseulé.*
Seulement, voy. pour l'étymologie au mot *seul.*

Séve, en provençal *saba*, en italien *sapa*, du L. *sapa* (jus) par le changement : 1° de *p* en *v* (voy. *arriver*); 2° de *a* en *é* (voy. *acheter*).

Sevère, mot venu du L. *severus* (sevère).

Severite, du L. *severitatem* (m. s.).

Sevice, du L. *saevitiae* (violence), par le changement de *tia* en *ce* (voy. *agencer*).

Sévir, du L. *saevire* (sevir).

Sevrer, proprement séparer un enfant de sa nourrice, du L. *separare* (séparer) par la contraction régulière (voy. *accointer*) de *sep*(a)*rare* en *sep'rare*, d'où *sevrer* par le changement de *p* en *v* par l'intermédiaire de *b*(voy. *arriver*). *Sevrer* signifiait séparer dans notre ancienne langue, et ce n'est que tardivement qu'il se restreignit (voy. p. XXIII) au sens spécial de séparer un enfant de sa nourrice. *Separo* a donné *sèvre*, comme le nom propre L. *Separis* a donné *Sèvre* (nom de deux rivières de France, la Sèvre Nantaise, et la Sèvre Niortaise). — D. *sevrage*, *sevreuse*.

Sexagénaire, du L. *sexagenarius* (sexagenaire).

Sexagesime, du L. *sexagesimus* (soixantième).

Sexe, du L. *sexus* (m. s.).

Sextant, du L. *sextantem* (le sixième d'un tout).

Sexte, du L. *sextus* (sixième).

Sextuple, du L. *sextuplus* * (m. s.). — D. *sextupler*.

Sexuel, du L. *sexualis* (du sexe).

† **Shako**, mot d'orig. hongroise (voy. p. LIX).

1. **Si** (conj.), du L. *si* (si). — D. *sinon*.

2 **Si** (adverbe), du L. *sic* (autant, tant, tellement). Sur la chute du *c*, voyez *ami*. — D. *ainsi*, *aussi*.

Sibylle, du L. *sibylla* (même sens).

Sibyllin, du L. *sibyllinus* (même sens).

Sicaire, du L. *sicarius* (même sens).

Siccatif, du L. *siccativus* (même sens).

Siccité, du L. *siccitatem* (même sens).

Sicle, mot venu du L. *siclus* (sicle, — monnaie d'argent des Hébreux).

Sidéral, du L. *sideralis* (qui concerne les astres).

Siècle, du L. *saeclum* (siècle) par la réduction de *ae* à *e* (voyez p. LXXXVI), d'où *seclum* (qui est déjà dans les auteurs classiques); *seclum* a donné *siècle* par la diphthongaison de *e* en *ie* (voyez *arrière*).

Siége, voyez ci-dessous au mot *siéger*.

Siéger, du L. *sediare** (venu de *sedium** dérivé lui-même de *sedes* siége). *Sed*(ia)*re*, consonnifiant régulièrement *ia* en *ja* (voy. *abréger*), donne *sedjare* d'où *siéger* par la réduction de *dj* à *g* (voy. *ajouter* et *abréger*) et par le changement de *e* en *ie* (voyez *arrière*). — D. *siége* (substantif verbal).

Sien, anciennement *sen*, forme adoucie de *son* (voy. *son*). Sur l'adoucissement de *son* en *sen*, voy. *je*; sur la diphthongaison de *seu* en *sien*, voy. *arrière*. — Pour le changement de sens, voy. *mien*.

† **Sieste**, mot venu de l'espagnol *siesta*.

Sieur, corruption de *seigneur* (voy. ce mot).

Siffler, du L. *sifilare* (siffler dans Nonius; *sifilare* est certainement une forme du L. populaire car on lit dans *l'Appendix ad probum* : Sibilus, non *siftlus.* »).

Sif(i)lare régulièrement contracté (voy. *accointer*) en *sif'lare* a donné *siffler.* — D. *sifflant, sifflable, sifflement, sifflet, siffleur.*

Sifflet, voy. *siflet.*

Signal, du L. *signale* * (signal dans les textes latins du moyen âge: *signale* derive de *signum*). — D. *signaler, signalement.*

Signataire, voy. *signer.*

Signature, du L. *signatura* (m. s dans Sétuone).

Signe, du L. *signum* (signe). — D. *signet.*

Signer, du L. *signare* (sceller, ratifier). — D. *signataire.*

Significatif, du L. *significativus* (m. s.).

Signification, du L. *significationem* (signification).

Signifier, du L. *significare* (signifier). Sur la chute du *c*, voy. *affouage.*

Silence, du L. *silentium* (même sens). Sur *tium* devenu *ce*, voy. *agencer.*

Silencieux, du L. *silentiosus* (m. s.). Sur *osus* devenu *eux*, voy. *amoureux.*

Silex, du L. *silex* (silex, caillou).

Silhouette, mot d'origine historique (voy. p LXIV). Allusion à *de Silhouette*, contrôleur général des finances sous Louis XV, qui mourut en 1767. Les portraits à la silhouette furent ainsi nommés, par la seule raison qu'ils étaient à la mode pendant l'année que de Silhouette passa au ministère.

Silice, du L. *silicem* (caillou). — D. *siliceux.*

Silique, du L *siliqua* (silique, cosse) — D. *siliqueux.*

Sillage, voy. *siller.*

Siller (fendre la mer), mot d'origine germanique (scandinave *sila*, sillonner). — D. *sillon, sillage.*

Sillet, mot dont l'origine est inconnue).

Sillon, voy. *siller.* — D. *sillonner.*

Sillonner, pour l'étymologie voyez au mot *siller.*

† **Silo**, de l'espagnol *silo* (même sens)

Silure, du L. *silurus* (silure, poisson).

Silves, du L. *silva* (silves, recueil, mélanges, varietés dans Stace et Quintilien).

Simagrée, corruption de l'ancienne formule *si m'agrée* (ainsi m'agrée) d'où le sens du mot *simagrée*, prévenance affectée, obséquiosité. Pour l'étymologie, voy. aux mots *si*, et *agréer.*

† **Simarre**, de l'italien *zimarra* (simarre).

Similaire, du L. *similaris** (m. s. dérivé de *similis*, semblable).

Similitude, du L. *similitudo* (m. s.).

Similor, mot forgé à l'aide du L. *simili* (semblable) et du mot *or.*

Simoniaque; pour l'étymologie, voyez au mot *simonie.*

Simonie, du L. ecclésiastique *simonia* * dérivé du nom de *Simon* le magicien. — D. *simoniaque.*

Simple, du L. *simplex* (simple). — D. *simplesse, simplifier* (L. *simplificare* *); *simplification* (L. *simplificationem* *).

Simplicité, du L. *simplicitatem* (simplicité).

Simplification, voy. au mot *simple.*

Simplifier, voyez au mot *simple.*

Simulacre, du L. *simulacrum* (simulacre).

Simulation, du L. *simulationem* (m. s.).

Simuler, du L. *simulare* (contrefaire, affecter).
Simultané, du L. *simultaneus** (m. s. dans les textes latins du moyen âge). — D. *simultanéité*.
Sinapisme, du L. *sinapismus* (m. s. dans Caelius Aurelianus).
Sincère, du L. *sincerus* (sincère).
Sincérité, du L. *sinceritatem* (sincérité).
Sinciput, du L. *sinciput* (la moitié antérieure de la tête).
Sinécure, du L. *sine cura* (prop. sans travail; qui ne donne point de souci).
Singe, du L. *simius* (singe) par la consonnification régulière (voy. *abréger*) de *sim*(iu)s en *sim*(ju)s d'où *singe* par le changement de *m* en *n* (voy. *changer*) et par celui de *j* en *g* (voy. *ajouter*). — D. *singer, singerie*.
Singulariser, dérivé de *singularis* (singulier).
Singularité, du L. *singularitatem* (dérivé de *singularis* ; voy. *singulier*).
Singulier, du L. *singularis* (singulier). Sur *aris* devenu *ier*, voy. *dnier*. — D. *singulièrement*.
Sinistre, du L. *sinister* (funeste, sinistre).
Sinon, voy. *si* et *non*.
Sinué, du L. *sinuatus* (courbé) par le changement de *atus* en *é* (voy. *ampoulé*).
Sinueux, du L. *sinuosus* (sinueux). Sur *osus* devenu *eux*, voy. *amoureux*.
Sinuosité, du L. *sinuositatem** dérivé de *sinuosus*; voyez au mot *sinueux*).
Sinus, du L. *sinus* (courbure, sinuosité).
Siphon, du L. *siphonem* (conduit d'eau, tuyau dans Sénèque).
Sire, voy. *seigneur*.
Sirène, du L. *siren* (sirène).

† **Siroco,** venu de l'italien *scirocco* (vent du S. E.).
† **Sirop,** venu de l'italien *siroppo* (sirop). — D. *sirupeux*.
Siroter, origine inconnue.
Sirupeux, voy. *sirop*.
Sis, du L. *situs* (situé, sis). Pour la persistance de *s* latin, voy. *Grammaire historique de la langue française*, p. 162. — D. *sise*.
Sistre, du L. *sistrum* (sistre, instrument de musique).
Sisymbre, du L. *sisymbrium* (sisymbre, cresson).
† **Site,** venu au seizième siècle de l'italien *sito* (site). — D. *situer, situation, situé*.
Sitôt, voy. *si* et *tôt*.
Situation, voy. *site*.
Situer, voy. *site*.
Six, du L. *sex* (six) par le changement de *e* en *i* (voy. *accomplir*). — D. *sixain, sixième*.
Sixain, voy. *six*.
Sixième, voy. *six*.
Sixte, du L. *sextus* (sixième) par le changement de *e* en *i* (voy. *accomplir*).
† **Sloop,** venu de l'anglais *sloop* (corvette).
Sobre, du L. *sobrius* (m. s.).
Sobriété, du L. *sobrietatem* (sobriété).
Sobriquet, origine inconnue.
Soc, du L. *soccus* (prop. soulier, d'où le sens de soc à cause de la pointe recourbée de la charrue : on trouve *soccus* au sens de soc de charrue, dans Alexandre Necham : « *Supponatur dentile, vel dentale, cui soccus vel vomis, infigatur....*» — Sur le changement de *cc* en *c*, voyez ci-dessus au mot *bec*.
Sociabilité, du L. *sociabilitatem** (dérivé de *sociabilis* : voy. *sociable*).
Sociable, du L. *sociabilis* (sociable).

Social, du L. *socialis* (m. s.).
Sociétaire, voy. *société*.
Société, du L. *societatem* (société). — D. *sociétaire*.
† **Socle**, venu de l'italien *zoccolo* (socle).
Socque, du L. *soccus* (soulier).
Sodium, métal alcalin, extrait de la *soude* pour la première fois en 1807, par Humphrey Davy.
Sœur, du L. *soror* (sœur) par la chute de la dernière syllabe atone (voy. p. LXXXI), d'où *sœur* par le changement de *o* en *œu* (voy. *accueillir*). — D. *sœurette*.
† **Sofa**, mot apporté d'Orient par les voyageurs (arabe, *çoffah*, lit de repos).
† **Soffite**, venu de l'italien *soffito* (plafond orné de rosaces).
Soi, du L. *sibi* (soi) — Pour le changement de *i* en *oi*, voy. *boire*. Pour la chute du *b*, voy. *taon*.
Soi-disant, voy. *soi* et *disant*.
Soie, en espagnol *seda*, en italien *seta*, du L *seta* (soie) par la chute du *t* medial (voy. *aigu*) et par le changement de *e* en *oi* (voy. *accroire*). — D. *soierie, soyeux*.
Soif, en provençal *set*, en italien *sete*, du L. *sitim* (soif) par le changement. 1° de *i* en *oi* (voy. *boire*) ; 2° de *t* en *f* (voy. *fief*).
Soigner, voy. *soin*. — D. *soigneux*.
Soin, origine inconnue. — D. *soigner*.
Soir, en provençal *ser*, du L. *serum* (soir, dans Suétone) par le changement de *e* en *oi* (voy. *accroire*). — D. *soirée*.
Soit, subjonctif du verbe *être*. *Soit* represente le L. *sit* (soit). Pour le changement de *i* en *oi*, voy. *boire*.
Soixantaine, voy. *soixante*.
Soixante, du L. *sexaginta* (soixante) par le changement :
1° de *e* en *oi* (voy. *accroire*) ; 2° de ...*aginta* en *ante* (voy. *cinquante*). — D. *soixantième, soixantaine*.
Soixantième, voyez au mot *soixante*.

1. **Sol**, (monnaie) en italien *soldo*, du L. *solidus* (monnaie d'or, dans Ulpien) par la chute des deux dernières voyelles atones (voy. p. LXXXI), comme dans *net* le *nitidus*, pâle de *pallidus*, etc....
2. **Sol**, du L. *solum* (sol, terre).
Solacier, du L. *Solatiare** (dérivé de *solatium* consolation). Sur *ti* devenu *ci*, voy. *agencer*.
Solaire, du L. *solarius* (solaire).
Solanée, du L. *solanea* (qui recherche le soleil).
Solanum, du L. *solanum* (solanum, plante).
† **Soldat**, venu de l'italien *soldato* (soldat).
† **Soldatesque**, venu de l'italien *soldatesca* (soldatesque).
† **Solde**, venu de l'italien *soldo* (solde)
† **Solder**, venu de l'italien *soldare* (solder).
1. **Sole** (agriculture), du L. *sola** (forme feminine de *solum*; voy. *sol*). — D. *assoler, assolement*.
2. **Sole** (poisson), du L. *solea* (sole, dans Pline).
Solécisme, du L. *soloecismus* (solécisme).
Soleil, du L. *soliculus** (dérivé de *sol* soleil Pour l'étude du sens, voy. p. XXXII). Pour le changement de *iculus* en *eil*, voy. *abeille*.
Solen, du L. *solen* (solen, coquillage).
Solennel, du L. *solennalis** (dérivé de *solemnis* solennel). — D. *solenniser, solennisation*.
Solennellement, voy. *solennel*.

Solennité, du L. *solennitatem* (m. s.).

† **Solfège**, venu de l'italien *solfeggio* (m s.).

† **Solfier**, dérivé de l'italien *solfa* (gamme).

Solidaire, voy. *solide*. — D. *solidarité*.

Solidarité, voy. *solidaire*.

Solide, du L. *solidus* (solide). — D *solidaire; solidifier*.

Solidifier, voy. *solide*.

Solidité, du L. *soliditatem* (m s.).

Soliloque, du L. *soliloquium* (monologue).

Solipède, du L. *solum* (seul) et *pedem* (pied).

Solitaire, du L. *solitarius** (dérivé de *solus* seul).

Solitude, du L. *solitudo* (solitude)

Solive, anciennement *solieve*, substantif verbal de *sublevare* (soutenir, supporter, d'où le sens de *solive* proprement support, soutien, étai). *Subleva** a donné *solieve* par le changement: 1° de *bl* en *l* (voy. *semondre*); 2° de *u* en *o* (voy *annoncer*); 3° de *e* en *ie* (voy. *arrière*) puis en *i*. — D. *soliveau*.

Sollicitation, du L. *sollicitationem* (m. s.).

Solliciter, du L. *sollicitare* (solliciter). — D. *solliciteur*.

Sollicitude, du L. *sollicitudo* (m. s.)

† **Solo**, venu de l'italien *solo* (m. s). — D. *soliste*

Solstice, du L. *solstitium* (m s.). Sur *tium* devenu *ce*, voy. *agencer*.

Solsticial, du L. *solstitialis* (m. s.).

Solubilité, du L. *solubilitatem** (dérivé de *solubilis* soluble).

Soluble, du L. *solubilis* (soluble).

Solution, du L. *solutionem* (solution).

Solvabilité, du L. *solvabilitatem* (dérivé de *solvabilis*; voy. *solvable*).

Solvable, du L *solvabilis** (dérivé de *solvere* payer). Sur *abilis* devenu *able*, voy. *affable*.

† **Sombre**, venu de l'espagnol *sombra* (qui signifie proprement ombre). — Du primitif *sombre* est dérivé le verbe *assombrir*, d'où

Sombrer, proprement faire disparaître, cacher, dissimuler dans l'ombre, du L. *subumbrare** (plonger dans l'ombre) par la chute du *b* médial (voy. *taon*), par le changement de *u* en *o* (voy. *annoncer*), d'où *so-ombrer* qui devient postérieurement *sombrer* (voy. p. xcii).

Sommaire, du L. *summarium* (sommaire dans Sénèque).

Sommation, voy. au mot *sommer*.

1. **Somme** (sommeil) du L. *somnus* (sommeil) par le changement de *mn* en *mm* (voy. *allumer*).

2. **Somme** (total), du L. *summa* (somme) par le changement de *u* en *o* (voyez au mot *annoncer*).

3. **Somme** (charge, fardeau), en italien *salma*, du L. *salma** (charge, corruption de *sagma* bât, et aussi charge que l'animal porte sur son bât : « *sagma, quae corrupte dicitur salma...* » dit Isidore de Séville.) *Salma* changeant régulièrement *al* en *au* (voy. *agneau*) donne *sauma* que l'on trouve dans un texte latin du onzième siècle. — *Sauma* donne *somme* par le changement de *au* en *o* (voy. *alouette*) — D. *sommier* (au sens de cheval de somme, puis de matelas qui supporte); *assommer* (proprement écraser sous

le poids d'une *somme*, d'un fardeau).

Sommeil, du L. *somniculus** (sommeil; dérivé de *somnus* : pour l'extension du sens, voy. p. xxxii : *somniculosus* est dans Martial et prouve l'existence de *somniculus**, comme la forme *periculosus* prouve *periculum*). Sur le changement de *iculus* en *eil*, voy. *abeille;* sur *mn* devenu *mm*, voy. *allumer*. — D. *sommeiller*.

Sommeiller. Pour l'étymologie, voyez au mot *sommeil*.

Sommelier, à l'origine officier de bouche, celui qui est chargé de l'approvisionnement : du L. *saumalerius** (dérivé de *sauma** charge fardeau, provision; voy. *somme* 3.). *Saumalerius* est dans un texte de 1285.

Saumalarius a donné *sommelier* par le changement: 1° de *au* en *o* (voy. *alouette*); 2° de *a* en *e* (voy. *acheter*. — D. *sommellerie*.

Sommellerie, voy. *sommelier*.

Sommer, proprement résumer ce que l'on vient de dire, du latin *summare** (dérivé de *summa*, sommaire, résumé, abrégé). Pour le changement de *u* en *o*, voyez au mot *annoncer*. — D. *sommation*.

Sommet, diminutif de l'ancien français *som* qui est le L. *summum* (sommet) par le changement de *u* en *o* (voy. *annoncer*).

Sommier, voy. *somme* 3.

Sommité, du L. *summitatem* (m. s.). Sur *u* devenu *o*, voy. *annoncer*.

Somnambule, mot forgé à l'aide du L. *somnus* (sommeil) et *ambulare* (promener). — D. *somnambulisme*.

Somnifère, du L. *somnifer* (m. s.).

Somnolence, du L. *somnolentia* (m. s.).

Somnolent, du L. *somnolentus* (m. s.).

Somptuaire, du L. *sumptuarius* (somptuaire).

Somptueux, du L. *sumptuosus* (somptueux).

Somptuosité, du L. *sumptuositatem* (m. s.).

1. **Son** (pronom possessif), du L. *sum*, *som* (dans Ennius, pour *suum*; pour le rapport de *sum* à *suum*, voy. p. xc).

Sum a donné *son* par le changement: 1° de *u* en *o* (voy. *annoncer*); 2° de *m* en *n* (voy. *changer*).

2. **Son** (poussière des céréales), en espagnol *soma*, du L. *summum* (propr. le dessus de la farine, d'où le sens de *son*, cette poussière venant toujours à la surface pendant l'opération de la mouture). Sur le changement de *u* en *o*, voy. *annoncer;* sur celui de *m* en *n* voy. *changer*.

3. **Son**, du L. *sonus* (son, bruit).

† **Sonate**, venu de l'italien *sonata* (sonate).

Sondage, voy. *sonder*.

Sonde, voy. *sonder*.

Sonder, proprement aller sous l'eau, du L. *subundare* (dérivé de *unda* eau). — *Su(b)undare* a donné *sonder* par la chute du *b* médial (voy. *taon*) et par le changement de *u* en *o* (voy. *annoncer*) d'où *sonder* par la contraction de *oo* en *o* (comme dans *rond* de *roond*, *Louis* de *Looïs*, etc....). — D. *sonde* (subst. verbal), *sondage*, *sondeur*.

Sondeur, voy. *sonder*.

Songe, du L. *somnium* (songe) par la consonnification de *iu* en *ju* (voy. *abréger*) d'où *somnjum* qui a donné *songe* par la réduction de *mn* à *n* (voy. *colonne* et *changer*), et par le changement de *j* en *g* (voy. *ajouter* et *alléger*). — D. *songer, songeur*.

Sonnailler, voy. *sonner*. — D. *sonnaille* (subst. verbal).

Sonner, du L. *sonare* (sonner). Sur le changement de *n* en *nn*, voy. *ennemi*. — D. *sonnant, sonnerie, sonnette, sonneur, sonnailler* (comme *criailler* de *crier*).

† **Sonnet,** de l'italien *sonnetto* (sonnet).

Sonnette, voy. *sonner*.

Sonore, du L. *sonorus* (m. s.).

Sonorité, du L. *sonoritatem* (m. s.).

Sopha, voy. *sofa*.

Sophisme, du L. *sophisma* (m. s.).

Sophiste, du L. *sophista* (m. s.).

Sophistique, du L. *sophisticus* (m. s.). — D. *sophistiquer*.

Sophistiquer, voy. *sophistique*. — D. *sophistiqueur, sophistication*.

Soporifère, du L. *soporifer* (m. s.).

Soporifique, du L. *soporificus**.

† **Soprano,** de l'italien *soprano* (haute-contre).

Sorbe, du L. *sorbum* (sorbe, fruit). — D. *sorbier*.

† **Sorbet,** venu de l'italien *sorbetto* (sorbet). — D. *sorbétière*.

Sorcellerie, voy. *sorcier*.

Sorcier, du L. *sortiarius** (diseur de bonne aventure, dérivé de *sortiare** dire des sorts; *sortiare** vient de *sortem* sort, oracle, prédiction). *Sortiarius, sortiaria** se trouvent au sens de *sorcier* et de *sorcière* dans les textes carlovingiens : « *Et quia audivimus, quod malefici homines* et *sortiariae, per plura loca in nostro regno insurgunt....* » lit-on dans les Capitulaires de Charles le Chauve t. 39, § 7. Et Hincmar

De divortio Lotharii : « *Alii potu, alii autem cibo a* sortiariis *dementati, alii vero tantum carminibus a strygio fascinati..* »

Sortiarius changea *ti* en *ci* (voy. *agencer*), *arius* en *ier* (voy. *ânier*). — D. *ensorceler* (venu de l'ancien français *ensorcerer*, par le changement de *r* en *l* voy. *autel*). Pour le rapport de *ensorcerer* à *sorcier*, voy. p. xcv.

Sordide, du mot L. *sordidus* (m. s.).

Sorite, du L. *sorites* (m. s.).

Sornette, diminutif d'un radical *sorn* qui est d'origine celtique (Kymri. *swrn* bagatelle, sornette).

Sort, du L. *sortem* (sort).

Sortable, voy. *sorte*.

† **Sorte,** venu de l'italien *sorta*? (sorte). — D. *assortir, sortable*.

Sortie, voy. *sortir*.

Sortilège, du L. *sortilegium** (dérivé de *sortilegus*, devin).

Sortir, du L. *sortiri* (proprement partager, puis sortir ; comme *partiri* qui signifie à la fois partir et partager. — D. *sortant, sortie* (subst. participial).

Sot, origine inconnue. — D. *sotie, sottise*.

Sottise, voy. *sot*.

Sou, adoucissement de l'ancienne forme *sol* (voy. sol 1) comme dans *mou* de *mol, fou* de *fol, cou* de *col*, etc ... Pour le changement de *l* en *u*, voyez *agneau*.

† **Soubassement,** pour *sousbassement*, mot forgé au seizième siècle à l'aide de *sous* (voy. ce mot) et de *bassement* qui est l'italien *bassamento* (soubassement).

† **Soubresaut,** venu au seizième siècle de l'espagnol *sobresalto* (m. s.).

Soubrette, origine inconnue.

Souche, origine inconnue. — D. *soucheteur, souchetage*.

Souchet, origine inconnue.

1. **Souci** (plante), anciennement *solcie*, du L. *solsequium* (tournesol, dans Apulée; souci dans les textes carlovingiens).
Solse(q)*uium* donne l'ancien français *solcie* par la chute du *q* (voy. *affouage*) et par le changement: 1° de *e* en *i* (voy. *accomplir*); 2° de *s* en *c* (voy. *cercueil*). *Solcie* a donné *souci* par le changement de *ol* en *ou* (voy. *agneau*).

2. **Souci**, voy. *soucier*. — D. *soucieux*.

Soucier, en provençal moderne *soucidà*, du L. *sollicitare* (inquiéter, tourmenter) par la contraction (voy. *aider*) de *soll*(i)*citare* en *soll'ci*(t)*are* d'où *solcier* par la chute du *t* (voy. *abbaye*): *solcier* devient *soucier* par le changement de *ol* en *ou* (voy. *agneau*). — D. *souci* (substantif verbal).

Soucieux, voy. *souci*.

Soucoupe, p. *sous-coupe*, proprement ce qui se met *sous* la *coupe*.

Soudain, en provençal *sobtan*, du L. *subitanus** (autre forme de *subitaneus* soudain, dans Columelle). *Sub*(i)*tanus* régulièrement contracté (voy. *accointer*) en *sub'tanus* donne *soudain* par le changement: 1° de *bt* en *d* (voyez *accouder*); 2° de *anus* en *ain* (voyez *ancien*); 3° de *u* en *o* puis en *ou* (voy. *accouder*). — D. *soudainement*, soudaineté.

Soudan, ancien français *soldan*, du L. *solda....us*, qui est la forme latinisée du mot oriental *sultan* (voyez ce mot; voyez aussi page LXI). Ce mot date, chez nous, de l'époque des croisades. On lit dans une chronique de la première croisade: « *Sicut principes vestri, vel imperatores dicuntur, vel Reges: sic apud illos qui præeminent*, Soldam, *quasi soli dominantes vocantur.* » Pour le changement de *soldan* en *soudan*, voy. *agneau*.

† **Soudard**, mot venu au seizième siècle, de la langue italienne, — comme beaucoup d'autres expressions militaires. *Soudard* est l'italien *soldardo** (dérivé de *soldare*, soudoyer).

Soude, en italien *soda*, du L. *solida* (soude) par la contraction régulière (voy. p. LXXXI) de *sol*(i)*da* en *sol'da* d'où *soude* par le changement de *ol* en *ou* (voy. *agneau*).

Souder, en italien *soldare*, du L. *solidare* (proprement ressouder une fracture, dans Pline: sur le vers de Juvénal: « *quassatum et rupto poscentem sulphura vitro....* » un scoliaste remarque: « *Quia hoc solent vitrum* solidare, *id est malthare.* » On lit dans Geoffroy de Vendôme, *Opusc.* 7 De Arca Fœderis: « *Æs etiam in tabernaculo cum auro et argento* solidamus.... »
Sol(i)*dare* régulièrement contracté (voy. *accointer*) en *sol'dare*, donne *souder* par le changement de *ol* en *ou* (voy. *agneau*). — D. *soudure*.

Soudoyer, s'assurer à prix d'argent le concours de quelqu'un, du L. *soldicare** (dérivé de *soldum*, somme d'argent dans Martial).
Soldicare changeant ....*icare* en ....*oyer* (voy. *ployer*), donne *soldoyer** d'où *soudoyer* par le changement de *ol* en *ou* (voy. *agneau*).

Soudre (résoudre), du L. *solvere* (résoudre). Pour le détail des changements de lettres, voy. *absoudre*.

Souffler, du L. *sufflare* (souffler) par le changement de *u* en *ou* (voy. *accouder*). — D. *souffle* (subst verbal). *soufflet, soufflerie, souffleur, soufflure.*

Soufflet, voy. *souffler*. — D. *souffleter*.

Souffleter, voy. *soufflet*.

Souffrance, voy. *souffrir*.

Souffreteux, anciennement *souffraiteux* (en provençal *sofraitos, sofrachos*) dérivé de l'ancien français *souffraite* (dénûment, manque, d'où le sens de souffrance). *Souffraite* est le L. *suffracta** (dérivé du participe L. *suffractus* brisé, rompu). *Suffracta* a donné *souffraite* par le changement : 1° de *u* en *ou* (voy. *accouder*) ; 2° de *ct* en *it* (voy. *attrait*). Pour le changement de souffraiteux en souffreteux, voy. *accroire*.

Souffrir, du L. *sufferrere** (souffrir, forme secondaire de *sufferre*; pour le détail de cette dérivation, voy. au mot *être*). *Suff(è)rerere* régulièrement contracté (voyez *accointer*) en *suffrere* donne souffrir par le changement: 1° de *u* en *ou* (voy. *accouder*); 2° de *e* en *i* (voy. *accomplir*). — D. *souffre-douleur, souffrant* (d'où *souffrance*).

Soufre, anciennement *solfre*, du L. *sulfur* (soufre) par la contraction régulière (voy. p. LXXXI) de *sulf(u)r* en *sulf'r* d'où *solfre* par le changement de *u* en *o* (voy. *annoncer*); *soufre* par le changement de *ol* en *ou* (voy. *agneau*). — D. *soufrer*.

Souhait, voy. *souhaiter*.

Souhaiter, composé du préfixe *sous*, et de l'ancien verbe français *haiter*, prendre à gré, désirer ; *haiter* est un mot d'origine germanique (dérivé du scandinave *heit*, vœu, souhait). — D. *souhait* (substantif verbal); *souhaitable*.

Souille, voy. *souiller*.

Souiller, du L. *suculare** se vautrer comme un porc, dérivé de *suculus* goret dans le Code Justinien. De même en provençal *sulhar* (souiller) dérivé de *sulha* (porc). *Suc(ü)lare* régulièrement contracté (voy. *accointer*) en *suc'-lare* donne *souiller* par le changement: 1° de *cl* en *il* (voy. *abeille*) ; 2° de *u* en *ou* (voy. *accouder*). — D. *soul, souille* (subst. verbaux) ; *souillon, souillure*.

Soûl, ancien français *saoul*, en provençal *sadol*, en italien *satollo*, du L. *satullus* (soûl, rassasié, dans Varron). *Sa(t)ullus* perdant son *t* médial (voy. *abbaye*) change *u* en *ou* (voy. *accouder*) d'où l'ancien français *saoul*. — D. *soûler*.

Soulager, en espagnol *soliviar*, du L. *subleviare* (dérivé de *sublevare* soulager). *Subleviare* a donné *soulager* par le changement : 1° de *u* en *ou* (voy. *accouder*); 2° de *bl* en *l* (voy. *sujet*); 3° de *e* en *a* (voy. *amender*); 4° de *iare* en *ger* (voy. *alléger*). — D. *soulagement*.

Soulas, en provençal *solatz*, du L. *solatium* (consolation) par le changement : 1° de *o* en *ou* (voy. *affouage*) ; 2° de *ti* en *s* (voy. *agencer*).

Soulèvement, voy. *soulever*.

Soulever, du L. *sublevare* (soulever) par le changement: 1° de *u* en *ou* (voy. *accouder*) ; 2° de *bl* en *l* (voy. *sujet*). — D. *soulèvement*.

Soulier, du L. *solarium** (dérivé du L. classique *solea*, sandale ; on trouve dans Plaute *solearius* pour cordonnier, faiseur de sandales). *Solarium* a donné soulier par le changement : 1° de *o* en *ou* (voyez au mot *affouage* ; 2° de *arium* en *ier* (voyez au mot *ânier*).

Souligner, voyez aux mots *sous* et *ligne*.

Souloir, (avoir coutume), du L. *solere* (avoir coutume) par le changement : 1° de *o* en *ou* (voyez *affouage*) ; 2° de *e* en *oi* (voy. *accroire*).

Soulte, du L. *solutum* (un solde dans le Digeste, substantif participial de *solvere* payer). *Sol(u)tus* contracté (voy. *aider*) en *sol'tus* donne *soulte* par le changement de *o* en *ou* (voy. *affouage*).

Soumettre, du L. *submittere* (soumettre) par le changement : 1° de *sub* en *sou* (voy. *soulever*) ; 2° de *mittere* en *mettre* (voy. *admettre*)

Soumis, du L. *submissus* (soumis) par le changement de *sub* en *sou* (voy. *soumettre*).

Soumission, du L. *submissionem* (soumission) par le changement : 1° de *sub* en *sou* (voyez *soumettre*). — D. *soumissionner, soumissionnaire*.

Soupape, origine inconnue

Soupçon, anciennement *soupeçon*, a l'origine *souspeçon*, par le changement : 1° de *u* en *ou* (voy. *accouder*), 2° de *i* en *e* (voyez *admettre*), 3° de *cio* en *ço* (voyez *agencer*). — *Souspeçon* devient *soupeçon* par la chute de *s* (voyez *abîme*) ; et plus tard *soupçon* par la chute de *e* (voy. *aider*). — D. *soupçonner*.

Soupçonner, voy. *soupçon* — D. *soupçonneux*.

Soupe, mot d'origine germanique (allemand *Suppe* soupe). Pour le changement de *u* en *o* voyez *annoncer*. — D. *souper, soupière*.

Soupente, substantif participial d'un thème verbal *soupendre*, comme *pente* vient de *pendre*, et *détente* de *detendre*. Pour les détails, voy. au mot *absoute*. Le thème *soupendre** repond au L. *suspendere* (suspendre) par le changement : 1° de *u* en *ou* (voyez *accouder*) ; 2° de *pendere* en *pendre* (voy. *pendre*), 3° par la chute de *s* (voy. *abîme*)

Souper, voy. *soupe*. — D. *souper* (subst), *soupé, soupeur*.

Soupeser, voy. *sous* et *peser*.

Soupière, voy. *soupe*.

Soupir, voy. *soupirer*.

Soupirail, anciennement *souspirail*, du L. *suspiraculum** (dérivé de *suspirare*, comme la forme classique *spiraculum* soupirail, dérive de *spirare*). *Suspiraculum* a donné *soupirail* par le changement : 1° de *aculum* en *ail* (voyez *abeille*) ; 2° de *u* en *ou* (voy. *accouder*) ; 3° par la chute de *s* (voyez *abîme*).

Soupirer, anciennement *souspirer*, du L. *suspirare* (soupirer) par le changement de *u* en *ou* (voy. *accouder*) et par la chute de *s* (voy *abîme*). — D. *soupir* (subst. verbal), *soupirant*.

Souple, du L. *supplex** (qui plie) par le changement de *u* en *ou* (voy. *accouder*). — D. *souplesse, assouplir*.

Souplesse, voy *souple*.

Souquenille, origine inconnue.

Source, voy. *sourdre*. — D. *sourcier*.

Sourcil, en provençal *sobrecilh*, en italien *sopracciglio*, du L. *supercilium* (sourcil) par la contraction (voy. *aider*) de *sup(e)rcilium* en *sup'rcilium* d'où *sourcil* par le changement : 1° de *u* en *ou* (voy. *accouder*) ; 2° de *pr* en *r* (voy. *sur*). — D. *sourciller*.

Sourciller, voy. *sourcil*. — D. *sourcilleux*.

Sourd, du L. *surdus* (sourd) par le changement de *u* en *ou* (voy. *accouder*). — D. *sourdaud, sourdine, assourdir, abasourdir*.

Sourdine, voy. *sourd*.

Sourdre, du L. *surgere* (sourdre, jaillir) par la contraction régulière (voy. p. LXXXI) de *surg(ë)re* en *surg're*, d'où *sourdre* par l'intercalation d'un *d* (voy. *absoudre*) et par le changement de *u* en *ou* (voy. *accouder*). — D. *source*, ce qui jaillit, substantif participial de

29

sourdre (voy. *absoute*); *source*, anciennement *sorce*, à l'origine *sorse*, représente non le L. *surrecta*, mais un type *sursa* (que l'on trouve au sens de source dans plusieurs textes latins du onzième siècle). Sur le changement de *s* en *c*, voyez *cercueil*; sur celui de *u* en *o* puis en *ou*, voy. *accouder*. — D. *ressource*.

Sourire, du L. *subridere* (sourire) par le changement : 1° de *sub* en *sou* (voy. *soulever*) ; 2° de *ridere* en *rire* (voy. *rire*). — D. *sourire* (subst. verbal), *souris* du L. *subrisus*, sur le changement de *sub* en *sou*, voy. *soulever*.

1. **Souris**, voy. *sourire*.

2. **Souris**, en provençal *soritz*, du L. *soricem* (souris) par le changement : 1° de *o* en *ou* (voy. *affouage*); 2° de *c* en *s* (voy. *amitié*). Pour le déplacement de l'accent latin (*sorĭcem* pour *sorīcem*), voy. p. cv). — D. *sourceau, souricière*.

Sournois, origine inconnue. — D *sournoiserie*.

Sous, anciennement *sos*, en provençal *sotz*, en italien *sotto*, en valaque *subt*, du L. *subtus* (sous) par l'assimilation de *bt* en *t* (voyez *sujet*) et par la chute régulière du dernier *u* (voy. p LXXXI), d'où *sut's* qui devient *sos* par la réduction de *ts* a *s* (voy p. c) et par le changement de *u* en *o* (voy. *annoncer*). Pour le passage de l'ancien français *sos* au français moderne *sous*, voy. *affouage*. — D. *dessous, soupeser, soucoupe, souspied, soutirer*.

Souscription, voy. au mot *souscrire*.

Souscrire, du L. *suscribere* (souscrire à, *signer*) par le changement : 1° de *sub* en *sou* (voyez *soulever*); 2° de ....*scribere* en ....*scrire* (voy. *ecrire*). — D. *souscripteur* (L. subscriptor); *souscription* (L. subscriptionem).

Sous-entendre, voy. *sous* et *entendre*. — D. *sous-entendu, sous-entente*.

Sous-pied, voy. aux mots *sous* et *pied*.

Soussigné, voy. *sous* et *signer*.

Soustraction, voy. au mot *soustraire*.

Soustraire, composé de *sous* (voy. ce mot) et de *traire* (voyez *traire*). — D. *soustraction* (mot formé du L. *subtractionem*, action de se retirer, *subtractionem* changeant *sub* en *sou*, comme on l'a vu au mot *soulever*, aurait dû donner *soutraction*; mais ici la forme du mot a été influencée par le préfixe du verbe *soustraire*.

† **Soutane**, venu de l'italien *sottana* (soutane). Sur *o* devenu *ou*, voy. *affouage*. — D. *soutanelle*.

Soutanelle. Voyez, pour l'étymologie, au mot *soutane*

Soute, dans Rabelais *soutte*, venu de l'italien *sotto* (dessous, magasin à fond de cale).

Soutenable, voy. au mot *soutenir*.

Soutènement, voy. *soutenir*.

Soutenir, anciennement *soustenir*, du L. *sustinere* (soutenir) par le changement : 1° de *u* en *ou* (voy. *accouder*); 2° de ...*tinere* en ....*tenir* (voy. *appartenir*); d'où l'ancien français *soustenir* devenu *soutenir* par la chute de *s* (voyez *abîme*). — D *soutien* (substantif verbal); *soutenable, soutènement, soutenant* (subst. participial); *soutenu*.

Souterrain, du L. *subterraneus* (souterrain) par le changement : 1° de *sub*.... en *sou*.... (voy. *soulever*); 2° de *aneus* en *ain* (voy. *ancien*).

Soutien, voy. *soutenir.*
Soutirer, voy. *sous* et *tirer.*
— D. *soutirage.*
Souvenance, voyez au mot *souvenir.*
Souvenir(se), du L. *subvenire* (proprement venir à, se présenter à l'esprit) par le changement de *sub*.... en *sou*.... (voy. *soulever*)
— D. *souvenant, souvenance, souvenir* (verbe pris substantivement.
Souvent, en italien *sovente,* du L. *subinde* (souvent, dans Pline, X 34 : « *Conjugii fidem non violant communemque servant domum. Nisi cælebs aut vidua nidum non relinquit : et imperiosos mares,* subinde *etiam iniquos ferunt.* »
Subinde a donné *souvent* par le changement · 1° de *u* en *ou* (voy. *accouder*); 2° de *b* en *v* (voy. *avant*); 3° de *inde* en *ent* (voy *en*).
Souverain, anciennement *soverain,* en italien *sovrano,* du L. *superanus* (le chef, celui qui est au dessus . *super*). — *Superanus,* a donné *souverain,* par le changement : 1° de *u* en *ou* (voy. *accouder*); 2° de *p* en *v* (voy. *arriver*); 3° de *anus* en *ain.* (Voy. *ancien*). — D. *souverainement, souveraineté.*
Souverainement, voy. *souverain.*
Souveraineté, voyez ci-dessus au mot *souverain.*
Soyeux, voy. *soie.*
Spacieux, du L. *spatiosus* (m. s.). Sur *ti* devenu *ci,* voy. *agencer;* sur *osus* devenu *eux,* voy. *amoureux.*
† **Spadassin,** venu au seizième siècle de l'italien *spadaccino* (spadassin).
† **Spalme,** subst. verbal de *spalmer* (qui vient de l'italien *spalmare,* goudronner un bateau, le *spalmer*),

† **Spalt,** de l'allemand *spalt* (spalt).
Sparadrap, origine inconnue.
Spare, du L *sparus* (spare, brème).
Sparte, du L. *spartum* (sorte de jonc). — D. *sparterie.*
Sparterie, voy. *sparte.*
Spasme, du L. *spasma* (spasme).
Spasmodique, du grec σπασμώδης (convulsif).
† **Spath,** venu de l'allemand *spath* (m. s.)
Spathe, du L. *spatha* (spathe du palmier).
Spatule, du L. *spatula* (spatule dans Celse).
Spécial, du L. *specialis* (même sens)
Spécialité, du L. *specialitatem* (m. s. dans Isidore de Séville).
Spécieux, du L. *speciosus* (spécieux).
Spécification, voy. *spécifier.*
Spécifier, du L. *specificare* (dans les textes latins du moyen âge, composé de *species* espèce et du thème *ficare*). — D. *spécifique* (specificus) *spécification.*
Spécifique, voy. *spécifier.*
Specimen, du L. *specimen* (échantillon).
Spectacle, du L. *spectaculum* spectacle (déjà *spectaclum* dans le latin classique).
Spectateur, du L. *spectator* (m. s).
Spectre, du L. *spectrum* (vision).
Spéculaire, du L. *specularius* (celui qui travaille les pierres spéculaires).
Spéculateur, du L. *speculator* (observateur).
Spéculatif, du L. *speculativus* (m. s.).
Spéculation, du L. *speculationem* (contemplation).

Spéculer, du L. *speculari* (observer).

† **Spencer,** venu récemment de l'anglais *spencer* (m. s.)

Sphère, du L. *sphæra* (même sens).

Sphérique, du L. *sphaericus* (circulaire). — D. *sphéricité.*

Sphéroïde, du L. *sphaeroides* dans Vitruve).

Spheromètre, du grec σφαιρά (sphère) et μέτρον (mesure).

Sphinx, du L. *sphinx* (m. s.)

Spic, voy. *aspic* 1.

Spicilege, du L. *spicilegium* (glanage).

Spinal, du L. *spinalis*, de l'épine dorsale).

Spirale, voy. *spire.*

Spire, du L. *spira* (enroulement). — D. *spiral, spirale.*

Spiritualiser, dérivé du L. *spiritualis* (spirituel). — D. *spiritualisation, spiritualisme, spiritualiste.*

Spiritualisme, voy. *spiritualiser.*

Spiritualiste, voy. *spiritualiser.*

Spiritualité, du L *spiritualitatem* (m. s.).

Spirituel, du L *spiritualis* (spirituel).

† **Spiritueux,** à l'origine terme commercial venu de l'anglais *spirituous* (m. s.)

Splanchnologie, du grec σπλάγχνα (entrailles) et λόγος (traité).

† **Spleen,** mot venu au dix-huitième siècle de l'anglais *spleen* (mélancolie, humeur noire).

Splendeur, du L. *splendor* (éclat).

Splendide, du L. *splendidus* (brillant).

Spoliateur, du L. *spoliator* (m. s.).

Spoliation, du L. *spoliationem* (m. s.).

Spolier, du L. *spoliare* (dépouiller).

Spondaïque, du L. *spondaicus* (m. s.).

Spondée, du L. *spondaeus* (m. s.).

Spondyle, du L. *spondylus* (vertèbre).

Spongieux, du L. *spongiosus* (m. s.).

Spongite, du L. *spongites* (spongite, sorte de pierre poreuse).

Spontané, du L. *spontaneus* (m. s.). — D. *spontanéité, spontanément.*

Spontanéité, voyez au mot *spontané.*

Sporadique, du grec σποραδικός (disperse).

Sportule, du L. *sportula* (sportule, petit panier).

Squale, du L. *squalus* (chien de mer.

Squammeux, du L. *squamosus* (couvert d'écailles).

Squelette, du grec σκελετός (desséché).

Squirrhe, du grec σκίρρος (tumeur dure). — D. *squirrheux.*

Stabilité, du L *stabilitatem* (m. s.).

Stable, du L. *stabilis* (ferme). Sur le changement de *abilis* en *able* voy. *affable.*

Stade, du grec στάδιον (stade).

Stage, obligation de résidence venu du L. *stare* (résider) par le dérivé *staticum* (domicile, résidence) qui est dans les actes des temps mérovingiens, d'où *stage* par le changement de *aticum* en *age* (voy. au mot *âge*). — D. *stagiaire.*

Stagnant, du L. *stagnantem* (qui séjourne).

Stagnation, du L. *stagnationem* dérivé de *stagnare* (être stagnant).

Stalactite, du grec σταλακτίς (m s.)
Stalagmite, du grec σταλαγμός (filtration).
Stalle, mot venu du latin ecclesiastique *stallum* (siége des moines à l'église) : « *Solito more venit in chorum et ecce invenit spiritum immundum in stallo suo, similantem fratri qui juxta se manebat in choro....* » dit un document du treizième siècle. *Stallum* est un mot d'origine germanique et répond à l'ancien haut allemand *stâl* (siége). — De *stallum* a été formé au moyen âge *installare* (proprement mettre dans la stalle, installer). *Installer* un juge c'est proprement l'asseoir dans son siége judiciaire
† **stance,** de l'italien *stanza* (strophe).
Staphylin, du grec σταφυλῖνος (m. s.).
† **Stathouder,** du hollandais *stathouder* (proprement lieutenant). — D. *stathouderat.*
Statice, du L. *statice* (statice, plante).
Station, du L. *stationem* (station). — D. *stationner.*
Stationnaire, du L. *stationarius* (m. s).
Stationner, voy. *station.* — D *stationnement.*
Statique, du grec στατική s.-ent. ἐπιστήμη (partie de la mécanique qui traite de l'équilibre des corps).
Statistique, d'un type grec στατιστική forgé par les savants à l'aide du verbe στατίζειν (établir).
1. **Statuaire,** (subst. masc.) du L. *statuarius* (m. s.).
2. **Statuaire** (subs. fém.), du L. *statuaria* (m. s.).
Statue, du L. *statua* (m. s.)
Statuer, du L. *statuere* (arrêter).

Statu quo (in), locution latine : dans l'état ou sont actuellement les choses
Stature, du L. *statura* (m. s.).
Statut, du L. *statutum* (m. s.).
Stéatite, du L. *steatites* (stéatite, pierre).
Stéganographie, du grec στεγανογραφία (art d ecrire en chiffres). D. *stéganographique.*
Stellaire, du L. *stellaris* (d'étoile).
Stellionat, du L. *stellionatus* (m. s.).
Sténographe, du grec γράφω (j'écris) et στενός (etroit, d'où le sens d'abrégé) — D. *sténographie.*
Stentor, mot d'origine historique, allusion à *Stentor*, personnage de l'*Iliade* d'Homère, célèbre par la force et l'éclat de sa voix.
† **Steppe,** du russe *steppe*, (plaine vaste et stérile).
Stère, du grec στερεός (solide).
Stereometrie, du grec στερεός (solide) et μέτρον (mesure).
Stéréotomie, du grec στερεός (solide) et τομή (coupe).
Stéréotype, du grec στερεός (solide) et τύπος (type, empreinte). — D. *stéréotypie, stéréotyper, stéréotypage.*
Sterile, du L. *sterilis* (même sens).
Sterilite, du L. *sterilitatem* (m. s.).
Sternum, du L. *sternum* (m. s. grec στέρνον).
Sternutatoire, dérivé du L. *sternutare* (éternuer fréquemment).
Stethoscope, du grec στῆθος (poitrine) et σκοπεῖν (examiner).
Stibié, du L. *stibiatus* dérivé de *stibium* (antimoine).
Stigmate, du L. *stigmatis* (m. s.). — D. *stigmatiser.*
Stigmatiser, voyez au mot *stigmate.*

Stillation, du L. *stillationem* (action de tomber goutte à goutte).
Stimulant, du L. *stimulantem* (qui excite).
Stimuler, du L. *stimulare* (stimuler, exciter).
Stipe, du L. *stipes* (souche, arbre).
Stipendiaire, du L. *stipendiarius* (qui est à la solde de q. q.).
Stipendier, du L. *stipendiari* (servir, être à la solde).
Stipulation, du L. *stipulationem* (m. s.).
Stipule, du L. *stipula* (chaume, paille). — D. *stipulé* (botanique).
Stipuler, du L. *stipulari* (même sens).
Stoïcien, voy. *stoïque*.
Stoïcisme, voy. *stoïque*.
Stoïque, du L. *stoicus* (m. s.). — D. *stoïcisme, stoïcien*.
Stomacal, dérivé du L. *stomachus* (estomac).
Stomachique, dérivé du L. *stomachus* (estomac).
Storax, du L. *storax* (storax, résine odoriférante).
Store, du L. *storea* (natte de joncs).
Strabisme, du grec στραβισμός (action de loucher).
Strangulation, du L. *strangulationem* étranglement).
Stras, mot d'origine historique (voy. p. LXIV) ; du nom de *Strass* (qui inventa cette composition).
Stratagème, du L. *stratagema* (m. s.).
Stratégie, du L. *strategia* (m. s.). — D. *stratégiste, stratégique*.
Stratége, du L *strategus* (général d'armée, dans Plaute).
Stratifier, du L. *stratificare* *, dérive de *strata* (couche).—D. *stratifié, stratification*.
Stribord, voyez ci-dessous au mot *tribord*.
Strict, du L. *strictus* (serré).

Strié, du L. *striatus* (strié, cannele). Sur *atus* devenu *é*, voyez *ampoulé*.
Strie, du L. *stria* (stric, cannelure). — D. *striures*.
Strophe, du L. *stropha* (strophe)
Structure, du L. *structura* (structure).
† **Stuc,** venu de l'italien *stucco* (stuc).
Studieux, du L. *studiosus* (studieux) Sur *osus* devenu *eux*, voy. *amoureux*.
Stupefaction, du L. *stupefactionem* *. dérivé de *stupefactus* (voy. *stupéfait*).
Stupefait, du L. *stupefactus* (stupéfié), par le changement de *ct* en *it*, voy. *attrait*.
Stupéfiant, voy. *stupéfier*.
Stupefier, du L. *stupefieri* (être rempli d'admiration, dans Properce). — D. *stupéfiant*.
Stupeur, du L. *stupor* (stupeur).
Stupide, du L. *stupidus* (stupide, sot)
Stupidité, du L. *stupiditatem* (m s.).
Style, du L. *stylus* (style, poinçon pour écrire, et aussi style, manière d'écrire). — D. *styler*.
† **Stylet,** de l'italien *stiletto* (stylet).
Stylobate, du L. *stylobates* (m. s. dans Vitruve).
Su, substantif participial de *savoir*. Le participe *su*, anciennement *seu*, en provençal *sabut*, en italien *saputo*, vient du L. *saputus* (Pour les participes en *utus*, voy. au mot *boire*).
Saputus devenant *sabutus* (voy. *abeille*) perd le *b* médial *sa*(*b*)*utus* (voy. *aboyer*) ; par l'adoucissement de *a* en *e* (voy. *acheter*) et par la réduction de *utus* à *u* (voy. *aigu*), le mot latin donne l'ancien fran-

çais *seu* postérieurement contracté en *su* (voy. *jumeau*).

Suaire, en italien *sudario*, du L. *sudarium* (suaire) par la chute du *d* médial *su(d)arium* (voy. *accabler*).

Suave, du L. *suavis* (doux, agréable, bon).

Suavité, du L. *suavitatem* (douceur, charme).

Subalterne, du L. *subalternus* * (composé de *sub* sous, et de *alternus* dérivé de *alter* autre)

Subdiviser, du L *subdivisare* * (fréquentatif de *subdividere*; voy. *diviser*).

Subdivision, du L. *subdivisionem* (m. s. dans saint Jérôme).

Subir, du L *subire* (endurer, subir)

Subit, du L. *subitus* (subit).

Subito, du L. *subito* (soudainement).

Subjonctif, du L. *subjunctivus* (m. s.).

Subjuguer, du L. *subjugare* (m. s.)

Sublimation, voy. *sublimer*.

Sublime, du L. *sublimis* (élevé sublime).

Sublimer, du L. *sublimare* (élever au plus haut degré; d'où le sens de *sublimer* donné à ce mot par les alchimistes). — D. *sublimé* (substantif participial), *sublimation*.

Sublimité, du L. *sublimitatem* (sublimité).

Submerger, du L. *submergere* (m s).

Submersion, du L. *submersionem* (m. s).

Subordination, du L. *subordinationem* (soumission, sujétion dans Cassiodore). — D. *insubordination*.

Subordonner, composé de *sub* (sous) et de *ordonner* (voy. ce mot).

Subornation, du L. *subornationem* (m. s).

Suborner, du L. *subornare* (suborner, corrompre). — D. *suborneur*.

† **Subrécargue**, venu de l'espagnol *sobrecarga* (subrécargue), terme de marine).

Subreptice, du L. *subrepticius* (clandestin).

Subreption, du L. *subreptionem* (subreption).

Subrogation, du L. *subrogationem* (m. s.).

Subroger, du L. *subrogare* (m. s).

Subséquent, du L. *subsequentem* (qui suit immédiatement).

Subside, du L. *subsidium* (secours, ressource).

Subsidiaire, du L. *subsidiarius* (m. s.).

Subsistance, du L *subsistentia* (existence, vie, dans Cassiodiore).

Subsister, du L. *subsistere* (subsister, être valable, dans le code Théod.).

Substance, du L. *substantia* (m. s.). Sur *tia* devenu *ce*, voyez *agencer*.

Substantiel, du L. *substantialis* (m. s.).

Substantif, du L *substantivus* (m. s. dans Priscien)

Substituer, du L. *substituere* (substituer dans le Digeste).

Substitut, du L. *substitutus* (substitut)

Substitution, du L. *substitutionem* (substitution, dans le Digeste).

Substruction, du L. *substructionem* (m s.)

Subterfuge, du L. *subterfugium* *, dérivé du verbe *subterfugere* (s'esquiver).

Subtil, du L. *subtilis* (m. s.). — D. *subtiliser*.

Subtiliser, voy. *subtil*. — D. *subtilisation*.

Subtilite, du L. *subtilitatem* (subtilité).

Subvenir, du L. *subvenire* (secourir).

Subvention, du L. *subventionem* * (de *subvenire* secourir). — D. *subventionner*.

Subversif, du L. *subversivus* * dérivé de *subversus* (renversé, abattu).

Subversion, du L. *subversionem* (renversement).

Suc, du L. *succus* (suc, lait).

Succéder, du L. *succedere* (succéder).

Succès, du L. *successus* (succès, réussite).

Successeur, du L. *successor* (successeur).

Successible, du L. *successibilis* * dérivé de *successum* (de *succedere* succéder. — D *successibilité*.

Successif, du L. *successivus* (m. s.).

Succession, du L. *successionem* (m. s).

Succin, du L. *succinum* (ambre jaune).

Succinct, du L. *succinctus* (succint).

Succion, du L. *suctionem* * (action de sucer, dérivé de *suctus* participe de *sugere* sucer).

Succomber, du L. *succumbere* (m. s).

Succulent, du L. *succulentus* (plein de suc).

Succursale, du L. *succursalis* * (dérivé de *succursus* * secours, aide).

Sucer, en italien *succiare*, du L. *suctiare* * (sucer), fréquentatif formé à l'aide de *suctus* participe de *sugere* (sucer). Sur la formation des verbes fréquentatifs, voy. p. XXXII. *Suctiare* réduisant *ct* à *t* (voy. *afféter*) donne *sucer* par le changement de *tiare* en *cer* (voy. *agencer*). — D *sucement*, *suceur*, *suçoir*, *suçoter*.

Suçon, du L. *suctionem* * (action de sucer). Pour le changement de *ctionem* en *çon*, cp. *leçon* de *lectionem*.

Sucre, du L. *saccharum* (sucre) par la contraction régulière (voy. p. LXXXI) de *sacc(á)rum* en *sacc'rum* devenu *sucre* par le changement très-rare de *a* en *u* (voy. *chalumeau*).— D. *sucrer*.

Sucrer, voy. *sucre*. — D. *sucrerie*, *sucrier*, *sucrin*.

Sud, mot d'origine germanique (anglo-saxon *sudh*, sud).

Suer, du L. *sudare* (suer) par la chute régulière du *d* médial *su(d)are* (voy. *accabler*) — D. *suée* (subst. participial), *suette*.

Sueur, du L. *sudorem* (sueur) par la chute régulière du *d* médial *su(d)orem* (voy. *accabler*

Suffire, du L. *sufficere* (suffire) Pour le changement de *ficere* en *fire*, voy. *confire*. — D. *suffisant*, *suffisance*.

Suffisance, voy *suffire*.

Suffocation, du L. *suffocationem* (m. s.).

Suffoquer, du L. *suffocare* (m. s). — D. *suffocant*.

Suffragant, du L *suffragantem* (qui vote pour).

Suffrage, du L. *suffragium* (m s).

Suggérer, du L. *suggerere* (suggérer).

Suggestion, du L. *suggestionem* (instigation).

Suicide, mot forgé à l'aide du pronom latin *sui* (de soi-même) et de la finale *cide* (*homicide*, *fratricide*, *parricide*) qui correspond au latin *cidium* (*homicidium*, *parricidium*, etc.), et qui dérive de *cadere* (périr). — D. *suicider*.

Suie, origine inconnue.

Suif, du L. *sevum* (suif. dans Pline). Sur *v* devenu *f*, voy. *bœuf*. — E latin est ici devenu *ui*, comme dans *suivre* — D. *suiffer*, *suiver*.

Suint, voy. *suinter*.

Suinter, verbe qui dérive d'une forme originaire *suiter* d'origine germanique (anglais *sweat*, norois *sueitan*, suer, suinter). Pour l'intercalation de *n*, voy. *concombre*. — D. *suint* (subst. verbal), *suintement*.

Suite, voy *suivre*.

1. **Suivant,** voy. *suivre* —D. *suivante*

2. **Suivant** (prépos.), voy. *suivre*.

Suiver, voy. *suif*.

Suivre, voy. *poursuivre*. — D *suite* (subst. participial fort, voy. *absoute*); *suivant* (subs.); *suivant* (prépos.)

Sujet, du L. *subjectus* (sujet). — Sur *ct* devenu *t*, voy. *affêté*. Bj a perdu *b*, comme dans goujon (gobjonem*), changer (cambjare*), Dijon (Dibjonem *). longe (lumbja*), rage (rabjes*), rouge (rubjus *) Cette disparition du *b* a toujours lieu dans une consonne double, quand cette lettre occupe la première place : ainsi *bm, bt, bl, bs, bc, bv* se réduisent en français à *m, t, l, s, c, v* : soumis (submissum), soumettre (submittere), semondre (submonere), — doute (dub'tum), douter (dub'tare), prêtre (presb'ter)*, — soulager (subleviare), — otage (obsidaticum ; anc. *ostage*), — plonger* (plumb'care), — souvenir (subvenire). — D. *assujettir*.

Sujétion, du L. *subjectionem* (soumission). Pour le changement de lettres, voy. *sujet*.

Sulfate, voy. *sulfurique*.

Sulfite, voy. *sulfurique*.

Sulfure, du L. *sulfureus* (de soufre). — D. *sulfuré*.

Sulfureux, du L. *sulfurosus* (m. s. dans Vitruve).

Sulfurique, dérive du L. *sulfur* (soufre), dont on a également tiré les dérivés *sulfate, sulfite*, etc.

† **Sultan,** mot d'origine orientale (voy. p. LXI), du turc *sultan* (empereur).

Super.... préfixe qui est la préposition latine *super* (au-dessus de, sur) et qui marque excès, accroissement, ou position supérieure.

Superbe, du L. *superbus* (superbe).

† **Supercherie,** venu au seizième siècle de l'italien *soperchieria* (tromperie).

Superfétation, du L. *superfetationem** (subst. du verbe *superfetare* concevoir de nouveau).

Superficie, du L *superficies* (surface).

Superficiel, du L. *superficialis* (superficiel dans Tertullien).

Superfin, voy. *super....* et *fin*.

Superflu, du L. *superfluus* (superflu).

Superfluité, du L. *superfluitatem* (m. s.).

Supérieur, du L. *superior* (m. s.).

Supériorité, du L. *superioritatem** (m. s., dérivé de *superior* supérieur).

Superlatif, du L. *superlativus* (m. s.).

Superposer, voy. *super....* et *poser*.

Superposition, du L. *superpositionem** (m. s.).

Superstitieux, du L. *superstitiosus* (m. s.).

Superstition, du L. *superstitionem* (m. s.).

Supin, du L. *supinum* (m. s.).

Supplanter, du L. *supplantare* (m. s.).

Suppléer, du L. *supplere* (m. s.). — D. *suppléant*.
Supplément, du L. *supplementum* (m. s.).— D. *supplémentaire*.
Supplétif, du L. *suppletivus* (m. s.).
Supplication, du L. *supplicationem* (action de supplier).
Supplice, du L. *supplicium* (m. s.). — D. *supplicier*, *supplicié*.
Supplier, du L. *supplicare* (m. s). Pour le changement de ...*plicare* en ...*plier*, voy. *plier*. — D. *suppliant*.
† **Supplique**, venu de l'italien *supplica* (requête).
Support, voy. *supporter*.
Supporter, du L. *supportare* (m. s.). — D. *support* (subst. verbal), *supportable*, *insupportable*.
Supposer, du L. *suppausare** (de *sub* et de *pausare*, voy. *poser*). — D. *supposé*, *supposable*.
Supposition, du L. *suppositionem*, m. s.).
Suppôt, anciennement *suppost*, du L. *suppositus* (subordonné, qui obéit à q. q. un), d'où le sens du mot français (Un *suppôt* de Satan est proprement celui que Satan emploie, auquel Satan confie une mission).
Suppos(*i*)*tus*, perdant régulièrement l'*i* (voy. p. LXXXI), donne *suppostus* (forme qui est déjà dans Virgile), d'où l'ancien français *suppost*. Sur la chute postérieure de *s*, voy. *abime*.
Suppression, du L. *suppressionem* (m. s.).
Supprimer, du L. *supprimere* (m. s.).
Suppuratif, du L. *suppurativus** (m. s.)
Suppuration, du L. *suppurationem* (m. s).
Suppurer, du L. *suppurare* (m. s.).

Supputation, du L. *supputationem* (m. s.).
Supputer, du L. *supputare* (m s.).
Suprématie, voy. *suprême*.
Suprême, du L. *supremus* (m. s.). — D. *suprématie*.
1. **Sûr** (adj.), mot d'origine germanique (ancien haut allemand *sûr* acide, aigre, sûr). — D. *suret*, *surelle*.
2. **Sur** (préposition), du L. *super* (sur). *Súp*(*e*)*r*, régulièrement contracte en *sup'r* (voy. p. LXXXI), donne *sur* par la réduction de *pr* à *r* que l'on retrouve dans sourcil (sup'rcilium*), survenir (sup'rvenire*) survivre (sup'rvivere*) etc....
— Le latin employait dans la composition, *super* comme préfixe marquant l'addition, l'élévation : *supervenire*, *supervivere*, etc..., d'où *survenir*, *survivre*. Le français, à son tour, emploie le préfixe *sur* à des formations nouvelles (*surnager*, *surmonter*, *surcroît*, *suranné*, etc)...
Sûr, anciennement *seur*, à l'origine *seur*, en provençal *segur*, en espagnol *seguro*, du L. *securus* (sur) par la chute régulière du *c* (voy. *affouage*), et par la contraction postérieure de *eu* en *eu* (voy. p. XCI), puis de *eu* en *u* (voy. *jumeau*.
Surabondance, voy. *sur* 2 et *abondance*.
Surabonder, voy. *sur* 2 et *abonder* — D. *surabondant*.
Suraigu, voy. *sur* 2 et *aigu*.
Surajouter, voy *sur* 2 et *ajouter*.
Suranner, propr. avoir plus d'un an de date, composé de *sur* (voy. *sur* 2) et du verbe *anner* dérivé de *an* (voy. ce mot). — D. *suranné*.
Surbaissé, voyez *sur* 2 et *baisser*. — D. *surbaissement*.

Surcharge, voy. *surcharger.*
Surcharger, voy. *sur* 2 et *charger.* — D. *surcharge* (subst. verbal).
Surcroît, voy. *surcroître.*
Surcroître, voyez *sur* 2 et *croître.* — D. *surcroît* (subst. verbal).
Surdent, voy. *sur* 2 et *dent.*
Surdite, du L. *surditatem* (m. s.).
Surdorer, voy. *sur* 2 et *dorer.*
Sureau, anciennement *seureau,* à l'origine *seürel, seuerel**.
— Le latin *sabucus* (sureau) perdant le *b* médial (voy. *aboyer*) donna l'espagnol *sauco,* le provençal *sauc,* et aussi l'ancien français *seu* (sureau) par le changement de *ucus* en *u* (voy. *ami*) et l'adoucissement de *a* en *e* (voy. *acheter*).
— Vers la fin du moyen âge, on remplaça le simple *seü* par son diminutif *seuerel** composé du radical *seu* et du suffixe *erel* qui est le latin *arellus* (sur l'adoucissement de *a* en *e* voy. *acheter*). *El* devenant *eau* (voy. *agneau*), l'ancien français *seuerel**, contracté euphoniquement en *seurel,* puis en *seurel* (voy. p. xci), donna la vieille forme *seureau.*
On voit que *seuereau* a été formé de l'ancien français *seü,* comme *poëtereau* de *poète,* comme *mâtereau* de *mât.* Mais si le français n'a gardé que le dérivé, et a perdu le primitif *seü,* nos patois l'ont conservé ; en Picardie et en Bourgogne on dit encore un *seyu* pour un sureau ; en Languedoc, on dit *sahuc* (qui est exactement *sabucus*).
Pour le changement de *seureau* en *sureau,* voy. *jumeau.*
Surenchère, voy. *sur* 2 *enchère.*
Surenchérir, voy. *sur* 2 et *enchérir.*

Suret, voy. *sûr* 1.
Sûreté, anciennement *sureté,* en provençal *segurtat,* du L. *securitatem* (sûreté). Pour le changement de *secur...* en *sûr...* voy. *sûr.* Pour celui de *i* en *e,* voy. *admettre;* pour celui de *atem* en *é,* voy. *abbé.*
Surexcitation, voy. *sur* 2 et *excitation.*
Surface, du L. *superfacies* (pour *superficies* surface). Sur le changement de *super* en *sur,* voy. *sur* 2.
Surfaire, voy. *sur* 2 et *faire.*
Surfaix, voy. *sur* 2 et *faix.*
Surgeon, ce qui pousse, ce qui *surgit* du pied de l'arbre.
Surgir, du L *surgere* (surgir) : sur *e* devenu *i,* voy. *accomplir.*
Surhausser, voy. *sur* 2 et *hausser.* — D. *surhaussement.*
Surhumain, voy. *sur* 2 et *humain.*
Surintendance, voy. *sur* 2 et *intendance.*
Surintendant, voy. *sur* 2 et *intendant.*
Surjet, voy. *surjeter.*
Surgeter, voy. *sur* 2 et *jeter.* — D. *surget* (subst. verbal).
Surlendemain, voy. *sur* 2 et *lendemain.*
Surlonge, voy. *sur* 2 et *longe.*
Surmener voy. *sur* 2 et *mener.*
Surmonter, voy. *sur* et *monter.* — D *surmontable, insurmontable.*
Surmoût, voy. *sur* 2 et *moût.*
Surmulet, voy. *sur* 2 et *mulet*
Surnager, voy. *sur* 2 et *nager.*
Surnaturel, voy. *sur* 2 et *naturel.*
Surnom, voy. *sur* 2 et *nom.* — D. *surnommer.*

Surnommer, voy. *surnom*
Surnumeraire, composé de *sur* (voy. *sur* 2) et du L. *numerarius* (comptable). — D. *surnumerariat*.
Surpasser, voy. *sur* 2 et *passer*.
Surplis, ancien français *surpelis*, en provençal *sobrepelitz*, en espagnol *sobrepeliz* du L. *superpellicium*, surplis, dans les textes latins du moyen âge : « *Archiepiscopus sacerdotali* superpellicio *inductus*... » dit un chroniqueur du treizième siècle. *Superpellicium* composé de *pellicium* fourrure (dans le Digeste) et de *super* (sur, par-dessus), signifie proprement pelisse, vêtement que l'on met par-dessus. *Superpellicium* a donné l'ancien français *surpelis* par le changement · 1° de *super*... en *sur*... (voy. *sur* 2); 2° de *ci* en *s* (voy. *agencer*) Pour la contraction de l'ancien français *surpelis*, en *surplis*, voy. *accointer*.
Surplomber, être hors de l'aplomb, voy. *sur* 2 et *aplomb* — D. *surplomb* (subst. verbal).
Surplus, voy *sur* 2 et *plus*.
Surprendre, voy *sur* 2 et *prendre* (proprement prendre, au-delà de toute expression). — D *surpris, surprise, surprenant*
Surprise, voy. *surprendre*
Sursaut, voy. *sur* 2 et *saut*.
Surseoir, du L. *supersedere* (surseoir). Pour le changement de lettres, voy. *sur* 2 et *seoir* — D. *sursis* (subst participial . *surseoir* donne *sursis* comme *asseoir* donne *assis*).
Sursis, voy. *surseoir*.
Surtaxe, voy. *sur* 2 et *taxe*. — D. *surtaxer*.
1. **Surtout** (substantif), en espagnol *sobretodo*, du L. *supertotus** surtout (dans les textes du moyen âge), vêtement que l'on met par-dessus *tous* les autres) : « *Illas quidem vestes, quae vulgo* supertoti *vocantur.*.. » lit-on dans les *Statuta Ordinis S. Benedicti*, ann. 1226, cap. 16.
Pour le changement de *supertotus* en *surtout*, voy. *sur* 2 et *tout*.
2. **Surtout** (adverbe), voy. *sur* 2 et *tout*.
Surveillance, voy. *surveiller*.
Surveillant, voy. *surveiller*.
Surveille, voy. *sur* 2 et *veille*.
Surveiller, voy. *sur* 2 et *veiller*. — D. *surveillant, surveillance*.
Survenir, du L. *supervenire* (survenir) Pour le changement de *super* . en *sur* voy. *sur* 2
Survie. voy. *sur* et *vie*.
Survivance, voy. *survivre*.
Survivant, voy *survivre*.
Survivre, du L *supervivere* (survivre) par le changement . 1° de *super*.. en *sur*... (voy. *sur* 2), 2° de *vivere* en *vivre* (voy. *vivre*). — D. *survivant, survivance*.
Sus, du L *susum* (en haut, dans Tertullien et saint Augustin. — D. *dessus*, en *sus, susdit*.
Susceptible, du L *susceptibilis** (de *susceptus* part. de *suscipere* éprouver). — D. *susceptibilité* (L. *susceptibilitatem**)
Susciter, du L. *suscitare* (m s.).
Suscription, du L. *subscriptionem* (inscription)
Susdit, voy. *sus* et *dit*.
Suspect, du L. *suspectus* (m s.).
Suspecter, du L. *suspectare* (m. s.).
Suspendre, du L *suspendere* (m. s.). Pour la chute de l'avant-dernier *e* latin, voy. *pendre*. — D. *suspens* (L. *suspensus*, suspendu);

en *suspens* (in suspenso); *suspensoir* (L suspensorium*).
Suspension, du L. *suspensionem* (m s.).
Suspensoir, voy *suspens*.
Suspicion, du L. *suspicionem* (soupçon).
Sustenter, du L. *sustentare* (soutenir)
Suture, du L *sutura* (couture).
† **Svelte**, venu au seizième siècle de l'italien *svelto* (élancé, agile, svelte).
Sycomore, du L. *sycomorus* (m. s. dans saint Jérôme).
Sycophante, du L. *sycophanta* (m. s.).
Syllabaire, voy. *syllabe*.
Syllabe, du L. *syllaba* (m. s). — D. *syllabaire, syllabique*
Syllepse, du L. *syllepsis* (m. s. dans Donat).
Syllogisme, du L. *syllogismus* (m. s. dans Sénèque).
Syllogistique, du L. *syllogisticus* (m s dans Quintilien).
Symbole, du grec σύμβολον (signe, marque distinctive) — D. *symbolique, symboliser.*
Symétrie, du L. *symetria* (m s. dans Vitruve). — D. *symétrique, symétriser.*
Sympathie. du grec συμπάθεια (m. s.). — D *sympathique, sympathiseur.*
Sympathiser, voy. *sympathie*.
Symphonie, du L *symphonia* (m. s.). — D. *symphoniste*.

Symptôme, du grec σύμπτωμα (accident qui accompagne une maladie)
Synagogue, du L *synagoga* (m s. dans Tertullien).
Synallagmatique, du grec συναλλαγματικο, (qui concerne les contrats).
Synchronisme, du grec συγχρονισμος (coexistence).
Syncope, du grec συγχοπή (m. s).
Syndic. du L *syndicus* (délégué d'une ville) —D. *syndical, syndicat*
Synecdoche, du grec συνεκδοχή (m. s. proprement *compréhension*).
Synérèse, du grec συναίρεσις (contraction).
Synode, du grec σύνοδος (réunion. — D. *synodal.*
Synonyme, du grec συνώνυμος (m. s — D. *synonymie, synonymique.*
Synoptique, du grec συνοπτικο: (m. s.)
Syntaxe, du grec σύνταξις (m. s. proprement *disposition, arrangement*) — D *syntaxique.*
Synthèse, du grec σύνθεσις (m. s propr. *composition*).
Synthétique, du grec συνθετικό: (m. s.).
Système, du grec σύστημα (assemblage, réunion). — D *systématique.*
Syzygie, du grec συζυγία (conjonction)

T

Ta, du L. *tam* pour *tuam* par la réduction de *ua* à *a* (voy. au mot *sa* et p. xc). Pour la chute de *m*, voy. *jà*.

† **Tabac**, de l'espagnol *tabaco* (tabac). — D. *tabagie, tabatière* (pour *tabaquière* ; sur ce mot, voy. p. xci, note 1).

Tabellion, du L. *tabellionem* (notaire dans le Code Théodosien). — D. *tabellionnage*.

Tabernacle, du L. *tabernaculum* (m. s.). Sur la chute de *u*, voy. p. LXXXI.

Tabis, mot dont l'origine est inconnue.

Tablature. voy. *table*.

Table, du L. *tabula* (table). Pour la chute de l'*ă*, voy. p. LXXXI et au mot *able*. — D. *attabler ; entabler (entablement), tablier* (vêtement que l'on porte à table); *tablette*.

Tableau, du L. *tabulellum* * (diminutif de *tabula* tableau). Par la chute régulière de *ŭ* (voy. *accointer*), *tab(ŭ)lellum* réduit à *tab'lellum* donne *tablel* puis *tableau* par le changement de *el* en *eau* (voy. *agneau*).

Tabletier, voy. *tablette*.

Tablette, voy. *table*. — D. *tabletier, tabletterie*.

Tablier, voy. *table*.

Tabouret, voy. *tambour*.

Tache, origine inconnue. — D. *tacher*.

Tâche, anciennement *tasche* (ouvrage imposé), en provençal *tasca*, du L. du moyen âge *tasca* (impôt foncier).

Tasca est la transposition de *tacsa* (taxa) substantif verbal de *taxare* (taxer, imposer). Pour la transposition de *taxa* (tacsa) en *tasca*, voy. *lâche*; pour le changement 1° de *tasca* en *tasche*, voy. *acharner* et *acheter;* 2° de *tasche* en *tâche*, voy. *abîme*. — D. *tâcher* (prendre à tâche).

Tacher, voy. *tache*. — D. *tacheter, entacher*.

Tâcher, voy. *tâche*.

Tachygraphe, du grec ταχυγράφος (qui écrit vite).— D. *tachygraphie*.

Tacite, du L. *tacitus* (m. s.).

Taciturne, du L. *taciturnus* (m. s.). — D. *taciturnité*.

Tact, du L. *tactus* (action de toucher).

Tactile, du L. *tactilis* (m. s.).

Tactique, du grec τακτική (τέχνη); art de ranger des troupes en bataille). — D. *tacticien*.

† **Taffetas**, mot d'origine orientale, comme celui de plusieurs autres étoffes (mousseline, gaze, etc..., voy. p. LXI); *taffetas* vient du persan *tafteh* (m. s.).

Taie, anciennement *toie*, enveloppe d'oreiller, du L. *theca* (gaîne, enveloppe) par la chute du *c* (voy. *amie*) et par le changement de *e* en *oi* puis en *ai* (voy. *accroire*); *theca* a donné *toie* puis *taie*, — comme *creta* a donné *croie* puis *craie*.

Du sens d'enveloppe, *taie* est passé à celui de pellicule qui recouvre en partie l'œil, qui l'enveloppe.

† **Taillade**, venu au seizième

siècle de l'italien *tagliata* (taillade, coupure). — D. *taillader*.

Taillandier, voy. *tailler*. — D. *taillanderie*.

Taille, voy. *tailler*.

Tailler, en italien *tagliare*, du L. *taleare* * (couper; le composé *intertaleare* est dans Nonius Marcellus avec le sens de : couper un surgeon). *Taleare* devient régulièrement (voy. *abréger*) *taliare* qui est dans les plus anciens textes latins du moyen âge : « *Si quis nemus alicujus sine licentia comburat vel taliet....* » dit une loi anglo-saxonne.

Pour le changement de *taliare* en *tailler* voy. au mot *ail*. — D. *taille* (subst. verbal); *tailleur*, *taillis*; *tailloir; taillant* (tranchant d'épée, et aussi instrument tranchant, d'où *taillandier*); *détailler, entailler*.

Tailleur, voy. *tailler*.

Taillis, voy. *tailler*.

Tailloir, voy. *tailler*.

Tain (amalgame d'étain et de mercure), corruption du mot *étain* (voy ce mot).

Taire, du L. *tacere* (taire). Accentué en *tăcĕre* par le latin vulgaire (voy. *accourir*), ce mot se contracta régulièremen (voy. p. LXXXI) en *tac're* d'où *taire* par le changement de *cr* en *ir* (voy. *bénir*). *Taire* vient de *tacere*, comme *traire* de *tracere*, comme *plaire* de *placere*.

Taisson, en italien *tasso*, en provençal *tais*. *Taisson* est le dérivé de l'ancien français *tais** (taisson). *Tais* représente le L. du moyen âge *taxus* (taisson) qui vient de l'ancien haut allemand *thats** (taisson) Pour le changement de *taxus* en *tais*, voy. aux mots *ajouter* et *aigle*.— D. Le trou du *taisson* s'appelait *taissonière*, ou par adoucissement *taissenière*, *taiss'nière*, d'où la forme *taisnière* qui du sens spécial de trou du taisson, prit le sens général de toute espèce de repaire de bête sauvage; cette forme *taisnière* est devenue *tanière* dans le français moderne; sur la chute de *s*, voy. *abîme*; sur l'extension de sens, voy. p. XXII.

† **Talc**, mot d'origine orientale (voy. p. LX); du persan *talcq* (m. s.).

1. **Talent** (poids), du L. *talentum* (m. s.).

2. **Talent**, du L. *talentum* (proprement trésor, richesse, puis, don de la nature, génie.)

Talion, du L *talionem* (m.s.).

† **Talisman**, venu de l'italien *talismano* (m. s.).

Talle, du L. *thallus* (tige d'une plante). — D. *taller*.

Taloche, mot dont l'origine est inconnue.

Talon, venu du L. *talus* (talon dans Celse) par un dérivé *talonem** qui existe au septième siècle dans les Gloses de Cassel : *talonem* a été formé de *talum*, comme *mentonem** (voy. *menton*) de *mentum*. — D. *talonner*.

Talus, proprement le pied du rempart, puis pente que l'on donne au rempart d'une ville, du L. *talus* (pied). — D. *taluter*.

† **Tamarin**, venu de l'italien *tamarindo* (m s.).— D. *tamariner*.

Tamaris, du L. *tamarix* (tamaris).

† **Tambour**, mot d'origine orientale, introduit vers le douzième siècle, et qui vient du persan *tambûr* (instrument de musique). L'ancien français avait une forme non nasalisée *tabour*, qui a disparu, en nous laissant son dérivé *tabouret* (proprement petit siège en forme de tambour). — D. *tambourin, tambouriner*.

Tamis, mot d'origine germanique; dérivé du néerlandais *tems* (tamis). — D. *tamiser*.

Tampon, voy. *taper*. — D. *tamponner*.

Tan, origine inconnue. — D *tanner, tanneur, tannerie, tanin*.

Tancer, anciennement *tencer*, du L. *tentiare* * (que l'on retrouve dans le latin du moyen âge *contentiare* disputer, fréquentatif de *contendere* disputer).
Sur le changement de *tentiare* en *tencer*, voy. *agencer*; sur celui de *tencer* en *tancer*, voy. *dimanche*.

Tanche, anciennement *tenche*, du L. *tinca* (tenche). Sur le changement de *ca* en *che*, voy. *acharner* et *acheter*; sur celui de *tin* en *ten* puis en *tan*, voy. p. LXXXV.

Tandis que, composé de *tandis* et de *que*. *Tandis* est formé de *tan* (du L. *tam*; pour le changement de *m* en *n*, voy. *changer*), et de *dis* (voy. *jadis*).

Tangage, voy. *tanguer*.

Tangence, du L. *tengentia** (dérivé de *tangentem* : voy. *tangente*).

Tangente, du L. *tangentem* (qui touche).

Tangible, du L. *tangibilis* (m. s.).

Tanguer, origine inconnue. — D. *tangage*.

Tanière, voy. *taisson*.

Tanin, voy. *tan*.

Tanner, voy. *tan*. — D. *tannage, tanneur, tannerie*.

Tant, du L. *tantum* (m s.).— D. *tantet, tantième, tantôt*.

Tante, anciennement *ante*, en provençal *amda*, en lombard *amida*, du L. *amita* (tante). Am[i]ta perdant régulièrement *i* (voy. p. LXXXI) se contracte en *am'ta* d'où l'ancien français *ante* par le changement de *m* en *n* (voy. *changer*).

Ante a le sens de tante dans notre ancienne langue et ce n'est guère qu'à la fin du treizième siècle que le mot *tante* apparaît d'une manière, fréquente, sans qu'on puisse, jusqu'à présent, rendre compte de cette bizarre formation.

Tantôt, c'est-à-dire *tellement tôt, si tôt, tant tôt* : composé de *tant* et de *tôt* (voy. ces mots).

Taon, du L. *tabanus* (taon), par la chute du *b* médial *ta*(b)*anus* (voy. *aboyer*), et par le changement de *a* en *o* que l'on retrouve dans : fantôme (phantasma), fiole (phiala), noël (natalis), orteil (articlus*), poêle (patella), fouet (fagus).

Tapage, dérivé de *taper*, comme *assemblage* d'*assembler*.— D. *tapageur*.

Tape, voy. *taper*.

Taper, origine inconnue. — D. *tape* (subst. verbal), *tapage*.

Tapinois (en), voy. *tapir*.

† **Tapioca**, mot d'origine américaine (voy. p. LXII).

Tapir (se) origine inconnue. —D. *tapiner*, en *tapinois*.

Tapis, du L. *tapete* (tapis). Pour le changement de *e* en *i*, voy. *accomplir*. — D. *tapisser, tapisserie*.

Tapon, proprement bouchon, puis toute chose bouchonnée et mise en tas. *Tapon* est le diminutif de l'ancien français *tape* (bouchon) qui est d'origine germanique (anglo-saxon *tape* bouchon). Une forme nasalisée de *tapon* est *tampon*. — Sur l'addition de *m*, voy. au mot *lambruche*. — D. *taponner*.

Tapoter, fréquentatif de *taper*, comme *clignoter* de *cligner*, *picoter* de *piquer*, *crachoter* de *cracher*, *trembloter* de *trembler*, etc....

† **Taquin**, mot venu au seizième siècle de l'espagnol *tacaño*

(taquin). — D. *taquiner, taquinerie*.

Tarabuster, origine inconnue.

Taraud, dérivé d'un verbe hypothétique *tarer** qui correspond à un verbe latin *tarare**, que l'on retrouve dans le dérivé *taratrum* (voy. *tarière*) — D. *tarauder*

Tard, du L *tardus* (m. s) — D *tarder* (*attarder, retarder*). *tardif* (*tardivement*).

† **Tare**, venu au seizième siècle de l'italien *tara* (tare, dechet) — D. *tarer*

† **Tarentelle**, venu de l'italien *tarentella* (m. s.).

† **Tarentule**, anciennement *tarentole* dans Ménage, venu de l'italien *tarentola* (m. s.).

Targe (bouclier), mot d'origine germanique (ancien scandinave *targa* bouclier). — D. *target, targette* (petite plaque, ayant la forme d'une petite *targe*, d'un petit bouclier) ; se *targuer* (se couvrir, de quelque chose comme d'une *targe*, d'un bouclier).

Tarière, en provençal *taraire*, du L. *taratrum* (tariere, dans Isidore de Séville, un texte du moyen âge dit . « *Terebrum, instrumentum perforandi quod dicitur aliter taratrum*.... » Pour le changement : 1° de *a* en *ie*, voy *dnier* ; 2° de *tr* en *r*, voy. *arrière*

† **Tarif**, venu de l'italien *tariffa* (tarif) — D *tarifer*.

Tarir, mot d'origine germanique (ancien haut allemand *tharrjan* mettre à sec).— D. *tarissable, tarissement, intarissable*

† **Tarot**, venu au seizième siècle de l'italien *tarocco* (tarot) — D. *taroté*.

Taroupe, origine inconnue

Tarse, du grec ταρσός (plante du pied).

† **Tartan**, venu de l'écossais *tartan* (vêtement des Écossais).

† **Tartane**, venu de l'italien *tartana* (m. s.).

Tarte, origine inconnue. — D *tartine, tartelette*

Tartre, derive du latin des alchimistes, *tartarum* mot dont l'origine est inconnue. — D. *tartrate, tartrique*.

Tartufe, mot d'origine historique (vcy p LXIV), allusion au principal personnage de la comédie de Molière intitulee *Tartufe*. — D. *tartuferie*.

Tas, mot d'origine germanique (neerlandais *tas* proprement tas de ble, puis tas en general). — D. *tasser* (*entasser*), *tassement*.

† **Tasse**, venu de l'italien *tazza* (tasse).

Tasseau, anciennement *tassel*. du L *taxellus* (forme secondaire de *taxillus* tasseau)

Pour le changement de *x* en *ss*, voy. *aisselle*, pour celui de *ellus* en *el* puis en *eau*, voy. *agneau*.

Tassement, voy. *tas*

Tasser, voy. *tas*.

Tâter, ancien français *taster*, en italien *tastare*, du L *taxitare** (frequentatif de *taxare* toucher à plusieurs reprises. tâter).

Tax(i)tare, régulièrement contracté (voy *accointer*) en *tax'tare*, donne *taster* par le changement de *x* en *s* (voy *ajouter*), *tâter* par la chute de *s* (voy *abime*). — D *tâtonner* (a tâtons), *tatillon* (tatillonner)

Tâtonner, voy. tâter. — D. *tâtonnement*

† **Tatouer**, venu de l'anglais *tattoo* (tatouer). — D. *tatouage*.

Taudis, derive de l'ancien verbe français *taudir* (couvrir). Taudir derivé de l'ancien français *taude* (toile) *Taude* qui a dû être originairement *tolde* est un mot d'origine germanique (flamand *telde* tente, pavillon). Pour le changement de *al* en *au*, voy. *agneau.*

Taupe, du L. *talpa* (taupe) par le changement de *al* en *au* (voy. *agneau*). — D. *taupier, taupière, taupin, taupinière.*

Taupinière, voy. *taupe.*

Taureau, du L. *taurellus* * diminutif de *taurus* (taureau). Pour le changement de *el* en *eau*, voy. *agneau.*

Tautologie, du grec ταυτολογία (repetition d'une même idée en différents termes).

Taux, subst. verbal du vieux verbe *tauxer* (évaluer dans Palsgrave) qui est le L. *taxare* (m. s.).

Taveler, tacheter, comme les couleurs d'un échiquier ; *taveler* derive de l'ancien français *tavelle,* qui represente à son tour le L. *tabella**(forme secondaire de *tabula,* échiquier). Pour le changement de *b* en *v*, voy. *avant.* — D. *tavelure* venu au seizième siècle.

Taverne, du L. *taberna* (cabaret) par le changement de *b* en *v* (voy. *avant*). — D. *tavernier.*

Taxer, du L. *taxare* (taxer dans Suétone) — D. *taxe* (subst. verbal), *taxateur, taxation.*

Te, du L. *te* (toi).

Technique, du grec τεχνικός (de τέχνη art).

Technologie, du grec λογία (traité) et τέχνη (art).

Te Deum : début du cantique: « *Te Deum laudamus* » (Seigneur. nous te louons....).

Tégument, du L. *tegumentum* (m s.).

Teigne, du L. *tinea* (teigne) par le changement 1° de *i* en *ei* (voy. *ceinture*) ; 2° de *nea* en *gne* (voy. *cigogne*) — D. *teigneux, teignasse.*

Teille, autre forme de *tille ;*

pour le changement de *i* en *ei*, voy. *ceinture.* — D. *teiller.*

Teindre, du L. *tingere* (teindre). Pour le changement de..... *ingere* en ....*eindre*, voy. *ceindre.* — D. *teint* (subst. participial : *teint* représente le L. *tinctus* ; pour le changement de ....*inct* en ....*eint*, voy. *ceinture*). Le participe féminin a aussi donné le substantif participial *teinte.*)

Teint, voy. *teindre.*

Teinte, voy. *teindre.* — D. *teinter.*

Teinture, du L. *tinctura* (teinture). Pour le changement de ....*inctura* en ....*einture*, voy. *ceinture.* — D. *teinturier, teinturerie.*

Tel, du L. *talis* (tel).... Pour le changement de *alis* en *el*, voy. *annuel.* — D. *tellement.*

Télégraphe, mot forgé à l'aide des deux mots grecs, γραφος (qui écrit) et τῆλε (loin). — D. *télégraphie, télégraphique.*

Télescope, du grec τηλεσκόπος (qui observe de loin).

Téméraire, du L. *temerarius* (m. s.).

Témérité, du L, *temeritatem* (m. s.).

Témoigner, voy. *témoin.* — D. *témoignage.*

Témoin, du L. *testimonium,* témoignage, dans le latin classique, *témoin* dans le latin carlovingien : « *De mancipiis quae venduntur, ut in praesentia episcopi vel comitis sit, aut ante bene nota testimonia....* » dit un Capitulaire de 779.

Test(i)monium , régulièrement contracté (voy. *accointer*) en *tes-t'monium*, puis en *tes'monium* par la réduction de *tm* à *m* (voy. *plane*) donne *témoin* par la chute de l'*s* (voy. *abîme*) et par le changement de *o* en *oi* (voy. *chanoine*).

— D. *témoigner*, dérivé de *témoin* comme *soigner* de *soin*, comme *éloigner* de *loin*, etc....

Tempe, anciennement *temple*, du L. *tempora* (tempe). *Temp(ŏ)ra*, régulièrement contracté (voy. p. LXXXI) en *temp'ra*, donne l'ancien français *temple* par le changement de *r* en *l* (voy. *autel*). *Temple* s'est réduit à *tempe* dans le français moderne, comme l'ancien français *angle* de *ang'lus* (angelus) s'est réduit à *ange*.

Temperament, du L. *temperamentum* (m. s.).

Tempérant, voy. *tempérer*. — D. *tempérance*.

Temperature, du L. *temperatura* (m. s. dans Varron).

Tempérer, du L. *temperare* (m. s.). — D. *tempéré*.

Tempête, du L. *tempestatem* (m. s.). Sur la chute de *s*, voy. *abîme*. — D *tempêter, tempêteux*.

Temple, du L. *templum* (m. s.). — D. *templier*.

Temporaire, du L. *temporarius* (m. s.).

Temporal, du L. *temporalis* (m. s.).

Temporel, du L. *temporalis* (périssable, qui ne dure qu'un temps, puis séculier).
Pour le changement de *alis* en *el*, voy. *annuel*.

Temporiser, dérivé de *tempus*, *temporis* (temps), proprement gagner du temps. — D. *temporisation, temporisateur*.

Temps, du L. *tempus* (temps). Sur la chute de *u*, voy. p LXXXI. Sur la persistance de *s*, voy ma *Grammaire historique de la langue française*, p. 162.

Tenable, voy. *tenir*.

Tenace, du L. *tenacem* (m.s.).

Ténacité, du L. *tenacitatem* (m. s.).

Tenaille, du L. *tenacula* (instrument pour tenir ; la forme classique est *tenaculum*). Pour le changement de *acula* en *aille*, voy. *abeille*. — D. *tenailler*.

Tenancier, voy. *tenant*.

Tenant, voy. *tenir*. — D. *tenance* d'où *tenancier*.

Tendance, voyez ci-dessous au mot *tendre*.

† **Tender**, de l'anglais *tender* (m. s.).

Tendon, voy. *tendre*.

1. **Tendre** (adjectif), du L. *tenerum* (tendre) par la contraction régulière (voy. p. LXXXI) de *ten(ĕ)rum* en *ten'rum*, d'où *tendre* par le changement de *nr* en *ndr* (voy. *absoudre*). — D. *tendresse, tendreté, tendron, attendrir*.

2. **Tendre** (verbe), du L. *tendere* (tendre), par la contraction régulière (voy. p. LXXXI) de *tend(ĕ)re* en *tendre*. — D. *tendant* d'où *tendance ; tendon* (une métaphore analogue se retrouve dans l'allemand *Tehne* tendon, qui dérive du verbe *tehnen* tendre vers).

Ténèbres, du L. *tenebrae* (m. s.).

Ténébreux, du L. *tenebrosus* (m. s.) Sur *osus* devenu *eux*, voy. *amoureux*.

Teneur, du L. *tenorem* (m. s. dans le Digeste). Sur *o* devenu *eu*, voy. *accueillir*.

Ténia, du grec ταινία (ténia, proprement *bandelette*).

Tenir, du L. *tenere* (tenir) qui est déjà *tenire* dans un texte du quatrième siècle : sur ce changement de *e* en *i*, voy. *accomplir*. — D. *tenable, tenant, tenue* (subst. participial), *tenon*.

† **Ténor**, venu de l'italien *tenore* (m. s.).

Tension, du L. *tensionem* (m s.).

Tentacule, du L. *tentacula* (dérive de *tentare* toucher).

Tentation, du L. *tentationem* (m. s.).

Tentative, du L. *tentativa* * (dérivé de *tentatus*, ce que l'on a essayé).

Tente, du L. du moyen âge *tenta* (tente; proprement toile tendue; c'est un substantif participial tiré de *tentus* tendu).

Tenter, du L. *tentare* (m. s.). — D. *tentateur* (L. *tentator*).

Tenture, du L. *tentura* * (dérivé de *tentus* tendu).

Tenu, du L. *tenuis* (m. s.).

Tenue, voy. *tenir*.

Ténuité, du L. *tenuitatem* (m. s.).

Tercer, du L. *tertiare* (tercer dans Columelle) par le changement de ....*tiare* en ....*cer* (voy. *agencer*.

Tercet, couplet de trois vers : dérivé du L. *tertius* (troisième) avec le suffixe diminutif *et* (voy. *ablette*). Pour le changement de *tiu* en *ce*, voy. *agencer*.

Térébenthine, dérivé de *térébinthe* qui est le L. *terebinthus* (m. s.)

Tergiverser, du L. *tergiversare* (m. s.). — D. *tergiversation, tergiversateur*.

Terme, du L. *terminus* (terme, fin) par la contraction régulière (voy. p. LXXXI) de *term(i)nus* en *term'nus*, d'où *terme* par la réduction de *mn* à *m* (voy. *allumer*. — D. *atermoyer*.

Terminaison, du L. *terminationem* (m. s.) par le changement de ....*ationem* en .. *aison* (voy. *fenaison*).

Terminer, du L. *terminare* (m. s.). — D. *terminable, interminable*.

Ternaire, du L. *ternarius* (m. s.).

1. **Terne,** du L. *ternus* (triple).
2. **Terne** (adject.), mot d'origine germanique (ancien haut allemand *tarni*, voilé, puis terne). — D. *ternir, ternissure*.

Terrain, en italien *terreno*, du L. *terrenum* (terrain dans Columelle). Pour le changement de *e* en *ei*, puis en *ai*, voy. *frein* et *accroire*.

Terraqué, composé de *terra* (terre) et de *aqua* (eau).

† **Terrasse,** venu de l'italien *terracia* (terrasse). — D. *terrassement, terrassier, terrasser*.

Terrasser, voy. *terrasse*.

Terre, du L. *terra* (terre). — D. *terre-plein; terreau; terrer* (enterrer, déterrer); *terrien; terrine; terrir* (atterrir); *terrier*.

Terrestre, du L. *terrestris* (m. s.).

Terreur, du L. *terrorem* (m.s.).

Terreux, du L. *terrosus* (m. s.). Sur *osus* devenu *eux*, voy. *amoureux*.

Terrible, du L. *terribilis* (m. s.).

Terrien, voy. *terre*.

Terrier, voy. *terre*.

Terrine, voy. *terre*.

Terrir, voy. *terre*.

Territoire, du L. *territorium* (m. s.).

Territorial, du L. *territorialis* (m. s.).

Terroir, du L. *territorium* territoire (considéré par rapport à l'agriculture).

Terri(t)orium, perdant le *t* médial (voy. *abbaye*), se contracte en une forme *terréoir* * qui n'a point persisté, et qui s'est réduite à *terroir*.

Tertre, origine inconnue.

Tes, du L. *tuos* (tes) par la réduction de *tuos* à *tos* (voy. p. XC et au mot *ses*) et par le changement de *mos* en *mes* (pour *o* devenu *e*, voy. *je*).

Tesson, du L. *testonem* * (diminutif de *testum* argile, puis vase d'argile). Pour le changement de *st* en *ss*, voy. *angoisse*.

Test, du L. *testu* (couvercle). — D. *testacé* (L. testaceus).

Testament, du L. *testamentum* (m. s.). — D. *testamentaire*).

Testateur, du L. *testator* (m. s.).

Tester, du L. *testare* (m. s.).

Testimonial, du L. *testimonialis* (m. s.).

Teston, voy. *tête*.

Têt, anciennement *test*, du L. *testum* (argile, puis fragment de poterie). Sur la chute de *s*, voy. *abîme*.

Tetanos, du grec τέτανος (m. s.).

Têtard, voy. *tête*.

Tête, anciennement *teste*, du L. *testa* (crâne, dans ces vers d'Ausone : « *Abjecta in triviis inhumati glabra jacebat Testa hominis, nudum jam cute calvitium...* » Voy. aussi p. XXIV.

Pour la chute postérieure de *s*, voy. *abîme*. L'ancienne forme *teste* a persisté dans le dérivé *teston* (monnaie qui représentait la *teste* du rei). — D. *têtu, têtard, entêté, têtière*.

Teter, voy. *tette*.

Tetin, voy. *tette*.

Tetine, voy. *tette*.

Teton. voy. *tette*.

Tetracorde, du grec τετράχορδος (m. s.).

Tétraèdre du grec τέτταρες (quatre) et ἕδρα (base).

Tétragone, du grec τετράγωνος (quadrangulaire).

Tetrarchie, du grec τετραρχία (m. s.).

Tette, mot d'origine germanique (anglo saxon *tite* mammelle). — D *teter, tetin, tetine, teton*.

Texte, du L. *textus* (m s.). — D. *textuel*.

Textile, du L. *textilis* (m. s.).

Texture, du L. *textura* (m. s.).

Thaumaturge, du grec θαυματουργο, (qui fait des miracles).

† **The**, mot d'origine chinoise (chinois *té* thé) — D. *théiere*.

Théâtre, du L. *theatrum* (m. s.). — D. *théâtral*.

Theisme, dérivé du grec θεός (Dieu).

Thème, du grec θέμα (sujet, matière, proposition).

Theocratie, du grec θεοκρατία (proprement gouvernement de Dieu).

Theodicée, mot forgé par Leibnitz, a l'aide des deux mots grecs : θεός (Dieu) et δίκη (justice).

Theogonie, du grec θεογονία (génération des Dieux).

Theologie, du grec θεολογία (science de Dieu). — D. *theologique, theologie, theologal*.

Theoreme, du grec θεώρημα (m. s.).

Theorie, du grec θεωρία (spéculation).

Theorique, du grec θεωρικός (m. s.) — D. *théoricien*.

Therapeutique, du grec θεραπευτικός (qui a rapport à la guérison des maladies).

Theriaque, du L. *theriaca* (m. s.).

Thermes, du L. *thermae* (bains). — D. *thermal, thermidor*.

Thermomètre, du grec θερμός (chaud) et μέτρον (mesure).

Thesauriser, du L. *thesaurizare* (m. s.).

These, du L. *thesis* (thèse dans Cicéron).

Thon, du L. *thunnus* (thon) par le changement de *u* en *o* (voy. *annoncer*).

Thorax, du grec θώραξ (m. s.). — D. *thoracique*.

Thuriferaire, dérivé du L. *thurifer* (porteur d'encens).

Thym, mot venu du L. *thymum* (thym).

Thyrse, du L. *thyrsus* (m. s.).

Tiare, du L. *tiara* (coiffure des Perses).

Tibia, du L. *tibia* (tibia).

Tic, onomatopée (voy. p. LXV).

Tiède, du L. *tepidus* (tiède) par la contraction régulière (voy. p. LXXXI) de *tep(i)dus* en *tep'dus* d'où *tiède* par la réduction de *pd* à *d* (voy. *hideux*) et par le changement de *e* en *ie* (voy. *arrière*). — D. *tiédeur, tiédir, attiedir*.

Tien, anciennement *ten*, forme adoucie de *ton* (voy. *ton*) Sur l'adoucissement de *ton* en *ten*, voy. *je*; sur la diphthongaison de *ten* en *tien*, voy. *arrière*. On trouve *le ton* pour *le tien* dans plusieurs textes du onzième siècle; ce qui confirme l'origine indiquée. Pour l'étymologie, voy. *ton*.

Tierce, du L. *tertia* (troisième). Pour le changement ; 1° de *e* en *ie*, voy. *arrière*; 2° de *tia* en *ce*, voy. *agencer*.

Tiercelet, diminutif de l'ancien français *tierçol* (autour mâle). *Tierçol* est le L. *tertiolus** (autour) dans les textes latins du moyen âge : « Tertiolis *et minoribus inter falcones dari debet pro pastu sufficienti minor quantitas carnium*.... » dit l'*Ars venandi* de Frédéric II. (*Tertiolus* dérive de *tertius* troisième, l'autour mâle étant d'un tiers plus petit que la femelle)

Tertiolus a donné *tierçol* par le changement : 1° de *e* en *ie* (voy. *arrière*); 2° de *ti* en *c* (voy. *agencer*).

Tiercer, du L. *tertiare* (tiercer). Pour le changement : 1° de *e* en *ie*, voy. *arrière*; 2° de *tiare* en *cer*, voy. *agencer*. — D. *tiercement*.

Tiers, du L. *tertius* (troisième) par le changement : 1° de *e* en *ie* (voy. *arrière*); 2° de *ti* en *s* (voy. *agencer*). — D. *tiers état, tiers parti, tiers-point*.

Tige, du L. *tibia* (tuyau, puis tige). *Tibia* a donné *tige* par le changement de *bia* en *bja*, puis *je*. changement etudié au mot *abréger*.

Tigre, du L. *tigris* (tigre). — D. *tigré*.

Tigre, voy. *tigre*.

† **Tilbury**, mot venu de l'anglais *tilbury* (m. s.).

Tillac, mot d'origine germanique comme la plupart des termes de marine (ancien scandinave *thilia* parquet, d'où le sens postérieur de pont d'un navire).

Tille, du L. *tilia* (tilleul, et écorce de tilleul). Pour le changement de *li* en *ill*, voy. *ail*.

Tilleul, du L. *tiliolus** (dérivé de *tilia* tilleul) par le changement : 1° de *li* en *il* (voy. *ail*); 2° de *olus* en *eul* (voy *aieul*).

† **Timbale**, venu au seizième siècle de l'italien *timballo* (timbale). — D. *timbalier*.

Timbre (cloche), du L. *tympanum* (tambour) par la contraction régulière (voy. p. LXXXI) de *tymp(á)num* en *tymp'num*, d'où *timbre* par le changement : 1° de *n* en *r* (voy. *diacre*); 2° de *p* en *b* (voy. *abeille*). — D. *timbrer*.

Timide, du L. *timidus* (m. s.). — D *intimider*

Timidité, du L. *timiditatem* (m. s.).

Timon, du L. *temonem* (timon) par le changement de *e* en *i* (voy. *accomplir*. — D. *timonier*.

Timonier, voy. *timon*.

Timoré, du L. *timoratus* (timoré, dans la Vulgate) Sur *atus* devenu *é*, voy *ampoulé*.

Tinctorial, dérive du L. *tinctorius* (tinctorial).

Tine, du L. *tina* (vase). — D. *tinette*

Tintamarre, origine inconnue.

Tinter, du L. *tinnitare* (fréquentatif de *tinnire* tinter). Pour la contraction régulière de *tinn(i)tare* en *tin'tare*, voy. *accointer*. — D. *tintement*, *tintouin*.

Tique, mot d'origine germanique (anglais *tike*, insecte).

Tir, voy. *tirer*.

Tirailler, voy. *tirer*. — D. *tirailleur*.

Tirer, mot d'origine germanique (néerlandais *teren*, tirailler). — D. *tir* (subst. verbal masc.); *tire* (subst. verbal féminin : à tire d'aile, à tire larigot), *tiré*; *tirade*; *tireur*; *tirage*; *tiret*; *tiroir*; — *attirer*, *détirer*, *étirer*, *retirer*, *soutirer*, — *tirailler*.

Tisane, du L. *ptisana* (tisane d'orge). Pour la réduction de *pt* à *t*, voy. p. CII.

Tison, du L. *titionem* (tison) par le changement de *ti* en *s* (voy. *agencer*. — D. *tisonner*.

Tisser, du L. *texere* (tisser). Pour le changement : 1° de *e* en *i*; voy. *accomplir*; 2° de *x* en *ss*, voy. *aisselle*. — D. *tissage*.

Tisserand, anciennement *tisseranc*, à l'origine *tisserenc*. Cette forme *tisserenc* est composée de l'ancien français *tissier* (tisserand) et du suffixe *enc* qui est d'origine germanique (*inc*). De même que *tisserand* est pour *tisserenc*, *Flamand* est pour *Flamenc*, et *chambellan* était à l'origine, *chamberlen*, *chamberlenc*.

Tissier, représente en L. *texarius* (dérivé de *texere*, tisser).

Tissu, voy. *tistre*. — D. *tissure*.

Tistre, du L. *texere* (tisser) par la contraction régulière (voy. p. LXXXI) de *tex(e)re* en *tex're*.

Tex're changeant *x* en *s* (voy. *ajouter*) donne *tes're* d'ou *tistre* par le changement de *e* en *i* (voy. *accomplir*) et par celui de *sr* en *str* (voy. *ancêtre*). — D. *tissu* (subst. verbal).

Titillation, voy. *titiller*.

Titiller, du L. *titillare* (chatouiller). — D. *titillation*.

Titre, du L. *titulus* (titre) par la contraction régulière (voy. p. LXXXI) de *tit(u)lus* en *tit'lus* : d'où *titre* par le changement de *l* en *r* (voy. *apôtre*). — D. *titrer*; *attitrer*.

Titré, voy. *titre*.

Titrer, voy. *titre*.

Tituber, du L. *titubare* (même sens).

Titulaire, du L. *titularis* (m. s.).

† **Toast,** mot venu de l'anglais *toast* (toast). — D. *toster*.

Tocsin (son d'une cloche d'alarme), au dix-septième siècle *toquesin* (dans Ménage) composé des deux mots *toque* (action de frapper; voy. *toquer*). et *sin* (cloche).

Sin est le L. *signum* (proprement signal) qui a le sens de cloche dans les textes mérovingiens : « *Qui dum per plateam præteriret*, signum *ad matutinas motum est : erat enim dies dominica....* » dit Grégoire de Tours (3,15).

Signum a donné *sin* par la réduction de *gn* à *in* (voy. *accointer*). On appelait *saintiers* les fondeurs de cloches; et ce même mot se retrouve dans un proverbe qui avait cours encore au dix-septième siècle : « *Le bruit est si grand qu'on n'oirait pas les sins sonner.* » Ce qui confirme cette étymologie, c'est que le provençal dit *toca-senh* pour *tocsin*, et que *senh* représente le L. *signum*.

Toge, du L *toga* (m. s.).

Toi, du L. *tibi*. Pour cette formation, voy. ma *Grammaire historique de la langue française*, p. 173. Sur le changement de *i* en *oi*, voy. *boire*. — D. *tutoyer*.

Toile, du L. *tela* (toile). Sur *e* devenu *oi*, voy. *accroire*. — D. *toilier*; *toilerie*; *entoiler* (*rentoiler*); *toilette* (proprement petite serviette de toile).

Toilette, voy. *toile*.

Toise, proprement mesure obtenue en étendant les bras. En italien *tesa*, du L. *tensa*, toise dans les textes du moyen âge : « *Habet namque ipsa domus in longitudine tensas XL...* » dit un document du onzième siècle. (*Tensa* est un subst. participial de *tensus* étendu). Réduisant régulièrement *ns* à (voy. *aîné*), *tensa* devient *tesa* qui donne *toise* par le changement de *e* en *oi* (voy. *accroire*). — D. *toiser*

Toiser, voy. *toise*.

Toison, du L. *tonsionem* (action de tondre, puis ce qui est l'objet de la tonte). *Tonsionem* se réduisant régulièrement à *tosionem* (voy. *aîné*), donne *toison* par la transposition de *i* (voy. *chanoine*)

Toit, du L. *tectum* (toit) par le changement de *ect* en *oit* (voy. *attrait* et *accroire*). — D. *toiture*.

Toiture, voy. *toit*.

Tôle, anciennement *taule* (plaque de fer battu). *Taule* vient du L. *tabula* (plaque, lame dans certains textes de la latinité de la décadence). *Tab(ŭ)la* régulièrement contracté (voy. p. LXXXI) en *tab'la* donne *taule* par le changement (étudié au mot *aurone*) de *bl* en *vl*, puis en *ul*. Quant au changement de l'ancien français *taule* en *tôle*, voy. *aurone* et *alouette*.

Tolérance, voy. *tolérer*.

Tolérer, du L. *tolerare* (m. s.). — D. *tolérant* (*tolérance*), *tolérable* (*intolérable*).

† **Tomate**, mot venu de l'espagnol *tomate* (tomate).

Tombe, du L. *tumba* (m. s.) — D. *tombal*.

Tombeau, du L. *tumbellus* diminutif de *tumba* tombe). Sur *ellus*, devenu *el* puis *eau*, voy. *agneau*.

Tomber, anciennement *tumber*, mot d'origine germanique (ancien scandinave *tumba*, tomber, choir). Sur le changement de *u* en *o*, voy. *annoncer*. — D. *tombée* (subst. participial) ; *tombereau* (charrette que l'on fait *tomber* pour décharger les matériaux).

Tombereau, voy. *tomber*.

Tome, du L. *tomus* (m. s.). — D. *tomer*, *tomaison*.

1. **Ton**, (subst.) du L. *tonus* (ton, accent). — D. *tonique*, *tonalité*.

2. **Ton**, du L. *tuum* (ton) par la contraction régulière (voy. p. XC) de *tuum* en *tum*.

Tum devient *ton* par le changement : 1° de *u* en *o* (voy. *annoncer*) ; 2° de *m* en *n* (voy. *changer*).

Tondre, du L. *tondēre* (tondre) qui était déjà devenu *tondĕre* dans le latin vulgaire, puisqu'on trouve (au sixième siècle) *tondent* pour *tondebunt* dans un fragment de l'*Itala*.

Pour la contraction régulière de *tond(ē)re* en *tond're*, voy. p. LXXXI. — D. *tonte* (subst. participial fort, voy. *absoute*); *tondeur*; *tondaison*.

Tonique, voy. *ton*.

Tonne, origine inconnue. — D. de ce mot sont venus les deux dérivés *tonnel** et *tonnelle*; ce dernier a persisté en français moderne ; le premier est devenu *tonneau* (Sur *el* devenu *eau*, voy. *agneau*).

Tonnelier, *tonneler*; *tonnage*.

Tonneau, voy. *tonne*.

Tonneler, voy. *tonne*.
Tonnelier, voy. *tonne*. — D. *tonnellerie*.
Tonnelle, voy. *tonne*.
Tonner, du L. *tonare* (tonner). Sur le changement de *n* en *nn* voy. *ennemi*.
Tonnerre, en provençal *tonedre*, du L. *tonitru* (tonnerre) par le changement · 1° de *n* en *nn* (voy. *ennemi*): 2° de *i* en *e* (voy. *admettre*): 3° de *tr* en *rr* (voy. *arrière*).
Tonsure, du L. *tonsura* (action de tondre).
Tonte, voy *tondre*.
† **Tontine**, venu en 1653 de l'italien *tontina* (tontine).
Topaze, du L. *topazus* (m. s.).
† **Toper**, venu de l'italien *toppare* (toper).
Topique, du grec τοπικός (local).
Topiques, du grec τοπική (τέχνη) traité sur les lieux communs
Topographie, du grec τοπογραφία (description d'un lieu).
† **Toque**, venu de l'italien *tocca* (toque). — D. *toquet*.
Toquer, Mot d origine germanique d'une forme originaire *toccare**, qui correspond à l'ancien haut allemand *zuchón*, arracher, frapper). — D. *toc* (subst. verbal); *tocsin* (voy ce mot).
Torche, voy. *torcher*.
Torcher, nettoyer à l'aide d'un bouchon de paille, ou d'un faisceau de choses tordues ensemble, — du L. *tortiare** (dérivé de *tortus* tordu, tortillé, enlacé). Pour le changement de *tia* en *cer*, voy. *agencer*. — D. *torche* (subst. verbal : propr. bouchon de paille ; dans ce sens, *torche* a donné le dérivé *torchon*, ce qui sert à nettoyer, à torcher), *torchis*.
Torchis, voy. *torcher*.
Torchon, voy. *torcher*.

Tordre, du L. *torquere* (tordre) par la contraction régulière (voy. p LXXXI) de *torq(ue)re* en *torq're*, qui se réduit à *tor're* par le changement de *qr* en *r* (voy. *bénir*); pour le changement de *tor're* en *tor(d)re* par intercalation d'un *d* euphonique, voy. p. XCVII. — D. *tordage*, *tordeur*.
Tore, du L. *torus* (tore dans Vitruve).
† **Toréador**, de l'espagnol *toreador* (m. s.).
Torpeur, du L. *torporem* (m. s).
Torpille, dérivé du L. *torpere* (engourdir).
Torréfaction, du L. *torrefactionem** (m. s.).
Torréfier, du L. *torreficare* (griller).
Torrent, du L *torrentem* (torrent). — D. *torrentueu*, torrentiel.
Torride, du L *torridus* (m. s)
Tors, du L. *tortus* (tordu). Pour la chute de *u*, voy. p. LXXXI. Pour la persistance de *s*, voy. *Grammaire historique de la langue française*, p 163. — D. *torsade*.
Torsade, voy. *tors*.
† **Torse**, venu au seizième siècle, de l'italien *torso* (torse).
Torsion, du L. *torsionem* (m. s.).
Tort, du L. *tortus* tort, dommage, dans les textes carlovingiens. (C'est le L. *tortus*, tordu, d'où le sens de torsion, de lésion, de dommage, enfin d'injustice). On lit dans les *Capitulaires* de Charles le Chauve : « *Sic injustitiam istam exsolvant, sicut illi, qui in suo ministerio tortum faciunt....* »
Torticolis, composé des deux mots latins *tortum collum* (cou tordu).
Tortiller, du L. *torticulare** (dérivé de *tortus* tordu, tortillé). Pour le changement de...*acula* en

30

....*ille*..., voy. *abeille*. — D. *tortille, tortillement, entortiller*

Tortu, du L. *tortucus** (dérivé de *tortus* tordu) par le changement de *ucus* en *u* (voy. *ami*). La forme tortue des pied de la *testudo* avait fait nommer celle-ci dans le latin rustique *tortuca* (l'animal au pieds tortus).

Ce latin *tortuca* a donné en espagnol *tortuga* (tortue), en français *tortue* par le changement de *uca* en *ue* (voy. *ami*).

Tortueux, du L. *tortuosus* (m. s.). Sur *osus* devenu *eux*, voy. *amoureux*.

Torture, du L. *tortura* (m. s.) — D. *torturer*.

Toster, voy. *toast*.

Tôt, anciennement *tost*, du L. *tot-cito* (composition de *cito*, vite, tôt). *Totc(i)to* se contractant régulièrement (voy. p. LXXXI) en *tote'to* se réduit à *toc'to* par le changement de *tc* en *c* (voy. *adjuger*). *Toc'to* a donné *tost* par le changement de *c* en *s* que l'on retrouve dans *amistié* (amitié) de *amic'tatem* (voy. pour les détails au mot *amitié*). Pour le changement de *tost* en *tôt*, voy. *abîme*. — D. *plutôt* (voy. *plus*).

Total, du L. *totalis** (dérivé de *totus* tout) — D. *totalité*.

Touaille, anciennement *toaille*, en italien *tovaglia*, du L. du moyen âge *toacula* (touaille) : « *Ad saccos autem faciendos drappos albos 2. de quibus fieri possunt staminea 10.* toaculae *2..* » lit-on dans la *Chronicon Fontanellense*.

(*Toacula* est un mot d'origine germanique, et correspond au moyen haut allemand *twehele*, touaille).

Toacula a donné *touaille* par le changement : 1° de *acula* en *aille* (voy. *abeille*); 2° du *o* en *ou* (voy. *affouage*).

Toucher, origine inconnue. — D. *touche* (subst. verbal); *toucher* (infinitif pris substantiv.); *attoucher, retoucher*.

Touer, mot d'origine germanique comme la plupart des termes de marine (anglais *tow*, touer). — D. *toue* (subst. verbal); *touage*; *touée* (subst. participial).

Touffe, ancien français *toffe*, mot d'origine germanique (bas allemand *topp* touffe). Pour le changement de *p* en *f*, voy. *chef*. Pour le changement de *o* en *ou*, voy. *affouage*. — D. *touffu*.

Toujours, propr. *tous les jours* : voy *tout* et *jour*.

Toupet, diminutif de l'ancien français *toupe* (touffe de cheveux, toupet). *Toupe* est un mot d'origine germanique (bas allemand *topp*, touffe de cheveux). Pour le changement de *o* en *ou*, voy. *affouage*.

Toupie, anciennement *topie*, mot d'origine germanique (anglais *top* toupie). Pour le changement de *o* en *ou*, voy. *affouage*.

1. **Tour** (subst. masculin), voy. *tourner*. — D. *touret, tourière*.

2. **Tour** (subst. féminin), du L. *turrim* (tour) par le changement de *u* en *ou* (voy. *accouder*) — D. *tourelle*.

1. **Tourbe** (minéralogie), mot d'origine germanique (allemand *torf* tourbe). Pour le changement de *o* en *ou*, voy. *affouage*. — D. *tourbeux, tourbière*.

2. **Tourbe**, du L. *turba* (cohue, foule, tourbe) par le changement régulier de *o* en *ou* (voy. *accouder*).

Tourbillon, diminutif d'un primitif *tourbille** qui correspond à un L. *turbicula* dérivé du latin classique *turbo* (tourbillon). Quant au changement de *turbicula* en *tourbille*, voy. *abeille* pour celui de ... *icula* en .. *ille*, — et voy. *accorder* pour celui de *u* en *ou*. — D. *tourbillonner*.

Tourd, du L. *turdus* (même sens). Pour le changement de *u* en *ou*, voy. *accouder*. — D. *tourdelle*.

Tourelle, voy. *tour* 2. — D. *tourillon*.

Touret, voy. *tour* 1.

Tourière, voy. *tour* 1.

Tourillon, voy. *tourelle*.

Tourment, du L. *tormentum* (tourment) par le changement de *o* en *ou* (voy. *affouage*). — D. *tourmenter* (dont le subst. verbal est *tourmente*)

Tourmente, voy. *tourment*.

Tourner, en italien *tornare*, du L. *tornare* (tourner) par le changement de *o* en *ou* (voy. *effouage*). — D. *tour* substantif verbal masculin dont les composés sont *entour* (*entourer*, *à l'entour*, *alentours*), *autour*; *tourne* (subst. verbal féminin); *tournée* (subst. participial); *tournant*; *tournure*; *tourneur*; *contourner*; *detourner*; *retourner*; *pourtourner**; *atourner** (qui ne subsistent que dans les substantifs verbaux *pourtour*, *atour*).

Tournesol, composé de *tourner* (voy. ce mot) et de *sol* qui est le L. *sol* (soleil).

Tourniquet, voy. *tournoyer*.

Tournoi, voy. *tournoyer*.

Tournoiement, voy. *tournoyer*

Tournois, monnaie frappée à Tours, du L *Turonensis* (de Tours) par la contraction régulière (voy. *accointer*) de *tur(o)nensis* en *tur-nensis*, d'où *turnesis* par la réduction de *ns* à *s* (voy. *aîné*) ; *turnsis* donne tournois par le changement : 1° de *u* en *ou* (voy. *accouder* ; 2° de *e* en *oi* (voy. *accroire*).

Tournoyer, du L. *tornicare** (dérivé de *tornare* tourner). *Tournoyer* vient de *tornicare* comme *ployer* vient de *plicare*. Pour le détail du changement de ....*icare* en ....*oyer*, voy. *ployer*. Pour celui de *o* en *ou*, voy. *affouage*. — D *tournoi* (subst. verbal ; *tournoi* vient de *tournoyer*, comme *emploi* de *employer*), *tournoiement*. De *tornicare* est aussi venu le dérivé *tourniquet*.

Tourte, pâtisserie, du L. du moyen âge *torta* (gâteau, dérivé du L. *torta*, roulée, frisée) : « *Torta unde tortula diminutivum, genus cibi est vel panis, quod vulgo dicitur ita....* » dit un texte du onzième siècle.

Pour le changement de *torta* en *tourte*, voy. *affouage*. — D. *tourtière*; *tourteau*.

Tourteau, voy. *tourte*.

Tourtereau, anciennement *tourterel*, du L. *turterellus** diminutif de *turtur* (tourterelle) par le changement : 1° de *u* en *ou* (voy. *accouder*): 2° de *u* en *e* (voy. *chapeler*). — D. *tourterelle*.

Toussaint, voy. *tous* et *saint*.

Tousser, voy. *toux*.

Tout, du L. *totus* (tout par le changement de *o* en *ou* (voy. *affouage*). — D. *tout à coup*, *tout à fait*, *toutefois*.

Toutefois, voy. *tout* et *fois*.

Toux, du L. *tussis* (toux) par le changement 1° de *u* en *ou* (voy. *accouder*); 2° de *ss* en *x* (voy. *deux*). — D. *tousser*.

Toxique, du grec τοξικός (poison ; proprement poison qui sert à empoisonner les flèches).— D. *toxicologie* (composé de *toxique* et de λογος traité).

Trac, voy. *traquer*

Tracasser, voy. *traquer*. — D. *tracas* (subst. verbal); *tracassier*; *tracasserie*.

Trace, voy. *tracer*

Tracer, en italien *tracciare*, du L. *tractiare** (tracer, dérivé de *tractus*, participe de *trahere*, tirer des lignes, d'où le sens de *tracer*). Pour le changement de *ct* en *t*, voy. *affeté*; pour celui de ... *tiare* en ...*cer*, voy. *agencer*. — D. *trace* (subst. verbal); *tracé* (subst. participial); *tracement*.

Trachée, du L. *trachia* (trachée-artère dans Macrobe).

Traction, du L. *tractionem* (m. s.).

Tradition, du L. *traditionem* (m. s.).

Traducteur, du L. *traductorem* (m. s.).

Traduction, du L. *traductionem* (m. s.).

Traduire, du L. *traducere* (traduire). Pour le changement de ... *ducere* en ...*duire*, voy. *conduire*. — D. *traduisible*.

† **Trafic**, venu de l'italien *traffico* (m. s.).

† **Trafiquer**, venu de l'italien *trafficare* (m. s.).

Tragédie, du L. *tragœdia* (m. s.). — D. *tragédien*.

Tragique, du L. *tragicus* (m. s.).

Trahir, à l'origine *trair*, en italien *tradire*; du L. *tradere* (trahir) par le changement de ... *adere* en ... *ahir* qui a déjà été étudié ci-dessus, au mot *envahir*. — D. *trahison* (du L. *traditionem* trahison; pour le changement de *ti* en *s*, voy. *agencer*).

Train, voy. *traire*.

Traîner, voy. *train*. — D. *traîne* (subst. verbal), *traînée* (subst. participial); *traîneau*; *traînage*; *traînard*; *traîneur*; *entraîner*.

Traire, proprement tirer; telle est la signification originaire du mot *traire*, qui, du sens général de *tirer* qu'il possédait dans l'ancien français, s'est restreint tardivement au sens spécial de *tirer le lait*, de même que *muer* est venu du sens général de *changer*, au sens spécial de *changer de plumes*. Pour ces restrictions du sens, voy. p. XXIII *Trahere* a donné *traire* comme *distrahere* a donné *distraire*, comme *extrahere* a donné *extraire*.

Trahere s'est changé de bonne heure en *tragëre* (on trouve *subtragendo* pour *subtrahendo* dans des textes mérovingiens).

Trag(ë)re régulièrement contracté (voy. p. LXXXI) en *trag're* donne *traire* par le changement de *gr* en *r* (voy. *accueillir*) et par celui de *a* en *ai* (voy. *aigle*). — D. *trait* (subst. participial masculin); *traite* (subst. participial féminin; *traite* signifie proprement tirée et conserve ici son sens originaire; une *traite* est proprement une lettre de change tirée sur quelqu'un). Du verbe *tragere* (tirer) est venu le dérivé *tragimen** (action de tirer, de marcher, marche, d'où le sens de *train*). *Tragimen* a donné *train*, comme *sagimen* a donné *sain* : pour le détail du changement de .. *agimen* en ....*ain*, voy. *sain*. Ce qui confirme cette origine, c'est que l'ancien français disait *train*, et que l'espagnol dit *tragin* pour *train*.

Trait, du L. *tractus* (m. s.). Pour le changement de lettres, voy. *attrait*.

Traite, voy. *traire*.

Traité, du L. *tractatus* (ouvrage, traité) par le changement : 1° de ...*atus* en ...*é* (voy *ampoulé*), 2° de *ct* en *it* (voy. *attrait*).

Traiter, du L. *tractare* (traiter) par le changement de *ct* en *it* (voy. *attrait*). — D. *traiteur*, *traitement*, *traitable*.

Traître, anciennement *traitre*, du L. *traditor* (traître) par la chute régulière de *o* (voy. p LXXXI) d'où *tradit'r* qui, perdant le *d* médial *tra(d)it'r* (voy. *accabler*), donne l'ancien français *tra-itre*. Pour le changement de *traitre* en *traître*, voy. p. XC. — D. *traîtreusement*, *traîtresse*.

Trajectoire, du L. *trajectoria** (qui traverse).

Trajet, du L. *trajectus* (trajet). Pour le changement de *ct* en *t*, voy *affété*

Tramail, anciennement *tremail*, du L. *tremaculum* trémail, filet dans la *Loi Salique*, 29, 32 : « *Si quis.... tremaculum aut vertevolum de flumine furaverit....* » Pour le changement de *e* en *a*, voy. *amender*; pour celui de *....aculum* en *ail*, voy. *abeille*.

Tremaculum, signifie proprement à trois mailles, et est composé de *tres* (trois) et de *maculum* (maille).

Trame, du L. *trama* (trame). — D. *tramer*.

† **Tramontane**, venu de l'italien *tramontana* (étoile du pôle arctique).

Trancher, origine inconnue — D. *tranche* (subst. verbal); *tranchant*, *tranchée* (subst. participial); *tranchet*; *tranchoir*; *retrancher*.

Tranquille, du L. *tranquillus* (m. s). — D. *tranquilliser*.

Tranquillité, du L. *tranquillitatem* (m. s.).

Transaction, du L. *transactionem* (m. s.).

Transborder, composé du L *trans* (au delà), et de *border* (voy ce mot). — D. *transbordement*; *transbordable*.

Transcendant, du L. *transcendentem* (qui franchit). — D. *transcendance*.

Transcription, du L. *transcriptionem* (m. s.).

Transcrire, du L. *transcribere* (m. s.). Pour le changement de *....scribere* en *....scrire*, voy *écrire*.

Transe, voy. *transir*.

Transférer, du L. *transferre* (transferer).

Transfert, du L. *transfertus* (participe barbare de *transferre*, transférer).

Transfigurer, du L. *transfigurare* (m. s.). — D. *transfiguration*.

Transformer, du L. *transformare* (m. s.). — D. *transformation*.

Transfuge, du L *transfuga* (m. s.).

Transfuser, du L. *transfusare** fréquentatif de *transfundere* (transvaser) — D *transfusion*.

Transgresser, du L. *transgressare** (fréquentatif de *transgredi*, transgresser). — D. *transgresseur*, *transgression*.

Transiger, du L. *transigere* (m. s.).

Transir, du L. *transire** (mourir dans les textes latins du moyen âge; composé de *trans* au delà, et de *ire* aller). Du sens de mourir est venu celui d'être glacé de froid, de douleur, etc. — D. *transe* (subst. verbal), *transi*, *transissements*.

Transit, du L *transitus* (passage).

Transitif, du L. *transitivus* (m. s.).

Transition, du L. *transitionem* (m s.).

Transitoire, du L. *transitorius* (m. s.).

Translater, du L. *translatare** (m. s., dérivé de *translatus*).

Translation, du L. *translationem* (m. s.).

Transmettre, du L. *transmittere* (transmettre). Pour le changement de *mittere* en *mettre*, voy. *admettre*. — D. *transmis*, *transmissible*.

Transmission, du L. *transmissionem* (m. s.).

Transmuer, du L. *transmutare* (métamorphoser). Pour le changement de ....*mutare* en ....*muer*, voy. *muer*. — D. *transmuable*.

Transmutation, du L. *transmutationem* (m. s.).

Transparent, du L. *transparentem** (qui paraît à travers). — D. *transparence*.

Transpercer, composé du L. *trans* (à travers) et de *percer* (voy. ce mot).

Transpirer, du L. *trans* (à travers) et *spirare* (s'exhaler). — D. *transpiration*.

Transplanter, du L. *transplantare* (m. s.). — D. *transplantation*.

Transporter, du L. *transportare* (m. s.). — D. *transport* (subst. verbal); *transportable*.

Transposer, composé du L. *trans* (au delà) et de *poser* (voy. ce mot). — D. *transposition*.

Transsubstantier, composé du L. *trans* (au delà); et de *substantiare** (dérivé de *substantia* substance). — D. *transsubstantiation*.

Transvaser, composé du L. *trans* (au delà) et de *vase* (voy. ce mot).

Transverse, du L. *transversus* (m. s.). — D. *transversal*, *transversalement*.

Trapèze, du grec τράπεζα (table, surface plane et carrée).

Trappe (proprement piége), du L. du moyen âge *trappa* (piége dans la *Lex Salica* 7, 9 : « *Si quis turturem de* trappa *furaverit.* » *Trappa* est un mot d'origine germanique comme la plupart des termes de chasse (ancien haut allemand *trapo*, trape, piége, trébuchet). — D. *attraper* (proprement prendre dans le piége, dans la *trappe*. Sur ce mot, voy. p. XXII).

Trapu, origine inconnue.

Traquenard, voy. *traquer*.

Traquer, entourer un bois d'une enceinte de plus en plus resserrée pour saisir les animaux (d'où le sens postérieur de *traquer* serrer de près). *Traquer* signifie proprement tendre, tirer un filet autour d'un bois pour saisir le gibier, et est un mot d'origine germanique (néerlandais *trekken* tirer, étendre). — D. *trac* (subst. verbal masculin); *traque* (subst. verbal fémin.); *traqueur*; *traquet*; *traquenard*; *tracasser*.

1. **Travail,** en italien *travaglio*, en espagnol *trabajo*, en provençal *trabalh*, proprement ensemble de poutres destiné à contenir les chevaux vicieux. *Travail* représente, dans ce sens le L. *trabaculum** (dérivé de *trabem* poutre) par le changement régulier 1° de *b* en *v* (voy. *avant*); 2° de *aculum* en *ail* (voy. *abeille*).

Du sens de machine qui sert de prison, de contrainte, ce mot a pris le sens de contrainte, puis de tourment, d'effort, de peine, d'où le verbe *travailler* (se tourmenter, se donner de la peine pour atteindre un but, s'efforcer).

2. **Travail,** action de travailler (voy. *travailler*).

Travailler, voy. *travail* 1. — D. *travail* action de travailler (subst. verbal).

Travée, du L. *trabata** (dérivé de *trabem* poutre) par le changement régulier : 1° de *b* en *v* (voy. *avant*); 2° de *ata* en *ée* (voy. *ampoulé*.

Travers, du L. *traversus* (m. s.). — D. *traverser, traversin.*

Traverser, voy. *travers.* — D. *traverse* (subst. verbal) ; *traversée* (subst. participial).

Traversin, voy. *travers.*

† **Travestir**, venu au seizième siècle de l'italien *travestire* (travestir). — D. *travestissement.*

Tré..., très... (en italien *tra..., tras ..*), préfixe qui vient du L. *trans* (au delà, par-dessus). *Trans* réduisant régulièrement *ns* à *s* (voy. *aîné*) donne *tras* qui devient *très* par le changement de *a* en *e* (voy. *acheter*) : ainsi *trans-satire* donne *tressaillir*; *transpassare*, transbuccare*, transfilare*, transtellum* ont donné dans notre ancienne langue *trespasser, trespasser, tresbucher, tresfiler, tresteau*, qui se sont réduits à *trépasser, trébucher, tréfiler, tréteau* en français moderne par la chute régulière de *s* devant une consonne (voy. *abîme*).

Trébucher, anciennement *tresbucher*, correspond à un type latin *transbuccare*, composé de *trans* par dessous (pour le changement de *trans* en *très*, voy. *tré...*) et de *buccare** dérivé de *buccus** (type qu'on retrouve dans l'ancien français *buc* tronc humain, torse, et qui est l'anglo-saxon *buc* tronc, torse). *Trébucher* est donc proprement renverser le torse, tomber à la renverse; ce qui confirme cette étymologie, c'est que l'italien *transbustare* (renverser) est composé de même du préfixe latin *trans*, et du mot *busto* (tronc du corps humain). Pour le changement de *transbuccare* en *tresbucher*, voy. *acheter* pour le passage de *cc* au *ch*. Sur *tresbucher* devenu *trébucher*, voy. *abîme.* — D. *trébuchet.**

Tréfiler, anciennement *très-filer*, du L. *transfilare* dérivé de *filum* fil; propr. faire passer du fil par la filière). Sur *trans....* devenu *très....* puis *tré...*, voy. au mot *tré.* — D. *tréfileur, tréfilerie.*

Trèfle, du L *trifolium* (trèfle) par le déplacement de l'accent latin (voy. p cv) et par la contraction *trif*(o)*lium* en *trif'lium*) d'où trèfle par le changement de *i* en *e* (voy. *admettre*).

Treille du L. *trichila* (berceau de treille, tonnelle dans Columelle, et dans le *Copa*). *Trich*(l) *la* régulièrement contracté (voy. p. LXXXI) en *trich'la*, réduit *ch* à *c* (voy. p. XCIX), d'où *tricla* qui donne *treille* par le changement de ....*icla* en ....*eille* (voy. *abeille*). — D. *treillage, treillis.*

Treillis, voy. *treille.*

Treize, du L. *tredecim* (treize) par la contraction régulière (voy. p. LXXXI) de *tred*(e)*cim* en *tred'cim* d'où *treize* par la réduction de *dc* à *c* (voy. *adjuger*) et par le changement : 1° de *e* en *ei* (voy. *frein*) ; 2° de *c* en *z* (voy. *amitié*).

Trema, du grec τρῆμα (trou).

Tremble, en italien *tremula*, du L. *tremula*, proprement qui tremble, par la contraction régulière (voy. p. LXXXI) de *trem*(u)*la* en *trem'la*, d'où *tremble* par le changement de *ml* en *mbl* (voy. *absoudre*).

Trembler, en italien *tremolare*, du L. *tremulare** (trembler, dérivé de *tremulus* tremblant: « *Nimio frigore horribiliter cum fletu ac stridore dentium tremulantes...* dit Flodoard, III, 3).

Trem(u)*lare*, régulièrement contracté (voy. *accointer*) en *trem'lare*, donne *trembler* par le changement de *ml* en *mbl* (voy. *absoudre*). — D. *trembloter, trembleur, tremblement.*

Trémie, corruption de l'ancien français *tremuie*, composé de *tre* qui est le L. *tres* trois) et de *muie* qui représente le L. *modia* (boisseaux), proprement auge d'une capacité de trois boisseaux. Pour le changement de *mo(d)ia* en *muie* voy. aux mots *alouette* et *cuider*.

Trémière, origine inconnue.

Trémousser (se), remuer, s'agiter avec vivacité, du L. *transmotiare** s'agiter avec fréquence (dérivé de *transmotus*, participe de *transmovere*). Transmotiare a donné tremousser par le changement : 1° de *trans* en *tré* (voy. *tré.*); 2° de *o* en *ou* (voy. *affouage*); 3° de *tiare* en *sser* (voy. *agencer*).

Trempe, voy. tremper.

Tremper, du L. *temperare* (tremper un métal, et aussi mélanger, d'où le sens de tremper : on trouve dans Grégoire de Tours « *vinum temperatum* » pour du vin trempé d'eau).

Temp(ê)rare régulièrement contracté (voy. *accointer*) en temp'rare donne l'ancien français *temprer* qui est devenu postérieur. *tremper* par transposition (voy. *âpreté*). — D. *trempe* (subst verbal) ; *détremper*.

† **Tremplin**, venu au seizième siècle de l'italien *trampellino* (tremplin).

Trente, en espagnol *treinta*, du L *triginta* (trente) par la chute régulière du *g* médial (voy *allier*). Pour le changement de *i* en *e*, voy. *admettre* — D. *trentième*, *trentaine*.

† **Trepan**, venu de l'italien *trepano* (trépan). — D *trépaner*.

Trépasser, dans l'ancien fran *trespasser*, en italien *trapassare*, du L. *transpassare* (proprement passer au delà, quitter la vie, mourir; c'est à peu près la traduction de cette image populaire : *faire le saut*). Pour le changement régulier de *trans*... en *très*... puis en *tré*...,

voy. au mot *tré*.... — D. *trépas* (subst. verbal).

Trépidation, du L. *trepidationem* (tremblement).

Trépied, du L. *tripedem* (trépied). Pour le changement de *tri* en *tré*, voy. *admettre*, pour celui de *pedem* en *pied*, voy. au mot *pied*.

Trépigner, dérivé de l'ancien français *tréper* (trépigner), comme (é)*gratigner* derive de *gratter*. *Tréper* est un mot d'origine germanique (néerland. *trippen* m. s). — D. *trépignement*.

Très, du L. *trans* (par-dessus, au delà de ; d'où le sens postérieur de très). Réduisant régulièrement *ns* à *s* (voy. *aîné*) *trans* devient *tras* qui a donné *très* par le changement de *a* en *e* (voy. *acheter*).

Trésor, en italien *tesoro*, du L. *thesaurus* (trésor). Par le changement de *th* en *t* et par celui de *au* en *o* (voy. *alouette*), *thesaurus* devient *tesor* d'où la forme française par l'intercalation d'un *r* (voy. *chanvre*). — D. *trésorier*, *trésorerie*.

Tressaillir, du L. *transsalire** (sauter, s'agiter fortement). Pour le changement : 1° de *trans* en *très*, voy. *tré*... 2° de *salire* en *saillir*, voy. *saillir*. -- D. *tressaillement*.

Tresser, à l'origine *trecer*, en italien *trecciare*, du L *tricciare** (derivé de *triccia** forme postérieure de *trichea*, qui vient du grec τρίχα, tripartite, qui est divisé en trois, d'où le sens de *tresse*). Pour le changement de *tricciare* en *trecer* puis en *tresser*, voy. au mot *agencer*; pour le changement de *i* en *e*, voy. *admettre*. — D. *tresse* (subst. verbal).

Tréteau, anciennement *tresteau*, à l'origine *trestel*, du L *transtellum** (dérivé de *transtrum*, banc, poutre puis tréteau). *Transtellum* réduisant régulièrement *trans....* à *tres....* (voy au mot *tre....*) donne l'ancien français *trestel*, d'où postérieurement *tréteau* par la chute de *s* (voy. *abîme*) et par le changement de *el* en *eau* (voy. *agneau*).

Treuil, en italien *torcolo*, du L *torculum* (machine à presser, ce qui est aussi le sens du mot *treuil* à l'origine de notre langue, l'ancien français désigne par *treuil* un pressoir).

Torc(ŭ)lum régulièrement contracté (voy. p. LXXXI) en *torc'lum*, transpose *r* (voy. *âpreté*) d'où *troclum* qui donne *treuil* par le changement : 1° de *o* en *eu* (voy. *accueillir*) ; 2° de *cl* en *il* (voy. *abeille*).

Trêve, à l'origine *trive* (sécurité, paix, d'où le sens de suspension d'hostilité, de trêve) : *trive* est un mot d'origine germanique (gothique *triggua* sécurité). *Triggua* consonnifiant *u* en *v* (comme dans *janvier* de *januarius*, voy. ce mot) devient *trigva* d'où l'ancien français *trive* par la réduction de *gv* à *v*.

Pour le changement de *trive* en *trêve*, voy. *admettre*.

Triangle, du L. *triangulum* (triangle). Pour la chute de l'avant-dernier *u*, voy. *angle*.

Triangulaire, du L. *triangularis* (m. s).

Triangulation, du L *triangulationem** (dérivé de *triangulus* triangle).

Tribu, du L. *tribus* (tribu).

Tribulation, du L. *tribulationem* (m s.)

Tribun, du L. *tribunus* (m. s.). — D. *tribunat* (dérivé du L. *tribunatus*, même sens).

Tribunal, du L. *tribunal* (siège des juges).

† **Tribune**, de l'italien *tribuna* (tribune).

Tribut, du L. *tributum* (m. s.).

Tributaire, du L. *tributarius* (m. s.).

Tricher, ancien français *trecher*, mot d'origine germanique (moyen haut allemand *trechen*, lancer un trait, d'où le sens de jouer un tour, de tromper, de tricher). Pour le changement de *trecher* en *tricher*, voy. *accomplir*. — D. *tricheur*, *tricherie*.

Tricolore, du L. *tri-color* (à trois couleurs).

Tricoter, origine inconnue. — D. *tricot* (subst. verbal), *tricoteur*, *tricoteuse*, *tricotage*.

Trictrac, jeu que l'on appelait anciennement *tictac* ; *tictac* est une onomatopée tirée du bruit que font les dés quand ils retombent (voy. p. LXV).

Triennal, du L. *triennalis** (dérivé de *triennis*, de trois ans).

Trier, en italien *tritare* (broyer et examiner de près). du L *tritare* dérive de *tritus* partic. de *terere* broyer : le sens actuel est venu de la locution : *granum terere*, battre le blé pour séparer le grain de la paille, pour *trier* le grain d'où la signification de *trier* ; l'italien *tritare* qui a conservé à la fois les deux sens de broyer et de trier, confirme cette étymologie.

Pour le changement de *tri(t)are* en *trier* par la chute du *t* médial, voy. *abbaye*. — D *triage*.

Trigonométrie, du grec τρίγωνον (triangle) et μέτρον (mesure).

† **Trille**, de l'italien *trillo* (trille).

Trimbaler, origine inconnue.

Trimer, origine inconnue.

Trimestre, du L. *trimestris* (m. s.). — D. *trimestriel*.

Tringle, origine inconnue. — D. *tringler*, *tringlette*.

Trinité, du L. *trinitatem* (m. s.). — D. *trinitaire*.

† **Trinquer**, mot d'origine allemande (voy. p. LVII); *trinquer* vient de l'allemand *trinken* (boire).

† **Trio**, mot venu de l'italien *trio* (trio).

Triolet, dérivé du L. *tres* (trois).

Triomphal, du L. *triumphalis* (m. s.).

Triomphateur, du L. *triumphator* (m. s.).

Triomphe, du L. *triumphus* (m. s.). — D. *triompher*.

Tripe, origine inconnue. — D. *tripaille, tripette, tripier, tripière.*

Triple, du L. *triplus* (triple) — D. *tripler*.

Tripoter, mot dont l'origine est inconnue. — D. *tripot* (subst. verbal), *tripotage, tripoter*.

Trique, mot dont l'origine est inconnue.

Trireme, du L. *triremis* (trirème).

Triste, du L. *tristis* (m. s.). — D. *attrister*.

Tristesse, du L. *tristitia* (tristesse) par le changement de *itia* en *esse* (voy. *agencer*)

Triture, du L. *triturare* (m. s.). — D. *trituration*.

Trivial, du L. *trivialis* (m. s.). — D. *trivialité*.

Troc, voy. *troquer*.

Trogne, origine inconnue.

Trognon, origine inconnue.

Trois, du L. *tres* (trois) par le changement de *e* en *oi* (voy. *accroire*). — D. *troisième*.

Trôler, mot d'origine germanique (allemand *trollen*, tioler, trotter).

Trombe, du L. *turbo* (tourbillon, tempête) par la transposition de *r* (voy. *âpreté*) et l'intercalation de *m* (voy. *lambruche*).

† **Tromblon**, dérivé de l'italien *tromba* (arme à feu).

† **Trombone**, de l'italien *trombone* (même sens).

Trompe, origine inconnue. — D. *tromper* (proprement jouer de la *trompe*; allusion aux charlatans et aux vendeurs d'orviétan qui attiraient le public à son de trompe, pour le duper; d'où le sens de duper); *trompette*.

Tromper, voy. *trompe*. — D. *trompeur, tromperie, détromper*.

Trompette, voy. *trompe*. — D. *trompeter*.

Tronc, du L. *truncus* (tronc), par le changement de *u* en *o* (voy. *annoncer*). — D. *tronche* (forme féminine de *tronc*; d'où le diminutif *tronchet*); *tronçon*.

Tronçon, voy. *tronc*. — D. *tronçonner*.

Trône, du L. *thronus* (m. s.). — D. *trôner, detrôner*.

Tronquer, du L. *truncare* (m. s.)

Trop, origine inconnue. — D. *par trop* (voy. *par*).

Trope, du L. *tropus* (trope).

Trophée, du L. *tropaeum* (trophée).

Tropique, du L. *tropicus* (m. s.). — D. *tropical*

† **Troquer**, de l'espagnol *trocar* (troquer).— D. *troc* (subst. verbal).

Trotter (voy. à l'*Appendice*). — D. *trot* (subst. verbal), *trotteur, trottoir*.

Trou, voy. *trouer*.

† **Troubadour**, venu du provençal *trobador* (poète, dérivé du verbe *trobar* trouver; inventer; pour l'étymologie de *trobar*, voy. au mot *trouver*).

Trouble (adj.), du L. *turbulus** (qui est en désordre), par la contraction (voy. p. LXXXI) de *turb(ŭ)-lus* en *turbl'us*, d'où *trouble* par la transposition de *r* (voy *âpreté*).

Troubler, du L. *turbulare** (troubler, dérivé de *turbula* trouble dans Ammien Marcellin) *Turb(ŭ)lare*, régulièrement contracté (voy. *accointer*) en *turb'lare*, donne *troubler* par la transposition de *r* (voy. *âpreté*) et par le changement de *u* en *ou* (voy. *accouder*). — D. *trouble* (subst. verbal); *troublé*.

Trouer. Le latin barbare *traugus* (trou) que l'on trouve dans la Loi des Ripuaires (tit. 43. « *Si quis in clausura aliena* traugum *ad transeundum fecerit....* »), et dont l'origine est inconnue, a donné le provençal *trauc*, le français *trou* par la chute du *g* (voy. *allier*) et par le changement de *au* en *ou* (voy. *alouette*). De *trou* est venu le verbe *trouer* (d'où *trouée*).

Troupe, dérivé du latin barbare *troppus* (troupe d'animaux, troupeau) : « *Si enim in* troppo *de jumentis illam ductricem aliquis involaverit....* » dit la *Lex Alamannorum* 7, 9. L'origine de *troppus* est inconnue.

Troupe vient de *troppus* (ou mieux de la forme féminine *troppa*) par le changement de *o* en *ou* (voy. *affouage*). — D. *troupeau*; *troupier; attrouper*.

Troupeau, voy. *troupe*.

Troupier, voy. *troupe*.

Trousse, voy. *trousser*. — D. *trousseau*; *détrousser* (proprement enlever la *trousse*); *troussequin*.

Trousseau, voy. *trousse*.

Trousser, anciennement *trosser*, à l'origine *torser* (mettre en faisceau, en paquet), du L. *tortiare** (lier ensemble, dérivé de *tortus* participe de *torquere* tordre). *Tortiare* par le changement de *tiare* en *ser* (voy. *agencer*) donne *torser*, qui devient *trosser* par la transposition de l'*r* (voy. *âpreté*). Pour le changement postérieur de *trosser* en *trousser*, voy. *affouage*. — D. *trousse* ensemble de choses pliées, *troussées;* faisceau de choses liées ensemble; *trousse* est un substantif verbal) : *troussis; retrousser*.

Trouver, anciennement *trover, torver* dans un texte du onzième siècle, en provençal *trobar*, du L. *turbare* (remuer, chercher, fouiller, d'où postérieurement le sens de trouver). Par le changement : 1° de *b* en *v* (voy. *avant*), 2° de *u* en *o* (voy. *annoncer*), *turbare* donne l'ancien français *torver*, qui devient *trover*, par la transposition de *r* (voy. *âpreté*); pour le changement postérieur de *trover* en *trouver*, voy. *affouage*.

Ce qui confirme cette étymologie, c'est que l'ancien portugais *trovar* signifie à la fois *trouver* et *remuer* comme le L. *turbare*. De même que *turbare* a donné *trouver, conturbare* a donné *controuver* — D *trouvaille; trouveur*.

Trouvère (poëte, proprement celui qui trouve, qui invente). *Trouvère* correspondrait à une forme de la basse latinité *trovator**, qui, perdant régulièrement la dernière voyelle (voy. p. LXXXI), devient *trovat'r* d'où *trovère* par le changement : 1° de *a* en *e* (voy *acheter*, 2° de *tr* en *r* (voy. *arrière*), puis *trouvere* par celui de *o* en *ou* (voy. *affouage*).

Truand, du L du moyen âge *trutannus* (vagabond). « *Praecipimus ut semper pauperes magis indigentes (et minime* trutanni) *ad ipsam eleemosynam admittantur.* » (dit un texte de 1340).

Trutannus est un mot d'origine celtique (kymri *tru* misérable). Pour la chute du *t* médial *tru(t)annus*, voy. *abbaye*. — D. *truanderie*

† **Truchement,** ou mieux *tru-*

TUE 540 TUR

cheman, de l'espagnol trucheman (interprète).

Truelle, diminutif d'un type truc* qui est le L. trua (espèce de cuillère).

Truffe, origine inconnue. — D. truffier, truffer.

Truie, en italien troja, du L. troja (truie dans le latin vulgaire; on sait que les Romains désignaient sous le nom de cochon troyen (porcus trojanus) un cochon rôti, dans le ventre duquel on avait placé des oiseaux et d'autres animaux (par allusion au cheval de Troie, dans le ventre duquel était renfermé Ulysse et ses compagnons). — Par assimilation, on nomma la truie troja Un écrivain latin de l'empire, Messala Corvinus, nous apprend que, de son temps, le peuple de Rome appelait la truie troja (« Troia namque vulgo latine scrofa dicitur....») On lit dans un texte juridique : « Troias omnes meas do, lego.... »
Troia a donné truie par le changement de o en u (voy. cuider). Pour le rapport de j à i, voy. aider.

Truite, du L. tructa (truite, dans Pline) par le changement de ct en it (voy. attrait).

Trumeau, origine inconnue.

Tu, du L. tu (toi).— D tutoyer (voy. toi).

Tube, du L. tubus (tube).— D. tubuleux, tubulure.

Tubercule, du L. tuberculum (m. s.). — D. tuberculeux.

Tubéreuse, du L. tuberosa (bosselée).

Tuer, mot assez récent (avec ce sens) dans notre langue; l'ancien français ne disait point tuer, mais occire (de occidere) : dans notre ancienne langue tuer avait le sens d'étouffer, comme le provençal tudar, l'ancien italien tutare.

Tuer vient du L. tutari (protéger, recouvrir pour protéger, puis étouffer; tuer le feu, par exemple, était à l'origine le couvrir de cendres pour le maintenir, d'où le sens d'étouffer, qui s'est plus généralisé dans l'acception tuer).
Perdant le t médial (voy. abbaye), tu(t)ari donne tuer, comme commu(t)are donne commuer, comme remu(t)are, sternu(t)are, salu(t)are, mu(t)are donnent remuer, éternuer, saluer, muer. — D. tuerie, tueur.

Tuf, du L. tophus (tuf) par le changement : 1° de ph en f (voy. coffre); 2° de o en u (voy curée).

Tuile, du L tegula (tuile) par la contraction régulière (voy. p. LXXXI) de teg(u)la en teg'la, d'où tuile par le changement : 1° de gl en il (voy. cailler). 2° de e en u (voy. jumeau).— D. tuilier, tuilerie.

†**Tulipe**, venu de l'espagnol tulipa (tulipe). — D. tulipier.

Tulle, mot d'origine historique (voy. p LXIV), le tulle est un tissu originairement fabriqué à Tulle, comme la valencienne est une dentelle fabriquée à Valenciennes.

Tuméfaction, du L tumefactionem* (dérivé de tumefactus gonflé).

Tuméfier, du L. tumeficare* (gonfler).

Tumeur, du L. tumorem(m. s.).

Tumulaire, du L. tumularis* (dérivé de tumulus tombeau)

Tumulte, du L. tumultus (m s.).

Tumultueux, du L. tumultuosus (m. s).

Tunique, du L. tunica (m s.).

†**Tunnel**, de l'anglais tunnel (m. s)

†**Turban**, venu de l'italien turbante (turban).

Turbot, dérivé (à l'aide du suffixe diminutif ot) d'un type primitif *turbe** qui est le L. *turbo* (proprement toupie, puis turbot par l'assimilation de la forme du turbot à celle d'une toupie). Ce qui confirme cette origine, c'est que le grec ῥόμβος signifie à la fois toupie et *turbot*.

Turbulent, du L. *turbulentus* (m. s.). — D. *turbulence*.

† **Turf**, mot venu de l'anglais *turf* (gazon).

Turgescent, du L. *turgescentem* (qui se gonfle). — D. *turgescence*.

Turlupin, mot d'origine historique (voy. p. LXIV); allusion à Turlupin, acteur du temps de Louis XIII. — D. *turlupiner*, *turlupinade*.

Turpitude, du L. *turpitudo* (m. s.).

Tutélaire, du L. *tutelaris* (m. s.).

Tutelle, mot venu du L. *tutela* (m. s.).

Tuteur, du L. *tutor* (m. s.).

Tutoyer, voy. *tu et toi*. — D. *tutoiement*.

Tutrice, du L. *tutricem* (m. s.).

Tuyau, anciennement *tuyel*, du L. *tubellus* (diminutif de *tubus* tuyau) par la chute du *b* médial tu(b)*ellus* (voy. *aboyer*); pour le changement de *tuyel* en *tuyau*, voy. *agneau*.

Tympan, du L. *tympanum* (tambour). — D. *tympaniser*, *tympanite*.

Type, du L. *typus* (figure, image). — D. *typique*.

Typhoïde, du grec τυφώδης (dérivé de τῦφος; voy. *typhus*).

Typhus, du grec τῦφος (vapeur).

Typographie, du grec τύπος (empreinte) et γράφω (j'écris). — D. *typographique*.

Tyran, du L. *tyrannus* (maître absolu). — D. *tyrannie*, *tyranniser*.

U

Ubiquiste, du L. *ubique* (partout).

Ubiquité, du L. *ubique* (partout).

Ulcère, du L. *ulcerus* (m. s.). D. *ulcérer*, *ulcération*.

Ultérieur, du L. *ulterior* (m. s.).

Ultimatum, du L. *ultimatum** participe de *ultimare** (de *ultimus* dernier).

† **Ultramontain**, venu de l'italien *oltramontano* (d'au delà des Alpes).

Umble, du L. *umbra* (umble dans Ovide) par le changement de *r* en *l* (voy. *autel*).

Un, du L. *unuc* (un). — D. *unième*.

Unanime, du L. *unanimus* (m. s.). — D. *unanimité*.

Uniforme, du L. *uniformis* (m. s.) — D. *uniformité*.

Union, du L. *unionem* (m. s.).

Unique, du L. *unicus* (m. s.).

Unir, du L. *unire* (m. s.). — D. *désunir*, *réunir*.

Unisson, du L. *uni-sonus** (accord dans un seul son).

Unité, du L. *unitatem* (m. s.).

Univers, du L. *universum* (univers dans Cicéron).
Universalité, du L. *universalitatem* (m. s.).
Universel, du L. *universalis* (m. s.).
Université, du L. *universitatem* (collége, corporation, communauté, dans Marcianus au sixième siècle). — D. *universitaire*.
Uranoscope, du L. *uranoscopus* (poisson, dans Pline).
Uretère, du grec οὐρητήρ (m. s.).
Urètre, du grec οὐρήθρα.
Urgent, du L. *urgentem* (pressant). — D. *urgence*.
Urine, du L. *urina* (m. s.).
Urique, dérivé ainsi qu'*urate* t *urée*, du grec οὖρον (urine).
Urne, du L. *urna* (urne).
Urticaire, du L. *urtica* (ortie).
Us, du L. *usus* (usage).
User, du L. *usare** (dérivé de *usus* partic. de *uti* user. Pour la formation des verbes fréquentatifs, voy. p. xxxii). — D. *usage, usance*. Un dérivé de *usare** est *usinare** (avoir l'usage de.... dans plusieurs textes du moyen âge), d'où le substantif verbal *usina*, qui signifie l'usage des eaux, dans un texte du onzième siècle : d'où le sens postérieur d'établissement industriel qui marche à l'aide de l'eau, et enfin d'usine.
Usine, voy. *user*.
Usité, part. du verbe *usiter*, qui est le L. *usitari* (se servir fréquemment de).
Ustensile, du L. *utensilia* (ustensiles dans Varron et Tite-Live).
Ustion, du L. *ustionem* (action de brûler).
Usuel, du L. *usualis* (m. s.).
Usufruit, du L. *ususfructus* (usufruit).
Usure, du L. *usura* (m. s.). — D. *usurier, usuraire*.
Usurper, du L. *usurpare* (m. s.). — D. *usurpateur, usurpation*.
Utérin, du L. *uterinus* (m. s.).
Utile, du L. *utilis* (m. s.). — D. *utilité, utiliser, utilitaire*.
Utopie, plan de gouvernement d'un pays imaginaire, du grec οὐτόπος (prop. non-lieu, pays imaginaire). — D. *utopiste*.

V

Vacant, du L. *vacantem* (qui est vide) — D. *vacance*.
Vacarme, mot d'origine germanique (néerlandais *wacharmer*, malheur à toi.) *Vacarme* était au moyen âge une exclamation, d'où le sens postérieur de bruit, de tapage.
Vacation, du L. *vacationem* (m. s.).
Vaccin, du L. *vaccinus* (de vache). — D. *vacciner* (d'où le subst. verbal *vaccine*).
Vache, du L. *vacca* (vache) par le changement de *cc* en *ch* (voy. *acheter*). — D. *vacher, vacherie*.
Vacillant, voy. *vaciller*.
Vaciller, du L. *vacillare* (m. s.). — D. *vacillement, vacillation*.
Vacuité, du L. *vacuitatem* (m. s.).

Vade-mecum, du L. *vade mecum* (viens avec moi).
Vagabond, du L. *vagabundus* (m. s.). — D. *vagabonder, vagabondage*.
Vagir, du L. *vagire* (m s.). — D. *vagissement*.
† **Vagon**, de l'anglais *wagon* (m. s.).
Vague (substantif), mot d'origine germanique (ancien haut allemand *wâc*, vague).
Vague (adjectif), du L. *vagus* (errant).
† **Vaguemestre**, mot introduit au seizième siècle dans la langue française par les reîtres; c'est l'allemand *Wagen-meister* (maître des équipages de l'armée. En 1650 Ménage définissait le *vaguemestre* « un officier qui a le soin de faire charger et atteler les bagages d'une armée.... »
Vaguer, mot venu du L. *vagari* (m. s.).
Vaillance, du L. *valentia* (courage) par le changement : 1° de *tia* en *ce* (voy. *agencer*); 2° de *en* en *an* (voy. *andouille*).
Vaillant, du L. *valentem* (robuste, vigoureux).
Vain, du L. *vanus* (vain) par le changement de *anus* en *ain* (voy. *ancien*).
Vaincre, du L. *vincere* (vaincre) par la contraction régulière (voy. p. LXXXI) de *vinc(ĕ)re* en *vinc're*. — D. *vainqueur*.
Vair, du L. *varius* (bigarré, tacheté). Pour l'attraction de *i*, voy. *aigle*. — D. *vairon*.
Vaisseau, anciennement *vaissel*, en italien *vascello*, du L. *vascellum* (dérivé de *vas*, vase, vaisseau). *Vascellum* a donné *vaissel* par le changement : 1° de *a* en *ai* (voy. *aigle*); 2° de *sc* en *ss* (voy. *cresson*). Pour le changement de l'ancien français *vaissel* en *vais-seau*, voy. *agneau*. La forme féminine de *vaissel* est *vaisselle*.
Vaisselle, voy. *vaisseau*.
Val, du L. *vallis* (vallon). — D. *vallée, vallon; aval* (*avaler*). *Val*, changeant *l* en *u* (voy. *agneau*) s'est réduit à *vau*, dans *à vau l'eau, vaudeville, etc.*
Valable, voy. *valoir*.
Valet, anciennement *vaslet**, du L. du moyen âge *vassalettus** (diminutif de *vassalis* vassal; voy. *vassal*). Le *vaslet* signifiait à l'origine un écuyer, un jeune homme qui servait sous un seigneur, d'où le sens postérieur de serviteur. *Vass(a)lettus* perdant l'*a* atone (voy. *accointer*) donne *vas'lettus* d'où *vaslet* qui est devenu postérieurement *valet* par la chute de *s* (voy. *abîme*). — D. *valeter, valetage, valetaille*.
Valétudinaire, du L. *valetudinarius* (maladif).
Valeur, du L. *valorem* (m. s.). — D. *valeureux*.
Valide, du L. *validus* (m. s.). — D. *invalide; validité; valider*.
† **Valise**, de l'italien *valigia* (valise). — D. *dévaliser*.
Vallée, voy. *val*.
Vallon, voy. *val*.
Valoir, du L. *valere* (valoir) par le changement de *e* en *oi* (voy. *accroire*). — D. *value* (subst. participial); *valable*.
† **Valser**, venu récemment de l'allemand *walzen* (valser). — D. *valse* (subst. verbal).
Value, voy. *valoir*.
Valve, du L. *valva** (m. s.). — D. *valvule*.
Van, du L. *vannus* (van). — D. *vanner; vanne; vanneau; vannier; vanneur; vannerie*.
Vandale, mot d'origine historique (voy. p. LXIV); nom d'une peuplade germanique qui mit Rome au pillage en 455. — D. *vandalisme*.

† **Vanille**, de l'espagnol *vainilla* (vanille). — D *vanillier*.

Vanité, du L. *vanitatem* (m. s.). — D. *vaniteux*.

Vanne, voy. *van*.

Vanner, voy. *van*.

Vannier, voy. *van*.

Vantail, voy. *vent*.

Vantard, voy. *vanter*.

Vanter, du L. *vanitare* vanter : « *Vanitas est fallacia ; vanitantes autem vel falsi vel fallentes vel utrique intelliguntur....* » dit saint Augustin (*De quant. animæ*, 23). *Van*(*i*)*tare*, perdant régulièrement l'*i* atone (voy. *accointer*), se contracte en *van'tare*. — D. *vantard*, *vanterie*.

Vapeur, du L. *vaporem* (m. s.). — D. *vaporeux*, *vaporiser*.

Vaquer, du L. *vacare* (être libre, vaquer).

Varangue, mot d'origine germanique, comme la plupart des termes de marine (suédois *vranger* m. s.).

Varech, mot d'origine germanique (anglo-saxon *vrâc*, ce que la mer jette sur le rivage).

Varenne, du L. du moyen âge *warenna* (voy pour les détails au mot *garenne*).

Variable, du L *variabilis* (m. s.). — D. *variabilité*.

Varice, du L. *varicem* (m. s.).

Varier, du L. *variare* (m. s.). — D. *variation*, *variante*.

Variété, du L. *varietatem* (m. s.).

Variole, du L. *variola* * (dérivé de *varius* tacheté).

Varlet, anciennement *vaslet* (pour l'étymologie, voy. au mot *valet*). Pour le passage de *vaslet* à *varlet*, voy. *orfraie*.

Varlope, origine inconnue.

1. **Vase** (mascul.), du L. *vasum* (vase, dans Plaute).

2. **Vase** (féminin), mot d'origine germanique (anglo-saxon *vase* bourbe, vase). — D. *vaseux*.

Vasistas, origine inconnue.

Vassal, du L. du moyen âge *vassalis* (vassal), dérivé lui-même du L. *vassus* * (serviteur : « *Si alicujus seniscalcus, qui servus est, et dominus ejus XII vassos infra domum habet, occisus fuerit....* » dit la *Lex Alamannorum* (79,3).

Vassus est un mot d'origine celtique (kymrique *gwas* serviteur). — D. *vasselage*, *vassalité*.

Vaste, du L. *vastus* (m. s.).

Vaudeville, proprement chanson de circonstance sur un air connu. *Vaudeville* est un mot d'origine historique (voy. p. LXIV).

Vaudeville est une altération de *vaudevire* (sur *r* devenu *l*, voyez *autel*). Ménage disait au dix-septième siècle : « Vaudeville, sorte de chansons. Par corruption au lieu de Vaudevire. C'est ainsi qu'on appeloit anciennement ces chansons, parce qu'elles furent inventées par Olivier Basselin, qui étoit un foullon de Vire en Normandie, et qu'elles furent premièrement chantées au Vau de Vire, qui est le nom d'un lieu proche de la ville de Vire.... »

Vau-l'eau (à), c'est-à-dire *aval l'eau* (en suivant le fil de l'eau). Voy. pour les détails aux mots *val*, et *aval*.

Vaurien, pour *vaut-rien*, comme *fainéant* pour *fait néant*. Voyez pour l'étymologie aux mots *rien* et *valoir*.

Vautour, du L. *vulturius* (vautour dans Lucrèce). Changeant *u* en *o* (voy. *annoncer*), *vulturius* est déjà *volturius* dans un texte mérovingien. *Volturius* devient *vautour* par le changement : 1° de *ol* en *au* (voy. *agneau*) ; 2° de *u* en *ou* (voy. *accouder*).

Vautrer (se rouler), anciennement vou*tr*er, à l'origine *vol-trer* dans Marie de France, en italien *voltolare*; du L. *voltulare* * (dérivé de *voltus* contraction de *rolutus* roule). *Volt(ū)lare*, se contractant régulièrement (voy. *accointer*) en *volt'lare*, donne *voltrer* par le changement de *l* en *r* (voy. *apôtre*). Changeant *ol* en *ou* puis en *au* (voy. *agneau*), *voltrer* devient *toutrer* puis *vautrer*, — comme *volturius* * est devenu *vautour*.

Veau, anciennement *véel*, en provençal *vedel*, du L. *vitellus* (veau, dans Plaute) par la chute du *t* médial *vi(t)ellus* (voy. *abbaye*), d'où *véel* par le changement de *i* latin en *e* (voy. *admettre*), *veau* par le changement de *el* en *eau* (voy. *agneau*). — D. *véler* (de l'ancienne forme *véel*).

Vecteur, du L. *vectorem* (qui porte).

† **Vedette**, venu au seizième siècle de l'italien *vedetta* (vedette).

Vegetal, du L. *vegetalis* * (dérivé de *regetus* qui pousse)

Vegetation, du L. *vegetationem* (action de pousser, de grandir).

Vehement, du L. *vehementem* (m. s.). — D. *vehémence*

Vehicule, du L. *vehiculum* (m. s.).

Veiller, du L. *vigilare* (veiller) par la contraction régulière (voy. *accointer*) de *vig(i)lare* en *vig'lare*, d'où *veiller* par le changement : 1° de *gl* en *il* (voy. *cailler*), 2° de *i* en *e* (voy. *admettre*. — D. *veille* (substantif verbal) ; *veillée* (subst. participial); *veilleur*, *veilleuse*; *éveiller* (*réveiller*); *surveiller*.

Veine, du L. *vena* (veine) par le changement de *e* en *ei* (voy *frein*). — D *veiner*, *veineux*; *venelle* (pour *veinelle*), voy. ce mot.

Véler, voy. *veau*.

Vélin (peau de veau), du L. *vitulinus* (de veau) par la contraction régulière (voy. *accointer*) de *vit(ū)linus* en *vit'linus*, d'où *vélin* par l'assimilation de *tl* en *l* (voy. *bouleau*) et par le changement de *i* en *e* (voy. *admettre*).

Velleité, dérivé du L *velle* (vouloir)

Veloce, du L. *velocem* (rapide). — D. *velocité*.

Velocipede, du L *velocem* (rapide) et *pedem* (pied).

Velours, anciennement *velous* (encore au dix-septième siècle : Menage rapporte que de son temps on disait concurremment *velous* et *velours*) ; du L. *villosus* (proprement velu, hérissé, couvert de poils, d'où le sens d etoffe à poils courts et serrés, de *velours*) *Villosus*, changeant *o* en *ou* (voy. *affouage*), *i* en *e* (voy. *admettre*), donne l'ancienne forme *velous*, devenue postérieurement *velours* par l intercalation de *r* (voy. *fronde*).

† **Veloute**, partic. de *velouter* * qui est l'italien *vellutare* (velouter).

Venaison. du L. *venationem* (chasse, puis produit de la chasse), Pour le changement de ....*ationem* en *aison*, voy. *fenaison*.

Venal, du L *venalis* (m. s.). — D. *vénalité*.

Vendanger, du L. *vindemiare* (vendanger). Consonnifiant *ia* en *ja* (voy. *abréger*), *vindemiare*, devenu *vindemjare*, donne *vendanger* par le changement : 1° de *in* en *en* (voy. *admettre*) ; 2° de *m* en *n* (voy. *changer*) et de *en* en *an* (voy *andouille*). — D. *vendange* (substantif verbal); *vendangeur*

Vendemiaire, dérivé du L. *vindemia* (vendange).

Vendre, du L. *vendere* (vendre) par la contraction régulière (voy. p. LXXXI) de vend(ê)re en en vend're. — D. vente (subst. participial fort; voy. absoute); revendre; vendeur, vendable.

Vendredi, ancien français venredi, en italien venerdi, en provençal di-venres, — du L Veneris dies (jour de Vénus, vendredi dans les Inscriptions). Veneris-dies ou venēr'dies perdant suivant la règle (voy. accointer) son ĕ atone, devient ven'rdies qui donne vendredi par le changement de nr en ndr (voy absoudre). Veneris-dies donne vendre-di, comme Portus-Veneris a donné Port-Vendres.

Venelle, voy. veine.

Vénéneux, du L. venenosus (m s.) par le changement de osus en eux (voy. amoureux).

Vener, du L. venari (chasser). — D. veneur, vénerie.

Vénérer, du L. venerari (m. s.). — D. vénérable, vénération.

Vénerie, voy. vener.

Venette, mot dont l'origine est inconnue.

Veneur, voy. vener.

Venger, du L. vindicare (venger) par la contraction régulière (voy. accointer) de vind(i)care en vind'care; pour le changement de ...dcare en ....ger, voy. adjuger; pour celui de i en e, voy. admettre. — D. vengeur, vengeance.

Véniel, mot venu du L. venialis (m. s).

Venimeux, voy. venin.

Venin, du L. venenum (poison) par le changement de e en i (voy. accomplir). — D venimeux, envenimer (au lieu de venineux, envenineux, envenineur, par dissimilation; voy. p. LXXVI).

Venir, du L. venire (m. s.). — D. venue (subst. participial).

Vent, du L. ventus (m. s.). —

D. venter, venteux; éventer; contrevent, paravent; vantail (écrit anciennement ventail).

Vente, voy. vendre.

Ventilateur, du L. ventilator (voy. ventilation).

Ventilation, du L. ventilationem (exposition à l'air).

Ventiler (terme de droit), du L. ventilare (exposer, publier).

Ventôse, du L. ventosus (venteux; le mois des vents).

Ventouse, du L. ventosa ventouse au sixième siècle dans Theodorus Priscianus; « missae in scapulis, sive cruribus, ventosae, procedentibus, erumpentibusque vesicis, decursa sanie multi libe rabantur... » dit Grégoire de Tours (Hist. V, 6). Et Isidore de Séville : « quae, a Latinis, a similitudine cucurbitae, a suspirio ventosa, vocatur.... »

Pour le changement de ventosa en ventouse, voy. affouage.

Ventre, du L. ventrem (ventre). — D. ventrée; ventrière (sous-ventrière); ventru; éventrer.

Ventricule, du L. ventriculus (m. s.).

Ventriloque, du L. ventriloquus (qui parle du ventre).

Venue, voy. venir.

Vêpre (proprement soir, puis office du soir), anciennement vespre, du L vesper (soir). Pour la chute de s, voy. abîme.

Ver, du L. vermis (ver) par la réduction de rm à r (voy. aubour). — D véreux.

Véracité, du L. veracitatem (m. s).

Verbal, du L. verbalis (m. s.). — D verbalement: procès-verbal (d'où verbaliser).

Verbe, du L. verbum (m. s.). D. verbiage.

Verbeux, du L. verbosus (m. s.). Pour le changement de osus en *eux*, voy. *amoureux*.— D. *verbosité* (L. verbositatem).

Verd, du L. *viridis* (verd) par la contraction régulière (voy. p. LXXXI) de *vir(i)dis* en *vir'dis*, d'où *verd* par le changement de *i* en *e* (voy. *admettre*). — D. *verdâtre, verdir, verdet, verdelet, verdier; verdure; verdoyer*.

† **Verdict**, venu récemment de l'anglais *verdict* (déclaration).

Verdure, voy. *verd*. — D. *verdurier*.

Véreux, voy. *ver*.

Verge, du L. *virga* (verge) par le changement de *i* en *e* (voy. *admettre*). — D. *vergé; vergeure; vergette* (*vergeter*).

Verger, du L. *viridiarium* (verger, dans le Digeste, et dans les Inscriptions). *Vir(i)diarium*, consonnifiant *ia* en *ja* (voy. *abréger*) et supprimant l'*i* atone (voy. *accointer*), devient *vir'djarium* d'où *verger* par le changement : 1° de *i* en *e* (voy. *admettre*); 2° de *a* en *e* voy. *acheter*) ; 3° de *dj* en *g* (voy. *ajouter*).

Verglas, proprement glace qui est transparente comme du verre; *ver-glas* est un composé de *verre* et de *glace* (voy. ces mots).

Vergogne, honte, du L. *verecundia* (honte) par la contraction (voy. *aider*) de *ver(e)cundia* en *ver'cundia*, d'où *vercunnia** par l'assimilation de *nd* en *nn*. *Vercunnia* donne *vergogne* par le changement : 1° de *c* en *g* (voy. *adjuger*); 2° de *u* en *o* (voy. *annoncer*) ; 3° de *nia* en *gne* (voy. *cigogne*).

† **Vergue**, venu du provençal *vergua* (vergue, qui est le L. *virga* (bâton). — D. *enverguer*.

Véricle, du L. *vitriculus* (dérivé de *vitrum* verre). *Vitric(u)lus*, perdant régulièrement *u* (voy. p. LXXXI), se contracte en *vitric'lus*

d'où *véricle* par le changement : 1° de *i* en *c* (voy. *admettre*); 2° de *tr* en *r* (voy. *arrière*.

Véridique, du L. *veridicus* (véridique). — D. *véridicité*.

Vérifier, du L. *verificare** (m. s.).— D. *vérification, vérificateur*.

Vérin, origine inconnue.

Véritable, voy. *vérité*.

Vérité, du L. *veritatem* (m. s.). Pour le changement de *atem* en *é*, voy. *abbé*. — D. *véritable*.

Verjus, pour *vert jus*; voy. aux mots *jus* et *vert*.— D. *verjuté*.

Verle, du L. *virgula* (baguette, verge) par la contraction régulière (voy. p. LXXXI de *virg(u)la* en *virg'la*. Réduisant *gl* à *l* (voy. *cailler*), *virgla* donne *verle* par le changement de *i* en *e* (voy. *admettre*).

1. **Vermeil** (adj.), du L. *vermiculus* (écarlate dans saint Jérôme) par le changement de ....*iculus* en ....*eil*, voy. *abeille*. D. *vermillon*.

2. **Vermeil** (subst.), argenterie dorée au mercure; proprement vernis composé de gomme et de *cinabre* broyés avec de l'essence de térébenthine; pour l'étymologie, voy. *vermeil* 1.

† **Vermicelle**, de l'italien *vermicelli* (vermicelle).

Vermillon, voy. *vermeil* 1.

Vermine, dérivé du L. *vermis* (ver).

Vermisseau, dans l'ancien français *vermicel*, du L. *vermicellus** (dérivé de *vermis* ver; proprement petit ver). Pour le changement : 1° de *c* en *ss*, voy. *amitié*: 2° de *ellus* en *el* puis en *eau*, voy. *agneau*.

Vermoulu, ce qui est réduit en poudre, ce qui est moulu par les vers; pour l'étymologie, voy. aux mots *moudre* et *ver*. — D. *vermoulure*.

Vernal, du L *vernalis* (m. s.).
Verne, mot d'origine celtique (kymrique *gwern* aune, verne, pour *coed gwern*).
Vernir, du L. *vitrinire** (rendre brillant comme du verre; *vitrinire** dérive, par *vitrinus**, de *vitrum* verre).
Vitr(i)nire se contractant régulièrement (voy. *accointer*) en *vitr'nire*, donne *vernir* par le changement: 1° de *tr* en *r* (voy. *arrière*); 2° de *i* en *e* (voy. *admettre*). — D *vernis (vernisser); vernissure*.
Vérole (petite), ancien français *variole*, du L. *variola** (variole: pour l'étymologie, voy. *variole*). *Variola* a donné l'ancien français par la transposition de *i* (voy. *aigle*); *vairole* est devenu *vérole*, comme l'ancien français *alaigre, aissieu,* est devenu postérieurement *alègre, essieu.*
Verrat, dérivé de l'ancien français *ver* (porc) qui est le L. *verres* (verrat).
Verre, du L. *vitrum* (verre) par le changement: 1° de *tr* en *rr* (voy. *arrière*); 2° de *i* en *e* (voy. *admettre*). — D. *verrier, verrière, verroterie.*
Verrou, à l'origine *verrouil*, du L. *veruculum* (petite pièce de fer allongée, petite broche, verrou dans les glossaires du moyen âge). Le suffixe *uculum* donnant *ouil* (voy. *abeille*), *veruculum* donna l'ancien français *verrouil* qui s'est postérieurement réduit à *verrou*, comme les anciennes formes *genouil* et *pouil* se sont réduites à *genou* et à *pou* dans le français moderne; mais de même que la vieille forme *genouil* a persisté dans *agenouiller,* l'ancien français *verroui* subsiste dans le verbe *verrouiller.*
Verrue, du L. *verruca* (ver-

rue) par le changement de *uca* en *ue* (voy. *ami*).
1. **Vers** (préposition), du L. *versus* (tourné). — D. *devers envers.*
2. **Vers** (substantif), du L. *versus* (vers). — D. *verset, versification* (L. versificationem); *versificateur* (L. versificator); *versifier.*
Versatile, du L. *versatilis* (m. s.). — D. *versatilité.*
Versant, voy. *verser.*
Verser, du L. *versare* (renverser, incliner, d'où le sens postérieur de verser. — D. *verse* (subst. verbal; d'où la locution *à verse* et le substantif *averse*); *verseau; versement; versant.*
Version, du L. *versionem** (action de tourner).
Verso, du L. *verso* (sous-entendu *folio*, proprement au feuillet tourné).
Vert, voy. *verd.* Pour le changement de *verd* en *vert*, voy. *dont.*
Vertèbre, du L. *vertebra* (m. s.). — D. *vertébré; vertébral.*
Vertical, du L. *verticalis** (dérivé de *verticem* sommet).
Vertige, du L. *vertigo* (m. s. dans Tite-Live). — D. *vertigineux* (L. vertiginosus).
Vertu, du L. *virtutem* (vertu) par le changement de *utem* en *u* (voy. *aigu*) et par celui de *i* en *e* (voy. *admettre.*
Vertueux, en provençal *vertudos*, du L. *virtutosus** (dérivé de *virtutem* vertu). *Virtu(t)osus* perdant le *t* médial (voy. *aboyer*) donne *vertueux* par le changement: 1° de *i* en *e* (voy. *admettre*); 2° de *osus* en *eux* (voy. *amoureux*).
Verve. Ce mot qui est déjà dans Rutebœuf vient du L *verva* (proprement tête de bélier sculptée, puis sculpture de fantaisie, enfin caprice et fantaisie de l'artiste).

Verveine, du L. *verbena* (verveine) par le changement : 1° de *b* en *v* (voy. *avant*) ; 2° de *e* en *ei* (voy. *frein*).

Verveux, du L. *vertebolum* * (filet, dans les textes mérovingiens: « *Si quis* vertebolum *de flumine furaverit....* » dit la Loi Salique (27,14). *Vertebolum* dérive de *vertebra*).

Vert(e)*bolum* régulièrement contracté (voy. *accointer*) en *vert'bolum* donne *verveux* par le changement : 1° de *tb* en *b* (voy. *plane*) ; 2° de *b* en *v* (voy. *avant*) ; 3° de *ol* en *eu* (voy. *agneau*).

Vesce, anciennement *vesse*, du L. *vicia* (vesce) par le changement : 1° de *i* en *e* (voy. *admettre*) ; 2° de *cia* en *sse* (voy. *agencer*). — D. *vesceron*.

Vésicatoire, dérivé du L. *vesica* (ampoule).

Vésicule, du L. *vesicula* (m. s.).

Vessie, du L. *vesica* (vessie). Pour la chute du *c*, voy. *ami* ; pour le changement de *s* en *ss*, voy. *dessiner*.

Veste, du L. *vestis* (vêtement). Pour la réduction de sens, voy. p. XXIII.

Vestiaire, du L. *vestiarium* (garde-robe).

Vestibule, du L. *vestibulum* (m. s.).

Vestige, du L. *vestigium* (trace).

Vêtement, ancien français *vestement*, du L. *vestimentum* (vêtement) par le changement de *i* en *e* (voy. *admettre*) et par la chute de *s* (voy. *abîme*).

Vétéran, du L. *veteranus* (m. s.). — D. *vétérance*.

Vétérinaire, du L. *veterinarius* (médecin vétérinaire dans Columelle).

† **Vétille**, mot venu du piémontais *vetilia* (vétille).

Vêtir, anciennement *vestir*, du L. *vestire* (vêtir) par la chute postérieure de *s* (voy. *abîme*). — D. *vêture, dévêtir, revêtir*.

Véto, du L. *veto* (je défends).

Vêture, voy. *vêtir*.

Vétusté, du L. *vetustatem* (m. s.).

Veuf, du L. *viduus* (veuf) par la réduction ordinaire de *uu* à *u* (voy. p. XC), d'où *vidus* qui devient *veuf* par le changement : 1° de *i* latin en *eu* (voy. *affubler*) ; 2° de en *f* (voy. *fief*).

Veuvage, voy. *veuve*.

Veuve, du L. *vidua* (veuve, par la consonnification de *u* (voy. *janvier*) d'où *vidva* qui donne *veuve* par le changement : 1° de *i* en *eu* (voy. *veuf*) ; 2° de *dv* en *v* (voy. *aval*. — D. *veuvage*.

Vexation, voy. *vexer*.

Vexatoire, voy. *vexer*.

Vexer, du L. *vexare* (m. s.). — D. *vexation, vexatoire*.

Viabilité, voy. *viable*.

Viable. Pour l'étymologie, voy. au mot *vie*. — D. *viabilité*.

Viaduc, mot forgé à l'aide du L. *via* (route) et du mot *ductus* conduite).

Viager, du L. *vitaticarius* * (qui est à vie) ; *vitat*(*i*)*carius*, régulièrement contracté (voy. *accointer*) en *vi*(*t*)*aicarius*, donne *viager* par le changement : 1° de *tc* en *g* (voy. *adjuger*) ; 2° de *a* en *e* (voy. *acheter*) ; 3° par la chute du *t* médial (voy. *abbaye*).

Viande, en italien *vivanda*; viande ne s'est restreint que tardivement au sens de chair qu'il possède aujourd'hui ; dans notre ancienne langue *viande* désignait aussi bien une nourriture végétale qu'une nourriture animale; Rabelais nous apprend (IV, 54) que « *les poires sont* viande *très-salubre....* » On dit encore en termes de vénerie *viander* pour paître, et *viandis* pour pâture. *Viande* signifie à l'origine toute espèce de nourriture, et vient (comme l'italien *vivanda*) du L. *vivanda** (aliment, subsistance, ce qui est nécessaire à la vie : « *Ut nullus audeat in nocte negotiari, excepto* vivanda *et fodro, quod iter agentibus necessaria sint...* » dit un Capitulaire de Charlemagne à l'année 803. *Vianda* dérive de *vivenda* (proprement les choses nécessaires à la vie). Pour le changement de *vivenda* en *vivanda*, voy. *amender*. — Pour celui de *vi(v)anda* en *viande*, voy. *aïeul*.

Viatique, du L. *viaticum* (provisions de voyage).

Vibrer, du L. *vibrare* (m. s.). — D. *vibration*.

Vicaire, du L. *vicarius* (remplaçant, substitut). — D. *vicariat*.

1. **Vice**, du L. *vitium* (vice). Sur *tium* devenu *ce* voy. ci-dessus au mot *agencer*.

2. **Vice** (préposition), du L. *vice* (à la place de). — D. *vice-amiral, vice-roi, vice-président.* etc.... Changeant le *c* final en *s* (voy. *amitié*) *vice* est devenu en français *vis*...., d'où *vi-comte* (vice-comitem), *vi-dame* (vice-dominus), qui étaient dans notre ancienne langue *vis-comte, vis-dame*. Pour le changement postérieur de *vis*.... en *vi*...., voy. *abîme*.

Vicier, du L. *vitiare* (m. s.).

Vicieux, du L. *vitiosus* (m. s.).

Vicinal, du L. *vicinalis* (dérivé de *vicinus* voisin).

Vicissitude, du L. *vicissitudo* (m. s.).

Vicomte, du L. *vice-comitem* (vice-comte) : « *Comes praecipiat suo* vice *comiti, suisque centena ruis...* » lit-on dans un texte du huitième siècle). Pour le changement : de *vice* en *vi*, voy. *vice* 2; pour celui de *comitem* en *comte*, voy. *comte*. — D. *vicomté*.

Victime, du L. *victima* (m. s.).

Victoire, du L. *victoria* (m. s.) — D. *victorieux* (L. *victoriosus*).

Vidame, du L. *vice-dominus* (qui agit à la place du seigneur ou de l'évêque : « *Ut Episcopi, abbates, atque abbatissae advocatos atque* vicedominos, *centenariosque legem scientes et mansuetos habeant*.... » dit un Capitulaire de Charlemagne (802). Pour le changement de *vice* en *vi*, voy. *vice* 2; pour celui de *dominus* en *dame*, voy. *dame*.

Vidange, voy. *vider*. — D. *vidangeur*.

Vide, du L. *viduus* (vide). — D. *vider, vidange; évider; dévider*.

Viduité, du L. *viduitatem* (m. s.).

Vie, du L. *vita* (vie) par la chute du *t* médial (voy. *abbaye*). — D. *viable*.

Viel, en italien *vecchio*, du L. *veclus* (vieux; *veclus* était une forme populaire pour *vetlus, vetulus*, puisque l'*Appendix ad Probum* dit « *vetulus, non* veclus »). *Veclum* a donné *vieil* par le changement : 1° de *e* en *ie* (voy. *arrière*); 2° de *cl* en *il* (voy. *abeille*). Le nominatif *veclus* donna dans notre ancienne langue *viels* qui, adoucissant *l* en *u* (voy. *agneau*), devient *vieus*, puis *vieux* par le changement de *s* en *x* (voy. *deux*). — D. *vieillesse, vieillerie; vieillard, vieillot, vieillir*.

Vielle, du L. *vitella** (forme secondaire de *vitula* vielle dans les textes du moyen âge : « *Cymbala praeclara, concors symphonia, dulcis Fistula, somniferae cytharae,* vitulaeque *jocosae...* » dit un poëte du onzième siècle. *Vitula* dérive de *vitulari* se réjouir).

Vi(t)*ella* a donné *vielle* par la chute du *t* médial (voy. *abbaye*). — D. *vieller*.

Vierge, venu du L. *virgo* (vierge).

Vieux, voy. *vieil*.

Vif, du L. *vivus* (vivant, vif), par le changement de *v* en *f* (voy. *bœuf*).

Vigilance, voy. *vigilant*.

Vigilant, du L. *vigilantem* qui veille). — D. *vigilance*.

Vigile (veille), du L. *vigilia* (veille).

Vigne, du L. *vinea* (vigne) pour le changement de *nea* en *nia* puis en *gne*, voy. *cigogne*. — D. *vigneron*.

Vignette, proprement petite vigne ; les premières vignettes, encadrement ou bordure, représentaient des pampres, et des raisins.

Vignoble, du L. *vini-opulens* (terroir abondant en vin) par la contraction régulière (voy. p. LXXXI) de *viniop*(ü)*lens* en *viniop'lens*, d'où *vignoble* par le changement : 1° de *ni* en *gn* (voy. *cigogne*) ; 2° de *p* en *b* (voy. *abeille*).

† **Vigogne**, de l'espagnol *vicuña* (vigogne).

Vigueur, du L. *vigorem* (m. s.). — D. *vigoureux*.

Viguier, du L. *vicarius* (lieutenant) par le changement : 1° de *c* en *g* (voy. *adjuger*) ; 2° de *arius* en *ier* (voy. *ânier*. — D. *viguerie*.

Vil, du L. *vilis* (m. s.). — D. *avilir*.

1. **Vilain** (substantif), du L. *villanus** (habitant d'une ferme, d'une métairie, dérivé du L. *villa* métairie) ; du sens de paysan, est venu celui de grossier, de vil, de bas, d'où postérieurement l'adjectif *vilain*. Pour le changement de *anus* en *ain*, voy. *ancien*. — D. *villanelle*, poésie pastorale.

2. **Vilain** (adjectif), voy. *vilain* 1. — D. *vilenie*.

Vilebrequin, dans l'ancien français *virebrequin*, composé de *virer* (tournez, voy. ce mot) et de *brequin* transposition de *berquin** qui est un mot d'origine germanique (néerlandais *boreken* foret). Pour la transposition de *berquin** en *brequin*, voy. *âpreté*. — Pour le changement de l'ancien français *vire-brequin* en *vilebrequin*, amené par la dissimilation, voy. p. LXXXI et au mot *autel*.

Vilenie, voy. *vilain* 2.

Vilipender, du L. *vilipendere* (mépriser).

† **Villa**, venu de l'italien *villa* (maison de campagne).

Village, du L. *villaticum**, assemblage de plusieurs fermes ou métairies, dérivé du L. *villa* ferme ; « *Juraverunt Richardus sacerdos et tota* villatica.... » dit un texte du moyen âge : *Acta Sanctorum*, Juin, IV, 574 : *villatica* désigne plutôt ici la réunion de tous les habitants d'une même ferme. Pour le changement de *villaticum* en *village*, voy. *âge*. — D. *villageois*.

Ville, du L. *villa* (voy. sur ce mot, p. XIII, l. 12).

† **Villégiature**, venu de l'italien *villeggiatura* (séjour à la campagne, plaisir de la campagne).

Vimaire (dégât causé par force majeure), du L. *vis major* (force majeure). Pour le changement : 1° de *vis* en *vi*, voy. *abîme* ; 2° de *major* en *maire*, voy. *maire*.

Vin, du L. *vinum* (m. s.). — D. *vineux* ; *vinée* ; *vin* aigre.

Vinaigre, voy. *vin* et *aigre*. — D. *vinaigrette*, *vinaigrier*.

Vindas, mot d'origine germanique, comme la plupart des termes de marine (ancien haut allemand *windan* enrouler).

Vindicatif, du L. *vindicativus* (dérivé de *vindicare* venger).
Vindicte, du L. *vindicta* (châtiment).
Vingt, du L. *viginti* (vingt) par la chute du *g* médial (voy. *allier*).—D. *vingtième, vingtaine*.
Viol, voy. *violer*.
Violacé, voy. *violet*.
† **Viole**, venu de l'italien (*viola*) (viole).
Violent, du L. *violentus* (m. s.). — D. *violence* (L. *violentia*), *violenter*.
Violer, du L. *violare* (m. s.). — D. *viol* (subst. verbal); *violation, violateur*.
Violet, couleur de la violette; dérivé du L. *viola* (violette) qui a donné un primitif *viole* d'où *violette*, *violacé*, *violier*.
Violette, voy. *violet*.
Violier, voy. *violet*.
† **Violon**, de l'italien *violone* (violon). — D. *violoniste*.
† **Violoncelle**, de l'italien *violoncello* (violoncelle).
Viorne, du L. *viburnum* (viorne) par la chute du *b* médial *vi*(b)*urnum* (voy. *aboyer*) et par le changement de *u* en *o* (voy. *annoncer*).
Vipère, du L. *vipera* (m s.).
Virago, du L. *virago* (m. s.).
Virelai, voyez, pour l'étymologie, au mot *virer*.
Virer (proprement tourner, décrire un cercle), dérivé de l'ancien français *vire* (cercle, anneau) qui est le L. *viria* (anneau dans Pline). Ce mot *vire* disparu de la langue moderne, y a laissé le dérivé *virole* (petite *vire*, petit cercle de métal). — D. *virement* (revirement); *virole, viron* dans *a-viron* (ce qui sert à tourner, à virer), et *en-viron* (ce qui est autour); *virelai*, composé de *lai* (voy. *lai* 2) et de *virer*, proprement *lai*, chant,

qui *vire*, qui tourne en rond, rondeau.
Virginal, du L. *virginalis* (m. s.)
Virginité, du L. *virginitatem* (m. s.)
Virgule, du L. *virgula* (trait d'écriture, ligne, accent).
Viril, du L. *virilis* (m. s.). — D. *virilité*.
Virole, voy. *virer*.
Virtuel, dérivé du L. *virtus* (puissance).
† **Virtuose**, venu de l'italien *virtuoso* (virtuose).
Virulent, du L. *virulentus* (empoisonné). — D. *virulence*.
Vis, dans l'ancien français *vis de pressoir* (d'où le sens de *vis* en général), du L. *vitis* (vrille de la vigne, en forme de spirale, puis par assimilation vis et escalier tournant). *Vitis* est au sens de vis dans ce passage des *Acta Sanctorum* (mai, II, 62) : « *Arcasque prædictas prædicti argentarii clavis et vitibus ferreis fortiter simul affixerunt et cooperuerunt..* », — au sens de *vis de pressoir* dans cet autre passage du même recueil (juin, II, 738). « *Cujus lingua erat modicum prominens extra guttur et brevissima, ad modum vitis torcularis retorta...* », — au sens d'*escalier tournant*, dans cette chronique du quatorzième siècle : « *Per claustrum ecclesiam introivit, et in vitem quæ ad defendendum in eadem ecclesia est, ascendit, et ostium post se clausit...* » Ce qui confirme cette étymologie, c'est que l'italien *vite* conserve le double sens de vigne et de vis. — D. *visser*.
Visa, du L. *visa* (sous-ent. *est* : le document a été vu). — D. *viser*.
Visage, voy. *vis-à-vis*. — D. *dévisager, envisager*.
Vis-à-vis, locution composée

du vieux substantif français *vis* (visage) qui est le L. *visus* (proprement aspect, puis visage dans la latinité du moyen âge : « Habebat autem visum *valde tumefactum ac inflatum ita quod oculis humanis nimis horribilis apparebat....* » lit-on dans les *Acta Sanctorum* (mai, IV 337); *vis-à-vis* signifie littéralement *face à face*. — D. De *vis* sont dérivés *visage, visière*.

Viscère, du L. *viscera* (viscères). — D. *viscéral*.

1. **Viser**, du L. *visare** (dérivé de *visus*, partic. de *videre*, voir. Sur la formation des verbes fréquentatifs, voy. p. XXXII). — D. *visée* (subst. participial).

2. **Viser**, voy. *visa*.

Visible, du L. *visibilis* (m. s.). — D. *visibilité*.

Visière, voy. *vis-à-vis*.

Vision, du L. *visionem* (m. s.). — D. *visionnaire*.

Visiter, du L. *visitare* (m. s.). — D. *visite* (subst. verbal), *visiteur, visitation*.

Visqueux, du L. *viscosus* (gluant). Pour le changement de *osus* en *eux*, voy. *amoureux*. — D. *viscosité*.

Visser, voy. *vis*. — D. *dévisser*.

Visuel, du L. *visualis** (dérivé de *visus*, vue).

Vital, du L. *vitalis* (m. s.) — D. *vitaliser, vitalité* (L. vitalitatem).

Vite, mot que l'on trouve dès le treizième siècle dans les textes français. L'origine de *vite* est inconnue. — D. *vitesse*.

Vitre, du L. *vitrum* (verre). — D. *vitrage, vitrer, vitrier, vitrine, vitreux, vitrifier*.

† **Vitriol**, venu de l'italien *vitriuolo* (vitriol).

Vivace, du L. *vivacem* (m. s.). — D. *vivacité* (L. vivacitatem).

† **Vivandier**, venu au seizième siècle de l'italien *vivandiere* (vivandier). — D. *vivandière*.

Vivat, du L. *vivat* (qu'il vive).

Vivier, du L. *vivarium* (rivier dans Juvénal). Pour le changement de *arium* en *ier*, voy. *ânier*.

Vivifier, du L. *vivificare* (m. s.).

Vivipare, du L. *viviparus* (m. s. dans Apulée).

Vivre, du L. *vivere* (vivre) par par la contraction régulière (voy. p. LXXXI) de *viv(e)re* en *viv're*. — D. *vivre* (subst.), *vivoter, revivre, survivre*.

† **Vizir**, mot turc (voy. p. LX). — D. *vizirat*.

Vocabulaire, du L. *vocabularium** (dérivé de *vocabulum* nom).

Vocal, du L. *vocalis* (m. s.). — D. *vocaliser*.

Vocaliser, voy. *vocal*. — D. *vocalise* (subst. verbal), *vocalisation*.

Vociférer, du L. *vociferari* (m. s.). — D. *vocifération*.

Vœu, du L. *votum* (vœu) par la chute du *t* (voy. *aigu*), et par le changement de *o* en *œu* (voy. *accueillir*).

† **Voguer**, venu au seizième siècle de l'italien *vogare* (flotter). — D. *vogue* (subst. verbal).

Voici, pour *vois-ci*; voy. *voir* et *ici*.

Voie, du L. *via* (voie) par le changement de *i* en *oi* (voy. *boire*). — D. Du latin *viare* est venu le verbe *voyer*, que l'on retrouve dans *dévoyer, convoyer, envoyer, fourvoyer* (voy. ces mots).

Voilà, pour *vois-là*; voy. *là* et *voir*.

1. **Voile** (mascul.), du L. *velum* (voile), dont le pluriel *vela* a donné le subst. féminin *voile*. Pour le changement de *e* en *oi*, voy. *accroire*. — D. *voiler* du L. *velare* (même sens), *voilette, dévoiler* (voy. ce mot).

2. **Voile** (féminin); voy. voile 1. — D. voiture, voilier, voilerie.

Voir, anciennement véoir, du L. videre (voir) par la chute du d médial vi(d)ere (voy. accabler), et par le changement : 1° de i en e (voy. admettre); 2° de e en oi (voy. accroire). Pour la contraction postérieure de véoir en voir, voy. p. XC.

Voire, du L. verè (vraiment, voire) par le changement de e en oi (voy. accroire).

Voirie, voy. au mot voyer.

Voisin, du L. vicinus (voisin) par le changement : 1° de i en oi (voy. boire) ; 2° de c en s (voy. amitié). — D. voisiner, voisinage, avoisiner, avoisinant.

Voiture, du L. vectura (voiture, transport) par le changement de ect en oit (voy. attrait). — D. voiturer, voiturier.

† **Voiturin,** de l'italien vetturino (m. s.)

Voix, du L. vocem (voix) par le changement : 1° de o en oi (voy. chanoine); 2° de c en x (voy. amitié).

1. **Vol,** voy. voler 1.
2. **Vol,** voy. voler 2.

Volage, du L. volaticum (volage dans Cicéron) par le changement de aticum en age (voy. âge).

Volaille, nom collectif des oiseaux de basse-cour, du L. volatilia (pluriel de volatilis, qui vole; Columelle emploie l'expression volatile pecus pour basse-cour, volaille). Volat(i)lia contracté (voy. p. LXXXI) en volat'lia donne volaille par l'assimilation de tl en l (voy. bouleau) et par le changement de li en il (voy. ail).

Volatile, du L. volatilis (qui vole). — D. volatiliser, volatilité.

Volcan, de l'italien volcano (volcan). — D. volcanique, volcaniser.

Vole, voy. voler 1.

1. **Voler,** du L. volare (se mouvoir en l'air, voler). — D. vol (subst. verbal masculin), vole (subst. verbal féminin), volée (subst. participial), volant, volière, volet (l'aile d'une fenêtre).

2. **Voler** (dérober), du L. volare*, forme abstraite du composé involare (voler, derober, dans Caton et dans Pétrone). — D. vol (subst. verbal), voleur, volerie.

Volet, voy. voler 1.

Volition, du L. volitionem' (mot tiré par les scolastiques du L. volere*; voy. vouloir).

Volonté, du L. voluntatem (m. s.) par le changement : 1° de u en o (voy. annoncer); — 2° de atem en é (voy. abbé).

Volontaire, du L. voluntarius (m. s.).

Volontiers, du L. voluntariè (volontairement). Sur ari devenu ier, voy. ânier.

† **Volte,** venu de l'italien volta (tour, volte). — D. volter (d'ou volte-face, proprement : tourneface).

† **Voltiger,** venu de l'italien volteggiare (voltiger) — D. voltige (subst. verbal), voltigeur.

Volubilis, du L. volubilis (qui s'enroule en spirale).

Volubilité, du L. volubilitatem (m. s.).

1. **Volume,** du L. volumen (livre, volume).

2. **Volume,** du L. volumen (tour, circonférence, puis ampleur, étendue, grosseur). — D. volumineux (L. voluminosus).

Volupté, du L. voluptatem (m. s.).

Voluptueux, du L. voluptuosus (m. s.). Pour le changement de osus en eux, voy. amoureux.

Volute, du L. voluta (m s. dans Vitruve).

Vomique, du L. *vomica* (poison).

Vomir, du L. *vomere* (m. s.) par le changement de *e* en *i* (voy. *accomplir*). — D. *vomissement, vomitif*.

Vorace, du L. *voracem* (m. s.). — D. *voracité* (L. voracitatem).

Vote, du L. *votum* (souhait, désir). — D. *voter*.

Votif, du L. *votivus* (m. s.).

Votre, anciennement *vostre*, du L. *vostrum* (vôtre, forme archaïque de *vestrum*, dans Ennius). Pour le changement de *vostre* en *vôtre*. voy. *abîme*.

Vouer, du L. *votare* (vouer, dérivé de *votus*, participe de *vovere*, vouer, sur la formation des verbes fréquentatifs, voy. p. xxxii). *Vo(t)are* donne *vouer* par la chute du *t* (voy. *abbaye*) et par le changement de *o* en *ou* (voy. *affouage*). — D. *avouer*.

Vouloir, en italien *volere*, du L. *volere** (vouloir, dans les textes mérovingiens, dérivé de *volle*, qui est pour *velle*, vouloir. Sur cet allongement en *re*, voy. au mot *être*). *Volere* donne *vouloir* par le changement : 1° de *o* en *ou*, voy. *affouage;* 2° de *e* en *oi* (voy *accroire*).

Vous, du L. *vos* (vous).

Voussoir, dérivé d'un type *vousser* (comme *tailloir* de *tailler*. *Vousser* est le L. *volutiare** (courber, voûter, dérivé de *volutus*, roulé, courbé). *Vol(u)tiare**, contracté (voy. *aider*) en *vol'tiare*, donne *vousser* par le changement. 1° de *ol* en *ou* (voy. *agneau*), 2° de *tiare* en *sser* (voy. *agencer*). De ce même verbe *vousser* est aussi venu le dérivé *voussure*.

Voussure, voy. *voussoir*.

Voûte, ancien français *volte*, du L. *voluta** (voûte, dans le latin du moyen âge; dérivé de *volutus*, courbé, voûté). *Vol(u)ta*, contracté (voy. *aider*) en *vol'ta*, donne l'ancien français *volte*, d'où *voûte*, par le changement de *ol* en *ou* (voy. *agneau*). — D *voûter*.

Voyage, en espagnol *viage*, en italien *viaggio*, en provençal *viatge*, du L. *viaticum*, littéralement provisions de voyage, puis *voyage* dans Fortunat : « *Deducit dulcem per amara viatica natam.*» Et une charte de 1299 dit : « *Pro viatico quod fecimus in Sicilia....*» *Viaticum* donne *voyage* par le changement : 1° de *via...* en *voy...* (voy. au mot *voie*); 2° de *aticum* en *age* (voy. *âge*). — D. *voyager, voyageur*.

Voyelle, du L. *vocalis* (voyelle) par la chute du *c* médial *vo(c)alis* (voy. *affouage*), et par le changement : 1 de *a* en *e* (voy. *annuel* et *acheter*); 2° de *o* en *oi* (voy. *chanoine*).

Voyer, du L. *viarius* (relatif aux routes) : pour le changement de *via....* en *voye....* voy. au mot *voie*. — D. *agent voyer*, *voirie* (contraction de l'ancien français *voierie*).

Vrai, ancien français *verai*, du L. *veracum** (véridique), par le changement de *a* en *ai* (voy. *aigle*) et par la chute du *c* (voy. *ami*) — D. *vraiment, vraisemblable*.

Vraiment, voy. *vrai*.

Vraisemblable, voy. *vrai* et *semblable*.

Vraisemblance, voy. *vrai* et *sembler*.

Vrille, du L. *vericula** (dérivé de *vericum*, broche : « *Tria verica....* » lit-on dans un inventaire de l'année 1218 *Vericum* est un diminutif de *veru*) *Vericula*, changeant *icula* en *ille* (voy. *abeille*), donne *verille**, qui s'est postérieurement contracté en *vrille*, comme l'ancien français *verai* s'est con tracté en *vrai*. Sur cette chute de *e*, voy. *briller*.

Vu, substantif participial de *voir* (voy. ce mot) *Vu*, qui est dans l'ancien français *veü*, à l'origine *védut*, en italien *veduto*, vient du L. *vidutus** (participe barbare de *videre* : pour l'étude de ces participes en *utus*, voy. au mot *boire*) Vi(d)*utus*, perdant le *d* médial (voy. *accabler*), donne l'ancien français *veü* par le changement 1° de *utus* en *u* (voy. *aigu*); 2° de *i* en *e* (voy. *admettre*). *Veu* se contracte postérieurement en *veu* (voy

p. XC), d'où la forme *vu* par le changement de *eu* en *u* (voy. *jumeau*).

Vue, substantif participial féminin de *voir*, pour l'étymologie, voy. au mot *vu*.

Vulgaire, du L. *vulgaris* (m. s.). — D *vulgariser*, *vulgarité*.

Vulgate, du L. *vulgata** (proprement version *accreditée*, *répandue*.

Vulnerable, du L. *vulnerabilis* (m s.).

Vulneraire, du L. *vulnerarius* (m. s.)

W X Y Z

Wagon, voy. *vagon*.

† **Whist**, de l'anglais *whist* (m. s.).

Xérasie, du grec ξηρασία (sécheresse).

Xérophagie, du grec ξηροφαγία (usage d'aliments secs).

Xylographie, du grec ξυλογραφέω (j'écris sur du bois).

Y, ancien français *i*, à l'origine *iv*, en italien *ivi*, du L. *ibi* (là; dans le latin mérovingien *ibi* prend le sens d'*illi*, *illis* : « *Ipsum monasterium expoliatum, et omnes cartae, quas de supra dicto loco* ibi *delegaverunt, ablatae*.... » lit-on dans un Diplôme de Clotaire III, à l'année 664. Et dans une charte de 883 : « *Tradimus* ibi *terram*; ....*dono* ibi *decimas*.... ») Par le changement régulier de *b* en *v*

(voy. *avant*). *ibi* donne l'ancien français *iv* : « *In nulla aiudha contra Lodhuwig nun li iv er* ...» disent les *Serments* de 842 (c'est-à-dire en latin du temps : « *in nullam adjutam contra Ludovicum non illi* ibi *ero* ») Perdant le *v* final (voy *aieul*), *iv* devient *i*.

† **Yacht**, de l'anglais *yacht* (m. s.).

† **Yatagan**, mot d'origine turque signifiant *coutelas*

Yeble, voy. *hièble*.

Yeuse, originairement *ielce** en italien *elce*, du L. *ilicem* (yeuse) par la contraction régulière (voy. p. LXXXI) de *il(i)cem* en *il'cem*, d'où *elce** par le changement de *i* en *e* (voy. *admettre*); *elce** devient *ielce* par le changement de *e* en *ie* (voy. *arrière*); *ieuse* par le changement : 1° de *c* en *s* (voy. *amitié*); 2° de *el* en *eu* (voy. *agneau*).

Yeux, voy. *œil*.

Yole, origine inconnue.

† **Yucca**, mot d'origine américaine (voy. p. LXII).

† **Zain**, de l'italien *zaino* (cheval noir).

† **Zèbre**, mot d'origine africaine (voy. p. LXI).

Zèle, du L. *zelus* (ardeur, émulation, zèle). — D. *zélé*.

† **Zénith**, venu, par l'italien *zenit*, de l'arabe *semt* (m. s.).

Zéphyr, du L. *zephirus* (m. s.).

† **Zero**, venu, par l'italien *zero*, de l'arabe *cifrun* (m. s.).

Zest, du L. *schistus* (séparé, divisé, d'où le sens de cloison membraneuse qui *divise* l'intérieur d'une noix). *Schistus* a donné zest, comme *schedula* a donné cédule. Pour le changement de *i* en *e*, voy. *admettre*.

† **Zibeline**, de l'italien *zibellino* (m. s.).

Zigzag, onomatopée (voy. p. LXV), imitée de l'allemand *zickzack* (zigzag).

† **Zinc**, de l'allemand *zink* (zinc).

Zizanie, mot venu du L. *zizania* (ivraie).

Zodiaque, du L. *zodiacus* (m. s. dans Aulu-Gelle). — D. *zodiacal*.

Zone, du L. *zona* (ceinture, cercle).

Zoolithe, du grec ζῶον (animal) et λίθος (pierre).

Zoologie, du grec ζῶον (animal) et λογος (traité). — D. *zoologique*.

Zoophyte, du grec ζωόφυτον (qui tient le milieu entre la plante et l'animal).

APPENDICE

P. XLII, note 1 : Il faut distinguer pour les composés grecs le cas où ces composés existent déjà en grec (ἀριστοκρατία) de celui où les composés ont été forgés par le français (*photo-graphie, typo-graphie*); dans ce dernier cas, il était nécessaire d'étudier chacun des éléments qui composent ces mots nouveaux, inconnus aux Grecs ; dans le premier cas, au contraire, c'eût été faire l'histoire de la langue grecque que de décomposer ces mots classiques et leurs éléments. Quant à la nombreuse classe de mots grecs introduits en latin (*allegoria, philosophia, caryatides, enthymema*, etc...), ces mots n'étant venus au français que par l'intermédiaire des Romains, sont pour nous des mots latins. Un grand nombre d'accents grecs sont tombés pendant l'opération du clichage, sans parler des fautes d'impression (voy. *hyene, hygiene*, surtout pour les accents, voy. *cosmogonie*, etc...), inséparables d'un si lourd travail. — P. XLIV. La distinction des mots populaires et des mots savants n'est point toujours facile à établir. J'ai placé dans la catégorie des mots savants un très-grand nombre de mots composés de deux parties, l'une populaire, l'autre savante; soit que l'on ait accolé un préfixe savant à un thème populaire, comme dans *adjoindre, admettre, adjuger, subordonner, profit, produire, disjoindre, discourir, inclinaison, impayable* (qui devraient être *ajoindre, ametre, ajuger, souvordonner, pourfit, pourduire, déjoindre, décourir, enclinaison, enpayable*), soit au contraire que l'on ait soudé au thème populaire une finale savante, comme dans : *enluminer, fermete, nourriture* (qui devraient être *enlumer, ferté, nourrure*). On trouve parmi ces mots de véritables *monstres* philologiques tels que *pré-alable*, ou *in-sur montable*. — P. XLVI, note 3, l. 33 : nous renvoyons ceux de nos lecteurs qui voudraient étudier cette histoire, à l'utile *Manuel des racines grecques et latines* de M. Bailly. — P LVII, note 1, supprimer « Les contes d'Hoffmann ont enrichi la langue du mot *vampire* » —P. LXVII : on devra ne point faire usage de cette liste, ainsi que des listes insérées, p. XLV-LXV, sans les avoir contrôlées par la vérification des mots correspondants dans le Dictionnaire Étymologique ; cette comparaison est nécessaire, l'identification d'un grand nombre de mots ayant été modifiée depuis que cette *Introduction* a été imprimée. — P. LXX : Il était nécessaire pour dresser ces listes, de prendre une décision sur bien des points encore flottants ou indécis ; d'autre part, je devais, dans un livre d'exposition, m'interdire toute discussion, et ne point donner les raisons qui m'obligent à repousser une étymologie jusque-là généralement adoptée : ainsi pour le rapport du mot *tante* à l'ancien français *ante*, il est impossible d'adopter sur ce point l'opinion de Diez, à savoir que l'on a dit *ma-t-ante*, comme on dit *voila-t-il* pour éviter l'hiatus de *ma-ante*. On n'a jamais dit *ma-ante* mais *m'ante*, et si l'on accepte ce t intercalaire, pourquoi n'a-t-on pas dit alors *ma-t amour*, *ma-t amie* pour *m'amour*, *m'amie* ; M. Littré, de son côté, a donné de ce mot une explication difficile à admettre : l'ancien français disant *m'ante*, *t ante*, *s ante*, M. Littré croit que *t'ante* s'est soudé en *tante* : pourquoi le choix de cette seconde personne et pourquoi pas *mante* ou *sante* ? — P. LXXXVII : sur *a* devenu 1 : suppr. au mot *aimant* les deux exemples : bondir (bombitare), retentir (retinnitare) — P. LXXXVIII, l. 7, et aussi par celui de *eu* (voy. *jumeau*). — Id., l. 27, signalons aussi l'insertion de l'*y* : boyau (botellus), delayer (dilatare) croyance (credentia), etc… — P. XC, l 24 : on trouve en latin ossarium à côté de ossuarium.— P. XCVIII, l. 1 : *l* est ajouté dans loriot, pavot, comme *d*, dans homard, hasard. — Id., l. 8 : *st* final donne *s* (voy *repas*). — P. 1, l. 3 : malgré tous les soins apportés à l'impression de ce livre, bien des fautes se sont glissées qui ont une importance particulière pour la distinction des trois classes de mots : ainsi au lieu de « atour, contre, contourner, de par, muser, etc… », lisez « atour, contre, contourner, de par, muser ; » au lieu au contraire, de « adjudication, architecte » etc., lisez « adjudication, architecte. » Au lieu de « ariette, medianoche, ambassade » lisez : « † ariette, — † medianoche, —†ambassade ; » au lieu de « †alentir, † alpaga, » lisez « *alentir, alpaga*. » Je ne dois point oublier de rappeler ici tout ce que ce dictionnaire doit aux labeurs de mon ami M. A. Wehe mort sans avoir vu l'achèvement de ce livre auquel il avait si activement collaboré.— P. 3, l. 48, « accentuées » l. *accentués*. — P 4, l. 29, supprimez « âtre, asser. »—P. 5, l. 28, « malè-astrosus » lisez *male astrutus*.— P. 10, l. 10, « irrégulière », lisez « régulière ». — P. 16, col. 2, suppr : l. 20. « dîme, decima, » l. 26, « lire legere, » l 32, « dîner, decoenare. »—P. 19 l. 38, suppr. « privois privensis. » — P. 22, v° *acheter* : « Dono uxori meae .. et filius… omnia quæ accaptavi .. » dit une charte du douzième siècle. — P. 28, v° *affubler*, « Pallium quo in curiâ *affibulatus* erit. . » lit-on dans un traité du douzième siècle. — P. 30, col 2, supprimez les lignes 16, 17, 18, 19, 20. — P. 31, v° *agenouiller*, « Presbyteris advolvi et caris Dei *adgeniculari*… » dit Tertullien. — P. 33, col 2, *voyage*, lisez *voyage, heurtir* lisez *heurter*. — P. 34, supprimez col. 1, « dîner, decoenare, » col 2, les l. 34, 35. — P. 35, col. 1, l. 29 : « Romains » lisez « Romans » — P. 36, col. 2, l. 18. « Il y a certaines plumes en deux costes des celles sur le dos de l'*aigrette*, qui sont deliées et blanches et qui sont vendues bien cheres ès basefaus de Turquie… » disait au dix-septième siècle Menage d'après Belon. — P. 37, v° *aiguille*, « Opportet eam usque ad *acuculare* capitis in domo marit… » dit le Code Theodosien. — P. 40, v° *Ajourner* : « qui non erant *adiurnati*… » disent les Capitulaires de Charlemagne. — P. 46, v° *Amande* : « amygdala non *amiddola*… » dit l'Appendix Probi, et le capitulaire de *Villis* : « Volumus quod habeat pomarios, avellanarios, *amandalarios*. . » — P. 46, col. 2, l. 4 : *Amisté* devient *amistié* par une diphthongaison de *a* en *e* puis en *ié* que l'on retrouve dans *grief* (gravis), *pitié* (pietatem), *inimitié* (inimicitatem).—P. 51, col. 1, suppr. « âtre, v. f. astre de ass'r. ; » col. 2,

l. 4. *Ancêtre* est un des rares nominatifs restés en français; voy. ma *Grammaire historique*, p. 155. — P. 52, col. 1, l 5, suppr. « tertre, terraetorus. » — P. 53, col. 1, l. 19, avant *atone*, lisez, *soit d'* l'*e*. — P. 57 v° apostille : plusieurs traités du moyen âge ont pour titre, *Postillae in psalterium* ou *Postillae morales*. — P. 57, v° *apôtre*, l. 4, *stôlus*, lisez *stôlus*.—P. 59, v° *appuyer*; « *Appodiantes* gladios lateri ejus, » dit Guillaume de Nangis; et la *Philippide* de Guil. le Breton, « Fossis jam plenis parmas ad mœnia miles *appodiat*. » — P. 60, col. 1. l. 45, supprimer le point d'interrogation; col. 2, l. 1 : *araigne* a persisté dans *musaraigne*.—P. 61, col. 1, l. 42, *i*, lisez *c*; col. 2, v° *ardent*, suppr. *de*. — P. 62, v° *armoise*, l. 3, ĕ, lisez ĕ; l. 5 «*voy* », voy. *boire* — P. 62, col. 2, l. 11, o, lisez a, l. 18, è, lisez ĕ, l 36, *de*, lisez *dc*.— P. 63, col. 2, l. 36, *arrerage* vient plutôt d'*arrière*, et *acérer* d'*acier* (ce qui rectifie l'assertion du dict. à ce mot) : ces mots sont entr'eux dans le même rapport qu'*infirmier* et *infirmerie*, *panier* et *panerée*, etc... — P. 64, v° *arroser*, supprimez « poussière v. fr. pourrière ». — P. 65, v° *artillerie*, le « maître des arbalestriers » est aussi appelé dans Joinville « maistre de l'*artillerie* »; et on lit dans le même auteur, « Nul ne tiroit d'arc, d'arbaleste ou d'autre *artillerie* ». — P. 66, v° *assaillir*,« Qui peregrino nocuerit, vel eum *adsalierit*... » lit-on dans les Capitulaires de Charlemagne. — P. 66, v° *assurer*, « Adsecuravit in manu domini regis patris sui .. » lit-on dans un texte du douzième siècle. — P. 69, colonne 2, l. 2, *nette*, lisez *net*. — P. 69, v° *atlas*, ajoutez, « ou plutôt parce qu'Atlas porte le monde ». — P. 71, v° *attiser*, du L. *attitiare* » dérivé de *titio* tison, par le changement de *tiare* en *ser* (voy. *agencer*). — P 76, col. 1, l. 6, « *Apud duodecim Francos debeat conjurare* » lit-on dans les formules de Marculfe.— Id , ibid., l. 18, « *Ab* eum. » (Lex Salica). — Id., col. 2, supprimez les l. 1 et 2. — Id., ibid., l. 22, confirmé par l'italien *avocolo* (aujourd'hui *vocolo*). — P. 81, v° *ban*. De ce mot au sens de permission, est venu celui de *bandon* (permission, licence) d'où l'expression *à bandon*, en liberté; de là le verbe *abandonner*, délaisser. — P. 84, v° *bâtard*, anciennement *bastard* et aussi fils de *bast*; pour le détail de cette étymologie, voyez l'*Histoire poétique de Charlemagne* de M. G. Paris, p. 441.—P 87, col. 1, l. 1 « ilitaire », lisez « militaire. » — Id , ibid., l 8, « ancien français *bé* », lisez « *bée* » — P. 89, « byzanthus », l. « byzantus. » — P. 90, « bibliomane », l. « bibliomanie. » — P. 92, v° *biscayen*: suppr. « beaucoup. » — P. 94, v° *bocal* : « boscale », l. « boccale. » — P. 95, v° *bondir* : « onzième », l.« seizième. »—P. 97 : *bouchon*(de paille, de cabaret etc.), de l'allemand *busch* bouchon — P. 98, col. 2, l. 1, lisez « boltwerk. » — P. 99, v° *bourgeois* : « Rhemenses burgenses... » dit un texte du onzième siècle.— P. 99, col. 2, l. 6 : lisez *burgermeister*. — P. 101, v° *brancard* : ce mot vient de *branc* forme masculine de *branche*. — P. 102, l 3 . *bracelet* est le diminutif d'une forme *bracel* qui répond au l.. *brachile* (bracelet) : « Si quis mulieri *brachile* furaverit... » dit la *Loi Salique*, 29, 37. Sur t devenu *e*, voy. *admettre*. — P. 102, col. 2, v° *brelan* : ce mot, qui est anciennement *brelenc*, vient de l'allemand *bretling* dérivé de *breit* planche, d'où le sens de planche pour jouer aux dés et enfin de jeu de dés. — P. 103, col. 1, l. 12, v° *caboter* : le substantif Cabotage « doit être imprimé en normande italique. — P. 110, col. 1, l. 18 : « à *n* », lisez « à *r* ». — P. 112, v° *camisole* « camicula », l. « camiciuola. » — P. 134, col. 1, v° *chômer* : *cauma* au sens de forte chaleur est dans St Jérôme, dans Isidore de Séville, et dans Fortunat ; col. 2, v° *choquer* : supprimer les l 9, 10, 11, et lire « *choquer*, origine inconnue. » — P. 139, col. 1, *cliquer*, autre forme de *clicher* — P. 141, v° *coin* : supprimer « v. fr *coing*. » — P. 142, col. 2, l. 26 : supprimer les l 26, 27 — P. 146. « concetti », l. « concetto. » — P. 152. v° *convoiter*: du L. *cupiditare*, plutôt que de *cupitare*. — P. 157, col 1, l. 24 : « codard », l « codardo » : col. 2 l 49 « cutana », l. « cutenna ». — P. 159, col. 2, l. 49. « curat(a)rius », lisez « cur(a)tarius. » — P.164, col 2, l 44 : proprement qui se marie en secret. — P. 168, col. 1, l. 2 : lisez *cluniacensia*. — P. 176. v° *denrée* : « Ministri Reipublicae provideant, ne illi, qui panem coctum au carnem per *denceratas*, aut vinum per sextaria vendunt.... » lit-on dans les

APPENDICE.

Capitul. de Charles le Chauve. — P. 179, v° *dessein*, autre forme de *dessin*. — P. 181, col. 2, dernière ligne: ajoutez « voy. *affouage*. » — P. 182, v° *diamant*; ce mot vient plutôt de l'italien *diamante*. — P. 186, v° *doléance*: ce mot correspond à un verbe *doléier** qui représente un L. *dolicare* : — P. 187, v° *dommage*; ce mot, qui est *damage* à l'origine vient du L. *dammaticum* derivé de *damnum* dommage. — P 188, v° *dos*: ajoutez *adosser*. — P. 195, v° *écouter*: sur ce mot, voy. p. cv. — P. 209, v° *envahir*: dans les mots qui prononcent l'*h*, tels que *haut*, *hurler*, etc..., l'aspiration est due à l'influence des formes germaniques correspondantes (*hoch*, *heulen* etc ...); cette observation est due à M. Max Müller qui l'a exposée en détail dans la *Zeitschrift für vergleichende Sprachforschung* de Kuhn (v, 11-24 : *Ueber deutsche Schattirung romanischer Worte*); j'avais repoussé, il y a deux ans, dans ma *Grammaire historique*, la théorie de M. Muller à laquelle je me rallie complétement aujourd'hui. — P. 209, *A l'envi* : voyez pour la véritable étymologie de ce mot, ci-dessous au mot *renvier*.. — P. 214, colonne 1, « *errer*, » lisez « *Erreur*. » — P. 321, v° *lent*: ajoutez: « alentir. » — P. 332, *macheller*, du L. *maxillarius*. — P. 334, v° *maint* : origine inconnue. — P. 336. v° *maloiru* : sur *utus* devenu *u*, voy. *aigu* ; sur *a* devenu *o*, voy. *dommage*. — P. 341. *Marjolaine*, origine inconnue. — P. 342 : *massage* origine inconnue. — P. 364: *musette*, diminutif de l'ancien français *musa*(m. s.), subst. verbal de *musare** (dérivé du L. *musa* chanson). — P. 379 : *Oison* directement du L. aucionem (dérivé de *auca* ; voy. *oie*) qui est au septième siècle dans les Gloses de Cassel. Pour les changements de lettres, voy. aux mots *alouette*, *aboyer* et *agencer* — P. 387 ; *oursin*, corruption de *hér*(i)sson en *her'sson*. — P. 427 : *Prèle*, anciennement *prelle*, à l'origine *asprelle*, en italien *asperella*, du L. *asperella** (diminu'if de *asper*, rude, à cause de la rudesse de sa tige).—P. 440; v° *que* : « *que* conjonction, vient aussi de *quam* dans *plus*.. *que* qui correspond à *plus*.... *quam*. Sur la chute de *m*, voy. *ja*. » — P 442 : *Quintal* dérivé de *quint* (voy. ce mot). — P. 448 : *Rapetasser* de *re* et de *apetasser** composé de *petas** lambeau pièce (voy. *pièce*). — P. 461 : *Renvier*, terme de jeu, mettre une certaine somme par dessus l'enjeu; *renvier* est un composé de l'ancien terme de jeu *envier* qui est le L. *invitare*, d'où le substantif verbal *envi*, défi au jeu, gage, surenchère, d'où l'expression *à l'envi* —P. 464. *Résille* peut être une altération de *résel* ancienne forme de reseau, ou une corruption de l'ancien français *reseuil* qui représente le L. *reticlum* (petit filet dans Apulée). — P. 466: *Retable* pour *riere-table*, voy. *table* et *arriere*. — P. 469, v° *rime*: Isidore de Séville écrit *rythmus*. — P. 478: *rut*, à l'origine *ruit*, du L. *rugitus* — P. 495. v° *ses*: on trouve dans Ennius *sas* pour *suas*: « virgines nam sibi quisque domi Romanus habet *sas*.... » — P. 517 : *suzerain* mot formé à l'aide de *sus*, et de la finale.... *erain*, par imitation du mot *souverain*. — P. 517 : Sylphe, du L. *sylphi* (génies chez les Gaulois ; on trouve plusieurs fois ce mot dans les inscriptions), — P 518, v° *tac* ; c'est le L. *tactus* (contact) que l'on trouve au sens de contagion, de lèpre dans les fragments de l'*Itala* publiés par les soins de Lord Asburnham. — P. 537 : *tribord*, altération de l'ancien français *estribord*, qui est d'origine germanique (anglais *starboard*). — P. 538 : *trotter*, du L. *tolutare** (trotter : on trouve déjà en latin *tolutarius* pour trotteur dans Senèque, *ire tolutim* aller au trot dans Pline), par la contraction de *tolutare* en *tlutare*, d'où *trotter* par le changement de *tl* en *tr*, comme dans *titre* de *tîtulum*, *chapître* de *capitlum*. — P. 544: Végéter, du L. *vegetare* (au sens neutre). — P. 550 : Victuaille, du L. *victualia* vivres. — P. 551. Vigie : l'origine précise de ce mot qui se rattache à *vigilare* est inconnue. — P. 554, v° *voler* 1 ; ajoutez : vol-au-vent. — P. 554 : Voleter, du L. *volitare* (voleter, voltiger).

FIN.

Typographie Lahure, rue de Fleurus, 9, à Paris.

HETZEL ET C⁰, 18, RUE JACOB
D'ÉDUCATION ET DE RÉCRÉA[TION]

VOLUMES IN-18
Brochés, **3 fr.** — Cartonnés toile, tranches dorées, **4 fr.**

	vol.		vol.		
...(A.-M.). Journal et Corr.	1	LAVALLÉE (Th.). Histoire de la Turquie	2	STAHL (P.-J.). La [Maison de] Chester	
ANDERSEN. Nouv. Contes suéd.	1	LEGOUVÉ (E.). Les Pères et les Enfants au XIXᵉ siècle	2	— Les Patins d'argent	
BERTRAND (J.), Les Fondateurs de l'astronomie	1	— Conférences parisiennes		— Mon premier voyage [en] mer	
BIART (Lucien). Aventures d'un jeune naturaliste	1	LOCKROY (Mᵐᵉ). Contes à mes nièces	1	STAHL (P.-J.) et DE WA[ILLY]. Les Vacances de Ri[quet]	
BOISSONNAS (Mᵐᵉ B.). Une Famil. pendant la guerre 1870-71	1	MACAULAY. Histoire et Critique	1	— Madeleine	
BRACHET (A.). Gramm. hist.	1	MACÉ (Jean). Histoire d'une bouchée de pain	1	— Mary Bell, William et [sa] faine	
BRÉHAT (DE). Aventures d'un petit Parisien	1	— Les Serviteurs de l'estomac	1	STAHL et MULLER. Le nouv[eau] Robinson suisse	
CARLEN (Émilie). Un Brillant Mariage	1	— Contes du petit château	1	SUSANE. Hist. de la cavale[rie]	
CHAZEL (P.). Chalet des sapins	1	— Arithmétique du grand-papa	1	THIERS. Histoire de Law	
CHERVILLE (DE). Histoire d'un trop bon chien	1	MALOT (Hect.) Romain Kalbris	1	VALLERY RADOT (René) Jo[ur]nal d'un volontaire d'un [an]	
		MAURY (commandant). Geographie physique	1		
CLÉMENT (Ch.). Michel-Ange, Raphaël, etc	1	MULLER (E.). La Jeunesse des hommes célèbres	1	VERNE (Jules). Aventures [du] capitaine Hatteras	
DESNOYERS (Louis). Jean-Paul Choppart	1	ORDINAIRE. Dict. de myth	1	— Enfants du capitaine Gra[nt]	
DURAND (Hip.). Les Grands Prosateurs	1	— Rhétorique nouvelle	1	— Autour de la lune	
		RATISBONNE (L.). Comédie enfantine (OUVR. COURONNÉ)	1	— Aventures de 3 Russes et [de] 3 Anglais	
— Les Grands Poëtes	1	RECLUS (Élisée). Histoire d'un ruisseau	1	— Cinq Semaines en ballon	
ERCKM.-CHATRIAN. L'Invasion	1			— De la Terre à la Lune	
— Madame Thérèse	1	RENARD. Le Fond de la mer	1	— Histoire des grands voya[ges] et des grands voyageurs	
— Hist. d'un paysan (COMPL.)	4	ROULIN (F.). Histoire naturelle	1	— Le Pays des fourrures	
FOUCOU. Histoire du travail	1	ROZAN (Ch.). Petites Ignorances de la conversation	1	— Tour du monde en 80 jours	
GRAMONT (Cᵗᵉ DE). Les Vers français et leur Prosodie	1	SANDEAU (J.). La Roche aux mouettes	1	— Vingt mille lieues sous les mers	
GRATIOLET (P.). De la Physionomie	1	SAVOUS. Conseils à une mère sur l'éducation littéraire	1	— Voyage au centre de la terre	
GRIMARD. Histoire d'une goutte de sève	1	— Principes de littérature	1	— Une Ville flottante	
IPPEAU (Mᵐᵉ). Cours d'économie domestique	1	SIMONIN. Histoire de la terre	1	— Le docteur Ox	
		STAHL (P.-J.). Contes et Récits de morale familière (OUVRAGE COURONNÉ)	1	— Le Chancellor	
HUGO (V.). Les Enfants	1			— L'Ile mystérieuse	
...MERMANN. La blonde Lisbeth	1			ZURCHER et MARGOLLÉ. Les Tempêtes	
[LA] FONTAINE (édition Jouaust), Fables annotées par Buffon	1	— Hist. d'un âne et de deux jeunes filles (ouvr. cour.)	1	— Histoire de la navigation	
				— Le Monde sous-marin	1

SÉRIE DES VOLUMES IN-18, AVEC GRAVURES
Brochés, **3 fr. 50**. — Cartonnés, tr. dorées, **4 fr. 50**

	vol.		vol.		vol.
...UEZ. Histoire de France	1	LAVALLÉE (Th.). Les Frontières de la France	1	MICKIEWICZ (Adam). Histoire populaire de la Pologne	1
...TRAND (Alex.). Lettres sur les révolutions du globe	1	MAYNE-REID William le Mousse	1	MORTIMER D'OCAGNE. Les Grandes Écoles de France	
...SONNAS (B.). Un vaincu	1	— Les Jeunes Esclaves	1	NODIER (Ch.). Contes choisis	
...BAY (M.). Histoire d'une [Ma]handelle	1	— Le Desert d'eau	1	SILVA (DE). Le Livre de Maurice	1
		— Les Chasseurs de girafes	1		
		— Naufragés de l'île de Bornéo	1		
...KLIN (J.). Vie des animaux	6	— La Sœur perdue	1	SUSANE (général). Histoire de l'artillerie	1
... (Mˡˡᵉ). Méthode de coupe et de confection	1	— Les Planteurs de la Jamaïq	1	TYNDALL. Dans les montagnes	
		— Les deux Filles du squatter	1		

SÉRIE IN-18. — PRIX DIVERS

	fr.		fr.		fr.
...(Maurice). Petit Manu... ...onomie pratique	1	du petit roi saint Louis	5	...tit château	2
...ERT. Dictionnaire étymolog. de la langue franç. (ouvr. couronné)	8	CLAVE (J.). Principes d'economie politique	2	MACÉ (Jean). Arithmétique du grand-papa (édit. popul.)	1
		GRIMARD (Ed.). La Plante (classific., clefs analyt.)	5	— Morale en action	
...ÈRES (DE). Aventures		MACÉ (Jean). Théâtre du pe[tit château]		SOUVIRON. Diction. des termes techniques	6

Paris. — Imp. Gauthier-Villars.

www.ingramcontent.com/pod-product-compliance
Lightning Source LLC
Chambersburg PA
CBHW050100230426
43664CB00010B/1383